2001
13TH EDITION

STANDARD GUIDE TO
CARS & PRICES

PRICES FOR COLLECTOR VEHICLES 1901-1993

EDITED BY RON KOWALKE & KEN BUTTOLPH

National Advisory Panel

Terry V. Boyce
B. Mitchell Carlson
Dale "Spike" Erickson
Jerry Heasley
Dennis S. Kirban

Robert Lichty
Robert McAtee
Don Owens
Dennis Schrimpf
Oscar Schwartz

Mark Ulinski

Published by

 krause publications

700 E. State Street • Iola, WI 54990-0001
Telephone: 715/445-2214

Please call or write for our free catalog of automotive publications.
Our toll-free number to place an order or obtain a free catalog is 800-258-0929 or please use our regular business telephone 715-445-2214 for editorial comment and further information.

Library of Congress Catalog Number: 89-80091
ISBN: 0-87341-932-4

Printed in the United States of America

Table of Contents

4

Introduction

The market for cars more than 15 years old may be stronger than ever. Some buyers of pre-1985 cars are collectors who purchase vehicles that they particularly enjoy, or feel are likely to increase in value the older they get. Other buyers prefer the looks, size, performance, and reliability of what they think of as yesterday's better-built automobiles.

With a typical year 2001 model selling for around $20,000, many Americans find themselves priced out of the new-car market. Late-model used cars are pricey too, although often short on distinctive looks and roominess. The older cars may use more fuel, but their purchase prices are typically a whole lot less.

New cars and late-model used cars tend to depreciate rapidly in value. Many can't tow large trailers or mobile homes. Their high-tech engineering is often expensive to maintain or repair. In contrast, well-kept older cars are mechanically simpler, but often very powerful. In addition, they generally *appreciate* in value as they grow more scarce and collectible. Even insuring them is generally cheaper.

Selecting a car and paying the right price for it are two considerations old-car buyers face. What should you look for when inspecting a collector car to buy? What are some of the pros and cons of buying a collector car at auction? How much can I spend in restoring my collector vehicle without exceeding its current cash value?

The 2001 edition of **Standard Guide to Cars & Prices**, from Krause Publications, answers these questions and many more. It shows the most popular models made between 1901 and 1993 and points out what they sell for today in six different, graded conditions.

Contained herein are the same data gathered for publication in **Old Cars Price Guide**, a highly-specialized magazine used by collectors, dealers, appraisers, auctioneers, lenders, and insurers to determine valid pricing levels for older vehicles. Representing up-to-date market research, it is presented in a convenient-sized format that is easy to read, easy to use, and easy to store on your bookshelf.

Comedian Oliver Hardy explains the finer points of a 1932 Studebaker sedan to partner Stan Laurel.

How old car prices are gathered

Thousands of old cars change hands each year. People who follow these transactions include collectors, collector car dealers and auctioneers. They can often estimate the value of an old car, within a range of plus or minus 10 percent, with amazing accuracy.

The Standard Guide to Cars & Prices has been produced by Krause Publications of Iola, Wis., a company involved in publishing specialized books and magazines upon which collectors, dealers and auctioneers regularly rely.

Figures listed in this book should be taken as "ballpark" prices. They are amounts that fall within a reasonable range of each car's value to buyers and sellers. The figures are not to be interpreted as "wholesale" or "retail." Rather, they reflect what an informed buyer might pay a knowledgeable seller for his car in an arm's length transaction without duress to either party. Special cases, where nostalgia or other factors enter into the picture, must be judged on an individual basis.

This guide can help you to decide which old car you'd like to own and how much to pay for it based on year, make, model and condition. It provides a consensus of old car values determined by careful research.

Research sources used to compile these data include:

- Advertised asking prices
- Documented private sales
- Professional appraisers
- Collector car auction results
- **Old Cars Price Guide** advisors
- Contact with dealers
- Contact with collectors
- Networking with value sources

1954 Kaiser Darrin sport convertible

Abbreviations

Alphabetical

A/C .... Air Conditioning
Aero...Aerodynamic
Auto ....Automatic Transmission
A/W or A-W .... All-Weather
Berl...Berline
Brgm.. Brougham
Brn.. Brunn
BT...Boattail
Bus .... Business (as in Bus Cpe)
Cabr .... Cabriolet
C.C. ....Close-Coupled
cid.....................Cubic Inch Displacement
Clb............... Club (as in Clb Cpe/Clb Cab)
Cpe...Coupe
Coll ....Collapsible (as in Semi-Coll)
Cont..Continental
Conv..Convertible
Ctry.. Country
Cus.. Custom
DC.. Dual-Cowl
Darr .... Darrin
DeL..Deluxe
Der .... Derham
deV...deVille
DHC............................Drop Head Coupe
Dly .... Delivery (as in Sed Dly)
Dtrch..Dietrich
DuW .... Dual Windshield
DW .... Division Window
Encl .... Enclosed
FBk .... Fastback
FHC....................................Fixed Head Coupe
FI .... Fuel Injection
FmL..Formal
FWD......................Front-Wheel Drive
GT ....Gran Turismo (Grand Touring)
GW.. Gull-Wing
HBk ....Hatchback
Hemi................. Hemispherical-head engine
Hlbrk.. Holbrook
hp .... Horsepower
HT .... Hardtop
Imp .... Imperial
IPC .... Indy (Indianapolis) Pace Car
IROC .... International Race of Champions
Jud ....Judkins
Lan ....Landau
Lan'let..Landaulet
LBx .... Long Box (pickup truck bed)
LeB or Leb................................LeBaron
LHD ....Left-Hand Drive
Limo .... Limousine
Ltd .... Limited
Lke .... Locke

LWB .... Long-Wheelbase
Mk................................. Mark (I, II, III, etc)
O/D .... Overdrive
Opt..Option(s)
OW ....Opera Window
P ....Passenger (as in 3P Cpe)
Phae .... Phaeton
PU .... Pickup Truck
R/A .... Ram Air (Pontiac)
Rbt..Runabout
Rds .... Roadster
Ret... Retractable
RHD....................................Right-Hand Drive
Rlstn or Roll................................Rollston
R/S .... Rumbleseat
Saloon ....British for sedan
SMt(s)........................... Sidemount(s)
Sednt .... Sedanet
Spds .... Speedster
Spec or Spl................................Special
Spt...Sport
S/R...Sunroof
Sta Wag................................ Station Wagon
Std.. Standard
Sub .... Suburban
Sup...Super
SWB...............................Short-Wheelbase
T-bird .... Thunderbird
T-top .... T-Top Roof
Trg ....Touring Car (not Targa)
Turbo ....Equipped with turbocharger(s)
Twn .... Town (as in Twn Sed)
V-4, -6, -8................................V-block engine
Vic ....Victoria
W ....Window (as in 3W Cpe)
WW................................ Wire Wheels
W'by .... Willoughby
Woodie ....Wood-body Car
Wtrhs .... Waterhouse

Numerical

1/2T ....One-Half Ton Truck
2d .... Two-Door (also 4d, 6d, etc.)
2P .... Two-Passenger (also 3P, 4P, etc.)
2S ....Two-Seat (also 3S, 4S, etc.)
2x4V ....Two Four-barrel Carbs
3x2V ...... Three Two-barrel Carbs/Tri-Power
3W .... Three-Window (also 4W, 5W, etc.)
4-cyl ... In-Line Four Engine (also 6-, 8-, etc.)
4-Spd.. 4-Speed Transmission (also 3-, 5-, etc.)
4V ....Four-barrel Carburetor
4x4................... Four-wheel drive (not FWD)
8/9P ....Eight or Nine Passenger

HOW TO USE CARS & PRICES

Price estimates are listed for cars in six different states of condition. These conditions (1-6) are illustrated and explained in the **VEHICLE CONDITION SCALE** on the following three pages.

Prices are for complete vehicles; not parts cars, except as noted. Modified-car prices are not included, but can be estimated by figuring the cost of restoring to original condition and adjusting the figures shown here.

Appearing below is a section of chart taken from the **CARS & PRICES** price estimate listings to illustrate the following elements:

A. MAKE: The make of car, or marque name, appears in large, boldface type at the beginning of each price section.

B. DESCRIPTION: The extreme left-hand column indicates vehicle year, model name, body type, engine configuration and, in some cases, wheelbase.

C. CONDITION CODE: The six columns to the right are headed by the numbers one through six (1-6) that correspond to the conditions described in the VEHICLE CONDITION SCALE on the following three pages.

D. PRICE: The price estimates, in dollars, appear below their respective condition code headings and across from the vehicle descriptions.

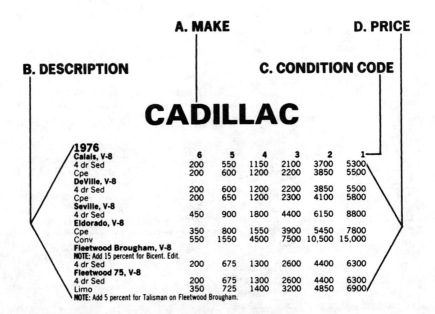

A. MAKE

D. PRICE

B. DESCRIPTION

C. CONDITION CODE

CADILLAC

1976

Calais, V-8	6	5	4	3	2	1
4 dr Sed	200	550	1150	2100	3700	5300
Cpe	200	600	1200	2200	3850	5500
DeVille, V-8						
4 dr Sed	200	600	1200	2200	3850	5500
Cpe	200	650	1200	2300	4100	5800
Seville, V-8						
4 dr Sed	450	900	1800	4400	6150	8800
Eldorado, V-8						
Cpe	350	800	1550	3900	5450	7800
Conv	550	1550	4500	7500	10,500	15,000
Fleetwood Brougham, V-8						
NOTE: Add 15 percent for Bicent. Edit.						
4 dr Sed	200	675	1300	2600	4400	6300
Fleetwood 75, V-8						
4 dr Sed	200	675	1300	2600	4400	6300
Limo	350	725	1400	3200	4850	6900

NOTE: Add 5 percent for Talisman on Fleetwood Brougham.

VEHICLE CONDITION SCALE

Excellent

1) EXCELLENT: Restored to current maximum professional standards of quality in every area, or perfect original with components operating and appearing as new. A 95-plus point show vehicle that is not driven.

Fine

2) FINE: Well-restored, or a combination of superior restoration and ex-cellent original. Also, an *extremely* well-maintained original showing very minimal wear.

Very Good

3) VERY GOOD: Completely operable original or "older restoration" showing wear. Also, a good amateur restoration, all presentable and serviceable inside and out. Plus, combinations of well-done restoration and good operable components or a partially restored vehicle with all parts necessary to complete and/or valuable NOS parts.

Good

4) GOOD: A drivable vehicle needing no or only minor work to be functional. Also, a deteriorated restoration or a very poor amateur restoration. All components may need restoration to be "excellent," but the vehicle is mostly usable "as is."

Restorable

5) RESTORABLE: Needs *complete* restoration of body, chassis and interior. May or may not be running, but isn't weathered, wrecked or stripped to the point of being useful only for parts.

Parts Car

6) PARTS VEHICLE: May or may not be running, but is weathered, wrecked and/or stripped to the point of being useful primarily for parts.

Vehicle Conditions Discussed

All other things being equal, if two identical vehicles are offered for sale side-by-side, the one in better condition is worth more. This may seem quite obvious, but it is the notion upon which the entire Old Cars Price Guide Vehicle Condition Scale, used here in the Standard Guide to Cars & Prices, is based.

A great deal of thought was put into the actual wording of each description on the preceding pages with an eye toward making them concise, yet brief, and understandable to the old car hobbyist. Questions of interpretation still do come up, however. "Is my car a No. 1?" and "How does a No. 3 differ from a No. 4?" are typical of those asked our editors on the phone, through the mail and face-to-face at old car gatherings.

Following, then, are some plain language explanations of the six conditions to refer to in addition to those that appear with the illustrations preceding this page.

1) EXCELLENT: In national show judging, a car in No. 1 condition is likely to win top honors in its class. In a sense, it has ceased to be an automobile and has become an object of art. It is transported to shows in an enclosed trailer and, when not being shown, it is stored in a climate-controlled facility. It is not driven. There are very few No. 1 cars.

2) FINE: Except for the very closest inspection, a No. 2 vehicle may appear as a No. 1. The No. 2 vehicle will take the top award in many judged shows, except when squared off against a No. 1 example in its own class. It may also be driven 800-1,000 miles each year to shows, on tours and simply for pleasure.

3) VERY GOOD: This is a "20-footer." That is, from 20 feet away it may look perfect. But as we approach it, we begin to notice that the paint may becoming a little thin in spots from frequent washing and polishing. Looking inside we might detect some wear on the driver's seat, foot pedals and carpeting. The chrome trim, while still quite presentable, has lost the sharp mirror-like reflective quality it had when new. All systems and equipment on the car are in good operating condition. Most of the vehicles seen at many car shows are No. 3s.

4) GOOD: This is a driver. It may be in the process of restoration, or its owner may have big plans, but even from 20 feet away, there is no doubt that it needs a lot of help.

5) RESTORABLE: This car needs everything. It may or may not be operable, but it is essentially all there and has only minor surface rust, if any. While it may present a real challenge to the restorer, it won't have him doing a lot of chasing for missing parts.

6) PARTS CAR: This is an incomplete or greatly deteriorated, perhaps rusty, vehicle that has value only as a parts donor for other restoration projects.

EDITOR PROFILES

Ken Buttolph

As long as Ken remembers, he has always loved old cars. His very first was a 1927 Nash coupe that he bought, as a teenager, for $50. Some 500 additional vehicles have passed through his collection since then and none has been new. Besides the obvious advantage of not suffering the murderous depreciation rates that new cars do, Ken has always preferred old cars because, to him, they are just a lot more fun to own and drive.

Through his personal, 60-plus vehicle collection, and as a curator of the nearly 100 old cars, trucks, and tractors in the Old Cars Antique Vehicle Collection, Ken is involved virtually every day with historical vehicles spanning the entire past century. He is often called upon to make buy and sell decisions within both collections. Included among the vehicles in his charge is a 1903 Ford Model A runabout—No. 1240, built during the first year of Ford Motor Co. production—and a 1912 Sears highwheeler, looking every bit the "horseless carriage," also from the early years of the 20th century. From the 'teens is a diminutive '16 Chevrolet touring car and a huge '17 Winton. The decade of the '20s contributes both 1920 Buick and '21 Kissel touring cars as well as a Ford Model T center-door sedan, '29 Packard Model 645 Dietrich sport phaeton, '28 Ford Model A four-door sedan, and a '29 Model A sport roadster. Ken's own cars begin with a 1939 Buick Special four-door sedan followed closely by a '41 two-door version of the same model. An extensive grouping of World War II military vehicles and equipment, supplemented by Buick, Chrysler, and Cadillac, represent the war years and the immediate postwar period. The balance of the automotive century, from the '50s into the '90s, lives on in names such as Chevrolet Bel Air, Studebaker Golden Hawk, Kaiser Manhattan, Corvette, and others.

Old-car fans throughout the country are familiar with Ken through his extensive travels and attendance at major collector-car auctions, shows, and swap meets nationwide in his roles as editor of *Old Cars Price Guide* and research editor for *Old Cars Weekly*.

Ron Kowalke

As a boy, it was a rare day when Ron wasn't fooling around with model kits, Hot Wheels, Cox gas-fueled racers and other wheeled pastimes. At age 15, a mini-bike was traded for a navy blue 1961 Ford Galaxie sedan that had traveled 89,000 miles in the service of the U.S. Navy recruiting department. Other early cars included a 1966 Buick Skylark hardtop with V-6 engine, 1965 Ford Country Squire station wagon and, the first new car, a 1979 Oldsmobile Starfire. Since those early days, Ron has spent over 16 years toiling in motorsports as a hobby racer, building a half-dozen Chevrolet stock cars. His collector car fantasy vehicles include someday owning a 1950 Oldsmobile 98 Club Sedan and/or any hardtop station wagon from the 1950s.

By day, Ron is the technical/auction editor for *Old Cars Weekly News & Marketplace* as well as co-editor of *Old Cars Price Guide*. He is also an avid collector of both auto thrill show and world land speed record memorabilia.

Buying that first collector vehicle

You thought the day would never arrive. All those years of dreaming, picturing in your mind that newly purchased collector vehicle nestled in your garage, just waiting for family and friends to come take a look.

It is a right of passage among those in the old car hobby—the purchase of that first collector vehicle. Whether it be a vintage car, truck, motorcycle, tractor, or some other machine, the ground rules that will ensure a satisfactory transaction long after the money has been paid are about the same.

So let's start with the basics.

1) What vehicle is the best choice for my first collector car purchase?

In truth, a book could be written to thoroughly cover this subject. So many variables exist, but much of what can help make that crucial decision is plain old common sense. Again, let's start at the beginning. How much can you afford to spend on a collector vehicle? Will this vehicle be driven, or will it be trailered to shows in search of adoration, points and trophies? What type of storage facility do you have? Will your significant other approve of the vehicle (this probably should have been mentioned first, based on how much trouble can be caused if ignored).

Due to its complex nature, we'll tackle the money angle first. In those heady situations where money is no object, buying the best—regardless of price—is obviously the recommended course. Narrow your list to that one model you can't live without, and then search the world over to find the most authentic, most pristine number one condition vehicle that money can buy. Pretty simple, but not realistic for most first-time collector car buyers.

Buying within your means

Most of us buy into the old car hobby constrained by a budget; that time-honored tradition of figuring out what can be spent without having to sell your dream machine within six months of purchase due to debt overload. Certainly, the budget will include setting aside the necessary funds to buy tools and/or parts to restore the vehicle, if necessary. Nothing can be more depressing than to have the itch to climb behind the wheel for that first all-out assault of the asphalt, only to discover the battery needs to be replaced or the waterpump leaks or even a tuneup is in order and not have the funds to get the job(s) done. Kind of the "all dressed up and nowhere to go" syndrome!

Be as realistic with what type of first vehicle to buy as you are with your approach to budgeting. The main rule, first, foremost and always, is to buy a vehicle that you like. As obvious as that may seem, many collector car purchase decisions are based primarily on resale value. Leave the investment philosophy to the people who have bought and sold a few collector vehicles, and know the perils involved. If you lusted after a 1966 Mustang fastback as a high school student, search for a solid example of this model in your price range and when you find "THE ONE," go after it. This way, if two years and $2,000 worth of restoration down the road you decide, "Hey, as much as I like the '66 fastback, what I really want is the '66 Shelby GT350H (Hertz)," you can still enjoy your original car until it sells. It can also be said that a seller who has genuine enthusiasm for a vehicle he/she is selling will most likely find a willing buyer quicker as well as be able to justify getting top dollar for said vehicle.

There is a collector vehicle for everyone, even someone on an extremely limited budget. This Chevrolet sedan could probably be obtained for minimal dollars, and would be an excellent project vehicle to experiment with restoration techniques, such as rusty panel repair or interior fabric repair.

Climbing the ladder

What about a situation where someone desperately wants to buy a collector car, but has an extremely limited budget? It is absolutely true, that there is a collector vehicle for everyone. Starting with little money does not mean pride of ownership of a collector vehicle is unattainable. One sensible approach in this situation is to start out with realistic expectations. Scouting classifieds, such as "Kenny's Klunkers" in *Old Cars Weekly News & Marketplace*, puts the reader in touch with many examples of vehicles for under $700—and many under $400. These types of vehicles are generally classed in the number 4, 5 or 6 categories, meaning lots of work and money to bring them back into top condition. Again, in this situation, it may be smarter to start with one of these "near death" projects and learn the ropes, as they say. For a first-time collector car buyer with limited cash, these condition 4, 5 or 6 vehicles can be a rolling classroom to experiment with restoration techniques, without any intention of ever putting the car back on the road. The experimentation could encompass fixing rusty panels, doing interior work such as sewing or headliner repair, and/or tearing apart the engine to see what makes it tick. Whatever and whenever your budget allows, purchase tools and inexpensive parts to learn how to properly restore a vehicle. In the end, you may be able to salvage enough good parts from your "classroom" to sell at a swap meet to recoup most or all of your initial investment. The techniques and lessons learned from all this risk-free experimentation is priceless. A more expensive, driveable collector vehicle can then be pursued, confident in knowing that all the mistakes made while toiling in the classroom will not be made again. This "climbing the ladder" towards better and better vehicles is time-consuming, but it gets the extremely limited budget old car enthusiast's foot in the door. Better to start small, than to not start at all!

Storage

Having proper storage for a collector vehicle should also enter into the budget process. Especially for those hobbyists living in northern climes, the season to drive is all too short. Where and how you store your collector vehicle during those "down" months is critical to its long-term health and welfare. Moisture, varmints and dirt will ruin a beautiful collector vehicle in a hurry. Climate controlled storage is the best, but not within the budget of most hobbyists. There are several alternatives (too many to name here) that afford safe, economical storage that will allow hobbyists nights of restful sleep while the dream machine is in hibernation. Check hobby publications such as *Old Cars Weekly News & Marketplace* for vendors of storage products to find what's affordable and workable.

Keeping the better half informed

Reiterating what is probably the most overlooked ground rule, at least mention to your significant other your desire to purchase a collector vehicle—whatever the price range. This person can be a great help in achieving your dream, and will probably spend as much time in the vehicle as you, travelling to shows or tooling around the countryside. Allow your significant other to be a part of the acquisition process, or be prepared for the collector vehicle to be a constant source of bickering or, worst case scenario, a mere piece of property argued over by your divorce lawyers. Ouch!

2) What type(s) of accessories or optional equipment make a collectible vehicle appreciate in value most effectively?

Who doesn't love gadgets! Modern automobiles are loaded with enough gizmos to choke a horse. These cars, while wonderful to own, are also extremely difficult on which to perform even simple maintenance, thus ending the career of Mr. Backyard Mechanic. This dilemma also provides a valuable lesson for buyers (first-time or otherwise) of equipment-laden collector vehicles.

It could be argued that accessories/optional equipment offered on prewar (built prior to 1943) vehicles, for the most part, eventually evolved into standard production features after the World War II. Taking that into account, a general list of accessories or optional equipment that would be desirable on a postwar (built after 1944) collector vehicle would include features that enhance the car's ride (examples would be a firmer suspension package, and/or wider wheels and tires),

The 1963 Ford Galaxie (left) offered a Swing-Away steering wheel as an accessory, to allow for easier entry and exit from the car. (Below) In 1957, Pontiac accessories included a continental tire kit for that "longer, customized look." These types of accessories add value to a collector vehicle.

appearance (vinyl top, graphics package, and/or spoiler), interior comfort (air conditioning, leather or upscale fabric, floor shift as opposed to column-mounted shift, tilt-steering, upscale sound system and/or power features such as windows and locks), power application (fuel injection, turbocharging, and/or positraction), and functionality (such as a roof rack on a station wagon or four-wheel-drive on a pickup). These types of enhancements tilt the value scale toward a model so equipped versus the same model stripped. But also remember that the both the initial purchase price and maintenance factor will also be greater (and more expensive) when owning a vehicle such as a 1959 Ford Fairlane 500 Skyliner with retractable hardtop versus a Fairlane 500 Sunliner convertible of the same year, or a "fuelie" Corvette versus its carbureted counterpart.

3) What does modifying a collector vehicle do to its value?

As a general rule, the closer a vehicle approaches absolute stock authenticity the greater its value. (The exception is within those hobby circles actually involved in modifying or preserving modified vehicles.) Any deviation from factory stock, be it as simple as paint color, upholstery pattern or rug texture, represents an expression of the owner's individual taste and preference. This taste may not be shared with a future potential buyer. The *Standard Guide to Cars & Prices* assumes that any subject vehicle is in completely stock condition. It warns that, should any modification(s) exist, the cost of returning the vehicle to stock condition should be deducted from the value estimate shown, in order to arrive at an approximation of current market value. While ownership of a modified vehicle can be quite enjoyable and worthwhile, be prepared to pay a price penalty when it comes time to sell.

This mildly customized 1958 Ford suits the current owner's taste in what he or she wants in a collector car. A new owner, though, may want to restore the car to original condition, and this cost could be negotiated into the selling price.

DOMESTIC CARS

AMC

NOTE: AMC listings follow NASH listings.

AMERICAN AUSTIN-BANTAM

1930-1931 American Austin 4-cyl., 15 hp, 75" wb

2d Rds	550	1,700	2,800	5,600	9,800	14,000
2d Cpe	400	1,200	2,000	4,000	7,000	10,000
2d DeL Cpe	400	1,250	2,100	4,200	7,350	10,500

1932 American Austin 4-cyl., 15 hp, 75" wb

2d Rbt	550	1,700	2,800	5,600	9,800	14,000
2d Bus Cpe	400	1,200	2,000	4,000	7,000	10,000
2d Cabr	500	1,550	2,600	5,200	9,100	13,000
2d Std Cpe	400	1,200	2,050	4,100	7,150	10,200
2d DeL Cpe	400	1,250	2,100	4,200	7,350	10,500

1933 American Austin 4-cyl., 15 hp, 75" wb

2d Rds	550	1,700	2,800	5,600	9,800	14,000
2d Bus Cpe	400	1,200	2,000	4,000	7,000	10,000
2d Spl Cpe	450	1,300	2,200	4,400	7,700	11,000
2d Cpe	400	1,250	2,100	4,200	7,350	10,500

1934 American Austin 4-cyl., 15 hp, 75" wb

2d Bus Cpe	400	1,200	2,000	4,000	7,000	10,000
2d Std Cpe	400	1,250	2,050	4,100	7,200	10,300
2d DeL Cpe	400	1,250	2,100	4,200	7,350	10,500

1935 American Austin 4-cyl., 15 hp, 75" wb

2d Bus Cpe	400	1,150	1,900	3,800	6,650	9,500
2d Std Cpe	400	1,200	2,000	4,000	7,000	10,000
2d DeL Cpe	400	1,250	2,100	4,200	7,350	10,500

1938 American Bantam Model 60, 4-cyl., 19 hp, 75" wb

2d Rds	500	1,550	2,600	5,200	9,100	13,000
2d Cpe	400	1,150	1,900	3,800	6,650	9,500

1939 American Bantam Model 60, 4-cyl., 20 hp, 75" wb

2d Std Cpe	350	1,100	1,800	3,600	6,300	9,000
2d Std Rds	500	1,500	2,500	5,000	8,750	12,500
2d Spl Cpe	400	1,150	1,900	3,800	6,650	9,500
2d Spl Rds	550	1,600	2,700	5,400	9,450	13,500
2d Spds	600	1,750	2,900	5,800	10,150	14,500
2d DeL Cpe	400	1,200	2,000	4,000	7,000	10,000
2d DeL Rds	600	1,800	3,000	6,000	10,500	15,000
2d DeL Spds	650	1,900	3,200	6,400	11,200	16,000
2d Sta Wag	500	1,450	2,400	4,800	8,400	12,000

1940-1941 American Bantam Model 65, 4-cyl., 22 hp, 75" wb

2d Std Cpe	350	1,100	1,800	3,600	6,300	9,000
2d Master Cpe	400	1,150	1,900	3,800	6,650	9,500
2d Master Rds	500	1,550	2,600	5,200	9,100	13,000
2d Conv Cpe	450	1,400	2,300	4,600	8,050	11,500
2d Conv Sed	550	1,600	2,700	5,400	9,450	13,500
2d Sta Wag	500	1,550	2,600	5,200	9,100	13,000

AUBURN

1904 Model A

Tr	1,200	3,600	6,000	12,000	21,000	30,000

1905 Model B, 2-cyl.

Tr	1,150	3,500	5,800	11,600	20,300	29,000

1906 Model C, 2-cyl.

Tr	1,150	3,500	5,800	11,600	20,300	29,000

1907 Model D, 2-cyl.

Tr	1,150	3,500	5,800	11,600	20,300	29,000

1908 Model G, 2-cyl., 24 hp

Tr	1,150	3,500	5,800	11,600	20,300	29,000

1908 Model H, 2-cyl.

Tr	1,200	3,600	6,000	12,000	21,000	30,000

1908 Model K, 2-cyl.

Rbt	1,250	3,700	6,200	12,400	21,700	31,000

1909 Model G, 2-cyl., 24 hp

Tr	1,200	3,600	6,000	12,000	21,000	30,000

1909 Model H, 2-cyl.

Tr	1,200	3,600	6,000	12,000	21,000	30,000

	6	5	4	3	2	1
1909 Model K						
Rbt	1,150	3,500	5,800	11,600	20,300	29,000
1909 Model B, 4-cyl., 25-30 hp						
Tr	1,150	3,500	5,800	11,600	20,300	29,000
1909 Model C, 4-cyl.						
Tr	1,250	3,700	6,200	12,400	21,700	31,000
1909 Model D, 4-cyl.						
Rbt	1,300	3,850	6,400	12,800	22,400	32,000
1910 Model G, 2-cyl., 24 hp						
Tr	1,100	3,350	5,600	11,200	19,600	28,000
1910 Model H, 2-cyl.						
Tr	1,150	3,500	5,800	11,600	20,300	29,000
1910 Model K, 2-cyl.						
Rbt	1,200	3,600	6,000	12,000	21,000	30,000
1910 Model B, 4-cyl., 25-30 hp						
Tr	1,200	3,600	6,000	12,000	21,000	30,000
1910 Model C, 4-cyl.						
Tr	1,150	3,500	5,800	11,600	20,300	29,000
1910 Model D, 4-cyl.						
Rbt	1,200	3,600	6,000	12,000	21,000	30,000
1910 Model X, 4-cyl., 35-40 hp						
Tr	1,200	3,600	6,000	12,000	21,000	30,000
1910 Model R, 4-cyl.						
Tr	1,250	3,700	6,200	12,400	21,700	31,000
1910 Model S, 4-cyl.						
Rds	1,250	3,700	6,200	12,400	21,700	31,000
1911 Model G, 2-cyl., 24 hp						
Tr	1,100	3,350	5,600	11,200	19,600	28,000
1911 Model K, 2-cyl.						
Rbt	1,150	3,500	5,800	11,600	20,300	29,000
1911 Model L, 4-cyl., 25-30 hp						
Tr	1,150	3,500	5,800	11,600	20,300	29,000
1911 Model F, 4-cyl.						
Tr	1,150	3,500	5,800	11,600	20,300	29,000
1911 Model N, 4-cyl., 40 hp						
Tr	1,200	3,600	6,000	12,000	21,000	30,000
1911 Model Y, 4-cyl.						
Tr	1,150	3,500	5,800	11,600	20,300	29,000
1911 Model T, 4-cyl.						
Tr	1,150	3,500	5,800	11,600	20,300	29,000
1911 Model M, 4-cyl.						
Rds	1,200	3,600	6,000	12,000	21,000	30,000
1912 Model 6-50, 6-cyl.						
Tr	1,250	3,700	6,200	12,400	21,700	31,000
1912 Model 40H, 4-cyl., 35-40 hp						
Tr	1,150	3,500	5,800	11,600	20,300	29,000
1912 Model 40M, 4-cyl., 35-40 hp						
Rds	1,150	3,500	5,800	11,600	20,300	29,000
1912 Model 40N, 4-cyl., 35-40 hp						
Tr	1,200	3,600	6,000	12,000	21,000	30,000
1912 Model 35L, 4-cyl., 30 hp						
Tr	1,100	3,350	5,600	11,200	19,600	28,000
1912 Model 30L, 4-cyl., 30 hp						
Rds	1,150	3,500	5,800	11,600	20,300	29,000
Tr	1,200	3,600	6,000	12,000	21,000	30,000
1913 Model 33M, 4-cyl., 33 hp						
Rds	1,200	3,600	6,000	12,000	21,000	30,000
1913 Model 33L, 4-cyl., 33 hp						
Tr	1,250	3,700	6,200	12,400	21,700	31,000
1913 Model 40A, 4-cyl., 40 hp						
Rds	1,250	3,700	6,200	12,400	21,700	31,000
1913 Model 40L, 4-cyl.						
Tr	1,300	3,850	6,400	12,800	22,400	32,000
1913 Model 45, 6-cyl., 45 hp						
Tr	1,300	3,850	6,400	12,800	22,400	32,000
1913 Model 45B, 6-cyl., 45 hp						
Rds	1,250	3,700	6,200	12,400	21,700	31,000
T&C	1,100	3,350	5,600	11,200	19,600	28,000
Cpe	1,100	3,250	5,400	10,800	18,900	27,000

	6	5	4	3	2	1
1913 Model 50, 6-cyl., 50 hp						
Tr	1,300	3,950	6,600	13,200	23,100	33,000
1914 Model 4-40, 4-cyl., 40 hp						
Rds	1,100	3,350	5,600	11,200	19,600	28,000
Tr	1,150	3,500	5,800	11,600	20,300	29,000
Cpe	950	2,900	4,800	9,600	16,800	24,000
1914 Model 4-41, 4-cyl., 40 hp						
Tr	1,200	3,600	6,000	12,000	21,000	30,000
1914 Model 6-45, 6-cyl., 45 hp						
Rds	1,200	3,600	6,000	12,000	21,000	30,000
Tr	1,250	3,700	6,200	12,400	21,700	31,000
1914 Model 6-46, 6-cyl., 45 hp						
Tr	1,300	3,850	6,400	12,800	22,400	32,000
1915 Model 4-36, 4-cyl., 36 hp						
Rds	1,100	3,350	5,600	11,200	19,600	28,000
Tr	1,150	3,500	5,800	11,600	20,300	29,000
1915 Model 4-43, 4-cyl., 43 hp						
Rds	1,150	3,500	5,800	11,600	20,300	29,000
Tr	1,200	3,600	6,000	12,000	21,000	30,000
1915 Model 6-40, 6-cyl., 50 hp						
Rds	1,250	3,700	6,200	12,400	21,700	31,000
Tr	1,300	3,850	6,400	12,800	22,400	32,000
Cpe	1,000	3,000	5,000	10,000	17,500	25,000
1915 Model 6-47, 6-cyl., 47 hp						
Rds	1,200	3,600	6,000	12,000	21,000	30,000
Tr	1,250	3,700	6,200	12,400	21,700	31,000
1916 Model 4-38, 4-cyl., 38 hp						
Rds	1,150	3,500	5,800	11,600	20,300	29,000
Tr	1,200	3,600	6,000	12,000	21,000	30,000
1916 Model 6-38						
Rds	1,200	3,600	6,000	12,000	21,000	30,000
Tr	1,250	3,700	6,200	12,400	21,700	31,000
1916 Model 6-40, 6-cyl., 40 hp						
Rds	1,300	3,850	6,400	12,800	22,400	32,000
Tr	1,300	3,950	6,600	13,200	23,100	33,000
1916 Model Union 4-36, 6-cyl., 36 hp						
Tr	1,300	3,850	6,400	12,800	22,400	32,000
1917 Model 6-39, 6-cyl., 39 hp						
Rds	1,100	3,250	5,400	10,800	18,900	27,000
Tr	1,100	3,350	5,600	11,200	19,600	28,000
1917 Model 6-44, 6-cyl., 44 hp						
Rds	1,100	3,350	5,600	11,200	19,600	28,000
Tr	1,150	3,500	5,800	11,600	20,300	29,000
1917 Model 4-36, 4-cyl., 36 hp						
Rds	1,050	3,100	5,200	10,400	18,200	26,000
Tr	1,100	3,250	5,400	10,800	18,900	27,000
1918 Model 6-39, 6-cyl.						
Tr	1,000	3,000	5,000	10,000	17,500	25,000
Rds	1,000	3,000	5,000	10,000	17,500	25,000
Spt Tr	1,050	3,100	5,200	10,400	18,200	26,000
1918 Model 6-44, 6-cyl.						
Tr	1,000	3,000	5,000	10,000	17,500	25,000
Rds	1,000	3,000	5,000	10,000	17,500	25,000
Spt Tr	1,050	3,100	5,200	10,400	18,200	26,000
Sed	700	2,050	3,400	6,800	11,900	17,000
1919 Model 6-39						
Tr	1,000	3,000	5,000	10,000	17,500	25,000
Rds	1,000	3,000	5,000	10,000	17,500	25,000
Cpe	600	1,800	3,000	6,000	10,500	15,000
Sed	650	1,900	3,200	6,400	11,200	16,000
1920 Model 6-39, 6-cyl.						
Tr	1,000	3,000	5,000	10,000	17,500	25,000
Spt Tr	1,050	3,100	5,200	10,400	18,200	26,000
Rds	1,050	3,100	5,200	10,400	18,200	26,000
Sed	700	2,150	3,600	7,200	12,600	18,000
Cpe	750	2,300	3,800	7,600	13,300	19,000
1921 Model 6-39						
Tr	1,000	3,000	5,000	10,000	17,500	25,000
Spt Tr	1,100	3,250	5,400	10,800	18,900	27,000
Rds	1,100	3,250	5,400	10,800	18,900	27,000
Cabr	1,100	3,250	5,400	10,800	18,900	27,000
Sed	700	2,150	3,600	7,200	12,600	18,000
Cpe	750	2,300	3,800	7,600	13,300	19,000

	6	5	4	3	2	1
1922 Model 6-51, 6-cyl.						
Tr	1,100	3,250	5,400	10,800	18,900	27,000
Rds	1,100	3,350	5,600	11,200	19,600	28,000
Spt Tr	1,100	3,350	5,600	11,200	19,600	28,000
Sed	750	2,300	3,800	7,600	13,300	19,000
Cpe	800	2,400	4,000	8,000	14,000	20,000
1923 Model 6-43, 6-cyl.						
Tr	1,100	3,350	5,600	11,200	19,600	28,000
Sed	700	2,150	3,600	7,200	12,600	18,000
1923 Model 6-63, 6-cyl.						
Tr	1,150	3,500	5,800	11,600	20,300	29,000
Spt Tr	1,200	3,600	6,000	12,000	21,000	30,000
Brgm	750	2,300	3,800	7,600	13,300	19,000
Sed	700	2,150	3,600	7,200	12,600	18,000
1923 Model 6-51, 6-cyl.						
Phae	1,200	3,600	6,000	12,000	21,000	30,000
Tr	1,150	3,500	5,800	11,600	20,300	29,000
Spt Tr	1,250	3,700	6,200	12,400	21,700	31,000
Brgm	800	2,400	4,000	8,000	14,000	20,000
Sed	750	2,300	3,800	7,600	13,300	19,000
1924 Model 6-43, 6-cyl.						
Tr	1,100	3,350	5,600	11,200	19,600	28,000
Spt Tr	1,150	3,500	5,800	11,600	20,300	29,000
Sed	700	2,150	3,600	7,200	12,600	18,000
Cpe	750	2,300	3,800	7,600	13,300	19,000
2d	700	2,150	3,600	7,200	12,600	18,000
1924 Model 6-63, 6-cyl.						
Tr	1,150	3,500	5,800	11,600	20,300	29,000
Spt Tr	1,250	3,700	6,200	12,400	21,700	31,000
Sed	750	2,300	3,800	7,600	13,300	19,000
Brgm	800	2,400	4,000	8,000	14,000	20,000
1925 Model 8-36, 8-cyl.						
Tr	1,350	4,100	6,800	13,600	23,800	34,000
2d Brgm	700	2,150	3,600	7,200	12,600	18,000
4d Sed	700	2,150	3,600	7,200	12,600	18,000
1925 Model 6-43, 6-cyl.						
Phae	1,300	3,850	6,400	12,800	22,400	32,000
Spt Phae	1,300	3,950	6,600	13,200	23,100	33,000
Cpe	800	2,400	4,000	8,000	14,000	20,000
4d Sed	750	2,300	3,800	7,600	13,300	19,000
2d Sed	700	2,150	3,600	7,200	12,600	18,000
1925 Model 6-66, 6-cyl.						
Rds	1,300	3,850	6,400	12,800	22,400	32,000
Brgm	700	2,050	3,400	6,800	11,900	17,000
4d	700	2,150	3,600	7,200	12,600	18,000
Tr	1,300	3,950	6,600	13,200	23,100	33,000
1925 Model 8-88, 8-cyl.						
Rds	1,300	3,950	6,600	13,200	23,100	33,000
4d Sed 5P	750	2,300	3,800	7,600	13,300	19,000
4d Sed 7P	750	2,300	3,800	7,600	13,300	19,000
Brgm	700	2,150	3,600	7,200	12,600	18,000
Tr	1,300	3,950	6,600	13,200	23,100	33,000
1926 Model 4-44, 4-cyl., 42 hp						
Tr	1,250	3,700	6,200	12,400	21,700	31,000
Rds	1,300	3,850	6,400	12,800	22,400	32,000
Cpe	950	2,900	4,800	9,600	16,800	24,000
4d Sed	900	2,750	4,600	9,200	16,100	23,000
1926 Model 6-66, 6-cyl., 48 hp						
Rds	1,400	4,200	7,000	14,000	24,500	35,000
Tr	1,350	4,100	6,800	13,600	23,800	34,000
Brgm	900	2,750	4,600	9,200	16,100	23,000
4d Sed	950	2,900	4,800	9,600	16,800	24,000
Cpe	1,000	3,000	5,000	10,000	17,500	25,000
1926 Model 8-88, 8-cyl., 88 hp, 129" wb						
Rds	1,500	4,450	7,400	14,800	25,900	37,000
Tr	1,450	4,300	7,200	14,400	25,200	36,000
Cpe	1,050	3,100	5,200	10,400	18,200	26,000
Brgm	950	2,900	4,800	9,600	16,800	24,000
5P Sed	950	2,900	4,800	9,600	16,800	24,000
7P Sed	1,000	2,950	4,900	9,800	17,150	24,500
1926 Model 8-88, 8-cyl., 88 hp, 146" wb						
7P Sed	1,000	3,000	5,000	10,000	17,500	25,000
1927 Model 6-66, 6-cyl., 66 hp						
Rds	1,400	4,200	7,000	14,000	24,500	35,000

	6	5	4	3	2	1
Tr	1,350	4,100	6,800	13,600	23,800	34,000
Brgm	950	2,900	4,800	9,600	16,800	24,000
Sed	1,000	3,000	5,000	10,000	17,500	25,000

1927 Model 8-77, 8-cyl., 77 hp

	6	5	4	3	2	1
Rds	1,450	4,300	7,200	14,400	25,200	36,000
Tr	1,400	4,200	7,000	14,000	24,500	35,000
Brgm	1,000	3,000	5,000	10,000	17,500	25,000
Sed	1,000	3,000	5,000	10,000	17,500	25,000

1927 Model 8-88, 8-cyl., 88 hp, 129" WB

	6	5	4	3	2	1
Tr	1,500	4,550	7,600	15,200	26,600	38,000
Rds	1,550	4,700	7,800	15,600	27,300	39,000
Cpe	1,100	3,250	5,400	10,800	18,900	27,000
Brgm	950	2,900	4,800	9,600	16,800	24,000
Sed	950	2,900	4,800	9,600	16,800	24,000
Spt Sed	1,000	3,000	5,000	10,000	17,500	25,000

1927 Model 8-88, 8-cyl., 88 hp, 146" wb

	6	5	4	3	2	1
7P Sed	1,000	3,000	5,000	10,000	17,500	25,000
Tr	1,550	4,700	7,800	15,600	27,300	39,000

1928 Model 6-66, 6-cyl., 66 hp

	6	5	4	3	2	1
Rds	1,550	4,700	7,800	15,600	27,300	39,000
Cabr	1,500	4,550	7,600	15,200	26,600	38,000
Sed	950	2,900	4,800	9,600	16,800	24,000
Spt Sed	1,000	3,000	5,000	10,000	17,500	25,000

1928 Model 8-77, 8-cyl., 77 hp

	6	5	4	3	2	1
Rds	1,600	4,800	8,000	16,000	28,000	40,000
Cabr	1,550	4,700	7,800	15,600	27,300	39,000
Sed	1,000	3,000	5,000	10,000	17,500	25,000
Spt Sed	1,050	3,100	5,200	10,400	18,200	26,000

1928 Model 8-88, 8-cyl., 88 hp

	6	5	4	3	2	1
Rds	1,650	4,900	8,200	16,400	28,700	41,000
Tr	1,600	4,800	8,000	16,000	28,000	40,000
Cabr	1,600	4,800	8,000	16,000	28,000	40,000
Sed	1,000	3,000	5,000	10,000	17,500	25,000
Spt Sed	1,050	3,100	5,200	10,400	18,200	26,000

1928 Model 8-88, 8-cyl., 88 hp, 136" wb

	6	5	4	3	2	1
7P Sed	1,100	3,250	5,400	10,800	18,900	27,000

1928 SECOND SERIES Model 76, 6-cyl.

	6	5	4	3	2	1
Rds	1,800	5,400	9,000	18,000	31,500	45,000
Cabr	1,700	5,150	8,600	17,200	30,100	43,000
Sed	1,050	3,100	5,200	10,400	18,200	26,000
Spt Sed	1,100	3,250	5,400	10,800	18,900	27,000

1928 Model 88, 8-cyl.

	6	5	4	3	2	1
Spds	3,450	10,300	17,200	34,400	60,000	86,000
Rds	2,100	6,250	10,400	20,800	36,400	52,000
Cabr	1,700	5,150	8,600	17,200	30,100	43,000
Sed	1,050	3,100	5,200	10,400	18,200	26,000
Spt Sed	1,100	3,250	5,400	10,800	18,900	27,000
Phae	2,000	6,000	10,000	20,000	35,000	50,000

1928 Model 115, 8-cyl.

	6	5	4	3	2	1
Spds	3,700	11,000	18,400	36,800	64,500	92,000
Rds	2,200	6,600	11,000	22,000	38,500	55,000
Cabr	1,950	5,900	9,800	19,600	34,300	49,000
Sed	1,100	3,350	5,600	11,200	19,600	28,000
Spt Sed	1,150	3,500	5,800	11,600	20,300	29,000
Phae	2,100	6,350	10,600	21,200	37,100	53,000

1929 Model 76, 6-cyl.

	6	5	4	3	2	1
Rds	1,900	5,750	9,600	19,200	33,600	48,000
Tr	1,850	5,500	9,200	18,400	32,200	46,000
Cabr	1,800	5,400	9,000	18,000	31,500	45,000
Vic	1,200	3,600	6,000	12,000	21,000	30,000
Sed	1,050	3,100	5,200	10,400	18,200	26,000
Spt Sed	1,100	3,250	5,400	10,800	18,900	27,000

1929 Model 88, 8-cyl.

	6	5	4	3	2	1
Spds	4,000	12,000	20,000	40,000	70,000	100,000
Rds	3,050	9,100	15,200	30,400	53,200	76,000
Tr	2,650	7,900	13,200	26,400	46,200	66,000
Cabr	2,700	8,150	13,600	27,200	47,600	68,000
Vic	1,300	3,850	6,400	12,800	22,400	32,000
Sed	1,050	3,100	5,200	10,400	18,200	26,000
Spt Sed	1,100	3,250	5,400	10,800	18,900	27,000
Phae	2,900	8,650	14,400	28,800	50,400	72,000

1929 Model 115, 8-cyl.

	6	5	4	3	2	1
Spds	4,650	13,900	23,200	46,400	81,000	116,000
Rds	3,300	9,850	16,400	32,800	57,400	82,000
Cabr	2,850	8,500	14,200	28,400	49,700	71,000

	6	5	4	3	2	1
Vic	1,300	3,950	6,600	13,200	23,100	33,000
Sed	1,050	3,100	5,200	10,400	18,200	26,000
Spt Sed	1,100	3,250	5,400	10,800	18,900	27,000
Phae	3,100	9,350	15,600	31,200	54,600	78,000

1929 Model 6-80, 6-cyl.

	6	5	4	3	2	1
Tr	2,600	7,800	13,000	26,000	45,500	65,000
Cabr	2,650	7,900	13,200	26,400	46,200	66,000
Vic	1,100	3,350	5,600	11,200	19,600	28,000
Sed	1,050	3,100	5,200	10,400	18,200	26,000
Spt Sed	1,100	3,250	5,400	10,800	18,900	27,000

1929 Model 8-90, 8-cyl.

	6	5	4	3	2	1
Spds	4,650	13,900	23,200	46,400	81,000	116,000
Tr	3,100	9,350	15,600	31,200	54,600	78,000
Cabr	3,150	9,500	15,800	31,600	55,300	79,000
Phae	3,450	10,300	17,200	34,400	60,000	86,000
Vic	1,300	3,950	6,600	13,200	23,100	33,000
Sed	1,100	3,250	5,400	10,800	18,900	27,000
Spt Sed	1,100	3,350	5,600	11,200	19,600	28,000

1929 Model 120, 8-cyl.

	6	5	4	3	2	1
Spds	5,200	15,600	26,000	52,000	91,000	130,000
Cabr	3,500	10,400	17,400	34,800	61,000	87,000
Phae	3,500	10,600	17,600	35,200	61,500	88,000
Vic	1,400	4,200	7,000	14,000	24,500	35,000
Sed	1,100	3,350	5,600	11,200	19,600	28,000
7P Sed	1,200	3,600	6,000	12,000	21,000	30,000
Spt Sed	1,150	3,500	5,800	11,600	20,300	29,000

1930 Model 6-85, 6-cyl.

	6	5	4	3	2	1
Cabr	3,400	10,200	17,000	34,000	59,500	85,000
Sed	1,100	3,350	5,600	11,200	19,600	28,000
Spt Sed	1,150	3,500	5,800	11,600	20,300	29,000

1930 Model 8-95, 8-cyl.

	6	5	4	3	2	1
Cabr	3,450	10,300	17,200	34,400	60,000	86,000
Phae	3,500	10,600	17,600	35,200	61,500	88,000
Sed	1,200	3,600	6,000	12,000	21,000	30,000
Spt Sed	1,250	3,700	6,200	12,400	21,700	31,000

1930 Model 125, 8-cyl.

	6	5	4	3	2	1
Cabr	3,500	10,600	17,600	35,200	61,500	88,000
Phae	3,550	10,700	17,800	35,600	62,500	89,000
Sed	1,250	3,700	6,200	12,400	21,700	31,000
Spt Sed	1,300	3,850	6,400	12,800	22,400	32,000

1931 Model 8-98, 8-cyl., Standard, 127" wb

	6	5	4	3	2	1
Spds	4,400	13,200	22,000	44,000	77,000	110,000
Cabr	3,550	10,700	17,800	35,600	62,500	89,000
Phae	3,600	10,800	18,000	36,000	63,000	90,000
Cpe	1,300	3,850	6,400	12,800	22,400	32,000
2d Brgm	1,150	3,500	5,800	11,600	20,300	29,000
5P Sed	1,200	3,600	6,000	12,000	21,000	30,000

1931 Model 8-98, 8-cyl., 136" wb

	6	5	4	3	2	1
7P Sed	1,250	3,700	6,200	12,400	21,700	31,000

1931 Model 8-98A, 8-cyl., Custom, 127" wb

	6	5	4	3	2	1
Spds	4,650	13,900	23,200	46,400	81,000	116,000
Cabr	3,850	11,500	19,200	38,400	67,000	96,000
Phae	4,000	12,000	20,000	40,000	70,000	100,000
Cpe	1,450	4,300	7,200	14,400	25,200	36,000
2d Brgm	1,300	3,950	6,600	13,200	23,100	33,000
4d Sed	1,350	4,100	6,800	13,600	23,800	34,000

1931 Model 8-98, 8-cyl., 136" wb

	6	5	4	3	2	1
7P Sed	1,450	4,300	7,200	14,400	25,200	36,000

1932 Model 8-100, 8-cyl., Custom, 127" wb

	6	5	4	3	2	1
Spds	5,050	15,100	25,200	50,400	88,000	126,000
Cabr	4,250	12,700	21,200	42,400	74,000	106,000
Phae	4,300	13,000	21,600	43,200	75,500	108,000
Cpe	1,500	4,450	7,400	14,800	25,900	37,000
2d Brgm	1,350	4,100	6,800	13,600	23,800	34,000
4d Sed	1,400	4,200	7,000	14,000	24,500	35,000

1932 Model 8-100, 8-cyl., 136" wb

	6	5	4	3	2	1
7P Sed	1,500	4,550	7,600	15,200	26,600	38,000

1932 Model 8-100A, 8-cyl., Custom Dual Ratio, 127" wb

	6	5	4	3	2	1
Spds	5,600	16,800	28,000	56,000	98,000	140,000
Cabr	5,200	15,600	26,000	52,000	91,000	130,000
Phae	5,450	16,300	27,200	54,400	95,000	136,000
Cpe	1,600	4,800	8,000	16,000	28,000	40,000
2d Brgm	1,450	4,300	7,200	14,400	25,200	36,000
4d Sed	1,500	4,450	7,400	14,800	25,900	37,000

	6	5	4	3	2	1
1932 Model 8-100A, 8-cyl., 136" wb						
7P Sed	1,600	4,800	8,000	16,000	28,000	40,000
1932 Model 12-160, 12-cyl., Standard						
Spds	6,000	18,000	30,000	60,000	105,000	150,000
Cabr	5,800	17,400	29,000	58,000	102,000	145,000
Phae	6,000	18,000	30,000	60,000	105,000	150,000
Cpe	1,900	5,650	9,400	18,800	32,900	47,000
2d Brgm	1,450	4,300	7,200	14,400	25,200	36,000
4d Sed	1,500	4,450	7,400	14,800	25,900	37,000
1932 Model 12-160A, 12-cyl., Custom Dual Ratio						
Spds	6,400	19,200	32,000	64,000	112,000	160,000
Cabr	6,200	18,600	31,000	62,000	109,000	155,000
Phae	6,400	19,200	32,000	64,000	112,000	160,000
Cpe	2,200	6,600	11,000	22,000	38,500	55,000
2d Brgm	1,650	4,900	8,200	16,400	28,700	41,000
4d Sed	1,700	5,050	8,400	16,800	29,400	42,000
1933 Model 8-101, 8-cyl., Standard, 127" wb						
Spds	4,000	12,000	20,000	40,000	70,000	100,000
Cabr	3,100	9,350	15,600	31,200	54,600	78,000
Phae	3,350	10,100	16,800	33,600	58,800	84,000
Cpe	1,350	4,100	6,800	13,600	23,800	34,000
2d Brgm	1,150	3,500	5,800	11,600	20,300	29,000
4d Sed	1,200	3,600	6,000	12,000	21,000	30,000
1933 Model 8-101, 8-cyl., 136" wb						
7P Sed	1,250	3,700	6,200	12,400	21,700	31,000
1933 Model 8-101A, 8-cyl., Custom Dual Ratio, 127" wb						
Spds	4,650	13,900	23,200	46,400	81,000	116,000
Cabr	3,450	10,300	17,200	34,400	60,000	86,000
Phae	3,500	10,600	17,600	35,200	62,100	88,000
Cpe	1,500	4,550	7,600	15,200	26,600	38,000
2d Brgm	1,250	3,700	6,200	12,400	21,700	31,000
4d Sed	1,300	3,850	6,400	12,800	22,400	32,000
1933 Model 8-101A, 8-cyl., 136" wb						
7P Sed	1,350	4,100	6,800	13,600	23,800	34,000
1933 Model 8-105, 8-cyl., Salon Dual Ratio						
Spds	4,800	14,400	24,000	48,000	84,000	120,000
Cabr	4,250	12,700	21,200	42,400	74,000	106,000
Phae	4,100	12,200	20,400	40,800	71,500	102,000
2d Brgm	1,450	4,300	7,200	14,400	25,200	36,000
4d Sed	1,350	4,100	6,800	13,600	23,800	34,000
1933 Model 12-161, 12-cyl., Standard						
Spds	5,450	16,300	27,200	54,400	95,000	136,000
Cabr	5,200	15,600	26,000	52,000	91,000	130,000
Phae	5,350	16,100	26,800	53,600	94,000	134,000
Cpe	1,700	5,050	8,400	16,800	29,400	42,000
2d Brgm	1,500	4,450	7,400	14,800	25,900	37,000
4d Sed	1,500	4,550	7,600	15,200	26,600	38,000
1933 Model 12-161A, 12-cyl., Custom Dual Ratio						
Spds	5,800	17,400	29,000	58,000	102,000	145,000
Cabr	5,600	16,800	28,000	56,000	98,000	140,000
Phae	5,800	17,400	29,000	58,000	102,000	145,000
Cpe	1,850	5,500	9,200	18,400	32,200	46,000
2d Brgm	1,650	4,900	8,200	16,400	28,700	41,000
4d Sed	1,750	5,300	8,800	17,600	30,800	44,000
1933 Model 12-165, 12-cyl., Salon Dual Ratio						
Spds	6,000	18,000	30,000	60,000	105,000	150,000
Cabr	5,800	17,400	29,000	58,000	102,000	145,000
Phae	6,000	18,000	30,000	60,000	105,000	150,000
2d Brgm	1,750	5,300	8,800	17,600	30,800	44,000
4d Sed	1,800	5,400	9,000	18,000	31,500	45,000
1934 Model 652X, 6-cyl., Standard						
Cabr	2,550	7,700	12,800	25,600	44,800	64,000
2d Brgm	900	2,750	4,600	9,200	16,100	23,000
4d Sed	950	2,900	4,800	9,600	16,800	24,000
1934 Model 652Y, 6-cyl., Custom						
Cabr	3,050	9,100	15,200	30,400	53,200	76,000
Phae	3,200	9,600	16,000	32,000	56,000	80,000
2d Brgm	1,450	4,300	7,200	14,400	25,200	36,000
4d Sed	1,400	4,200	7,000	14,000	24,500	35,000
1934 Model 850X, 8-cyl., Standard						
Cabr	3,100	9,350	15,600	31,200	54,600	78,000
2d Brgm	1,500	4,450	7,400	14,800	25,900	37,000
4d Sed	1,450	4,300	7,200	14,400	25,200	36,000

	6	5	4	3	2	1
1934 Model 850Y, 8-cyl., Dual Ratio						
Cabr	5,800	17,400	29,000	58,000	102,000	145,000
Phae	6,000	18,000	30,000	60,000	105,000	150,000
2d Brgm	1,700	5,050	8,400	16,800	29,400	42,000
4d Sed	1,800	5,400	9,000	18,000	31,500	45,000
1934 Model 1250, 12-cyl., Salon Dual Ratio						
Cabr	6,000	18,000	30,000	60,000	105,000	150,000
Phae	6,200	18,600	31,000	62,000	109,000	155,000
2d Brgm	1,800	5,400	9,000	18,000	31,500	45,000
4d Sed	1,850	5,500	9,200	18,400	32,200	46,000
1935 Model 6-653, 6-cyl., Standard						
Cabr	2,800	8,400	14,000	28,000	49,000	70,000
Phae	3,300	9,850	16,400	32,800	57,400	82,000
Cpe	1,450	4,300	7,200	14,400	25,200	36,000
2d Brgm	1,350	4,100	6,800	13,600	23,800	34,000
4d Sed	1,300	3,950	6,600	13,200	23,100	33,000
1935 Model 6-653, 6-cyl., Custom Dual Ratio						
Cabr	3,050	9,100	15,200	30,400	53,200	76,000
Phae	3,350	10,100	16,800	33,600	58,800	84,000
Cpe	1,500	4,550	7,600	15,200	26,600	38,000
2d Brgm	1,400	4,200	7,000	14,000	24,500	35,000
4d Sed	1,350	4,100	6,800	13,600	23,800	34,000
1935 Model 6-653, 6-cyl., Salon Dual Ratio						
Cabr	3,300	9,850	16,400	32,800	57,400	82,000
Phae	3,500	10,600	17,600	35,200	62,100	88,000
Cpe	1,550	4,700	7,800	15,600	27,300	39,000
2d Brgm	1,450	4,300	7,200	14,400	25,200	36,000
4d Sed	1,500	4,450	7,400	14,800	25,900	37,000
1935 Model 8-851, 8-cyl., Standard						
Cabr	3,050	9,100	15,200	30,400	53,200	76,000
Phae	3,050	9,100	15,200	30,400	53,200	76,000
Cpe	1,600	4,800	8,000	16,000	28,000	40,000
2d Brgm	1,500	4,450	7,400	14,800	25,900	37,000
4d Sed	1,500	4,550	7,600	15,200	26,600	38,000
1935 Model 8-851, 8-cyl., Custom Dual Ratio						
Cabr	3,200	9,600	16,000	32,000	56,000	80,000
Phae	3,300	9,850	16,400	32,800	57,400	82,000
Cpe	1,650	4,900	8,200	16,400	28,700	41,000
2d Brgm	1,500	4,550	7,600	15,200	26,600	38,000
4d Sed	1,550	4,700	7,800	15,600	27,300	39,000
1935 Model 8-851, 8-cyl., Salon Dual Ratio						
Cabr	3,450	10,300	17,200	34,400	60,000	86,000
Phae	3,450	10,300	17,200	34,400	60,000	86,000
Cpe	1,600	4,800	8,000	16,000	28,000	40,000
2d Brgm	1,500	4,450	7,400	14,800	25,900	37,000
4d Sed	1,500	4,550	7,600	15,200	26,600	38,000
1935 Model 8-851, 8-cyl., Supercharged Dual Ratio						
Spds	6,600	19,800	33,000	66,000	116,000	165,000
Cabr	4,000	12,000	20,000	40,000	70,000	100,000
Phae	4,100	12,200	20,400	40,800	71,500	102,000
Cpe	1,700	5,050	8,400	16,800	29,400	42,000
2d Brgm	1,550	4,700	7,800	15,600	27,300	39,000
4d Sed	1,600	4,800	8,000	16,000	28,000	40,000
1936 Model 6-654, 6-cyl., Standard						
Cabr	3,050	9,100	15,200	30,400	53,200	76,000
Phae	3,050	9,100	15,200	30,400	53,200	76,000
Cpe	1,500	4,450	7,400	14,800	25,900	37,000
2d Brgm	1,450	4,300	7,200	14,400	25,200	36,000
4d Sed	1,400	4,200	7,000	14,000	24,500	35,000
1936 Model 6-654, 6-cyl., Custom Dual Ratio						
Cabr	3,200	9,600	16,000	32,000	56,000	80,000
Phae	3,300	9,850	16,400	32,800	57,400	82,000
Cpe	1,550	4,700	7,800	15,600	27,300	39,000
2d Brgm	1,450	4,300	7,200	14,400	25,200	36,000
4d Sed	1,500	4,450	7,400	14,800	25,900	37,000
1936 Model 6-654, 6-cyl., Salon Dual Ratio						
Cabr	4,400	13,200	22,000	44,000	77,000	110,000
Phae	4,500	13,400	22,400	44,800	78,500	112,000
Cpe	1,600	4,800	8,000	16,000	28,000	40,000
2d Brgm	1,500	4,450	7,400	14,800	25,900	37,000
4d Sed	1,500	4,550	7,600	15,200	26,600	38,000
1936 Model 8-852, 8-cyl., Standard						
Cabr	4,800	14,400	24,000	48,000	84,000	120,000
Phae	4,900	14,600	24,400	48,800	85,500	122,000
Cpe	1,650	4,900	8,200	16,400	28,700	41,000

	6	5	4	3	2	1
2d Brgm	1,500	4,550	7,600	15,200	26,600	38,000
4d Sed	1,550	4,700	7,800	15,600	27,300	39,000

1936 Model 8-852, 8-cyl., Custom Dual Ratio

Cabr	4,950	14,900	24,800	49,600	87,000	124,000
Phae	5,050	15,100	25,200	50,400	88,000	126,000
Cpe	1,700	5,150	8,600	17,200	30,100	43,000
2d Brgm	1,550	4,700	7,800	15,600	27,300	39,000
4d Sed	1,600	4,800	8,000	16,000	28,000	40,000

1936 Model 8-852, 8-cyl., Salon Dual Ratio

Cabr	5,050	15,100	25,200	50,400	88,000	126,000
Phae	5,100	15,400	25,600	51,200	90,100	128,000
Cpe	1,750	5,300	8,800	17,600	30,800	44,000
2d Brgm	1,600	4,800	8,000	16,000	28,000	40,000
4d Sed	1,650	4,900	8,200	16,400	28,700	41,000

1936 Model 8, 8-cyl., Supercharged Dual Ratio

Spds	6,600	19,800	33,000	66,000	116,000	165,000
Cabr	5,100	15,400	25,600	51,200	90,100	128,000
Phae	5,200	15,600	26,000	52,000	91,000	130,000
Cpe	1,850	5,500	9,200	18,400	32,200	46,000
2d Brgm	1,650	4,900	8,200	16,400	28,700	41,000
4d Sed	1,700	5,050	8,400	16,800	29,400	42,000

BUICK

1904 Model B, 2-cyl.

Tr			value not estimable			

1905 Model C, 2-cyl.

Tr	1,600	4,800	8,000	16,000	28,000	40,000

1906 Model F & G, 2-cyl.

Tr	1,550	4,700	7,800	15,600	27,300	39,000
Rds	1,500	4,550	7,600	15,200	26,600	38,000

1907 Model F & G, 2-cyl.

Tr	1,550	4,700	7,800	15,600	27,300	39,000
Rds	1,500	4,550	7,600	15,200	26,600	38,000

1907 Model D, S, K & H, 4-cyl.

Tr	1,600	4,800	8,000	16,000	28,000	40,000
Rds	1,550	4,700	7,800	15,600	27,300	39,000

1908 Model F & G, 2-cyl.

Tr	1,800	5,400	9,000	18,000	31,500	45,000
Rds	1,750	5,300	8,800	17,600	30,800	44,000

1908 Model D & S, 4-cyl.

Tr	1,650	4,900	8,200	16,400	28,700	41,000
Rds	1,700	5,050	8,400	16,800	29,400	42,000

1908 Model 10, 4-cyl.

Tr	1,600	4,800	8,000	16,000	28,000	40,000

1908 Model 5, 4-cyl.

Tr	1,800	5,400	9,000	18,000	31,500	45,000

1909 Model G, (only 6 built in 1909).

Rds	1,850	5,500	9,200	18,400	32,200	46,000

1909 Model F & G

Tr	1,750	5,300	8,800	17,600	30,800	44,000
Rds	1,800	5,400	9,000	18,000	31,500	45,000

1909 Model 10, 4-cyl.

Tr	1,700	5,150	8,600	17,200	30,100	43,000
Rds	1,750	5,300	8,800	17,600	30,800	44,000

1909 Model 16 & 17, 4-cyl.

Rds	1,800	5,400	9,000	18,000	31,500	45,000
Tr	1,750	5,300	8,800	17,600	30,800	44,000

1910 Model 6, 2-cyl.

Tr	1,600	4,800	8,000	16,000	28,000	40,000

1910 Model F, 2-cyl.

Tr	1,500	4,550	7,600	15,200	26,600	38,000

1910 Model 14, 2-cyl.

Rds	1,500	4,450	7,400	14,800	25,900	37,000

1910 Model 10, 4-cyl.

Tr	1,400	4,200	7,000	14,000	24,500	35,000
Rds	1,400	4,200	7,000	14,000	24,500	35,000

1910 Model 19, 4-cyl.

Tr	1,650	4,900	8,200	16,400	28,700	41,000

1910 Model 16 & 17, 4-cyl.

Rds	1,600	4,800	8,000	16,000	28,000	40,000
Tr	1,550	4,700	7,800	15,600	27,300	39,000

	6	5	4	3	2	1
1910 Model 7, 4-cyl.						
Tr	1,750	5,300	8,800	17,600	30,800	44,000
1910 Model 41, 4-cyl.						
Limo	1,550	4,700	7,800	15,600	27,300	39,000
1911 Model 14, 2-cyl.						
Rds	1,350	4,100	6,800	13,600	23,800	34,000
1911 Model 21, 4-cyl.						
Tr	1,400	4,200	7,000	14,000	24,500	35,000
1911 Model 26 & 27, 4-cyl.						
Rds	1,450	4,300	7,200	14,400	25,200	36,000
Tr	1,350	4,100	6,800	13,600	23,800	34,000
1911 Model 32 & 33						
Rds	1,400	4,200	7,000	14,000	24,500	35,000
Tr	1,350	4,100	6,800	13,600	23,800	34,000
1911 Model 38 & 39, 4-cyl.						
Rds	1,500	4,550	7,600	15,200	26,600	38,000
Tr	1,550	4,700	7,800	15,600	27,300	39,000
Limo	2,200	6,600	11,000	22,000	38,500	55,000
1912 Model 34, 35 & 36, 4-cyl.						
Rds	1,300	3,950	6,600	13,200	23,100	33,000
Tr	1,350	4,100	6,800	13,600	23,800	34,000
1912 Model 28 & 29, 4-cyl.						
Rds	1,350	4,100	6,800	13,600	23,800	34,000
Tr	1,400	4,200	7,000	14,000	24,500	35,000
1912 Model 43, 4-cyl.						
Tr	1,450	4,300	7,200	14,400	25,200	36,000
1913 Model 30 & 31, 4-cyl.						
Rds	1,300	3,850	6,400	12,800	22,400	32,000
Tr	1,300	3,950	6,600	13,200	23,100	33,000
1913 Model 40, 4-cyl.						
Tr	1,400	4,200	7,000	14,000	24,500	35,000
1913 Model 24 & 25, 4-cyl.						
Rds	1,400	4,200	7,000	14,000	24,500	35,000
Tr	1,450	4,300	7,200	14,400	25,200	36,000
1914 Model B-24 & B-25, 4-cyl.						
Rds	1,300	3,950	6,600	13,200	23,100	33,000
Tr	1,350	4,100	6,800	13,600	23,800	34,000
1914 Model B-36, B-37 & B-38, 4-cyl.						
Rds	1,350	4,100	6,800	13,600	23,800	34,000
Tr	1,400	4,200	7,000	14,000	24,500	35,000
Cpe	1,300	3,850	6,400	12,800	22,400	32,000
1914 Model B-55, 6-cyl.						
7P Tr	1,450	4,300	7,200	14,400	25,200	36,000
1915 Model C-24 & C-25, 4-cyl.						
Rds	1,350	4,100	6,800	13,600	23,800	34,000
Tr	1,400	4,200	7,000	14,000	24,500	35,000
1915 Model C-36 & C-37, 4-cyl.						
Rds	1,400	4,200	7,000	14,000	24,500	35,000
Tr	1,450	4,300	7,200	14,400	25,200	36,000
1915 Model C-54 & C-55, 6-cyl.						
Rds	1,450	4,300	7,200	14,400	25,200	36,000
Tr	1,500	4,450	7,400	14,800	25,900	37,000
1916 Model D-54 & D-55, 6-cyl.						
Rds	1,350	4,100	6,800	13,600	23,800	34,000
Tr	1,400	4,200	7,000	14,000	24,500	35,000
1916-1917 Model D-34 & D-35, 4-cyl.						
Rds	1,300	3,850	6,400	12,800	22,400	32,000
Tr	1,300	3,950	6,600	13,200	23,100	33,000
1916-1917 Model D-44 & D-45, 6-cyl.						
Rds	1,300	3,950	6,600	13,200	23,100	33,000
Tr	1,350	4,100	6,800	13,600	23,800	34,000
1916-1917 Model D-46 & D-47, 6-cyl.						
Conv Cpe	1,200	3,600	6,000	12,000	21,000	30,000
Sed	900	2,750	4,600	9,200	16,100	23,000
1918 Model E-34 & E-35, 4-cyl.						
Rds	1,150	3,500	5,800	11,600	20,300	29,000
Tr	1,200	3,600	6,000	12,000	21,000	30,000
1918 Model E-37, 4-cyl.						
Sed	900	2,650	4,400	8,800	15,400	22,000
1918 Model E-44, E-45 & E-49, 6-cyl.						
Rds	1,200	3,600	6,000	12,000	21,000	30,000

1931 Auburn 8-98 speedster

1935 Auburn Model 851 convertible phaeton

1911 Buick Model 38 roadster

	6	5	4	3	2	1
Tr	1,250	3,700	6,200	12,400	21,700	31,000
7P Tr	1,300	3,850	6,400	12,800	22,400	32,000
1918 Model E-46, E-47 & E-50, 6-cyl.						
Conv Cpe	1,100	3,350	5,600	11,200	19,600	28,000
Sed	900	2,750	4,600	9,200	16,100	23,000
7P Sed	950	2,800	4,700	9,400	16,450	23,500
1919 Model H-44, H-45 & H-49, 6-cyl.						
2d Rds	1,150	3,500	5,800	11,600	20,300	29,000
4d Tr	1,200	3,600	6,000	12,000	21,000	30,000
4d 7P Tr	1,250	3,700	6,200	12,400	21,700	31,000
1919 Model H-46, H-47 & H-50, 6-cyl.						
2d Cpe	950	2,900	4,800	9,600	16,800	24,000
4d Sed	800	2,400	4,000	8,000	14,000	20,000
4d 7P Sed	850	2,500	4,200	8,400	14,700	21,000
1920 Model K, 6-cyl.						
2d Cpe K-46	900	2,650	4,400	8,800	15,400	22,000
4d Sed K-47	700	2,150	3,600	7,200	12,600	18,000
2d Rds K-44	1,150	3,500	5,800	11,600	20,300	29,000
4d Tr K-49	1,100	3,350	5,600	11,200	19,600	28,000
4d Tr K-45	1,100	3,250	5,400	10,800	18,900	27,000
4d 7P Sed K-50	750	2,300	3,800	7,600	13,300	19,000
1921 Series 40, 6-cyl.						
2d Rds	1,150	3,500	5,800	11,600	20,300	29,000
4d Tr	1,100	3,350	5,600	11,200	19,600	28,000
4d 7P Tr	1,150	3,500	5,800	11,600	20,300	29,000
2d Cpe	650	1,900	3,200	6,400	11,200	16,000
4d Sed	600	1,800	3,000	6,000	10,500	15,000
2d Ewb Cpe	700	2,050	3,400	6,800	11,900	17,000
4d 7P Sed	650	1,900	3,200	6,400	11,200	16,000
1921-1922 Series 30, 4-cyl.						
2d Rds	1,100	3,250	5,400	10,800	18,900	27,000
4d Tr	1,050	3,100	5,200	10,400	18,200	26,000
2d Cpe OS	600	1,800	3,000	6,000	10,500	15,000
4d Sed	500	1,550	2,600	5,200	9,100	13,000
1921-1922 Series 40, 6-cyl.						
2d Rds	1,150	3,500	5,800	11,600	20,300	29,000
4d Tr	1,100	3,350	5,600	11,200	19,600	28,000
4d 7P Tr	1,150	3,500	5,800	11,600	20,300	29,000
4d Sed	550	1,700	2,800	5,600	9,800	14,000
2d Cpe	700	2,150	3,600	7,200	12,600	18,000
4d 7P Sed	700	2,050	3,400	6,800	11,900	17,000
4d 50 7P Limo	750	2,300	3,800	7,600	13,300	19,000
1923 Series 30, 4-cyl.						
2d Rds	950	2,900	4,800	9,600	16,800	24,000
2d Spt Rds	1,000	3,000	5,000	10,000	17,500	25,000
4d Tr	950	2,900	4,800	9,600	16,800	24,000
2d Cpe	650	1,900	3,200	6,400	11,200	16,000
4d Sed	550	1,700	2,800	5,600	9,800	14,000
4d Tr Sed	600	1,800	3,000	6,000	10,500	15,000
1923 Series 40, 6-cyl.						
2d Rds	1,050	3,100	5,200	10,400	18,200	26,000
4d Tr	1,000	3,000	5,000	10,000	17,500	25,000
4d 7P Tr	1,050	3,100	5,200	10,400	18,200	26,000
2d Cpe	700	2,150	3,600	7,200	12,600	18,000
4d Sed	650	1,900	3,200	6,400	11,200	16,000
1923 Master Series 50, 6-cyl.						
2d Spt Rds	1,100	3,250	5,400	10,800	18,900	27,000
4d Spt Tr	1,100	3,350	5,600	11,200	19,600	28,000
4d 7P Sed	700	2,150	3,600	7,200	12,600	18,000
1924 Standard Series 30, 4-cyl.						
2d Rds	1,050	3,100	5,200	10,400	18,200	26,000
4d Tr	1,100	3,250	5,400	10,800	18,900	27,000
2d Cpe	700	2,050	3,400	6,800	11,900	17,000
4d Sed	600	1,800	3,000	6,000	10,500	15,000
1924 Master Series 40, 6-cyl.						
2d Rds	1,100	3,250	5,400	10,800	18,900	27,000
4d Tr	1,100	3,350	5,600	11,200	19,600	28,000
4d 7P Tr	1,150	3,500	5,800	11,600	20,300	29,000
2d Cpe	700	2,150	3,600	7,200	12,600	18,000
4d Sed	650	1,900	3,200	6,400	11,200	16,000
4d Demi Sed	650	2,000	3,300	6,600	11,550	16,500
1924 Master Series 50, 6-cyl.						
2d Spt Rds	1,100	3,350	5,600	11,200	19,600	28,000
4d Spt Tr	1,150	3,500	5,800	11,600	20,300	29,000
2d Cabr Cpe	1,100	3,250	5,400	10,800	18,900	27,000

	6	5	4	3	2	1
4d Town Car	850	2,500	4,200	8,400	14,700	21,000
4d 7P Sed	750	2,300	3,800	7,600	13,300	19,000
4d Brgm Sed	800	2,400	4,000	8,000	14,000	20,000
4d Limo	900	2,650	4,400	8,800	15,400	22,000
1925 Standard Series 20, 6-cyl.						
2d Rds	1,000	3,000	5,000	10,000	17,500	25,000
2d Spt Rds	1,050	3,100	5,200	10,400	18,200	26,000
2d Encl Rds	1,100	3,250	5,400	10,800	18,900	27,000
4d Tr	1,000	3,000	5,000	10,000	17,500	25,000
4d Encl Tr	1,050	3,100	5,200	10,400	18,200	26,000
2d Bus Cpe	800	2,400	4,000	8,000	14,000	20,000
2d Cpe	800	2,450	4,100	8,200	14,350	20,500
4d Sed	700	2,150	3,600	7,200	12,600	18,000
4d Demi Sed	750	2,200	3,700	7,400	12,950	18,500
1925 Master Series 40, 6-cyl.						
2d Rds	1,100	3,250	5,400	10,800	18,900	27,000
2d Encl Rds	1,100	3,350	5,600	11,200	19,600	28,000
4d Tr	1,100	3,350	5,600	11,200	19,600	28,000
4d Encl Tr	1,150	3,500	5,800	11,600	20,300	29,000
2d Cpe	850	2,500	4,200	8,400	14,700	21,000
2d Sed	700	2,150	3,600	7,200	12,600	18,000
4d Sed	750	2,300	3,800	7,600	13,300	19,000
1925 Master Series 50, 6-cyl.						
2d Spt Rds	1,100	3,350	5,600	11,200	19,600	28,000
4d Spt Tr	1,150	3,500	5,800	11,600	20,300	29,000
2d Cabr Cpe	1,150	3,500	5,800	11,600	20,300	29,000
4d 7P Sed	850	2,500	4,200	8,400	14,700	21,000
4d Limo	900	2,650	4,400	8,800	15,400	22,000
4d Brgm Sed	900	2,750	4,600	9,200	16,100	23,000
4d Town Car	1,000	3,000	5,000	10,000	17,500	25,000
1926 Standard Series, 6-cyl.						
2d Rds	1,050	3,100	5,200	10,400	18,200	26,000
4d Tr	1,100	3,250	5,400	10,800	18,900	27,000
2d 2P Cpe	900	2,750	4,600	9,200	16,100	23,000
2d 4P Cpe	900	2,650	4,400	8,800	15,400	22,000
2d Sed	750	2,300	3,800	7,600	13,300	19,000
4d Sed	800	2,400	4,000	8,000	14,000	20,000
1926 Master Series, 6-cyl.						
2d Rds	1,100	3,250	5,400	10,800	18,900	27,000
4d Tr	1,100	3,350	5,600	11,200	19,600	28,000
2d Spt Rds	1,100	3,350	5,600	11,200	19,600	28,000
4d Spt Tr	1,150	3,500	5,800	11,600	20,300	29,000
2d 4P Cpe	950	2,900	4,800	9,600	16,800	24,000
2d Spt Cpe	1,000	3,000	5,000	10,000	17,500	25,000
2d Sed	900	2,650	4,400	8,800	15,400	22,000
4d Sed	900	2,750	4,600	9,200	16,100	23,000
4d Brgm	950	2,900	4,800	9,600	16,800	24,000
4d 7P Sed	1,000	3,000	5,000	10,000	17,500	25,000
1927 Series 115, 6-cyl.						
2d Rds	1,050	3,100	5,200	10,400	18,200	26,000
4d Tr	1,100	3,250	5,400	10,800	18,900	27,000
2d 2P Cpe	900	2,650	4,400	8,800	15,400	22,000
2d 4P RS Cpe	900	2,750	4,600	9,200	16,100	23,000
2d Spt Cpe	900	2,650	4,400	8,800	15,400	22,000
2d Sed	750	2,300	3,800	7,600	13,300	19,000
4d Sed	800	2,400	4,000	8,000	14,000	20,000
4d Brgm	850	2,500	4,200	8,400	14,700	21,000
1927 Series 120, 6-cyl.						
2d 4P Cpe	900	2,750	4,600	9,200	16,100	23,000
2d Sed	800	2,400	4,000	8,000	14,000	20,000
4d Sed	850	2,500	4,200	8,400	14,700	21,000
1927 Series 128, 6-cyl.						
2d Spt Rds	1,150	3,500	5,800	11,600	20,300	29,000
4d Spt Tr	1,200	3,600	6,000	12,000	21,000	30,000
2d Conv	1,100	3,250	5,400	10,800	18,900	27,000
2d 5P Cpe	950	2,900	4,800	9,600	16,800	24,000
2d Spt Cpe RS	1,000	3,000	5,000	10,000	17,500	25,000
4d 7P Sed	900	2,650	4,400	8,800	15,400	22,000
4d Brgm	900	2,750	4,600	9,200	16,100	23,000
1928 Series 115, 6-cyl.						
2d Rds	1,050	3,100	5,200	10,400	18,200	26,000
4d Tr	1,100	3,250	5,400	10,800	18,900	27,000
2d 2P Cpe	800	2,400	4,000	8,000	14,000	20,000
2d Spt Cpe	850	2,500	4,200	8,400	14,700	21,000
2d Sed	700	2,150	3,600	7,200	12,600	18,000
4d Sed	750	2,300	3,800	7,600	13,300	19,000

	6	5	4	3	2	1
4d Brgm	800	2,400	4,000	8,000	14,000	20,000
1928 Series 120, 6-cyl.						
2d Cpe	850	2,500	4,200	8,400	14,700	21,000
4d Sed	750	2,300	3,800	7,600	13,300	19,000
4d Brgm	800	2,400	4,000	8,000	14,000	20,000
1928 Series 128, 6-cyl.						
2d Spt Rds	1,200	3,600	6,000	12,000	21,000	30,000
4d Spt Tr	1,250	3,700	6,200	12,400	21,700	31,000
2d 5P Cpe	850	2,500	4,200	8,400	14,700	21,000
2d Spt Cpe	900	2,650	4,400	8,800	15,400	22,000
4d 7P Sed	800	2,400	4,000	8,000	14,000	20,000
4d Brgm	850	2,500	4,200	8,400	14,700	21,000
1929 Series 116, 6-cyl.						
4d Spt Tr	1,200	3,600	6,000	12,000	21,000	30,000
2d Bus Cpe	800	2,400	4,000	8,000	14,000	20,000
2d RS Cpe	900	2,650	4,400	8,800	15,400	22,000
2d Sed	600	1,800	3,000	6,000	10,500	15,000
4d Sed	650	1,900	3,200	6,400	11,200	16,000
1929 Series 121, 6-cyl.						
2d Spt Rds	1,250	3,700	6,200	12,400	21,700	31,000
2d Bus Cpe	850	2,500	4,200	8,400	14,700	21,000
2d RS Cpe	900	2,750	4,600	9,200	16,100	23,000
2d 4P Cpe	900	2,650	4,400	8,800	15,400	22,000
4d Sed	700	2,050	3,400	6,800	11,900	17,000
4d CC Sed	700	2,100	3,500	7,000	12,250	17,500
1929 Series 129, 6-cyl.						
2d Conv	1,300	3,850	6,400	12,800	22,400	32,000
4d Spt Tr	1,300	3,950	6,600	13,200	23,100	33,000
4d 7P Tr	1,200	3,600	6,000	12,000	21,000	30,000
2d 5P Cpe	900	2,650	4,400	8,800	15,400	22,000
4d CC Sed	800	2,400	4,000	8,000	14,000	20,000
4d 7P Sed	850	2,500	4,200	8,400	14,700	21,000
4d Limo	900	2,650	4,400	8,800	15,400	22,000
1930 Series 40, 6-cyl.						
2d Rds	1,300	3,950	6,600	13,200	23,100	33,000
4d Phae	1,350	4,100	6,800	13,600	23,800	34,000
2d Bus Cpe	900	2,750	4,600	9,200	16,100	23,000
2d RS Cpe	1,050	3,100	5,200	10,400	18,200	26,000
2d Sed	700	2,100	3,500	7,000	12,250	17,500
4d Sed	700	2,150	3,600	7,200	12,600	18,000
1930 Series 50, 6-cyl.						
2d 4P Cpe	950	2,900	4,800	9,600	16,800	24,000
4d Sed	700	2,150	3,600	7,200	12,600	18,000
1930 Series 60, 6-cyl.						
2d RS Rds	1,400	4,200	7,000	14,000	24,500	35,000
4d 7P Tr	1,450	4,300	7,200	14,400	25,200	36,000
2d RS Spt Cpe	1,100	3,350	5,600	11,200	19,600	28,000
2d 5P Cpe	1,050	3,100	5,200	10,400	18,200	26,000
4d Sed	750	2,300	3,800	7,600	13,300	19,000
4d 7P Sed	800	2,400	4,000	8,000	14,000	20,000
4d Limo	850	2,500	4,200	8,400	14,700	21,000
1930 Marquette - Series 30, 6-cyl.						
2d Spt Rds	1,100	3,350	5,600	11,200	19,600	28,000
4d Phae	1,150	3,500	5,800	11,600	20,300	29,000
2d Bus Cpe	850	2,500	4,200	8,400	14,700	21,000
2d RS Cpe	900	2,750	4,600	9,200	16,100	23,000
2d Sed	600	1,800	3,000	6,000	10,500	15,000
4d Sed	600	1,850	3,100	6,200	10,850	15,500
1931 Series 50, 8-cyl.						
2d Spt Rds	1,400	4,200	7,000	14,000	24,500	35,000
4d Phae	1,450	4,300	7,200	14,400	25,200	36,000
2d Bus Cpe	1,000	3,000	5,000	10,000	17,500	25,000
2d RS Cpe	1,050	3,100	5,200	10,400	18,200	26,000
2d Sed	700	2,150	3,600	7,200	12,600	18,000
4d Sed	750	2,300	3,800	7,600	13,300	19,000
2d Conv	1,450	4,300	7,200	14,400	25,200	36,000
1931 Series 60, 8-cyl.						
2d Spt Rds	1,500	4,450	7,400	14,800	25,900	37,000
4d Phae	1,500	4,550	7,600	15,200	26,600	38,000
2d Bus Cpe	1,050	3,100	5,200	10,400	18,200	26,000
2d RS Cpe	1,100	3,250	5,400	10,800	18,900	27,000
4d Sed	800	2,400	4,000	8,000	14,000	20,000
1931 Series 80, 8-cyl.						
2d Cpe	1,100	3,350	5,600	11,200	19,600	28,000
4d Sed	900	2,650	4,400	8,800	15,400	22,000

	6	5	4	3	2	1
4d 7P Sed	900	2,750	4,600	9,200	16,100	23,000

1931 Series 90, 8-cyl.
	6	5	4	3	2	1
2d Spt Rds	1,800	5,400	9,000	18,000	31,500	45,000
4d 7P Tr	1,750	5,300	8,800	17,600	30,800	44,000
2d 5P Cpe	1,300	3,850	6,400	12,800	22,400	32,000
2d RS Cpe	1,250	3,700	6,200	12,400	21,700	31,000
2d Conv	1,700	5,150	8,600	17,200	30,100	43,000
4d 5P Sed	1,000	3,000	5,000	10,000	17,500	25,000
4d 7P Sed	1,050	3,100	5,200	10,400	18,200	26,000
4d Limo	1,100	3,250	5,400	10,800	18,900	27,000

1932 Series 50, 8-cyl.
	6	5	4	3	2	1
4d Spt Phae	1,500	4,550	7,600	15,200	26,600	38,000
2d Conv	1,550	4,700	7,800	15,600	27,300	39,000
2d Phae	1,600	4,800	8,000	16,000	28,000	40,000
2d Bus Cpe	900	2,750	4,600	9,200	16,100	23,000
2d RS Cpe	950	2,900	4,800	9,600	16,800	24,000
2d Vic Cpe	1,000	3,000	5,000	10,000	17,500	25,000
4d Sed	750	2,300	3,800	7,600	13,300	19,000
4d Spt Sed	800	2,400	4,000	8,000	14,000	20,000

1932 Series 60, 8-cyl.
	6	5	4	3	2	1
4d Spt Phae	1,650	4,900	8,200	16,400	28,700	41,000
2d Conv	1,700	5,050	8,400	16,800	29,400	42,000
2d Phae	1,700	5,150	8,600	17,200	30,100	43,000
2d Bus Cpe	950	2,900	4,800	9,600	16,800	24,000
2d RS Cpe	1,000	3,000	5,000	10,000	17,500	25,000
2d Vic Cpe	1,050	3,100	5,200	10,400	18,200	26,000
4d Sed	850	2,500	4,200	8,400	14,700	21,000

1932 Series 80, 8-cyl.
	6	5	4	3	2	1
2d Vic Cpe	950	2,900	4,800	9,600	16,800	24,000
4d Sed	900	2,650	4,400	8,800	15,400	22,000

1932 Series 90, 8-cyl.
	6	5	4	3	2	1
4d 7P Sed	1,200	3,600	6,000	12,000	21,000	30,000
4d Limo	1,300	3,850	6,400	12,800	22,400	32,000
4d Clb Sed	1,250	3,700	6,200	12,400	21,700	31,000
4d Spt Phae	1,950	5,900	9,800	19,600	34,300	49,000
2d Phae	1,900	5,750	9,600	19,200	33,600	48,000
2d Conv Cpe	2,000	6,000	10,000	20,000	35,000	50,000
2d RS Cpe	1,300	3,950	6,600	13,200	23,100	33,000
2d Vic Cpe	1,350	4,100	6,800	13,600	23,800	34,000
4d 5P Sed	1,200	3,600	6,000	12,000	21,000	30,000

1933 Series 50, 8-cyl.
	6	5	4	3	2	1
2d Conv	1,300	3,850	6,400	12,800	22,400	32,000
2d Bus Cpe	800	2,400	4,000	8,000	14,000	20,000
2d RS Spt Cpe	850	2,500	4,200	8,400	14,700	21,000
2d Vic Cpe	900	2,750	4,600	9,200	16,100	23,000
4d Sed	750	2,300	3,800	7,600	13,300	19,000

1933 Series 60, 8-cyl.
	6	5	4	3	2	1
2d Conv Cpe	1,300	3,850	6,400	12,800	22,400	32,000
4d Phae	1,300	3,950	6,600	13,200	23,100	33,000
2d Spt Cpe	900	2,750	4,600	9,200	16,100	23,000
2d Vic Cpe	1,100	3,250	5,400	10,800	18,900	27,000
4d Sed	900	2,650	4,400	8,800	15,400	22,000

1933 Series 80, 8-cyl.
	6	5	4	3	2	1
2d Conv	1,500	4,450	7,400	14,800	25,900	37,000
4d Phae	1,550	4,700	7,800	15,600	27,300	39,000
2d Spt Cpe	1,150	3,500	5,800	11,600	20,300	29,000
2d Vic	1,200	3,600	6,000	12,000	21,000	30,000
4d Sed	950	2,900	4,800	9,600	16,800	24,000

1933 Series 90, 8-cyl.
	6	5	4	3	2	1
2d Vic	1,350	4,100	6,800	13,600	23,800	34,000
4d 5P Sed	1,100	3,350	5,600	11,200	19,600	28,000
4d 7P Sed	1,150	3,500	5,800	11,600	20,300	29,000
4d Clb Sed	1,250	3,700	6,200	12,400	21,700	31,000
4d Limo	1,300	3,950	6,600	13,200	23,100	33,000

1934 Special Series 40, 8-cyl.
	6	5	4	3	2	1
2d Bus Cpe	850	2,500	4,200	8,400	14,700	21,000
2d RS Cpe	900	2,650	4,400	8,800	15,400	22,000
2d Tr Sed	750	2,300	3,800	7,600	13,300	19,000
4d Tr Sed	850	2,500	4,200	8,400	14,700	21,000
4d Sed	800	2,400	4,000	8,000	14,000	20,000

1934 Series 50, 8-cyl.
	6	5	4	3	2	1
2d Conv	1,500	4,450	7,400	14,800	25,900	37,000
2d Bus Cpe	950	2,900	4,800	9,600	16,800	24,000
2d Spt Cpe	1,050	3,100	5,200	10,400	18,200	26,000
2d Vic Cpe	1,100	3,350	5,600	11,200	19,600	28,000

	6	5	4	3	2	1
4d Sed	850	2,500	4,200	8,400	14,700	21,000

1934 Series 60, 8-cyl.
2d Conv	1,500	4,550	7,600	15,200	26,600	38,000
4d Phae	1,500	4,450	7,400	14,800	25,900	37,000
2d Spt Cpe	1,100	3,250	5,400	10,800	18,900	27,000
2d Vic	1,150	3,500	5,800	11,600	20,300	29,000
4d Sed	900	2,650	4,400	8,800	15,400	22,000
4d Clb Sed	950	2,900	4,800	9,600	16,800	24,000

1934 Series 90, 8-cyl.
2d Conv	1,600	4,800	8,000	16,000	28,000	40,000
4d Phae	1,550	4,700	7,800	15,600	27,300	39,000
4d Spt Cpe	1,100	3,250	5,400	10,800	18,900	27,000
4d 5P Sed	1,000	3,000	5,000	10,000	17,500	25,000
4d 7P Sed	1,050	3,100	5,200	10,400	18,200	26,000
4d Clb Sed	1,100	3,250	5,400	10,800	18,900	27,000
4d Limo	1,100	3,350	5,600	11,200	19,600	28,000
2d Vic	1,200	3,600	6,000	12,000	21,000	30,000

1935 Special Series 40, 8-cyl.
2d Conv	1,350	4,100	6,800	13,600	23,800	34,000
2d Bus Cpe	900	2,650	4,400	8,800	15,400	22,000
2d RS Spt Cpe	950	2,900	4,800	9,600	16,800	24,000
2d Sed	750	2,300	3,800	7,600	13,300	19,000
2d Tr Sed	800	2,400	4,000	8,000	14,000	20,000
4d Sed	800	2,400	4,000	8,000	14,000	20,000
4d Tr Sed	850	2,500	4,200	8,400	14,700	21,000

1935 Series 50, 8-cyl.
2d Conv	1,400	4,200	7,000	14,000	24,500	35,000
2d Bus Cpe	900	2,750	4,600	9,200	16,100	23,000
2d Spt Cpe	950	2,900	4,800	9,600	16,800	24,000
2d Vic	1,050	3,100	5,200	10,400	18,200	26,000
4d Sed	850	2,500	4,200	8,400	14,700	21,000

1935 Series 60, 8-cyl.
2d Conv	1,350	4,100	6,800	13,600	23,800	34,000
4d Phae	1,300	3,950	6,600	13,200	23,100	33,000
2d Vic	1,100	3,350	5,600	11,200	19,600	28,000
4d Sed	900	2,650	4,400	8,800	15,400	22,000
4d Clb Sed	950	2,900	4,800	9,600	16,800	24,000
2d Spt Cpe	1,100	3,250	5,400	10,800	18,900	27,000

1935 Series 90, 8-cyl.
2d Conv	1,450	4,300	7,200	14,400	25,200	36,000
4d Phae	1,400	4,200	7,000	14,000	24,500	35,000
2d Spt Cpe	1,100	3,350	5,600	11,200	19,600	28,000
2d Vic	1,150	3,500	5,800	11,600	20,300	29,000
4d 5P Sed	1,050	3,100	5,200	10,400	18,200	26,000
4d 7P Sed	1,050	3,100	5,200	10,400	18,200	26,000
4d Limo	1,100	3,350	5,600	11,200	19,600	28,000
4d Clb Sed	1,100	3,250	5,400	10,800	18,900	27,000

1936 Special Series 40, 8-cyl.
2d Conv	1,350	4,100	6,800	13,600	23,800	34,000
2d Bus Cpe	900	2,650	4,400	8,800	15,400	22,000
2d RS Cpe	900	2,750	4,600	9,200	16,100	23,000
2d Sed	800	2,400	4,000	8,000	14,000	20,000
4d Sed	800	2,400	4,000	8,000	14,000	20,000

1936 Century Series 60, 8-cyl.
2d Conv	1,450	4,300	7,200	14,400	25,200	36,000
2d RS Cpe	1,050	3,100	5,200	10,400	18,200	26,000
2d Sed	900	2,650	4,400	8,800	15,400	22,000
4d Sed	950	2,900	4,800	9,600	16,800	24,000

1936 Roadmaster Series 80, 8-cyl.
4d Phae	1,400	4,200	7,000	14,000	24,500	35,000
4d Sed	1,000	3,000	5,000	10,000	17,500	25,000

1936 Limited Series 90, 8-cyl.
4d Sed	1,050	3,100	5,200	10,400	18,200	26,000
4d 7P Sed	1,100	3,250	5,400	10,800	18,900	27,000
4d Fml Sed	1,100	3,350	5,600	11,200	19,600	28,000
4d 7P Limo	1,200	3,600	6,000	12,000	21,000	30,000

1937 Special Series 40, 8-cyl.
2d Conv	1,650	4,900	8,200	16,400	28,700	41,000
4d Phae	1,500	4,550	7,600	15,200	26,600	38,000
2d Bus Cpe	850	2,500	4,200	8,400	14,700	21,000
2d Spt Cpe	900	2,650	4,400	8,800	15,400	22,000
2d FBk	800	2,400	4,000	8,000	14,000	20,000
2d Sed	750	2,300	3,800	7,600	13,300	19,000
4d FBk Sed	800	2,400	4,000	8,000	14,000	20,000
4d Sed	800	2,400	4,000	8,000	14,000	20,000

	6	5	4	3	2	1
1937 Century Series 60, 8-cyl.						
2d Conv	1,700	5,150	8,600	17,200	30,100	43,000
4d Phae	1,650	4,900	8,200	16,400	28,700	41,000
2d Spt Cpe	950	2,900	4,800	9,600	16,800	24,000
2d FBk	850	2,500	4,200	8,400	14,700	21,000
2d Sed	850	2,500	4,200	8,400	14,700	21,000
4d FBk Sed	900	2,650	4,400	8,800	15,400	22,000
4d Sed	900	2,650	4,400	8,800	15,400	22,000
1937 Roadmaster Series 80, 8-cyl.						
4d Sed	900	2,750	4,600	9,200	16,100	23,000
4d Fml Sed	950	2,900	4,800	9,600	16,800	24,000
4d Phae	1,650	4,900	8,200	16,400	28,700	41,000
1937 Limited Series 90, 8-cyl.						
4d Sed	950	2,900	4,800	9,600	16,800	24,000
4d 7P Sed	1,000	3,000	5,000	10,000	17,500	25,000
4d Fml Sed	1,050	3,100	5,200	10,400	18,200	26,000
4d Limo	1,150	3,500	5,800	11,600	20,300	29,000
1938 Special Series 40, 8-cyl.						
2d Conv	1,700	5,050	8,400	16,800	29,400	42,000
4d Phae	1,600	4,800	8,000	16,000	28,000	40,000
2d Bus Cpe	850	2,500	4,200	8,400	14,700	21,000
2d Spt Cpe	900	2,650	4,400	8,800	15,400	22,000
2d FBk	800	2,400	4,000	8,000	14,000	20,000
2d Sed	800	2,400	4,000	8,000	14,000	20,000
4d FBk Sed	850	2,500	4,200	8,400	14,700	21,000
4d Sed	850	2,500	4,200	8,400	14,700	21,000
1938 Century Series 60, 8-cyl.						
2d Conv	1,800	5,400	9,000	18,000	31,500	45,000
4d Phae	1,700	5,150	8,600	17,200	30,100	43,000
2d Spt Cpe	950	2,900	4,800	9,600	16,800	24,000
2d Sed	900	2,650	4,400	8,800	15,400	22,000
4d FBk Sed	900	2,650	4,400	8,800	15,400	22,000
4d Sed	900	2,750	4,600	9,200	16,100	23,000
1938 Roadmaster Series 80, 8-cyl.						
4d Phae	1,800	5,400	9,000	18,000	31,500	45,000
4d FBk Sed	1,000	3,000	5,000	10,000	17,500	25,000
4d Sed	1,050	3,100	5,200	10,400	18,200	26,000
4d Fml Sed	1,100	3,250	5,400	10,800	18,900	27,000
1938 Limited Series 90, 8-cyl.						
4d Sed	1,100	3,350	5,600	11,200	19,600	28,000
4d 7P Sed	1,150	3,500	5,800	11,600	20,300	29,000
4d Limo	1,300	3,850	6,400	12,800	22,400	32,000
1939 Special Series 40, 8-cyl.						
2d Conv	1,800	5,400	9,000	18,000	31,500	45,000
4d Phae	1,700	5,050	8,400	16,800	29,400	42,000
2d Bus Cpe	900	2,750	4,600	9,200	16,100	23,000
2d Spt Cpe	950	2,900	4,800	9,600	16,800	24,000
2d Sed	850	2,500	4,200	8,400	14,700	21,000
4d Sed	850	2,500	4,200	8,400	14,700	21,000
1939 Century Series 60, 8-cyl.						
2d Conv	1,900	5,650	9,400	18,800	32,900	47,000
4d Phae	1,800	5,400	9,000	18,000	31,500	45,000
2d Spt Cpe	1,050	3,100	5,200	10,400	18,200	26,000
2d Sed	900	2,750	4,600	9,200	16,100	23,000
4d Sed	900	2,750	4,600	9,200	16,100	23,000
1939 Roadmaster Series 80, 8-cyl.						
4d Phae FBk	1,900	5,750	9,600	19,200	33,600	48,000
4d Phae	1,950	5,900	9,800	19,600	34,300	49,000
4d FBk Sed	1,050	3,100	5,200	10,400	18,200	26,000
4d Sed	1,050	3,100	5,200	10,400	18,200	26,000
4d Fml Sed	1,100	3,350	5,600	11,200	19,600	28,000
1939 Limited Series 90, 8-cyl.						
4d 8P Sed	1,100	3,350	5,600	11,200	19,600	28,000
4d Sed	1,200	3,600	6,000	12,000	21,000	30,000
4d Limo	1,100	3,250	5,400	10,800	18,900	27,000
1940 Special Series 40, 8-cyl.						
2d Conv	1,850	5,500	9,200	18,400	32,200	46,000
4d Phae	1,750	5,300	8,800	17,600	30,800	44,000
2d Bus Cpe	900	2,650	4,400	8,800	15,400	22,000
2d Spt Cpe	950	2,900	4,800	9,600	16,800	24,000
2d Sed	850	2,500	4,200	8,400	14,700	21,000
4d Sed	850	2,500	4,200	8,400	14,700	21,000
1940 Super Series 50, 8-cyl.						
2d Conv	1,800	5,400	9,000	18,000	31,500	45,000
4d Phae	1,700	5,150	8,600	17,200	30,100	43,000

	6	5	4	3	2	1
2d Cpe	1,000	3,000	5,000	10,000	17,500	25,000
4d Sed	850	2,500	4,200	8,400	14,700	21,000
4d Sta Wag	1,300	3,850	6,400	12,800	22,400	32,000

1940 Century Series 60, 8-cyl.
2d Conv	1,900	5,650	9,400	18,800	32,900	47,000
4d Phae	1,800	5,400	9,000	18,000	31,500	45,000
2d Bus Cpe	1,050	3,100	5,200	10,400	18,200	26,000
2d Spt Cpe	1,100	3,250	5,400	10,800	18,900	27,000
4d Sed	900	2,750	4,600	9,200	16,100	23,000

1940 Roadmaster Series 70, 8-cyl.
2d Conv	1,900	5,750	9,600	19,200	33,600	48,000
2d Cpe	1,100	3,350	5,600	11,200	19,600	28,000
4d Sed	1,000	3,000	5,000	10,000	17,500	25,000

1940 Limited Series 80, 8-cyl.
4d FBk Phae	1,900	5,750	9,600	19,200	33,600	48,000
4d Phae	1,950	5,900	9,800	19,600	34,300	49,000
4d FBk Sed	1,100	3,350	5,600	11,200	19,600	28,000
4d Sed	1,200	3,600	6,000	12,000	21,000	30,000
4d Fml Sed	1,250	3,700	6,200	12,400	21,700	31,000
4d Fml FBk	1,300	3,850	6,400	12,800	22,400	32,000

1940 Limited Series 90, 8-cyl.
4d 7P Sed	1,250	3,700	6,200	12,400	21,700	31,000
4d Fml Sed	1,300	3,850	6,400	12,800	22,400	32,000
4d Limo	1,300	3,850	6,400	12,800	22,400	32,000

1941 Special Series 40-A, 8-cyl.
2d Conv	1,700	5,150	8,600	17,200	30,100	43,000
2d Bus Cpe	850	2,500	4,200	8,400	14,700	21,000
2d Spt Cpe	900	2,650	4,400	8,800	15,400	22,000
4d Sed	800	2,400	4,000	8,000	14,000	20,000

1941 Special Series 40-B, 8-cyl.
2d Bus Cpe	900	2,750	4,600	9,200	16,100	23,000
2d S'net	950	2,900	4,800	9,600	16,800	24,000
4d Sed	850	2,500	4,200	8,400	14,700	21,000
4d Sta Wag	1,300	3,850	6,400	12,800	22,400	32,000

NOTE: Add 5 percent for SSE.

1941 Super Series 50, 8-cyl.
2d Conv	1,900	5,650	9,400	18,800	32,900	47,000
4d Phae	2,050	6,100	10,200	20,400	35,700	51,000
2d Cpe	1,000	2,950	4,900	9,800	17,150	24,500
4d Sed	900	2,650	4,400	8,800	15,400	22,000

1941 Century Series 60, 8-cyl.
2d Bus Cpe	1,000	3,000	5,000	10,000	17,500	25,000
2d S'net	1,050	3,100	5,200	10,400	18,200	26,000
4d Sed	950	2,900	4,800	9,600	16,800	24,000

1941 Roadmaster Series 70, 8-cyl.
2d Conv	2,150	6,500	10,800	21,600	37,800	54,000
4d Phae	2,200	6,600	11,000	22,000	38,500	55,000
2d Cpe	1,100	3,250	5,400	10,800	18,900	27,000
4d Sed	1,000	3,000	5,000	10,000	17,500	25,000

1941 Limited Series 90, 8-cyl.
4d 7P Sed	1,350	4,100	6,800	13,600	23,800	34,000
4d Sed	1,100	3,350	5,600	11,200	19,600	28,000
4d Fml Sed	1,250	3,700	6,200	12,400	21,700	31,000
4d Limo	1,350	4,100	6,800	13,600	23,800	34,000

1942 Special Series 40-A, 8-cyl.
2d Bus Cpe	700	2,150	3,600	7,200	12,600	18,000
2d S'net	800	2,350	3,900	7,800	13,650	19,500
2d 3P S'net	750	2,200	3,700	7,400	12,950	18,500
2d Conv	1,300	3,850	6,400	12,800	22,400	32,000
4d Sed	700	2,150	3,600	7,200	12,600	18,000

1942 Special Series 40-B, 8-cyl.
2d 3P S'net	800	2,400	4,000	8,000	14,000	20,000
2d S'net	850	2,500	4,200	8,400	14,700	21,000
4d Sed	700	2,150	3,600	7,200	12,600	18,000
4d Sta Wag	1,250	3,700	6,200	12,400	21,700	31,000

1942 Super Series 50, 8-cyl.
2d Conv	1,350	4,100	6,800	13,600	23,800	34,000
2d S'net	900	2,650	4,400	8,800	15,400	22,000
4d Sed	750	2,200	3,700	7,400	12,950	18,500

1942 Century Series 60, 8-cyl.
2d S'net	900	2,750	4,600	9,200	16,100	23,000
4d Sed	800	2,350	3,900	7,800	13,650	19,500

1942 Roadmaster Series 70, 8-cyl.
2d Conv	1,650	4,900	8,200	16,400	28,700	41,000

	6	5	4	3	2	1
2d S'net	950	2,900	4,800	9,600	16,800	24,000
4d Sed	900	2,650	4,400	8,800	15,400	22,000

1942 Limited Series 90, 8-cyl.

	6	5	4	3	2	1
4d 8P Sed	900	2,750	4,600	9,200	16,100	23,000
4d Sed	900	2,650	4,400	8,800	15,400	22,000
4d Fml Sed	950	2,900	4,800	9,600	16,800	24,000
4d Limo	1,000	3,000	5,000	10,000	17,500	25,000

1946-1948 Special Series 40, 8-cyl.

	6	5	4	3	2	1
2d S'net	800	2,400	4,000	8,000	14,000	20,000
4d Sed	700	2,050	3,400	6,800	11,900	17,000

1946-1948 Super Series 50, 8-cyl.

	6	5	4	3	2	1
2d Conv	1,600	4,800	8,000	16,000	28,000	40,000
2d S'net	850	2,500	4,200	8,400	14,700	21,000
4d Sed	750	2,200	3,700	7,400	12,950	18,500
4d Sta Wag	1,300	3,850	6,400	12,800	22,400	32,000

1946-1948 Roadmaster Series 70, 8-cyl.

	6	5	4	3	2	1
2d Conv	1,850	5,500	9,200	18,400	32,200	46,000
2d S'net	950	2,900	4,800	9,600	16,800	24,000
4d Sed	900	2,650	4,400	8,800	15,400	22,000
4d Sta Wag	1,400	4,200	7,000	14,000	24,500	35,000

1949 Special Series 40, 8-cyl.

	6	5	4	3	2	1
2d S'net	850	2,500	4,200	8,400	14,700	21,000
4d Sed	700	2,150	3,600	7,200	12,600	18,000

1949 Super Series 50, 8-cyl.

	6	5	4	3	2	1
2d Conv	1,550	4,700	7,800	15,600	27,300	39,000
2d S'net	850	2,500	4,200	8,400	14,700	21,000
4d Sed	800	2,400	4,000	8,000	14,000	20,000
4d Sta Wag	1,250	3,700	6,200	12,400	21,700	31,000

1949 Roadmaster Series 70, 8-cyl.

	6	5	4	3	2	1
2d Conv	1,800	5,400	9,000	18,000	31,500	45,000
2d Riv HT	1,200	3,600	6,000	12,000	21,000	30,000
2d S'net	950	2,900	4,800	9,600	16,800	24,000
4d Sed	900	2,750	4,600	9,200	16,100	23,000
4d Sta Wag	1,350	4,100	6,800	13,600	23,800	34,000

NOTE: Add 10 percent for sweap spear side trim on late 1949 Roadmaster models.

1950 Special Series 40, 8-cyl., 121-1/2" wb

	6	5	4	3	2	1
2d Bus Cpe	550	1,700	2,800	5,600	9,800	14,000
2d S'net	650	1,900	3,200	6,400	11,200	16,000
4d S'net	600	1,800	3,000	6,000	10,500	15,000
4d Tr Sed	550	1,700	2,800	5,600	9,800	14,000

1950 Special DeLuxe Series 40, 8-cyl., 121-1/2" wb

	6	5	4	3	2	1
2d S'net	700	2,050	3,400	6,800	11,900	17,000
4d S'net	650	1,900	3,200	6,400	11,200	16,000
4d Tr Sed	600	1,800	3,000	6,000	10,500	15,000

1950 Super Series 50, 8-cyl.

	6	5	4	3	2	1
2d Conv	1,150	3,500	5,800	11,600	20,300	29,000
2d Riv HT	850	2,500	4,200	8,400	14,700	21,000
2d S'net	700	2,150	3,600	7,200	12,600	18,000
4d Sed	650	1,900	3,200	6,400	11,200	16,000
4d Sta Wag	1,250	3,700	6,200	12,400	21,700	31,000

1950 Roadmaster Series 70, 8-cyl.

	6	5	4	3	2	1
2d Conv	1,400	4,200	7,000	14,000	24,500	35,000
2d Riv HT	1,100	3,350	5,600	11,200	19,600	28,000
2d S'net	850	2,500	4,200	8,400	14,700	21,000
4d Sed 71	700	2,050	3,400	6,800	11,900	17,000
4d Sed 72	700	2,150	3,600	7,200	12,600	18,000
4d Sta Wag	1,300	3,950	6,600	13,200	23,100	33,000
4d Riv Sed DeL	700	2,150	3,600	7,200	12,600	18,000

1951-1952 Special Series 40, 8-cyl., 121-1/2" wb

	6	5	4	3	2	1
2d Bus Cpe (1951 only)	550	1,700	2,800	5,600	9,800	14,000
2d Sed (1951 only)	500	1,550	2,600	5,200	9,100	13,000
4d Sed	500	1,550	2,600	5,200	9,100	13,000
2d Spt Cpe	550	1,700	2,800	5,600	9,800	14,000

1951-1952 Special DeLuxe Series 40, 8-cyl., 121-1/2" wb

	6	5	4	3	2	1
4d Sed	550	1,700	2,800	5,600	9,800	14,000
2d Sed	550	1,700	2,800	5,600	9,800	14,000
2d Riv HT	850	2,500	4,200	8,400	14,700	21,000
2d Conv	1,100	3,250	5,400	10,800	18,900	27,000

1951-1952 Super Series 50, 8-cyl.

	6	5	4	3	2	1
2d Conv	1,100	3,350	5,600	11,200	19,600	28,000
2d Riv HT	950	2,900	4,800	9,600	16,800	24,000
4d Sta Wag	1,250	3,700	6,200	12,400	21,700	31,000
2d S'net (1951 only)	700	2,150	3,600	7,200	12,600	18,000
4d Sed	650	1,900	3,200	6,400	11,200	16,000

	6	5	4	3	2	1
1951-1952 Roadmaster Series 70, 8-cyl.						
2d Conv	1,200	3,600	6,000	12,000	21,000	30,000
2d Riv HT	1,100	3,350	5,600	11,200	19,600	28,000
4d Sta Wag	1,300	3,850	6,400	12,800	22,400	32,000
4d Riv Sed	700	2,150	3,600	7,200	12,600	18,000
1953 Special Series 40, 8-cyl.						
4d Sed	600	1,800	3,000	6,000	10,500	15,000
2d Sed	600	1,800	3,050	6,100	10,600	15,200
2d Riv HT	850	2,500	4,200	8,400	14,700	21,000
2d Conv	1,250	3,700	6,200	12,400	21,700	31,000
1953 Super Series 50, V-8						
2d Riv HT	1,000	3,000	5,000	10,000	17,500	25,000
2d Conv	1,300	3,850	6,400	12,800	22,400	32,000
4d Sta Wag	1,300	3,850	6,400	12,800	22,400	32,000
4d Riv Sed	650	1,900	3,200	6,400	11,200	16,000
1953 Roadmaster Series 70, V-8						
2d Riv HT	1,150	3,500	5,800	11,600	20,300	29,000
2d Skylark	2,300	6,850	11,400	22,800	39,900	57,000
2d Conv	1,350	4,100	6,800	13,600	23,800	34,000
4d DeL Sta Wag	1,300	3,950	6,600	13,200	23,100	33,000
4d Riv Sed	700	2,150	3,600	7,200	12,600	18,000
1954 Special Series 40, V-8						
4d Sed	500	1,550	2,600	5,200	9,100	13,000
2d Sed	500	1,550	2,600	5,200	9,100	13,000
2d Riv HT	900	2,750	4,600	9,200	16,100	23,000
2d Conv	1,300	3,850	6,400	12,800	22,400	32,000
4d Sta Wag	600	1,800	3,000	6,000	10,500	15,000
1954 Century Series 60, V-8						
4d DeL	550	1,700	2,800	5,600	9,800	14,000
2d Riv HT	1,050	3,100	5,200	10,400	18,200	26,000
2d Conv	1,500	4,550	7,600	15,200	26,600	38,000
4d Sta Wag	650	1,900	3,200	6,400	11,200	16,000
1954 Super Series 50, V-8						
4d Sed	500	1,550	2,600	5,200	9,100	13,000
2d Riv HT	950	2,900	4,800	9,600	16,800	24,000
2d Conv	1,300	3,950	6,600	13,200	23,100	33,000
1954 Roadmaster Series 70, V-8						
4d Sed	550	1,700	2,800	5,600	9,800	14,000
2d Riv HT	1,150	3,500	5,800	11,600	20,300	29,000
2d Conv	1,500	4,550	7,600	15,200	26,600	38,000
1954 Skylark Series, V-8						
2d Spt Conv	2,150	6,500	10,800	21,600	37,800	54,000
1955 Special Series 40, V-8						
4d Sed	500	1,550	2,600	5,200	9,100	13,000
4d Riv HT	650	1,900	3,200	6,400	11,200	16,000
2d Sed	500	1,550	2,600	5,200	9,100	13,000
2d Riv HT	1,000	3,000	5,000	10,000	17,500	25,000
2d Conv	1,550	4,700	7,800	15,600	27,300	39,000
4d Sta Wag	650	1,900	3,200	6,400	11,200	16,000
1955 Century Series 60, V-8						
4d Sed	550	1,700	2,800	5,600	9,800	14,000
4d Riv HT	700	2,050	3,400	6,800	11,900	17,000
2d Riv HT	1,100	3,250	5,400	10,800	18,900	27,000
2d Conv	1,650	4,900	8,200	16,400	28,700	41,000
4d Sta Wag	700	2,050	3,400	6,800	11,900	17,000
1955 Super Series 50, V-8						
4d Sed	550	1,700	2,800	5,600	9,800	14,000
2d Riv HT	1,050	3,100	5,200	10,400	18,200	26,000
2d Conv	1,550	4,700	7,800	15,600	27,300	39,000
1955 Roadmaster Series 70, V-8						
4d Sed	650	1,900	3,200	6,400	11,200	16,000
2d Riv HT	1,150	3,500	5,800	11,600	20,300	29,000
2d Conv	1,750	5,300	8,800	17,600	30,800	44,000
1956 Special Series 40, V-8						
4d Sed	500	1,550	2,600	5,200	9,100	13,000
4d Riv HT	700	2,050	3,400	6,800	11,900	17,000
2d Sed	500	1,550	2,600	5,200	9,100	13,000
2d Riv HT	1,000	3,000	5,000	10,000	17,500	25,000
2d Conv	1,600	4,800	8,000	16,000	28,000	40,000
4d Sta Wag	650	1,900	3,200	6,400	11,200	16,000
1956 Century Series 60, V-8						
4d Sed	550	1,700	2,800	5,600	9,800	14,000
4d Riv HT	750	2,300	3,800	7,600	13,300	19,000
2d Riv HT	1,100	3,250	5,400	10,800	18,900	27,000

	6	5	4	3	2	1
2d Conv	1,700	5,050	8,400	16,800	29,400	42,000
4d Sta Wag	700	2,050	3,400	6,800	11,900	17,000

1956 Super Series 50

	6	5	4	3	2	1
4d Sed	550	1,700	2,800	5,600	9,800	14,000
4d Riv HT	850	2,500	4,200	8,400	14,700	21,000
2d Riv HT	1,050	3,100	5,200	10,400	18,200	26,000
2d Conv	1,550	4,700	7,800	15,600	27,300	39,000

1956 Roadmaster Series 70, V-8

	6	5	4	3	2	1
4d Sed	600	1,800	3,000	6,000	10,500	15,000
4d Riv HT	900	2,750	4,600	9,200	16,100	23,000
2d Riv HT	1,100	3,350	5,600	11,200	19,600	28,000
2d Conv	1,700	5,150	8,600	17,200	30,100	43,000

1957 Special Series 40, V-8

	6	5	4	3	2	1
4d Sed	500	1,450	2,400	4,800	8,400	12,000
4d Riv HT	700	2,050	3,400	6,800	11,900	17,000
2d Sed	500	1,450	2,400	4,800	8,400	12,000
2d Riv HT	950	2,900	4,800	9,600	16,800	24,000
2d Conv	1,500	4,450	7,400	14,800	25,900	37,000
4d Sta Wag	700	2,150	3,600	7,200	12,600	18,000
4d HT Wag	900	2,750	4,600	9,200	16,100	23,000

1957 Century Series 60, V-8

	6	5	4	3	2	1
4d Sed	500	1,550	2,600	5,200	9,100	13,000
4d Riv HT	700	2,150	3,600	7,200	12,600	18,000
2d Riv HT	1,100	3,250	5,400	10,800	18,900	27,000
2d Conv	1,550	4,700	7,800	15,600	27,300	39,000
4d HT Wag	1,000	3,000	5,000	10,000	17,500	25,000

1957 Super Series 50, V-8

	6	5	4	3	2	1
4d Riv HT	750	2,300	3,800	7,600	13,300	19,000
2d Riv HT	1,100	3,250	5,400	10,800	18,900	27,000
2d Conv	1,500	4,550	7,600	15,200	26,600	38,000

1957 Roadmaster Series 70, V-8

	6	5	4	3	2	1
4d Riv HT	800	2,400	4,000	8,000	14,000	20,000
2d Riv HT	1,150	3,500	5,800	11,600	20,300	29,000
2d Conv	1,600	4,800	8,000	16,000	28,000	40,000

NOTE: Add 5 percent for 75 Series.

1958 Special Series 40, V-8

	6	5	4	3	2	1
4d Sed	450	1,300	2,200	4,400	7,700	11,000
4d Riv HT	550	1,700	2,800	5,600	9,800	14,000
2d Sed	450	1,300	2,200	4,400	7,700	11,000
2d Riv HT	800	2,400	4,000	8,000	14,000	20,000
2d Conv	1,000	3,000	5,000	10,000	17,500	25,000
4d Sta Wag	500	1,450	2,400	4,800	8,400	12,000
4d HT Wag	700	2,050	3,400	6,800	11,900	17,000

1958 Century Series 60, V-8

	6	5	4	3	2	1
4d Sed	500	1,450	2,400	4,800	8,400	12,000
4d Riv HT	600	1,800	3,000	6,000	10,500	15,000
2d Riv HT	900	2,750	4,600	9,200	16,100	23,000
2d Conv	1,100	3,250	5,400	10,800	18,900	27,000
4d HT Wag	750	2,300	3,800	7,600	13,300	19,000

1958 Super Series 50, V-8

	6	5	4	3	2	1
4d Riv HT	650	1,900	3,200	6,400	11,200	16,000
2d Riv HT	950	2,900	4,800	9,600	16,800	24,000

1958 Roadmaster Series 75, V-8

	6	5	4	3	2	1
4d Riv HT	700	2,050	3,400	6,800	11,900	17,000
2d Riv HT	1,000	3,000	5,000	10,000	17,500	25,000
2d Conv	1,250	3,700	6,200	12,400	21,700	31,000

1958 Limited Series 700, V-8

	6	5	4	3	2	1
4d Riv HT	750	2,300	3,800	7,600	13,300	19,000
2d Riv HT	1,100	3,350	5,600	11,200	19,600	28,000
2d Conv	1,700	5,050	8,400	16,800	29,400	42,000

1959 LeSabre Series 4400, V-8

	6	5	4	3	2	1
4d Sed	450	1,300	2,200	4,400	7,700	11,000
4d HT	500	1,550	2,600	5,200	9,100	13,000
2d Sed	450	1,350	2,250	4,500	7,850	11,200
2d HT	650	1,900	3,200	6,400	11,200	16,000
2d Conv	1,000	3,000	5,000	10,000	17,500	25,000
4d Sta Wag	500	1,550	2,600	5,200	9,100	13,000

1959 Invicta Series 4600, V-8

	6	5	4	3	2	1
4d Sed	500	1,450	2,400	4,800	8,400	12,000
4d HT	550	1,700	2,800	5,600	9,800	14,000
2d HT	700	2,050	3,400	6,800	11,900	17,000
2d Conv	1,100	3,350	5,600	11,200	19,600	28,000
4d Sta Wag	550	1,700	2,800	5,600	9,800	14,000

1937 Buick Special convertible coupe

1951 Buick Super Estate station wagon

1972 Buick GS350 hardtop

	6	5	4	3	2	1
1959 Electra Series 4700, V-8						
4d Sed	500	1,550	2,600	5,200	9,100	13,000
4d HT	600	1,800	3,000	6,000	10,500	15,000
2d HT	750	2,300	3,800	7,600	13,300	19,000
1959 Electra 225 Series 4800, V-8						
4d Riv HT 6W	550	1,700	2,800	5,600	9,800	14,000
4d HT 4W	600	1,800	3,000	6,000	10,500	15,000
2d Conv	1,250	3,700	6,200	12,400	21,700	31,000
1960 LeSabre Series 4400, V-8						
4d Sed	450	1,300	2,200	4,400	7,700	11,000
4d HT	500	1,550	2,600	5,200	9,100	13,000
2d Sed	450	1,350	2,250	4,500	7,850	11,200
2d HT	700	2,050	3,400	6,800	11,900	17,000
2d Conv	1,050	3,100	5,200	10,400	18,200	26,000
4d Sta Wag	500	1,450	2,400	4,800	8,400	12,000
1960 Invicta Series 4600, V-8						
4d Sed	500	1,450	2,400	4,800	8,400	12,000
4d HT	550	1,700	2,800	5,600	9,800	14,000
2d HT	700	2,150	3,600	7,200	12,600	18,000
2d Conv	1,150	3,500	5,800	11,600	20,300	29,000
4d Sta Wag	500	1,550	2,600	5,200	9,100	13,000
1960 Electra Series 4700, V-8						
4d Riv HT 6W	600	1,800	3,000	6,000	10,500	15,000
4d HT 4W	650	1,900	3,200	6,400	11,200	16,000
2d HT	750	2,300	3,800	7,600	13,300	19,000
1960 Electra 225 Series 4800, V-8						
4d Riv HT 6W	650	1,900	3,200	6,400	11,200	16,000
4d HT 4W	700	2,050	3,400	6,800	11,900	17,000
2d Conv	1,250	3,700	6,200	12,400	21,700	31,000
NOTE: Add 5 percent for bucket seat option.						
1961 Special Series 4000, V-8, 112" wb						
4d Sed	400	1,200	2,000	4,000	7,000	10,000
2d Cpe	450	1,300	2,200	4,400	7,700	11,000
4d Sta Wag	450	1,300	2,200	4,400	7,700	11,000
1961 Special DeLuxe Series 4100, V-8, 112" wb						
4d Sed	400	1,250	2,100	4,200	7,350	10,500
2d Skylark Cpe	500	1,450	2,400	4,800	8,400	12,000
4d Sta Wag	500	1,450	2,400	4,800	8,400	12,000
NOTE: Deduct 5 percent for V-6.						
1961 LeSabre Series 4400, V-8						
4d Sed	450	1,300	2,200	4,400	7,700	11,000
4d HT	500	1,450	2,400	4,800	8,400	12,000
2d Sed	450	1,300	2,200	4,400	7,700	11,000
2d HT	500	1,550	2,600	5,200	9,100	13,000
2d Conv	900	2,650	4,400	8,800	15,400	22,000
4d Sta Wag	500	1,450	2,400	4,800	8,400	12,000
1961 Invicta Series 4600, V-8						
4d HT	500	1,450	2,400	4,800	8,400	12,000
2d HT	550	1,700	2,800	5,600	9,800	14,000
2d Conv	950	2,900	4,800	9,600	16,800	24,000
1961 Electra Series 4700, V-8						
4d Sed	450	1,400	2,300	4,600	8,050	11,500
4d HT	500	1,450	2,400	4,800	8,400	12,000
2d HT	500	1,550	2,600	5,200	9,100	13,000
1961 Electra 225 Series 4800, V-8						
4d Riv HT 6W	500	1,450	2,400	4,800	8,400	12,000
4d Riv HT 4W	500	1,500	2,500	5,000	8,750	12,500
2d Conv	1,100	3,350	5,600	11,200	19,600	28,000
1962 Special Series 4000, V-6, 112.1" wb						
4d Sed	400	1,250	2,100	4,250	7,400	10,600
2d Cpe	450	1,400	2,300	4,600	8,050	11,500
2d Conv	700	2,050	3,400	6,800	11,900	17,000
4d Sta Wag	450	1,300	2,200	4,400	7,700	11,000
1962 Special DeLuxe Series 4100, V-8, 112.1" wb						
4d Sed	450	1,300	2,200	4,400	7,700	11,000
2d Conv	750	2,300	3,800	7,600	13,300	19,000
4d Sta Wag	500	1,450	2,400	4,800	8,400	12,000
1962 Special Skylark Series 4300, V-8, 112.1" wb						
2d HT	450	1,400	2,300	4,600	8,050	11,500
2d Conv	800	2,400	4,000	8,000	14,000	20,000
1962 LeSabre Series 4400, V-8						
4d Sed	450	1,300	2,200	4,400	7,700	11,000
4d HT	500	1,450	2,400	4,800	8,400	12,000

	6	5	4	3	2	1
2d Sed	450	1,300	2,200	4,400	7,700	11,000
2d HT	550	1,700	2,800	5,600	9,800	14,000

1962 Invicta Series 4600, V-8

	6	5	4	3	2	1
4d HT	500	1,450	2,400	4,800	8,400	12,000
2d HT	600	1,800	3,000	6,000	10,500	15,000
2d HT Wildcat	650	1,900	3,200	6,400	11,200	16,000
2d Conv	950	2,900	4,800	9,600	16,800	24,000
4d Sta Wag*	500	1,450	2,400	4,800	8,400	12,000

NOTE: Add 10 percent for bucket seat option where offered.

1962 Electra 225 Series 4800, V-8

	6	5	4	3	2	1
4d Sed	450	1,300	2,200	4,400	7,700	11,000
4d Riv HT 6W	500	1,550	2,600	5,200	9,100	13,000
4d HT 4W	550	1,700	2,800	5,600	9,800	14,000
2d HT	700	2,050	3,400	6,800	11,900	17,000
2d Conv	1,100	3,350	5,600	11,200	19,600	28,000

1963 Special Series 4000, V-6, 112" wb

	6	5	4	3	2	1
4d Sed	400	1,250	2,100	4,250	7,400	10,600
2d Cpe	450	1,300	2,150	4,300	7,500	10,700
2d Conv	600	1,800	3,000	6,000	10,500	15,000
4d Sta Wag	450	1,300	2,200	4,400	7,700	11,000

1963 Special DeLuxe Series 4100, V-6, 112" wb

	6	5	4	3	2	1
4d Sed	450	1,300	2,150	4,300	7,500	10,700
4d Sta Wag	450	1,400	2,300	4,600	8,050	11,500

1963 Special DeLuxe Series 4100, V-8, 112" wb

	6	5	4	3	2	1
4d Sed	450	1,300	2,150	4,300	7,550	10,800
4d Sta Wag	450	1,400	2,350	4,700	8,250	11,800

1963 Special Skylark Series 4300, V-8, 112" wb

	6	5	4	3	2	1
2d HT	500	1,500	2,500	5,000	8,750	12,500
2d Conv	650	1,900	3,200	6,400	11,200	16,000

1963 LeSabre Series 4400, V-8

	6	5	4	3	2	1
4d Sed	450	1,300	2,150	4,300	7,500	10,700
4d HT	500	1,450	2,400	4,800	8,400	12,000
2d Sed	400	1,250	2,100	4,200	7,350	10,500
2d HT	550	1,700	2,800	5,600	9,800	14,000
4d Sta Wag	450	1,300	2,200	4,400	7,700	11,000
2d Conv	750	2,300	3,800	7,600	13,300	19,000

1963 Invicta Series 4600, V-8

	6	5	4	3	2	1
4d Sta Wag	500	1,500	2,500	5,000	8,750	12,500

1963 Wildcat Series 4600, V-8

	6	5	4	3	2	1
4d HT	500	1,500	2,500	5,000	8,750	12,500
2d HT	600	1,800	3,000	6,000	10,500	15,000
2d Conv	900	2,650	4,400	8,800	15,400	22,000

1963 Electra 225 Series 4800, V-8

	6	5	4	3	2	1
4d Sed	400	1,250	2,100	4,200	7,350	10,500
4d HT 6W	500	1,450	2,400	4,800	8,400	12,000
4d HT 4W	500	1,500	2,500	5,000	8,750	12,500
2d HT	650	1,900	3,200	6,400	11,200	16,000
2d Conv	950	2,900	4,800	9,600	16,800	24,000

1963 Riviera Series 4700, V-8

	6	5	4	3	2	1
2d HT	700	2,150	3,600	7,200	12,600	18,000

1964 Special Series 4000, V-6, 115" wb

	6	5	4	3	2	1
4d Sed	350	1,100	1,800	3,600	6,300	9,000
2d Cpe	350	1,100	1,850	3,700	6,450	9,200
2d Conv	600	1,800	3,000	6,000	10,500	15,000
4d Sta Wag	400	1,150	1,900	3,800	6,650	9,500

1964 Special Deluxe Series 4100, V-6, 115" wb

	6	5	4	3	2	1
4d Sed	350	1,100	1,850	3,700	6,500	9,300
2d Cpe	400	1,150	1,900	3,800	6,650	9,500
4d Sta Wag	400	1,200	2,000	4,000	7,000	10,000

1964 Special Skylark Series 4300, V-6, 115" wb

	6	5	4	3	2	1
4d Sed	400	1,150	1,900	3,800	6,650	9,500
2d HT	400	1,200	2,000	4,000	7,000	10,000
2d Conv	700	2,050	3,400	6,800	11,900	17,000

1964 Special Series 4000, V-8, 115" wb

	6	5	4	3	2	1
4d Sed	400	1,150	1,900	3,800	6,650	9,500
2d Cpe	400	1,150	1,900	3,850	6,700	9,600
2d Conv	700	2,050	3,400	6,800	11,900	17,000
4d Sta Wag	400	1,200	2,050	4,100	7,150	10,200

1964 Special DeLuxe Series 4100, V-8, 115" wb

	6	5	4	3	2	1
4d Sed	400	1,150	1,950	3,900	6,800	9,700
2d Cpe	400	1,200	1,950	3,900	6,850	9,800
4d Sta Wag	400	1,250	2,100	4,200	7,350	10,500

	6	5	4	3	2	1
1964 Skylark Series 4300, V-8, 115" wb						
4d Sed	400	1,200	2,000	4,000	7,000	10,000
2d HT	450	1,300	2,200	4,400	7,700	11,000
2d Conv	800	2,400	4,000	8,000	14,000	20,000
1964 Skylark Series 4200, V-8, 120" wb						
4d Spt Wag	400	1,200	2,000	4,000	7,000	10,000
4d Cus Spt Wag	400	1,200	2,050	4,100	7,150	10,200
1964 LeSabre Series 4400, V-8						
4d Sed	400	1,200	2,050	4,100	7,150	10,200
4d HT	400	1,250	2,100	4,200	7,350	10,500
2d HT	550	1,700	2,800	5,600	9,800	14,000
2d Conv	800	2,400	4,000	8,000	14,000	20,000
4d Spt Wag	450	1,350	2,250	4,500	7,900	11,300
1964 Wildcat Series 4600, V-8						
4d Sed	400	1,250	2,050	4,100	7,200	10,300
4d HT	500	1,500	2,500	5,000	8,750	12,500
2d HT	650	1,900	3,200	6,400	11,200	16,000
2d Conv	850	2,500	4,200	8,400	14,700	21,000
1964 Electra 225 Series 4800, V-8						
4d Sed	400	1,250	2,100	4,150	7,300	10,400
4d HT 6W	450	1,400	2,300	4,600	8,050	11,500
4d HT 4W	500	1,450	2,400	4,800	8,400	12,000
2d HT	600	1,800	3,000	6,000	10,500	15,000
2d Conv	900	2,650	4,400	8,800	15,400	22,000
1964 Riviera Series 4700, V-8						
2d HT	700	2,150	3,600	7,200	12,600	18,000
1965 Special, V-6, 115" wb						
4d Sed	300	900	1,500	3,000	5,250	7,500
2d Cpe	300	900	1,500	3,050	5,300	7,600
2d Conv	550	1,700	2,800	5,600	9,800	14,000
4d Sta Wag	350	1,000	1,700	3,400	5,950	8,500
1965 Special DeLuxe, V-6, 115" wb						
4d Sed	350	1,050	1,750	3,500	6,100	8,700
4d Sta Wag	350	1,050	1,800	3,550	6,250	8,900
1965 Skylark, V-6, 115" wb						
4d Sed	350	1,100	1,800	3,600	6,300	9,000
2d Cpe	350	1,100	1,850	3,700	6,500	9,300
2d HT	400	1,250	2,050	4,100	7,200	10,300
2d Conv	700	2,050	3,400	6,800	11,900	17,000
1965 Special, V-8, 115" wb						
4d Sed	350	1,050	1,750	3,500	6,100	8,700
2d Cpe	350	1,050	1,750	3,500	6,150	8,800
2d Conv	700	2,150	3,600	7,200	12,600	18,000
4d Sta Wag	350	1,050	1,750	3,500	6,100	8,700
1965 Special DeLuxe, V-8, 115" wb						
4d Sed	350	1,050	1,800	3,550	6,250	8,900
4d Sta Wag	350	1,100	1,800	3,600	6,300	9,000
1965 Skylark, V-8, 115" wb						
4d Sed	350	1,100	1,850	3,700	6,500	9,300
2d Cpe	400	1,150	1,900	3,800	6,650	9,500
2d HT	450	1,300	2,150	4,300	7,550	10,800
2d Conv	750	2,300	3,800	7,600	13,300	19,000

NOTE: Add 20 percent for Skylark Gran Sport Series (400 CID/325hp V-8). Deduct 5 percent for V-6.

	6	5	4	3	2	1
1965 Sport Wagon, V-8, 120" wb						
4d 2S Sta Wag	400	1,150	1,900	3,850	6,700	9,600
4d 3S Sta Wag	400	1,150	1,950	3,900	6,800	9,700
1965 Custom Sport Wagon, V-8, 120" wb						
4d 2S Sta Wag	400	1,200	1,950	3,900	6,850	9,800
4d 3S Sta Wag	400	1,200	2,000	3,950	6,950	9,900
1965 LeSabre, V-8, 123" wb						
4d Sed	300	950	1,600	3,250	5,650	8,100
4d HT	350	1,000	1,650	3,300	5,800	8,300
2d HT	350	1,100	1,850	3,700	6,500	9,300
1965 LeSabre Custom, V-8, 123" wb						
4d Sed	350	1,000	1,650	3,300	5,800	8,300
4d HT	350	1,050	1,800	3,550	6,250	8,900
2d HT	450	1,300	2,200	4,400	7,700	11,000
2d Conv	600	1,800	3,000	6,000	10,500	15,000
1965 Wildcat, V-8, 126" wb						
4d Sed	350	1,050	1,750	3,500	6,150	8,800
4d HT	350	1,100	1,850	3,700	6,500	9,300
2d HT	500	1,550	2,600	5,200	9,100	13,000

	6	5	4	3	2	1
1965 Wildcat DeLuxe, V-8, 126" wb						
4d Sed	350	1,100	1,800	3,600	6,300	9,000
4d HT	400	1,150	1,900	3,800	6,650	9,500
2d HT	550	1,600	2,700	5,400	9,450	13,500
2d Conv	650	1,900	3,200	6,400	11,200	16,000
1965 Wildcat Custom, V-8, 126" wb						
4d HT	400	1,200	1,950	3,900	6,850	9,800
2d HT	550	1,700	2,800	5,600	9,800	14,000
2d Conv	700	2,050	3,400	6,800	11,900	17,000
1965 Electra 225, V-8, 126" wb						
4d Sed	350	1,100	1,850	3,700	6,500	9,300
4d HT	400	1,250	2,050	4,100	7,200	10,300
2d HT	550	1,600	2,700	5,400	9,450	13,500
1965 Electra 225 Custom, V-8, 126" wb						
4d Sed	400	1,150	1,900	3,800	6,650	9,500
4d HT	400	1,250	2,100	4,250	7,400	10,600
2d HT	450	1,400	2,350	4,700	8,200	11,700
2d Conv	700	2,050	3,400	6,800	11,900	17,000
1965 Riviera, V-8, 117" wb						
2d HT	600	1,800	3,000	6,000	10,500	15,000
2d HT GS	650	1,900	3,200	6,400	11,200	16,000
NOTE: Add 20 percent for 400.						
1966 Special, V-6, 115" wb						
4d Sed	300	850	1,400	2,800	4,900	7,000
2d Cpe	300	850	1,400	2,850	4,950	7,100
2d Conv	600	1,800	3,000	6,000	10,500	15,000
4d Sta Wag	300	850	1,400	2,800	4,900	7,000
1966 Special DeLuxe, V-6, 115" wb						
4d Sed	300	850	1,400	2,850	4,950	7,100
2d Cpe	300	850	1,450	2,900	5,050	7,200
2d HT	350	1,000	1,650	3,300	5,800	8,300
4d Sta Wag	300	850	1,400	2,850	4,950	7,100
1966 Skylark, V-6, 115" wb						
4d HT	300	900	1,500	2,950	5,200	7,400
2d Cpe	300	900	1,500	3,000	5,250	7,500
2d HT	350	1,050	1,750	3,500	6,150	8,800
2d Conv	650	1,900	3,200	6,400	11,200	16,000
1966 Special, V-8, 115" wb						
4d Sed	300	900	1,450	2,900	5,100	7,300
2d Cpe	300	900	1,500	2,950	5,200	7,400
2d Conv	600	1,800	3,000	6,000	10,500	15,000
4d Sta Wag	300	900	1,450	2,900	5,100	7,300
1966 Special DeLuxe, V-8						
4d Sed	300	900	1,500	3,000	5,250	7,500
2d Cpe	300	950	1,550	3,100	5,450	7,800
2d HT	350	1,050	1,750	3,500	6,150	8,800
4d Sta Wag	300	900	1,500	3,000	5,250	7,500
1966 Skylark, V-8						
4d HT	300	950	1,600	3,200	5,600	8,000
2d Cpe	300	950	1,600	3,250	5,650	8,100
2d HT	350	1,100	1,850	3,700	6,500	9,300
2d Conv	700	2,050	3,400	6,800	11,900	17,000
1966 Skylark Gran Sport, V-8, 115" wb						
2d Cpe	500	1,450	2,400	4,800	8,400	12,000
2d HT	700	2,150	3,600	7,200	12,600	18,000
2d Conv	750	2,300	3,800	7,600	13,300	19,000
1966 Sport Wagon, V-8, 120" wb						
4d 2S Sta Wag	350	1,000	1,700	3,350	5,900	8,400
4d 3S Sta Wag	350	1,000	1,700	3,400	5,950	8,500
4d 2S Cus Sta Wag	350	1,050	1,700	3,450	6,000	8,600
4d 3S Cus Sta Wag	350	1,050	1,750	3,500	6,150	8,800
1966 LeSabre, V-8, 123" wb						
4d Sed	300	900	1,450	2,900	5,100	7,300
4d HT	350	1,000	1,650	3,300	5,800	8,300
2d HT	400	1,200	2,000	4,000	7,000	10,000
1966 LeSabre Custom, V-8, 123" wb						
4d Sed	300	900	1,550	3,100	5,400	7,700
4d HT	350	1,000	1,650	3,300	5,800	8,300
2d HT	400	1,250	2,100	4,200	7,350	10,500
2d Conv	700	2,050	3,400	6,800	11,900	17,000
1966 Wildcat, V-8, 126" wb						
4d Sed	300	950	1,550	3,100	5,450	7,800
4d HT	350	1,050	1,750	3,500	6,150	8,800
2d HT	450	1,300	2,200	4,400	7,700	11,000

	6	5	4	3	2	1
2d Conv	700	2,150	3,600	7,200	12,600	18,000

1966 Wildcat Custom, V-8, 126" wb

4d Sed	300	950	1,600	3,150	5,550	7,900
4d HT	350	1,000	1,650	3,300	5,750	8,200
2d HT	450	1,400	2,300	4,600	8,050	11,500
2d Conv	750	2,300	3,800	7,600	13,300	19,000

NOTE: Add 20 percent for Wildcat Gran Sport Series.

1966 Electra 225, V-8, 126" wb

4d Sed	350	1,050	1,750	3,500	6,150	8,800
4d HT	350	1,100	1,850	3,700	6,500	9,300
2d HT	500	1,450	2,400	4,800	8,400	12,000

1966 Electra 225 Custom, V-8

4d Sed	350	1,050	1,750	3,500	6,150	8,800
4d HT	400	1,200	1,950	3,900	6,850	9,800
2d HT	500	1,500	2,500	5,000	8,750	12,500
2d Conv	800	2,400	4,000	8,000	14,000	20,000

1966 Riviera, V-8

2d HT GS	500	1,550	2,600	5,200	9,100	13,000
2d HT	500	1,450	2,400	4,800	8,400	12,000

NOTE: Add 20 percent for 400. Not available in Riviera.

1967 Special, V-6, 115" wb

4d Sed	300	850	1,400	2,750	4,850	6,900
2d Cpe	300	850	1,400	2,800	4,900	7,000
4d Sta Wag	250	800	1,350	2,700	4,750	6,800

1967 Special DeLuxe, V-6, 115" wb

4d Sed	300	850	1,400	2,800	4,900	7,000
2d HT	300	950	1,600	3,200	5,600	8,000

1967 Skylark, V-6, 115" wb

2d Cpe	300	950	1,550	3,100	5,450	7,800

1967 Special, V-8, 115" wb

4d Sed	300	850	1,400	2,850	4,950	7,100
2d Cpe	300	900	1,500	3,000	5,250	7,500
4d Sta Wag	300	850	1,450	2,900	5,050	7,200

1967 Special DeLuxe, V-8, 115" wb

4d Sed	300	850	1,450	2,900	5,050	7,200
2d HT	350	1,000	1,700	3,400	5,950	8,500
4d Sta Wag	300	900	1,450	2,900	5,100	7,300

1967 Skylark, V-8, 115" wb

4d Sed	300	900	1,450	2,900	5,100	7,300
4d HT	300	900	1,500	3,000	5,250	7,500
2d Cpe	300	950	1,600	3,200	5,600	8,000
2d HT	350	1,100	1,800	3,600	6,300	9,000
2d Conv	650	1,900	3,200	6,400	11,200	16,000

1967 Sport Wagon, V-8, 120" wb

4d 2S Sta Wag	300	850	1,400	2,850	4,950	7,100
4d 3S Sta Wag	300	850	1,450	2,900	5,050	7,200

1967 Gran Sport 340, V-8, 115" wb

2d HT	500	1,450	2,400	4,800	8,400	12,000

1967 Gran Sport 400, V-8, 115" wb

2d Cpe	400	1,200	2,000	4,000	7,000	10,000
2d HT	500	1,500	2,500	5,000	8,750	12,500
2d Conv	700	2,050	3,400	6,800	11,900	17,000

1967 LeSabre, V-8, 123" wb

4d Sed	300	900	1,500	2,950	5,200	7,400
4d HT	300	900	1,500	3,050	5,300	7,600
2d HT	350	1,100	1,800	3,600	6,300	9,000

1967 LeSabre Custom, V-8, 123" wb

4d Sed	300	900	1,500	3,050	5,300	7,600
4d HT	300	950	1,550	3,100	5,450	7,800
2d HT	400	1,150	1,900	3,800	6,650	9,500
2d Conv	600	1,800	3,000	6,000	10,500	15,000

1967 Wildcat, V-8, 126" wb

4d Sed	300	950	1,550	3,100	5,450	7,800
4d HT	300	950	1,600	3,200	5,600	8,000
2d HT	400	1,200	2,000	4,000	7,000	10,000
2d Conv	650	1,900	3,200	6,400	11,200	16,000

1967 Wildcat Custom, V-8, 126" wb

4d HT	300	950	1,550	3,100	5,450	7,800
2d HT	400	1,250	2,100	4,200	7,350	10,500
2d Conv	700	2,150	3,600	7,200	12,600	18,000

1967 Electra 225, V-8, 126" wb

4d Sed	300	900	1,550	3,100	5,400	7,700
4d HT	300	950	1,600	3,150	5,550	7,900

	6	5	4	3	2	1
2d HT	450	1,300	2,200	4,400	7,700	11,000

1967 Electra 225 Custom, V-8, 126" wb
4d Sed	300	950	1,600	3,250	5,650	8,100
4d HT	350	1,000	1,700	3,350	5,900	8,400
2d HT	450	1,400	2,300	4,600	8,050	11,500
2d Conv	800	2,400	4,000	8,000	14,000	20,000

1967 Riviera Series, V-8
2d HT GS	500	1,500	2,500	5,000	8,750	12,500
2d HT	500	1,450	2,400	4,800	8,400	12,000

NOTE: Add 20 percent for 400. Not available in Riviera.

1968 Special DeLuxe, V-6, 116" wb, 2d 112" wb
4d Sed	250	800	1,350	2,700	4,700	6,700
2d Sed	250	800	1,350	2,700	4,750	6,800

1968 Skylark, V-6, 116" wb, 2d 112" wb
4d Sed	250	800	1,350	2,700	4,750	6,800
2d HT	300	900	1,500	3,000	5,250	7,500

1968 Special DeLuxe, V-8, 116" wb, 2d 112" wb
4d Sed	250	800	1,350	2,700	4,750	6,800
2d Sed	300	850	1,400	2,750	4,850	6,900
4d Sta Wag	300	850	1,400	2,750	4,850	6,900

1968 Skylark, V-8, 116" wb, 2d 112" wb
4d Sed	300	850	1,400	2,750	4,850	6,900
4d HT	300	850	1,400	2,800	4,900	7,000

1968 Skylark Custom, V-8, 116" wb, 2d 112" wb
4d Sed	300	850	1,400	2,800	4,900	7,000
4d HT	300	900	1,450	2,900	5,100	7,300
2d HT	300	950	1,600	3,200	5,600	8,000
2d Conv	600	1,800	3,000	6,000	10,500	15,000

1968 Sport Wagon, V-8, 121" wb
4d 2S Sta Wag	300	900	1,450	2,900	5,100	7,300
4d 3S Sta Wag	300	900	1,500	2,950	5,200	7,400

1968 Gran Sport GS 350, V-8, 112" wb
2d HT	500	1,500	2,500	5,000	8,750	12,500

1968 Gran Sport GS 400, V-8, 112" wb
2d HT	500	1,550	2,600	5,200	9,100	13,000
2d Conv	650	1,900	3,200	6,400	11,200	16,000

NOTE: Add 15 percent for Skylark GS Calif. Spl.

1968 LeSabre, V-8, 123" wb
4d Sed	300	900	1,450	2,900	5,100	7,300
4d HT	300	900	1,500	3,050	5,300	7,600
2d HT	400	1,150	1,900	3,800	6,650	9,500

1968 LeSabre Custom, V-8, 123" wb
4d Sed	300	900	1,500	2,950	5,200	7,400
4d HT	300	900	1,550	3,100	5,400	7,700
2d HT	400	1,200	2,000	4,000	7,000	10,000
2d Conv	650	1,900	3,200	6,400	11,200	16,000

1968 Wildcat, V-8, 126" wb
4d Sed	300	900	1,500	3,000	5,250	7,500
4d HT	300	950	1,550	3,100	5,450	7,800
2d HT	400	1,250	2,100	4,200	7,350	10,500

1968 Wildcat Custom, V-8, 126" wb
4d HT	300	950	1,600	3,250	5,650	8,100
2d HT	450	1,300	2,200	4,400	7,700	11,000
2d Conv	700	2,150	3,600	7,200	12,600	18,000

1968 Electra 225, V-8, 126" wb
4d Sed	300	950	1,600	3,200	5,600	8,000
4d HT	350	1,000	1,700	3,350	5,900	8,400
2d HT	450	1,400	2,300	4,600	8,050	11,500

1968 Electra 225 Custom, V-8, 126" wb
4d Sed	300	950	1,600	3,250	5,650	8,100
4d HT	350	1,000	1,700	3,400	5,950	8,500
2d HT	500	1,450	2,400	4,800	8,400	12,000
2d Conv	800	2,400	4,000	8,000	14,000	20,000

1968 Riviera Series, V-8
2d HT GS	500	1,500	2,500	5,000	8,750	12,500
2d HT	500	1,450	2,400	4,800	8,400	12,000

NOTE: Add 20 percent for 400. Not available in Riviera.

1969 Special DeLuxe, V-6, 116" wb, 2d 112" wb
4d Sed	250	800	1,350	2,700	4,700	6,700
2d Sed	250	800	1,300	2,650	4,600	6,600

1969 Skylark, V-6, 116" wb, 2d 112" wb
4d Sed	250	800	1,350	2,700	4,750	6,800

	6	5	4	3	2	1
2d HT	300	850	1,400	2,800	4,900	7,000

1969 Special DeLuxe, V-8, 116" wb, 2d 112" wb
4d Sed	250	800	1,350	2,700	4,750	6,800
2d Sed	250	800	1,350	2,700	4,700	6,700
4d Sta Wag	250	800	1,350	2,700	4,750	6,800

1969 Skylark, V-8, 116" wb, 2d 112" wb
4d Sed	300	850	1,400	2,750	4,850	6,900
2d HT	300	950	1,600	3,200	5,600	8,000

1969 Skylark Custom, V-8, 116" wb, 2d 112" wb
4d Sed	300	850	1,400	2,800	4,900	7,000
4d HT	300	850	1,400	2,850	4,950	7,100
2d HT	350	1,100	1,800	3,600	6,300	9,000
2d Conv	550	1,700	2,800	5,600	9,800	14,000

1969 Gran Sport GS 350, V-8, 112" wb
2d Calif GS	500	1,450	2,400	4,800	8,400	12,000
2d HT	500	1,550	2,600	5,200	9,100	13,000

1969 Gran Sport GS 400, V-8, 112" wb
2d HT	550	1,700	2,800	5,600	9,800	14,000
2d Conv	700	2,150	3,600	7,200	12,600	18,000

NOTE: Add 30 percent for Stage I option.

1969 Sport Wagon, V-8, 121" wb
4d 2S Sta Wag	300	850	1,400	2,850	4,950	7,100
4d 3S Sta Wag	300	850	1,450	2,900	5,050	7,200

1969 LeSabre, V-8, 123.2" wb
4d Sed	300	850	1,450	2,900	5,050	7,200
4d HT	300	900	1,450	2,900	5,100	7,300
2d HT	350	1,000	1,700	3,400	5,950	8,500

1969 LeSabre Custom, V-8, 123.2" wb
4d Sed	300	900	1,450	2,900	5,100	7,300
4d HT	300	900	1,500	2,950	5,200	7,400
2d HT	350	1,100	1,800	3,600	6,300	9,000
2d Conv	550	1,700	2,800	5,600	9,800	14,000

1969 Wildcat, V-8, 123.2" wb
4d Sed	300	900	1,500	3,000	5,250	7,500
4d HT	300	900	1,550	3,100	5,400	7,700
2d HT	400	1,150	1,900	3,800	6,650	9,500

1969 Wildcat Custom, V-8, 123.2" wb
4d HT	300	950	1,600	3,150	5,550	7,900
2d HT	400	1,200	2,000	4,000	7,000	10,000
2d Conv	600	1,800	3,000	6,000	10,500	15,000

1969 Electra 225, V-8, 126.2" wb
4d Sed	300	900	1,500	3,050	5,300	7,600
4d HT	300	900	1,550	3,100	5,400	7,700
2d HT	400	1,250	2,100	4,200	7,350	10,500

1969 Electra 225 Custom, V-8, 126.2" wb
4d Sed	300	950	1,550	3,100	5,450	7,800
4d HT	300	950	1,600	3,250	5,650	8,100
2d HT	450	1,300	2,200	4,400	7,700	11,000
2d Conv	750	2,300	3,800	7,600	13,300	19,000

1969 Riviera Series, V-8
2d GS HT	500	1,500	2,500	5,000	8,750	12,500
2d HT	500	1,450	2,400	4,800	8,400	12,000

NOTE: Add 20 percent for 400. Not available in Riviera.

1970 Skylark, V-6, 116" wb, 2d 112" wb
4d Sed	250	800	1,350	2,700	4,750	6,800
2d Sed	250	800	1,350	2,700	4,700	6,700

1970 Skylark 350, V-6, 116" wb, 2d 112" wb
4d Sed	300	850	1,400	2,750	4,850	6,900
2d HT	300	900	1,500	3,000	5,250	7,500

1970 Skylark, V-8, 116" wb, 2d 112" wb
4d Sed	300	850	1,400	2,750	4,850	6,900
2d Sed	250	800	1,350	2,700	4,750	6,800

1970 Skylark 350, V-8, 116" wb, 2d 112.2" wb
4d Sed	300	850	1,400	2,800	4,900	7,000
2d HT	350	1,000	1,700	3,400	5,950	8,500

1970 Skylark Custom, V-8, 116" wb, 2d 112" wb
4d Sed	300	850	1,400	2,850	4,950	7,100
4d HT	300	850	1,450	2,900	5,050	7,200
2d HT	400	1,150	1,900	3,800	6,650	9,500
2d Conv	700	2,150	3,600	7,200	12,600	18,000

1970 Gran Sport GS, V-8, 112" wb
2d HT	500	1,550	2,600	5,200	9,100	13,000

	6	5	4	3	2	1
1970 Gran Sport GS 455, V-8, 112" wb						
2d HT	550	1,700	2,800	5,600	9,800	14,000
2d Conv	750	2,300	3,800	7,600	13,300	19,000
NOTE: Add 40 percent for Stage I 455.						
1970 GSX, V-8, 455, 112" wb						
2d HT	800	2,400	4,000	8,000	14,000	20,000
1970 Sport Wagon, V-8, 116" wb						
2S Sta Wag	300	850	1,450	2,900	5,050	7,200
1970 LeSabre, V-8, 124" wb						
4d Sed	300	900	1,500	2,950	5,200	7,400
4d HT	300	900	1,500	3,050	5,300	7,600
2d HT	350	1,100	1,800	3,600	6,300	9,000
1970 LeSabre Custom, V-8, 124" wb						
4d Sed	300	900	1,500	3,000	5,250	7,500
4d HT	300	900	1,550	3,100	5,400	7,700
2d HT	400	1,150	1,900	3,800	6,650	9,500
2d Conv	550	1,700	2,800	5,600	9,800	14,000
1970 LeSabre Custom 455, V-8, 124" wb						
4d Sed	300	900	1,550	3,100	5,400	7,700
4d HT	300	950	1,600	3,200	5,600	8,000
2d HT	400	1,200	1,950	3,900	6,850	9,800
1970 Estate Wagon, V-8, 124" wb						
4d 2S Sta Wag	300	900	1,500	3,000	5,250	7,500
4d 3S Sta Wag	300	950	1,550	3,100	5,450	7,800
1970 Wildcat Custom, V-8, 124" wb						
4d HT	300	950	1,600	3,150	5,550	7,900
2d HT	400	1,200	2,000	4,000	7,000	10,000
2d Conv	600	1,800	3,000	6,000	10,500	15,000
1970 Electra 225, V-8, 127" wb						
4d Sed	300	950	1,550	3,100	5,450	7,800
4d HT	350	1,000	1,650	3,300	5,750	8,200
2d HT	400	1,250	2,100	4,200	7,350	10,500
1970 Electra Custom 225, V-8, 127" wb						
4d Sed	300	950	1,600	3,150	5,550	7,900
4d HT	350	1,000	1,700	3,350	5,900	8,400
2d HT	450	1,300	2,200	4,400	7,700	11,000
2d Conv	750	2,300	3,800	7,600	13,300	19,000
1970 Riviera Series, V-8						
2d GS Cpe	500	1,450	2,400	4,800	8,400	12,000
2d HT Cpe	450	1,400	2,300	4,600	8,050	11,500
NOTE: Add 40 percent for 455, except in Riviera.						
1971-1972 Skylark, V-8, 116" wb, 2d 112" wb						
4d Sed	250	750	1,250	2,500	4,350	6,200
2d Sed	250	750	1,200	2,450	4,250	6,100
2d HT	300	850	1,400	2,800	4,900	7,000
1971-1972 Skylark 350, V-8, 116" wb, 2d 112" wb						
4d Sed	250	750	1,300	2,550	4,500	6,400
2d HT	300	950	1,600	3,200	5,600	8,000
1971-1972 Skylark Custom, V-8						
4d Sed	250	750	1,250	2,500	4,400	6,300
4d HT	250	800	1,300	2,600	4,550	6,500
2d HT	350	1,100	1,800	3,600	6,300	9,000
2d Conv	550	1,700	2,800	5,600	9,800	14,000
1971-1972 Gran Sport, 350, V-8						
2d HT	500	1,550	2,600	5,200	9,100	13,000
2d Conv	700	2,150	3,600	7,200	12,600	18,000
2d HT GSX	800	2,400	4,000	8,000	14,000	20,000
NOTE: Add 40 percent for Stage I & 20 percent for GS-455 options. Add 15 percent for folding sunroof.						
1971-1972 Sport Wagon, V-8, 116" wb						
4d 2S Sta Wag	200	650	1,100	2,150	3,800	5,400
1971-1972 LeSabre						
4d Sed	250	700	1,150	2,300	4,050	5,800
4d HT	250	700	1,200	2,400	4,200	6,000
2d HT	250	750	1,250	2,500	4,350	6,200
1971-1972 LeSabre Custom, V-8						
4d Sed	250	700	1,200	2,350	4,150	5,900
4d HT	250	750	1,200	2,450	4,250	6,100
2d HT	250	750	1,300	2,550	4,500	6,400
2d Conv	500	1,550	2,600	5,200	9,100	13,000
1971-1972 Centurion, V-8						
4d HT	250	750	1,250	2,500	4,400	6,300

	6	5	4	3	2	1
2d HT	250	800	1,300	2,650	4,600	6,600
2d Conv	550	1,700	2,800	5,600	9,800	14,000

1971-1972 Estate Wagon, V-8, 124" wb

4d 2S Sta Wag	250	700	1,200	2,400	4,200	6,000
4d 3S Sta Wag	250	750	1,200	2,450	4,250	6,100

1971-1972 Electra 225, V-8, 127" wb

4d HT	250	750	1,300	2,550	4,500	6,400
2d HT	250	800	1,350	2,700	4,700	6,700

1971-1972 Electra Custom 225, V-8

4d HT	250	800	1,300	2,600	4,550	6,500
2d HT	300	850	1,400	2,800	4,900	7,000

1971-1972 Riviera, V-8

2d HT GS	350	1,000	1,700	3,400	5,950	8,500
2d HT	300	900	1,500	3,000	5,250	7,500

1971-1972 Wagons

4d 2S Wag	250	750	1,250	2,500	4,400	6,300
4d 4S Wag	250	750	1,300	2,550	4,500	6,400

NOTE: Add 40 percent for 455.

1973 Apollo, 6-cyl., 111" wb

4d Sed	200	600	1,050	2,100	3,650	5,200
2d Sed	200	650	1,100	2,150	3,800	5,400
2d HBk	200	650	1,100	2,250	3,900	5,600

1973 Apollo, V-8

4d Sed	200	650	1,050	2,100	3,700	5,300
2d Sed	200	650	1,100	2,200	3,850	5,500
2d HBk	250	700	1,150	2,300	4,000	5,700

1973 Century, V-8, 116" wb, 2d 112" wb

2d Cpe	200	650	1,100	2,250	3,900	5,600
4d Sed	200	650	1,100	2,200	3,850	5,500
4d 3S Sta Wag	200	650	1,100	2,150	3,800	5,400

1973 Century Luxus, V-8

4d HT	200	650	1,100	2,250	3,900	5,600
2d Cpe	250	700	1,150	2,300	4,000	5,700
4d 3S Wag	200	650	1,100	2,200	3,850	5,500

1973 Century Regal, V-8

2d HT	250	800	1,300	2,600	4,550	6,500

NOTE: Add 30 percent for Gran Sport pkg. Add 70 percent for GS Stage I, 455 option.

1973 LeSabre, V-8, 124" wb

4d Sed	200	600	1,000	2,050	3,550	5,100
4d HT	200	600	1,050	2,100	3,650	5,200
2d HT	200	650	1,100	2,200	3,850	5,500

1973 LeSabre Custom, V-8

4d Sed	250	700	1,150	2,300	4,000	5,700
4d HT	250	700	1,150	2,300	4,050	5,800
2d HT	250	750	1,250	2,500	4,400	6,300
4d 3S Est Wag	250	700	1,150	2,300	4,000	5,700

1973 Centurion, V-8

4d HT	250	700	1,200	2,350	4,150	5,900
2d HT	250	750	1,300	2,550	4,500	6,400
2d Conv	400	1,250	2,100	4,200	7,350	10,500

1973 Electra 225, V-8, 127" wb

4d HT	250	700	1,200	2,400	4,200	6,000
2d HT	250	800	1,350	2,700	4,700	6,700

1973 Electra Custom 225, V-8

4d HT	250	750	1,200	2,450	4,250	6,100
2d HT	250	800	1,350	2,700	4,750	6,800

1973 Riviera, V-8

2d HT GS	300	950	1,600	3,200	5,600	8,000
2d HT	300	850	1,400	2,800	4,900	7,000

1974 Apollo, 6-cyl., 111" wb

4d Sed	200	600	1,000	2,050	3,550	5,100
2d Sed	200	600	1,000	2,050	3,550	5,100
2d HBk	200	600	1,050	2,100	3,650	5,200

1974 Apollo, V-8, 111" wb

4d Sed	250	750	1,250	2,500	4,350	6,200
2d Sed	250	750	1,250	2,500	4,350	6,200
2d HBk	250	750	1,250	2,500	4,400	6,300

1974 Century, V-8

2d Cpe	200	650	1,100	2,250	3,900	5,600
4d HT	200	650	1,100	2,200	3,850	5,500
4d Sta Wag	200	650	1,100	2,200	3,850	5,500

	6	5	4	3	2	1
1974 Century Luxus, V-8, 112" wb						
2d HT	200	650	1,100	2,200	3,850	5,500
4d HT	200	650	1,100	2,150	3,800	5,400
4d Sta Wag	200	650	1,100	2,150	3,800	5,400
1974 Gran Sport, V-8						
2d Cpe	250	700	1,200	2,400	4,200	6,000
1974 Century Regal, V-8, 112" wb						
2d HT	250	750	1,200	2,450	4,250	6,100
4d HT	250	700	1,150	2,300	4,050	5,800
1974 LeSabre						
4d Sed	250	700	1,150	2,300	4,000	5,700
4d HT	250	700	1,150	2,300	4,050	5,800
2d HT	250	700	1,200	2,350	4,150	5,900
1974 LeSabre, V-8, 123" wb						
4d Sed	250	800	1,300	2,650	4,600	6,600
4d HT	250	800	1,350	2,700	4,700	6,700
2d HT	300	850	1,400	2,750	4,850	6,900
1974 LeSabre Luxus, V-8, 123" wb						
4d Sed	250	800	1,350	2,700	4,700	6,700
4d HT	250	800	1,350	2,700	4,750	6,800
2d HT	300	850	1,400	2,800	4,900	7,000
2d Conv	400	1,200	2,000	4,000	7,000	10,000
1974 Estate Wagon, V-8						
4d Sta Wag	250	800	1,350	2,700	4,750	6,800
1974 Electra 225, V-8						
2d HT	300	850	1,450	2,900	5,050	7,200
4d HT	250	800	1,350	2,700	4,700	6,700
1974 Electra 225 Custom, V-8						
2d HT	300	900	1,500	2,950	5,200	7,400
4d HT	300	850	1,400	2,750	4,850	6,900
1974 Electra Limited, V-8						
2d HT	300	900	1,500	3,050	5,300	7,600
4d HT	300	850	1,400	2,850	4,950	7,100
1974 Riviera, V-8						
2d HT	300	900	1,500	3,000	5,250	7,500

NOTE: Add 10 percent for Apollo GSX. Add 10 percent for Century Grand Sport. Add 15 percent for Century GS-455. Add 20 percent for GS-455 Stage I. Add 5 percent for sunroof. Add 15 percent for Riviera GS or Stage I.

	6	5	4	3	2	1
1975 Skyhawk, V-6						
2d 'S' HBk	200	650	1,050	2,100	3,700	5,300
2d HBk	200	650	1,050	2,100	3,700	5,300
1975 Apollo, V-8						
4d Sed	200	600	1,050	2,100	3,650	5,200
4d 'SR' Sed	200	650	1,050	2,100	3,700	5,300
1975 Skylark, V-8						
2d Cpe	200	650	1,100	2,150	3,800	5,400
2d HBk	200	650	1,100	2,200	3,850	5,500
2d 'SR' Cpe	200	650	1,100	2,200	3,850	5,500
2d 'SR' HBk	200	650	1,100	2,250	3,900	5,600
1975 Century, V-8						
4d Sed	200	600	1,000	2,050	3,550	5,100
2d Cpe	200	600	1,000	2,050	3,550	5,100
4d Cus Sed	200	650	1,100	2,150	3,800	5,400
2d Cus Cpe	200	650	1,100	2,200	3,850	5,500
4d 2S Sta Wag	200	600	1,000	2,050	3,550	5,100
4d 3S Sta Wag	200	600	1,050	2,100	3,650	5,200
1975 Regal, V-8						
4d Sed	200	650	1,050	2,100	3,700	5,300
2d Cpe	200	650	1,050	2,100	3,700	5,300
1975 LeSabre, V-8						
4d Sed	200	650	1,100	2,150	3,800	5,400
4d HT	200	650	1,100	2,250	3,900	5,600
2d Cpe	200	650	1,100	2,200	3,850	5,500
1975 LeSabre Custom, V-8						
4d Sed	200	650	1,100	2,250	3,900	5,600
4d HT	250	700	1,200	2,350	4,150	5,900
2d Cpe	250	700	1,200	2,350	4,150	5,900
2d Conv	400	1,200	2,000	4,000	7,000	10,000
1975 Estate Wagon, V-8						
4d 2S Sta Wag	250	700	1,150	2,300	4,000	5,700
4d 3S Sta Wag	250	700	1,200	2,350	4,150	5,900
1975 Electra 225 Custom, V-8						
4d HT	250	700	1,200	2,400	4,200	6,000

1992 Buick Roadmaster sedan

1925 Cadillac 63 two-door sedan

1938 Cadillac Fleetwood Series 90 convertible sedan

	6	5	4	3	2	1
2d Cpe	250	750	1,250	2,500	4,350	6,200

1975 Electra 225 Limited, V-8
	6	5	4	3	2	1
4d HT	250	750	1,200	2,450	4,250	6,100
2d Cpe	250	750	1,300	2,550	4,500	6,400

1975 Riviera, V-8
	6	5	4	3	2	1
2d HT	250	800	1,300	2,600	4,550	6,500

NOTE: Add 15 percent for Park Avenue DeLuxe. Add 5 percent for Park Avenue, Century, GS or Riviera GS options.

1976 Skyhawk, V-6
	6	5	4	3	2	1
2d HBk	200	550	900	1,750	3,100	4,400

1976 Skylark S, V-8
	6	5	4	3	2	1
2d Cpe	200	550	900	1,850	3,200	4,600

1976 Skylark, V-8
	6	5	4	3	2	1
4d Sed	200	550	900	1,850	3,200	4,600
2d Cpe	200	550	950	1,900	3,300	4,700
2d HBk	200	600	950	1,900	3,350	4,800

1976 Skylark SR, V-8
	6	5	4	3	2	1
4d Sed	200	550	950	1,900	3,300	4,700
2d Cpe	200	600	950	1,900	3,350	4,800
2d HBk	200	600	1,000	1,950	3,450	4,900

1976 Century Special, V-6
	6	5	4	3	2	1
2d Cpe	200	550	900	1,800	3,150	4,500

1976 Century, V-8
	6	5	4	3	2	1
4d Sed	200	600	1,000	2,000	3,500	5,000
2d Cpe	200	550	950	1,900	3,300	4,700

1976 Century Custom, V-8
	6	5	4	3	2	1
4d Sed	200	600	1,050	2,100	3,650	5,200
2d Cpe	200	600	950	1,900	3,350	4,800
4d 2S Sta Wag	200	550	900	1,850	3,200	4,600
4d 3S Sta Wag	200	550	950	1,900	3,300	4,700

1976 Regal, V-8
	6	5	4	3	2	1
4d Sed	200	650	1,050	2,100	3,700	5,300
2d Cpe	200	600	1,000	1,950	3,450	4,900

1976 LeSabre, V-6
	6	5	4	3	2	1
4d Sed	200	650	1,100	2,150	3,800	5,400
4d HT	200	600	1,000	2,000	3,500	5,000
2d Cpe	200	600	1,000	2,050	3,550	5,100

1976 LeSabre Custom, V-8
	6	5	4	3	2	1
4d Sed	200	650	1,100	2,200	3,850	5,500
4d HT	200	600	1,050	2,100	3,650	5,200
2d Cpe	200	650	1,050	2,100	3,700	5,300

1976 Estate, V-8
	6	5	4	3	2	1
4d 2S Sta Wag	200	650	1,100	2,200	3,850	5,500
4d 3S Sta Wag	200	650	1,100	2,250	3,900	5,600

1976 Electra 225, V-8
	6	5	4	3	2	1
4d HT	250	700	1,150	2,300	4,000	5,700
2d Cpe	200	650	1,100	2,200	3,850	5,500

1976 Electra 225 Custom, V-8
	6	5	4	3	2	1
4d HT	250	700	1,200	2,350	4,150	5,900
2d Cpe	250	700	1,150	2,300	4,000	5,700

1976 Riviera, V-8
	6	5	4	3	2	1
2d Spt Cpe	250	700	1,200	2,400	4,200	6,000

NOTE: Deduct 5 percent for 6-cylinder.

1977 Skyhawk, V-6
	6	5	4	3	2	1
2d HBk	100	350	600	1,200	2,100	3,000

1977 Skylark S, V-8
	6	5	4	3	2	1
2d Cpe	150	400	650	1,300	2,250	3,200

1977 Skylark, V-8
	6	5	4	3	2	1
4d Sed	150	400	650	1,300	2,250	3,200
2d Cpe	150	400	650	1,300	2,300	3,300
2d HBk	150	400	700	1,350	2,400	3,400

1977 Skylark SR, V-8
	6	5	4	3	2	1
4d Sed	150	400	650	1,300	2,300	3,300
2d Cpe	150	400	700	1,350	2,400	3,400
2d HBk	150	400	700	1,400	2,450	3,500

1977 Century, V-8
	6	5	4	3	2	1
4d Sed	150	500	800	1,600	2,800	4,000
2d Cpe	150	500	800	1,650	2,850	4,100

1977 Century Special, V-6
	6	5	4	3	2	1
2d Cpe	150	500	850	1,700	2,950	4,200

	6	5	4	3	2	1
1977 Century Custom, V-8						
4d Sed	150	500	800	1,650	2,850	4,100
2d Cpe	150	500	850	1,700	2,950	4,200
4d 2S Sta Wag	150	450	800	1,550	2,750	3,900
4d 3S Sta Wag	150	500	800	1,600	2,800	4,000
1977 Regal, V-8						
4d Sed	150	500	850	1,700	3,000	4,300
2d Cpe	200	550	900	1,750	3,100	4,400
1977 LeSabre, V-8						
4d Sed	150	500	800	1,650	2,850	4,100
2d Cpe	150	500	850	1,700	2,950	4,200
1977 LeSabre Custom, V-8						
4d Sed	150	500	850	1,700	2,950	4,200
2d Cpe	150	500	850	1,700	3,000	4,300
2d Spt Cpe	200	550	900	1,750	3,100	4,400
1977 Electra 225, V-8						
4d Sed	200	550	900	1,750	3,100	4,400
2d Cpe	200	550	900	1,800	3,150	4,500
1977 Electra 225 Limited, V-8						
4d Sed	200	550	900	1,850	3,200	4,600
2d Cpe	200	600	950	1,900	3,350	4,800
1977 Riviera, V-8						
2d Cpe	200	600	1,000	1,950	3,450	4,900

NOTE: Deduct 5 percent for V-6.

	6	5	4	3	2	1
1978 Skyhawk						
2d 'S' HBk	150	400	650	1,300	2,250	3,200
2d HBk	150	400	700	1,350	2,400	3,400
1978 Skylark						
2d 'S' Cpe	150	400	650	1,300	2,300	3,300
4d Sed	150	400	700	1,350	2,400	3,400
2d Cpe	150	400	700	1,350	2,400	3,400
2d HBk	150	400	700	1,400	2,450	3,500
1978 Skylark Custom						
4d Sed	150	400	700	1,350	2,400	3,400
2d Cpe	150	400	700	1,400	2,450	3,500
2d HBk	150	450	700	1,450	2,500	3,600
1978 Century Special						
4d Sed	150	400	700	1,400	2,450	3,500
2d Cpe	150	450	700	1,450	2,500	3,600
Sta Wag	150	400	700	1,350	2,400	3,400
1978 Century Custom						
4d Sed	150	450	700	1,450	2,500	3,600
2d Cpe	150	450	750	1,500	2,600	3,700
Sta Wag	150	400	700	1,400	2,450	3,500
1978 Century Sport						
2d Cpe	150	450	800	1,550	2,750	3,900
1978 Century Limited						
4d Sed	150	450	750	1,500	2,650	3,800
2d Cpe	150	450	800	1,550	2,750	3,900
1978 Regal						
2d Cpe	150	450	750	1,500	2,600	3,700
Spt Cpe	150	450	750	1,500	2,650	3,800
1978 Regal Limited						
2d Cpe	150	500	800	1,600	2,800	4,000
1978 LeSabre						
4d Sed	150	450	750	1,500	2,600	3,700
2d Cpe	150	450	750	1,500	2,650	3,800
2d Spt Turbo Cpe	150	500	800	1,650	2,850	4,100
1978 LeSabre Custom						
4d Sed	150	450	750	1,500	2,650	3,800
2d Cpe	150	450	800	1,550	2,750	3,900
1978 Estate Wagon						
4d Sta Wag	150	450	750	1,500	2,600	3,700
1978 Electra 225						
4d Sed	150	450	800	1,550	2,750	3,900
2d Cpe	150	500	850	1,700	2,950	4,200
1978 Electra Limited						
4d Sed	150	500	800	1,600	2,800	4,000
2d Cpe	200	550	900	1,800	3,150	4,500
1978 Electra Park Avenue						
4d Sed	150	500	850	1,700	2,950	4,200
2d Cpe	200	600	950	1,900	3,350	4,800

	6	5	4	3	2	1
1978 Riviera						
2d Cpe	200	650	1,100	2,200	3,850	5,500
NOTE: Deduct 5 percent for 6-cyl.						
1979 Skyhawk, V-6						
2d HBk	150	400	700	1,400	2,450	3,500
2d 'S' HBk	150	400	700	1,350	2,400	3,400
1979 Skylark 'S', V-8						
2d 'S' Cpe	150	400	650	1,300	2,300	3,300
1979 Skylark, V-8						
4d Sed	150	400	700	1,400	2,450	3,500
2d Cpe	150	400	700	1,400	2,450	3,500
2d HBk	150	450	700	1,450	2,500	3,600
1979 Skylark Custom, V-8						
4d Sed	150	450	700	1,450	2,500	3,600
2d Cpe	150	450	700	1,450	2,500	3,600
1979 Century Special, V-8						
4d Sed	150	450	700	1,450	2,500	3,600
2d Cpe	150	400	700	1,400	2,450	3,500
4d Sta Wag	150	450	700	1,450	2,500	3,600
1979 Century Custom, V-8						
4d Sed	150	450	750	1,500	2,600	3,700
2d Cpe	150	450	700	1,450	2,500	3,600
4d Sta Wag	150	450	750	1,500	2,600	3,700
1979 Century Sport, V-8						
2d Cpe	150	500	800	1,600	2,800	4,000
1979 Century Limited, V-8						
4d Sed	150	450	800	1,550	2,750	3,900
NOTE: Deduct 7 percent for 6-cyl.						
1979 Regal, V-6						
2d Cpe	150	450	800	1,550	2,750	3,900
1979 Regal Sport Turbo, V-6						
2d Cpe	200	550	900	1,750	3,100	4,400
1979 Regal, V-8						
2d Cpe	150	500	800	1,600	2,800	4,000
1979 Regal Limited, V-8 & V-6						
2d Cpe V-6	150	450	800	1,550	2,750	3,900
2d Cpe V-8	150	500	850	1,700	2,950	4,200
1979 LeSabre, V-8						
4d Sed	150	450	800	1,550	2,750	3,900
2d Cpe	150	450	750	1,500	2,650	3,800
1979 LeSabre Limited, V-8						
4d Sed	150	500	800	1,600	2,800	4,000
2d Cpe	150	450	800	1,550	2,750	3,900
NOTE: Deduct 7 percent for V-6.						
1979 LeSabre Sport Turbo, V-6						
2d Cpe	200	550	900	1,800	3,150	4,500
1979 LeSabre Estate Wagon						
4d Sta Wag	150	500	800	1,600	2,800	4,000
1979 Electra 225, V-8						
4d Sed	150	500	800	1,650	2,850	4,100
2d Cpe	150	500	850	1,700	3,000	4,300
1979 Electra Limited, V-8						
4d Sed	150	500	850	1,700	3,000	4,300
2d Cpe	200	550	900	1,850	3,200	4,600
1979 Electra Park Avenue, V-8						
4d Sed	200	550	900	1,850	3,200	4,600
2d Cpe	200	600	1,000	1,950	3,450	4,900
1979 Riviera, V-8						
2d 'S' Cpe	300	950	1,600	3,200	5,600	8,000
NOTE: Deduct 10 percent for V-6.						
1980 Skyhawk, V-6						
2d HBk S	150	450	750	1,500	2,600	3,700
2d HBk	150	450	750	1,500	2,650	3,800
1980 Skylark, V-6						
4d Sed	150	450	750	1,500	2,650	3,800
2d Cpe	150	450	800	1,550	2,750	3,900
4d Sed LTD	150	450	800	1,550	2,750	3,900
2d Cpe LTD	150	500	800	1,600	2,800	4,000
4d Sed Spt	150	500	800	1,650	2,850	4,100
2d Cpe Spt	150	500	850	1,700	2,950	4,200
NOTE: Deduct 10 percent for 4-cyl.						

	6	5	4	3	2	1
1980 Century, V-8						
4d Sed	150	450	700	1,450	2,500	3,600
2d Cpe	150	450	750	1,500	2,650	3,800
4d Sta Wag Est	150	450	750	1,500	2,600	3,700
2d Cpe Spt	150	450	800	1,550	2,750	3,900
NOTE: Deduct 12 percent for V-6.						
1980 Regal, V-8						
2d Cpe	150	450	800	1,550	2,750	3,900
2d Cpe LTD	150	500	800	1,600	2,800	4,000
NOTE: Deduct 12 percent for V-6.						
1980 Regal Turbo, V-6						
2d Cpe	200	650	1,100	2,200	3,850	5,500
1980 LeSabre, V-8						
4d Sed	150	500	800	1,650	2,850	4,100
2d Cpe	150	500	850	1,700	2,950	4,200
4d Sed LTD	150	500	850	1,700	3,000	4,300
2d Cpe LTD	200	550	900	1,750	3,100	4,400
4d Sta Wag Est	150	500	850	1,700	3,000	4,300
1980 LeSabre Turbo, V-6						
2d Cpe Spt	200	600	1,000	1,950	3,450	4,900
1980 Electra, V-8						
4d Sed Ltd	200	550	900	1,850	3,200	4,600
2d Cpe Ltd	200	550	950	1,900	3,300	4,700
4d Sed Park Ave	200	550	950	1,900	3,300	4,700
2d Cpe Park Ave	200	600	950	1,900	3,350	4,800
4d Sta Wag Est	200	600	1,000	1,950	3,450	4,900
1980 Riviera S Turbo, V-6						
2d Cpe	250	750	1,250	2,500	4,350	6,200
1980 Riviera, V-8						
2d Cpe	300	950	1,600	3,200	5,600	8,000
1981 Skylark, V-6						
4d Sed Spt	150	500	850	1,700	2,950	4,200
2d Cpe Spt	150	500	850	1,700	3,000	4,300
NOTE: Deduct 10 percent for 4-cyl. Deduct 5 percent for lesser models.						
1981 Century, V-8						
4d Sed Ltd	150	450	750	1,500	2,650	3,800
4d Sta Wag Est	150	450	800	1,550	2,750	3,900
NOTE: Deduct 12 percent for V-6. Deduct 5 percent for lesser models.						
1981 Regal, V-8						
2d Cpe	150	450	800	1,550	2,750	3,900
2d Cpe Ltd	150	500	800	1,600	2,800	4,000
NOTE: Deduct 12 percent for V-6.						
1981 Regal Turbo, V-6						
2d Cpe Spt	200	650	1,100	2,250	3,900	5,600
1981 LeSabre, V-8						
4d Sed Ltd	150	500	850	1,700	3,000	4,300
2d Cpe Ltd	200	550	900	1,750	3,100	4,400
4d Sta Wag Est	200	550	900	1,800	3,150	4,500
NOTE: Deduct 12 percent for V-6 except Estate Wag. Deduct 5 percent for lesser models.						
1981 Electra, V-8						
4d Sed Ltd	200	550	900	1,750	3,100	4,400
2d Cpe Ltd	200	550	900	1,800	3,150	4,500
4d Sed Park Ave	200	550	900	1,850	3,200	4,600
2d Cpe Park Ave	200	550	950	1,900	3,300	4,700
4d Sta Wag Est	200	550	950	1,900	3,300	4,700
NOTE: Deduct 15 percent for V-6 except Estate Wag.						
1981 Riviera, V-8						
2d Cpe	300	950	1,600	3,200	5,600	8,000
1981 Riviera, V-6						
2d Cpe	300	900	1,500	3,000	5,250	7,500
2d Cpe Turbo T-Type	300	900	1,550	3,100	5,400	7,700
1982 Skyhawk, 4-cyl.						
4d Sed Ltd	150	450	800	1,550	2,750	3,900
2d Cpe Ltd	150	500	800	1,600	2,800	4,000
NOTE: Deduct 5 percent for lesser models.						
1982 Skylark, V-6						
4d Sed Spt	200	550	900	1,750	3,100	4,400
2d Cpe Spt	200	550	900	1,800	3,150	4,500
NOTE: Deduct 10 percent for 4-cyl. Deduct 5 percent for lesser models.						
1982 Regal, V-6						
4d Sed	200	550	900	1,750	3,100	4,400

	6	5	4	3	2	1
2d Cpe	200	550	900	1,800	3,150	4,500
2d Cpe Turbo	200	650	1,100	2,200	3,850	5,500
2d Grand National	900	2,650	4,400	8,800	15,400	22,000
4d Sed Ltd	200	550	950	1,900	3,300	4,700
2d Cpe Ltd	200	600	950	1,900	3,350	4,800
4d Sta Wag	200	600	950	1,900	3,350	4,800

NOTE: Add 10 percent for T-top option.

1982 Century, V-6
4d Sed Ltd	200	600	1,000	1,950	3,450	4,900
2d Cpe Ltd	200	600	1,000	2,000	3,500	5,000

NOTE: Deduct 10 percent for 4-cyl. Deduct 5 percent for lesser models.

1982 LeSabre, V-8
4d Sed Ltd	200	600	1,000	1,950	3,450	4,900
2d Cpe Ltd	200	600	1,000	2,000	3,500	5,000
4d Sta Wag Est	200	600	1,000	2,000	3,500	5,000

NOTE: Deduct 12 percent for V-6 except Estate Wag. Deduct 5 percent for lesser models.

1982 Electra, V-8
4d Sed Ltd	200	600	1,000	1,950	3,450	4,900
2d Cpe Ltd	200	600	1,000	2,050	3,550	5,100
4d Sed Park Ave	200	600	1,050	2,100	3,650	5,200
2d Cpe Park Ave	200	650	1,100	2,150	3,800	5,400
4d Sta Wag Est	200	650	1,100	2,150	3,800	5,400

NOTE: Deduct 15 percent for V-6 except Estate Wag.

1982 Riviera, V-6
2d Cpe	300	900	1,500	3,000	5,250	7,500
2d Cpe T-Type	300	950	1,550	3,100	5,450	7,800
2d Conv	700	2,050	3,400	6,800	11,900	17,000

1982 Riviera, V-8
2d Cpe	300	950	1,600	3,200	5,600	8,000
2d Conv	700	2,150	3,600	7,200	12,600	18,000

1983 Skyhawk, 4-cyl.
4d Sed Ltd	150	500	850	1,700	2,950	4,200
2d Cpe Ltd	150	500	850	1,700	3,000	4,300
4d Sta Wag Ltd	150	500	850	1,700	3,000	4,300
2d Cpe T-Type	200	600	1,000	1,950	3,450	4,900

NOTE: Deduct 5 percent for lesser models.

1983 Skylark, V-6
4d Sed Ltd	150	500	850	1,700	2,950	4,200
2d Cpe Ltd	150	500	850	1,700	3,000	4,300
2d Cpe T-Type	200	600	1,000	2,050	3,550	5,100

NOTE: Deduct 10 percent for 4-cyl except T Type. Deduct 5 percent for lesser models.

1983 Century, V-6
4d Sed T-Type	200	600	1,000	2,000	3,500	5,000
2d Cpe T-Type	200	650	1,100	2,200	3,850	5,500

NOTE: Deduct 12 percent for 4-cyl except T Type. Deduct 5 percent for lesser models.

1983 Regal, V-6
4d Sed T-Type	250	700	1,150	2,300	4,050	5,800
2d Cpe T-Type	250	750	1,250	2,500	4,350	6,200
4d Sta Wag	200	550	950	1,900	3,300	4,700

NOTE: Add 10 percent for T-top option. Deduct 5 percent for lesser models.

1983 LeSabre, V-8
4d Sed Ltd	200	600	1,050	2,100	3,650	5,200
2d Cpe Ltd	200	650	1,050	2,100	3,700	5,300
4d Sta Wag	200	650	1,050	2,100	3,700	5,300

NOTE: Deduct 12 percent for V-6 except Estate. Deduct 5 percent for lesser models.

1983 Electra, V-8
4d Sed Ltd	200	600	1,050	2,100	3,650	5,200
2d Cpe Ltd	200	650	1,050	2,100	3,700	5,300
4d Sed Park Ave	200	650	1,100	2,150	3,800	5,400
2d Cpe Park Ave	200	650	1,100	2,200	3,850	5,500
4d Sta Wag Est	200	650	1,100	2,200	3,850	5,500

NOTE: Deduct 15 percent for V-6.

1983 Riviera, V-6
2d Cpe	300	900	1,500	3,000	5,250	7,500
2d Conv	700	2,050	3,400	6,800	11,900	17,000
2d T-Type	350	1,000	1,700	3,400	5,950	8,500

NOTE: Add 20 percent for XX option.

1983 Riviera, V-8
2d Cpe	350	1,050	1,700	3,450	6,000	8,600
2d Conv	700	2,150	3,600	7,200	12,600	18,000

	6	5	4	3	2	1
1984 Skyhawk Limited, 4-cyl.						
4d Sed	150	500	850	1,700	3,000	4,300
2d Sed	150	500	850	1,700	3,000	4,300
4d Sta Wag	150	500	850	1,700	3,000	4,300

NOTE: Deduct 5 percent for lesser models.

1984 Skyhawk T-Type, 4-cyl.

2d Sed	200	600	1,000	2,000	3,500	5,000

1984 Skylark Limited, V-6

4d Sed	200	550	900	1,750	3,100	4,400
2d Sed	200	550	900	1,800	3,150	4,500

NOTE: Deduct 5 percent for lesser models. Deduct 8 percent for 4-cyl.

1984 Skylark T-Type, V-6

2d Sed	200	600	1,050	2,100	3,650	5,200

1984 Century Limited, 4-cyl.

NOTE: Deduct 5 percent for lesser models. Deduct 8 percent for 4-cyl.

1984 Century Limited, V-6

4d Sed	200	550	900	1,800	3,150	4,500
2d Sed	200	550	900	1,850	3,200	4,600
4d Sta Wag Est	200	550	900	1,850	3,200	4,600

1984 Century T-Type, V-6

4d Sed	200	600	1,000	2,050	3,550	5,100
2d Sed	200	650	1,100	2,250	3,900	5,600

1984 Regal, V-6

4d Sed	200	550	900	1,750	3,100	4,400
2d Sed	200	550	900	1,800	3,150	4,500
2d Grand Natl	650	1,900	3,200	6,400	11,200	16,000

1984 Regal Limited, V-6

4d Sed	200	550	900	1,800	3,150	4,500
2d Sed	200	550	900	1,850	3,200	4,600

1984 Regal T-Type, V-6

2d Sed	250	700	1,200	2,400	4,200	6,000

1984 LeSabre Custom, V-8

4d Sed	200	600	1,050	2,100	3,650	5,200
2d Sed	200	600	1,050	2,100	3,650	5,200

1984 LeSabre Limited, V-8

4d Sed	200	650	1,050	2,100	3,700	5,300
2d Sed	200	650	1,050	2,100	3,700	5,300

NOTE: Deduct 10 percent for V-6 cyl.

1984 Electra Limited, V-8

4d Sed	200	650	1,100	2,250	3,900	5,600
2d Sed	250	700	1,150	2,300	4,000	5,700
4d Est Wag	250	700	1,150	2,300	4,000	5,700

1984 Electra Park Avenue, V-8

4d Sed	200	650	1,100	2,250	3,900	5,600
2d Sed	250	700	1,150	2,300	4,000	5,700

NOTE: Deduct 10 percent for V-6 cyl.

1984 Riviera, V-6

2d Cpe	300	900	1,500	3,050	5,300	7,600
2d Conv	700	2,100	3,500	7,000	12,250	17,500

1984 Riviera, V-8

2d Cpe	300	950	1,600	3,200	5,600	8,000
2d Conv	750	2,200	3,700	7,400	12,950	18,500

1984 Riviera T-Type, V-6 Turbo

2d Cpe	300	950	1,600	3,150	5,550	7,900

1985 Skyhawk, 4-cyl.

4d Sed Ltd	200	550	900	1,750	3,100	4,400
2d Ltd	200	550	900	1,750	3,100	4,400
4d Sta Wag Ltd	200	550	900	1,750	3,100	4,400
2d T-Type	200	600	1,000	2,050	3,550	5,100

NOTE: Deduct 5 percent for lesser models.

1985 Skylark, V-6

4d Cus Sed	200	550	900	1,750	3,100	4,400
4d Sed Ltd	200	550	900	1,800	3,150	4,500

NOTE: Deduct 10 percent for 4-cyl.

1985 Century, V-6

4d Sed Ltd	200	550	900	1,850	3,200	4,600
2d Ltd	200	550	900	1,850	3,200	4,600
4d Sta Wag Est	200	600	950	1,900	3,350	4,800
4d Sed T-Type	200	650	1,100	2,200	3,850	5,500
2d T-Type	250	700	1,150	2,300	4,000	5,700

NOTE: Deduct 10 percent for 4-cyl. where available. Deduct 5 percent for lesser models.

	6	5	4	3	2	1
1985 Somerset Regal, V-6						
2d Cus	200	550	950	1,900	3,300	4,700
2d Ltd	200	600	950	1,900	3,350	4,800
NOTE: Deduct 10 percent for 4-cyl.						
1985 Regal, V-6						
2d	200	550	900	1,850	3,200	4,600
2d Ltd	200	550	950	1,900	3,300	4,700
2d T-Type	250	700	1,200	2,400	4,200	6,000
2d T-Type Grand Natl	500	1,550	2,600	5,200	9,100	13,000
1985 LeSabre, V-8						
4d Sed Ltd	200	650	1,100	2,150	3,800	5,400
2d Ltd	200	650	1,100	2,150	3,800	5,400
4d Sta Wag Est	250	700	1,150	2,300	4,000	5,700
4d Electra Sta Wag Est	250	700	1,150	2,300	4,050	5,800
NOTE: Deduct 20 percent for V-6. Deduct 5 percent for lesser models.						
1985 Electra, V-6						
4d Sed	200	650	1,100	2,200	3,850	5,500
2d	200	650	1,100	2,250	3,900	5,600
1985 Electra Park Avenue, V-6						
4d Sed	200	650	1,100	2,250	3,900	5,600
2d Sed	250	700	1,150	2,300	4,000	5,700
1985 Electra T-Type, V-6						
4d Sed	250	700	1,150	2,300	4,050	5,800
2d	250	700	1,200	2,350	4,150	5,900
1985 Riviera T-Type, V-6						
2d Turbo	300	950	1,600	3,150	5,550	7,900
1985 Riviera, V-8						
2d	300	950	1,600	3,200	5,600	8,000
Conv	750	2,300	3,800	7,600	13,300	19,000
NOTE: Deduct 30 percent for diesel where available.						
1986 Skyhawk, 4-cyl.						
4d Cus Sed	200	550	900	1,750	3,100	4,400
2d Cus Cpe	150	500	850	1,700	3,000	4,300
4d Cus Sta Wag	200	550	900	1,800	3,150	4,500
4d Ltd Sed	200	550	900	1,800	3,150	4,500
2d Cpe Ltd	200	550	900	1,750	3,100	4,400
4d Sta Wag Ltd	200	550	900	1,850	3,200	4,600
2d Spt HBk	200	550	950	1,900	3,300	4,700
2d T-Type HBk	200	600	950	1,900	3,350	4,800
2d T-Type Cpe	200	550	950	1,900	3,300	4,700
1986 Skylark, V-6						
2d Cus Cpe	200	550	900	1,750	3,100	4,400
4d Sed Ltd	200	550	900	1,800	3,150	4,500
1986 Somerset, V-6						
2d Cus Cpe	200	600	950	1,900	3,350	4,800
2d Cpe T-Type	200	600	1,050	2,100	3,650	5,200
1986 Century Custom						
2d Cpe	200	600	1,000	1,950	3,450	4,900
4d Sed	200	600	950	1,900	3,350	4,800
4d Sta Wag	200	600	1,000	2,000	3,500	5,000
1986 Century Limited, V-6						
2d Cpe	200	600	1,000	2,000	3,500	5,000
4d Sed	200	600	1,000	1,950	3,450	4,900
4d Sta Wag	200	600	1,000	2,050	3,550	5,100
4d Sed T-Type	200	650	1,100	2,150	3,800	5,400
1986 Regal, V-6						
2d Cpe, V-8	200	550	950	1,900	3,300	4,700
2d Cpe Ltd, V-8	200	600	1,000	1,950	3,450	4,900
2d Cpe T-Type	300	950	1,600	3,200	5,600	8,000
2d T-Type Grand Natl	600	1,800	3,000	6,000	10,500	15,000
1986 LeSabre Custom, V-6						
2d Cpe	200	650	1,100	2,200	3,850	5,500
4d Sed	200	650	1,100	2,150	3,800	5,400
1986 LeSabre Limited						
2d Cpe Grand Natl	500	1,550	2,600	5,200	9,100	13,000
2d Cpe	200	650	1,100	2,250	3,900	5,600
4d Sed	200	650	1,100	2,200	3,850	5,500
4d Sta Wag Est, V-8	250	700	1,200	2,400	4,200	6,000
1986 Electra, V-6						
2d Cpe	200	650	1,100	2,250	3,900	5,600
4d Sed	200	650	1,100	2,250	3,900	5,600
1986 Electra Park Avenue, V-6						
2d Cpe	250	700	1,150	2,300	4,000	5,700

	6	5	4	3	2	1
4d Sed	250	700	1,150	2,300	4,000	5,700
4d Sed T-Type	250	700	1,200	2,350	4,150	5,900
4d Sta Wag Est	250	750	1,250	2,500	4,350	6,200
1986 Riviera, V-6						
2d Cpe	300	950	1,550	3,100	5,450	7,800
2d Cpe T-Type	300	950	1,600	3,200	5,600	8,000

NOTE: Add 10 percent for deluxe models. Deduct 5 percent for smaller engines where available.

1987 Skyhawk, 4-cyl.

	6	5	4	3	2	1
4d Cus Sed	200	550	900	1,750	3,100	4,400
2d Cus Cpe	150	500	850	1,700	3,000	4,300
4d Cus Sta Wag	200	550	900	1,800	3,150	4,500
4d Sed Ltd	200	550	900	1,800	3,150	4,500
2d Cpe Ltd	200	550	900	1,750	3,100	4,400
4d Sta Wag Ltd	200	550	900	1,850	3,200	4,600
Spt HBk	200	550	950	1,900	3,300	4,700

NOTE: Add 5 percent for Turbo.

1987 Somerset, 4-cyl.

	6	5	4	3	2	1
2d Cus Cpe	200	600	1,000	1,950	3,450	4,900
2d Cpe Ltd	200	600	1,000	2,000	3,500	5,000

NOTE: Add 10 percent for V-6.

1987 Skylark

	6	5	4	3	2	1
4d Cus Sed	200	550	950	1,900	3,300	4,700
4d Sed Ltd	200	600	950	1,900	3,350	4,800

NOTE: Add 10 percent for V-6.

1987 Century, 4-cyl.

	6	5	4	3	2	1
4d Cus Sed	200	600	1,000	1,950	3,450	4,900
2d Cus Cpe	200	600	950	1,900	3,350	4,800
4d Cus Sta Wag	200	600	1,000	2,000	3,500	5,000
4d Sed Ltd	200	600	1,000	2,000	3,500	5,000
2d Cpe Ltd	200	600	1,000	1,950	3,450	4,900
4d Sta Wag Est	200	600	1,000	2,050	3,550	5,100

NOTE: Add 10 percent for V-6.

1987 Regal, V-6

	6	5	4	3	2	1
2d Cpe	200	600	1,000	2,000	3,500	5,000
2d Cpe Ltd	200	600	1,000	2,050	3,550	5,100
2d Cpe Turbo T	600	1,800	3,000	6,000	10,500	15,000
2d Cpe Turbo T Ltd	650	1,900	3,200	6,400	11,200	16,000
2d Cpe Turbo Grand Natl	800	2,400	4,000	8,000	14,000	20,000
2d Cpe GNX	1,300	3,950	6,600	13,200	23,100	33,000

1987 Regal, V-8

	6	5	4	3	2	1
2d Cpe	250	700	1,150	2,300	4,050	5,800
2d Cpe Ltd	250	700	1,200	2,350	4,150	5,900

1987 LeSabre, V-6

	6	5	4	3	2	1
4d Sed	200	650	1,100	2,200	3,850	5,500
4d Cus Sed	200	650	1,100	2,250	3,900	5,600
2d Cus Cpe	200	650	1,100	2,200	3,850	5,500
2d Cpe T-Type	250	700	1,150	2,300	4,000	5,700

1987 LeSabre, V-8

	6	5	4	3	2	1
4d Sta Wag	250	750	1,200	2,450	4,250	6,100

1987 Electra, V-6

	6	5	4	3	2	1
4d Sed Ltd	250	700	1,150	2,300	4,050	5,800
4d Sed Park Ave	250	700	1,200	2,400	4,200	6,000
2d Cpe Park Ave	250	700	1,200	2,350	4,150	5,900
4d Sed T-Type	250	700	1,200	2,400	4,200	6,000

1987 Electra, V-8

	6	5	4	3	2	1
4d Sta Wag Est	250	750	1,250	2,500	4,350	6,200

1987 Riviera, V-6

	6	5	4	3	2	1
2d Cpe	300	950	1,600	3,200	5,600	8,000
2d Cpe T-Type	350	1,000	1,650	3,300	5,750	8,200

1988 Skyhawk, 4-cyl.

	6	5	4	3	2	1
4d Sed	200	550	900	1,850	3,200	4,600
2d Cpe	200	550	900	1,800	3,150	4,500
2d Cpe SE	200	600	950	1,900	3,350	4,800
4d Sta Wag	200	550	950	1,900	3,300	4,700

1988 Skylark, 4-cyl.

	6	5	4	3	2	1
4d Cus Sed	200	550	950	1,900	3,300	4,700
2d Cus Cpe	200	600	950	1,900	3,350	4,800
4d Sed Ltd	200	600	950	1,900	3,350	4,800
2d Cpe Ltd	200	600	1,000	1,950	3,450	4,900

NOTE: Add 10 percent for V-6.

1988 Century, 4-cyl.

	6	5	4	3	2	1
4d Cus Sed	200	550	950	1,900	3,300	4,700

	6	5	4	3	2	1
2d Cus Cpe	200	600	950	1,900	3,350	4,800
4d Cus Sta Wag	200	600	1,000	1,950	3,450	4,900
4d Sed Ltd	200	600	950	1,900	3,350	4,800
2d Cpe Ltd	200	600	1,000	1,950	3,450	4,900
4d Sta Wag Ltd	200	600	1,000	2,000	3,500	5,000

NOTE: Add 10 percent for V-6.

1988 Regal, V-6
2d Cus Cpe	250	700	1,200	2,400	4,200	6,000
2d Cpe Ltd	250	800	1,300	2,600	4,550	6,500

1988 LeSabre, V-6
2d Cpe	200	650	1,100	2,200	3,850	5,500
4d Cus Sed	250	700	1,200	2,400	4,200	6,000
2d Cpe Ltd	250	750	1,250	2,500	4,400	6,300
4d Sed Ltd	250	750	1,250	2,500	4,350	6,200
2d Cpe T-Type	250	750	1,300	2,550	4,500	6,400
4d Sta Wag, V-8	250	800	1,300	2,650	4,600	6,600

1988 Electra, V-6
4d Sed Ltd	250	800	1,300	2,600	4,550	6,500
4d Sed Park Ave	300	850	1,450	2,900	5,050	7,200
4d Sed T-Type	300	850	1,400	2,800	4,900	7,000
4d Sta Wag, V-8	300	900	1,550	3,100	5,400	7,700

1988 Riviera, V-6
2d Cpe	300	900	1,500	2,950	5,200	7,400
2d Cpe T-Type	350	1,000	1,650	3,300	5,750	8,200

1988 Reatta, V-6
2d Cpe	450	1,300	2,200	4,400	7,700	11,000

1989 Skyhawk, 4-cyl.
4d Sed	200	600	950	1,900	3,350	4,800
2d Cpe	200	550	950	1,900	3,300	4,700
2d SE Cpe	200	600	1,050	2,100	3,650	5,200
4d Sta Wag	200	600	1,000	2,000	3,500	5,000

1989 Skylark, 4-cyl.
2d Cus Cpe	200	600	1,000	2,000	3,500	5,000
2d Cpe Ltd	200	600	1,050	2,100	3,650	5,200
4d Cus Sed	200	650	1,100	2,150	3,800	5,400
4d Sed Ltd	200	650	1,100	2,250	3,900	5,600

1989 Skylark, V-6
2d Cus Cpe	200	600	1,000	2,050	3,550	5,100
2d Cpe Ltd	200	650	1,050	2,100	3,700	5,300
4d Cus Sed	200	650	1,100	2,200	3,850	5,500
4d Sed Ltd	250	700	1,150	2,300	4,000	5,700

1989 Century, 4-cyl.
4d Cus Sed	200	600	1,050	2,100	3,650	5,200
4d Sed Ltd	200	650	1,100	2,150	3,800	5,400
2d Cus	200	650	1,050	2,100	3,700	5,300
4d Cus Sta Wag	200	650	1,100	2,250	3,900	5,600
4d Sta Wag Ltd	250	700	1,150	2,300	4,000	5,700

1989 Century, V-6
4d Cus Sed	200	650	1,050	2,100	3,700	5,300
4d Sed Ltd	200	650	1,100	2,200	3,850	5,500
2d Cus	200	650	1,100	2,150	3,800	5,400
4d Cus Sta Wag	250	700	1,150	2,300	4,000	5,700
4d Sta Wag Ltd	250	700	1,150	2,300	4,050	5,800

1989 Regal, V-6
2d Cus	250	800	1,350	2,700	4,750	6,800
2d Ltd	300	850	1,400	2,750	4,850	6,900

1989 LeSabre, V-6
2d	250	800	1,350	2,700	4,750	6,800
2d Ltd	300	850	1,400	2,750	4,850	6,900
2d T-Type	300	900	1,500	3,000	5,250	7,500
4d Cus	250	800	1,350	2,700	4,700	6,700
4d Ltd	250	800	1,350	2,700	4,750	6,800
4d Sta Wag, V-8	300	850	1,450	2,900	5,050	7,200

1989 Electra, V-6
4d Sed Ltd	300	950	1,600	3,150	5,550	7,900
4d Park Ave	350	1,050	1,800	3,550	6,250	8,900
4d Park Ave Ultra	450	1,300	2,200	4,400	7,700	11,000
4d T-Type	350	1,000	1,700	3,400	5,950	8,500
4d Sta Wag, V-8	400	1,150	1,900	3,800	6,650	9,500

1989 Riviera, V-6
2d Cpe	350	1,100	1,800	3,600	6,300	9,000

1989 Reatta, V-6
2d Cpe	450	1,300	2,200	4,400	7,700	11,000

	6	5	4	3	2	1
1990 Skylark, 4-cyl.						
2d Cpe	200	650	1,100	2,200	3,850	5,500
4d Sed	200	650	1,100	2,250	3,900	5,600
2d Cus Cpe	250	700	1,150	2,300	4,000	5,700
4d Cus Sed	250	700	1,150	2,300	4,050	5,800
2d Gran Spt Cpe	250	700	1,200	2,400	4,200	6,000
4d LE Sed	250	700	1,200	2,400	4,200	6,000

NOTE: Add 10 percent for V-6 where available.

1990 Century, 4-cyl.						
2d Cus	250	800	1,300	2,600	4,550	6,500
4d Cus	250	800	1,300	2,650	4,600	6,600
4d Cus Sta Wag	250	800	1,350	2,700	4,750	6,800
4d Ltd Sed	250	800	1,350	2,700	4,750	6,800
4d Ltd Sta Wag	300	850	1,400	2,800	4,900	7,000

NOTE: Add 10 percent for V-6 where available.

1990 Regal, V-6						
2d Cus Cpe	300	900	1,500	3,000	5,250	7,500
2d Ltd Cpe	300	950	1,600	3,200	5,600	8,000

1990 LeSabre, V-6						
2d Cpe	300	950	1,600	3,200	5,600	8,000
4d Cus Sed	300	950	1,600	3,250	5,650	8,100
2d Ltd Cpe	350	1,000	1,700	3,400	5,950	8,500
4d Ltd Sed	350	1,050	1,700	3,450	6,000	8,600

1990 Estate, V-8						
4d Sta Wag	350	1,100	1,800	3,600	6,300	9,000

1990 Electra, V-6						
4d Ltd Sed	350	1,100	1,800	3,600	6,300	9,000
4d Park Ave	400	1,150	1,900	3,800	6,650	9,500
4d Ultra Sed	500	1,450	2,400	4,800	8,400	12,000
4d T-Type Sed	400	1,150	1,900	3,800	6,650	9,500

1990 Riviera, V-6						
2d Cpe	400	1,150	1,900	3,800	6,650	9,500

1990 Reatta, V-6						
2d Cpe	450	1,300	2,200	4,400	7,700	11,000
2d Conv	650	1,900	3,200	6,400	11,200	16,000

1991 Skylark, 4-cyl.						
2d Cpe	200	600	1,000	2,000	3,500	5,000
4d Sed	200	600	1,000	2,050	3,550	5,100
2d Cus Cpe	200	600	1,000	2,050	3,550	5,100
4d Cus Sed	200	600	1,050	2,100	3,650	5,200
2d Gran Spt Cpe	200	650	1,100	2,200	3,850	5,500
4d LE Sed	200	650	1,100	2,250	3,900	5,600

NOTE: Add 10 percent for V-6 where available.

1991 Century, 4-cyl.						
4d Spl Sed	200	600	1,000	2,050	3,550	5,100
4d Cus Sed	200	600	1,050	2,100	3,650	5,200
2d Cus Cpe	200	600	1,000	2,050	3,550	5,100
4d Cus Sta Wag	200	650	1,100	2,150	3,800	5,400
4d Ltd Sed	200	650	1,050	2,100	3,700	5,300
4d Ltd Sta Wag	200	650	1,100	2,250	3,900	5,600

NOTE: Add 10 percent for V-6 where available.

1991 Regal, V-6						
4d Cus Sed	250	750	1,300	2,550	4,500	6,400
2d Cus Cpe	250	750	1,250	2,500	4,400	6,300
4d Ltd Sed	250	800	1,300	2,650	4,600	6,600
2d Ltd Cpe	250	800	1,300	2,600	4,550	6,500

1991 LeSabre, V-6						
2d Cpe	250	800	1,350	2,700	4,750	6,800
4d Cus Sed	300	850	1,400	2,750	4,850	6,900
4d Ltd Sed	300	900	1,500	2,950	5,200	7,400
2d Ltd Cpe	300	900	1,450	2,900	5,100	7,300

1991 Roadmaster, V-8						
4d Est Sta Wag	400	1,150	1,900	3,800	6,650	9,500

1991 Park Avenue, V-6						
4d Sed	350	1,000	1,700	3,400	5,950	8,500
4d Ultra Sed	350	1,100	1,800	3,600	6,300	9,000

1991 Riviera, V-6						
2d Cpe	400	1,150	1,900	3,800	6,650	9,500

1991 Reatta, V-6						
2d Cpe	500	1,550	2,600	5,200	9,100	13,000
2d Conv	700	2,050	3,400	6,800	11,900	17,000

1992 Skylark, 4-cyl.						
2d Quad 4 Cpe	200	650	1,100	2,200	3,850	5,500

1949 Cadillac Coupe deVille hardtop

1967 Cadillac Fleetwood Eldorado hardtop

1992 Cadillac Seville touring sedan

	6	5	4	3	2	1
4d Quad 4 Sed	200	650	1,100	2,200	3,850	5,500
2d Cpe	250	700	1,200	2,400	4,200	6,000
4d Sed	250	700	1,200	2,400	4,200	6,000
2d Gran Spt Cpe	250	800	1,300	2,600	4,550	6,500
4d Gran Spt Sed	250	800	1,300	2,600	4,550	6,500

NOTE: Add 10 percent for V-6 where available.

1992 Century, 4-cyl.

4d Spl Sed	250	700	1,200	2,400	4,200	6,000
4d Cus Sed	250	750	1,250	2,500	4,350	6,200
2d Cus Cpe	250	800	1,300	2,600	4,550	6,500
4d Sed Ltd	300	850	1,400	2,800	4,900	7,000
4d Cus Sta Wag	300	850	1,450	2,900	5,050	7,200
4d Ltd Sta Wag	300	900	1,500	3,000	5,250	7,500

NOTE: Add 10 percent for V-6 where available.

1992 Regal, V-6

4d Cus Sed	300	850	1,400	2,800	4,900	7,000
2d Cus Cpe	300	850	1,400	2,800	4,900	7,000
4d Ltd Sed	300	900	1,500	3,000	5,250	7,500
2d Ltd Cpe	300	900	1,500	3,000	5,250	7,500
4d Gran Spt Sed	300	950	1,600	3,200	5,600	8,000
2d Gran Spt Cpe	300	950	1,600	3,200	5,600	8,000

1992 LeSabre, V-6

4d Cus Sed	300	950	1,600	3,200	5,600	8,000
4d Ltd Sed	350	1,000	1,700	3,400	5,950	8,500

1992 Roadmaster, V-8

4d Sed	350	1,100	1,800	3,600	6,300	9,000
4d Ltd Sed	400	1,150	1,900	3,800	6,650	9,500
4d Est Sta Wag	400	1,200	2,000	4,000	7,000	10,000

1992 Park Avenue, V-6

4d Sed	400	1,150	1,900	3,800	6,650	9,500
4d Ultra Sed	400	1,200	2,000	4,000	7,000	10,000

1992 Riviera, V-6

2d Cpe	450	1,300	2,200	4,400	7,700	11,000

1993 Skylark, 4-cyl. & V-6

2d Cus Cpe	250	700	1,150	2,300	4,000	5,700
4d Cus Sed	250	700	1,150	2,300	4,000	5,700
2d Ltd Cpe	250	700	1,150	2,300	4,050	5,800
4d Ltd Sed	250	700	1,150	2,300	4,050	5,800
2d Gran Spt Cpe, V-6 only	250	700	1,200	2,350	4,150	5,900
4d Gran Spt Sed, V-6 only	250	700	1,200	2,350	4,150	5,900

1993 Century, 4-cyl.

2d Cus Cpe	250	750	1,200	2,450	4,250	6,100
4d Spl Sed	250	750	1,200	2,450	4,250	6,100
4d Cus Sed	250	750	1,250	2,500	4,350	6,200
4d Ltd Sed	250	750	1,250	2,500	4,400	6,300
4d Ltd Sta Wag	250	800	1,300	2,600	4,550	6,500

1993 Century, V-6

2d Cus Cpe	250	750	1,250	2,500	4,400	6,300
4d Spl Sed	250	750	1,250	2,500	4,400	6,300
4d Cus Sed	250	750	1,300	2,550	4,500	6,400
4d Ltd Sed	250	800	1,300	2,600	4,550	6,500
4d Ltd Sta Wag	250	800	1,350	2,700	4,700	6,700

1993 Regal, V-6

2d Cus Cpe	300	850	1,400	2,850	4,950	7,100
2d Ltd Cpe	300	850	1,450	2,900	5,050	7,200
2d Gran Spt Cpe	300	900	1,450	2,900	5,100	7,300
4d Cus Sed	300	850	1,400	2,850	4,950	7,100
4d Ltd Sed	300	850	1,450	2,900	5,050	7,200
4d Gran Spt Sed	300	900	1,450	2,900	5,100	7,300

1993 LeSabre, V-6

4d Cus Sed	350	1,000	1,650	3,300	5,750	8,200
4d Ltd Sed	350	1,050	1,700	3,450	6,000	8,600

1993 Roadmaster, V-8

4d Sed	350	1,100	1,850	3,700	6,450	9,200
4d Ltd Sed	400	1,150	1,950	3,900	6,800	9,700
4d Est Sta Wag	400	1,250	2,100	4,200	7,350	10,500

1993 Park Avenue, V-6

4d Sed	400	1,150	1,900	3,800	6,650	9,500
4d Ultra Sed	400	1,200	2,050	4,100	7,150	10,200

1993 Riviera, V-6

2d Cpe	450	1,350	2,250	4,500	7,850	11,200

	6	5	4	3	2	1

CADILLAC

1903 Model A, 1-cyl.

	6	5	4	3	2	1
Rbt	1,500	4,550	7,600	15,200	26,600	38,000

1903 Model A, 1-cyl.

Tonn Rbt	1,550	4,700	7,800	15,600	27,300	39,000

1904 Model A, 1-cyl.

Rbt	1,500	4,500	7,500	15,000	26,300	37,500
Tonn Rbt	1,500	4,550	7,600	15,200	26,600	38,000

1904 Model B, 1-cyl.

Rbt	1,500	4,550	7,600	15,200	26,600	38,000
Tr	1,550	4,700	7,800	15,600	27,300	39,000

1905 Models B-E

Rbt	1,500	4,450	7,400	14,800	25,900	37,000
Tonn Rbt	1,500	4,550	7,600	15,200	26,600	38,000

1905 Model D, 4-cyl.

Rbt	1,550	4,700	7,800	15,600	27,300	39,000
Tonn Rbt	1,600	4,800	8,000	16,000	28,000	40,000

1905 Model F, 1-cyl.

Tr	1,400	4,200	7,000	14,000	24,500	35,000

1906 Model K-M, 1-cyl.

Rbt	1,400	4,200	7,000	14,000	24,500	35,000
Tr	1,450	4,300	7,200	14,400	25,200	36,000

1906 Model H, 4-cyl.

Rbt	1,450	4,300	7,200	14,400	25,200	36,000
Tr	1,500	4,450	7,400	14,800	25,900	37,000

1906 Model L, 4-cyl.

7P Tr	1,550	4,700	7,800	15,600	27,300	39,000
Limo	1,500	4,450	7,400	14,800	25,900	37,000

1907 Model G, 4-cyl. 20 hp.

Rbt	1,400	4,200	7,000	14,000	24,500	35,000
Tr	1,450	4,300	7,200	14,400	25,200	36,000
Limo	1,350	4,100	6,800	13,600	23,800	34,000

1907 Model H, 4-cyl. 30 hp.

Tr	1,500	4,450	7,400	14,800	25,900	37,000
Limo	1,450	4,300	7,200	14,400	25,200	36,000

1907 Model K-M, 1-cyl.

Rbt	1,300	3,950	6,600	13,200	23,100	33,000
Tr	1,350	4,100	6,800	13,600	23,800	34,000

1908 Model G, 4-cyl. 25 hp.

Rbt	1,400	4,200	7,000	14,000	24,500	35,000
Tr	1,450	4,300	7,200	14,400	25,200	36,000

1908 Model H, 4-cyl. 30 hp.

Rbt	1,500	4,450	7,400	14,800	25,900	37,000
Tr	1,500	4,550	7,600	15,200	26,600	38,000
Cpe	1,400	4,200	7,000	14,000	24,500	35,000
Limo	1,350	4,100	6,800	13,600	23,800	34,000

1908 Model S-T, 1-cyl.

Rbt	1,350	4,100	6,800	13,600	23,800	34,000
Tr	1,400	4,200	7,000	14,000	24,500	35,000
Cpe	1,300	3,850	6,400	12,800	22,400	32,000

1909 Model 30, 4-cyl.

Rds	1,400	4,200	7,000	14,000	24,500	35,000
demi T&C	1,450	4,300	7,200	14,400	25,200	36,000
Tr	1,500	4,450	7,400	14,800	25,900	37,000

1909 Model T, 1-cyl.

Tr	1,300	3,950	6,600	13,200	23,100	33,000

1910 Model 30, 4-cyl.

Rds	1,500	4,550	7,600	15,200	26,600	38,000
demi T&C	1,550	4,700	7,800	15,600	27,300	39,000
Tr	1,500	4,450	7,400	14,800	25,900	37,000
Limo	1,400	4,200	7,000	14,000	24,500	35,000

1911 Model 30, 4-cyl.

Rds	1,500	4,550	7,600	15,200	26,600	38,000
demi T&C	1,550	4,700	7,800	15,600	27,300	39,000
Tr	1,600	4,800	8,000	16,000	28,000	40,000
Cpe	1,450	4,300	7,200	14,400	25,200	36,000
Limo	1,500	4,450	7,400	14,800	25,900	37,000

1912 Model 30, 4-cyl.

Rds	1,700	5,150	8,600	17,200	30,100	43,000
4P Phae	1,750	5,300	8,800	17,600	30,800	44,000

	6	5	4	3	2	1
5P Tr	1,800	5,400	9,000	18,000	31,500	45,000
Cpe	1,500	4,450	7,400	14,800	25,900	37,000
Limo	1,550	4,700	7,800	15,600	27,300	39,000
1913 Model 30, 4-cyl.						
Rds	1,700	5,150	8,600	17,200	30,100	43,000
Phae	1,750	5,300	8,800	17,600	30,800	44,000
Torp	1,800	5,400	9,000	18,000	31,500	45,000
5P Tr	1,850	5,500	9,200	18,400	32,200	46,000
6P Tr	1,900	5,650	9,400	18,800	32,900	47,000
Cpe	1,450	4,300	7,200	14,400	25,200	36,000
Limo	1,550	4,700	7,800	15,600	27,300	39,000
1914 Model 30, 4-cyl.						
Rds	1,750	5,300	8,800	17,600	30,800	44,000
Phae	1,800	5,400	9,000	18,000	31,500	45,000
5P Tr	1,850	5,500	9,200	18,400	32,200	46,000
7P Tr	1,900	5,650	9,400	18,800	32,900	47,000
Lan Cpe	1,500	4,450	7,400	14,800	25,900	37,000
Encl dr Limo	1,550	4,700	7,800	15,600	27,300	39,000
Limo	1,600	4,800	8,000	16,000	28,000	40,000
1915 Model 51, V-8						
Rds	1,850	5,500	9,200	18,400	32,200	46,000
Sal Tr	1,900	5,650	9,400	18,800	32,900	47,000
7P Tr	1,900	5,750	9,600	19,200	33,600	48,000
3P Cpe	1,450	4,300	7,200	14,400	25,200	36,000
Sed Brgm	1,400	4,200	7,000	14,000	24,500	35,000
7P Limo	1,600	4,800	8,000	16,000	28,000	40,000
Berl Limo	1,700	5,050	8,400	16,800	29,400	42,000
1916 Model 53, V-8						
Rds	1,800	5,400	9,000	18,000	31,500	45,000
5P Tr	1,850	5,500	9,200	18,400	32,200	46,000
7P Tr	1,900	5,650	9,400	18,800	32,900	47,000
3P Cpe	1,450	4,300	7,200	14,400	25,200	36,000
Sed Brgm	1,400	4,200	7,000	14,000	24,500	35,000
7P Limo	1,600	4,800	8,000	16,000	28,000	40,000
Berl Limo	1,700	5,050	8,400	16,800	29,400	42,000
1917 Model 55, V-8						
Rds	1,800	5,400	9,000	18,000	31,500	45,000
Clb Rds	1,850	5,500	9,200	18,400	32,200	46,000
Conv	1,750	5,300	8,800	17,600	30,800	44,000
Cpe	1,400	4,200	7,000	14,000	24,500	35,000
Vic	1,450	4,300	7,200	14,400	25,200	36,000
Brgm	1,400	4,200	7,000	14,000	24,500	35,000
Limo	1,500	4,550	7,600	15,200	26,600	38,000
Imp Limo	1,600	4,800	8,000	16,000	28,000	40,000
7P Lan'let	1,700	5,050	8,400	16,800	29,400	42,000
1918-19 Type 57, V-8						
Rds	1,750	5,300	8,800	17,600	30,800	44,000
Phae	1,800	5,400	9,000	18,000	31,500	45,000
Tr	1,700	5,150	8,600	17,200	30,100	43,000
Conv Vic	1,700	5,050	8,400	16,800	29,400	42,000
Brgm	1,350	4,100	6,800	13,600	23,800	34,000
Limo	1,400	4,200	7,000	14,000	24,500	35,000
Twn Limo	1,450	4,300	7,200	14,400	25,200	36,000
Lan'let	1,500	4,550	7,600	15,200	26,600	38,000
Twn Lan'let	1,600	4,800	8,000	16,000	28,000	40,000
Imp Limo	1,550	4,700	7,800	15,600	27,300	39,000
1920-1921 Type 59, V-8						
Rds	1,650	4,900	8,200	16,400	28,700	41,000
Phae	1,700	5,050	8,400	16,800	29,400	42,000
Tr	1,600	4,800	8,000	16,000	28,000	40,000
Vic	1,300	3,850	6,400	12,800	22,400	32,000
Sed	1,250	3,700	6,200	12,400	21,700	31,000
Cpe	1,300	3,850	6,400	12,800	22,400	32,000
Sub	1,250	3,700	6,200	12,400	21,700	31,000
Limo	1,400	4,200	7,000	14,000	24,500	35,000
Twn Brgm	1,450	4,300	7,200	14,400	25,200	36,000
Imp Limo	1,500	4,450	7,400	14,800	25,900	37,000

NOTE: Coupe and Town Brougham dropped for 1921.

	6	5	4	3	2	1
1922-1923 Type 61, V-8						
Rds	1,500	4,550	7,600	15,200	26,600	38,000
Phae	1,550	4,700	7,800	15,600	27,300	39,000
Tr	1,500	4,550	7,600	15,200	26,600	38,000
Cpe	1,250	3,700	6,200	12,400	21,700	31,000
Vic	1,300	3,850	6,400	12,800	22,400	32,000
5P Cpe	1,150	3,500	5,800	11,600	20,300	29,000
Sed	1,100	3,350	5,600	11,200	19,600	28,000

	6	5	4	3	2	1
Sub	1,300	3,950	6,600	13,200	23,100	33,000
7P Limo	1,350	4,100	6,800	13,600	23,800	34,000
Imp Limo	1,400	4,200	7,000	14,000	24,500	35,000
Lan'let Sed	1,450	4,300	7,200	14,400	25,200	36,000

1924-1925 V-63, V-8

	6	5	4	3	2	1
Rds	1,550	4,700	7,800	15,600	27,300	39,000
Phae	1,700	5,050	8,400	16,800	29,400	42,000
Tr	1,500	4,550	7,600	15,200	26,600	38,000
Vic	1,250	3,700	6,200	12,400	21,700	31,000
Cpe	1,200	3,600	6,000	12,000	21,000	30,000
Limo	1,150	3,400	5,700	11,400	19,950	28,500
Twn Brgm	1,150	3,500	5,800	11,600	20,300	29,000
Imp Sed	1,100	3,350	5,600	11,200	19,600	28,000

Custom models, (V-8 introduced Oct., 1924).

	6	5	4	3	2	1
Cpe	1,150	3,500	5,800	11,600	20,300	29,000
5P Cpe	1,200	3,600	6,000	12,000	21,000	30,000
5P Sed	1,200	3,550	5,900	11,800	20,650	29,500
Sub	1,150	3,500	5,800	11,600	20,300	29,000
Imp Sub	1,200	3,550	5,900	11,800	20,650	29,500

Other models, V-8.

	6	5	4	3	2	1
7P Sed	1,150	3,500	5,800	11,600	20,300	29,000
Vic	1,200	3,550	5,900	11,800	20,650	29,500
Lan Sed	1,200	3,600	6,000	12,000	21,000	30,000
2d Sed	1,050	3,100	5,200	10,400	18,200	26,000
8P Imp Sed	1,100	3,250	5,400	10,800	18,900	27,000

(All Custom and post-Dec. 1924 models have scrolled radiators).

1926-1927 Series 314, V-8

	6	5	4	3	2	1
Cpe	1,450	4,300	7,200	14,400	25,200	36,000
Vic	1,500	4,450	7,400	14,800	25,900	37,000
5P Brgm	1,450	4,300	7,200	14,400	25,200	36,000
5P Sed	1,100	3,350	5,600	11,200	19,600	28,000
7P Sed	1,150	3,500	5,800	11,600	20,300	29,000
Imp Sed	1,100	3,350	5,600	11,200	19,600	28,000

1926-1927 Custom Line, V-8

	6	5	4	3	2	1
Rds	3,450	10,300	17,200	34,400	60,000	86,000
Tr	3,450	10,300	17,200	34,400	60,000	86,000
Phae	3,500	10,600	17,600	35,200	62,100	88,000
Cpe	1,850	5,500	9,200	18,400	32,200	46,000
Sed	1,550	4,700	7,800	15,600	27,300	39,000
Sub	1,600	4,800	8,000	16,000	28,000	40,000
Imp Sed	1,750	5,300	8,800	17,600	30,800	44,000

1927 Series 314 Std., V-8, 132" wb

	6	5	4	3	2	1
Spt Cpe	1,600	4,800	8,000	16,000	28,000	40,000
Cpe	1,500	4,450	7,400	14,800	25,900	37,000
Sed 5P	1,150	3,500	5,800	11,600	20,300	29,000
Sed 7P	1,200	3,600	6,000	12,000	21,000	30,000
Victoria 4P	1,500	4,550	7,600	15,200	26,600	38,000
Spt Sed	1,250	3,700	6,200	12,400	21,700	31,000
Brgm	1,150	3,500	5,800	11,600	20,300	29,000
Imp	1,250	3,700	6,200	12,400	21,700	31,000

1927 Std. Series, V-8, 132" wb

	6	5	4	3	2	1
7P Sed	1,200	3,600	6,000	12,000	21,000	30,000

1927 Custom, 138" wb

	6	5	4	3	2	1
RS Rds	3,050	9,100	15,200	30,400	53,200	76,000
RS Conv	2,500	7,450	12,400	24,800	43,400	62,000
Phae	3,300	9,850	16,400	32,800	57,400	82,000
Spt Phae	3,450	10,300	17,200	34,400	60,000	86,000
Tr	3,200	9,600	16,000	32,000	56,000	80,000
Conv	2,300	6,950	11,600	23,200	40,600	58,000
Cpe	1,700	5,050	8,400	16,800	29,400	42,000
5P Sed	1,300	3,850	6,400	12,800	22,400	32,000
Sub	1,300	3,950	6,600	13,200	23,100	33,000
Imp Sed	1,350	4,100	6,800	13,600	23,800	34,000
Brn Twn Cabr	1,350	4,100	6,800	13,600	23,800	34,000
Wilby Twn Cabr	1,500	4,550	7,600	15,200	26,600	38,000

1927 Fleetwood Bodies

	6	5	4	3	2	1
Limo Brgm	1,700	5,150	8,600	17,200	30,100	43,000
Twn Cabr	1,800	5,400	9,000	18,000	31,500	45,000
Trans Twn Cabr	1,950	5,900	9,800	19,600	34,300	49,000
Coll Twn Cabr	2,000	6,000	10,000	20,000	35,000	50,000
Vic	1,700	5,050	8,400	16,800	29,400	42,000

1928 Fisher Custom Line, V-8, 140" wb

	6	5	4	3	2	1
Rds	4,250	12,700	21,200	42,400	74,000	106,000
Tr	4,300	13,000	21,600	43,200	76,100	108,000
Phae	4,400	13,200	22,000	44,000	77,000	110,000

	6	5	4	3	2	1
Spt Phae	4,650	13,900	23,200	46,400	81,000	116,000
Conv RS	3,850	11,500	19,200	38,400	67,000	96,000
2P Cpe	1,600	4,800	8,000	16,000	28,000	40,000
5P Cpe	1,500	4,450	7,400	14,800	25,900	37,000
Twn Sed	1,400	4,200	7,000	14,000	24,500	35,000
Sed	1,350	4,100	6,800	13,600	23,800	34,000
7P Sed	1,400	4,200	7,000	14,000	24,500	35,000
5P Imp Sed	1,450	4,300	7,200	14,400	25,200	36,000
Imp Cabr	4,000	12,000	20,000	40,000	70,000	100,000
7P Imp Sed	2,400	7,200	12,000	24,000	42,000	60,000
7P Imp Cabr	4,400	13,200	22,000	44,000	77,000	110,000

1928 Fisher Fleetwood Line, V-8, 140" wb

	6	5	4	3	2	1
Sed	1,500	4,550	7,600	15,200	26,600	38,000
5P Cabr	4,250	12,700	21,200	42,400	74,000	106,000
5P Imp Cabr	4,400	13,200	22,000	44,000	77,000	110,000
7P Sed	1,600	4,800	8,000	16,000	28,000	40,000
7P Cabr	4,300	13,000	21,600	43,200	76,100	108,000
7P Imp Cabr	4,500	13,400	22,400	44,800	78,500	112,000
Trans Twn Cabr	4,400	13,200	22,000	44,000	77,000	110,000
Trans Limo Brgm	3,050	9,100	15,200	30,400	53,200	76,000

1929 Series 341-B, V-8, 140" wb

	6	5	4	3	2	1
Rds	4,400	13,200	22,000	44,000	77,000	110,000
Phae	4,550	13,700	22,800	45,600	80,000	114,000
Spt Phae	4,950	14,900	24,800	49,600	87,000	124,000
Tr	4,000	12,000	20,000	40,000	70,000	100,000
Conv	4,000	12,000	20,000	40,000	70,000	100,000
2P Cpe	2,800	8,400	14,000	28,000	49,000	70,000
5P Cpe	2,100	6,350	10,600	21,200	37,100	53,000
5P Sed	1,700	5,150	8,600	17,200	30,100	43,000
7P Sed	1,700	5,050	8,400	16,800	29,400	42,000
Twn Sed	1,750	5,300	8,800	17,600	30,800	44,000
7P Imp Sed	1,800	5,400	9,000	18,000	31,500	45,000

1929 Fleetwood Custom Line, V-8, 140" wb

	6	5	4	3	2	1
Sed	1,700	5,150	8,600	17,200	30,100	43,000
Sed Cabr	4,650	13,900	23,200	46,400	81,000	116,000
5P Imp Sed	2,000	6,000	10,000	20,000	35,000	50,000
7P Imp Sed	2,050	6,100	10,200	20,400	35,700	51,000
Trans Twn Cabr	4,000	12,000	20,000	40,000	70,000	100,000
Trans Limo Brgm	3,050	9,100	15,200	30,400	53,200	76,000
Clb Cabr	4,250	12,700	21,200	42,400	74,000	106,000
A/W Phae	5,050	15,100	25,200	50,400	88,000	126,000
A/W State Imp	5,050	15,100	25,200	50,400	88,000	126,000

1930 Series 353, V-8, 140" wb Fisher Custom Line

	6	5	4	3	2	1
Conv	4,400	13,200	22,000	44,000	77,000	110,000
2P Cpe	2,900	8,650	14,400	28,800	50,400	72,000
Twn Sed	1,700	5,150	8,600	17,200	30,100	43,000
Sed	1,700	5,050	8,400	16,800	29,400	42,000
7P Sed	1,750	5,300	8,800	17,600	30,800	44,000
7P Imp Sed	2,000	6,000	10,000	20,000	35,000	50,000
5P Cpe	2,100	6,250	10,400	20,800	36,400	52,000

1930 Fleetwood Line, V-8

	6	5	4	3	2	1
Rds	5,050	15,100	25,200	50,400	88,000	126,000
5P Sed	1,800	5,400	9,000	18,000	31,500	45,000
Sed Cabr	4,400	13,200	22,000	44,000	77,000	110,000
5P Imp	2,000	6,000	10,000	20,000	35,000	50,000
7P Sed	1,800	5,400	9,000	18,000	31,500	45,000
7P Imp	2,000	6,000	10,000	20,000	35,000	50,000
Trans Cabr	5,100	15,400	25,600	51,200	90,100	128,000
Trans Limo Brgm	4,900	14,600	24,400	48,800	85,500	122,000
Clb Cabr	5,050	15,100	25,200	50,400	88,000	126,000
A/W Phae	5,450	16,300	27,200	54,400	95,000	136,000
A/W State Imp	5,600	16,800	28,000	56,000	98,000	140,000

1930 Fleetwood Custom Line, V-16, 148" wb

	6	5	4	3	2	1
Rds	13,200	39,600	66,000	132,000	231,000	330,000
Phae	14,000	42,000	70,000	140,000	245,000	350,000

1930 "Flat Windshield" Models

	6	5	4	3	2	1
A/W Phae	14,200	42,600	71,000	142,000	249,000	355,000
Conv	13,200	39,600	66,000	132,000	231,000	330,000
Cpe	5,050	15,100	25,200	50,400	88,000	126,000
Clb Sed	4,800	14,400	24,000	48,000	84,000	120,000
5P OS Sed	4,800	14,400	24,000	48,000	84,000	120,000
5P Sed Cabr	11,200	33,600	56,000	112,000	196,000	280,000
Imp Cabr	11,200	33,600	56,000	112,000	196,000	280,000
7P Sed	5,050	15,100	25,200	50,400	88,000	126,000
7P Imp Sed	5,200	15,600	26,000	52,000	91,000	130,000
Twn Cabr 4212	11,400	34,200	57,000	114,000	200,000	285,000

	6	5	4	3	2	1
Twn Cabr 4220	11,400	34,200	57,000	114,000	200,000	285,000
Twn Cabr 4225	11,400	34,200	57,000	114,000	200,000	285,000
Limo Brgm	8,200	24,600	41,000	82,000	144,000	205,000
Twn Brgm 05	8,200	24,600	41,000	82,000	144,000	205,000

1930 "Cane-bodied" Model

	6	5	4	3	2	1
Twn Brgm	8,200	24,600	41,000	82,000	144,000	205,000

1930 Madame X Models

	6	5	4	3	2	1
A/W Phae	15,000	45,000	75,000	150,000	263,000	375,000
Conv	14,400	43,200	72,000	144,000	252,000	360,000
Cpe	7,400	22,200	37,000	74,000	130,000	185,000
5P OS Imp	7,000	21,000	35,000	70,000	123,000	175,000
5P Imp	6,800	20,400	34,000	68,000	119,000	170,000
Twn Cabr 4312	12,800	38,400	64,000	128,000	224,000	320,000
Twn Cabr 4320	12,800	38,400	64,000	128,000	224,000	320,000
Twn Cabr 4325	12,800	38,400	64,000	128,000	224,000	320,000
Limo Brgm	9,600	28,800	48,000	96,000	168,000	240,000

1931 Series 355, V-8, 134" wb Fisher Bodies

	6	5	4	3	2	1
Rds	5,100	15,400	25,600	51,200	90,100	128,000
Phae	4,900	14,600	24,400	48,800	85,500	122,000
2P Cpe	3,050	9,100	15,200	30,400	53,200	76,000
5P Cpe	2,950	8,900	14,800	29,600	51,800	74,000
Sed	1,800	5,400	9,000	18,000	31,500	45,000
Twn Sed	1,900	5,650	9,400	18,800	32,900	47,000
7P Sed	1,950	5,900	9,800	19,600	34,300	49,000
Imp Limo	2,000	6,000	10,000	20,000	35,000	50,000

1931 Fleetwood Bodies, V-8

	6	5	4	3	2	1
Rds	5,450	16,300	27,200	54,400	95,000	136,000
Conv	5,450	16,300	27,200	54,400	95,000	136,000
Phae	5,800	17,400	29,000	58,000	102,000	145,000
A/W Phae	6,000	18,000	30,000	60,000	105,000	150,000

1931 Series 370, V-12, 140" wb

	6	5	4	3	2	1
Rds	9,000	27,000	45,000	90,000	158,000	225,000
Phae	9,000	27,000	45,000	90,000	158,000	225,000
Conv	8,400	25,200	42,000	84,000	147,000	210,000
A/W Phae	9,200	27,600	46,000	92,000	161,000	230,000
2P Cpe	5,800	17,400	29,000	58,000	102,000	145,000
5P Cpe	5,600	16,800	28,000	56,000	98,000	140,000
Sed	4,800	14,400	24,000	48,000	84,000	120,000
Twn Sed	5,050	15,100	25,200	50,400	88,000	126,000

1931 Series 370, V-12, 143" wb

	6	5	4	3	2	1
7P Sed	5,450	16,300	27,200	54,400	95,000	136,000
Imp Sed	5,600	16,800	28,000	56,000	98,000	140,000

1931 Series V-16, 148" wb

	6	5	4	3	2	1
2P Rds	14,400	43,200	72,000	144,000	252,000	360,000
Phae	14,600	43,800	73,000	146,000	256,000	365,000
A/W Phae	5,050	15,100	25,200	50,400	88,000	126,000
4476 Cpe	6,000	18,000	30,000	60,000	105,000	150,000
4276 Cpe	6,000	18,000	30,000	60,000	105,000	150,000
5P Cpe	5,800	17,400	29,000	58,000	102,000	145,000
Conv	14,600	43,800	73,000	146,000	256,000	365,000
4361 Clb Sed	6,800	20,400	34,000	68,000	119,000	170,000
4161 Clb Sed	6,800	20,400	34,000	68,000	119,000	170,000
4330 Imp	7,000	21,000	35,000	70,000	123,000	175,000
4330 Sed	3,850	11,500	19,200	38,400	67,000	96,000
4130 Sed	4,000	12,000	20,000	40,000	70,000	100,000
4130 Imp	4,000	12,000	20,000	40,000	70,000	100,000
4335 Sed Cabr	12,200	36,600	61,000	122,000	214,000	305,000
4355 Imp Cabr	12,400	37,200	62,000	124,000	217,000	310,000
4155 Sed Cabr	12,400	37,200	62,000	124,000	217,000	310,000
4155 Imp Cabr	13,000	39,000	65,000	130,000	228,000	325,000
4375 Sed	3,850	11,500	19,200	38,400	67,000	96,000
4175 Sed	4,000	12,000	20,000	40,000	70,000	100,000
4375 Imp	4,250	12,700	21,200	42,400	74,000	106,000
4175 Imp	4,400	13,200	22,000	44,000	77,000	110,000
4312 Twn Cabr	12,400	37,200	62,000	124,000	217,000	310,000
4320 Twn Cabr	12,400	37,200	62,000	124,000	217,000	310,000
4220 Twn Cabr	12,400	37,200	62,000	124,000	217,000	310,000
4325 Twn Cabr	12,200	36,600	61,000	122,000	214,000	305,000
4225 Twn Cabr	12,200	36,600	61,000	122,000	214,000	305,000
4391 Limo Brgm	8,800	26,400	44,000	88,000	154,000	220,000
4291 Limo Brgm	9,200	27,600	46,000	92,000	161,000	230,000
4264 Twn Brgm	9,400	28,200	47,000	94,000	165,000	235,000
4264B Twn Brgm C/N	9,600	28,800	48,000	96,000	168,000	240,000

1932 Series 355B, V-8, 134" wb

	6	5	4	3	2	1
Rds	4,700	14,200	23,600	47,200	83,100	118,000
Conv	4,100	12,200	20,400	40,800	71,500	102,000

	6	5	4	3	2	1
2P Cpe	2,000	6,000	10,000	20,000	35,000	50,000
Sed	1,650	4,900	8,200	16,400	28,700	41,000
1932 Fisher Line, 140" wb						
Std Phae	4,250	12,700	21,200	42,400	74,000	106,000
DW Phae	4,250	12,700	21,200	42,400	74,000	106,000
DC Spt Phae	4,400	13,200	22,000	44,000	77,000	110,000
A/W Phae	4,400	13,200	22,000	44,000	77,000	110,000
Cpe	2,200	6,600	11,000	22,000	38,500	55,000
Spec Sed	1,700	5,050	8,400	16,800	29,400	42,000
Twn Sed	1,700	5,150	8,600	17,200	30,100	43,000
Imp Sed	1,800	5,400	9,000	18,000	31,500	45,000
1932 Fleetwood Bodies, 140" wb						
Sed	1,800	5,400	9,000	18,000	31,500	45,000
Twn Cpe	2,300	6,850	11,400	22,800	39,900	57,000
7P Sed	2,000	6,000	10,000	20,000	35,000	50,000
7P Limo	2,300	6,850	11,400	22,800	39,900	57,000
5P Twn Car	4,250	12,700	21,200	42,400	74,000	106,000
Twn Cabr	4,400	13,200	22,000	44,000	77,000	110,000
Limo Brgm	2,650	7,900	13,200	26,400	46,200	66,000
1932 Series 370B, V-12, 134" wb						
Rds	7,600	22,800	38,000	76,000	133,000	190,000
Conv	7,200	21,600	36,000	72,000	126,000	180,000
2P Cpe	2,800	8,400	14,000	28,000	49,000	70,000
Std Sed	2,000	6,000	10,000	20,000	35,000	50,000
1932 Series 370B, V-12, 140" wb Fisher Bodies						
Std Phae	7,400	22,200	37,000	74,000	129,000	185,000
Spl Phae	7,600	22,800	38,000	76,000	133,000	190,000
Spt Phae	8,000	24,000	40,000	80,000	140,000	200,000
A/W Phae	7,800	23,400	39,000	78,000	137,000	195,000
5P Cpe	3,200	9,600	16,000	32,000	56,000	80,000
Spl Sed	3,050	9,100	15,200	30,400	53,200	76,000
Twn Sed	2,650	7,900	13,200	26,400	46,200	66,000
7P Sed	2,700	8,150	13,600	27,200	47,600	68,000
7P Imp	2,800	8,400	14,000	28,000	49,000	70,000
1932 Series 370B, V-12, 140" wb Fleetwood Bodies						
Tr	8,800	26,400	44,000	88,000	154,000	220,000
Conv	9,000	27,000	45,000	90,000	158,000	225,000
Sed	3,450	10,300	17,200	34,400	60,000	86,000
Twn Cpe	3,500	10,600	17,600	35,200	61,500	88,000
7P Sed	3,100	9,350	15,600	31,200	54,600	78,000
Limo	3,450	10,300	17,200	34,400	60,000	86,000
5P Twn Cabr	8,600	25,800	43,000	86,000	151,000	215,000
7P Twn Cabr	8,800	26,400	44,000	88,000	154,000	220,000
Limo Brgm	7,200	21,600	36,000	72,000	126,000	180,000
1932 Series 452B, V-16, 143" wb Fisher Bodies						
Rds	12,000	36,000	60,000	120,000	210,000	300,000
Conv	10,800	32,400	54,000	108,000	189,000	270,000
Cpe	8,200	24,600	41,000	82,000	144,000	205,000
Std Sed	7,200	21,600	36,000	72,000	126,000	180,000
1932 Series 452B, V-16, 149" wb Fisher Bodies						
Std Phae	13,800	41,400	69,000	138,000	241,000	345,000
Spl Phae	14,000	42,000	70,000	140,000	245,000	350,000
Spt Phae	13,800	41,400	69,000	138,000	241,000	345,000
A/W Phae	14,000	42,000	70,000	140,000	245,000	350,000
1932 Fleetwood Bodies, V-16						
5P Sed	8,600	25,800	43,000	86,000	151,000	215,000
Imp Limo	9,400	28,200	47,000	94,000	165,000	235,000
Twn Cpe	9,600	28,800	48,000	96,000	168,000	240,000
7P Sed	9,400	28,200	47,000	94,000	165,000	235,000
7P Twn Cabr	13,600	40,800	68,000	136,000	238,000	340,000
5P Twn Cabr	13,400	40,200	67,000	134,000	235,000	335,000
Limo Brgm	8,800	26,400	44,000	88,000	154,000	220,000
1933 Series 355C, V-8, 134" wb Fisher Bodies						
Rds	4,400	13,200	22,000	44,000	77,000	110,000
Conv	3,850	11,500	19,200	38,400	67,000	96,000
Cpe	1,800	5,400	9,000	18,000	31,500	45,000
1933 Series 355C, V-8, 140" wb Fisher Bodies						
Phae	4,100	12,200	20,400	40,800	71,500	102,000
A/W Phae	4,250	12,700	21,200	42,400	74,000	106,000
5P Cpe	1,850	5,500	9,200	18,400	32,200	46,000
Sed	1,750	5,300	8,800	17,600	30,800	44,000
Twn Sed	1,800	5,400	9,000	18,000	31,500	45,000
7P Sed	1,850	5,500	9,200	18,400	32,200	46,000
Imp Sed	1,950	5,900	9,800	19,600	34,300	49,000

	6	5	4	3	2	1
1933 Series 355C, V-8, 140" wb Fleetwood Line						
5P Sed	1,800	5,400	9,000	18,000	31,500	45,000
7P Sed	1,850	5,500	9,200	18,400	32,200	46,000
Limo	1,950	5,900	9,800	19,600	34,300	49,000
5P Twn Cabr	4,100	12,200	20,400	40,800	71,500	102,000
7P Twn Cabr	4,250	12,700	21,200	42,400	74,000	106,000
Limo Brgm	2,500	7,450	12,400	24,800	43,400	62,000
1933 Series 370C, V-12, 134" wb Fisher Bodies						
Rds	4,800	14,400	24,000	48,000	84,000	120,000
Conv	4,650	13,900	23,200	46,400	81,000	116,000
Cpe	2,950	8,900	14,800	29,600	51,800	74,000
1933 Series, 370C, V-12, 140" wb Fisher Bodies						
Phae	4,700	14,200	23,600	47,200	83,100	118,000
A/W Phae	4,800	14,400	24,000	48,000	84,000	120,000
5P Cpe	3,100	9,350	15,600	31,200	54,600	78,000
Sed	2,650	7,900	13,200	26,400	46,200	66,000
Twn Sed	2,650	7,900	13,200	26,400	46,200	66,000
7P Sed	2,500	7,450	12,400	24,800	43,400	62,000
Imp Sed	2,700	8,150	13,600	27,200	47,600	68,000
1933 Series 370C, V-12, 140" wb Fleetwood Line						
Sed	2,700	8,150	13,600	27,200	47,600	68,000
7P Sed	2,700	8,150	13,600	27,200	47,600	68,000
Limo	2,800	8,400	14,000	28,000	49,000	70,000
5P Twn Cabr	4,800	14,400	24,000	48,000	84,000	120,000
7P Twn Cabr	4,900	14,600	24,400	48,800	85,500	122,000
7P Limo Brgm	3,200	9,600	16,000	32,000	56,000	80,000
1933 Series 452C, V-16, 154" wb						
DC Spt Phae	10,400	31,200	52,000	104,000	182,000	260,000
1933 Fleetwood Bodies, 149" wb						
Conv	10,200	30,600	51,000	102,000	179,000	255,000
A/W Phae	10,400	31,200	52,000	104,000	182,000	260,000
Sed	7,200	21,600	36,000	72,000	126,000	180,000
7P Sed	7,200	21,600	36,000	72,000	126,000	180,000
Twn Cab	9,000	27,000	45,000	90,000	158,000	225,000
7P Twn Cab	8,800	26,400	44,000	88,000	154,000	220,000
7P Limo	7,400	22,200	37,000	74,000	130,000	185,000
Limo Brgm	7,400	22,200	37,000	74,000	130,000	185,000
5P Twn Cpe	7,000	21,000	35,000	70,000	123,000	175,000
Imp Cab	9,200	27,600	46,000	92,000	161,000	230,000
1934 Series 355D, V-8, 128" wb Fisher Bodies						
Conv	3,050	9,100	15,200	30,400	53,200	76,000
Conv Sed	3,100	9,350	15,600	31,200	54,600	78,000
2P Cpe	1,800	5,400	9,000	18,000	31,500	45,000
Twn Cpe	1,600	4,800	8,000	16,000	28,000	40,000
Sed	1,500	4,550	7,600	15,200	26,600	38,000
Twn Sed	1,550	4,700	7,800	15,600	27,300	39,000
1934 Series 355D, V-8, 136" wb Fisher Bodies						
Conv	3,200	9,600	16,000	32,000	56,000	80,000
Conv Sed	3,300	9,850	16,400	32,800	57,400	82,000
Cpe	1,900	5,650	9,400	18,800	32,900	47,000
Sed	1,500	4,550	7,600	15,200	26,600	38,000
Twn Sed	1,550	4,700	7,800	15,600	27,300	39,000
7P Sed	1,800	5,400	9,000	18,000	31,500	45,000
Imp Sed	2,000	6,000	10,000	20,000	35,000	50,000
1934 Series 355D, V-8, 146" wb Fleetwood bodies with straight windshield						
Sed	1,600	4,800	8,000	16,000	28,000	40,000
Twn Sed	1,650	4,900	8,200	16,400	28,700	41,000
7P Sed	1,700	5,050	8,400	16,800	29,400	42,000
7P Limo	1,750	5,300	8,800	17,600	30,800	44,000
Imp Cab	3,750	11,300	18,800	37,600	66,000	94,000
7P Imp Cab	3,850	11,500	19,200	38,400	67,000	96,000
1934 Series 355D, V-8, 146" wb Fleetwood bodies with modified "V" windshield						
Conv	3,450	10,300	17,200	34,400	60,000	86,000
Aero Cpe	3,200	9,600	16,000	32,000	56,000	80,000
Cpe	2,200	6,600	11,000	22,000	38,500	55,000
Spl Sed	1,800	5,400	9,000	18,000	31,500	45,000
Spl Twn Sed	1,850	5,500	9,200	18,400	32,200	46,000
Conv Sed Div	3,850	11,500	19,200	38,400	67,000	96,000
7P Spl Sed	1,900	5,650	9,400	18,800	32,900	47,000
Spl Limo	1,950	5,900	9,800	19,600	34,300	49,000
Sp Twn Cab	3,850	11,500	19,200	38,400	67,000	96,000
7P Twn Cab	3,900	11,800	19,600	39,200	69,100	98,000
5P Spl Imp Cab	3,900	11,800	19,600	39,200	69,100	98,000
7P Spl Imp Cab	4,000	12,000	20,000	40,000	70,000	100,000
Limo Brgm	3,050	9,100	15,200	30,400	53,200	76,000

	6	5	4	3	2	1
1934 Series 370D, V-12, 146" wb Fleetwood bodies with straight windshield						
Sed	2,200	6,600	11,000	22,000	38,500	55,000
Twn Sed	2,250	6,700	11,200	22,400	39,200	56,000
7P Sed	2,300	6,850	11,400	22,800	39,900	57,000
7P Limo	2,400	7,200	12,000	24,000	42,000	60,000
5P Imp Cab	4,250	12,700	21,200	42,400	74,000	106,000
7P Imp Cab	4,300	13,000	21,600	43,200	76,100	108,000
1934 Series 370D, V-12, 146" wb Fleetwood bodies with modified "V" windshield						
Conv	3,900	11,800	19,600	39,200	69,100	98,000
Aero Cpe	3,600	10,800	18,000	36,000	63,000	90,000
RS Cpe	2,550	7,700	12,800	25,600	44,800	64,000
Spl Sed	2,250	6,700	11,200	22,400	39,200	56,000
Spl Twn Sed	2,300	6,950	11,600	23,200	40,600	58,000
Conv Sed	4,400	13,200	22,000	44,000	77,000	110,000
7P Spl Sed	2,400	7,200	12,000	24,000	42,000	60,000
Spec Limo	2,650	7,900	13,200	26,400	46,200	66,000
5P Twn Cab	4,250	12,700	21,200	42,400	74,000	106,000
7P Twn Cab	4,300	13,000	21,600	43,200	76,100	108,000
5P Spl Imp Cab	4,400	13,200	22,000	44,000	77,000	110,000
7P Spl Imp Cab	4,700	14,200	23,600	47,200	83,100	118,000
1934 Series 452D, V-16, 154" wb Fleetwood bodies with straight windshield						
Sed	5,800	17,400	29,000	58,000	102,000	145,000
Twn Sed	6,000	18,000	30,000	60,000	105,000	150,000
7P Sed	6,000	18,000	30,000	60,000	105,000	150,000
Limo	6,200	18,600	31,000	62,000	109,000	155,000
5P Imp Cab	7,600	22,800	38,000	76,000	133,000	190,000
1934 Series 452D, V-16, 154" wb Fleetwood bodies with modified "V" windshield						
4P Conv	8,000	24,000	40,000	80,000	140,000	200,000
Aero Cpe	7,600	22,800	38,000	76,000	133,000	190,000
RS Cpe	9,200	27,600	46,000	92,000	161,000	230,000
Spl Sed	8,800	26,400	44,000	88,000	154,000	220,000
Spl Twn Sed	6,200	18,600	31,000	62,000	109,000	155,000
Conv Sed	9,000	27,000	45,000	90,000	158,000	225,000
7P Spl Sed	6,000	18,000	30,000	60,000	105,000	150,000
Spl Limo	6,400	19,200	32,000	64,000	112,000	160,000
5P Twn Cab	7,400	22,200	37,000	74,000	130,000	185,000
7P Twn Cab	7,600	22,800	38,000	76,000	133,000	190,000
5P Spl Imp Cab	7,800	23,400	39,000	78,000	137,000	195,000
7P Spl Imp Cab	8,000	24,000	40,000	80,000	140,000	200,000
Limo Brgm	6,800	20,400	34,000	68,000	119,000	170,000
1935 Series 355E, V-8, 128" wb Fisher Bodies						
RS Conv	3,050	9,100	15,200	30,400	53,200	76,000
Conv Sed	3,100	9,350	15,600	31,200	54,600	78,000
RS Cpe	1,800	5,400	9,000	18,000	31,500	45,000
5P Twn Cpe	1,600	4,800	8,000	16,000	28,000	40,000
Sed	1,500	4,550	7,600	15,200	26,600	38,000
Twn Sed	1,550	4,700	7,800	15,600	27,300	39,000
1935 Series 355E, V-8, 136" wb Fisher Bodies						
RS Conv	2,800	8,400	14,000	28,000	49,000	70,000
Conv Sed	2,700	8,150	13,600	27,200	47,600	68,000
RS Cpe	2,100	6,350	10,600	21,200	37,100	53,000
Sed	1,700	5,050	8,400	16,800	29,400	42,000
Twn Sed	1,700	5,150	8,600	17,200	30,100	43,000
7P Sed	1,800	5,400	9,000	18,000	31,500	45,000
Imp Sed	2,000	6,000	10,000	20,000	35,000	50,000
1935 Series 355E, V-8, 146" wb Fleetwood bodies with straight windshield						
Sed	1,600	4,800	8,000	16,000	28,000	40,000
Twn Sed	1,650	4,900	8,200	16,400	28,700	41,000
7P Sed	1,700	5,050	8,400	16,800	29,400	42,000
Limo	1,750	5,300	8,800	17,600	30,800	44,000
5P Imp Cabr	3,750	11,300	18,800	37,600	66,000	94,000
7P Imp Cabr	3,850	11,500	19,200	38,400	67,000	96,000
1935 Series 355E, V-8, 146" wb Fleetwood bodies with modified "V" windshield						
4P Conv	3,450	10,300	17,200	34,400	60,000	86,000
4P Cpe	2,200	6,600	11,000	22,000	38,500	55,000
Spl Sed	1,800	5,400	9,000	18,000	31,500	45,000
Spl Twn Sed	1,850	5,500	9,200	18,400	32,200	46,000
Conv Sed	3,850	11,500	19,200	38,400	67,000	96,000
7P Spl Sed	1,900	5,650	9,400	18,800	32,900	47,000
Spl Limo	1,950	5,900	9,800	19,600	34,300	49,000
5P Twn Cabr	3,850	11,500	19,200	38,400	67,000	96,000
7P Twn Cabr	3,900	11,800	19,600	39,200	69,100	98,000
5P Imp Cabr	3,900	11,800	19,600	39,200	69,100	98,000

	6	5	4	3	2	1
7P Imp Cabr	4,000	12,000	20,000	40,000	70,000	100,000
Limo Brgm	3,050	9,100	15,200	30,400	53,200	76,000

1935 Series 370E, V-12, 146" wb Fleetwood bodies with straight windshield

	6	5	4	3	2	1
Sed	2,200	6,600	11,000	22,000	38,500	55,000
Twn Sed	2,250	6,700	11,200	22,400	39,200	56,000
7P Sed	2,300	6,850	11,400	22,800	39,900	57,000
Limo	2,400	7,200	12,000	24,000	42,000	60,000
5P Imp Cabr	4,250	12,700	21,200	42,400	74,000	106,000
7P Imp Cabr	4,300	13,000	21,600	43,200	76,100	108,000

1935 Series 370E, V-12, 146" wb Fleetwood bodies with modified "V" windshield

	6	5	4	3	2	1
Conv	3,900	11,800	19,600	39,200	69,100	98,000
4P Cpe	2,550	7,700	12,800	25,600	44,800	64,000
Spl Sed	2,250	6,700	11,200	22,400	39,200	56,000
Spl Twn Sed	2,300	6,950	11,600	23,200	40,600	58,000
Conv Sed	4,400	13,200	22,000	44,000	77,000	110,000
7P Spl Sed	2,400	7,200	12,000	24,000	42,000	60,000
7P Spl Limo	2,650	7,900	13,200	26,400	46,200	66,000
5P Twn Cabr	4,250	12,700	21,200	42,400	74,000	106,000
7P Twn Cabr	4,300	13,000	21,600	43,200	76,100	108,000
5P Spl Imp Cabr	4,400	13,200	22,000	44,000	77,000	110,000
7P Spl Imp Cabr	4,700	14,200	23,600	47,200	83,100	118,000
Limo Brgm	3,850	11,500	19,200	38,400	67,000	96,000

1935 Series 452E, V-16, 154" wb Fleetwood bodies with straight windshield

	6	5	4	3	2	1
Sed	5,800	17,400	29,000	58,000	102,000	145,000
Twn Sed	6,000	18,000	30,000	60,000	105,000	150,000
7P Sed	6,000	18,000	30,000	60,000	105,000	150,000
7P Limo	6,200	18,600	31,000	62,000	109,000	155,000
5P Imp Cabr	7,600	22,800	38,000	76,000	133,000	190,000
7P Imp Cabr	7,800	23,400	39,000	78,000	137,000	195,000

1935 Series 452D, V-16, 154" wb Fleetwood bodies with modified "V" windshield

	6	5	4	3	2	1
2-4P Cpe	8,800	26,400	44,000	88,000	154,000	220,000
4P Cpe	9,000	27,000	45,000	90,000	158,000	225,000
Spl Sed	8,800	26,400	44,000	88,000	154,000	220,000
Spl Twn Sed	6,200	18,600	31,000	62,000	109,000	155,000
7P Spl Sed	6,000	18,000	30,000	60,000	105,000	150,000
Spl Limo	6,400	19,200	32,000	64,000	112,000	160,000
5P Twn Cabr	7,400	22,200	37,000	74,000	130,000	185,000
7P Twn Cab	7,600	22,800	38,000	76,000	133,000	190,000
5P Spl Imp Cabr	7,800	23,400	39,000	78,000	137,000	195,000
7P Spl Imp Cabr	8,000	24,000	40,000	80,000	140,000	200,000
Limo Brgm	6,800	20,400	34,000	68,000	119,000	170,000
5P Conv	8,400	25,200	42,000	84,000	147,000	210,000
Conv Sed	8,600	25,800	43,000	86,000	151,000	215,000

1936 Series 60, V-8, 121" wb

	6	5	4	3	2	1
2d Conv	2,400	7,200	12,000	24,000	42,000	60,000
2d 2P Cpe	1,200	3,600	6,000	12,000	21,000	30,000
4d Tr Sed	950	2,900	4,800	9,600	16,800	24,000

1936 Series 70, V-8, 131" wb, Fleetwood bodies

	6	5	4	3	2	1
2d Conv	2,800	8,400	14,000	28,000	49,000	70,000
2d 2P Cpe	1,250	3,700	6,200	12,400	21,700	31,000
4d Conv Sed	2,900	8,650	14,400	28,800	50,400	72,000
4d Tr Sed	1,100	3,350	5,600	11,200	19,600	28,000

1936 Series 75, V-8, 138" wb, Fleetwood bodies

	6	5	4	3	2	1
4d Sed	1,500	4,550	7,600	15,200	26,600	38,000
4d Tr Sed	1,550	4,700	7,800	15,600	27,300	39,000
4d Conv Sed	3,050	9,100	15,200	30,400	53,200	76,000
4d Fml Sed	1,500	4,550	7,600	15,200	26,600	38,000
4d Twn Sed	1,550	4,700	7,800	15,600	27,300	39,000
4d 7P Sed	1,600	4,800	8,000	16,000	28,000	40,000
4d 7P Tr Sed	1,700	5,150	8,600	17,200	30,100	43,000
4d Imp Sed	1,750	5,300	8,800	17,600	30,800	44,000
4d Imp Tr Sed	1,800	5,400	9,000	18,000	31,500	45,000
4d Twn Car	2,000	6,000	10,000	20,000	35,000	50,000

1936 Series 80, V-12, 131" wb, Fleetwood bodies

	6	5	4	3	2	1
2d Conv	3,200	9,600	16,000	32,000	56,000	80,000
4d Conv Sed	3,300	9,850	16,400	32,800	57,400	82,000
2d Cpe	1,800	5,400	9,000	18,000	31,500	45,000
4d Tr Sed	1,700	5,050	8,400	16,800	29,400	42,000

1936 Series 85, V-12, 138" wb, Fleetwood bodies

	6	5	4	3	2	1
4d Sed	1,700	5,150	8,600	17,200	30,100	43,000
4d Tr Sed	1,750	5,300	8,800	17,600	30,800	44,000
4d Conv Sed	3,050	9,100	15,200	30,400	53,200	76,000
4d Fml Sed	1,900	5,650	9,400	18,800	32,900	47,000
4d Twn Sed	1,900	5,750	9,600	19,200	33,600	48,000

1928 LaSalle 303 landau coupe

1938 LaSalle Model 50 convertible coupe

1963 Checker Marathon station wagon

	6	5	4	3	2	1
4d 7P Sed	1,900	5,650	9,400	18,800	32,900	47,000
4d 7P Tr Sed	1,900	5,750	9,600	19,200	33,600	48,000
4d Imp Sed	2,000	6,000	10,000	20,000	35,000	50,000
4d Imp Tr Sed	2,100	6,250	10,400	20,800	36,400	52,000
4d Twn Car	2,400	7,200	12,000	24,000	42,000	60,000

1936 Series 90, V-16, 154" wb, Fleetwood bodies

	6	5	4	3	2	1
2d 2P Conv	5,200	15,600	26,000	52,000	91,000	130,000
4d Conv Sed	5,450	16,300	27,200	54,400	95,000	136,000
2d 2P Cpe	4,000	12,000	20,000	40,000	70,000	100,000
2d Aero Cpe	4,550	13,700	22,800	45,600	80,000	114,000
4d Sed	3,850	11,500	19,200	38,400	67,000	96,000
4d Twn Sed	3,850	11,500	19,200	38,400	67,000	96,000
4d 7P Sed	3,900	11,800	19,600	39,200	69,100	98,000
4d 5P Imp Cabr	5,600	16,800	28,000	56,000	98,000	140,000
4d 7P Imp Cabr	5,600	16,800	28,000	56,000	98,000	140,000
4d Imp Sed	5,800	17,400	29,000	58,000	102,000	145,000
4d Twn Cabr	6,000	18,000	30,000	60,000	105,000	150,000
4d Twn Lan	5,450	16,300	27,200	54,400	95,000	136,000
4d 5P Conv	5,600	16,800	28,000	56,000	98,000	140,000

1937 Series 60, V-8, 124" wb

	6	5	4	3	2	1
2d Conv	2,200	6,600	11,000	22,000	38,500	55,000
4d Conv Sed	2,300	6,850	11,400	22,800	39,900	57,000
2d 2P Cpe	1,200	3,600	6,000	12,000	21,000	30,000
4d Tr Sed	1,000	3,000	5,000	10,000	17,500	25,000

1937 Series 65, V-8, 131" wb

	6	5	4	3	2	1
4d Tr Sed	1,100	3,250	5,400	10,800	18,900	27,000

1937 Series 70, V-8, 131" wb, Fleetwood bodies

	6	5	4	3	2	1
2d Conv	2,400	7,200	12,000	24,000	42,000	60,000
4d Conv Sed	2,500	7,450	12,400	24,800	43,400	62,000
2d Spt Cpe	1,300	3,950	6,600	13,200	23,100	33,000
4d Tr Sed	1,150	3,500	5,800	11,600	20,300	29,000

1937 Series 75, V-8, 138" wb, Fleetwood bodies

	6	5	4	3	2	1
4d Tr Sed	1,300	3,850	6,400	12,800	22,400	32,000
4d Twn Sed	1,300	3,950	6,600	13,200	23,100	33,000
4d Conv Sed	2,800	8,400	14,000	28,000	49,000	70,000
4d Fml Sed	1,400	4,200	7,000	14,000	24,500	35,000
4d Spl Tr Sed	1,450	4,300	7,200	14,400	25,200	36,000
4d Spl Imp Tr Sed	1,500	4,450	7,400	14,800	25,900	37,000
4d 7P Tr Sed	1,500	4,550	7,600	15,200	26,600	38,000
4d 7P Imp	1,500	4,450	7,400	14,800	25,900	37,000
4d Bus Tr Sed	1,450	4,300	7,200	14,400	25,200	36,000
4d Bus Imp	1,800	5,400	9,000	18,000	31,500	45,000
4d Twn Car	2,650	7,900	13,200	26,400	46,200	66,000

1937 4d Series 85, V-12, 138" wb, Fleetwood bodies

	6	5	4	3	2	1
4d Tr Sed	1,800	5,400	9,000	18,000	31,500	45,000
4d Twn Sed	1,850	5,500	9,200	18,400	32,200	46,000
4d Conv Sed	3,200	9,600	16,000	32,000	56,000	80,000
4d 7P Tr Sed	1,900	5,750	9,600	19,200	33,600	48,000
4d Imp Tr Sed	2,100	6,350	10,600	21,200	37,100	53,000
4d Twn Car	2,950	8,900	14,800	29,600	51,800	74,000

1937 Series 90, V-16, 154" wb, Fleetwood bodies

	6	5	4	3	2	1
2d 2P Conv	6,200	18,600	31,000	62,000	109,000	155,000
2d 5P Conv	6,200	18,600	31,000	62,000	109,000	155,000
4d Conv Sed	6,200	18,600	31,000	62,000	109,000	155,000
2d Cpe	4,400	13,200	22,000	44,000	77,000	110,000
4d Twn Sed	4,000	12,000	20,000	40,000	70,000	100,000
4d 7P Sed	4,100	12,200	20,400	40,800	71,500	102,000
4d Limo	4,300	13,000	21,600	43,200	76,100	108,000
4d 5P Imp Cabr	6,000	18,000	30,000	60,000	105,000	150,000
4d 5P Twn Cabr	6,200	18,600	31,000	62,000	109,000	155,000
4d 7P Imp Cabr	6,200	18,600	31,000	62,000	109,000	155,000
4d 7P Twn Cabr	6,400	19,200	32,000	64,000	112,000	160,000
2d Aero Cpe	4,700	14,200	23,600	47,200	83,100	118,000
4d Limo Brgm	4,400	13,200	22,000	44,000	77,000	110,000
4d Fml Sed	4,650	13,900	23,200	46,400	81,000	116,000

1938 Series 60, V-8, 124" wb

	6	5	4	3	2	1
2d Conv	2,300	6,950	11,600	23,200	40,600	58,000
4d Conv Sed	2,350	7,100	11,800	23,600	41,300	59,000
2d 2P Cpe	1,200	3,600	6,000	12,000	21,000	30,000
4d Tr Sed	1,150	3,500	5,800	11,600	20,300	29,000

1938 Series 60 Special, V-8, 127" wb

	6	5	4	3	2	1
4d Tr Sed	1,400	4,200	7,000	14,000	24,500	35,000

1938 Series 65, V-8, 132" wb

	6	5	4	3	2	1
4d Tr Sed	1,200	3,600	6,000	12,000	21,000	30,000
4d Div Tr Sed	1,400	4,200	7,000	14,000	24,500	35,000
4d Conv Sed	2,800	8,400	14,000	28,000	49,000	70,000

	6	5	4	3	2	1
1938 Series 75, V-8, 141" wb, Fleetwood bodies						
2d Conv	2,900	8,650	14,400	28,800	50,400	72,000
4d Conv Sed	2,950	8,900	14,800	29,600	51,800	74,000
2d 2P Cpe	1,800	5,400	9,000	18,000	31,500	45,000
2d 5P Cpe	1,700	5,150	8,600	17,200	30,100	43,000
4d Tr Sed	1,400	4,200	7,000	14,000	24,500	35,000
4d Div Tr Sed	1,500	4,450	7,400	14,800	25,900	37,000
4d Twn Sed	1,450	4,300	7,200	14,400	25,200	36,000
4d Fml Sed	1,450	4,300	7,200	14,400	25,200	36,000
4d 7P Fml Sed	1,600	4,800	8,000	16,000	28,000	40,000
4d 7P Tr Sed	1,500	4,550	7,600	15,200	26,600	38,000
4d Imp Tr Sed	1,550	4,700	7,800	15,600	27,300	39,000
4d 8P Tr Sed	1,550	4,700	7,800	15,600	27,300	39,000
4d 8P Imp Tr Sed	1,600	4,800	8,000	16,000	28,000	40,000
4d Twn Car	2,250	6,700	11,200	22,400	39,200	56,000
1938 Series 90, V-16, 141" wb, Fleetwood bodies						
2d Conv	4,250	12,700	21,200	42,400	74,000	106,000
4d Conv Sed Trk	4,300	13,000	21,600	43,200	76,100	108,000
2d 2P Cpe	3,050	9,100	15,200	30,400	53,200	76,000
2d 5P Cpe	3,100	9,350	15,600	31,200	54,600	78,000
4d Tr Sed	2,800	8,400	14,000	28,000	49,000	70,000
4d Twn Sed	2,900	8,650	14,400	28,800	50,400	72,000
4d Div Tr Sed	3,050	9,100	15,200	30,400	53,200	76,000
4d 7P Tr Sed	2,950	8,900	14,800	29,600	51,800	74,000
4d Imp Tr Sed	3,100	9,350	15,600	31,200	54,600	78,000
4d Fml Sed	3,100	9,350	15,600	31,200	54,600	78,000
4d Fml Sed Trk	3,200	9,600	16,000	32,000	56,000	80,000
4d Twn Car	3,850	11,500	19,200	38,400	67,000	96,000
1939 Series 61, V-8, 126" wb						
2d Conv	2,650	7,900	13,200	26,400	46,200	66,000
4d Conv Sed	2,700	8,150	13,600	27,200	47,600	68,000
2d Cpe	1,200	3,600	6,000	12,000	21,000	30,000
4d Tr Sed	1,100	3,250	5,400	10,800	18,900	27,000
1939 Series 60 Special, V-8, 127" wb, Fleetwood						
4d Sed	1,600	4,800	8,000	16,000	28,000	40,000
4d S/R Sed	1,700	5,050	8,400	16,800	29,400	42,000
4d S/R Imp Sed	1,800	5,400	9,000	18,000	31,500	45,000
1939 Series 75, V-8, 141" wb, Fleetwood bodies						
2d Conv	3,100	9,350	15,600	31,200	54,600	78,000
4d Conv Sed Trk	3,200	9,600	16,000	32,000	56,000	80,000
2d 4P Cpe	1,400	4,200	7,000	14,000	24,500	35,000
2d 5P Cpe	1,450	4,300	7,200	14,400	25,200	36,000
4d Tr Sed	1,300	3,950	6,600	13,200	23,100	33,000
4d Div Tr Sed	1,350	4,100	6,800	13,600	23,800	34,000
4d Twn Sed Trk	1,400	4,200	7,000	14,000	24,500	35,000
4d Fml Sed Trk	1,450	4,300	7,200	14,400	25,200	36,000
4d 7P Fml Sed Trk	1,500	4,550	7,600	15,200	26,600	38,000
4d 7P Tr Sed	1,500	4,450	7,400	14,800	25,900	37,000
4d 7P Tr Imp Sed	1,500	4,550	7,600	15,200	26,600	38,000
4d Bus Tr Sed	1,400	4,200	7,000	14,000	24,500	35,000
4d 8P Tr Imp Sed	1,600	4,800	8,000	16,000	28,000	40,000
4d Twn Car Trk	1,650	4,900	8,200	16,400	28,700	41,000
1939 Series 90, V-16, 141" wb, Fleetwood bodies						
2d Conv	4,000	12,000	20,000	40,000	70,000	100,000
4d Conv Sed	4,400	13,200	22,000	44,000	77,000	110,000
2d 4P Cpe	3,450	10,300	17,200	34,400	60,000	86,000
2d 5P Cpe	3,350	10,100	16,800	33,600	58,800	84,000
4d 5P Tr Sed	2,800	8,400	14,000	28,000	49,000	70,000
4d Twn Sed Trk	2,900	8,650	14,400	28,800	50,400	72,000
4d Div Tr Sed	2,900	8,650	14,400	28,800	50,400	72,000
4d 7P Tr Sed	2,900	8,650	14,400	28,800	50,400	72,000
4d 7P Imp Tr Sed	2,950	8,900	14,800	29,600	51,800	74,000
4d Fml Sed Trk	2,950	8,900	14,800	29,600	51,800	74,000
4d 7P Fml Sed Trk	3,050	9,100	15,200	30,400	53,200	76,000
4d Twn Car Trk	3,600	10,800	18,000	36,000	63,000	90,000
1940 Series 62, V-8, 129" wb						
2d Conv	2,800	8,400	14,000	28,000	49,000	70,000
4d Conv Sed	2,900	8,650	14,400	28,800	50,400	72,000
2d Cpe	1,250	3,700	6,200	12,400	21,700	31,000
4d Sed	900	2,750	4,600	9,200	16,100	23,000
1940 Series 60 Special, V-8, 127" wb, Fleetwood						
4d Sed	1,550	4,700	7,800	15,600	27,300	39,000
4d S/R Sed	1,650	4,900	8,200	16,400	28,700	41,000
4d Imp Sed	1,650	4,900	8,200	16,400	28,700	41,000
4d S/R Imp Sed	1,700	5,150	8,600	17,200	30,100	43,000
4d MB Twn Car	2,000	6,000	10,000	20,000	35,000	50,000

	6	5	4	3	2	1
4d LB Twn Car	2,000	6,000	10,000	20,000	35,000	50,000

1940 Series 72, V-8, 138" wb, Fleetwood

	6	5	4	3	2	1
4d Sed	1,500	4,550	7,600	15,200	26,600	38,000
4d 4P Imp Sed	1,550	4,700	7,800	15,600	27,300	39,000
4d 7P Sed	1,600	4,800	8,000	16,000	28,000	40,000
4d 7P Bus Sed	1,500	4,550	7,600	15,200	26,600	38,000
4d 7P Imp Sed	1,600	4,800	8,000	16,000	28,000	40,000
4d 7P Fml Sed	1,650	4,900	8,200	16,400	28,700	41,000
4d 7P Bus Imp	1,550	4,700	7,800	15,600	27,300	39,000
4d 5P Fml Sed	1,700	5,050	8,400	16,800	29,400	42,000

1940 Series 75, V-8, 141" wb, Fleetwood

	6	5	4	3	2	1
2d Conv	3,200	9,600	16,000	32,000	56,000	80,000
4d Conv Sed	3,300	9,850	16,400	32,800	57,400	82,000
2d 2P Cpe	2,250	6,700	11,200	22,400	39,200	56,000
2d 5P Cpe	2,200	6,600	11,000	22,000	38,500	55,000
4d Sed	2,100	6,350	10,600	21,200	37,100	53,000
4d 5P Imp Sed	2,200	6,600	11,000	22,000	38,500	55,000
4d 7P Sed	2,150	6,500	10,800	21,600	37,800	54,000
4d 7P Imp Sed	2,250	6,700	11,200	22,400	39,200	56,000
4d 5P Fml Sed	2,200	6,600	11,000	22,000	38,500	55,000
4d 7P Fml Sed	2,300	6,850	11,400	22,800	39,900	57,000
4d Twn Sed	2,400	7,200	12,000	24,000	42,000	60,000
4d Twn Car	2,550	7,700	12,800	25,600	44,800	64,000

1940 Series 90, V-16, 141" wb, Fleetwood

	6	5	4	3	2	1
2d Conv	4,650	13,900	23,200	46,400	81,000	116,000
4d Conv Sed	4,700	14,200	23,600	47,200	83,100	118,000
2d 2P Cpe	3,450	10,300	17,200	34,400	60,000	86,000
2d 5P Cpe	3,350	10,100	16,800	33,600	58,800	84,000
4d Sed	3,300	9,850	16,400	32,800	57,400	82,000
4d 7P Sed	3,350	10,100	16,800	33,600	58,800	84,000
4d 7P Imp Sed	3,350	10,100	16,800	33,600	58,800	84,000
4d 5P Fml Sed	3,500	10,600	17,600	35,200	62,100	88,000
4d 7P Fml Sed	3,500	10,600	17,600	35,200	62,100	88,000
4d 5P Twn Sed	3,600	10,800	18,000	36,000	63,000	90,000
4d 7P Twn Car	3,600	10,800	18,000	36,000	63,000	90,000

1941 Series 61, V-8, 126" wb

	6	5	4	3	2	1
2d FBk	900	2,750	4,600	9,200	16,100	23,000
2d DeL FBk	950	2,900	4,800	9,600	16,800	24,000
4d Sed FBk	850	2,500	4,200	8,400	14,700	21,000
4d DeL Sed FBk	1,000	3,000	5,000	10,000	17,500	25,000

1941 Series 62, V-8, 126" wb

	6	5	4	3	2	1
2d Conv	2,400	7,200	12,000	24,000	42,000	60,000
4d Conv Sed	2,500	7,450	12,400	24,800	43,400	62,000
2d Cpe	1,150	3,500	5,800	11,600	20,300	29,000
2d DeL Cpe	1,200	3,600	6,000	12,000	21,000	30,000
4d Sed	750	2,300	3,800	7,600	13,300	19,000
4d DeL Sed	800	2,400	4,000	8,000	14,000	20,000

1941 Series 63, V-8, 126" wb

	6	5	4	3	2	1
4d Sed FBk	1,000	3,000	5,000	10,000	17,500	25,000

1941 Series 60 Special, V-8, 126" wb, Fleetwood

	6	5	4	3	2	1
4d Sed	1,550	4,700	7,800	15,600	27,300	39,000
4d S/R Sed	1,700	5,050	8,400	16,800	29,400	42,000

NOTE: Add $1,500 for division window.

1941 Series 67, V-8, 138" wb

	6	5	4	3	2	1
4d 5P Sed	900	2,750	4,600	9,200	16,100	23,000
4d Imp Sed	950	2,900	4,800	9,600	16,800	24,000
4d 7P Sed	900	2,750	4,600	9,200	16,100	23,000
4d 7P Imp Sed	1,000	3,000	5,000	10,000	17,500	25,000

1941 Series 75, V-8, 136-1/2" wb

	6	5	4	3	2	1
4d 5P Sed	950	2,900	4,800	9,600	16,800	24,000
4d 5P Imp Sed	1,000	3,050	5,100	10,200	17,900	25,500
4d 7P Sed	1,000	3,050	5,100	10,200	17,900	25,500
4d 9P Bus Sed	1,000	3,000	5,000	10,000	17,500	25,000
4d 7P Imp Sed	1,050	3,100	5,200	10,400	18,200	26,000
4d Bus Imp Sed	950	2,900	4,800	9,600	16,800	24,000
4d 5P Fml Sed	1,050	3,100	5,200	10,400	18,200	26,000
4d 7P Fml Sed	1,050	3,100	5,200	10,400	18,200	26,000

1942 Series 61, V-8, 126" wb

	6	5	4	3	2	1
2d FBk	950	2,900	4,800	9,600	16,800	24,000
4d FBk	700	2,150	3,600	7,200	12,600	18,000

1942 Series 62, V-8, 129" wb

	6	5	4	3	2	1
2d DeL FBk	1,000	3,050	5,100	10,200	17,850	25,500
2d FBk	1,000	3,000	5,000	10,000	17,500	25,000
2d DeL Conv Cpe	1,700	5,050	8,400	16,800	29,400	42,000
4d Sed	750	2,300	3,800	7,600	13,300	19,000

	6	5	4	3	2	1
4d DeL Sed	800	2,400	4,000	8,000	14,000	20,000

1942 Series 63, V-8, 126" wb

	6	5	4	3	2	1
4d FBk	750	2,300	3,800	7,600	13,300	19,000

1942 Series 60 Special, V-8, 133" wb, Fleetwood

	6	5	4	3	2	1
4d Sed	950	2,900	4,800	9,600	16,800	24,000
4d Imp Sed	1,000	3,000	5,000	10,000	17,500	25,000

1942 Series 67, V-8, 139" wb

	6	5	4	3	2	1
4d 5P Sed	750	2,300	3,800	7,600	13,300	19,000
4d 5P Sed Div	900	2,650	4,400	8,800	15,400	22,000
4d 7P Sed	800	2,400	4,000	8,000	14,000	20,000
4d 7P Sed Imp	900	2,650	4,400	8,800	15,400	22,000

1942 Series 75, V-8, 136" wb, Fleetwood

	6	5	4	3	2	1
4d 5P Imp	900	2,650	4,400	8,800	15,400	22,000
4d 5P Imp Sed	900	2,750	4,600	9,200	16,100	23,000
4d 7P Sed	900	2,650	4,400	8,800	15,400	22,000
4d 9P Bus Sed	900	2,650	4,400	8,800	15,400	22,000
4d 7P Imp Sed	950	2,900	4,800	9,600	16,800	24,000
4d 9P Bus Imp	900	2,750	4,600	9,200	16,100	23,000
4d 5P Fml Sed	1,000	3,000	5,000	10,000	17,500	25,000
4d 7P Fml Sed	1,050	3,100	5,200	10,400	18,200	26,000

1946-1947 Series 61, V-8, 126" wb

	6	5	4	3	2	1
2d FBk	1,000	3,000	5,000	10,000	17,500	25,000
4d FBk	800	2,400	4,000	8,000	14,000	20,000

1946-1947 Series 62, V-8, 129" wb

	6	5	4	3	2	1
2d Conv	1,900	5,750	9,600	19,200	33,600	48,000
2d FBk	1,050	3,100	5,200	10,400	18,200	26,000
4d 5P Sed	850	2,500	4,200	8,400	14,700	21,000

1946-1947 Series 60 Special, V-8, 133" wb, Fleetwood

	6	5	4	3	2	1
4d 6P Sed	900	2,750	4,600	9,200	16,100	23,000

1946-1947 Series 75, V-8, 136" wb, Fleetwood

	6	5	4	3	2	1
4d 5P Sed	1,000	3,000	5,000	10,000	17,500	25,000
4d 7P Sed	1,050	3,100	5,200	10,400	18,200	26,000
4d 7P Imp Sed	1,200	3,600	6,000	12,000	21,000	30,000
4d 9P Bus Sed	1,050	3,100	5,200	10,400	18,200	26,000
4d 9P Bus Imp	1,100	3,350	5,600	11,200	19,600	28,000

1948 Series 61, V-8, 126" wb

	6	5	4	3	2	1
2d FBk	950	2,900	4,800	9,600	16,800	24,000
4d 5P Sed	850	2,500	4,200	8,400	14,700	21,000

1948 Series 62, V-8, 126" wb

	6	5	4	3	2	1
2d Conv	1,700	5,050	8,400	16,800	29,400	42,000
2d Clb Cpe	1,000	3,000	5,000	10,000	17,500	25,000
4d 5P Sed	900	2,750	4,600	9,200	16,100	23,000

1948 Series 60 Special, V-8, 133" wb, Fleetwood

	6	5	4	3	2	1
4d Sed	1,000	3,000	5,000	10,000	17,500	25,000

1948 Series 75, V-8, 136" wb, Fleetwood

	6	5	4	3	2	1
4d 5P Sed	1,000	3,000	5,000	10,000	17,500	25,000
4d 7P Sed	1,050	3,100	5,200	10,400	18,200	26,000
4d 7P Imp Sed	1,200	3,600	6,000	12,000	21,000	30,000
4d 9P Bus Sed	1,050	3,100	5,200	10,400	18,200	26,000
4d 9P Bus Imp	1,100	3,350	5,600	11,200	19,600	28,000

1949 Series 61, V-8, 126" wb

	6	5	4	3	2	1
2d FBk	1,000	3,000	5,000	10,000	17,500	25,000
4d Sed	900	2,650	4,400	8,800	15,400	22,000

1949 Series 62, V-8, 126" wb

	6	5	4	3	2	1
2d FBk	1,050	3,100	5,200	10,400	18,200	26,000
4d 5P Sed	950	2,900	4,800	9,600	16,800	24,000
2d HT Cpe DeV	1,200	3,600	6,000	12,000	21,000	30,000
2d Conv	1,750	5,300	8,800	17,600	30,800	44,000

1949 Series 60 Special, V-8, 133" wb, Fleetwood

	6	5	4	3	2	1
4d 5P Sed	1,050	3,100	5,200	10,400	18,200	26,000

1949 Series 75, V-8, 136" wb, Fleetwood

	6	5	4	3	2	1
4d 5P Sed	1,050	3,100	5,200	10,400	18,200	26,000
4d 7P Sed	1,100	3,250	5,400	10,800	18,900	27,000
4d 7P Imp Sed	1,250	3,700	6,200	12,400	21,700	31,000
4d 9P Bus Sed	1,100	3,250	5,400	10,800	18,900	27,000
4d 9P Bus Imp	1,150	3,500	5,800	11,600	20,300	29,000

1950-1951 Series 61, V-8

	6	5	4	3	2	1
4d 5P Sed	700	2,150	3,600	7,200	12,600	18,000
2d HT Cpe	900	2,650	4,400	8,800	15,400	22,000

1950-1951 Series 62, V-8

	6	5	4	3	2	1
4d 5P Sed	750	2,300	3,800	7,600	13,300	19,000
2d HT Cpe	950	2,900	4,800	9,600	16,800	24,000
2d HT Cpe DeV	1,050	3,100	5,200	10,400	18,200	26,000

	6	5	4	3	2	1
2d Conv	1,400	4,200	7,000	14,000	24,500	35,000

1950-1951 Series 60S, V-8
	6	5	4	3	2	1
4d Sed	950	2,900	4,800	9,600	16,800	24,000

1950-1951 Series 75, Fleetwood
	6	5	4	3	2	1
4d 8P Sed	1,000	3,000	5,000	10,000	17,500	25,000

1950-1951 Series 75 Fleetwood
	6	5	4	3	2	1
4d 8P Imp	1,100	3,250	5,400	10,800	18,900	27,000

1952 Series 62, V-8
	6	5	4	3	2	1
4d Sed	750	2,300	3,800	7,600	13,300	19,000
2d HT	900	2,750	4,600	9,200	16,100	23,000
2d HT Cpe DeV	1,050	3,100	5,200	10,400	18,200	26,000
2d Conv	1,450	4,300	7,200	14,400	25,200	36,000

1952 Series 60S, V-8
	6	5	4	3	2	1
4d Sed	950	2,900	4,800	9,600	16,800	24,000

1952 Series 75, V-8, Fleetwood
	6	5	4	3	2	1
4d Sed	1,000	3,000	5,000	10,000	17,500	25,000
4d Imp Sed	1,100	3,250	5,400	10,800	18,900	27,000

1953 Series 62, V-8
	6	5	4	3	2	1
4d Sed	700	2,150	3,600	7,200	12,600	18,000
2d HT	1,150	3,500	5,800	11,600	20,300	29,000
2d HT Cpe DeV	1,300	3,850	6,400	12,800	22,400	32,000
2d Conv	1,700	5,050	8,400	16,800	29,400	42,000
2d Eldo Conv	3,300	9,850	16,400	32,800	57,400	82,000

1953 Series 60S, V-8
	6	5	4	3	2	1
4d Sed	1,200	3,600	6,000	12,000	21,000	30,000

1953 Series 75, V-8, Fleetwood
	6	5	4	3	2	1
4d 7P Sed	1,250	3,700	6,200	12,400	21,700	31,000
4d Imp Sed	1,300	3,950	6,600	13,200	23,100	33,000

1954 Series 62, V-8
	6	5	4	3	2	1
4d Sed	700	2,150	3,600	7,200	12,600	18,000
2d HT	1,100	3,250	5,400	10,800	18,900	27,000
2d HT Cpe DeV	1,200	3,600	6,000	12,000	21,000	30,000
2d Conv	1,700	5,050	8,400	16,800	29,400	42,000
2d Eldo Conv	2,300	6,950	11,600	23,200	40,600	58,000

1954 Series 60S, V-8
	6	5	4	3	2	1
4d Sed	1,050	3,100	5,200	10,400	18,200	26,000

1954 Series 75, V-8, Fleetwood
	6	5	4	3	2	1
4d 7P Sed	1,150	3,500	5,800	11,600	20,300	29,000
4d 7P Imp Sed	1,250	3,700	6,200	12,400	21,700	31,000

1955 Series 62, V-8
	6	5	4	3	2	1
4d Sed	700	2,150	3,600	7,200	12,600	18,000
2d HT	1,100	3,350	5,600	11,200	19,600	28,000
2d HT Cpe DeV	1,200	3,600	6,000	12,000	21,000	30,000
2d Conv	1,600	4,800	8,000	16,000	28,000	40,000
2d Eldo Conv	1,700	5,050	8,400	16,800	29,400	42,000

1955 Series 60S, V-8
	6	5	4	3	2	1
4d Sed	1,050	3,100	5,200	10,400	18,200	26,000

1955 Series 75, V-8, Fleetwood
	6	5	4	3	2	1
4d 7P Sed	1,150	3,500	5,800	11,600	20,300	29,000
4d 7P Imp Sed	1,250	3,700	6,200	12,400	21,700	31,000

1956 Series 62, V-8
	6	5	4	3	2	1
4d Sed	700	2,150	3,600	7,200	12,600	18,000
2d HT	1,050	3,100	5,200	10,400	18,200	26,000
4d HT Sed DeV	900	2,750	4,600	9,200	16,100	23,000
2d HT Cpe DeV	1,200	3,600	6,000	12,000	21,000	30,000
2d Conv	1,750	5,300	8,800	17,600	30,800	44,000
2d HT Eldo Sev	1,450	4,300	7,200	14,400	25,200	36,000
2d Brtz Conv	1,650	4,900	8,200	16,400	28,700	41,000

1956 Series 60S, V-8
	6	5	4	3	2	1
4d Sed	1,050	3,100	5,200	10,400	18,200	26,000

1956 Series 75, V-8, Fleetwood
	6	5	4	3	2	1
4d 7P Sed	1,150	3,500	5,800	11,600	20,300	29,000
4d 7P Imp Sed	1,250	3,700	6,200	12,400	21,700	31,000

1957 Series 62, V-8
	6	5	4	3	2	1
4d HT	550	1,700	2,800	5,600	9,800	14,000
2d HT	1,000	3,000	5,000	10,000	17,500	25,000
2d HT Cpe DeV	1,100	3,250	5,400	10,800	18,900	27,000
4d HT Sed DeV	750	2,300	3,800	7,600	13,300	19,000
2d Conv	1,500	4,550	7,600	15,200	26,600	38,000

1957 Eldorado, V-8
	6	5	4	3	2	1
2d HT Sev	1,100	3,250	5,400	10,800	18,900	27,000
2d Brtz Conv	1,450	4,300	7,200	14,400	25,200	36,000

	6	5	4	3	2	1
1957 Fleetwood 60 Special, V-8						
4d HT	800	2,400	4,000	8,000	14,000	20,000
1957 Eldorado Brougham, V-8						
4d HT	1,150	3,500	5,800	11,600	20,300	29,000
1957 Series 75						
4d 8P Sed	850	2,500	4,200	8,400	14,700	21,000
4d 8P Imp Sed	900	2,750	4,600	9,200	16,100	23,000
1958 Series 62, V-8						
4d HT Sh Dk	500	1,450	2,400	4,800	8,400	12,000
4d 6W Sed	500	1,550	2,600	5,200	9,100	13,000
4d Sed DeV	550	1,700	2,800	5,600	9,800	14,000
2d HT	900	2,650	4,400	8,800	15,400	22,000
2d HT Cpe DeV	950	2,900	4,800	9,600	16,800	24,000
2d Conv	1,300	3,850	6,400	12,800	22,400	32,000
1958 Eldorado, V-8						
2d HT Sev	950	2,900	4,800	9,600	16,800	24,000
2d Brtz Conv	1,500	4,450	7,400	14,800	25,900	37,000
1958 Fleetwood 60 Special, V-8						
4d HT	800	2,400	4,000	8,000	14,000	20,000
1958 Eldorado Brougham, V-8						
4d HT	1,100	3,350	5,600	11,200	19,600	28,000
1958 Series 75						
4d 8P Sed	750	2,300	3,800	7,600	13,300	19,000
4d 8P Imp Sed	850	2,500	4,200	8,400	14,700	21,000
1959 Series 62, V-8						
4d 4W HT	600	1,800	3,000	6,000	10,500	15,000
4d 6W HT	550	1,700	2,800	5,600	9,800	14,000
2d HT	800	2,400	4,000	8,000	14,000	20,000
2d Conv	1,900	5,650	9,400	18,800	32,900	47,000
1959 Series 62 DeVille, V-8						
2d HT Cpe DeV	1,050	3,100	5,200	10,400	18,200	26,000
4d 4W HT	650	1,900	3,200	6,400	11,200	16,000
4d 6W HT	600	1,800	3,000	6,000	10,500	15,000
1959 Series Eldorado, V-8						
4d HT Brgm	1,250	3,700	6,200	12,400	21,700	31,000
2d HT Sev	1,400	4,200	7,000	14,000	24,500	35,000
2d Brtz Conv	2,700	8,150	13,600	27,200	47,600	68,000
1959 Fleetwood 60 Special, V-8						
4d 6P Sed	1,000	3,000	5,000	10,000	17,500	25,000
1959 Fleetwood Series 75, V-8						
4d 9P Sed	1,100	3,250	5,400	10,800	18,900	27,000
4d Limo	1,150	3,500	5,800	11,600	20,300	29,000
1960 Series 62, V-8						
4d 4W HT	550	1,700	2,800	5,600	9,800	14,000
4d 6W HT	500	1,550	2,600	5,200	9,100	13,000
2d HT	850	2,500	4,200	8,400	14,700	21,000
2d Conv	1,550	4,700	7,800	15,600	27,300	39,000
1960 Series 62 DeVille, V-8						
4d 4W Sed	600	1,800	3,000	6,000	10,500	15,000
4d 6W Sed	550	1,700	2,800	5,600	9,800	14,000
2d HT Cpe DeV	900	2,750	4,600	9,200	16,100	23,000
1960 Eldorado Series, V-8						
4d HT Brgm	1,250	3,700	6,200	12,400	21,700	31,000
2d HT Sev	1,350	4,100	6,800	13,600	23,800	34,000
2d Brtz Conv	2,500	7,450	12,400	24,800	43,400	62,000
1960 Fleetwood 60 Special, V-8						
4d 6P HT	950	2,900	4,800	9,600	16,800	24,000
1960 Fleetwood Series 75, V-8						
4d 9P Sed	1,000	3,000	5,000	10,000	17,500	25,000
4d Limo	1,100	3,250	5,400	10,800	18,900	27,000
1961 Series 62, V-8						
4d 4W HT	400	1,250	2,100	4,200	7,350	10,500
4d 6W HT	400	1,250	2,100	4,150	7,300	10,400
2d HT	650	1,900	3,200	6,400	11,200	16,000
2d Conv	1,200	3,600	6,000	12,000	21,000	30,000
1961 Series 62 DeVille, V-8						
4d 4W HT	450	1,300	2,150	4,300	7,500	10,700
4d 6W HT	400	1,250	2,100	4,250	7,400	10,600
4d HT Sh Dk	400	1,250	2,100	4,200	7,350	10,500
2d HT Cpe DeV	700	2,150	3,600	7,200	12,600	18,000
1961 Eldorado Series, V-8						
2d Brtz Conv	1,400	4,200	7,000	14,000	24,500	35,000

	6	5	4	3	2	1
1961 Fleetwood 60 Special, V-8						
4d 6P HT	600	1,800	3,000	6,000	10,500	15,000
1961 Fleetwood Series 75, V-8						
4d 9P Sed	700	2,050	3,400	6,800	11,900	17,000
4d 9P Limo	900	2,650	4,400	8,800	15,400	22,000
1962 Series 62, V-8						
4d 4W HT	450	1,300	2,150	4,300	7,500	10,700
4d 6W HT	400	1,250	2,100	4,200	7,350	10,500
4d HT Sh Dk	400	1,250	2,100	4,200	7,350	10,500
2d HT	650	1,900	3,200	6,400	11,200	16,000
2d Conv	1,200	3,600	6,000	12,000	21,000	30,000
1962 Series 62 DeVille, V-8						
4d 4W HT	450	1,350	2,250	4,500	7,850	11,200
4d 6W HT	500	1,450	2,400	4,800	8,400	12,000
4d HT Pk Ave	450	1,400	2,300	4,600	8,050	11,500
2d HT Cpe DeV	700	2,150	3,600	7,200	12,600	18,000
1962 Eldorado Series, V-8						
2d Brtz Conv	1,400	4,200	7,000	14,000	24,500	35,000
1962 Fleetwood 60 Special, V-8						
4d 6P HT	650	1,900	3,200	6,400	11,200	16,000
1962 Fleetwood 75 Series, V-8						
4d 9P Sed	700	2,050	3,400	6,800	11,900	17,000
4d 9P Limo	900	2,650	4,400	8,800	15,400	22,000
1963 Series 62, V-8						
4d 4W HT	400	1,200	1,950	3,900	6,850	9,800
4d 6W HT	400	1,150	1,900	3,850	6,700	9,600
2d HT	500	1,450	2,400	4,800	8,400	12,000
2d Conv	950	2,900	4,800	9,600	16,800	24,000
1963 Series 62 DeVille, V-8						
4d 4W HT	400	1,200	2,000	4,050	7,050	10,100
4d 6W HT	400	1,200	2,000	4,000	7,000	10,000
4d HT Pk Ave	400	1,200	1,950	3,900	6,850	9,800
2d HT Cpe DeV	600	1,800	3,000	6,000	10,500	15,000
1963 Eldorado Series, V-8						
2d Brtz Conv	1,150	3,500	5,800	11,600	20,300	29,000
1963 Fleetwood 60 Special, V-8						
4d 6P HT	500	1,550	2,600	5,200	9,100	13,000
1963 Fleetwood 75 Series, V-8						
4d 9P Sed	600	1,800	3,000	6,000	10,500	15,000
4d 9P Limo	750	2,300	3,800	7,600	13,300	19,000
1964 Series 62, V-8						
4d 4W HT	400	1,200	2,000	4,000	7,000	10,000
4d 6W HT	400	1,200	1,950	3,900	6,850	9,800
2d HT	550	1,700	2,800	5,600	9,800	14,000
1964 Series 62 DeVille, V-8						
4d 4W HT	400	1,200	2,050	4,100	7,150	10,200
4d 6W HT	400	1,200	2,000	4,000	7,000	10,000
2d HT Cpe DeV	650	1,900	3,200	6,400	11,200	16,000
2d Conv	1,000	3,000	5,000	10,000	17,500	25,000
1964 Eldorado Series, V-8						
2d Conv	1,200	3,600	6,000	12,000	21,000	30,000
1964 Fleetwood 60 Special, V-8						
4d 6P HT	550	1,700	2,800	5,600	9,800	14,000
1964 Fleetwood 75 Series, V-8						
4d 9P Sed	650	1,900	3,200	6,400	11,200	16,000
4d 9P Limo	750	2,300	3,800	7,600	13,300	19,000
1965 Calais Series, V-8						
4d Sed	400	1,200	1,950	3,900	6,850	9,800
4d HT	400	1,200	2,000	4,000	7,000	10,000
2d HT	500	1,450	2,400	4,800	8,400	12,000
1965 DeVille Series, V-8						
6P Sed	400	1,200	2,000	4,000	7,000	10,000
4d HT	400	1,250	2,100	4,150	7,300	10,400
2d HT	550	1,700	2,800	5,600	9,800	14,000
2d Conv	750	2,300	3,800	7,600	13,300	19,000
1965 Fleetwood 60 Special, V-8						
4d 6P Sed	500	1,500	2,500	5,000	8,750	12,500
4d Brgm Sed	500	1,550	2,600	5,200	9,100	13,000
1965 Fleetwood Eldorado, V-8						
2d Conv	950	2,900	4,800	9,600	16,800	24,000
1965 Fleetwood 75 Series, V-8						
4d 9P Sed	650	1,900	3,200	6,400	11,200	16,000

	6	5	4	3	2	1
4d 9P Limo	750	2,300	3,800	7,600	13,300	19,000
1966 Calais Series, V-8						
4d Sed	400	1,200	1,950	3,900	6,850	9,800
4d HT	400	1,200	2,000	4,000	7,000	10,000
2d HT	500	1,450	2,400	4,800	8,400	12,000
1966 DeVille Series, V-8						
4d Sed	400	1,200	2,000	4,000	7,000	10,000
4d HT	400	1,200	2,050	4,100	7,150	10,200
2d HT	550	1,700	2,800	5,600	9,800	14,000
2d Conv	750	2,300	3,800	7,600	13,300	19,000
1966 Eldorado, V-8						
2d Conv	950	2,900	4,800	9,600	16,800	24,000
1966 Fleetwood Brougham, V-8						
4d Sed	500	1,450	2,400	4,800	8,400	12,000
1966 Sixty Special, V-8						
4d Sed	500	1,450	2,400	4,800	8,400	12,000
1966 Seventy Five, V-8						
4d Sed	600	1,800	3,000	6,000	10,500	15,000
4d Limo	750	2,300	3,800	7,600	13,300	19,000
1967 Calais, V-8, 129.5" wb						
4d HT	400	1,200	2,000	4,000	7,000	10,000
2d HT	450	1,400	2,300	4,600	8,050	11,500
1967 DeVille, V-8, 129.5" wb						
4d HT	400	1,250	2,100	4,250	7,400	10,600
2d HT	500	1,550	2,600	5,200	9,100	13,000
2d Conv	750	2,300	3,800	7,600	13,300	19,000
1967 Fleetwood Eldorado, V-8, 120" wb						
2d HT	500	1,550	2,600	5,200	9,100	13,000
1967 Sixty-Special, V-8, 133" wb						
4d Sed	450	1,300	2,200	4,400	7,700	11,000
1967 Fleetwood Brougham, V-8, 133" wb						
4d Sed	450	1,300	2,200	4,400	7,700	11,000
1967 Seventy-Five Series, V-8, 149.8" wb						
4d Sed	500	1,450	2,400	4,800	8,400	12,000
4d Limo	500	1,550	2,600	5,200	9,100	13,000
1968 Calais, V-8, 129.5" wb						
2d HT	450	1,400	2,300	4,600	8,050	11,500
4d HT	400	1,200	2,000	4,050	7,050	10,100
1968 DeVille, V-8, 129.5" wb						
4d	400	1,200	2,050	4,100	7,150	10,200
4d HT	400	1,250	2,100	4,250	7,400	10,600
2d HT	500	1,550	2,600	5,200	9,100	13,000
2d Conv	750	2,300	3,800	7,600	13,300	19,000
1968 Fleetwood Eldorado, V-8, 120" wb						
2d HT	500	1,550	2,600	5,200	9,100	13,000
1968 Sixty-Special, V-8, 133" wb						
4d Sed	450	1,300	2,200	4,400	7,700	11,000
1968 Fleetwood Brougham, V-8, 133" wb						
4d Sed	450	1,300	2,200	4,400	7,700	11,000
1968 Series 75, V-8, 149.8" wb						
4d Sed	500	1,450	2,400	4,800	8,400	12,000
4d Limo	500	1,550	2,600	5,200	9,100	13,000
1969-1970 Calais, V-8, 129.5" wb						
2d HT	400	1,150	1,900	3,800	6,650	9,500
4d HT	350	1,000	1,700	3,400	5,950	8,500
1969-1970 DeVille, V-8, 129.5" wb						
4d Sed	350	1,050	1,700	3,450	6,000	8,600
4d HT	350	1,050	1,800	3,550	6,250	8,900
2d HT	400	1,150	1,900	3,800	6,650	9,500
2d Conv	650	1,900	3,200	6,400	11,200	16,000
1969-1970 Fleetwood Eldorado, V-8, 120" wb						
2d HT	500	1,450	2,400	4,800	8,400	12,000
1969-1970 Sixty-Special, V-8, 133" wb						
4d Sed	400	1,200	2,000	4,000	7,000	10,000
4d Brgm	400	1,250	2,100	4,200	7,350	10,500
1969-1970 Series 75, V-8, 149.8" wb						
4d Sed	400	1,250	2,100	4,200	7,350	10,500
4d Limo	450	1,300	2,200	4,400	7,700	11,000
1971-1972 Calais						
2d HT	400	1,200	1,950	3,900	6,850	9,800
4d HT	350	1,050	1,750	3,500	6,100	8,700

	6	5	4	3	2	1
1971-1972 DeVille						
2d HT	400	1,250	2,100	4,200	7,350	10,500
4d HT	350	1,100	1,850	3,700	6,450	9,200
1971-1972 Fleetwood 60 Special						
4d Brgm	400	1,200	1,950	3,900	6,850	9,800
1971-1972 Fleetwood 75						
4d 9P Sed	400	1,200	1,950	3,900	6,850	9,800
4d Limo	400	1,250	2,050	4,100	7,200	10,300
1971-1972 Fleetwood Eldorado						
2d HT	450	1,300	2,200	4,400	7,700	11,000
2d Conv	600	1,800	3,000	6,000	10,500	15,000
1973 Calais, V-8						
2d HT	350	1,000	1,700	3,400	5,950	8,500
4d HT	350	1,000	1,650	3,300	5,800	8,300
1973 DeVille, V-8						
2d HT	350	1,100	1,800	3,600	6,300	9,000
4d HT	350	1,050	1,750	3,500	6,150	8,800
1973 Fleetwood 60S, V-8						
4d Brgm Sed	350	1,050	1,800	3,550	6,250	8,900
1973 Fleetwood Eldorado, V-8						
2d HT	400	1,200	2,000	4,000	7,000	10,000
2d Conv	600	1,800	3,000	6,000	10,500	15,000
1973 Fleetwood 75, V-8						
NOTE: Add 20 percent for Pace Car Edition.						
4d Sed	400	1,150	1,900	3,800	6,650	9,500
4d Limo	400	1,200	2,000	4,000	7,000	10,000
1974 Calais, V-8						
2d HT	350	1,000	1,700	3,350	5,900	8,400
4d HT	350	1,000	1,650	3,300	5,750	8,200
1974 DeVille, V-8						
2d HT	350	1,050	1,800	3,550	6,250	8,900
4d HT	350	1,050	1,750	3,500	6,100	8,700
1974 Fleetwood Brougham, V-8						
4d Sed	350	1,050	1,750	3,500	6,150	8,800
1974 Fleetwood Eldorado, V-8						
2d HT	400	1,200	2,000	4,000	7,000	10,000
2d Conv	650	1,900	3,200	6,400	11,200	16,000
1974 Fleetwood 75, V-8						
4d Sed	400	1,150	1,900	3,800	6,650	9,500
4d Limo	400	1,200	2,000	4,000	7,000	10,000
NOTE: Add 20 percent for Talisman Brougham. Add 10 percent for padded top on Series 75. Add 10 percent for sunroof on DeVille/60/Eldorado.						
1975 Calais, V-8						
2d HT	350	1,050	1,750	3,500	6,100	8,700
4d HT	350	1,000	1,650	3,300	5,800	8,300
1975 DeVille, V-8						
2d HT	350	1,050	1,800	3,550	6,250	8,900
4d HT	350	1,000	1,700	3,400	5,950	8,500
1975 Fleetwood Brougham, V-8						
4d Sed	350	1,000	1,700	3,400	5,950	8,500
1975 Fleetwood Eldorado, V-8						
2d HT	400	1,200	2,000	4,000	7,000	10,000
2d Conv	650	1,900	3,200	6,400	11,200	16,000
1975 Fleetwood 75, V-8						
4d Sed	400	1,150	1,900	3,800	6,650	9,500
4d Limo	400	1,200	2,000	4,000	7,000	10,000
1976 Calais, V-8						
2d HT	300	950	1,600	3,200	5,600	8,000
4d HT	300	950	1,550	3,100	5,450	7,800
1976 DeVille, V-8						
2d HT	350	1,000	1,650	3,300	5,800	8,300
4d HT	300	950	1,600	3,200	5,600	8,000
1976 Seville, V-8						
4d Sed	400	1,250	2,050	4,100	7,200	10,300
1976 Eldorado, V-8						
2d Cpe	450	1,300	2,200	4,400	7,700	11,000
2d Brtz Cpe	500	1,450	2,400	4,800	8,400	12,000
2d Conv	700	2,150	3,600	7,200	12,600	18,000
NOTE: Add 15 percent for Bicent. Edit.						
1976 Fleetwood Brougham, V-8						
4d Sed	300	900	1,450	2,900	5,100	7,300

	6	5	4	3	2	1
1976 Fleetwood 75, V-8						
4d Sed	300	900	1,500	3,000	5,250	7,500
4d Limo	300	950	1,600	3,200	5,600	8,000
NOTE: Add 5 percent for Talisman on Fleetwood Brougham.						
1977 DeVille, V-8						
2d Cpe	300	850	1,400	2,800	4,900	7,000
4d Sed	300	850	1,400	2,800	4,900	7,000
1977 Seville, V-8						
4d Sed	300	950	1,600	3,200	5,600	8,000
1977 Eldorado, V-8						
2d Cpe	350	1,100	1,800	3,600	6,300	9,000
2d Brtz Cpe	500	1,450	2,400	4,800	8,400	12,000
1977 Fleetwood Brougham, V-8						
4d Sed	300	950	1,600	3,200	5,600	8,000
1977 Fleetwood 75, V-8						
4d Sed	350	1,000	1,650	3,300	5,750	8,200
4d Limo	350	1,000	1,700	3,400	5,950	8,500
1978 Seville						
4d Sed	300	900	1,500	3,050	5,300	7,600
1978 DeVille						
2d Cpe	250	800	1,350	2,700	4,700	6,700
4d Sed	250	750	1,200	2,450	4,250	6,100
1978 Eldorado						
2d Cpe	400	1,200	2,000	4,000	7,000	10,000
2d Brtz Cpe	500	1,550	2,600	5,200	9,100	13,000
1978 Fleetwood Brougham						
4d Sed	250	800	1,350	2,700	4,750	6,800
1978 Fleetwood Limo						
4d	300	900	1,550	3,100	5,400	7,700
4d Fml	300	950	1,600	3,150	5,550	7,900
1979 Seville, V-8						
4d Sed	300	950	1,600	3,200	5,600	8,000
NOTE: Add 10 percent for Elegant'e.						
1979 DeVille, V-8						
2d Cpe	300	850	1,400	2,800	4,900	7,000
4d Sed	250	750	1,250	2,500	4,350	6,200
NOTE: Add 5 percent for Phaeton Special Edition.						
1979 Eldorado, V-8						
2d Cpe	400	1,200	2,000	4,000	7,000	10,000
NOTE: Add 15 percent for Biarritz.						
1979 Fleetwood Brougham, V-8						
4d Sed	250	800	1,300	2,600	4,550	6,500
1979 Fleetwood Limo						
4d Sed	300	900	1,550	3,100	5,400	7,700
4d Fml Sed	300	950	1,600	3,150	5,550	7,900
NOTE: Deduct 12 percent for diesel.						
1980 Seville, V-8						
4d Sed	300	900	1,500	2,950	5,200	7,400
1980 DeVille, V-8						
2d Cpe	300	850	1,400	2,800	4,900	7,000
4d Sed	250	750	1,300	2,550	4,500	6,400
1980 Eldorado, V-8						
2d Cpe	400	1,200	2,000	4,000	7,000	10,000
NOTE: Add 15 percent for Biarritz.						
1980 Fleetwood Brougham, V-8						
2d Cpe	300	900	1,500	3,000	5,250	7,500
4d Sed	300	850	1,400	2,750	4,850	6,900
1980 Fleetwood, V-8						
4d Limo	300	950	1,600	3,150	5,550	7,900
4d Fml	300	850	1,400	2,850	4,950	7,100
1981 Seville, V-8						
4d Sed	250	800	1,300	2,600	4,550	6,500
1981 DeVille, V-8						
2d Cpe	250	750	1,200	2,450	4,250	6,100
4d Sed	200	650	1,100	2,200	3,850	5,500
1981 Eldorado, V-8						
2d Cpe	350	1,100	1,800	3,600	6,300	9,000
NOTE: Add 15 percent for Biarritz.						

1975 Checker Marathon Deluxe sedan

1924
Chevrolet
Superior
coupe

1937 Chevrolet Master Deluxe two-door town sedan

	6	5	4	3	2	1
1981 Fleetwood Brougham, V-8						
2d Cpe	250	800	1,300	2,650	4,600	6,600
4d Sed	250	700	1,200	2,400	4,200	6,000
1981 Fleetwood, V-8						
4d Limo	300	850	1,400	2,800	4,900	7,000
4d Fml	300	850	1,450	2,900	5,050	7,200
1982 Cimarron, 4-cyl.						
4d Sed	200	600	1,050	2,100	3,650	5,200
1982 Seville, V-8						
4d Sed	250	800	1,300	2,650	4,600	6,600
1982 DeVille, V-8						
2d Cpe	250	750	1,250	2,500	4,400	6,300
4d Sed	250	700	1,150	2,300	4,000	5,700
1982 Eldorado, V-8						
2d Cpe	350	1,100	1,800	3,600	6,300	9,000
NOTE: Add 15 percent for Biarritz.						
1982 Fleetwood Brougham, V-8						
2d Cpe	250	800	1,350	2,700	4,750	6,800
4d Sed	250	750	1,250	2,500	4,350	6,200
1982 Fleetwood, V-8						
4d Limo	300	850	1,450	2,900	5,050	7,200
4d Fml	300	900	1,500	2,950	5,200	7,400
1983 Cimarron, 4-cyl.						
4d Sed	200	650	1,100	2,200	3,850	5,500
1983 Seville, V-8						
4d Sed	250	800	1,350	2,700	4,700	6,700
1983 DeVille, V-8						
2d Cpe	250	800	1,300	2,600	4,550	6,500
4d Sed	250	700	1,200	2,350	4,150	5,900
1983 Eldorado, V-8						
2d Cpe	350	1,100	1,800	3,600	6,300	9,000
NOTE: Add 15 percent for Biarritz.						
1983 Fleetwood Brougham, V-8						
2d Cpe	300	850	1,400	2,800	4,900	7,000
4d Sed	250	750	1,300	2,550	4,500	6,400
1983 Fleetwood, V-8						
4d Limo	300	900	1,500	2,950	5,200	7,400
4d Fml	300	900	1,500	3,050	5,300	7,600
1984 Cimarron, 4-cyl.						
4d Sed	200	650	1,100	2,250	3,900	5,600
1984 Seville, V-8						
4d Sed	250	800	1,350	2,700	4,750	6,800
1984 DeVille, V-8						
2d Sed	250	800	1,300	2,650	4,600	6,600
4d Sed	250	700	1,200	2,400	4,200	6,000
1984 Eldorado, V-8						
2d Cpe	350	1,100	1,800	3,600	6,300	9,000
2d Conv	800	2,400	4,000	8,000	14,000	20,000
NOTE: Add 15 percent for Biarritz.						
1984 Fleetwood Brougham, V-8						
2d Sed	300	850	1,400	2,800	4,900	7,000
4d Sed	250	800	1,300	2,600	4,550	6,500
1984 Fleetwood, V-8						
4d Sed	300	900	1,500	3,000	5,250	7,500
4d Fml Limo	300	900	1,550	3,100	5,400	7,700
1985 Cimarron, V-6						
4d Sed	250	700	1,150	2,300	4,000	5,700
NOTE: Deduct 15 percent for 4-cyl.						
1985 Seville, V-8						
4d Sed	300	850	1,400	2,750	4,850	6,900
1985 DeVille, V-8						
2d Cpe	250	800	1,300	2,650	4,600	6,600
4d Sed	250	750	1,200	2,450	4,250	6,100
1985 Eldorado, V-8						
2d Cpe	350	1,100	1,800	3,600	6,300	9,000
Conv	800	2,400	4,000	8,000	14,000	20,000
NOTE: Add 15 percent for Biarritz.						
1985 Fleetwood, V-8						
2d Cpe	300	850	1,400	2,750	4,850	6,900
4d Sed	250	800	1,350	2,700	4,700	6,700

	6	5	4	3	2	1
1985 Fleetwood Brougham, V-8						
2d Cpe	300	900	1,550	3,100	5,400	7,700
4d Sed	300	900	1,500	3,050	5,300	7,600
1985 Fleetwood 75, V-8						
4d Limo	350	1,000	1,700	3,400	5,950	8,500
NOTE: Deduct 30 percent for diesel where available.						
1986 Cimarron						
4d Sed	250	700	1,150	2,300	4,050	5,800
1986 Seville						
4d Sed	300	850	1,400	2,800	4,900	7,000
1986 DeVille						
2d Cpe	250	750	1,250	2,500	4,350	6,200
4d Sed	250	750	1,200	2,450	4,250	6,100
1986 Fleetwood						
2d Cpe	300	950	1,550	3,100	5,450	7,800
4d Sed	300	900	1,550	3,100	5,400	7,700
1986 Fleetwood 75						
4d Limo	350	1,000	1,700	3,400	5,950	8,500
4d Fml Limo	350	1,050	1,800	3,550	6,250	8,900
1986 Fleetwood Brougham						
4d Sed	300	950	1,550	3,100	5,450	7,800
1986 Eldorado						
2d Cpe	350	1,100	1,850	3,700	6,450	9,200
1987 Cimarron						
4d Sed, 4-cyl.	250	700	1,200	2,350	4,150	5,900
4d Sed, V-6	250	700	1,200	2,400	4,200	6,000
1987 Seville, V-8						
4d Sed	300	850	1,400	2,850	4,950	7,100
1987 DeVille, V-8						
4d Sed	250	750	1,250	2,500	4,400	6,300
2d Cpe	250	750	1,250	2,500	4,350	6,200
1987 Fleetwood, V-8						
4d Sed d'Elegance	300	950	1,600	3,150	5,550	7,900
4d Sed, 60 Spl	300	950	1,600	3,200	5,600	8,000
1987 Eldorado, V-8						
2d Cpe	350	1,100	1,800	3,650	6,350	9,100
1987 Brougham, V-8						
4d Sed	350	1,000	1,700	3,350	5,900	8,400
1987 Fleetwood 75 Series, V-8						
4d Limo	400	1,250	2,100	4,200	7,350	10,500
4d Fml	400	1,200	2,000	4,000	7,000	10,000
1987 Allante, V-8						
2d Conv	750	2,300	3,800	7,600	13,300	19,000
1988 Cimarron, V-6						
4d Sed	200	650	1,100	2,200	3,850	5,500
1988 Seville, V-8						
4d Sed	400	1,150	1,900	3,800	6,650	9,500
1988 DeVille, V-8						
2d Cpe	350	1,050	1,700	3,450	6,000	8,600
4d Sed	350	1,050	1,700	3,450	6,000	8,600
1988 Fleetwood, V-8						
4d Sed d'Elegance	400	1,150	1,900	3,800	6,650	9,500
4d Sed 60 Spl	400	1,250	2,100	4,200	7,350	10,500
1988 Brougham, V-8						
4d Sed	450	1,300	2,200	4,400	7,700	11,000
1988 Eldorado, V-8						
2d Cpe	400	1,150	1,900	3,800	6,650	9,500
1988 Allante, V-8						
2d Conv	800	2,400	4,000	8,000	14,000	20,000
1989 Seville, V-8						
4d Sed	500	1,450	2,400	4,800	8,400	12,000
1989 DeVille, V-8						
2d Cpe	500	1,450	2,450	4,900	8,550	12,200
4d Sed	500	1,450	2,400	4,850	8,450	12,100
1989 Fleetwood, V-8						
2d Cpe	550	1,600	2,700	5,400	9,450	13,500
4d Sed	550	1,600	2,700	5,350	9,400	13,400
4d Sed 605	500	1,500	2,500	4,950	8,700	12,400
4d Sed Brgm	400	1,250	2,100	4,200	7,350	10,500

	6	5	4	3	2	1
1989 Eldorado, V-8						
2d Cpe	500	1,550	2,550	5,100	8,950	12,800
1989 Alante, V-8						
2d Conv	800	2,400	4,000	8,000	14,000	20,000
1990 Seville, V-8						
4d Sed	400	1,200	2,000	4,000	7,000	10,000
4d Sed STS	500	1,450	2,400	4,800	8,400	12,000
1990 DeVille, V-8						
2d Cpe	400	1,250	2,100	4,200	7,350	10,500
4d Sed	400	1,200	2,050	4,100	7,150	10,200
1990 Fleetwood, V-8						
2d Cpe	450	1,400	2,300	4,600	8,050	11,500
4d Sed	450	1,400	2,350	4,700	8,200	11,700
4d Sed 605	500	1,550	2,600	5,200	9,100	13,000
1990 Eldorado, V-8						
2d Cpe	500	1,450	2,400	4,800	8,400	12,000
1990 Brougham, V-8						
4d Sed	500	1,450	2,400	4,800	8,400	12,000
1990 Allante						
2d Conv	800	2,400	4,000	8,000	14,000	20,000
NOTE: Add $3,000 for hardtop.						
1991 Seville, V-8						
4d Sed	400	1,200	2,000	4,000	7,000	10,000
4d Trg Sed	450	1,300	2,200	4,400	7,700	11,000
1991 DeVille, V-8						
4d Sed	400	1,150	1,900	3,800	6,650	9,500
4d Trg Sed	400	1,250	2,100	4,200	7,350	10,500
2d Cpe	400	1,150	1,900	3,750	6,600	9,400
1991 Fleetwood, V-8						
2d Cpe	400	1,200	2,000	4,000	7,000	10,000
4d Sed	400	1,200	2,000	4,000	7,000	10,000
4d Sed 605	400	1,250	2,100	4,200	7,350	10,500
1991 Eldorado, V-8						
2d Cpe	450	1,300	2,200	4,400	7,700	11,000
1991 Brougham, V-8						
4d Sed	450	1,300	2,200	4,400	7,700	11,000
1991 Allante, V-8						
2d Conv	800	2,400	4,000	8,000	14,000	20,000
NOTE: Add $3,000 for hardtop.						
1992 Seville, V-8						
4d Sed	500	1,550	2,600	5,200	9,100	13,000
4d STS Sed	550	1,700	2,800	5,600	9,800	14,000
1992 DeVille, V-8						
4d Sed	450	1,300	2,200	4,400	7,700	11,000
2d Cpe	450	1,300	2,200	4,400	7,700	11,000
4d Trg Sed	500	1,450	2,400	4,800	8,400	12,000
1992 Fleetwood, V-8						
4d Sed	500	1,450	2,400	4,800	8,400	12,000
2d Cpe	500	1,450	2,400	4,800	8,400	12,000
4d Sed 605	500	1,550	2,600	5,200	9,100	13,000
1992 Eldorado, V-8						
2d Cpe	550	1,700	2,800	5,600	9,800	14,000
1992 Brougham, V-8						
4d Sed	500	1,550	2,600	5,200	9,100	13,000
1992 Allante, V-8						
2d Conv	950	2,900	4,800	9,600	16,800	24,000
NOTE: Add $1,500 for hardtop.						
1993 Seville, V-8						
4d Sed	500	1,550	2,600	5,200	9,100	13,000
4d STS Sed	550	1,700	2,800	5,600	9,800	14,000
1993 DeVille, V-8						
2d Cpe	450	1,350	2,250	4,500	7,850	11,200
4d Sed	450	1,400	2,300	4,600	8,050	11,500
4d Trg Sed	500	1,450	2,400	4,800	8,400	12,000
1993 Fleetwood, V-8						
4d Sed	550	1,600	2,700	5,400	9,450	13,500
1993 Sixty Special, V-8						
4d Sed	500	1,550	2,600	5,200	9,100	13,000
1993 Eldorado, V-8						
2d Cpe	550	1,700	2,850	5,700	9,950	14,200

	6	5	4	3	2	1
1993 Allante, V-8						
2d Conv	1,000	3,000	5,000	10,000	17,500	25,000

LASALLE

	6	5	4	3	2	1
1927 Series 303, V-8, 125" wb						
2d RS Rds	2,950	8,900	14,800	29,600	51,800	74,000
4d Phae	3,050	9,100	15,200	30,400	53,200	76,000
4d Spt Phae	3,100	9,350	15,600	31,200	54,600	78,000
2d 2P Conv Cpe	2,650	7,900	13,200	26,400	46,200	66,000
2d RS Cpe	1,600	4,800	8,000	16,000	28,000	40,000
2d 4P Vic	1,400	4,200	7,000	14,000	24,500	35,000
4d Sed	950	2,900	4,800	9,600	16,800	24,000
4d Twn Sed	1,050	3,100	5,200	10,400	18,200	26,000
1927 Series 303, V-8, 134" wb						
4d Imp Sed	1,150	3,500	5,800	11,600	20,300	29,000
4d 7P Sed	1,100	3,350	5,600	11,200	19,600	28,000
4d 7P Imp Sed	1,200	3,600	6,000	12,000	21,000	30,000
1928 Series 303, V-8, 125" wb						
2d Rds	2,950	8,900	14,800	29,600	51,800	74,000
4d Phae	3,050	9,100	15,200	30,400	53,200	76,000
4d Spt Phae	3,100	9,350	15,600	31,200	54,600	78,000
2d Conv	2,650	7,900	13,200	26,400	46,200	66,000
2d Bus Cpe	1,350	4,100	6,800	13,600	23,800	34,000
2d RS Cpe	1,600	4,800	8,000	16,000	28,000	40,000
2d Vic	1,300	3,950	6,600	13,200	23,100	33,000
4d 5P Sed	1,200	3,600	6,000	12,000	21,000	30,000
4d Fam Sed	1,100	3,350	5,600	11,200	19,600	28,000
4d Twn Sed	1,150	3,500	5,800	11,600	20,300	29,000
1928 Series 303, V-8, 134" wb						
2d 5P Cpe	1,500	4,550	7,600	15,200	26,600	38,000
4d Cabr Sed	2,900	8,650	14,400	28,800	50,400	72,000
4d Imp Sed	1,650	4,900	8,200	16,400	28,700	41,000
4d 7P Sed	1,600	4,800	8,000	16,000	28,000	40,000
4d Fam Sed	1,450	4,300	7,200	14,400	25,200	36,000
4d Imp Fam Sed	1,650	4,900	8,200	16,400	28,700	41,000
1928 Series 303, V-8, 125" wb Fleetwood Line						
2d Bus Cpe	1,550	4,700	7,800	15,600	27,300	39,000
4d Sed	1,450	4,300	7,200	14,400	25,200	36,000
4d Twn Cabr	2,900	8,650	14,400	28,800	50,400	72,000
4d Trans Twn Cabr	2,950	8,900	14,800	29,600	51,800	74,000
1929 Series 328, V-8, 125" wb						
2d Rds	2,950	8,900	14,800	29,600	51,800	74,000
4d Phae	3,050	9,100	15,200	30,400	53,200	76,000
4d Spt Phae	3,100	9,350	15,600	31,200	54,600	78,000
4d Trans FW Twn Cabr	2,650	7,900	13,200	26,400	46,200	66,000
1929 Series 328, V-8, 134" wb						
2d Conv	2,900	8,650	14,400	28,800	50,400	72,000
2d RS Cpe	1,750	5,300	8,800	17,600	30,800	44,000
2d 5P Cpe	1,650	4,900	8,200	16,400	28,700	41,000
4d Sed	1,500	4,550	7,600	15,200	26,600	38,000
4d Fam Sed	1,550	4,700	7,800	15,600	27,300	39,000
4d Twn Sed	1,600	4,800	8,000	16,000	28,000	40,000
4d 7P Sed	1,600	4,800	8,000	16,000	28,000	40,000
4d 7P Imp Sed	1,650	4,900	8,200	16,400	28,700	41,000
4d Conv Lan Cabr	3,350	10,100	16,800	33,600	58,800	84,000
4d FW Trans Twn Cabr 1	3,350	10,100	16,800	33,600	58,800	84,000
1930 Series 340, V-8, 134" wb Fisher Line						
2d Conv	2,950	8,900	14,800	29,600	51,800	74,000
2d RS Cpe	1,950	5,900	9,800	19,600	34,300	49,000
2d Cpe	1,750	5,300	8,800	17,600	30,800	44,000
4d Sed	1,550	4,700	7,800	15,600	27,300	39,000
4d Imp Sed	1,600	4,800	8,000	16,000	28,000	40,000
4d 7P Sed	1,650	4,900	8,200	16,400	28,700	41,000
4d 7P Imp Sed	1,750	5,300	8,800	17,600	30,800	44,000
1930 Series 340, V-8, 134" wb Fleetwood Line						
2d RS Rds	3,400	10,200	17,000	34,000	59,500	85,000
1930 Fleetcliffe						
4d Phae	3,300	9,950	16,600	33,200	58,100	83,000
4d 7P Tr	2,850	8,500	14,200	28,400	49,700	71,000
1930 Fleetlands						
4d A/W Phae	3,500	10,600	17,600	35,200	61,500	88,000
1930 Fleetway						
4d S'net Cabr 4081	2,800	8,400	14,000	28,000	49,000	70,000

	6	5	4	3	2	1
1930 Fleetwind						
4d S'net Cabr 4082	2,800	8,400	14,000	28,000	49,000	70,000
1931 Series 345A, V-8, 134" wb Fisher Line						
2d RS Cpe	2,150	6,500	10,800	21,600	37,800	54,000
2d Cpe	2,050	6,100	10,200	20,400	35,700	51,000
4d Sed	1,600	4,800	8,000	16,000	28,000	40,000
4d Twn Sed	1,650	4,900	8,200	16,400	28,700	41,000
4d 7P Sed	1,700	5,050	8,400	16,800	29,400	42,000
4d 7P Imp Sed	1,700	5,150	8,600	17,200	30,100	43,000
1931 Series 345A, V-8, 134" wb Fleetwood Line						
2d RS Rds	3,400	10,200	17,000	34,000	59,500	85,000
2d Conv	3,100	9,350	15,600	31,200	54,600	78,000
4d Tr	3,100	9,350	15,600	31,200	54,600	78,000
4d A/W Phae	3,600	10,800	18,000	36,000	63,000	90,000
4d S'net Cabr 4081	2,800	8,400	14,000	28,000	49,000	70,000
4d S'net Cabr 4082	2,800	8,400	14,000	28,000	49,000	70,000
1932 Series 345B, V-8, 130" wb						
2d Conv	2,700	8,150	13,600	27,200	47,600	68,000
2d RS Cpe	1,950	5,900	9,800	19,600	34,300	49,000
2d Twn Cpe	1,750	5,300	8,800	17,600	30,800	44,000
4d Sed	1,350	4,100	6,800	13,600	23,800	34,000
1932 Series 345B, V-8, 136" wb						
4d 7P Sed	1,350	4,100	6,800	13,600	23,800	34,000
4d 7P Imp Sed	1,750	5,300	8,800	17,600	30,800	44,000
4d 7P Twn Sed	1,800	5,400	9,000	18,000	31,500	45,000
1933 Series 345C, V-8, 130" wb						
2d Conv	2,500	7,450	12,400	24,800	43,400	62,000
2d RS Cpe	1,600	4,800	8,000	16,000	28,000	40,000
2d Twn Cpe	1,500	4,450	7,400	14,800	25,900	37,000
4d Sed	1,300	3,950	6,600	13,200	23,100	33,000
1933 Series 345C, V-8, 136" wb						
4d Twn Sed	1,750	5,300	8,800	17,600	30,800	44,000
4d Sed	1,450	4,300	7,200	14,400	25,200	36,000
4d 7P Imp Sed	1,400	4,200	7,000	14,000	24,500	35,000
1934 Series 350, 8-cyl., 119" wb						
2d Conv	2,000	6,000	10,000	20,000	35,000	50,000
2d Cpe	1,300	3,950	6,600	13,200	23,100	33,000
4d Clb Sed	1,050	3,100	5,200	10,400	18,200	26,000
4d Sed	1,000	3,000	5,000	10,000	17,500	25,000
1935 Series 50, 8-cyl., 120" wb						
2d Conv	2,100	6,350	10,600	21,200	37,100	53,000
2d Cpe	1,200	3,600	6,000	12,000	21,000	30,000
2d Sed	850	2,500	4,200	8,400	14,700	21,000
4d Sed	900	2,650	4,400	8,800	15,400	22,000
1936 Series 50, 8-cyl., 120" wb, LaSalle						
2d Conv	1,900	5,750	9,600	19,200	33,600	48,000
2d RS Cpe	1,100	3,350	5,600	11,200	19,600	28,000
2d Sed	750	2,300	3,800	7,600	13,300	19,000
4d Sed	800	2,400	4,000	8,000	14,000	20,000
1937 Series 50, V-8, 124" wb, LaSalle						
2d Conv	2,000	6,000	10,000	20,000	35,000	50,000
2d Conv Sed	2,100	6,250	10,400	20,800	36,400	52,000
4P Cpe	1,100	3,350	5,600	11,200	19,600	28,000
2d Sed	800	2,400	4,000	8,000	14,000	20,000
4d Sed	850	2,500	4,200	8,400	14,700	21,000
1938 Series 50, V-8, 124" wb, LaSalle						
2d Conv	2,000	6,000	10,000	20,000	35,000	50,000
4d Conv Sed	2,100	6,250	10,400	20,800	36,400	52,000
4P Cpe	1,150	3,500	5,800	11,600	20,300	29,000
2d Sed	850	2,500	4,200	8,400	14,700	21,000
4d Sed	900	2,650	4,400	8,800	15,400	22,000
1939 Series 50, V-8, 120" wb						
2d Conv	2,000	6,000	10,000	20,000	35,000	50,000
4d Conv Sed	2,100	6,250	10,400	20,800	36,400	52,000
2d Cpe	1,150	3,500	5,800	11,600	20,300	29,000
2d Sed	850	2,500	4,200	8,400	14,700	21,000
2d S/R Sed	850	2,600	4,300	8,600	15,050	21,500
4d Sed	900	2,650	4,400	8,800	15,400	22,000
4d S/R Sed	900	2,700	4,500	9,000	15,750	22,500
1940 Series 50, V-8, 123" wb						
2d Conv	2,000	6,000	10,000	20,000	35,000	50,000
4d Conv Sed	2,100	6,250	10,400	20,800	36,400	52,000
2d Cpe	1,200	3,600	6,000	12,000	21,000	30,000
2d Sed	850	2,500	4,200	8,400	14,700	21,000
2d S/R Sed	850	2,600	4,300	8,600	15,050	21,500

	6	5	4	3	2	1
4d Sed	900	2,650	4,400	8,800	15,400	22,000
4d S/R Sed	900	2,700	4,500	9,000	15,750	22,500

1940 "Special" Series 52 LaSalle, V-8, 123" wb

2d Conv	2,000	6,000	10,000	20,000	35,000	50,000
4d Conv Sed	2,100	6,250	10,400	20,800	36,400	52,000
2d Cpe	1,250	3,700	6,200	12,400	21,700	31,000
4d Sed	900	2,650	4,400	8,800	15,400	22,000

CHECKER

1960 Checker Superba Std.
Sed	350	1,100	1,800	3,600	6,300	9,000
Sta Wag	350	1,100	1,800	3,650	6,350	9,100

1960 Checker Superba Spl.
Sed	350	1,100	1,800	3,650	6,350	9,100
Sta Wag	350	1,100	1,850	3,700	6,450	9,200

1961 Checker Superba
Sed	350	1,100	1,800	3,600	6,300	9,000
Sta Wag	350	1,100	1,800	3,650	6,350	9,100

1961 Checker Marathon
Sed	350	1,100	1,800	3,650	6,350	9,100
Sta Wag	350	1,100	1,850	3,700	6,450	9,200

1962 Checker Superba
Sed	350	1,100	1,800	3,600	6,300	9,000
Sta Wag	350	1,100	1,800	3,650	6,350	9,100

1962 Checker Marathon
Sed	350	1,100	1,800	3,650	6,350	9,100
Sta Wag	350	1,100	1,850	3,700	6,450	9,200

1963 Checker Superba
Sed	350	1,100	1,800	3,650	6,350	9,100
Sta Wag	350	1,100	1,850	3,700	6,450	9,200

1963 Checker Marathon
Sed	350	1,100	1,800	3,650	6,350	9,100
Sta Wag	350	1,100	1,850	3,700	6,450	9,200
Limo	400	1,150	1,900	3,800	6,650	9,500

1964 Checker Marathon
Sed	350	1,100	1,800	3,600	6,300	9,000
Sta Wag	350	1,100	1,800	3,650	6,350	9,100
Limo	400	1,150	1,900	3,850	6,700	9,600
Aerobus	350	1,100	1,850	3,700	6,450	9,200

1965 Marathon Series
Sed	400	1,150	1,900	3,750	6,600	9,400
DeL Sed	350	1,100	1,800	3,600	6,300	9,000
Sta Wag	350	1,100	1,800	3,650	6,350	9,100
Limo	400	1,150	1,900	3,800	6,650	9,500

1966 Marathon Series
Sed	350	1,100	1,800	3,600	6,300	9,000
DeL Sed	350	1,100	1,800	3,650	6,350	9,100
Sta Wag	350	1,100	1,850	3,700	6,450	9,200
Limo	400	1,150	1,900	3,800	6,650	9,500

1967 Marathon Series
Sed	350	1,100	1,800	3,600	6,300	9,000
Sta Wag	350	1,100	1,800	3,650	6,350	9,100

1968 Marathon Series
Sed	350	1,100	1,800	3,600	6,300	9,000
DeL Sed	350	1,100	1,800	3,650	6,350	9,100
Sta Wag	350	1,100	1,850	3,700	6,450	9,200

1969 Marathon Series
Sed	350	1,100	1,800	3,600	6,300	9,000
DeL Sed	350	1,100	1,800	3,650	6,350	9,100
Sta Wag	350	1,100	1,850	3,700	6,450	9,200
Limo	400	1,150	1,900	3,800	6,650	9,500

1970 Marathon Series
Sed	350	1,100	1,800	3,600	6,300	9,000
Sta Wag	350	1,100	1,850	3,700	6,450	9,200
DeL Sed	350	1,100	1,800	3,650	6,350	9,100
Limo	400	1,150	1,900	3,800	6,650	9,500

1971 Marathon Series
Sed	350	1,000	1,700	3,400	5,950	8,500
Sta Wag	350	1,100	1,850	3,700	6,450	9,200
DeL Sed	350	1,100	1,800	3,600	6,300	9,000
Limo	400	1,150	1,900	3,800	6,650	9,500

NOTE: Add 5 percent for V-8.

	6	5	4	3	2	1
1972 Marathon Series						
Sed	350	1,000	1,700	3,400	5,950	8,500
Sta Wag	350	1,100	1,850	3,700	6,450	9,200
DeL Sed	350	1,100	1,800	3,600	6,300	9,000
NOTE: Add 5 percent for V-8.						
1973 Marathon Series						
Sed	350	1,000	1,700	3,400	5,950	8,500
Sta Wag	350	1,100	1,800	3,650	6,350	9,100
DeL Sed	350	1,100	1,800	3,600	6,300	9,000
NOTE: Add 5 percent for V-8.						
1974 Marathon Series						
Sed	350	1,000	1,700	3,400	5,950	8,500
Sta Wag	350	1,100	1,800	3,650	6,350	9,100
DeL Sed	350	1,100	1,800	3,600	6,300	9,000
NOTE: Add 5 percent for V-8.						
1975 Marathon Series						
Sed	300	950	1,600	3,200	5,600	8,000
Sta Wag	300	950	1,600	3,250	5,650	8,100
DeL Sed	350	1,000	1,650	3,300	5,750	8,200
1976 Marathon Series						
4d Sed	300	950	1,600	3,150	5,550	7,900
4d Sed DeL	350	1,000	1,700	3,350	5,900	8,400
1977 Marathon Series						
4d Sed	300	900	1,500	3,050	5,300	7,600
4d Sed DeL	300	950	1,600	3,250	5,650	8,100
1978 Marathon Series						
4d Sed	300	900	1,500	3,050	5,300	7,600
4d Sed DeL	300	950	1,600	3,250	5,650	8,100
1979 Marathon Series						
4d Sed	300	900	1,500	3,050	5,300	7,600
4d Sed DeL	300	950	1,600	3,250	5,650	8,100
1980 Marathon Series						
4d Sed	300	900	1,550	3,100	5,400	7,700
4d Sed DeL	350	1,000	1,650	3,300	5,750	8,200
1981 Marathon Series						
4d Sed	300	900	1,550	3,100	5,400	7,700
4d Sed DeL	350	1,000	1,650	3,300	5,750	8,200
1982 Marathon Series						
4d Sed	300	900	1,550	3,100	5,400	7,700
4d Sed DeL	350	1,000	1,650	3,300	5,750	8,200

CHEVROLET

	6	5	4	3	2	1
1912 Classic Series, 6-cyl.						
Tr	1,250	3,700	6,200	12,400	21,700	31,000
1913 Classic Series, 6-cyl.						
Tr	1,150	3,400	5,700	11,400	19,950	28,500
1914 Series H2 & H4, 4-cyl.						
Rds	900	2,750	4,600	9,200	16,100	23,000
Tr	950	2,800	4,700	9,400	16,450	23,500
1914 Series C, 6-cyl.						
Tr	1,100	3,250	5,400	10,800	18,900	27,000
1914 Series L, 6-cyl.						
Tr	1,300	3,850	6,400	12,800	22,400	32,000
1915 Series H2 & H4, 4-cyl.						
Rds	850	2,500	4,200	8,400	14,700	21,000
Tr	900	2,750	4,600	9,200	16,100	23,000
1915 Series H3, 4-cyl.						
2P Rds	950	2,900	4,800	9,600	16,800	24,000
1915 Series L, 6-cyl.						
Tr	1,250	3,700	6,200	12,400	21,700	31,000
1916 Series 490, 4-cyl.						
Tr	750	2,300	3,800	7,600	13,300	19,000
1916 Series H2, 4-cyl.						
Rds	700	2,100	3,500	7,000	12,250	17,500
Torp Rds	750	2,300	3,800	7,600	13,300	19,000
1916 Series H4, 4-cyl.						
Tr	850	2,500	4,200	8,400	14,700	21,000
1917 Series F2 & F5, 4-cyl.						
Rds	700	2,050	3,400	6,800	11,900	17,000
Tr	700	2,150	3,600	7,200	12,600	18,000

	6	5	4	3	2	1
1917 Series 490, 4-cyl.						
Rds	650	1,900	3,200	6,400	11,200	16,000
Tr	650	1,900	3,200	6,400	11,200	16,000
HT Tr	700	2,050	3,400	6,800	11,900	17,000
1917 Series D2 & D5, V-8						
Rds	1,000	3,000	5,000	10,000	17,500	25,000
Tr	1,050	3,100	5,200	10,400	18,200	26,000
1918 Series 490, 4-cyl.						
Tr	700	2,050	3,400	6,800	11,900	17,000
Rds	650	1,900	3,200	6,400	11,200	16,000
Cpe	300	950	1,600	3,200	5,600	8,000
Sed	300	850	1,400	2,800	4,900	7,000
1918 Series FA, 4-cyl.						
Rds	700	2,050	3,400	6,800	11,900	17,000
Tr	700	2,150	3,600	7,200	12,600	18,000
Sed	300	950	1,600	3,200	5,600	8,000
1918 Series D, V-8						
4P Rds	1,000	3,000	5,000	10,000	17,500	25,000
Tr	1,050	3,100	5,200	10,400	18,200	26,000
1919 Series 490, 4-cyl.						
Rds	500	1,550	2,600	5,200	9,100	13,000
Tr	550	1,700	2,800	5,600	9,800	14,000
Sed	300	850	1,400	2,800	4,900	7,000
Cpe	300	900	1,500	3,000	5,250	7,500
1919 Series FB, 4-cyl.						
Rds	600	1,800	3,000	6,000	10,500	15,000
Tr	650	1,900	3,200	6,400	11,200	16,000
Cpe	350	1,100	1,800	3,600	6,300	9,000
2d Sed	350	1,000	1,700	3,400	5,950	8,500
4d Sed	300	950	1,600	3,200	5,600	8,000
1920 Series 490, 4-cyl.						
Rds	500	1,550	2,600	5,200	9,100	13,000
Tr	550	1,700	2,800	5,600	9,800	14,000
Sed	350	1,000	1,700	3,400	5,950	8,500
Cpe	350	1,100	1,800	3,600	6,300	9,000
1920 Series FB, 4-cyl.						
Rds	600	1,800	3,000	6,000	10,500	15,000
Tr	650	1,900	3,200	6,400	11,200	16,000
Sed	400	1,150	1,900	3,800	6,650	9,500
Cpe	400	1,200	2,000	4,000	7,000	10,000
1921 Series 490, 4-cyl.						
Rds	700	2,050	3,400	6,800	11,900	17,000
Tr	700	2,050	3,400	6,800	11,900	17,000
Cpe	350	1,100	1,800	3,600	6,300	9,000
C-D Sed	400	1,150	1,900	3,800	6,650	9,500
1921 Series FB, 4-cyl.						
Rds	700	2,100	3,500	7,000	12,250	17,500
Tr	700	2,150	3,600	7,200	12,600	18,000
Cpe	400	1,200	2,000	4,000	7,000	10,000
4d Sed	400	1,150	1,900	3,800	6,650	9,500
1922 Series 490, 4-cyl.						
Rds	700	2,050	3,400	6,800	11,900	17,000
Tr	700	2,150	3,600	7,200	12,600	18,000
Cpe	400	1,200	2,000	4,000	7,000	10,000
Utl Cpe	400	1,150	1,900	3,800	6,650	9,500
Sed	350	1,100	1,800	3,600	6,300	9,000
1922 Series FB, 4-cyl.						
Rds	700	2,050	3,400	6,800	11,900	17,000
Tr	700	2,150	3,600	7,200	12,600	18,000
Sed	350	1,100	1,800	3,600	6,300	9,000
Cpe	400	1,200	2,000	4,000	7,000	10,000
1923 Superior B, 4-cyl.						
Rds	700	2,050	3,400	6,800	11,900	17,000
Tr	700	2,150	3,600	7,200	12,600	18,000
Sed	350	1,100	1,800	3,600	6,300	9,000
2d Sed	350	1,100	1,800	3,600	6,300	9,000
Utl Cpe	400	1,150	1,900	3,800	6,650	9,500
DeL Tr	450	1,300	2,200	4,400	7,700	11,000
1924 Superior, 4-cyl.						
Rds	700	2,050	3,400	6,800	11,900	17,000
Tr	700	2,150	3,600	7,200	12,600	18,000
DeL Tr	750	2,200	3,700	7,400	12,950	18,500
Sed	350	1,000	1,700	3,400	5,950	8,500
DeL Sed	350	1,050	1,750	3,500	6,150	8,800

	6	5	4	3	2	1
2P Cpe	400	1,150	1,900	3,800	6,650	9,500
4P Cpe	350	1,100	1,800	3,600	6,300	9,000
DeL Cpe	350	1,100	1,850	3,700	6,450	9,200
2d Sed	350	1,000	1,700	3,400	5,950	8,500
1925 Superior K, 4-cyl.						
Rds	850	2,500	4,200	8,400	14,700	21,000
Tr	900	2,650	4,400	8,800	15,400	22,000
Cpe	400	1,200	2,000	4,000	7,000	10,000
Sed	350	1,100	1,800	3,600	6,300	9,000
2d Sed	350	1,100	1,800	3,600	6,300	9,000
1926 Superior V, 4-cyl.						
Rds	850	2,500	4,200	8,400	14,700	21,000
Tr	900	2,650	4,400	8,800	15,400	22,000
Cpe	450	1,300	2,200	4,400	7,700	11,000
Sed	400	1,200	2,000	4,000	7,000	10,000
2d Sed	400	1,200	2,000	4,000	7,000	10,000
Lan Sed	400	1,250	2,100	4,200	7,350	10,500
1927 Model AA, 4-cyl.						
Rds	850	2,500	4,200	8,400	14,700	21,000
Tr	900	2,650	4,400	8,800	15,400	22,000
Utl Cpe	450	1,300	2,150	4,300	7,500	10,700
2d Sed	400	1,200	2,000	4,000	7,000	10,000
Sed	400	1,200	2,000	4,000	7,000	10,000
Lan Sed	400	1,250	2,100	4,200	7,350	10,500
Cabr	700	2,050	3,400	6,800	11,900	17,000
Imp Lan	600	1,800	3,000	6,000	10,500	15,000
1928 Model AB, 4-cyl.						
Rds	900	2,650	4,400	8,800	15,400	22,000
Tr	900	2,750	4,600	9,200	16,100	23,000
Utl Cpe	450	1,300	2,200	4,400	7,700	11,000
Sed	400	1,250	2,100	4,200	7,350	10,500
2d Sed	400	1,250	2,100	4,200	7,350	10,500
Cabr	700	2,150	3,600	7,200	12,600	18,000
Imp Lan	600	1,800	3,000	6,000	10,500	15,000
Conv Cabr	800	2,400	4,000	8,000	14,000	20,000
1929 Model AC, 6-cyl.						
Rds	950	2,900	4,800	9,600	16,800	24,000
Tr	1,000	3,000	5,000	10,000	17,500	25,000
Cpe	550	1,700	2,800	5,600	9,800	14,000
Spt Cpe	600	1,800	3,000	6,000	10,500	15,000
Sed	450	1,300	2,200	4,400	7,700	11,000
Imp Sed	500	1,450	2,400	4,800	8,400	12,000
Conv Lan	850	2,500	4,200	8,400	14,700	21,000
2d Sed	450	1,300	2,200	4,400	7,700	11,000
Conv Cabr	900	2,650	4,400	8,800	15,400	22,000
1930 Model AD, 6-cyl.						
Rds	1,000	3,000	5,000	10,000	17,500	25,000
Spt Rds	1,050	3,100	5,200	10,400	18,200	26,000
Phae	1,050	3,100	5,200	10,400	18,200	26,000
2d Sed	450	1,300	2,200	4,400	7,700	11,000
Cpe	550	1,700	2,800	5,600	9,800	14,000
Spt Cpe	600	1,800	3,000	6,000	10,500	15,000
Clb Sed	500	1,500	2,500	5,000	8,750	12,500
Spec Sed	500	1,450	2,400	4,800	8,400	12,000
Sed	450	1,400	2,300	4,600	8,050	11,500
Con Lan	850	2,500	4,200	8,400	14,700	21,000
1931 Model AE, 6-cyl.						
Rds	1,150	3,500	5,800	11,600	20,300	29,000
Spt Rds	1,250	3,700	6,200	12,400	21,700	31,000
Cabr	1,100	3,350	5,600	11,200	19,600	28,000
Phae	1,150	3,500	5,800	11,600	20,300	29,000
2d Sed	500	1,450	2,400	4,800	8,400	12,000
5P Cpe	600	1,800	3,000	6,000	10,500	15,000
5W Cpe	650	1,900	3,200	6,400	11,200	16,000
Spt Cpe	700	2,150	3,600	7,200	12,600	18,000
Cpe	700	2,050	3,400	6,800	11,900	17,000
2d DeL Sed	550	1,700	2,800	5,600	9,800	14,000
Sed	500	1,500	2,500	5,000	8,750	12,500
Spl Sed	550	1,700	2,800	5,600	9,800	14,000
Lan Phae	1,000	3,000	5,000	10,000	17,500	25,000
1932 Model BA Standard, 6-cyl.						
Rds	1,300	3,950	6,600	13,200	23,100	33,000
Phae	1,300	3,950	6,600	13,200	23,100	33,000
Lan Phae	1,300	3,850	6,400	12,800	22,400	32,000
3W Cpe	700	2,150	3,600	7,200	12,600	18,000
5W Cpe	750	2,300	3,800	7,600	13,300	19,000

	6	5	4	3	2	1
Spt Cpe	800	2,400	4,000	8,000	14,000	20,000
2d Sed	500	1,550	2,600	5,200	9,100	13,000
Sed	550	1,700	2,800	5,600	9,800	14,000
5P Cpe	750	2,300	3,800	7,600	13,300	19,000

1932 Model BA DeLuxe, 6-cyl.

	6	5	4	3	2	1
Spt Rds	1,350	4,100	6,800	13,600	23,800	34,000
Lan Phae	1,300	3,950	6,600	13,200	23,100	33,000
Cabr	1,300	3,850	6,400	12,800	22,400	32,000
3W Bus Cpe	750	2,300	3,800	7,600	13,300	19,000
5W Cpe	800	2,400	4,000	8,000	14,000	20,000
Spt Cpe	850	2,500	4,200	8,400	14,700	21,000
2d Sed	550	1,700	2,800	5,600	9,800	14,000
Sed	600	1,800	3,000	6,000	10,500	15,000
Spl Sed	650	1,900	3,200	6,400	11,200	16,000
5P Cpe	800	2,400	4,000	8,000	14,000	20,000

1933 Mercury, 6-cyl.

	6	5	4	3	2	1
2P Cpe	500	1,550	2,600	5,200	9,100	13,000
RS Cpe	550	1,700	2,800	5,600	9,800	14,000
2d Sed	400	1,150	1,900	3,800	6,650	9,500

1933 Master Eagle, 6-cyl.

	6	5	4	3	2	1
Spt Rds	1,150	3,500	5,800	11,600	20,300	29,000
Phae	1,200	3,600	6,000	12,000	21,000	30,000
2P Cpe	500	1,550	2,600	5,200	9,100	13,000
Spt Cpe	550	1,700	2,800	5,600	9,800	14,000
2d Sed	400	1,200	1,950	3,900	6,850	9,800
2d Trk Sed	400	1,200	2,000	4,000	7,000	10,000
Sed	400	1,200	2,000	4,000	7,000	10,000
Conv	1,100	3,350	5,600	11,200	19,600	28,000

1934 Standard, 6-cyl.

	6	5	4	3	2	1
Sed	400	1,150	1,900	3,800	6,650	9,500
Spt Rds	1,050	3,100	5,200	10,400	18,200	26,000
Phae	1,100	3,250	5,400	10,800	18,900	27,000
Cpe	500	1,550	2,600	5,200	9,100	13,000
2d Sed	400	1,150	1,900	3,750	6,600	9,400

1934 Master, 6-cyl.

	6	5	4	3	2	1
Spt Rds	1,100	3,250	5,400	10,800	18,900	27,000
Bus Cpe	550	1,700	2,800	5,600	9,800	14,000
Spt Cpe	600	1,800	3,000	6,000	10,500	15,000
2d Sed	400	1,200	2,000	4,050	7,050	10,100
Twn Sed	450	1,300	2,200	4,350	7,650	10,900
Sed	400	1,250	2,100	4,150	7,300	10,400
Conv	1,050	3,100	5,200	10,400	18,200	26,000

1935 Standard, 6-cyl.

	6	5	4	3	2	1
Rds	900	2,650	4,400	8,800	15,400	22,000
Phae	950	2,900	4,800	9,600	16,800	24,000
Cpe	500	1,500	2,500	5,000	8,750	12,500
2d Sed	400	1,250	2,100	4,200	7,350	10,500
Sed	450	1,300	2,150	4,300	7,550	10,800

1935 Master, 6-cyl.

	6	5	4	3	2	1
5W Cpe	500	1,550	2,600	5,200	9,100	13,000
Spt Cpe	550	1,600	2,700	5,400	9,450	13,500
2d Sed	450	1,300	2,150	4,300	7,500	10,700
Sed	450	1,300	2,200	4,400	7,700	11,000
Spt Sed	450	1,350	2,250	4,500	7,850	11,200
Twn Sed	450	1,300	2,150	4,300	7,550	10,800

1936 Standard, 6-cyl.

	6	5	4	3	2	1
Cpe	500	1,500	2,500	5,000	8,750	12,500
Sed	400	1,250	2,100	4,200	7,350	10,500
Spt Sed	450	1,300	2,150	4,300	7,550	10,800
2d Sed	400	1,250	2,100	4,150	7,300	10,400
Cpe PU	550	1,700	2,800	5,600	9,800	14,000
Conv	750	2,300	3,800	7,600	13,300	19,000

1936 Master, 6-cyl.

	6	5	4	3	2	1
5W Cpe	550	1,600	2,700	5,400	9,450	13,500
Spt Cpe	600	1,750	2,900	5,800	10,150	14,500
2d Sed	450	1,300	2,150	4,300	7,500	10,700
Twn Sed	450	1,300	2,150	4,300	7,550	10,800
Sed	450	1,300	2,200	4,350	7,650	10,900
Spt Sed	450	1,300	2,200	4,400	7,700	11,000

1937 Master, 6-cyl.

	6	5	4	3	2	1
Conv	1,150	3,500	5,800	11,600	20,300	29,000
Cpe	550	1,700	2,800	5,600	9,800	14,000
Cpe PU	600	1,800	3,000	6,000	10,500	15,000
2d Sed	500	1,450	2,400	4,800	8,400	12,000
2d Twn Sed	500	1,500	2,500	5,000	8,750	12,500
4d Trk Sed	500	1,450	2,450	4,900	8,550	12,200

1955 Chevrolet Bel Air Nomad two-door station wagon

1967 Chevrolet Impala convertible

1987 Chevrolet Monte Carlo SS Aerocoupe

	6	5	4	3	2	1
4d Spt Sed	500	1,500	2,450	4,900	8,600	12,300

1937 Master DeLuxe, 6-cyl.

	6	5	4	3	2	1
Cpe	600	1,750	2,900	5,800	10,150	14,500
Spt Cpe	600	1,850	3,100	6,200	10,850	15,500
2d Sed	450	1,300	2,200	4,400	7,700	11,000
2d Twn Sed	450	1,350	2,200	4,450	7,750	11,100
4d Trk Sed	450	1,300	2,200	4,400	7,700	11,000
4d Spt Sed	450	1,350	2,200	4,450	7,750	11,100

1938 Master, 6-cyl.

	6	5	4	3	2	1
Conv	1,200	3,600	6,000	12,000	21,000	30,000
Cpe	550	1,700	2,800	5,600	9,800	14,000
Cpe PU	600	1,800	3,000	6,000	10,500	15,000
2d Sed	500	1,450	2,400	4,800	8,400	12,000
2d Twn Sed	500	1,450	2,400	4,850	8,450	12,100
4d Sed	500	1,450	2,400	4,800	8,400	12,000
4d Spt Sed	500	1,450	2,400	4,850	8,450	12,100

1938 Master DeLuxe, 6-cyl.

	6	5	4	3	2	1
Cpe	600	1,750	2,900	5,800	10,150	14,500
Spt Cpe	600	1,850	3,100	6,200	10,850	15,500
2d Sed	500	1,450	2,400	4,850	8,450	12,100
2d Twn Sed	500	1,450	2,450	4,900	8,550	12,200
4d Sed	500	1,450	2,400	4,850	8,450	12,100
4d Spt Sed	500	1,450	2,450	4,900	8,550	12,200

1939 Master 85, 6-cyl.

	6	5	4	3	2	1
Cpe	550	1,700	2,800	5,600	9,800	14,000
2d Sed	450	1,350	2,250	4,500	7,900	11,300
2d Twn Sed	450	1,350	2,300	4,550	8,000	11,400
4d Sed	450	1,350	2,250	4,500	7,900	11,300
4d Spt Sed	450	1,350	2,300	4,550	8,000	11,400
Sta Wag	900	2,750	4,600	9,200	16,100	23,000

1939 Master DeLuxe, 6-cyl.

	6	5	4	3	2	1
Cpe	600	1,750	2,900	5,800	10,150	14,500
Spt Cpe	600	1,800	3,000	6,000	10,500	15,000
2d Sed	500	1,500	2,450	4,900	8,600	12,300
2d Twn Sed	500	1,500	2,500	4,950	8,700	12,400
4d Sed	500	1,500	2,450	4,900	8,600	12,300
4d Spt Sed	450	1,350	2,300	4,550	8,000	11,400
Sta Wag	850	2,500	4,200	8,400	14,700	21,000

1940 Master 85, 6-cyl.

	6	5	4	3	2	1
2d Cpe	600	1,800	3,000	6,000	10,500	15,000
2d Twn Sed	450	1,400	2,300	4,650	8,100	11,600
4d Spt Sed	450	1,400	2,300	4,600	8,050	11,500
4d Sta Wag	1,050	3,100	5,200	10,400	18,200	26,000

1940 Master DeLuxe, 6-cyl.

	6	5	4	3	2	1
2d Cpe	600	1,850	3,100	6,200	10,850	15,500
Spt Cpe	650	1,900	3,200	6,400	11,200	16,000
2d Twn Sed	500	1,450	2,400	4,800	8,400	12,000
4d Spt Sed	500	1,450	2,400	4,800	8,400	12,000

1940 Special DeLuxe, 6-cyl.

	6	5	4	3	2	1
2d Cpe	650	1,900	3,200	6,400	11,200	16,000
2d Spt Cpe	650	2,000	3,300	6,600	11,550	16,500
2d Twn Sed	500	1,500	2,500	5,000	8,750	12,500
4d Spt Sed	500	1,500	2,500	4,950	8,700	12,400
2d Conv	1,350	4,100	6,800	13,600	23,800	34,000
4d Sta Wag	1,100	3,350	5,600	11,200	19,600	28,000

1941 Master DeLuxe, 6-cyl.

	6	5	4	3	2	1
2P Cpe	550	1,700	2,800	5,600	9,800	14,000
4P Cpe	600	1,750	2,900	5,800	10,150	14,500
2d Twn Sed	450	1,350	2,300	4,550	8,000	11,400
4d Spt Sed	450	1,350	2,250	4,500	7,900	11,300

1941 Special DeLuxe, 6-cyl.

	6	5	4	3	2	1
2P Cpe	600	1,800	3,000	6,000	10,500	15,000
4P Cpe	650	1,900	3,200	6,400	11,200	16,000
2d Sed	500	1,500	2,500	5,050	8,800	12,600
4d Spt Sed	500	1,500	2,500	5,000	8,750	12,500
4d Flt Sed	500	1,550	2,600	5,200	9,100	13,000
2d Conv	1,500	4,450	7,400	14,800	25,900	37,000
4d Sta Wag	1,450	4,300	7,200	14,400	25,200	36,000
2d Cpe PU	600	1,800	3,000	6,000	10,500	15,000

1942 Master DeLuxe, 6-cyl.

	6	5	4	3	2	1
2P Cpe	550	1,600	2,700	5,400	9,450	13,500
4P Cpe	550	1,700	2,800	5,600	9,800	14,000
2d Cpe PU	600	1,750	2,900	5,800	10,150	14,500
2d Twn Sed	450	1,400	2,350	4,700	8,250	11,800

	6	5	4	3	2	1
1942 Special DeLuxe, 6-cyl.						
2P Cpe	600	1,750	2,900	5,800	10,150	14,500
2d 5P Cpe	600	1,800	3,000	6,000	10,500	15,000
2d Twn Sed	500	1,450	2,400	4,800	8,400	12,000
4d Spt Sed	500	1,450	2,400	4,850	8,450	12,100
2d Conv	1,300	3,950	6,600	13,200	23,100	33,000
4d Sta Wag	1,050	3,100	5,200	10,400	18,200	26,000
1942 Fleetline, 6-cyl.						
2d Aero	500	1,500	2,500	5,000	8,750	12,500
4d Spt Mstr	500	1,450	2,450	4,900	8,550	12,200
1946-1948 Stylemaster, 6-cyl.						
2d Bus Cpe	600	1,750	2,900	5,800	10,150	14,500
2d Spt Cpe	600	1,800	3,000	6,000	10,500	15,000
2d Twn Sed	500	1,450	2,400	4,800	8,400	12,000
4d Spt Sed	500	1,450	2,400	4,850	8,450	12,100
1946-1948 Fleetmaster, 6-cyl.						
2d Spt Cpe	600	1,800	3,000	6,000	10,500	15,000
2d Twn Sed	500	1,500	2,500	4,950	8,700	12,400
4d Spt Sed	500	1,500	2,500	5,000	8,750	12,500
2d Conv	1,350	4,100	6,800	13,600	23,800	34,000
4d Sta Wag	1,050	3,100	5,200	10,400	18,200	26,000
1946-1948 Fleetline, 6-cyl.						
2d Aero	550	1,700	2,800	5,600	9,800	14,000
4d Spt Mstr	500	1,550	2,600	5,200	9,100	13,000
1949-1950 Styleline Special, 6-cyl.						
2d Bus Cpe	500	1,450	2,400	4,800	8,400	12,000
2d Spt Cpe	500	1,500	2,500	5,000	8,750	12,500
2d Sed	450	1,350	2,200	4,450	7,750	11,100
4d Sed	450	1,350	2,250	4,500	7,850	11,200
1949-1950 Fleetline Special, 6-cyl.						
2d Sed	450	1,350	2,250	4,500	7,850	11,200
4d Sed	450	1,350	2,250	4,500	7,900	11,300
1949-1950 Styleline DeLuxe, 6-cyl.						
Spt Cpe	500	1,550	2,600	5,200	9,100	13,000
2d Sed	450	1,350	2,250	4,500	7,900	11,300
4d Sed	450	1,350	2,300	4,550	8,000	11,400
2d HT Bel Air (1950 only)	750	2,200	3,700	7,400	12,950	18,500
2d Conv	1,250	3,700	6,200	12,400	21,700	31,000
4d Woodie Wag (1949 only)	700	2,150	3,600	7,200	12,600	18,000
4d Mtl Sta Wag	500	1,550	2,600	5,200	9,100	13,000
1949-1950 Fleetline DeLuxe, 6-cyl.						
2d Sed	500	1,500	2,500	4,950	8,700	12,400
4d Sed	500	1,500	2,500	5,000	8,750	12,500
1951-1952 Styleline Special, 6-cyl.						
2d Bus Cpe	500	1,500	2,500	5,000	8,750	12,500
2d Spt Cpe	500	1,500	2,550	5,100	8,900	12,700
2d Sed	450	1,350	2,250	4,500	7,900	11,300
4d Sed	450	1,350	2,250	4,500	7,850	11,200
1951-1952 Styleline DeLuxe, 6-cyl.						
2d Spt Cpe	550	1,700	2,800	5,600	9,800	14,000
2d Sed	450	1,400	2,350	4,700	8,250	11,800
4d Sed	450	1,400	2,350	4,700	8,200	11,700
2d HT Bel Air	700	2,150	3,600	7,200	12,600	18,000
2d Conv	1,300	3,850	6,400	12,800	22,400	32,000
1951-1952 Fleetline Special, 6-cyl.						
2d Sed (1951 only)	400	1,250	2,100	4,150	7,300	10,400
4d Sed (1951 only)	400	1,250	2,050	4,100	7,200	10,300
4d Sta Wag	500	1,550	2,600	5,200	9,100	13,000
1951-1952 Fleetline DeLuxe, 6-cyl.						
2d Sed	500	1,450	2,400	4,850	8,450	12,100
4d Sed (1951 only)	500	1,450	2,400	4,800	8,400	12,000
1953 Special 150, 6-cyl.						
2d Bus Cpe	450	1,300	2,200	4,400	7,700	11,000
2d Clb Cpe	450	1,350	2,250	4,500	7,900	11,300
2d Sed	400	1,200	2,050	4,100	7,150	10,200
4d Sed	400	1,200	2,000	4,050	7,050	10,100
4d Sta Wag	500	1,550	2,600	5,200	9,100	13,000
1953 DeLuxe 210, 6-cyl.						
2d Clb Cpe	500	1,550	2,600	5,200	9,100	13,000
2d Sed	450	1,400	2,300	4,600	8,050	11,500
4d Sed	450	1,350	2,300	4,550	8,000	11,400
2d HT	750	2,300	3,800	7,600	13,300	19,000
2d Conv	1,300	3,950	6,600	13,200	23,100	33,000
4d Sta Wag	550	1,600	2,700	5,400	9,450	13,500

	6	5	4	3	2	1
4d 210 Townsman Sta Wag	550	1,650	2,750	5,500	9,600	13,700

1953 Bel Air
	6	5	4	3	2	1
2d Sed	500	1,500	2,500	5,050	8,800	12,600
4d Sed	500	1,500	2,500	5,000	8,750	12,500
2d HT	800	2,400	4,000	8,000	14,000	20,000
2d Conv	1,450	4,300	7,200	14,400	25,200	36,000

1954 Special 150, 6-cyl.
	6	5	4	3	2	1
2d Utl Sed	400	1,200	2,000	4,000	7,000	10,000
2d Sed	400	1,200	2,050	4,100	7,150	10,200
4d Sed	400	1,200	2,000	4,050	7,050	10,100
4d Sta Wag	500	1,550	2,600	5,200	9,100	13,000

1954 Special 210, 6-cyl.
	6	5	4	3	2	1
2d Sed	450	1,400	2,300	4,600	8,050	11,500
2d Sed Delray	500	1,550	2,600	5,200	9,100	13,000
4d Sed	450	1,350	2,300	4,550	8,000	11,400
4d Sta Wag	550	1,600	2,700	5,400	9,450	13,500

1954 Bel Air, 6-cyl.
	6	5	4	3	2	1
2d Sed	500	1,500	2,550	5,100	8,900	12,700
4d Sed	500	1,500	2,500	5,050	8,800	12,600
2d HT	800	2,400	4,000	8,000	14,000	20,000
2d Conv	1,500	4,450	7,400	14,800	25,900	37,000
4d Sta Wag	650	1,900	3,200	6,400	11,200	16,000

1955 Model 150, V-8
	6	5	4	3	2	1
2d Utl Sed	400	1,250	2,100	4,200	7,350	10,500
2d Sed	450	1,350	2,200	4,450	7,750	11,100
4d Sed	450	1,300	2,200	4,400	7,700	11,000
4d Sta Wag	500	1,450	2,400	4,800	8,400	12,000

1955 Model 210, V-8
	6	5	4	3	2	1
2d Sed	500	1,450	2,400	4,800	8,400	12,000
2d Sed Delray	500	1,550	2,600	5,200	9,100	13,000
4d Sed	450	1,300	2,200	4,400	7,700	11,000
2d HT	950	2,900	4,800	9,600	16,800	24,000
2d Sta Wag	500	1,500	2,500	5,000	8,750	12,500
4d Sta Wag	500	1,450	2,450	4,900	8,550	12,200

1955 Bel Air, V-8
	6	5	4	3	2	1
2d Sed	550	1,600	2,650	5,300	9,250	13,200
4d Sed	500	1,550	2,600	5,200	9,100	13,000
2d HT	1,100	3,350	5,600	11,200	19,600	28,000
2d Conv	2,100	6,350	10,600	21,200	37,100	53,000
2d Nomad	900	2,750	4,600	9,200	16,100	23,000
4d Sta Wag	600	1,800	3,000	6,000	10,500	15,000

NOTE: Add 10 percent for A/C; 15 percent for "Power-Pack". Deduct 10 percent for 6-cyl.

1956 Model 150, V-8
	6	5	4	3	2	1
2d Utl Sed	400	1,200	2,000	4,000	7,000	10,000
2d Sed	400	1,250	2,100	4,200	7,350	10,500
4d Sed	400	1,250	2,050	4,100	7,200	10,300
2d Sta Wag	450	1,300	2,200	4,400	7,700	11,000

1956 Model 210, V-8
	6	5	4	3	2	1
2d Sed	400	1,250	2,100	4,200	7,350	10,500
2d Sed Delray	500	1,500	2,500	5,000	8,750	12,500
4d Sed	450	1,300	2,200	4,400	7,700	11,000
4d HT	500	1,450	2,400	4,800	8,400	12,000
2d HT	900	2,750	4,600	9,200	16,100	23,000
2d Sta Wag	450	1,350	2,250	4,500	7,900	11,300
4d Sta Wag	450	1,300	2,200	4,400	7,700	11,000
4d 9P Sta Wag	450	1,350	2,200	4,450	7,750	11,100

1956 Bel Air, V-8
	6	5	4	3	2	1
2d Sed	500	1,450	2,400	4,800	8,400	12,000
4d Sed	500	1,450	2,400	4,800	8,400	12,000
4d HT	550	1,700	2,800	5,600	9,800	14,000
2d HT	1,100	3,250	5,400	10,800	18,900	27,000
2d Conv	2,000	6,000	10,000	20,000	35,000	50,000
2d Nomad	850	2,500	4,200	8,400	14,700	21,000
4d 9P Sta Wag	600	1,800	3,000	6,000	10,500	15,000

NOTE: Add 10 percent for A/C; 15 percent for "Power-Pack". Deduct 10 percent for 6-cyl. Add 10 percent for dual 4 barrel carbs.

1957 Model 150, V-8
	6	5	4	3	2	1
2d Utl Sed	400	1,200	2,000	4,000	7,000	10,000
2d Sed	400	1,250	2,050	4,100	7,200	10,300
4d Sed	400	1,250	2,050	4,100	7,200	10,300
2d Sta Wag	450	1,400	2,300	4,600	8,050	11,500

1957 Model 210, V-8
	6	5	4	3	2	1
2d Sed	450	1,300	2,200	4,400	7,700	11,000
2d Sed Delray	500	1,500	2,500	5,000	8,750	12,500

	6	5	4	3	2	1
4d Sed	450	1,400	2,300	4,600	8,050	11,500
4d HT	500	1,450	2,400	4,800	8,400	12,000
2d HT	850	2,500	4,200	8,400	14,700	21,000
2d Sta Wag	500	1,500	2,500	5,000	8,750	12,500
4d Sta Wag	500	1,450	2,400	4,800	8,400	12,000
4d 9P Sta Wag	500	1,450	2,400	4,850	8,450	12,100

1957 Bel Air, V-8

2d Sed	500	1,550	2,600	5,200	9,100	13,000
4d Sed	500	1,550	2,550	5,100	8,950	12,800
4d HT	550	1,700	2,800	5,600	9,800	14,000
2d HT	1,150	3,500	5,800	11,600	20,300	29,000
2d Conv	2,200	6,600	11,000	22,000	38,500	55,000
2d Nomad	900	2,750	4,600	9,200	16,100	23,000
4d Sta Wag	600	1,800	3,000	6,000	10,500	15,000

NOTE: Add 10 percent for A/C; 15 percent for "Power-Pack" and 20 percent for F.I. Deduct 10 percent for 6-cyl. Add 10 percent for dual 4 barrel carbs.

1958 Delray, V-8

2d Utl Sed	350	1,100	1,850	3,700	6,500	9,300
2d Sed	400	1,150	1,900	3,800	6,650	9,500
4d Sed	400	1,150	1,900	3,800	6,650	9,500

1958 Biscayne, V-8

2d Sed	400	1,150	1,950	3,900	6,800	9,700
4d Sed	400	1,150	1,900	3,850	6,700	9,600

1958 Bel Air, V-8

2d Sed	450	1,400	2,300	4,600	8,050	11,500
4d Sed	450	1,400	2,300	4,650	8,100	11,600
4d HT	500	1,550	2,600	5,200	9,100	13,000
2d HT	600	1,800	3,000	6,000	10,500	15,000
2d Impala	1,300	3,950	6,600	13,200	23,100	33,000
2d Imp Conv	2,100	6,250	10,400	20,800	36,400	52,000

1958 Station Wagons, V-8

2d Yeo	450	1,350	2,200	4,450	7,750	11,100
4d Yeo	450	1,300	2,200	4,400	7,700	11,000
4d 6P Brookwood	450	1,350	2,250	4,500	7,900	11,300
4d 9P Brookwood	450	1,350	2,300	4,550	8,000	11,400
4d Nomad	500	1,550	2,600	5,200	9,100	13,000

NOTE: Add 10 percent for "Power-Pack" & dual exhaust on 283 V-8. Add 20 percent for 348. Add 30 percent for 348 Tri-Power set up. Add 15 percent for A/C. Deduct 10 percent for 6-cyl.

1959 Biscayne, V-8

2d Utl Sed	350	1,100	1,800	3,600	6,300	9,000
2d Sed	350	1,100	1,850	3,700	6,450	9,200
4d Sed	350	1,100	1,850	3,700	6,500	9,300

1959 Bel Air, V-8

2d Sed	400	1,150	1,950	3,900	6,800	9,700
4d Sed	400	1,200	1,950	3,900	6,850	9,800
4d HT	450	1,300	2,200	4,400	7,700	11,000

1959 Impala, V-8

4d Sed	400	1,200	2,000	4,000	7,000	10,000
4d HT	500	1,450	2,400	4,800	8,400	12,000
2d HT	850	2,500	4,200	8,400	14,700	21,000
2d Conv	1,350	4,100	6,800	13,600	23,800	34,000

1959 Station Wagons, V-8

4d Brookwood	400	1,200	2,000	4,000	7,000	10,000
4d Parkwood	400	1,250	2,100	4,150	7,300	10,400
4d Kingswood	450	1,300	2,200	4,400	7,700	11,000
4d Nomad	450	1,400	2,300	4,600	8,050	11,500

NOTE: Add 10 percent for A/C. Add 5 percent for 4-speed transmission. Deduct 10 percent for 6-cyl. Add 30 percent for 348 Tri-Power set up.

1960 Biscayne, V-8

2d Utl Sed	350	1,000	1,650	3,300	5,800	8,300
2d Sed	350	1,050	1,700	3,450	6,000	8,600
4d Sed	350	1,050	1,750	3,500	6,100	8,700

1960 Biscayne Fleetmaster, V-8

2d Sed	350	1,050	1,750	3,500	6,150	8,800
4d Sed	350	1,050	1,800	3,550	6,250	8,900

1960 Bel Air, V-8

2d Sed	350	1,100	1,850	3,700	6,500	9,300
4d Sed	400	1,150	1,900	3,750	6,600	9,400
4d HT	400	1,250	2,100	4,200	7,350	10,500
2d HT	500	1,450	2,400	4,800	8,400	12,000

1960 Impala, V-8

4d Sed	400	1,200	1,950	3,900	6,850	9,800
4d HT	500	1,450	2,400	4,800	8,400	12,000
2d HT	750	2,300	3,800	7,600	13,300	19,000

	6	5	4	3	2	1
2d Conv	1,250	3,700	6,200	12,400	21,700	31,000

1960 Station Wagons, V-8
4d Brookwood	400	1,200	2,000	4,000	7,000	10,000
4d Kingswood	400	1,250	2,050	4,100	7,200	10,300
4d Parkwood	400	1,250	2,100	4,200	7,350	10,500
4d Nomad	450	1,300	2,200	4,400	7,700	11,000

NOTE: Add 10 percent for A/C. Deduct 10 percent for 6-cyl. Add 30 percent for 348 Tri-Power set up.

1961 Biscayne, V-8
2d Utl Sed	300	950	1,600	3,150	5,550	7,900
2d Sed	350	1,000	1,700	3,400	5,950	8,500
4d Sed	300	950	1,600	3,250	5,650	8,100

1961 Bel Air, V-8
2d Sed	350	1,050	1,750	3,500	6,100	8,700
4d Sed	350	1,050	1,700	3,450	6,000	8,600
4d HT	400	1,200	2,000	4,000	7,000	10,000
2d HT	750	2,300	3,800	7,600	13,300	19,000

1961 Impala, V-8
2d Sed	350	1,100	1,800	3,600	6,300	9,000
4d Sed	350	1,100	1,800	3,650	6,350	9,100
4d HT	400	1,250	2,100	4,200	7,350	10,500
2d HT*	700	2,050	3,400	6,800	11,900	17,000
2d Conv*	1,050	3,100	5,200	10,400	18,200	26,000

1961 Station Wagons, V-8
4d Brookwood	400	1,150	1,900	3,800	6,650	9,500
4d Parkwood	400	1,200	2,000	4,000	7,000	10,000
4d Nomad	450	1,300	2,200	4,400	7,700	11,000

NOTE: Add 10 percent for "Power-Pack" & dual exhaust on 283 V-8. Add 15 percent for A/C. Add 35 percent for 348 CID. Add 40 percent for Super Sport option. Add 50 percent for 409 V-8. Deduct 10 percent for 6-cyl.

1962 Chevy II, 4 & 6-cyl.
2d Sed	300	950	1,600	3,250	5,650	8,100
4d Sed	300	950	1,600	3,200	5,600	8,000
2d HT	550	1,700	2,800	5,600	9,800	14,000
2d Conv	700	2,150	3,600	7,200	12,600	18,000
4d Sta Wag	400	1,150	1,900	3,800	6,650	9,500

1962 Biscayne, V-8
2d Sed	350	1,000	1,700	3,350	5,900	8,400
4d Sed	350	1,000	1,700	3,400	5,950	8,500
4d Sta Wag	350	1,100	1,850	3,700	6,500	9,300

1962 Bel Air, V-8
2d Sed	350	1,050	1,700	3,450	6,000	8,600
4d Sed	350	1,050	1,750	3,500	6,100	8,700
2d HT	800	2,400	4,000	8,000	14,000	20,000
4d Sta Wag	450	1,300	2,200	4,400	7,700	11,000

1962 Bel Air 409 muscle car
2d Sed (380 HP)	750	2,300	3,800	7,600	13,300	19,000
2d HT (380 HP)	1,150	3,500	5,800	11,600	20,300	29,000
2d Sed (409 HP)	850	2,500	4,200	8,400	14,700	21,000
2d HT (409 HP)	1,250	3,700	6,200	12,400	21,700	31,000

1962 Impala, V-8
4d Sed	350	1,100	1,800	3,600	6,300	9,000
4d HT	450	1,300	2,200	4,400	7,700	11,000
2d HT*	750	2,300	3,800	7,600	13,300	19,000
2d Conv*	1,150	3,500	5,800	11,600	20,300	29,000
4d Sta Wag	500	1,450	2,400	4,800	8,400	12,000

NOTE: Add 15 percent for Super Sport option. Add 15 percent for Power-Pack & dual exhaust. Add 15 percent for A/C. Add 35 percent for 409 CID. Deduct 10 percent for 6-cyl. except Chevy II.

1963 Chevy II and Nova, 4 & 6-cyl.
4d Sed	300	900	1,550	3,100	5,400	7,700
2d HT*	500	1,550	2,600	5,200	9,100	13,000
2d Conv*	700	2,050	3,400	6,800	11,900	17,000
4d Sta Wag	350	1,100	1,800	3,600	6,300	9,000

NOTE: Add 15 percent for Super Sport option.

1963 Biscayne, V-8
2d Sed	300	900	1,500	3,000	5,250	7,500
4d Sed	300	900	1,500	3,050	5,300	7,600
4d Sta Wag	350	1,000	1,700	3,400	5,950	8,500

1963 Bel Air, V-8
2d Sed	300	900	1,500	3,050	5,300	7,600
4d Sed	300	900	1,550	3,100	5,400	7,700
4d Sta Wag	350	1,100	1,800	3,600	6,300	9,000

1963 Impala, V-8
4d Sed	350	1,100	1,800	3,600	6,300	9,000

	6	5	4	3	2	1
4d HT	450	1,300	2,200	4,400	7,700	11,000
2d HT*	900	2,650	4,400	8,800	15,400	22,000
2d Conv*	1,200	3,600	6,000	12,000	21,000	30,000
4d Sta Wag	450	1,300	2,200	4,400	7,700	11,000

NOTE: Add 15 percent for "Power-Pack" & dual exhaust. Add 15 percent for A/C. Add 35 percent for 409 CID. Add 15 percent for Super Sport option. Deduct 10 percent for 6-cyl. except Chevy II.

1964 Chevy II and Nova, 4 & 6-cyl.

2d Sed	300	950	1,550	3,100	5,450	7,800
4d Sed	300	950	1,600	3,150	5,550	7,900
2d HT	500	1,550	2,600	5,200	9,100	13,000
4d Sta Wag	350	1,100	1,850	3,700	6,450	9,200

NOTE: Add 10 percent for 6-cyl.

1964 Nova Super Sport Series, 6-cyl.

2d HT	650	1,900	3,200	6,400	11,200	16,000

NOTE: Add 25 percent for V-8. Add 10 percent for 4-speed transmission.

1964 Chevelle

2d Sed	300	900	1,500	3,000	5,250	7,500
4d Sed	300	900	1,500	3,050	5,300	7,600
2d Sta Wag	400	1,150	1,900	3,750	6,600	9,400
4d Sta Wag	350	1,100	1,850	3,700	6,450	9,200

1964 Malibu Series, V-8

4d Sed	300	900	1,500	3,050	5,300	7,600
2d HT*	650	1,900	3,200	6,400	11,200	16,000
2d Conv*	1,100	3,250	5,400	10,800	18,900	27,000
4d Sta Wag	350	1,100	1,800	3,600	6,300	9,000

NOTE: Add 15 percent for Super Sport option. Deduct 10 percent for 6-cyl.

1964 Biscayne, V-8

2d Sed	300	900	1,500	3,000	5,250	7,500
4d Sed	300	900	1,500	3,050	5,300	7,600
4d Sta Wag	350	1,000	1,700	3,400	5,950	8,500

1964 Bel Air, V-8

2d Sed	300	900	1,500	3,050	5,300	7,600
4d Sed	300	900	1,550	3,100	5,400	7,700
4d Sta Wag	400	1,200	2,000	4,000	7,000	10,000

1964 Impala, V-8

4d Sed	350	1,000	1,700	3,400	5,950	8,500
4d HT	400	1,250	2,100	4,200	7,350	10,500
2d HT*	800	2,400	4,000	8,000	14,000	20,000
2d Conv*	1,250	3,700	6,200	12,400	21,700	31,000
4d Sta Wag	500	1,450	2,400	4,800	8,400	12,000

NOTE: Add 15 percent for Super Sport option. Add 15 percent for Power-Pack & dual exhaust. Add 15 percent for A/C. Add 35 percent for 409 CID. Deduct 10 percent for 6-cyl.

1965 Chevy II, V-8

4d Sed	300	900	1,500	3,050	5,300	7,600
2d Sed	300	900	1,500	3,050	5,300	7,600
4d Sta Wag	300	950	1,550	3,100	5,450	7,800

1965 Nova Series, V-8

4d Sed	300	900	1,550	3,100	5,400	7,700
2d HT	500	1,550	2,600	5,200	9,100	13,000
4d Sta Wag	350	1,100	1,800	3,600	6,300	9,000

1965 Nova Super Sport, V-8

2d Spt Cpe	650	1,900	3,200	6,400	11,200	16,000

1965 Chevelle

2d Sed	300	900	1,500	2,950	5,200	7,400
4d Sed	300	900	1,500	3,000	5,250	7,500
2d Sta Wag	400	1,150	1,900	3,800	6,650	9,500
4d Sta Wag	400	1,150	1,900	3,800	6,650	9,500

1965 Malibu, V-8

4d Sed	300	950	1,550	3,100	5,450	7,800
2d HT	700	2,050	3,400	6,800	11,900	17,000
2d Conv	1,100	3,350	5,600	11,200	19,600	28,000
4d Sta Wag	350	1,100	1,800	3,650	6,350	9,100

1965 Malibu Super Sport, V-8

2d HT	850	2,500	4,200	8,400	14,700	21,000
2d Conv	1,200	3,600	6,000	12,000	21,000	30,000

NOTE: Add 100 percent for RPO Z16 SS-396 option on hardtop only. Add 35 percent for 396 CID, 325 hp.

1965 Biscayne, V-8

2d Sed	300	900	1,500	2,950	5,200	7,400
4d Sed	300	900	1,500	3,000	5,250	7,500
4d Sta Wag	300	900	1,550	3,100	5,400	7,700

	6	5	4	3	2	1
1965 Bel Air, V-8						
2d Sed	300	950	1,550	3,100	5,450	7,800
4d Sed	300	950	1,600	3,150	5,550	7,900
4d Sta Wag	350	1,000	1,700	3,400	5,950	8,500
1965 Impala, V-8						
4d Sed	350	1,100	1,800	3,600	6,300	9,000
4d HT*	400	1,250	2,100	4,200	7,350	10,500
2d HT	650	1,900	3,200	6,400	11,200	16,000
2d Conv	1,000	3,000	5,000	10,000	17,500	25,000
4d Sta Wag	400	1,150	1,900	3,800	6,650	9,500
1965 Impala Super Sport, V-8						
2d HT	700	2,050	3,400	6,800	11,900	17,000
2d Conv	1,100	3,350	5,600	11,200	19,600	28,000

NOTE: Add 20 percent for "Power-Pack" & dual exhaust. Add 15 percent for A/C. Add 35 percent for 409 CID. Add 35 percent for 396 CID, 325 hp. Add 50 percent for 396 CID, 425 hp. Add 40 percent for 409 CID, 340 hp. Add 50 percent for 409 CID, 400 hp. Deduct 10 percent for 6-cyl. Add 10 percent for Caprice models.

	6	5	4	3	2	1
1966 Chevy II Series 100						
2d Sed	300	900	1,500	3,050	5,300	7,600
4d Sed	300	900	1,550	3,100	5,400	7,700
4d Sta Wag	300	950	1,600	3,150	5,550	7,900
1966 Nova Series, V-8						
2d HT	400	1,200	2,000	4,000	7,000	10,000
4d Sed	300	950	1,550	3,100	5,450	7,800
4d Sta Wag	300	950	1,600	3,200	5,600	8,000
1966 Nova Super Sport						
2d HT	650	1,900	3,200	6,400	11,200	16,000

NOTE: Add 60 percent for High Performance pkg.

	6	5	4	3	2	1
1966 Chevelle						
2d Sed	300	900	1,500	2,950	5,200	7,400
4d Sed	300	900	1,500	3,000	5,250	7,500
4d Sta Wag	300	900	1,550	3,100	5,400	7,700
1966 Malibu, V-8						
4d Sed	300	950	1,550	3,100	5,450	7,800
4d HT	300	950	1,600	3,200	5,600	8,000
2d HT	700	2,050	3,400	6,800	11,900	17,000
2d Conv	950	2,900	4,800	9,600	16,800	24,000
4d Sta Wag	300	950	1,600	3,200	5,600	8,000
1966 Super Sport, '396' V-8						
2d HT	1,050	3,100	5,200	10,400	18,200	26,000
2d Conv	1,350	4,100	6,800	13,600	23,800	34,000

NOTE: Deduct 10 percent for 6-cyl Chevelle. Add 10 percent for 396 CID, 360 hp. Add 30 percent for 396 CID, 375 hp.

	6	5	4	3	2	1
1966 Biscayne, V-8						
2d Sed	300	900	1,500	3,000	5,250	7,500
4d Sed	300	900	1,500	3,050	5,300	7,600
4d Sta Wag	300	950	1,550	3,100	5,450	7,800
1966 Bel Air, V-8						
2d Sed	300	950	1,600	3,200	5,600	8,000
4d Sed	300	950	1,600	3,250	5,650	8,100
4d 3S Wag	350	1,100	1,800	3,600	6,300	9,000
1966 Impala, V-8						
4d Sed	350	1,000	1,700	3,400	5,950	8,500
4d HT	400	1,250	2,100	4,200	7,350	10,500
2d HT	700	2,150	3,600	7,200	12,600	18,000
2d Conv	950	2,900	4,800	9,600	16,800	24,000
4d Sta Wag	450	1,300	2,200	4,400	7,700	11,000
1966 Impala Super Sport, V-8						
2d HT	850	2,500	4,200	8,400	14,700	21,000
2d Conv	1,100	3,250	5,400	10,800	18,900	27,000
1966 Caprice, V-8						
4d HT	500	1,550	2,600	5,200	9,100	13,000
2d HT	750	2,300	3,800	7,600	13,300	19,000
4d Sta Wag	500	1,450	2,400	4,800	8,400	12,000

NOTE: Add 35 percent for 396 CID. Add 40 percent for 427 CID, 390 hp. Add 50 percent for 427 CID, 425 hp. Add approx. 40 percent for 427 CID engine when available. Add 15 percent for A/C.

	6	5	4	3	2	1
1967 Chevy II, 100, V-8, 110" wb						
2d Sed	300	900	1,450	2,900	5,100	7,300
4d Sed	300	900	1,500	2,950	5,200	7,400
4d Sta Wag	300	900	1,500	3,050	5,300	7,600
1967 Chevy II Nova, V-8, 110" wb						
4d Sed	300	900	1,500	3,000	5,250	7,500
2d HT	500	1,500	2,500	5,000	8,750	12,500

	6	5	4	3	2	1
4d Sta Wag	350	1,000	1,700	3,400	5,950	8,500

1967 Chevy II Nova SS, V-8, 110" wb
2d HT	550	1,600	2,700	5,400	9,450	13,500

NOTE: Add 60 percent for High Performance pkg.

1967 Chevelle 300, V-8, 115" wb
2d Sed	300	900	1,500	2,950	5,200	7,400
4d Sed	300	900	1,500	3,000	5,250	7,500

1967 Chevelle 300 DeLuxe, V-8, 115" wb
2d Sed	300	900	1,550	3,100	5,400	7,700
4d Sed	300	950	1,550	3,100	5,450	7,800
4d Sta Wag	350	1,100	1,800	3,600	6,300	9,000

1967 Chevelle Malibu, V-8, 115" wb
4d Sed	300	950	1,600	3,200	5,600	8,000
4d HT	350	1,100	1,800	3,600	6,300	9,000
2d HT	600	1,800	3,000	6,000	10,500	15,000
2d Conv	900	2,750	4,600	9,200	16,100	23,000
4d Sta Wag	350	1,000	1,700	3,400	5,950	8,500

NOTE: Add 50 percent for 327 CID, 325 hp.

1967 Chevelle Concours, V-8, 115" wb
4d Sta Wag	400	1,150	1,900	3,800	6,650	9,500

1967 Chevelle Super Sport 396, 115" wb
2d HT	1,050	3,100	5,200	10,400	18,200	26,000
2d Conv	1,200	3,600	6,000	12,000	21,000	30,000

NOTE: Add 10 percent for 396 CID, 350 hp. Add 30 percent for 396 CID, 375 hp.

1967 Biscayne, V-8, 119" wb
2d Sed	300	900	1,500	3,000	5,250	7,500
4d Sed	300	900	1,500	3,050	5,300	7,600
4d Sta Wag	350	1,000	1,700	3,400	5,950	8,500

1967 Bel Air, V-8, 119" wb
2d Sed	350	1,000	1,650	3,300	5,750	8,200
4d Sed	350	1,000	1,650	3,300	5,800	8,300
4d 3S Sta Wag	350	1,100	1,800	3,600	6,300	9,000

1967 Impala, V-8, 119" wb
4d Sed	350	1,000	1,700	3,400	5,950	8,500
4d HT	350	1,100	1,800	3,600	6,300	9,000
2d HT	550	1,700	2,800	5,600	9,800	14,000
2d Conv	900	2,750	4,600	9,200	16,100	23,000
4d 3S Sta Wag	400	1,200	2,000	4,000	7,000	10,000

1967 Impala SS, V-8, 119" wb
2d HT	600	1,800	3,000	6,000	10,500	15,000
2d Conv	900	2,750	4,600	9,200	16,100	23,000

1967 Caprice, V-8, 119" wb
2d HT	650	1,900	3,200	6,400	11,200	16,000
4d HT	500	1,450	2,400	4,800	8,400	12,000
4d 3S Sta Wag	450	1,300	2,200	4,400	7,700	11,000

NOTE: Add approximately 40 percent for SS-427 engine options when available in all series. Add 40 percent for SS-396 option. Add 15 percent for A/C.

1967 Camaro, V-8
2d IPC	1,150	3,500	5,800	11,600	20,300	29,000
2d Cpe	700	2,150	3,600	7,200	12,600	18,000
2d Conv	950	2,900	4,800	9,600	16,800	24,000
2d Z28 Cpe	1,500	4,550	7,600	15,200	26,600	38,000
2d Yenko Cpe	3,100	9,350	15,600	31,200	54,600	78,000

NOTE: Deduct 5 percent for Six, (when available). Add 10 percent for Rally Sport Package, (when available; except incl. w/Indy Pace Car). Add 10 percent for SS-350 (when available; except incl. w/Indy Pace Car). Add 15 percent for SS-396 (L-35/325 hp; when available). Add 35 percent for SS-396 (L-78/375 hp; when available). Add 10 percent for A/C.

1968 Nova 307 V8
2d Cpe	300	950	1,550	3,100	5,450	7,800
4d Sed	300	850	1,400	2,800	4,900	7,000

NOTE: Deduct 5 percent for 4 or 6-cyl. Add 25 percent for SS package. Add 25 percent for 327 CID. Add 30 percent for 350 CID. Add 35 percent for 396 CID engine.

1968 Chevelle 300
2d Sed	250	750	1,300	2,550	4,500	6,400
4d Sta Wag	250	800	1,300	2,600	4,550	6,500

1968 Chevelle 300 DeLuxe
4d Sed	250	750	1,300	2,550	4,500	6,400
4d HT	300	850	1,400	2,750	4,850	6,900
2d Cpe	250	750	1,300	2,550	4,500	6,400
4d Sta Wag	300	850	1,400	2,800	4,900	7,000

1968 Chevelle Malibu
4d Sed	250	800	1,300	2,600	4,550	6,500

	6	5	4	3	2	1
4d HT	300	900	1,500	3,000	5,250	7,500
2d HT	500	1,550	2,600	5,200	9,100	13,000
2d Conv	900	2,750	4,600	9,200	16,100	23,000
4d Sta Wag	300	900	1,500	3,000	5,250	7,500

NOTE: Add 10 percent for 396 CID, 350 hp. Add 30 percent for 396 CID, 375 hp.

1968 Chevelle Concours Estate

4d Sta Wag	300	950	1,600	3,200	5,600	8,000

1968 Chevelle SS-396

2d HT	900	2,650	4,400	8,800	15,400	22,000
2d Conv	1,150	3,500	5,800	11,600	20,300	29,000

1968 Biscayne

2d Sed	250	750	1,300	2,550	4,500	6,400
4d Sed	250	800	1,300	2,600	4,550	6,500
4d Sta Wag	300	850	1,400	2,800	4,900	7,000

1968 Bel Air

2d Sed	250	800	1,300	2,600	4,550	6,500
4d Sed	250	800	1,300	2,650	4,600	6,600
4d 2S Sta Wag	300	900	1,500	3,000	5,250	7,500
4d 3S Sta Wag	300	950	1,600	3,200	5,600	8,000

1968 Impala

4d Sed	300	850	1,400	2,800	4,900	7,000
4d HT	350	1,000	1,650	3,300	5,750	8,200
2d HT	400	1,200	2,000	4,000	7,000	10,000
2d Cus Cpe	400	1,250	2,100	4,200	7,350	10,500
2d Conv	900	2,650	4,400	8,800	15,400	22,000
4d 2S Sta Wag	350	1,100	1,800	3,600	6,300	9,000
4d 3S Sta Wag	350	1,100	1,800	3,650	6,350	9,100

1968 Caprice

4d HT	350	1,100	1,800	3,600	6,300	9,000
2d HT	500	1,450	2,400	4,800	8,400	12,000
4d 2S Sta Wag	400	1,150	1,900	3,800	6,650	9,500
4d 3S Sta Wag	400	1,200	2,000	4,000	7,000	10,000

1968 Chevelle 300

NOTE: Only 1,270 Nova 4's were built in 1968.

1968 Camaro, V-8

2d Cpe	600	1,800	3,000	6,000	10,500	15,000
2d Conv	750	2,300	3,800	7,600	13,300	19,000
2d Z28	900	2,650	4,400	8,800	15,400	22,000
2d Yenko Cpe	2,400	7,200	12,000	24,000	42,000	60,000

NOTE: Deduct 5 percent for Six (when available). Add 10 percent for A/C. Add 15 percent for Rally Sport Package (when available). Add 25 percent for SS package. Add 15 percent for SS-350 (when available; except Z-28). Add 25 percent for SS-396 (L35/325 hp; when available). Add 35 percent for SS-396 (L78/375 hp; when available). Add 40 percent for SS-396 (L89; when available). Add approx. 40 percent for 427 engine options when available.

1969 Nova Four

2d Cpe	200	650	1,050	2,100	3,700	5,300
4d Sed	200	600	1,050	2,100	3,650	5,200

1969 Nova Six

2d Cpe	200	650	1,100	2,150	3,800	5,400
4d Sed	200	650	1,050	2,100	3,700	5,300

1969 Chevy II, Nova V-8

2d Cpe	200	650	1,100	2,200	3,850	5,500
4d Sed	200	650	1,100	2,150	3,800	5,400
2d Yenko Cpe	2,250	6,700	11,200	22,400	39,200	56,000

NOTE: Add 25 percent for Nova SS. Add 30 percent for 350 CID. Add 35 percent for 396 CID. Add 10 percent for Impala "SS". Add 25 percent for other "SS" equipment pkgs.

1969 Chevelle 300 DeLuxe

4d Sed	200	600	1,000	2,000	3,500	5,000
2d HT	300	900	1,500	3,000	5,250	7,500
2d Cpe	200	650	1,100	2,200	3,850	5,500
4d Nomad	250	700	1,150	2,300	4,000	5,700
4d Dual Nomad	250	700	1,200	2,400	4,200	6,000
4d GB Wag	200	650	1,100	2,200	3,850	5,500
4d 6P GB Dual Wag	200	650	1,100	2,200	3,850	5,500
4d 9P GB Dual Wag	200	650	1,100	2,250	3,900	5,600

1969 Chevelle Malibu, Concours, V-8

4d Sed	200	650	1,100	2,200	3,850	5,500
4d HT	250	700	1,200	2,400	4,200	6,000
2d HT	500	1,450	2,400	4,800	8,400	12,000
Conv	750	2,300	3,800	7,600	13,300	19,000
4d HT	300	900	1,500	3,000	5,250	7,500
4d 9P Estate	200	650	1,100	2,250	3,900	5,600
4d 6P Estate	200	650	1,100	2,200	3,850	5,500

	6	5	4	3	2	1

NOTE: Add 10 percent for 396 CID, 350 hp. Add 30 percent for 396 CID, 375 hp.

1969 Chevelle Malibu SS-396

	6	5	4	3	2	1
2d HT	750	2,300	3,800	7,600	13,300	19,000
2d Conv	1,000	3,000	5,000	10,000	17,500	25,000

NOTE: Add 60 percent for Yenko Hardtop.

1969 Biscayne

	6	5	4	3	2	1
2d Sed	200	600	1,000	2,000	3,500	5,000
4d Sed	200	600	1,000	1,950	3,450	4,900
4d Sta Wag	200	600	1,050	2,100	3,650	5,200

1969 Bel Air

	6	5	4	3	2	1
2d Sed	200	650	1,100	2,200	3,850	5,500
4d Sed	200	600	1,000	2,000	3,500	5,000
4d 6P Sta Wag	200	650	1,100	2,250	3,900	5,600
4d 9P Sta Wag	250	700	1,150	2,300	4,050	5,800

1969 Impala, V-8

	6	5	4	3	2	1
4d Sed	200	650	1,100	2,200	3,850	5,500
4d HT	300	850	1,400	2,800	4,900	7,000
2d HT	350	1,000	1,700	3,400	5,950	8,500
2d Cus Cpe	350	1,050	1,750	3,500	6,100	8,700
2d Conv	600	1,800	3,000	6,000	10,500	15,000
4d 6P Sta Wag	250	700	1,150	2,300	4,050	5,800
4d 9P Sta Wag	250	700	1,200	2,400	4,200	6,000

NOTE: Add 35 percent for Impala SS 427 option.

1969 Caprice, V-8

	6	5	4	3	2	1
4d HT	300	950	1,600	3,200	5,600	8,000
2d Cus Cpe	400	1,150	1,900	3,800	6,650	9,500
4d 6P Sta Wag	250	700	1,200	2,400	4,200	6,000
4d 9P Sta Wag	300	850	1,400	2,800	4,900	7,000

1969 Camaro, V-8

	6	5	4	3	2	1
2d Spt Cpe	650	1,900	3,200	6,400	11,200	16,000
2d Conv	850	2,500	4,200	8,400	14,700	21,000
2d Z28	850	2,500	4,200	8,400	14,700	21,000
2d IPC	1,000	3,000	5,000	10,000	17,500	25,000
2d ZL-1*	3,050	9,100	15,200	30,400	53,200	76,000
2d Yenko	1,800	5,400	9,000	18,000	31,500	45,000

NOTE: Deduct 5 percent for Six, (when available). Add 5 percent for Rally Sport (except incl. w/Indy Pace Car). Add 10 percent for SS-350 (when avail.; except incl. w/Indy Pace Car). Add 25 percent for SS-396 (L78/375 hp; when available). Add 55 percent for SS-396 (L89/375 hp; alum. heads; when available). Add approx. 40 percent for 427 engine options when available. The specially trimmed coupe with the aluminum 427 block.

1970 Nova Four

	6	5	4	3	2	1
2d Cpe	200	600	1,000	2,000	3,500	5,000
4d Sed	200	600	1,000	1,950	3,450	4,900

1970 Nova Six

	6	5	4	3	2	1
2d Cpe	200	600	1,000	2,050	3,550	5,100
4d Sed	200	600	1,000	2,000	3,500	5,000

1970 Nova, V-8

	6	5	4	3	2	1
2d Cpe	200	600	1,050	2,100	3,650	5,200
4d Sed	200	600	1,000	2,050	3,550	5,100
2d Yenko Cpe	2,100	6,250	10,400	20,800	36,400	52,000

NOTE: Add 25 percent for SS option.

1970 Chevelle

	6	5	4	3	2	1
2d Cpe	250	800	1,350	2,700	4,750	6,800
4d Sed	200	650	1,100	2,200	3,850	5,500
4d Nomad	250	700	1,200	2,400	4,200	6,000

1970 Greenbrier

	6	5	4	3	2	1
4d 6P Sta Wag	200	650	1,100	2,200	3,850	5,500
4d 8P Sta Wag	200	650	1,100	2,200	3,850	5,500

1970 Malibu, V-8

	6	5	4	3	2	1
4d Sed	200	650	1,100	2,250	3,900	5,600
4d HT	250	700	1,200	2,400	4,200	6,000
2d HT	450	1,300	2,200	4,400	7,700	11,000
2d Conv	700	2,150	3,600	7,200	12,600	18,000
4d Concours Est Wag	250	800	1,300	2,650	4,600	6,600

1970 Chevelle Malibu SS 396

	6	5	4	3	2	1
2d HT	850	2,500	4,200	8,400	14,700	21,000
2d Conv	1,050	3,100	5,200	10,400	18,200	26,000

1970 Chevelle Malibu SS 454

	6	5	4	3	2	1
2d HT	1,000	3,000	5,000	10,000	17,500	25,000
2d Conv	1,200	3,600	6,000	12,000	21,000	30,000

NOTE: Add 30 percent for 396 CID, 375 hp. Add 50 percent for LS6 engine option.

1970 Monte Carlo

	6	5	4	3	2	1
2d HT	500	1,450	2,400	4,800	8,400	12,000

1965 Chevrolet Corvair Corsa coupe

1961 Chevrolet Corvette convertible

1973 Chevrolet Corvette coupe

	6	5	4	3	2	1
NOTE: Add 35 percent for SS 454.						
1970 Biscayne						
4d Sed	200	550	950	1,900	3,300	4,700
4d Sta Wag	200	600	950	1,900	3,350	4,800
1970 Bel Air						
4d Sed	200	600	1,000	2,050	3,550	5,100
4d 6P Sta Wag	200	650	1,050	2,100	3,700	5,300
4d 9P Sta Wag	200	650	1,100	2,200	3,850	5,500
1970 Impala, V-8						
4d Sed	250	700	1,150	2,300	4,050	5,800
4d HT	300	900	1,500	3,000	5,250	7,500
2d Spt Cpe	300	950	1,600	3,200	5,600	8,000
2d Cus Cpe	300	950	1,600	3,200	5,600	8,000
2d Conv	500	1,450	2,400	4,800	8,400	12,000
4d 6P Sta Wag	250	800	1,300	2,600	4,550	6,500
4d 9P Sta Wag	300	850	1,400	2,800	4,900	7,000
1970 Caprice, V-8						
4d HT	300	950	1,600	3,200	5,600	8,000
2d Cus Cpe	400	1,150	1,900	3,800	6,650	9,500
4d 6P Sta Wag	300	850	1,450	2,900	5,050	7,200
4d 9P Sta Wag	300	900	1,500	3,000	5,250	7,500
NOTE: Add 35 percent for SS 454 option. Add 25 percent for Rally Sport and/or Super Sport options.						
1970 Camaro, V-8						
2d Cpe	450	1,300	2,200	4,400	7,700	11,000
2d Z28	600	1,800	3,000	6,000	10,500	15,000
NOTE: Deduct 5 percent for Six, (except Z28). Add 35 percent for the 375 horsepower 396, (L78 option). Add 35 percent for Rally Sport and/or Super Sport options.						
1971 Vega						
2d Sed	200	600	1,000	2,000	3,500	5,000
2d HBk	200	600	1,000	2,050	3,550	5,100
2d Kammback	200	600	1,050	2,100	3,650	5,200
NOTE: Add 5 percent for GT.						
1971 Nova, V-8						
4d Sed	200	600	1,000	2,000	3,500	5,000
2d Sed	200	600	1,050	2,100	3,650	5,200
2d SS	250	800	1,350	2,700	4,750	6,800
1971 Chevelle						
2d HT	450	1,300	2,200	4,400	7,700	11,000
2d Malibu HT	650	1,900	3,200	6,400	11,200	16,000
2d Malibu Conv	850	2,500	4,200	8,400	14,700	21,000
4d HT	300	950	1,600	3,200	5,600	8,000
4d Sed	200	650	1,100	2,200	3,850	5,500
4d Concours Est Wag	300	850	1,400	2,800	4,900	7,000
1971 Chevelle Malibu SS						
2d HT	700	2,050	3,400	6,800	11,900	17,000
2d Conv	900	2,750	4,600	9,200	16,100	23,000
1971 Chevelle Malibu SS-454						
2d HT	800	2,400	4,000	8,000	14,000	20,000
2d Conv	1,050	3,100	5,200	10,400	18,200	26,000
1971 Monte Carlo						
2d HT	500	1,550	2,600	5,200	9,100	13,000
NOTE: Add 35 percent for SS 454. Add 25 percent for SS 402 engine option.						
1971 Biscayne, V-8, 121" wb						
4d Sed	200	600	950	1,900	3,350	4,800
1971 Bel Air, V-8, 121" wb						
4d Sed	200	600	1,050	2,100	3,650	5,200
1971 Impala, V-8, 121" wb						
4d Sed	200	650	1,100	2,200	3,850	5,500
4d HT	250	750	1,250	2,500	4,350	6,200
2d HT	300	950	1,600	3,200	5,600	8,000
2d HT Cus	350	1,000	1,650	3,300	5,750	8,200
2d Conv	600	1,800	3,000	6,000	10,500	15,000
1971 Caprice, V-8, 121" wb						
4d HT	300	850	1,400	2,800	4,900	7,000
2d HT	350	1,000	1,700	3,400	5,950	8,500
1971 Station Wagons, V-8, 125" wb						
4d Brookwood 2-S	200	650	1,100	2,150	3,800	5,400
4d Townsman 3-S	250	700	1,150	2,300	4,000	5,700
4d Kingswood 3-S	250	700	1,200	2,350	4,150	5,900
4d Est 3-S	250	700	1,200	2,400	4,200	6,000
NOTE: Add 35 percent for SS 454 option.						

	6	5	4	3	2	1
1971 Camaro, V-8						
2d Cpe	450	1,300	2,200	4,400	7,700	11,000
2d Z28	550	1,700	2,800	5,600	9,800	14,000
NOTE: Add 35 percent for Rally Sport and/or Super Sport options.						
1972 Vega						
2d Sed	200	600	1,000	2,000	3,500	5,000
2d HBk	200	600	1,000	2,050	3,550	5,100
2d Kammback	200	600	1,050	2,100	3,650	5,200
NOTE: Add 15 percent for GT.						
1972 Nova						
4d Sed	200	600	1,050	2,100	3,650	5,200
2d Sed	200	650	1,050	2,100	3,700	5,300
NOTE: Add 25 percent for SS.						
1972 Chevelle						
2d Malibu HT	550	1,700	2,800	5,600	9,800	14,000
2d Malibu Conv	850	2,500	4,200	8,400	14,700	21,000
4d HT	300	950	1,600	3,200	5,600	8,000
4d Sed	200	650	1,100	2,200	3,850	5,500
4d Concours Est Wag	300	850	1,400	2,800	4,900	7,000
1972 Chevelle Malibu SS						
2d HT	700	2,050	3,400	6,800	11,900	17,000
2d Conv	900	2,750	4,600	9,200	16,100	23,000
1972 Chevelle Malibu SS-454						
2d HT	750	2,300	3,800	7,600	13,300	19,000
2d Conv	1,000	3,000	5,000	10,000	17,500	25,000
1972 Monte Carlo						
2d HT	500	1,550	2,600	5,200	9,100	13,000
NOTE: Add 35 percent for 454 CID engine. Add 25 percent for 402 engine option.						
1972 Biscayne, V-8, 121" wb						
4d Sed	200	600	950	1,900	3,350	4,800
1972 Bel Air, V-8, 121" wb						
4d Sed	200	600	1,000	1,950	3,450	4,900
1972 Impala, V-8, 121" wb						
4d Sed	200	600	1,050	2,100	3,650	5,200
4d HT	250	750	1,250	2,500	4,350	6,200
2d HT Cus	300	950	1,600	3,200	5,600	8,000
2d HT	300	900	1,500	3,000	5,250	7,500
2d Conv	500	1,550	2,600	5,200	9,100	13,000
1972 Caprice, V-8, 121" wb						
4d Sed	200	650	1,100	2,200	3,850	5,500
4d HT	300	900	1,500	3,000	5,250	7,500
2d HT	350	1,000	1,700	3,400	5,950	8,500
1972 Station Wagons, V-8, 125" wb						
4d Brookwood 2-S	250	700	1,150	2,300	4,000	5,700
4d Townsman 3-S	250	700	1,200	2,350	4,150	5,900
4d Kingswood 3-S	250	700	1,200	2,400	4,200	6,000
4d Est 3-S	250	800	1,300	2,600	4,550	6,500
NOTE: Add 35 percent for 454 option. Add 30 percent for 402 option.						
1972 Camaro, V-8						
2d Cpe	500	1,450	2,400	4,800	8,400	12,000
2d Z28	600	1,800	3,000	6,000	10,500	15,000
NOTE: Add 35 percent for Rally Sport and/or Super Sport options.						
1973 Vega						
2d Sed	200	650	1,100	2,250	3,900	5,600
2d HBk	200	600	1,000	2,050	3,550	5,100
2d Sta Wag	200	600	1,050	2,100	3,650	5,200
1973 Nova Custom V8						
2d Cpe	200	650	1,100	2,150	3,800	5,400
4d Sed	200	650	1,050	2,100	3,700	5,300
2d HBk	200	650	1,100	2,200	3,850	5,500
1973 Chevelle Malibu V8						
2d Cpe	200	650	1,100	2,250	3,900	5,600
4d Sed	200	650	1,100	2,200	3,850	5,500
NOTE: Add 15 percent for SS option.						
1973 Laguna V8						
4d Sed	200	650	1,100	2,250	3,900	5,600
2d Cpe	300	900	1,500	3,000	5,250	7,500
4d 3S DeL Sta Wag	200	600	1,000	2,000	3,500	5,000
4d 3S Malibu Sta Wag	200	600	1,000	2,050	3,550	5,100
4d 3S Malibu Est Wag	200	600	1,050	2,100	3,650	5,200
4d 3S Laguna Sta Wag	200	650	1,100	2,200	3,850	5,500
4d 3S Laguna Est Wag	250	700	1,150	2,300	4,000	5,700

	6	5	4	3	2	1
1973 Monte Carlo V8						
2d Cpe	250	800	1,300	2,600	4,550	6,500
2d Cpe Lan	300	850	1,400	2,800	4,900	7,000
1973 Bel Air						
4d	200	650	1,100	2,250	3,900	5,600
4d 2S Bel Air Sta Wag	200	650	1,100	2,150	3,800	5,400
4d 3S Bel Air Sta Wag	200	650	1,100	2,200	3,850	5,500
1973 Impala V8						
2d Cpe Spt	250	800	1,300	2,600	4,550	6,500
2d Cpe Cus	250	800	1,350	2,700	4,700	6,700
4d Sed	250	700	1,150	2,300	4,000	5,700
4d HT	250	700	1,200	2,400	4,200	6,000
4d 3S Impala Wag	250	700	1,200	2,400	4,200	6,000
1973 Caprice Classic V8						
2d Cpe	300	850	1,400	2,800	4,900	7,000
4d Sed	250	700	1,150	2,300	4,000	5,700
4d HT	250	800	1,300	2,600	4,550	6,500
2d Conv	650	1,900	3,200	6,400	11,200	16,000
4d 3S Caprice Est Wag	250	800	1,300	2,600	4,550	6,500
1973 Camaro, V-8						
2d Cpe	500	1,450	2,400	4,800	8,400	12,000
2d Z28	550	1,700	2,800	5,600	9,800	14,000
NOTE: Add 35 percent for Rally Sport and/or Super Sport options.						
1974 Vega						
2d Cpe	200	600	1,000	2,000	3,500	5,000
2d HBk	200	600	1,000	2,050	3,550	5,100
2d Sta Wag	200	600	1,050	2,100	3,650	5,200
1974 Nova						
2d Cpe	200	650	1,100	2,150	3,800	5,400
2d HBk	200	650	1,100	2,250	3,900	5,600
4d Sed	200	650	1,100	2,150	3,800	5,400
1974 Nova Custom						
2d Cpe	200	650	1,100	2,200	3,850	5,500
2d HBk	200	650	1,100	2,250	3,900	5,600
4d Sed	200	650	1,100	2,200	3,850	5,500
NOTE: Add 10 percent for Spirit of America option where applied.						
1974 Malibu						
2d Col Cpe	250	700	1,200	2,400	4,200	6,000
4d Col Sed	200	650	1,100	2,250	3,900	5,600
4d Sta Wag	200	600	1,050	2,100	3,650	5,200
1974 Malibu Classic						
2d Col Cpe	250	700	1,150	2,300	4,000	5,700
2d Lan Cpe	200	650	1,100	2,150	3,800	5,400
4d Col Sed	200	600	1,000	2,050	3,550	5,100
4d Sta Wag	200	600	1,000	2,000	3,500	5,000
1974 Malibu Classic Estate						
4d Sta Wag	200	600	1,000	2,050	3,550	5,100
1974 Laguna Type S-3, V-8						
2d Cpe	350	1,000	1,700	3,400	5,950	8,500
1974 Monte Carlo						
2d 'S' Cpe	250	700	1,200	2,400	4,200	6,000
2d Lan	250	800	1,300	2,600	4,550	6,500
1974 Bel Air						
4d Sed	200	600	1,000	2,000	3,500	5,000
4d Sta Wag	200	600	1,000	2,000	3,500	5,000
1974 Impala						
4d Sed	200	650	1,050	2,100	3,700	5,300
4d HT Sed	250	700	1,150	2,300	4,050	5,800
2d Spt Cpe	250	800	1,300	2,600	4,550	6,500
2d Cus Cpe	250	800	1,350	2,700	4,750	6,800
4d Sta Wag	200	600	1,000	2,050	3,550	5,100
1974 Caprice Classic						
4d Sed	200	650	1,100	2,150	3,800	5,400
4d HT Sed	250	700	1,200	2,400	4,200	6,000
2d Cus Cpe	300	850	1,450	2,900	5,050	7,200
2d Conv	700	2,050	3,400	6,800	11,900	17,000
4d Sta Wag	200	650	1,100	2,200	3,850	5,500
NOTE: Add 20 percent for Nova SS package. Add 12 percent for Malibu with canopy roof. Add 20 percent for 454 V-8. Add 15 percent for Nova with 185 horsepower V-8. Add 25 percent for Impala "Spirit of America" Sport Coupe.						
1974 Camaro, V-8						
2d Cpe	450	1,400	2,300	4,600	8,050	11,500
2d LT Cpe	500	1,450	2,400	4,800	8,400	12,000

	6	5	4	3	2	1

NOTE: Add 10 percent for Z28 option.

1975 Vega
2d Cpe	200	600	1,000	2,000	3,500	5,000
2d HBk	200	600	1,000	2,050	3,550	5,100
2d Lux Cpe	200	600	1,000	2,050	3,550	5,100
4d Sta Wag	200	600	1,050	2,100	3,650	5,200
4d Est Wag	200	650	1,050	2,100	3,700	5,300
2d Cosworth	300	950	1,600	3,200	5,600	8,000

1975 Nova
2d 'S' Cpe	200	600	1,000	2,050	3,550	5,100
2d Cpe	200	600	1,000	2,050	3,550	5,100
2d HBk	200	600	1,050	2,100	3,650	5,200
4d Sed	200	600	1,050	2,100	3,650	5,200

1975 Nova Custom
2d Cpe	200	600	1,050	2,100	3,650	5,200
2d HBk	200	650	1,050	2,100	3,700	5,300
4d Sed	200	600	1,050	2,100	3,650	5,200

1975 Nova LN, V-8
4d Sed	200	650	1,050	2,100	3,700	5,300
2d Cpe	200	650	1,100	2,150	3,800	5,400

1975 Monza
2d 2 plus 2	200	650	1,100	2,200	3,850	5,500
2d Twn Cpe	200	600	1,050	2,100	3,650	5,200

1975 Malibu
2d Col Cpe	200	650	1,100	2,200	3,850	5,500
2d Col Sed	200	600	1,000	2,000	3,500	5,000
4d Sta Wag	200	600	1,000	2,050	3,550	5,100

1975 Malibu Classic
2d Col Cpe	250	700	1,200	2,400	4,200	6,000
2d Lan	250	750	1,250	2,500	4,350	6,200
4d Col Sed	200	600	1,050	2,100	3,650	5,200
4d Sta Wag	200	600	1,000	2,050	3,550	5,100
4d Est Wag	200	600	1,050	2,100	3,650	5,200

1975 Laguna Type S-3, V-8
2d Cpe	350	1,100	1,800	3,600	6,300	9,000

1975 Monte Carlo
2d 'S' Cpe	250	800	1,300	2,600	4,550	6,500
2d Lan	300	850	1,400	2,800	4,900	7,000

1975 Bel Air
4d Sed	200	600	1,000	2,050	3,550	5,100
4d Sta Wag	200	600	1,000	2,000	3,500	5,000

1975 Impala
4d Sed	200	650	1,050	2,100	3,700	5,300
4d HT	200	650	1,100	2,150	3,800	5,400
2d Spt Cpe	250	700	1,200	2,400	4,200	6,000
2d Cus Cpe	250	750	1,200	2,450	4,250	6,100
2d Lan	250	800	1,300	2,600	4,550	6,500
4d Sta Wag	200	650	1,100	2,150	3,800	5,400

1975 Caprice Classic
4d Sed	200	650	1,100	2,150	3,800	5,400
4d HT	200	650	1,100	2,200	3,850	5,500
2d Cus Cpe	250	800	1,300	2,600	4,550	6,500
2d Lan	250	800	1,300	2,600	4,550	6,500
2d Conv	650	1,900	3,200	6,400	11,200	16,000
4d Sta Wag	250	700	1,200	2,400	4,200	6,000

NOTE: Add 10 percent for Nova SS. Add 15 percent for SS option on Chevelle wagon. Add 20 percent for Monte Carlo or Laguna 454. Add 15 percent for 454 Caprice. Add 15 percent for canopy top options. Add 10 percent for Monza V-8.

1975 Camaro, V-8
Cpe	400	1,200	2,000	4,000	7,000	10,000
Type LT	450	1,300	2,200	4,400	7,700	11,000

NOTE: Add 30 percent for Camaro R/S.

1976 Chevette, 4-cyl.
2d Scooter	200	550	950	1,900	3,300	4,700
2d HBk	200	600	1,000	1,950	3,450	4,900

1976 Vega, 4-cyl.
2d Sed	200	600	1,000	2,000	3,500	5,000
2d HBk	200	600	1,000	2,050	3,550	5,100
2d Cosworth HBk	300	950	1,600	3,200	5,600	8,000
2d Sta Wag	200	600	1,050	2,100	3,650	5,200
2d Est Sta Wag	200	650	1,050	2,100	3,700	5,300

1976 Nova, V-8
2d Cpe	200	600	1,000	2,050	3,550	5,100

	6	5	4	3	2	1
2d HBk	200	600	1,050	2,100	3,650	5,200
4d Sed	200	600	1,000	2,000	3,500	5,000
1976 Nova Concours, V-8						
2d Cpe	200	600	1,050	2,100	3,650	5,200
2d HBk	200	650	1,050	2,100	3,700	5,300
4d Sed	200	600	1,000	2,050	3,550	5,100
1976 Monza, 4-cyl.						
2d Twn Cpe	200	600	1,000	1,950	3,450	4,900
2d HBk	200	600	1,000	1,950	3,450	4,900
1976 Malibu, V-8						
2d Sed	200	600	1,000	2,050	3,550	5,100
4d Sed	200	600	1,000	2,000	3,500	5,000
4d 2S Sta Wag ES	200	600	1,000	2,000	3,500	5,000
4d 3S Sta Wag ES	200	600	1,000	2,000	3,500	5,000
1976 Malibu Classic, V-8						
2d Sed	200	650	1,100	2,200	3,850	5,500
2d Lan Cpe	250	700	1,150	2,300	4,000	5,700
4d Sed	200	600	1,000	2,000	3,500	5,000
1976 Laguna Type S-3, V-8						
2d Cpe	350	1,000	1,700	3,400	5,950	8,500
1976 Monte Carlo, V-8						
2d Cpe	250	800	1,300	2,600	4,550	6,500
2d Lan Cpe	300	850	1,400	2,800	4,900	7,000
1976 Impala, V-8						
4d Sed	200	600	950	1,900	3,350	4,800
4d Spt Sed	200	600	1,000	1,950	3,450	4,900
2d Cus Cpe	200	650	1,100	2,200	3,850	5,500
4d 2S Sta Wag	200	600	1,000	1,950	3,450	4,900
4d 3S Sta Wag	200	600	1,000	2,000	3,500	5,000
1976 Caprice Classic, V-8						
4d Sed	200	600	1,000	2,000	3,500	5,000
4d Spt Sed	200	600	1,000	2,050	3,550	5,100
2d Cpe	250	800	1,300	2,600	4,550	6,500
2d Lan Cpe	250	800	1,350	2,700	4,700	6,700
4d 2S Sta Wag	200	600	1,000	2,000	3,500	5,000
4d 3S Sta Wag	200	600	1,000	2,050	3,550	5,100
1976 Camaro, V-8						
2d Cpe	350	1,100	1,800	3,600	6,300	9,000
2d Cpe LT	400	1,200	2,000	4,000	7,000	10,000
1977 Chevette, 4-cyl.						
2d HBk	150	500	800	1,650	2,850	4,100
1977 Vega, 4-cyl.						
2d Spt Cpe	150	500	850	1,700	3,000	4,300
2d HBk	200	550	900	1,750	3,100	4,400
2d Sta Wag	200	550	900	1,800	3,150	4,500
2d Est Wag	200	550	900	1,850	3,200	4,600
1977 Nova, V-8						
2d Cpe	200	550	900	1,800	3,150	4,500
2d HBk	200	550	900	1,850	3,200	4,600
4d Sed	200	550	900	1,750	3,100	4,400
1977 Nova Concours, V-8						
2d Cpe	200	550	900	1,850	3,200	4,600
2d HBk	200	550	950	1,900	3,300	4,700
4d Sed	200	550	900	1,800	3,150	4,500
1977 Monza, 4-cyl.						
2d Twn Cpe	200	550	900	1,800	3,150	4,500
2d HBk	200	550	900	1,800	3,150	4,500
1977 Malibu, V-8						
2d Cpe	200	550	900	1,750	3,100	4,400
4d Sed	200	550	900	1,800	3,150	4,500
4d 2S Sta Wag	150	500	800	1,650	2,850	4,100
3S Sta Wag	150	500	850	1,700	2,950	4,200
1977 Malibu Classic, V-8						
2d Cpe	200	550	900	1,800	3,150	4,500
2d Lan Cpe	200	600	1,000	2,000	3,500	5,000
4d Sed	200	550	900	1,850	3,200	4,600
4d 2S Sta Wag	150	500	850	1,700	3,000	4,300
4d 3S Sta Wag	200	550	900	1,750	3,100	4,400
1977 Monte Carlo, V-8						
2d Cpe	200	650	1,100	2,200	3,850	5,500
2d Lan Cpe	250	700	1,200	2,400	4,200	6,000
1977 Impala, V-8						
2d Cpe	200	600	1,000	2,000	3,500	5,000

	6	5	4	3	2	1
4d Sed	200	550	900	1,800	3,150	4,500
4d 2S Sta Wag	200	550	900	1,800	3,150	4,500
4d 3S Sta Wag	200	550	900	1,850	3,200	4,600
1977 Caprice Classic, V-8						
2d Cpe	200	600	1,050	2,100	3,650	5,200
4d Sed	200	550	950	1,900	3,300	4,700
4d 2S Sta Wag	200	550	900	1,850	3,200	4,600
4d 3S Sta Wag	200	550	950	1,900	3,300	4,700
1977 Camaro, V-8						
2d Spt Cpe	300	950	1,600	3,200	5,600	8,000
2d Spt Cpe LT	350	1,000	1,700	3,400	5,950	8,500
2d Spt Cpe Z28	350	1,100	1,800	3,600	6,300	9,000
1978 Chevette						
2d Scooter	150	450	750	1,500	2,650	3,800
2d HBk	150	450	750	1,500	2,650	3,800
4d HBk	150	450	800	1,550	2,750	3,900
1978 Nova						
2d Cpe	200	550	900	1,750	3,100	4,400
2d HBk	200	550	900	1,750	3,100	4,400
4d Sed	150	500	850	1,700	3,000	4,300
1978 Nova Custom						
2d Cpe	200	550	900	1,800	3,150	4,500
4d Sed	200	550	900	1,750	3,100	4,400
1978 Monza						
2d Cpe 2 plus 2	200	550	900	1,850	3,200	4,600
2d 'S' Cpe	200	550	900	1,800	3,150	4,500
2d Cpe	200	550	900	1,750	3,100	4,400
4d Sta Wag	150	500	800	1,650	2,850	4,100
4d Est Wag	150	500	850	1,700	2,950	4,200
2d Spt Cpe 2 plus 2	200	600	1,000	2,000	3,500	5,000
2d Spt Cpe	200	600	950	1,900	3,350	4,800
1978 Malibu						
2d Spt Cpe	200	550	900	1,850	3,200	4,600
4d Sed	200	550	900	1,800	3,150	4,500
4d Sta Wag	200	550	900	1,800	3,150	4,500
1978 Malibu Classic						
2d Spt Cpe	200	550	950	1,900	3,300	4,700
4d Sed	200	550	900	1,850	3,200	4,600
4d Sta Wag	200	550	900	1,850	3,200	4,600
1978 Monte Carlo						
2d Cpe	200	600	1,000	2,000	3,500	5,000
1978 Impala						
2d Cpe	200	600	1,000	2,000	3,500	5,000
4d Sed	200	550	950	1,900	3,300	4,700
4d Sta Wag	200	550	950	1,900	3,300	4,700
1978 Caprice Classic						
2d Cpe	200	650	1,050	2,100	3,700	5,300
4d Sed	200	600	1,000	2,000	3,500	5,000
4d Sta Wag	200	600	1,000	2,050	3,550	5,100
1978 Camaro, V-8						
2d Cpe	250	700	1,200	2,400	4,200	6,000
2d LT Cpe	250	800	1,300	2,600	4,550	6,500
2d Z28 Cpe	300	850	1,400	2,800	4,900	7,000
1979 Chevette, 4-cyl.						
4d HBk	150	450	800	1,550	2,750	3,900
2d HBk	150	450	800	1,550	2,750	3,900
2d Scooter	150	450	750	1,500	2,650	3,800
1979 Nova, V-8						
4d Sed	200	550	900	1,750	3,100	4,400
2d Sed	150	500	850	1,700	3,000	4,300
2d HBk	200	550	900	1,800	3,150	4,500
1979 Nova Custom, V-8						
4d Sed	200	550	900	1,800	3,150	4,500
2d Sed	200	550	900	1,750	3,100	4,400
NOTE: Deduct 5 percent for 6-cyl.						
1979 Monza, 4-cyl.						
2d 2 plus 2 HBk	200	550	950	1,900	3,300	4,700
2d	200	550	900	1,850	3,200	4,600
4d Sta Wag	150	500	850	1,700	2,950	4,200
2d Spt 2 plus 2 HBk	200	600	950	1,900	3,350	4,800
1979 Malibu, V-8						
4d Sed	200	550	900	1,850	3,200	4,600
2d Spt Cpe	200	600	950	1,900	3,350	4,800

	6	5	4	3	2	1
4d Sta Wag	200	550	950	1,900	3,300	4,700
1979 Malibu Classic, V-8						
4d Sed	200	550	950	1,900	3,300	4,700
2d Spt Cpe	200	600	1,000	1,950	3,450	4,900
2d Lan Cpe	200	600	1,000	2,000	3,500	5,000
4d Sta Wag	200	600	950	1,900	3,350	4,800
NOTE: Deduct 5 percent for 6-cyl.						
1979 Monte Carlo, V-8						
2d Spt Cpe	200	600	1,000	2,000	3,500	5,000
2d Lan Cpe	200	650	1,100	2,200	3,850	5,500
NOTE: Deduct 10 percent for 6-cyl.						
1979 Impala, V-8						
4d Sed	200	600	950	1,900	3,350	4,800
2d Sed	200	550	950	1,900	3,300	4,700
2d Lan Cpe	200	600	1,000	1,950	3,450	4,900
4d 2S Sta Wag	200	550	950	1,900	3,300	4,700
4d 3S Sta Wag	200	600	950	1,900	3,350	4,800
1979 Caprice Classic, V-8						
4d Sed	200	600	1,000	2,000	3,500	5,000
2d Sed	200	600	1,000	2,050	3,550	5,100
2d Lan Cpe	200	600	1,050	2,100	3,650	5,200
4d 2S Sta Wag	200	600	1,000	2,050	3,550	5,100
4d 3S Sta Wag	200	600	1,050	2,100	3,650	5,200
NOTE: Deduct 15 percent for 6-cyl.						
1979 Camaro, V-8						
2d Spt Cpe	250	700	1,150	2,300	4,050	5,800
2d Rally Cpe	250	750	1,300	2,550	4,500	6,400
2d Berlinetta Cpe	250	800	1,300	2,650	4,600	6,600
2d Z28 Cpe	300	850	1,400	2,750	4,850	6,900
NOTE: Deduct 20 percent for 6-cyl.						
1980 Chevette, 4-cyl.						
2d HBk Scooter	100	350	600	1,200	2,100	3,000
2d HBk	100	350	600	1,250	2,150	3,100
4d HBk	150	400	650	1,300	2,250	3,200
1980 Citation, 6-cyl.						
4d HBk	150	400	700	1,400	2,450	3,500
2d HBk	150	400	700	1,350	2,400	3,400
2d Cpe	150	450	700	1,450	2,500	3,600
2d Cpe Clb	150	450	750	1,500	2,600	3,700
NOTE: Deduct 10 percent for 4-cyl.						
1980 Monza, 4-cyl.						
2d HBk 2 plus 2	150	400	700	1,350	2,400	3,400
2d HBk Spt 2 plus 2	150	450	700	1,450	2,500	3,600
2d Cpe	150	400	700	1,400	2,450	3,500
NOTE: Add 10 percent for V-6.						
1980 Malibu, V-8						
4d Sed	150	450	700	1,450	2,500	3,600
2d Cpe Spt	150	450	750	1,500	2,650	3,800
4d Sta Wag	150	450	750	1,500	2,600	3,700
NOTE: Deduct 10 percent for V-6.						
1980 Malibu Classic, V-8						
4d Sed	150	450	750	1,500	2,600	3,700
2d Cpe Spt	150	450	800	1,550	2,750	3,900
2d Cpe Lan	150	500	800	1,600	2,800	4,000
4d Sta Wag	150	450	750	1,500	2,650	3,800
NOTE: Deduct 10 percent for 6-cyl.						
1980 Camaro, 6-cyl.						
2d Cpe Spt	250	750	1,200	2,450	4,250	6,100
2d Cpe RS	250	750	1,250	2,500	4,400	6,300
2d Cpe Berlinetta	250	750	1,300	2,550	4,500	6,400
1980 Camaro, V-8						
2d Cpe Spt	250	800	1,300	2,600	4,550	6,500
2d Cpe RS	250	800	1,350	2,700	4,700	6,700
2d Cpe Berlinetta	250	800	1,350	2,700	4,750	6,800
2d Z28	300	850	1,400	2,800	4,900	7,000
1980 Monte Carlo, 6-cyl.						
2d Cpe Spt	200	650	1,100	2,150	3,800	5,400
2d Cpe Lan	200	650	1,100	2,200	3,850	5,500
1980 Monte Carlo, V-8						
2d Cpe Spt	250	700	1,150	2,300	4,050	5,800
2d Cpe Lan	250	700	1,200	2,350	4,150	5,900

	6	5	4	3	2	1
1980 Impala, V-8						
4d Sed	150	450	800	1,550	2,750	3,900
2d Cpe	150	500	800	1,600	2,800	4,000
4d 2S Sta Wag	150	500	800	1,600	2,800	4,000
4d 3S Sta Wag	150	500	800	1,650	2,850	4,100

NOTE: Deduct 12 percent for 6-cyl. sedan and coupe only.

	6	5	4	3	2	1
1980 Caprice Classic, V-8						
4d Sed	150	500	800	1,600	2,800	4,000
2d Cpe	150	500	850	1,700	2,950	4,200
2d Cpe Lan	200	550	900	1,750	3,100	4,400
4d 2S Sta Wag	150	500	800	1,650	2,850	4,100
4d 3S Sta Wag	150	500	850	1,700	2,950	4,200
1981 Chevette, 4-cyl.						
2d HBk Scooter	100	350	600	1,250	2,150	3,100
2d HBk	150	400	650	1,300	2,250	3,200
4d HBk	150	400	650	1,300	2,300	3,300
1981 Citation, 6-cyl.						
4d HBk	150	450	700	1,450	2,500	3,600
2d HBk	150	400	700	1,400	2,450	3,500

NOTE: Deduct 10 percent for 4-cyl.

	6	5	4	3	2	1
1981 Malibu, V-8						
4d Sed Spt	150	450	750	1,500	2,600	3,700
2d Cpe Spt	150	450	750	1,500	2,650	3,800
4d Sta Wag	150	450	750	1,500	2,650	3,800

NOTE: Deduct 10 percent for 6-cyl.

	6	5	4	3	2	1
1981 Malibu Classic, V-8						
4d Sed Spt	150	450	750	1,500	2,650	3,800
2d Cpe Spt	150	450	800	1,550	2,750	3,900
2d Cpe Lan	150	500	800	1,600	2,800	4,000
4d Sta Wag	150	450	800	1,550	2,750	3,900
1981 Camaro, 6-cyl.						
2d Cpe Spt	250	750	1,250	2,500	4,350	6,200
2d Cpe Berlinetta	250	750	1,300	2,550	4,500	6,400
1981 Camaro, V-8						
2d Cpe Spt	250	800	1,300	2,650	4,600	6,600
2d Cpe Berlinetta	250	800	1,350	2,700	4,750	6,800
2d Cpe Z28	300	850	1,450	2,900	5,050	7,200
1981 Monte Carlo, 6-cyl.						
2d Cpe Spt	200	650	1,100	2,200	3,850	5,500
2d Cpe Lan	200	650	1,100	2,250	3,900	5,600
1981 Monte Carlo, V-8						
2d Cpe Spt	250	700	1,200	2,350	4,150	5,900
2d Cpe Lan	250	700	1,200	2,400	4,200	6,000
1981 Impala, V-8						
4d Sed	150	500	800	1,600	2,800	4,000
2d Cpe	150	500	800	1,650	2,850	4,100
4d 2S Sta Wag	150	500	800	1,650	2,850	4,100
4d 3S Sta Wag	150	500	850	1,700	2,950	4,200

NOTE: Deduct 12 percent for 6-cyl. sedan and coupe only.

	6	5	4	3	2	1
1981 Caprice Classic, V-8						
4d Sed	150	500	850	1,700	2,950	4,200
2d Cpe	150	500	850	1,700	3,000	4,300
2d Cpe Lan	200	550	900	1,800	3,150	4,500
4d 2S Sta Wag	150	500	850	1,700	3,000	4,300
4d 3S Sta Wag	200	550	900	1,750	3,100	4,400

NOTE: Deduct 15 percent for 6-cyl. sedan and coupe only.

	6	5	4	3	2	1
1982 Chevette, 4-cyl.						
2d HBk	150	400	700	1,350	2,400	3,400
4d HBk	150	400	700	1,400	2,450	3,500

NOTE: Deduct 5 percent for lesser models.

	6	5	4	3	2	1
1982 Cavalier, 4-cyl.						
4d Sed CL	150	500	800	1,600	2,800	4,000
2d Cpe CL	150	500	800	1,650	2,850	4,100
2d Hatch CL	150	500	850	1,700	2,950	4,200
4d Sta Wag CL	150	500	850	1,700	2,950	4,200

NOTE: Deduct 5 percent for lesser models.

	6	5	4	3	2	1
1982 Citation, 6-cyl.						
4d HBk	150	450	750	1,500	2,650	3,800
2d HBk	150	450	750	1,500	2,600	3,700
2d Cpe	150	450	750	1,500	2,650	3,800

NOTE: Deduct 10 percent for 4-cyl.

	6	5	4	3	2	1
1982 Malibu, V-8						
4d Sed	150	500	800	1,650	2,850	4,100
4d Sta Wag	150	500	850	1,700	2,950	4,200
NOTE: Deduct 10 percent for 6-cyl.						
1982 Celebrity, 6-cyl.						
4d Sed	150	500	850	1,700	2,950	4,200
2d Cpe	150	500	850	1,700	3,000	4,300
NOTE: Deduct 10 percent for 6-cyl.						
1982 Camaro, 6-cyl.						
2d Cpe Spt	250	750	1,250	2,500	4,400	6,300
2d Cpe Berlinetta	250	800	1,300	2,600	4,550	6,500
1982 Camaro, V-8						
2d Cpe Spt	250	800	1,350	2,700	4,700	6,700
2d Cpe Berlinetta	300	850	1,400	2,750	4,850	6,900
2d Cpe Z28	300	900	1,500	2,950	5,200	7,400
NOTE: Add 20 percent for Indy pace car.						
1982 Monte Carlo, 6-cyl.						
2d Cpe Spt	250	700	1,150	2,300	4,000	5,700
1982 Monte Carlo, V-8						
2d Cpe Spt	250	750	1,200	2,450	4,250	6,100
1982 Impala, V-8						
4d Sed	200	550	900	1,750	3,100	4,400
4d 2S Sta Wag	200	550	900	1,750	3,100	4,400
4d 3S Sta Wag	200	550	900	1,800	3,150	4,500
NOTE: Deduct 12 percent for 6-cyl. on sedan only.						
1982 Caprice Classic, V-8						
4d Sed	200	550	900	1,850	3,200	4,600
2d Spt Cpe	200	550	950	1,900	3,300	4,700
4d 3S Sta Wag	200	550	950	1,900	3,300	4,700
NOTE: Deduct 15 percent for 6-cyl. sedan and coupe only.						
1983 Chevette, 4-cyl.						
2d HBk	150	400	700	1,400	2,450	3,500
4d HBk	150	450	700	1,450	2,500	3,600
NOTE: Deduct 5 percent for lesser models.						
1983 Cavalier, 4-cyl.						
4d Sed CS	150	450	800	1,550	2,750	3,900
2d Cpe CS	150	500	800	1,600	2,800	4,000
2d HBk CS	150	500	800	1,650	2,850	4,100
4d Sta Wag CS	150	500	800	1,650	2,850	4,100
NOTE: Deduct 5 percent for lesser models.						
1983 Citation, 6-cyl.						
4d HBk	150	450	750	1,500	2,650	3,800
2d HBk	150	450	750	1,500	2,600	3,700
2d Cpe	150	450	750	1,500	2,650	3,800
NOTE: Deduct 10 percent for 4-cyl.						
1983 Malibu, V-8						
4d Sed	150	500	850	1,700	2,950	4,200
4d Sta Wag	150	500	850	1,700	3,000	4,300
NOTE: Deduct 10 percent for 6-cyl.						
1983 Celebrity, V-6						
4d Sed	150	500	850	1,700	3,000	4,300
2d Cpe	200	550	900	1,750	3,100	4,400
NOTE: Deduct 10 percent for 4-cyl.						
1983 Camaro, 6-cyl.						
2d Cpe Spt	250	750	1,300	2,550	4,500	6,400
2d Cpe Berlinetta	250	800	1,300	2,650	4,600	6,600
1983 Camaro, V-8						
2d Cpe Spt	250	800	1,350	2,700	4,750	6,800
2d Cpe Berlinetta	300	850	1,400	2,800	4,900	7,000
2d Cpe Z28	300	900	1,500	3,000	5,250	7,500
1983 Monte Carlo, 6-cyl.						
2d Cpe Spt	250	700	1,150	2,300	4,050	5,800
1983 Monte Carlo, V-8						
2d Cpe Spt SS	250	800	1,350	2,700	4,750	6,800
2d Cpe Spt	250	750	1,250	2,500	4,350	6,200
1983 Impala, V-8						
4d Sed	200	550	900	1,800	3,150	4,500
NOTE: Deduct 12 percent for 6-cyl.						
1983 Caprice Classic, V-8						
4d Sed	200	550	950	1,900	3,300	4,700

	6	5	4	3	2	1
4d Sta Wag	200	550	950	1,900	3,300	4,700

NOTE: Deduct 15 percent for 6-cyl.

1984 Chevette CS, 4-cyl.
2d HBk	150	450	700	1,450	2,500	3,600

NOTE: Deduct 10 percent for V-6 cyl. Deduct 5 percent for lesser models.

1984 Cavalier, 4-cyl.
4d Sed	150	450	750	1,500	2,600	3,700
4d Sta Wag	150	500	800	1,600	2,800	4,000

1984 Cavalier Type 10, 4-cyl.
2d Sed	150	450	750	1,500	2,650	3,800
2d HBk	150	450	800	1,550	2,750	3,900
2d Conv	200	650	1,100	2,200	3,850	5,500

1984 Cavalier CS, 4-cyl.
4d Sed	150	450	800	1,550	2,750	3,900
4d Sta Wag	150	500	800	1,600	2,800	4,000

1984 Citation, V-6
4d HBk	150	500	800	1,650	2,850	4,100
2d HBk	150	500	800	1,650	2,850	4,100
2d Cpe	150	500	850	1,700	2,950	4,200

NOTE: Deduct 5 percent for 4-cyl.

1984 Celebrity, V-6
4d Sed	150	500	800	1,600	2,800	4,000
2d Sed	150	500	800	1,600	2,800	4,000
4d Sta Wag	150	500	800	1,650	2,850	4,100

NOTE: Deduct 5 percent for 4-cyl.

1984 Camaro, V-8
2d Cpe	250	800	1,300	2,650	4,600	6,600
2d Cpe Berlinetta	250	800	1,350	2,700	4,750	6,800
2d Cpe Z28	300	850	1,400	2,850	4,950	7,100

NOTE: Deduct 10 percent for V-6 cyl.

1984 Monte Carlo, V-8
2d Cpe	250	700	1,200	2,400	4,200	6,000
2d Cpe SS	250	800	1,350	2,700	4,700	6,700

NOTE: Deduct 15 percent for V-6 cyl.

1984 Impala, V-8
4d Sed	200	550	950	1,900	3,300	4,700

NOTE: Deduct 10 percent for V-6 cyl.

1984 Caprice Classic, V-8
4d Sed	200	600	1,000	1,950	3,450	4,900
2d Sed	200	600	1,000	2,000	3,500	5,000
4d Sta Wag	200	600	1,000	1,950	3,450	4,900

NOTE: Deduct 10 percent for V-6 cyl.

1985 Sprint, 3-cyl.
2d HBk	150	400	700	1,400	2,450	3,500

1985 Chevette, 4-cyl.
4d HBk	150	450	700	1,450	2,500	3,600
2d HBk	150	400	700	1,400	2,450	3,500

NOTE: Deduct 20 percent for diesel.

1985 Spectrum, 4-cyl.
4d HBk	150	450	700	1,450	2,500	3,600
2d HBk	150	450	700	1,450	2,500	3,600

1985 Nova, 4-cyl.
4d HBk	150	450	700	1,450	2,500	3,600

1985 Cavalier
2d T Type Cpe	150	500	850	1,700	2,950	4,200
2d T Type HBk	150	500	850	1,700	3,000	4,300
T Type Conv	200	650	1,100	2,200	3,850	5,500

NOTE: Deduct 10 percent for 4-cyl. Deduct 5 percent for lesser models.

1985 Citation, V-6
4d HBk	150	500	850	1,700	2,950	4,200
2d HBk	150	500	850	1,700	2,950	4,200

NOTE: Deduct 10 percent for 4-cyl.

1985 Celebrity, V-6
4d Sed	150	500	850	1,700	3,000	4,300
2d Cpe	150	500	850	1,700	3,000	4,300
4d Sta Wag	200	550	900	1,750	3,100	4,400

NOTE: Deduct 10 percent for 4-cyl. Deduct 30 percent for diesel.

1985 Camaro, V-8
2d Cpe Spt	250	800	1,350	2,700	4,700	6,700
2d Cpe Berlinetta	300	850	1,400	2,750	4,850	6,900

1993 Chevrolet Corvette 40th Anniversary Edition convertible

1934 Chrysler Airflow sedan

1946 Chrysler Town & Country convertible

	6	5	4	3	2	1
2d Cpe Z28	300	850	1,450	2,900	5,050	7,200
2d Cpe IROC-Z	300	900	1,500	3,050	5,300	7,600

NOTE: Deduct 30 percent for 4-cyl. Deduct 20 percent for V-6.

1985 Monte Carlo, V-8
2d Cpe Spt	250	750	1,200	2,450	4,250	6,100
2d Cpe SS	250	800	1,350	2,700	4,750	6,800

NOTE: Deduct 20 percent for V-6 where available.

1985 Impala, V-8
4d Sed	200	600	950	1,900	3,350	4,800

NOTE: Deduct 20 percent for V-6.

1985 Caprice Classic, V-8
4d Sed	200	600	1,000	2,000	3,500	5,000
2d Cpe	200	600	1,000	2,000	3,500	5,000
4d Sta Wag	200	600	1,050	2,100	3,650	5,200

NOTE: Deduct 20 percent for V-6. Deduct 30 percent for diesel.

1986 Chevette
2d Cpe	150	450	700	1,450	2,500	3,600
4d Sed	150	450	750	1,500	2,600	3,700

1986 Nova
4d Sed	150	450	750	1,500	2,600	3,700
4d HBk	150	450	750	1,500	2,650	3,800

1986 Cavalier
2d Cpe	150	500	800	1,600	2,800	4,000
4d Sed	150	500	800	1,650	2,850	4,100
4d Sta Wag	150	500	850	1,700	2,950	4,200
2d Conv	250	700	1,200	2,400	4,200	6,000

1986 Cavalier Z24
2d Cpe	250	700	1,150	2,300	4,050	5,800
2d HBk	250	700	1,150	2,300	4,000	5,700

1986 Camaro
2d Cpe	250	800	1,350	2,700	4,750	6,800
2d Cpe Berlinetta	300	850	1,400	2,800	4,900	7,000
2d Cpe Z28	300	900	1,500	3,000	5,250	7,500
2d Cpe IROC-Z	300	950	1,600	3,200	5,600	8,000

1986 Celebrity
2d Cpe	200	550	900	1,750	3,100	4,400
4d Sed	200	550	900	1,800	3,150	4,500
4d Sta Wag	200	550	900	1,850	3,200	4,600

1986 Monte Carlo
2d Cpe	250	800	1,300	2,600	4,550	6,500
2d Cpe LS	300	850	1,400	2,800	4,900	7,000

1986 Monte Carlo SS
2d Cpe	300	950	1,600	3,200	5,600	8,000
2d Cpe Aero	400	1,200	2,000	4,000	7,000	10,000

1986 Caprice
4d Sed	200	650	1,100	2,200	3,850	5,500

1986 Caprice Classic
2d Cpe	250	700	1,150	2,300	4,000	5,700
4d Sed	200	650	1,100	2,250	3,900	5,600
4d Sta Wag	250	700	1,200	2,400	4,200	6,000

1986 Caprice Classic Brougham
4d Sed	250	700	1,200	2,350	4,150	5,900
4d Sed LS	250	700	1,200	2,400	4,200	6,000

1987 Sprint, 3-cyl.
2d HBk	150	450	700	1,450	2,500	3,600
4d HBk	150	450	750	1,500	2,600	3,700
2d HBk ER	150	450	750	1,500	2,600	3,700
2d HBk Turbo	150	450	750	1,500	2,650	3,800

1987 Chevette, 4-cyl.
2d HBk	150	450	700	1,450	2,500	3,600
4d HBk	150	450	750	1,500	2,600	3,700

1987 Spectrum, 4-cyl.
2d HBk	150	450	800	1,550	2,750	3,900
4d HBk	150	450	800	1,550	2,750	3,900
2d HBk EX	150	450	750	1,500	2,650	3,800
4d HBk Turbo	150	500	800	1,600	2,800	4,000

1987 Nova, 4-cyl.
4d HBk	150	450	750	1,500	2,650	3,800
4d Sed	150	450	800	1,550	2,750	3,900

1987 Cavalier, 4-cyl.
4d Sed	150	500	800	1,600	2,800	4,000
2d Cpe	150	450	800	1,550	2,750	3,900

	6	5	4	3	2	1
4d Sta Wag	150	500	800	1,650	2,850	4,100
4d Sed GS	150	500	800	1,650	2,850	4,100
2d HBk GS	150	500	800	1,600	2,800	4,000
4d Sta Wag GS	150	500	850	1,700	2,950	4,200
4d Sed RS	150	500	850	1,700	2,950	4,200
2d Cpe RS	150	500	800	1,650	2,850	4,100
2d HBk RS	150	500	800	1,650	2,850	4,100
2d Conv RS	250	750	1,250	2,500	4,350	6,200
4d Sta Wag	150	500	850	1,700	2,950	4,200

NOTE: Add 10 percent for V-6.

1987 Cavalier Z24 V-6
	6	5	4	3	2	1
2d Spt Cpe	250	700	1,200	2,350	4,150	5,900
2d Spt HBk	250	700	1,150	2,300	4,050	5,800

1987 Beretta
2d Cpe 4-cyl.	200	550	950	1,900	3,300	4,700
2d Cpe V-6	200	600	1,000	2,000	3,500	5,000

1987 Corsica
4d Sed 4-cyl.	200	600	950	1,900	3,350	4,800
4d Sed V-6	200	600	1,000	2,050	3,550	5,100

1987 Celebrity
4d Sed 4-cyl.	200	550	900	1,850	3,200	4,600
2d Cpe 4-cyl.	200	550	900	1,800	3,150	4,500
4d Sta Wag 4-cyl.	200	550	950	1,900	3,300	4,700
4d Sed V-6	200	600	950	1,900	3,350	4,800
2d Cpe V-6	200	550	950	1,900	3,300	4,700
4d Sta Wag V-6	200	600	1,000	1,950	3,450	4,900

1987 Camaro
2d Cpe V-6	300	850	1,400	2,750	4,850	6,900
2d Cpe LT V-6	300	850	1,400	2,800	4,900	7,000
2d Cpe V-8	300	850	1,450	2,900	5,050	7,200
2d Cpe LT V-8	300	900	1,450	2,900	5,100	7,300
2d Cpe Z28 V-8	300	900	1,550	3,100	5,400	7,700
2d Cpe IROC-Z V-8	350	1,000	1,650	3,300	5,750	8,200
2d Conv IROC-Z V-8	650	1,900	3,200	6,400	11,200	16,000

NOTE: Add 20 percent for 350 V-8 where available.

1987 Monte Carlo
2d Cpe LS V-6	250	800	1,300	2,650	4,600	6,600
2d Cpe LS V-8	250	800	1,350	2,700	4,750	6,800
2d Cpe SS V-8	300	950	1,600	3,200	5,600	8,000
2d Cpe Aero V-8	350	1,100	1,800	3,600	6,300	9,000

1987 Caprice, V-6
4d Sed	200	650	1,100	2,250	3,900	5,600

1987 Caprice Classic V-6
4d Sed	250	700	1,150	2,300	4,050	5,800
2d Cpe	250	700	1,150	2,300	4,000	5,700
4d Sed Brgm	250	700	1,200	2,350	4,150	5,900
2d Cpe Brgm	250	700	1,150	2,300	4,050	5,800

1987 Caprice, V-8
4d Sed	250	700	1,150	2,300	4,050	5,800
4d Sta Wag	250	750	1,200	2,450	4,250	6,100

1987 Caprice Classic V-8
4d Sed	250	700	1,200	2,400	4,200	6,000
2d Cpe	250	700	1,200	2,350	4,150	5,900
4d Sta Wag	250	750	1,250	2,500	4,400	6,300
4d Sed Brgm	250	750	1,200	2,450	4,250	6,100
2d Cpe Brgm	250	700	1,200	2,400	4,200	6,000

1988 Sprint, 3-cyl.
2d HBk	100	350	600	1,200	2,100	3,000
4d HBk	150	400	650	1,300	2,250	3,200
2d Metro	100	350	550	1,100	1,950	2,800
2d Turbo	100	350	600	1,150	2,050	2,900

1988 Spectrum, 4-cyl.
2d HBk Express	100	300	550	1,100	1,900	2,700
4d Sed	100	350	600	1,150	2,050	2,900
2d HBk	100	350	550	1,100	1,950	2,800
4d Turbo Sed	100	350	600	1,250	2,150	3,100

1988 Nova, 4-cyl.
5d HBk	150	400	700	1,400	2,450	3,500
4d Sed	150	400	700	1,350	2,400	3,400
4d Sed Twin Cam	150	500	800	1,650	2,850	4,100

1988 Cavalier
4d Sed	150	400	700	1,350	2,400	3,400
2d Cpe	150	450	700	1,450	2,500	3,600
4d Sta Wag	150	400	700	1,350	2,400	3,400

	6	5	4	3	2	1
4d RS Sed	150	450	800	1,550	2,750	3,900
2d RS Cpe	150	500	800	1,600	2,800	4,000
2d Z24 Cpe V-6	200	600	1,000	2,000	3,500	5,000
2d Z24 Conv V-6	250	700	1,200	2,400	4,200	6,000

1988 Beretta, 4-cyl.
	6	5	4	3	2	1
2d Cpe	150	500	850	1,700	2,950	4,200
2d Cpe V-6	200	550	900	1,800	3,150	4,500

1988 Corsica, V-4
	6	5	4	3	2	1
4d Sed	150	500	800	1,600	2,800	4,000
4d Sed V-6	150	500	850	1,700	3,000	4,300

1988 Celebrity, 4-cyl.
	6	5	4	3	2	1
4d Sed	150	450	700	1,450	2,500	3,600
2d Cpe	150	400	700	1,400	2,450	3,500
4d Sta Wag	150	450	800	1,550	2,750	3,900
4d Sed V-6	150	450	800	1,550	2,750	3,900
2d Cpe V-6	150	450	750	1,500	2,650	3,800
4d Sta Wag V-6	150	500	800	1,650	2,850	4,100

1988 Monte Carlo
	6	5	4	3	2	1
2d Cpe V-6	200	650	1,100	2,200	3,850	5,500
2d Cpe V-8	250	700	1,200	2,400	4,200	6,000
2d SS Cpe V-8	350	1,100	1,800	3,600	6,300	9,000

1988 Caprice, V-6
	6	5	4	3	2	1
4d Sed	200	600	1,000	2,000	3,500	5,000
4d Classic Sed	200	650	1,100	2,200	3,850	5,500
4d Brgm Sed	250	700	1,200	2,400	4,200	6,000
4d LS Brgm Sed	250	800	1,300	2,600	4,550	6,500

1988 Caprice, V-8
	6	5	4	3	2	1
4d Sed	250	700	1,200	2,400	4,200	6,000
4d Classic Sed	250	800	1,300	2,600	4,550	6,500
4d Sta Wag	300	850	1,400	2,800	4,900	7,000
4d Brgm Sed	300	850	1,400	2,800	4,900	7,000
4d LS Brgm Sed	300	900	1,500	3,000	5,250	7,500

1988 Camaro V-6
	6	5	4	3	2	1
2d Cpe	200	650	1,100	2,200	3,850	5,500

1988 Camaro, V-8
	6	5	4	3	2	1
2d Cpe	250	700	1,200	2,400	4,200	6,000
2d Conv	400	1,200	2,000	4,000	7,000	10,000
2d IROC-Z Cpe	350	1,000	1,700	3,400	5,950	8,500
2d IROC-Z Conv	500	1,550	2,600	5,200	9,100	13,000

1989 Cavalier, 4-cyl.
	6	5	4	3	2	1
4d Sed	200	550	900	1,850	3,200	4,600
2d VL Cpe	150	500	850	1,700	2,950	4,200
2d Cpe	200	550	900	1,800	3,150	4,500
4d Sta Wag	200	600	950	1,900	3,350	4,800
2d Z24 Cpe, V-6	300	850	1,400	2,750	4,850	6,900
2d Z24 Conv, V-6	350	1,100	1,850	3,700	6,450	9,200

1989 Beretta
	6	5	4	3	2	1
2d Cpe, 4-cyl.	200	600	1,050	2,100	3,650	5,200
2d Cpe, V-6	250	750	1,200	2,450	4,250	6,100
2d GT Cpe, V-6	250	750	1,250	2,500	4,350	6,200

1989 Corsica 4-cyl.
	6	5	4	3	2	1
4d NBk	200	550	950	1,900	3,300	4,700
4d HBk	200	600	950	1,900	3,350	4,800

1989 V-6
	6	5	4	3	2	1
4d NBk	200	600	1,050	2,100	3,650	5,200
4d NBk LTZ	250	700	1,150	2,300	4,050	5,800
4d HBk	200	650	1,050	2,100	3,700	5,300

1989 Celebrity 4-cyl.
	6	5	4	3	2	1
4d Sed	200	550	900	1,800	3,150	4,500
4d Sta Wag	200	550	950	1,900	3,300	4,700

1989 V-6
	6	5	4	3	2	1
4d Sed	200	550	900	1,850	3,200	4,600
4d Sta Wag	200	600	1,000	1,950	3,450	4,900

1989 Caprice, V-8
	6	5	4	3	2	1
4d Sed	250	750	1,250	2,500	4,350	6,200
4d Sed Classic	250	800	1,300	2,650	4,600	6,600
4d Classic Brgm Sed	300	850	1,450	2,900	5,050	7,200
4d Classic Sta Wag	350	1,000	1,700	3,400	5,950	8,500
4d LS Sed	350	1,000	1,650	3,300	5,750	8,200

1989 Camaro V-6
	6	5	4	3	2	1
2d RS Cpe	250	700	1,200	2,400	4,200	6,000

1989 Camaro, V-8
	6	5	4	3	2	1
2d RS Cpe	250	800	1,300	2,600	4,550	6,500
2d RS Conv	500	1,450	2,400	4,800	8,400	12,000

	6	5	4	3	2	1
2d IROC-Z Cpe	350	1,000	1,700	3,400	5,950	8,500
2d IROC-Z Conv	550	1,700	2,800	5,600	9,800	14,000
1990 Cavalier, 4-cyl.						
2d Cpe	150	500	850	1,700	2,950	4,200
4d Sed	150	500	850	1,700	3,000	4,300
4d Sta Wag	200	550	900	1,750	3,100	4,400
2d Z24, V-6	250	800	1,300	2,600	4,550	6,500
1990 Beretta, 4-cyl.						
2d Cpe	200	600	1,050	2,100	3,650	5,200
2d GTZ Cpe	250	750	1,250	2,500	4,350	6,200
NOTE: Add 10 percent for V-6.						
1990 Corsica, 4-cyl.						
4d LT	200	600	950	1,900	3,350	4,800
4d LT HBk	200	600	1,000	1,950	3,450	4,900
4d LTZ	250	700	1,200	2,400	4,200	6,000
NOTE: Add 10 percent for V-6.						
1990 Celebrity, 4-cyl.						
4d Sta Wag	200	600	1,000	2,000	3,500	5,000
NOTE: Add 10 percent for V-6.						
1990 Lumina, 4-cyl.						
2d Cpe	200	650	1,100	2,200	3,850	5,500
4d Sed	200	650	1,100	2,200	3,850	5,500
2d Euro Cpe	250	800	1,300	2,600	4,550	6,500
4d Euro Sed	250	800	1,300	2,600	4,550	6,500
1990 Caprice, V-8						
4d Sed	250	800	1,300	2,600	4,550	6,500
4d Classic Sed	300	950	1,600	3,200	5,600	8,000
4d Classic Sta Wag	350	1,000	1,700	3,400	5,950	8,500
4d Brgm Sed	350	1,000	1,700	3,400	5,950	8,500
4d LS Sed	350	1,100	1,800	3,600	6,300	9,000
1990 Camaro V-6						
2d RS Cpe	250	700	1,200	2,400	4,200	6,000
1990 Camaro, V-8						
2d RS Cpe	250	800	1,300	2,650	4,600	6,600
2d RS Conv	450	1,300	2,200	4,400	7,700	11,000
2d IROC-Z Cpe	350	1,100	1,800	3,600	6,300	9,000
2d IROC-Z Conv	500	1,550	2,600	5,200	9,100	13,000
1991 Cavalier, 4-cyl.						
4d VL Sed	150	400	700	1,400	2,450	3,500
2d VL Cpe	150	400	700	1,350	2,400	3,400
4d VL Sta Wag	150	450	700	1,450	2,500	3,600
4d RS Sta Wag	150	450	750	1,500	2,650	3,800
2d RS Cpe	150	450	750	1,500	2,600	3,700
2d RS Conv, V-6	300	850	1,400	2,800	4,900	7,000
4d RS Sta Wag	150	450	800	1,550	2,750	3,900
2d Z24, V-6	250	700	1,200	2,400	4,200	6,000
NOTE: Add 10 percent for V-6.						
1991 Beretta, 4-cyl.						
2d Cpe	200	550	900	1,800	3,150	4,500
2d GT Cpe, V-6	250	800	1,350	2,700	4,750	6,800
2d GTZ Cpe	250	800	1,300	2,600	4,550	6,500
4d NBk Corsica	150	500	800	1,600	2,800	4,000
4d HBk Corsica	150	500	850	1,700	2,950	4,200
NOTE: Add 10 percent for V-6.						
1991 Lumina, 4-cyl.						
4d Sed	200	550	950	1,900	3,300	4,700
2d Cpe	200	600	950	1,900	3,350	4,800
NOTE: Add 10 percent for V-6.						
4d Euro Sed, V-6	250	700	1,150	2,300	4,000	5,700
2d Euro Sed, V-6	300	850	1,400	2,750	4,850	6,900
2d Z34 Cpe, V-6	300	900	1,500	3,000	5,250	7,500
1991 Camaro, V-6						
2d Cpe	250	700	1,200	2,400	4,200	6,000
2d Conv	400	1,200	2,000	4,000	7,000	10,000
1991 Camaro, V-8						
2d RS Cpe	250	800	1,300	2,600	4,550	6,500
2d RS Conv	400	1,250	2,100	4,200	7,350	10,500
2d Z28 Cpe	350	1,000	1,700	3,400	5,950	8,500
2d Z28 Conv	500	1,500	2,500	5,000	8,750	12,500
1991 Caprice, V-8						
4d Sed	250	700	1,200	2,350	4,150	5,900
4d Sta Wag	300	900	1,500	3,000	5,250	7,500
4d Sed Classic	300	900	1,450	2,900	5,100	7,300

	6	5	4	3	2	1
1992 Cavalier, 4-cyl.						
4d VL Sed	200	600	1,000	2,000	3,500	5,000
2d VL Cpe	200	600	1,000	2,000	3,500	5,000
4d VL Sta Wag	200	600	1,000	2,050	3,550	5,100
4d RS Sed	200	600	1,050	2,100	3,650	5,200
2d RS Cpe	250	700	1,200	2,400	4,200	6,000
2d RS Conv	300	900	1,500	3,000	5,250	7,500
4d RS Sta Wag	200	600	1,000	2,000	3,500	5,000
2d Z24 Cpe V-6	250	800	1,300	2,600	4,550	6,500
2d Z24 Conv V-6	350	1,000	1,700	3,400	5,950	8,500
NOTE: Add 10 percent for V-6 where available.						
1992 Beretta, 4-cyl.						
2d Cpe	200	650	1,100	2,200	3,850	5,500
2d GT Cpe	250	700	1,200	2,400	4,200	6,000
2d GTZ Cpe	250	800	1,300	2,600	4,550	6,500
NOTE: Add 10 percent for V-6 where available.						
1992 Corsica						
4d LT Sed	200	600	1,050	2,100	3,650	5,200
NOTE: Add 10 percent for V-6 where available.						
1992 Lumina, 4-cyl.						
4d Sed	200	650	1,100	2,200	3,850	5,500
2d Cpe	200	650	1,100	2,200	3,850	5,500
4d Euro Sed V-6	250	700	1,200	2,400	4,200	6,000
2d Euro Cpe V-6	250	700	1,200	2,400	4,200	6,000
2d Z34 Cpe V-6	300	950	1,600	3,200	5,600	8,000
NOTE: Add 10 percent for V-6 where available.						
1992 Camaro, V-6						
2d RS Cpe	300	950	1,600	3,200	5,600	8,000
2d RS Conv	450	1,300	2,200	4,400	7,700	11,000
2d Z28 Cpe	400	1,150	1,900	3,800	6,650	9,500
2d Z28 Conv	500	1,550	2,600	5,200	9,100	13,000
NOTE: Add 10 percent for V-8 where available.						
1992 Caprice, V-8						
4d Sed	250	700	1,200	2,400	4,200	6,000
4d Classic Sed	250	800	1,300	2,600	4,550	6,500
4d Sta Wag	300	850	1,400	2,800	4,900	7,000
1993 Cavalier, 4-cyl.						
2d VL Cpe	200	600	1,000	2,050	3,550	5,100
4d VL Sed	200	600	1,050	2,100	3,650	5,200
4d VL Sta Wag	200	650	1,100	2,200	3,850	5,500
2d RS Cpe	200	650	1,050	2,100	3,700	5,300
2d RS Conv	200	650	1,100	2,150	3,800	5,400
4d RS Sed	200	650	1,100	2,200	3,850	5,500
4d RS Sta Wag	250	700	1,150	2,300	4,000	5,700
1993 Cavalier, V-6						
2d Z24 Cpe	250	800	1,300	2,600	4,550	6,500
2d Z24 Conv	350	1,050	1,750	3,500	6,100	8,700
1993 Beretta, 4-cyl.						
2d Cpe	250	750	1,250	2,500	4,350	6,200
2d GT Cpe	250	750	1,250	2,500	4,400	6,300
2d GTZ Cpe	250	750	1,300	2,550	4,500	6,400
1993 Beretta, V-6						
2d Cpe	250	750	1,250	2,500	4,400	6,300
2d GT Cpe	250	750	1,300	2,550	4,500	6,400
2d GTZ Cpe	250	800	1,300	2,600	4,550	6,500
1993 Corsica, 4-cyl.						
4d NBk	200	650	1,050	2,100	3,700	5,300
4d HBk	200	650	1,100	2,200	3,850	5,500
1993 Corsica, V-6						
4d NBk	200	650	1,100	2,150	3,800	5,400
4d HBk	200	650	1,100	2,250	3,900	5,600
1993 Lumina, 4-cyl. & V-6						
2d Cpe	200	650	1,100	2,250	3,900	5,600
4d Sed, 4-cyl.	250	700	1,150	2,300	4,050	5,800
4d Sed	250	700	1,200	2,400	4,200	6,000
4d Euro Sed	250	750	1,250	2,500	4,350	6,200
2d Euro Cpe	300	950	1,600	3,250	5,650	8,100
2d Z34 Cpe	350	1,000	1,650	3,300	5,750	8,200
1993 Camaro						
2d Cpe, V-6	350	1,000	1,700	3,400	5,950	8,500
2d Cpe, Z28, V-8	400	1,150	1,900	3,800	6,650	9,500
1993 Caprice, V-8						
4d Sed	250	750	1,250	2,500	4,350	6,200

	6	5	4	3	2	1
4d LS Sed	250	800	1,300	2,650	4,600	6,600
4d Sta Wag	250	800	1,350	2,700	4,750	6,800

CORVAIR

1960 Standard, 6-cyl.
4d Sed	300	950	1,600	3,200	5,600	8,000
2d Cpe	350	1,000	1,700	3,400	5,950	8,500

1960 DeLuxe, 6-cyl.
4d Sed	300	950	1,600	3,250	5,650	8,100
2d Cpe	350	1,050	1,750	3,500	6,100	8,700

1960 Monza, 6-cyl.
2d Cpe	450	1,350	2,250	4,500	7,850	11,200

1961 Series 500, 6-cyl.
4d Sed	300	950	1,600	3,200	5,600	8,000
2d Cpe	350	1,000	1,700	3,400	5,950	8,500
4d Sta Wag	350	1,000	1,650	3,300	5,800	8,300

1961 Series 700, 6-cyl.
4d Sed	350	1,000	1,700	3,350	5,900	8,400
2d Cpe	350	1,100	1,800	3,600	6,300	9,000
4d Sta Wag	350	1,050	1,750	3,500	6,100	8,700

1961 Monza, 6-cyl.
4d Sed	350	1,050	1,700	3,450	6,000	8,600
2d Cpe	400	1,200	2,050	4,100	7,150	10,200

1961 Greenbrier, 6-cyl.
4d Spt Wag	350	1,100	1,800	3,600	6,300	9,000

NOTE: Add $1,200 for A/C.

1962-1963 Series 500, 6-cyl.
2d Cpe	350	1,050	1,700	3,450	6,000	8,600

1962-1963 Series 700, 6-cyl.
4d Sed	350	1,050	1,700	3,450	6,000	8,600
2d Cpe	350	1,100	1,800	3,650	6,350	9,100
4d Sta Wag (1962 only)	350	1,050	1,750	3,500	6,150	8,800

1962-1963 Series 900 Monza, 6-cyl.
4d Sed	350	1,100	1,800	3,650	6,350	9,100
2d Cpe	400	1,250	2,100	4,250	7,400	10,600
2d Conv	500	1,450	2,400	4,800	8,400	12,000
4d Sta Wag (1962 only)	350	1,100	1,850	3,700	6,450	9,200

1962-1963 Monza Spyder, 6-cyl.
2d Cpe	450	1,350	2,200	4,450	7,750	11,100
2d Conv	500	1,500	2,500	5,000	8,750	12,500

1962-1963 Greenbrier, 6-cyl.
4d Spt Wag	350	1,050	1,750	3,500	6,150	8,800

NOTE: Add $1,600 for K.O. wire wheels. Add $800. for A/C.

1964 Series 500, 6-cyl.
2d Cpe	350	1,000	1,650	3,300	5,800	8,300

1964 Series 700, 6-cyl.
4d Sed	350	1,050	1,700	3,450	6,000	8,600

1964 Series 900 Monza, 6-cyl.
4d Sed	350	1,100	1,800	3,600	6,300	9,000
2d Cpe	400	1,250	2,100	4,250	7,400	10,600
2d Conv	450	1,400	2,300	4,600	8,050	11,500

1964 Monza Spyder, 6-cyl.
2d Cpe	450	1,350	2,200	4,450	7,750	11,100
2d Conv	500	1,500	2,500	5,000	8,750	12,500

1964 Greenbrier, 6-cyl.
4d Spt Wag	350	1,100	1,800	3,650	6,350	9,100

NOTE: Add $1,600 for K.O. wire wheels. Add $800 for A/C except Spyder.

1965 Series 500, 6-cyl.
4d HT	300	900	1,450	2,900	5,100	7,300
2d HT	350	1,000	1,650	3,300	5,750	8,200

1965 Monza Series, 6-cyl.
4d HT	300	950	1,600	3,200	5,600	8,000
2d HT	400	1,200	2,000	4,000	7,000	10,000
2d Conv	500	1,450	2,400	4,800	8,400	12,000

NOTE: Add 20 percent for 140 hp engine.

1965 Corsa Series, 6-cyl.
2d HT	400	1,200	2,000	4,000	7,000	10,000
2d Conv	500	1,500	2,500	5,000	8,750	12,500

NOTE: Add 30 percent for 180 hp engine.

	6	5	4	3	2	1
1965 Greenbrier, 6-cyl.						
4d Spt Wag	350	1,000	1,700	3,400	5,950	8,500
NOTE: Add $1,000 for A/C.						
1966 Series 500, 6-cyl.						
4d HT	300	900	1,500	3,000	5,250	7,500
2d HT	350	1,000	1,700	3,350	5,900	8,400
1966 Monza Series, 6-cyl.						
4d HT	350	1,000	1,650	3,300	5,750	8,200
2d HT	400	1,200	2,000	4,000	7,000	10,000
2d Conv	500	1,500	2,500	5,000	8,750	12,500
NOTE: Add 20 percent for 140 hp engine.						
1966 Corsa Series, 6-cyl.						
2d HT	400	1,250	2,100	4,250	7,400	10,600
2d Conv	500	1,550	2,600	5,200	9,100	13,000
NOTE: Add 30 percent for 180 hp engine. Add $1,000 for A/C.						
1967 Series 500, 6-cyl.						
2d HT	300	950	1,600	3,200	5,600	8,000
4d HT	300	900	1,500	3,000	5,250	7,500
1967 Monza, 6-cyl.						
4d HT	350	1,000	1,650	3,300	5,750	8,200
2d HT	400	1,200	2,000	4,000	7,000	10,000
2d Conv	500	1,450	2,400	4,800	8,400	12,000
NOTE: Add $1,000 for A/C. Add 20 percent for 140 hp engine.						
1968 Series 500, 6-cyl.						
2d HT	300	950	1,600	3,200	5,600	8,000
1968 Monza, 6-cyl.						
2d HT	400	1,200	2,000	4,000	7,000	10,000
2d Conv	500	1,550	2,600	5,200	9,100	13,000
NOTE: Add 20 percent for 140 hp engine.						
1969 Series 500, 6-cyl.						
2d HT	350	1,100	1,800	3,600	6,300	9,000
1969 Monza						
2d HT	450	1,400	2,300	4,600	8,050	11,500
2d Conv	500	1,550	2,600	5,200	9,100	13,000
NOTE: Add 20 percent for 140 hp engine.						

CORVETTE

1953						
6-cyl. Conv	4,200	12,600	21,000	42,000	73,500	105,000
NOTE: Add $1,800 & up for access. hardtop.						
1954						
6-cyl. Conv	3,500	10,600	17,600	35,200	61,500	88,000
NOTE: Add $1,800 & up for access. hardtop.						
1955						
6-cyl. Conv	3,500	10,600	17,600	35,200	61,500	88,000
8-cyl. Conv	3,600	10,800	18,000	36,000	63,000	90,000
NOTE: Add $1,800 & up for access. hardtop.						
1956						
Conv	3,200	9,600	16,000	32,000	56,000	80,000
NOTE: All post-1955 Corvettes are V-8 powered. Add $1,800 & up for removable hardtop. Add 20 percent for two 4 barrel carbs.						
1957						
Conv	3,250	9,700	16,200	32,400	56,700	81,000
NOTE: Add $1,800 for hardtop. Add 50 percent for F.I., 250 hp. Add 75 percent for F.I., 283 hp. Add 25 percent for two 4 barrel carbs, 245 hp. Add 35 percent for two 4 barrel carbs, 270 hp. Add 15 percent for 4-speed transmission. Add 150 percent for 579E option.						
1958						
Conv	2,600	7,800	13,000	26,000	45,500	65,000
NOTE: Add $1,800 for hardtop; 30 percent for F.I. Add 25 percent for two 4 barrel carbs, 245 hp. Add 35 percent for two 4 barrel carbs, 270 hp. Add 40 percent for F.I., 250 hp. Add 60 percent for F.I., 290 hp.						
1959						
Conv	2,200	6,600	11,000	22,000	38,500	55,000
NOTE: Add $1,800 for hardtop. Add 40 percent for F.I., 250 hp. Add 60 percent for F.I., 290 hp. Add 25 percent for two 4 barrel carbs, 245 hp. Add 35 percent for two 4 barrel carbs, 270 hp.						
1960						
Conv	2,200	6,600	11,000	22,000	38,500	55,000

	6	5	4	3	2	1

NOTE: Add $1,800 for hardtop. Add 40 percent for F.I., 275 hp. Add 60 percent for F.I., 315 hp. Add 25 percent for two 4 barrel carbs, 245 hp. Add 35 percent for two 4 barrel carbs, 270 hp.

1961

	6	5	4	3	2	1
Conv	2,250	6,700	11,200	22,400	39,200	56,000

NOTE: Add $1,800 for hardtop. Add 40 percent for F.I., 275 hp. Add 60 percent for F.I., 315 hp. Add 25 percent for two 4 barrel carbs, 245 hp. Add 35 percent for two 4 barrel carbs, 270 hp.

1962

	6	5	4	3	2	1
Conv	2,300	6,850	11,400	22,800	39,900	57,000

NOTE: Add $1,800 for hardtop; 30 percent for F.I.

1963

	6	5	4	3	2	1
Spt Cpe	1,900	5,650	9,400	18,800	32,900	47,000
Conv	1,900	5,750	9,600	19,200	33,600	48,000
GS			value not estimable			

NOTE: Add 30 percent for F.I.; $4,500 for A/C. Add $1,800 for hardtop; $3,000 for knock off wheels. Z06 option, value not estimable.

1964

	6	5	4	3	2	1
Spt Cpe	1,700	5,150	8,600	17,200	30,100	43,000
Conv	1,900	5,750	9,600	19,200	33,600	48,000

NOTE: Add 30 percent for F.I.; $4,500 for A/C. Add 30 percent for 327 CID, 365 hp. Add $1,800 for hardtop; $3,000 for knock off wheels.

1965

	6	5	4	3	2	1
Spt Cpe	1,700	5,150	8,600	17,200	30,100	43,000
Conv	1,900	5,750	9,600	19,200	33,600	48,000

NOTE: Add 40 percent for F.I.; $4,500 for A/C. Add 60 percent for 396 CID. Add $3,000 for knock off wheels. Add $1,800 for hardtop.

1966

	6	5	4	3	2	1
Spt Cpe	1,700	5,150	8,600	17,200	30,100	43,000
Conv	1,900	5,750	9,600	19,200	33,600	48,000

NOTE: Add $4,500 for A/C.; 20 percent for 427 engine - 390 hp. Add 50 percent for 427 engine - 425 hp. Add $3,000 for knock off wheels; $1,800 for hardtop.

1967

	6	5	4	3	2	1
Spt Cpe	1,750	5,300	8,800	17,600	30,800	44,000
Conv	1,950	5,900	9,800	19,600	34,300	49,000

NOTE: Add $4,500 for A/C. L88 & L89 option not estimable, 30 percent for 427 engine - 390 hp. Add 50 percent for 427 engine - 400 hp, 70 percent for 427 engine - 435 hp; $4,000 for aluminum wheels; $1,800 for hardtop.

1968

	6	5	4	3	2	1
Spt Cpe	1,250	3,700	6,200	12,400	21,700	31,000
Conv	1,400	4,200	7,000	14,000	24,500	35,000

NOTE: Add 40 percent for L89 427 - 435 hp aluminum head option. L88 engine option not estimable. Add 40 percent for 427, 400 hp.

1969

	6	5	4	3	2	1
Spt Cpe	1,250	3,700	6,200	12,400	21,700	31,000
Conv	1,400	4,200	7,000	14,000	24,500	35,000

NOTE: Add 40 percent for 427 - 435 hp aluminum head option. L88 engine option not estimable. Add 40 percent for 427, 400 hp.

1970

	6	5	4	3	2	1
Spt Cpe	1,200	3,600	6,000	12,000	21,000	30,000
Conv	1,350	4,100	6,800	13,600	23,800	34,000

NOTE: Add 70 percent for LT-1 option. ZR1 option not estimable.

1971

	6	5	4	3	2	1
Spt Cpe	1,150	3,500	5,800	11,600	20,300	29,000
Conv	1,300	3,950	6,600	13,200	23,100	33,000

NOTE: Add 50 percent for LT-1 option; 30 percent for LS 5 option; 75 percent for LS 6 option.

1972

	6	5	4	3	2	1
Spt Cpe	1,150	3,500	5,800	11,600	20,300	29,000
Conv	1,300	3,950	6,600	13,200	23,100	33,000

NOTE: Add 50 percent for LT-1 option. Add 30 percent for LS 5 option. Add 25 percent for air on LT-1.

1973

	6	5	4	3	2	1
Spt Cpe	1,100	3,250	5,400	10,800	18,900	27,000
Conv	1,250	3,700	6,200	12,400	21,700	31,000

NOTE: Add 10 percent for L82.

1974

	6	5	4	3	2	1
Spt Cpe	950	2,900	4,800	9,600	16,800	24,000
Conv	1,150	3,500	5,800	11,600	20,300	29,000

NOTE: Add 10 percent for L82.

1975

	6	5	4	3	2	1
Spt Cpe	1,000	3,000	5,000	10,000	17,500	25,000
Conv	1,250	3,700	6,200	12,400	21,700	31,000

NOTE: Add 10 percent for L82.

	6	5	4	3	2	1
1976						
Cpe	950	2,900	4,800	9,600	16,800	24,000

NOTE: Add 10 percent for L82.

	6	5	4	3	2	1
1977						
Cpe	950	2,900	4,800	9,600	16,800	24,000

NOTE: Add 10 percent for L82.

	6	5	4	3	2	1
1978						
Cpe	1,100	3,350	5,600	11,200	19,600	28,000

NOTE: Add 10 percent for anniversary model. Add 25 percent for pace car. Add 10 percent for L82 engine option.

	6	5	4	3	2	1
1979						
Cpe	1,000	3,000	5,000	10,000	17,500	25,000

NOTE: Add 10 percent for L82 engine option.

	6	5	4	3	2	1
1980 Corvette, V-8						
Cpe	1,000	3,000	5,000	10,000	17,500	25,000

NOTE: Add 20 percent for L82 engine option.

	6	5	4	3	2	1
1981 Corvette, V-8						
Cpe	1,000	3,000	5,000	10,000	17,500	25,000
1982 Corvette, V-8						
2d HBK	1,050	3,100	5,200	10,400	18,200	26,000

NOTE: Add 20 percent for Collector Edition.

1983 Corvette, V-8
NOTE: None manufactured.

	6	5	4	3	2	1
1984 Corvette, V-8						
2d HBk	900	2,750	4,600	9,200	16,100	23,000
1985 Corvette, V-8						
2d HBk	900	2,750	4,600	9,200	16,100	23,000
1986 Corvette, V-8						
2d HBk	950	2,900	4,800	9,600	16,800	24,000
Conv	1,100	3,350	5,600	11,200	19,600	28,000

NOTE: Add 10 percent for pace car.

	6	5	4	3	2	1
1987 Corvette, V-8						
2d HBk	950	2,900	4,800	9,600	16,800	24,000
Conv	1,100	3,350	5,600	11,200	19,600	28,000
1988 Corvette, V-8						
2d Cpe	800	2,450	4,100	8,200	14,300	20,500
Conv	1,050	3,100	5,200	10,400	18,200	26,000
1989 Corvette, V-8						
2d Cpe	950	2,900	4,800	9,600	16,800	24,000
Conv	1,100	3,250	5,400	10,800	18,900	27,000
1990 Corvette, V-8						
2d HBk	900	2,750	4,600	9,200	16,100	23,000
Conv	1,100	3,250	5,400	10,800	18,900	27,000
2d HBk ZR1	1,800	5,400	9,000	18,000	31,500	45,000
1991 Corvette, V-8						
2d HBk	1,150	3,500	5,800	11,600	20,300	29,000
Conv	1,300	3,850	6,400	12,800	22,400	32,000
2d HBk ZR1	1,900	5,750	9,600	19,200	33,600	48,000
1992 V-8						
2d HBk Cpe	1,200	3,600	6,000	12,000	21,000	30,000
2d Conv	1,300	3,950	6,600	13,200	23,100	33,000
2d ZR1 Cpe	1,950	5,900	9,800	19,600	34,300	49,000
1993 Corvette						
2d Cpe	1,250	3,700	6,200	12,400	21,700	31,000
2d ZR1 Cpe	2,000	6,000	10,000	20,000	35,000	50,000
2d Conv	1,400	4,200	7,000	14,000	24,500	35,000

CHRYSLER

1924 Model B, 6-cyl., 112.75" wb						
2d Rds	750	2,300	3,800	7,600	13,300	19,000
4d Phae	800	2,400	4,000	8,000	14,000	20,000
4d Tr	700	2,150	3,600	7,200	12,600	18,000
2d RS Cpe	500	1,450	2,400	4,800	8,400	12,000
4d Sed	400	1,200	2,000	4,000	7,000	10,000
2d Brgm	400	1,250	2,100	4,200	7,350	10,500
4d Imp Sed	450	1,300	2,200	4,400	7,700	11,000
4d Crw Imp	500	1,450	2,400	4,800	8,400	12,000
4d T&C	550	1,700	2,800	5,600	9,800	14,000

	6	5	4	3	2	1
1925 Model B-70, 6-cyl., 112.75" wb						
2d Rds	750	2,300	3,800	7,600	13,300	19,000
4d Phae	800	2,400	4,000	8,000	14,000	20,000
4d Tr	700	2,150	3,600	7,200	12,600	18,000
2d Roy Cpe	500	1,450	2,400	4,800	8,400	12,000
4d Sed	400	1,200	2,000	4,000	7,000	10,000
2d Brgm	400	1,250	2,100	4,200	7,350	10,500
4d Imp Sed	450	1,300	2,200	4,400	7,700	11,000
4d Crw Imp	500	1,450	2,400	4,800	8,400	12,000
4d T&C	550	1,700	2,800	5,600	9,800	14,000
1926 Series 58, 4-cyl., 109" wb						
2d Rds	700	2,150	3,600	7,200	12,600	18,000
4d Tr	750	2,300	3,800	7,600	13,300	19,000
2d Clb Cpe	450	1,300	2,200	4,400	7,700	11,000
2d Sed	350	1,000	1,650	3,300	5,750	8,200
4d Sed	300	900	1,500	3,050	5,300	7,600
1926 Series 60, 6-cyl., 109" wb						
Introduced: May, 1926.						
2d Rds	700	2,150	3,600	7,200	12,600	18,000
4d Tr	750	2,300	3,800	7,600	13,300	19,000
2d Cpe	450	1,300	2,200	4,400	7,700	11,000
2d Sed	350	1,050	1,750	3,500	6,150	8,800
4d Lthr Tr Sed	350	1,100	1,800	3,600	6,300	9,000
4d Sed	350	1,050	1,700	3,450	6,000	8,600
4d Lan Sed	350	1,050	1,750	3,500	6,150	8,800
1926 Series G-70, 6-cyl., 112.75" wb						
2d Rds	750	2,300	3,800	7,600	13,300	19,000
4d Phae	800	2,400	4,000	8,000	14,000	20,000
2d Roy Cpe	450	1,400	2,300	4,600	8,050	11,500
2d Sed	350	1,100	1,800	3,600	6,300	9,000
4d Lthr Trm Sed	400	1,150	1,900	3,800	6,650	9,500
2d Brgm	400	1,250	2,100	4,200	7,350	10,500
4d Sed	400	1,150	1,900	3,800	6,650	9,500
4d Roy Sed	450	1,300	2,150	4,300	7,500	10,700
4d Crw Sed	450	1,300	2,200	4,400	7,700	11,000
1926 Series E-80 Imperial, 6-cyl., 120" wb						
2d RS Rds	900	2,650	4,400	8,800	15,400	22,000
4d Phae	900	2,750	4,600	9,200	16,100	23,000
2d Cpe	500	1,550	2,600	5,200	9,100	13,000
4d 5P Sed	500	1,450	2,400	4,800	8,400	12,000
4d 7P Sed	500	1,550	2,600	5,200	9,100	13,000
4d Berl	550	1,600	2,700	5,400	9,450	13,500
1927 Series I-50, 4-cyl., 106" wb						
2d 2P Rds	700	2,150	3,600	7,200	12,600	18,000
2d RS Rds	750	2,300	3,800	7,600	13,300	19,000
4d Tr	700	2,150	3,600	7,200	12,600	18,000
2d Cpe	400	1,150	1,900	3,800	6,650	9,500
2d Sed	350	1,000	1,700	3,400	5,950	8,500
4d Lthr Trm Sed	350	1,100	1,800	3,600	6,300	9,000
4d Sed	350	1,000	1,650	3,300	5,800	8,300
4d Lan Sed	350	1,000	1,700	3,400	5,950	8,500
1927 Series H-60, 6-cyl., 109" wb						
2d 2P Rds	850	2,500	4,200	8,400	14,700	21,000
2d RS Rds	900	2,650	4,400	8,800	15,400	22,000
4d Tr	850	2,500	4,200	8,400	14,700	21,000
2d 2P Cpe	400	1,200	2,000	4,000	7,000	10,000
2d RS Cpe	400	1,250	2,100	4,200	7,350	10,500
2d Sed	350	1,100	1,800	3,650	6,350	9,100
4d Lthr Trm Sed	400	1,150	1,900	3,800	6,650	9,500
4d Sed	300	950	1,600	3,250	5,650	8,100
1927 Series 'Finer' 70, 6-cyl., 112.75" wb						
2d RS Rds	850	2,500	4,200	8,400	14,700	21,000
4d Phae	900	2,650	4,400	8,800	15,400	22,000
4d Spt Phae	900	2,750	4,600	9,200	16,100	23,000
4d Cus Spt Phae	950	2,900	4,800	9,600	16,800	24,000
2d RS Cabr	800	2,400	4,000	8,000	14,000	20,000
2d 2P Cpe	400	1,200	2,000	4,000	7,000	10,000
2d RS Cpe	400	1,250	2,100	4,200	7,350	10,500
2d 4P Cpe	400	1,200	2,000	3,950	6,950	9,900
2d Brgm	400	1,150	1,900	3,850	6,700	9,600
4d Lan Brgm	400	1,150	1,950	3,900	6,800	9,700
4d Roy Sed	400	1,200	1,950	3,900	6,850	9,800
4d Crw Sed	400	1,200	2,000	3,950	6,950	9,900
1927-Early 1928 Series E-80 Imperial, 6-cyl., 120" & 127" wb						
2d RS Rds	1,050	3,100	5,200	10,400	18,200	26,000
2d Spt Rds	1,100	3,250	5,400	10,800	18,900	27,000

1969 Chrysler Newport Custom four-door hardtop

1983 Chrysler LeBaron Town & Country station wagon

1993 Chrysler LeBaron GTC coupe

	6	5	4	3	2	1
4d 5P Phae	1,100	3,250	5,400	10,800	18,900	27,000
4d Spt Phae	1,100	3,350	5,600	11,200	19,600	28,000
4d 7P Phae	1,050	3,100	5,200	10,400	18,200	26,000
2d RS Cabr	1,000	3,000	5,000	10,000	17,500	25,000
2d Bus Cpe	500	1,550	2,600	5,200	9,100	13,000
2d 4P Cpe	550	1,600	2,700	5,400	9,450	13,500
2d 5P Cpe	500	1,450	2,400	4,800	8,400	12,000
4d Std Sed	400	1,200	2,000	4,050	7,050	10,100
4d Sed	400	1,200	2,000	4,000	7,000	10,000
4d Lan Sed	450	1,300	2,200	4,400	7,700	11,000
4d 7P Sed	450	1,350	2,250	4,500	7,850	11,200
4d Limo	500	1,550	2,600	5,200	9,100	13,000
4d T&C	550	1,700	2,800	5,600	9,800	14,000
1928 Series 52, 4-cyl., 106" wb						
2d RS Rds	900	2,750	4,600	9,200	16,100	23,000
4d Tr	400	1,250	2,100	4,200	7,350	10,500
2d Clb Cpe	400	1,150	1,900	3,800	6,650	9,500
2d DeL Cpe	450	1,300	2,200	4,400	7,700	11,000
2d Sed	400	1,200	2,000	4,000	7,000	10,000
4d Sed	400	1,200	2,000	4,000	7,000	10,000
4d DeL Sed	400	1,200	1,950	3,900	6,850	9,800
1928 Series 62, 6-cyl., 109" wb						
2d RS Rds	950	2,900	4,800	9,600	16,800	24,000
4d Tr	900	2,750	4,600	9,200	16,100	23,000
2d Bus Cpe	350	1,000	1,700	3,400	5,950	8,500
2d RS Cpe	450	1,400	2,300	4,600	8,050	11,500
2d Sed	400	1,200	2,000	4,000	7,000	10,000
4d Sed	400	1,200	1,950	3,900	6,850	9,800
4d Lan Sed	400	1,200	2,000	4,050	7,050	10,100
1928 Series 72, 6-cyl., 120.5" wb						
2d RS Rds	900	2,750	4,600	9,200	16,100	23,000
2d Spt Rds	1,000	3,000	5,000	10,000	17,500	25,000
2d Conv	850	2,500	4,200	8,400	14,700	21,000
2d RS Cpe	500	1,450	2,400	4,800	8,400	12,000
2d 4P Cpe	450	1,300	2,200	4,400	7,700	11,000
4d CC Sed	450	1,300	2,200	4,400	7,700	11,000
4d Roy Sed	400	1,200	2,000	4,000	7,000	10,000
4d Crw Sed	450	1,300	2,200	4,400	7,700	11,000
4d Twn Sed	450	1,400	2,300	4,600	8,050	11,500
4d LeB Imp Twn Cabr	550	1,700	2,800	5,600	9,800	14,000
1928 Series 80 L Imperial, 6-cyl., 136" wb						
2d RS Rds	1,000	3,000	5,000	10,000	17,500	25,000
4d Sed	450	1,300	2,200	4,400	7,700	11,000
4d Twn Sed	450	1,400	2,300	4,600	8,050	11,500
4d 7P Sed	500	1,450	2,400	4,800	8,400	12,000
4d Limo	500	1,550	2,600	5,200	9,100	13,000
1928 Series 80 L Imperial, 6-cyl., 136" wb, Custom Bodies						
4d LeB DC Phae	2,300	6,950	11,600	23,200	40,600	58,000
1928 Series 80 L Imperial, 6-cyl., 136" wb, Custom Bodies						
4d LeB CC Conv Sed	2,050	6,100	10,200	20,400	35,700	51,000
2d LeB RS Conv	1,900	5,750	9,600	19,200	33,600	48,000
2d LeB Clb Cpe	900	2,750	4,600	9,200	16,100	23,000
2d LeB Twn Cpe	900	2,650	4,400	8,800	15,400	22,000
4d LeB Lan Limo	1,800	5,400	9,000	18,000	31,500	45,000
4d Der Conv Sed	2,000	6,000	10,000	20,000	35,000	50,000
4d Dtrch Conv Sed	2,200	6,600	11,000	22,000	38,500	55,000
4d 4P Dtrch Phae	2,300	6,950	11,600	23,200	40,600	58,000
1928 Series 80 L Imperial, 6-cyl., 136" wb, Custom Bodies						
4d 7P Dtrch Phae	2,300	6,950	11,600	23,200	40,600	58,000
1928 Series 80 L Imperial, 6-cyl., 136" wb, Custom Bodies						
4d Dtrch Sed	1,250	3,700	6,200	12,400	21,700	31,000
4d Lke Phae	1,800	5,400	9,000	18,000	31,500	45,000
1929 Series 65, 6-cyl., 112.75" wb						
2d RS Rds	1,050	3,100	5,200	10,400	18,200	26,000
4d Tr	1,100	3,250	5,400	10,800	18,900	27,000
2d Bus Cpe	650	1,900	3,200	6,400	11,200	16,000
2d RS Cpe	700	2,050	3,400	6,800	11,900	17,000
2d Sed	500	1,550	2,600	5,200	9,100	13,000
4d Sed	550	1,600	2,700	5,400	9,450	13,500

	6	5	4	3	2	1
1929 Series 75, 6-cyl.						
2d RS Rds	1,200	3,600	6,000	12,000	21,000	30,000
4d 5P Phae	1,250	3,700	6,200	12,400	21,700	31,000
4d DC Phae	1,300	3,850	6,400	12,800	22,400	32,000
4d 7P Phae	1,200	3,600	6,000	12,000	21,000	30,000
2d RS Conv	1,150	3,500	5,800	11,600	20,300	29,000
4d Conv Sed	1,100	3,350	5,600	11,200	19,600	28,000
2d RS Cpe	700	2,050	3,400	6,800	11,900	17,000
2d Cpe	650	1,900	3,200	6,400	11,200	16,000
4d Roy Sed	550	1,700	2,800	5,600	9,800	14,000
4d Crw Sed	600	1,800	3,000	6,000	10,500	15,000
4d Twn Sed	600	1,850	3,100	6,200	10,850	15,500
1929-30 Series 80 L Imperial, 6-cyl., 136" wb						
2d RS Rds	2,350	7,100	11,800	23,600	41,300	59,000
4d Lke DC Spt Phae	2,800	8,400	14,000	28,000	49,000	70,000
4d Lke 7P Phae	2,650	7,900	13,200	26,400	46,200	66,000
4d Lke Conv Sed	2,550	7,700	12,800	25,600	44,800	64,000
2d Lke RS Conv	2,100	6,250	10,400	20,800	36,400	52,000
2d 2P Cpe	800	2,400	4,000	8,000	14,000	20,000
2d RS Cpe	900	2,750	4,600	9,200	16,100	23,000
4d Sed	700	2,050	3,400	6,800	11,900	17,000
4d Twn Sed	700	2,150	3,600	7,200	12,600	18,000
4d 7P Sed	700	2,050	3,400	6,800	11,900	17,000
4d Limo	850	2,500	4,200	8,400	14,700	21,000
1930-1931 (through December) Series Six, 6-cyl., 109" wb						
(Continued through Dec. 1930.)						
2d RS Rds	1,000	3,000	5,000	10,000	17,500	25,000
4d Tr	950	2,900	4,800	9,600	16,800	24,000
2d RS Conv	900	2,750	4,600	9,200	16,100	23,000
2d Bus Cpe	550	1,700	2,800	5,600	9,800	14,000
2d Roy Cpe	600	1,800	3,000	6,000	10,500	15,000
4d Roy Sed	500	1,550	2,600	5,200	9,100	13,000
1930-1931 Series 66, 6-cyl., 112-3/4" wb						
(Continued through May 1931).						
2d RS Rds	1,050	3,100	5,200	10,400	18,200	26,000
4d Phae	1,100	3,250	5,400	10,800	18,900	27,000
2d Bus Cpe	600	1,800	3,000	6,000	10,500	15,000
2d Roy Cpe	600	1,850	3,100	6,200	10,900	15,500
2d Brgm	500	1,550	2,600	5,200	9,100	13,000
4d Roy Sed	550	1,700	2,800	5,600	9,800	14,000
1930-1931 Series 70, 6 cyl., 116-1/2" wb						
(Continued through Feb. 1931.)						
2d RS Rds	1,200	3,600	6,000	12,000	21,000	30,000
2d RS Conv	1,100	3,250	5,400	10,800	18,900	27,000
4d Phae	1,250	3,700	6,200	12,400	21,700	31,000
2d Bus Cpe	600	1,800	3,000	6,000	10,500	15,000
2d Roy Cpe	600	1,850	3,100	6,200	10,900	15,500
2d Brgm	550	1,700	2,800	5,600	9,800	14,000
4d Roy Sed	600	1,800	3,000	6,000	10,500	15,000
1930-1931 Series 77, 6-cyl., 124.5" wb						
2d RS Rds	1,700	5,050	8,400	16,800	29,400	42,000
4d DC Phae	1,500	4,450	7,400	14,800	25,900	37,000
2d RS Conv	1,300	3,850	6,400	12,800	22,400	32,000
2d Bus Cpe	650	1,900	3,200	6,400	11,200	16,000
2d Roy RS Cpe	650	2,000	3,300	6,600	11,550	16,500
2d Crw Cpe	650	1,900	3,200	6,400	11,200	16,000
4d Roy Sed	600	1,800	3,000	6,000	10,500	15,000
4d Crw Sed	650	1,900	3,200	6,400	11,200	16,000
1931-1932 New Series Six, CM, 6-cyl., 116" wb						
(Produced Jan. - Dec. 1931.)						
2d RS Rds	1,250	3,700	6,200	12,400	21,700	31,000
4d Tr	1,200	3,600	6,000	12,000	21,000	30,000
2d RS Conv	1,150	3,500	5,800	11,600	20,300	29,000
2d Bus Cpe	650	1,900	3,200	6,400	11,200	16,000
2d Roy Cpe	650	2,000	3,300	6,600	11,600	16,500
4d Roy Sed	600	1,800	3,000	6,000	10,500	15,000
1931-1932 Series 70, 6-cyl., 116-1/2" wb						
2d Bus Cpe	650	2,000	3,300	6,600	11,600	16,500
2d Roy Cpe	700	2,050	3,400	6,800	11,900	17,000
2d Brgm	650	1,900	3,200	6,400	11,200	16,000
4d Roy Sed	650	1,900	3,200	6,400	11,200	16,000
1931-1932 First Series, CD, 8-cyl., 80 hp, 124" wb						
(Built 7/17/30 - 1/31.)						
2d RS Rds	1,300	3,950	6,600	13,200	23,100	33,000
2d Spt Rds	1,450	4,300	7,200	14,400	25,200	36,000

	6	5	4	3	2	1
2d Conv	1,300	3,850	6,400	12,800	22,400	32,000
2d Cpe	800	2,400	4,000	8,000	14,000	20,000
2d Spl Cpe	750	2,300	3,800	7,600	13,300	19,000
4d Roy Sed	650	1,900	3,200	6,400	11,200	16,000
4d Spl Roy Sed	700	2,050	3,400	6,800	11,900	17,000

1931 Second Series, CD, 8-cyl., 88 hp, 124" wb

(Built 2/2/31 - 5/18/31.)

	6	5	4	3	2	1
2d RS Spt Rds	2,050	6,100	10,200	20,400	35,700	51,000
4d Lke DC Phae	1,900	5,750	9,600	19,200	33,600	48,000
2d RS Conv	1,650	4,900	8,200	16,400	28,700	41,000
2d Roy Cpe	900	2,650	4,400	8,800	15,400	22,000
2d Spl Roy Cpe	900	2,750	4,600	9,200	16,100	23,000
4d Roy Sed	650	1,900	3,200	6,400	11,200	16,000

1931-1932 Second Series CD

	6	5	4	3	2	1
4d Spl Roy Sed	700	2,050	3,400	6,800	11,900	17,000

1931-1932 DeLuxe Series, CD, 8-cyl., 100 hp, 124" wb

(Built 5/19/31 - 11/31.)

	6	5	4	3	2	1
2d RS Rds	1,850	5,500	9,200	18,400	32,200	46,000
4d Lke DC Phae	1,750	5,300	8,800	17,600	30,800	44,000
2d RS Conv	1,650	4,900	8,200	16,400	28,700	41,000
2d RS Cpe	900	2,750	4,600	9,200	16,100	23,000
2d Roy Cpe	900	2,650	4,400	8,800	15,400	22,000
4d Sed	650	1,900	3,200	6,400	11,200	16,000

1931-1932 Imperial, CG, 8-cyl., 125 hp, 145" wb

(Built July 17, 1930 thru Dec . 1931.)

1931-1932 Standard Line

	6	5	4	3	2	1
4d CC Sed	1,700	5,050	8,400	16,800	29,400	42,000
4d 5P Sed	1,100	3,250	5,400	10,800	18,900	27,000
4d 7P Sed	1,100	3,250	5,400	10,800	18,900	27,000
4d Limo	1,200	3,600	6,000	12,000	21,000	30,000

1931-1932 Custom Line

	6	5	4	3	2	1
2d LeB RS Rds	11,600	34,800	58,000	116,000	203,000	290,000
4d LeB DC Phae	11,400	34,200	57,000	114,000	200,000	285,000
4d LeB Conv Sed	11,200	33,600	56,000	112,000	196,000	280,000
2d LeB RS Cpe	4,000	12,000	20,000	40,000	70,000	100,000
2d Wths Conv Vic	10,400	31,200	52,000	104,000	182,000	260,000
2d LeB Conv Spds	10,000	30,000	50,000	100,000	175,000	250,000

1932 Second Series, CI, 6-cyl., 116-1/2" wb

(Begun 1/1/32).

	6	5	4	3	2	1
2d RS Rds	1,100	3,250	5,400	10,800	18,900	27,000
4d Phae	1,050	3,100	5,200	10,400	18,200	26,000
2d RS Conv	1,000	3,000	5,000	10,000	17,500	25,000
4d Conv Sed	1,050	3,100	5,200	10,400	18,200	26,000
2d Bus Cpe	700	2,050	3,400	6,800	11,900	17,000
2d RS Cpe	700	2,150	3,600	7,200	12,600	18,000
4d Sed	600	1,800	3,000	6,000	10,500	15,000

1932 Series CP, 8-cyl., 125" wb, 100 hp

(Began 1/1/32).

	6	5	4	3	2	1
2d RS Conv	1,200	3,600	6,000	12,000	21,000	30,000
4d Conv Sed	1,250	3,700	6,200	12,400	21,700	31,000
2d RS Cpe	950	2,900	4,800	9,600	16,800	24,000
2d Cpe	900	2,650	4,400	8,800	15,400	22,000
4d Sed	650	1,900	3,200	6,400	11,200	16,000
4d LeB T&C	900	2,650	4,400	8,800	15,400	22,000

1932 Imperial Series, CH, 8-cyl., 135" wb, 125 hp

(Began 1/1/32.)

1932 Standard Line

	6	5	4	3	2	1
4d Conv Sed	7,600	22,800	38,000	76,000	133,000	190,000
2d RS Cpe	2,500	7,450	12,400	24,800	43,400	62,000
4d Sed	1,650	4,900	8,200	16,400	28,700	41,000

1932 Imperial Series, CL, 8-cyl., 146" wb, 125 hp

(Began 1/1/32.)

1932 Custom Line - LeBaron bodies

	6	5	4	3	2	1
2d RS Conv	10,800	32,400	54,000	108,000	189,000	270,000
4d DC Phae	12,000	36,000	60,000	120,000	210,000	300,000
4d Conv Sed	11,800	35,400	59,000	118,000	207,000	295,000

1933 Series CO, 6-cyl., 116.5" wb

	6	5	4	3	2	1
2d RS Conv	900	2,750	4,600	9,200	16,100	23,000
4d Conv Sed	1,100	3,250	5,400	10,800	18,900	27,000
2d Bus Cpe	800	2,400	4,000	8,000	14,000	20,000
2d RS Cpe	900	2,650	4,400	8,800	15,400	22,000
2d Brgm	650	1,900	3,200	6,400	11,200	16,000
4d Sed	650	1,900	3,200	6,400	11,200	16,000

	6	5	4	3	2	1
1933 Royal Series CT, 8-cyl., 119.5" wb						
2d RS Conv	1,200	3,600	6,000	12,000	21,000	30,000
4d Conv Sed	1,250	3,700	6,200	12,400	21,700	31,000
2d Bus Cpe	900	2,650	4,400	8,800	15,400	22,000
2d RS Cpe	900	2,750	4,600	9,200	16,100	23,000
4d Sed	700	2,050	3,400	6,800	11,900	17,000
4d 7P Sed	700	2,150	3,600	7,200	12,600	18,000
1933 Imperial Series CQ, 8-cyl., 126" wb						
2d RS Conv	1,450	4,300	7,200	14,400	25,200	36,000
4d Conv Sed	1,500	4,550	7,600	15,200	26,600	38,000
2d RS Cpe	1,000	3,000	5,000	10,000	17,500	25,000
2d 5P Cpe	950	2,900	4,800	9,600	16,800	24,000
4d Sed	900	2,650	4,400	8,800	15,400	22,000
1933 Imperial Custom, Series CL, 8-cyl., 146" wb						
2d RS Conv	10,000	30,000	50,000	100,000	175,000	250,000
4d WS Phae	10,400	31,200	52,000	104,000	182,000	260,000
4d CC Sed	2,700	8,150	13,600	27,200	47,600	68,000
1934 Series CA, 6-cyl., 117" wb						
2d RS Conv	1,350	4,100	6,800	13,600	23,800	34,000
2d Bus Cpe	850	2,500	4,200	8,400	14,700	21,000
2d RS Cpe	900	2,650	4,400	8,800	15,400	22,000
2d Brgm	650	1,900	3,200	6,400	11,200	16,000
4d Sed	600	1,800	3,000	6,000	10,500	15,000
1934 Series CB, 6-cyl., 121" wb						
4d Conv Sed	1,600	4,800	8,000	16,000	28,000	40,000
4d CC Sed	800	2,400	4,000	8,000	14,000	20,000
1934 Airflow, Series CU, 8-cyl., 123" wb						
2d Cpe	1,300	3,950	6,600	13,200	23,100	33,000
2d Brgm	1,200	3,600	6,000	12,000	21,000	30,000
4d Sed	1,100	3,350	5,600	11,200	19,600	28,000
4d Twn Sed	1,150	3,500	5,800	11,600	20,300	29,000
1934 Imperial Airflow, Series CV, 8-cyl., 128" wb						
2d Cpe	1,500	4,450	7,400	14,800	25,900	37,000
4d Sed	1,150	3,500	5,800	11,600	20,300	29,000
4d Twn Sed	1,250	3,700	6,200	12,400	21,700	31,000
1934 Imperial Custom Airflow, Series CX, 8-cyl., 137.5" wb						
4d Sed	1,800	5,400	9,000	18,000	31,500	45,000
4d Twn Sed	1,850	5,500	9,200	18,400	32,200	46,000
4d Limo	2,500	7,450	12,400	24,800	43,400	62,000
4d Twn Limo	2,650	7,900	13,200	26,400	46,200	66,000
1934 Imperial Custom Airflow, Series CW, 8-cyl., 146.5" wb						
4d Sed	5,200	15,600	26,000	52,000	91,000	130,000
4d Twn Sed	5,450	16,300	27,200	54,400	95,000	136,000
4d Limo	5,500	16,600	27,600	55,200	97,100	138,000
1935 Airstream Series C-6, 6-cyl., 118" wb						
2d RS Conv	1,150	3,500	5,800	11,600	20,300	29,000
2d Bus Cpe	650	1,900	3,200	6,400	11,200	16,000
2d RS Cpe	700	2,050	3,400	6,800	11,900	17,000
4d Tr Brgm	550	1,700	2,800	5,600	9,800	14,000
4d Sed	500	1,550	2,600	5,200	9,100	13,000
4d Tr Sed	500	1,550	2,600	5,200	9,100	13,000
1935 Airstream Series CZ, 8-cyl., 121" wb						
2d Bus Cpe	700	2,050	3,400	6,800	11,900	17,000
2d RS Cpe	700	2,150	3,600	7,200	12,600	18,000
2d Tr Brgm	600	1,800	3,000	6,000	10,500	15,000
4d Sed	550	1,700	2,800	5,600	9,800	14,000
4d Tr Sed	550	1,700	2,800	5,600	9,800	14,000
1935 Airstream DeLuxe Series CZ, 121" wb						
2d RS Conv	1,200	3,600	6,000	12,000	21,000	30,000
2d Bus Cpe	700	2,150	3,600	7,200	12,600	18,000
2d RS Cpe	750	2,300	3,800	7,600	13,300	19,000
2d Tr Brgm	650	2,000	3,300	6,600	11,550	16,500
4d Sed	600	1,750	2,900	5,800	10,150	14,500
4d Tr Sed	600	1,750	2,900	5,800	10,150	14,500
1935 Airstream DeLuxe, Series CZ, 8-cyl., 133" wb						
4d Trav Sed	600	1,850	3,100	6,200	10,850	15,500
4d 7P Sed	600	1,850	3,100	6,200	10,850	15,500
1935 Airflow Series C-1, 8-cyl., 123" wb						
2d Bus Cpe	1,300	3,850	6,400	12,800	22,400	32,000
2d Cpe	1,300	3,950	6,600	13,200	23,100	33,000
4d Sed	1,050	3,100	5,200	10,400	18,200	26,000
1935 Imperial Airflow Series C-2, 8-cyl., 128" wb						
2d Cpe	1,400	4,200	7,000	14,000	24,500	35,000
4d Sed	1,100	3,350	5,600	11,200	19,600	28,000

	6	5	4	3	2	1
1935 Imperial Custom Airflow Series C-3, 8-cyl., 137" wb						
4d Sed	1,200	3,600	6,000	12,000	21,000	30,000
4d Twn Sed	1,250	3,700	6,200	12,400	21,700	31,000
4d Sed Limo	1,550	4,700	7,800	15,600	27,300	39,000
4d Twn Limo	1,650	4,900	8,200	16,400	28,700	41,000
1935 Imperial Custom Airflow Series C-W, 8-cyl., 146.5" wb						
4d Sed	4,250	12,700	21,200	42,400	74,000	106,000
4d Sed Limo	4,300	13,000	21,600	43,200	76,100	108,000
4d Twn Limo	4,400	13,200	22,000	44,000	77,000	110,000
1936 Airstream Series C-7, 6-cyl., 118" wb						
2d RS Conv	1,050	3,100	5,200	10,400	18,200	26,000
4d Conv Sed	1,100	3,250	5,400	10,800	18,900	27,000
2d Bus Cpe	700	2,050	3,400	6,800	11,900	17,000
2d RS Cpe	700	2,150	3,600	7,200	12,600	18,000
2d Tr Brgm	600	1,800	3,000	6,000	10,500	15,000
4d Tr Sed	650	1,900	3,200	6,400	11,200	16,000
1936 Airstream DeLuxe Series C-8, 8-cyl., 121" wb						
2d RS Conv	1,100	3,350	5,600	11,200	19,600	28,000
4d Conv Sed	1,200	3,600	6,000	12,000	21,000	30,000
2d Bus Cpe	700	2,150	3,600	7,200	12,600	18,000
2d RS Cpe	750	2,300	3,800	7,600	13,300	19,000
2d Tr Brgm	650	1,900	3,200	6,400	11,200	16,000
4d Tr Sed	650	1,900	3,200	6,400	11,200	16,000
1936 Airstream DeLuxe, Series C-8, 8-cyl., 133" wb						
4d Trav Sed	650	2,000	3,300	6,600	11,550	16,500
4d Sed	650	1,900	3,200	6,400	11,200	16,000
4d Sed Limo	700	2,050	3,400	6,800	11,900	17,000
4d LeB Twn Sed	700	2,150	3,600	7,200	12,600	18,000
1936 Airflow, 8-cyl., 123" wb						
2d Cpe	1,200	3,600	6,000	12,000	21,000	30,000
4d Sed	1,000	3,000	5,000	10,000	17,500	25,000
1936 Imperial Airflow, 8-cyl., 128" wb						
2d Cpe	1,300	3,850	6,400	12,800	22,400	32,000
4d Sed	1,050	3,100	5,200	10,400	18,200	26,000
1936 Imperial Custom Airflow, 8-cyl., 137" wb						
4d Sed	1,100	3,350	5,600	11,200	19,600	28,000
4d Sed Limo	1,250	3,700	6,200	12,400	21,700	31,000
1936 Imperial Custom Airflow, 8-cyl., 146.5" wb						
4d 8P Sed	5,200	15,600	26,000	52,000	91,000	130,000
4d Sed Limo	5,450	16,300	27,200	54,400	95,000	136,000
1937 Royal, 6-cyl., 116" wb						
2d RS Conv	1,000	3,000	5,000	10,000	17,500	25,000
4d Conv Sed	1,100	3,350	5,600	11,200	19,600	28,000
2d Bus Cpe	600	1,800	3,000	6,000	10,500	15,000
2d RS Cpe	650	1,900	3,200	6,400	11,200	16,000
2d Brgm	500	1,550	2,600	5,200	9,100	13,000
2d Tr Brgm	550	1,700	2,800	5,600	9,800	14,000
4d Sed	500	1,500	2,500	5,000	8,750	12,500
4d Tr Sed	500	1,550	2,600	5,200	9,100	13,000
1937 Royal, 6-cyl., 133" wb						
4d Sed	550	1,700	2,800	5,600	9,800	14,000
4d Sed Limo	600	1,800	3,000	6,000	10,500	15,000
4d Der T&C	900	2,650	4,400	8,800	15,400	22,000
1937 Airflow, 8-cyl., 128" wb						
2d Cpe	1,200	3,600	6,000	12,000	21,000	30,000
4d Sed	1,100	3,350	5,600	11,200	19,600	28,000
1937 Imperial, 8-cyl., 121" wb						
2d RS Conv	1,100	3,350	5,600	11,200	19,600	28,000
4d Conv Sed	1,200	3,600	6,000	12,000	21,000	30,000
2d Bus Cpe	700	2,150	3,600	7,200	12,600	18,000
2d RS Cpe	750	2,300	3,800	7,600	13,300	19,000
2d Tr Brgm	750	2,300	3,800	7,600	13,300	19,000
4d Tr Sed	700	2,150	3,600	7,200	12,600	18,000
1937 Imperial Custom, 8-cyl., 140" wb						
4d 5P Sed	1,000	3,000	5,000	10,000	17,500	25,000
4d 7P Sed	1,100	3,250	5,400	10,800	18,900	27,000
4d Sed Limo	1,500	4,550	7,600	15,200	26,600	38,000
4d Twn Limo	1,550	4,700	7,800	15,600	27,300	39,000
1937 Custom Built Models						
4d Der Fml Conv Twn Car	3,750	11,300	18,800	37,600	66,000	94,000
4d Der Conv Vic	3,600	10,800	18,000	36,000	63,000	90,000
1937 Imperial Custom Airflow, 8-cyl., 146.5" wb						
4d Sed Limo			value not estimable			

	6	5	4	3	2	1
1938 Royal, 6-cyl., 119" wb						
2d RS Conv	900	2,750	4,600	9,200	16,100	23,000
4d Conv Sed	950	2,900	4,800	9,600	16,800	24,000
2d Bus Cpe	650	1,900	3,200	6,400	11,200	16,000
2d RS Cpe	700	2,050	3,400	6,800	11,900	17,000
2d Brgm	500	1,550	2,600	5,200	9,100	13,000
2d Tr Brgm	650	1,900	3,200	6,400	11,200	16,000
4d Sed	500	1,550	2,600	5,200	9,100	13,000
4d Tr Sed	550	1,700	2,800	5,600	9,800	14,000
1938 4d Royal, 6-cyl., 136" wb						
4d 7P Sed	600	1,800	3,000	6,000	10,500	15,000
4d 7P Limo Sed	650	1,900	3,200	6,400	11,200	16,000
1938 Imperial, 8-cyl., 125" wb						
2d RS Conv	1,050	3,100	5,200	10,400	18,200	26,000
4d Conv Sed	1,100	3,350	5,600	11,200	19,600	28,000
2d Bus Cpe	700	2,150	3,600	7,200	12,600	18,000
2d RS Cpe	750	2,300	3,800	7,600	13,300	19,000
4d Tr Brgm	650	1,900	3,200	6,400	11,200	16,000
4d Tr Sed	700	2,050	3,400	6,800	11,900	17,000
1938 New York Special, 8-cyl., 125" wb						
4d Tr Sed	700	2,150	3,600	7,200	12,600	18,000
1938 Imperial Custom, 8-cyl., 144" wb						
4d 5P Sed	950	2,900	4,800	9,600	16,800	24,000
4d Sed	900	2,750	4,600	9,200	16,100	23,000
4d Limo Sed	1,100	3,250	5,400	10,800	18,900	27,000
1938 Derham customs on C-20 chassis						
4d Twn Sed	1,250	3,700	6,200	12,400	21,700	31,000
4d Twn Limo	1,450	4,300	7,200	14,400	25,200	36,000
2d Conv Vic	3,450	10,300	17,200	34,400	60,000	86,000
4d Conv Sed	3,700	11,000	18,400	36,800	64,500	92,000
1939 Royal, 6-cyl., 119" wb						
2d Cpe	650	1,900	3,200	6,400	11,200	16,000
2d Vic Cpe	700	2,050	3,400	6,800	11,900	17,000
2d Brgm	500	1,550	2,600	5,200	9,100	13,000
4d Sed	550	1,700	2,800	5,600	9,800	14,000
1939 Royal, 6-cyl., 136" wb						
4d 7P Sed	600	1,800	3,000	6,000	10,500	15,000
4d Limo	650	1,900	3,200	6,400	11,200	16,000
1939 Royal Windsor, 6-cyl., 119" wb						
2d Cpe	700	2,050	3,400	6,800	11,900	17,000
2d Vic Cpe	700	2,150	3,600	7,200	12,600	18,000
2d Clb Cpe	750	2,300	3,800	7,600	13,300	19,000
4d Sed	500	1,550	2,600	5,200	9,100	13,000
1939 Imperial, 8-cyl., 125" wb						
2d Cpe	700	2,050	3,400	6,800	11,900	17,000
2d Vic Cpe	700	2,150	3,600	7,200	12,600	18,000
2d Brgm	500	1,550	2,600	5,200	9,100	13,000
4d Sed	600	1,800	3,000	6,000	10,500	15,000
1939 New Yorker, 8-cyl., 125" wb						
2d Cpe	700	2,150	3,600	7,200	12,600	18,000
2d Vic Cpe	750	2,300	3,800	7,600	13,300	19,000
2d Clb Cpe	750	2,300	3,800	7,600	13,300	19,000
4d Sed	600	1,800	3,000	6,000	10,500	15,000
1939 Saratoga, 8-cyl., 125" wb						
2d Clb Cpe	750	2,300	3,800	7,600	13,300	19,000
4d Sed	650	1,900	3,200	6,400	11,200	16,000
1939 Imperial Custom, 8-cyl., 144" wb						
4d 5P Sed	950	2,900	4,800	9,600	16,800	24,000
4d 7P Sed	1,000	3,000	5,000	10,000	17,500	25,000
4d Limo	1,050	3,100	5,200	10,400	18,200	26,000
1939 Special Derham customs on C-24 chassis						
4d 7P Tr	1,300	3,850	6,400	12,800	22,400	32,000
4d Conv Sed	2,800	8,400	14,000	28,000	49,000	70,000
4d Conv T&C	2,900	8,650	14,400	28,800	50,400	72,000
1940 Royal, 6-cyl., 122.5" wb						
2d 3P Cpe	600	1,800	3,000	6,000	10,500	15,000
2d 6P Cpe	600	1,850	3,100	6,200	10,850	15,500
2d Vic Sed	550	1,600	2,650	5,300	9,300	13,300
4d Sed	500	1,550	2,600	5,200	9,100	13,000
1940 Royal, 6-cyl., 139.5" wb						
4d 8P Sed	550	1,700	2,800	5,600	9,800	14,000
4d 8P Limo	600	1,800	3,000	6,000	10,500	15,000
1940 Windsor, 6-cyl., 122.5" wb						
2d Conv Cpe	950	2,900	4,800	9,600	16,800	24,000

	6	5	4	3	2	1
2d 3P Cpe	650	1,900	3,200	6,400	11,200	16,000
2d 6P Cpe	650	2,000	3,300	6,600	11,600	16,500
2d Vic Sed	550	1,600	2,650	5,300	9,300	13,300
4d Sed	550	1,600	2,700	5,400	9,450	13,500
1940 Windsor, 6-cyl., 139.5" wb						
4d 8P Sed	550	1,700	2,800	5,600	9,800	14,000
4d 8P Limo	600	1,800	3,000	6,000	10,500	15,000
1940 Traveler, 8-cyl., 128" wb						
2d 3P Cpe	700	2,050	3,400	6,800	11,900	17,000
2d 6P Cpe	700	2,150	3,600	7,200	12,600	18,000
2d Vic Sed	550	1,700	2,850	5,700	10,000	14,300
4d Sed	550	1,700	2,800	5,600	9,800	14,000
1940 Saratoga, 8-cyl., 128.5" wb						
4d Sed	650	1,900	3,200	6,400	11,200	16,000
4d Fml Sed Div	700	2,050	3,400	6,800	11,900	17,000
4d T&C Der	850	2,500	4,200	8,400	14,700	21,000
1940 New Yorker, 8-cyl., 128.5" wb						
2d Conv Cpe	1,100	3,250	5,400	10,800	18,900	27,000
2d 3P Cpe	750	2,300	3,800	7,600	13,300	19,000
2d 6P Cpe	800	2,400	4,000	8,000	14,000	20,000
2d Vic Sed	600	1,850	3,050	6,100	10,700	15,300
4d Sed	600	1,800	3,000	6,000	10,500	15,000
4d Fml Sed Div	700	2,050	3,400	6,800	11,900	17,000
1940 Crown Imperial, 8-cyl., 145.5" wb						
4d 6P Sed	800	2,400	4,000	8,000	14,000	20,000
4d 6P Twn Limo	900	2,750	4,600	9,200	16,100	23,000
4d 8P Twn Limo	900	2,750	4,600	9,200	16,100	23,000
4d 8P Sed	850	2,500	4,200	8,400	14,700	21,000
4d 8P Sed Limo	900	2,750	4,600	9,200	16,100	23,000
4d 8P Limo	950	2,900	4,800	9,600	16,800	24,000
4d Nwpt Parade Phae	11,000	33,000	55,000	110,000	193,000	275,000
2d Thunderbolt	11,000	33,000	55,000	110,000	193,000	275,000
1941 Royal, 6-cyl., 121.5" wb						
2d 3P Cpe	600	1,750	2,900	5,800	10,150	14,500
2d 6P Clb Cpe	600	1,800	3,000	6,000	10,500	15,000
2d Brgm	500	1,450	2,400	4,800	8,400	12,000
4d Sed	500	1,500	2,500	5,000	8,750	12,500
4d Twn Sed	500	1,550	2,600	5,200	9,100	13,000
4d T&C Wag	1,050	3,100	5,200	10,400	18,200	26,000
1941 Royal, 6-cyl., 139.5" wb						
4d 8P Sed	500	1,550	2,600	5,200	9,100	13,000
4d 8P Limo Sed	550	1,700	2,800	5,600	9,800	14,000
1941 Windsor, 6-cyl., 121.5" wb						
2d Conv Cpe	1,000	3,000	5,000	10,000	17,500	25,000
2d 3P Cpe	700	2,050	3,400	6,800	11,900	17,000
2d 6P Clb Cpe	700	2,100	3,500	7,000	12,250	17,500
2d Brgm	500	1,550	2,600	5,200	9,100	13,000
4d Sed	550	1,700	2,800	5,600	9,800	14,000
4d Twn Sed	600	1,800	3,000	6,000	10,500	15,000
1941 Windsor, 6-cyl., 139.5" wb						
4d 8P Sed	650	1,900	3,200	6,400	11,200	16,000
4d 8P Sed Limo	700	2,050	3,400	6,800	11,900	17,000
1941 Saratoga, 8-cyl., 127.5" wb						
2d 3P Cpe	700	2,150	3,600	7,200	12,600	18,000
2d 6P Clb Cpe	750	2,200	3,700	7,400	12,950	18,500
2d Brgm	550	1,700	2,800	5,600	9,800	14,000
4d Sed	600	1,800	3,000	6,000	10,500	15,000
4d Twn Sed	600	1,850	3,100	6,200	10,850	15,500
1941 New Yorker, 8-cyl., 127.5" wb						
2d Conv Cpe	1,100	3,350	5,600	11,200	19,600	28,000
3P Cpe	800	2,400	4,000	8,000	14,000	20,000
2d 6P Cpe	850	2,500	4,200	8,400	14,700	21,000
2d Brgm	600	1,800	3,000	6,000	10,500	15,000
4d Sed	650	1,900	3,200	6,400	11,200	16,000
4d Twn Sed	650	2,000	3,300	6,600	11,550	16,500
4d 6P Sed	700	2,050	3,400	6,800	11,900	17,000
4d 8P Sed	700	2,150	3,600	7,200	12,600	18,000
4d 8P Sedan Limo	850	2,500	4,200	8,400	14,700	21,000
4d 8P Limo	900	2,650	4,400	8,800	15,400	22,000
4d Laudalet Limo	1,100	3,250	5,400	10,800	18,900	27,000
4d LeB Twn Limo	1,150	3,500	5,800	11,600	20,300	29,000
1941 New Yorker Special/Crown Imperial, 8-cyl., 127.5" wb						
4d Twn Sed	900	2,650	4,400	8,800	15,400	22,000

C-33 series.

	6	5	4	3	2	1
1942 Royal, 6-cyl., 121.5" wb						
2d 3P Cpe	550	1,700	2,800	5,600	9,800	14,000
2d 6P Clb Cpe	600	1,750	2,900	5,800	10,150	14,500
2d Brgm	450	1,400	2,300	4,600	8,050	11,500
4d Sed	500	1,450	2,400	4,800	8,400	12,000
4d Twn Sed	500	1,500	2,500	5,000	8,750	12,500
1942 Royal, 6-cyl., 139.5" wb						
4d 8P Sed	500	1,500	2,450	4,900	8,600	12,300
4d 8P Limo	500	1,550	2,550	5,100	8,950	12,800
1942 Windsor, 6-cyl., 121.5" wb						
2d Conv Cpe	850	2,500	4,200	8,400	14,700	21,000
2d 3P Cpe	600	1,850	3,100	6,200	10,850	15,500
2d 6P Cpe	650	1,900	3,200	6,400	11,200	16,000
2d Brgm	500	1,450	2,400	4,800	8,400	12,000
4d Sed	500	1,500	2,500	5,000	8,750	12,500
4d Twn Sed	500	1,450	2,400	4,800	8,400	12,000
4d 6P T&C Wag	1,400	4,200	7,000	14,000	24,500	35,000
4d 9P T&C Wag	1,500	4,450	7,400	14,800	25,900	37,000
1942 Windsor, 6-cyl., 139.5" wb						
4d 8P Sed	500	1,550	2,550	5,100	8,950	12,800
4d 8P Limo	550	1,600	2,650	5,300	9,300	13,300
1942 Saratoga, 8-cyl., 127.5" wb						
2d 6P Cpe	700	2,100	3,500	7,000	12,250	17,500
2d 3P Cpe	700	2,050	3,400	6,800	11,900	17,000
2d Brgm	500	1,500	2,450	4,900	8,600	12,300
4d Sed	500	1,500	2,500	4,950	8,700	12,400
4d Twn Sed	550	1,650	2,750	5,500	9,650	13,800
1942 New Yorker, 8-cyl., 127.5" wb						
2d Conv Cpe	950	2,900	4,800	9,600	16,800	24,000
2d Der Conv Cpe	1,300	3,950	6,600	13,200	23,100	33,000
2d 6P Cpe	750	2,200	3,700	7,400	12,950	18,500
2d 3P Cpe	700	2,150	3,600	7,200	12,600	18,000
2d Brgm	500	1,550	2,550	5,100	8,950	12,800
4d Sed	500	1,550	2,600	5,150	9,050	12,900
4d Twn Sed	550	1,700	2,850	5,700	10,000	14,300
1942 Crown Imperial, 8-cyl., 145.5" wb						
4d 6P Sed	600	1,800	3,000	6,000	10,500	15,000
4d 8P Sed	650	1,900	3,200	6,400	11,200	16,000
4d 8P Sed Limo	700	2,150	3,600	7,200	12,600	18,000
1942 Derham Customs						
4d Conv Sed	1,300	3,850	6,400	12,800	22,400	32,000
4d T&C	900	2,750	4,600	9,200	16,100	23,000
4d Fml T&C	950	2,900	4,800	9,600	16,800	24,000
1946-1948 Royal Series, 6-cyl., 121.5" wb						
2d Cpe	600	1,800	3,000	6,000	10,500	15,000
2d Clb Cpe	600	1,850	3,100	6,200	10,850	15,500
2d Sed	500	1,450	2,400	4,800	8,400	12,000
4d Sed	500	1,450	2,400	4,800	8,400	12,000
1946-1948 Royal Series, 6-cyl., 139.5" wb						
4d Sed	600	1,750	2,900	5,800	10,150	14,500
4d Limo	650	2,000	3,300	6,600	11,550	16,500
1946-1948 Windsor Series, 6-cyl., 121.5" wb						
2d Conv	1,050	3,100	5,200	10,400	18,200	26,000
2d Cpe	650	1,900	3,200	6,400	11,200	16,000
2d Clb Cpe	650	2,000	3,300	6,600	11,550	16,500
2d Sed	500	1,450	2,400	4,800	8,400	12,000
4d Sed	500	1,450	2,450	4,900	8,550	12,200
4d Trav Sed	500	1,500	2,500	4,950	8,700	12,400
1946-1948 Windsor Series, 6-cyl., 139.5" wb						
4d Sed	600	1,850	3,100	6,200	10,850	15,500
4d Limo	700	2,050	3,400	6,800	11,900	17,000
1946-1948 Saratoga Series, 8-cyl., 127.5" wb						
2d 3P Cpe	650	2,000	3,300	6,600	11,550	16,500
2d Clb Cpe	700	2,050	3,400	6,800	11,900	17,000
2d Sed	500	1,500	2,550	5,100	8,900	12,700
4d Sed	500	1,550	2,550	5,100	8,950	12,800
1946-1948 New Yorker, 8-cyl., 127.5" wb						
2d Conv	1,150	3,500	5,800	11,600	20,300	29,000
2d Cpe	650	1,900	3,200	6,400	11,200	16,000
2d Clb Cpe	650	2,000	3,300	6,600	11,550	16,500
2d Sed	500	1,550	2,550	5,100	8,950	12,800
4d Sed	500	1,550	2,600	5,200	9,100	13,000
1946-1948 Town & Country						
2d Conv	3,600	10,800	18,000	36,000	63,000	90,000

	6	5	4	3	2	1
4d Sed	1,800	5,400	9,000	18,000	31,500	45,000

1946-1948 Imperial C-40
4d Limo	750	2,300	3,800	7,600	13,300	19,000
4d 8P Sed	700	2,150	3,600	7,200	12,600	18,000

1949 Royal - Second Series, 6-cyl., 125.5" wb
First Series 1949 is the same as 1948.

2d Clb Cpe	550	1,700	2,800	5,600	9,800	14,000
4d Sed	500	1,500	2,500	5,000	8,750	12,500
4d Sta Wag	950	2,900	4,800	9,600	16,800	24,000

1949 Royal - Second Series, 6-cyl., 139.5" wb
4d Sed	500	1,550	2,550	5,100	8,950	12,800

1949 Windsor - Second Series, 6-cyl., 125.5" wb
2d Conv	900	2,750	4,600	9,200	16,100	23,000
2d Clb Cpe	600	1,750	2,900	5,800	10,150	14,500
4d Sed	500	1,500	2,550	5,100	8,900	12,700

1949 Windsor - Second Series, 6-cyl., 139.5" wb
4d Sed	550	1,700	2,800	5,600	9,800	14,000
4d Limo	600	1,800	3,000	6,000	10,500	15,000

1949 Saratoga - Second Series, 8-cyl., 131.5" wb
2d Clb Cpe	600	1,750	2,900	5,800	10,150	14,500
4d Sed	500	1,450	2,400	4,800	8,400	12,000

1949 New Yorker - Second Series, 8-cyl., 131.5" wb
2d Conv	1,000	3,000	5,000	10,000	17,500	25,000
2d Clb Cpe	600	1,800	3,000	6,000	10,500	15,000
4d Sed	500	1,550	2,600	5,200	9,100	13,000

1949 Town & Country - Second Series, 8-cyl., 131.5" wb
2d Conv	2,400	7,200	12,000	24,000	42,000	60,000

1949 Imperial - Second Series, 8-cyl., 131.5" wb
4d Sed Der	700	2,050	3,400	6,800	11,900	17,000

1949 Crown Imperial, 8-cyl., 145.5" wb
4d 8P Sed	700	2,150	3,600	7,200	12,600	18,000
4d Limo	800	2,400	4,000	8,000	14,000	20,000

1950 Royal Series, 6-cyl., 125.5" wb
4d Sed	450	1,400	2,350	4,700	8,250	11,800
4d Clb Cpe	500	1,550	2,600	5,200	9,100	13,000
4d T&C Sta Wag	900	2,750	4,600	9,200	16,100	23,000
4d Sta Wag	1,000	3,000	5,000	10,000	17,500	25,000

1950 Royal Series, 6-cyl., 139.5" wb
4d Sed	500	1,550	2,600	5,200	9,100	13,000

1950 Windsor Series, 6-cyl., 125.5" wb
2d Conv	950	2,900	4,800	9,600	16,800	24,000
2d HT	700	2,150	3,600	7,200	12,600	18,000
2d Clb Cpe	600	1,750	2,900	5,800	10,150	14,500
4d Sed	500	1,450	2,400	4,800	8,400	12,000
4d Trav Sed	500	1,450	2,400	4,850	8,450	12,100

1950 Windsor Series, 6-cyl., 139.5" wb
4d Sed	550	1,700	2,800	5,600	9,800	14,000
4d Limo	650	1,900	3,200	6,400	11,200	16,000

1950 Saratoga, 8-cyl., 131.5" wb
2d Clb Cpe	550	1,700	2,800	5,600	9,800	14,000
4d Sed	500	1,450	2,450	4,900	8,550	12,200

1950 New Yorker, 8-cyl., 131.5" wb
2d Conv	1,100	3,350	5,600	11,200	19,600	28,000
2d HT	900	2,650	4,400	8,800	15,400	22,000
2d Clb Cpe	550	1,700	2,800	5,600	9,800	14,000
4d Sed	500	1,550	2,600	5,200	9,100	13,000

1950 Town & Country, 8-cyl., 131.5" wb
2d HT	1,800	5,400	9,000	18,000	31,500	45,000

1950 Imperial, 8-cyl., 131.5" wb
4d Sed	600	1,800	3,000	6,000	10,500	15,000

1950 Crown Imperial, 8-cyl., 145.5" wb
4d Sed	650	1,900	3,200	6,400	11,200	16,000
4d Limo	700	2,150	3,600	7,200	12,600	18,000

1951-1952 Windsor Series, 6-cyl., 125.5" wb
2d Clb Cpe	550	1,700	2,800	5,600	9,800	14,000
4d Sed	450	1,400	2,300	4,600	8,050	11,500
4d T&C Sta Wag	900	2,750	4,600	9,200	16,100	23,000

1951-1952 Windsor Series, 6-cyl., 139.5" wb
4d Sed	450	1,400	2,300	4,600	8,050	11,500

1951-1952 Windsor DeLuxe, 6-cyl., 125.5" wb
2d Conv	900	2,650	4,400	8,800	15,400	22,000
2d HT	700	2,150	3,600	7,200	12,600	18,000

	6	5	4	3	2	1
2d Clb Cpe (1951 only)	550	1,700	2,800	5,600	9,800	14,000
4d Sed	450	1,400	2,300	4,650	8,100	11,600
4d Trav Sed	500	1,450	2,400	4,800	8,400	12,000
1951-1952 Windsor DeLuxe, 6-cyl., 139.5" wb						
4d Sed	500	1,500	2,500	5,000	8,750	12,500
4d Limo	500	1,550	2,600	5,200	9,100	13,000
1951-1952 Saratoga, 8-cyl., 125.5" wb						
2d Conv (1952 only)	900	2,650	4,400	8,800	15,400	22,000
2d HT Nwpt (1952 only)	750	2,300	3,800	7,600	13,300	19,000
2d Clb Cpe (1951 only)	600	1,800	3,000	6,000	10,500	15,000
4d Sed	550	1,600	2,700	5,400	9,450	13,500
4d T&C Sta Wag (1951 only)	950	2,900	4,800	9,600	16,800	24,000
1951-1952 Windsor or Saratoga, 8-cyl., 125.5" wb						
4d Sed	600	1,750	2,900	5,800	10,150	14,500
2d Clb Cpe (1952 only)	600	1,750	2,900	5,800	10,150	14,500
4d T&C Sta Wag (1952 only)	900	2,650	4,400	8,800	15,400	22,000
4d Limo (1951 only)	650	2,000	3,300	6,600	11,550	16,500
1951-1952 New Yorker, 8-cyl., 131.5" wb						
2d Conv	1,000	3,000	5,000	10,000	17,500	25,000
2d HT	800	2,400	4,000	8,000	14,000	20,000
2d Clb Cpe (1951 only)	650	2,000	3,300	6,600	11,550	16,500
4d Sed	600	1,850	3,100	6,200	10,850	15,500
4d T&C Sta Wag (1951 only)	950	2,900	4,800	9,600	16,800	24,000
1951-1952 Imperial, 8-cyl., 131.5" wb						
2d Conv (1951 only)	950	2,900	4,800	9,600	16,800	24,000
2d HT	850	2,500	4,200	8,400	14,700	21,000
2d Clb Cpe	700	2,050	3,400	6,800	11,900	17,000
4d Sed	650	2,000	3,300	6,600	11,550	16,500
1951-1952 Crown Imperial, 8-cyl., 145.5" wb						
4d Sed	650	1,900	3,200	6,400	11,200	16,000
4d Limo	750	2,300	3,800	7,600	13,300	19,000
1953 Windsor Series, 6-cyl., 125.5" wb						
2d Clb Cpe	500	1,550	2,600	5,200	9,100	13,000
4d Sed	500	1,450	2,400	4,800	8,400	12,000
4d T&C Sta Wag	900	2,650	4,400	8,800	15,400	22,000
1953 Windsor Series, 6-cyl., 139.5" wb						
4d Sed	500	1,450	2,400	4,850	8,450	12,100
1953 Windsor DeLuxe Series, 6-cyl., 125.5" wb						
2d Conv	750	2,300	3,800	7,600	13,300	19,000
2d HT	700	2,050	3,400	6,800	11,900	17,000
4d Sed	500	1,500	2,450	4,900	8,600	12,300
1953 New Yorker, 8-cyl., 125.5" wb						
2d Clb Cpe	600	1,750	2,900	5,800	10,150	14,500
2d HT	750	2,300	3,800	7,600	13,300	19,000
4d Sed	500	1,550	2,550	5,100	8,950	12,800
4d T&C Sta Wag	900	2,750	4,600	9,200	16,100	23,000
1953 New Yorker, 8-cyl., 139.5" wb						
4d Sed	550	1,600	2,650	5,300	9,300	13,300
1953 New Yorker Deluxe, 8-cyl., 125.5" wb						
2d Conv	950	2,900	4,800	9,600	16,800	24,000
2d HT	800	2,400	4,000	8,000	14,000	20,000
2d Clb Cpe	600	1,800	3,000	6,000	10,500	15,000
4d Sed	500	1,550	2,600	5,250	9,150	13,100
1953 Custom Imperial Series, 8-cyl., 133.5" wb						
4d Sed	600	1,800	3,000	6,000	10,500	15,000
4d Twn Limo	700	2,050	3,400	6,800	11,900	17,000
1953 Custom Imperial, 8-cyl., 131.5" wb						
2d HT	1,000	3,000	5,000	10,000	17,500	25,000
1953 Crown Imperial, 8-cyl., 145.5" wb						
4d Sed	650	2,000	3,300	6,600	11,550	16,500
4d Limo	700	2,150	3,600	7,200	12,600	18,000
1954 Windsor DeLuxe Series, 6-cyl., 125.5" wb						
2d Conv	950	2,900	4,800	9,600	16,800	24,000
2d HT	800	2,400	4,000	8,000	14,000	20,000
2d Clb Cpe	550	1,600	2,700	5,400	9,450	13,500
4d Sed	500	1,450	2,400	4,800	8,400	12,000
4d T&C Sta Wag	800	2,400	4,000	8,000	14,000	20,000
1954 Windsor DeLuxe Series, 6-cyl., 139.5" wb						
4d Sed	550	1,600	2,700	5,400	9,450	13,500
1954 New Yorker Series, 8-cyl., 125.5" wb						
2d HT	900	2,650	4,400	8,800	15,400	22,000
2d Clb Cpe	600	1,800	3,000	6,000	10,500	15,000
4d Sed	550	1,600	2,700	5,400	9,450	13,500

1929 Cord L-29 sedan

1937 Cord 812 phaeton

1950 Crosley two-door station wagon

	6	5	4	3	2	1
4d T&C Sta Wag	850	2,500	4,200	8,400	14,700	21,000

1954 New Yorker Series, 8-cyl., 139.5" wb
| 4d Sed | 550 | 1,700 | 2,800 | 5,600 | 9,800 | 14,000 |

1954 New Yorker DeLuxe Series, 8-cyl., 125.5" wb
2d Conv	1,200	3,600	6,000	12,000	21,000	30,000
2d HT	900	2,750	4,600	9,200	16,100	23,000
2d Clb Cpe	550	1,700	2,800	5,600	9,800	14,000
4d Sed	600	1,750	2,900	5,800	10,150	14,500

1954 Custom Imperial Line, 8-cyl., 133.5" wb
| 4d Sed | 700 | 2,050 | 3,400 | 6,800 | 11,900 | 17,000 |
| 4d Limo | 750 | 2,300 | 3,800 | 7,600 | 13,300 | 19,000 |

1954 Custom Imperial Line, 8-cyl., 131" wb
| 2d HT Newport | 1,000 | 3,000 | 5,000 | 10,000 | 17,500 | 25,000 |

1954 Crown Imperial Line, 8-cyl., 145.5" wb
| 4d Sed | 700 | 2,100 | 3,500 | 7,000 | 12,250 | 17,500 |
| 4d Limo | 800 | 2,400 | 4,000 | 8,000 | 14,000 | 20,000 |

1955 Windsor DeLuxe Series, V-8, 126" wb
2d Conv	1,100	3,350	5,600	11,200	19,600	28,000
2d HT Newport	850	2,500	4,200	8,400	14,700	21,000
2d HT Nassau	800	2,400	4,000	8,000	14,000	20,000
4d Sed	500	1,550	2,600	5,200	9,100	13,000
4d T&C Sta Wag	700	2,150	3,600	7,200	12,600	18,000

1955 New Yorker Deluxe Series, V-8, 126" wb
2d Conv	1,250	3,700	6,200	12,400	21,700	31,000
2d HT St. Regis	900	2,650	4,400	8,800	15,400	22,000
2d HT Newport	850	2,500	4,200	8,400	14,700	21,000
4d Sed	550	1,700	2,800	5,600	9,800	14,000
4d T&C Sta Wag	800	2,400	4,000	8,000	14,000	20,000

1955 300 Series, V-8, 126" wb
| 2d Spt Cpe | 1,450 | 4,300 | 7,200 | 14,400 | 25,200 | 36,000 |

1955 Imperial Series, V-8
| 4d Sed | 600 | 1,800 | 3,000 | 6,000 | 10,500 | 15,000 |
| 2d HT Newport | 1,000 | 3,000 | 5,000 | 10,000 | 17,500 | 25,000 |

1955 Crown Imperial Series, V-8
| 4d 8P Sed | 750 | 2,300 | 3,800 | 7,600 | 13,300 | 19,000 |
| 4d 8P Limo | 900 | 2,750 | 4,600 | 9,200 | 16,100 | 23,000 |

1956 Windsor Series, V-8
2d Conv	1,100	3,250	5,400	10,800	18,900	27,000
2d HT Newport	900	2,650	4,400	8,800	15,400	22,000
2d HT Nassau	850	2,500	4,200	8,400	14,700	21,000
4d HT	600	1,800	3,000	6,000	10,500	15,000
4d Sed	500	1,550	2,600	5,200	9,100	13,000
4d T&C Sta Wag	750	2,300	3,800	7,600	13,300	19,000

1956 New Yorker Series, V-8
2d Conv	1,200	3,600	6,000	12,000	21,000	30,000
2d HT St. Regis	950	2,900	4,800	9,600	16,800	24,000
2d HT Newport	900	2,750	4,600	9,200	16,100	23,000
4d HT	700	2,150	3,600	7,200	12,600	18,000
4d Sed	550	1,700	2,800	5,600	9,800	14,000
4d T&C Sta Wag	800	2,400	4,000	8,000	14,000	20,000

1956 300 Letter Series "B", V-8
| 2d HT | 1,450 | 4,300 | 7,200 | 14,400 | 25,200 | 36,000 |

1956 Imperial Line, V-8
4d Sed	600	1,800	3,000	6,000	10,500	15,000
4d HT S Hamp	700	2,150	3,600	7,200	12,600	18,000
2d HT S Hamp	1,000	3,000	5,000	10,000	17,500	25,000

1956 Crown Imperial Line, V-8
| 4d 8P Sed | 800 | 2,400 | 4,000 | 8,000 | 14,000 | 20,000 |
| 4d 8P Limo | 900 | 2,650 | 4,400 | 8,800 | 15,400 | 22,000 |

1957 Windsor Series, V-8
2d HT	800	2,400	4,000	8,000	14,000	20,000
4d HT	600	1,800	3,000	6,000	10,500	15,000
4d Sed	500	1,450	2,400	4,800	8,400	12,000
4d T&C Sta Wag	550	1,700	2,800	5,600	9,800	14,000

1957 Saratoga Series, V-8
2d HT	900	2,650	4,400	8,800	15,400	22,000
4d HT	700	2,050	3,400	6,800	11,900	17,000
4d Sed	500	1,500	2,500	5,000	8,750	12,500

1957 New Yorker Series, V-8
2d Conv	1,200	3,600	6,000	12,000	21,000	30,000
2d HT	1,000	3,000	5,000	10,000	17,500	25,000
4d HT	700	2,150	3,600	7,200	12,600	18,000
4d Sed	500	1,550	2,600	5,200	9,100	13,000

	6	5	4	3	2	1
4d T&C Sta Wag	600	1,800	3,000	6,000	10,500	15,000

1957 300 Letter Series "C", V-8
2d Conv	1,900	5,750	9,600	19,200	33,600	48,000
2d HT	1,550	4,700	7,800	15,600	27,300	39,000

1957 Imperial Line, V-8
2d HT S Hamp	900	2,750	4,600	9,200	16,100	23,000
4d HT S Hamp	800	2,400	4,000	8,000	14,000	20,000
4d Sed	700	2,150	3,600	7,200	12,600	18,000

1957 Crown Imperial Line, V-8
2d Conv	1,150	3,500	5,800	11,600	20,300	29,000
2d HT S Hamp	950	2,900	4,800	9,600	16,800	24,000
4d HT S Hamp	850	2,500	4,200	8,400	14,700	21,000
4d Sed	750	2,300	3,800	7,600	13,300	19,000

1957 Imperial LeBaron Line, V-8
4d Sed	800	2,400	4,000	8,000	14,000	20,000
4d HT S Hamp	900	2,650	4,400	8,800	15,400	22,000

1957 Crown Imperial Ghia, V-8
4d 8P Limo	1,050	3,100	5,200	10,400	18,200	26,000

1958 Windsor Series, V-8
2d HT	750	2,300	3,800	7,600	13,300	19,000
4d HT	550	1,700	2,800	5,600	9,800	14,000
4d Sed	500	1,450	2,400	4,800	8,400	12,000
4d T&C Sta Wag	600	1,750	2,900	5,800	10,150	14,500

1958 Saratoga Series, V-8
2d HT	800	2,400	4,000	8,000	14,000	20,000
4d HT	600	1,800	3,000	6,000	10,500	15,000
4d Sed	500	1,550	2,600	5,200	9,100	13,000

1958 New Yorker Series, V-8
2d Conv	1,300	3,850	6,400	12,800	22,400	32,000
2d HT	900	2,650	4,400	8,800	15,400	22,000
4d HT	650	1,900	3,200	6,400	11,200	16,000
4d Sed	550	1,700	2,800	5,600	9,800	14,000
4d 6P T&C Sta Wag	600	1,750	2,900	5,800	10,150	14,500
4d 9P T&C Sta Wag	600	1,750	2,950	5,900	10,300	14,700

1958 300 Letter Series "D"
2d Conv	1,950	5,900	9,800	19,600	34,300	49,000
2d HT	1,600	4,800	8,000	16,000	28,000	40,000

NOTE: Add 40 percent for EFI.

1958 Imperial Line, V-8
2d HT S Hamp	900	2,650	4,400	8,800	15,400	22,000
4d HT S Hamp	750	2,300	3,800	7,600	13,300	19,000
4d Sed	700	2,150	3,600	7,200	12,600	18,000

1958 Crown Imperial Line, V-8
2d Conv	1,100	3,350	5,600	11,200	19,600	28,000
2d HT S Hamp	950	2,900	4,800	9,600	16,800	24,000
4d HT S Hamp	800	2,400	4,000	8,000	14,000	20,000
4d Sed	750	2,300	3,800	7,600	13,300	19,000

1958 Imperial LeBaron Line, V-8
4d Sed	800	2,400	4,000	8,000	14,000	20,000
4d HT S Hamp	900	2,650	4,400	8,800	15,400	22,000

1958 Crown Imperial Ghia, V-8
4d Limo	1,050	3,100	5,200	10,400	18,200	26,000

1959 Windsor Series, V-8
2d Conv	900	2,650	4,400	8,800	15,400	22,000
2d HT	700	2,050	3,400	6,800	11,900	17,000
4d HT	500	1,550	2,600	5,200	9,100	13,000
4d Sed	450	1,300	2,200	4,400	7,700	11,000

1959 Town & Country Series, V-8
4d 6P Sta Wag	500	1,500	2,500	5,000	8,750	12,500
4d 9P Sta Wag	450	1,400	2,350	4,700	8,200	11,700

1959 Saratoga Series, V-8
4d Sed	450	1,300	2,200	4,400	7,700	11,000
4d HT	550	1,700	2,800	5,600	9,800	14,000
2d HT	700	2,150	3,600	7,200	12,600	18,000

1959 New Yorker Series, V-8
2d Conv	1,200	3,600	6,000	12,000	21,000	30,000
2d HT	800	2,400	4,000	8,000	14,000	20,000
4d HT	600	1,800	3,000	6,000	10,500	15,000
4d Sed	450	1,400	2,300	4,600	8,050	11,500

1959 Town & Country, V-8
4d 6P Sta Wag	550	1,700	2,800	5,600	9,800	14,000
4d 9P Sta Wag	550	1,700	2,850	5,700	9,950	14,200

	6	5	4	3	2	1
1959 300 Letter Series "E", V-8						
2d Conv	1,850	5,500	9,200	18,400	32,200	46,000
2d HT	1,600	4,800	8,000	16,000	28,000	40,000
1959 Imperial Custom Line, V-8						
4d Sed	550	1,700	2,800	5,600	9,800	14,000
4d HT S Hamp	700	2,050	3,400	6,800	11,900	17,000
2d HT S Hamp	900	2,650	4,400	8,800	15,400	22,000
1959 Crown Imperial Line, V-8						
2d Conv	1,100	3,350	5,600	11,200	19,600	28,000
2d HT S Hamp	950	2,900	4,800	9,600	16,800	24,000
4d Sed	600	1,800	3,000	6,000	10,500	15,000
4d HT S Hamp	700	2,150	3,600	7,200	12,600	18,000
1959 Imperial LeBaron Line, V-8						
4d Sed	650	1,900	3,200	6,400	11,200	16,000
4d HT S Hamp	750	2,300	3,800	7,600	13,300	19,000
1959 Crown Imperial Ghia, V-8						
4d Limo	1,050	3,100	5,200	10,400	18,200	26,000
1960 Windsor Series, V-8						
2d Conv	650	1,900	3,200	6,400	11,200	16,000
2d HT	500	1,450	2,400	4,800	8,400	12,000
4d HT	450	1,300	2,200	4,400	7,700	11,000
4d Sed	400	1,200	2,000	4,000	7,000	10,000
1960 Town & Country Series, V-8						
4d 9P Sta Wag	450	1,350	2,250	4,500	7,850	11,200
4d 6P Sta Wag	450	1,300	2,200	4,400	7,700	11,000
1960 Saratoga Series, V-8						
2d HT	500	1,550	2,600	5,200	9,100	13,000
4d HT	500	1,450	2,400	4,800	8,400	12,000
4d Sed	400	1,200	2,050	4,100	7,150	10,200
1960 New Yorker Series, V-8						
2d Conv	750	2,300	3,800	7,600	13,300	19,000
2d HT	600	1,800	3,000	6,000	10,500	15,000
4d HT	500	1,550	2,600	5,200	9,100	13,000
4d Sed	400	1,250	2,100	4,200	7,350	10,500
1960 Town & Country Series, V-8, 126" wb						
4d 9P Sta Wag	500	1,450	2,450	4,900	8,550	12,200
4d 6P Sta Wag	500	1,450	2,400	4,800	8,400	12,000
1960 300 Letter Series "F", V-8						
2d Conv	2,400	7,200	12,000	24,000	42,000	60,000
2d HT	1,900	5,750	9,600	19,200	33,600	48,000

NOTE: 300 Letter Series cars containing the Pont-A-Mousson 4-speed transmission, the value is not estimable.

	6	5	4	3	2	1
1960 Custom Imperial Line, V-8						
2d HT S Hamp	600	1,800	3,000	6,000	10,500	15,000
4d HT S Hamp	500	1,550	2,600	5,200	9,100	13,000
4d Sed	450	1,300	2,200	4,400	7,700	11,000
1960 Crown Imperial Line, V-8						
2d Conv	1,100	3,350	5,600	11,200	19,600	28,000
2d HT S Hamp	900	2,650	4,400	8,800	15,400	22,000
4d HT S Hamp	700	2,050	3,400	6,800	11,900	17,000
4d Sed	550	1,700	2,800	5,600	9,800	14,000
1960 Imperial LeBaron Line						
4d Sed	600	1,750	2,900	5,800	10,150	14,500
4d HT S Hamp	700	2,100	3,500	7,000	12,250	17,500
1960 Crown Imperial Ghia, V-8						
4d Limo	1,050	3,100	5,200	10,400	18,200	26,000
1961 Newport Series, V-8						
2d Conv	550	1,700	2,800	5,600	9,800	14,000
2d HT	450	1,300	2,200	4,400	7,700	11,000
4d HT	400	1,250	2,100	4,200	7,350	10,500
4d Sed	400	1,150	1,900	3,800	6,650	9,500
4d 6P Sta Wag	400	1,200	2,000	4,000	7,000	10,000
4d 9P Sta Wag	400	1,200	2,000	4,050	7,050	10,100
1961 Windsor Series, V-8						
2d HT	450	1,400	2,300	4,600	8,050	11,500
4d HT	450	1,300	2,200	4,400	7,700	11,000
4d Sed	400	1,200	2,000	4,000	7,000	10,000
1961 New Yorker Series, V-8						
2d Conv	650	1,900	3,200	6,400	11,200	16,000
2d HT	500	1,450	2,400	4,800	8,400	12,000
4d HT	450	1,300	2,200	4,400	7,700	11,000
4d Sed	400	1,250	2,100	4,200	7,350	10,500
4d 6P Sta Wag	450	1,300	2,200	4,400	7,700	11,000

	6	5	4	3	2	1
4d 9P Sta Wag	450	1,350	2,200	4,450	7,750	11,100

1961 300 Letter Series "G", V-8

	6	5	4	3	2	1
2d Conv	1,850	5,500	9,200	18,400	32,200	46,000
2d HT	1,450	4,300	7,200	14,400	25,200	36,000

NOTE: Add 20 percent for 400HP engine.

1961 Custom Imperial Line, V-8

	6	5	4	3	2	1
2d HT S Hamp	500	1,500	2,500	5,000	8,750	12,500
4d HT S Hamp	450	1,300	2,200	4,400	7,700	11,000

1961 Crown Imperial Line, V-8

	6	5	4	3	2	1
2d Conv	800	2,400	4,000	8,000	14,000	20,000
2d HT S Hamp	500	1,550	2,600	5,200	9,100	13,000
4d HT S Hamp	450	1,400	2,300	4,600	8,050	11,500

1961 Imperial LeBaron Line, V-8

	6	5	4	3	2	1
4d HT S Hamp	500	1,450	2,400	4,800	8,400	12,000

1961 Crown Imperial Ghia, V-8

	6	5	4	3	2	1
4d Limo	950	2,900	4,800	9,600	16,800	24,000

1962 Newport Series, V-8

	6	5	4	3	2	1
4d Sed	400	1,150	1,900	3,850	6,700	9,600
4d HT	400	1,200	2,000	4,000	7,000	10,000
2d Conv	500	1,550	2,600	5,200	9,100	13,000
2d HT	450	1,400	2,300	4,600	8,050	11,500
4d 6P HT Wag	450	1,300	2,200	4,400	7,700	11,000
4d 9P HT Wag	450	1,350	2,250	4,500	7,850	11,200

1962 300 Series

	6	5	4	3	2	1
2d Conv	650	1,900	3,200	6,400	11,200	16,000
2d HT	500	1,450	2,400	4,800	8,400	12,000
4d HT	450	1,300	2,200	4,400	7,700	11,000

1962 300 Letter Series "H", V-8

	6	5	4	3	2	1
2d Conv	1,800	5,400	9,000	18,000	31,500	45,000
2d HT	1,400	4,200	7,000	14,000	24,500	35,000

1962 New Yorker Series, V-8

	6	5	4	3	2	1
4d Sed	400	1,200	2,000	4,000	7,000	10,000
4d HT	450	1,400	2,300	4,600	8,050	11,500
4d 6P HT Wag	500	1,450	2,400	4,800	8,400	12,000
4d 9P HT Wag	500	1,450	2,450	4,900	8,550	12,200

1962 Custom Imperial Line, V-8

	6	5	4	3	2	1
2d HT S Hamp	500	1,550	2,600	5,200	9,100	13,000
4d HT S Hamp	450	1,300	2,200	4,400	7,700	11,000

1962 Crown Imperial Line, V-8

	6	5	4	3	2	1
2d Conv	750	2,300	3,800	7,600	13,300	19,000
2d HT S Hamp	500	1,450	2,400	4,800	8,400	12,000
4d HT S Hamp	450	1,400	2,300	4,600	8,050	11,500

1962 Imperial LeBaron Line, V-8

	6	5	4	3	2	1
4d HT S Hamp	500	1,450	2,400	4,800	8,400	12,000

1963 Newport Series, V-8

	6	5	4	3	2	1
2d Conv	550	1,700	2,800	5,600	9,800	14,000
2d HT	450	1,400	2,300	4,600	8,050	11,500
4d HT	400	1,200	2,000	4,000	7,000	10,000
4d Sed	400	1,150	1,900	3,850	6,700	9,600
4d 6P Sta Wag	450	1,300	2,200	4,400	7,700	11,000
4d 9P Sta Wag	450	1,350	2,250	4,500	7,850	11,200

1963 300 Series, "383" V-8

	6	5	4	3	2	1
2d Conv	650	1,900	3,200	6,400	11,200	16,000
2d HT	500	1,500	2,500	5,000	8,750	12,500
4d HT	400	1,250	2,100	4,200	7,350	10,500

1963 300 "Pacesetter" Series, "383" V-8

	6	5	4	3	2	1
2d Conv	650	1,900	3,200	6,400	11,200	16,000
2d HT	500	1,450	2,400	4,800	8,400	12,000

1963 300 Letter Series "J", "413" V-8

	6	5	4	3	2	1
2d HT	1,050	3,100	5,200	10,400	18,200	26,000

1963 New Yorker Series, V-8

	6	5	4	3	2	1
4d Sed	400	1,200	2,000	4,000	7,000	10,000
4d HT	400	1,250	2,100	4,200	7,350	10,500
4d HT Salon	450	1,300	2,150	4,300	7,500	10,700
4d 6P Sta Wag	450	1,400	2,350	4,700	8,200	11,700
4d 9P Sta Wag	450	1,400	2,350	4,700	8,200	11,700

1963 Custom Imperial Line, V-8

	6	5	4	3	2	1
2d HT S Hamp	500	1,500	2,500	5,000	8,750	12,500
4d HT S Hamp	450	1,300	2,200	4,400	7,700	11,000

1963 Crown Imperial Line, V-8

	6	5	4	3	2	1
2d Conv	700	2,050	3,400	6,800	11,900	17,000
2d HT S Hamp	500	1,500	2,500	5,000	8,750	12,500
4d HT S Hamp	450	1,300	2,200	4,400	7,700	11,000

	6	5	4	3	2	1

1963 Imperial LeBaron Line, V-8

	6	5	4	3	2	1
4d HT S Hamp	500	1,450	2,400	4,800	8,400	12,000

1963 Crown Imperial Ghia, V-8

	6	5	4	3	2	1
4d 8P Sed	600	1,800	3,000	6,000	10,500	15,000
4d 8P Limo	800	2,400	4,000	8,000	14,000	20,000

1964 Newport Series, V-8

	6	5	4	3	2	1
2d Conv	500	1,550	2,600	5,200	9,100	13,000
2d HT	450	1,300	2,200	4,400	7,700	11,000
4d HT	400	1,200	2,000	4,000	7,000	10,000
4d Sed	400	1,150	1,900	3,850	6,700	9,600

1964 Town & Country Series, V-8

	6	5	4	3	2	1
4d 9P Sta Wag	400	1,250	2,100	4,200	7,350	10,500
4d 6P Sta Wag	400	1,250	2,100	4,150	7,300	10,400

1964 300 Series

	6	5	4	3	2	1
2d Conv	650	1,900	3,200	6,400	11,200	16,000
2d HT	450	1,400	2,300	4,600	8,050	11,500
4d HT	400	1,250	2,100	4,200	7,350	10,500

1964 300 Letter Series "K", V-8

	6	5	4	3	2	1
2d Conv	1,300	3,850	6,400	12,800	22,400	32,000
2d HT	1,050	3,100	5,200	10,400	18,200	26,000

NOTE: Add 10 percent for two 4-barrel carbs.

1964 New Yorker Series, V-8

	6	5	4	3	2	1
4d Sed	400	1,250	2,100	4,200	7,350	10,500
4d HT	450	1,300	2,200	4,400	7,700	11,000
4d HT Salon	450	1,400	2,300	4,600	8,050	11,500

1964 Town & Country Series, V-8

	6	5	4	3	2	1
4d 9P HT Wag	500	1,450	2,450	4,900	8,550	12,200
4d 6P HT Wag	500	1,450	2,400	4,800	8,400	12,000

1964 Imperial Crown, V-8

	6	5	4	3	2	1
2d Conv	700	2,150	3,600	7,200	12,600	18,000
2d HT	500	1,550	2,600	5,200	9,100	13,000
4d HT	450	1,400	2,300	4,600	8,050	11,500

1964 Imperial LeBaron, V-8

	6	5	4	3	2	1
4d HT	550	1,600	2,700	5,400	9,450	13,500

1964 Crown Imperial Ghia, V-8

	6	5	4	3	2	1
4d Limo	800	2,350	3,900	7,800	13,650	19,500

1965 Newport Series, V-8

	6	5	4	3	2	1
2d Conv	550	1,600	2,700	5,400	9,450	13,500
2d HT	450	1,400	2,300	4,600	8,050	11,500
4d HT	400	1,250	2,100	4,200	7,350	10,500
4d Sed	400	1,150	1,900	3,850	6,700	9,600
4d 6W Sed	350	1,100	1,850	3,700	6,500	9,300

1965 Town & Country Series, V-8

	6	5	4	3	2	1
4d 6P Wag	450	1,300	2,200	4,400	7,700	11,000
4d 9P Wag	450	1,350	2,250	4,500	7,850	11,200

1965 300 Series

	6	5	4	3	2	1
2d Conv	600	1,800	3,000	6,000	10,500	15,000
2d HT	500	1,450	2,400	4,800	8,400	12,000
4d HT	400	1,250	2,100	4,200	7,350	10,500

1965 300 Letter Series "L", V-8

	6	5	4	3	2	1
2d Conv	1,150	3,500	5,800	11,600	20,300	29,000
2d HT	1,000	3,000	5,000	10,000	17,500	25,000

1965 New Yorker Series, V-8

	6	5	4	3	2	1
2d HT	500	1,500	2,500	5,000	8,750	12,500
4d HT	450	1,300	2,200	4,400	7,700	11,000
4d 6W Sed	400	1,200	2,000	4,000	7,000	10,000

1965 Town & Country Series, V-8

	6	5	4	3	2	1
4d 6P Wag	500	1,450	2,400	4,800	8,400	12,000
4d 9P Wag	500	1,450	2,450	4,900	8,550	12,200

1965 Crown Imperial Line, V-8

	6	5	4	3	2	1
2d Conv	700	2,050	3,400	6,800	11,900	17,000
2d HT	500	1,550	2,600	5,200	9,100	13,000
4d HT	500	1,450	2,400	4,800	8,400	12,000

1965 Imperial LeBaron Line, V-8

	6	5	4	3	2	1
4d HT	550	1,600	2,700	5,400	9,450	13,500

1965 Crown Imperial Ghia, V-8

	6	5	4	3	2	1
4d Limo	800	2,400	4,000	8,000	14,000	20,000

1966 Newport Series, V-8

	6	5	4	3	2	1
2d Conv	600	1,800	3,000	6,000	10,500	15,000
2d HT	500	1,450	2,400	4,800	8,400	12,000
4d HT	450	1,300	2,200	4,400	7,700	11,000
4d Sed	400	1,200	2,000	4,000	7,000	10,000

	6	5	4	3	2	1
4d 6W Sed	400	1,200	2,000	4,000	7,000	10,000
1966 Town & Country Series, V-8						
4d 6P Sta Wag	500	1,450	2,400	4,800	8,400	12,000
4d 9P Sta Wag	500	1,450	2,450	4,900	8,550	12,200
1966 Chrysler 300, V-8						
2d Conv	800	2,400	4,000	8,000	14,000	20,000
2d HT	600	1,800	3,000	6,000	10,500	15,000
4d HT	500	1,450	2,400	4,800	8,400	12,000
1966 New Yorker, V-8						
2d HT	500	1,500	2,500	5,000	8,750	12,500
4d HT	500	1,450	2,400	4,800	8,400	12,000
4d 6W Sed	450	1,400	2,300	4,600	8,050	11,500
1966 Imperial, V-8						
2d Conv	700	2,150	3,600	7,200	12,600	18,000
2d HT	550	1,700	2,800	5,600	9,800	14,000
4d HT	500	1,550	2,600	5,200	9,100	13,000
1966 Imperial LeBaron, V-8						
4d HT	600	1,800	3,000	6,000	10,500	15,000
1967 Newport, V-8, 124" wb						
2d Conv	600	1,800	3,000	6,000	10,500	15,000
2d HT	500	1,500	2,500	5,000	8,750	12,500
4d HT	450	1,400	2,300	4,600	8,050	11,500
4d Sed	400	1,200	2,000	4,050	7,050	10,100
4d Sta Wag	500	1,500	2,500	5,000	8,750	12,500
1967 Newport Custom, V-8, 124" wb						
2d HT	500	1,500	2,500	5,000	8,750	12,500
4d HT	450	1,400	2,300	4,600	8,050	11,500
4d Sed	400	1,200	2,050	4,100	7,150	10,200
1967 300, V-8, 124" wb						
2d Conv	700	2,150	3,600	7,200	12,600	18,000
2d HT	550	1,600	2,700	5,400	9,450	13,500
4d HT	500	1,450	2,400	4,800	8,400	12,000
1967 New Yorker, V-8, 124" wb						
2d HT	500	1,550	2,600	5,200	9,100	13,000
4d HT	500	1,450	2,400	4,800	8,400	12,000
4d Sed	400	1,250	2,100	4,200	7,350	10,500
1967 Imperial, V-8, 127" wb						
2d Conv	800	2,400	4,000	8,000	14,000	20,000
4d Sed	550	1,600	2,700	5,400	9,450	13,500
1967 Imperial Crown						
4d HT	550	1,700	2,800	5,600	9,800	14,000
2d HT	650	2,000	3,300	6,600	11,600	16,500
1968 Newport, V-8, 124" wb						
2d Conv	600	1,800	3,000	6,000	10,500	15,000
2d HT	500	1,550	2,600	5,200	9,100	13,000
4d HT	500	1,450	2,400	4,800	8,400	12,000
4d Sed	450	1,300	2,200	4,400	7,700	11,000
1968 Newport Custom, V-8, 124" wb						
2d HT	500	1,550	2,600	5,200	9,100	13,000
4d HT	450	1,300	2,200	4,400	7,700	11,000
4d Sed	450	1,300	2,150	4,300	7,500	10,700
1968 300, V-8, 124" wb						
2d Conv	750	2,300	3,800	7,600	13,300	19,000
2d HT	550	1,600	2,700	5,400	9,450	13,500
4d HT	500	1,450	2,400	4,800	8,400	12,000
1968 Town & Country, V-8, 122" wb						
4d Sta Wag	500	1,500	2,500	5,000	8,750	12,500
1968 New Yorker, V-8, 124" wb						
2d HT	550	1,600	2,700	5,400	9,450	13,500
4d HT	500	1,500	2,500	5,000	8,750	12,500
4d Sed	450	1,300	2,200	4,400	7,700	11,000
1968 Imperial, V-8, 127" wb						
2d Conv	800	2,400	4,000	8,000	14,000	20,000
2d HT	650	2,000	3,300	6,600	11,600	16,500
4d HT	550	1,700	2,800	5,600	9,800	14,000
4d Sed	500	1,500	2,500	5,000	8,750	12,500
1968 Imperial LeBaron						
4d HT	600	1,850	3,100	6,200	10,900	15,500
1969 Newport, V-8, 124" wb						
2d Conv	500	1,550	2,600	5,200	9,100	13,000
2d HT	300	950	1,600	3,200	5,600	8,000
4d HT	250	800	1,350	2,700	4,700	6,700
4d Sed	250	750	1,250	2,500	4,350	6,200

	6	5	4	3	2	1
1969 Newport Custom, V-8, 124" wb						
2d HT	350	1,000	1,650	3,300	5,750	8,200
4d HT	250	800	1,350	2,700	4,750	6,800
4d Sed	250	750	1,250	2,500	4,400	6,300
1969 300, V-8, 124" wb						
2d Conv	550	1,700	2,800	5,600	9,800	14,000
2d HT	350	1,100	1,800	3,600	6,300	9,000
4d HT	300	900	1,500	3,000	5,250	7,500
1969 New Yorker, V-8, 124" wb						
2d HT	350	1,100	1,800	3,600	6,300	9,000
4d HT	300	850	1,400	2,800	4,900	7,000
4d Sed	250	800	1,350	2,700	4,750	6,800
1969 Town & Country, V-8, 122" wb						
4d Sta Wag	300	850	1,400	2,800	4,900	7,000
1969 Imperial Crown, V-8, 127" wb						
2d HT	350	1,100	1,800	3,600	6,300	9,000
4d HT	300	900	1,500	3,000	5,250	7,500
4d Sed	300	850	1,400	2,800	4,900	7,000
1969 Imperial LeBaron						
2d HT	400	1,150	1,900	3,800	6,650	9,500
4d HT	300	900	1,500	3,000	5,250	7,500
1970 Newport, V-8, 124" wb						
2d HT	350	1,000	1,700	3,400	5,950	8,500
2d Conv	450	1,400	2,300	4,600	8,050	11,500
4d HT	300	850	1,400	2,800	4,900	7,000
4d Sed	250	800	1,350	2,700	4,700	6,700
1970 Newport Custom						
2d HT	300	950	1,600	3,200	5,600	8,000
4d HT	300	900	1,550	3,100	5,400	7,700
4d Sed	300	850	1,400	2,800	4,900	7,000
1970 300, V-8, 124" wb						
2d Conv	650	1,900	3,200	6,400	11,200	16,000
2d HT Hurst	500	1,550	2,600	5,200	9,100	13,000
2d HT	350	1,100	1,800	3,600	6,300	9,000
4d HT	350	1,000	1,700	3,400	5,950	8,500
1970 New Yorker, V-8, 124" wb						
2d HT	400	1,150	1,900	3,800	6,650	9,500
4d HT	300	950	1,600	3,200	5,600	8,000
4d Sed	300	900	1,500	3,000	5,250	7,500
1970 Town & Country, V-8, 122" wb						
4d Sta Wag	300	900	1,500	3,000	5,250	7,500
1970 Imperial Crown, V-8, 127" wb						
2d HT	400	1,200	2,000	4,000	7,000	10,000
4d HT	350	1,000	1,700	3,400	5,950	8,500
1970 Imperial LeBaron, V-8, 127" wb						
2d HT	400	1,250	2,100	4,200	7,350	10,500
4d HT	350	1,100	1,800	3,600	6,300	9,000
1971 Newport Royal, V-8, 124" wb						
2d HT	250	700	1,200	2,400	4,200	6,000
4d HT	200	600	1,000	1,950	3,450	4,900
4d Sed	200	600	950	1,900	3,350	4,800
1971 Newport, V-8, 124" wb						
2d HT	300	850	1,400	2,800	4,900	7,000
4d HT	200	600	1,050	2,100	3,650	5,200
4d Sed	200	600	1,000	1,950	3,450	4,900
1971 Newport Custom						
2d HT	300	900	1,500	3,000	5,250	7,500
4d HT	200	650	1,100	2,200	3,850	5,500
4d Sed	200	600	1,000	2,000	3,500	5,000
1971 300						
2d HT	300	950	1,600	3,200	5,600	8,000
4d HT	200	600	1,050	2,100	3,650	5,200
1971 New Yorker						
2d HT	300	950	1,600	3,200	5,600	8,000
4d HT	250	700	1,200	2,400	4,200	6,000
4d Sed	200	600	1,000	2,050	3,550	5,100
1971 Town & Country						
4d Sta Wag	200	650	1,100	2,200	3,850	5,500
1971 Imperial LeBaron						
2d HT	350	1,000	1,700	3,400	5,950	8,500
4d HT	250	800	1,300	2,600	4,550	6,500
1972 Newport Royal						
2d HT	250	800	1,300	2,600	4,550	6,500

	6	5	4	3	2	1
4d HT	200	600	1,000	2,000	3,500	5,000
4d Sed	200	550	900	1,750	3,100	4,400
1972 Newport Custom						
2d HT	300	850	1,400	2,800	4,900	7,000
4d HT	200	650	1,100	2,200	3,850	5,500
4d Sed	200	550	900	1,800	3,150	4,500
1972 New Yorker Brougham						
2d HT	300	900	1,500	3,000	5,250	7,500
4d HT	250	700	1,200	2,400	4,200	6,000
4d Sed	200	600	1,000	2,000	3,500	5,000
1972 Town & Country						
4d Sta Wag	200	650	1,100	2,200	3,850	5,500
1972 Imperial LeBaron						
2d HT	300	950	1,600	3,200	5,600	8,000
4d HT	250	800	1,300	2,600	4,550	6,500
1973 Newport, V-8, 124" wb						
2d HT	200	650	1,100	2,200	3,850	5,500
4d HT	150	500	800	1,600	2,800	4,000
4d Sed	150	450	750	1,500	2,650	3,800
1973 Newport Custom, V-8						
2d HT	250	700	1,150	2,300	4,000	5,700
4d HT	150	500	800	1,650	2,850	4,100
4d Sed	150	500	800	1,600	2,800	4,000
1973 New Yorker Brougham, V-8						
2d HT	250	700	1,200	2,400	4,200	6,000
4d HT	200	550	900	1,800	3,150	4,500
4d Sed	150	500	800	1,650	2,850	4,100
1973 Town & Country, V-8						
4d 3S Sta Wag	150	450	750	1,500	2,650	3,800
1973 Imperial LeBaron, V-8						
2d HT	250	750	1,250	2,500	4,350	6,200
4d HT	200	550	950	1,900	3,300	4,700
1974 Newport, V-8						
2d HT	200	600	950	1,900	3,350	4,800
4d HT	150	400	700	1,400	2,450	3,500
4d Sed	150	400	700	1,350	2,400	3,400
1974 Newport Custom, V-8						
2d HT	200	600	1,000	2,000	3,500	5,000
4d HT	150	450	750	1,500	2,600	3,700
4d Sed	150	450	700	1,450	2,500	3,600
1974 New Yorker, V-8						
4d Sed	150	450	750	1,500	2,600	3,700
4d HT	150	500	850	1,700	2,950	4,200
1974 New Yorker Brougham, V-8						
2d HT	200	600	1,050	2,100	3,650	5,200
4d HT	150	500	800	1,600	2,800	4,000
4d Sed	150	450	800	1,550	2,750	3,900
1974 Town & Country, V-8						
4d 3S Sta Wag	150	450	800	1,550	2,750	3,900
1974 Imperial LeBaron						
2d HT	200	650	1,100	2,150	3,800	5,400
4d HT	150	500	850	1,700	3,000	4,300

NOTE: Add 20 percent for Crown Coupe package (Orig. price $542.).

	6	5	4	3	2	1
1975 Cordoba, V-8						
2d HT	200	650	1,100	2,200	3,850	5,500
1975 Newport, V-8						
2d HT	200	550	900	1,800	3,150	4,500
4d HT	150	400	700	1,400	2,450	3,500
4d Sed	150	400	700	1,350	2,400	3,400
1975 Newport Custom, V-8						
2d HT	200	550	900	1,850	3,200	4,600
4d HT	150	450	700	1,450	2,500	3,600
4d Sed	150	400	700	1,400	2,450	3,500
1975 New Yorker Brougham, V-8						
2d HT	200	600	950	1,900	3,350	4,800
4d HT	150	450	750	1,500	2,650	3,800
4d Sed	150	450	700	1,450	2,500	3,600
1975 Town & Country, V-8						
4d 3S Sta Wag	150	450	700	1,450	2,500	3,600
1975 Imperial LeBaron						
2d HT	200	600	1,000	2,050	3,550	5,100
4d HT	150	500	800	1,600	2,800	4,000

	6	5	4	3	2	1

NOTE: Add 20 percent for Crown Coupe package (Orig. price $569.).

1976 Cordoba, V-8

	6	5	4	3	2	1
2d HT	250	700	1,200	2,400	4,200	6,000

1976 Newport, V-8

	6	5	4	3	2	1
2d HT	200	550	950	1,900	3,300	4,700
4d HT	150	450	800	1,550	2,750	3,900
4d Sed	150	400	700	1,400	2,450	3,500

1976 Newport Custom, V-8

	6	5	4	3	2	1
2d HT	200	600	1,000	2,000	3,500	5,000
4d HT	150	450	750	1,500	2,650	3,800
4d Sed	150	450	700	1,450	2,500	3,600

1976 Town & Country, V-8

	6	5	4	3	2	1
4d 2S Sta Wag	150	450	700	1,450	2,500	3,600
4d 3S Sta Wag	150	450	750	1,500	2,600	3,700

1976 New Yorker Brougham, V-8

	6	5	4	3	2	1
2d HT	200	600	1,050	2,100	3,650	5,200
4d HT	150	450	750	1,500	2,650	3,800

1977 LeBaron, V-8

	6	5	4	3	2	1
2d Cpe	150	500	800	1,600	2,800	4,000
4d Sed	150	450	750	1,500	2,650	3,800

1977 LeBaron Medallion, V-8

	6	5	4	3	2	1
2d Cpe	150	500	850	1,700	2,950	4,200
4d Sed	150	500	800	1,600	2,800	4,000

1977 Cordoba, V-8

	6	5	4	3	2	1
2d HT	200	650	1,100	2,200	3,850	5,500

1977 Newport, V-8

	6	5	4	3	2	1
2d HT	200	550	900	1,800	3,150	4,500
4d HT	150	450	750	1,500	2,650	3,800
4d Sed	150	450	700	1,450	2,500	3,600

1977 Town & Country, V-8

	6	5	4	3	2	1
4d 2S Sta Wag	150	450	750	1,500	2,600	3,700
4d 3S Sta Wag	150	450	750	1,500	2,650	3,800

1977 New Yorker Brougham, V-8

	6	5	4	3	2	1
2d HT	200	550	950	1,900	3,300	4,700
4d HT	150	450	800	1,550	2,750	3,900

1978 LeBaron

	6	5	4	3	2	1
2d Cpe	150	450	700	1,450	2,500	3,600
2d 'S' Cpe	150	400	700	1,400	2,450	3,500
4d 'S' Cpe	150	400	700	1,400	2,450	3,500
4d Sed	150	400	700	1,400	2,450	3,500

1978 Town & Country

	6	5	4	3	2	1
4d Sta Wag	150	400	700	1,400	2,450	3,500

1978 LeBaron Medallion

	6	5	4	3	2	1
2d Cpe	150	450	750	1,500	2,600	3,700
4d Sed	150	450	700	1,450	2,500	3,600

1978 Cordoba

	6	5	4	3	2	1
2d Cpe	200	650	1,100	2,200	3,850	5,500

1978 Newport

	6	5	4	3	2	1
2d Cpe	150	450	750	1,500	2,650	3,800
4d Sed	150	450	750	1,500	2,600	3,700

1978 New Yorker Brougham

	6	5	4	3	2	1
2d Cpe	150	500	800	1,600	2,800	4,000
4d Sed	150	450	800	1,550	2,750	3,900

1979 LeBaron, V-8

	6	5	4	3	2	1
2d Cpe	150	450	700	1,450	2,500	3,600
4d Sed	150	400	700	1,400	2,450	3,500

1979 LeBaron Salon, V-8

	6	5	4	3	2	1
2d Cpe	150	450	750	1,500	2,600	3,700
4d Sed	150	450	700	1,450	2,500	3,600

1979 LeBaron Medallion, V-8

	6	5	4	3	2	1
2d Cpe	150	450	800	1,550	2,750	3,900
4d Sed	150	450	750	1,500	2,650	3,800

1979 LeBaron Town & Country

	6	5	4	3	2	1
4d Sta Wag	150	450	750	1,500	2,650	3,800

NOTE: Deduct 5 percent for 6-cyl.

1979 Cordoba, V-8

	6	5	4	3	2	1
2d Cpe	200	600	1,050	2,100	3,650	5,200

NOTE: Add 20 percent for 300 option.

1979 Newport, V-8

	6	5	4	3	2	1
4d Sed	150	450	800	1,550	2,750	3,900

NOTE: Deduct 7 percent for 6-cyl.

	6	5	4	3	2	1
1979 New Yorker, V-8						
4d Sed	150	500	800	1,650	2,850	4,100
1980 LeBaron, V-8						
2d Cpe Medallion	150	500	800	1,600	2,800	4,000
4d Sed Medallion	150	450	800	1,550	2,750	3,900
4d Sta Wag T&C	150	500	800	1,600	2,800	4,000
NOTE: Deduct 5 percent for lesser models.						
1980 Cordoba, V-8						
2d Cpe Specialty	250	700	1,200	2,400	4,200	6,000
2d Cpe Spl Crown	250	800	1,300	2,600	4,550	6,500
2d Cpe Spl LS	250	700	1,200	2,350	4,150	5,900
NOTE: Deduct 12 percent for 6-cyl.						
1980 Newport, V-8						
4d Sed	150	500	850	1,700	3,000	4,300
1980 New Yorker, V-8						
4d Sed	200	550	900	1,800	3,150	4,500
1981 LeBaron, V-8						
2d Cpe Medallion	150	500	800	1,650	2,850	4,100
4d Sed Medallion	150	500	800	1,600	2,800	4,000
4d Sta Wag T&C	150	500	800	1,650	2,850	4,100
NOTE: Deduct 12 percent for 6-cyl. Deduct 5 percent for lesser models.						
1981 Cordoba, V-8						
2d Cpe Specialty LS	250	700	1,200	2,400	4,200	6,000
2d Cpe Specialty	250	750	1,200	2,450	4,250	6,100
NOTE: Deduct 12 percent for 6-cyl.						
1981 Newport, V-8						
4d Sed	200	550	900	1,750	3,100	4,400
NOTE: Deduct 10 percent for 6-cyl.						
1981 New Yorker, V-8						
4d Sed	200	550	900	1,850	3,200	4,600
1981 Imperial, V-8						
2d Cpe	250	700	1,200	2,400	4,200	6,000
1982 LeBaron, 4-cyl.						
2d Conv	250	700	1,200	2,400	4,200	6,000
2d Cpe Specialty	150	500	800	1,600	2,800	4,000
4d Sed Medallion	150	500	800	1,650	2,850	4,100
4d Sed	150	500	800	1,600	2,800	4,000
2d Conv Medallion	250	700	1,200	2,400	4,200	6,000
2d Cpe Spec Medallion	150	500	800	1,650	2,850	4,100
4d Sta Wag T&C	200	550	900	1,750	3,100	4,400
1982 Cordoba, V-8						
2d Cpe Specialty LS	250	750	1,200	2,450	4,250	6,100
2d Cpe Specialty	250	750	1,250	2,500	4,350	6,200
NOTE: Deduct 12 percent for 6-cyl.						
1982 New Yorker, V-8						
4d Sed	200	600	1,000	1,950	3,450	4,900
NOTE: Deduct 11 percent for 6-cyl.						
1982 Imperial, V-8						
2d Cpe Luxury	250	700	1,200	2,400	4,200	6,000
1983 LeBaron, 4-cyl.						
2d Conv	250	750	1,200	2,450	4,250	6,100
2d Conv T&C Marc Cross	250	800	1,300	2,650	4,600	6,600
2d Cpe	150	500	800	1,650	2,850	4,100
4d Sed	150	500	800	1,650	2,850	4,100
4d Sta Wag T&C	200	550	900	1,800	3,150	4,500
4d Limo	200	600	1,000	1,950	3,450	4,900
1983 E Class, 4-cyl.						
4d Sed	200	550	900	1,800	3,150	4,500
1983 Cordoba, V-8						
2d Cpe	250	750	1,250	2,500	4,400	6,300
NOTE: Deduct 12 percent for 6-cyl.						
1983 New Yorker, 4-cyl.						
4d Sed	200	600	950	1,900	3,350	4,800
1983 New Yorker Fifth Avenue, V-8						
4d Sed	200	600	1,000	1,950	3,450	4,900
4d Sed Luxury	200	600	1,000	2,000	3,500	5,000
NOTE: Deduct 12 percent for 6-cyl.						
1983 Executive						
4d Limo	200	650	1,100	2,200	3,850	5,500

1929
DeSoto
Model K
Deluxe
sedan

1939 DeSoto Deluxe Airstream business coupe

1958 DeSoto Firesweep Explorer station wagon

	6	5	4	3	2	1
1983 Imperial, V-8						
2d Cpe	250	700	1,200	2,400	4,200	6,000
1984 LeBaron, 4-cyl.						
2d Conv	250	750	1,250	2,500	4,350	6,200
2d Conv Marc Cross	250	800	1,350	2,700	4,700	6,700
2d Conv T&C Marc Cross	250	800	1,300	2,650	4,600	6,600
2d Sed	150	500	800	1,650	2,850	4,100
4d Sed	150	500	800	1,650	2,850	4,100
4d Sta Wag T&C	150	500	850	1,700	2,950	4,200
1984 Laser, 4-cyl.						
2d HBk	150	500	850	1,700	2,950	4,200
2d HBk XE	150	500	850	1,700	3,000	4,300
1984 E Class, 4-cyl.						
4d Sed	200	550	900	1,800	3,150	4,500
1984 New Yorker, 4-cyl.						
4d Sed	200	600	950	1,900	3,350	4,800
1984 New Yorker Fifth Avenue, V-8						
4d Sed	200	600	1,000	2,000	3,500	5,000
1984 Executive						
4d Limo	200	650	1,100	2,200	3,850	5,500
1985 LeBaron, 4-cyl.						
2d Conv	250	750	1,250	2,500	4,350	6,200
2d Conv Marc Cross	250	800	1,350	2,700	4,700	6,700
2d Conv T&C Marc Cross	250	800	1,350	2,700	4,750	6,800
2d Cpe	150	500	800	1,650	2,850	4,100
4d Sed	150	500	850	1,700	2,950	4,200
4d Sta Wag T&C	150	500	850	1,700	3,000	4,300
1985 Laser, 4-cyl.						
2d HBk	150	500	850	1,700	3,000	4,300
2d HBk XE	200	550	900	1,750	3,100	4,400
1985 LeBaron GTS, 4-cyl.						
4d Spt	200	550	900	1,850	3,200	4,600
4d Spt Premium	200	550	950	1,900	3,300	4,700
1985 New Yorker, 4-cyl.						
4d	200	600	1,000	1,950	3,450	4,900
1985 Fifth Avenue, V-8						
4d Sed	200	600	1,000	2,050	3,550	5,100
1985 Executive						
4d Limo	200	650	1,100	2,200	3,850	5,500
1986 Laser						
2d HBk	150	500	850	1,700	3,000	4,300
1986 LeBaron						
2d Conv	250	750	1,250	2,500	4,350	6,200
2d Marc Cross Conv	300	850	1,400	2,800	4,900	7,000
2d Conv T&C Marc Cross	250	800	1,350	2,700	4,750	6,800
2d Cpe	200	550	900	1,850	3,200	4,600
4d Sed	200	550	950	1,900	3,300	4,700
4d T&C Sta Wag	200	600	950	1,900	3,350	4,800
1986 New Yorker						
4d Sed	200	600	1,000	2,000	3,500	5,000
1986 Fifth Avenue						
4d Sed	200	600	1,050	2,100	3,650	5,200
1986 Executive						
4d Limo	200	650	1,100	2,200	3,850	5,500

NOTE: Add 10 percent for deluxe models. Deduct 5 percent for smaller engines.

	6	5	4	3	2	1
1987 LeBaron						
2d Conv	250	800	1,300	2,600	4,550	6,500
2d Cpe	150	500	850	1,700	2,950	4,200
2d Cpe Premium	150	500	850	1,700	3,000	4,300
4d Sed	150	500	850	1,700	3,000	4,300
4d HBk Spt GTS	200	550	900	1,800	3,150	4,500
4d HBk Spt Prem GTS	200	550	900	1,850	3,200	4,600
4d Sta Wag	200	550	900	1,750	3,100	4,400

NOTE: Add 5 percent for 2.2 Turbo engine.

	6	5	4	3	2	1
1987 Conquest, 4-cyl. Turbo						
2d HBk	150	500	850	1,700	3,000	4,300
1987 New Yorker, 4-cyl.						
4d Sed	200	650	1,100	2,200	3,850	5,500
1987 New Yorker, V-6						
4d Sed	200	550	950	1,900	3,300	4,700
4d Sed Lan	200	600	1,000	1,950	3,450	4,900

	6	5	4	3	2	1

NOTE: Add 5 percent for 2.2 Turbo engine. Add 10 percent for V-6.

1987 Fifth Avenue, V-8

	6	5	4	3	2	1
4d Sed	250	700	1,200	2,400	4,200	6,000

1988 LeBaron, 4-cyl.

	6	5	4	3	2	1
2d Conv	250	800	1,350	2,700	4,750	6,800
2d Cpe	150	450	750	1,500	2,650	3,800
2d Cpe Prem	200	550	900	1,800	3,150	4,500
4d Sed	150	400	650	1,300	2,300	3,300
4d HBk GTS	150	400	650	1,300	2,250	3,200
4d HBk Prem GTS	150	400	700	1,400	2,450	3,500
4d Sta Wag T&C	150	500	850	1,700	2,950	4,200

1988 Conquest, 4-cyl.

	6	5	4	3	2	1
2d HBk	150	500	800	1,600	2,800	4,000

1988 New Yorker, 4-cyl., Turbo

	6	5	4	3	2	1
4d Sed	200	550	900	1,850	3,200	4,600

1988 New Yorker, V-6

	6	5	4	3	2	1
4d Sed	200	600	1,050	2,100	3,650	5,200
4d Sed Landau	200	650	1,100	2,250	3,900	5,600

1988 Fifth Avenue, V-8

	6	5	4	3	2	1
4d Sed	250	800	1,350	2,700	4,750	6,800

1989 LeBaron, 4-cyl.

	6	5	4	3	2	1
2d Conv	300	850	1,400	2,800	4,900	7,000
2d Conv Prem	300	950	1,600	3,200	5,600	8,000
2d Cpe	200	650	1,100	2,250	3,900	5,600
2d Prem	250	700	1,150	2,300	4,050	5,800
4d HBk	200	650	1,100	2,200	3,850	5,500
4d HBk Prem	250	700	1,150	2,300	4,000	5,700
2d Conv	300	850	1,400	2,800	4,900	7,000

1989 Conquest, 4-cyl.

	6	5	4	3	2	1
2d HBk	250	700	1,200	2,400	4,200	6,000

1989 New Yorker, V-6

	6	5	4	3	2	1
4d Sed	250	800	1,300	2,650	4,600	6,600
4d Lan Sed	250	800	1,350	2,700	4,750	6,800

1989 Fifth Avenue, V-8

	6	5	4	3	2	1
4d Sed	300	850	1,450	2,900	5,050	7,200

1989 TC, 4-cyl. Turbo by Maserati

	6	5	4	3	2	1
2d Conv	700	2,050	3,400	6,800	11,900	17,000

1990 LeBaron 4-cyl.

	6	5	4	3	2	1
2d Conv	250	800	1,300	2,600	4,550	6,500
2d Cpe	200	600	1,000	2,000	3,500	5,000

1990 V-6

	6	5	4	3	2	1
2d Conv	300	850	1,400	2,800	4,900	7,000
2d Prem Conv	300	900	1,500	3,000	5,250	7,500
2d Cpe	200	650	1,100	2,200	3,850	5,500
2d Prem Cpe	250	700	1,200	2,400	4,200	6,000
4d Sed	200	650	1,100	2,200	3,850	5,500

1990 New Yorker, V-6

	6	5	4	3	2	1
4d Sed	250	800	1,300	2,600	4,550	6,500
4d Lan Sed	300	850	1,400	2,800	4,900	7,000
4d Fifth Ave Sed	300	950	1,600	3,200	5,600	8,000

1990 Imperial, V-6

	6	5	4	3	2	1
4d Sed	350	1,100	1,800	3,600	6,300	9,000

1990 TC, V-6 by Maserati

	6	5	4	3	2	1
2d Conv	600	1,800	3,000	6,000	10,500	15,000

1991 TC, V-6 by Maserati

	6	5	4	3	2	1
2d Conv	650	1,900	3,200	6,400	11,200	16,000

1991 LeBaron, 4-cyl.

	6	5	4	3	2	1
2d Conv	250	800	1,300	2,600	4,550	6,500
2d Cpe	200	550	900	1,800	3,150	4,500

1991 V-6

	6	5	4	3	2	1
2d LX Conv	300	850	1,400	2,800	4,900	7,000
2d LX Cpe	200	600	1,000	2,000	3,500	5,000
4d Sed	200	650	1,100	2,200	3,850	5,500

1991 New Yorker & Imperial, V-6

	6	5	4	3	2	1
4d Salon Sed	250	750	1,250	2,500	4,350	6,200
4d Fifth Ave Sed	250	800	1,300	2,600	4,550	6,500
4d Imperial Sed	300	850	1,450	2,900	5,050	7,200

1992 LeBaron, 4-cyl.

	6	5	4	3	2	1
2d Cpe	200	650	1,100	2,200	3,850	5,500
2d Conv	300	850	1,400	2,800	4,900	7,000
4d Sed	200	650	1,100	2,150	3,800	5,400
4d Lan Sed	200	650	1,100	2,200	3,850	5,500

	6	5	4	3	2	1
2d LX Cpe	300	900	1,500	3,000	5,250	7,500
2d LX Conv	250	700	1,200	2,400	4,200	6,000
4d LX Sed	250	800	1,300	2,600	4,550	6,500

NOTE: Add 10 percent for V-6 where available.

1992 New Yorker, V-6

	6	5	4	3	2	1
4d Salom Sed	300	850	1,400	2,800	4,900	7,000
4d Fifth Ave Sed	300	900	1,500	3,000	5,250	7,500

1992 Imperial, V-6

	6	5	4	3	2	1
4d Sed	350	1,000	1,700	3,400	5,950	8,500

1993 LeBaron, 4-cyl.

	6	5	4	3	2	1
4d Sed	200	650	1,100	2,250	3,900	5,600
2d Cpe	200	650	1,100	2,200	3,850	5,500
2d LE Conv	300	850	1,400	2,850	4,950	7,100

1993 LeBaron, V-6

	6	5	4	3	2	1
4d LE Sed	250	700	1,150	2,300	4,000	5,700
4d Landau Sed	250	700	1,150	2,300	4,050	5,800
2d Cpe	250	700	1,150	2,300	4,050	5,800
2d LX Cpe	250	700	1,200	2,350	4,150	5,900
2d Conv	300	900	1,500	2,950	5,200	7,400
2d LX Conv	300	900	1,500	3,050	5,300	7,600

1993 Concorde, V-6

	6	5	4	3	2	1
4d Sed	250	800	1,300	2,600	4,550	6,500

1993 New Yorker, V-6

	6	5	4	3	2	1
4d Salom Sed	300	850	1,400	2,850	4,950	7,100
4d Fifth Ave Sed	300	900	1,500	3,000	5,250	7,500

1993 Imperial, V-6

	6	5	4	3	2	1
4d Sed	350	1,050	1,700	3,450	6,000	8,600

CORD

1930 Series L-29, 8-cyl., 137.5" wb

	6	5	4	3	2	1
4d 5P Sed	3,200	9,600	16,000	32,000	56,000	80,000
4d 5P Brgm	3,300	9,850	16,400	32,800	57,400	82,000
2d 4P Conv 2-4 Pas	6,800	20,400	34,000	68,000	119,000	170,000
4d Conv Sed	7,000	21,000	35,000	70,000	123,000	175,000

1931 Series L-29, 8-cyl., 137.5" wb

	6	5	4	3	2	1
4d 5P Sed	3,300	9,850	16,400	32,800	57,400	82,000
4d 5P Brgm	3,350	10,100	16,800	33,600	58,800	84,000
2d 2-4P Cabr	6,800	20,400	34,000	68,000	119,000	170,000
4d Conv Sed	7,000	21,000	35,000	70,000	123,000	175,000

1932 Series L-29, 8-cyl., 137.5" wb

	6	5	4	3	2	1
4d 5P Sed	3,300	9,850	16,400	32,800	57,400	82,000
4d 5P Brgm	3,350	10,100	16,800	33,600	58,800	84,000
2d 2-4P Conv	6,800	20,400	34,000	68,000	119,000	170,000
4d Conv Sed	7,000	21,000	35,000	70,000	123,000	175,000

1933-34-35 (Not Manufacturing)

	6	5	4	3	2	1
4d Phae	5,500	16,600	27,600	55,200	97,100	138,000

1936 Model 810, 8-cyl., 125" wb

	6	5	4	3	2	1
4d West Sed	2,400	7,200	12,000	24,000	42,000	60,000
4d Bev Sed	2,500	7,450	12,400	24,800	43,400	62,000
2d Sportsman	5,500	16,600	27,600	55,200	97,100	138,000
2d Phae	5,500	16,600	27,600	55,200	97,100	138,000

1937 Model 812, 8-cyl., 125" wb

	6	5	4	3	2	1
4d West Sed	2,400	7,200	12,000	24,000	42,000	60,000
4d Bev Sed	2,500	7,450	12,400	24,800	43,400	62,000
2d Sportsman	5,500	16,600	27,600	55,200	97,100	138,000
2d Phae	5,500	16,600	27,600	55,200	97,100	138,000

1937 Model 812, 8-cyl., 132" wb

	6	5	4	3	2	1
4d Cus Bev	2,500	7,450	12,400	24,800	43,400	62,000
4d Cus Berline	2,550	7,700	12,800	25,600	44,800	64,000

NOTE: Add 40 percent for S/C Models.

CROSLEY

1939 2-cyl., 80" wb

	6	5	4	3	2	1
Conv	250	700	1,200	2,400	4,200	6,000

1940 2-cyl., 80" wb

	6	5	4	3	2	1
Conv	250	700	1,200	2,400	4,200	6,000
Sed	200	550	950	1,900	3,300	4,700
Sta Wag	200	600	1,000	2,050	3,550	5,100

1941 2-cyl., 80" wb

	6	5	4	3	2	1
Conv	250	700	1,200	2,400	4,200	6,000
Sed	200	550	950	1,900	3,300	4,700

	6	5	4	3	2	1
Sta Wag	200	600	1,000	2,050	3,550	5,100
1942 4-cyl., 80" wb						
Conv	250	700	1,200	2,400	4,200	6,000
Sed	200	550	950	1,900	3,300	4,700
Sta Wag	200	600	1,000	2,000	3,500	5,000
1946-47-48 4-cyl., 80" wb						
Conv	300	850	1,400	2,800	4,900	7,000
Sed	250	700	1,200	2,400	4,200	6,000
Sta Wag	250	750	1,250	2,500	4,400	6,300
1949 4-cyl., 80" wb						
Conv	300	900	1,500	3,000	5,250	7,500
Sed	250	700	1,200	2,400	4,200	6,000
Sta Wag	250	750	1,250	2,500	4,400	6,300
1950 Standard, 4-cyl., 80" wb						
Conv	300	900	1,500	3,000	5,250	7,500
Sed	250	700	1,200	2,400	4,200	6,000
Sta Wag	250	750	1,250	2,500	4,400	6,300
1950 Super, 4-cyl., 80" wb						
Conv	300	900	1,500	3,050	5,300	7,600
Sed	250	750	1,200	2,450	4,250	6,100
Sta Wag	250	750	1,300	2,550	4,500	6,400
1950 Hot Shot, 4-cyl., 85" wb						
Rds	350	1,000	1,700	3,400	5,950	8,500
1951 Standard, 4-cyl., 80" wb						
Cpe	250	700	1,200	2,400	4,200	6,000
Sta Wag	250	750	1,250	2,500	4,400	6,300
1951 Super, 4-cyl., 80" wb						
Conv	300	900	1,500	3,000	5,250	7,500
Sed	250	750	1,250	2,500	4,350	6,200
Sta Wag	250	750	1,300	2,550	4,500	6,400
1951 Hot Shot, 4-cyl., 85" wb						
Rds	350	1,000	1,700	3,400	5,950	8,500
1952 Standard, 4-cyl., 80" wb						
Cpe	250	700	1,200	2,400	4,200	6,000
Sta Wag	250	750	1,250	2,500	4,400	6,300
1952 Super, 4-cyl., 80" wb						
Conv	300	900	1,500	3,050	5,300	7,600
Sed	250	750	1,200	2,450	4,250	6,100
Sta Wag	250	750	1,250	2,500	4,400	6,300
1952 Hot Shot, 4-cyl., 85" wb						
Rds	350	1,000	1,700	3,400	5,950	8,500

DESOTO

1929 Model K, 6-cyl.
2d Rds	1,100	3,350	5,600	11,200	19,600	28,000
4d Phae	1,150	3,500	5,800	11,600	20,300	29,000
2d Bus Cpe	550	1,600	2,700	5,400	9,450	13,500
2d DeL Cpe	500	1,550	2,600	5,200	9,100	13,000
2d Sed	450	1,300	2,150	4,300	7,500	10,700
4d Sed	450	1,300	2,150	4,300	7,500	10,700
4d DeL Sed	450	1,300	2,200	4,400	7,700	11,000

1930 Model CK, 6-cyl.
2d Rds	1,100	3,250	5,400	10,800	18,900	27,000
4d Tr	1,100	3,350	5,600	11,200	19,600	28,000
2d Bus Cpe	500	1,550	2,600	5,200	9,100	13,000
2d DeL Cpe	550	1,600	2,700	5,400	9,450	13,500
2d Sed	400	1,200	2,000	4,000	7,000	10,000
4d Sed	400	1,250	2,100	4,200	7,350	10,500

1930 Model CF, 8-cyl.
2d Rds	1,100	3,350	5,600	11,200	19,600	28,000
4d Phae	1,150	3,500	5,800	11,600	20,300	29,000
2d Bus Cpe	550	1,600	2,700	5,400	9,450	13,500
2d DeL Cpe	550	1,700	2,800	5,600	9,800	14,000
4d Sed	450	1,400	2,300	4,600	8,050	11,500
4d DeL Sed	500	1,450	2,400	4,800	8,400	12,000
2d Conv	1,100	3,250	5,400	10,800	18,900	27,000

1931 Model SA, 6-cyl.
2d Rds	1,100	3,350	5,600	11,200	19,600	28,000
4d Phae	1,150	3,500	5,800	11,600	20,300	29,000
2d Cpe	500	1,550	2,600	5,200	9,100	13,000
2d DeL Cpe	600	1,750	2,900	5,800	10,150	14,500
2d Sed	450	1,300	2,200	4,400	7,700	11,000
4d Sed	450	1,350	2,250	4,500	7,850	11,200

	6	5	4	3	2	1
4d DeL Sed	450	1,400	2,300	4,600	8,050	11,500
2d Conv	1,100	3,250	5,400	10,800	18,900	27,000
1931 Model CF, 8-cyl.						
2d Rds	1,150	3,500	5,800	11,600	20,300	29,000
2d Bus Cpe	600	1,800	3,000	6,000	10,500	15,000
2d DeL Cpe	600	1,850	3,100	6,200	10,850	15,500
4d Sed	450	1,400	2,350	4,700	8,250	11,800
4d DeL Sed	500	1,450	2,400	4,800	8,400	12,000
2d Conv	1,100	3,350	5,600	11,200	19,600	28,000
1932 SA, 6-cyl., 109" wb						
4d Phae	1,200	3,600	6,000	12,000	21,000	30,000
2d Rds	1,150	3,500	5,800	11,600	20,300	29,000
2d Cpe	600	1,850	3,100	6,200	10,850	15,500
2d DeL Cpe	650	1,900	3,200	6,400	11,200	16,000
2d Conv	1,100	3,350	5,600	11,200	19,600	28,000
2d Sed	450	1,300	2,200	4,400	7,700	11,000
4d Sed	450	1,350	2,250	4,500	7,850	11,200
4d DeL Sed	450	1,400	2,300	4,600	8,050	11,500
1932 SC, 6-cyl., 112" wb						
2d Conv Sed	1,100	3,350	5,600	11,200	19,600	28,000
2d Rds	1,150	3,500	5,800	11,600	20,300	29,000
4d Phae	1,200	3,600	6,000	12,000	21,000	30,000
2d Conv	1,100	3,250	5,400	10,800	18,900	27,000
2d Bus Cpe	600	1,800	3,000	6,000	10,500	15,000
2d RS Cpe	600	1,850	3,100	6,200	10,850	15,500
4d Sed	500	1,450	2,400	4,800	8,400	12,000
4d DeL Sed	500	1,500	2,500	5,000	8,750	12,500
1932 CF, 8-cyl., 114" wb						
2d Rds	1,200	3,600	6,000	12,000	21,000	30,000
2d Bus Cpe	600	1,850	3,100	6,200	10,850	15,500
2d DeL Cpe	650	1,900	3,200	6,400	11,200	16,000
4d Brgm	500	1,450	2,400	4,800	8,400	12,000
4d Sed	500	1,500	2,500	5,000	8,750	12,500
4d DeL Sed	500	1,550	2,600	5,200	9,100	13,000
1933 SD, 6-cyl.						
2d Conv	1,050	3,100	5,200	10,400	18,200	26,000
2d Conv Sed	1,100	3,350	5,600	11,200	19,600	28,000
2d 2P Cpe	500	1,550	2,600	5,200	9,100	13,000
2d RS Cpe	550	1,600	2,700	5,400	9,450	13,500
2d DeL Cpe	550	1,600	2,700	5,400	9,450	13,500
2d Std Brgm	450	1,300	2,150	4,300	7,500	10,700
4d Cus Brgm	450	1,300	2,200	4,400	7,700	11,000
4d Sed	400	1,250	2,100	4,200	7,350	10,500
4d Cus Sed	450	1,300	2,150	4,300	7,550	10,800
1934 Airflow SE, 6-cyl.						
2d Cpe	650	2,000	3,300	6,600	11,550	16,500
4d Brgm	600	1,850	3,100	6,200	10,850	15,500
4d Sed	600	1,750	2,900	5,800	10,150	14,500
4d Twn Sed	600	1,850	3,100	6,200	10,850	15,500
1935 Airstream, 6-cyl.						
2d Bus Cpe	550	1,600	2,700	5,400	9,450	13,500
2d Cpe	550	1,700	2,800	5,600	9,800	14,000
2d Conv	1,050	3,100	5,200	10,400	18,200	26,000
2d Sed	400	1,200	2,000	4,000	7,000	10,000
2d Tr Sed	400	1,200	2,000	4,050	7,050	10,100
4d Sed	400	1,200	1,950	3,900	6,850	9,800
4d Tr Sed	400	1,200	2,000	4,000	7,000	10,000
1935 Airflow, 6-cyl.						
2d Bus Cpe	650	1,900	3,200	6,400	11,200	16,000
2d Cpe	700	2,050	3,400	6,800	11,900	17,000
4d Sed	550	1,700	2,800	5,600	9,800	14,000
4d Twn Sed	600	1,800	3,000	6,000	10,500	15,000
1936 DeLuxe Airstream S-1, 6-cyl.						
2d Bus Cpe	550	1,600	2,700	5,400	9,450	13,500
4d Tr Brgm	450	1,300	2,150	4,300	7,550	10,800
4d Tr Sed	450	1,350	2,200	4,450	7,750	11,100
1936 Custom Airstream S-1, 6-cyl.						
2d Bus Cpe	550	1,700	2,800	5,600	9,800	14,000
2d Cpe	600	1,750	2,900	5,800	10,150	14,500
2d Conv	1,100	3,350	5,600	11,200	19,600	28,000
4d Tr Brgm	450	1,350	2,250	4,500	7,850	11,200
4d Tr Sed	450	1,350	2,300	4,550	8,000	11,400
4d Conv Sed	1,050	3,100	5,200	10,400	18,200	26,000
4d Trv Sed	450	1,400	2,350	4,700	8,200	11,700
4d 7P Sed	450	1,400	2,350	4,700	8,250	11,800

	6	5	4	3	2	1
1936 Airflow III S-2, 6-cyl.						
2d Cpe	650	2,000	3,300	6,600	11,550	16,500
4d Sed	550	1,600	2,700	5,400	9,450	13,500
1937 S-3, 6-cyl.						
2d Conv	1,100	3,350	5,600	11,200	19,600	28,000
4d Conv Sed	1,150	3,500	5,800	11,600	20,300	29,000
2d Bus Cpe	500	1,550	2,600	5,200	9,100	13,000
2d Cpe	550	1,600	2,700	5,400	9,450	13,500
4d Brgm	400	1,250	2,100	4,150	7,300	10,400
4d Tr Brgm	400	1,250	2,100	4,200	7,350	10,500
4d Sed	400	1,250	2,100	4,250	7,400	10,600
4d Tr Sed	450	1,300	2,150	4,300	7,500	10,700
4d 7P Sed	450	1,300	2,150	4,300	7,550	10,800
4d Limo	500	1,450	2,400	4,800	8,400	12,000
1938 S-5, 6-cyl.						
2d Conv	1,100	3,350	5,600	11,200	19,600	28,000
4d Conv Sed	1,150	3,500	5,800	11,600	20,300	29,000
2d Bus Cpe	500	1,550	2,600	5,200	9,100	13,000
2d Cpe	550	1,600	2,700	5,400	9,450	13,500
4d Tr Brgm	450	1,300	2,150	4,300	7,550	10,800
4d Sed	450	1,300	2,200	4,400	7,700	11,000
4d Tr Sed	450	1,350	2,200	4,450	7,750	11,100
4d 7P Sed	450	1,400	2,300	4,650	8,100	11,600
4d Limo	500	1,550	2,600	5,200	9,100	13,000
1939 S-6 DeLuxe, 6-cyl.						
2d Bus Cpe	550	1,600	2,700	5,400	9,450	13,500
2d Cpe	550	1,700	2,800	5,600	9,800	14,000
4d Tr Sed	450	1,300	2,150	4,300	7,550	10,800
4d Tr Sed	450	1,300	2,200	4,400	7,700	11,000
4d Limo	500	1,550	2,600	5,200	9,100	13,000
1939 S-6 Custom, 6-cyl.						
2d Cpe	550	1,700	2,800	5,600	9,800	14,000
2d Cus Cpe	600	1,750	2,900	5,800	10,150	14,500
2d Cus Clb Cpe	600	1,800	3,000	6,000	10,500	15,000
2d Tr Sed	450	1,400	2,300	4,600	8,050	11,500
4d Tr Sed	450	1,400	2,300	4,650	8,100	11,600
4d 7P Sed	450	1,400	2,350	4,700	8,200	11,700
4d Limo	550	1,700	2,800	5,600	9,800	14,000
1940 S-7 DeLuxe, 6-cyl.						
2d Bus Cpe	550	1,700	2,800	5,600	9,800	14,000
2d Cpe	600	1,750	2,900	5,800	10,150	14,500
2d Tr Sed	450	1,400	2,350	4,700	8,200	11,700
4d Tr Sed	500	1,450	2,400	4,800	8,400	12,000
4d 7P Sed	550	1,600	2,700	5,400	9,450	13,500
1940 S-7 Custom, 6-cyl.						
2d Conv	1,050	3,100	5,200	10,400	18,200	26,000
2d 2P Cpe	600	1,800	3,000	6,000	10,500	15,000
2d Clb Cpe	600	1,850	3,100	6,200	10,850	15,500
2d Sed	500	1,450	2,400	4,800	8,400	12,000
4d Sed	450	1,300	2,200	4,400	7,700	11,000
4d 7P Sed	500	1,500	2,500	5,000	8,750	12,500
4d Limo	500	1,550	2,600	5,200	9,100	13,000
1941 S-8 DeLuxe, 6-cyl.						
2d Bus Cpe	550	1,700	2,800	5,600	9,800	14,000
2d Cpe	600	1,750	2,900	5,800	10,150	14,500
2d Sed	500	1,450	2,400	4,800	8,400	12,000
4d Sed	500	1,450	2,400	4,850	8,450	12,100
2d 7P Sed	500	1,550	2,600	5,200	9,100	13,000
1941 S-8 Custom, 6-cyl.						
2d Conv	1,100	3,250	5,400	10,800	18,900	27,000
2d Cpe	600	1,750	2,900	5,800	10,150	14,500
2d Clb Cpe	600	1,800	3,000	6,000	10,500	15,000
2d Brgm	500	1,500	2,450	4,900	8,600	12,300
4d Sed	500	1,500	2,500	4,950	8,700	12,400
4d Twn Sed	500	1,500	2,500	5,000	8,750	12,500
4d 7P Sed	550	1,600	2,700	5,400	9,450	13,500
4d Limo	550	1,700	2,800	5,600	9,800	14,000
1942 S-10 DeLuxe, 6-cyl.						
2d Bus Cpe	550	1,600	2,700	5,400	9,450	13,500
2d Cpe	550	1,700	2,800	5,600	9,800	14,000
2d Sed	500	1,450	2,400	4,850	8,450	12,100
4d Sed	500	1,450	2,450	4,900	8,550	12,200
4d Twn Sed	500	1,500	2,450	4,900	8,600	12,300
4d 7P Sed	550	1,650	2,700	5,450	9,500	13,600

	6	5	4	3	2	1
1942 2d S-10 Custom, 6-cyl.						
2d Conv	1,050	3,100	5,200	10,400	18,200	26,000
2d Cpe	550	1,700	2,800	5,600	9,800	14,000
2d Clb Cpe	600	1,850	3,100	6,200	10,850	15,500
4d Brgm	500	1,500	2,500	5,000	8,750	12,500
4d Sed	500	1,500	2,500	5,050	8,800	12,600
4d Twn Sed	500	1,550	2,600	5,200	9,100	13,000
4d 7P Sed	550	1,700	2,800	5,600	9,800	14,000
4d Limo	550	1,700	2,850	5,700	9,950	14,200
1946-1948 S-11 DeLuxe, 6-cyl.						
2d Cpe	500	1,500	2,500	5,000	8,750	12,500
2d Clb Cpe	550	1,700	2,800	5,600	9,800	14,000
2d Sed	450	1,300	2,200	4,400	7,700	11,000
4d Sed	450	1,350	2,250	4,500	7,900	11,300
1946-1948 S-11 Custom, 6-cyl.						
2d Conv	1,000	3,000	5,000	10,000	17,500	25,000
2d Clb Cpe	600	1,750	2,900	5,800	10,150	14,500
2d Sed	450	1,350	2,250	4,500	7,900	11,300
4d Sed	450	1,400	2,300	4,600	8,050	11,500
4d 7P Sed	500	1,450	2,400	4,800	8,400	12,000
4d Limo	500	1,550	2,600	5,200	9,100	13,000
4d Sub	550	1,600	2,700	5,400	9,450	13,500
1949 S-13 DeLuxe, 6-cyl.						
First Series values and same as 1947-48.						
2d Clb Cpe	500	1,550	2,600	5,200	9,100	13,000
4d Sed	450	1,400	2,300	4,600	8,050	11,500
4d C-A Sed	450	1,400	2,350	4,700	8,200	11,700
4d Sta Wag	700	2,050	3,400	6,800	11,900	17,000
1949 S-13 Custom, 6-cyl.						
2d Conv	850	2,500	4,200	8,400	14,700	21,000
2d Clb Cpe	550	1,600	2,700	5,400	9,450	13,500
4d Sed	500	1,450	2,400	4,800	8,400	12,000
4d 8P Sed	500	1,500	2,500	5,000	8,750	12,500
4d Sub	600	1,800	3,000	6,000	10,500	15,000
1950 S-14 DeLuxe, 6-cyl.						
2d Clb Cpe	500	1,500	2,500	5,000	8,750	12,500
4d Sed	450	1,400	2,300	4,600	8,050	11,500
4d C-A Sed	450	1,400	2,350	4,700	8,200	11,700
4d 8P Sed	500	1,450	2,400	4,800	8,400	12,000
1950 S-14 Custom, 6-cyl.						
2d Conv	900	2,750	4,600	9,200	16,100	23,000
2d HT Sptman	700	2,050	3,400	6,800	11,900	17,000
2d Clb Cpe	500	1,550	2,600	5,200	9,100	13,000
4d Sed	500	1,450	2,400	4,800	8,400	12,000
4d 6P Sta Wag	700	2,050	3,400	6,800	11,900	17,000
4d Stl Sta Wag	600	1,800	3,000	6,000	10,500	15,000
4d 8P Sed	500	1,550	2,550	5,100	8,950	12,800
4d Sub Sed	500	1,500	2,500	5,000	8,750	12,500
1951-1952 DeLuxe, 6-cyl., 125.5" wb						
4d Sed	450	1,350	2,250	4,500	7,900	11,300
2d Clb Cpe	500	1,500	2,500	5,000	8,750	12,500
4d C-A Sed	450	1,350	2,250	4,500	7,900	11,300
1951-1952 DeLuxe, 6-cyl., 139.5" wb						
4d Sed	450	1,350	2,300	4,550	8,000	11,400
1951-1952 Custom, 6-cyl., 125.5" wb						
4d Sed	450	1,400	2,300	4,600	8,050	11,500
2d Clb Cpe	500	1,550	2,600	5,200	9,100	13,000
2d HT Sptman	750	2,300	3,800	7,600	13,300	19,000
2d Conv	900	2,750	4,600	9,200	16,100	23,000
4d Sta Wag	700	2,050	3,400	6,800	11,900	17,000
1951-1952 Custom, 6-cyl., 139.5" wb						
4d Sed	450	1,400	2,350	4,700	8,200	11,700
4d Sub	500	1,450	2,400	4,800	8,400	12,000
1951-1952 Firedome, V-8, 125.5" wb (1952 only)						
4d Sed	500	1,450	2,400	4,800	8,400	12,000
2d Clb Cpe	600	1,800	3,000	6,000	10,500	15,000
2d HT Sptman	800	2,400	4,000	8,000	14,000	20,000
2d Conv	1,050	3,100	5,200	10,400	18,200	26,000
4d Sta Wag	700	2,050	3,400	6,800	11,900	17,000
1951-1952 Firedome, V-8, 139.5" wb (1952 only)						
4d 8P Sed	500	1,500	2,500	5,000	8,750	12,500
1953-1954 Powermaster Six, 6-cyl., 125.5" wb						
4d Sed	450	1,300	2,200	4,400	7,700	11,000
2d Clb Cpe	450	1,400	2,300	4,600	8,050	11,500

	6	5	4	3	2	1
4d Sta Wag	450	1,350	2,300	4,550	8,000	11,400
2d HT Sptman (1953 only)	700	2,050	3,400	6,800	11,900	17,000

1953-1954 Powermaster Six, 6-cyl., 139.5" wb
4d Sed	450	1,300	2,150	4,300	7,550	10,800

1953-1954 Firedome, V-8, 125.5" wb
4d Sed	450	1,400	2,300	4,650	8,100	11,600
2d Clb Cpe	500	1,500	2,500	5,000	8,750	12,500
2d HT Sptman	800	2,400	4,000	8,000	14,000	20,000
2d Conv	1,050	3,100	5,200	10,400	18,200	26,000
4d Sta Wag	650	1,900	3,200	6,400	11,200	16,000

1953-1954 Firedome, V-8, 139.5" wb
4d Sed	450	1,350	2,250	4,500	7,900	11,300

1955 Firedome, V-8
4d Sed	450	1,350	2,250	4,500	7,900	11,300
2d HT	700	2,150	3,600	7,200	12,600	18,000
2d HT Sptman	900	2,650	4,400	8,800	15,400	22,000
2d Conv	1,050	3,100	5,200	10,400	18,200	26,000
4d Sta Wag	850	2,500	4,200	8,400	14,700	21,000

1955 Fireflite, V-8
4d Sed	450	1,400	2,350	4,700	8,250	11,800
2d HT Sptman	900	2,750	4,600	9,200	16,100	23,000
2d Conv	1,100	3,250	5,400	10,800	18,900	27,000

1956 Firedome, V-8
4d Sed	400	1,250	2,100	4,200	7,350	10,500
4d HT Sev	500	1,550	2,600	5,200	9,100	13,000
4d HT Sptman	650	1,900	3,200	6,400	11,200	16,000
2d HT Sev	800	2,400	4,000	8,000	14,000	20,000
2d HT Sptman	900	2,650	4,400	8,800	15,400	22,000
2d Conv	1,100	3,250	5,400	10,800	18,900	27,000
4d Sta Wag	700	2,050	3,400	6,800	11,900	17,000

1956 Fireflite, V-8
4d Sed	450	1,300	2,200	4,400	7,700	11,000
4d HT Sptman	650	1,900	3,200	6,400	11,200	16,000
2d HT Sptman	900	2,750	4,600	9,200	16,100	23,000
2d Conv	1,100	3,350	5,600	11,200	19,600	28,000
2d Conv IPC	1,250	3,700	6,200	12,400	21,700	31,000

1956 Adventurer
2d HT	950	2,900	4,800	9,600	16,800	24,000

1957 Firesweep, V-8, 122" wb
4d Sed	400	1,200	2,000	4,000	7,000	10,000
4d HT Sptman	500	1,550	2,600	5,200	9,100	13,000
2d HT Sptman	750	2,300	3,800	7,600	13,300	19,000
4d 2S Sta Wag	450	1,400	2,300	4,600	8,050	11,500
4d 3S Sta Wag	450	1,400	2,350	4,700	8,200	11,700

1957 Firedome, V-8, 126" wb
4d Sed	350	1,100	1,800	3,600	6,300	9,000
4d HT Sptman	550	1,700	2,800	5,600	9,800	14,000
2d HT Sptman	800	2,400	4,000	8,000	14,000	20,000
2d Conv	1,100	3,350	5,600	11,200	19,600	28,000

1957 Fireflite, V-8, 126" wb
4d Sed	400	1,150	1,900	3,800	6,650	9,500
4d HT Sptman	600	1,800	3,000	6,000	10,500	15,000
2d HT Sptman	850	2,500	4,200	8,400	14,700	21,000
2d Conv	1,350	4,100	6,800	13,600	23,800	34,000
4d 2S Sta Wag	500	1,450	2,400	4,800	8,400	12,000
4d 3S Sta Wag	500	1,450	2,450	4,900	8,550	12,200

1957 Fireflite Adventurer, 126" wb
2d HT	1,100	3,350	5,600	11,200	19,600	28,000
2d Conv	1,700	5,050	8,400	16,800	29,400	42,000

1958 Firesweep, V-8
4d Sed	400	1,200	2,000	4,000	7,000	10,000
4d HT Sptman	500	1,550	2,600	5,200	9,100	13,000
2d HT Sptman	650	1,900	3,200	6,400	11,200	16,000
2d Conv	1,100	3,250	5,400	10,800	18,900	27,000
4d 2S Sta Wag	450	1,300	2,200	4,400	7,700	11,000
4d 3S Sta Wag	450	1,350	2,250	4,500	7,850	11,200

1958 Firedome, V-8
4d Sed	400	1,200	2,050	4,100	7,150	10,200
4d HT Sptman	600	1,800	3,000	6,000	10,500	15,000
2d HT Sptman	700	2,050	3,400	6,800	11,900	17,000
2d Conv	1,150	3,500	5,800	11,600	20,300	29,000

1958 Fireflite, V-8
4d Sed	400	1,250	2,100	4,200	7,350	10,500
4d HT Sptman	650	1,900	3,200	6,400	11,200	16,000

	6	5	4	3	2	1
2d HT Sptman	750	2,300	3,800	7,600	13,300	19,000
2d Conv	1,350	4,100	6,800	13,600	23,800	34,000
4d 2S Sta Wag	450	1,400	2,300	4,600	8,050	11,500
4d 3S Sta Wag	450	1,400	2,300	4,650	8,100	11,600
1958 Adventurer, V-8						
2d HT	950	2,900	4,800	9,600	16,800	24,000
2d Conv	1,650	4,900	8,200	16,400	28,700	41,000
1959 Firesweep, V-8						
4d Sed	350	1,100	1,800	3,600	6,300	9,000
4d HT Sptman	500	1,550	2,600	5,200	9,100	13,000
2d HT Sptman	600	1,800	3,000	6,000	10,500	15,000
2d Conv	900	2,650	4,400	8,800	15,400	22,000
4d 2S Sta Wag	400	1,250	2,100	4,200	7,350	10,500
4d 3S Sta Wag	450	1,300	2,150	4,300	7,500	10,700
1959 Firedome, V-8						
4d Sed	400	1,150	1,900	3,800	6,650	9,500
4d HT Sptman	550	1,700	2,800	5,600	9,800	14,000
2d HT Sptman	650	1,900	3,200	6,400	11,200	16,000
2d Conv	1,000	3,000	5,000	10,000	17,500	25,000
1959 Fireflite, V-8						
4d Sed	400	1,200	2,000	4,000	7,000	10,000
4d HT Sptman	600	1,800	3,000	6,000	10,500	15,000
2d HT Sptman	700	2,050	3,400	6,800	11,900	17,000
2d Conv	1,100	3,350	5,600	11,200	19,600	28,000
4d 2S Sta Wag	450	1,300	2,150	4,300	7,500	10,700
4d 3S Sta Wag	450	1,300	2,150	4,300	7,550	10,800
1959 Adventurer, V-8						
2d HT	700	2,150	3,600	7,200	12,600	18,000
2d Conv	1,350	4,100	6,800	13,600	23,800	34,000
1960 Fireflite, V-8						
4d Sed	400	1,150	1,900	3,800	6,650	9,500
4d HT	400	1,250	2,100	4,200	7,350	10,500
2d HT	450	1,400	2,300	4,600	8,050	11,500
1960 Adventurer, V-8						
4d Sed	400	1,200	2,000	4,000	7,000	10,000
4d HT	500	1,450	2,400	4,800	8,400	12,000
2d HT	550	1,700	2,800	5,600	9,800	14,000
1961 Fireflite, V-8						
4d HT	500	1,500	2,500	5,000	8,750	12,500
2d HT	600	1,800	3,000	6,000	10,500	15,000

DODGE

	6	5	4	3	2	1
1914 4-cyl., 110" wb						
(Serial # 1-249.)						
4d Tr	750	2,300	3,800	7,600	13,300	19,000
1915 4-cyl., 110" wb						
2d Rds	700	2,150	3,600	7,200	12,600	18,000
4d Tr	750	2,300	3,800	7,600	13,300	19,000
1916 4-cyl., 110" wb						
2d Rds	700	2,150	3,600	7,200	12,600	18,000
2d W.T. Rds	750	2,300	3,800	7,600	13,300	19,000
4d Tr	800	2,400	4,000	8,000	14,000	20,000
4d W.T. Tr	850	2,500	4,200	8,400	14,700	21,000
1917 4-cyl., 114" wb						
2d Rds	700	2,050	3,400	6,800	11,900	17,000
2d W.T. Rds	700	2,150	3,600	7,200	12,600	18,000
4d Tr	750	2,300	3,800	7,600	13,300	19,000
4d W.T. Tr	800	2,400	4,000	8,000	14,000	20,000
2d Cpe	350	1,000	1,700	3,400	5,950	8,500
4d C.D. Sed	300	950	1,600	3,200	5,600	8,000
1918 4-cyl., 114" wb						
2d Rds	700	2,050	3,400	6,800	11,900	17,000
2d W.T. Rds	700	2,150	3,600	7,200	12,600	18,000
4d Tr	750	2,300	3,800	7,600	13,300	19,000
4d W.T. Tr	800	2,400	4,000	8,000	14,000	20,000
2d Cpe	300	950	1,600	3,200	5,600	8,000
4d Sed	300	900	1,500	3,000	5,250	7,500
1919 4-cyl., 114" wb						
2d Rds	650	1,900	3,200	6,400	11,200	16,000
4d Tr	700	2,050	3,400	6,800	11,900	17,000
2d Cpe	300	950	1,600	3,200	5,600	8,000
2d Rex Cpe	350	1,000	1,700	3,400	5,950	8,500
4d Rex Sed	300	900	1,500	2,950	5,200	7,400

	6	5	4	3	2	1
4d Sed	300	900	1,500	3,000	5,250	7,500
4d Dep Hk	300	850	1,400	2,800	4,900	7,000
2d Sed Dely	300	950	1,600	3,200	5,600	8,000
1920 4-cyl., 114" wb						
2d Rds	600	1,800	3,000	6,000	10,500	15,000
4d Tr	600	1,850	3,100	6,200	10,850	15,500
2d Cpe	250	700	1,200	2,400	4,200	6,000
4d Sed	200	650	1,100	2,200	3,850	5,500
1921 4-cyl., 114" wb						
2d Rds	550	1,700	2,800	5,600	9,800	14,000
4d Tr	600	1,750	2,900	5,800	10,150	14,500
2d Cpe	200	600	1,000	2,000	3,500	5,000
4d Sed	200	550	900	1,800	3,150	4,500
1922 1st series, 4-cyl., 114" wb, (low hood models)						
2d Rds	550	1,700	2,800	5,600	9,800	14,000
4d Tr	600	1,750	2,900	5,800	10,150	14,500
2d Cpe	200	600	1,050	2,100	3,650	5,200
4d Sed	200	600	1,000	2,000	3,500	5,000
1922 2nd series, 4-cyl., 114" wb, (high hood models)						
2d Rds	550	1,600	2,700	5,400	9,450	13,500
4d Tr	550	1,700	2,800	5,600	9,800	14,000
2d Bus Cpe	200	650	1,100	2,200	3,850	5,500
4d Bus Sed	200	600	1,000	2,050	3,550	5,100
4d Sed	200	600	1,000	2,000	3,500	5,000
1923 4-cyl., 114" wb						
2d Rds	500	1,450	2,400	4,800	8,400	12,000
4d Tr	500	1,500	2,500	5,000	8,750	12,500
2d Bus Cpe	200	650	1,050	2,100	3,700	5,300
4d Bus Sed	200	600	1,050	2,100	3,650	5,200
4d Sed	200	600	1,000	2,000	3,500	5,000
1924 4-cyl., 116" wb						
2d Rds	500	1,550	2,600	5,200	9,100	13,000
4d Tr	550	1,600	2,700	5,400	9,450	13,500
2d Bus Cpe	250	700	1,200	2,400	4,200	6,000
2d 4P Cpe	250	750	1,250	2,500	4,350	6,200
4d Bus Sed	250	700	1,200	2,400	4,200	6,000
4d Sed	250	700	1,200	2,350	4,150	5,900
1924 Special Series (deluxe equip. - introduced Jan. 1924)						
2d Rds	550	1,600	2,700	5,400	9,450	13,500
4d Tr	550	1,700	2,800	5,600	9,800	14,000
2d Bus Cpe	250	700	1,200	2,400	4,200	6,000
2d 4P Cpe	250	800	1,300	2,600	4,550	6,500
4d Bus Sed	250	700	1,200	2,400	4,200	6,000
4d Sed	250	750	1,200	2,450	4,250	6,100
1925 4-cyl., 116" wb						
2d Rds	500	1,450	2,400	4,800	8,400	12,000
2d Spl Rds	500	1,500	2,500	5,000	8,750	12,500
4d Tr	500	1,550	2,600	5,200	9,100	13,000
4d Spl Tr	550	1,600	2,700	5,400	9,450	13,500
2d Bus Cpe	250	800	1,300	2,600	4,550	6,500
2d Spl Bus Cpe	250	800	1,350	2,700	4,700	6,700
2d 4P Cpe	250	750	1,300	2,550	4,500	6,400
2d Sp Cpe	250	800	1,300	2,600	4,550	6,500
4d Bus Sed	250	700	1,200	2,400	4,200	6,000
4d Spl Bus Sed	250	750	1,200	2,450	4,250	6,100
4d Sed	250	750	1,250	2,500	4,350	6,200
4d Spl Sed	250	750	1,250	2,500	4,400	6,300
2d Sed	250	700	1,200	2,400	4,200	6,000
2d Spl Sed	250	750	1,200	2,450	4,250	6,100
1926 4-cyl., 116" wb						
2d Rds	450	1,300	2,200	4,400	7,700	11,000
2d Spl Rds	450	1,400	2,300	4,600	8,050	11,500
2d Spt Rds	500	1,450	2,400	4,800	8,400	12,000
4d Tr	450	1,400	2,300	4,600	8,050	11,500
4d Spl Tr	500	1,450	2,400	4,800	8,400	12,000
4d Spt Tr	500	1,550	2,600	5,200	9,100	13,000
2d Cpe	250	700	1,200	2,400	4,200	6,000
2d Spl Cpe	250	800	1,300	2,600	4,550	6,500
2d Sed	250	700	1,150	2,300	4,050	5,800
2d Spl Sed	250	700	1,200	2,400	4,200	6,000
4d Bus Sed	250	700	1,150	2,300	4,000	5,700
4d Spl Bus Sed	250	750	1,200	2,450	4,250	6,100
4d Sed	250	700	1,150	2,300	4,050	5,800
4d Spl Sed	250	700	1,200	2,400	4,200	6,000
4d DeL Sed	250	750	1,200	2,450	4,250	6,100

1938 Dodge D8 touring sedan

1950 Dodge Coronet convertible

1966 Dodge Charger fastback

	6	5	4	3	2	1
1927-28 4-cyl., 116" wb						
2d Rds	450	1,400	2,300	4,600	8,050	11,500
2d Spl Rds	500	1,450	2,400	4,800	8,400	12,000
2d Spt Rds	500	1,500	2,500	5,000	8,750	12,500
2d Cabr	450	1,300	2,200	4,400	7,700	11,000
4d Tr	450	1,300	2,200	4,400	7,700	11,000
4d Spl Tr	450	1,400	2,300	4,600	8,050	11,500
4d Spt Tr	500	1,450	2,400	4,800	8,400	12,000
2d Cpe	250	750	1,200	2,450	4,250	6,100
2d Spl Cpe	250	800	1,300	2,600	4,550	6,500
4d Sed	250	700	1,200	2,400	4,200	6,000
4d Spl Sed	250	750	1,200	2,450	4,250	6,100
4d DeL Sed	250	750	1,250	2,500	4,350	6,200
4d A-P Sed	250	800	1,300	2,600	4,550	6,500
1928 'Fast Four', 4-cyl., 108" wb						
2d Cabr	400	1,200	2,000	4,000	7,000	10,000
2d Cpe	300	850	1,450	2,900	5,050	7,200
4d Sed	300	850	1,400	2,800	4,900	7,000
4d DeL Sed	300	850	1,400	2,850	4,950	7,100
1928 Standard Series, 6-cyl., 110" wb						
2d Cabr	450	1,400	2,300	4,600	8,050	11,500
2d Cpe	300	950	1,600	3,200	5,600	8,000
4d Sed	300	900	1,500	3,000	5,250	7,500
4d DeL Sed	300	950	1,600	3,150	5,550	7,900
1928 Victory Series, 6-cyl., 112" wb						
4d Tr	650	1,900	3,200	6,400	11,200	16,000
2d Cpe	350	1,000	1,700	3,400	5,950	8,500
2d RS Cpe	350	1,100	1,800	3,600	6,300	9,000
4d Brgm	350	1,000	1,700	3,400	5,950	8,500
1928 Series 2249, Standard 6-cyl., 116" wb						
2d Cabr	650	1,900	3,200	6,400	11,200	16,000
4d Brgm	350	1,000	1,700	3,350	5,900	8,400
4d Sed	300	900	1,500	3,000	5,250	7,500
4d DeL Sed	300	950	1,600	3,200	5,600	8,000
1928 Series 2251, Senior 6-cyl., 116" wb						
2d Cabr	700	2,150	3,600	7,200	12,600	18,000
2d Spt Cabr	750	2,300	3,800	7,600	13,300	19,000
2d RS Cpe	350	1,000	1,700	3,400	5,950	8,500
2d Spt Cpe	350	1,100	1,800	3,600	6,300	9,000
4d Sed	300	950	1,600	3,200	5,600	8,000
4d Spt Sed	350	1,000	1,700	3,400	5,950	8,500
1929 Standard Series, 6-cyl., 110" wb						
2d Bus Cpe	400	1,250	2,100	4,200	7,350	10,500
2d Cpe	450	1,300	2,200	4,400	7,700	11,000
4d Sed	400	1,150	1,900	3,800	6,650	9,500
4d DeL Sed	400	1,200	2,000	4,000	7,000	10,000
4d Spt DeL Sed	400	1,250	2,100	4,200	7,350	10,500
4d A-P Sed	450	1,300	2,150	4,300	7,500	10,700
1929 Victory Series, 6-cyl., 112" wb						
2d Rds	950	2,900	4,800	9,600	16,800	24,000
2d Spt Rds	1,000	3,000	5,000	10,000	17,500	25,000
4d Tr	1,000	3,000	5,000	10,000	17,500	25,000
4d Spt Tr	1,050	3,100	5,200	10,400	18,200	26,000
2d Cpe	400	1,250	2,100	4,200	7,350	10,500
2d DeL Cpe	450	1,300	2,200	4,400	7,700	11,000
4d Sed	350	1,100	1,800	3,600	6,300	9,000
4d Spt Sed	400	1,150	1,900	3,800	6,650	9,500
1929 Standard Series DA, 6-cyl., 63 hp, 112" wb						
(Introduced Jan. 1, 1929.)						
2d Rds	1,000	3,000	5,000	10,000	17,500	25,000
2d Spt Rds	1,050	3,100	5,200	10,400	18,200	26,000
4d Phae	1,100	3,250	5,400	10,800	18,900	27,000
4d Spt Phae	1,100	3,350	5,600	11,200	19,600	28,000
2d Bus Cpe	450	1,300	2,200	4,400	7,700	11,000
2d DeL RS Cpe	450	1,400	2,300	4,600	8,050	11,500
2d Vic	400	1,250	2,100	4,200	7,350	10,500
4d Brgm	350	1,100	1,800	3,600	6,300	9,000
4d Sed	350	1,000	1,700	3,400	5,950	8,500
4d DeL Sed	350	1,050	1,750	3,500	6,150	8,800
4d DeL Spt Sed	350	1,100	1,800	3,600	6,300	9,000
1929 Senior Series, 6-cyl., 120" wb						
2d Rds	1,050	3,100	5,200	10,400	18,200	26,000
2d 2P Cpe	450	1,400	2,300	4,600	8,050	11,500
2d RS Spt Cpe	500	1,500	2,500	5,000	8,750	12,500
2d Vic Brgm	450	1,400	2,300	4,600	8,050	11,500

	6	5	4	3	2	1
4d Sed	400	1,250	2,100	4,200	7,350	10,500
4d Spt Sed	450	1,300	2,200	4,400	7,700	11,000
4d Lan Sed	450	1,400	2,300	4,600	8,050	11,500
4d Spt Lan Sed	500	1,450	2,400	4,750	8,350	11,900

1930 Series DA, 6-cyl., 112" wb

	6	5	4	3	2	1
2d Rds	1,100	3,350	5,600	11,200	19,600	28,000
4d Phae	1,150	3,500	5,800	11,600	20,300	29,000
2d Bus Cpe	400	1,200	2,000	4,000	7,000	10,000
2d DeL Cpe	400	1,250	2,100	4,200	7,350	10,500
2d Vic	450	1,300	2,150	4,300	7,500	10,700
4d Brgm	400	1,200	2,000	4,000	7,000	10,000
2d Sed	400	1,150	1,950	3,900	6,800	9,700
4d Sed	400	1,200	1,950	3,900	6,850	9,800
4d DeL Sed	400	1,200	2,000	4,000	7,000	10,000
2d RS Rds	1,150	3,500	5,800	11,600	20,300	29,000
2d RS Cpe	500	1,500	2,500	5,000	8,750	12,500
4d Lan Sed	400	1,250	2,100	4,200	7,350	10,500

1930 Series DD, 6-cyl., 109" wb

(Introduced Jan. 1, 1930.)

	6	5	4	3	2	1
2d RS Rds	1,100	3,250	5,400	10,800	18,900	27,000
4d Phae	1,100	3,350	5,600	11,200	19,600	28,000
2d RS Conv	1,100	3,350	5,600	11,200	19,600	28,000
2d Bus Cpe	500	1,550	2,600	5,200	9,100	13,000
2d RS Cpe	550	1,700	2,800	5,600	9,800	14,000
4d Sed	400	1,150	1,900	3,800	6,650	9,500

1930 Series DC, 8-cyl., 114" wb

(Introduced Jan. 1, 1930.)

	6	5	4	3	2	1
2d Rds	1,100	3,350	5,600	11,200	19,600	28,000
2d RS Conv	1,100	3,250	5,400	10,800	18,900	27,000
4d Phae	1,150	3,500	5,800	11,600	20,300	29,000
2d Bus Cpe	550	1,600	2,700	5,400	9,450	13,500
2d RS Cpe	600	1,750	2,900	5,800	10,150	14,500
4d Sed	400	1,200	2,000	4,000	7,000	10,000

1931 Series DH, 6-cyl., 114" wb

(Introduced Dec. 1, 1930.)

	6	5	4	3	2	1
2d Rds	1,150	3,500	5,800	11,600	20,300	29,000
2d RS Conv	1,100	3,350	5,600	11,200	19,600	28,000
2d Bus Cpe	500	1,550	2,600	5,200	9,100	13,000
2d RS Cpe	550	1,700	2,800	5,600	9,800	14,000
4d Sed	350	1,000	1,700	3,400	5,950	8,500

1931 Series DG, 8-cyl., 118.3" wb

(Introduced Jan. 1, 1931.)

	6	5	4	3	2	1
2d RS Rds	1,250	3,700	6,200	12,400	21,700	31,000
2d RS Conv	1,150	3,500	5,800	11,600	20,300	29,000
4d Phae	1,250	3,700	6,200	12,400	21,700	31,000
2d RS Cpe	600	1,800	3,000	6,000	10,500	15,000
4d Sed	500	1,450	2,400	4,800	8,400	12,000
2d 5P Cpe	600	1,800	3,000	6,000	10,500	15,000

1932 Series DL, 6-cyl., 114.3" wb

(Introduced Jan. 1, 1932.)

	6	5	4	3	2	1
2d RS Conv	1,100	3,250	5,400	10,800	18,900	27,000
2d Bus Cpe	550	1,700	2,800	5,600	9,800	14,000
2d RS Cpe	600	1,800	3,000	6,000	10,500	15,000
4d Sed	400	1,250	2,100	4,200	7,350	10,500

1932 Series DK, 8-cyl., 122" wb

(Introduced Jan. 1, 1932.)

	6	5	4	3	2	1
2d Conv	1,100	3,350	5,600	11,200	19,600	28,000
4d Conv Sed	1,200	3,600	6,000	12,000	21,000	30,000
2d RS Cpe	600	1,850	3,100	6,200	10,850	15,500
2d 5P Cpe	600	1,750	2,900	5,800	10,150	14,500
4d Sed	450	1,300	2,200	4,400	7,700	11,000

1933 Series DP, 6-cyl., 111.3" wb

	6	5	4	3	2	1
2d RS Conv	1,200	3,600	6,000	12,000	21,000	30,000
2d Bus Cpe	550	1,600	2,700	5,400	9,450	13,500
2d RS Cpe	550	1,700	2,800	5,600	9,800	14,000
4d Sed	400	1,250	2,100	4,200	7,350	10,500
4d Brgm	450	1,300	2,150	4,300	7,500	10,700
4d DeL Brgm	450	1,300	2,200	4,400	7,700	11,000

NOTE: Second Series DP introduced April 5, 1933 increasing WB from 111" to 115" included in above.

1933 Series DO, 8-cyl., 122" wb

	6	5	4	3	2	1
2d RS Conv	1,300	3,950	6,600	13,200	23,100	33,000
4d Conv Sed	1,300	3,950	6,600	13,200	23,100	33,000
2d RS Cpe	650	1,900	3,200	6,400	11,200	16,000

	6	5	4	3	2	1
2d Cpe	600	1,850	3,100	6,200	10,850	15,500
4d Sed	500	1,500	2,500	5,000	8,750	12,500

1934 DeLuxe Series DR, 6-cyl., 117" wb

	6	5	4	3	2	1
2d RS Conv	1,200	3,600	6,000	12,000	21,000	30,000
2d Bus Cpe	600	1,750	2,900	5,800	10,150	14,500
2d RS Cpe	600	1,800	3,000	6,000	10,500	15,000
2d Sed	400	1,250	2,100	4,200	7,350	10,500
4d Sed	400	1,200	2,050	4,100	7,150	10,200

1934 Series DS, 6-cyl., 121" wb

	6	5	4	3	2	1
4d Conv Sed	1,250	3,700	6,200	12,400	21,700	31,000
4d Brgm	450	1,300	2,200	4,400	7,700	11,000

1934 DeLuxe Series DRXX, 6-cyl., 117" wb

(Introduced June 2, 1934.)

	6	5	4	3	2	1
2d Conv	1,150	3,500	5,800	11,600	20,300	29,000
2d Bus Cpe	600	1,800	3,000	6,000	10,500	15,000
2d Cpe	600	1,850	3,100	6,200	10,850	15,500
2d Sed	400	1,200	2,000	4,050	7,050	10,100
4d Sed	400	1,200	2,000	4,000	7,000	10,000

1935 Series DU, 6-cyl., 116" wb - 128" wb, (*)

	6	5	4	3	2	1
2d RS Conv	1,100	3,250	5,400	10,800	18,900	27,000
2d Cpe	550	1,600	2,700	5,400	9,450	13,500
2d RS Cpe	550	1,700	2,800	5,600	9,800	14,000
2d Sed	400	1,250	2,100	4,250	7,400	10,600
2d Tr Sed	450	1,300	2,150	4,300	7,500	10,700
4d Sed	450	1,300	2,150	4,300	7,550	10,800
4d Tr Sed	450	1,300	2,200	4,400	7,700	11,000
4d Car Sed (*)	450	1,350	2,250	4,500	7,900	11,300
4d 7P Sed (*)	450	1,400	2,350	4,700	8,250	11,800

1936 Series D2, 6-cyl., 116" wb - 128" wb, (*)

	6	5	4	3	2	1
2d RS Conv	1,100	3,250	5,400	10,800	18,900	27,000
4d Conv Sed	1,100	3,350	5,600	11,200	19,600	28,000
2d 2P Cpe	550	1,600	2,700	5,400	9,450	13,500
2d RS Cpe	550	1,700	2,800	5,600	9,800	14,000
2d Sed	400	1,250	2,050	4,100	7,200	10,300
2d Tr Sed	400	1,250	2,100	4,150	7,300	10,400
4d Sed	400	1,250	2,100	4,150	7,300	10,400
4d Tr Sed	400	1,250	2,100	4,200	7,350	10,500
4d 7P Sed (*)	450	1,300	2,150	4,300	7,550	10,800

1937 Series D5, 6-cyl., 115" wb - 132" wb, (*)

	6	5	4	3	2	1
2d RS Conv	950	2,900	4,800	9,600	16,800	24,000
4d Conv Sed	1,000	3,000	5,000	10,000	17,500	25,000
2d Bus Cpe	550	1,600	2,700	5,400	9,450	13,500
2d RS Cpe	550	1,700	2,800	5,600	9,800	14,000
2d Sed	400	1,250	2,050	4,100	7,200	10,300
2d Tr Sed	400	1,250	2,100	4,250	7,400	10,600
4d Sed	400	1,250	2,100	4,250	7,400	10,600
4d Tr Sed	450	1,300	2,150	4,300	7,550	10,800
4d 7P Sed (*)	450	1,400	2,300	4,600	8,050	11,500
4d Limo (*)	500	1,450	2,400	4,800	8,400	12,000

1938 Series D8, 6-cyl., 115" wb - 132" wb, (*)

	6	5	4	3	2	1
2d Conv Cpe	1,000	3,000	5,000	10,000	17,500	25,000
4d Conv Sed	1,050	3,100	5,200	10,400	18,200	26,000
2d Bus Cpe	500	1,550	2,600	5,200	9,100	13,000
2d Cpe 2-4	550	1,700	2,800	5,600	9,800	14,000
2d Sed	400	1,250	2,100	4,200	7,350	10,500
2d Tr Sed	450	1,300	2,150	4,300	7,500	10,700
4d Sed	450	1,300	2,200	4,400	7,700	11,000
4d Tr Sed	450	1,350	2,200	4,450	7,750	11,100
4d Sta Wag	500	1,500	2,450	4,900	8,600	12,300
4d 7P Sed (*)	500	1,450	2,400	4,800	8,400	12,000
4d Limo	500	1,500	2,500	5,050	8,800	12,600

1939 Special Series D11S, 6-cyl., 117" wb

	6	5	4	3	2	1
2d Cpe	550	1,600	2,650	5,300	9,300	13,300
2d Sed	400	1,250	2,050	4,100	7,200	10,300
4d Sed	400	1,250	2,100	4,200	7,350	10,500

1939 DeLuxe Series D11, 6-cyl., 117" wb - 134" wb, (*)

	6	5	4	3	2	1
2d Cpe	550	1,700	2,800	5,600	9,800	14,000
2d A/S Cpe	650	1,900	3,200	6,400	11,200	16,000
2d Twn Cpe	600	1,800	3,000	6,000	10,500	15,000
2d Sed	400	1,250	2,100	4,200	7,350	10,500
4d Sed	450	1,300	2,150	4,300	7,500	10,700
4d Ewb Sed (*)	500	1,550	2,550	5,100	8,950	12,800
4d Limo (*)	500	1,550	2,600	5,200	9,100	13,000

1940 Special Series D17, 6-cyl., 119.5" wb

	6	5	4	3	2	1
2d Cpe	550	1,600	2,700	5,400	9,450	13,500

	6	5	4	3	2	1
2d Sed	450	1,300	2,200	4,400	7,700	11,000
4d Sed	450	1,350	2,250	4,500	7,850	11,200

1940 DeLuxe Series D14, 6-cyl., 119.5" wb - 139.5" wb, (*)

	6	5	4	3	2	1
2d Conv	1,050	3,100	5,200	10,400	18,200	26,000
2d Cpe	550	1,700	2,800	5,600	9,800	14,000
2d 4P Cpe	600	1,750	2,900	5,800	10,200	14,500
2d Sed	450	1,400	2,300	4,600	8,050	11,500
4d Sed	450	1,400	2,350	4,700	8,250	11,800
4d Ewb Sed (*)	500	1,450	2,400	4,750	8,350	11,900
4d Limo (*)	500	1,450	2,400	4,800	8,400	12,000

1941 DeLuxe Series D19, 6-cyl., 119.5" wb

	6	5	4	3	2	1
2d Cpe	500	1,550	2,600	5,200	9,100	13,000
2d Sed	450	1,350	2,250	4,500	7,900	11,300
4d Sed	450	1,400	2,300	4,600	8,050	11,500

1941 Custom Series D19, 6-cyl., 119.5" wb - 137.5" wb, (*)

	6	5	4	3	2	1
2d Conv	1,050	3,100	5,200	10,400	18,200	26,000
2d Clb Cpe	550	1,600	2,700	5,400	9,450	13,500
2d Brgm	450	1,400	2,350	4,700	8,200	11,700
4d Sed	450	1,400	2,300	4,650	8,100	11,600
4d Twn Sed	450	1,400	2,350	4,700	8,250	11,800
4d 7P Sed (*)	500	1,450	2,400	4,750	8,350	11,900
4d Limo (*)	500	1,500	2,450	4,900	8,600	12,300

1942 DeLuxe Series D22, 6-cyl., 119.5" wb

	6	5	4	3	2	1
2d Cpe	500	1,550	2,550	5,100	8,950	12,800
2d Clb Cpe	500	1,550	2,600	5,200	9,100	13,000
2d Sed	450	1,300	2,200	4,400	7,700	11,000
4d Sed	450	1,350	2,200	4,450	7,750	11,100

1942 Custom Series D22, 6-cyl., 119.5" wb - 137.5" wb, (*)

	6	5	4	3	2	1
2d Conv	950	2,900	4,800	9,600	16,800	24,000
2d Clb Cpe	550	1,700	2,800	5,600	9,800	14,000
2d Brgm	500	1,500	2,500	5,000	8,750	12,500
4d Sed	500	1,500	2,450	4,900	8,600	12,300
4d Twn Sed	500	1,500	2,500	4,950	8,700	12,400
4d 7P Sed (*)	500	1,550	2,550	5,100	8,950	12,800
4d Limo (*)	550	1,700	2,800	5,600	9,800	14,000

1946-1948 DeLuxe Series D24, 6-cyl., 119.5" wb

	6	5	4	3	2	1
2d Cpe	450	1,300	2,200	4,400	7,700	11,000
2d Sed	400	1,200	2,050	4,100	7,150	10,200
4d Sed	400	1,250	2,050	4,100	7,200	10,300

1946-1948 Custom Series D24, 6-cyl., 119.5" wb - 137.5" wb, (*)

	6	5	4	3	2	1
2d Conv	950	2,900	4,800	9,600	16,800	24,000
2d Clb Cpe	450	1,400	2,300	4,600	8,050	11,500
4d Sed	400	1,250	2,100	4,200	7,350	10,500
4d Twn Sed	400	1,250	2,100	4,250	7,400	10,600
4d 7P Sed (*)	450	1,300	2,150	4,300	7,500	10,700

1949 Series D29 Wayfarer, 6-cyl., 115" wb

First Series 1949 is the same as 1948.

	6	5	4	3	2	1
2d Rds	1,000	3,000	5,000	10,000	17,500	25,000
2d Bus Cpe	400	1,250	2,100	4,200	7,350	10,500
2d Sed	400	1,200	2,000	4,050	7,050	10,100

1949 Series D30 Meadowbrook, 6-cyl., 123.5" wb

	6	5	4	3	2	1
4d Sed	400	1,200	2,000	4,000	7,000	10,000

1949 Series D30 Coronet, 6-cyl., 123.5" wb - 137.5" wb, (*)

	6	5	4	3	2	1
2d Conv	900	2,750	4,600	9,200	16,100	23,000
2d Clb Cpe	450	1,300	2,200	4,400	7,700	11,000
4d Sed	400	1,250	2,050	4,100	7,200	10,300
4d Twn Sed	400	1,250	2,100	4,200	7,350	10,500
4d Sta Wag	550	1,700	2,800	5,600	9,800	14,000
4d 8P Sed (*)	450	1,400	2,300	4,600	8,050	11,500

1950 Series D33 Wayfarer, 6-cyl., 115" wb

	6	5	4	3	2	1
2d Rds	1,000	3,000	5,000	10,000	17,500	25,000
2d Cpe	450	1,300	2,200	4,400	7,700	11,000
2d Sed	400	1,200	2,050	4,100	7,150	10,200

1950 Series D34 Meadowbrook, 6-cyl., 123.5" wb

	6	5	4	3	2	1
4d Sed	400	1,200	2,000	4,000	7,000	10,000

1950 Series D34 Coronet, 123.5" wb - 137.5" wb, (*)

	6	5	4	3	2	1
2d Conv	1,000	3,000	5,000	10,000	17,500	25,000
2d Clb Cpe	450	1,300	2,200	4,400	7,700	11,000
2d HT Dipl	600	1,800	3,000	6,000	10,500	15,000
4d Sed	400	1,200	2,050	4,100	7,150	10,200
4d Twn Sed	400	1,250	2,100	4,150	7,300	10,400
4d Sta Wag	650	1,900	3,200	6,400	11,200	16,000
4d Mtl Sta Wag	500	1,550	2,600	5,200	9,100	13,000
4d 8P Sed (*)	450	1,400	2,300	4,650	8,100	11,600

	6	5	4	3	2	1
1951-1952 Wayfarer Series D41, 6-cyl., 115" wb						
2d Rds (1951 only)	900	2,750	4,600	9,200	16,100	23,000
2d Sed	350	1,100	1,800	3,600	6,300	9,000
2d Cpe	400	1,200	2,000	4,000	7,000	10,000
1951-1952 Meadowbrook Series D42, 6-cyl., 123.5" wb						
4d Sed	400	1,150	1,900	3,800	6,650	9,500
1951-1952 Coronet Series D42, 6-cyl., 123.5" wb						
4d Sed	400	1,150	1,950	3,900	6,800	9,700
2d Clb Cpe	400	1,250	2,100	4,250	7,400	10,600
2d HT Dipl	700	2,050	3,400	6,800	11,900	17,000
2d Conv	900	2,750	4,600	9,200	16,100	23,000
4d Mtl Sta Wag	500	1,550	2,600	5,200	9,100	13,000
4d 8P Sed	400	1,200	2,000	4,050	7,050	10,100
1953 Meadowbrook Special, 6-cyl., disc 4/53						
4d Sed	400	1,250	2,050	4,100	7,200	10,300
2d Clb Cpe	400	1,250	2,100	4,200	7,350	10,500
1953 Series D46 Meadowbrook, 6-cyl., 119" wb						
4d Sed	400	1,250	2,100	4,200	7,350	10,500
2d Clb Cpe	400	1,250	2,100	4,250	7,400	10,600
2d Sub	400	1,250	2,100	4,200	7,350	10,500
1953 Coronet, 6-cyl., 119" wb						
4d Sed	450	1,300	2,150	4,300	7,500	10,700
2d Clb Cpe	450	1,300	2,150	4,300	7,550	10,800
1953 Series D44 Coronet, V-8, 119" wb						
4d Sed	450	1,300	2,200	4,400	7,700	11,000
2d Clb Cpe	450	1,350	2,200	4,450	7,750	11,100
1953 Series D48 Coronet, V-8, 119" wb - 114" wb, (*)						
2d HT Dipl	650	1,900	3,200	6,400	11,200	16,000
2d Conv	900	2,750	4,600	9,200	16,100	23,000
2d Sta Wag (*)	500	1,450	2,400	4,800	8,400	12,000
1954 Series D51-1 Meadowbrook, 6-cyl., 119" wb						
4d Sed	450	1,300	2,150	4,300	7,550	10,800
2d Clb Cpe	450	1,300	2,150	4,300	7,550	10,800
1954 Series D51-2 Coronet, 6-cyl., 119" wb						
4d Sed	450	1,300	2,200	4,350	7,650	10,900
2d Clb Cpe	450	1,300	2,200	4,400	7,700	11,000
1954 Series D52 Coronet, 6-cyl., 114" wb						
2d Sub	450	1,400	2,300	4,600	8,050	11,500
4d 6P Sta Wag	500	1,550	2,600	5,200	9,100	13,000
4d 8P Sta Wag	550	1,700	2,800	5,600	9,800	14,000
1954 Series D50-1 Meadowbrook, V-8, 119" wb						
4d Sed	450	1,300	2,150	4,300	7,550	10,800
2d Clb Cpe	450	1,300	2,200	4,400	7,700	11,000
1954 Series D50-2 Coronet, V-8, 119" wb						
4d Sed	450	1,350	2,250	4,500	7,900	11,300
2d Clb Cpe	450	1,400	2,300	4,600	8,050	11,500
1954 Series D53-2 Coronet, V-8, 114" wb						
2d Sub	450	1,350	2,250	4,500	7,900	11,300
4d 2S Sta Wag	550	1,600	2,700	5,400	9,450	13,500
4d 3S Sta Wag	600	1,750	2,900	5,800	10,150	14,500
1954 Series D50-3 Royal, V-8, 119" wb						
4d Sed	500	1,550	2,600	5,200	9,100	13,000
2d Clb Cpe	500	1,550	2,600	5,200	9,100	13,000
1954 Series D53-3 Royal, V-8, 114" wb						
2d HT	750	2,300	3,800	7,600	13,300	19,000
2d Conv	950	2,900	4,800	9,600	16,800	24,000
2d Pace Car Replica Conv	1,100	3,250	5,400	10,800	18,900	27,000
1955 Coronet, V-8, 120" wb						
4d Sed	450	1,300	2,150	4,300	7,550	10,800
2d Sed	450	1,300	2,150	4,300	7,500	10,700
2d HT	750	2,300	3,800	7,600	13,300	19,000
2d Sub Sta Wag	500	1,450	2,400	4,800	8,400	12,000
4d 6P Sta Wag	500	1,500	2,500	5,000	8,750	12,500
4d 8P Sta Wag	500	1,500	2,550	5,100	8,900	12,700

NOTE: Deduct 5 percent for 6-cyl. models.

	6	5	4	3	2	1
1955 Royal, V-8, 120" wb						
4d Sed	450	1,300	2,150	4,300	7,550	10,800
2d HT	800	2,400	4,000	8,000	14,000	20,000
4d 6P Sta Wag	500	1,550	2,600	5,200	9,100	13,000
4d 8P Sta Wag	550	1,600	2,700	5,400	9,450	13,500
1955 Custom Royal, V-8, 120" wb						
4d Sed	500	1,450	2,400	4,800	8,400	12,000
4d Lancer	600	1,800	3,000	6,000	10,500	15,000

	6	5	4	3	2	1
2d HT	850	2,500	4,200	8,400	14,700	21,000
2d Conv	1,000	3,000	5,000	10,000	17,500	25,000

NOTE: Deduct 5 percent for 6-cyl. models. Add 10 percent for La-Femme.

1956 Coronet, V-8, 120" wb

	6	5	4	3	2	1
4d Sed	400	1,250	2,100	4,200	7,350	10,500
4d HT	500	1,450	2,400	4,800	8,400	12,000
2d Clb Sed	450	1,300	2,200	4,400	7,700	11,000
2d HT	700	2,150	3,600	7,200	12,600	18,000
2d Conv	1,100	3,250	5,400	10,800	18,900	27,000
2d Sub Sta Wag	500	1,450	2,400	4,800	8,400	12,000
4d 6P Sta Wag	500	1,450	2,450	4,900	8,550	12,200
4d 8P Sta Wag	500	1,500	2,500	5,000	8,750	12,500

NOTE: Deduct 5 percent for 6-cyl. models.

1956 Royal, V-8, 120" wb

	6	5	4	3	2	1
4d Sed	450	1,400	2,300	4,650	8,100	11,600
4d HT	500	1,550	2,600	5,200	9,100	13,000
2d HT	800	2,400	4,000	8,000	14,000	20,000
2d Sub Sta Wag	500	1,500	2,500	5,000	8,750	12,500
4d 6P Sta Wag	500	1,500	2,550	5,100	8,900	12,700
4d 8P Sta Wag	500	1,550	2,600	5,150	9,050	12,900

1956 Custom Royal, V-8, 120" wb

	6	5	4	3	2	1
4d Sed	450	1,400	2,350	4,700	8,200	11,700
4d HT	600	1,800	3,000	6,000	10,500	15,000
2d HT	900	2,650	4,400	8,800	15,400	22,000
2d Conv	1,200	3,600	6,000	12,000	21,000	30,000

NOTE: Add 30 percent for D500 option. Add 10 percent for Golden Lancer. Add 10 percent for La-Femme or Texan options.

1957 Coronet, V-8, 122" wb

	6	5	4	3	2	1
4d Sed	450	1,300	2,150	4,300	7,500	10,700
4d HT	450	1,400	2,300	4,600	8,050	11,500
2d Sed	450	1,300	2,150	4,300	7,550	10,800
2d HT	700	2,150	3,600	7,200	12,600	18,000

NOTE: Deduct 5 percent for 6-cyl. models.

1957 Coronet Lancer

	6	5	4	3	2	1
2d Conv	1,150	3,500	5,800	11,600	20,300	29,000

1957 Royal, V-8, 122" wb

	6	5	4	3	2	1
4d Sed	450	1,300	2,200	4,350	7,650	10,900
4d HT	500	1,500	2,500	5,000	8,750	12,500
2d HT	950	2,900	4,800	9,600	16,800	24,000

1957 Royal Lancer

	6	5	4	3	2	1
2d Conv	1,300	3,950	6,600	13,200	23,100	33,000

1957 Custom Royal, V-8, 122" wb

	6	5	4	3	2	1
4d Sed	450	1,300	2,200	4,400	7,700	11,000
4d HT	450	1,400	2,300	4,600	8,050	11,500
2d HT	1,000	3,000	5,000	10,000	17,500	25,000
4d 6P Sta Wag	450	1,300	2,200	4,400	7,700	11,000
4d 9P Sta Wag	450	1,350	2,250	4,500	7,850	11,200
2d Sub Sta Wag	450	1,400	2,300	4,600	8,050	11,500

1957 Custom Royal Lancer

	6	5	4	3	2	1
2d Conv	1,450	4,300	7,200	14,400	25,200	36,000

NOTE: Add 30 percent for D500 option.

1958 Coronet, V-8, 122" wb

	6	5	4	3	2	1
4d Sed	350	1,100	1,800	3,600	6,300	9,000
4d HT	400	1,200	2,050	4,100	7,150	10,200
2d Sed	350	1,100	1,800	3,650	6,350	9,100
2d HT	700	2,050	3,400	6,800	11,900	17,000
2d Conv	1,100	3,250	5,400	10,800	18,900	27,000

NOTE: Deduct 5 percent for 6-cyl. models.

1958 Royal

	6	5	4	3	2	1
4d Sed	400	1,150	1,900	3,800	6,650	9,500
4d HT	400	1,250	2,100	4,200	7,350	10,500
2d HT	800	2,400	4,000	8,000	14,000	20,000

1958 Custom Royal

	6	5	4	3	2	1
4d Sed	400	1,200	2,000	4,000	7,000	10,000
4d HT	450	1,300	2,200	4,400	7,700	11,000
2d HT	800	2,400	4,000	8,000	14,000	20,000
2d Conv	1,350	4,100	6,800	13,600	23,800	34,000
4d 6P Sta Wag	450	1,300	2,200	4,400	7,700	11,000
4d 9P Sta Wag	450	1,350	2,250	4,500	7,850	11,200
4d 6P Cus Wag	450	1,400	2,300	4,600	8,050	11,500
4d 9P Cus Wag	450	1,400	2,350	4,700	8,200	11,700
2d Sub Sta Wag	450	1,350	2,250	4,500	7,900	11,300

	6	5	4	3	2	1

NOTE: Add 30 percent for D500 option. Add 50 percent for E.F.I . Super D500. Add 20 percent for Regal Lancer.

1959 Coronet
Eight cylinder models

	6	5	4	3	2	1
4d Sed	350	1,100	1,850	3,700	6,450	9,200
4d HT	450	1,300	2,150	4,300	7,500	10,700
2d Sed	350	1,100	1,850	3,700	6,500	9,300
2d HT	650	1,900	3,200	6,400	11,200	16,000
2d Conv	1,100	3,250	5,400	10,800	18,900	27,000

NOTE: Deduct 10 percent for 6-cyl. models.

1959 Royal

4d Sed	350	1,100	1,800	3,650	6,350	9,100
4d HT	400	1,200	2,000	4,050	7,050	10,100
2d HT	700	2,050	3,400	6,800	11,900	17,000

1959 Custom Royal

4d Sed	400	1,150	1,900	3,800	6,650	9,500
4d HT	400	1,250	2,100	4,200	7,350	10,500
2d HT	700	2,150	3,600	7,200	12,600	18,000
2d Conv	1,300	3,850	6,400	12,800	22,400	32,000

1959 Sierra

4d 6P Sta Wag	450	1,300	2,200	4,400	7,700	11,000
4d 9P Sta Wag	450	1,350	2,250	4,500	7,850	11,200
4d 6P Cus Wag	450	1,350	2,250	4,500	7,850	11,200
4d 9P Cus Wag	450	1,350	2,250	4,500	7,900	11,300

NOTE: Add 30 percent for D500 option.

1960 Seneca, V-8, 118" wb
Dart Series

4d Sed	350	1,000	1,650	3,300	5,750	8,200
2d Sed	300	950	1,600	3,250	5,650	8,100
4d Sta Wag	400	1,150	1,900	3,800	6,650	9,500

1960 Pioneer, V-8, 118" wb

4d Sed	350	1,050	1,700	3,450	6,000	8,600
2d Sed	350	1,050	1,750	3,500	6,100	8,700
2d HT	450	1,400	2,350	4,700	8,200	11,700
4d 6P Sta Wag	400	1,200	2,000	4,000	7,000	10,000
4d 9P Sta Wag	400	1,200	2,050	4,100	7,150	10,200

1960 Phoenix, V-8, 118" wb

4d Sed	350	1,100	1,850	3,700	6,450	9,200
4d HT	500	1,450	2,400	4,800	8,400	12,000
2d HT	550	1,700	2,800	5,600	9,800	14,000
2d Conv	700	2,150	3,600	7,200	12,600	18,000

1960 Matador
Dodge Series

4d Sed	350	1,100	1,850	3,700	6,500	9,300
4d HT	500	1,500	2,500	5,000	8,750	12,500
2d HT	600	1,800	3,000	6,000	10,500	15,000
4d 6P Sta Wag	400	1,250	2,100	4,150	7,300	10,400
4d 9P Sta Wag	400	1,250	2,100	4,250	7,400	10,600

1960 Polara

4d Sed	400	1,150	1,900	3,800	6,650	9,500
4d HT	450	1,400	2,350	4,700	8,200	11,700
2d HT	600	1,800	3,000	6,000	10,500	15,000
2d Conv	750	2,300	3,800	7,600	13,300	19,000
4d 6P Sta Wag	400	1,250	2,100	4,250	7,400	10,600
4d 9P Sta Wag	450	1,300	2,150	4,300	7,550	10,800

NOTE: Deduct 5 percent for 6-cyl. models. Add 30 percent for D500 option.

1961 Lancer, 6-cyl., 106.5" wb

4d Sed	300	950	1,600	3,200	5,600	8,000
2d HT	350	1,100	1,850	3,700	6,450	9,200
2d Spt Cpe	350	1,000	1,700	3,350	5,900	8,400

1961 Lancer 770
NOTE: Add 10 percent for Hyper Pak 170-180 hp engine option, and 20 percent for Hyper Pak 225-200 hp.

4d Sta Wag	300	950	1,600	3,200	5,600	8,000

1961 Seneca, V-8, 118" wb
Dart Series

4d Sed	350	1,000	1,650	3,300	5,750	8,200
2d Sed	300	950	1,600	3,250	5,650	8,100
4d Sta Wag	350	1,100	1,800	3,600	6,300	9,000

1961 Pioneer, V-8, 118" wb

4d Sed	350	1,000	1,650	3,300	5,800	8,300
2d Sed	300	950	1,600	3,250	5,650	8,100

	6	5	4	3	2	1
2d HT	400	1,150	1,900	3,800	6,650	9,500
4d 6P Sta Wag	400	1,150	1,900	3,750	6,600	9,400
4d 9P Sta Wag	400	1,150	1,900	3,800	6,650	9,500

1961 Phoenix, V-8, 118" wb
	6	5	4	3	2	1
4d Sed	350	1,000	1,650	3,300	5,800	8,300
4d HT	400	1,200	2,000	4,000	7,000	10,000
2d HT	450	1,300	2,200	4,400	7,700	11,000
2d Conv	600	1,800	3,000	6,000	10,500	15,000

1961 Polara
	6	5	4	3	2	1
4d Sed	350	1,050	1,750	3,500	6,100	8,700
4d HT	400	1,250	2,100	4,200	7,350	10,500
2d HT	500	1,500	2,500	5,000	8,750	12,500
2d Conv	650	1,900	3,200	6,400	11,200	16,000
4d 6P Sta Wag	400	1,150	1,900	3,800	6,650	9,500
4d 9P Sta Wag	400	1,150	1,900	3,850	6,700	9,600

NOTE: Deduct 5 percent for 6-cyl. models. Add 30 percent for D500 option. Add 30 percent for Ram Charger "413".

1962 Lancer, 6-cyl., 106.5" wb
	6	5	4	3	2	1
4d Sed	300	950	1,550	3,100	5,450	7,800
2d Sed	300	900	1,550	3,100	5,400	7,700
4d Sta Wag	300	950	1,600	3,200	5,600	8,000

1962 Lancer 770, 6-cyl., 106.5" wb
	6	5	4	3	2	1
4d Sed	300	950	1,600	3,150	5,550	7,900
2d Sed	300	950	1,550	3,100	5,450	7,800
4d Sta Wag	350	1,000	1,650	3,300	5,750	8,200
2d GT Cpe	350	1,100	1,800	3,600	6,300	9,000

1962 Dart, V-8, 116" wb
Dart Series
	6	5	4	3	2	1
4d Sed	300	950	1,600	3,250	5,650	8,100
2d Sed	300	950	1,600	3,200	5,600	8,000
2d HT	350	1,000	1,700	3,400	5,950	8,500
4d 6P Sta Wag	350	1,050	1,800	3,550	6,250	8,900
4d 9P Sta Wag	350	1,000	1,700	3,400	5,950	8,500

1962 Dart 440, V-8, 116" wb
	6	5	4	3	2	1
4d Sed	350	1,000	1,650	3,300	5,750	8,200
4d HT	350	1,050	1,750	3,500	6,100	8,700
2d HT	350	1,100	1,800	3,600	6,300	8,500
2d Conv	500	1,450	2,400	4,800	8,400	12,000
4d 6P Sta Wag	350	1,000	1,700	3,400	5,950	8,500
4d 9P Sta Wag	350	1,050	1,700	3,450	6,000	8,600

1962 Polara 500, V-8, 116" wb
	6	5	4	3	2	1
4d HT	350	1,100	1,800	3,600	6,300	9,000
2d HT	400	1,150	1,900	3,800	6,650	9,500
2d Conv	650	1,900	3,200	6,400	11,200	16,000

NOTE: Add 20 percent for Daytona 500 pace car.

1962 Custom 880, V-8, 122" wb
	6	5	4	3	2	1
4d Sed	350	1,000	1,650	3,300	5,800	8,300
4d HT	400	1,150	1,900	3,800	6,650	9,500
2d HT	400	1,200	2,000	4,000	7,000	10,000
2d Conv	550	1,700	2,800	5,600	9,800	14,000
4d 6P Sta Wag	350	1,000	1,700	3,400	5,950	8,500
4d 9P Sta Wag	350	1,050	1,750	3,500	6,100	8,700

NOTE: Deduct 5 percent for 6-cyl. models. Add 75 percent for Ram Charger "413".

1963 Dart 170, 6-cyl., 111" wb
	6	5	4	3	2	1
4d Sed	300	850	1,450	2,900	5,050	7,200
2d Sed	300	850	1,400	2,850	4,950	7,100
4d Sta Wag	300	900	1,500	3,000	5,250	7,500

1963 Dart 270, 6-cyl., 111" wb
	6	5	4	3	2	1
4d Sed	300	900	1,450	2,900	5,100	7,300
2d Sed	300	850	1,450	2,900	5,050	7,200
2d Conv	400	1,200	2,000	4,000	7,000	10,000
4d Sta Wag	300	900	1,550	3,100	5,400	7,700

1963 Dart GT
	6	5	4	3	2	1
2d HT	450	1,300	2,200	4,400	7,700	11,000
2d Conv	500	1,500	2,500	5,000	8,750	12,500

1963 Dodge, 330/440, V-8, 119" wb
	6	5	4	3	2	1
4d Sed	300	900	1,500	3,050	5,300	7,600
2d Sed	300	900	1,550	3,100	5,400	7,700
2d HT	350	1,100	1,800	3,600	6,300	9,000
4d 6P Sta Wag	350	1,000	1,700	3,400	5,950	8,500
4d 9P Sta Wag	350	1,050	1,700	3,450	6,000	8,600

1963 Polara, 318 cid V-8, 119" wb
	6	5	4	3	2	1
4d Sed	300	950	1,600	3,150	5,550	7,900
4d HT	350	1,000	1,700	3,350	5,900	8,400

	6	5	4	3	2	1
2d HT	400	1,150	1,900	3,800	6,650	9,500
2d Conv	400	1,200	2,000	4,000	7,000	10,000

1963 Polara 500, 383 cid V-8, 119" wb
2d HT	400	1,250	2,100	4,200	7,350	10,500
2d Conv	550	1,600	2,700	5,400	9,450	13,500

1963 880, V-8, 122" wb
4d Sed	350	1,000	1,700	3,350	5,900	8,400
4d HT	350	1,100	1,800	3,600	6,300	9,000
2d HT	400	1,200	2,000	4,000	7,000	10,000
2d Conv	500	1,550	2,600	5,200	9,100	13,000
4d 6P Sta Wag	350	1,050	1,700	3,450	6,000	8,600
4d 9P Sta Wag	350	1,050	1,750	3,500	6,100	8,700

NOTE: Deduct 5 percent for 6-cyl. models. Add 75 percent for Ramcharger 426.

1964 Dart 170, 6-cyl., 111" wb
4d Sed	300	850	1,450	2,900	5,050	7,200
2d Sed	300	850	1,400	2,850	4,950	7,100
4d Sta Wag	300	900	1,500	3,000	5,250	7,500

1964 Dart 270, 6-cyl., 106" wb
4d Sed	300	900	1,450	2,900	5,100	7,300
2d Sed	300	850	1,450	2,900	5,050	7,200
2d Conv	500	1,550	2,600	5,200	9,100	13,000
4d Sta Wag	300	900	1,500	3,050	5,300	7,600

1964 Dart GT
2d HT	450	1,400	2,300	4,600	8,050	11,500
2d Conv	650	1,900	3,200	6,400	11,200	16,000

1964 Dodge, V-8, 119" wb
4d Sed	300	900	1,500	3,050	5,300	7,600
2d Sed	300	900	1,550	3,100	5,400	7,700
2d HT	350	1,100	1,800	3,600	6,300	9,000
4d 6P Sta Wag	350	1,000	1,700	3,400	5,950	8,500
4d 9P Sta Wag	350	1,050	1,700	3,450	6,000	8,600

1964 Polara, V-8, 119" wb
4d Sed	350	1,000	1,650	3,300	5,800	8,300
4d HT	350	1,000	1,700	3,350	5,900	8,400
2d HT	400	1,250	2,100	4,200	7,350	10,500
2d Conv	600	1,800	3,000	6,000	10,500	15,000

1964 880, V-8, 122" wb
4d Sed	350	1,050	1,750	3,500	6,100	8,700
4d HT	350	1,050	1,750	3,500	6,150	8,800
2d HT	450	1,300	2,200	4,400	7,700	11,000
2d Conv	600	1,850	3,100	6,200	10,900	15,500
4d 6P Sta Wag	350	1,050	1,700	3,450	6,000	8,600
4d 9P Sta Wag	350	1,050	1,750	3,500	6,100	8,700

NOTE: Add 50 percent for 426 street wedge. Add 75 percent for 426 Ramcharger. Add 30 percent for Polara 500 option. Deduct 5 percent for 6-cyl. models.

1965 Dart, V8, 106" wb
4d Sed	300	850	1,450	2,900	5,050	7,200
2d Sed	300	850	1,400	2,850	4,950	7,100
4d Sta Wag	300	900	1,500	3,000	5,250	7,500

1965 Dart 270, V-8, 106" wb
4d Sed	300	900	1,450	2,900	5,100	7,300
2d Sed	300	850	1,450	2,900	5,050	7,200
2d HT	350	1,100	1,800	3,600	6,300	9,000
2d Conv	550	1,600	2,700	5,400	9,450	13,500
4d Sta Wag	300	900	1,500	3,050	5,300	7,600

1965 Dart GT
2d HT	550	1,600	2,700	5,400	9,450	13,500
2d Conv	800	2,350	3,900	7,800	13,650	19,500

1965 Coronet, V-8, 117" wb
4d Sed	300	900	1,500	2,950	5,200	7,400
2d Sed	300	900	1,450	2,900	5,100	7,300

1965 Coronet Deluxe, V-8, 117" wb
4d Sed	300	900	1,500	3,050	5,300	7,600
2d Sed	300	900	1,500	3,000	5,250	7,500
4d Sta Wag	300	950	1,600	3,200	5,600	8,000

1965 Coronet 440, V-8, 117" wb
4d Sed	300	900	1,550	3,100	5,400	7,700
2d HT	450	1,300	2,200	4,400	7,700	11,000
2d Conv	600	1,850	3,100	6,200	10,850	15,500
4d 6P Sta Wag	350	1,000	1,700	3,400	5,950	8,500
4d 9P Sta Wag	350	1,050	1,700	3,450	6,000	8,600

1965 Coronet 500, V-8, 117" wb
2d HT	450	1,400	2,300	4,600	8,050	11,500
2d Conv	650	1,900	3,200	6,400	11,200	16,000

1979 Dodge St. Regis sedan

1993 Dodge Viper RT/10 roadster

1958 Edsel Ranger sedan

	6	5	4	3	2	1
1965 Polara, V-8, 121" wb						
4d Sed	300	900	1,550	3,100	5,400	7,700
4d HT	300	950	1,600	3,150	5,550	7,900
2d HT	400	1,150	1,900	3,800	6,650	9,500
2d Conv	650	2,000	3,300	6,600	11,550	16,500
4d 6P Sta Wag	350	1,050	1,700	3,450	6,000	8,600
4d 9P Sta Wag	350	1,050	1,750	3,500	6,100	8,700
1965 Custom 880, V-8, 121" wb						
4d Sed	300	950	1,550	3,100	5,450	7,800
4d HT	300	900	1,500	3,000	5,250	7,500
2d HT	400	1,250	2,100	4,200	7,350	10,500
2d Conv	700	2,150	3,600	7,200	12,600	18,000
4d 6P Sta Wag	350	1,050	1,750	3,500	6,100	8,700
4d 9P Sta Wag	350	1,050	1,750	3,500	6,150	8,800
1965 Monaco, V-8, 121" wb						
2d HT	400	1,200	2,000	4,000	7,000	10,000

NOTE: Deduct 5 percent for 6-cyl. models. Autos equipped with 426 Hemi, value inestimable.

	6	5	4	3	2	1
1966 Dart, 6-cyl., 111" wb						
4d Sed	300	900	1,450	2,900	5,100	7,300
2d Sed	300	850	1,450	2,900	5,050	7,200
4d Sta Wag	300	900	1,500	3,000	5,250	7,500
1966 Dart 270, V-8, 111" wb						
4d Sed	300	900	1,500	2,950	5,200	7,400
2d Sed	300	900	1,450	2,900	5,100	7,300
2d HT	400	1,150	1,900	3,850	6,700	9,600
2d Conv	600	1,750	2,900	5,800	10,200	14,500
4d Sta Wag	300	900	1,500	3,050	5,300	7,600
1966 Dart GT, V-8, 111" wb						
2d HT	500	1,450	2,400	4,800	8,400	12,000
2d Conv	600	1,750	2,900	5,800	10,200	14,500

NOTE: Add 30 percent for 273 V-8, 275 hp engine option.

	6	5	4	3	2	1
1966 Coronet, V-8, 117" wb						
4d Sed	300	850	1,400	2,800	4,900	7,000
2d Sed	300	850	1,400	2,800	4,900	7,000
1966 Coronet DeLuxe, V-8, 117" wb						
4d Sed	300	850	1,450	2,900	5,050	7,200
2d Sed	300	850	1,400	2,850	4,950	7,100
4d Sta Wag	300	950	1,600	3,200	5,600	8,000
1966 Coronet 440, V-8, 117" wb						
4d Sed	300	900	1,450	2,900	5,100	7,300
2d HT	400	1,200	2,000	4,000	7,000	10,000
2d Conv	500	1,500	2,500	5,000	8,750	12,500
4d Sta Wag	300	900	1,500	3,000	5,250	7,500
1966 Coronet 500, V-8, 117" wb						
4d Sed	300	900	1,450	2,900	5,100	7,300
2d HT	400	1,250	2,100	4,200	7,350	10,500
2d Conv	600	1,800	3,000	6,000	10,500	15,000

NOTE: Deduct 5 percent for all Dodge 6-cyl.

	6	5	4	3	2	1
1966 Polara, V-8, 121" wb						
4d Sed	300	900	1,500	2,950	5,200	7,400
4d HT	300	950	1,600	3,150	5,550	7,900
2d HT	400	1,150	1,900	3,800	6,650	9,500
2d Conv	450	1,300	2,200	4,400	7,700	11,000
4d Sta Wag	350	1,050	1,750	3,500	6,100	8,700
1966 Monaco, V-8, 121" wb						

NOTE: Add 10 percent for Polara 500 option.

	6	5	4	3	2	1
4d Sed	300	900	1,500	2,950	5,200	7,400
4d HT	350	1,100	1,800	3,600	6,300	9,000
2d HT	400	1,150	1,900	3,850	6,700	9,600
4d Sta Wag	350	1,050	1,750	3,500	6,150	8,800
1966 Monaco 500						
2d HT	400	1,200	2,000	4,050	7,050	10,100
1966 Charger, 117" wb						
2d HT	600	1,850	3,100	6,200	10,900	15,500

NOTE: Autos equipped with 426 Hemi, value inestimable.

	6	5	4	3	2	1
1967 Dart, 6-cyl., 111" wb						
4d Sed	300	850	1,450	2,900	5,050	7,200
2d Sed	300	850	1,400	2,850	4,950	7,100
1967 Dart 270, 6-cyl., 111" wb						
4d Sed	300	900	1,450	2,900	5,100	7,300
2d HT	300	950	1,600	3,200	5,600	8,000

	6	5	4	3	2	1
1967 Dart GT, V-8						
2d HT	500	1,450	2,400	4,800	8,400	12,000
2d Conv	600	1,800	3,000	6,000	10,500	15,000
1967 Coronet DeLuxe, V-8, 117" wb						
4d Sed	300	850	1,450	2,900	5,050	7,200
2d Sed	300	850	1,400	2,850	4,950	7,100
4d Sta Wag	300	900	1,500	3,050	5,300	7,600
1967 Coronet 440, V-8, 117" wb						
4d Sed	300	900	1,450	2,900	5,100	7,300
2d HT	400	1,200	2,000	4,000	7,000	10,000
2d Conv	550	1,600	2,700	5,400	9,450	13,500
4d Sta Wag	300	900	1,550	3,100	5,400	7,700
1967 Coronet 500, V-8, 117" wb						
4d Sed	300	900	1,500	2,950	5,200	7,400
2d HT	450	1,300	2,200	4,400	7,700	11,000
2d Conv	500	1,550	2,600	5,200	9,100	13,000
1967 Coronet R/T, V-8, 117" wb						
2d HT	700	2,050	3,400	6,800	11,900	17,000
2d Conv	700	2,150	3,600	7,200	12,600	18,000
1967 Charger, V-8, 117 " wb						
2d HT	650	2,000	3,300	6,600	11,600	16,500
1967 Polara, V-8, 122" wb						
4d Sed	300	900	1,450	2,900	5,100	7,300
4d HT	300	900	1,500	3,000	5,250	7,500
2d HT	350	1,000	1,700	3,400	5,950	8,500
2d Conv	500	1,500	2,500	5,000	8,750	12,500
4d Sta Wag	300	950	1,600	3,200	5,600	8,000
1967 Polara 500, V-8, 122" wb						
2d HT	350	1,100	1,800	3,600	6,300	9,000
2d Conv	500	1,550	2,600	5,200	9,100	13,000
1967 Monaco, V-8, 122" wb						
4d Sed	300	950	1,600	3,200	5,600	8,000
4d HT	300	950	1,600	3,250	5,650	8,100
2d HT	400	1,150	1,900	3,800	6,650	9,500
4d Sta Wag	350	1,000	1,700	3,400	5,950	8,500
1967 Monaco 500, V-8, 122" wb						
2d HT	400	1,250	2,100	4,200	7,350	10,500

NOTE: Add 40 percent for 440 Magnum. Autos equipped with 426 Hemi, value inestimable.

	6	5	4	3	2	1
1968 Dart, 6-cyl., 111" wb						
4d Sed	300	900	1,500	2,950	5,200	7,400
2d Sed	300	900	1,450	2,900	5,100	7,300
1968 Dart 270, 6-cyl., 111" wb						
2d HT	300	950	1,600	3,200	5,600	8,000
4d Sed	300	900	1,500	3,000	5,250	7,500
1968 Dart, V-8, 111" wb						
4d Sed	300	900	1,550	3,100	5,400	7,700
2d HT	350	1,100	1,800	3,650	6,350	9,100
1968 Dart GT						
2d HT	450	1,400	2,300	4,600	8,050	11,500
2d Conv	500	1,550	2,600	5,200	9,100	13,000
1968 Dart GT Sport 340, 111" wb						
2d HT	600	1,800	3,000	6,000	10,500	15,000
2d Conv	750	2,300	3,800	7,600	13,300	19,000
1968 Dart GT Sport 383, 111" wb						
2d HT	700	2,050	3,400	6,800	11,900	17,000
2d Conv	800	2,400	4,000	8,000	14,000	20,000
1968 Coronet DeLuxe, V-8, 117" wb						
4d Sed	300	900	1,450	2,900	5,100	7,300
2d Sed	300	850	1,450	2,900	5,050	7,200
4d Sta Wag	300	950	1,600	3,200	5,600	8,000
1968 Coronet 440						
2d Sed	300	900	1,500	2,950	5,200	7,400
2d HT	450	1,400	2,300	4,600	8,050	11,500
4d Sed	300	900	1,500	3,000	5,250	7,500
4d Sta Wag	350	1,000	1,650	3,300	5,800	8,300
1968 Coronet 500						
4d Sed	300	900	1,500	3,000	5,250	7,500
2d HT	500	1,450	2,400	4,800	8,400	12,000
2d Conv	550	1,700	2,800	5,600	9,800	14,000
4d Sta Wag	350	1,000	1,700	3,400	5,950	8,500
1968 Coronet Super Bee, V-8, 117" wb						
2d Sed	700	2,150	3,600	7,200	12,600	18,000

	6	5	4	3	2	1
1968 Coronet R/T						
2d HT	950	2,900	4,800	9,600	16,800	24,000
2d Conv	1,100	3,250	5,400	10,800	18,900	27,000
1968 Charger						
2d HT	700	2,150	3,600	7,200	12,600	18,000
1968 Charger R/T						
2d HT	900	2,650	4,400	8,800	15,400	22,000
1968 Polara, V-8, 122" wb						
4d Sed	300	900	1,500	2,950	5,200	7,400
2d HT	350	1,100	1,800	3,650	6,350	9,100
4d HT	350	1,050	1,700	3,450	6,000	8,600
2d Conv	550	1,600	2,700	5,400	9,450	13,500
4d Sta Wag	350	1,050	1,750	3,500	6,150	8,800
1968 Polara 500						
2d HT	400	1,150	1,900	3,800	6,650	9,500
2d Conv	550	1,700	2,800	5,600	9,800	14,000
1968 Monaco						
2d HT	450	1,350	2,250	4,500	7,850	11,200
4d HT	350	1,100	1,800	3,600	6,300	9,000
4d Sed	300	950	1,600	3,200	5,600	8,000
4d Sta Wag	350	1,100	1,800	3,600	6,300	9,000
1968 Monaco 500						
2d HT	450	1,400	2,300	4,600	8,050	11,500

NOTE: Add 40 percent for 440 Magnum. Autos equipped with 426 Hemi, value inestimable.

	6	5	4	3	2	1
1969 Dart V-8						
2d HT	250	700	1,200	2,400	4,200	6,000
4d Sed	250	800	1,350	2,700	4,750	6,800
1969 Dart Swinger						
2d HT	300	950	1,550	3,100	5,450	7,800
1969 Dart Swinger 340						
2d HT	600	1,850	3,100	6,200	10,900	15,500
1969 Dart Custom, V-8, 111" wb						
4d Sed	300	850	1,400	2,800	4,900	7,000
2d HT	350	1,000	1,700	3,350	5,900	8,400
1969 Dart GT						
2d HT	550	1,700	2,800	5,600	9,800	14,000
2d Conv	650	1,900	3,200	6,400	11,200	16,000
1969 Dart GT Sport 340						
2d HT	700	2,050	3,400	6,800	11,900	17,000
2d Conv	800	2,400	4,000	8,000	14,000	20,000
1969 Dart GT Sport 383, 111" wb						
2d HT (383 hp)	750	2,300	3,800	7,600	13,300	19,000
2d Conv (330 hp)	850	2,500	4,200	8,400	14,700	21,000
1969 Dart GT Sport 440, 111" wb						
2d HT	850	2,500	4,200	8,400	14,700	21,000
1969 Coronet DeLuxe, V-8, 117" wb						
4d Sed	250	800	1,350	2,700	4,700	6,700
2d Sed	250	800	1,300	2,650	4,600	6,600
4d Sta Wag	300	850	1,400	2,750	4,850	6,900
1969 Coronet 440						
2d Sed	250	800	1,350	2,700	4,700	6,700
2d HT	450	1,400	2,300	4,600	8,050	11,500
4d Sed	250	800	1,350	2,700	4,750	6,800
4d Sta Wag	300	850	1,400	2,750	4,850	6,900
1969 Coronet 500						
2d HT	500	1,450	2,400	4,800	8,400	12,000
2d Conv	550	1,700	2,800	5,600	9,800	14,000
4d Sta Wag	300	850	1,400	2,750	4,850	6,900
4d Sed	300	850	1,400	2,800	4,900	7,000
1969 Coronet Super Bee, V-8						
2d HT	850	2,500	4,200	8,400	14,700	21,000
2d Cpe (base 440/375)	750	2,300	3,800	7,600	13,300	19,000

NOTE: Add 75 percent for Super Bee six pack.

	6	5	4	3	2	1
1969 Coronet R/T						
2d HT	950	2,900	4,800	9,600	16,800	24,000
2d Conv	1,100	3,250	5,400	10,800	18,900	27,000
1969 Charger						
2d HT	900	2,750	4,600	9,200	16,100	23,000
1969 Charger SE						
2d HT	750	2,300	3,800	7,600	13,300	19,000

	6	5	4	3	2	1
1969 Charger 500						
2d HT	1,100	3,350	5,600	11,200	19,600	28,000
1969 Charger R/T						
2d HT	900	2,650	4,400	8,800	15,400	22,000
1969 Charger Daytona						
2d HT	2,150	6,500	10,800	21,600	37,800	54,000
1969 Polara, V-8						
4d Sed	250	750	1,250	2,500	4,350	6,200
2d HT	300	850	1,400	2,850	4,950	7,100
4d HT	250	750	1,300	2,550	4,500	6,400
2d Conv	400	1,250	2,100	4,250	7,400	10,600
4d Sta Wag	250	800	1,300	2,600	4,550	6,500
1969 Polara 500						
2d HT	300	900	1,500	3,050	5,300	7,600
2d Conv	450	1,350	2,200	4,450	7,750	11,100
1969 Monaco						
2d HT	300	900	1,550	3,100	5,400	7,700
4d HT	250	800	1,350	2,700	4,750	6,800
4d Sed	250	750	1,250	2,500	4,350	6,200
4d Sta Wag	250	750	1,200	2,450	4,250	6,100

NOTE: Add 40 percent for 440 Magnum 440/1x4V. Autos equipped with 426 Hemi, value inestimable. Add 20 percent for 383 engine. Add 75 percent for 440/3x2V.

	6	5	4	3	2	1
1970 Dart, V-8, 111" wb						
4d Sed	250	700	1,150	2,300	4,050	5,800
2d HT Swinger	300	850	1,400	2,800	4,900	7,000
1970 Dart Custom						
4d Sed	250	700	1,200	2,350	4,150	5,900
2d HT	300	900	1,500	3,000	5,250	7,500
1970 Dart Swinger 340						
2d HT	400	1,150	1,900	3,850	6,700	9,600
1970 Challenger, V-8, 110" wb						
2d HT	650	1,900	3,200	6,400	11,200	16,000
2d HT Fml	700	2,050	3,400	6,800	11,900	17,000
2d Conv	850	2,500	4,200	8,400	14,700	21,000
1970 Challenger R/T						
2d HT	700	2,150	3,600	7,200	12,600	18,000
2d HT Fml	750	2,300	3,800	7,600	13,300	19,000
2d Conv	900	2,750	4,600	9,200	16,100	23,000
1970 Challenger T/A						
2d Cpe	1,300	3,850	6,400	12,800	22,400	32,000
1970 Coronet, V-8, 117" wb						
4d Sed	250	700	1,150	2,300	4,000	5,700
2d Sed	250	700	1,150	2,300	4,050	5,800
4d Sta Wag	250	700	1,150	2,300	4,000	5,700
1970 Coronet 440						
2d HT	400	1,200	2,000	4,000	7,000	10,000
4d Sed	250	700	1,200	2,400	4,200	6,000
2d Sed	250	750	1,200	2,450	4,250	6,100
4d Sta Wag	250	700	1,150	2,300	4,050	5,800
1970 Coronet 500						
4d Sed	250	800	1,300	2,600	4,550	6,500
2d HT	450	1,300	2,200	4,400	7,700	11,000
2d Conv	550	1,700	2,800	5,600	9,800	14,000
4d Sta Wag	250	700	1,200	2,400	4,200	6,000
1970 Coronet Super Bee						
2d HT	800	2,400	4,000	8,000	14,000	20,000
2d Cpe	700	2,150	3,600	7,200	12,600	18,000
1970 Coronet R/T						
2d HT	1,000	3,000	5,000	10,000	17,500	25,000
2d Conv	1,150	3,500	5,800	11,600	20,300	29,000
1970 Charger						
2d HT	800	2,400	4,000	8,000	14,000	20,000
2d HT 500	900	2,750	4,600	9,200	16,100	23,000
2d HT R/T	1,100	3,250	5,400	10,800	18,900	27,000
1970 Polara, V-8, 122" wb						
2d HT	300	850	1,400	2,800	4,900	7,000
4d HT	250	700	1,200	2,400	4,200	6,000
2d Conv	400	1,200	2,000	4,000	7,000	10,000
4d Sed	250	700	1,200	2,400	4,200	6,000
1970 Polara Custom						
4d Sed	250	750	1,250	2,500	4,350	6,200
2d HT	300	900	1,500	3,000	5,250	7,500
4d HT	250	700	1,150	2,300	4,000	5,700

	6	5	4	3	2	1
1970 Monaco						
4d Sed	250	700	1,200	2,400	4,200	6,000
2d HT	300	850	1,400	2,800	4,900	7,000
4d HT	200	650	1,100	2,250	3,900	5,600
4d Sta Wag	200	650	1,100	2,200	3,850	5,500

NOTE: Add 40 percent for 440 Magnum. 440/1x4V autos equipped with 426 Hemi, value inestimable. Add 20 percent for 383 engine. Add 60 percent for 440/3x2V.

	6	5	4	3	2	1
1971 Demon						
2d Cpe	200	650	1,100	2,200	3,850	5,500
2d 340 Cpe	250	800	1,300	2,600	4,550	6,500
1971 Dart						
4d Cus Sed	200	650	1,050	2,100	3,700	5,300
1971 Swinger						
2d HT	300	950	1,600	3,200	5,600	8,000
1971 Challenger						
2d HT	600	1,800	3,000	6,000	10,500	15,000
2d Conv	800	2,400	4,000	8,000	14,000	20,000
2d HT R/T	750	2,300	3,800	7,600	13,300	19,000
1971 Coronet Brougham						
4d Sed	200	550	900	1,850	3,200	4,600
4d Sta Wag	200	550	950	1,900	3,300	4,700
1971 Charger						
2d HT 500	700	2,150	3,600	7,200	12,600	18,000
2d HT	650	1,900	3,200	6,400	11,200	16,000
2d Super Bee HT	750	2,300	3,800	7,600	13,300	19,000
2d HT R/T	850	2,500	4,200	8,400	14,700	21,000
2d HT SE	800	2,400	4,000	8,000	14,000	20,000
1971 Polara Brougham						
4d HT	200	550	950	1,900	3,300	4,700
2d HT	200	600	950	1,900	3,350	4,800
1971 Monaco						
4d HT	200	550	950	1,900	3,300	4,700
2d HT	200	600	1,000	1,950	3,450	4,900
4d Sta Wag	200	600	950	1,900	3,350	4,800

NOTE: Add 40 percent for 440 Magnum. Autos equipped with 426 Hemi, value inestimable. Add 50 percent for 440/3x2V.

	6	5	4	3	2	1
1972 Colt						
4d Sed	200	550	900	1,800	3,150	4,500
2d Cpe	200	550	900	1,850	3,200	4,600
2d HT	200	600	1,000	2,000	3,500	5,000
4d Sta Wag	200	550	900	1,800	3,150	4,500
1972 Dart						
4d Sed	200	650	1,100	2,150	3,800	5,400
2d Demon 340 Cpe	350	1,100	1,800	3,600	6,300	9,000
1972 Swinger						
2d HT	300	950	1,600	3,200	5,600	8,000
1972 Challenger						
2d HT	550	1,700	2,800	5,600	9,800	14,000
2d HT Rallye	600	1,800	3,000	6,000	10,500	15,000
1972 Coronet						
4d Sed	200	550	950	1,900	3,300	4,700
4d Sta Wag	200	550	900	1,850	3,200	4,600
1972 Charger						
2d Sed	450	1,300	2,200	4,400	7,700	11,000
2d HT	450	1,350	2,250	4,500	7,850	11,200
2d HT SE	500	1,550	2,600	5,200	9,100	13,000

NOTE: Add 20 percent for Rallye.

	6	5	4	3	2	1
1972 Polara, V-8						
4d Sed	200	550	900	1,800	3,150	4,500
4d HT	200	550	950	1,900	3,300	4,700
2d HT	200	600	1,000	2,000	3,500	5,000
4d Sta Wag	200	550	950	1,900	3,300	4,700
1972 Polara Custom						
4d Sed	200	550	950	1,900	3,300	4,700
4d HT	200	600	1,000	1,950	3,450	4,900
2d HT	200	650	1,100	2,200	3,850	5,500
4d 2S Sta Wag	200	600	1,050	2,100	3,650	5,200
4d 3S Sta Wag	200	650	1,050	2,100	3,700	5,300
1972 Monaco						
4d Sed	200	600	950	1,900	3,350	4,800
4d HT	200	600	1,000	1,950	3,450	4,900
2d HT	250	700	1,150	2,300	4,000	5,700
4d 2S Sta Wag	200	650	1,100	2,150	3,800	5,400

	6	5	4	3	2	1
4d 3S Sta Wag	200	650	1,100	2,200	3,850	5,500

NOTE: Add 60 percent for 440/3x2V.

1973 Colt
4d Sed	200	550	900	1,800	3,150	4,500
2d Cpe	200	550	900	1,750	3,100	4,400
2d HT	200	550	950	1,900	3,300	4,700
4d Sta Wag	200	550	900	1,800	3,150	4,500
2d HT GT	200	600	1,000	2,000	3,500	5,000

1973 Dart
4d Sed	200	550	900	1,850	3,200	4,600
2d Cpe	200	600	1,000	2,050	3,550	5,100

1973 Dart Sport
2d Cpe	200	650	1,100	2,250	3,900	5,600

1973 Dart Sport '340'
2d Cpe	250	800	1,300	2,600	4,550	6,500

1973 Dart Custom
2d Cpe	200	600	1,050	2,100	3,650	5,200

1973 Swinger
2d HT	250	800	1,350	2,700	4,750	6,800
2d Spl HT	250	750	1,300	2,550	4,500	6,400

1973 Challenger
2d HT	500	1,550	2,600	5,200	9,100	13,000
2d Rallye HT	550	1,700	2,800	5,600	9,800	14,000

1973 Coronet
4d Sed	150	500	800	1,650	2,850	4,100
4d Sta Wag	150	500	850	1,700	2,950	4,200

1973 Coronet Custom
4d Sed	200	550	900	1,750	3,100	4,400
4d Sta Wag	200	550	900	1,800	3,150	4,500

1973 Crestwood
4d 6P Sta Wag	200	550	900	1,850	3,200	4,600
4d 9P Sta Wag	200	550	950	1,900	3,300	4,700

1973 Charger
2d Cpe	400	1,150	1,900	3,800	6,650	9,500
2d HT	400	1,200	2,000	4,000	7,000	10,000
2d 'SE' HT	400	1,200	2,050	4,100	7,150	10,200
2d Rallye	400	1,250	2,100	4,200	7,350	10,500

1973 Polara
4d Sed	150	500	850	1,700	2,950	4,200
2d HT	200	550	900	1,850	3,200	4,600
4d Sta Wag	150	500	850	1,700	2,950	4,200

1973 Polara Custom
4d Sed	200	550	900	1,750	3,100	4,400
2d HT	200	600	950	1,900	3,350	4,800
4d HT Sed	200	550	950	1,900	3,300	4,700
4d 2S Sta Wag	150	500	850	1,700	3,000	4,300
4d 3S Sta Wag	200	550	900	1,750	3,100	4,400

1973 Monaco
4d Sed	200	550	900	1,800	3,150	4,500
4d HT Sed	200	550	950	1,900	3,300	4,700
2d HT	200	600	1,000	2,050	3,550	5,100
4d 2S Sta Wag	150	500	850	1,700	3,000	4,300
4d 3S Sta Wag	200	550	900	1,800	3,150	4,500

1974 Colt
4d Sed	150	500	800	1,600	2,800	4,000
2d Cpe	150	450	800	1,550	2,750	3,900
2d HT	150	500	850	1,700	2,950	4,200
2d Sta Wag	150	500	800	1,600	2,800	4,000
2d HT GT	200	550	900	1,800	3,150	4,500
4d Sta Wag	150	500	800	1,600	2,800	4,000

1974 Dart
4d Sed	200	550	950	1,900	3,300	4,700
2d Spt Cpe	200	600	1,050	2,100	3,650	5,200

1974 Dart Sport '360'
2d Cpe	200	650	1,100	2,250	3,900	5,600

1974 Dart Special Edition
2d HT	200	600	1,000	2,050	3,550	5,100
4d Sed	200	600	1,000	2,000	3,500	5,000

1974 Dart Custom
4d Sed	200	600	950	1,900	3,350	4,800

1974 Swinger
2d HT	200	600	1,000	1,950	3,450	4,900

	6	5	4	3	2	1
1974 Swinger Special						
2d HT	200	600	1,000	2,000	3,500	5,000
1974 Challenger						
2d HT	500	1,450	2,400	4,800	8,400	12,000
1974 Coronet						
4d Sta Wag	200	550	900	1,800	3,150	4,500
1974 Coronet Custom						
4d Sed	200	550	900	1,750	3,100	4,400
4d Sta Wag	200	550	900	1,750	3,100	4,400
1974 Coronet Crestwood						
4d Sta Wag	200	550	900	1,850	3,200	4,600
1974 Coronet Charger						
2d Cpe	250	800	1,300	2,650	4,600	6,600
2d HT	300	900	1,500	3,000	5,250	7,500
2d 'SE' HT	300	950	1,600	3,200	5,600	8,000
1974 Monaco						
4d Sed	150	500	850	1,700	3,000	4,300
2d HT Cpe	200	550	900	1,800	3,150	4,500
4d Sta Wag	150	500	850	1,700	3,000	4,300
1974 Monaco Custom						
4d Sed	200	550	900	1,800	3,150	4,500
2d HT	200	600	950	1,900	3,350	4,800
4d HT Sed	200	550	950	1,900	3,300	4,700
4d 2S Sta Wag	200	550	900	1,750	3,100	4,400
4d 3S Sta Wag	200	550	900	1,800	3,150	4,500
1974 Monaco Brougham						
2d Sed	200	550	900	1,850	3,200	4,600
2d HT	200	600	1,000	2,000	3,500	5,000
4d HT Sed	200	600	950	1,900	3,350	4,800
4d 2S Sta Wag	200	550	900	1,850	3,200	4,600
4d 3S Sta Wag	200	600	950	1,900	3,350	4,800
1975 Dart						
4d Sed	150	450	750	1,500	2,600	3,700
1975 Dart Sport						
2d Cpe	150	500	800	1,650	2,850	4,100
1975 Swinger						
2d HT	200	650	1,050	2,100	3,700	5,300
2d Spl HT	150	450	750	1,500	2,650	3,800
1975 Dart Custom						
4d Sed	150	500	850	1,700	3,000	4,300
2d '360' Cpe	200	600	1,000	2,050	3,550	5,100
1975 Dart S.E.						
2d HT	200	550	900	1,850	3,200	4,600
4d Sed	150	500	800	1,650	2,850	4,100
1975 Coronet						
2d HT	150	500	850	1,700	3,000	4,300
4d Sed	150	450	750	1,500	2,600	3,700
4d Sta Wag	150	450	800	1,550	2,750	3,900
1975 Coronet Custom						
2d HT	200	550	900	1,800	3,150	4,500
4d Sed	150	450	750	1,500	2,650	3,800
4d Sta Wag	150	450	800	1,550	2,750	3,900
1975 Coronet Brougham						
2d HT	200	550	900	1,850	3,200	4,600
1975 Crestwood						
4d Sta Wag	150	500	800	1,650	2,850	4,100
1975 Charger S.E.						
2d HT	200	650	1,050	2,100	3,700	5,300
1975 Monaco						
2d HT	200	550	950	1,900	3,300	4,700
4d Sed	150	450	750	1,500	2,650	3,800
4d Sta Wag	150	450	800	1,550	2,750	3,900
1975 Royal Monaco						
2d HT	200	600	1,000	1,950	3,450	4,900
4d Sed	150	500	800	1,600	2,800	4,000
4d HT Sed	200	550	900	1,850	3,200	4,600
4d 2S Sta Wag	150	500	800	1,600	2,800	4,000
4d 3S Sta Wag	150	500	800	1,650	2,850	4,100
1975 Royal Monaco Brougham						
2d Cpe	200	600	1,000	2,000	3,500	5,000
4d Sed	150	500	800	1,650	2,850	4,100
4d HT Sed	200	550	950	1,900	3,300	4,700

	6	5	4	3	2	1
4d 2S Sta Wag	150	500	850	1,700	2,950	4,200
4d 3S Sta Wag	150	500	850	1,700	3,000	4,300

1976 Colt, 4-cyl.
	6	5	4	3	2	1
4d Sed	100	350	600	1,250	2,150	3,100
2d Cpe	150	400	650	1,300	2,250	3,200
2d HT Carousel	150	400	700	1,400	2,450	3,500
4d Sta Wag	150	400	650	1,300	2,250	3,200
2d HT GT	150	400	700	1,350	2,400	3,400

1976 Dart Sport, 6-cyl.
	6	5	4	3	2	1
2d Spt Cpe	150	400	700	1,350	2,400	3,400

1976 Dart Swinger Special, 6-cyl.
	6	5	4	3	2	1
2d HT	150	400	700	1,400	2,450	3,500

1976 Dart, 6-cyl.
	6	5	4	3	2	1
4d Sed	150	400	650	1,300	2,300	3,300
2d Swinger	150	400	700	1,350	2,400	3,400
2d HT	150	450	700	1,450	2,500	3,600

1976 Aspen, V-8
	6	5	4	3	2	1
4d Sed	150	400	700	1,350	2,400	3,400
2d Spt Cpe	150	450	700	1,450	2,500	3,600
4d Sta Wag	150	400	700	1,400	2,450	3,500

1976 Aspen Custom, V-8
	6	5	4	3	2	1
4d Sed	150	400	700	1,400	2,450	3,500
2d Spt Cpe	150	450	750	1,500	2,600	3,700

1976 Aspen Special Edition, V-8
	6	5	4	3	2	1
4d Sed	150	450	700	1,450	2,500	3,600
2d Spt Cpe	150	450	750	1,500	2,650	3,800
4d Sta Wag	150	450	750	1,500	2,600	3,700

1976 Coronet, V-8
	6	5	4	3	2	1
4d Sed	150	400	700	1,350	2,400	3,400
4d 2S Sta Wag	150	400	650	1,300	2,300	3,300
4d 3S Sta Wag	150	400	700	1,350	2,400	3,400

1976 Coronet Brougham, V-8
	6	5	4	3	2	1
4d Sed	150	400	700	1,400	2,450	3,500

1976 Crestwood, V-8
	6	5	4	3	2	1
4d 2S Sta Wag	150	400	700	1,350	2,400	3,400
4d 3S Sta Wag	150	400	700	1,400	2,450	3,500

1976 Charger, V-8
	6	5	4	3	2	1
2d HT	200	550	950	1,900	3,300	4,700
2d HT Spt	200	600	950	1,900	3,350	4,800

1976 Charger Special Edition, V-8
	6	5	4	3	2	1
2d HT	200	600	1,000	1,950	3,450	4,900

1976 Monaco, V-8
	6	5	4	3	2	1
4d Sed	150	450	800	1,550	2,750	3,900
4d Sta Wag	150	450	750	1,500	2,600	3,700

1976 Royal Monaco, V-8
	6	5	4	3	2	1
4d Sed	150	500	800	1,600	2,800	4,000
2d HT	150	500	850	1,700	2,950	4,200
4d 2S Sta Wag	150	500	800	1,600	2,800	4,000
4d 3S Sta Wag	150	500	800	1,650	2,850	4,100

1976 Royal Monaco Brougham, V-8
	6	5	4	3	2	1
4d Sed	150	450	700	1,450	2,500	3,600
2d HT	150	500	850	1,700	2,950	4,200
4d Sta Wag	150	500	800	1,650	2,850	4,100

1977 Colt, 4-cyl.
	6	5	4	3	2	1
4d Sed	150	400	650	1,300	2,250	3,200
2d Cpe	150	400	650	1,300	2,300	3,300
2d Cus Cpe	150	400	700	1,350	2,400	3,400
2d HT Carousel	150	450	700	1,450	2,500	3,600
4d Sta Wag	150	400	650	1,300	2,300	3,300
2d HT GT	150	400	700	1,400	2,450	3,500

1977 Aspen, V-8
	6	5	4	3	2	1
4d Sed	150	400	700	1,400	2,450	3,500
2d Spt Cpe	150	450	750	1,500	2,600	3,700
4d Sta Wag	150	400	700	1,350	2,400	3,400

1977 Aspen Custom, V-8
	6	5	4	3	2	1
4d Sed	150	450	700	1,450	2,500	3,600
2d Spt Cpe	150	450	750	1,500	2,650	3,800

1977 Aspen Special Edition, V-8
	6	5	4	3	2	1
4d Sed	150	450	750	1,500	2,600	3,700
2d Spt Cpe	150	500	800	1,600	2,800	4,000
4d Sta Wag	150	450	750	1,500	2,650	3,800

1977 Monaco, V-8
	6	5	4	3	2	1
4d Sed	150	400	700	1,400	2,450	3,500

	6	5	4	3	2	1
2d HT	150	450	750	1,500	2,650	3,800
4d 2S Sta Wag	150	400	700	1,350	2,400	3,400
4d 3S Sta Wag	150	400	700	1,400	2,450	3,500

1977 Monaco Brougham, V-8
4d Sed	150	450	750	1,500	2,600	3,700
2d HT	150	500	800	1,600	2,800	4,000

1977 Monaco Crestwood, V-8
4d 2S Sta Wag	150	400	700	1,350	2,400	3,400
4d 3S Sta Wag	150	400	700	1,400	2,450	3,500

1977 Charger Special Edition, V-8
2d HT	200	600	1,000	2,050	3,550	5,100

1977 Diplomat, V-8
4d Sed	150	500	850	1,700	2,950	4,200
2d Cpe	200	550	900	1,750	3,100	4,400

1977 Diplomat Medallion, V-8
4d Sed	200	550	900	1,750	3,100	4,400
2d Cpe	200	550	900	1,850	3,200	4,600

1977 Royal Monaco, V-8
4d Sed	150	500	850	1,700	3,000	4,300
2d HT	200	550	900	1,800	3,150	4,500
4d Sta Wag	200	550	900	1,750	3,100	4,400

1977 Royal Monaco Brougham, V-8
4d Sed	150	450	750	1,500	2,600	3,700
2d HT	150	500	850	1,700	3,000	4,300
4d 2S Sta Wag	150	500	800	1,650	2,850	4,100
4d 3S Sta Wag	150	500	850	1,700	2,950	4,200

1978 Omni
4d HBk	150	400	650	1,300	2,300	3,300

1978 Colt
4d Sed	150	400	650	1,300	2,250	3,200
2d Cpe	150	400	650	1,300	2,300	3,300
2d Cus Cpe	150	400	700	1,350	2,400	3,400
4d Sta Wag	150	400	650	1,300	2,250	3,200

1978 Aspen
4d Sed	150	400	700	1,400	2,450	3,500
2d Cpe	150	450	700	1,450	2,500	3,600
4d Sta Wag	150	400	700	1,400	2,450	3,500

1978 Monaco
4d Sed	150	450	700	1,450	2,500	3,600
2d Cpe	150	450	750	1,500	2,600	3,700
4d 3S Sta Wag	150	450	750	1,500	2,600	3,700
4d 2S Sta Wag	150	450	700	1,450	2,500	3,600

1978 Monaco Brougham
4d Sed	150	450	750	1,500	2,600	3,700
2d Cpe	150	450	750	1,500	2,650	3,800
4d 3S Sta Wag	150	450	750	1,500	2,650	3,800
4d 2S Sta Wag	150	450	750	1,500	2,600	3,700

1978 Charger SE
2d Cpe	200	600	1,050	2,100	3,650	5,200

1978 Magnum XE
2d Cpe	200	650	1,050	2,100	3,700	5,300

1978 Challenger
2d Cpe	200	650	1,100	2,250	3,900	5,600

1978 Diplomat
4d 'S' Sed	150	450	800	1,550	2,750	3,900
2d 'S' Cpe	150	500	800	1,600	2,800	4,000
4d Sed	150	500	800	1,600	2,800	4,000
2d Cpe	150	500	800	1,650	2,850	4,100
4d Sta Wag	150	500	800	1,600	2,800	4,000

1978 Diplomat Medallion
4d Sed	150	500	800	1,650	2,850	4,100
2d Cpe	150	500	850	1,700	2,950	4,200

1979 Omni, 4-cyl.
4d HBk	150	400	650	1,300	2,250	3,200
2d HBk	150	400	650	1,300	2,300	3,300

1979 Colt, 4-cyl.
2d HBk	100	350	600	1,250	2,150	3,100
2d Cus HBk	150	400	650	1,300	2,250	3,200
2d Cpe	150	400	650	1,300	2,300	3,300
4d Sed	150	400	650	1,300	2,250	3,200
4d Sta Wag	150	400	650	1,300	2,300	3,300

1979 Aspen, V-8
4d Sed	150	450	700	1,450	2,500	3,600

	6	5	4	3	2	1
2d Cpe	150	450	750	1,500	2,600	3,700
4d Sta Wag	150	450	700	1,450	2,500	3,600

NOTE: Deduct 5 percent for 6-cyl.
1979 Magnum XE, V-8
2d Cpe	200	650	1,100	2,200	3,850	5,500

1979 Challenger, 4-cyl.
2d Cpe	250	700	1,150	2,300	4,000	5,700

1979 Diplomat, V-8
4d Sed	150	450	800	1,550	2,750	3,900
2d Cpe	150	500	800	1,600	2,800	4,000

1979 Diplomat Salon, V-8
4d Sed	150	500	800	1,600	2,800	4,000
2d Cpe	150	500	800	1,650	2,850	4,100
4d Sta Wag	150	500	800	1,600	2,800	4,000

1979 Diplomat Medallion, V-8
4d Sed	150	500	850	1,700	2,950	4,200
2d Cpe	150	500	850	1,700	3,000	4,300

NOTE: Deduct 5 percent for 6-cyl.
1979 St. Regis, V-8
4d Sed	200	550	900	1,750	3,100	4,400

NOTE: Deduct 5 percent for 6-cyl.
1980 Omni, 4-cyl.
4d HBk	150	400	700	1,400	2,450	3,500
2d HBk 2 plus 2 024	150	450	800	1,550	2,750	3,900

1980 Colt, 4-cyl.
2d HBk	150	400	700	1,350	2,400	3,400
2d HBk Cus	150	400	700	1,400	2,450	3,500
4d Sta Wag	150	450	700	1,450	2,500	3,600

1980 Aspen, 6-cyl.
4d Sed Spl	150	450	750	1,500	2,650	3,800
2d Cpe Spl	150	450	800	1,550	2,750	3,900

1980 Aspen, V-8
4d Sed	150	500	800	1,600	2,800	4,000
2d Cpe	150	500	800	1,650	2,850	4,100
4d Sta Wag	150	500	800	1,650	2,850	4,100

NOTE: Deduct 10 percent for 6-cyl.
1980 Challenger
2d Cpe	200	550	900	1,850	3,200	4,600

1980 Diplomat, V-8
4d Sed Salon	150	450	700	1,450	2,500	3,600
2d Cpe Salon	150	450	750	1,500	2,600	3,700
4d Sta Wag Salon	150	450	800	1,550	2,750	3,900

NOTE: Deduct 5 percent for lesser models.
4d Sed Medallion	150	450	750	1,500	2,600	3,700
2d Cpe Medallion	150	450	750	1,500	2,650	3,800

NOTE: Deduct 10 percent for 6-cyl.
1980 Mirada, V-8
2d Cpe Specialty S	250	700	1,200	2,350	4,150	5,900
2d Cpe Specialty	250	750	1,200	2,450	4,250	6,100

NOTE: Deduct 12 percent for 6-cyl.
1980 St. Regis, V-8
4d Sed	150	500	800	1,650	2,850	4,100

NOTE: Deduct 12 percent for 6-cyl.
1981 Omni, 4-cyl.
4d HBk	150	450	750	1,500	2,650	3,800
2d HBk 024	150	500	800	1,650	2,850	4,100

NOTE: Deduct 5 percent for lesser models.
1981 Colt, 4-cyl.
2d HBk	150	400	700	1,400	2,450	3,500
2d HBk DeL	150	450	700	1,450	2,500	3,600
2d HBk Cus	150	450	750	1,500	2,600	3,700

1981 Aries, 4-cyl.
4d Sed SE	150	450	800	1,550	2,750	3,900
2d Sed SE	150	500	800	1,600	2,800	4,000
4d Sta Wag SE	150	500	850	1,700	2,950	4,200

NOTE: Deduct 5 percent for lesser models.
1981 Challenger, 4-cyl.
2d Cpe	200	550	900	1,800	3,150	4,500

1981 Diplomat, V-8
4d Sed Medallion	150	450	800	1,550	2,750	3,900

1909
Ford
Model T
tourster

1929 Ford Model A sport coupe

1949 Ford Custom two-door station wagon

	6	5	4	3	2	1
2d Cpe Medallion	150	500	800	1,600	2,800	4,000
4d Sta Wag	150	500	800	1,650	2,850	4,100

NOTE: Deduct 5 percent for lesser models. Deduct 10 percent for 6-cyl.

1981 Mirada, V-8
2d Cpe	250	700	1,200	2,400	4,200	6,000

NOTE: Deduct 12 percent for 6-cyl.

1981 St. Regis, V-8
4d Sed	150	500	850	1,700	2,950	4,200

NOTE: Deduct 12 percent for 6-cyl.

1982 Colt, 4-cyl.
2d HBk Cus	150	500	800	1,600	2,800	4,000
4d HBk Cus	150	450	800	1,550	2,750	3,900

NOTE: Deduct 5 percent for lesser models.

1982 Omni, 4-cyl.
4d HBk Euro	150	500	850	1,700	3,000	4,300
2d HBk 024 Charger	200	550	900	1,800	3,150	4,500

NOTE: Deduct 5 percent for lesser models.

1982 Aries, 4-cyl.
4d Sed SE	150	450	800	1,550	2,750	3,900
2d Cpe SE	150	500	850	1,700	2,950	4,200
4d Sta Wag SE	200	550	900	1,750	3,100	4,400

NOTE: Deduct 5 percent for lesser models.

1982 400, 4-cyl.
2d Cpe Specialty LS	150	500	850	1,700	2,950	4,200
4d Sed LS	150	500	850	1,700	3,000	4,300
2d Conv	200	650	1,100	2,200	3,850	5,500

NOTE: Deduct 5 percent for lesser models.

1982 Challenger, 4-cyl.
2d Cpe	200	550	950	1,900	3,300	4,700

1982 Diplomat, V-8
4d Sed	150	500	800	1,650	2,850	4,100
4d Sed Medallion	150	500	850	1,700	3,000	4,300

NOTE: Deduct 10 percent for 6-cyl.

1982 Mirada, V-8
2d Cpe Specialty	250	750	1,200	2,450	4,250	6,100

NOTE: Deduct 12 percent for 6-cyl.

1983 Colt, 4-cyl.
4d HBk Cus	150	450	800	1,550	2,750	3,900
2d HBk Cus	150	500	850	1,700	2,950	4,200

NOTE: Deduct 5 percent for lesser models.

1983 Omni, 4-cyl.
4d HBk	150	500	800	1,600	2,800	4,000
4d HBk Cus	150	500	850	1,700	3,000	4,300

1983 Charger, 4-cyl.
2d HBk	200	550	900	1,750	3,100	4,400
2d HBk 2 plus 2	200	550	900	1,850	3,200	4,600
2d HBk Shelby	200	650	1,100	2,200	3,850	5,500

1983 Aries, 4-cyl.
4d Sed SE	150	500	800	1,600	2,800	4,000
2d Sed SE	150	450	800	1,550	2,750	3,900
4d Sta Wag SE	200	550	900	1,800	3,150	4,500

NOTE: Deduct 5 percent for lesser models.

1983 Challenger, 4-cyl.
2d Cpe	200	600	950	1,900	3,350	4,800

1983 400, 4-cyl.
4d Sed	150	500	850	1,700	2,950	4,200
2d Cpe	150	500	800	1,650	2,850	4,100
2d Conv	250	700	1,150	2,300	4,000	5,700

1983 600, 4-cyl.
4d Sed	200	550	900	1,750	3,100	4,400
4d Sed ES	200	550	900	1,850	3,200	4,600

1983 Diplomat, V-8
4d Sed	150	500	850	1,700	2,950	4,200
4d Sed Medallion	200	550	900	1,750	3,100	4,400

NOTE: Deduct 10 percent for 6-cyl.

1983 Mirada, V-8
2d Cpe Specialty	250	750	1,250	2,500	4,350	6,200

NOTE: Deduct 12 percent for 6-cyl.

	6	5	4	3	2	1
1984 Colt, 4-cyl.						
4d HBk DL	150	500	850	1,700	2,950	4,200
2d HBk DL	150	500	800	1,650	2,850	4,100
4d Sta Wag	150	500	800	1,600	2,800	4,000
NOTE: Deduct 5 percent for lesser models.						
1984 Omni, 4-cyl.						
4d HBk GLH	150	500	850	1,700	2,950	4,200
NOTE: Deduct 5 percent for lesser models.						
1984 Charger, 4-cyl.						
2d HBk	200	550	900	1,750	3,100	4,400
2d HBk 2 plus 2	200	550	900	1,850	3,200	4,600
2d HBk Shelby	200	650	1,100	2,200	3,850	5,500
1984 Aries, 4-cyl.						
4d Sed SE	150	500	800	1,650	2,850	4,100
2d Sed SE	150	500	850	1,700	2,950	4,200
4d Sta Wag SE	150	500	850	1,700	3,000	4,300
NOTE: Deduct 5 percent for lesser models.						
1984 Conquest, 4-cyl. Turbo						
2d HBk	200	550	900	1,800	3,150	4,500
1984 Daytona, 4-cyl.						
2d HBk	200	550	900	1,800	3,150	4,500
2d HBk Turbo	200	550	950	1,900	3,300	4,700
2d HBk Turbo Z	200	600	1,000	1,950	3,450	4,900
1984 600, 4-cyl.						
4d Sed	200	550	900	1,750	3,100	4,400
2d Sed	200	550	900	1,750	3,100	4,400
4d Sed ES	200	550	900	1,800	3,150	4,500
2d Conv	250	700	1,150	2,300	4,050	5,800
2d Conv ES	250	750	1,250	2,500	4,350	6,200
1984 Diplomat, V-8						
4d Sed	200	550	900	1,750	3,100	4,400
4d Sed SE	200	550	900	1,850	3,200	4,600
1985 Colt, 4-cyl.						
4d Sed DL	150	450	800	1,550	2,750	3,900
2d HBk DL	150	500	800	1,600	2,800	4,000
4d Sed Premiere	150	500	800	1,600	2,800	4,000
4d Sta Wag Vista	200	550	900	1,800	3,150	4,500
4d Sta Wag Vista 4WD	200	650	1,100	2,200	3,850	5,500
NOTE: Deduct 5 percent for lesser models.						
1985 Omni, 4-cyl.						
4d HBk GLH	150	500	850	1,700	3,000	4,300
NOTE: Deduct 5 percent for lesser models.						
1985 Charger, 4-cyl.						
2d HBk	200	600	1,000	1,950	3,450	4,900
2d HBk 2 plus 2	200	600	1,000	2,050	3,550	5,100
2d HBk Shelby	200	650	1,100	2,200	3,850	5,500
1985 Aries, 4-cyl.						
4d Sed LE	150	500	850	1,700	2,950	4,200
2d Sed LE	150	500	850	1,700	2,950	4,200
4d Sta Wag LE	200	550	900	1,750	3,100	4,400
NOTE: Deduct 5 percent for lesser models.						
1985 Conquest, 4-cyl.						
2d HBk Turbo	200	550	900	1,850	3,200	4,600
1985 Daytona, 4-cyl.						
2d HBk	200	550	900	1,850	3,200	4,600
2d HBk Turbo	200	600	950	1,900	3,350	4,800
2d HBk Turbo Z	200	600	1,000	2,000	3,500	5,000
1985 600, 4-cyl.						
4d Sed SE	200	550	900	1,800	3,150	4,500
2d Sed	200	550	900	1,850	3,200	4,600
Conv	250	700	1,150	2,300	4,050	5,800
Conv ES Turbo	250	750	1,250	2,500	4,350	6,200
1985 Lancer						
4d HBk	200	600	950	1,900	3,350	4,800
4d HBk ES	200	600	1,000	1,950	3,450	4,900
1985 Diplomat, V-8						
4d Sed	200	550	900	1,800	3,150	4,500
4d Sed SE	200	550	950	1,900	3,300	4,700
1986 Colt						
4d E Sed	150	500	800	1,650	2,850	4,100
2d E HBk	150	500	800	1,600	2,800	4,000
4d DL Sed	150	500	850	1,700	2,950	4,200

	6	5	4	3	2	1
2d DL HBk	150	500	800	1,650	2,850	4,100
4d Premiere Sed	150	500	850	1,700	3,000	4,300
4d Vista Sta Wag	200	550	900	1,850	3,200	4,600
4d Vista Sta Wag 4WD	200	650	1,100	2,250	3,900	5,600
1986 Omni						
4d HBk	150	500	850	1,700	2,950	4,200
4d HBk GLH	200	550	900	1,800	3,150	4,500
1986 Charger						
2d HBk	200	600	1,000	2,000	3,500	5,000
2d HBk 2 plus 2	200	650	1,050	2,100	3,700	5,300
2d HBk Shelby	250	700	1,150	2,300	4,000	5,700
2d HBk Daytona	200	650	1,100	2,150	3,800	5,400
HBk Daytona Turbo	200	650	1,100	2,250	3,900	5,600
1986 Aries						
2d Sed	150	500	850	1,700	3,000	4,300
4d Sed	150	500	850	1,700	3,000	4,300
1986 Lancer						
4d HBk	200	600	1,000	1,950	3,450	4,900
1986 600						
2d Cpe	200	550	900	1,800	3,150	4,500
2d Conv	250	700	1,200	2,400	4,200	6,000
2d ES Conv	250	750	1,300	2,550	4,500	6,400
4d Sed	200	550	900	1,850	3,200	4,600
1986 Conquest						
2d HBk	250	700	1,200	2,350	4,150	5,900
1986 Diplomat						
4d Sed	200	600	950	1,900	3,350	4,800

NOTE: Add 10 percent for deluxe models. Deduct 5 percent for smaller engines.

1987 Colt, 4-cyl.						
4d E Sed	150	500	850	1,700	2,950	4,200
2d E HBk	150	500	800	1,650	2,850	4,100
4d DL Sed	150	500	850	1,700	3,000	4,300
2d DL HBk	150	500	850	1,700	2,950	4,200
4d Sed Premiere	200	550	900	1,750	3,100	4,400
4d Vista Sta Wag	200	550	950	1,900	3,300	4,700
4d Vista Sta Wag 4WD	250	700	1,150	2,300	4,000	5,700
1987 Omni, 4-cyl.						
4d HBk America	150	500	850	1,700	2,950	4,200
2d HBk Charger	200	550	900	1,800	3,150	4,500
2d HBk Charger Shelby	200	600	1,000	2,000	3,500	5,000
1987 Aries, 4-cyl.						
2d Sed	150	500	850	1,700	2,950	4,200
4d Sed	150	500	850	1,700	3,000	4,300
2d LE Sed	150	500	850	1,700	3,000	4,300
4d Sed LE	200	550	900	1,750	3,100	4,400
4d LE Sta Wag	200	550	900	1,750	3,100	4,400
1987 Shadow, 4-cyl.						
2d LBk	150	500	850	1,700	3,000	4,300
4d LBk	200	550	900	1,750	3,100	4,400

NOTE: Add 5 percent for 2.2 Turbo.

1987 Daytona, 4-cyl.						
2d HBk	200	600	950	1,900	3,350	4,800
2d HBk Pacifica	250	700	1,150	2,300	4,000	5,700
2d HBk Shelby 2	250	750	1,250	2,500	4,350	6,200
1987 600, 4-cyl.						
4d Sed	200	550	900	1,800	3,150	4,500
4d Sed SE	200	550	900	1,850	3,200	4,600

NOTE: Add 5 percent for 2.2 Turbo.

1987 Lancer, 4-cyl.						
4d HBk	200	550	950	1,900	3,300	4,700
4d HBk ES	200	600	950	1,900	3,350	4,800

NOTE: Add 5 percent for 2.2 Turbo.

1987 Diplomat, V-8						
4d Sed	200	650	1,100	2,250	3,900	5,600
4d Sed SE	250	700	1,150	2,300	4,050	5,800
1988 Colt, 4-cyl.						
3d HBk	100	250	450	900	1,550	2,200
4d E Sed	100	350	550	1,100	1,950	2,800
3d E HBk	100	300	500	1,050	1,800	2,600
4d DL Sed	100	350	600	1,150	2,050	2,900
3d DL HBk	100	350	550	1,100	1,950	2,800
4d DL Sta Wag	100	350	600	1,200	2,100	3,000
4d Sed Premiere	150	400	700	1,400	2,450	3,500

	6	5	4	3	2	1
4d Vista Sta Wag	150	500	800	1,600	2,800	4,000
4d Vista Sta Wag 4x4	200	600	1,000	2,000	3,500	5,000
1988 Omni, 4-cyl.						
4d HBk	100	350	550	1,100	1,950	2,800
1988 Aries, 4-cyl.						
2d Sed	100	350	550	1,100	1,950	2,800
4d Sed	100	350	550	1,100	1,950	2,800
4d Sta Wag	150	400	650	1,300	2,300	3,300
1988 Shadow, 4-cyl.						
2d HBk	150	400	650	1,300	2,250	3,200
4d HBk	150	400	700	1,350	2,400	3,400
1988 Daytona, 4-cyl.						
2d HBk	200	550	900	1,800	3,150	4,500
2d HBk Pacifica	200	650	1,100	2,250	3,900	5,600
2d HBk Shelby Z	250	700	1,200	2,400	4,200	6,000
1988 600, 4-cyl.						
4d Sed	150	400	700	1,400	2,450	3,500
4d SE Sed	150	450	800	1,550	2,750	3,900
1988 Lancer, 4-Cyl.						
4d Spt HBk	150	500	850	1,700	2,950	4,200
4d Spt ES HBk	200	600	1,000	2,000	3,500	5,000
1988 Dynasty						
4d Sed 4-cyl.	150	500	800	1,600	2,800	4,000
4d Sed Prem 4-cyl.	150	500	850	1,700	3,000	4,300
4d Sed V-6	200	550	900	1,800	3,150	4,500
4d Sed Prem V-6	200	550	900	1,850	3,200	4,600
1988 Diplomat, V-8						
4d Sed Salon	150	450	750	1,500	2,650	3,800
4d Sed	150	400	650	1,300	2,300	3,300
4d SE Sed	150	500	850	1,700	2,950	4,200
1989 Colt, 4-cyl.						
2d HBk	150	450	750	1,500	2,650	3,800
2d HBk E	150	450	800	1,550	2,750	3,900
2d HBk GT	150	500	800	1,650	2,850	4,100
4d DL Sta Wag	200	600	1,000	2,000	3,500	5,000
4d DL Sta Wag 4x4	200	650	1,100	2,150	3,800	5,400
4d Vista Sta Wag	200	600	1,050	2,100	3,650	5,200
4d Vista Sta Wag 4x4	200	650	1,100	2,250	3,900	5,600
1989 Omni, 4-cyl.						
4d HBk	150	450	700	1,450	2,500	3,600
1989 Aries, 4-cyl.						
4d Sed	150	400	700	1,400	2,450	3,500
2d Sed	150	400	700	1,350	2,400	3,400
1989 Shadow, 4-cyl.						
4d HBk	150	500	850	1,700	2,950	4,200
2d HBk	150	500	800	1,650	2,850	4,100
1989 Daytona, 4-cyl.						
2d HBk	200	550	900	1,850	3,200	4,600
2d ES HBk	200	600	1,000	2,000	3,500	5,000
2d ES HBk Turbo	200	650	1,100	2,200	3,850	5,500
2d HBk Shelby	250	750	1,250	2,500	4,350	6,200
1989 Spirit, 4-cyl.						
4d Sed	150	500	850	1,700	2,950	4,200
4d LE Sed	200	550	900	1,800	3,150	4,500
4d ES Sed Turbo	200	600	1,000	2,050	3,550	5,100
4d ES Sed V-6	200	600	1,000	2,050	3,550	5,100
1989 Lancer, 4-cyl.						
4d Spt HBk	200	600	1,000	2,050	3,550	5,100
4d Spt HBk ES	200	650	1,050	2,100	3,700	5,300
4d Spt HBk Shelby	250	800	1,300	2,600	4,550	6,500
1989 Dynasty, 4-cyl.						
4d Sed	200	550	900	1,850	3,200	4,600
1989 V-6						
4d Sed	200	600	950	1,900	3,350	4,800
4d LE Sed	200	650	1,100	2,150	3,800	5,400
1989 Diplomat, V-8						
4d Sed Salon	200	650	1,100	2,200	3,850	5,500
4d SE Sed	200	650	1,100	2,250	3,900	5,600
1990 Colt, 4-cyl.						
2d HBk	150	450	750	1,500	2,650	3,800
2d GL HBk	150	500	800	1,600	2,800	4,000
2d GT HBk	150	500	850	1,700	2,950	4,200
4d DL Sta Wag	200	550	900	1,850	3,200	4,600

	6	5	4	3	2	1
4d DL Sta Wag 4x4	200	650	1,100	2,200	3,850	5,500
4d Vista	200	600	1,050	2,100	3,650	5,200
4d Vista 4x4	250	750	1,250	2,500	4,350	6,200
1990 Omni, 4-cyl.						
4d HBk	150	400	700	1,400	2,450	3,500
1990 Shadow, 4-cyl.						
2d HBk	150	500	800	1,650	2,850	4,100
4d HBk	150	500	850	1,700	2,950	4,200
1990 Daytona, 4-cyl.						
2d HBk	200	600	1,000	2,000	3,500	5,000
2d ES HBk	200	650	1,100	2,200	3,850	5,500
2d ES HBk Turbo	250	700	1,200	2,400	4,200	6,000
2d Shelby HBk	250	800	1,300	2,600	4,550	6,500
NOTE: Add 10 percent for V-6 where available.						
1990 Spirit, 4-cyl.						
4d Sed	150	500	800	1,600	2,800	4,000
4d LE Sed	200	550	900	1,800	3,150	4,500
4d ES Sed Turbo	200	600	1,000	2,000	3,500	5,000
NOTE: Add 10 percent for V-6 where available.						
1990 Monaco, V-6						
4d LE Sed	150	500	800	1,600	2,800	4,000
4d ES Sed	200	550	900	1,750	3,100	4,400
1990 Dynasty, 4-cyl.						
4d Sed	200	600	950	1,900	3,350	4,800
1990 V-6						
4d Sed	200	650	1,100	2,200	3,850	5,500
4d LE Sed	250	700	1,200	2,400	4,200	6,000
1991 Colt, 4-cyl.						
2d HBk	100	350	600	1,200	2,100	3,000
2d GL HBk	150	400	700	1,400	2,450	3,500
4d Vista Sta Wag	200	550	900	1,800	3,150	4,500
4d Vista Sta Wag 4x4	200	650	1,100	2,200	3,850	5,500
1991 Shadow, 4-cyl.						
2d America HBk	150	400	700	1,400	2,450	3,500
4d America HBk	150	400	700	1,400	2,450	3,500
2d HBk	150	450	750	1,500	2,600	3,700
4d HBk	150	450	750	1,500	2,600	3,700
2d Conv	250	700	1,200	2,400	4,200	6,000
2d ES HBk	150	500	850	1,700	2,950	4,200
4d ES HBk	150	500	850	1,700	2,950	4,200
2d ES Conv	250	800	1,300	2,600	4,550	6,500
1991 Daytona, 4-cyl.						
2d HBk	200	550	900	1,800	3,150	4,500
2d ES HBk	200	550	900	1,850	3,200	4,600
1991 Daytona, V-6						
2d HBk	200	600	1,000	2,000	3,500	5,000
2d ES HBk	200	600	1,000	2,000	3,500	5,000
2d IROC HBk	250	700	1,200	2,400	4,200	6,000
1991 Sprint, 4-cyl.						
4d Sed	150	500	800	1,600	2,800	4,000
4d LE Sed	150	500	850	1,700	3,000	4,300
4d ES Sed Turbo	200	600	1,000	2,000	3,500	5,000
4d R/T Turbo Sed	200	600	1,050	2,100	3,650	5,200
1991 Sprint, V-6						
4d Sed	150	500	850	1,700	3,000	4,300
4d LE Sed	200	550	900	1,850	3,200	4,600
4d ES Sed	200	600	950	1,900	3,350	4,800
1991 Monaco, V-6						
4d LE Sed	150	400	700	1,400	2,450	3,500
4d ES Sed	150	500	800	1,600	2,800	4,000
1991 Dynasty						
4d Sed 4-cyl.	200	550	900	1,800	3,150	4,500
4d Sed V-6	200	600	1,000	2,000	3,500	5,000
4d LE Sed V-6	200	650	1,100	2,150	3,800	5,400
1991 Stealth, V-6						
2d LBk	350	1,000	1,700	3,400	5,950	8,500
2d ES LBk	400	1,150	1,900	3,800	6,650	9,500
2d R/T LBk	500	1,550	2,600	5,200	9,100	13,000
2d R/T LBk Turbo 4x4	600	1,800	3,000	6,000	10,500	15,000
1992 Colt, 4-cyl.						
2d HBk	150	450	700	1,450	2,500	3,600
2d GL HBk	150	500	800	1,600	2,800	4,000

	6	5	4	3	2	1
1992 Shadow						
4d America HBk	150	500	800	1,600	2,800	4,000
2d America HBk	150	500	800	1,600	2,800	4,000
4d HBk	150	500	850	1,700	2,950	4,200
2d HBk	150	500	850	1,700	2,950	4,200
2d Conv	200	650	1,100	2,200	3,850	5,500
4d ES HBk	200	600	1,000	2,000	3,500	5,000
2d ES HBk	200	600	1,000	2,000	3,500	5,000
2d ES Conv	250	700	1,200	2,400	4,200	6,000
1992 Daytona, 4-cyl.						
2d HBk	200	600	1,000	2,000	3,500	5,000
2d ES HBk	200	600	1,050	2,100	3,650	5,200
2d IROC HBk	250	700	1,200	2,400	4,200	6,000
NOTE: Add 10 percent for V-6 where available.						
1992 Spirit, 4-cyl.						
4d Sed	200	550	900	1,800	3,150	4,500
4d LE Sed	200	550	950	1,900	3,300	4,700
4d ES Turbo Sed	200	600	1,000	2,000	3,500	5,000
NOTE: Add 10 percent for V-6 where available.						
1992 Monaco, V-6						
4d LE Sed	150	500	800	1,600	2,800	4,000
4d ES Sed	200	550	900	1,800	3,150	4,500
1992 Dynasty, V-6						
4d Sed 4-cyl.	200	550	900	1,800	3,150	4,500
4d Sed	200	650	1,100	2,200	3,850	5,500
1992 Stealth, V-6						
2d Cpe	350	1,000	1,700	3,400	5,950	8,500
2d ES Cpe	350	1,100	1,800	3,600	6,300	9,000
2d R/T Cpe	450	1,300	2,200	4,400	7,700	11,000
2d R/T Cpe Turbo 4x4	600	1,800	3,000	6,000	10,500	15,000
1993 Colt						
2d Cpe	150	450	750	1,500	2,650	3,800
4d Sed	150	450	800	1,550	2,750	3,900
2d GL Cpe	150	450	800	1,550	2,750	3,900
4d GL Sed	150	500	800	1,600	2,800	4,000
1993 Shadow						
2d HBk	150	500	800	1,650	2,850	4,100
4d HBk	150	500	850	1,700	2,950	4,200
2d ES HBk	150	500	850	1,700	2,950	4,200
4d ES HBk	150	500	850	1,700	3,000	4,300
2d Conv	200	650	1,100	2,200	3,850	5,500
2d ES Conv	250	700	1,200	2,400	4,200	6,000
1993 Daytona, 4-cyl.						
2d HBk	200	600	1,050	2,100	3,650	5,200
2d ES HBk	200	650	1,050	2,100	3,700	5,300
1993 Daytona, V-6						
2d HBk	200	650	1,100	2,150	3,800	5,400
2d ES HBk	200	650	1,100	2,200	3,850	5,500
2d IROC HBk	250	700	1,200	2,400	4,200	6,000
1993 Spirit, 4-cyl.						
4d Sed	200	550	900	1,850	3,200	4,600
4d ES Sed	200	550	950	1,900	3,300	4,700
1993 Spirit, V-6						
4d Sed	200	550	950	1,900	3,300	4,700
4d ES Sed	200	600	950	1,900	3,350	4,800
1993 Dynasty						
4d Sed, 4-cyl.	200	600	950	1,900	3,350	4,800
4d Sed, V-6	200	600	1,000	1,950	3,450	4,900
4d LE Sed, V-6	200	600	1,000	2,000	3,500	5,000
1993 Intrepid, V-6						
4d Sed	200	600	1,050	2,100	3,650	5,200
4d ES Sed	200	650	1,100	2,150	3,800	5,400
1993 Stealth, V-6						
2d HBk	350	1,050	1,700	3,450	6,000	8,600
2d ES HBk	350	1,100	1,800	3,650	6,350	9,100
*2d R/T HBk	450	1,400	2,300	4,600	8,050	11,500
*2d R/T HBk, Turbo, 4x4	600	1,850	3,100	6,200	10,900	15,500

EDSEL

	6	5	4	3	2	1
1958 Ranger Series, V-8, 118" wb						
2d Sed	400	1,150	1,900	3,800	6,650	9,500
4d Sed	400	1,150	1,900	3,800	6,650	9,500

	6	5	4	3	2	1
4d HT	400	1,250	2,100	4,200	7,350	10,500
2d HT	500	1,550	2,600	5,200	9,100	13,000

1958 Pacer Series, V-8, 118" wb

4d Sed	400	1,200	2,000	4,000	7,000	10,000
4d HT	450	1,300	2,200	4,400	7,700	11,000
2d HT	550	1,700	2,800	5,600	9,800	14,000
2d Conv	1,050	3,100	5,200	10,400	18,200	26,000

1958 Corsair Series, V-8, 124" wb

4d HT	500	1,450	2,400	4,800	8,400	12,000
2d HT	600	1,800	3,000	6,000	10,500	15,000

1958 Citation Series, V-8, 124" wb

4d HT	550	1,700	2,800	5,600	9,800	14,000
2d HT	700	2,050	3,400	6,800	11,900	17,000
2d Conv	1,250	3,700	6,200	12,400	21,700	31,000

NOTE: Deduct 5 percent for 6-cyl.

1958 Station Wagons, V-8

4d Vill	450	1,300	2,200	4,400	7,700	11,000
4d Ber	450	1,400	2,300	4,600	8,050	11,500
4d 9P Vill	450	1,350	2,250	4,500	7,850	11,200
4d 9P Ber	450	1,400	2,300	4,600	8,050	11,500
2d Rdup	400	1,200	2,000	4,000	7,000	10,000

1959 Ranger Series, V-8, 120" wb

2d Sed	350	1,100	1,850	3,700	6,450	9,200
4d Sed	350	1,100	1,800	3,600	6,300	9,000
4d HT	400	1,250	2,100	4,200	7,350	10,500
2d HT	500	1,550	2,600	5,200	9,100	13,000

1959 Corsair Series, V-8, 120" wb

4d Sed	400	1,150	1,900	3,800	6,650	9,500
4d HT	450	1,300	2,200	4,400	7,700	11,000
2d HT	550	1,700	2,800	5,600	9,800	14,000
2d Conv	1,000	3,000	5,000	10,000	17,500	25,000

1959 Station Wagons, V-8, 118" wb

4d Vill	400	1,200	2,000	4,000	7,000	10,000
4d 9P Vill	400	1,250	2,100	4,200	7,350	10,500

NOTE: Deduct 5 percent for 6-cyl.

1960 Ranger Series, V-8, 120" wb

2d Sed	350	1,100	1,850	3,700	6,450	9,200
4d Sed	350	1,100	1,800	3,650	6,350	9,100
4d HT	400	1,250	2,100	4,200	7,350	10,500
2d HT	750	2,300	3,800	7,600	13,300	19,000
2d Conv	1,150	3,500	5,800	11,600	20,300	29,000

1960 Station Wagons, V-8, 120" wb

4d 9P Vill	450	1,300	2,200	4,400	7,700	11,000
4d 6P Vill	450	1,300	2,200	4,400	7,700	11,000

NOTE: Deduct 5 percent for 6-cyl.

FORD

Model A 1903, 2-cyl., Ser. No. 1-670, 8 hp
1904, 2-cyl., Ser. No. 671-1708, 10 hp

Rbt	1,750	5,300	8,800	17,600	30,800	44,000
Rbt W/ton	1,800	5,400	9,000	18,000	31,500	45,000

Model B 10 hp, 4-cyl.

Tr			value not estimable			

Model C 10 hp, 2-cyl., Ser. No. 1709-2700

Rbt	1,750	5,300	8,800	17,600	30,800	44,000
Rbt W/ton	1,800	5,400	9,000	18,000	31,500	45,000
Dr's Mdl	1,850	5,500	9,200	18,400	32,200	46,000

Model F 16 hp, 2-cyl., (Produced 1904-05-06)

Tr	1,850	5,500	9,200	18,400	32,200	46,000

Model K 40 hp, 6-cyl., (Produced 1905-06-07-08)

Tr	3,050	9,100	15,200	30,400	53,200	76,000
Rds	3,050	9,100	15,200	30,400	53,200	76,000

Model N 18 hp, 4-cyl., (Produced 1906-07-08)

Rbt	1,700	5,050	8,400	16,800	29,400	42,000

Model R 4-cyl., (Produced 1907-08)

Rbt	1,700	5,050	8,400	16,800	29,400	42,000

Model S 4-cyl.

Rbt	1,700	5,050	8,400	16,800	29,400	42,000

1908 Model T, 4-cyl., 2 levers, 2 foot pedals (1,000 produced)

Tr	1,800	5,400	9,000	18,000	31,500	45,000

	6	5	4	3	2	1
1909 Model T, 4-cyl.						
Rbt	1,100	3,350	5,600	11,200	19,600	28,000
Tr	1,150	3,500	5,800	11,600	20,300	29,000
Trbt	1,100	3,250	5,400	10,800	18,900	27,000
Cpe	1,000	3,000	5,000	10,000	17,500	25,000
Twn Car	1,200	3,600	6,000	12,000	21,000	30,000
Lan'let	1,100	3,250	5,400	10,800	18,900	27,000
1910 Model T, 4-cyl.						
Rbt	1,100	3,250	5,400	10,800	18,900	27,000
Tr	1,100	3,350	5,600	11,200	19,600	28,000
Cpe	950	2,900	4,800	9,600	16,800	24,000
Twn Car	1,000	3,000	5,000	10,000	17,500	25,000
C'ml Rds	950	2,900	4,800	9,600	16,800	24,000
1911 Model T, 4-cyl.						
Rbt	1,050	3,100	5,200	10,400	18,200	26,000
Tor Rds	1,100	3,250	5,400	10,800	18,900	27,000
Tr	1,100	3,250	5,400	10,800	18,900	27,000
Trbt	1,050	3,100	5,200	10,400	18,200	26,000
Cpe	900	2,650	4,400	8,800	15,400	22,000
Twn Car	1,050	3,100	5,200	10,400	18,200	26,000
C'ml Rds	900	2,750	4,600	9,200	16,100	23,000
Dely Van	850	2,500	4,200	8,400	14,700	21,000
1912 Model T, 4-cyl.						
Rds	1,000	3,000	5,000	10,000	17,500	25,000
Tor Rds	1,050	3,100	5,200	10,400	18,200	26,000
Tr	1,100	3,250	5,400	10,800	18,900	27,000
Twn Car	1,050	3,100	5,200	10,400	18,200	26,000
Dely Van	900	2,650	4,400	8,800	15,400	22,000
C'ml Rds	950	2,900	4,800	9,600	16,800	24,000
1913 Model T, 4-cyl.						
Rds	1,000	3,000	5,000	10,000	17,500	25,000
Tr	1,100	3,250	5,400	10,800	18,900	27,000
Twn Car	950	2,900	4,800	9,600	16,800	24,000
1914 Model T, 4-cyl.						
Rds	1,000	3,000	5,000	10,000	17,500	25,000
Tr	1,100	3,250	5,400	10,800	18,900	27,000
Twn Car	1,000	3,000	5,000	10,000	17,500	25,000
Cpe	700	2,150	3,600	7,200	12,600	18,000
1915 & early 1916 Model T, 4-cyl., (brass rad.)						
Rds	1,000	3,000	5,000	10,000	17,500	25,000
Tr	1,050	3,100	5,200	10,400	18,200	26,000
Conv Cpe	1,100	3,250	5,400	10,800	18,900	27,000
Ctr dr Sed	800	2,400	4,000	8,000	14,000	20,000
Twn Car	950	2,900	4,800	9,600	16,800	24,000
1916 Model T, 4-cyl., (steel rad.)						
Rds	700	2,150	3,600	7,200	12,600	18,000
Tr	750	2,300	3,800	7,600	13,300	19,000
Conv Cpe	800	2,400	4,000	8,000	14,000	20,000
Ctr dr Sed	550	1,700	2,800	5,600	9,800	14,000
Twn Car	650	1,900	3,200	6,400	11,200	16,000
1917 Model T, 4-cyl.						
Rds	700	2,050	3,400	6,800	11,900	17,000
Tr	700	2,150	3,600	7,200	12,600	18,000
Conv Cpe	600	1,800	3,000	6,000	10,500	15,000
Twn Car	500	1,550	2,600	5,200	9,100	13,000
Ctr dr Sed	450	1,300	2,200	4,400	7,700	11,000
Cpe	500	1,450	2,400	4,800	8,400	12,000
1918 Model T, 4-cyl.						
Rds	700	2,050	3,400	6,800	11,900	17,000
Tr	700	2,150	3,600	7,200	12,600	18,000
Cpe	500	1,450	2,400	4,800	8,400	12,000
Twn Car	600	1,800	3,000	6,000	10,500	15,000
Ctr dr Sed	450	1,300	2,200	4,400	7,700	11,000
1919 Model T, 4-cyl.						
Rds	700	2,150	3,600	7,200	12,600	18,000
Tr	750	2,300	3,800	7,600	13,300	19,000
Cpe	500	1,450	2,400	4,800	8,400	12,000
Twn Car	650	1,900	3,200	6,400	11,200	16,000
Ctr dr Sed	500	1,450	2,400	4,800	8,400	12,000
1920-1921 Model T, 4-cyl.						
Rds	700	2,150	3,600	7,200	12,600	18,000
Tr	750	2,300	3,800	7,600	13,300	19,000
Cpe	450	1,300	2,200	4,400	7,700	11,000
Ctr dr Sed	450	1,300	2,200	4,400	7,700	11,000

	6	5	4	3	2	1
1922-1923 Model T, 4-cyl.						
Rds	650	1,900	3,200	6,400	11,200	16,000
'22 Tr	700	2,050	3,400	6,800	11,900	17,000
'23 Tr	700	2,100	3,500	7,000	12,250	17,500
Cpe	450	1,300	2,200	4,400	7,700	11,000
4d Sed	350	1,000	1,700	3,400	5,950	8,500
2d Sed	350	1,000	1,650	3,300	5,800	8,300
1924 Model T, 4-cyl.						
Rds	650	1,900	3,200	6,400	11,200	16,000
Tr	700	2,100	3,500	7,000	12,250	17,500
Cpe	500	1,450	2,400	4,800	8,400	12,000
4d Sed	350	1,000	1,700	3,400	5,950	8,500
2d Sed	350	1,050	1,750	3,500	6,100	8,700
Rds PU	500	1,550	2,600	5,200	9,100	13,000
1925 Model T, 4-cyl.						
Rds	650	1,900	3,200	6,400	11,200	16,000
Tr	700	2,050	3,400	6,800	11,900	17,000
Cpe	500	1,450	2,400	4,800	8,400	12,000
2d	350	1,000	1,700	3,400	5,950	8,500
4d	350	1,100	1,800	3,600	6,300	9,000
1926 Model T, 4-cyl.						
Rds	700	2,050	3,400	6,800	11,900	17,000
Tr	700	2,150	3,600	7,200	12,600	18,000
Cpe	500	1,450	2,400	4,800	8,400	12,000
2d	350	1,100	1,800	3,600	6,300	9,000
4d	350	1,100	1,800	3,650	6,350	9,100
1927 Model T, 4-cyl.						
Rds	700	2,150	3,600	7,200	12,600	18,000
Tr	750	2,300	3,800	7,600	13,300	19,000
Cpe	500	1,500	2,500	5,000	8,750	12,500
2d	400	1,150	1,900	3,800	6,650	9,500
4d	350	1,100	1,850	3,700	6,500	9,300
1928 Model A, 4-cyl.						
NOTE: Add 20 percent avg. for early 'AR' features.						
2d Rds	1,050	3,100	5,200	10,400	18,200	26,000
4d Phae	1,100	3,250	5,400	10,800	18,900	27,000
2d Cpe	500	1,550	2,600	5,200	9,100	13,000
2d Spl Cpe	550	1,600	2,700	5,400	9,450	13,500
2d Bus Cpe	500	1,550	2,600	5,200	9,100	13,000
2d Spt Cpe	550	1,700	2,800	5,600	9,800	14,000
2d Sed	450	1,400	2,300	4,600	8,050	11,500
4d Sed	450	1,400	2,300	4,650	8,100	11,600
1929 Model A, 4-cyl.						
2d Rds	1,050	3,100	5,200	10,400	18,200	26,000
4d Phae	1,100	3,250	5,400	10,800	18,900	27,000
2d Cabr	1,000	3,000	5,000	10,000	17,500	25,000
2d Cpe	500	1,500	2,500	5,000	8,750	12,500
2d Bus Cpe	500	1,450	2,400	4,800	8,400	12,000
2d Spl Cpe	500	1,500	2,500	5,000	8,750	12,500
2d Spt Cpe	550	1,600	2,700	5,400	9,450	13,500
2d Sed	450	1,400	2,300	4,600	8,050	11,500
4d 3W Sed	500	1,450	2,400	4,800	8,400	12,000
4d 5W Sed	450	1,400	2,300	4,600	8,050	11,500
4d DeL Sed	500	1,450	2,400	4,800	8,400	12,000
4d Twn Sed	500	1,500	2,500	5,000	8,750	12,500
4d Taxi	550	1,700	2,800	5,600	9,800	14,000
4d Twn Car	850	2,500	4,200	8,400	14,700	21,000
4d Sta Wag	700	2,150	3,600	7,200	12,600	18,000
1930 Model A, 4-cyl.						
2d Rds	1,000	3,000	5,000	10,000	17,500	25,000
2d DeL Rds	1,050	3,100	5,200	10,400	18,200	26,000
4d Phae	1,100	3,250	5,400	10,800	18,900	27,000
2d DeL Phae	1,100	3,350	5,600	11,200	19,600	28,000
2d Cabr	950	2,900	4,800	9,600	16,800	24,000
2d Cpe	500	1,450	2,400	4,800	8,400	12,000
2d DeL Cpe	500	1,500	2,500	5,000	8,750	12,500
2d Spt Cpe	550	1,600	2,700	5,400	9,450	13,500
2d Std Sed	450	1,400	2,300	4,600	8,050	11,500
2d DeL Sed	500	1,450	2,400	4,800	8,400	12,000
2d 3W Cpe	500	1,450	2,400	4,800	8,400	12,000
2d 5W Cpe	450	1,400	2,300	4,600	8,050	11,500
4d DeL Sed	500	1,550	2,600	5,200	9,100	13,000
4d Twn Sed	500	1,450	2,400	4,800	8,400	12,000
2d Vic	650	1,900	3,200	6,400	11,200	16,000
4d Sta Wag	700	2,050	3,400	6,800	11,900	17,000

	6	5	4	3	2	1
1931 Model A, 4-cyl.						
2d Rds	1,000	3,000	5,000	10,000	17,500	25,000
2d DeL Rds	1,050	3,100	5,200	10,400	18,200	26,000
4d Phae	1,100	3,250	5,400	10,800	18,900	27,000
2d DeL Phae	1,100	3,350	5,600	11,200	19,600	28,000
2d Cabr	1,000	3,000	5,000	10,000	17,500	25,000
2d Conv Sed	1,100	3,250	5,400	10,800	18,900	27,000
2d Cpe	500	1,450	2,400	4,800	8,400	12,000
2d DeL Cpe	500	1,550	2,600	5,200	9,100	13,000
2d Spt Cpe	550	1,700	2,800	5,600	9,800	14,000
2d Sed	450	1,400	2,300	4,600	8,050	11,500
2d DeL Sed	500	1,450	2,400	4,800	8,400	12,000
4d Sed	500	1,450	2,400	4,800	8,400	12,000
4d DeL Sed	500	1,550	2,600	5,200	9,100	13,000
4d Twn Sed	550	1,600	2,700	5,400	9,450	13,500
2d Vic	650	1,900	3,200	6,400	11,200	16,000
4d Sta Wag	700	2,050	3,400	6,800	11,900	17,000
1932 Model B, 4-cyl.						
2d Rds	1,250	3,700	6,200	12,400	21,700	31,000
4d Phae	1,300	3,850	6,400	12,800	22,400	32,000
2d Cabr	1,200	3,600	6,000	12,000	21,000	30,000
4d Conv Sed	1,250	3,700	6,200	12,400	21,700	31,000
2d Cpe	850	2,500	4,200	8,400	14,700	21,000
2d Spt Cpe	900	2,650	4,400	8,800	15,400	22,000
2d Sed	500	1,450	2,400	4,800	8,400	12,000
4d Sed	450	1,300	2,200	4,400	7,700	11,000
2d Vic	1,100	3,250	5,400	10,800	18,900	27,000
2d Sta Wag	950	2,900	4,800	9,600	16,800	24,000
1932 Model 18, V-8						
2d Rds	1,400	4,200	7,000	14,000	24,500	35,000
2d DeL Rds	1,500	4,450	7,400	14,800	25,900	37,000
4d Phae	1,500	4,550	7,600	15,200	26,600	38,000
4d DeL Phae	1,550	4,700	7,800	15,600	27,300	39,000
2d Cabr	1,350	4,100	6,800	13,600	23,800	34,000
4d Conv Sed	1,400	4,200	7,000	14,000	24,500	35,000
2d Cpe	950	2,900	4,800	9,600	16,800	24,000
2d DeL Cpe	1,000	3,000	5,000	10,000	17,500	25,000
2d Spt Cpe	1,050	3,100	5,200	10,400	18,200	26,000
2d Sed	550	1,700	2,800	5,600	9,800	14,000
2d DeL Sed	600	1,800	3,000	6,000	10,500	15,000
4d Sed	500	1,550	2,600	5,200	9,100	13,000
4d DeL Sed	550	1,700	2,800	5,600	9,800	14,000
2d Vic	1,150	3,500	5,800	11,600	20,300	29,000
4d Sta Wag	1,200	3,600	6,000	12,000	21,000	30,000
1933 Model 40, V-8						
4d Phae	1,300	3,850	6,400	12,800	22,400	32,000
4d DeL Phae	1,300	3,950	6,600	13,200	23,100	33,000
2d Rds	1,300	3,850	6,400	12,800	22,400	32,000
2d DeL Rds	1,300	3,950	6,600	13,200	23,100	33,000
2d 3W Cpe	700	2,150	3,600	7,200	12,600	18,000
2d 3W DeL Cpe	800	2,400	4,000	8,000	14,000	20,000
2d 5W Cpe	700	2,150	3,600	7,200	12,600	18,000
2d 5W DeL Cpe	850	2,500	4,200	8,400	14,700	21,000
2d Cabr	1,200	3,600	6,000	12,000	21,000	30,000
2d Sed	500	1,550	2,600	5,200	9,100	13,000
2d DeL Sed	550	1,700	2,800	5,600	9,800	14,000
4d Sed	450	1,300	2,200	4,400	7,700	11,000
4d DeL Sed	500	1,450	2,400	4,800	8,400	12,000
2d Vic	900	2,650	4,400	8,800	15,400	22,000
4d Sta Wag	1,100	3,250	5,400	10,800	18,900	27,000
1933 Model 40, 4-cyl.						
NOTE: All models deduct 20 percent avg. from V-8 models.						
1934 Model 40, V-8						
2d Rds	1,400	4,200	7,000	14,000	24,500	35,000
4d Phae	1,450	4,300	7,200	14,400	25,200	36,000
2d Cabr	1,350	4,100	6,800	13,600	23,800	34,000
5W Cpe	700	2,150	3,600	7,200	12,600	18,000
2d 3W DeL Cpe	800	2,400	4,000	8,000	14,000	20,000
2d 5W DeL Cpe	750	2,300	3,800	7,600	13,300	19,000
2d Sed	450	1,300	2,200	4,400	7,700	11,000
2d DeL Sed	450	1,400	2,300	4,600	8,050	11,500
4d Sed	450	1,400	2,300	4,600	8,050	11,500
4d DeL Sed	450	1,400	2,350	4,700	8,200	11,700
2d Vic	900	2,650	4,400	8,800	15,400	22,000
4d Sta Wag	1,100	3,250	5,400	10,800	18,900	27,000

1957 Ford Fairlane 500 Skyliner retractable hardtop

1990 Ford Taurus SHO sedan

1966 Ford Mustang hardtop

	6	5	4	3	2	1
1935 Model 48, V-8						
4d Phae	1,300	3,850	6,400	12,800	22,400	32,000
2d Rds	1,250	3,700	6,200	12,400	21,700	31,000
2d Cabr	1,250	3,700	6,200	12,400	21,700	31,000
4d Conv Sed	1,300	3,850	6,400	12,800	22,400	32,000
2d 3W DeL Cpe	900	2,650	4,400	8,800	15,400	22,000
2d 5W Cpe	800	2,400	4,000	8,000	14,000	20,000
2d 5W DeL Cpe	850	2,500	4,200	8,400	14,700	21,000
2d Sed	450	1,350	2,250	4,500	7,850	11,200
2d DeL Sed	450	1,400	2,350	4,700	8,200	11,700
4d Sed	450	1,350	2,200	4,450	7,750	11,100
4d DeL Sed	450	1,400	2,300	4,650	8,100	11,600
4d Sta Wag	1,100	3,250	5,400	10,800	18,900	27,000
4d C'ham Twn Car	1,100	3,250	5,400	10,800	18,900	27,000
1936 Model 68, V-8						
2d Rds	1,300	3,850	6,400	12,800	22,400	32,000
4d Phae	1,300	3,950	6,600	13,200	23,100	33,000
2d Cabr	1,300	3,950	6,600	13,200	23,100	33,000
2d Clb Cabr	1,250	3,700	6,200	12,400	21,700	31,000
4d Conv Trk Sed	1,300	3,850	6,400	12,800	22,400	32,000
4d Conv Sed	1,250	3,700	6,200	12,400	21,700	31,000
2d 3W Cpe	900	2,750	4,600	9,200	16,100	23,000
2d 5W Cpe	850	2,500	4,200	8,400	14,700	21,000
2d 5W DeL Cpe	900	2,650	4,400	8,800	15,400	22,000
2d Sed	450	1,400	2,300	4,650	8,100	11,600
2d Tr Sed	500	1,450	2,400	4,850	8,450	12,100
2d DeL Sed	500	1,450	2,400	4,850	8,450	12,100
4d Sed	450	1,400	2,300	4,600	8,050	11,500
4d Tr Sed	500	1,450	2,400	4,800	8,400	12,000
4d DeL Sed	500	1,500	2,500	5,000	8,750	12,500
4d DeL Tr Sed	500	1,450	2,400	4,800	8,400	12,000
4d Sta Wag	1,100	3,350	5,600	11,200	19,600	28,000
1937 Model 74, V-8, 60 hp						
2d Sed	400	1,200	2,000	4,050	7,050	10,100
2d Tr Sed	400	1,250	2,100	4,250	7,400	10,600
4d Sed	400	1,200	2,000	4,000	7,000	10,000
4d Tr Sed	400	1,250	2,100	4,200	7,350	10,500
2d Cpe	650	1,900	3,200	6,400	11,200	16,000
2d Cpe PU	700	2,050	3,400	6,800	11,900	17,000
1937 V-8 DeLuxe						
4d Sta Wag	1,100	3,250	5,400	10,800	18,900	27,000
1937 Model 78, V-8, 85 hp						
2d Rds	1,100	3,350	5,600	11,200	19,600	28,000
4d Phae	1,150	3,500	5,800	11,600	20,300	29,000
2d Cabr	1,150	3,500	5,800	11,600	20,300	29,000
2d Clb Cabr	1,200	3,600	6,000	12,000	21,000	30,000
4d Conv Sed	1,250	3,700	6,200	12,400	21,700	31,000
2d Cpe	600	1,800	3,000	6,000	10,500	15,000
2d Clb Cpe	650	1,900	3,200	6,400	11,200	16,000
2d Sed	400	1,250	2,100	4,250	7,400	10,600
2d Tr Sed	450	1,350	2,200	4,450	7,750	11,100
4d Sed	400	1,250	2,100	4,200	7,350	10,500
4d Tr Sed	450	1,300	2,200	4,400	7,700	11,000
4d Sta Wag	1,050	3,100	5,200	10,400	18,200	26,000
1938 Model 81A Standard, V-8						
2d Cpe	600	1,750	2,900	5,800	10,150	14,500
2d Sed	400	1,200	2,000	4,050	7,050	10,100
4d Sed	400	1,200	2,000	4,000	7,000	10,000
4d Sta Wag	1,000	3,000	5,000	10,000	17,500	25,000
1938 Model 81A DeLuxe, V-8						
4d Phae	1,250	3,700	6,200	12,400	21,700	31,000
2d Conv	1,200	3,600	6,000	12,000	21,000	30,000
2d Clb Conv	1,250	3,700	6,200	12,400	21,700	31,000
4d Conv Sed	1,300	3,850	6,400	12,800	22,400	32,000
2d Cpe	550	1,700	2,800	5,600	9,800	14,000
2d Clb Cpe	650	1,900	3,200	6,400	11,200	16,000
2d Sed	450	1,350	2,200	4,450	7,750	11,100
4d Sed	450	1,300	2,200	4,400	7,700	11,000

NOTE: Deduct 10 percent avg. for 60 hp 82A Ford.

	6	5	4	3	2	1
1939 Standard, V-8						
2d Cpe	700	2,050	3,400	6,800	11,900	17,000
2d Sed	400	1,250	2,100	4,250	7,400	10,600
4d Sed	400	1,250	2,100	4,200	7,350	10,500
4d Sta Wag	1,050	3,100	5,200	10,400	18,200	26,000
1939 DeLuxe, V-8						
2d Conv	1,400	4,200	7,000	14,000	24,500	35,000

	6	5	4	3	2	1
4d Conv Sed	1,450	4,300	7,200	14,400	25,200	36,000
2d Cpe	700	2,150	3,600	7,200	12,600	18,000
2d Sed	450	1,350	2,200	4,450	7,750	11,100
4d Sed	450	1,300	2,200	4,400	7,700	11,000
4d Sta Wag	1,100	3,250	5,400	10,800	18,900	27,000

NOTE: Deduct 10 percent avg. for V-8, 60 hp models.

1940 Standard & DeLuxe, V-8

	6	5	4	3	2	1
2d Conv	1,500	4,550	7,600	15,200	26,600	38,000
2d Cpe	750	2,300	3,800	7,600	13,300	19,000
2d DeL Cpe	850	2,500	4,200	8,400	14,700	21,000
2d Sed	500	1,450	2,400	4,850	8,450	12,100
2d DeL Sed	500	1,500	2,500	5,050	8,800	12,600
4d Sed	500	1,450	2,400	4,800	8,400	12,000
4d DeL Sed	500	1,500	2,500	5,000	8,750	12,500
4d Sta Wag	1,100	3,350	5,600	11,200	19,600	28,000

NOTE: Deduct 10 percent avg. for V-8, 60 hp models.

1941 Model 11A Special, V-8

	6	5	4	3	2	1
2d Cpe	700	2,050	3,400	6,800	11,900	17,000
2d Sed	400	1,250	2,100	4,250	7,400	10,600
4d Sed	400	1,250	2,100	4,200	7,350	10,500

1941 DeLuxe

	6	5	4	3	2	1
3P Cpe	750	2,300	3,800	7,600	13,300	19,000
5P Cpe	750	2,300	3,800	7,600	13,300	19,000
2d Sed	500	1,450	2,400	4,850	8,450	12,100
4d Sed	500	1,450	2,400	4,800	8,400	12,000
4d Sta Wag	1,100	3,350	5,600	11,200	19,600	28,000

1941 Super DeLuxe

	6	5	4	3	2	1
2d Conv	1,350	4,100	6,800	13,600	23,800	34,000
3P Cpe	800	2,400	4,000	8,000	14,000	20,000
5P Cpe	800	2,400	4,000	8,000	14,000	20,000
2d Sed	500	1,500	2,500	5,050	8,800	12,600
4d Sed	500	1,500	2,500	5,000	8,750	12,500
4d Sta Wag	1,150	3,500	5,800	11,600	20,300	29,000

NOTE: Deduct 10 percent average for 6-cyl.

1942 Model 2GA Special, 6-cyl.

	6	5	4	3	2	1
3P Cpe	550	1,700	2,800	5,600	9,800	14,000
2d Sed	400	1,200	2,000	4,050	7,050	10,100
4d Sed	400	1,200	2,000	4,000	7,000	10,000

1942 Model 21A DeLuxe, V-8

	6	5	4	3	2	1
2d Cpe	600	1,800	3,000	6,000	10,500	15,000
5P Cpe	650	1,900	3,200	6,400	11,200	16,000
2d Sed	400	1,250	2,100	4,250	7,400	10,600
4d Sed	400	1,250	2,100	4,200	7,350	10,500

1942 Super DeLuxe

	6	5	4	3	2	1
2d Conv	1,100	3,250	5,400	10,800	18,900	27,000
3P Cpe	650	1,900	3,200	6,400	11,200	16,000
5P Cpe	700	2,050	3,400	6,800	11,900	17,000
2d Sed	400	1,250	2,100	4,200	7,350	10,500
4d Sed	400	1,200	2,050	4,100	7,150	10,200
4d Sta Wag	1,100	3,250	5,400	10,800	18,900	27,000

NOTE: Deduct 10 percent avg. for 6-cyl.

1946-1948 Model 89A DeLuxe, V-8

	6	5	4	3	2	1
3P Cpe	550	1,700	2,800	5,600	9,800	14,000
2d Sed	400	1,200	2,000	4,050	7,050	10,100
4d Sed	400	1,200	2,000	4,000	7,000	10,000

1946-1948 Model 89A Super DeLuxe, V-8

	6	5	4	3	2	1
2d Conv	1,100	3,350	5,600	11,200	19,600	28,000
2d Sptman Conv	2,200	6,600	11,000	22,000	38,500	55,000
2d 3P Cpe	600	1,800	3,000	6,000	10,500	15,000
2d 5P Cpe	650	1,900	3,200	6,400	11,200	16,000
2d Sed	400	1,250	2,100	4,250	7,400	10,600
4d Sed	400	1,250	2,100	4,200	7,350	10,500
4d Sta Wag	1,100	3,350	5,600	11,200	19,600	28,000

NOTE: Deduct 5 percent avg. for 6-cyl.

1949-1950 DeLuxe, V-8, 114" wb

	6	5	4	3	2	1
2d Bus Cpe	550	1,700	2,800	5,600	9,800	14,000
2d Sed	500	1,450	2,400	4,800	8,400	12,000
4d Sed	500	1,450	2,400	4,800	8,400	12,000

1949-1950 Custom DeLuxe, V-8, 114" wb

	6	5	4	3	2	1
2d Clb Cpe	600	1,800	3,000	6,000	10,500	15,000
2d Sed	550	1,600	2,700	5,400	9,450	13,500
4d Sed	550	1,600	2,700	5,400	9,450	13,500
2d Crest (1950 only)	650	1,900	3,200	6,400	11,200	16,000
2d Conv	1,050	3,100	5,200	10,400	18,200	26,000

	6	5	4	3	2	1
2d Sta Wag	800	2,400	4,000	8,000	14,000	20,000

NOTE: Deduct 5 percent average for 6-cyl.

1951 DeLuxe, V-8, 114" wb

	6	5	4	3	2	1
2d Bus Cpe	550	1,700	2,800	5,600	9,800	14,000
2d Sed	500	1,550	2,600	5,200	9,100	13,000
4d Sed	500	1,550	2,600	5,200	9,100	13,000

1951 Custom DeLuxe, V-8, 114" wb

	6	5	4	3	2	1
2d Clb Cpe	650	1,900	3,200	6,400	11,200	16,000
2d Sed	600	1,800	3,000	6,000	10,500	15,000
4d Sed	600	1,800	3,000	6,000	10,500	15,000
2d Crest	700	2,050	3,400	6,800	11,900	17,000
2d HT	700	2,150	3,600	7,200	12,600	18,000
2d Conv	1,100	3,250	5,400	10,800	18,900	27,000
2d Sta Wag	700	2,150	3,600	7,200	12,600	18,000

NOTE: Deduct 5 percent average for 6-cyl.

1952-1953 Mainline, V-8, 115" wb

	6	5	4	3	2	1
2d Bus Cpe	500	1,450	2,400	4,800	8,400	12,000
2d Sed	400	1,200	2,000	4,050	7,050	10,100
4d Sed	400	1,200	2,000	4,000	7,000	10,000
2d Sta Wag	500	1,450	2,400	4,800	8,400	12,000

1952-1953 Customline, V-8, 115" wb

	6	5	4	3	2	1
2d Clb Cpe	550	1,700	2,800	5,600	9,800	14,000
2d Sed	500	1,500	2,500	5,000	8,750	12,500
4d Sed	500	1,500	2,500	4,950	8,700	12,400
4d Sta Wag	550	1,700	2,800	5,600	9,800	14,000

1952-1953 Crestline, 8-cyl., 115" wb

	6	5	4	3	2	1
2d HT	700	2,100	3,500	7,000	12,250	17,500
2d Conv	900	2,750	4,600	9,200	16,100	23,000
4d Sta Wag	600	1,750	2,900	5,800	10,150	14,500

NOTE: Deduct 5 percent average for 6-cyl. Add 50 percent for 1953 Indy Pace Car replica convertible.

1954 Mainline, 8-cyl., 115.5" wb

	6	5	4	3	2	1
2d Bus Cpe	450	1,300	2,200	4,400	7,700	11,000
2d Sed	400	1,200	2,000	4,050	7,050	10,100
4d Sed	400	1,200	2,000	4,000	7,000	10,000
2d Sta Wag	500	1,450	2,400	4,800	8,400	12,000

1954 Customline, V-8, 115.5" wb

	6	5	4	3	2	1
2d Clb Cpe	600	1,750	2,900	5,800	10,150	14,500
2d Sed	550	1,600	2,700	5,400	9,450	13,500
4d Sed	550	1,600	2,700	5,350	9,400	13,400
2/4d Sta Wag	600	1,800	3,000	6,000	10,500	15,000

1954 Crestline, V-8, 115.5" wb

	6	5	4	3	2	1
4d Sed	550	1,600	2,700	5,400	9,450	13,500
2d HT	750	2,300	3,800	7,600	13,300	19,000
2d Sky Cpe	1,000	3,000	5,000	10,000	17,500	25,000
2d Conv	1,100	3,250	5,400	10,800	18,900	27,000
4d Sta Wag	650	1,900	3,200	6,400	11,200	16,000

NOTE: Deduct 5 percent average for 6-cyl.

1955 Mainline, V-8, 115.5" wb

	6	5	4	3	2	1
2d Bus Sed	400	1,150	1,900	3,850	6,700	9,600
2d Sed	400	1,150	1,950	3,900	6,800	9,700
4d Sed	400	1,200	1,950	3,900	6,850	9,800

1955 Customline, V-8, 115.5" wb

	6	5	4	3	2	1
2d Sed	400	1,250	2,050	4,100	7,200	10,300
4d Sed	400	1,250	2,100	4,150	7,300	10,400

1955 Fairlane, V-8, 115.5" wb

	6	5	4	3	2	1
2d Sed	450	1,400	2,350	4,700	8,200	11,700
4d Sed	450	1,400	2,350	4,700	8,250	11,800
2d HT	700	2,150	3,600	7,200	12,600	18,000
2d Crn Vic	1,100	3,250	5,400	10,800	18,900	27,000
2d Crn Vic Plexi-top	1,200	3,600	6,000	12,000	21,000	30,000
2d Conv	1,400	4,200	7,000	14,000	24,500	35,000

1955 Station Wagon, V-8, 115.5" wb

	6	5	4	3	2	1
2d Custom Ran Wag	500	1,550	2,600	5,200	9,100	13,000
2d Ran Wag	500	1,500	2,500	5,000	8,750	12,500
4d Ctry Sed Customline	500	1,550	2,600	5,200	9,100	13,000
4d Ctry Sed Fairlane	550	1,700	2,800	5,600	9,800	14,000
4d Ctry Sq	600	1,800	3,000	6,000	10,500	15,000

NOTE: Deduct 5 percent average for 6-cyl.

1956 Mainline, V-8, 115.5" wb

	6	5	4	3	2	1
2d Bus Sed	400	1,150	1,950	3,900	6,800	9,700
2d Sed	400	1,200	2,000	3,950	6,950	9,900
4d Sed	400	1,200	1,950	3,900	6,850	9,800

	6	5	4	3	2	1
1956 Customline, V-8, 115.5" wb						
2d Sed	400	1,250	2,100	4,200	7,350	10,500
4d Sed	400	1,250	2,100	4,150	7,300	10,400
2d HT Vic	650	1,900	3,200	6,400	11,200	16,000
1956 Fairlane, V-8, 115.5" wb						
2d Sed	450	1,400	2,350	4,700	8,250	11,800
4d Sed	450	1,400	2,350	4,700	8,200	11,700
4d HT Vic	700	2,150	3,600	7,200	12,600	18,000
2d HT Vic	900	2,750	4,600	9,200	16,100	23,000
2d Crn Vic	1,050	3,100	5,200	10,400	18,200	26,000
2d Crn Vic Plexi-top	1,200	3,600	6,000	12,000	21,000	30,000
2d Conv	1,500	4,550	7,600	15,200	26,600	38,000
1956 Station Wagons, V-8, 115.5" wb						
2d Ran Wag	500	1,450	2,400	4,800	8,400	12,000
2d Parklane	700	2,050	3,400	6,800	11,900	17,000
4d Ctry Sed Customline	500	1,550	2,600	5,200	9,100	13,000
4d Ctry Sed Fairlane	550	1,700	2,800	5,600	9,800	14,000
4d Ctry Sq	600	1,800	3,000	6,000	10,500	15,000

NOTE: Deduct 5 percent average for 6-cyl. Add 10 percent for "T-Bird Special" V-8.

	6	5	4	3	2	1
1957 Custom, V-8, 116" wb						
2d Bus Cpe	300	950	1,600	3,250	5,650	8,100
2d Sed	350	1,000	1,700	3,350	5,900	8,400
4d Sed	350	1,000	1,650	3,300	5,800	8,300
1957 Custom 300, V-8, 116" wb						
2d Sed	350	1,100	1,800	3,600	6,300	9,000
4d Sed	350	1,050	1,700	3,450	6,000	8,600
1957 Fairlane, V-8, 118" wb						
2d Sed	350	1,100	1,800	3,650	6,350	9,100
4d Sed	350	1,100	1,800	3,600	6,300	9,000
4d HT Vic	600	1,800	3,000	6,000	10,500	15,000
2d Vic HT	700	2,050	3,400	6,800	11,900	17,000
1957 Fairlane 500, V-8, 118" wb						
2d Sed	350	1,100	1,850	3,700	6,500	9,300
4d Sed	350	1,100	1,850	3,700	6,450	9,200
4d HT Vic	600	1,800	3,000	6,000	10,500	15,000
2d HT Vic	750	2,300	3,800	7,600	13,300	19,000
2d Conv	1,250	3,700	6,200	12,400	21,700	31,000
2d Sky HT Conv	1,400	4,200	7,000	14,000	24,500	35,000
1957 Station Wagons, 8-cyl., 116" wb						
2d Ran Wag	400	1,200	2,000	4,000	7,000	10,000
2d DeL Rio Ran	400	1,250	2,100	4,200	7,350	10,500
4d Ctry Sed	500	1,550	2,600	5,200	9,100	13,000
4d Ctry Sq	500	1,450	2,400	4,800	8,400	12,000

NOTE: Deduct 5 percent average for 6-cyl. Add 20 percent for "T-Bird Special" V-8 (Code E). Add 30 percent for Supercharged V-8 (Code F).

	6	5	4	3	2	1
1958 Custom 300, V-8, 116.03" wb						
2d Bus Cpe	250	800	1,350	2,700	4,700	6,700
2d Sed	300	950	1,600	3,200	5,600	8,000
4d Sed	300	900	1,450	2,900	5,100	7,300
1958 Fairlane, V-8, 116.03" wb						
2d Sed	300	900	1,500	3,000	5,250	7,500
4d Sed	300	900	1,500	2,950	5,200	7,400
4d HT	500	1,550	2,600	5,200	9,100	13,000
2d HT	550	1,700	2,800	5,600	9,800	14,000
1958 Fairlane 500, V-8, 118.04" wb						
2d Sed	350	1,000	1,650	3,300	5,800	8,300
4d Sed	300	950	1,600	3,150	5,550	7,900
4d HT	550	1,700	2,800	5,600	9,800	14,000
2d HT	650	1,900	3,200	6,400	11,200	16,000
2d Conv	900	2,750	4,600	9,200	16,100	23,000
2d Sky HT Conv	1,150	3,500	5,800	11,600	20,300	29,000
1958 Station Wagons, V-8, 116.03" wb						
2d Ran	400	1,150	1,950	3,900	6,800	9,700
4d Ran	400	1,150	1,900	3,800	6,650	9,500
4d Ctry Sed	400	1,250	2,100	4,200	7,350	10,500
2d DeL Rio Ran	450	1,300	2,200	4,400	7,700	11,000
4d Ctry Sq	450	1,400	2,300	4,600	8,050	11,500

NOTE: Deduct 5 percent average for 6-cyl.

	6	5	4	3	2	1
1959 Custom 300, V-8, 118" wb						
2d Bus Cpe	300	900	1,500	3,000	5,250	7,500
2d Sed	300	900	1,500	3,050	5,300	7,600
4d Sed	300	900	1,500	3,000	5,250	7,500
1959 Fairlane, V-8, 118" wb						
2d Sed	300	850	1,400	2,750	4,850	6,900

	6	5	4	3	2	1
4d Sed	250	800	1,350	2,700	4,750	6,800

1959 Fairlane 500, V-8, 118" wb
2d Sed	300	850	1,400	2,850	4,950	7,100
4d Sed	300	850	1,400	2,800	4,900	7,000
4d HT	500	1,500	2,500	5,000	8,750	12,500
2d HT	600	1,850	3,100	6,200	10,850	15,500
2d Sun Conv	1,100	3,250	5,400	10,800	18,900	27,000
2d Sky HT Conv	1,500	4,450	7,400	14,800	25,900	37,000

1959 Galaxie, V-8, 118" wb
2d Sed	300	900	1,450	2,900	5,100	7,300
4d Sed	300	850	1,450	2,900	5,050	7,200
4d HT	550	1,600	2,700	5,400	9,450	13,500
2d HT	650	2,000	3,300	6,600	11,550	16,500
2d Sun Conv	1,100	3,250	5,400	10,800	18,900	27,000
2d Sky HT Conv	1,400	4,200	7,000	14,000	24,500	35,000

1959 Station Wagons, V-8, 118" wb
2d Ran	350	1,000	1,700	3,400	5,950	8,500
4d Ran	400	1,200	2,000	4,000	7,000	10,000
2d Ctry Sed	450	1,300	2,200	4,400	7,700	11,000
4d Ctry Sed	400	1,250	2,100	4,200	7,350	10,500
4d Ctry Sq	450	1,300	2,200	4,400	7,700	11,000

NOTE: Deduct 5 percent average for 6-cyl.

1960 Falcon, 6-cyl., 109.5" wb
2d Sed	250	750	1,200	2,450	4,250	6,100
4d Sed	250	750	1,250	2,500	4,350	6,200
2d Sta Wag	250	750	1,250	2,500	4,350	6,200
4d Sta Wag	250	750	1,250	2,500	4,400	6,300

1960 Fairlane, V-8, 119" wb
2d Bus Cpe	250	750	1,250	2,500	4,400	6,300
2d Sed	250	800	1,300	2,650	4,600	6,600
4d Sed	250	800	1,300	2,600	4,550	6,500

1960 Fairlane 500, V-8, 119" wb
2d Sed	250	800	1,350	2,700	4,700	6,700
4d Sed	250	800	1,300	2,650	4,600	6,600

1960 Galaxie, V-8, 119" wb
2d Sed	300	900	1,500	3,000	5,250	7,500
4d Sed	300	900	1,500	2,950	5,200	7,400
4d HT	450	1,300	2,200	4,400	7,700	11,000
2d HT	600	1,800	3,000	6,000	10,500	15,000

1960 Galaxie Special, V-8, 119" wb
2d HT	700	2,050	3,400	6,800	11,900	17,000
2d Sun Conv	1,000	3,000	5,000	10,000	17,500	25,000

1960 Station Wagons, V-8, 119" wb
2d Ran	350	1,100	1,850	3,700	6,500	9,300
4d Ran	350	1,100	1,800	3,600	6,300	9,000
4d Ctry Sed	400	1,150	1,900	3,800	6,650	9,500
4d Ctry Sq	400	1,200	2,000	4,000	7,000	10,000

NOTE: Deduct 5 percent average for 6-cyl.

1961 Falcon, 6-cyl., 109.5" wb
2d Sed	250	800	1,350	2,700	4,700	6,700
4d Sed	250	800	1,350	2,700	4,750	6,800
2d Futura Sed	350	1,100	1,800	3,600	6,300	9,000
2d Sta Wag	300	850	1,400	2,750	4,850	6,900
4d Sta Wag	250	800	1,350	2,700	4,750	6,800

1961 Fairlane, V-8, 119" wb
2d Sed	250	800	1,350	2,700	4,750	6,800
4d Sed	300	850	1,400	2,750	4,850	6,900

1961 Galaxie, V-8, 119" wb
2d Sed	300	850	1,400	2,750	4,850	6,900
4d Sed	300	850	1,400	2,800	4,900	7,000
4d Vic HT	350	1,000	1,700	3,400	5,950	8,500
2d Vic HT	550	1,700	2,800	5,600	9,800	14,000
2d Star HT	600	1,800	3,000	6,000	10,500	15,000
2d Sun Conv	700	2,150	3,600	7,200	12,600	18,000

1961 Station Wagons, V-8, 119" wb
4d Ran	350	1,000	1,700	3,400	5,950	8,500
2d Ran	350	1,050	1,750	3,500	6,100	8,700
4d 6P Ctry Sed	350	1,100	1,800	3,600	6,300	9,000
4d Ctry Sq	400	1,150	1,900	3,800	6,650	9,500

NOTE: Deduct 5 percent average for 6-cyl.

1962 Falcon, 6-cyl., 109.5" wb
4d Sed	200	650	1,100	2,200	3,850	5,500
2d	200	650	1,100	2,150	3,800	5,400
2d Fut Spt Cpe	400	1,200	2,000	4,000	7,000	10,000

	6	5	4	3	2	1
4d Sq Wag	250	700	1,150	2,300	4,050	5,800

1962 Falcon Station Bus, 6-cyl., 109.5" wb
Sta Bus	200	650	1,050	2,100	3,700	5,300
Clb Wag	200	650	1,100	2,150	3,800	5,400
DeL Wag	200	650	1,100	2,200	3,850	5,500

1962 Fairlane, V-8, 115.5" wb
4d Sed	200	650	1,100	2,150	3,800	5,400
2d Sed	200	650	1,050	2,100	3,700	5,300
4d Spt Sed	250	700	1,150	2,300	4,050	5,800

1962 Galaxie 500, V-8, 119" wb
4d Sed	250	700	1,150	2,300	4,050	5,800
4d HT	300	900	1,500	3,000	5,250	7,500
2d Sed	250	700	1,150	2,300	4,000	5,700
2d HT	450	1,300	2,200	4,400	7,700	11,000
2d Conv	600	1,800	3,000	6,000	10,500	15,000

1962 Galaxie 500 XL, V-8, 119" wb
2d HT	500	1,550	2,600	5,200	9,100	13,000
2d Conv	700	2,150	3,600	7,200	12,600	18,000

1962 Station Wagons, V-8, 119" wb
4d Ranch	300	900	1,500	3,000	5,250	7,500
4d Ctry Sed	300	950	1,600	3,200	5,600	8,000
4d Ctry Sq	350	1,000	1,700	3,400	5,950	8,500

NOTE: Deduct 5 percent for 6-cyl. Add 30 percent for 406 V-8.

1963 Falcon, 6-cyl., 109.5" wb
4d Sed	250	700	1,150	2,300	4,000	5,700
2d Sed	200	650	1,100	2,250	3,900	5,600
2d Spt Sed	250	700	1,200	2,400	4,200	6,000
2d HT	350	1,100	1,800	3,600	6,300	9,000
2d Spt HT	400	1,200	2,000	4,000	7,000	10,000
2d Conv	500	1,550	2,600	5,200	9,100	13,000
2d Spt Conv	550	1,700	2,800	5,600	9,800	14,000
4d Sq Wag	250	800	1,300	2,600	4,550	6,500
4d Sta Wag	250	700	1,200	2,400	4,200	6,000
2d Sta Wag	250	750	1,200	2,450	4,250	6,100

NOTE: Add 10 percent for V-8 models.

1963 Station Buses, 6-cyl., 90" wb
Sta Bus	250	750	1,250	2,500	4,400	6,300
Clb Wag	250	750	1,300	2,550	4,500	6,400
DeL Clb Wag	250	700	1,200	2,400	4,200	6,000

1963 Sprint, V-8, 109.5" wb
2d HT	500	1,450	2,400	4,800	8,400	12,000
2d Conv	600	1,800	3,000	6,000	10,500	15,000

1963 Fairlane, V-8, 115.5" wb
4d Sed	200	650	1,100	2,150	3,800	5,400
2d Sed	200	650	1,050	2,100	3,700	5,300
2d HT	300	900	1,500	3,000	5,250	7,500
2d Spt Cpe	300	950	1,600	3,200	5,600	8,000
4d Sq Wag	300	900	1,500	3,000	5,250	7,500
4d Cus Ran	300	900	1,500	2,950	5,200	7,400

NOTE: Add 20 percent for 271 hp V-8.

1963 Ford 300, V-8, 119" wb
4d Sed	200	650	1,100	2,200	3,850	5,500
2d Sed	200	650	1,100	2,150	3,800	5,400

1963 Galaxie 500, V-8, 119" wb
4d Sed	200	650	1,100	2,250	3,900	5,600
4d HT	300	850	1,400	2,800	4,900	7,000
2d Sed	200	650	1,100	2,200	3,850	5,500
2d HT	500	1,550	2,600	5,200	9,100	13,000
2d FBk	600	1,800	3,000	6,000	10,500	15,000
2d Conv	700	2,050	3,400	6,800	11,900	17,000

1963 Galaxie 500 XL, V-8, 119" wb
4d HT	350	1,000	1,700	3,400	5,950	8,500
2d HT	550	1,700	2,800	5,600	9,800	14,000
2d FBk	650	1,900	3,200	6,400	11,200	16,000
2d Conv	750	2,300	3,800	7,600	13,300	19,000

1963 Station Wagons, V-8, 119" wb
4d Ctry Sed	300	950	1,600	3,200	5,600	8,000
4d Ctry Sq	350	1,000	1,700	3,400	5,950	8,500

NOTE: Deduct 5 percent average for 6-cyl. Add 30 percent for 406 & add 40 percent for 427. Add 5 percent for V-8 except Sprint.

1964 Falcon, 6-cyl., 109.5" wb
4d Sed	200	650	1,100	2,250	3,900	5,600
2d Sed	200	650	1,100	2,200	3,850	5,500

	6	5	4	3	2	1
2d HT	350	1,000	1,700	3,400	5,950	8,500
2d Spt HT	400	1,250	2,100	4,200	7,350	10,500
2d Conv	450	1,300	2,200	4,400	7,700	11,000
2d Spt Conv	500	1,450	2,400	4,800	8,400	12,000
4d Sq Wag	250	800	1,300	2,600	4,550	6,500
4d DeL Wag	250	700	1,200	2,400	4,200	6,000
4d Sta	250	700	1,200	2,400	4,200	6,000
2d Sta	250	750	1,200	2,450	4,250	6,100

NOTE: Add 10 percent for V-8 models.

1964 Station Bus, 6-cyl., 90" wb

	6	5	4	3	2	1
Sta Bus	250	700	1,200	2,400	4,200	6,000
Clb Wag	250	750	1,200	2,450	4,250	6,100
DeL Clb	250	750	1,250	2,500	4,400	6,300

1964 Sprint, V-8, 109.5" wb

	6	5	4	3	2	1
2d HT	450	1,400	2,300	4,600	8,050	11,500
2d Conv	500	1,550	2,600	5,200	9,100	13,000

1964 Fairlane, V-8, 115.5" wb

	6	5	4	3	2	1
4d Sed	200	600	1,050	2,100	3,650	5,200
2d Sed	200	600	1,000	2,050	3,550	5,100
2d HT	400	1,150	1,900	3,800	6,650	9,500
2d Spt HT	400	1,250	2,100	4,200	7,350	10,500
4d Ran Cus	300	850	1,400	2,850	4,950	7,100

NOTE: Add 20 percent for 271 hp V-8.

1964 Fairlane Thunderbolt

2d Sed			value not estimable			

1964 Custom, V-8, 119" wb

	6	5	4	3	2	1
4d Sed	200	600	1,050	2,100	3,650	5,200
2d Sed	200	600	1,000	2,050	3,550	5,100

1964 Custom 500, V-8, 119" wb

	6	5	4	3	2	1
4d Sed	200	650	1,050	2,100	3,700	5,300
2d Sed	200	600	1,050	2,100	3,650	5,200

1964 Galaxie 500, V-8, 119" wb

	6	5	4	3	2	1
4d Sed	250	800	1,300	2,600	4,550	6,500
4d HT	300	950	1,600	3,200	5,600	8,000
2d Sed	250	750	1,300	2,550	4,500	6,400
2d HT	600	1,800	3,000	6,000	10,500	15,000
2d Conv	700	2,150	3,600	7,200	12,600	18,000

1964 Galaxie 500XL, V-8, 119" wb

	6	5	4	3	2	1
4d HT	400	1,200	2,000	4,000	7,000	10,000
2d HT	650	1,900	3,200	6,400	11,200	16,000
2d Conv	900	2,650	4,400	8,800	15,400	22,000

1964 Station Wagons, V-8, 119" wb

	6	5	4	3	2	1
4d Ctry Sed	350	1,100	1,800	3,600	6,300	9,000
4d Ctry Sq	400	1,150	1,900	3,800	6,650	9,500

NOTE: Add 40 percent for 427 V-8.

1965 Falcon, 6-cyl., 109.5" wb

	6	5	4	3	2	1
4d Sed	200	600	1,000	2,000	3,500	5,000
2d Sed	200	600	1,000	1,950	3,450	4,900
2d HT	300	850	1,400	2,800	4,900	7,000
2d Conv	500	1,450	2,400	4,800	8,400	12,000
4d Sq Wag	250	700	1,200	2,400	4,200	6,000
4d DeL Wag	200	650	1,100	2,200	3,850	5,500
4d Sta	200	600	1,000	2,000	3,500	5,000
2d Sta	200	600	1,050	2,100	3,650	5,200

NOTE: Add 10 percent for V-8 models.

1965 Sprint, V-8, 109.5" wb

	6	5	4	3	2	1
2d HT	450	1,300	2,200	4,400	7,700	11,000
2d Conv	500	1,550	2,600	5,200	9,100	13,000

1965 Falcon Station Buses, 6-cyl., 90" wb

	6	5	4	3	2	1
Sta Bus	200	600	1,000	2,050	3,550	5,100
Clb Wag	200	650	1,050	2,100	3,700	5,300
DeL Wag	200	650	1,100	2,200	3,850	5,500

1965 Fairlane, V-8, 116" wb

	6	5	4	3	2	1
4d Sed	200	650	1,050	2,100	3,700	5,300
2d Sed	200	600	1,050	2,100	3,650	5,200
2d HT	300	850	1,400	2,800	4,900	7,000
2d Spt HT	400	1,150	1,900	3,800	6,650	9,500
4d Sta Wag	200	650	1,100	2,200	3,850	5,500

NOTE: Add 10 percent for 271 hp V-8.

1965 Custom, V-8, 119" wb

	6	5	4	3	2	1
4d Sed	200	600	1,000	2,000	3,500	5,000
2d Sed	200	600	1,000	1,950	3,450	4,900

	6	5	4	3	2	1
1965 Custom 500, V-8, 119" wb						
4d Sed	200	600	1,000	2,050	3,550	5,100
2d Sed	200	600	1,000	2,000	3,500	5,000
1965 Galaxie 500, V-8, 119" wb						
4d Sed	250	700	1,200	2,400	4,200	6,000
4d HT	300	900	1,500	3,000	5,250	7,500
2d HT	400	1,200	2,000	4,000	7,000	10,000
2d Conv	500	1,450	2,400	4,800	8,400	12,000
1965 Galaxie 500 XL, V-8, 119" wb						
2d HT	450	1,300	2,200	4,400	7,700	11,000
2d Conv	500	1,550	2,600	5,200	9,100	13,000
1965 Galaxie 500 LTD, V-8, 119" wb						
4d HT	350	1,000	1,700	3,400	5,950	8,500
2d HT	500	1,500	2,500	5,000	8,750	12,500
1965 Station Wagons, V-8, 119" wb						
4d Ran	250	800	1,300	2,600	4,550	6,500
4d 9P Ctry Sed	300	850	1,400	2,800	4,900	7,000
4d 9P Ctry Sq	300	850	1,450	2,900	5,050	7,200
NOTE: Add 40 percent for 427 V-8.						
1966 Falcon, 6-cyl., 110.9" wb						
4d Sed	200	600	1,000	2,000	3,500	5,000
2d Clb Cpe	200	600	1,000	1,950	3,450	4,900
2d Spt Cpe	200	650	1,050	2,100	3,700	5,300
4d 6P Wag	200	600	1,000	1,950	3,450	4,900
4d Sq Wag	200	650	1,100	2,200	3,850	5,500
1966 Falcon Station Bus, 6-cyl., 90" wb						
Clb Wag	200	600	950	1,900	3,350	4,800
Cus Clb Wag	200	600	1,000	1,950	3,450	4,900
DeL Clb Wag	200	600	1,000	2,000	3,500	5,000
1966 Fairlane, V-8, 116" wb						
4d Sed	200	600	1,000	2,050	3,550	5,100
2d Clb Cpe	200	600	1,000	2,000	3,500	5,000
1966 Fairlane 500 XL, V-8, 116" wb						
2d HT	350	1,000	1,700	3,400	5,950	8,500
2d Conv	650	1,900	3,200	6,400	11,200	16,000
1966 Fairlane 500 GT, V-8, 116" wb						
2d HT	400	1,150	1,900	3,800	6,650	9,500
2d Conv	700	2,050	3,400	6,800	11,900	17,000
1966 Station Wagons, V-8, 113" wb						
6P DeL	200	600	1,000	2,000	3,500	5,000
2d Sq Wag	200	600	1,050	2,100	3,650	5,200
1966 Custom, V-8, 119" wb						
4d Sed	200	600	1,050	2,100	3,650	5,200
2d Sed	200	600	1,000	2,050	3,550	5,100
1966 Galaxie 500, V-8, 119" wb						
4d Sed	250	700	1,200	2,400	4,200	6,000
4d HT	300	900	1,500	3,000	5,250	7,500
2d HT	350	1,000	1,700	3,400	5,950	8,500
2d Conv	500	1,450	2,400	4,800	8,400	12,000
1966 Galaxie 500, XL, V-8, 119" wb						
2d HT	400	1,150	1,900	3,800	6,650	9,500
2d Conv	500	1,550	2,600	5,200	9,100	13,000
1966 LTD, V-8, 119" wb						
4d HT	300	950	1,600	3,200	5,600	8,000
2d HT	350	1,100	1,800	3,600	6,300	9,000
1966 Galaxie 500, 7-litre V-8, 119" wb						
2d HT	500	1,450	2,400	4,800	8,400	12,000
2d Conv	600	1,800	3,000	6,000	10,500	15,000
NOTE: Add 50 percent for 427 engine option on 7-litre models.						
1966 Station Wagons, V-8, 119" wb						
4d Ran Wag	250	800	1,300	2,600	4,550	6,500
4d Ctry Sed	300	850	1,400	2,800	4,900	7,000
4d Ctry Sq	300	850	1,450	2,900	5,050	7,200
NOTE: Add 40 percent for 427 or 30 percent for 428 engine option.						
1967 Falcon, 6-cyl., 111" wb						
4d Sed	200	600	1,000	2,000	3,500	5,000
2d Sed	200	600	1,000	1,950	3,450	4,900
4d Sta Wag	200	600	1,000	2,000	3,500	5,000
1967 Futura						
4d Sed	200	600	1,000	2,050	3,550	5,100
2d Clb Cpe	200	600	1,000	2,000	3,500	5,000
2d HT	250	800	1,300	2,600	4,550	6,500

	6	5	4	3	2	1
1967 Fairlane						
4d Sed	200	600	1,000	2,000	3,500	5,000
2d Cpe	200	600	1,000	1,950	3,450	4,900
1967 Fairlane 500, V-8, 116" wb						
4d Sed	200	600	1,000	2,050	3,550	5,100
2d Cpe	200	600	1,000	2,000	3,500	5,000
2d HT	300	900	1,500	3,000	5,250	7,500
2d Conv	400	1,250	2,100	4,200	7,350	10,500
4d Wag	200	600	1,000	2,000	3,500	5,000
1967 Fairlane 500 XL, V-8						
2d HT	300	950	1,600	3,200	5,600	8,000
2d Conv	500	1,550	2,600	5,200	9,100	13,000
2d HT GT	350	1,100	1,800	3,600	6,300	9,000
2d Conv GT	550	1,700	2,800	5,600	9,800	14,000
1967 Fairlane Wagons						
4d Sta Wag	200	600	1,000	2,000	3,500	5,000
4d 500 Wag	200	600	1,000	2,050	3,550	5,100
4d Sq Wag	200	650	1,050	2,100	3,700	5,300
1967 Ford Custom						
4d Sed	200	600	1,000	2,000	3,500	5,000
2d Sed	200	600	1,000	1,950	3,450	4,900
1967 Ford Custom 500						
4d Sed	200	600	1,000	2,050	3,550	5,100
2d Sed	200	600	1,000	2,000	3,500	5,000
1967 Galaxie 500, V-8, 119" wb						
4d Sed	200	650	1,050	2,100	3,700	5,300
4d HT	300	900	1,500	3,000	5,250	7,500
2d HT	400	1,150	1,900	3,800	6,650	9,500
2d Conv	500	1,550	2,600	5,200	9,100	13,000
1967 Galaxie 500 XL						
2d HT	400	1,250	2,100	4,200	7,350	10,500
2d Conv	550	1,700	2,800	5,600	9,800	14,000
1967 LTD, V-8, 119" wb						
4d HT	350	1,100	1,800	3,600	6,300	9,000
2d HT	450	1,300	2,200	4,400	7,700	11,000
1967 Station Wagons						
4d Ranch	250	700	1,200	2,400	4,200	6,000
4d Ctry Sed	250	800	1,300	2,600	4,550	6,500
4d Ctry Sq	300	850	1,400	2,800	4,900	7,000

NOTE: Add 5 percent for V-8. Add 40 percent for 427 or 428 engine option.

	6	5	4	3	2	1
1968 Standard Falcon						
4d Sed	200	550	900	1,800	3,150	4,500
2d Sed	200	550	900	1,750	3,100	4,400
4d Sta Wag	150	500	850	1,700	3,000	4,300
1968 Falcon Futura, 6-cyl., 110.0" wb						
4d Sed	200	550	900	1,850	3,200	4,600
2d Sed	200	550	900	1,800	3,150	4,500
2d Spt Cpe	200	600	950	1,900	3,350	4,800
4d Sta Wag	200	550	900	1,800	3,150	4,500
1968 Fairlane						
4d Sed	200	550	900	1,850	3,200	4,600
2d HT	250	800	1,300	2,600	4,550	6,500
4d Sta Wag	200	600	950	1,900	3,350	4,800
1968 Fairlane 500, V-8, 116" wb						
4d Sed	200	550	950	1,900	3,300	4,700
2d HT	300	850	1,400	2,800	4,900	7,000
2d FBk	300	950	1,600	3,200	5,600	8,000
2d Conv	450	1,300	2,200	4,400	7,700	11,000
4d Sta Wag	200	600	1,000	1,950	3,450	4,900
1968 Torino, V-8, 116" wb						
4d Sed	150	500	850	1,700	3,000	4,300
2d HT	300	900	1,500	3,000	5,250	7,500
4d Wag	200	600	1,000	2,000	3,500	5,000
1968 Torino GT, V-8						
2d HT	350	1,100	1,800	3,600	6,300	9,000
2d FBk	450	1,300	2,200	4,400	7,700	11,000
2d Conv	500	1,550	2,600	5,200	9,100	13,000
1968 Custom						
4d Sed	200	550	900	1,800	3,150	4,500
2d Sed	200	550	900	1,750	3,100	4,400
1968 Custom 500						
4d Sed	200	550	900	1,850	3,200	4,600
2d Sed	200	550	900	1,800	3,150	4,500

	6	5	4	3	2	1
1968 Galaxie 500, V-8, 119" wb						
4d Sed	200	550	950	1,900	3,300	4,700
4d HT	200	600	950	1,900	3,350	4,800
2d HT	300	950	1,600	3,200	5,600	8,000
2d FBk	400	1,200	2,000	4,000	7,000	10,000
2d Conv	500	1,450	2,400	4,800	8,400	12,000
1968 XL						
2d FBk	450	1,300	2,200	4,400	7,700	11,000
2d Conv	500	1,550	2,600	5,200	9,100	13,000
1968 LTD						
4d Sed	200	600	1,000	2,000	3,500	5,000
4d HT	200	650	1,100	2,200	3,850	5,500
2d HT	350	1,000	1,700	3,400	5,950	8,500
1968 Ranch Wagon						
4d Std Wag	200	650	1,050	2,100	3,700	5,300
4d 500 Wag	200	650	1,100	2,150	3,800	5,400
4d DeL 500 Wag	200	650	1,100	2,200	3,850	5,500
1968 Country Sedan						
4d Std Wag	200	650	1,100	2,250	3,900	5,600
DeL Wag	250	700	1,150	2,300	4,000	5,700
1968 Country Squire						
4d Sta Wag	250	700	1,200	2,400	4,200	6,000
4d DeL Wag	250	750	1,250	2,500	4,350	6,200

NOTE: Add 50 percent for 429 engine option. Add 40 percent for 427 or 428 engine option.

	6	5	4	3	2	1
1969 Falcon Futura, 6-cyl., 111" wb						
2d Spt Cpe	150	500	800	1,650	2,850	4,100
2d Sed	150	450	750	1,500	2,600	3,700
1969 Fairlane 500, V-8, 116" wb						
4d Sed	150	450	700	1,450	2,500	3,600
2d HT	250	800	1,300	2,600	4,550	6,500
2d FBk	250	700	1,200	2,400	4,200	6,000
2d Conv	350	1,100	1,800	3,600	6,300	9,000
1969 Torino, V-8, 116" wb						
4d Sed	150	500	800	1,600	2,800	4,000
2d HT	300	850	1,400	2,800	4,900	7,000
1969 Torino GT, V-8						
2d HT	350	1,100	1,800	3,600	6,300	9,000
2d FBk	450	1,300	2,200	4,400	7,700	11,000
2d Conv	550	1,700	2,800	5,600	9,800	14,000
1969 Cobra						
2d HT	600	1,800	3,000	6,000	10,500	15,000
2d FBk	650	1,900	3,200	6,400	11,200	16,000
1969 Galaxie 500, V-8, 121" wb						
4d HT	200	650	1,100	2,200	3,850	5,500
2d HT	250	800	1,300	2,600	4,550	6,500
2d FBk	300	950	1,600	3,200	5,600	8,000
2d Conv	450	1,300	2,200	4,400	7,700	11,000
1969 XL						
2d FBk	400	1,150	1,900	3,800	6,650	9,500
2d Conv	500	1,450	2,400	4,800	8,400	12,000
1969 LTD						
4d HT	250	700	1,200	2,400	4,200	6,000
2d HT	300	900	1,500	3,000	5,250	7,500
1969 Falcon Wagon, 6-cyl.						
4d Wag	150	500	800	1,600	2,800	4,000
4d Futura Sta Wag	150	500	800	1,650	2,850	4,100
1969 Fairlane, 6-cyl.						
4d Wag	150	500	800	1,650	2,850	4,100
4d 500 Sta Wag	200	550	950	1,900	3,300	4,700
4d Torino Sta Wag	150	500	850	1,700	3,000	4,300

NOTE: Add 30 percent for V-8 where available.

	6	5	4	3	2	1
1969 Custom Ranch Wagon, V-8						
4d Wag	200	600	1,000	2,000	3,500	5,000
4d 500 Sta Wag 2S	200	600	1,000	2,050	3,550	5,100
4d 500 Sta Wag 4S	200	600	1,050	2,100	3,650	5,200

NOTE: Deduct 30 percent for 6-cyl.

	6	5	4	3	2	1
1969 Galaxie 500 Country Sedan, V-8						
4d Wag 2S	200	600	1,050	2,100	3,650	5,200
4d Wag 4S	200	650	1,050	2,100	3,700	5,300
1969 LTD Country Squire, V-8						
4d Wag 2S	200	650	1,100	2,200	3,850	5,500
4d Wag 4S	200	650	1,100	2,250	3,900	5,600

1992 Ford Mustang GT 5.0 hatchback

1968 Shelby Mustang GT500KR (King of the Road) fastback

1960 Ford Thunderbird convertible

	6	5	4	3	2	1

NOTE: Add 40 percent for 428 engine option. Add 50 percent for 429 engine option.

1970 Falcon, 6-cyl., 110" wb

	6	5	4	3	2	1
4d Sed	200	550	900	1,750	3,100	4,400
2d Sed	150	500	850	1,700	3,000	4,300
4d Sta Wag	150	500	850	1,700	3,000	4,300

1970 1970-1/2 Falcon, 6-cyl., 117" wb

	6	5	4	3	2	1
4d Sed	200	550	900	1,850	3,200	4,600
2d Sed	200	550	900	1,750	3,100	4,400
4d Sta Wag	200	550	900	1,800	3,150	4,500

1970 Futura, 6-cyl., 110" wb

	6	5	4	3	2	1
4d Sed	200	550	950	1,900	3,300	4,700
2d Sed	200	550	900	1,800	3,150	4,500
4d Sta Wag	200	550	900	1,800	3,150	4,500

NOTE: Add 10 percent for V-8.

1970 Maverick

	6	5	4	3	2	1
2d Sed	150	500	850	1,700	2,950	4,200

1970 Fairlane 500, V-8, 117" wb

	6	5	4	3	2	1
4d Sed	200	600	950	1,900	3,350	4,800
2d HT	250	700	1,200	2,400	4,200	6,000
4d Sta Wag	200	550	950	1,900	3,300	4,700

1970 Torino, V-8, 117" wb

	6	5	4	3	2	1
4d Sed	200	600	1,000	1,950	3,450	4,900
4d HT	250	700	1,200	2,400	4,200	6,000
2d HT	300	900	1,500	3,000	5,250	7,500
2d HT Sports Roof	350	1,000	1,700	3,400	5,950	8,500
4d Sta Wag	200	600	1,000	2,000	3,500	5,000

1970 Torino Brougham, V-8, 117" wb

	6	5	4	3	2	1
4d HT	250	800	1,300	2,600	4,550	6,500
2d HT	300	900	1,500	3,000	5,250	7,500
4d Sta Wag	200	600	950	1,900	3,350	4,800

1970 Torino GT, V-8, 117" wb

	6	5	4	3	2	1
2d HT	350	1,100	1,800	3,600	6,300	9,000
2d Conv	500	1,450	2,400	4,800	8,400	12,000

1970 Cobra, V-8, 117" wb

	6	5	4	3	2	1
2d HT	750	2,300	3,800	7,600	13,300	19,000

1970 Custom, V-8, 121" wb

	6	5	4	3	2	1
4d Sed	150	500	800	1,600	2,800	4,000
4d Sta Wag	200	550	950	1,900	3,300	4,700

1970 Custom 500, V-8, 121" wb

	6	5	4	3	2	1
4d Sed	150	500	800	1,650	2,850	4,100
4d Sta Wag	200	600	950	1,900	3,350	4,800

1970 Galaxie 500, V-8, 121" wb

	6	5	4	3	2	1
4d Sed	150	500	850	1,700	2,950	4,200
4d HT	200	650	1,100	2,200	3,850	5,500
2d HT	250	800	1,300	2,600	4,550	6,500
4d Sta Wag	200	600	1,000	1,950	3,450	4,900
2d FBk HT	300	950	1,600	3,200	5,600	8,000

1970 XL, V-8, 121" wb

	6	5	4	3	2	1
2d FBk HT	350	1,000	1,700	3,400	5,950	8,500
2d Conv	400	1,250	2,100	4,200	7,350	10,500

1970 LTD, V-8, 121" wb

	6	5	4	3	2	1
4d Sed	150	500	850	1,700	3,000	4,300
4d HT	200	550	950	1,900	3,300	4,700
2d HT	200	650	1,100	2,200	3,850	5,500
4d Sta Wag	200	600	1,000	2,000	3,500	5,000

1970 LTD Brougham, V-8, 121" wb

	6	5	4	3	2	1
4d Sed	200	550	900	1,750	3,100	4,400
4d HT	200	600	1,000	2,000	3,500	5,000
2d HT	250	700	1,200	2,400	4,200	6,000

NOTE: Add 40 percent for 428 engine option. Add 50 percent for 429 engine option.

1971 Pinto

	6	5	4	3	2	1
2d Rbt	150	500	850	1,700	2,950	4,200

1971 Maverick

	6	5	4	3	2	1
2d Sed	200	550	950	1,900	3,300	4,700
4d Sed	200	600	950	1,900	3,350	4,800
2d Grabber Sed	200	600	1,000	1,950	3,450	4,900

1971 Torino, V-8, 114" wb, Sta Wag 117" wb

	6	5	4	3	2	1
4d Sed	200	600	1,000	1,950	3,450	4,900
2d HT	250	800	1,300	2,600	4,550	6,500
4d Sta Wag	200	600	1,000	1,950	3,450	4,900

1971 Torino 500, V-8, 114" wb, Sta Wag 117" wb

	6	5	4	3	2	1
4d Sed	200	600	1,000	2,000	3,500	5,000

	6	5	4	3	2	1
4d HT	250	750	1,200	2,450	4,250	6,100
2d HT Formal Roof	350	1,100	1,800	3,600	6,300	9,000
2d HT Spt Roof	400	1,150	1,900	3,800	6,650	9,500
4d Sta Wag	200	600	1,000	2,000	3,500	5,000
4d HT Brougham	250	750	1,200	2,450	4,250	6,100
2d HT Brougham	300	900	1,500	3,000	5,250	7,500
4d Sq Sta Wag	200	600	1,000	2,050	3,550	5,100
2d HT Cobra	750	2,300	3,800	7,600	13,300	19,000
2d HT GT	500	1,450	2,400	4,800	8,400	12,000
2d Conv	600	1,750	2,900	5,800	10,150	14,500

1971 Custom, V-8, 121" wb
	6	5	4	3	2	1
4d Sed	200	550	900	1,850	3,200	4,600
4d Sta Wag	200	600	1,000	2,000	3,500	5,000

1971 Custom 500, V-8, 121" wb
	6	5	4	3	2	1
4d Sed	200	550	950	1,900	3,300	4,700
4d Sta Wag	200	600	1,000	2,050	3,550	5,100

1971 Galaxie 500, V-8, 121" wb
	6	5	4	3	2	1
4d Sed	200	600	1,000	1,950	3,450	4,900
4d HT	200	600	1,000	2,000	3,500	5,000
2d HT	200	650	1,100	2,200	3,850	5,500
4d Sta Wag	200	600	1,000	1,950	3,450	4,900

1971 LTD
	6	5	4	3	2	1
4d Sed	200	600	1,000	2,000	3,500	5,000
4d HT	200	600	1,000	2,050	3,550	5,100
2d HT	200	650	1,100	2,200	3,850	5,500
2d Conv	400	1,150	1,900	3,800	6,650	9,500
Ctry Sq	250	700	1,200	2,400	4,200	6,000

1971 LTD Brougham, V-8, 121" wb
	6	5	4	3	2	1
4d Sed	200	600	1,000	2,050	3,550	5,100
4d HT	200	650	1,100	2,200	3,850	5,500
2d HT	300	850	1,400	2,800	4,900	7,000

NOTE: Add 40 percent for 429 engine option.

1972 Pinto
	6	5	4	3	2	1
2d Sed	200	550	900	1,750	3,100	4,400
3d HBk	200	550	900	1,800	3,150	4,500
2d Wag	200	550	900	1,850	3,200	4,600

1972 Maverick
	6	5	4	3	2	1
4d Sed	200	550	900	1,750	3,100	4,400
2d Sed	200	550	900	1,800	3,150	4,500
2d Grabber Sed	200	600	1,000	1,950	3,450	4,900

NOTE: Deduct 20 percent for 6-cyl.

1972 Torino, V-8, 118" wb, 2d 114" wb
	6	5	4	3	2	1
4d Sed	200	550	900	1,750	3,100	4,400
2d HT	250	800	1,300	2,600	4,550	6,500
4d Sta Wag	200	550	950	1,900	3,300	4,700

1972 Gran Torino
	6	5	4	3	2	1
4d	200	550	900	1,800	3,150	4,500
2d HT	300	900	1,500	3,000	5,250	7,500

1972 Gran Torino Sport, V-8
	6	5	4	3	2	1
2d HT Formal	350	1,000	1,700	3,400	5,950	8,500
2d HT Sports	300	950	1,600	3,200	5,600	8,000
4d Sta Wag	200	550	900	1,800	3,150	4,500

1972 Custom, V-8, 121" wb
	6	5	4	3	2	1
4d Sed	200	550	900	1,850	3,200	4,600
4d Sta Wag	200	600	950	1,900	3,350	4,800

1972 Custom 500, V-8, 121" wb
	6	5	4	3	2	1
4d Sed	200	550	950	1,900	3,300	4,700
4d Sta Wag	200	600	1,000	2,000	3,500	5,000

1972 Galaxie 500, V-8, 121" wb
	6	5	4	3	2	1
4d Sed	200	600	950	1,900	3,350	4,800
4d HT	250	700	1,200	2,400	4,200	6,000
2d HT	300	850	1,400	2,800	4,900	7,000
4d Sta Wag	200	600	1,050	2,100	3,650	5,200

1972 LTD, V-8, 121" wb
	6	5	4	3	2	1
4d Sed	200	600	1,000	1,950	3,450	4,900
4d HT	200	600	1,050	2,100	3,650	5,200
2d HT	300	900	1,500	3,000	5,250	7,500
2d Conv	400	1,250	2,100	4,200	7,350	10,500
4d Sta Wag	250	700	1,200	2,400	4,200	6,000

1972 LTD Brougham, V-8, 121" wb
	6	5	4	3	2	1
4d Sed	200	600	1,000	2,000	3,500	5,000
4d HT	250	800	1,350	2,700	4,700	6,700
2d HT	300	950	1,600	3,200	5,600	8,000

	6	5	4	3	2	1

NOTE: Add 40 percent for 429 engine option. Add 30 percent for 460 engine option.

1973 Pinto, 4-cyl.

	6	5	4	3	2	1
2d Sed	150	450	750	1,500	2,650	3,800
2d Rbt	150	450	800	1,550	2,750	3,900
2d Sta Wag	150	500	800	1,600	2,800	4,000

1973 Maverick, V-8

2d Sed	150	500	800	1,650	2,850	4,100
4d Sed	150	500	850	1,700	2,950	4,200
2d Grabber Sed	200	550	950	1,900	3,300	4,700

1973 Torino, V-8

4d Sed	150	450	800	1,550	2,750	3,900
2d HT	250	700	1,200	2,400	4,200	6,000
4d Sta Wag	150	500	800	1,650	2,850	4,100

1973 Gran Torino, V-8

4d	150	500	800	1,600	2,800	4,000
2d HT	250	800	1,300	2,600	4,550	6,500
4d Sta Wag	150	500	850	1,700	2,950	4,200

1973 Gran Torino Sport, V-8

2d SR HT	300	950	1,600	3,200	5,600	8,000
2d FR HT	350	1,000	1,700	3,400	5,950	8,500
4d Sq Wag	200	550	900	1,800	3,150	4,500

1973 Gran Torino Brgm, V-8

4d	150	500	800	1,650	2,850	4,100
2d HT	300	950	1,600	3,200	5,600	8,000

1973 Custom 500, V-8

4d	150	500	800	1,650	2,850	4,100
4d Sta Wag	150	500	850	1,700	2,950	4,200

1973 Galaxie 500, V-8

4d	150	500	850	1,700	2,950	4,200
2d HT	250	700	1,150	2,300	4,000	5,700
4d HT	150	500	850	1,700	3,000	4,300
4d Sta Wag	150	500	850	1,700	2,950	4,200

1973 LTD, V-8

4d	150	500	850	1,700	3,000	4,300
2d HT	250	700	1,200	2,400	4,200	6,000
4d HT	200	550	900	1,800	3,150	4,500
4d Sta Wag	150	500	850	1,700	3,000	4,300

1973 LTD Brgm, V-8

4d	200	550	900	1,750	3,100	4,400
2d HT	250	800	1,300	2,600	4,550	6,500
4d HT	200	650	1,100	2,200	3,850	5,500

NOTE: Add 30 percent for 429 engine option. Add 30 percent for 460 engine option.

1974 Pinto

2d Sed	150	450	750	1,500	2,650	3,800
3d HBk	150	450	800	1,550	2,750	3,900
2d Sta Wag	150	450	750	1,500	2,650	3,800

1974 Maverick, V-8

2d Sed	150	500	800	1,650	2,850	4,100
4d Sed	150	500	850	1,700	2,950	4,200
2d Grabber Sed	200	550	900	1,750	3,100	4,400

1974 Torino, V-8

4d Sed	150	500	800	1,650	2,850	4,100
2d HT	250	700	1,150	2,300	4,000	5,700
4d Sta Wag	150	500	800	1,600	2,800	4,000

1974 Gran Torino, V-8

4d Sed	150	500	850	1,700	2,950	4,200
2d HT	250	750	1,200	2,450	4,250	6,100
4d Sta Wag	150	500	800	1,650	2,850	4,100

1974 Gran Torino Sport, V-8

2d HT	250	800	1,300	2,650	4,600	6,600

1974 Gran Torino Brgm, V-8

4d Sed	150	500	850	1,700	3,000	4,300
2d HT	250	700	1,200	2,400	4,200	6,000

1974 Gran Torino Elite, V-8

2d HT	250	800	1,300	2,600	4,550	6,500

1974 Gran Torino Squire, V-8

4d Sta Wag	150	500	850	1,700	2,950	4,200

1974 Custom 500

4d Sed	150	500	800	1,600	2,800	4,000
4d Sta Wag	150	500	800	1,600	2,800	4,000

1974 Galaxie 500, V-8

4d Sed	150	500	800	1,650	2,850	4,100

	6	5	4	3	2	1
2d HT	200	550	950	1,900	3,300	4,700
4d HT	200	550	900	1,750	3,100	4,400
4d Sta Wag	150	500	800	1,650	2,850	4,100
1974 LTD, V-8						
2d HT	200	600	1,000	2,000	3,500	5,000
4d Sed	150	500	850	1,700	2,950	4,200
4d HT	200	550	900	1,800	3,150	4,500
4d Sta Wag	150	500	850	1,700	2,950	4,200
1974 LTD Brgm, V-8						
4d Sed	150	500	850	1,700	2,950	4,200
2d HT	200	650	1,100	2,200	3,850	5,500
4d HT	200	600	1,000	2,000	3,500	5,000

NOTE: Add 30 percent for 460 engine option.

1975 Pinto						
2d Sed	150	500	800	1,600	2,800	4,000
3d HBk	150	500	800	1,650	2,850	4,100
2d Sta Wag	150	500	800	1,600	2,800	4,000
1975 Maverick						
2d Sed	200	550	900	1,750	3,100	4,400
4d Sed	200	550	900	1,800	3,150	4,500
2d Grabber Sed	200	550	900	1,850	3,200	4,600
1975 Torino						
2d Cpe	200	550	900	1,800	3,150	4,500
4d Sed	150	500	800	1,600	2,800	4,000
4d Sta Wag	150	500	800	1,650	2,850	4,100
1975 Gran Torino						
2d Cpe	200	550	900	1,850	3,200	4,600
4d Sed	150	500	850	1,700	2,950	4,200
4d Sta Wag	150	500	850	1,700	2,950	4,200
1975 Gran Torino Brougham						
2d Cpe	200	600	950	1,900	3,350	4,800
4d Sed	200	600	1,050	2,100	3,650	5,200
1975 Gran Torino Sport						
2d HT	200	600	1,000	2,000	3,500	5,000
1975 Torino Squire						
4d Sta Wag	150	500	850	1,700	3,000	4,300
1975 Elite						
2d HT	200	650	1,100	2,200	3,850	5,500
1975 Granada						
2d Cpe	150	500	850	1,700	3,000	4,300
4d Sed	150	450	750	1,500	2,600	3,700
2d Ghia Cpe	200	550	900	1,850	3,200	4,600
4d Ghia Sed	200	550	900	1,800	3,150	4,500
1975 Custom 500						
4d Sed	150	500	800	1,650	2,850	4,100
4d Sta Wag	150	500	800	1,650	2,850	4,100
1975 LTD						
2d Cpe	200	550	900	1,750	3,100	4,400
4d Sed	150	500	850	1,700	2,950	4,200
1975 LTD Brougham						
2d Cpe	200	550	900	1,800	3,150	4,500
4d Sed	150	500	850	1,700	3,000	4,300
1975 LTD Landau						
2d Cpe	200	550	950	1,900	3,300	4,700
4d Sed	200	550	900	1,750	3,100	4,400
1975 LTD Station Wagon						
4d Sta Wag	150	500	850	1,700	2,950	4,200
4d Ctry Sq	150	500	850	1,700	3,000	4,300

NOTE: Add 30 percent for 460 engine option.

1976 Pinto, 4-cyl.						
2d Sed	150	400	700	1,400	2,450	3,500
2d Rbt	150	450	700	1,450	2,500	3,600
2d Sta Wag	150	450	750	1,500	2,600	3,700
2d Sq Wag	150	450	750	1,500	2,650	3,800

NOTE: Add 10 percent for V-6.

1976 Maverick, V-8						
4d Sed	150	400	700	1,350	2,400	3,400
2d Sed	150	400	650	1,300	2,300	3,300

NOTE: Deduct 5 percent for 6-cyl.

1976 Torino, V-8						
4d Sed	150	400	700	1,400	2,450	3,500
2d HT	150	450	700	1,450	2,500	3,600

	6	5	4	3	2	1
1976 Gran Torino, V-8						
4d Sed	150	450	700	1,450	2,500	3,600
2d HT	150	450	750	1,500	2,600	3,700
1976 Gran Torino Brougham, V-8						
4d Sed	150	450	750	1,500	2,600	3,700
2d HT	150	450	750	1,500	2,650	3,800
1976 Station Wagons, V-8						
4d 2S Torino	150	400	700	1,400	2,450	3,500
4d 2S Gran Torino	150	450	700	1,450	2,500	3,600
4d 2S Gran Torino Sq	150	450	750	1,500	2,600	3,700
1976 Granada, V-8						
4d Sed	150	400	650	1,300	2,250	3,200
2d Sed	150	400	650	1,300	2,300	3,300
1976 Granada Ghia, V-8						
4d Sed	150	400	650	1,300	2,300	3,300
2d Sed	150	400	700	1,350	2,400	3,400
1976 Elite, V-8						
2d HT	150	450	750	1,500	2,600	3,700
1976 Custom, V-8						
4d Sed	150	400	700	1,350	2,400	3,400
1976 LTD, V-8						
4d Sed	150	450	700	1,450	2,500	3,600
2d Sed	150	450	750	1,500	2,650	3,800
1976 LTD Brougham, V-8						
4d Sed	150	450	750	1,500	2,650	3,800
2d Sed	150	500	800	1,600	2,800	4,000
1976 LTD Landau, V-8						
4d Sed	150	500	800	1,600	2,800	4,000
2d Sed	150	500	850	1,700	2,950	4,200
1976 Station Wagons, V-8						
4d Ranch Wag	150	450	700	1,450	2,500	3,600
4d LTD Wag	150	450	750	1,500	2,650	3,800
4d Ctry Sq Wag	150	500	800	1,600	2,800	4,000
1977 Pinto, 4-cyl.						
2d Sed	150	450	700	1,450	2,500	3,600
2d Rbt	150	450	750	1,500	2,600	3,700
2d Sta Wag	150	450	750	1,500	2,650	3,800
2d Sq Wag	150	450	800	1,550	2,750	3,900
NOTE: Add 5 percent for V-6.						
1977 Maverick, V-8						
4d Sed	150	400	700	1,400	2,450	3,500
2d Sed	150	400	700	1,350	2,400	3,400
NOTE: Deduct 5 percent for 6-cyl.						
1977 Granada, V-8						
4d Sed	150	400	650	1,300	2,250	3,200
2d Sed	150	400	650	1,300	2,300	3,300
1977 Granada Ghia, V-8						
4d Sed	150	400	700	1,350	2,400	3,400
2d Sed	150	400	700	1,400	2,450	3,500
1977 LTD II "S", V-8						
4d Sed	150	400	650	1,300	2,300	3,300
2d Sed	150	400	700	1,350	2,400	3,400
1977 LTD II, V-8						
4d Sed	150	400	700	1,350	2,400	3,400
2d Sed	150	400	700	1,400	2,450	3,500
1977 LTD II Brougham, V-8						
4d Sed	150	450	700	1,450	2,500	3,600
2d Sed	150	450	750	1,500	2,600	3,700
1977 Station Wagons, V-8						
4d 2S LTD II	150	400	700	1,400	2,450	3,500
4d 3S LTD II	150	450	700	1,450	2,500	3,600
4d 3S LTD II Sq	150	450	750	1,500	2,650	3,800
1977 LTD, V-8						
4d Sed	150	450	750	1,500	2,600	3,700
2d Sed	150	450	750	1,500	2,650	3,800
1977 LTD Landau, V-8						
4d Sed	150	450	800	1,550	2,750	3,900
2d Sed	150	500	800	1,600	2,800	4,000
1977 Station Wagons, V-8						
4d 2S LTD	150	450	750	1,500	2,650	3,800
4d 3S LTD	150	450	800	1,550	2,750	3,900
4d 3S Ctry Sq	150	500	800	1,600	2,800	4,000

	6	5	4	3	2	1
1978 Fiesta						
2d HBk	100	350	550	1,100	1,950	2,800
1978 Pinto						
2d	100	350	600	1,150	2,050	2,900
3d Rbt	150	450	700	1,450	2,500	3,600
2d Sta Wag	150	450	750	1,500	2,600	3,700
1978 Fairmont						
4d Sed	100	350	600	1,250	2,150	3,100
2d Sed	100	350	600	1,200	2,100	3,000
2d Cpe Futura	150	400	700	1,400	2,450	3,500
4d Sta Wag	150	400	650	1,300	2,250	3,200
1978 Granada						
4d Sed	150	400	650	1,300	2,250	3,200
2d Sed	100	350	600	1,250	2,150	3,100
1978 LTD II 'S'						
4d Sed	100	350	600	1,250	2,150	3,100
2d Cpe	100	350	600	1,200	2,100	3,000
1978 LTD II						
4d Sed	150	400	650	1,300	2,250	3,200
2d Cpe	100	350	600	1,250	2,150	3,100
1978 LTD II Brougham						
4d Sed	150	400	650	1,300	2,300	3,300
2d Cpe	150	400	650	1,300	2,250	3,200
1978 LTD						
4d	150	450	700	1,450	2,500	3,600
2d Cpe	150	450	750	1,500	2,600	3,700
4d 2S Sta Wag	150	400	700	1,400	2,450	3,500
1978 LTD Landau						
4d Sed	150	450	750	1,500	2,650	3,800
2d Cpe	150	450	800	1,550	2,750	3,900
1979 Fiesta, 4-cyl.						
3d HBk	100	350	600	1,150	2,050	2,900
1979 Pinto, V-6						
2d Sed	100	350	600	1,250	2,150	3,100
2d Rbt	150	450	700	1,450	2,500	3,600
2d Sta Wag	150	450	700	1,450	2,500	3,600
2d Sq Wag	150	450	750	1,500	2,600	3,700
NOTE: Deduct 5 percent for 4-cyl.						
1979 Fairmont, 6-cyl.						
4d Sed	150	400	650	1,300	2,250	3,200
2d Sed	100	350	600	1,250	2,150	3,100
2d Cpe	150	450	700	1,450	2,500	3,600
4d Sta Wag	150	400	650	1,300	2,300	3,300
4d Sq Wag	150	400	700	1,350	2,400	3,400
NOTE: Deduct 5 percent for 4-cyl. Add 5 percent for V-8.						
1979 Granada, V-8						
4d Sed	150	400	650	1,300	2,300	3,300
2d Sed	150	400	650	1,300	2,250	3,200
NOTE: Deduct 5 percent for 6-cyl.						
1979 LTD II, V-8						
4d Sed	150	400	650	1,300	2,250	3,200
2d Sed	100	350	600	1,250	2,150	3,100
1979 LTD II Brougham, V-8						
4d Sed	150	400	650	1,300	2,300	3,300
2d Sed	150	400	650	1,300	2,250	3,200
1979 LTD, V-8						
4d Sed	150	450	700	1,450	2,500	3,600
2d Sed	150	400	700	1,350	2,400	3,400
4d 2S Sta Wag	150	400	700	1,400	2,450	3,500
4d 3S Sta Wag	150	450	700	1,450	2,500	3,600
4d 2S Sq Wag	150	450	750	1,500	2,600	3,700
4d 3S Sq Wag	150	450	750	1,500	2,650	3,800
1979 LTD Landau						
4d Sed	150	450	750	1,500	2,650	3,800
2d Sed	150	450	700	1,450	2,500	3,600
1980 Fiesta, 4-cyl.						
2d HBk	100	350	600	1,250	2,150	3,100
1980 Pinto, 4-cyl.						
2d Cpe Pony	150	400	650	1,300	2,250	3,200
2d Sta Wag Pony	150	400	700	1,350	2,400	3,400
2d Cpe	150	400	650	1,300	2,300	3,300
2d HBk	150	400	700	1,350	2,400	3,400

	6	5	4	3	2	1
2d Sta Wag	150	400	700	1,400	2,450	3,500
2d Sta Wag Sq	150	450	700	1,450	2,500	3,600

1980 Fairmont, 6-cyl.
	6	5	4	3	2	1
4d Sed	150	400	700	1,350	2,400	3,400
2d Sed	150	400	650	1,300	2,300	3,300
4d Sed Futura	150	450	700	1,450	2,500	3,600
2d Cpe Futura	150	500	800	1,650	2,850	4,100
4d Sta Wag	150	450	750	1,500	2,650	3,800

NOTE: Deduct 10 percent for 4-cyl. Add 12 percent for V-8.

1980 Granada, V-8
	6	5	4	3	2	1
4d Sed	150	450	800	1,550	2,750	3,900
2d Sed	150	450	750	1,500	2,650	3,800
4d Sed Ghia	150	500	800	1,650	2,850	4,100
2d Sed Ghia	150	500	800	1,600	2,800	4,000
4d Sed ESS	150	500	850	1,700	2,950	4,200
2d Sed ESS	150	500	800	1,650	2,850	4,100

NOTE: Deduct 10 percent for 6-cyl.

1980 LTD, V-8
	6	5	4	3	2	1
4d Sed S	150	500	850	1,700	2,950	4,200
4d Sta Wag	200	550	900	1,750	3,100	4,400
4d Sed	150	500	850	1,700	3,000	4,300
2d Sed	150	500	850	1,700	2,950	4,200
4d Sta Wag	200	550	900	1,800	3,150	4,500
4d Sta Wag CS	200	550	950	1,900	3,300	4,700

1980 LTD Crown Victoria, V-8
	6	5	4	3	2	1
4d Sed	200	550	900	1,850	3,200	4,600
2d Sed	200	550	900	1,800	3,150	4,500

1981 Escort, 4-cyl.
	6	5	4	3	2	1
2d HBk SS	150	450	700	1,450	2,500	3,600
4d HBk SS	150	450	750	1,500	2,600	3,700

NOTE: Deduct 5 percent for lesser models.

1981 Fairmont, 6-cyl.
	6	5	4	3	2	1
2d Sed S	150	400	700	1,350	2,400	3,400
4d Sed	150	400	700	1,400	2,450	3,500
2d Sed	150	400	700	1,400	2,450	3,500
4d Futura	150	450	700	1,450	2,500	3,600
2d Cpe Futura	150	500	850	1,700	2,950	4,200
4d Sta Wag	150	450	800	1,550	2,750	3,900
4d Sta Wag Futura	150	500	800	1,600	2,800	4,000

NOTE: Deduct 10 percent for 4-cyl. Add 12 percent for V-8.

1981 Granada, 6-cyl.
	6	5	4	3	2	1
4d Sed GLX	150	500	800	1,600	2,800	4,000
2d Sed GLX	150	450	800	1,550	2,750	3,900

NOTE: Deduct 5 percent for lesser models. Deduct 10 percent for 4-cyl. Add 12 percent for V-8.

1981 LTD, V-8
	6	5	4	3	2	1
4d Sed S	150	500	850	1,700	3,000	4,300
4d Sta Wag S	200	550	900	1,800	3,150	4,500
4d Sed	200	550	900	1,750	3,100	4,400
2d Sed	150	500	850	1,700	3,000	4,300
4d Sta Wag	200	550	900	1,850	3,200	4,600
4d Sta Wag CS	200	600	950	1,900	3,350	4,800

1981 LTD Crown Victoria, V-8
	6	5	4	3	2	1
4d Sed	200	600	950	1,900	3,350	4,800
2d Sed	200	550	950	1,900	3,300	4,700

NOTE: Deduct 15 percent for 6-cyl.

1982 Escort, 4-cyl.
	6	5	4	3	2	1
2d HBk GLX	150	450	700	1,450	2,500	3,600
4d HBk GLX	150	450	750	1,500	2,600	3,700
4d Sta Wag GLX	150	450	750	1,500	2,650	3,800
2d HBk GT	150	450	800	1,550	2,750	3,900

NOTE: Deduct 5 percent for lesser models.

1982 EXP, 4-cyl.
	6	5	4	3	2	1
2d Cpe	200	550	900	1,800	3,150	4,500

1982 Fairmont Futura, 4-cyl.
	6	5	4	3	2	1
4d Sed	100	350	600	1,200	2,100	3,000
2d Sed	100	350	600	1,150	2,050	2,900
2d Cpe Futura	150	400	650	1,300	2,300	3,300

1982 Fairmont Futura, 6-cyl.
	6	5	4	3	2	1
4d Sed	150	450	750	1,500	2,600	3,700
2d Cpe Futura	150	500	850	1,700	3,000	4,300

1982 Granada, 6-cyl.
	6	5	4	3	2	1
4d Sed GLX	150	500	800	1,650	2,850	4,100

	6	5	4	3	2	1
2d Sed GLX	150	500	800	1,600	2,800	4,000

NOTE: Deduct 10 percent for 4-cyl. Deduct 5 percent for lesser models.

1982 Granada Wagon, 6-cyl.
4d Sta Wag GL	150	500	850	1,700	3,000	4,300

1982 LTD, V-8
4d Sed S	200	550	900	1,750	3,100	4,400
4d Sed	200	550	900	1,800	3,150	4,500
2d Sed	200	550	900	1,750	3,100	4,400

1982 LTD Crown Victoria, V-8
4d Sed	200	600	1,000	1,950	3,450	4,900
2d Sed	200	600	950	1,900	3,350	4,800

1982 LTD Station Wagon, V-8
4d Sta Wag S	200	550	900	1,850	3,200	4,600
4d Sta Wag	200	550	950	1,900	3,300	4,700
4d Sta Wag CS	200	600	1,000	1,950	3,450	4,900

NOTE: Deduct 15 percent for V-6.

1983 Escort, 4-cyl.
2d HBk GLX	150	450	700	1,450	2,500	3,600
4d HBk GLX	150	450	750	1,500	2,600	3,700
4d Sta Wag GLX	150	450	750	1,500	2,650	3,800
2d HBk GT	150	450	750	1,500	2,600	3,700

NOTE: Deduct 5 percent for lesser models.

1983 EXP, 4-cyl.
2d Cpe	200	550	900	1,800	3,150	4,500

1983 Fairmont Futura, 6-cyl.
4d Sed	150	450	750	1,500	2,600	3,700
2d Sed	150	450	700	1,450	2,500	3,600
2d Cpe	150	500	850	1,700	3,000	4,300

NOTE: Deduct 5 percent for 4-cyl.

1983 LTD, 6-cyl.
4d Sed	150	500	850	1,700	2,950	4,200
4d Sed Brgm	200	550	900	1,750	3,100	4,400
4d Sta Wag	200	550	900	1,850	3,200	4,600

NOTE: Deduct 10 percent for 4-cyl.

1983 LTD Crown Victoria, V-8
4d Sed	200	600	1,000	2,000	3,500	5,000
2d Sed	200	600	1,000	1,950	3,450	4,900
4d Sta Wag	200	600	1,000	2,050	3,550	5,100

1984 Escort, 4-cyl.
4d HBk LX	150	400	700	1,400	2,450	3,500
2d HBk LX	150	400	700	1,400	2,450	3,500
4d Sta Wag LX	150	450	700	1,450	2,500	3,600
2d HBk GT	150	450	700	1,450	2,500	3,600
2d HBk Turbo GT	150	450	750	1,500	2,650	3,800

NOTE: Deduct 5 percent for lesser models.

1984 EXP, 4-cyl.
2d Cpe	150	500	800	1,600	2,800	4,000
2d Cpe L	150	500	850	1,700	2,950	4,200
2d Cpe Turbo	200	550	900	1,850	3,200	4,600

1984 Tempo, 4-cyl.
2d Sed GLX	150	400	700	1,400	2,450	3,500
4d Sed GLX	150	400	700	1,400	2,450	3,500

NOTE: Deduct 5 percent for lesser models.

1984 LTD, V-6
4d Sed	150	500	850	1,700	2,950	4,200
4d Sed Brgm	150	500	850	1,700	3,000	4,300
4d Sta Wag	150	500	850	1,700	3,000	4,300
4d Sed LX, (V-8)	200	550	900	1,850	3,200	4,600

NOTE: Deduct 8 percent for 4-cyl.

1984 LTD Crown Victoria, V-8
4d Sed S	200	550	950	1,900	3,300	4,700
4d Sed	200	600	1,000	1,950	3,450	4,900
2d Sed	200	600	1,000	1,950	3,450	4,900
4d Sta Wag S	200	600	1,000	2,000	3,500	5,000
4d Sta Wag	200	600	1,000	2,050	3,550	5,100
4d Sta Wag Sq	200	600	1,050	2,100	3,650	5,200

1985 Escort, 4-cyl.
4d HBk LX	150	450	700	1,450	2,500	3,600
4d Sta Wag LX	150	450	700	1,450	2,500	3,600
2d HBk GT	150	450	750	1,500	2,600	3,700
2d HBk Turbo GT	150	450	800	1,550	2,750	3,900

NOTE: Deduct 5 percent for lesser models.

	6	5	4	3	2	1
1985 EXP, 4-cyl.						
2d Cpe HBk	150	500	800	1,650	2,850	4,100
2d Cpe HBk Luxury	150	500	850	1,700	3,000	4,300
2d Cpe HBk Turbo	200	550	950	1,900	3,300	4,700

NOTE: Deduct 20 percent for diesel.

1985 Tempo, 4-cyl.

	6	5	4	3	2	1
2d Sed GLX	150	400	700	1,400	2,450	3,500
4d Sed GLX	150	400	700	1,400	2,450	3,500

NOTE: Deduct 5 percent for lesser models. Deduct 20 percent for diesel.

1985 LTD

	6	5	4	3	2	1
4d V-6 Sed	150	500	850	1,700	3,000	4,300
4d V-6 Sed Brgm	200	550	900	1,750	3,100	4,400
4d V-6 Sta Wag	200	550	900	1,750	3,100	4,400
4d V-8 Sed LX	200	550	950	1,900	3,300	4,700

NOTE: Deduct 20 percent for 4-cyl. where available.

1985 LTD Crown Victoria, V-8

	6	5	4	3	2	1
4d Sed S	200	600	950	1,900	3,350	4,800
4d Sed	200	600	1,000	2,000	3,500	5,000
2d Sed	200	600	1,000	1,950	3,450	4,900
4d Sta Wag S	200	600	1,000	2,050	3,550	5,100
4d Sta Wag	200	600	1,050	2,100	3,650	5,200
4d Sta Wag Ctry Sq	200	650	1,100	2,150	3,800	5,400

1986 Escort

	6	5	4	3	2	1
2d HBk	150	450	700	1,450	2,500	3,600
4d HBk	150	400	700	1,400	2,450	3,500
4d Sta Wag	150	450	750	1,500	2,600	3,700
2d GT HBk	150	500	800	1,600	2,800	4,000

1986 EXP

	6	5	4	3	2	1
2d Cpe	200	550	900	1,850	3,200	4,600

1986 Tempo

	6	5	4	3	2	1
2d Sed	150	450	700	1,450	2,500	3,600
4d Sed	150	450	700	1,450	2,500	3,600

1986 Taurus

	6	5	4	3	2	1
4d Sed	200	550	950	1,900	3,300	4,700
4d Sta Wag	200	600	950	1,900	3,350	4,800

1986 LTD

	6	5	4	3	2	1
4d Sed	200	600	1,050	2,100	3,650	5,200
4d Brgm Sed	200	600	1,050	2,100	3,650	5,200
4d Sta Wag	200	650	1,100	2,150	3,800	5,400

1986 LTD Crown Victoria

	6	5	4	3	2	1
2d Sed	200	650	1,100	2,150	3,800	5,400
4d Sed	200	650	1,100	2,150	3,800	5,400
4d Sta Wag	200	650	1,100	2,200	3,850	5,500

NOTE: Add 10 percent for deluxe models. Deduct 5 percent for smaller engines.

1987 Escort, 4-cyl.

	6	5	4	3	2	1
2d HBk Pony	150	450	750	1,500	2,600	3,700
2d HBk GL	150	450	750	1,500	2,650	3,800
4d HBk GL	150	450	800	1,550	2,750	3,900
4d Sta Wag GL	150	450	800	1,550	2,750	3,900
2d HBk GT	150	500	800	1,600	2,800	4,000

1987 EXP, 4-cyl.

	6	5	4	3	2	1
2d HBk LX	200	550	950	1,900	3,300	4,700
2d HBk Spt	200	600	950	1,900	3,350	4,800

1987 Tempo

	6	5	4	3	2	1
2d Sed GL	150	450	750	1,500	2,600	3,700
4d Sed GL	150	450	750	1,500	2,650	3,800
2d Sed GL Spt	150	450	750	1,500	2,650	3,800
4d Sed GL Spt	150	450	800	1,550	2,750	3,900
2d Sed LX	150	450	800	1,550	2,750	3,900
4d Sed LX	150	500	800	1,600	2,800	4,000
2d Sed 4WD	200	550	900	1,800	3,150	4,500
4d Sed 4WD	200	550	900	1,850	3,200	4,600

1987 Taurus, 4-cyl.

	6	5	4	3	2	1
4d Sed	200	600	950	1,900	3,350	4,800
4d Sta Wag	200	600	1,000	1,950	3,450	4,900

1987 Taurus, V-6

	6	5	4	3	2	1
4d Sed L	200	600	1,000	1,950	3,450	4,900
4d Sta Wag L	200	600	1,000	2,000	3,500	5,000
4d Sed GL	200	600	1,000	2,000	3,500	5,000
4d Sta Wag GL	200	600	1,000	2,050	3,550	5,100
4d Sed LX	200	600	1,000	2,050	3,550	5,100
4d Sta Wag LX	200	600	1,050	2,100	3,650	5,200

	6	5	4	3	2	1
1987 LTD Crown Victoria, V-8						
4d Sed S	200	650	1,100	2,200	3,850	5,500
4d Sta Wag S	200	650	1,100	2,250	3,900	5,600
4d Sed	200	650	1,100	2,250	3,900	5,600
2d Cpe	200	650	1,100	2,200	3,850	5,500
4d Sta Wag	200	650	1,100	2,250	3,900	5,600
4d Sta Wag Ctry Sq	250	700	1,150	2,300	4,050	5,800
4d Sed LX	250	700	1,150	2,300	4,000	5,700
2d Cpe LX	200	650	1,100	2,250	3,900	5,600
4d Sta Wag LX	250	700	1,150	2,300	4,000	5,700
4d Sta Wag Ctry Sq LX	250	700	1,200	2,350	4,150	5,900
1988 Festiva, 4-cyl.						
2d HBk L	100	300	450	900	1,600	2,300
2d HBk L Plus	100	300	500	1,000	1,750	2,500
2d HBk LX	100	350	600	1,150	2,050	2,900
1988 Escort, 4-cyl.						
2d HBk Pony	100	250	450	900	1,550	2,200
2d HBk GL	100	300	500	1,000	1,750	2,500
4d HBk GL	100	300	500	1,050	1,800	2,600
4d Sta Wag GL	100	350	600	1,150	2,050	2,900
2d HBk GT	150	400	700	1,400	2,450	3,500
2d HBk LX	100	350	550	1,100	1,950	2,800
4d HBk LX	100	350	600	1,150	2,050	2,900
4d Sta Wag LX	100	350	600	1,250	2,150	3,100
1988 EXP, 4-cyl.						
2d HBk	100	350	600	1,200	2,100	3,000
1988 Tempo, 4-cyl.						
2d Sed GL	150	400	650	1,300	2,300	3,300
4d Sed GL	150	400	700	1,400	2,450	3,500
2d Sed GLS	150	400	700	1,400	2,450	3,500
4d Sed GLS	150	450	700	1,450	2,500	3,600
4d Sed LX	150	450	750	1,500	2,600	3,700
4d Sed 4x4	200	550	900	1,800	3,150	4,500
1988 Taurus, 4-cyl., V-6						
4d Sed	150	500	850	1,700	2,950	4,200
4d Sed L	200	550	900	1,750	3,100	4,400
4d Sta Wag L	200	550	900	1,850	3,200	4,600
4d Sed GL	200	550	900	1,800	3,150	4,500
4d Sta Wag GL	200	600	1,000	2,000	3,500	5,000
4d Sed LX	200	650	1,100	2,200	3,850	5,500
4d Sta Wag LX	250	700	1,150	2,300	4,000	5,700
1988 LTD Crown Victoria, V-8						
4d Sed	200	600	1,000	2,050	3,550	5,100
4d Sta Wag	200	650	1,050	2,100	3,700	5,300
4d Ctry Sq Sta Wag	250	700	1,150	2,300	4,050	5,800
4d Sed S	200	650	1,050	2,100	3,700	5,300
4d Sed LX	200	650	1,100	2,150	3,800	5,400
4d Sta Wag LX	200	650	1,100	2,200	3,850	5,500
4d Ctry Sq Sta Wag	250	700	1,200	2,400	4,200	6,000
1989 Festiva, 4-cyl.						
2d HBk L	150	400	650	1,300	2,250	3,200
2d HBk L Plus	150	400	650	1,300	2,300	3,300
2d HBk LX	150	400	700	1,350	2,400	3,400
1989 Escort, 4-cyl.						
2d HBk Pony	150	400	650	1,300	2,300	3,300
2d HBk LX	150	400	700	1,350	2,400	3,400
2d HBk GT	150	450	750	1,500	2,650	3,800
4d HBk LX	150	400	700	1,400	2,450	3,500
4d Sta Wag LX	150	450	700	1,450	2,500	3,600
1989 Tempo, 4-cyl.						
2d Sed GL	150	400	700	1,400	2,450	3,500
4d Sed GL	150	450	700	1,450	2,500	3,600
2d Sed GLS	150	450	750	1,500	2,650	3,800
4d Sed GLS	150	450	800	1,550	2,750	3,900
4d Sed LX	150	500	850	1,700	2,950	4,200
4d Sed 4x4	200	600	950	1,900	3,350	4,800
1989 Probe, 4-cyl.						
2d GL HBk	200	600	1,000	2,000	3,500	5,000
2d LX HBk	200	650	1,100	2,200	3,850	5,500
2d GT Turbo HBk	250	700	1,200	2,400	4,200	6,000
1989 Taurus, 4-cyl.						
4d Sed L	200	550	900	1,850	3,200	4,600
4d Sed GL	200	550	950	1,900	3,300	4,700
1989 V-6						
4d Sed L	200	600	950	1,900	3,350	4,800

1983 Ford Thunderbird hardtop

1928 Franklin Airman sedan

1930 Gardner Model 150 sport phaeton

	6	5	4	3	2	1
4d Sta Wag L	200	600	1,000	2,000	3,500	5,000
4d Sed GL	200	600	1,000	2,050	3,550	5,100
4d Sta Wag GL	250	700	1,200	2,400	4,200	6,000
4d Sed LX	250	700	1,150	2,300	4,050	5,800
4d Sta Wag LX	300	850	1,400	2,800	4,900	7,000
4d Sed SHO	300	950	1,600	3,200	5,600	8,000
1989 LTD Crown Victoria, V-8						
4d Sed S	200	650	1,100	2,200	3,850	5,500
4d Sed	250	700	1,150	2,300	4,000	5,700
4d Sed LX	250	750	1,250	2,500	4,400	6,300
4d Sta Wag	250	750	1,300	2,550	4,500	6,400
4d Sta Wag LX	250	800	1,300	2,600	4,550	6,500
4d Ctry Sq Sta Wag	250	800	1,300	2,650	4,600	6,600
4d Ctry Sq LX Sta Wag	250	800	1,350	2,700	4,700	6,700
1990 Festiva, 4-cyl.						
2d	100	350	550	1,100	1,950	2,800
2d L	100	350	600	1,200	2,100	3,000
2d LX	150	400	700	1,400	2,450	3,500
1990 Escort, 4-cyl.						
2d Pony HBk	100	350	600	1,200	2,100	3,000
2d LX HBk	150	400	700	1,400	2,450	3,500
4d LX HBk	150	450	700	1,450	2,500	3,600
4d LX Sta Wag	150	450	750	1,500	2,650	3,800
2d GT HBk	150	500	800	1,650	2,850	4,100
1990 Tempo, 4-cyl.						
2d GL Sed	150	450	700	1,450	2,500	3,600
4d GL Sed	150	450	750	1,500	2,600	3,700
2d GLS Sed	150	500	800	1,600	2,800	4,000
4d GLS Sed	150	500	800	1,650	2,850	4,100
4d LX Sed	150	500	850	1,700	2,950	4,200
4d Sed 4x4	200	650	1,100	2,200	3,850	5,500
1990 Probe						
2d GL HBk, 4-cyl.	200	650	1,100	2,200	3,850	5,500
2d LX HBk, V-6	250	800	1,300	2,600	4,550	6,500
2d GT HBk, Turbo	300	850	1,400	2,800	4,900	7,000
1990 Taurus, 4-cyl.						
4d L Sed	150	500	800	1,600	2,800	4,000
4d GL Sed	150	500	850	1,700	2,950	4,200
1990 V-6						
4d L Sed	200	550	950	1,900	3,300	4,700
4d L Sta Wag	200	600	1,000	2,000	3,500	5,000
4d GL Sed	200	600	1,000	1,950	3,450	4,900
4d GL Sta Wag	200	600	1,050	2,100	3,650	5,200
4d LX Sed	250	700	1,150	2,300	4,050	5,800
4d LX Sta Wag	250	750	1,300	2,550	4,500	6,400
4d SHO Sed	300	850	1,400	2,800	4,900	7,000
1990 LTD Crown Victoria, V-8						
4d S Sed	200	650	1,100	2,200	3,850	5,500
4d Sed	250	700	1,200	2,400	4,200	6,000
4d LX Sed	250	800	1,300	2,600	4,550	6,500
4d Sta Wag	250	700	1,150	2,300	4,050	5,800
4d LX Sta Wag	250	750	1,250	2,500	4,350	6,200
4d Ctry Sq Sta Wag	250	800	1,300	2,600	4,550	6,500
4d LX Ctry Sq Sta Wag	250	800	1,350	2,700	4,750	6,800
1991 Festiva, 4-cyl.						
2d HBk	100	350	600	1,250	2,150	3,100
2d GL HBk	150	400	650	1,300	2,300	3,300
1991 Escort, 4-cyl.						
2d Pony HBk	150	400	700	1,400	2,450	3,500
2d LX HBk	150	450	750	1,500	2,600	3,700
4d LX HBk	150	450	750	1,500	2,600	3,700
4d LX Sta Wag	150	450	800	1,550	2,750	3,900
2d GT HBk	150	500	800	1,650	2,850	4,100
1991 Tempo, 4-cyl.						
2d L Sed	150	450	700	1,450	2,500	3,600
4d L Sed	150	450	700	1,450	2,500	3,600
2d GL Sed	150	450	750	1,500	2,650	3,800
4d GL Sed	150	450	750	1,500	2,650	3,800
2d GLS Sed	150	500	800	1,600	2,800	4,000
4d GLS Sed	150	500	800	1,600	2,800	4,000
4d LX Sed	150	500	850	1,700	2,950	4,200
4d Sed 4x4	200	600	1,000	2,000	3,500	5,000
1991 Probe, 4-cyl.						
2d GL HBk	200	550	950	1,900	3,300	4,700
2d LX HBk	200	650	1,100	2,200	3,850	5,500

	6	5	4	3	2	1
2d GT HBk Turbo	250	700	1,200	2,400	4,200	6,000
1991 Taurus, 4-cyl.						
4d L Sed	150	450	700	1,450	2,500	3,600
4d GL Sed	150	450	750	1,500	2,650	3,800
1991 Taurus, V-6						
4d L Sed	150	450	750	1,500	2,650	3,800
4d L Sta Wag	200	550	900	1,800	3,150	4,500
4d GL Sed	150	500	850	1,700	2,950	4,200
4d GL Sta Wag	200	650	1,100	2,200	3,850	5,500
4d LX Sed	200	600	1,050	2,100	3,650	5,200
4d LX Sta Wag	250	800	1,300	2,600	4,550	6,500
4d SHO Sed	300	900	1,500	3,000	5,250	7,500
1991 LTD Crown Victoria, V-8						
4d S Sed	200	550	900	1,800	3,150	4,500
4d Sed	200	650	1,100	2,200	3,850	5,500
4d LX Sed	250	700	1,200	2,400	4,200	6,000
4d 3S Sta Wag	200	600	1,000	1,950	3,450	4,900
4d 2S Sta Wag	250	700	1,200	2,350	4,150	5,900
4d LX 3S Sta Wag	250	750	1,300	2,550	4,500	6,400
4d Ctry Sq 3S Sta Wag	200	600	1,050	2,100	3,650	5,200
4d Ctry Sq 2S Sta Wag	250	750	1,250	2,500	4,350	6,200
4d Ctry Sq LX 3S Sta Wag	250	800	1,350	2,700	4,700	6,700
1992 Festiva, 4-cyl.						
2d L HBk	150	400	700	1,400	2,450	3,500
2d GL HBk	150	450	750	1,500	2,650	3,800
1992 Escort, 4-cyl.						
2d HBk	150	500	850	1,700	2,950	4,200
2d LX HBk	150	500	850	1,700	2,950	4,200
4d LX HBk	150	500	850	1,700	2,950	4,200
4d LX Sed	150	500	800	1,600	2,800	4,000
4d LX Sta Wag	200	550	900	1,750	3,100	4,400
4d LX-E Sta Wag	200	550	900	1,800	3,150	4,500
2d GT HBk	200	600	1,000	2,000	3,500	5,000
1992 Tempo, 4-cyl.						
2d GL Cpe	150	450	750	1,500	2,650	3,800
4d GL Sed	150	450	800	1,550	2,750	3,900
4d LX Sed	150	500	800	1,600	2,800	4,000
2d GLS Sed V-6	200	650	1,100	2,200	3,850	5,500
4d GLS Sed V-6	200	650	1,100	2,200	3,850	5,500
1992 Probe, 4-cyl.						
2d GL HBk	200	650	1,100	2,200	3,850	5,500
2d LX HBk V-6	250	750	1,300	2,550	4,500	6,400
2d GT HBk Turbo	250	800	1,300	2,600	4,550	6,500
1992 Taurus, V-6						
4d L Sed	200	600	1,000	2,000	3,500	5,000
4d L Sta Wag	200	600	1,000	2,000	3,500	5,000
4d GL Sed	200	650	1,100	2,200	3,850	5,500
4d GL Sta Wag	200	650	1,100	2,200	3,850	5,500
4d LX Sed	250	700	1,200	2,400	4,200	6,000
4d LX Sta Wag	250	700	1,200	2,400	4,200	6,000
4d SHO Sed	350	1,000	1,700	3,400	5,950	8,500
1992 Crown Victoria, V-8						
4d S Sed	250	700	1,200	2,400	4,200	6,000
4d Sed	250	800	1,300	2,600	4,550	6,500
4d LX Sed	300	900	1,500	3,000	5,250	7,500
4d Trg Sed	300	950	1,600	3,200	5,600	8,000
1993 Festiva, 4-cyl.						
2d Sed	150	450	700	1,450	2,500	3,600
1993 Escort, 4-cyl.						
2d HBk	150	500	850	1,700	3,000	4,300
2d LX HBk	200	550	900	1,750	3,100	4,400
2d GT HBk	200	550	900	1,800	3,150	4,500
4d HBk	200	550	900	1,750	3,100	4,400
4d LX Sed	200	550	900	1,800	3,150	4,500
4d LXE Sed	200	550	900	1,850	3,200	4,600
4d LX Sta Wag	200	550	950	1,900	3,300	4,700
1993 Tempo, 4-cyl.						
2d GL Sed	150	500	850	1,700	2,950	4,200
4d GL Sed	150	500	850	1,700	3,000	4,300
4d LX Sed	200	550	900	1,800	3,150	4,500
1993 Probe						
2d HBk, 4-cyl.	250	750	1,200	2,450	4,250	6,100
2d GT HBk, V-6	250	750	1,300	2,550	4,500	6,400

	6	5	4	3	2	1
1993 Taurus, V-6						
4d GL Sed	250	750	1,250	2,500	4,350	6,200
4d LX Sed	250	750	1,250	2,500	4,400	6,300
4d GL Sta Wag	250	800	1,300	2,650	4,600	6,600
4d LX Sta Wag	250	800	1,350	2,700	4,700	6,700
4d SHO Sed	300	900	1,500	3,000	5,250	7,500
1993 Crown Victoria, V-8						
4d Sed S	300	850	1,400	2,850	4,950	7,100
4d Sed	300	900	1,450	2,900	5,100	7,300
4d LX Sed	300	900	1,500	2,950	5,200	7,400

MUSTANG

	6	5	4	3	2	1
1964						
2d HT	800	2,350	3,900	7,800	13,700	19,500
Conv	1,150	3,500	5,800	11,600	20,300	29,000

NOTE: Deduct 20 percent for 6-cyl. Add 20 percent for Challenger Code "K" V-8. First Mustang introduced April 17, 1964 at N.Y. World's Fair.

	6	5	4	3	2	1
1965						
2d HT	800	2,350	3,900	7,800	13,700	19,500
Conv	1,150	3,500	5,800	11,600	20,300	29,000
FBk	950	2,900	4,800	9,600	16,800	24,000

NOTE: Add 30 percent for 271 hp Hi-perf engine. Add 10 percent for "GT" Package. Add 10 percent for "original pony interior". Deduct 20 percent for 6-cyl.

	6	5	4	3	2	1
1965 Shelby GT						
GT-350 FBk	2,150	6,500	10,800	21,600	37,800	54,000
1966						
2d HT	800	2,350	3,900	7,800	13,700	19,500
Conv	1,200	3,600	6,000	12,000	21,000	30,000
FBk	1,050	3,100	5,200	10,400	18,200	26,000

NOTE: Same as 1965.

	6	5	4	3	2	1
1966 Shelby GT						
GT-350 FBk	1,950	5,900	9,800	19,600	34,300	49,000
GT-350H FBk	2,050	6,100	10,200	20,400	35,700	51,000
GT-350 Conv	3,050	9,100	15,200	30,400	53,200	76,000
1967						
2d HT	700	2,100	3,500	7,000	12,300	17,500
Conv	1,050	3,100	5,200	10,400	18,200	26,000
FBk	800	2,450	4,100	8,200	14,300	20,500

NOTE: Same as 1964-65 plus. Add 10 percent for 390 cid V-8 (code "S"). Deduct 15 percent for 6-cyl.

	6	5	4	3	2	1
1967 Shelby GT						
GT-350 FBk	1,700	5,050	8,400	16,800	29,400	42,000
GT-500 FBk	1,900	5,650	9,400	18,800	32,900	47,000
1968						
2d HT	700	2,100	3,500	7,000	12,300	17,500
Conv	1,050	3,100	5,200	10,400	18,200	26,000
FBk	800	2,450	4,100	8,200	14,300	20,500

NOTE: Same as 1964-67 plus. Add 10 percent for GT-390. Add 50 percent for 427 cid V-8 (code "W"). Add 30 percent for 428 cid V-8 (code "R"). Add 15 percent for "California Special" trim.

	6	5	4	3	2	1
1968 Shelby GT						
350 Conv	2,200	6,600	11,000	22,000	38,500	55,000
350 FBk	1,300	3,850	6,400	12,800	22,400	32,000
500 Conv	2,900	8,650	14,400	28,800	50,400	72,000
500 FBk	1,800	5,400	9,000	18,000	31,500	45,000
1969						
2d HT	650	2,000	3,300	6,600	11,600	16,500
Conv	800	2,450	4,100	8,200	14,300	20,500
FBk	750	2,200	3,700	7,400	13,000	18,500

NOTE: Deduct 20 percent for 6-cyl.

	6	5	4	3	2	1
Mach 1	900	2,650	4,400	8,800	15,400	22,000
Boss 302	1,450	4,300	7,200	14,400	25,200	36,000
Boss 429	2,300	6,950	11,600	23,200	40,600	58,000
Grande	700	2,100	3,500	7,000	12,300	17,500

NOTE: Same as 1968; plus. Add 40 percent for "R" Code. Add 30 percent for Cobra Jet V-8. Add 40 percent for "Super Cobra Jet" engine.

	6	5	4	3	2	1
1969 Shelby GT						
350 Conv	2,150	6,500	10,800	21,600	37,800	54,000
350 FBk	1,500	4,550	7,600	15,200	26,600	38,000
500 Conv	2,650	7,900	13,200	26,400	46,200	66,000
500 FBk	1,650	4,900	8,200	16,400	28,700	41,000
1970						
2d HT	650	2,000	3,300	6,600	11,600	16,500

	6	5	4	3	2	1
Conv	800	2,400	4,000	8,000	14,000	20,000
FBk	700	2,150	3,600	7,200	12,600	18,000
Mach 1	800	2,400	4,000	8,000	14,000	20,000
Boss 302	1,350	4,100	6,800	13,600	23,800	34,000
Boss 429	2,250	6,700	11,200	22,400	39,200	56,000
Grande	700	2,100	3,500	7,000	12,300	17,500

NOTE: Add 30 percent for Cobra Jet V-8. Add 40 percent for "Super Cobra Jet". Deduct 20 percent for 6-cyl.

1970 Shelby GT

350 Conv		2,100	6,250	10,400	20,800	36,400	52,000
350 FBk		1,500	4,550	7,600	15,200	26,600	38,000
500 Conv		2,650	7,900	13,200	26,400	46,200	66,000
500 FBk		1,650	4,900	8,200	16,400	28,700	41,000

1971

	6	5	4	3	2	1
2d HT	500	1,450	2,400	4,800	8,400	12,000
Grande	500	1,500	2,500	5,000	8,750	12,500
Conv	800	2,400	4,000	8,000	14,000	20,000
FBk	700	2,150	3,600	7,200	12,600	18,000
Mach 1	800	2,400	4,000	8,000	14,000	20,000
Boss 351	1,450	4,300	7,200	14,400	25,200	36,000

NOTE: Same as 1970. Deduct 20 percent for 6-cyl.

1972

	6	5	4	3	2	1
2d HT	500	1,450	2,400	4,800	8,400	12,000
Grande	500	1,500	2,500	5,000	8,750	12,500
FBk	650	1,900	3,200	6,400	11,200	16,000
Mach 1	700	2,150	3,600	7,200	12,600	18,000
Conv	750	2,300	3,800	7,600	13,300	19,000

NOTE: Deduct 20 percent for 6-cyl.

1973

	6	5	4	3	2	1
2d HT	450	1,400	2,300	4,600	8,050	11,500
Grande	500	1,500	2,500	5,000	8,750	12,500
FBk	600	1,800	3,000	6,000	10,500	15,000
Mach 1	700	2,150	3,600	7,200	12,600	18,000
Conv	800	2,400	4,000	8,000	14,000	20,000

1974 Mustang II, Mustang Four

HT Cpe	250	700	1,200	2,400	4,200	6,000
FBk	250	750	1,250	2,500	4,400	6,300
Ghia	250	750	1,250	2,500	4,400	6,300

1974 Mustang Six

HT Cpe	250	700	1,200	2,400	4,200	6,000
FBk	250	750	1,300	2,550	4,500	6,400
Ghia	250	750	1,300	2,550	4,500	6,400

1974 Mach 1 Six

FBk	300	900	1,500	3,000	5,250	7,500

1975 Mustang

HT Cpe	250	700	1,200	2,400	4,200	6,000
FBk	250	750	1,250	2,500	4,400	6,300
Ghia	250	750	1,250	2,500	4,400	6,300

1975 Mustang Six

HT Cpe	250	750	1,200	2,450	4,250	6,100
FBk	250	750	1,300	2,550	4,500	6,400
Ghia	250	750	1,300	2,550	4,500	6,400
Mach 1	300	900	1,500	3,000	5,250	7,500

1975 Mustang, V-8

HT Cpe	300	850	1,400	2,850	4,950	7,100
FBk Cpe	300	850	1,450	2,900	5,050	7,200
Ghia	300	900	1,500	3,000	5,250	7,500
Mach 1	350	1,000	1,700	3,400	5,950	8,500

1976 Mustang II, V-6

2d	250	750	1,250	2,500	4,400	6,300
3d 2 plus 2	250	750	1,300	2,550	4,500	6,400
2d Ghia	250	800	1,350	2,700	4,700	6,700

NOTE: Deduct 20 percent for 4-cyl. Add 20 percent for V-8. Add 20 percent for Cobra II.

1976 Mach 1, V-6

3d	300	850	1,400	2,800	4,900	7,000

1977 Mustang II, V-6

2d	250	800	1,300	2,600	4,550	6,500
3d 2 plus 2	250	800	1,350	2,700	4,700	6,700
2d Ghia	300	850	1,400	2,750	4,850	6,900

NOTE: Deduct 20 percent for 4-cyl. Add 30 percent for Cobra II option. Add 20 percent for V-8.

1977 Mach 1, V-6

2d	300	850	1,450	2,900	5,050	7,200

	6	5	4	3	2	1
1978 Mustang II						
Cpe	250	750	1,200	2,450	4,250	6,100
3d 2 plus 2	250	750	1,250	2,500	4,400	6,300
Ghia Cpe	250	750	1,300	2,550	4,500	6,400
1978 Mach 1, V-6						
Cpe	300	850	1,400	2,800	4,900	7,000

NOTE: Add 20 percent for V-8. Add 30 percent for Cobra II option. Add 50 percent for King Cobra option. Deduct 20 percent for 4-cyl.

	6	5	4	3	2	1
1979 V-6						
2d Cpe	250	750	1,250	2,500	4,350	6,200
3d Cpe	250	750	1,250	2,500	4,400	6,300
2d Ghia Cpe	250	800	1,300	2,600	4,550	6,500
1979 V-6						
3d Ghia Cpe	250	800	1,300	2,650	4,600	6,600

NOTE: Add 30 percent for Pace Car package. Add 30 percent for Cobra option.

	6	5	4	3	2	1
1980 6-cyl.						
2d Cpe	200	650	1,050	2,100	3,700	5,300
2d HBk	200	650	1,100	2,150	3,800	5,400
2d Ghia Cpe	200	650	1,100	2,250	3,900	5,600
2d Ghia HBk	250	700	1,150	2,300	4,000	5,700

NOTE: Deduct 20 percent for 4-cyl. Add 30 percent for V-8.

	6	5	4	3	2	1
1981 6-cyl.						
2d S Cpe	200	600	1,000	1,950	3,450	4,900
2d Cpe	200	600	1,000	2,050	3,550	5,100
2d HBk	200	600	1,050	2,100	3,650	5,200
2d Ghia Cpe	200	600	1,050	2,100	3,650	5,200
2d Ghia HBk	200	650	1,050	2,100	3,700	5,300

NOTE: Deduct 20 percent for 4-cyl. Add 35 percent for V-8.

	6	5	4	3	2	1
1982 4-cyl.						
2d L Cpe	200	550	900	1,800	3,150	4,500
2d GL Cpe	200	550	900	1,850	3,200	4,600
2d GL HBk	200	550	950	1,900	3,300	4,700
2d GLX Cpe	200	600	1,000	1,950	3,450	4,900
2d GLX HBk	200	600	1,000	2,000	3,500	5,000
1982 6-cyl.						
2d L Cpe	200	600	1,000	1,950	3,450	4,900
2d GL Cpe	200	600	1,000	2,000	3,500	5,000
2d GL HBk	200	600	1,000	2,050	3,550	5,100
2d GLX Cpe	200	650	1,050	2,100	3,700	5,300
2d GLX HBk	200	650	1,100	2,150	3,800	5,400
1982 V-8						
2d GT HBk	250	750	1,300	2,550	4,500	6,400
1983 4-cyl.						
2d L Cpe	200	550	900	1,850	3,200	4,600
2d GL Cpe	200	550	950	1,900	3,300	4,700
2d GL HBk	200	600	1,000	1,950	3,450	4,900
2d GLX Cpe	200	600	1,000	2,000	3,500	5,000
2d GLX HBk	200	600	1,000	2,050	3,550	5,100
1983 6-cyl.						
2d GL Cpe	200	600	1,000	2,050	3,550	5,100
2d GL HBk	200	600	1,050	2,100	3,650	5,200
2d GLX Cpe	200	650	1,100	2,150	3,800	5,400
2d GLX HBk	200	650	1,100	2,200	3,850	5,500
2d GLX Conv	250	700	1,200	2,400	4,200	6,000
1983 V-8						
2d GT HBk	300	850	1,400	2,800	4,900	7,000
2d GT Conv	300	950	1,600	3,200	5,600	8,000
1984 4-cyl.						
2d L Cpe	200	550	950	1,900	3,300	4,700
2d L HBk	200	600	950	1,900	3,350	4,800
2d LX Cpe	200	600	950	1,900	3,350	4,800
2d LX HBk	200	600	1,000	1,950	3,450	4,900
2d GT Turbo HBk	200	650	1,050	2,100	3,700	5,300
2d GT Turbo Conv	250	800	1,300	2,600	4,550	6,500
1984 V-6						
2d L Cpe	200	600	950	1,900	3,350	4,800
2d L HBk	200	600	1,000	1,950	3,450	4,900
2d LX Cpe	200	600	1,000	1,950	3,450	4,900
2d LX HBk	200	600	1,000	2,000	3,500	5,000
LX 2d Conv	300	850	1,400	2,800	4,900	7,000
1984 V-8						
2d L HBk	200	600	1,000	2,000	3,500	5,000
2d LX Cpe	200	600	1,000	2,050	3,550	5,100

	6	5	4	3	2	1
2d LX HBk	200	600	1,000	2,050	3,550	5,100
2d LX Conv	300	950	1,600	3,200	5,600	8,000
2d GT HBk	200	650	1,050	2,100	3,700	5,300
2d GT Conv	350	1,000	1,700	3,400	5,950	8,500

NOTE: Add 20 percent for 20th Anniversary Edition. Add 40 percent for SVO Model.

1985 4-cyl.

	6	5	4	3	2	1
2d LX	200	600	1,000	1,950	3,450	4,900
2d LX HBk	200	600	1,000	2,000	3,500	5,000
2d SVO Turbo	250	700	1,200	2,400	4,200	6,000

1985 V-6

	6	5	4	3	2	1
2d LX	200	600	1,000	2,050	3,550	5,100
2d LX HBk	200	600	1,050	2,100	3,650	5,200
2d LX Conv	300	950	1,600	3,150	5,550	7,900

1985 V-8

	6	5	4	3	2	1
2d LX	200	650	1,100	2,200	3,850	5,500
2d LX HBk	200	650	1,100	2,250	3,900	5,600
2d LX Conv	350	1,000	1,700	3,400	5,950	8,500
2d GT HBk	300	950	1,600	3,200	5,600	8,000
2d GT Conv	400	1,200	2,000	4,000	7,000	10,000

1986 Mustang

	6	5	4	3	2	1
2d Cpe	200	600	1,000	2,000	3,500	5,000
2d HBk	200	600	1,000	2,000	3,500	5,000
2d Conv	300	900	1,500	3,000	5,250	7,500
2d Turbo HBk	250	700	1,200	2,400	4,200	6,000

1986 V-8

	6	5	4	3	2	1
2d HBk	250	700	1,200	2,400	4,200	6,000
2d Conv	350	1,000	1,700	3,400	5,950	8,500
2d GT HBk	300	950	1,600	3,200	5,600	8,000
2d GT Conv	400	1,200	2,000	4,000	7,000	10,000

1987 4-cyl.

	6	5	4	3	2	1
2d LX Sed	200	600	1,000	2,000	3,500	5,000
2d LX HBk	200	600	1,000	2,050	3,550	5,100
2d LX Conv	300	850	1,400	2,800	4,900	7,000

1987 V-8

	6	5	4	3	2	1
2d LX Sed	200	600	1,000	2,000	3,500	5,000
2d LX HBk	200	600	1,000	2,050	3,550	5,100
2d LX Conv	350	1,050	1,700	3,450	6,000	8,600
2d GT HBk	200	650	1,100	2,200	3,850	5,500
2d GT Conv	350	1,050	1,750	3,500	6,150	8,800

1988 V-6

	6	5	4	3	2	1
2d LX Sed	150	500	800	1,600	2,800	4,000
2d LX HBk	150	500	850	1,700	2,950	4,200
2d LX Conv	300	850	1,400	2,800	4,900	7,000

1988 V-8

	6	5	4	3	2	1
2d LX Sed	200	600	1,000	2,000	3,500	5,000
2d LX HBk	200	650	1,100	2,200	3,850	5,500
2d LX Conv	300	950	1,600	3,200	5,600	8,000
2d GT HBk	300	900	1,500	3,000	5,250	7,500
2d GT Conv	400	1,200	2,000	4,000	7,000	10,000

1989 4-cyl.

	6	5	4	3	2	1
2d LX Cpe	200	550	900	1,800	3,150	4,500
2d LX HBk	200	550	950	1,900	3,300	4,700
2d LX Conv	350	1,000	1,700	3,400	5,950	8,500

1989 V-8

	6	5	4	3	2	1
2d LX Spt Cpe	250	700	1,200	2,350	4,150	5,900
2d LX Spt HBk	250	700	1,200	2,400	4,200	6,000
2d LX Spt Conv	400	1,200	2,000	4,000	7,000	10,000
2d GT HBk	300	900	1,550	3,100	5,400	7,700
2d GT Conv	500	1,550	2,600	5,200	9,100	13,000

1990 4-cyl.

	6	5	4	3	2	1
2d LX	200	550	900	1,850	3,200	4,600
2d LX HBk	200	600	950	1,900	3,350	4,800
2d LX Conv	300	900	1,500	3,000	5,250	7,500

1990 V-8

	6	5	4	3	2	1
2d LX Spt	250	700	1,200	2,400	4,200	6,000
2d LX HBk Spt	250	750	1,250	2,500	4,350	6,200
2d LX Conv Spt	350	1,100	1,800	3,600	6,300	9,000
2d GT HBk	300	950	1,600	3,200	5,600	8,000
2d GT Conv	400	1,200	2,000	4,000	7,000	10,000

1991 4-cyl.

	6	5	4	3	2	1
2d LX Cpe	200	550	900	1,800	3,150	4,500
2d LX HBk	200	600	1,000	2,000	3,500	5,000
2d LX Conv	300	850	1,400	2,800	4,900	7,000

	6	5	4	3	2	1
1991 V-8						
2d LX Cpe	200	650	1,100	2,200	3,850	5,500
2d LX HBk	250	700	1,200	2,400	4,200	6,000
2d LX Conv	300	950	1,600	3,200	5,600	8,000
2d GT HBk	300	900	1,500	3,000	5,250	7,500
2d GT Conv	400	1,150	1,900	3,800	6,650	9,500
1992 V-8, 4-cyl.						
2d LX Cpe	200	600	1,000	2,000	3,500	5,000
2d LX HBk	200	650	1,100	2,200	3,850	5,500
2d LX Conv	300	950	1,600	3,200	5,600	8,000
1992 V-8						
2d LX Sed	300	850	1,400	2,800	4,900	7,000
2d LX HBk	300	900	1,500	3,000	5,250	7,500
2d LX Conv	350	1,100	1,800	3,600	6,300	9,000
2d GT HBk	350	1,000	1,700	3,400	5,950	8,500
2d GT Conv	450	1,300	2,200	4,400	7,700	11,000
1993 4-cyl.						
2d LX Cpe	200	650	1,100	2,200	3,850	5,500
2d LX HBk	200	650	1,100	2,250	3,900	5,600
2d LX Conv	350	1,000	1,650	3,300	5,750	8,200
1993 V-8						
2d LX Cpe	300	850	1,400	2,800	4,900	7,000
2d LX HBk	300	850	1,450	2,900	5,050	7,200
2d LX Conv	400	1,200	1,950	3,900	6,850	9,800
2d GT HBk	300	950	1,600	3,200	5,600	8,000
2d GT Conv	450	1,400	2,300	4,600	8,050	11,500
1993 Cobra						
2d HBk	400	1,250	2,100	4,200	7,350	10,500

THUNDERBIRD

1955 102" wb

Conv	2,400	7,200	12,000	24,000	42,000	60,000

NOTE: Add $1,800 for hardtop.

1956 102" wb

Conv	2,500	7,450	12,400	24,800	43,400	62,000

NOTE: Add $1,800 for hardtop. Add 10 percent for 312 engine.

1957 102" wb

Conv	2,500	7,550	12,600	25,200	44,100	63,000

NOTE: Add $1,800 for hardtop. Add 60 percent for supercharged V-8 (Code F). Add 20 percent for "T-Bird Special" V-8 (Code E).

1958 113" wb

2d HT	1,050	3,100	5,200	10,400	18,200	26,000
Conv	1,450	4,300	7,200	14,400	25,200	36,000

1959 113" wb

2d HT	1,000	3,000	5,000	10,000	17,500	25,000
Conv	1,400	4,200	7,000	14,000	24,500	35,000

NOTE: Add 30 percent for 430 engine option.

1960 113" wb

SR HT	950	2,900	4,800	9,600	16,800	24,000
2d HT	900	2,750	4,600	9,200	16,100	23,000
Conv	1,400	4,200	7,000	14,000	24,500	35,000

NOTE: Add 30 percent for 430 engine option Code J.

1961 113" wb

2d HT	800	2,400	4,000	8,000	14,000	20,000
Conv	1,250	3,700	6,200	12,400	21,700	31,000

1962 113" wb

2d HT	800	2,400	4,000	8,000	14,000	20,000
2d Lan HT	850	2,500	4,200	8,400	14,700	21,000
Conv	1,200	3,600	6,000	12,000	21,000	30,000
Spt Rds	1,350	4,100	6,800	13,600	23,800	34,000

NOTE: Add 20 percent for 390 engine. Add 40 percent for M Series option.

1963 113" wb

2d HT	800	2,400	4,000	8,000	14,000	20,000
2d Lan HT	850	2,500	4,200	8,400	14,700	21,000
Conv	1,200	3,600	6,000	12,000	21,000	30,000
Spt Rds	1,350	4,100	6,800	13,600	23,800	34,000

NOTE: Add 5 percent for Monaco option. Add 20 percent for 390 engine. Add 40 percent for M Series option.

1964 113" wb

2d HT	650	1,900	3,200	6,400	11,200	16,000
2d Lan HT	700	2,050	3,400	6,800	11,900	17,000

	6	5	4	3	2	1
Conv	1,100	3,350	5,600	11,200	19,600	28,000

NOTE: Add 25 percent for Tonneau convertible option.

1965 113" wb
	6	5	4	3	2	1
2d HT	650	1,900	3,200	6,400	11,200	16,000
2d Lan HT	700	2,050	3,400	6,800	11,900	17,000
Conv	1,100	3,350	5,600	11,200	19,600	28,000

NOTE: Add 5 percent for Special Landau option.

1966 113" wb
	6	5	4	3	2	1
2d HT Cpe	700	2,050	3,400	6,800	11,900	17,000
2d Twn Lan	750	2,300	3,800	7,600	13,300	19,000
2d HT Twn	700	2,150	3,600	7,200	12,600	18,000
Conv	1,000	3,000	5,000	10,000	17,500	25,000

NOTE: Add 30 percent for 428 engine.

1967 117" wb
	6	5	4	3	2	1
4d Lan	400	1,200	2,000	4,000	7,000	10,000

1967 115" wb
	6	5	4	3	2	1
2d Lan	450	1,300	2,200	4,400	7,700	11,000
2d HT	450	1,350	2,250	4,500	7,850	11,200

NOTE: Add 30 percent for 428 engine option.

1968 117" wb
	6	5	4	3	2	1
4d Lan Sed	400	1,200	2,000	4,000	7,000	10,000

1968 115" wb
	6	5	4	3	2	1
4d Lan Sed	400	1,250	2,100	4,200	7,350	10,500
2d Lan HT	450	1,300	2,150	4,300	7,500	10,700

NOTE: Add 30 percent for 429 engine option, Code K or 428 engine.

1969 117" wb
	6	5	4	3	2	1
4d Lan	400	1,200	2,000	4,000	7,000	10,000

1969 115" wb
	6	5	4	3	2	1
2d Lan HT	450	1,300	2,150	4,300	7,500	10,700
4d Lan	400	1,250	2,100	4,200	7,350	10,500

1970 117" wb
	6	5	4	3	2	1
4d Lan	400	1,200	2,000	4,000	7,000	10,000

1970 115" wb
	6	5	4	3	2	1
2d Lan HT	450	1,300	2,150	4,300	7,500	10,700
4d Lan	400	1,250	2,100	4,200	7,350	10,500

1971 117" wb
	6	5	4	3	2	1
4d HT	400	1,200	2,000	4,000	7,000	10,000

1971 115" wb
	6	5	4	3	2	1
2d HT	400	1,250	2,100	4,200	7,350	10,500
2d Lan HT	450	1,300	2,150	4,300	7,500	10,700

1972 120" wb
	6	5	4	3	2	1
2d HT	400	1,150	1,900	3,800	6,650	9,500

NOTE: Add 20 percent for 429 engine option.

1973 120" wb
	6	5	4	3	2	1
2d HT	350	1,100	1,800	3,600	6,300	9,000

1974 120" wb
	6	5	4	3	2	1
2d HT	350	1,100	1,800	3,600	6,300	9,000

1975 120" wb
	6	5	4	3	2	1
2d HT	350	1,050	1,750	3,500	6,150	8,800

1976 120" wb
	6	5	4	3	2	1
2d HT	350	1,000	1,650	3,300	5,800	8,300

1977 114" wb
	6	5	4	3	2	1
2d HT	300	850	1,400	2,850	4,950	7,100
2d Lan	300	850	1,450	2,900	5,050	7,200

1978 114" wb
	6	5	4	3	2	1
2d HT	300	900	1,500	3,000	5,250	7,500
2d Twn Lan	350	1,000	1,700	3,400	5,950	8,500
2d Diamond Jubilee	350	1,100	1,800	3,600	6,300	9,000

1979 V-8, 114" wb
	6	5	4	3	2	1
2d HT	300	850	1,400	2,800	4,900	7,000
2d HT Lan	300	900	1,500	3,000	5,250	7,500
2d HT Heritage	300	950	1,600	3,200	5,600	8,000

1980 V-8, 108" wb
	6	5	4	3	2	1
2d Cpe	250	700	1,200	2,400	4,200	6,000
2d Twn Lan Cpe	250	750	1,250	2,500	4,400	6,300
2d Silver Anniv. Cpe	250	800	1,300	2,600	4,550	6,500

1981 V-8, 108" wb
	6	5	4	3	2	1
2d Cpe	200	650	1,100	2,250	3,900	5,600
2d Twn Lan Cpe	250	700	1,150	2,300	4,050	5,800
2d Heritage Cpe	250	700	1,200	2,350	4,150	5,900

	6	5	4	3	2	1

NOTE: Deduct 15 percent for 6-cyl.

1982 V-8, 108" wb

	6	5	4	3	2	1
2d Cpe	250	700	1,150	2,300	4,050	5,800
2d Twn Lan Cpe	250	700	1,200	2,400	4,200	6,000
2d Heritage Cpe	250	750	1,250	2,500	4,350	6,200

NOTE: Deduct 15 percent for V-6.

1983 V-6

2d Cpe	300	850	1,400	2,850	4,950	7,100
2d Cpe Heritage	300	900	1,500	2,950	5,200	7,400

1983 V-8

2d Cpe	300	900	1,500	2,950	5,200	7,400
2d Cpe Heritage	300	950	1,550	3,100	5,450	7,800

1983 4-cyl.

2d Cpe Turbo	300	900	1,500	3,000	5,250	7,500

1984 V-6

2d Cpe	300	850	1,400	2,750	4,850	6,900
2d Cpe Elan	300	850	1,450	2,900	5,050	7,200
2d Cpe Fila	300	900	1,450	2,900	5,100	7,300

1984 V-8

2d Cpe	300	900	1,500	2,950	5,200	7,400
2d Cpe Elan	300	900	1,500	3,050	5,300	7,600
2d Cpe Fila	300	900	1,550	3,100	5,400	7,700

NOTE: Deduct 10 percent for V-6 non turbo.

1984 4-cyl.

2d Cpe Turbo	300	900	1,500	2,950	5,200	7,400

1985 V-8, 104" wb

2d Cpe	250	750	1,300	2,550	4,500	6,400
2d Elan Cpe	250	800	1,350	2,700	4,750	6,800
2d Fila Cpe	300	850	1,400	2,750	4,850	6,900

1985 4-cyl. Turbo

2d Cpe	300	850	1,400	2,800	4,900	7,000

NOTE: Deduct 10 percent for V-6 non-turbo.

1986 104" wb

2d Cpe	250	750	1,300	2,550	4,500	6,400
2d Elan Cpe	250	800	1,300	2,650	4,600	6,600
2d Turbo Cpe	300	850	1,450	2,900	5,050	7,200

1987 V-6, 104" wb

2d Cpe	250	800	1,300	2,600	4,550	6,500
2d LX Cpe	250	800	1,300	2,650	4,600	6,600

1987 V-8, 104" wb

2d Cpe	300	850	1,400	2,800	4,900	7,000
2d Spt Cpe	300	850	1,450	2,900	5,050	7,200
2d LX Cpe	300	900	1,450	2,900	5,100	7,300

1987 4-cyl. Turbo

2d Cpe	300	850	1,450	2,900	5,050	7,200

1988 V-6

2d Cpe	200	550	900	1,800	3,150	4,500
2d LX Cpe	200	600	1,000	2,000	3,500	5,000

1988 V-8

2d Spt Cpe	200	650	1,100	2,200	3,850	5,500

1988 4-cyl. Turbo

2d Cpe	200	550	950	1,900	3,300	4,700

NOTE: Add 20 percent for V-8 where available.

1989 V-6

2d Cpe	250	800	1,350	2,700	4,750	6,800
2d LX Cpe	300	850	1,400	2,800	4,900	7,000
2d Sup Cpe	350	1,100	1,800	3,600	6,300	9,000

1990 V-6

2d Cpe	250	800	1,300	2,600	4,550	6,500
2d LX Cpe	300	850	1,400	2,800	4,900	7,000
2d Sup Cpe	350	1,100	1,800	3,600	6,300	9,000

1991 V-6

2d Cpe	250	700	1,200	2,400	4,200	6,000
2d LX Cpe	250	800	1,300	2,600	4,550	6,500
2d Sup Cpe	350	1,000	1,700	3,400	5,950	8,500

1991 V-8

2d Cpe	300	850	1,400	2,800	4,900	7,000
2d LX Cpe	300	900	1,500	3,000	5,250	7,500

1992 V-6

2d Cpe	300	850	1,400	2,800	4,900	7,000
2d LX Cpe	300	850	1,450	2,900	5,050	7,200

	6	5	4	3	2	1
2d Sup Cpe	300	900	1,500	3,000	5,250	7,500
1992 V-8						
2d Cpe	300	850	1,400	2,850	4,950	7,100
2d Spt Cpe	300	950	1,550	3,100	5,450	7,800
2d LX Cpe	300	900	1,500	3,000	5,250	7,500
1993 V-6						
2d LX Cpe	300	900	1,450	2,900	5,100	7,300
2d Sup Cpe	300	900	1,500	3,000	5,250	7,500
1993 V-8						
2d LX Cpe	300	950	1,600	3,250	5,650	8,100

FRANKLIN

1903 Four, 10 hp, 72" wb						
Rbt	1,500	4,450	7,400	14,800	25,900	37,000
1904 Type A, 4-cyl., 12 hp, 82" wb						
2/4P Light Rbt	1,450	4,300	7,200	14,400	25,200	36,000
1904 Type B, 4-cyl., 12 hp, 82" wb						
4P Light Ton	1,450	4,300	7,200	14,400	25,200	36,000
1904 Type C, 4-cyl., 30 hp, 110" wb						
5P Side Entrance Ton	1,450	4,300	7,200	14,400	25,200	36,000
1904 Type D, 4-cyl., 20 hp, 100" wb						
5P Light Tr	1,400	4,200	7,000	14,000	24,500	35,000
1904 Type E, 4-cyl., 12 hp, 74" wb						
2P Gentleman's Rbt	1,350	4,100	6,800	13,600	23,800	34,000
1904 Type F, 4-cyl., 12 hp, 82" wb						
4P Light Ton	1,400	4,200	7,000	14,000	24,500	35,000
1905 Type A, 4-cyl., 12 hp, 80" wb						
Rbt	1,300	3,850	6,400	12,800	22,400	32,000
Detachable Ton	1,300	3,950	6,600	13,200	23,100	33,000
1905 Type B, 4-cyl., 12 hp, 80" wb						
Tr	1,300	3,950	6,600	13,200	23,100	33,000
1905 Type C, 4-cyl., 30 hp, 107" wb						
Tr	1,450	4,300	7,200	14,400	25,200	36,000
1905 Type D, 4-cyl., 20 hp, 100" wb						
Tr	1,400	4,200	7,000	14,000	24,500	35,000
1905 Type E, 4-cyl., 12 hp, 80" wb						
Rbt	1,300	3,850	6,400	12,800	22,400	32,000
1906 Type E, 4-cyl., 12 hp, 81-1						
2P Rbt	1,200	3,600	6,000	12,000	21,000	30,000
1906 Type G, 4-cyl., 12 hp, 88" wb						
5P Tr	1,250	3,700	6,200	12,400	21,700	31,000
1906 Type D, 4-cyl., 20 hp, 100" wb						
5P Tr	1,300	3,850	6,400	12,800	22,400	32,000
5P Limo (115" wb)	1,050	3,100	5,200	10,400	18,200	26,000
1906 Type H, 6-cyl., 30 hp, 114" wb						
5P Tr	1,300	3,950	6,600	13,200	23,100	33,000
1907 Model G, 4-cyl., 12 hp, 90" wb						
2P Rbt	1,350	4,100	6,800	13,600	23,800	34,000
4P Tr	1,400	4,200	7,000	14,000	24,500	35,000
1907 Model D, 4-cyl., 20 hp, 105" wb						
5P Tr	1,450	4,300	7,200	14,400	25,200	36,000
2P Rbt	1,400	4,200	7,000	14,000	24,500	35,000
5P Lan'let	1,200	3,600	6,000	12,000	21,000	30,000
1907 Model H, 6-cyl., 30 hp, 127" wb						
7P Tr	1,500	4,450	7,400	14,800	25,900	37,000
2P Rbt	1,450	4,300	7,200	14,400	25,200	36,000
5P Limo	1,250	3,700	6,200	12,400	21,700	31,000
1908 Model G, 4-cyl., 16 hp, 90" wb						
Tr	1,300	3,950	6,600	13,200	23,100	33,000
Rbt	1,350	4,100	6,800	13,600	23,800	34,000
Brgm	1,050	3,100	5,200	10,400	18,200	26,000
Lan'let	1,100	3,250	5,400	10,800	18,900	27,000
1908 Model D, 4-cyl., 28 hp, 105" wb						
Tr	1,350	4,100	6,800	13,600	23,800	34,000
Surrey-Seat Rbt	1,300	3,950	6,600	13,200	23,100	33,000
Lan'let	1,100	3,350	5,600	11,200	19,600	28,000
1908 Model H, 6-cyl., 42 hp, 127" wb						
Tr	1,450	4,300	7,200	14,400	25,200	36,000
Limo	1,300	3,850	6,400	12,800	22,400	32,000
Rbt	1,400	4,200	7,000	14,000	24,500	35,000

1937 Graham 116 Supercharged trunk sedan

1929 Graham-Paige Model 612 roadster

1919 Hudson Super Six cabriolet

	6	5	4	3	2	1
1909 Model G, 4-cyl., 18 hp, 91-1						
4P Tr	1,300	3,950	6,600	13,200	23,100	33,000
4P Cape Top Tr	1,350	4,100	6,800	13,600	23,800	34,000
Brgm	1,050	3,100	5,200	10,400	18,200	26,000
Lan'let	1,100	3,250	5,400	10,800	18,900	27,000
1909 Model D, 4-cyl., 28 hp, 106" wb						
5P Tr	1,350	4,100	6,800	13,600	23,800	34,000
5P Cape Top Tr	1,400	4,200	7,000	14,000	24,500	35,000
Rbt, Single Rumble	1,450	4,300	7,200	14,400	25,200	36,000
Rbt, Double Rumble	1,500	4,450	7,400	14,800	25,900	37,000
Lan'let	1,200	3,600	6,000	12,000	21,000	30,000
1909 Model H, 6-cyl., 42 hp, 127" wb						
7P Tr	1,400	4,200	7,000	14,000	24,500	35,000
7P Cape Top Tr	1,450	4,300	7,200	14,400	25,200	36,000
Limo	1,300	3,950	6,600	13,200	23,100	33,000
1910 Model G, 4-cyl., 18 hp, 91-1						
5P Tr	1,400	4,200	7,000	14,000	24,500	35,000
4P Rbt	1,350	4,100	6,800	13,600	23,800	34,000
2P Rbt	1,300	3,950	6,600	13,200	23,100	33,000
1910 Model K, 4-cyl., 18 hp, 91-1						
Twn Car	1,300	3,850	6,400	12,800	22,400	32,000
Taxicab	1,200	3,600	6,000	12,000	21,000	30,000
1910 Model D, 4-cyl., 28 hp, 106" wb						
5P Tr	1,450	4,300	7,200	14,400	25,200	36,000
4P Surrey	1,300	3,850	6,400	12,800	22,400	32,000
6P Limo (111-1/2"wb)	1,200	3,600	6,000	12,000	21,000	30,000
Lan'let 6P (111-1/2"wb)	1,250	3,700	6,200	12,400	21,700	31,000
1910 Model H, 6-cyl., 42 hp, 127" wb						
7P Tr	1,500	4,450	7,400	14,800	25,900	37,000
4P Surrey	1,300	3,950	6,600	13,200	23,100	33,000
7P Limo	1,250	3,700	6,200	12,400	21,700	31,000
1911 Model G, 4-cyl., 18 hp, 100" wb						
5P Tr	1,350	4,100	6,800	13,600	23,800	34,000
Torp Phae (108" wb)	1,400	4,200	7,000	14,000	24,500	35,000
1911 Model M, 4-cyl., 25 hp, 108" wb						
5P Tr	1,400	4,200	7,000	14,000	24,500	35,000
7P Limo	1,250	3,700	6,200	12,400	21,700	31,000
7P Lan'let	1,300	3,850	6,400	12,800	22,400	32,000
1911 Model D, 6-cyl., 38 hp, 123" wb						
4P Torp Phae	1,500	4,450	7,400	14,800	25,900	37,000
5P Tr	1,450	4,300	7,200	14,400	25,200	36,000
6P Limo	1,300	3,850	6,400	12,800	22,400	32,000
6P Lan'let	1,300	3,950	6,600	13,200	23,100	33,000
1911 Model H, 6-cyl., 48 hp, 133" wb						
7P Tr	1,500	4,550	7,600	15,200	26,600	38,000
Torp Phae (126" wb)	1,550	4,700	7,800	15,600	27,300	39,000
1912 Model G, 4-cyl., 18 hp, 100" wb						
Rbt	1,400	4,200	7,000	14,000	24,500	35,000
1912 Model G, 4-cyl., 25 hp, 103" wb						
Tr	1,450	4,300	7,200	14,400	25,200	36,000
1912 Model M, 6-cyl., 30 hp, 116" wb						
Tr	1,500	4,550	7,600	15,200	26,600	38,000
Torp Phae	1,550	4,700	7,800	15,600	27,300	39,000
Rds	1,550	4,700	7,800	15,600	27,300	39,000
1912 Model K-6, 4-cyl., 18 hp, 100" wb						
Taxicab	1,300	3,850	6,400	12,800	22,400	32,000
1912 Model D, 6-cyl., 38 hp, 123" wb						
Tr	1,500	4,550	7,600	15,200	26,600	38,000
Torp Phae	1,550	4,700	7,800	15,600	27,300	39,000
1912 Model H, 6-cyl., 38 hp, 126" wb						
Tr	1,550	4,700	7,800	15,600	27,300	39,000
Limo	1,600	4,800	8,000	16,000	28,000	40,000
1913 Model G, 4-cyl., 18 hp, 100" wb						
2P Rbt	1,500	4,550	7,600	15,200	26,600	38,000
1913 Model G, 4-cyl., 25 hp, 103" wb						
5P Tr	1,500	4,550	7,600	15,200	26,600	38,000
1913 Model M, 6-cyl., 30 hp, 116" wb						
5P Little Six Tr	1,550	4,700	7,800	15,600	27,300	39,000
2P Little Six Vic	1,500	4,450	7,400	14,800	25,900	37,000
1913 Model D, 6-cyl., 38 hp, 123" wb						
5P Tr	1,650	4,900	8,200	16,400	28,700	41,000
4P Torp Phae	1,700	5,050	8,400	16,800	29,400	42,000

	6	5	4	3	2	1
1913 Model H, 4-cyl., 38 hp, 126" wb						
7P Tr	1,700	5,050	8,400	16,800	29,400	42,000
7P Limo	1,600	4,800	8,000	16,000	28,000	40,000
1914 Model Six-30, 6-cyl., 31.6 hp, 120" wb						
5P Tr	1,500	4,550	7,600	15,200	26,600	38,000
Rds	1,600	4,800	8,000	16,000	28,000	40,000
Cpe	1,350	4,100	6,800	13,600	23,800	34,000
Sed	1,300	3,950	6,600	13,200	23,100	33,000
Limo	1,450	4,300	7,200	14,400	25,200	36,000
Berlin	1,500	4,550	7,600	15,200	26,600	38,000
1915 Model Six-30, 6-cyl., 31.6 hp, 120" wb						
2P Rds	1,650	4,900	8,200	16,400	28,700	41,000
5P Tr	1,600	4,800	8,000	16,000	28,000	40,000
Cpe	1,350	4,100	6,800	13,600	23,800	34,000
Sed	1,300	3,950	6,600	13,200	23,100	33,000
Berlin	1,500	4,550	7,600	15,200	26,600	38,000
1916 Model Six-30, 6-cyl., 31.6 hp, 120" wb						
5P Tr	1,650	4,900	8,200	16,400	28,700	41,000
3P Rds	1,700	5,050	8,400	16,800	29,400	42,000
5P Sed	1,350	4,100	6,800	13,600	23,800	34,000
4P Doctor's Car	1,400	4,200	7,000	14,000	24,500	35,000
7P Berlin	1,550	4,700	7,800	15,600	27,300	39,000
1917 Series 9, 6-cyl., 25.35 hp, 115" wb						
5P Tr	1,700	5,050	8,400	16,800	29,400	42,000
4P Rds	1,700	5,150	8,600	17,200	30,100	43,000
2P Rbt	1,500	4,550	7,600	15,200	26,600	38,000
7P Limo	1,500	4,450	7,400	14,800	25,900	37,000
5P Sed	1,350	4,100	6,800	13,600	23,800	34,000
7P Twn Car	1,500	4,550	7,600	15,200	26,600	38,000
4P Brgm	1,450	4,300	7,200	14,400	25,200	36,000
4P Cabr	1,650	4,900	8,200	16,400	28,700	41,000
1918 Series 9, 6-cyl., 25.35 hp, 115" wb						
5P Tr	1,700	5,050	8,400	16,800	29,400	42,000
2P Rds	1,700	5,150	8,600	17,200	30,100	43,000
4P Rds	1,700	5,150	8,600	17,200	30,100	43,000
Sed	1,300	3,850	6,400	12,800	22,400	32,000
Brgm	1,300	3,950	6,600	13,200	23,100	33,000
Limo	1,500	4,450	7,400	14,800	25,900	37,000
Twn Car	1,500	4,550	7,600	15,200	26,600	38,000
Cabr	1,650	4,900	8,200	16,400	28,700	41,000
1919 Series 9, 6-cyl., 25.35 hp, 115" wb						
5P Tr	1,700	5,050	8,400	16,800	29,400	42,000
Rbt	1,700	5,050	8,400	16,800	29,400	42,000
4P Rds	1,700	5,150	8,600	17,200	30,100	43,000
Brgm	1,300	3,950	6,600	13,200	23,100	33,000
Sed	1,300	3,850	6,400	12,800	22,400	32,000
Limo	1,500	4,450	7,400	14,800	25,900	37,000
1920 Model 9-B, 6-cyl., 25.3 hp, 115" wb						
5P Tr	1,700	5,050	8,400	16,800	29,400	42,000
4P Rds	1,700	5,050	8,400	16,800	29,400	42,000
2P Rds	1,650	4,900	8,200	16,400	28,700	41,000
5P Sed	1,300	3,850	6,400	12,800	22,400	32,000
4P Brgm	1,300	3,950	6,600	13,200	23,100	33,000
1921 Model 9-B, 6-cyl., 25 hp, 115" wb						
2P Rbt	1,700	5,050	8,400	16,800	29,400	42,000
4P Rds	1,700	5,050	8,400	16,800	29,400	42,000
5P Tr	1,700	5,150	8,600	17,200	30,100	43,000
2P Conv Rbt	1,750	5,300	8,800	17,600	30,800	44,000
5P Conv Tr	1,800	5,400	9,000	18,000	31,500	45,000
4P Brgm	1,300	3,950	6,600	13,200	23,100	33,000
5P Sed	1,300	3,850	6,400	12,800	22,400	32,000
1922 Model 9-B, 6-cyl., 25 hp, 115" wb						
2P Rds	1,650	4,900	8,200	16,400	28,700	41,000
5P Tr	1,600	4,800	8,000	16,000	28,000	40,000
2P Demi Cpe	1,350	4,100	6,800	13,600	23,800	34,000
5P Demi Cpe	1,350	4,100	6,800	13,600	23,800	34,000
4P Brgm	1,300	3,950	6,600	13,200	23,100	33,000
5P Sed	1,300	3,850	6,400	12,800	22,400	32,000
5P Limo	1,450	4,300	7,200	14,400	25,200	36,000
1923 Model 10, 6-cyl., 25 hp, 115" wb						
5P Tr	1,500	4,550	7,600	15,200	26,600	38,000
2P Rds	1,600	4,800	8,000	16,000	28,000	40,000
5P Demi Sed	1,300	3,950	6,600	13,200	23,100	33,000
4P Brgm	1,350	4,100	6,800	13,600	23,800	34,000
4P Cpe	1,400	4,200	7,000	14,000	24,500	35,000

	6	5	4	3	2	1
5P Sed	1,300	3,850	6,400	12,800	22,400	32,000
5P Tr Limo	1,500	4,550	7,600	15,200	26,600	38,000
1924 Model 10-B, 6-cyl., 25 hp, 115" wb						
5P Tr	1,400	4,200	7,000	14,000	24,500	35,000
5P Demi Sed	1,200	3,600	6,000	12,000	21,000	30,000
4P Cpe	1,250	3,700	6,200	12,400	21,700	31,000
5P Brgm	1,250	3,700	6,200	12,400	21,700	31,000
5P Sed	1,150	3,500	5,800	11,600	20,300	29,000
Tr Limo	1,400	4,200	7,000	14,000	24,500	35,000
1925 Model 10-C, 6-cyl., 32 hp, 115" wb						
5P Tr	1,300	3,950	6,600	13,200	23,100	33,000
5P Demi Sed	1,100	3,350	5,600	11,200	19,600	28,000
4P Cpe	1,150	3,500	5,800	11,600	20,300	29,000
4P Brgm	1,100	3,350	5,600	11,200	19,600	28,000
5P Sed	1,100	3,250	5,400	10,800	18,900	27,000

NOTE: Series II introduced spring of 1925.

	6	5	4	3	2	1
1926 Model 11-A, 6-cyl., 32 hp, 119" wb						
5P Sed	1,100	3,250	5,400	10,800	18,900	27,000
5P Spt Sed	1,100	3,350	5,600	11,200	19,600	28,000
4P Cpe	1,150	3,500	5,800	11,600	20,300	29,000
5P Encl Dr Limo	1,300	3,950	6,600	13,200	23,100	33,000
4P Cabr	1,400	4,200	7,000	14,000	24,500	35,000
5P Tr	1,450	4,300	7,200	14,400	25,200	36,000
2P Spt Rbt	1,400	4,200	7,000	14,000	24,500	35,000
5P Cpe Rumble	1,200	3,600	6,000	12,000	21,000	30,000
1927 Model 11-B, 6-cyl., 32 hp, 119" wb						
4P Vic	1,150	3,500	5,800	11,600	20,300	29,000
2P Spt Cpe	1,200	3,600	6,000	12,000	21,000	30,000
4P Tandem Spt	1,350	4,100	6,800	13,600	23,800	34,000
5P Sed	1,100	3,250	5,400	10,800	18,900	27,000
5P Spt Sed	1,100	3,350	5,600	11,200	19,600	28,000
3P Cpe	1,150	3,500	5,800	11,600	20,300	29,000
5P Encl Dr Limo	1,300	3,950	6,600	13,200	23,100	33,000
5P Cabr	1,850	5,500	9,200	18,400	32,200	46,000
5P Tr	1,800	5,400	9,000	18,000	31,500	45,000
2P Spt Rbt	1,900	5,650	9,400	18,800	32,900	47,000
5P Cpe Rumble	1,200	3,600	6,000	12,000	21,000	30,000
1928 Airman, 6-cyl., 46 hp, 119" wb						
3P Cpe	1,300	3,850	6,400	12,800	22,400	32,000
4P Vic	1,250	3,700	6,200	12,400	21,700	31,000
5P Sed	1,100	3,350	5,600	11,200	19,600	28,000
5P Oxford Sed	1,150	3,500	5,800	11,600	20,300	29,000
5P Spt Sed	1,150	3,500	5,800	11,600	20,300	29,000
3/5P Conv	1,900	5,650	9,400	18,800	32,900	47,000
1928 Airman, 6-cyl., 46 hp, 128" wb						
Spt Rbt	1,950	5,900	9,800	19,600	34,300	49,000
Spt Tr	1,900	5,750	9,600	19,200	33,600	48,000
7P Sed	1,100	3,350	5,600	11,200	19,600	28,000
Oxford Sed	1,150	3,500	5,800	11,600	20,300	29,000
7P Tr	1,800	5,400	9,000	18,000	31,500	45,000
7P Limo	1,350	4,100	6,800	13,600	23,800	34,000
1929 Model 130, 6-cyl., 46 hp, 120" wb						
3/5P Cpe	1,100	3,350	5,600	11,200	19,600	28,000
5P Sed	950	2,900	4,800	9,600	16,800	24,000
1929 Model 135, 6-cyl., 60 hp, 125" wb						
3P Cpe	1,150	3,500	5,800	11,600	20,300	29,000
5P Sed	1,000	3,000	5,000	10,000	17,500	25,000
3/5P Conv Cpe	1,800	5,400	9,000	18,000	31,500	45,000
4P Vic Brgm	1,100	3,250	5,400	10,800	18,900	27,000
5P Oxford Sed	1,100	3,250	5,400	10,800	18,900	27,000
5P Spt Sed	1,100	3,250	5,400	10,800	18,900	27,000
1929 Model 137, 6-cyl., 60 hp, 132" wb						
5P Spt Tr	1,950	5,900	9,800	19,600	34,300	49,000
4P Spt Rbt	2,000	6,000	10,000	20,000	35,000	50,000
7P Tr	1,800	5,400	9,000	18,000	31,500	45,000
7P Sed	1,050	3,100	5,200	10,400	18,200	26,000
7P Oxford Sed	1,100	3,250	5,400	10,800	18,900	27,000
7P Limo	1,150	3,500	5,800	11,600	20,300	29,000
1930 Model 145, 6-cyl., 87 hp, 125" wb						
Sed	900	2,750	4,600	9,200	16,100	23,000
Cpe	1,000	3,000	5,000	10,000	17,500	25,000
Clb Sed	1,000	3,000	5,000	10,000	17,500	25,000
DeL Sed	950	2,900	4,800	9,600	16,800	24,000
Vic Brgm	1,000	3,000	5,000	10,000	17,500	25,000
Conv Cpe	1,900	5,650	9,400	18,800	32,900	47,000

	6	5	4	3	2	1
Tr Sed	1,000	3,000	5,000	10,000	17,500	25,000
Pursuit	1,000	3,000	5,000	10,000	17,500	25,000

1930 Model 147, 6-cyl., 87 hp, 132" wb

	6	5	4	3	2	1
Rds	2,200	6,600	11,000	22,000	38,500	55,000
Pirate Tr	2,050	6,100	10,200	20,400	35,700	51,000
Pirate Phae	2,100	6,250	10,400	20,800	36,400	52,000
5P Sed	1,000	3,000	5,000	10,000	17,500	25,000
7P Sed	1,050	3,100	5,200	10,400	18,200	26,000
Limo	1,200	3,600	6,000	12,000	21,000	30,000
Sed Limo	1,250	3,700	6,200	12,400	21,700	31,000
Spds	1,200	3,600	6,000	12,000	21,000	30,000
Conv Spds	2,500	7,450	12,400	24,800	43,400	62,000
Deauville Sed	1,700	5,150	8,600	17,200	30,100	43,000
Twn Car	1,300	3,950	6,600	13,200	23,100	33,000
Cabr	2,400	7,200	12,000	24,000	42,000	60,000
Conv Sed	2,650	7,900	13,200	26,400	46,200	66,000

1931 Series 15, 6-cyl., 100 hp, 125" wb

	6	5	4	3	2	1
Pursuit	1,100	3,350	5,600	11,200	19,600	28,000
5P Sed	1,100	3,250	5,400	10,800	18,900	27,000
Cpe	1,200	3,600	6,000	12,000	21,000	30,000
Oxford Sed	1,100	3,300	5,500	11,000	19,300	27,500
Vic Brgm	1,150	3,500	5,800	11,600	20,300	29,000
Conv Cpe	2,200	6,600	11,000	22,000	38,500	55,000
Twn Sed	1,200	3,600	6,000	12,000	21,000	30,000

1931 Series 15, 6-cyl., 100 hp, 132" wb

	6	5	4	3	2	1
Rds	2,800	8,400	14,000	28,000	49,000	70,000
7P Sed	1,200	3,600	6,000	12,000	21,000	30,000
Spt Salon	1,250	3,700	6,200	12,400	21,700	31,000
Limo	1,300	3,950	6,600	13,200	23,100	33,000

1931 Series 15 DeLuxe, 6-cyl., 100 hp, 132" wb

	6	5	4	3	2	1
5P Tr	2,650	7,900	13,200	26,400	46,200	66,000
7P Tr	2,650	7,900	13,200	26,400	46,200	66,000
Spds	1,300	3,950	6,600	13,200	23,100	33,000
5P Sed	1,250	3,700	6,200	12,400	21,700	31,000
Clb Sed	1,300	3,850	6,400	12,800	22,400	32,000
Conv Cpe	2,650	7,900	13,200	26,400	46,200	66,000
Twn Sed	1,300	3,950	6,600	13,200	23,100	33,000
7P Sed	1,250	3,700	6,200	12,400	21,700	31,000
Limo	1,350	4,100	6,800	13,600	23,800	34,000

1932 Airman, 6-cyl., 100 hp, 132" wb

	6	5	4	3	2	1
Spds	1,200	3,600	6,000	12,000	21,000	30,000
5P Sed	1,150	3,500	5,800	11,600	20,300	29,000
Cpe	1,200	3,600	6,000	12,000	21,000	30,000
Clb Sed	1,200	3,550	5,900	11,800	20,700	29,500
Vic Brgm	1,200	3,600	6,000	12,000	21,000	30,000
Conv Cpe	2,250	6,700	11,200	22,400	39,200	56,000
7P Sed	1,200	3,600	6,000	12,000	21,000	30,000
Limo	1,250	3,700	6,200	12,400	21,700	31,000
Sed Oxford	1,150	3,500	5,800	11,600	20,300	29,000

1933 Olympic, 6-cyl., 100 hp, 118" wb

	6	5	4	3	2	1
5P Sed	900	2,650	4,400	8,800	15,400	22,000
4P Cpe	950	2,900	4,800	9,600	16,800	24,000
4P Conv Cpe	1,700	5,150	8,600	17,200	30,100	43,000

1933 Airman, 6-cyl., 100 hp, 132" wb

	6	5	4	3	2	1
4P Spds	1,050	3,100	5,200	10,400	18,200	26,000
5P Sed	1,000	3,000	5,000	10,000	17,500	25,000
5P Cpe	1,100	3,250	5,400	10,800	18,900	27,000
5P Clb Sed	1,050	3,100	5,200	10,400	18,200	26,000
5P Vic Brgm	1,100	3,250	5,400	10,800	18,900	27,000
7P Sed	950	2,900	4,800	9,600	16,800	24,000
6P Oxford Sed	1,000	3,000	5,000	10,000	17,500	25,000
7P Limo	1,050	3,100	5,200	10,400	18,200	26,000

1933 Twelve, V-12, 150 hp, 144" wb

	6	5	4	3	2	1
5P Sed	1,800	5,400	9,000	18,000	31,500	45,000
5P Clb Brgm	1,900	5,650	9,400	18,800	32,900	47,000
7P Sed	1,600	4,800	8,000	16,000	28,000	40,000
7P Limo	2,000	6,000	10,000	20,000	35,000	50,000

1934 Olympic, 6-cyl., 100 hp, 118" wb

	6	5	4	3	2	1
Sed	900	2,650	4,400	8,800	15,400	22,000
Cpe	950	2,900	4,800	9,600	16,800	24,000
Conv Cpe	1,800	5,400	9,000	18,000	31,500	45,000

1934 Airman, 6-cyl., 100 hp, 132" wb

	6	5	4	3	2	1
Sed	1,000	3,000	5,000	10,000	17,500	25,000
Clb Sed	1,050	3,100	5,200	10,400	18,200	26,000
Sed	1,000	3,050	5,100	10,200	17,900	25,500
Oxford Sed	1,050	3,200	5,300	10,600	18,600	26,500

	6	5	4	3	2	1
Limo	1,250	3,700	6,200	12,400	21,700	31,000

1934 Twelve, V-12, 150 hp, 144" wb

	6	5	4	3	2	1
Sed	1,800	5,400	9,000	18,000	31,500	45,000
Clb Brgm	1,900	5,650	9,400	18,800	32,900	47,000
Sed	1,600	4,800	8,000	16,000	28,000	40,000
Limo	2,000	6,000	10,000	20,000	35,000	50,000

GARDNER

1920 Model G, 4-cyl., 35 hp, 112" wb

	6	5	4	3	2	1
5P Tr	900	2,650	4,400	8,800	15,400	22,000
3P Rds	1,000	3,000	5,000	10,000	17,500	25,000
5P Sed	600	1,800	3,000	6,000	10,500	15,000

1921 Model G, 4-cyl., 35 hp, 112" wb

	6	5	4	3	2	1
3P Rds	700	2,050	3,400	6,800	11,900	17,000
5P Tr	900	2,650	4,400	8,800	15,400	22,000
5P Sed	600	1,800	3,000	6,000	10,500	15,000

1922 Four, 35 hp, 112" wb

	6	5	4	3	2	1
3P Rds	1,000	3,000	5,000	10,000	17,500	25,000
5P Tr	900	2,650	4,400	8,800	15,400	22,000
5P Sed	600	1,800	3,000	6,000	10,500	15,000

1923 Model 5, 4-cyl., 43 hp, 112" wb

	6	5	4	3	2	1
5P Tr	900	2,650	4,400	8,800	15,400	22,000
2P Rds	1,000	3,000	5,000	10,000	17,500	25,000
2P Cpe	750	2,300	3,800	7,600	13,300	19,000
5P Sed	600	1,800	3,000	6,000	10,500	15,000

1924 Model 5, 4-cyl., 43 hp, 112" wb

	6	5	4	3	2	1
3P Rds	1,000	3,000	5,000	10,000	17,500	25,000
5P Tr	900	2,650	4,400	8,800	15,400	22,000
5P Spt Tr	900	2,750	4,600	9,200	16,100	23,000
3P Cpe	750	2,300	3,800	7,600	13,300	19,000
5P Brgm	650	1,900	3,200	6,400	11,200	16,000
5P Sed	600	1,800	3,000	6,000	10,500	15,000

1925 Model 5, 4-cyl., 44 hp, 112" wb

	6	5	4	3	2	1
5P Tr	900	2,650	4,400	8,800	15,400	22,000
3P Rds	1,000	3,000	5,000	10,000	17,500	25,000
5P Std Tr	900	2,750	4,600	9,200	16,100	23,000
5P DeL Tr	950	2,900	4,800	9,600	16,800	24,000
5P Sed	600	1,800	3,000	6,000	10,500	15,000
4P Cpe	750	2,300	3,800	7,600	13,300	19,000
5P Radio Sed	700	2,150	3,600	7,200	12,600	18,000

1925 Six, 57 hp, 117" wb

	6	5	4	3	2	1
5P Tr	900	2,750	4,600	9,200	16,100	23,000

1925 Line 8, 8-cyl., 65 hp, 125" wb

	6	5	4	3	2	1
5P Tr	950	2,900	4,800	9,600	16,800	24,000
5P Brgm	700	2,050	3,400	6,800	11,900	17,000

1926 Six, 57 hp, 117" wb

	6	5	4	3	2	1
5P Tr	1,050	3,100	5,200	10,400	18,200	26,000
4P Rds	1,200	3,600	6,000	12,000	21,000	30,000
4P Cabr	1,000	3,000	5,000	10,000	17,500	25,000
5P 4d Brgm	700	2,150	3,600	7,200	12,600	18,000
5P Sed	650	1,900	3,200	6,400	11,200	16,000
DeL Sed	700	2,050	3,400	6,800	11,900	17,000

1926 Line 8, 65 hp, 125" wb

	6	5	4	3	2	1
5P Tr	1,450	4,300	7,200	14,400	25,200	36,000
4P Rds	1,600	4,800	8,000	16,000	28,000	40,000
4P Cabr	1,400	4,200	7,000	14,000	24,500	35,000
5P 4d Brgm	1,050	3,100	5,200	10,400	18,200	26,000
5P Sed	950	2,900	4,800	9,600	16,800	24,000
5P DeL Sed	1,000	3,000	5,000	10,000	17,500	25,000

1927 Model 6-B, 6-cyl., 55 hp, 117" wb

	6	5	4	3	2	1
5P Tr	1,050	3,100	5,200	10,400	18,200	26,000
4P Rds	1,200	3,600	6,000	12,000	21,000	30,000
4P Cabr	1,100	3,250	5,400	10,800	18,900	27,000
5P 4d Brgm	700	2,150	3,600	7,200	12,600	18,000
5P Sed	650	1,900	3,200	6,400	11,200	16,000

1927 Model 8-80, 8-cyl., 70 hp, 122" wb

	6	5	4	3	2	1
4P Rds	1,500	4,550	7,600	15,200	26,600	38,000
5P Sed	950	2,900	4,800	9,600	16,800	24,000
Vic Cpe	1,100	3,250	5,400	10,800	18,900	27,000

1927 Model 8-90, 8-cyl., 84 hp, 130" wb

	6	5	4	3	2	1
4P Rds	1,600	4,800	8,000	16,000	28,000	40,000
5P Sed	700	2,050	3,400	6,800	11,900	17,000
5P Brgm	750	2,300	3,800	7,600	13,300	19,000

	6	5	4	3	2	1
5P Vic	750	2,300	3,800	7,600	13,300	19,000

1928 Model 8-75, 8-cyl., 65 hp, 122" wb

	6	5	4	3	2	1
4P Rds	1,550	4,700	7,800	15,600	27,300	39,000
Vic	1,100	3,250	5,400	10,800	18,900	27,000
Cpe	1,050	3,100	5,200	10,400	18,200	26,000
5P Clb Sed	1,000	3,000	5,000	10,000	17,500	25,000
5P Sed	900	2,750	4,600	9,200	16,100	23,000

1928 Model 8-85, 8-cyl., 74 hp, 125" wb

	6	5	4	3	2	1
4P Rds	1,600	4,800	8,000	16,000	28,000	40,000
5P Brgm	1,100	3,250	5,400	10,800	18,900	27,000
5P Sed	950	2,900	4,800	9,600	16,800	24,000
4P Cus Cpe	1,100	3,350	5,600	11,200	19,600	28,000

1928 Model 8-95, 8-cyl., 115 hp, 130" wb

	6	5	4	3	2	1
4P Rds	1,700	5,150	8,600	17,200	30,100	43,000
5P Brgm	1,100	3,350	5,600	11,200	19,600	28,000
5P Sed	1,000	3,000	5,000	10,000	17,500	25,000
4P Cus Cpe	1,150	3,500	5,800	11,600	20,300	29,000

1929-1930 Model 120, 8-cyl., 65 hp, 122" wb

	6	5	4	3	2	1
4P Rds	1,600	4,800	8,000	16,000	28,000	40,000
5P Spt Sed	1,100	3,350	5,600	11,200	19,600	28,000
4P Cpe	1,150	3,500	5,800	11,600	20,300	29,000
5P Sed	950	2,900	4,800	9,600	16,800	24,000

1929-1930 Model 125, 8-cyl., 85 hp, 125" wb

	6	5	4	3	2	1
4P Rds	1,700	5,150	8,600	17,200	30,100	43,000
4P Cabr	1,450	4,300	7,200	14,400	25,200	36,000
5P Brgm	1,100	3,250	5,400	10,800	18,900	27,000
5P Sed	1,000	3,000	5,000	10,000	17,500	25,000
4P Vic	1,050	3,100	5,200	10,400	18,200	26,000
Cpe	1,150	3,500	5,800	11,600	20,300	29,000

1929-1930 Model 130, 8-cyl., 115 hp, 130" wb

	6	5	4	3	2	1
4P Rds	1,700	5,050	8,400	16,800	29,400	42,000
4P Cpe	1,200	3,600	6,000	12,000	21,000	30,000
5P Brgm	1,100	3,350	5,600	11,200	19,600	28,000
5P Sed	1,100	3,250	5,400	10,800	18,900	27,000
5P Vic	1,200	3,600	6,000	12,000	21,000	30,000

1930 Model 136, 6-cyl., 70 hp, 122" wb

	6	5	4	3	2	1
Rds	1,650	4,900	8,200	16,400	28,700	41,000
5P Spt Phae	1,550	4,700	7,800	15,600	27,300	39,000
7P Spt Phae	1,600	4,800	8,000	16,000	28,000	40,000
Spt Sed	1,100	3,250	5,400	10,800	18,900	27,000
Cpe	1,200	3,600	6,000	12,000	21,000	30,000
Brgm	1,100	3,250	5,400	10,800	18,900	27,000
5P Sed	950	2,900	4,800	9,600	16,800	24,000
7P Sed	1,000	3,000	5,000	10,000	17,500	25,000

1930 Model 140, 8-cyl., 90 hp, 125" wb

	6	5	4	3	2	1
Rds	1,700	5,150	8,600	17,200	30,100	43,000
5P Spt Phae	1,600	4,800	8,000	16,000	28,000	40,000
7P Spt Phae	1,650	4,900	8,200	16,400	28,700	41,000
Spt Sed	1,150	3,500	5,800	11,600	20,300	29,000
Cpe	1,250	3,700	6,200	12,400	21,700	31,000
Brgm	1,100	3,350	5,600	11,200	19,600	28,000
5P Sed	1,000	3,000	5,000	10,000	17,500	25,000
7P Sed	1,050	3,100	5,200	10,400	18,200	26,000

1930 Model 150, 8-cyl., 126 hp, 130" wb

	6	5	4	3	2	1
Rds	1,800	5,400	9,000	18,000	31,500	45,000
5P Spt Phae	1,700	5,150	8,600	17,200	30,100	43,000
7P Spt Phae	1,750	5,300	8,800	17,600	30,800	44,000
Spt Sed	1,200	3,600	6,000	12,000	21,000	30,000
Cpe	1,300	3,850	6,400	12,800	22,400	32,000
Brgm	1,150	3,500	5,800	11,600	20,300	29,000
5P Sed	1,050	3,100	5,200	10,400	18,200	26,000
7P Sed	1,100	3,250	5,400	10,800	18,900	27,000

1931 Model 136, 6-cyl., 70 hp, 122" wb

	6	5	4	3	2	1
Rds	1,700	5,050	8,400	16,800	29,400	42,000
Spt Sed	1,150	3,500	5,800	11,600	20,300	29,000
Cpe	1,200	3,600	6,000	12,000	21,000	30,000
Sed	1,050	3,100	5,200	10,400	18,200	26,000

1931 Model 148, 6-cyl., 100 hp, 125" wb

	6	5	4	3	2	1
Rds	1,700	5,150	8,600	17,200	30,100	43,000
Phae	1,700	5,050	8,400	16,800	29,400	42,000
Spt Sed	1,250	3,700	6,200	12,400	21,700	31,000
Cpe	1,300	3,850	6,400	12,800	22,400	32,000
Brgm	1,250	3,700	6,200	12,400	21,700	31,000
Sed	1,100	3,250	5,400	10,800	18,900	27,000

	6	5	4	3	2	1
1931 Model 158, 8-cyl., 130 hp, 130" wb						
Rds	1,750	5,300	8,800	17,600	30,800	44,000
Cpe	1,300	3,950	6,600	13,200	23,100	33,000
Brgm	1,300	3,850	6,400	12,800	22,400	32,000
Sed	1,100	3,350	5,600	11,200	19,600	28,000

GRAHAM-PAIGE

	6	5	4	3	2	1
1928 Model 610, 6-cyl., 111" wb						
Cpe	500	1,500	2,500	5,000	8,750	12,500
4d Sed	450	1,300	2,150	4,300	7,550	10,800
1928 Model 614, 6-cyl., 114" wb						
Cpe	500	1,550	2,600	5,200	9,100	13,000
4d Sed	450	1,300	2,200	4,400	7,700	11,000
1928 Model 619, 6-cyl., 119" wb						
Cpe	550	1,600	2,700	5,400	9,450	13,500
4d Sed	500	1,450	2,400	4,800	8,400	12,000
DeL Cpe	550	1,700	2,800	5,600	9,800	14,000
DeL 4d Sed	500	1,500	2,500	5,000	8,750	12,500
1928 Model 629, 6-cyl., 129" wb						
2P Cpe	550	1,700	2,800	5,600	9,800	14,000
5P Cpe	600	1,750	2,900	5,800	10,200	14,500
Cabr	950	2,900	4,800	9,600	16,800	24,000
5P 4d Sed	500	1,550	2,600	5,250	9,150	13,100
4d Twn Sed	500	1,450	2,450	4,900	8,550	12,200
7P 4d Sed	550	1,600	2,650	5,300	9,300	13,300
1928 Model 835, 8-cyl., 137" wb						
Cpe 2P	600	1,750	2,900	5,800	10,200	14,500
Cpe 5P	600	1,800	3,000	6,000	10,500	15,000
Cabr	1,050	3,100	5,200	10,400	18,200	26,000
5P 4d Sed	550	1,700	2,850	5,700	10,000	14,300
7P 4d Sed	600	1,750	2,900	5,750	10,100	14,400
4d Twn Sed	550	1,700	2,850	5,700	10,000	14,300
Limo	600	1,750	2,950	5,900	10,300	14,700
1929 Model 612, 6-cyl., 112" wb						
Rds	1,100	3,300	5,500	11,000	19,300	27,500
Tr	1,100	3,350	5,600	11,200	19,600	28,000
Cpe	500	1,550	2,600	5,200	9,100	13,000
Cabr	1,000	3,000	5,000	10,000	17,500	25,000
2d Sed	500	1,450	2,400	4,800	8,400	12,000
4d Sed	500	1,450	2,400	4,850	8,450	12,100
1929 Model 615, 6-cyl., 115" wb						
Rds	1,100	3,350	5,600	11,200	19,600	28,000
Tour	1,150	3,400	5,700	11,400	20,000	28,500
Cpe	550	1,700	2,800	5,600	9,800	14,000
Cabr	1,050	3,100	5,200	10,400	18,200	26,000
2d Sed	500	1,500	2,500	5,000	8,750	12,500
4d Sed	500	1,500	2,500	5,050	8,800	12,600
1929 Model 621, 6-cyl., 121" wb						
Rds	1,150	3,400	5,700	11,400	20,000	28,500
Tr	1,150	3,500	5,800	11,600	20,300	29,000
Cpe	550	1,600	2,700	5,400	9,450	13,500
Cabr	1,050	3,200	5,300	10,600	18,600	26,500
4d Sed	500	1,550	2,550	5,100	8,950	12,800
1929 Model 827, 8-cyl., 127" wb						
Rds	1,300	3,950	6,600	13,200	23,100	33,000
Tr	1,350	4,100	6,800	13,600	23,800	34,000
Cpe	650	1,900	3,200	6,400	11,200	16,000
Cabr	1,250	3,700	6,200	12,400	21,700	31,000
4d Sed	550	1,700	2,800	5,600	9,800	14,000
1929 Model 837, 8-cyl., 137" wb						
Tr	1,500	4,550	7,600	15,200	26,600	38,000
Cpe	800	2,400	4,000	8,000	14,000	20,000
5P 4d Sed	700	2,150	3,600	7,200	12,600	18,000
7P 4d Sed	750	2,300	3,800	7,600	13,300	19,000
4d Twn Sed	800	2,400	4,000	8,000	14,000	20,000
Limo	900	2,650	4,400	8,800	15,400	22,000
LeB Limo	950	2,900	4,800	9,600	16,800	24,000
LeB Twn Car	1,000	3,000	5,000	10,000	17,500	25,000

GRAHAM

	6	5	4	3	2	1
1930 Standard, 6-cyl., 115" wb						
Rds	1,450	4,300	7,200	14,400	25,200	36,000
Phae	1,400	4,200	7,000	14,000	24,500	35,000

	6	5	4	3	2	1
Cabr	1,200	3,600	6,000	12,000	21,000	30,000
Cpe	600	1,800	3,000	6,000	10,500	15,000
DeL Cpe	650	1,900	3,200	6,400	11,200	16,000
2d Sed	500	1,500	2,550	5,100	8,900	12,700
4d Sed	500	1,550	2,550	5,100	8,950	12,800
4d DeL Sed	500	1,550	2,600	5,200	9,100	13,000
4d Twn Sed	500	1,550	2,600	5,200	9,100	13,000
DeL Twn Sed	550	1,600	2,650	5,300	9,250	13,200
1930 Special, 6-cyl., 115" wb						
Cpe	650	2,000	3,300	6,600	11,600	16,500
R/S Cpe	650	1,900	3,200	6,400	11,200	16,000
4d Sed	550	1,700	2,800	5,600	9,800	14,000
1930 Standard, 8-cyl., 122" and *134" wb						
Cpe	700	2,150	3,600	7,200	12,600	18,000
4d Sed	650	1,900	3,200	6,400	11,200	16,000
Conv Sed	1,500	4,450	7,400	14,800	25,900	37,000
*7P 4d Sed	700	2,050	3,400	6,800	11,900	17,000
1930 Special, 8-cyl., 122" and *134" wb						
Cpe	750	2,200	3,700	7,400	13,000	18,500
4d Sed	650	2,000	3,300	6,600	11,600	16,500
Conv Sed	1,600	4,800	8,000	16,000	28,000	40,000
*7P 4d Sed	700	2,150	3,600	7,200	12,600	18,000
1930 Custom, 8-cyl., 127" wb						
Rds	1,550	4,700	7,800	15,600	27,300	39,000
Phae	1,500	4,550	7,600	15,200	26,600	38,000
Cpe	800	2,400	4,000	8,000	14,000	20,000
Cabr	1,450	4,300	7,200	14,400	25,200	36,000
4d Sed	750	2,300	3,800	7,600	13,300	19,000
1930 Custom, 8-cyl., 137" wb						
Phae	1,650	4,900	8,200	16,400	28,700	41,000
5P 4d Sed	800	2,350	3,900	7,800	13,700	19,500
4d Twn Sed	800	2,400	4,000	8,000	14,000	20,000
7P 4d Sed	800	2,450	4,100	8,200	14,300	20,500
Limo	900	2,650	4,400	8,800	15,400	22,000
LeB Limo	950	2,900	4,800	9,600	16,800	24,000
LeB Twn Car	900	2,650	4,400	8,800	15,400	22,000
1931 Standard, 6-cyl., 115" wb						
Rds	1,400	4,200	7,000	14,000	24,500	35,000
Phae	1,350	4,100	6,800	13,600	23,800	34,000
Bus Cpe	600	1,800	3,000	6,000	10,500	15,000
Cpe	600	1,850	3,100	6,200	10,900	15,500
Spt Cpe	650	1,900	3,200	6,400	11,200	16,000
2d Sed	550	1,600	2,650	5,300	9,300	13,300
4d Twn Sed	550	1,600	2,700	5,350	9,400	13,400
4d Univ Sed	550	1,600	2,700	5,400	9,450	13,500
4d DeL Sed	550	1,650	2,750	5,500	9,600	13,700
4d DeL Twn Sed	550	1,700	2,800	5,600	9,800	14,000
1931 Special, 6-cyl., 115" wb						
Bus Cpe	600	1,800	3,000	6,050	10,600	15,100
Cpe	600	1,800	3,050	6,100	10,600	15,200
4d Sed	600	1,750	2,900	5,750	10,100	14,400
1931 Model 621, 6-cyl., 121" wb						
Rds	1,400	4,200	7,000	14,000	24,500	35,000
Phae	1,350	4,100	6,800	13,600	23,800	34,000
Vic	650	1,900	3,150	6,300	11,100	15,800
Cpe	700	2,050	3,400	6,800	11,900	17,000
4d Sed	600	1,850	3,100	6,200	10,900	15,500
1931 Standard, 8-cyl., 122" and *134" wb						
Cpe	700	2,150	3,600	7,200	12,600	18,000
4d Sed	650	2,000	3,300	6,600	11,600	16,500
Conv Sed	1,450	4,300	7,200	14,400	25,200	36,000
7P 4d Sed	650	2,000	3,300	6,600	11,600	16,500
5P 4d Sed	650	2,000	3,300	6,600	11,600	16,500
*Limo	700	2,150	3,600	7,200	12,600	18,000
1931 Special 822, 8-cyl., 122" and *134" wb						
Cpe	750	2,300	3,800	7,600	13,300	19,000
4d Sed	700	2,050	3,400	6,800	11,900	17,000
Conv Sed	1,500	4,450	7,400	14,800	25,900	37,000
7P 4d Sed	700	2,150	3,600	7,200	12,600	18,000
5P 4d Sed	700	2,150	3,600	7,200	12,600	18,000
*Limo	750	2,300	3,800	7,600	13,300	19,000
1931 Custom, 8-cyl., 127" wb						
Rds	1,500	4,550	7,600	15,200	26,600	38,000
Phae	1,500	4,450	7,400	14,800	25,900	37,000
Vic	700	2,150	3,600	7,200	12,600	18,000

	6	5	4	3	2	1
Cabr	1,400	4,200	7,000	14,000	24,500	35,000
4d Sed	700	2,100	3,500	7,000	12,300	17,500
1931 Custom, 8-cyl., 137" wb						
7P Phae	2,050	6,100	10,200	20,400	35,700	51,000
4d Sed	750	2,300	3,800	7,600	13,300	19,000
LeB Limo	900	2,750	4,600	9,200	16,100	23,000
1931 Prosperity, 6-cyl., 113" wb						
Cpe	600	1,800	3,000	6,000	10,500	15,000
Cpe 2-4	650	1,900	3,200	6,400	11,200	16,000
4d Sed	550	1,600	2,650	5,300	9,300	13,300
4d Twn Sed	550	1,600	2,700	5,400	9,450	13,500
1931 Standard, 6-cyl., 115" wb						
Rds	1,350	4,100	6,800	13,600	23,800	34,000
4d Sed	550	1,650	2,750	5,500	9,600	13,700
Bus Cpe	650	1,900	3,200	6,400	11,200	16,000
Cpe 2-4	700	2,050	3,400	6,800	11,900	17,000
4d Twn Sed	550	1,700	2,800	5,600	9,800	14,000
1931 Special, 6-cyl., 115" wb						
Bus Cpe	650	2,000	3,300	6,600	11,600	16,500
Cpe 2-4	700	2,100	3,500	7,000	12,300	17,500
4d Sed	550	1,700	2,800	5,600	9,800	14,000
4d Twn Sed	600	1,750	2,900	5,800	10,200	14,500
1931 Special 820, 8-cyl., 120" wb						
Bus Cpe	700	2,100	3,500	7,000	12,300	17,500
Cpe 2-4	700	2,150	3,600	7,200	12,600	18,000
4d Spt Sed	650	2,000	3,300	6,600	11,600	16,500
4d Sed	650	1,900	3,200	6,400	11,200	16,000
1931 Custom 834, 8-cyl., 134" wb						
4d Sed	700	2,100	3,500	7,000	12,300	17,500
7P 4d Sed	700	2,150	3,600	7,200	12,600	18,000
Limo	750	2,300	3,800	7,600	13,300	19,000
1932 Prosperity, 6-cyl., 113" wb						
Cpe	700	2,050	3,400	6,800	11,900	17,000
Cpe 2-4	700	2,150	3,600	7,200	12,600	18,000
4d Sed	550	1,700	2,850	5,700	10,000	14,300
4d Twn Sed	600	1,750	2,900	5,800	10,200	14,500
1932 Graham, 6-cyl., 113" wb						
Bus Cpe	700	2,150	3,600	7,200	12,600	18,000
Cpe 2-4	750	2,300	3,800	7,600	13,300	19,000
Cabr	1,000	3,000	5,000	10,000	17,500	25,000
4d Sed	600	1,800	3,000	6,000	10,500	15,000
1932 Standard, 6-cyl., 115" wb						
Rds	1,100	3,250	5,400	10,800	18,900	27,000
Bus Cpe	750	2,200	3,700	7,400	13,000	18,500
Cpe 2-4	800	2,350	3,900	7,800	13,700	19,500
4d Sed	650	1,900	3,200	6,400	11,200	16,000
4d Twn Sed	650	1,900	3,200	6,400	11,200	16,000
1932 Special, 6-cyl., 115" wb						
Rds	1,350	4,100	6,800	13,600	23,800	34,000
Bus Cpe	800	2,350	3,900	7,800	13,700	19,500
Cpe 2-4	800	2,400	4,000	8,000	14,000	20,000
4d Sed	600	1,800	3,000	6,000	10,500	15,000
4d Twn Sed	700	2,050	3,400	6,800	11,900	17,000
1932 Model 57, 8-cyl., 123" wb						
Cpe	800	2,400	4,000	8,000	14,000	20,000
Cpe 2-4	800	2,450	4,100	8,200	14,300	20,500
4d Sed	700	2,100	3,500	7,000	12,300	17,500
DeL Cpe	850	2,500	4,200	8,400	14,700	21,000
DeL Cpe 2-4	900	2,650	4,400	8,800	15,400	22,000
Conv Cpe	1,400	4,200	7,000	14,000	24,500	35,000
4d DeL Sed	700	2,150	3,600	7,200	12,600	18,000
1932 Special 820, 8-cyl., 120" wb						
Bus Cpe	850	2,600	4,300	8,600	15,000	21,500
Cpe 2-4	900	2,700	4,500	9,000	15,700	22,500
4d Spt Sed	750	2,200	3,700	7,400	13,000	18,500
4d Sed	750	2,200	3,650	7,300	12,700	18,200
1932 Special 822, 8-cyl., 122" wb						
4d Sed	750	2,300	3,800	7,600	13,300	19,000
Conv Sed	1,800	5,400	9,000	18,000	31,500	45,000
1932 Custom 834, 8-cyl., 134" wb						
4d Sed	900	2,750	4,600	9,200	16,100	23,000
7P 4d Sed	950	2,900	4,800	9,600	16,800	24,000
Limo	1,050	3,100	5,200	10,400	18,200	26,000

	6	5	4	3	2	1
1933 Graham, 6-cyl., 113" wb						
4d Sed	550	1,700	2,800	5,650	9,850	14,100
4d Twn Sed	550	1,700	2,850	5,700	10,000	14,300
1933 Model 65, 6-cyl., 113" wb						
Bus Cpe	600	1,800	3,000	6,000	10,500	15,000
Cpe 2-4	600	1,850	3,100	6,200	10,900	15,500
Conv Cpe	1,100	3,350	5,600	11,200	19,600	28,000
4d Sed	600	1,750	2,900	5,750	10,100	14,400
1933 Graham, 6-cyl., 118" wb						
Bus Cpe	600	1,850	3,100	6,200	10,900	15,500
Cpe 2-4	650	1,900	3,200	6,400	11,200	16,000
Cabr	1,150	3,500	5,800	11,600	20,300	29,000
4d Sed	600	1,750	2,900	5,800	10,200	14,500
1933 Model 64, 8-cyl., 119" wb						
Bus Cpe	650	1,900	3,200	6,400	11,200	16,000
Cpe 2-4	650	2,000	3,300	6,600	11,600	16,500
Conv Cpe	1,200	3,600	6,000	12,000	21,000	30,000
4d Sed	600	1,750	2,950	5,900	10,300	14,700
1933 Model 57A, 8-cyl., 123" wb						
Cpe	650	2,000	3,300	6,600	11,600	16,500
Cpe 2-4	700	2,050	3,400	6,800	11,900	17,000
4d Sed	600	1,800	3,000	5,950	10,400	14,900
DeL Cpe	700	2,100	3,500	7,000	12,300	17,500
DeL Cpe 2-4	700	2,150	3,600	7,200	12,600	18,000
DeL Conv Cpe	1,300	3,850	6,400	12,800	22,400	32,000
4d DeL Sed	600	1,800	3,050	6,100	10,600	15,200
1933 Custom 57A, 8-cyl., 123" wb						
Cpe	700	2,150	3,600	7,200	12,600	18,000
Cpe 2-4	750	2,200	3,700	7,400	13,000	18,500
4d Sed	600	1,850	3,100	6,200	10,900	15,500
1934 Model 65, 6-cyl., 113" wb						
Cpe	600	1,850	3,100	6,200	10,900	15,500
Cpe 2-4	650	1,900	3,200	6,400	11,200	16,000
Conv Cpe	1,050	3,100	5,200	10,400	18,200	26,000
4d Sed	550	1,600	2,700	5,350	9,400	13,400
1934 Model 64, 6-cyl., 119" wb						
Cpe	600	1,850	3,100	6,200	10,900	15,500
Cpe 2-4	650	1,900	3,200	6,400	11,200	16,000
Conv Cpe	1,100	3,250	5,400	10,800	18,900	27,000
4d Sed	550	1,600	2,700	5,400	9,450	13,500
1934 Model 68, 6-cyl., 116" wb						
Bus Cpe	650	1,900	3,200	6,400	11,200	16,000
Cpe 2-4	650	2,000	3,300	6,600	11,600	16,500
Conv Cpe	1,200	3,600	6,000	12,000	21,000	30,000
4d Sed	550	1,650	2,700	5,450	9,500	13,600
4d Sed Trunk	550	1,650	2,750	5,500	9,600	13,700
1934 Model 67, 8-cyl., 123" wb						
Bus Cpe	650	2,000	3,300	6,600	11,600	16,500
Cpe 2-4	700	2,050	3,400	6,800	11,900	17,000
Conv Cpe	1,250	3,700	6,200	12,400	21,700	31,000
4d Sed	500	1,450	2,400	4,800	8,400	12,000
4d Sed Trunk	550	1,700	2,850	5,700	9,950	14,200
1934 Model 69, 8-cyl., 123" wb						
Bus Cpe	700	2,050	3,400	6,800	11,900	17,000
Cpe 2-4	700	2,100	3,500	7,000	12,300	17,500
Conv Cpe	1,300	3,850	6,400	12,800	22,400	32,000
4d Sed	550	1,700	2,850	5,700	9,950	14,200
4d Sed Trunk	600	1,750	2,900	5,750	10,100	14,400
1934 Custom 8-71, 8-cyl., 138" wb						
7P 4d Sed	600	1,750	2,950	5,900	10,300	14,700
7P 4d Sed Trunk	600	1,800	3,000	6,000	10,500	15,000
1935 Model 74, 6-cyl., 111" wb						
2d Sed	550	1,600	2,650	5,300	9,250	13,200
4d Sed	550	1,600	2,650	5,300	9,300	13,300
2d DeL Sed	550	1,600	2,650	5,300	9,300	13,300
4d DeL Sed	550	1,600	2,700	5,350	9,400	13,400
1935 Model 68, 6-cyl., 116" wb						
Bus Cpe	600	1,850	3,100	6,200	10,900	15,500
Cpe 3-5	650	1,900	3,200	6,400	11,200	16,000
Conv Cpe	1,000	3,000	5,000	10,000	17,500	25,000
4d Sed	550	1,600	2,700	5,350	9,400	13,400
4d Sed Trunk	550	1,600	2,700	5,400	9,450	13,500
1935 Model 67, 8-cyl., 123" wb						
Cpe	650	1,900	3,200	6,400	11,200	16,000

1932 Hudson Major brougham sedan

1951 Hudson Pacemaker sedan

1927 Essex Super Six sedan

	6	5	4	3	2	1
Cpe 3-5	650	2,000	3,300	6,600	11,600	16,500
Conv Cpe	1,050	3,100	5,200	10,400	18,200	26,000
4d Sed	550	1,650	2,750	5,500	9,600	13,700
4d Sed Trunk	550	1,650	2,750	5,500	9,650	13,800

1935 Model 72, 8-cyl., 123" wb

	6	5	4	3	2	1
Cpe	650	1,900	3,200	6,400	11,200	16,000
Cpe 2-4	650	2,000	3,300	6,600	11,600	16,500
Conv Cpe	1,100	3,350	5,600	11,200	19,600	28,000
4d Sed	550	1,650	2,750	5,500	9,650	13,800

1935 Custom Model 69, Supercharged, 8-cyl., 123" wb

	6	5	4	3	2	1
Cpe	700	2,100	3,500	7,000	12,300	17,500
Cpe 3-5	700	2,150	3,600	7,200	12,600	18,000
Conv Cpe	1,150	3,500	5,800	11,600	20,300	29,000
4d Sed	650	1,900	3,200	6,400	11,200	16,000
4d Sed Trunk	650	1,950	3,250	6,500	11,300	16,200

1935 Model 75, Supercharged, 8-cyl., 123" wb

	6	5	4	3	2	1
Cpe	700	2,150	3,600	7,200	12,600	18,000
Cpe 2-4	750	2,300	3,800	7,600	13,300	19,000
Conv Cpe	1,250	3,700	6,200	12,400	21,700	31,000
4d Sed	700	2,050	3,400	6,800	11,900	17,000

1936 Crusader Model 80, 6-cyl., 111" wb

	6	5	4	3	2	1
2d Sed	500	1,550	2,600	5,250	9,150	13,100
2d Sed Trunk	550	1,600	2,650	5,300	9,250	13,200
4d Sed	550	1,600	2,650	5,300	9,250	13,200
4d Sed Trunk	550	1,600	2,650	5,300	9,300	13,300

1936 Cavalier Model 90, 6-cyl., 115" wb

	6	5	4	3	2	1
Bus Cpe	550	1,700	2,850	5,700	10,000	14,300
Cpe 2-4	600	1,750	2,900	5,800	10,200	14,500
2d Sed	550	1,600	2,650	5,300	9,250	13,200
2d Sed Trunk	550	1,600	2,650	5,300	9,300	13,300
4d Sed	550	1,600	2,650	5,300	9,250	13,200
4d Sed Trunk	550	1,600	2,700	5,350	9,400	13,400

1936 Model 110, Supercharged, 6-cyl., 115" wb

	6	5	4	3	2	1
Cpe	700	2,050	3,400	6,800	11,900	17,000
Cpe 2-4	700	2,100	3,500	7,000	12,300	17,500
2d Sed	600	1,850	3,100	6,200	10,900	15,500
2d Sed Trunk	600	1,850	3,100	6,250	10,900	15,600
4d Sed	600	1,850	3,100	6,200	10,900	15,500
4d Sed Trunk	600	1,850	3,100	6,250	10,900	15,600
4d Cus Sed	650	1,900	3,200	6,400	11,200	16,000

1937 Crusader, 6-cyl., 111" wb

	6	5	4	3	2	1
2d Sed	500	1,550	2,600	5,200	9,100	13,000
2d Sed Trunk	500	1,550	2,600	5,250	9,150	13,100
4d Sed	550	1,600	2,650	5,300	9,250	13,200
4d Sed Trunk	550	1,600	2,650	5,300	9,300	13,300

1937 Cavalier, 6-cyl., 116" wb

	6	5	4	3	2	1
Bus Cpe	650	1,900	3,200	6,400	11,200	16,000
Cpe 3-5	700	2,050	3,400	6,800	11,900	17,000
Conv Cpe	1,100	3,250	5,400	10,800	18,900	27,000
2d Sed	500	1,550	2,600	5,250	9,150	13,100
2d Sed Trunk	550	1,600	2,650	5,300	9,250	13,200
4d Sed	550	1,600	2,650	5,300	9,300	13,300
4d Sed Trunk	550	1,600	2,700	5,350	9,400	13,400

1937 Series 116, Supercharged, 6-cyl., 116" wb

	6	5	4	3	2	1
Bus Cpe	700	2,050	3,400	6,800	11,900	17,000
Cpe 3-5	700	2,100	3,450	6,900	12,100	17,300
Conv Cpe	1,200	3,600	6,000	12,000	21,000	30,000
2d Sed	600	1,850	3,100	6,200	10,900	15,500
2d Sed Trunk	600	1,850	3,100	6,250	10,900	15,600
4d Sed	600	1,850	3,100	6,250	10,900	15,600
4d Sed Trunk	650	1,900	3,150	6,300	11,000	15,700

1937 Series 120, Custom Supercharged, 6-cyl., 116" and 120" wb

	6	5	4	3	2	1
Bus Cpe	700	2,050	3,450	6,900	12,000	17,200
Cpe 3-5	700	2,100	3,500	7,000	12,300	17,500
Conv Cpe	1,300	3,850	6,400	12,800	22,400	32,000
4d Sed	650	1,900	3,200	6,400	11,200	16,000
4d Sed Trunk	650	1,950	3,250	6,500	11,300	16,200

1938 Standard Model 96, 6-cyl., 120" wb

	6	5	4	3	2	1
4d Sed	500	1,500	2,550	5,100	8,900	12,700

1938 Special Model 96, 6-cyl., 120" wb

	6	5	4	3	2	1
4d Sed	500	1,550	2,600	5,200	9,100	13,000

1938 Model 97, Supercharged, 6-cyl., 120" wb

	6	5	4	3	2	1
4d Sed	550	1,600	2,700	5,400	9,450	13,500

	6	5	4	3	2	1
1938 Custom Model 97, Supercharged, 6-cyl., 120" wb						
4d Sed	550	1,700	2,800	5,600	9,800	14,000
1939 Special Model 96, 6-cyl., 120" wb						
Cpe	600	1,800	3,000	6,000	10,500	15,000
2d Sed	550	1,650	2,750	5,500	9,600	13,700
4d Sed	550	1,650	2,750	5,500	9,650	13,800
1939 Custom Special 96, 6-cyl., 120" wb						
Cpe	600	1,850	3,100	6,200	10,900	15,500
2d Sed	550	1,650	2,750	5,500	9,650	13,800
4d Sed	550	1,650	2,800	5,550	9,750	13,900
1939 Model 97, Supercharged, 6-cyl., 120" wb						
Cpe	750	2,300	3,800	7,600	13,300	19,000
2d Sed	700	2,150	3,600	7,200	12,600	18,000
4d Sed	750	2,200	3,700	7,400	13,000	18,500
1939 Custom Model 97, Supercharged, 6-cyl., 120" wb						
Cpe	800	2,350	3,900	7,800	13,700	19,500
2d Sed	750	2,200	3,700	7,400	13,000	18,500
4d Sed	750	2,300	3,800	7,600	13,300	19,000
1940 DeLuxe Model 108, 6-cyl., 120" wb						
Cpe	600	1,800	3,000	6,000	10,500	15,000
2d Sed	550	1,650	2,800	5,550	9,750	13,900
4d Sed	550	1,700	2,800	5,600	9,800	14,000
1940 Custom Model 108, 6-cyl., 120" wb						
Cpe	600	1,850	3,100	6,200	10,900	15,500
2d Sed	550	1,700	2,800	5,600	9,800	14,000
4d Sed	550	1,700	2,850	5,700	9,950	14,200
1940 DeLuxe Model 107, Supercharged, 6-cyl., 120" wb						
Cpe	750	2,300	3,800	7,600	13,300	19,000
2d Sed	750	2,200	3,700	7,400	13,000	18,500
4d Sed	750	2,250	3,750	7,500	13,100	18,700
1940 Custom Model 107, Supercharged, 6-cyl., 120" wb						
Cpe	750	2,200	3,700	7,400	13,000	18,500
2d Sed	750	2,250	3,750	7,500	13,100	18,700
4d Sed	750	2,300	3,800	7,600	13,300	19,000
1941 Custom Hollywood Model 113, 6-cyl., 115" wb						
4d Sed	800	2,400	4,000	8,000	14,000	20,000
1941 Custom Hollywood Model 113, Supercharged, 6-cyl., 115" wb						
4d Sed	850	2,500	4,200	8,400	14,700	21,000

HUDSON

	6	5	4	3	2	1
1909 Model 20, 4-cyl.						
2d Rds	1,250	3,700	6,200	12,400	21,700	31,000
1910 Model 20, 4-cyl.						
2d Rds	1,200	3,600	6,000	12,000	21,000	30,000
4d Tr	1,200	3,600	6,000	12,000	21,000	30,000
1911 Model 33, 4-cyl.						
2d Rds	1,200	3,600	6,000	12,000	21,000	30,000
2d Tor Rds	1,250	3,700	6,200	12,400	21,700	31,000
4d Pony Ton	1,300	3,850	6,400	12,800	22,400	32,000
4d Tr	1,300	3,950	6,600	13,200	23,100	33,000
1912 Model 33, 4-cyl.						
2d Rds	1,400	4,200	7,000	14,000	24,500	35,000
2d Tor Rds	1,450	4,300	7,200	14,400	25,200	36,000
4d Tr	1,500	4,550	7,600	15,200	26,600	38,000
2d Cpe	1,050	3,100	5,200	10,400	18,200	26,000
4d Limo	1,150	3,500	5,800	11,600	20,300	29,000
1913 Model 37, 4-cyl.						
2d Rds	1,300	3,850	6,400	12,800	22,400	32,000
2d Tor Rds	1,300	3,950	6,600	13,200	23,100	33,000
4d Tr	1,350	4,100	6,800	13,600	23,800	34,000
2d Cpe	1,000	3,000	5,000	10,000	17,500	25,000
4d Limo	1,100	3,350	5,600	11,200	19,600	28,000
1913 Model 54, 6-cyl.						
2d 2P Rds	1,300	3,950	6,600	13,200	23,100	33,000
2d 5P Rds	1,350	4,100	6,800	13,600	23,800	34,000
2d Tor Rds	1,400	4,200	7,000	14,000	24,500	35,000
4d Tr	1,450	4,300	7,200	14,400	25,200	36,000
4d 7P Tr	1,500	4,450	7,400	14,800	25,900	37,000
2d Cpe	1,100	3,250	5,400	10,800	18,900	27,000
4d Limo	1,150	3,500	5,800	11,600	20,300	29,000
1914 Model 40, 6-cyl.						
2d Rbt	1,150	3,500	5,800	11,600	20,300	29,000

	6	5	4	3	2	1
4d Tr	1,250	3,700	6,200	12,400	21,700	31,000
2d Cabr	1,200	3,600	6,000	12,000	21,000	30,000
1914 Model 54, 6-cyl.						
4d 7P Tr	1,300	3,850	6,400	12,800	22,400	32,000
1915 Model 40, 6-cyl.						
2d Rds	1,100	3,350	5,600	11,200	19,600	28,000
4d Phae	1,200	3,600	6,000	12,000	21,000	30,000
4d Tr	1,150	3,500	5,800	11,600	20,300	29,000
2d Cabr	1,150	3,500	5,800	11,600	20,300	29,000
2d Cpe	700	2,150	3,600	7,200	12,600	18,000
4d Limo	800	2,400	4,000	8,000	14,000	20,000
4d Lan Limo	850	2,500	4,200	8,400	14,700	21,000
1915 Model 54, 6-cyl.						
4d Phae	1,300	3,850	6,400	12,800	22,400	32,000
4d 7P Tr	1,250	3,700	6,200	12,400	21,700	31,000
4d Sed	750	2,300	3,800	7,600	13,300	19,000
4d Limo	900	2,650	4,400	8,800	15,400	22,000
1916 Super Six, 6-cyl.						
2d Rds	1,050	3,100	5,200	10,400	18,200	26,000
2d Cabr	1,100	3,250	5,400	10,800	18,900	27,000
4d Phae	1,100	3,350	5,600	11,200	19,600	28,000
4d Tr Sed	700	2,050	3,400	6,800	11,900	17,000
4d T&C	700	2,150	3,600	7,200	12,600	18,000
1916 Model 54, 6-cyl.						
4d 7P Phae	1,250	3,700	6,200	12,400	21,700	31,000
1917 Super Six, 6-cyl.						
2d Rds	950	2,900	4,800	9,600	16,800	24,000
2d Cabr	1,000	3,000	5,000	10,000	17,500	25,000
4d 7P Phae	1,050	3,100	5,200	10,400	18,200	26,000
4d Tr Sed	600	1,800	3,000	6,000	10,500	15,000
4d T&C	700	2,150	3,600	7,200	12,600	18,000
4d Twn Lan	700	2,050	3,400	6,800	11,900	17,000
4d Limo Lan	700	2,150	3,600	7,200	12,600	18,000
1918 Super Six, 6-cyl.						
2d Rds	900	2,650	4,400	8,800	15,400	22,000
2d Cabr	900	2,750	4,600	9,200	16,100	23,000
4d 4P Phae	900	2,750	4,600	9,200	16,100	23,000
4d 5P Phae	950	2,900	4,800	9,600	16,800	24,000
2d 4P Cpe	600	1,800	3,000	6,000	10,500	15,000
4d Tr Sed	650	1,900	3,200	6,400	11,200	16,000
4d Sed	650	1,900	3,200	6,400	11,200	16,000
4d Tr Limo	700	2,050	3,400	6,800	11,900	17,000
4d T&C	700	2,050	3,400	6,800	11,900	17,000
4d Limo	700	2,150	3,600	7,200	12,600	18,000
4d Twn Limo	700	2,150	3,600	7,200	12,600	18,000
4d Limo Lan	700	2,150	3,600	7,200	12,600	18,000
4d F F Lan	750	2,300	3,800	7,600	13,300	19,000
1919 Super Six Series O, 6-cyl.						
2d Cabr	750	2,300	3,800	7,600	13,300	19,000
4d 4P Phae	800	2,400	4,000	8,000	14,000	20,000
4d 7P Phae	850	2,500	4,200	8,400	14,700	21,000
2d 4P Cpe	500	1,450	2,400	4,800	8,400	12,000
4d Sed	450	1,300	2,200	4,400	7,700	11,000
4d Tr Limo	500	1,450	2,400	4,800	8,400	12,000
4d T&C	500	1,550	2,600	5,200	9,100	13,000
4d Twn Lan	500	1,550	2,600	5,200	9,100	13,000
4d Limo Lan	550	1,700	2,800	5,600	9,800	14,000
1920 Super Six Series 10-12, 6-cyl.						
4d 4P Phae	800	2,400	4,000	8,000	14,000	20,000
4d 7P Phae	850	2,500	4,200	8,400	14,700	21,000
2d Cabr	650	1,900	3,200	6,400	11,200	16,000
2d Cpe	450	1,300	2,200	4,400	7,700	11,000
4d Sed	400	1,200	2,000	4,000	7,000	10,000
4d Tr Limo	500	1,450	2,400	4,800	8,400	12,000
4d Limo	500	1,550	2,600	5,200	9,100	13,000
1921 Super Six, 6-cyl.						
4d 4P Phae	800	2,400	4,000	8,000	14,000	20,000
4d 7P Phae	850	2,500	4,200	8,400	14,700	21,000
2d Cabr	650	1,900	3,200	6,400	11,200	16,000
2d 4P Cpe	400	1,200	2,000	4,000	7,000	10,000
4d Sed	350	1,100	1,800	3,600	6,300	9,000
4d Tr Limo	400	1,200	2,000	4,000	7,000	10,000
4d Limo	450	1,300	2,200	4,400	7,700	11,000
1922 Super Six, 6-cyl.						
2d Spds	800	2,400	4,000	8,000	14,000	20,000

	6	5	4	3	2	1
4d Phae	750	2,300	3,800	7,600	13,300	19,000
2d Cabr	650	1,900	3,200	6,400	11,200	16,000
2d Cpe	400	1,150	1,900	3,800	6,650	9,500
2d Sed	350	1,000	1,700	3,400	5,950	8,500
4d Sed	350	1,000	1,700	3,400	5,950	8,500
4d Tr Limo	450	1,300	2,200	4,400	7,700	11,000
4d Limo	400	1,200	2,000	4,000	7,000	10,000

1923 Super Six, 6-cyl.

2d Spds	800	2,400	4,000	8,000	14,000	20,000
4d Phae	750	2,300	3,800	7,600	13,300	19,000
2d Cpe	400	1,150	1,900	3,800	6,650	9,500
2d Sed	350	1,000	1,700	3,400	5,950	8,500
4d Sed	350	1,000	1,700	3,400	5,950	8,500
4d 7P Sed	350	1,100	1,800	3,600	6,300	9,000

1924 Super Six, 6-cyl.

2d Spds	750	2,300	3,800	7,600	13,300	19,000
4d Phae	700	2,150	3,600	7,200	12,600	18,000
2d Sed	300	950	1,600	3,200	5,600	8,000
4d Sed	300	950	1,600	3,250	5,650	8,100
4d 7P Sed	350	1,000	1,700	3,400	5,950	8,500

1925 Super Six, 6-cyl.

2d Spds	750	2,300	3,800	7,600	13,300	19,000
4d Phae	700	2,150	3,600	7,200	12,600	18,000
2d Sed	400	1,150	1,900	3,800	6,650	9,500
4d Brgm	400	1,200	2,000	4,000	7,000	10,000
4d Sed	400	1,150	1,900	3,800	6,650	9,500
4d 7P Sed	400	1,200	2,000	4,000	7,000	10,000

1926 Super Six, 6-cyl.

4d Phae	800	2,400	4,000	8,000	14,000	20,000
2d Sed	400	1,200	2,000	4,000	7,000	10,000
4d Brgm	450	1,300	2,200	4,400	7,700	11,000
4d 7P Sed	400	1,250	2,100	4,200	7,350	10,500

1927 Standard Six, 6-cyl.

4d Phae	800	2,400	4,000	8,000	14,000	20,000
2d Sed	400	1,150	1,950	3,900	6,800	9,700
2d Spl Sed	400	1,200	2,000	4,000	7,000	10,000
4d Brgm	400	1,250	2,100	4,200	7,350	10,500
4d 7P Sed	400	1,250	2,100	4,200	7,350	10,500

1927 Super Six

2d Cus Rds	1,300	3,950	6,600	13,200	23,100	33,000
4d Cus Phae	1,350	4,100	6,800	13,600	23,800	34,000
2d Sed	450	1,300	2,200	4,400	7,700	11,000
4d Sed	500	1,450	2,400	4,800	8,400	12,000
4d Cus Brgm	650	1,900	3,200	6,400	11,200	16,000
4d Cus Sed	700	2,050	3,400	6,800	11,900	17,000

1928 First Series, 6-cyl., (Start June, 1927)

2d Std Sed	400	1,150	1,900	3,800	6,650	9,500
4d Std Sed	400	1,150	1,950	3,900	6,800	9,700
2d Sed	400	1,200	2,000	4,000	7,000	10,000
4d Sed	400	1,250	2,100	4,200	7,350	10,500
2d Rds	800	2,400	4,000	8,000	14,000	20,000
4d Cus Phae	900	2,750	4,600	9,200	16,100	23,000
4d Cus Brgm	500	1,450	2,400	4,800	8,400	12,000
4d Cus Sed	500	1,550	2,600	5,200	9,100	13,000

1928 Second Series, 6-cyl., (Start Jan. 1928)

2d Sed	400	1,200	2,000	4,000	7,000	10,000
4d Sed	400	1,250	2,100	4,200	7,350	10,500
2d RS Cpe	500	1,450	2,400	4,800	8,400	12,000
2d Rds	800	2,400	4,000	8,000	14,000	20,000
4d EWB Sed	400	1,250	2,100	4,200	7,350	10,500
4d Lan Sed	400	1,250	2,100	4,200	7,350	10,500
2d Vic	400	1,250	2,100	4,250	7,400	10,600
4d 7P Sed	450	1,300	2,200	4,400	7,700	11,000

1929 Series Greater Hudson, 6-cyl., 122" wb

2d RS Rds	1,400	4,200	7,000	14,000	24,500	35,000
4d Phae	1,500	4,450	7,400	14,800	25,900	37,000
2d Cpe	600	1,800	3,000	6,000	10,500	15,000
2d Sed	550	1,700	2,800	5,600	9,800	14,000
2d Conv	1,300	3,850	6,400	12,800	22,400	32,000
2d Vic	600	1,800	3,000	6,000	10,500	15,000
4d Sed	500	1,450	2,400	4,800	8,400	12,000
4d Twn Sed	500	1,500	2,500	5,000	8,750	12,500
4d Lan Sed	500	1,550	2,600	5,200	9,100	13,000

1929 Series Greater Hudson, 6-cyl., 139" wb

4d Spt Sed	700	2,150	3,600	7,200	12,600	18,000
4d 7P Sed	800	2,400	4,000	8,000	14,000	20,000

	6	5	4	3	2	1
4d Limo	900	2,650	4,400	8,800	15,400	22,000
4d DC Phae	1,800	5,400	9,000	18,000	31,500	45,000

1930 Great Eight, 8-cyl., 119" wb

	6	5	4	3	2	1
2d Rds	1,550	4,700	7,800	15,600	27,300	39,000
4d Phae	1,650	4,900	8,200	16,400	28,700	41,000
2d RS Cpe	800	2,400	4,000	8,000	14,000	20,000
2d Sed	600	1,800	3,000	6,000	10,500	15,000
4d Sed	600	1,850	3,100	6,200	10,850	15,500
4d Conv Sed	1,700	5,050	8,400	16,800	29,400	42,000

1930 Great Eight, 8-cyl., 126" wb

	6	5	4	3	2	1
4d Phae	1,750	5,300	8,800	17,600	30,800	44,000
4d Tr Sed	600	1,850	3,100	6,200	10,850	15,500
4d 7P Sed	650	1,900	3,200	6,400	11,200	16,000
4d Brgm	650	1,900	3,200	6,400	11,200	16,000

1931 Greater Eight, 8-cyl., 119" wb

	6	5	4	3	2	1
2d Rds	1,750	5,300	8,800	17,600	30,800	44,000
4d Phae	1,850	5,500	9,200	18,400	32,200	46,000
2d Cpe	550	1,700	2,800	5,600	9,800	14,000
2d Spl Cpe	650	2,000	3,300	6,600	11,550	16,500
2d RS Cpe	700	2,050	3,400	6,800	11,900	17,000
2d Sed	500	1,550	2,600	5,200	9,100	13,000
4d Sed	550	1,600	2,650	5,300	9,250	13,200
4d Twn Sed	550	1,700	2,800	5,600	9,800	14,000

1931 Great Eight, LWB, 8-cyl., 126" wb

	6	5	4	3	2	1
4d Spt Phae	1,900	5,750	9,600	19,200	33,600	48,000
4d Brgm	750	2,300	3,800	7,600	13,300	19,000
4d Fam Sed	750	2,300	3,800	7,600	13,300	19,000
4d 7P Sed	750	2,200	3,700	7,400	13,000	18,500
4d Clb Sed	750	2,200	3,700	7,400	13,000	18,500
4d Tr Sed	650	1,900	3,200	6,400	11,200	16,000
4d Spl Sed	650	2,000	3,300	6,600	11,600	16,500

1932 (Standard) Greater, 8-cyl., 119" wb

	6	5	4	3	2	1
2d 2P Cpe	550	1,600	2,700	5,400	9,450	13,500
2d 4P Cpe	550	1,700	2,800	5,600	9,800	14,000
2d Spl Cpe	600	1,800	3,000	6,000	10,500	15,000
2d Conv	1,250	3,700	6,200	12,400	21,700	31,000
2d Sed	500	1,550	2,600	5,200	9,100	13,000
4d 5P Sed	550	1,600	2,700	5,400	9,450	13,500
4d Twn Sed	550	1,650	2,700	5,450	9,500	13,600

1932 (Sterling) Series, 8-cyl., 132" wb

	6	5	4	3	2	1
4d Spl Sed	600	1,800	3,000	6,000	10,500	15,000
4d Sub	550	1,700	2,800	5,600	9,800	14,000

1932 Major Series, 8-cyl., 132" wb

	6	5	4	3	2	1
4d Phae	1,300	3,950	6,600	13,200	23,100	33,000
4d Tr Sed	600	1,800	3,000	6,000	10,500	15,000
4d Clb Sed	600	1,850	3,100	6,200	10,850	15,500
4d Brgm	650	2,000	3,300	6,600	11,550	16,500
4d 7P Sed	650	1,900	3,200	6,400	11,200	16,000

1933 Pacemaker Super Six, 6-cyl., 113" wb

	6	5	4	3	2	1
2d Conv	900	2,650	4,400	8,800	15,400	22,000
4d Phae	900	2,750	4,600	9,200	16,100	23,000
2d Bus Cpe	400	1,250	2,100	4,200	7,350	10,500
2d RS Cpe	450	1,400	2,300	4,600	8,050	11,500
2d Sed	350	1,100	1,800	3,600	6,300	9,000
4d Sed	400	1,150	1,900	3,800	6,650	9,500

1933 Pacemaker Standard, 8-cyl., 119" wb

	6	5	4	3	2	1
2d Conv	1,050	3,100	5,200	10,400	18,200	26,000
2d RS Cpe	400	1,250	2,100	4,200	7,350	10,500
2d Sed	400	1,150	1,900	3,800	6,650	9,500
4d Sed	450	1,400	2,300	4,600	8,050	11,500

1933 Pacemaker Major, 8-cyl., 132" wb

	6	5	4	3	2	1
4d Phae	1,100	3,350	5,600	11,200	19,600	28,000
4d Tr Sed	450	1,400	2,300	4,600	8,050	11,500
4d Brgm	450	1,400	2,300	4,600	8,050	11,500
2d Clb Sed	500	1,450	2,400	4,800	8,400	12,000
4d 7P Sed	500	1,500	2,500	5,000	8,750	12,500

1934 Special, 8-cyl., 116" wb

	6	5	4	3	2	1
2d Conv	1,150	3,500	5,800	11,600	20,300	29,000
2d Bus Cpe	400	1,200	2,050	4,100	7,150	10,200
2d Cpe	400	1,250	2,100	4,200	7,350	10,500
2d RS Cpe	500	1,450	2,400	4,800	8,400	12,000
2d Comp Vic	450	1,300	2,150	4,300	7,500	10,700
2d Sed	400	1,250	2,100	4,200	7,350	10,500
4d Sed	400	1,200	2,000	4,000	7,000	10,000
4d Comp Sed	450	1,300	2,200	4,400	7,700	11,000

	6	5	4	3	2	1
1934 DeLuxe Series, 8-cyl., 116" wb						
2d 2P Cpe	400	1,250	2,100	4,200	7,350	10,500
2d RS Cpe	450	1,400	2,300	4,600	8,050	11,500
2d Comp Vic	450	1,300	2,200	4,400	7,700	11,000
2d Sed	450	1,300	2,150	4,300	7,550	10,800
4d Sed	400	1,250	2,050	4,100	7,200	10,300
4d Comp Sed	400	1,250	2,100	4,250	7,400	10,600
1934 Challenger Series, 8-cyl., 116" wb						
2d 2P Cpe	400	1,250	2,100	4,250	7,400	10,600
2d RS Cpe	450	1,400	2,350	4,700	8,250	11,800
2d Conv	1,300	3,950	6,600	13,200	23,100	33,000
2d Sed	400	1,250	2,100	4,250	7,400	10,600
4d Sed	450	1,300	2,150	4,300	7,500	10,700
1934 Major Series, 8-cyl., 123" wb (Special)						
4d Tr Sed	500	1,450	2,400	4,800	8,400	12,000
4d Comp Trs	500	1,450	2,450	4,900	8,550	12,200
1934 (DeLuxe)						
4d Clb Sed	500	1,500	2,500	5,000	8,750	12,500
4d Brgm	500	1,450	2,450	4,900	8,550	12,200
4d Comp Clb Sed	500	1,450	2,400	4,850	8,450	12,100
1935 Big Six, 6-cyl., 116" wb						
2d Conv	1,200	3,600	6,000	12,000	21,000	30,000
2d Cpe	400	1,250	2,100	4,200	7,350	10,500
2d RS Cpe	400	1,200	2,000	4,000	7,000	10,000
4d Tr Brgm	400	1,200	2,000	4,000	7,000	10,000
2d Sed	400	1,150	1,900	3,800	6,650	9,500
4d Sed	400	1,200	2,000	4,000	7,000	10,000
4d Sub Sed	400	1,250	2,100	4,150	7,300	10,400
1935 Eight Special, 8-cyl., 117" wb						
2d Conv	1,250	3,700	6,200	12,400	21,700	31,000
2d Cpe	450	1,300	2,150	4,300	7,500	10,700
2d RS Cpe	450	1,400	2,300	4,600	8,050	11,500
4d Tr Brgm	400	1,200	2,050	4,100	7,150	10,200
2d Sed	400	1,200	2,000	4,050	7,050	10,100
4d Sed	400	1,250	2,100	4,250	7,400	10,600
4d Sub Sed	450	1,300	2,150	4,300	7,500	10,700
1935 Eight DeLuxe Eight Special, 8-cyl., 124" wb						
4d Brgm	400	1,250	2,100	4,250	7,400	10,600
4d Tr Brgm	450	1,300	2,150	4,300	7,500	10,700
4d Clb Sed	400	1,250	2,100	4,200	7,350	10,500
4d Sub Sed	400	1,250	2,100	4,250	7,400	10,600
1935 Eight DeLuxe, 8-cyl., 117" wb						
2d 2P Cpe	450	1,300	2,150	4,300	7,550	10,800
2d RS Cpe	450	1,400	2,300	4,650	8,100	11,600
2d Conv	1,300	3,850	6,400	12,800	22,400	32,000
4d Tr Brgm	400	1,250	2,050	4,100	7,200	10,300
2d Sed	400	1,200	2,050	4,100	7,150	10,200
4d Sed	450	1,300	2,150	4,300	7,500	10,700
4d Sub Sed	450	1,300	2,150	4,300	7,550	10,800
1935 Eight Custom, 8-cyl., 124" wb						
4d Brgm	450	1,300	2,150	4,300	7,500	10,700
4d Tr Brgm	450	1,300	2,150	4,300	7,550	10,800
4d Sed	400	1,250	2,100	4,200	7,350	10,500
Sub Sed	450	1,300	2,150	4,300	7,550	10,800
1935 Late Special, 8-cyl., 124" wb						
4d Brgm	400	1,200	2,050	4,100	7,150	10,200
4d Tr Brgm	400	1,250	2,050	4,100	7,200	10,300
4d Clb Sed	400	1,200	2,000	4,050	7,050	10,100
4d Sub Sed	450	1,300	2,150	4,300	7,550	10,800
1935 Late DeLuxe, 8-cyl., 124" wb						
4d Brgm	400	1,250	2,050	4,100	7,200	10,300
4d Tr Brgm	400	1,250	2,100	4,150	7,300	10,400
4d Clb Sed	400	1,200	2,050	4,100	7,150	10,200
4d Sub Sed	450	1,300	2,200	4,350	7,650	10,900
1936 Custom Six, 6-cyl., 120" wb						
2d Conv	1,150	3,500	5,800	11,600	20,300	29,000
2d Cpe	400	1,250	2,100	4,200	7,350	10,500
2d RS Cpe	500	1,450	2,400	4,800	8,400	12,000
4d Brgm	400	1,200	2,000	4,000	7,000	10,000
4d Tr Brgm	400	1,200	2,000	4,050	7,050	10,100
4d Sed	400	1,200	2,000	4,000	7,000	10,000
4d Tr Sed	400	1,250	2,100	4,200	7,350	10,500
1936 DeLuxe Eight, Series 64, 8-cyl., 120" wb						
2d Conv	1,300	3,850	6,400	12,800	22,400	32,000
2d Cpe	450	1,300	2,150	4,300	7,500	10,700

	6	5	4	3	2	1
2d RS Cpe	400	1,250	2,100	4,150	7,300	10,400
4d Brgm	400	1,200	2,050	4,100	7,150	10,200
4d Tr Brgm	400	1,250	2,050	4,100	7,200	10,300
1936 DeLuxe Eight, Series 66, 8-cyl., 127" wb						
4d Sed	450	1,300	2,150	4,300	7,500	10,700
4d Tr Sed	450	1,300	2,200	4,400	7,700	11,000
1936 Custom Eight, Series 65, 120" wb						
2d 2P Cpe	450	1,300	2,150	4,300	7,550	10,800
2d RS Cpe	450	1,400	2,300	4,600	8,050	11,500
2d Conv	1,300	3,850	6,400	12,800	22,400	32,000
4d Brgm	400	1,250	2,050	4,100	7,200	10,300
4d Tr Brgm	400	1,250	2,100	4,150	7,300	10,400
1936 Custom Eight, Series 67, 127" wb						
4d Sed	400	1,250	2,100	4,250	7,400	10,600
4d Tr Sed	450	1,300	2,150	4,300	7,500	10,700
1937 Custom Six, Series 73, 6-cyl., 122" wb						
2d Conv	1,250	3,700	6,200	12,400	21,700	31,000
2d Conv Brgm	1,300	3,850	6,400	12,800	22,400	32,000
2d Bus Cpe	400	1,250	2,100	4,200	7,350	10,500
2d 3P Cpe	450	1,300	2,200	4,400	7,700	11,000
2d Vic Cpe	450	1,400	2,300	4,600	8,050	11,500
2d Brgm	400	1,250	2,100	4,200	7,350	10,500
2d Tr Brgm	450	1,300	2,150	4,300	7,500	10,700
4d Sed	450	1,300	2,200	4,400	7,700	11,000
4d Tr Sed	450	1,350	2,200	4,450	7,750	11,100
1937 DeLuxe Eight, Series 74, 8-cyl., 122" wb						
2d Cpe	500	1,450	2,400	4,800	8,400	12,000
2d Vic Cpe	500	1,500	2,500	5,000	8,750	12,500
2d Conv	1,250	3,700	6,200	12,400	21,700	31,000
2d Brgm	500	1,500	2,500	5,050	8,800	12,600
2d Tr Brgm	500	1,500	2,550	5,100	8,900	12,700
4d Sed	500	1,500	2,550	5,100	8,900	12,700
4d Tr Sed	500	1,550	2,550	5,100	8,950	12,800
2d Conv Brgm	1,100	3,350	5,600	11,200	19,600	28,000
1937 DeLuxe Eight, Series 76, 8-cyl., 129" wb						
4d Sed	500	1,550	2,600	5,200	9,100	13,000
4d Tr Sed	550	1,600	2,700	5,400	9,450	13,500
1937 Custom Eight, Series 75, 8-cyl., 122" wb						
2d Cpe	500	1,450	2,400	4,800	8,400	12,000
2d Vic Cpe	500	1,450	2,450	4,900	8,550	12,200
2d Conv Cpe	1,300	3,850	6,400	12,800	22,400	32,000
2d Brgm	450	1,400	2,350	4,700	8,250	11,800
2d Tr Brgm	500	1,450	2,400	4,800	8,400	12,000
4d Sed	450	1,400	2,350	4,700	8,250	11,800
4d Tr Sed	500	1,450	2,400	4,750	8,350	11,900
2d Conv Brgm	1,300	3,950	6,600	13,200	23,100	33,000
1937 Custom Eight, Series 77, 8-cyl., 129" wb						
4d Sed	500	1,450	2,400	4,800	8,400	12,000
4d Tr Sed	500	1,450	2,450	4,900	8,550	12,200
1938 Standard Series 89, 6-cyl., 112" wb						
2d Conv	1,250	3,700	6,200	12,400	21,700	31,000
2d Conv Brgm	1,300	3,850	6,400	12,800	22,400	32,000
2d 3P Cpe	500	1,450	2,400	4,800	8,400	12,000
2d Vic Cpe	500	1,500	2,500	5,000	8,750	12,500
4d Brgm	450	1,350	2,300	4,550	8,000	11,400
4d Tr Brgm	450	1,400	2,300	4,600	8,050	11,500
4d Sed	450	1,400	2,300	4,650	8,100	11,600
4d Tr Sed	450	1,400	2,350	4,700	8,200	11,700
1938 Utility Series 89, 6-cyl., 112" wb						
2d Cpe	450	1,400	2,300	4,600	8,050	11,500
2d Sed	450	1,300	2,150	4,300	7,550	10,800
2d Tr Sed	450	1,300	2,200	4,350	7,650	10,900
1938 DeLuxe Series 89, 6-cyl., 112" wb						
2d Conv	1,200	3,600	6,000	12,000	21,000	30,000
2d Conv Brgm	1,250	3,700	6,200	12,400	21,700	31,000
2d 3P Cpe	500	1,550	2,600	5,200	9,100	13,000
2d Vic Cpe	550	1,600	2,700	5,400	9,450	13,500
4d Brgm	500	1,450	2,400	4,800	8,400	12,000
4d Tr Brgm	500	1,450	2,450	4,900	8,550	12,200
4d Sed	500	1,500	2,450	4,900	8,600	12,300
4d Tr Sed	500	1,500	2,500	4,950	8,700	12,400
1938 Custom Series 83, 6-cyl., 122" wb						
2d Conv	1,250	3,700	6,200	12,400	21,700	31,000
2d Conv Brgm	1,300	3,850	6,400	12,800	22,400	32,000
2d 3P Cpe	550	1,600	2,700	5,400	9,450	13,500

	6	5	4	3	2	1
2d Vic Cpe	550	1,700	2,800	5,600	9,800	14,000
4d Brgm	500	1,500	2,500	5,000	8,750	12,500
4d Tr Brgm	500	1,500	2,500	5,050	8,800	12,600
4d Sed	500	1,500	2,500	4,950	8,700	12,400
4d Tr Sed	500	1,500	2,500	5,000	8,750	12,500

1938 4d DeLuxe Series 84, 8-cyl., 122" wb

2d Conv	1,250	3,700	6,200	12,400	21,700	31,000
2d Conv Brgm	1,300	3,850	6,400	12,800	22,400	32,000
2d 3P Cpe	550	1,700	2,800	5,600	9,800	14,000
2d Vic Cpe	600	1,750	2,900	5,800	10,150	14,500
4d Brgm	550	1,600	2,650	5,300	9,250	13,200
4d Tr Brgm	500	1,500	2,500	5,000	8,750	12,500
4d Tr Sed	500	1,450	2,400	4,800	8,400	12,000

1938 4d Custom Series 85, 8-cyl., 122" wb

2d 3P Cpe	600	1,800	3,000	6,000	10,500	15,000
2d Vic Cpe	600	1,850	3,100	6,200	10,850	15,500
4d Brgm	550	1,700	2,800	5,600	9,800	14,000
4d Tr Brgm	600	1,750	2,900	5,800	10,150	14,500
4d Sed	550	1,600	2,700	5,400	9,450	13,500
4d Tr Sed	550	1,650	2,700	5,450	9,500	13,600

1938 Country Club Series 87, 8-cyl., 129" wb

4d Sed	600	1,800	3,000	6,000	10,500	15,000
4d Tr Sed	600	1,800	3,050	6,100	10,600	15,200

1939 DeLuxe Series 112, 6-cyl., 112" wb

2d Conv	1,200	3,600	6,000	12,000	21,000	30,000
2d Conv Brgm	500	1,500	2,500	4,950	8,700	12,400
2d Trav Cpe	500	1,450	2,400	4,800	8,400	12,000
2d Utl Cpe	500	1,500	2,500	5,000	8,750	12,500
2d 3P Cpe	500	1,500	2,550	5,100	8,900	12,700
2d Vic Cpe	500	1,550	2,600	5,200	9,100	13,000
2d Utl Sed	450	1,400	2,300	4,600	8,050	11,500
4d Tr Brgm	500	1,450	2,400	4,750	8,350	11,900
4d Tr Sed	500	1,450	2,400	4,800	8,400	12,000
4d Sta Wag	950	2,900	4,800	9,600	16,800	24,000

1939 4d Pacemaker Series 91, 6-cyl., 118" wb

2d 3P Cpe	550	1,600	2,700	5,400	9,450	13,500
2d Vic Cpe	550	1,700	2,800	5,600	9,800	14,000
4d Tr Brgm	550	1,600	2,650	5,300	9,250	13,200
4d Tr Sed	500	1,550	2,600	5,200	9,100	13,000

1939 Series 92, 6-cyl., 118" wb

2d Conv	1,300	3,850	6,400	12,800	22,400	32,000
2d Conv Brgm	1,300	3,950	6,600	13,200	23,100	33,000
2d 3P Cpe	600	1,800	3,000	6,000	10,500	15,000
2d Vic Cpe	600	1,850	3,100	6,200	10,850	15,500
4d Tr Brgm	600	1,750	2,900	5,800	10,150	14,500
4d Tr Sed	550	1,700	2,800	5,600	9,800	14,000

1939 Country Club Series 93, 6-cyl., 122" wb

2d Conv	1,300	3,950	6,600	13,200	23,100	33,000
2d Conv Brgm	1,350	4,100	6,800	13,600	23,800	34,000
2d 3P Cpe	600	1,850	3,100	6,200	10,850	15,500
2d Vic Cpe	650	1,900	3,200	6,400	11,200	16,000
4d Tr Brgm	600	1,850	3,100	6,200	10,850	15,500
4d Tr Sed	600	1,800	3,000	6,000	10,500	15,000

1939 Big Boy Series 96, 6-cyl., 129" wb

4d 6P Sed	650	1,900	3,200	6,400	11,200	16,000
4d 7P Sed	650	1,950	3,250	6,500	11,400	16,300

1939 Country Club Series 95, 8-cyl., 122" wb

2d Conv	1,350	4,100	6,800	13,600	23,800	34,000
2d Conv Brgm	1,400	4,200	7,000	14,000	24,500	35,000
2d 3P Cpe	650	1,900	3,200	6,400	11,200	16,000
2d Vic Cpe	650	2,000	3,300	6,600	11,550	16,500
4d Tr Brgm	650	1,900	3,150	6,300	11,100	15,800
4d Tr Sed	600	1,850	3,100	6,200	10,850	15,500

1939 Custom Series 97, 8-cyl., 129" wb

4d 5P Tr Sed	650	1,950	3,250	6,500	11,300	16,200
4d 7P Sed	650	2,000	3,300	6,600	11,550	16,500

1940 Traveler Series 40-T, 6-cyl., 113" wb

2d Cpe	500	1,450	2,450	4,900	8,550	12,200
2d Vic Cpe	500	1,500	2,500	4,950	8,700	12,400
2d Tr Sed	500	1,450	2,400	4,800	8,400	12,000
4d Tr Sed	500	1,450	2,400	4,850	8,450	12,100

1940 DeLuxe Series, 40-P, 6-cyl., 113" wb

2d 6P Conv	1,050	3,100	5,200	10,400	18,200	26,000
2d Cpe	500	1,500	2,500	5,050	8,800	12,600
2d Vic Cpe	500	1,500	2,550	5,100	8,900	12,700

	6	5	4	3	2	1
2d Tr Sed	500	1,450	2,450	4,900	8,550	12,200
4d Sed	500	1,500	2,450	4,900	8,600	12,300

1940 Super Series 41, 6-cyl., 118" wb
2d 5P Conv	1,100	3,250	5,400	10,800	18,900	27,000
2d 6P Conv	1,100	3,350	5,600	11,200	19,600	28,000
2d Cpe	550	1,700	2,800	5,600	9,800	14,000
2d Vic Cpe	600	1,750	2,900	5,800	10,150	14,500
2d Tr Sed	500	1,450	2,400	4,800	8,400	12,000
4d Tr Sed	500	1,450	2,450	4,900	8,550	12,200

1940 Country Club Series 43, 6-cyl., 125" wb
4d 6P Sed	500	1,550	2,600	5,200	9,100	13,000
4d 7P Sed	550	1,600	2,700	5,400	9,450	13,500

1940 Series 44, 8-cyl., 118" wb
2d 5P Conv	1,100	3,350	5,600	11,200	19,600	28,000
2d 6P Conv	1,150	3,500	5,800	11,600	20,300	29,000
2d Cpe	650	1,900	3,200	6,400	11,200	16,000
2d Vic Cpe	650	2,000	3,300	6,600	11,550	16,500
2d Tr Sed	600	1,850	3,100	6,250	10,900	15,600
4d Tr Sed	650	1,900	3,150	6,300	11,000	15,700

1940 DeLuxe Series 45, 8-cyl., 118" wb
2d Tr Sed	650	1,900	3,150	6,300	11,100	15,800
4d Tr Sed	650	1,900	3,200	6,350	11,100	15,900

1940 Country Club Eight Series 47, 8-cyl., 125" wb
4d Tr Sed	650	1,950	3,200	6,450	11,300	16,100
4d 7P Sed	650	1,950	3,250	6,500	11,300	16,200

1940 Big Boy Series 48, 6-cyl., 125" wb
4d C-A Sed	600	1,800	3,000	6,000	10,500	15,000
4d 7P Sed	600	1,800	3,050	6,100	10,600	15,200

1941 Utility Series 10-C, 6-cyl., 116" wb
2d Cpe	500	1,500	2,500	5,000	8,750	12,500
2d Sed	450	1,400	2,300	4,600	8,050	11,500

1941 Traveler Series 10-T, 6-cyl., 116" wb
2d Cpe	500	1,550	2,600	5,200	9,100	13,000
2d Clb Cpe	550	1,600	2,700	5,400	9,450	13,500
2d Sed	450	1,400	2,350	4,700	8,200	11,700
4d Sed	500	1,450	2,400	4,750	8,350	11,900

1941 DeLuxe Series 10-P, 6-cyl., 116" wb
2d Conv	1,100	3,250	5,400	10,800	18,900	27,000
2d Cpe	550	1,700	2,800	5,600	9,800	14,000
2d Clb Cpe	600	1,750	2,900	5,800	10,150	14,500
2d Sed	500	1,450	2,400	4,850	8,450	12,100
4d Sed	500	1,450	2,450	4,900	8,550	12,200

1941 Super Series 11, 6-cyl., 121" wb
2d Conv	1,150	3,500	5,800	11,600	20,300	29,000
2d Cpe	600	1,750	2,900	5,800	10,150	14,500
2d Clb Cpe	600	1,800	3,000	6,000	10,500	15,000
2d Sed	500	1,500	2,500	4,950	8,700	12,400
4d Sed	500	1,500	2,500	5,000	8,750	12,500
4d Sta Wag	1,100	3,250	5,400	10,800	18,900	27,000

1941 Commodore Series 12, 6-cyl., 121" wb
2d Conv	1,200	3,600	6,000	12,000	21,000	30,000
2d Cpe	600	1,800	3,050	6,100	10,600	15,200
2d Clb Cpe	600	1,850	3,100	6,150	10,800	15,400
2d Sed	500	1,550	2,600	5,200	9,100	13,000
4d Sed	500	1,550	2,600	5,250	9,150	13,100

1941 Commodore Series 14, 8-cyl., 121" wb
2d Conv	1,250	3,700	6,200	12,400	21,700	31,000
2d Cpe	600	1,850	3,100	6,200	10,850	15,500
2d Clb Cpe	650	1,900	3,150	6,300	11,000	15,700
2d Sed	600	1,750	2,900	5,850	10,200	14,600
4d Sed	600	1,750	2,950	5,900	10,300	14,700
4d Sta Wag	1,100	3,350	5,600	11,200	19,600	28,000

1941 Commodore Custom Series 15, 8-cyl., 121" wb
2d Cpe	650	1,900	3,150	6,300	11,100	15,800
2d Clb Cpe	650	1,900	3,200	6,400	11,200	16,000

1941 Commodore Custom Series 17, 8-cyl., 128" wb
4d Sed	600	1,800	2,950	5,900	10,400	14,800
4d 7P Sed	600	1,800	3,000	6,000	10,500	15,000

1941 Big Boy Series 18, 6-cyl., 128" wb
4d C-A Sed	550	1,700	2,850	5,700	10,000	14,300
4d 7P Sed	600	1,750	2,900	5,800	10,150	14,500

1942 Traveler Series 20-T, 6-cyl., 116" wb
2d Cpe	500	1,500	2,500	5,000	8,750	12,500
2d Clb Cpe	500	1,500	2,550	5,100	8,900	12,700

	6	5	4	3	2	1
2d Sed	450	1,400	2,300	4,650	8,100	11,600
4d Sed	450	1,400	2,350	4,700	8,200	11,700

1942 DeLuxe Series 20-P, 6-cyl., 116" wb

	6	5	4	3	2	1
2d Conv	1,100	3,350	5,600	11,200	19,600	28,000
2d Cpe	500	1,500	2,550	5,100	8,900	12,700
2d Clb Cpe	500	1,550	2,600	5,200	9,100	13,000
2d Sed	500	1,450	2,400	4,800	8,400	12,000
4d Sed	500	1,450	2,400	4,850	8,450	12,100

1942 Super Series 21, 6-cyl., 121" wb

	6	5	4	3	2	1
2d Conv	1,150	3,500	5,800	11,600	20,300	29,000
2d Cpe	500	1,550	2,600	5,200	9,100	13,000
2d Clb Cpe	550	1,600	2,650	5,300	9,250	13,200
2d Sed	500	1,500	2,500	5,050	8,800	12,600
4d Sed	500	1,500	2,550	5,100	8,900	12,700
4d Sta Wag	1,150	3,500	5,800	11,600	20,300	29,000

1942 Commodore Series 22, 6-cyl., 121" wb

	6	5	4	3	2	1
2d Conv	1,250	3,700	6,200	12,400	21,700	31,000
2d Cpe	550	1,600	2,700	5,400	9,450	13,500
2d Clb Cpe	550	1,700	2,800	5,600	9,800	14,000
2d Sed	500	1,500	2,500	5,000	8,750	12,500
4d Sed	500	1,500	2,500	5,050	8,800	12,600

1942 Commodore Series 24, 8-cyl., 121" wb

	6	5	4	3	2	1
2d Conv	1,300	3,850	6,400	12,800	22,400	32,000
2d Cpe	600	1,800	3,000	6,000	10,500	15,000
2d Clb Cpe	600	1,850	3,100	6,200	10,850	15,500
2d Sed	550	1,700	2,850	5,700	9,950	14,200
4d Sed	550	1,700	2,850	5,700	10,000	14,300

1942 Commodore Custom Series 25, 8-cyl., 121" wb

	6	5	4	3	2	1
2d Clb Cpe	600	1,850	3,100	6,250	10,900	15,600

1942 Commodore Series 27, 8-cyl., 128" wb

	6	5	4	3	2	1
4d Sed		1,750	2,900	5,800	10,150	14,500

1946-1947 Super Series, 6-cyl., 121" wb

	6	5	4	3	2	1
2d Cpe	500	1,550	2,600	5,150	9,050	12,900
2d Clb Cpe	500	1,550	2,600	5,200	9,100	13,000
2d Conv	1,000	3,000	5,000	10,000	17,500	25,000
2d Sed	450	1,400	2,350	4,700	8,250	11,800
4d Sed	500	1,450	2,400	4,750	8,350	11,900

1946-1947 Commodore Series, 6-cyl., 121" wb

	6	5	4	3	2	1
2d Clb Cpe	550	1,650	2,700	5,450	9,500	13,600
4d Sed	500	1,550	2,600	5,200	9,100	13,000

1946-1947 Super Series, 8-cyl., 121" wb

	6	5	4	3	2	1
2d Clb Cpe	550	1,650	2,750	5,500	9,600	13,700
4d Sed	550	1,600	2,650	5,300	9,250	13,200

1946-1947 Commodore Series, 8-cyl., 121" wb

	6	5	4	3	2	1
2d Clb Cpe	550	1,700	2,850	5,700	10,000	14,300
2d Conv	1,100	3,350	5,600	11,200	19,600	28,000
4d Sed	550	1,650	2,750	5,500	9,650	13,800

1948-1949 Super Series, 6-cyl., 124" wb

	6	5	4	3	2	1
2d Cpe	500	1,550	2,600	5,200	9,100	13,000
2d Clb Cpe	550	1,600	2,650	5,300	9,300	13,300
2d Conv	1,300	3,850	6,400	12,800	22,400	32,000
2d Sed	500	1,450	2,400	4,850	8,450	12,100
4d Sed	500	1,450	2,400	4,800	8,400	12,000

1948-1949 Commodore Series, 6-cyl., 124" wb

	6	5	4	3	2	1
2d Clb Cpe	550	1,700	2,800	5,600	9,800	14,000
2d Conv	1,450	4,300	7,200	14,400	25,200	36,000
4d Sed	550	1,600	2,700	5,400	9,450	13,500

1948-1949 Super Series, 8-cyl., 124" wb

	6	5	4	3	2	1
2d Clb Cpe	600	1,750	2,900	5,800	10,200	14,500
2d Sed (1949 only)	550	1,650	2,700	5,450	9,500	13,600
4d Sed	550	1,600	2,700	5,400	9,450	13,500

1948-1949 Commodore Series, 8-cyl., 124" wb

	6	5	4	3	2	1
2d Clb Cpe	600	1,800	3,000	6,000	10,500	15,000
2d Conv	1,500	4,550	7,600	15,200	26,600	38,000
4d Sed	600	1,750	2,900	5,800	10,200	14,500

1950 Pacemaker Series 500, 6-cyl., 119" wb

	6	5	4	3	2	1
2d Bus Cpe	500	1,450	2,400	4,800	8,400	12,000
2d Clb Cpe	500	1,550	2,600	5,200	9,100	13,000
2d Conv	1,400	4,200	7,000	14,000	24,500	35,000
2d Sed	500	1,450	2,450	4,900	8,550	12,200
4d Sed	500	1,500	2,450	4,900	8,600	12,300

1950 DeLuxe Series 50A, 6-cyl., 119" wb

	6	5	4	3	2	1
2d Clb Cpe	550	1,700	2,850	5,700	9,950	14,200
2d Conv	1,450	4,300	7,200	14,400	25,200	36,000

1931 Hupmobile Century Six roadster

1947 Kaiser Special sedan (prototype)

1949 Frazer Manhattan sedan

	6	5	4	3	2	1
2d Sed	500	1,500	2,500	5,000	8,750	12,500
4d Sed	500	1,500	2,500	5,050	8,800	12,600
1950 Super Six Series 501, 6-cyl., 124" wb						
2d Clb Cpe	600	1,750	2,900	5,800	10,200	14,500
2d Conv	1,500	4,450	7,400	14,800	25,900	37,000
2d Sed	500	1,550	2,600	5,250	9,150	13,100
4d Sed	550	1,600	2,650	5,300	9,250	13,200
1950 Commodore Series 502, 6-cyl., 124" wb						
2d Clb Cpe	600	1,800	3,000	6,000	10,500	15,000
2d Conv	1,500	4,550	7,600	15,200	26,600	38,000
4d Sed	550	1,700	2,800	5,600	9,800	14,000
1950 Super Series 503, 8-cyl., 124" wb						
2d Sed	550	1,700	2,800	5,600	9,800	14,000
2d Clb Cpe	600	1,850	3,100	6,200	10,900	15,500
4d Sed	550	1,650	2,750	5,500	9,600	13,700
1950 Commodore Series 504, 8-cyl., 124" wb						
2d Clb Cpe	650	1,900	3,200	6,400	11,200	16,000
2d Conv	1,600	4,800	8,000	16,000	28,000	40,000
4d Sed	550	1,700	2,800	5,600	9,800	14,000
1951 Pacemaker Custom Series 4A, 6-cyl., 119" wb						
2d Cpe	550	1,600	2,700	5,400	9,450	13,500
2d Clb Cpe	600	1,750	2,900	5,800	10,200	14,500
2d Conv	1,400	4,200	7,000	14,000	24,500	35,000
2d Sed	500	1,550	2,600	5,250	9,150	13,100
4d Sed	500	1,550	2,600	5,200	9,100	13,000
1951 Super Custom Series 5A, 6-cyl., 124" wb						
2d Clb Cpe	600	1,800	3,000	6,000	10,500	15,000
2d Hlywd HT	750	2,300	3,800	7,600	13,300	19,000
2d Conv	1,450	4,300	7,200	14,400	25,200	36,000
2d Sed	550	1,600	2,700	5,400	9,450	13,500
4d Sed	550	1,650	2,750	5,500	9,600	13,700
1951 Commodore Custom Series 6A, 6-cyl., 124" wb						
2d Clb Cpe	600	1,850	3,100	6,200	10,900	15,500
2d Hlywd HT	800	2,400	4,000	8,000	14,000	20,000
2d Conv	1,500	4,450	7,400	14,800	25,900	37,000
4d Sed	600	1,850	3,100	6,250	10,900	15,600
1951 Hornet Series 7A, 6-cyl., 124" wb						
2d Clb Cpe	650	1,900	3,200	6,400	11,200	16,000
2d Hlywd HT	850	2,500	4,200	8,400	14,700	21,000
2d Conv	1,550	4,700	7,800	15,600	27,300	39,000
4d Sed	650	1,950	3,200	6,450	11,300	16,100
1951 Commodore Custom Series 8A, 8-cyl., 124" wb						
2d Clb Cpe	650	2,000	3,300	6,600	11,600	16,500
2d Hlywd HT	900	2,650	4,400	8,800	15,400	22,000
2d Conv	1,600	4,800	8,000	16,000	28,000	40,000
4d Sed	650	2,000	3,300	6,650	11,600	16,600
1952 Pacemaker Series 4B, 6-cyl., 119" wb						
2d Cpe	550	1,650	2,750	5,500	9,600	13,700
2d Clb Cpe	550	1,650	2,750	5,500	9,650	13,800
2d Sed	550	1,600	2,700	5,400	9,450	13,500
4d Sed	550	1,650	2,700	5,450	9,500	13,600
1952 Wasp Series 5B, 6-cyl., 119" wb						
2d Clb Cpe	550	1,700	2,800	5,600	9,800	14,000
2d Hlywd HT	700	2,050	3,400	6,800	11,900	17,000
2d Conv	1,400	4,200	7,000	14,000	24,500	35,000
2d Sed	550	1,650	2,700	5,450	9,500	13,600
4d Sed	550	1,650	2,750	5,500	9,600	13,700
1952 Commodore Series 6B, 6-cyl., 124" wb						
2d Clb Cpe	550	1,700	2,850	5,700	9,950	14,200
2d Hlywd HT	700	2,150	3,600	7,200	12,600	18,000
2d Conv	1,450	4,300	7,200	14,400	25,200	36,000
4d Sed	550	1,700	2,800	5,600	9,800	14,000
1952 Hornet Series 7B, 6-cyl., 124" wb						
2d Clb Cpe	600	1,750	2,900	5,750	10,100	14,400
2d Hlywd HT	750	2,300	3,800	7,600	13,300	19,000
2d Conv	1,500	4,450	7,400	14,800	25,900	37,000
4d Sed	550	1,700	2,800	5,650	9,850	14,100
1952 Commodore Series 8B, 8-cyl., 124" wb						
2d Clb Cpe	600	1,750	2,900	5,750	10,100	14,400
2d Hlywd HT	800	2,400	4,000	8,000	14,000	20,000
2d Conv	1,500	4,550	7,600	15,200	26,600	38,000
4d Sed	550	1,700	2,800	5,650	9,850	14,100
1953 Jet Series 1C, 6-cyl., 105" wb						
4d Sed	500	1,450	2,400	4,800	8,400	12,000

	6	5	4	3	2	1
1953 Super Jet Series 2C, 6-cyl., 105" wb						
2d Clb Sed	500	1,500	2,500	5,000	8,750	12,500
4d Sed	500	1,500	2,500	5,050	8,800	12,600
1953 Wasp Series 4C, 6-cyl., 119" wb						
2d Clb Cpe	500	1,550	2,550	5,100	8,950	12,800
2d Sed	500	1,500	2,500	5,000	8,750	12,500
4d Sed	500	1,500	2,500	5,050	8,800	12,600
1953 Super Wasp Series 5C, 6-cyl., 119" wb						
2d Clb Cpe	500	1,550	2,600	5,200	9,100	13,000
2d Hlywd HT	700	2,050	3,400	6,800	11,900	17,000
2d Conv	1,400	4,200	7,000	14,000	24,500	35,000
2d Sed	500	1,500	2,500	5,050	8,800	12,600
4d Sed	500	1,500	2,550	5,100	8,900	12,700
1953 Hornet Series 7C, 6-cyl., 124" wb						
2d Clb Cpe	600	1,750	2,900	5,800	10,200	14,500
2d Hlywd HT	750	2,250	3,700	7,450	13,000	18,600
2d Conv	1,500	4,550	7,600	15,200	26,600	38,000
4d Sed	550	1,700	2,800	5,600	9,800	14,000
1954 Jet Series 1D, 6-cyl., 105" wb						
2d Utl Sed	500	1,450	2,400	4,800	8,400	12,000
2d Clb Sed	500	1,450	2,450	4,900	8,550	12,200
4d Sed	500	1,500	2,450	4,900	8,600	12,300
1954 Super Jet Series 2D, 6-cyl., 105" wb						
2d Clb Sed	500	1,500	2,500	5,000	8,750	12,500
4d Sed	500	1,500	2,500	5,050	8,800	12,600
1954 Jet Liner Series 3D, 6-cyl., 105" wb						
2d Clb Sed	500	1,550	2,600	5,200	9,100	13,000
4d Sed	500	1,550	2,600	5,250	9,150	13,100
1954 Wasp Series 4D, 6-cyl., 119" wb						
2d Clb Cpe	500	1,500	2,500	5,000	8,750	12,500
2d Clb Sed	500	1,500	2,450	4,900	8,600	12,300
4d Sed	500	1,500	2,500	4,950	8,700	12,400
1954 Super Wasp Series 5D, 6-cyl., 119" wb						
2d Clb Cpe	500	1,500	2,550	5,100	8,900	12,700
2d Hlywd HT	650	1,900	3,200	6,400	11,200	16,000
2d Conv	1,450	4,300	7,200	14,400	25,200	36,000
2d Clb Sed	500	1,500	2,500	5,050	8,800	12,600
4d Sed	500	1,500	2,500	5,000	8,750	12,500
1954 Hornet Special Series 6D, 6-cyl., 124" wb						
2d Clb Cpe	550	1,700	2,800	5,600	9,800	14,000
2d Clb Sed	500	1,550	2,600	5,250	9,150	13,100
4d Sed	550	1,600	2,700	5,350	9,400	13,400
1954 Hornet Series 7D, 6-cyl., 124" wb						
2d Clb Cpe	600	1,800	3,000	6,000	10,500	15,000
2d Hlywd HT	700	2,150	3,600	7,200	12,600	18,000
2d Brgm Conv	1,550	4,700	7,800	15,600	27,300	39,000
4d Sed	550	1,650	2,700	5,450	9,500	13,600
1954 Italia, 6-cyl.						
2d	1,300	3,850	6,400	12,800	22,400	32,000
1955 Super Wasp, 6-cyl., 114" wb						
4d Sed	450	1,400	2,300	4,600	8,050	11,500
1955 Custom Wasp, 6-cyl., 114" wb						
2d Hlywd HT	650	1,900	3,200	6,400	11,200	16,000
4d Sed	450	1,400	2,300	4,650	8,100	11,600
1955 Hornet Super, 6-cyl., 121" wb						
4d Sed	500	1,450	2,400	4,800	8,400	12,000
1955 Hornet Custom, 6-cyl., 121" wb						
2d Hlywd HT	700	2,050	3,400	6,800	11,900	17,000
4d Sed	500	1,500	2,500	5,000	8,750	12,500
1955 Italia, 6-cyl.						
2d Cpe	1,300	3,850	6,400	12,800	22,400	32,000

NOTE: Add 5 percent for V-8.

For Hudson Rambler prices see AMC.

1956 Super Wasp, 6-cyl., 114" wb						
4d Sed	450	1,300	2,200	4,400	7,700	11,000
1956 Super Hornet, 6-cyl., 121" wb						
4d Sed	500	1,450	2,400	4,800	8,400	12,000
1956 Custom Hornet, 6-cyl., 121" wb						
2d Hlywd HT	700	2,150	3,600	7,200	12,600	18,000
4d Sed	500	1,550	2,600	5,200	9,100	13,000
1956 Hornet Super Special, 8-cyl., 114" wb						
2d Hlywd HT	750	2,300	3,800	7,600	13,300	19,000

	6	5	4	3	2	1
4d Sed	550	1,600	2,650	5,300	9,250	13,200

1956 Hornet Custom, 8-cyl., 121" wb
2d Hlywd HT	800	2,400	4,000	8,000	14,000	20,000
4d Sed	550	1,600	2,700	5,400	9,450	13,500

NOTE: For Hudson Rambler prices see AMC.

1957 Hornet Super, 8-cyl., 121" wb
2d Hlywd HT	750	2,300	3,800	7,600	13,300	19,000
4d Sed	600	1,750	2,900	5,800	10,200	14,500

1957 Hornet Custom, 8-cyl., 121" wb
2d Hlywd HT	800	2,400	4,000	8,000	14,000	20,000
4d Sed	600	1,850	3,100	6,200	10,900	15,500

NOTE: For Hudson Rambler prices see AMC.

ESSEX

1919 Model A, 4-cyl.
2d Rds	500	1,550	2,600	5,200	9,100	13,000
4d Tr	500	1,500	2,500	5,000	8,750	12,500
4d Sed	450	1,300	2,200	4,400	7,700	11,000

1920 4-cyl.
2d Rds	500	1,550	2,600	5,200	9,100	13,000
4d Tr	500	1,500	2,500	5,000	8,750	12,500
4d Sed	450	1,300	2,200	4,400	7,700	11,000

1921 4-cyl.
2d Rds	550	1,600	2,700	5,400	9,450	13,500
4d Tr	500	1,450	2,400	4,800	8,400	12,000
2d Cabr	500	1,550	2,600	5,200	9,100	13,000
2d Sed	400	1,150	1,900	3,800	6,650	9,500
4d Sed	400	1,150	1,900	3,850	6,700	9,600

1922 4-cyl.
4d Tr	500	1,450	2,400	4,800	8,400	12,000
2d Cabr	500	1,550	2,600	5,200	9,100	13,000
2d Sed	400	1,150	1,900	3,800	6,650	9,500
4d Sed	400	1,150	1,900	3,850	6,700	9,600

1923 4-cyl.
2d Cabr	500	1,550	2,600	5,200	9,100	13,000
4d Phae	500	1,450	2,400	4,800	8,400	12,000
2d Sed	350	1,100	1,800	3,600	6,300	9,000

1924 Six, 6-cyl.
4d Tr	500	1,550	2,600	5,200	9,100	13,000
2d Sed	350	1,100	1,800	3,600	6,300	9,000

1925 Six, 6-cyl.
4d Tr	500	1,550	2,600	5,200	9,100	13,000
2d Sed	350	1,050	1,750	3,500	6,150	8,800

1926 Six, 6-cyl.
4d Tr	500	1,550	2,600	5,200	9,100	13,000
2d Sed	400	1,150	1,900	3,800	6,650	9,500
4d Sed	400	1,150	1,900	3,850	6,700	9,600

1927 Six, 6-cyl.
4d Tr	600	1,800	3,000	6,000	10,500	15,000
2d Sed	300	950	1,600	3,200	5,600	8,000
4d Sed	350	1,000	1,650	3,300	5,750	8,200

1927 Super Six, 6-cyl.
2d BT Spds	900	2,750	4,600	9,200	16,100	23,000
4d Tr	600	1,800	3,000	6,000	10,500	15,000
2d 4P Spds	750	2,300	3,800	7,600	13,300	19,000
2d Cpe	400	1,150	1,900	3,800	6,650	9,500
2d Sed	350	1,000	1,700	3,400	5,950	8,500
4d Sed	350	1,050	1,700	3,450	6,000	8,600
4d DeL Sed	350	1,100	1,800	3,600	6,300	9,000

1928 First Series, 6-cyl.
2d BT Spds	800	2,400	4,000	8,000	14,000	20,000
2d 4P Spds	750	2,300	3,800	7,600	13,300	19,000
2d Cpe	400	1,150	1,900	3,750	6,600	9,400
2d Sed	350	1,050	1,700	3,450	6,000	8,600
4d Sed	350	1,050	1,750	3,500	6,150	8,800

1928 Second Series, 6-cyl.
2d Spt Rds	850	2,500	4,200	8,400	14,700	21,000
4d Phae	800	2,400	4,000	8,000	14,000	20,000
2d 2P Cpe	400	1,200	2,000	4,000	7,000	10,000
2d RS Cpe	400	1,200	2,050	4,100	7,150	10,200
2d Sed	350	1,050	1,700	3,450	6,000	8,600
4d Sed	350	1,050	1,750	3,500	6,150	8,800

	6	5	4	3	2	1
1929 Challenger Series, 6-cyl.						
2d Rds	1,150	3,500	5,800	11,600	20,300	29,000
2d Phae	1,100	3,350	5,600	11,200	19,600	28,000
2d 2P Cpe	400	1,150	1,950	3,900	6,800	9,700
2d 4P Cpe	400	1,200	2,000	3,950	6,950	9,900
2d Sed	350	1,050	1,800	3,550	6,250	8,900
4d Sed	400	1,150	1,900	3,750	6,600	9,400
2d RS Rds	1,200	3,600	6,000	12,000	21,000	30,000
4d Phae	1,150	3,500	5,800	11,600	20,300	29,000
2d Conv	1,100	3,250	5,400	10,800	18,900	27,000
2d RS Cpe	400	1,200	2,000	4,000	7,000	10,000
4d Twn Sed	400	1,200	2,000	4,050	7,050	10,100
4d DeL Sed	400	1,250	2,050	4,100	7,200	10,300
1930 First Series, Standard, 6-cyl.						
2d Rds	1,300	3,950	6,600	13,200	23,100	33,000
2d Conv	1,150	3,500	5,800	11,600	20,300	29,000
4d Phae	1,200	3,600	6,000	12,000	21,000	30,000
2d 2P Cpe	400	1,150	1,900	3,750	6,600	9,400
2d RS Cpe	400	1,200	2,000	4,000	7,000	10,000
2d Sed	350	1,100	1,850	3,700	6,450	9,200
4d Std Sed	350	1,100	1,850	3,700	6,500	9,300
4d Twn Sed	400	1,150	1,900	3,750	6,600	9,400
1930 Second Series, Standard, 6-cyl.						
2d RS Rds	1,400	4,200	7,000	14,000	24,500	35,000
4d Phae	1,350	4,100	6,800	13,600	23,800	34,000
4d Sun Sed	500	1,550	2,600	5,200	9,100	13,000
4d Tr	1,300	3,850	6,400	12,800	22,400	32,000
2d 2P Cpe	400	1,150	1,900	3,750	6,600	9,400
2d RS Cpe	400	1,250	2,100	4,150	7,300	10,400
2d Sed	300	950	1,600	3,200	5,600	8,000
4d Sed	300	950	1,600	3,250	5,650	8,100
4d Twn Sed	350	1,100	1,800	3,600	6,300	9,000
4d DeL Sed	400	1,150	1,900	3,750	6,600	9,400
4d Brgm	400	1,200	2,000	4,000	7,000	10,000
1931 Standard, 6-cyl.						
2d BT Rds	1,900	5,650	9,400	18,800	32,900	47,000
4d Phae	1,250	3,700	6,200	12,400	21,700	31,000
2d RS Cpe	500	1,450	2,400	4,800	8,400	12,000
2d 2P Cpe	450	1,300	2,200	4,400	7,700	11,000
4d Sed	400	1,150	1,900	3,750	6,600	9,400
2d Sed	350	1,100	1,850	3,700	6,500	9,300
4d Tr Sed	400	1,150	1,900	3,800	6,650	9,500
1932 Pacemaker, 6-cyl.						
2d Conv	1,100	3,350	5,600	11,200	19,600	28,000
4d Phae	1,200	3,600	6,000	12,000	21,000	30,000
2d 2P Cpe	500	1,450	2,400	4,800	8,400	12,000
2d RS Cpe	550	1,650	2,800	5,550	9,750	13,900
2d Sed	450	1,350	2,300	4,550	8,000	11,400
4d Sed	450	1,400	2,300	4,600	8,050	11,500

TERRAPLANE

	6	5	4	3	2	1
1933 Six, 6-cyl., 106" wb						
2d Rds	1,100	3,350	5,600	11,200	19,600	28,000
4d Phae	1,150	3,500	5,800	11,600	20,300	29,000
2d 2P Cpe	500	1,450	2,400	4,800	8,400	12,000
2d RS Cpe	550	1,600	2,700	5,350	9,400	13,400
2d Sed	500	1,500	2,500	4,950	8,700	12,400
4d Sed	500	1,500	2,500	5,050	8,800	12,600
1933 Special Six, 6-cyl., 113" wb						
2d Spt Rds	1,150	3,500	5,800	11,600	20,300	29,000
4d Phae	1,200	3,600	6,000	12,000	21,000	30,000
2d Conv	1,100	3,250	5,400	10,800	18,900	27,000
2d Bus Cpe	550	1,600	2,650	5,300	9,300	13,300
2d RS Cpe	550	1,650	2,700	5,450	9,500	13,600
2d Sed	500	1,500	2,500	5,050	8,800	12,600
4d Sed	500	1,550	2,550	5,100	8,950	12,800
1933 DeLuxe Six, 6-cyl., 113" wb						
2d Conv	1,100	3,350	5,600	11,200	19,600	28,000
2d 2P Cpe	500	1,500	2,500	5,000	8,750	12,500
2d RS Cpe	550	1,700	2,800	5,600	9,800	14,000
2d Sed	500	1,500	2,550	5,100	8,900	12,700
4d Sed	500	1,550	2,600	5,200	9,100	13,000
1933 Terraplane, 8-cyl.						
2d 2P Rds	1,150	3,500	5,800	11,600	20,300	29,000
2d RS Rds	1,200	3,600	6,000	12,000	21,000	30,000

	6	5	4	3	2	1
2d 2P Cpe	550	1,650	2,750	5,500	9,650	13,800
2d RS Cpe	600	1,800	3,000	6,000	10,500	15,000
2d Conv	1,100	3,250	5,400	10,800	18,900	27,000
2d Sed	550	1,650	2,750	5,500	9,650	13,800
4d Sed	550	1,700	2,800	5,600	9,800	14,000

1933 Terraplane DeLuxe Eight, 8-cyl.

	6	5	4	3	2	1
2d Conv	1,150	3,500	5,800	11,600	20,300	29,000
2P Cpe	550	1,700	2,800	5,600	9,800	14,000
2d RS Cpe	600	1,850	3,100	6,200	10,900	15,500
2d Sed	550	1,650	2,750	5,500	9,650	13,800
4d Sed	550	1,700	2,800	5,600	9,800	14,000

1934 Terraplane Challenger KS, 6-cyl., 112" wb

	6	5	4	3	2	1
2P Cpe	500	1,500	2,500	4,950	8,700	12,400
2d RS Cpe	550	1,600	2,700	5,350	9,400	13,400
2d Sed	450	1,400	2,350	4,700	8,200	11,700
4d Sed	500	1,450	2,400	4,800	8,400	12,000

1934 Major Line KU, 6-cyl.

	6	5	4	3	2	1
2P Cpe	500	1,500	2,500	5,000	8,750	12,500
2d RS Cpe	550	1,600	2,700	5,400	9,450	13,500
2d Conv	1,100	3,350	5,600	11,200	19,600	28,000
2d Comp Vic	500	1,500	2,500	5,000	8,750	12,500
2d Sed	450	1,300	2,200	4,400	7,700	11,000
4d Sed	500	1,450	2,400	4,850	8,450	12,100
4d Comp Sed	500	1,500	2,450	4,900	8,600	12,300

1934 Special Line K, 8-cyl.

	6	5	4	3	2	1
2P Cpe	500	1,550	2,600	5,200	9,100	13,000
2d RS Cpe	550	1,700	2,800	5,600	9,800	14,000
2d Conv	1,150	3,500	5,800	11,600	20,300	29,000
2d Comp Vic	500	1,500	2,500	5,050	8,800	12,600
2d Sed	500	1,450	2,400	4,800	8,400	12,000
4d Sed	500	1,450	2,400	4,850	8,450	12,100
4d Comp Sed	500	1,500	2,450	4,900	8,600	12,300

1935 Special G, 6-cyl.

	6	5	4	3	2	1
2P Cpe	500	1,500	2,500	4,950	8,700	12,400
2d RS Cpe	500	1,500	2,550	5,100	8,900	12,700
4d Tr Brgm	500	1,450	2,450	4,900	8,550	12,200
2d Sed	500	1,450	2,400	4,850	8,450	12,100
4d Sed	500	1,450	2,450	4,900	8,550	12,200
4d Sub Sed	500	1,500	2,450	4,900	8,600	12,300

1935 DeLuxe GU, 6-cyl., Big Six

	6	5	4	3	2	1
2d 2P Cpe	500	1,500	2,500	5,000	8,750	12,500
2d RS Cpe	500	1,550	2,600	5,200	9,100	13,000
2d Conv	1,050	3,100	5,200	10,400	18,200	26,000
4d Tr Brgm	500	1,500	2,500	5,050	8,800	12,600
2d Sed	500	1,500	2,500	4,950	8,700	12,400
4d Sed	500	1,500	2,500	5,000	8,750	12,500
4d Sub Sed	500	1,500	2,550	5,100	8,900	12,700

1936 DeLuxe 61, 6-cyl.

	6	5	4	3	2	1
2d Conv	1,050	3,100	5,200	10,400	18,200	26,000
2d 2P Cpe	500	1,450	2,400	4,800	8,400	12,000
2d RS Cpe	500	1,550	2,600	5,200	9,100	13,000
4d Brgm	450	1,400	2,300	4,650	8,100	11,600
4d Tr Brgm	500	1,450	2,400	4,800	8,400	12,000
4d Sed	450	1,400	2,350	4,700	8,200	11,700
4d Tr Sed	450	1,400	2,350	4,700	8,250	11,800

1936 Custom 62, 6-cyl.

	6	5	4	3	2	1
2d Conv	1,100	3,250	5,400	10,800	18,900	27,000
2d 2P Cpe	500	1,500	2,500	5,050	8,800	12,600
2d RS Cpe	550	1,700	2,800	5,600	9,800	14,000
4d Brgm	500	1,500	2,500	4,950	8,700	12,400
4d Tr Brgm	500	1,500	2,500	5,050	8,800	12,600
4d Sed	500	1,500	2,500	4,950	8,700	12,400
4d Tr Sed	500	1,500	2,500	5,000	8,750	12,500

1937 DeLuxe 71, 6-cyl.

	6	5	4	3	2	1
2d Bus Cpe	500	1,450	2,400	4,800	8,400	12,000
2d 3P Cpe	500	1,450	2,400	4,850	8,450	12,100
2d Vic Cpe	500	1,500	2,500	4,950	8,700	12,400
2d Conv	1,000	3,000	5,000	10,000	17,500	25,000
4d Brgm	500	1,450	2,400	4,800	8,400	12,000

1938 Terraplane Utility Series 80, 6-cyl., 117" wb

	6	5	4	3	2	1
2d 3P Cpe	400	1,150	1,900	3,750	6,600	9,400
2d Sed	350	1,100	1,800	3,650	6,350	9,100
4d Twn Sed	350	1,100	1,850	3,700	6,450	9,200
4d Sed	350	1,100	1,800	3,650	6,350	9,100
4d Tr Sed	350	1,100	1,850	3,700	6,450	9,200
4d Sta Wag	550	1,700	2,800	5,600	9,800	14,000

	6	5	4	3	2	1
1938 Terraplane Deluxe Series 81, 6-cyl., 117" wb						
2d 3P Conv	1,000	3,000	5,000	10,000	17,500	25,000
2d Conv Brgm	1,050	3,100	5,200	10,400	18,200	26,000
2d 3P Cpe	400	1,150	1,900	3,850	6,700	9,600
2d Vic Cpe	450	1,300	2,200	4,400	7,700	11,000
4d Brgm	350	1,100	1,850	3,700	6,500	9,300
4d Tr Brgm	350	1,100	1,800	3,650	6,350	9,100
4d Sed	350	1,100	1,850	3,700	6,450	9,200
4d Tr Sed	350	1,100	1,850	3,700	6,500	9,300
1938 Terraplane Super Series 82, 6-cyl., 117" wb						
2d Conv	1,050	3,100	5,200	10,400	18,200	26,000
2d Conv Brgm	1,000	3,000	5,000	10,000	17,500	25,000
2d Vic Cpe	450	1,300	2,200	4,400	7,700	11,000
4d Brgm	400	1,250	2,100	4,150	7,300	10,400
4d Tr Brgm	400	1,200	2,050	4,100	7,150	10,200
4d Sed	400	1,250	2,050	4,100	7,200	10,300
4d Tr Sed	400	1,250	2,100	4,150	7,300	10,400

HUPMOBILE

	6	5	4	3	2	1
1909 Model 20, 4-cyl., 16.9 hp, 86" wb						
2d 2P Rbt	1,250	3,700	6,200	12,400	21,700	31,000
1910 Model 20, 4-cyl., 18/20 hp, 86" wb						
2d 2P B Rbt	1,250	3,700	6,200	12,400	21,700	31,000
1911 Model 20, 4-cyl., 20 hp, 86" wb						
2d 2P C Rbt	1,250	3,700	6,200	12,400	21,700	31,000
2d 2P T Torp	1,300	3,850	6,400	12,800	22,400	32,000
4d 4P D Tr	1,300	3,950	6,600	13,200	23,100	33,000
2d 4P F Cpe	1,100	3,350	5,600	11,200	19,600	28,000
1912 Model 20, 4-cyl., 20 hp, 86" wb						
2d 2P Rbt	1,250	3,700	6,200	12,400	21,700	31,000
2d 2P Rds	1,300	3,850	6,400	12,800	22,400	32,000
2d 2P Cpe	1,100	3,350	5,600	11,200	19,600	28,000
1912 Model 32, 4-cyl., 32 hp, 106" wb						
4d 4P Torp Tr	1,300	3,950	6,600	13,200	23,100	33,000
1913 Model 20-C, 4-cyl., 20 hp, 86" wb						
2d 2P Rbt	1,250	3,700	6,200	12,400	21,700	31,000
1913 Model 20-E, 4-cyl., 20 hp, 110" wb						
2d Rds	1,100	3,250	5,400	10,800	18,900	27,000
1913 Model 32, 4-cyl., 32 hp, 106" wb						
4d 5P H Tr	1,300	3,850	6,400	12,800	22,400	32,000
2d 2P H Rds	1,300	3,950	6,600	13,200	23,100	33,000
2d H L Cpe	1,050	3,100	5,200	10,400	18,200	26,000
1913 Model 32, 4-cyl., 32 hp, 126" wb						
4d 6P Tr	1,350	4,100	6,800	13,600	23,800	34,000
1914 Model 32, 4-cyl., 32 hp, 106" wb						
4d 6P HM Tr	1,150	3,500	5,800	11,600	20,300	29,000
2d 2P HR Rds	1,200	3,600	6,000	12,000	21,000	30,000
4d 5P H Tr	1,250	3,700	6,200	12,400	21,700	31,000
2d 3P HAK Cpe	950	2,900	4,800	9,600	16,800	24,000
1915 Model 32, 4-cyl., 32 hp, 106" wb						
4d 4P Tr	1,200	3,600	6,000	12,000	21,000	30,000
2d 2P Rds	1,150	3,500	5,800	11,600	20,300	29,000
1915 Model K, 4-cyl., 36 hp, 119" wb						
2d 2P Rds	1,200	3,600	6,000	12,000	21,000	30,000
4d 5P Tr	1,250	3,700	6,200	12,400	21,700	31,000
2d 2P Cpe	900	2,650	4,400	8,800	15,400	22,000
4d Limo	900	2,750	4,600	9,200	16,100	23,000
1916 Model N, 4-cyl., 22.5 hp, 119" wb						
4d 5P Tr	1,000	3,000	5,000	10,000	17,500	25,000
2d 2P Rds	950	2,900	4,800	9,600	16,800	24,000
4d 5P Sed	750	2,300	3,800	7,600	13,300	19,000
4d 5P Year-'Round Tr	1,050	3,100	5,200	10,400	18,200	26,000
2d Year-'Round Cpe	800	2,400	4,000	8,000	14,000	20,000
1916 Model N, 4-cyl., 22.5 hp, 134" wb						
4d 7P Tr	1,150	3,500	5,800	11,600	20,300	29,000
4d 7P Limo	900	2,650	4,400	8,800	15,400	22,000
1917 Model N, 4-cyl., 22 hp, 119" wb						
4d 5P Tr	900	2,750	4,600	9,200	16,100	23,000
2d 6P Rds	950	2,900	4,800	9,600	16,800	24,000
4d 5P Year-'Round Tr	1,000	3,000	5,000	10,000	17,500	25,000
2d 2P Year-'Round Cpe	600	1,800	3,000	6,000	10,500	15,000
4d 5P Sed	600	1,800	3,000	6,000	10,500	15,000

	6	5	4	3	2	1
1917 Model N, 4-cyl., 22.5 hp, 134" wb						
4d 7P Tr	1,050	3,100	5,200	10,400	18,200	26,000

NOTE: Series R introduced October 1917.

1918 Series R-1, 4-cyl., 16.9 hp, 112" wb						
4d 5P Tr	750	2,300	3,800	7,600	13,300	19,000
2d 2P Rds	700	2,150	3,600	7,200	12,600	18,000
1919 Series R-1,2,3, 4-cyl., 16.9 hp, 112" wb						
4d 5P Tr	800	2,400	4,000	8,000	14,000	20,000
2d 2P Rds	750	2,300	3,800	7,600	13,300	19,000
4d 5P Sed	500	1,450	2,400	4,800	8,400	12,000
2d 4P Cpe	550	1,700	2,800	5,600	9,800	14,000
1920 Series R-3,4,5, 4-cyl., 35 hp, 112" wb						
4d 5P Tr	800	2,400	4,000	8,000	14,000	20,000
2d 2P Rds	750	2,300	3,800	7,600	13,300	19,000
2d 4P Cpe	550	1,700	2,800	5,600	9,800	14,000
4d 5P Sed	500	1,450	2,400	4,800	8,400	12,000
1921 Series R-4,5,6, 4-cyl., 35 hp, 112" wb						
4d 5P Tr	800	2,400	4,000	8,000	14,000	20,000
2d 2P Rds	750	2,300	3,800	7,600	13,300	19,000
2d 4P Cpe	550	1,700	2,800	5,600	9,800	14,000
4d 5P Sed	500	1,450	2,400	4,800	8,400	12,000
1922 Series R-7,8,9,10, 4-cyl., 35 hp, 112" wb						
4d 5P Tr	800	2,400	4,000	8,000	14,000	20,000
2d 2P Rds	750	2,300	3,800	7,600	13,300	19,000
2d 2P Cpe	550	1,700	2,800	5,600	9,800	14,000
2d 4P Cpe	600	1,750	2,900	5,800	10,150	14,500
4d 5P Sed	500	1,450	2,400	4,800	8,400	12,000
1923 Series R-10,11,12, 4-cyl., 35 hp, 112" wb						
4d 5P Tr	750	2,300	3,800	7,600	13,300	19,000
4d 5P Spl Tr	800	2,400	4,000	8,000	14,000	20,000
2d 2P Rds	800	2,400	4,000	8,000	14,000	20,000
2d Spl Rds	850	2,500	4,200	8,400	14,700	21,000
4d 5P Sed	500	1,450	2,400	4,800	8,400	12,000
2d 4P Cpe	600	1,800	3,000	6,000	10,500	15,000
2d 2P Cpe	550	1,700	2,800	5,600	9,800	14,000
1924 Series R-12,13, 4-cyl., 39 hp, 115" wb						
4d 5P Tr	700	2,150	3,600	7,200	12,600	18,000
4d 5P Spl Tr	750	2,300	3,800	7,600	13,300	19,000
2d 2P Spl Rds	800	2,400	4,000	8,000	14,000	20,000
2d 2P Cpe	550	1,700	2,800	5,600	9,800	14,000
2d 4P Cpe	600	1,800	3,000	6,000	10,500	15,000
4d 5P Sed	500	1,450	2,400	4,800	8,400	12,000
4d 5P Clb Sed	500	1,550	2,600	5,200	9,100	13,000
1925 Model R-14,15, 4-cyl., 39 hp, 115" wb						
4d 5P Tr	700	2,150	3,600	7,200	12,600	18,000
2d 2P Rds	750	2,300	3,800	7,600	13,300	19,000
2d 2P Cpe	500	1,550	2,600	5,200	9,100	13,000
4d 5P Clb Sed	500	1,550	2,600	5,200	9,100	13,000
4d 5P Sed	500	1,450	2,400	4,800	8,400	12,000
1925 Model E-1, 8-cyl., 60 hp, 118-1/4" wb						
4d 5P Tr	900	2,750	4,600	9,200	16,100	23,000
2d 2P Rds	950	2,900	4,800	9,600	16,800	24,000
2d 4P Cpe	600	1,800	3,000	6,000	10,500	15,000
4d 5P Sed	500	1,550	2,600	5,200	9,100	13,000
1926 Model A-1, 6-cyl., 50 hp, 114" wb						
4d 5P Tr	700	2,150	3,600	7,200	12,600	18,000
4d 5P Sed	500	1,450	2,400	4,800	8,400	12,000
1926 Model E-2, 8-cyl., 63 hp, 118-1/4" wb						
2d 4P Rds	950	2,900	4,800	9,600	16,800	24,000
4d 5P Tr	900	2,750	4,600	9,200	16,100	23,000
2d 2P Cpe	600	1,800	3,000	6,000	10,500	15,000
2d 4P Cpe	650	1,900	3,200	6,400	11,200	16,000
4d 5P Sed	500	1,550	2,600	5,200	9,100	13,000
1927 Series A, 6-cyl., 50 hp, 114" wb						
4d 5P Tr	750	2,300	3,800	7,600	13,300	19,000
2d 2P Rds	800	2,400	4,000	8,000	14,000	20,000
4d 5P Sed	500	1,450	2,400	4,800	8,400	12,000
2d 4P Cpe	550	1,700	2,800	5,600	9,800	14,000
4d 5P Brgm	500	1,550	2,600	5,200	9,100	13,000
1927 Series E-3, 8-cyl., 67 hp, 125" wb						
2d 4P Rds	900	2,750	4,600	9,200	16,100	23,000
4d 5P Tr	900	2,650	4,400	8,800	15,400	22,000
4d 5P Spt Tr	900	2,750	4,600	9,200	16,100	23,000
2d 2P Cpe	600	1,800	3,000	6,000	10,500	15,000

	6	5	4	3	2	1
4d 7P Tr	850	2,500	4,200	8,400	14,700	21,000
4d 5P Sed	500	1,450	2,400	4,800	8,400	12,000
4d 7P Sed	500	1,500	2,500	5,000	8,750	12,500
4d 5P Berl	500	1,550	2,600	5,200	9,100	13,000
4d 5P Brgm	500	1,500	2,500	5,000	8,750	12,500
2d 5P Vic	500	1,550	2,600	5,200	9,100	13,000
4d Limo Sed	550	1,700	2,800	5,600	9,800	14,000

1928 Century Series A, 6-cyl., 57 hp, 114" wb

	6	5	4	3	2	1
4d 5P Phae	900	2,750	4,600	9,200	16,100	23,000
4d 7P Phae	900	2,650	4,400	8,800	15,400	22,000
4d 4P Cpe	550	1,700	2,800	5,600	9,800	14,000
4d 5P Sed	500	1,450	2,400	4,800	8,400	12,000
2d 5P Sed	450	1,300	2,200	4,400	7,700	11,000

1928 Century Series M, 8-cyl., 80 hp, 120" wb

	6	5	4	3	2	1
2d Rds	1,050	3,100	5,200	10,400	18,200	26,000
4d 5P Tr	1,000	3,000	5,000	10,000	17,500	25,000
4d 7P Tr	950	2,900	4,800	9,600	16,800	24,000
2d 2P Cpe	700	2,150	3,600	7,200	12,600	18,000
4d Brgm	650	1,900	3,200	6,400	11,200	16,000
2d Vic	700	2,050	3,400	6,800	11,900	17,000
4d 5P Sed	500	1,550	2,600	5,200	9,100	13,000
4d 7P Sed	500	1,450	2,400	4,800	8,400	12,000
4d Sed Limo	550	1,700	2,800	5,600	9,800	14,000

1928 Century Series 125 (E-4), 8-cyl., 80 hp, 125" wb

	6	5	4	3	2	1
2d R.S. Rds	1,100	3,250	5,400	10,800	18,900	27,000
4d 5P Tr	1,050	3,100	5,200	10,400	18,200	26,000
4d 7P Tr	1,000	3,000	5,000	10,000	17,500	25,000
2d R.S. Cpe	700	2,150	3,600	7,200	12,600	18,000
4d 5P Brgm	700	2,050	3,400	6,800	11,900	17,000
4d 5P Sed	550	1,700	2,800	5,600	9,800	14,000
4d 7P Sed	500	1,550	2,600	5,200	9,100	13,000
2d Vic	700	2,150	3,600	7,200	12,600	18,000
4d Sed-Limo	650	1,900	3,200	6,400	11,200	16,000

NOTE: Series A and Series E-3 of 1927 carried over as 1928 models. Both Century Series A and M available in custom line.

1929 Series A, 6-cyl., 57 hp, 114" wb

	6	5	4	3	2	1
4d 5P Tr	1,250	3,700	6,200	12,400	21,700	31,000
2d 4P Rds	1,300	3,850	6,400	12,800	22,400	32,000
4d 7P Tr	1,200	3,600	6,000	12,000	21,000	30,000
4d 5P Brgm	850	2,500	4,200	8,400	14,700	21,000
2d 4P Cpe	900	2,650	4,400	8,800	15,400	22,000
4d 5P Sed	700	2,150	3,600	7,200	12,600	18,000
2d 2P Cabr	1,150	3,500	5,800	11,600	20,300	29,000
2d 4P Cabr	1,200	3,600	6,000	12,000	21,000	30,000

1929 Series M, 8-cyl., 80 hp, 120" wb

	6	5	4	3	2	1
4d 5P Tr	1,300	3,850	6,400	12,800	22,400	32,000
2d 4P Rds	1,300	3,950	6,600	13,200	23,100	33,000
4d 7P Tr	1,250	3,700	6,200	12,400	21,700	31,000
4d 5P Brgm	900	2,650	4,400	8,800	15,400	22,000
2d 4P Cpe	900	2,750	4,600	9,200	16,100	23,000
4d 5P Sed	750	2,300	3,800	7,600	13,300	19,000
2d 5P Cabr	1,250	3,700	6,200	12,400	21,700	31,000
4d 5P Twn Sed	850	2,500	4,200	8,400	14,700	21,000
4d 7P Sed (130" wb)	900	2,650	4,400	8,800	15,400	22,000
4d 7P Limo (130" wb)	1,100	3,350	5,600	11,200	19,600	28,000

NOTE: Both series available in custom line models.

1930 Model S, 6-cyl., 70 hp, 114" wb

	6	5	4	3	2	1
4d Phae	1,500	4,450	7,400	14,800	25,900	37,000
2d Cpe	900	2,750	4,600	9,200	16,100	23,000
4d Sed	750	2,300	3,800	7,600	13,300	19,000
2d Conv Cabr	1,350	4,100	6,800	13,600	23,800	34,000

1930 Model C, 8-cyl., 100 hp, 121" wb

	6	5	4	3	2	1
2d Cpe	900	2,750	4,600	9,200	16,100	23,000
4d Sed	800	2,400	4,000	8,000	14,000	20,000
2d Cabr	1,450	4,300	7,200	14,400	25,200	36,000
4d Tr Sed	850	2,500	4,200	8,400	14,700	21,000

1930 Model H, 8-cyl., 133 hp, 125" wb

	6	5	4	3	2	1
4d Sed	900	2,650	4,400	8,800	15,400	22,000
2d Cpe	950	2,900	4,800	9,600	16,800	24,000
2d Cabr	1,500	4,450	7,400	14,800	25,900	37,000
4d Tr Sed	900	2,650	4,400	8,800	15,400	22,000

1930 Model U, 8-cyl., 133 hp, 137" wb

	6	5	4	3	2	1
4d Sed	950	2,900	4,800	9,600	16,800	24,000
4d Sed Limo	1,150	3,500	5,800	11,600	20,300	29,000

NOTE: All models available in custom line.

	6	5	4	3	2	1

1931 Century Six, Model S, 70 hp, 114" wb
4d Phae	1,550	4,700	7,800	15,600	27,300	39,000
2d 2P Cpe	900	2,750	4,600	9,200	16,100	23,000
2d 4P Cpe	950	2,900	4,800	9,600	16,800	24,000
2d Rds	1,600	4,800	8,000	16,000	28,000	40,000
4d Sed	750	2,300	3,800	7,600	13,300	19,000
2d Cabr	1,350	4,100	6,800	13,600	23,800	34,000

1931 Century Eight, Model L, 90 hp, 118" wb
4d Phae	1,650	4,900	8,200	16,400	28,700	41,000
2d Rds	1,700	5,050	8,400	16,800	29,400	42,000
2d 2P Cpe	900	2,750	4,600	9,200	16,100	23,000
2d 4P Cpe	950	2,900	4,800	9,600	16,800	24,000
4d Sed	800	2,400	4,000	8,000	14,000	20,000
2d Cabr	1,400	4,200	7,000	14,000	24,500	35,000

1931 Model C, 8-cyl., 100 hp, 121" wb
4d Spt Phae	1,800	5,400	9,000	18,000	31,500	45,000
2d 4P Cpe	1,000	3,000	5,000	10,000	17,500	25,000
4d Sed	850	2,500	4,200	8,400	14,700	21,000
2d Vic Cpe	950	2,900	4,800	9,600	16,800	24,000
2d Cabr	1,450	4,300	7,200	14,400	25,200	36,000
4d Twn Sed	900	2,750	4,600	9,200	16,100	23,000

1931 Model H, 8-cyl., 133 hp, 125" wb
2d Cpe	1,050	3,100	5,200	10,400	18,200	26,000
4d Sed	900	2,650	4,400	8,800	15,400	22,000
4d Twn Sed	900	2,750	4,600	9,200	16,100	23,000
4d Phae	1,900	5,750	9,600	19,200	33,600	48,000
2d Vic Cpe	1,000	3,000	5,000	10,000	17,500	25,000
2d Cabr	1,500	4,450	7,400	14,800	25,900	37,000

1931 Model U, 8-cyl., 133 hp, 137" wb
2d Vic Cpe	1,100	3,250	5,400	10,800	18,900	27,000
4d Sed	900	2,750	4,600	9,200	16,100	23,000
4d Sed Limo	1,100	3,350	5,600	11,200	19,600	28,000

NOTE: All models available in custom line.

1932 Series S-214, 6-cyl., 70 hp, 114" wb
2d Rds	1,650	4,900	8,200	16,400	28,700	41,000
2d Cpe	950	2,900	4,800	9,600	16,800	24,000
4d Sed	800	2,400	4,000	8,000	14,000	20,000
2d Cabr	1,550	4,700	7,800	15,600	27,300	39,000

1932 Series B-216, 6-cyl., 75 hp, 116" wb
4d Phae	1,700	5,150	8,600	17,200	30,100	43,000
2d Rds	1,750	5,300	8,800	17,600	30,800	44,000
2d 2P Cpe	950	2,900	4,800	9,600	16,800	24,000
2d 4P Cpe	1,000	3,000	5,000	10,000	17,500	25,000
4d Sed	850	2,500	4,200	8,400	14,700	21,000
2d Conv Cabr	1,700	5,050	8,400	16,800	29,400	42,000

1932 Series L-218, 8-cyl., 90 hp, 118" wb
2d Rds	1,700	5,050	8,400	16,800	29,400	42,000
2d Cpe	1,000	3,000	5,000	10,000	17,500	25,000
4d Sed	900	2,650	4,400	8,800	15,400	22,000
2d Cabr	1,650	4,900	8,200	16,400	28,700	41,000

1932 Series C-221, 8-cyl., 100 hp, 121" wb
4d Sed	900	2,750	4,600	9,200	16,100	23,000
2d Vic	1,000	3,000	5,000	10,000	17,500	25,000
4d Twn Sed	900	2,650	4,400	8,800	15,400	22,000

1932 Series F-222, 8-cyl., 93 hp, 122" wb
2d Cabr	1,700	5,150	8,600	17,200	30,100	43,000
2d Cpe	1,000	3,000	5,000	10,000	17,500	25,000
4d Sed	900	2,750	4,600	9,200	16,100	23,000
2d Vic	1,050	3,100	5,200	10,400	18,200	26,000

1932 Series H-225, 8-cyl., 133 hp, 125" wb
4d Sed	950	2,900	4,800	9,600	16,800	24,000

1932 Series I-226, 8-cyl., 103 hp, 126" wb
2d Cpe	1,050	3,100	5,200	10,400	18,200	26,000
2d Cabr Rds	1,750	5,300	8,800	17,600	30,800	44,000
4d Sed	950	2,900	4,800	9,600	16,800	24,000
2d Vic	1,100	3,250	5,400	10,800	18,900	27,000

1932 Series V-237, 8-cyl., 133 hp, 137" wb
2d Vic	1,100	3,350	5,600	11,200	19,600	28,000
4d Sed	1,000	3,000	5,000	10,000	17,500	25,000

NOTE: Series S-214, L-218, C-221, H-225 and V-237 were carryovers of 1931 models. Horsepower of Series F-222 raised to 96 mid-year.

1933 Series K-321, 6-cyl., 90 hp, 121" wb
2d Cpe	850	2,500	4,200	8,400	14,700	21,000
4d Sed	700	2,150	3,600	7,200	12,600	18,000

	6	5	4	3	2	1
2d Vic	800	2,400	4,000	8,000	14,000	20,000
2d Cabr	1,600	4,800	8,000	16,000	28,000	40,000

1933 Series KK-321A, 6-cyl., 90 hp, 121" wb
2d Cpe	900	2,650	4,400	8,800	15,400	22,000
4d Sed	750	2,300	3,800	7,600	13,300	19,000
2d Vic	850	2,500	4,200	8,400	14,700	21,000

1933 Series F-322, 8-cyl., 96 hp, 122" wb
2d Cpe	950	2,900	4,800	9,600	16,800	24,000
4d Sed	800	2,400	4,000	8,000	14,000	20,000
2d Vic	900	2,650	4,400	8,800	15,400	22,000
2d Cabr	1,650	4,900	8,200	16,400	28,700	41,000

1933 Series I-326, 8-cyl., 109 hp, 126" wb
2d Cpe	900	2,750	4,600	9,200	16,100	23,000
4d Sed	850	2,500	4,200	8,400	14,700	21,000
2d Vic	900	2,650	4,400	8,800	15,400	22,000
2d Cabr	1,700	5,050	8,400	16,800	29,400	42,000

1934 Series 417-W, 6-cyl., 80 hp, 117" wb
2d Cpe	800	2,400	4,000	8,000	14,000	20,000
4d Sed	650	1,900	3,200	6,400	11,200	16,000

1934 Series KK-421A, 6-cyl., 90 hp, 121" wb
4d DeL Sed	700	2,150	3,600	7,200	12,600	18,000
4d Sed	700	2,050	3,400	6,800	11,900	17,000
4d Tr Sed	700	2,150	3,600	7,200	12,600	18,000
2d Cpe	900	2,750	4,600	9,200	16,100	23,000
2d Cabr	1,700	5,050	8,400	16,800	29,400	42,000
2d Vic	900	2,650	4,400	8,800	15,400	22,000

1934 Series K-421, 6-cyl., 90 hp, 121" wb
2d Cpe	700	2,050	3,400	6,800	11,900	17,000
4d Sed	650	1,900	3,200	6,400	11,200	16,000
2d Vic	700	2,150	3,600	7,200	12,600	18,000
2d Cabr	1,500	4,550	7,600	15,200	26,600	38,000

1934 Series 421-J, 6-cyl., 93 hp, 121" wb
2d Cpe	900	2,750	4,600	9,200	16,100	23,000
4d Sed	750	2,300	3,800	7,600	13,300	19,000
2d Vic	900	2,750	4,600	9,200	16,100	23,000

1934 Series F-442, 8-cyl., 96 hp, 122" wb
2d Cpe	950	2,900	4,800	9,600	16,800	24,000
4d Sed	800	2,400	4,000	8,000	14,000	20,000
2d Vic	950	2,900	4,800	9,600	16,800	24,000
2d Cabr	1,550	4,700	7,800	15,600	27,300	39,000

1934 Series I-426, 8-cyl., 109 hp, 126" wb
2d Cpe	1,000	3,000	5,000	10,000	17,500	25,000
4d Sed	850	2,500	4,200	8,400	14,700	21,000
2d Vic	1,000	3,000	5,000	10,000	17,500	25,000
2d Cabr	1,600	4,800	8,000	16,000	28,000	40,000

1934 Series 427-T, 8-cyl., 115 hp, 127" wb
2d Cpe	1,050	3,100	5,200	10,400	18,200	26,000
4d Sed	900	2,650	4,400	8,800	15,400	22,000
2d Vic	1,050	3,100	5,200	10,400	18,200	26,000

NOTE: Series KK-421A, K-421, F-422, I-426 were carryover 1933 models.

1935 Series 517-W, 6-cyl., 91 hp, 117" wb
4d Sed	550	1,700	2,800	5,600	9,800	14,000
4d Sed Tr	600	1,750	2,900	5,800	10,150	14,500

1935 Series 518-D, 6-cyl., 91 hp, 118" wb
4d Sed	600	1,750	2,900	5,800	10,150	14,500

1935 Series 521-J, 6-cyl., 101 hp, 121" wb
4d Sed	600	1,850	3,100	6,200	10,850	15,500
2d Cpe	650	2,000	3,300	6,600	11,550	16,500
2d Vic	650	2,000	3,300	6,600	11,550	16,500

1935 Series 521-O, 8-cyl., 120 hp, 121" wb
2d Cpe	650	2,000	3,300	6,600	11,550	16,500
2d Vic	650	2,000	3,300	6,600	11,550	16,500
2d Vic Tr	650	2,000	3,300	6,600	11,550	16,500
4d Sed	600	1,750	2,900	5,800	10,150	14,500
4d Sed Tr	600	1,800	3,000	6,000	10,500	15,000

1935 Series 527-T, 8-cyl., 120 hp, 127-1/2" wb
4d Sed	650	2,000	3,300	6,600	11,600	16,500
2d Cpe	700	2,150	3,600	7,200	12,600	18,000
2d Vic	750	2,300	3,800	7,600	13,300	19,000

NOTE: All series except 517-W available in deluxe models.

1936 Series 618-D, 6-cyl., 101 hp, 118" wb
4d Sed	500	1,550	2,600	5,200	9,100	13,000
4d Tr Sed	550	1,600	2,700	5,400	9,450	13,500

1953 Henry J two-door sedan (prototype)

1925 Lincoln Model 143 Brunn four-passenger coupe

1940 Lincoln Zephyr sedan

	6	5	4	3	2	1
1936 Series 618-G, 6-cyl., 101 hp, 118" wb						
2d Bus Cpe	600	1,800	3,000	6,000	10,500	15,000
2d Cpe	650	1,900	3,200	6,400	11,200	16,000
4d Sed	550	1,700	2,800	5,600	9,800	14,000
2d Sed	500	1,550	2,600	5,200	9,100	13,000
4d Tr Sed	600	1,750	2,900	5,800	10,150	14,500
2d Tr Sed	550	1,600	2,700	5,400	9,450	13,500
1936 Series 621-N, 8-cyl., 120 hp, 121" wb						
2d Cpe	650	2,000	3,300	6,600	11,550	16,500
2d Sed	550	1,700	2,800	5,600	9,800	14,000
4d Sed	600	1,750	2,900	5,800	10,150	14,500
4d Tr Sed	600	1,800	3,000	6,000	10,500	15,000
2d Tr Sed	600	1,750	2,900	5,800	10,150	14,500
1936 Series 621-O, 8-cyl., 120 hp, 121" wb						
2d Cpe	700	2,050	3,400	6,800	11,900	17,000
4d Vic	700	2,150	3,600	7,200	12,600	18,000
4d Tr Vic	750	2,200	3,700	7,400	12,950	18,500
4d Sed	600	1,800	3,000	6,000	10,500	15,000
4d Tr Sed	600	1,850	3,100	6,200	10,850	15,500

NOTE: Series 618-G and 621-N available in custom models. Series 618-D and 621-O available in deluxe models.

1937 Series 621-O, 8-cyl., 120 hp, 121" wb

Although ostensibly there were no 1937 Hupmobiles beginning July 1937, some 1936 style 618-G and 621-N models were run off to use up parts. Some of these cars may have been sold in the U.S. as 1937 models.

	6	5	4	3	2	1
1938 Series 822-ES, 6-cyl., 101 hp, 122" wb						
4d Std Sed	400	1,200	2,000	4,000	7,000	10,000
1938 Series 822-E, 6-cyl., 101 hp, 122" wb						
4d Sed	400	1,250	2,100	4,200	7,350	10,500
4d DeL Sed	450	1,300	2,200	4,400	7,700	11,000
4d Cus Sed	450	1,400	2,300	4,600	8,050	11,500
1938 Series 825-H, 8-cyl., 120 hp, 125" wb						
4d Sed	500	1,450	2,400	4,800	8,400	12,000
4d DeL Sed	500	1,500	2,500	5,000	8,750	12,500
4d Cus Sed	500	1,550	2,600	5,200	9,100	13,000
1939 Model R, 6-cyl., 101 hp, 115" wb						
4d Spt Sed	450	1,300	2,200	4,400	7,700	11,000
4d Cus Sed	450	1,350	2,250	4,500	7,850	11,200
1939 Model E, 6-cyl., 101 hp, 122" wb						
4d DeL Sed	450	1,400	2,300	4,600	8,050	11,500
4d Cus Sed	450	1,400	2,350	4,700	8,200	11,700
1939 Model H, 8-cyl., 120 hp, 125" wb						
4d DeL Sed	550	1,600	2,700	5,400	9,450	13,500
4d Cus Sed	550	1,650	2,750	5,500	9,600	13,700

NOTE: The first pilot models of the Skylark were built April, 1939.

	6	5	4	3	2	1
1940 Skylark, 6-cyl., 101 hp, 115" wb						
4d Sed	700	2,050	3,400	6,800	11,900	17,000
1941 Series 115-R Skylark, 6-cyl., 101 hp, 115" wb						
4d Sed	700	2,150	3,600	7,200	12,600	18,000

KAISER

	6	5	4	3	2	1
1947-1948 Special, 6-cyl.						
4d Sed	500	1,550	2,600	5,200	9,100	13,000
1947-1948 Custom, 6-cyl.						
4d Sed	550	1,600	2,700	5,400	9,450	13,500
1949-1950 Special, 6-cyl.						
4d Sed	550	1,650	2,750	5,500	9,650	13,800
1949-1950 Traveler, 6-cyl.						
4d Sed	550	1,700	2,800	5,600	9,800	14,000
1949-1950 DeLuxe, 6-cyl.						
4d Sed	550	1,700	2,850	5,700	10,000	14,300
4d Conv Sed	1,550	4,700	7,800	15,600	27,300	39,000
1949-1950 Vagabond, 6-cyl.						
4d Sed	700	2,150	3,600	7,200	12,600	18,000
1949-1950 Virginian, 6-cyl.						
4d Sed HT	1,050	3,100	5,200	10,400	18,200	26,000
1951 Special, 6-cyl.						
4d Sed	550	1,700	2,800	5,600	9,800	14,000
4d Trav Sed	550	1,700	2,850	5,700	10,000	14,300
2d Sed	550	1,700	2,800	5,650	9,850	14,100
2d Trav Sed	600	1,750	2,900	5,800	10,150	14,500

	6	5	4	3	2	1
2d Bus Cpe	650	1,900	3,200	6,400	11,200	16,000

1951 DeLuxe

4d Sed	600	1,750	2,900	5,750	10,100	14,400
4d Trav Sed	600	1,750	2,900	5,850	10,200	14,600
2d Sed	600	1,750	2,900	5,800	10,150	14,500
2d Trav Sed	600	1,750	2,950	5,900	10,300	14,700
2d Clb Cpe	700	2,150	3,600	7,200	12,600	18,000

1952 Kaiser DeLuxe, 6-cyl.

4d Sed	550	1,700	2,800	5,600	9,800	14,000
Ta Sed	600	1,750	2,900	5,800	10,150	14,500
2d Sed	550	1,700	2,800	5,600	9,800	14,000
2d Trav	600	1,800	3,000	6,000	10,500	15,000
2d Bus Cpe	700	2,100	3,500	7,000	12,250	17,500

1952 Kaiser Manhattan, 6-cyl.

4d Sed	600	1,850	3,100	6,200	10,850	15,500
2d Sed	650	1,900	3,200	6,400	11,200	16,000
2d Clb Cpe	700	2,150	3,600	7,200	12,600	18,000

1952 Virginian, 6-cyl.

4d Sed	600	1,750	2,900	5,800	10,150	14,500
2d Sed	600	1,750	2,900	5,850	10,200	14,600
2d Clb Cpe	700	2,050	3,400	6,800	11,900	17,000

1953 Carolina, 6-cyl.

2d Sed	550	1,700	2,850	5,700	10,000	14,300
4d Sed	550	1,700	2,850	5,700	9,950	14,200

1953 Deluxe

2d Clb Sed	600	1,750	2,900	5,800	10,150	14,500
4d Trav Sed	600	1,750	2,900	5,850	10,200	14,600
4d Sed	600	1,750	2,900	5,750	10,100	14,400

1953 Manhattan, 6-cyl.

2d Clb Sed	650	1,900	3,150	6,300	11,000	15,700
4d Sed	600	1,850	3,100	6,250	10,900	15,600

1953 Dragon 4d Sed, 6-cyl.

4d Sed	800	2,400	4,000	8,000	14,000	20,000

1954 Early Special, 6-cyl.

4d Sed	600	1,850	3,100	6,250	10,900	15,600
2d Clb Sed	650	1,900	3,150	6,300	11,000	15,700

1954 Late Special, 6-cyl.

4d Sed	600	1,850	3,100	6,200	10,850	15,500
2d Clb Sed	600	1,850	3,100	6,250	10,900	15,600

1954 Manhattan, 6-cyl.

4d Sed	650	1,900	3,200	6,400	11,200	16,000
2d Clb Sed	650	1,950	3,250	6,500	11,300	16,200

1954 Kaiser Darrin Spts Car, 6-cyl.

2d Spt Car	1,450	4,300	7,200	14,400	25,200	36,000

1955 Manhattan, 6-cyl.

4d Sed	650	2,000	3,300	6,600	11,550	16,500
2d Clb Sed	650	2,000	3,300	6,650	11,600	16,600

FRAZER

1947-1948

4d Sed	500	1,500	2,450	4,900	8,600	12,300

1947-1948 Manhattan, 6-cyl.

4d Sed	550	1,650	2,700	5,450	9,500	13,600

1949-1950 Manhattan, 6-cyl.

4d Sed	500	1,550	2,600	5,200	9,100	13,000
4d Sed	600	1,750	2,900	5,800	10,150	14,500
4d Conv Sed	1,650	4,900	8,200	16,400	28,700	41,000

1951 Manhattan, 6-cyl.

4d Sed	550	1,700	2,800	5,600	9,800	14,000
4d Vag	650	1,900	3,200	6,400	11,200	16,000
4d Sed HT	900	2,650	4,400	8,800	15,400	22,000
4d Conv Sed	1,600	4,800	8,000	16,000	28,000	40,000

HENRY J

1951 Four

2d Sed	450	1,350	2,200	4,450	7,750	11,100

1951 DeLuxe Six

2d Sed	450	1,350	2,250	4,500	7,900	11,300

1952 Vagabond, 4-cyl.

2d Sed	450	1,400	2,300	4,600	8,050	11,500

	6	5	4	3	2	1
1952 Vagabond, 6-cyl.						
2d Sed	450	1,400	2,350	4,700	8,200	11,700
1952 Corsair, 4-cyl.						
2d Sed	500	1,450	2,400	4,800	8,400	12,000
1952 Corsair, 6-cyl.						
2d Sed	500	1,450	2,450	4,900	8,550	12,200
1952 Allstate						
2d 4-cyl	500	1,450	2,400	4,850	8,450	12,100
2d DeL Six	500	1,500	2,450	4,900	8,600	12,300
1953 Corsair, 4-cyl.						
2d Sed	450	1,400	2,300	4,600	8,050	11,500
1953 Corsair, 6-cyl.						
2d DeL Sed	450	1,400	2,350	4,700	8,200	11,700
1953 Allstate						
2d Sed 4-cyl	450	1,400	2,300	4,650	8,100	11,600
2d Sed DeL Six	450	1,400	2,350	4,700	8,250	11,800
1954 Corsair, 4-cyl.						
2d Sed	450	1,400	2,350	4,700	8,200	11,700
1954 Corsair Deluxe, 6-cyl.						
2d Sed	450	1,400	2,350	4,700	8,250	11,800

LINCOLN

	6	5	4	3	2	1
1920 V-8, 130" - 136" wb						
3P Rds	1,800	5,400	9,000	18,000	31,500	45,000
5P Phae	1,900	5,750	9,600	19,200	33,600	48,000
7P Tr	1,850	5,500	9,200	18,400	32,200	46,000
4P Cpe	1,350	4,000	6,700	13,400	23,500	33,500
5P Sed	1,300	3,900	6,500	13,000	22,800	32,500
Sub Sed	1,300	3,900	6,500	13,000	22,800	32,500
7P Town Car	1,400	4,150	6,900	13,800	24,200	34,500
1921 V-8, 130" - 136" wb						
3P Rds	1,750	5,300	8,800	17,600	30,800	44,000
5P Phae	1,850	5,500	9,200	18,400	32,200	46,000
7P Tr	1,800	5,400	9,000	18,000	31,500	45,000
4P Cpe	1,350	4,000	6,700	13,400	23,500	33,500
4P Sed	1,250	3,800	6,300	12,600	22,100	31,500
5P Sed	1,300	3,900	6,500	13,000	22,800	32,500
Sub Sed	1,300	3,900	6,500	13,000	22,800	32,500
Town Car	1,400	4,150	6,900	13,800	24,200	34,500
1922 V-8, 130" wb						
3P Rds	1,900	5,650	9,400	18,800	32,900	47,000
5P Phae	1,800	5,400	9,000	18,000	31,500	45,000
7P Tr	1,750	5,300	8,800	17,600	30,800	44,000
Conv Tr	1,800	5,400	9,000	18,000	31,500	45,000
4P Cpe	1,400	4,150	6,900	13,800	24,200	34,500
5P Sed	1,350	4,000	6,700	13,400	23,500	33,500
1922 V-8, 136" wb						
Spt Rds	1,850	5,500	9,200	18,400	32,200	46,000
DeL Phae	1,900	5,650	9,400	18,800	32,900	47,000
DeL Tr	1,800	5,400	9,000	18,000	31,500	45,000
Std Sed	1,400	4,150	6,900	13,800	24,200	34,500
Jud Sed	1,400	4,250	7,100	14,200	24,900	35,500
FW Sed	1,400	4,250	7,100	14,200	24,900	35,500
York Sed	1,400	4,250	7,100	14,200	24,900	35,500
4P Jud Sed	1,450	4,400	7,300	14,600	25,600	36,500
7P Jud Limo	1,550	4,700	7,800	15,600	27,300	39,000
Sub Limo	1,650	4,900	8,200	16,400	28,700	41,000
Town Car	1,700	5,050	8,400	16,800	29,400	42,000
FW Limo	1,750	5,300	8,800	17,600	30,800	44,000
Std Limo	1,700	5,050	8,400	16,800	29,400	42,000
FW Cabr	1,950	5,900	9,800	19,600	34,300	49,000
FW Coll Cabr	2,150	6,500	10,800	21,600	37,800	54,000
FW Lan'let	1,750	5,300	8,800	17,600	30,800	44,000
FW Town Car	1,850	5,500	9,200	18,400	32,200	46,000
Holbrk Cabr	1,950	5,900	9,800	19,600	34,300	49,000
Brn Town Car	1,750	5,300	8,800	17,600	30,800	44,000
Brn OD Limo	1,850	5,500	9,200	18,400	32,200	46,000
1923 Model L, V-8						
Tr	1,750	5,300	8,800	17,600	30,800	44,000
Phae	1,800	5,400	9,000	18,000	31,500	45,000
Rds	1,750	5,300	8,800	17,600	30,800	44,000
Cpe	1,450	4,400	7,300	14,600	25,550	36,500
5P Sed	1,400	4,250	7,100	14,200	24,850	35,500

	6	5	4	3	2	1
7P Sed	1,450	4,400	7,300	14,600	25,550	36,500
Limo	1,650	4,900	8,200	16,400	28,700	41,000
OD Limo	1,700	5,050	8,400	16,800	29,400	42,000
Town Car	1,700	5,150	8,600	17,200	30,100	43,000
4P Sed	1,400	4,150	6,900	13,800	24,150	34,500
Berl	1,400	4,250	7,100	14,200	24,850	35,500
FW Cabr	1,700	5,150	8,600	17,200	30,100	43,000
FW Limo	1,700	5,050	8,400	16,800	29,400	42,000
FW Town Car	1,700	5,150	8,600	17,200	30,100	43,000
Jud Cpe	1,450	4,400	7,300	14,600	25,550	36,500
Brn Town Car	1,700	5,150	8,600	17,200	30,100	43,000
Brn OD Limo	1,750	5,300	8,800	17,600	30,800	44,000
Jud 2W Berl	1,450	4,400	7,300	14,600	25,550	36,500
Jud 3W Berl	1,450	4,400	7,300	14,600	25,550	36,500
Holbrk Cabr	1,950	5,900	9,800	19,600	34,300	49,000
1924 V-8						
Tr	1,750	5,300	8,800	17,600	30,800	44,000
Phae	1,800	5,400	9,000	18,000	31,500	45,000
Rds	1,850	5,500	9,200	18,400	32,200	46,000
Cpe	1,500	4,500	7,500	15,000	26,250	37,500
5P Sed	1,400	4,250	7,100	14,200	24,850	35,500
7P Sed	1,400	4,150	6,900	13,800	24,150	34,500
Limo	1,450	4,400	7,300	14,600	25,550	36,500
4P Sed	1,400	4,150	6,900	13,800	24,150	34,500
Town Car	1,550	4,700	7,800	15,600	27,300	39,000
Twn Limo	1,600	4,800	8,000	16,000	28,000	40,000
FW Limo	1,650	4,900	8,200	16,400	28,700	41,000
Jud Cpe	1,400	4,250	7,100	14,200	24,850	35,500
Jud Berl	1,450	4,400	7,300	14,600	25,550	36,500
Brn Cabr	1,700	5,150	8,600	17,200	30,100	43,000
Brn Cpe	1,450	4,400	7,300	14,600	25,550	36,500
Brn OD Limo	1,650	4,900	8,200	16,400	28,700	41,000
Leb Sed	1,700	5,050	8,400	16,800	29,400	42,000
1925 Model L, V-8						
Tr	1,900	5,650	9,400	18,800	32,900	47,000
Spt Tr	2,050	6,100	10,200	20,400	35,700	51,000
Phae	1,900	5,750	9,600	19,200	33,600	48,000
Rds	1,900	5,650	9,400	18,800	32,900	47,000
Cpe	1,500	4,550	7,600	15,200	26,600	38,000
4P Sed	1,150	3,500	5,800	11,600	20,300	29,000
5P Sed	1,100	3,350	5,600	11,200	19,600	28,000
7P Sed	1,100	3,350	5,600	11,200	19,600	28,000
Limo	1,500	4,550	7,600	15,200	26,600	38,000
FW Limo	1,550	4,700	7,800	15,600	27,300	39,000
Jud Cpe	1,400	4,150	6,900	13,800	24,150	34,500
Jud Berl	1,400	4,250	7,100	14,200	24,850	35,500
Brn Cabr	1,900	5,750	9,600	19,200	33,600	48,000
FW Coll Clb Rds	1,900	5,650	9,400	18,800	32,900	47,000
FW Sed	1,700	5,050	8,400	16,800	29,400	42,000
FW Brgm	1,700	5,150	8,600	17,200	30,100	43,000
FW Cabr	1,850	5,500	9,200	18,400	32,200	46,000
3W Jud Berl	1,700	5,150	8,600	17,200	30,100	43,000
4P Jud Cpe	1,700	5,150	8,600	17,200	30,100	43,000
Jud Brgm	1,700	5,050	8,400	16,800	29,400	42,000
Mur OD Limo	1,850	5,500	9,200	18,400	32,200	46,000
Holbrk Brgm	1,750	5,300	8,800	17,600	30,800	44,000
Holbrk Coll	1,800	5,400	9,000	18,000	31,500	45,000
Brn OD Limo	1,800	5,400	9,000	18,000	31,500	45,000
Brn Spt Phae	2,050	6,100	10,200	20,400	35,700	51,000
Brn Lan Sed	1,800	5,400	9,000	18,000	31,500	45,000
Brn Town Car	1,850	5,500	9,200	18,400	32,200	46,000
Brn Pan Brgm	1,800	5,400	9,000	18,000	31,500	45,000
Hume Limo	1,900	5,650	9,400	18,800	32,900	47,000
Hume Cpe	1,700	5,150	8,600	17,200	30,100	43,000
5P Leb Sed	1,850	5,500	9,200	18,400	32,200	46,000
4P Leb Sed	1,750	5,300	8,800	17,600	30,800	44,000
Leb DC Phae	2,650	7,900	13,200	26,400	46,200	66,000
Leb Clb Rds	2,150	6,500	10,800	21,600	37,800	54,000
Leb Limo	1,750	5,300	8,800	17,600	30,800	44,000
Leb Brgm	1,800	5,400	9,000	18,000	31,500	45,000
Leb Twn Brgm	1,850	5,500	9,200	18,400	32,200	46,000
Leb Cabr	1,950	5,900	9,800	19,600	34,300	49,000
Leb Coll Spt Cabr	2,150	6,500	10,800	21,600	37,800	54,000
Lke Cabr	2,100	6,250	10,400	20,800	36,400	52,000
Dtrch Coll Cabr	2,100	6,350	10,600	21,200	37,100	53,000
1926 Model L, V-8						
Tr	2,050	6,100	10,200	20,400	35,700	51,000
Spt Tr	2,250	6,700	11,200	22,400	39,200	56,000

	6	5	4	3	2	1
Phae	2,150	6,500	10,800	21,600	37,800	54,000
Rds	2,100	6,250	10,400	20,800	36,400	52,000
Cpe	1,350	4,000	6,700	13,400	23,450	33,500
4P Sed	1,150	3,500	5,800	11,600	20,300	29,000
5P Sed	1,100	3,350	5,600	11,200	19,600	28,000
7P Sed	1,100	3,350	5,600	11,200	19,600	28,000
Limo	1,400	4,150	6,900	13,800	24,150	34,500
FW Limo	1,400	4,250	7,100	14,200	24,850	35,500
Jud Cpe	1,650	4,900	8,200	16,400	28,700	41,000
Jud Berl	1,600	4,800	8,000	16,000	28,000	40,000
Brn Cabr	2,000	6,000	10,000	20,000	35,000	50,000
Holbrk Coll Cabr	2,050	6,100	10,200	20,400	35,700	51,000
Hume Limo	1,600	4,800	8,000	16,000	28,000	40,000
W'by Limo	1,600	4,800	8,000	16,000	28,000	40,000
W'by Lan'let	1,650	4,900	8,200	16,400	28,700	41,000
Dtrch Sed	1,500	4,550	7,600	15,200	26,600	38,000
Dtrch Coll Cabr	2,100	6,250	10,400	20,800	36,400	52,000
Dtrch Brgm	1,700	5,050	8,400	16,800	29,400	42,000
Dtrch Cpe Rds	2,050	6,100	10,200	20,400	35,700	51,000
3W Jud Berl	1,550	4,700	7,800	15,600	27,300	39,000
Jud Brgm	1,500	4,550	7,600	15,200	26,600	38,000
Brn Phae	2,000	6,000	10,000	20,000	35,000	50,000
Brn Sed	1,500	4,500	7,500	15,000	26,250	37,500
Brn Brgm	1,500	4,550	7,600	15,200	26,600	38,000
Brn Semi-Coll Cabr	2,000	6,000	10,000	20,000	35,000	50,000
2W LeB Sed	1,500	4,500	7,500	15,000	26,250	37,500
3W LeB Sed	1,500	4,500	7,500	15,000	26,250	37,500
LeB Cpe	1,550	4,700	7,800	15,600	27,300	39,000
LeB Spt Cabr	2,050	6,100	10,200	20,400	35,700	51,000
LeB A-W Cabr	1,950	5,900	9,800	19,600	34,300	49,000
LeB Limo	1,650	4,900	8,200	16,400	28,700	41,000
LeB Clb Rds	2,100	6,250	10,400	20,800	36,400	52,000
Lke Rds	2,150	6,500	10,800	21,600	37,800	54,000
Lke Semi-Coll Cabr	1,950	5,900	9,800	19,600	34,300	49,000
Lke Cabr	2,100	6,250	10,400	20,800	36,400	52,000
LeB Conv Phae	2,150	6,500	10,800	21,600	37,800	54,000
LeB Conv	2,150	6,500	10,800	21,600	37,800	54,000

1927 Model L, V-8

	6	5	4	3	2	1
Spt Rds	2,900	8,650	14,400	28,800	50,400	72,000
Spt Tr	2,800	8,400	14,000	28,000	49,000	70,000
Phae	2,950	8,900	14,800	29,600	51,800	74,000
Cpe	1,550	4,700	7,800	15,600	27,300	39,000
2W Sed	1,200	3,600	6,000	12,000	21,000	30,000
3W Sed	1,150	3,500	5,800	11,600	20,300	29,000
Sed	1,100	3,350	5,600	11,200	19,600	28,000
FW Limo	1,700	5,050	8,400	16,800	29,400	42,000
Jud Cpe	1,650	4,900	8,200	16,400	28,700	41,000
Brn Cabr	2,800	8,400	14,000	28,000	49,000	70,000
Holbrk Cabr	2,950	8,900	14,800	29,600	51,800	74,000
Brn Brgm	2,000	6,000	10,000	20,000	35,000	50,000
Dtrch Conv Sed	3,050	9,100	15,200	30,400	53,200	76,000
Dtrch Conv Vic	3,050	9,100	15,200	30,400	53,200	76,000
Brn Conv	2,900	8,650	14,400	28,800	50,400	72,000
Brn Semi-Coll Cabr	2,950	8,900	14,800	29,600	51,800	74,000
Holbrk Coll Cabr	3,050	9,100	15,200	30,400	53,200	76,000
LeB A-W Cabr	3,050	9,100	15,200	30,400	53,200	76,000
LeB A-W Brgm	3,050	9,100	15,200	30,400	53,200	76,000
W'by Semi-Coll Cabr	2,950	8,900	14,800	29,600	51,800	74,000
Jud Brgm	2,000	6,000	10,000	20,000	35,000	50,000
Clb Rds	2,150	6,500	10,800	21,600	37,800	54,000
2W Jud Berl	1,550	4,700	7,800	15,600	27,300	39,000
3W Jud Berl	1,550	4,700	7,800	15,600	27,300	39,000
7P E d Limo	1,700	5,150	8,600	17,200	30,100	43,000
LeB Spt Cabr	3,050	9,100	15,200	30,400	53,200	76,000
W'by Lan'let	2,800	8,400	14,000	28,000	49,000	70,000
W'by Limo	1,750	5,300	8,800	17,600	30,800	44,000
LeB Cpe	1,700	5,050	8,400	16,800	29,400	42,000
Der Spt Sed	1,650	4,900	8,200	16,400	28,700	41,000
Lke Conv Sed	3,050	9,100	15,200	30,400	53,200	76,000
Dtrch Cpe Rds	2,950	8,900	14,800	29,600	51,800	74,000
Dtrch Spt Phae	3,050	9,100	15,200	30,400	53,200	76,000

1928 Model L, V-8

	6	5	4	3	2	1
164 Spt Tr	3,350	10,100	16,800	33,600	58,800	84,000
163 Lke Spt Phae	3,500	10,600	17,600	35,200	62,100	88,000
151 Lke Spt Rds	3,450	10,300	17,200	34,400	60,000	86,000
154 Clb Rds	3,300	9,850	16,400	32,800	57,400	82,000
156 Cpe	1,900	5,750	9,600	19,200	33,600	48,000
144W 2W Sed	1,200	3,600	6,000	12,000	21,000	30,000

	6	5	4	3	2	1
144B Sed	1,200	3,600	6,000	12,000	21,000	30,000
152 Sed	1,150	3,500	5,800	11,600	20,300	29,000
147A Sed	1,150	3,500	5,800	11,600	20,300	29,000
147B Limo	1,900	5,750	9,600	19,200	33,600	48,000
161 Jud Berl	2,000	6,000	10,000	20,000	35,000	50,000
161C Jud Berl	2,000	6,000	10,000	20,000	35,000	50,000
Jud Cpe	2,150	6,500	10,800	21,600	37,800	54,000
159 Brn Cabr	3,350	10,100	16,800	33,600	58,800	84,000
145 Brn Brgm	2,800	8,400	14,000	28,000	49,000	70,000
155A Hlbrk Coll Cabr	3,500	10,600	17,600	35,200	62,100	88,000
155 LeB Spt Cabr	3,900	11,800	19,600	39,200	69,100	98,000
157 W'by Lan'let Berl	3,500	10,600	17,600	35,200	62,100	88,000
160 W'by Limo	3,750	11,300	18,800	37,600	66,000	94,000
162A LeB A-W Cabr	3,600	10,800	18,000	36,000	63,000	90,000
162 LeB A-W Lan'let	3,450	10,300	17,200	34,400	60,000	86,000
Jud Spt Cpe	3,200	9,600	16,000	32,000	56,000	80,000
LeB Cpe	3,350	10,100	16,800	33,600	58,800	84,000
Dtrch Conv Vic	3,750	11,300	18,800	37,600	66,000	94,000
Dtrch Cpe Rds	3,850	11,500	19,200	38,400	67,000	96,000
Dtrch Conv Sed	3,900	11,800	19,600	39,200	69,100	98,000
Holbrk Cabr	3,850	11,500	19,200	38,400	67,000	96,000
W'by Spt Sed	1,850	5,500	9,200	18,400	32,200	46,000
Der Spt Sed	1,850	5,500	9,200	18,400	32,200	46,000
Brn Spt Conv	3,450	10,300	17,200	34,400	60,000	86,000

1929 Model L, V-8 Standard Line

	6	5	4	3	2	1
Lke Spt Rds	3,750	11,300	18,800	37,600	66,000	94,000
Clb Rds	3,700	11,000	18,400	36,800	64,500	92,000
Lke Spt Phae	4,000	12,000	20,000	40,000	70,000	100,000
Lke TWS Spt Phae	4,400	13,200	22,000	44,000	77,000	110,000
Lke Spt Phae TC & WS	4,550	13,700	22,800	45,600	80,000	114,000
Lke Spt Tr	3,850	11,500	19,200	38,400	67,000	96,000
Lke Clb Rds	4,150	12,500	20,800	41,600	73,000	104,000
4P Cpe	1,950	5,900	9,800	19,600	34,300	49,000
Twn Sed	1,250	3,700	6,200	12,400	21,700	31,000
5P Sed	1,200	3,600	6,000	12,000	21,000	30,000
7P Sed	1,150	3,500	5,800	11,600	20,300	29,000
7P Limo	1,900	5,750	9,600	19,200	33,600	48,000
2W Jud Berl	2,100	6,250	10,400	20,800	36,400	52,000
3W Jud Berl	2,050	6,100	10,200	20,400	35,700	51,000
Brn A-W Brgm	3,500	10,600	17,600	35,200	62,100	88,000
Brn Cabr	3,700	11,000	18,400	36,800	64,500	92,000
Brn Non-Coll Cabr	3,500	10,600	17,600	35,200	62,100	88,000
Holbrk Coll Cabr	3,900	11,800	19,600	39,200	69,100	98,000
LeB A-W Cabr	4,000	12,000	20,000	40,000	70,000	100,000
LeB Semi-Coll Cabr	3,500	10,600	17,600	35,200	62,100	88,000
LeB Coll Cabr	3,900	11,800	19,600	39,200	69,100	98,000
W'by Lan'let	2,950	8,900	14,800	29,600	51,800	74,000
W'by Limo	2,800	8,400	14,000	28,000	49,000	70,000
Dtrch Cpe	2,550	7,700	12,800	25,600	44,800	64,000
Dtrch Sed	2,550	7,700	12,800	25,600	44,800	64,000
Dtrch Conv	3,750	11,300	18,800	37,600	66,000	94,000
LeB Spt Sed	2,650	7,900	13,200	26,400	46,200	66,000
LeB Aero Phae	3,750	11,300	18,800	37,600	66,000	94,000
LeB Sal Cabr	3,700	11,000	18,400	36,800	64,500	92,000
Brn Spt Conv	3,750	11,300	18,800	37,600	66,000	94,000
Dtrch Conv Sed	3,900	11,800	19,600	39,200	69,100	98,000
Dtrch Conv Vic	4,000	12,000	20,000	40,000	70,000	100,000

1930 Model L, V-8 Standard Line

	6	5	4	3	2	1
Conv Rds	3,750	11,300	18,800	37,600	66,000	94,000
5P Lke Spt Phae	4,150	12,500	20,800	41,600	73,000	104,000
5P Lke Spt Phae TC & WS	4,250	12,700	21,200	42,400	74,000	106,000
7P Lke Spt Phae	3,900	11,800	19,600	39,200	69,100	98,000
Lke Rds	4,150	12,500	20,800	41,600	73,000	104,000
4P Cpe	1,950	5,900	9,800	19,600	34,300	49,000
Twn Sed	1,250	3,700	6,200	12,400	21,700	31,000
5P Sed	1,200	3,600	6,000	12,000	21,000	30,000
7P Sed	1,150	3,500	5,800	11,600	20,300	29,000
7P Limo	1,900	5,750	9,600	19,200	33,600	48,000

1930 Custom Line

	6	5	4	3	2	1
Jud Cpe	2,500	7,450	12,400	24,800	43,400	62,000
2W Jud Berl	2,900	8,650	14,400	28,800	50,400	72,000
3W Jud Berl	2,900	8,650	14,400	28,800	50,400	72,000
Brn A-W Cabr	3,500	10,600	17,600	35,200	62,100	88,000
Brn Non-Coll Cabr	2,950	8,900	14,800	29,600	51,800	74,000
LeB A-W Cabr	4,400	13,200	22,000	44,000	77,000	110,000
LeB Semi-Coll Cabr	4,150	12,500	20,800	41,600	73,000	104,000
W'by Limo	2,900	8,650	14,400	28,800	50,400	72,000
Dtrch Cpe	2,650	7,900	13,200	26,400	46,200	66,000

	6	5	4	3	2	1
Dtrch Sed	2,650	7,900	13,200	26,400	46,200	66,000
2W W'by Twn Sed	2,650	7,900	13,200	26,400	46,200	66,000
3W W'by Twn Sed	2,800	8,400	14,000	28,000	49,000	70,000
W'by Pan Brgm	2,950	8,900	14,800	29,600	51,800	74,000
LeB Cpe	2,650	7,900	13,200	26,400	46,200	66,000
LeB Conv Rds	4,150	12,500	20,800	41,600	73,000	104,000
LeB Spt Sed	3,350	10,100	16,800	33,600	58,800	84,000
Der Spt Conv	4,250	12,700	21,200	42,400	74,000	106,000
Der Conv Phae	4,300	13,000	21,600	43,200	76,100	108,000
Brn Semi-Coll Cabr	4,150	12,500	20,800	41,600	73,000	104,000
Dtrch Conv Cpe	4,300	13,000	21,600	43,200	76,100	108,000
Dtrch Conv Sed	4,400	13,200	22,000	44,000	77,000	110,000
Wolf Conv Sed	4,400	13,200	22,000	44,000	77,000	110,000

1931 Model K, V-8 Type 201, V-8, 145" wb

	6	5	4	3	2	1
202B Spt Phae	4,950	14,900	24,800	49,600	87,000	124,000
202A Spt Phae	5,050	15,100	25,200	50,400	88,000	126,000
203 Spt Tr	4,550	13,700	22,800	45,600	80,000	114,000
214 Conv Rds	4,400	13,200	22,000	44,000	77,000	110,000
206 Cpe	2,550	7,700	12,800	25,600	44,800	64,000
204 Twn Sed	2,100	6,350	10,600	21,200	37,100	53,000
205 Sed	2,050	6,100	10,200	20,400	35,700	51,000
207A Sed	2,050	6,100	10,200	20,400	35,700	51,000
207B Limo	2,650	7,900	13,200	26,400	46,200	66,000
212 Conv Phae	4,550	13,700	22,800	45,600	80,000	114,000
210 Conv Cpe	4,400	13,200	22,000	44,000	77,000	110,000
211 Conv Sed	4,550	13,700	22,800	45,600	80,000	114,000
216 W'by Pan Brgm	2,900	8,650	14,400	28,800	50,400	72,000
213A Jud Berl	2,550	7,700	12,800	25,600	44,800	64,000
213B Jud Berl	2,550	7,700	12,800	25,600	44,800	64,000
Jud Cpe	2,550	7,700	12,800	25,600	44,800	64,000
Brn Cabr	4,400	13,200	22,000	44,000	77,000	110,000
LeB Cabr	4,400	13,200	22,000	44,000	77,000	110,000
W'by Limo	2,900	8,650	14,400	28,800	50,400	72,000
Lke Spt Rds	4,550	13,700	22,800	45,600	80,000	114,000
Der Conv Sed	4,900	14,600	24,400	48,800	85,500	122,000
LeB Conv Rds	4,650	13,900	23,200	46,400	81,000	116,000
Mur DC Phae	5,050	15,100	25,200	50,400	88,000	126,000
Dtrch Conv Sed	5,050	15,100	25,200	50,400	88,000	126,000
Dtrch Conv Cpe	4,950	14,900	24,800	49,600	87,000	124,000
Wtrhs Conv Vic	5,050	15,100	25,200	50,400	88,000	126,000

1932 Model KA, V-8, 8-cyl., 136" wb

	6	5	4	3	2	1
Rds	4,250	12,700	21,200	42,400	74,000	106,000
Phae	4,950	14,900	24,800	49,600	87,000	124,000
Twn Sed	2,250	6,700	11,200	22,400	39,200	56,000
Sed	2,150	6,500	10,800	21,600	37,800	54,000
Cpe	2,900	8,650	14,400	28,800	50,400	72,000
Vic	2,800	8,400	14,000	28,000	49,000	70,000
7P Sed	2,800	8,400	14,000	28,000	49,000	70,000
Limo	2,950	8,900	14,800	29,600	51,800	74,000

1932 Model KB, V-12 Standard, 12-cyl., 145" wb

	6	5	4	3	2	1
Phae	4,650	13,900	23,200	46,400	81,000	116,000
Spt Phae	4,800	14,400	24,000	48,000	84,000	120,000
Cpe	2,900	8,650	14,400	28,800	50,400	72,000
2W Tr Sed	2,400	7,200	12,000	24,000	42,000	60,000
3W Tr Sed	2,350	7,100	11,800	23,600	41,300	59,000
5P Sed	2,300	6,950	11,600	23,200	40,600	58,000
7P Sed	2,300	6,850	11,400	22,800	39,900	57,000
Limo	2,800	8,400	14,000	28,000	49,000	70,000

1932 Custom, 145" wb

	6	5	4	3	2	1
LeB Conv Cpe	5,200	15,600	26,000	52,000	91,000	130,000
2P Dtrch Cpe	3,600	10,800	18,000	36,000	63,000	90,000
4P Dtrch Cpe	3,450	10,300	17,200	34,400	60,000	86,000
Jud Cpe	3,700	11,000	18,400	36,800	64,500	92,000
Jud Berl	3,300	9,850	16,400	32,800	57,400	82,000
W'by Limo	3,350	10,100	16,800	33,600	58,800	84,000
Wtrhs Conv Vic	5,050	15,100	25,200	50,400	88,000	126,000
Dtrch Conv Sed	5,200	15,600	26,000	52,000	91,000	130,000
W'by Twn Brgm	3,900	11,800	19,600	39,200	69,100	98,000
Brn Brgm	3,850	11,500	19,200	38,400	67,000	96,000
Brn Non-Coll Cabr	4,300	13,000	21,600	43,200	76,100	108,000
Brn Semi-Coll Cabr	5,200	15,600	26,000	52,000	91,000	130,000
LeB Twn Cabr	5,600	16,800	28,000	56,000	98,000	140,000
Dtrch Spt Berl	4,400	13,200	22,000	44,000	77,000	110,000
5P Rlstn TwnC	5,050	15,100	25,200	50,400	88,000	126,000
7P Rlstn TwnC	5,050	15,100	25,200	50,400	88,000	126,000
Brn Phae	5,450	16,300	27,200	54,400	95,000	136,000
Brn dbl-entry Spt Sed	4,300	13,000	21,600	43,200	75,500	108,000

	6	5	4	3	2	1
Brn A-W Brgm	5,450	16,300	27,200	54,400	95,000	136,000
Brn Clb Sed	4,300	13,000	21,600	43,200	76,100	108,000
Mur Conv Rds	7,400	22,200	37,000	74,000	130,000	185,000

1933 Model KA, V-12, 12-cyl., 136" wb

	6	5	4	3	2	1
512B Cpe	2,900	8,650	14,400	28,800	50,400	72,000
512A RS Cpe	2,950	8,900	14,800	29,600	51,800	74,000
513A Conv Rds	4,400	13,200	22,000	44,000	77,000	110,000
514 Twn Sed	2,300	6,950	11,600	23,200	40,600	58,000
515 Sed	2,300	6,850	11,400	22,800	39,900	57,000
516 Cpe	2,900	8,650	14,400	28,800	50,400	72,000
517 Sed	2,300	6,850	11,400	22,800	39,900	57,000
517B Limo	2,800	8,400	14,000	28,000	49,000	70,000
518A DC Phae	5,200	15,600	26,000	52,000	91,000	130,000
518B Phae	5,050	15,100	25,200	50,400	88,000	126,000
519 7P Tr	4,900	14,600	24,400	48,800	85,500	122,000
520B RS Rds	4,500	13,400	22,400	44,800	78,500	112,000
520A Rds	4,400	13,200	22,000	44,000	77,000	110,000

1933 Model KB, V-8, 12-cyl., 145" wb

	6	5	4	3	2	1
252A DC Phae	5,450	16,300	27,200	54,400	95,000	136,000
252B Phae	5,200	15,600	26,000	52,000	91,000	130,000
253 7P Tr	5,200	15,600	26,000	52,000	91,000	130,000
Twn Sed	2,550	7,700	12,800	25,600	44,800	64,000
255 5P Sed	2,650	7,900	13,200	26,400	46,200	66,000
256 5P Cpe	2,950	8,900	14,800	29,600	51,800	74,000
257 7P Sed	2,550	7,700	12,800	25,600	44,800	64,000
257B Limo	3,050	9,100	15,200	30,400	53,200	76,000
258C Brn Semi-Coll Cabr	5,050	15,100	25,200	50,400	88,000	126,000
258D Brn Non-Coll Cabr	4,650	13,900	23,200	46,400	81,000	116,000
259 Brn Brgm	3,850	11,500	19,200	38,400	67,000	96,000
260 Brn Conv Cpe	7,400	22,200	37,000	74,000	129,000	185,000
Dtrch Conv Sed	7,600	22,800	38,000	76,000	133,000	190,000
2P Dtrch Cpe	3,750	11,300	18,800	37,600	66,000	94,000
4P Dtrch Cpe	3,750	11,300	18,800	37,600	66,000	94,000
Jud Berl	3,300	9,850	16,400	32,800	57,400	82,000
2P Jud Cpe	3,450	10,300	17,200	34,400	60,000	86,000
4P Jud Cpe	3,450	10,300	17,200	34,400	60,000	86,000
Jud Limo	3,600	10,800	18,000	36,000	63,000	90,000
LeB Conv Rds	6,000	18,000	30,000	60,000	105,000	150,000
W'by Limo	3,600	10,800	18,000	36,000	63,000	90,000
W'by Brgm	3,750	11,300	18,800	37,600	66,000	94,000

1934 Series K, V-12, 12-cyl., 136" wb

	6	5	4	3	2	1
4P Conv Rds	4,500	13,400	22,400	44,800	78,500	112,000
4P Twn Sed	2,050	6,100	10,200	20,400	35,700	51,000
5P Sed	2,400	7,200	12,000	24,000	42,000	60,000
5P Cpe	2,950	8,900	14,800	29,600	51,800	74,000
7P Sed	2,550	7,700	12,800	25,600	44,800	64,000
7P Limo	3,050	9,100	15,200	30,400	53,200	76,000
2P Cpe	3,050	9,100	15,200	30,400	53,200	76,000
5P Conv Phae	4,400	13,200	22,000	44,000	77,000	110,000
4P Cpe	2,800	8,400	14,000	28,000	49,000	70,000

1934 V-12, 145" wb

	6	5	4	3	2	1
Tr	4,300	13,000	21,600	43,200	76,100	108,000
Sed	2,650	7,900	13,200	26,400	46,200	66,000
Limo	2,950	8,900	14,800	29,600	51,800	74,000
2W Jud Berl	3,350	10,100	16,800	33,600	58,800	84,000
3W Jud Berl	3,300	9,850	16,400	32,800	57,400	82,000
Jud Sed Limo	3,050	9,100	15,200	30,400	53,200	76,000
Brn Brgm	3,300	9,850	16,400	32,800	57,400	82,000
Brn Semi-Coll Cabr	4,150	12,500	20,800	41,600	73,000	104,000
Brn Conv Cpe	5,050	15,100	25,200	50,400	88,000	126,000
W'by Limo	2,950	8,900	14,800	29,600	51,800	74,000
LeB Rds	5,050	15,100	25,200	50,400	88,000	126,000
Dtrch Conv Sed	5,450	16,300	27,200	54,400	95,000	136,000
Brn Conv Vic	5,450	16,300	27,200	54,400	95,000	136,000
LeB Cpe	3,300	9,850	16,400	32,800	57,400	82,000
Dtrch Conv Rds	5,050	15,100	25,200	50,400	88,000	126,000
W'by Spt Sed	2,950	8,900	14,800	29,600	51,800	74,000
LeB Conv Cpe	5,050	15,100	25,200	50,400	88,000	126,000
Brn Conv Sed	5,450	16,300	27,200	54,400	95,000	136,000
Brn Cus Phae	5,450	16,300	27,200	54,400	95,000	136,000
Brwstr Non-Coll Cabr	4,250	12,700	21,200	42,400	74,000	106,000

1935 Series K, V-12, 136" wb

	6	5	4	3	2	1
LeB Conv Rds	4,500	13,400	22,400	44,800	78,500	112,000
LeB Cpe	2,350	7,100	11,800	23,600	41,300	59,000
Cpe	2,300	6,850	11,400	22,800	39,900	57,000
Brn Conv Vic	4,550	13,700	22,800	45,600	80,000	114,000
2W Sed	1,900	5,750	9,600	19,200	33,600	48,000

	6	5	4	3	2	1
3W Sed	1,900	5,650	9,400	18,800	32,900	47,000
LeB Conv Phae	4,650	13,900	23,200	46,400	81,000	116,000

1935 V-12, 145" wb

	6	5	4	3	2	1
7P Tr	4,400	13,200	22,000	44,000	77,000	110,000
7P Sed	1,950	5,900	9,800	19,600	34,300	49,000
7P Limo	2,350	7,100	11,800	23,600	41,300	59,000
LeB Conv Sed	5,050	15,100	25,200	50,400	88,000	126,000
Brn Semi-Coll Cabr	4,150	12,500	20,800	41,600	73,000	104,000
Brn Non-Coll Cabr	4,000	12,000	20,000	40,000	70,000	100,000
Brn Brgm	2,350	7,100	11,800	23,600	41,300	59,000
W'by Limo	2,500	7,450	12,400	24,800	43,400	62,000
W'by Spt Sed	2,350	7,100	11,800	23,600	41,300	59,000
2W Jud Berl	2,500	7,450	12,400	24,800	43,400	62,000
3W Jud Berl	2,350	7,100	11,800	23,600	41,300	59,000
Jud Sed Limo	2,550	7,700	12,800	25,600	44,800	64,000

1936 Zephyr, V-12, 122" wb

	6	5	4	3	2	1
4d Sed	1,150	3,500	5,800	11,600	20,300	29,000
2d Sed	1,200	3,600	6,000	12,000	21,000	30,000

1936 12-cyl., 136" wb

	6	5	4	3	2	1
LeB Rds Cabr	3,600	10,800	18,000	36,000	63,000	90,000
2P LeB Cpe	1,800	5,400	9,000	18,000	31,500	45,000
5P Cpe	1,700	5,150	8,600	17,200	30,100	43,000
Brn Conv Vic	3,850	11,500	19,200	38,400	67,000	96,000
2W Sed	1,500	4,550	7,600	15,200	26,600	38,000
3W Sed	1,500	4,450	7,400	14,800	25,900	37,000
LeB Conv Sed	4,000	12,000	20,000	40,000	70,000	100,000

1936 V-12, 145" wb

	6	5	4	3	2	1
7P Tr	4,000	12,000	20,000	40,000	70,000	100,000
7P Sed	1,800	5,400	9,000	18,000	31,500	45,000
7P Limo	1,950	5,900	9,800	19,600	34,300	49,000
LeB Conv Sed W/part	4,250	12,700	21,200	42,400	74,000	106,000
Brn Semi-Coll Cabr	3,850	11,500	19,200	38,400	67,000	96,000
Brn Non-Coll Cabr	3,050	9,100	15,200	30,400	53,200	76,000
Brn Brgm	2,000	6,000	10,000	20,000	35,000	50,000
W'by Limo	2,100	6,250	10,400	20,800	36,400	52,000
W'by Spt Sed	1,900	5,750	9,600	19,200	33,600	48,000
2W Jud Berl	2,000	6,000	10,000	20,000	35,000	50,000
3W Jud Berl	2,050	6,100	10,200	20,400	35,700	51,000
Jud Limo	2,100	6,350	10,600	21,200	37,100	53,000

1937 Zephyr, V-12

	6	5	4	3	2	1
3P Cpe	1,100	3,250	5,400	10,800	18,900	27,000
2d Sed	950	2,900	4,800	9,600	16,800	24,000
4d Sed	900	2,750	4,600	9,200	16,100	23,000
Twn Sed	950	2,900	4,800	9,600	16,800	24,000

1937 Series K, V-12, 136" wb

	6	5	4	3	2	1
LeB Conv Rds	3,450	10,300	17,200	34,400	60,000	86,000
LeB Cpe	1,750	5,300	8,800	17,600	30,800	44,000
W'by Cpe	1,850	5,500	9,200	18,400	32,200	46,000
Brn Conv Vic	3,600	10,800	18,000	36,000	63,000	90,000
2W Sed	1,600	4,800	8,000	16,000	28,000	40,000
3W Sed	1,550	4,700	7,800	15,600	27,300	39,000

1937 V-12, 145" wb

	6	5	4	3	2	1
7P Sed	1,700	5,050	8,400	16,800	29,400	42,000
7P Limo	1,750	5,300	8,800	17,600	30,800	44,000
LeB Conv Sed	3,700	11,000	18,400	36,800	64,500	92,000
LeB Conv Sed W/part	3,850	11,500	19,200	38,400	67,000	96,000
Brn Semi-Coll Cabr	3,450	10,300	17,200	34,400	60,000	86,000
Brn Non-Coll Cabr	2,700	8,150	13,600	27,200	47,600	68,000
Brn Brgm	2,050	6,100	10,200	20,400	35,700	51,000
Brn Tr Cabr	3,600	10,800	18,000	36,000	63,000	90,000
2W Jud Berl	2,000	6,000	10,000	20,000	35,000	50,000
3W Jud Berl	1,950	5,900	9,800	19,600	34,300	49,000
Jud Limo	2,200	6,600	11,000	22,000	38,500	55,000
W'by Tr	2,500	7,450	12,400	24,800	43,400	62,000
W'by Limo	2,150	6,500	10,800	21,600	37,800	54,000
W'by Spt Sed	1,950	5,900	9,800	19,600	34,300	49,000
W'by Cpe	2,050	6,100	10,200	20,400	35,700	51,000
W'by Pan Brgm	2,100	6,250	10,400	20,800	36,400	52,000
Jud Cpe	2,050	6,100	10,200	20,400	35,700	51,000

1938 Zephyr, V-12

	6	5	4	3	2	1
3P Cpe	1,200	3,600	6,000	12,000	21,000	30,000
3P Conv Cpe	1,600	4,800	8,000	16,000	28,000	40,000
4d Sed	700	2,150	3,600	7,200	12,600	18,000
2d Sed	750	2,300	3,800	7,600	13,300	19,000
Conv Sed	2,250	6,700	11,200	22,400	39,200	56,000
Twn Sed	850	2,500	4,200	8,400	14,700	21,000

1957 Lincoln Premiere four-door hardtop

1991 Lincoln Mark VII LSC hardtop

1909 Locomobile Model 30 runabout

	6	5	4	3	2	1
1938 Series K, V-12, 136" wb						
LeB Conv Rds	3,450	10,300	17,200	34,400	60,000	86,000
LeB Cpe	1,750	5,300	8,800	17,600	30,800	44,000
W'by Cpe	1,800	5,400	9,000	18,000	31,500	45,000
2W Sed	1,600	4,800	8,000	16,000	28,000	40,000
3W Sed	1,550	4,700	7,800	15,600	27,300	39,000
Brn Conv Vic	3,500	10,600	17,600	35,200	61,500	88,000
1938 V-12, 145" wb						
7P Sed	1,650	4,900	8,200	16,400	28,700	41,000
Sed Limo	1,700	5,050	8,400	16,800	29,400	42,000
LeB Conv Sed	3,850	11,500	19,200	38,400	67,000	96,000
LeB Conv Sed W/part	4,000	12,000	20,000	40,000	70,000	100,000
2W Jud Berl	1,700	5,050	8,400	16,800	29,400	42,000
3W Jud Berl	1,700	5,150	8,600	17,200	30,100	43,000
Jud Limo	1,800	5,400	9,000	18,000	31,500	45,000
Brn Tr Cabr	3,900	11,800	19,600	39,200	69,100	98,000
W'by Tr	2,550	7,700	12,800	25,600	44,800	64,000
W'by Spt Sed	1,800	5,400	9,000	18,000	31,500	45,000
Brn Non-Coll Cabr	2,000	6,000	10,000	20,000	35,000	50,000
Brn Semi-Coll Cabr	3,450	10,300	17,200	34,400	60,000	86,000
Brn Brgm	1,800	5,400	9,000	18,000	31,500	45,000
W'by Pan Brgm	1,600	4,800	8,000	16,000	28,000	40,000
W'by Limo	2,000	6,000	10,000	20,000	35,000	50,000
1939 Zephyr, V-12						
3P Cpe	1,150	3,500	5,800	11,600	20,300	29,000
Conv Cpe	1,900	5,750	9,600	19,200	33,600	48,000
2d Sed	800	2,400	4,000	8,000	14,000	20,000
5P Sed	800	2,400	4,000	8,000	14,000	20,000
Conv Sed	2,200	6,600	11,000	22,000	38,500	55,000
Twn Sed	850	2,500	4,200	8,400	14,700	21,000
1939 Series K, V-12, 136" wb						
LeB Conv Rds	3,050	9,100	15,200	30,400	53,200	76,000
LeB Cpe	1,850	5,500	9,200	18,400	32,200	46,000
W'by Cpe	1,900	5,650	9,400	18,800	32,900	47,000
2W Sed	1,700	5,150	8,600	17,200	30,100	43,000
3W Sed	1,700	5,150	8,600	17,200	30,100	43,000
Brn Conv Vic	3,050	9,100	15,200	30,400	53,200	76,000
1939 V-12, 145" wb						
2W Jud Berl	1,750	5,300	8,800	17,600	30,800	44,000
3W Jud Berl	1,700	5,150	8,600	17,200	30,100	43,000
Jud Limo	1,850	5,500	9,200	18,400	32,200	46,000
Brn Tr Cabr	2,550	7,700	12,800	25,600	44,800	64,000
7P Sed	1,750	5,300	8,800	17,600	30,800	44,000
7P Limo	1,900	5,650	9,400	18,800	32,900	47,000
LeB Conv Sed	3,850	11,500	19,200	38,400	67,000	96,000
LeB Conv Sed W/part	4,000	12,000	20,000	40,000	70,000	100,000
W'by Spt Sed	2,000	6,000	10,000	20,000	35,000	50,000
1939 V-12, 145" wb, 6 wheels						
Brn Non-Coll Cabr	3,450	10,300	17,200	34,400	60,000	86,000
Brn Semi-Coll Cabr	3,850	11,500	19,200	38,400	67,000	96,000
Brn Brgm	2,100	6,350	10,600	21,200	37,100	53,000
W'by Limo	2,300	6,850	11,400	22,800	39,900	57,000
1940 Zephyr, V-12						
3P Cpe	1,100	3,250	5,400	10,800	18,900	27,000
OS Cpe	1,000	3,000	5,000	10,000	17,500	25,000
Clb Cpe	1,050	3,100	5,200	10,400	18,200	26,000
Conv Clb Cpe	1,650	4,900	8,200	16,400	28,700	41,000
6P Sed	800	2,400	4,000	8,000	14,000	20,000
Twn Limo	1,200	3,600	6,000	12,000	21,000	30,000
Cont Clb Cpe	1,950	5,900	9,800	19,600	34,300	49,000
Cont Conv Cabr	2,650	7,900	13,200	26,400	46,200	66,000
1940 Series K, V-12						
NOTE: Available on special request, black emblems rather than blue.						
1941 Zephyr, V-12						
3P Cpe	1,100	3,250	5,400	10,800	18,900	27,000
OS Cpe	1,000	3,000	5,000	10,000	17,500	25,000
Clb Cpe	1,050	3,100	5,200	10,400	18,200	26,000
Conv Cpe	1,600	4,800	8,000	16,000	28,000	40,000
Cont Cpe	1,900	5,750	9,600	19,200	33,600	48,000
Cont Conv Cabr	2,650	7,900	13,200	26,400	46,200	66,000
6P Sed	800	2,400	4,000	8,000	14,000	20,000
Cus Sed	850	2,500	4,200	8,400	14,700	21,000
8P Limo	1,050	3,100	5,200	10,400	18,200	26,000
1942 Zephyr, V-12						
3P Cpe	700	2,150	3,600	7,200	12,600	18,000

	6	5	4	3	2	1
Clb Cpe	750	2,300	3,800	7,600	13,300	19,000
Conv Clb Cpe	1,550	4,700	7,800	15,600	27,300	39,000
Cont Cpe	1,900	5,750	9,600	19,200	33,600	48,000
Cont Conv Cabr	2,650	7,900	13,200	26,400	46,200	66,000
6P Sed	650	1,900	3,200	6,400	11,200	16,000
Cus Sed	700	2,050	3,400	6,800	11,900	17,000
8P Limo	1,100	3,250	5,400	10,800	18,900	27,000

1946-1948 8th Series, V-12, 125" wb

	6	5	4	3	2	1
2d Clb Cpe	700	2,150	3,600	7,200	12,600	18,000
2d Conv	1,500	4,450	7,400	14,800	25,900	37,000
4d Sed	650	1,900	3,200	6,400	11,200	16,000
2d Cont Cpe	1,950	5,900	9,800	19,600	34,300	49,000
2d Cont Conv	2,650	7,900	13,200	26,400	46,200	66,000

1949-1950 Model OEL, V-8, 121" wb

	6	5	4	3	2	1
4d Spt Sed	650	1,900	3,200	6,400	11,200	16,000
2d Cpe	800	2,400	4,000	8,000	14,000	20,000
2d Lido Cpe (1950 only)	1,000	3,000	5,000	10,000	17,500	25,000

1949-1950 Cosmopolitan, V-8, 125" wb

	6	5	4	3	2	1
4d Town Sed (1949 only)	700	2,050	3,400	6,800	11,900	17,000
4d Spt Sed	700	2,100	3,500	7,000	12,250	17,500
2d Cpe	900	2,650	4,400	8,800	15,400	22,000
2d Capri (1950 only)	1,050	3,100	5,200	10,400	18,200	26,000
2d Conv	1,250	3,700	6,200	12,400	21,700	31,000

1951 Model Del, V-8, 121" wb

	6	5	4	3	2	1
4d Spt Sed	700	2,050	3,400	6,800	11,900	17,000
2d Cpe	850	2,500	4,200	8,400	14,700	21,000
2d Lido Cpe	950	2,900	4,800	9,600	16,800	24,000

1951 Cosmopolitan, V-8, 125" wb

	6	5	4	3	2	1
4d Spt Sed	700	2,150	3,600	7,200	12,600	18,000
2d Cpe	900	2,650	4,400	8,800	15,400	22,000
2d Capri	1,000	3,000	5,000	10,000	17,500	25,000
2d Conv	1,300	3,850	6,400	12,800	22,400	32,000

1952-1953 Cosmopolitan Model BH, V-8, 123" wb

	6	5	4	3	2	1
4d Sed	650	1,900	3,200	6,400	11,200	16,000
2d HT	900	2,750	4,600	9,200	16,100	23,000

1952-1953 Capri, V-8, 123" wb

	6	5	4	3	2	1
4d Sed	700	2,050	3,400	6,800	11,900	17,000
2d HT	950	2,900	4,800	9,600	16,800	24,000
2d Conv	1,300	3,850	6,400	12,800	22,400	32,000

1954 V-8, 123" wb

	6	5	4	3	2	1
4d Sed	650	1,900	3,200	6,400	11,200	16,000
2d HT	950	2,900	4,800	9,600	16,800	24,000

1954 Capri, V-8, 123" wb

	6	5	4	3	2	1
4d Sed	650	1,900	3,200	6,400	11,200	16,000
2d HT	1,050	3,100	5,200	10,400	18,200	26,000
2d Conv	1,300	3,950	6,600	13,200	23,100	33,000

1955 V-8, 123" wb

	6	5	4	3	2	1
4d Sed	650	1,900	3,200	6,400	11,200	16,000
2d HT	900	2,750	4,600	9,200	16,100	23,000

1955 Capri, V-8, 123" wb

	6	5	4	3	2	1
4d Sed	700	2,050	3,400	6,800	11,900	17,000
2d HT	1,000	3,000	5,000	10,000	17,500	25,000
2d Conv	1,450	4,300	7,200	14,400	25,200	36,000

1956 Capri, V-8, 126" wb

	6	5	4	3	2	1
4d Sed	700	2,050	3,400	6,800	11,900	17,000
2d HT	1,050	3,100	5,200	10,400	18,200	26,000

1956 Premiere, V-8, 126" wb

	6	5	4	3	2	1
4d Sed	700	2,150	3,600	7,200	12,600	18,000
2d HT	1,100	3,250	5,400	10,800	18,900	27,000
2d Conv	1,550	4,700	7,800	15,600	27,300	39,000

1956 Continental Mk II, V-8, 126" wb

	6	5	4	3	2	1
2d HT	1,600	4,800	8,000	16,000	28,000	40,000

1957 Capri, V-8, 126" wb

	6	5	4	3	2	1
4d Sed	600	1,800	3,000	6,000	10,500	15,000
4d HT	700	2,050	3,400	6,800	11,900	17,000
2d HT	950	2,900	4,800	9,600	16,800	24,000

1957 Premiere, V-8, 126" wb

	6	5	4	3	2	1
4d Sed	650	1,900	3,200	6,400	11,200	16,000
4d HT	700	2,150	3,600	7,200	12,600	18,000
2d HT	1,000	3,000	5,000	10,000	17,500	25,000
2d Conv	1,500	4,550	7,600	15,200	26,600	38,000

1957 Continental Mk II, V-8, 126" wb

	6	5	4	3	2	1
2d HT	1,600	4,800	8,000	16,000	28,000	40,000

	6	5	4	3	2	1
1958-1959 Capri, V-8, 131" wb						
4d Sed	500	1,450	2,400	4,800	8,400	12,000
4d HT	550	1,700	2,800	5,600	9,800	14,000
2d HT	700	2,050	3,400	6,800	11,900	17,000
1958-1959 Premiere, V-8, 131" wb						
4d Sed	500	1,550	2,600	5,200	9,100	13,000
4d HT	600	1,800	3,000	6,000	10,500	15,000
2d HT	700	2,150	3,600	7,200	12,600	18,000
1958-1959 Continental Mk III and IV, V-8, 131" wb						
4d Sed	600	1,800	3,000	6,000	10,500	15,000
4d HT	700	2,050	3,400	6,800	11,900	17,000
2d HT	800	2,400	4,000	8,000	14,000	20,000
2d Conv	1,050	3,100	5,200	10,400	18,200	26,000
4d Town Car (1959 only)	800	2,400	4,000	8,000	14,000	20,000
4d Limo (1959 only)	850	2,500	4,200	8,400	14,700	21,000
1960 Lincoln, V-8, 131" wb						
4d Sed	500	1,550	2,600	5,200	9,100	13,000
4d HT	600	1,800	3,000	6,000	10,500	15,000
2d HT	700	2,050	3,400	6,800	11,900	17,000
1960 Premiere, V-8, 131" wb						
4d Sed	550	1,700	2,800	5,600	9,800	14,000
4d HT	650	1,900	3,200	6,400	11,200	16,000
2d HT	700	2,150	3,600	7,200	12,600	18,000
1960 Continental Mk V, V-8, 131" wb						
4d Sed	650	1,900	3,200	6,400	11,200	16,000
4d HT	700	2,150	3,600	7,200	12,600	18,000
2d HT	900	2,650	4,400	8,800	15,400	22,000
2d Conv	1,150	3,500	5,800	11,600	20,300	29,000
4d Town Car	850	2,500	4,200	8,400	14,700	21,000
4d Limo	900	2,650	4,400	8,800	15,400	22,000
1961-1963 Continental, V-8, 123" wb						
4d Sed	500	1,450	2,400	4,800	8,400	12,000
4d Conv	900	2,750	4,600	9,200	16,100	23,000
1964-1965 Continental, V-8, 126" wb						
4d Sed	500	1,450	2,400	4,800	8,400	12,000
4d Conv	950	2,900	4,800	9,600	16,800	24,000
4d Exec Limo	550	1,700	2,800	5,600	9,800	14,000
1966 Continental, V-8, 126" wb						
4d Sed	500	1,450	2,400	4,800	8,400	12,000
2d HT	600	1,800	3,000	6,000	10,500	15,000
4d Conv	950	2,900	4,800	9,600	16,800	24,000
1967 Continental, V-8, 126" wb						
4d Sed	500	1,450	2,400	4,800	8,400	12,000
2d HT	600	1,800	3,000	6,000	10,500	15,000
4d Conv	950	2,900	4,800	9,600	16,800	24,000
1968 Continental, V-8, 126" wb						
4d Sed	450	1,300	2,200	4,400	7,700	11,000
2d HT	550	1,700	2,800	5,600	9,800	14,000
1968 Continental, V-8, 117" wb						
2d HT	600	1,800	3,000	6,000	10,500	15,000
1969 Continental, V-8, 126" wb						
4d Sed	400	1,200	2,000	4,000	7,000	10,000
2d HT	450	1,300	2,200	4,400	7,700	11,000
1969 Continental Mk III, V-8, 117" wb						
2d HT	700	2,050	3,400	6,800	11,900	17,000
1970 Continental						
4d Sed	400	1,200	2,000	4,000	7,000	10,000
2d HT	450	1,300	2,200	4,400	7,700	11,000
1970 Continental Mk III, V-8, 117" wb						
2d HT	650	1,900	3,200	6,400	11,200	16,000
1971 Continental						
4d Sed	400	1,200	2,000	4,000	7,000	10,000
2d	450	1,300	2,200	4,400	7,700	11,000
1971 Mk III						
2d	700	2,050	3,400	6,800	11,900	17,000
1972 Continental						
4d Sed	400	1,200	2,000	4,000	7,000	10,000
2d	450	1,300	2,200	4,400	7,700	11,000
1972 Mk IV						
2d	600	1,800	3,000	6,000	10,500	15,000
1973 Continental, V-8						
2d HT	400	1,250	2,100	4,200	7,350	10,500
4d HT	400	1,150	1,900	3,800	6,650	9,500

	6	5	4	3	2	1
1973 Mk IV, V-8						
2d HT	600	1,800	3,000	6,000	10,500	15,000
1974 Continental, V-8						
4d Sed	350	1,100	1,800	3,600	6,300	9,000
2d Cpe	400	1,150	1,900	3,800	6,650	9,500
1974 Mk IV, V-8						
2d HT	550	1,700	2,800	5,600	9,800	14,000
1975 Continental, V-8						
4d Sed	350	1,100	1,850	3,700	6,500	9,300
2d Cpe	400	1,150	1,900	3,800	6,650	9,500
1975 Mk IV, V-8						
2d HT	550	1,700	2,800	5,600	9,800	14,000
1976 Continental, V-8						
4d Sed	350	1,100	1,800	3,600	6,300	9,000
2d Cpe	400	1,150	1,900	3,800	6,650	9,500
1976 Mk IV, V-8						
2d Cpe	550	1,700	2,800	5,600	9,800	14,000

NOTE: Add 10 percent for 460 cid engine.

	6	5	4	3	2	1
1977 Versailles, V-8						
4d Sed	300	850	1,400	2,800	4,900	7,000
1977 Continental, V-8						
4d Sed	300	900	1,450	2,900	5,100	7,300
2d Cpe	300	900	1,500	3,000	5,250	7,500
1977 Mk V, V-8						
2d Cpe	500	1,550	2,600	5,200	9,100	13,000

NOTE: Add 10 percent for 460 cid engine.

	6	5	4	3	2	1
1978 Versailles						
4d Sed	250	800	1,300	2,600	4,550	6,500
1978 Continental						
4d Sed	250	750	1,250	2,500	4,350	6,200
2d Cpe	250	750	1,300	2,550	4,500	6,400
1978 Mk V						
2d Cpe	550	1,700	2,800	5,600	9,800	14,000

NOTE: Add 10 percent for Diamond Jubilee. Add 5 percent for Collector Series. Add 5 percent for Designer Series. Add 10 percent for 460 cid engine.

	6	5	4	3	2	1
1979 Versailles, V-8						
4d Sed	250	700	1,200	2,400	4,200	6,000
1979 Continental, V-8						
4d Sed	250	800	1,300	2,600	4,550	6,500
2d Cpe	250	800	1,350	2,700	4,700	6,700
1979 Mk V, V-8						
2d Cpe	500	1,550	2,600	5,200	9,100	13,000

NOTE: Add 5 percent for Collector Series. Add 5 percent for Designer Series.

	6	5	4	3	2	1
1980 Versailles, V-8						
4d Sed	250	750	1,200	2,450	4,250	6,100
1980 Continental, V-8						
4d Sed	250	700	1,200	2,400	4,200	6,000
2d Cpe	250	750	1,250	2,500	4,350	6,200
1980 Mk VI, V-8						
4d Sed	300	850	1,400	2,800	4,900	7,000
2d Cpe	300	850	1,450	2,900	5,050	7,200
1981 Town Car, V-8						
4d Sed	250	700	1,150	2,300	4,050	5,800
2d Cpe	250	700	1,200	2,350	4,150	5,900
1981 Mk VI						
4d Sed	250	700	1,200	2,400	4,200	6,000
2d Cpe	250	750	1,250	2,500	4,350	6,200
1982 Town Car, V-8						
4d Sed	250	800	1,300	2,600	4,550	6,500
1982 Mk VI, V-8						
4d Sed	250	750	1,200	2,450	4,250	6,100
2d Cpe	250	750	1,250	2,500	4,350	6,200
1982 Continental, V-8						
4d Sed	350	1,100	1,800	3,600	6,300	9,000
1983 Town Car, V-8						
4d Sed	250	800	1,350	2,700	4,750	6,800
1983 Mk VI, V-8						
4d Sed	250	750	1,200	2,450	4,250	6,100
2d Cpe	250	750	1,250	2,500	4,350	6,200

	6	5	4	3	2	1
1983 Continental, V-8						
4d Sed	350	1,100	1,800	3,600	6,300	9,000
1984 Town Car, V-8						
4d Sed	300	850	1,400	2,750	4,850	6,900
1984 Mk VII, V-8						
2d Cpe	300	850	1,400	2,800	4,900	7,000
2d LSC Cpe	400	1,150	1,900	3,800	6,650	9,500
1984 Continental, V-8						
4d Sed	350	1,100	1,800	3,600	6,300	9,000
1985 Town Car, V-8						
4d Sed	300	850	1,400	2,800	4,900	7,000
1985 Mk VII, V-8						
2d Cpe	300	850	1,450	2,900	5,050	7,200
2d LSC Cpe	400	1,150	1,900	3,800	6,650	9,500
1985 Continental, V-8						
4d Sed	400	1,150	1,900	3,750	6,600	9,400
1986 Town Car						
4d Sed	300	900	1,500	3,000	5,250	7,500
1986 Mk VII						
2d Cpe	350	1,100	1,800	3,600	6,300	9,000
2d LSC Cpe	400	1,150	1,900	3,800	6,650	9,500
1986 Continental						
4d Sed	400	1,200	1,950	3,900	6,850	9,800

NOTE: Add 20 percent for Designer Series.

	6	5	4	3	2	1
1987 Town Car, V-8						
4d Sed	300	950	1,550	3,100	5,450	7,800
4d Sed Signature	350	1,000	1,700	3,400	5,950	8,500
4d Sed Cartier	400	1,150	1,900	3,800	6,650	9,500
1987 Mk VII, V-8						
2d Cpe	350	1,000	1,700	3,400	5,950	8,500
2d Cpe LSC	400	1,150	1,900	3,800	6,650	9,500
2d Cpe Bill Blass	400	1,200	2,000	4,000	7,000	10,000
1987 Continental, V-8						
4d Sed	300	900	1,500	3,000	5,250	7,500
4d Sed Givenchy	350	1,000	1,700	3,400	5,950	8,500
1988 Town Car, V-8						
4d Sed	300	950	1,600	3,200	5,600	8,000
4d Sed Signature	350	1,100	1,800	3,600	6,300	9,000
4d Sed Cartier	400	1,150	1,900	3,800	6,650	9,500
1988 Mk VII, V-8						
2d Cpe LSC	400	1,200	1,950	3,900	6,850	9,800
2d Cpe Bill Blass	400	1,200	2,000	3,950	6,950	9,900
1988 Continental, V-6						
4d Sed	350	1,000	1,650	3,300	5,800	8,300
4d Sed Signature	350	1,100	1,850	3,700	6,500	9,300
1989 Town Car, V-8						
4d Sed	400	1,150	1,900	3,800	6,650	9,500
4d Sed Signature	400	1,200	2,000	4,000	7,000	10,000
4d Sed Cartier	450	1,300	2,200	4,400	7,700	11,000
1989 Mk VII, V-8						
2d Cpe LSC	400	1,200	2,000	4,000	7,000	10,000
2d Cpe Bill Blass	400	1,200	2,000	4,000	7,000	10,000
1989 Continental, V-6						
4d Sed	350	1,000	1,700	3,400	5,950	8,500
4d Sed Signature	400	1,150	1,900	3,800	6,650	9,500
1990 Town Car, V-8						
4d Sed	450	1,300	2,200	4,400	7,700	11,000
4d Sed Signature	500	1,450	2,400	4,800	8,400	12,000
4d Sed Cartier	500	1,500	2,500	5,000	8,750	12,500
1990 Mk VII, V-8						
2d LSC Cpe	400	1,200	2,000	4,000	7,000	10,000
2d Cpe Bill Blass	400	1,250	2,100	4,200	7,350	10,500
1990 Continental, V-6						
4d Sed	350	1,100	1,800	3,600	6,300	9,000
4d Sed Signature	400	1,150	1,900	3,800	6,650	9,500
1991 Town Car, V-8						
4d Sed	350	1,100	1,800	3,600	6,300	9,000
4d Sed Signature	400	1,150	1,900	3,800	6,650	9,500
4d Sed Cartier	400	1,250	2,100	4,200	7,350	10,500
1991 Mk VII, V-8						
2d Cpe LSC	400	1,200	2,000	4,000	7,000	10,000

	6	5	4	3	2	1
2d Cpe Bill Blass	400	1,250	2,100	4,200	7,350	10,500
1991 Continental, V-6						
4d Sed	350	1,000	1,700	3,400	5,950	8,500
4d Sed Signature	350	1,100	1,800	3,600	6,300	9,000
1992 Town Car, V-8						
4d Sed Executive	450	1,300	2,150	4,300	7,550	10,800
4d Sed Signature	450	1,300	2,200	4,400	7,700	11,000
4d Sed Cartier	450	1,400	2,300	4,600	8,050	11,500
1992 Mk VII, V-8						
2d Cpe LSC	500	1,450	2,400	4,800	8,400	12,000
2d Cpe Bill Blass	500	1,450	2,400	4,800	8,400	12,000
1992 Continental, V-6						
4d Executive	300	950	1,600	3,200	5,600	8,000
4d Signature	350	1,000	1,700	3,400	5,950	8,500
1993 Town Car, V-8						
4d Sed Executive	450	1,300	2,200	4,400	7,700	11,000
4d Sed Signature	500	1,450	2,400	4,800	8,400	12,000
4d Sed Cartier	500	1,500	2,500	5,000	8,750	12,500
1993 Mk VIII, V-8						
4d Sed Executive	500	1,450	2,450	4,900	8,550	12,200
4d Sed Signature	500	1,500	2,450	4,900	8,600	12,300
1993 Continental, V-6						
4d Sed Executive	450	1,300	2,200	4,400	7,700	11,000
4d Sed Signature	450	1,350	2,200	4,450	7,750	11,100

LOCOMOBILE

	6	5	4	3	2	1
1901						
Style 2 Steam Rbt	1,500	4,450	7,400	14,800	25,900	37,000
Style 02 Steam Rbt	1,500	4,550	7,600	15,200	26,600	38,000
Style 3 Buggy Top Rbt	1,550	4,700	7,800	15,600	27,300	39,000
Style 03 Vic Top Rbt	1,550	4,700	7,800	15,600	27,300	39,000
Style 003 Vic Top Rbt	1,550	4,700	7,800	15,600	27,300	39,000
Style 5 Locosurrey	1,600	4,800	8,000	16,000	28,000	40,000
Style 05 Locosurrey	1,650	4,900	8,200	16,400	28,700	41,000
1902						
4P Model A Steam Tr	1,550	4,700	7,800	15,600	27,300	39,000
2/4P Model B Steam Tr	1,600	4,800	8,000	16,000	28,000	40,000
2P Steam Vic	1,500	4,450	7,400	14,800	25,900	37,000
Style No. 2 Std Steam Rbt	1,450	4,300	7,200	14,400	25,200	36,000
Style No. 02 Steam Rbt	1,500	4,450	7,400	14,800	25,900	37,000
4P Style No. 5 Steam Locosurrey	1,550	4,700	7,800	15,600	27,300	39,000
4P Style No. 05 Steam Locosurrey	1,600	4,800	8,000	16,000	28,000	40,000
Style No. 3 Steam Physician's Car	1,500	4,450	7,400	14,800	25,900	37,000
Style No. 03 Steam Stanhope	1,400	4,200	7,000	14,000	24,500	35,000
Style No. 003 Stanhope	1,450	4,300	7,200	14,400	25,200	36,000
Steam Locotrap	1,450	4,300	7,200	14,400	25,200	36,000
Steam Locodelivery	1,500	4,450	7,400	14,800	25,900	37,000
1903 Steam Cars						
Dos-a-Dos	1,500	4,550	7,600	15,200	26,600	38,000
Locosurrey	1,550	4,700	7,800	15,600	27,300	39,000
Rbt	1,500	4,450	7,400	14,800	25,900	37,000
1903 Gasoline Car, 2-cyl., 9 hp, 76" wb						
5P Tonn	1,500	4,550	7,600	15,200	26,600	38,000
1903 Gasoline Car, 4-cyl., 16 hp, 86" wb						
5P Tonn	1,650	4,900	8,200	16,400	28,700	41,000
1904 Steam Cars						
Tr, 85" wb	1,600	4,800	8,000	16,000	28,000	40,000
Tr, 79" wb	1,650	4,900	8,200	16,400	28,700	41,000
Stanhope, 79" wb	1,500	4,450	7,400	14,800	25,900	37,000
Dos-a-Dos, 79" wb	1,550	4,700	7,800	15,600	27,300	39,000
LWB Rbt	1,500	4,550	7,600	15,200	26,600	38,000
Locosurrey, 75" wb	1,650	4,900	8,200	16,400	28,700	41,000
Spl Surrey, 93" wb	1,700	5,050	8,400	16,800	29,400	42,000
1904 Gasoline Model C, 2-cyl., 9/12 hp, 76" wb						
5P Tonn	1,600	4,800	8,000	16,000	28,000	40,000
5P Canopy Top Tonn	1,750	5,300	8,800	17,600	30,800	44,000
1904 Gasoline Model D, 4-cyl., 16/22 hp, 86" wb						
6/8P Limo	1,350	4,100	6,800	13,600	23,800	34,000
6P King of Belgian Tonn	1,500	4,450	7,400	14,800	25,900	37,000
6P DeL Tonn	1,300	3,950	6,600	13,200	23,100	33,000
1905 Model E, 4-cyl., 15/20 hp, 92" wb						
5P Tr	1,650	4,900	8,200	16,400	28,700	41,000
5P Lan'let	1,550	4,700	7,800	15,600	27,300	39,000

	6	5	4	3	2	1
1905 Model D, 4-cyl., 20/25 hp, 96" wb						
7P Tr	1,700	5,050	8,400	16,800	29,400	42,000
1905 Model H, 4-cyl., 30/35 hp, 106" wb						
7P Tr	1,700	5,150	8,600	17,200	30,100	43,000
7P Limo	1,400	4,200	7,000	14,000	24,500	35,000
1905 Model F, 4-cyl., 40/45 hp, 110" wb						
7P Limo	1,450	4,300	7,200	14,400	25,200	36,000
1906 Model E, 4-cyl., 15/20 hp, 93" wb						
5P Tr	1,650	4,900	8,200	16,400	28,700	41,000
2P Fishtail Rbt	1,700	5,050	8,400	16,800	29,400	42,000
5P Limo	1,350	4,100	6,800	13,600	23,800	34,000
1906 Model H, 4-cyl., 30/35 hp, 106" wb						
5/7P Tr	1,700	5,150	8,600	17,200	30,100	43,000
5/7P Limo	1,400	4,200	7,000	14,000	24,500	35,000
1906 Special, 4-cyl., 90 hp, 110" wb						
Vanderbilt Racer		value not estimable				
1907 Model E, 4-cyl., 20 hp, 96" wb						
5P Tr	1,700	5,050	8,400	16,800	29,400	42,000
2P Fishtail Rbt	1,700	5,150	8,600	17,200	30,100	43,000
5P Limo	1,400	4,200	7,000	14,000	24,500	35,000
1907 Model H, 4-cyl., 35 hp, 120" wb						
7P Tr	1,750	5,300	8,800	17,600	30,800	44,000
7P Limo	1,450	4,300	7,200	14,400	25,200	36,000
1907 Special, 4-cyl., 90 hp, 120" wb						
Vanderbilt Racer		value not estimable				
1908 Model E, 4-cyl., 20 hp, 102" wb						
Std Tr	1,700	5,150	8,600	17,200	30,100	43,000
1908 Model E, 4-cyl., 20 hp, 116" wb						
6P Limo	1,400	4,200	7,000	14,000	24,500	35,000
6P Lan'let	1,500	4,550	7,600	15,200	26,600	38,000
1908 Model I, 4-cyl., 40 hp, 123" wb						
3P Rbt	1,800	5,400	9,000	18,000	31,500	45,000
1909 Model 30, 4-cyl., 32 hp, 120" wb						
5P Tr	1,750	5,300	8,800	17,600	30,800	44,000
4P Rbt	1,800	5,400	9,000	18,000	31,500	45,000
1909 Model 40, 4-cyl., 40 hp, 123" wb						
7P Tr	1,850	5,500	9,200	18,400	32,200	46,000
4P Baby Tonn	1,900	5,650	9,400	18,800	32,900	47,000
7P Limo	1,400	4,200	7,000	14,000	24,500	35,000
1910 Model 30(L), 4-cyl., 30 hp, 120" wb						
4P Rds	1,850	5,500	9,200	18,400	32,200	46,000
4P Baby Tonn	1,800	5,400	9,000	18,000	31,500	45,000
5P Tr	1,750	5,300	8,800	17,600	30,800	44,000
Limo	1,400	4,200	7,000	14,000	24,500	35,000
1910 Model 40(I), 4-cyl., 40 hp, 123" wb						
7P Tr	2,100	6,250	10,400	20,800	36,400	52,000
Rbt	2,050	6,100	10,200	20,400	35,700	51,000
7P Limo	1,700	5,050	8,400	16,800	29,400	42,000
7P Lan'let	1,800	5,400	9,000	18,000	31,500	45,000
4P Baby Tonn	2,050	6,100	10,200	20,400	35,700	51,000
1911 Model 30(L), 4-cyl., 32 hp, 120" wb						
5P Tr	1,850	5,500	9,200	18,400	32,200	46,000
4P Baby Tonn	1,900	5,750	9,600	19,200	33,600	48,000
4P Torp	1,950	5,900	9,800	19,600	34,300	49,000
6P Limo	1,500	4,450	7,400	14,800	25,900	37,000
6P Lan'let	1,600	4,800	8,000	16,000	28,000	40,000
1911 Model 48(M), 6-cyl., 48 hp, 125" wb						
7P Tr	2,100	6,350	10,600	21,200	37,100	53,000
4P Baby Tonn	2,250	6,700	11,200	22,400	39,200	56,000
7P Limo	1,750	5,300	8,800	17,600	30,800	44,000
7P Lan'let	1,900	5,650	9,400	18,800	32,900	47,000
1912 Model 30(L), 4-cyl., 30 hp, 120" wb						
Tr	1,850	5,500	9,200	18,400	32,200	46,000
Baby Tonn	1,900	5,650	9,400	18,800	32,900	47,000
Torp	1,900	5,750	9,600	19,200	33,600	48,000
Limo	1,500	4,450	7,400	14,800	25,900	37,000
Berl	1,650	4,900	8,200	16,400	28,700	41,000
Lan'let	1,750	5,300	8,800	17,600	30,800	44,000
1912 Model 48(M), 6-cyl., 48 hp, 135" wb						
Tr	2,100	6,350	10,600	21,200	37,100	53,000
4P Torp	2,150	6,500	10,800	21,600	37,800	54,000
5P Torp	2,200	6,600	11,000	22,000	38,500	55,000
Limo	1,700	5,150	8,600	17,200	30,100	43,000

	6	5	4	3	2	1
Berl	1,900	5,650	9,400	18,800	32,900	47,000
Lan'let	2,000	6,000	10,000	20,000	35,000	50,000

1913 Model 30(L), 4-cyl., 32.4 hp, 120" wb

	6	5	4	3	2	1
4P Torp	1,950	5,900	9,800	19,600	34,300	49,000
5P Tr	2,000	6,000	10,000	20,000	35,000	50,000
Rds	1,950	5,900	9,800	19,600	34,300	49,000

1913 Model 38(R), 6-cyl., 43.8 hp, 128" wb

	6	5	4	3	2	1
4P Torp	2,400	7,200	12,000	24,000	42,000	60,000
5P Tr	2,350	7,100	11,800	23,600	41,300	59,000
Rds	2,550	7,700	12,800	25,600	44,800	64,000
Limo	1,750	5,300	8,800	17,600	30,800	44,000
Lan'let	1,850	5,500	9,200	18,400	32,200	46,000
Berl Limo	1,950	5,900	9,800	19,600	34,300	49,000
Berl Lan'let	2,050	6,100	10,200	20,400	35,700	51,000

1914 Model 38, 6-cyl., 43.8 hp, 132" wb

	6	5	4	3	2	1
4P Torp	2,800	8,400	14,000	28,000	49,000	70,000
5P Tr	2,900	8,650	14,400	28,800	50,400	72,000
2P Rds	2,950	8,900	14,800	29,600	51,800	74,000
7P Limo	2,100	6,250	10,400	20,800	36,400	52,000
7P Lan'let	2,100	6,350	10,600	21,200	37,100	53,000
7P Berl	2,200	6,600	11,000	22,000	38,500	55,000

1914 Model 48, 6-cyl., 48.6 hp, 136 & 140" wb

	6	5	4	3	2	1
7P Tr	2,900	8,650	14,400	28,800	50,400	72,000
6P Torp	2,950	8,900	14,800	29,600	51,800	74,000
2P Rds	3,050	9,100	15,200	30,400	53,200	76,000
7P Limo	2,200	6,600	11,000	22,000	38,500	55,000
7P Lan'let	2,300	6,850	11,400	22,800	39,900	57,000
7P Berl	2,350	7,100	11,800	23,600	41,300	59,000

1915 Model 38, 6-cyl., 43.3 hp, 132" wb

	6	5	4	3	2	1
5P Tr	2,900	8,650	14,400	28,800	50,400	72,000
2P Rds	2,950	8,900	14,800	29,600	51,800	74,000
4P Torp	2,900	8,650	14,400	28,800	50,400	72,000
7P Limo	1,500	4,450	7,400	14,800	25,900	37,000
7P Lan'let	1,500	4,550	7,600	15,200	26,600	38,000
7P Berl	1,550	4,700	7,800	15,600	27,300	39,000

1915 Model 48, 6-cyl., 48.6 hp, 140" wb

	6	5	4	3	2	1
7P Tr	2,950	8,900	14,800	29,600	51,800	74,000
2P Rds	3,050	9,100	15,200	30,400	53,200	76,000
6P Torp	2,950	8,900	14,800	29,600	51,800	74,000
7P Limo	1,500	4,550	7,600	15,200	26,600	38,000
7P Lan'let	1,550	4,700	7,800	15,600	27,300	39,000
7P Berl	1,600	4,800	8,000	16,000	28,000	40,000

1916 Model 38, 6-cyl., 43.35 hp, 140" wb

	6	5	4	3	2	1
7P Tr	3,100	9,350	15,600	31,200	54,600	78,000
6P Tr	3,200	9,600	16,000	32,000	56,000	80,000
7P Limo	1,500	4,450	7,400	14,800	25,900	37,000
7P Lan'let	1,500	4,550	7,600	15,200	26,600	38,000
7P Berl	1,550	4,700	7,800	15,600	27,300	39,000

1916 Model 48, 6-cyl., 48.6 hp, 143" wb

	6	5	4	3	2	1
6P Tr	3,850	11,500	19,200	38,400	67,000	96,000
7P Tr	3,500	10,600	17,600	35,200	61,500	88,000
7P Lan'let	1,650	4,900	8,200	16,400	28,700	41,000
7P Berl	1,700	5,050	8,400	16,800	29,400	42,000
7P Limo	1,600	4,800	8,000	16,000	28,000	40,000

1917 Model 38, 6-cyl., 43.34 hp, 139" wb

	6	5	4	3	2	1
7P Tr	3,700	11,000	18,400	36,800	64,500	92,000
6P Tr	3,850	11,500	19,200	38,400	67,000	96,000
4P Tr	3,900	11,800	19,600	39,200	68,500	98,000
7P Limo	1,600	4,800	8,000	16,000	28,000	40,000
7P Lan'let	1,650	4,900	8,200	16,400	28,700	41,000
7P Berl	1,700	5,150	8,600	17,200	30,100	43,000

1917 Model 48, 6-cyl., 48.6 hp, 142" wb

	6	5	4	3	2	1
Sportif	6,000	18,000	30,000	60,000	105,000	150,000
6P Tr	3,900	11,800	19,600	39,200	68,500	98,000
7P Tr	3,850	11,500	19,200	38,400	67,000	96,000
7P Lan'let	1,700	5,150	8,600	17,200	30,100	43,000
7P Berl	1,800	5,400	9,000	18,000	31,500	45,000
7P Limo	1,700	5,050	8,400	16,800	29,400	42,000

1918 Model 38, Series Two, 6-cyl., 43.35 hp, 139" wb

	6	5	4	3	2	1
7P Tr	3,700	11,000	18,400	36,800	64,500	92,000
6P Tr	3,750	11,300	18,800	37,600	66,000	94,000
4P Tr	3,850	11,500	19,200	38,400	67,000	96,000
7P Lan'let	1,600	4,800	8,000	16,000	28,000	40,000
7P Berl	1,700	5,150	8,600	17,200	30,100	43,000
7P Limo	1,550	4,700	7,800	15,600	27,300	39,000

	6	5	4	3	2	1
1918 Model 48, Series Two, 6-cyl., 48.6 hp, 142" wb						
Sportif	6,000	18,000	30,000	60,000	105,000	150,000
7P Tr	3,850	11,500	19,200	38,400	67,000	96,000
6P Tr	3,900	11,800	19,600	39,200	68,500	98,000
4P Tr	3,900	11,800	19,600	39,200	68,500	98,000
7P Limo	1,700	5,050	8,400	16,800	29,400	42,000
7P Lan'let	1,700	5,150	8,600	17,200	30,100	43,000
7P Berl	1,800	5,400	9,000	18,000	31,500	45,000
1919 Model 48, 6-cyl., 48.6 hp, 142" wb						
7P Tr	3,900	11,800	19,600	39,200	68,500	98,000
Torp	3,900	11,800	19,600	39,200	68,500	98,000
Sportif	6,000	18,000	30,000	60,000	105,000	150,000
Limo	2,000	6,000	10,000	20,000	35,000	50,000
Lan'let	2,100	6,250	10,400	20,800	36,400	52,000
Berl	2,200	6,600	11,000	22,000	38,500	55,000
1920 Model 48, 6-cyl., 142" wb						
4P Spl Tr	4,000	12,000	20,000	40,000	70,000	100,000
4P Tr	3,850	11,500	19,200	38,400	67,000	96,000
7P Tr	3,600	10,800	18,000	36,000	63,000	90,000
7P Limo	2,200	6,600	11,000	22,000	38,500	55,000
7P Lan'let	2,300	6,850	11,400	22,800	39,900	57,000
7P Sed	1,300	3,850	6,400	12,800	22,400	32,000
4P Cabr	1,800	5,400	9,000	18,000	31,500	45,000
5P Semi-Tr	2,200	6,600	11,000	22,000	38,500	55,000
1921 Model 48, 6-cyl., 95 hp, 142" wb						
7P Tr	3,600	10,800	18,000	36,000	63,000	90,000
Sportif	5,800	17,400	29,000	58,000	102,000	145,000
7P Limo	2,200	6,600	11,000	22,000	38,500	55,000
7P Lan	2,300	6,850	11,400	22,800	39,900	57,000
1922 Model 48, 6-cyl., 95 hp, 142" wb						
7P Tr	3,600	10,800	18,000	36,000	63,000	90,000
4P Sportif	5,800	17,400	29,000	58,000	102,000	145,000
6P Limo	2,200	6,600	11,000	22,000	38,500	55,000
Lan'let	2,300	6,850	11,400	22,800	39,900	57,000
DC Phae	5,600	16,800	28,000	56,000	98,000	140,000
Cpe-Limo	2,400	7,200	12,000	24,000	42,000	60,000
Cabr	2,650	7,900	13,200	26,400	46,200	66,000
Sed	1,800	5,400	9,000	18,000	31,500	45,000
1923 Model 48, 6-cyl., 95 hp, 142" wb						
4P Sportif	6,000	18,000	30,000	60,000	105,000	150,000
7P Tr	3,600	10,800	18,000	36,000	63,000	90,000
4P Tr	3,850	11,500	19,200	38,400	67,000	96,000
7P Limo	2,400	7,200	12,000	24,000	42,000	60,000
4P DC Phae	5,600	16,800	28,000	56,000	98,000	140,000
5P Cpe	1,800	5,400	9,000	18,000	31,500	45,000
5P Cabr	2,650	7,900	13,200	26,400	46,200	66,000
7P Sed	1,600	4,800	8,000	16,000	28,000	40,000
1924 Model 48, 6-cyl., 95 hp, 142" wb						
4P Sportif	5,600	16,800	28,000	56,000	98,000	140,000
7P Tr	3,850	11,500	19,200	38,400	67,000	96,000
7P Tr Limo	2,650	7,900	13,200	26,400	46,200	66,000
5P Brgm	2,400	7,200	12,000	24,000	42,000	60,000
Encl Dr Limo	2,500	7,450	12,400	24,800	43,400	62,000
Vic Sed	1,800	5,400	9,000	18,000	31,500	45,000
5P Cabr	2,800	8,400	14,000	28,000	49,000	70,000
1925 Junior 8, 8-cyl., 66 hp, 124" wb						
5P Tr	3,100	9,350	15,600	31,200	54,600	78,000
5P Sed	1,450	4,300	7,200	14,400	25,200	36,000
5P Brgm	1,850	5,500	9,200	18,400	32,200	46,000
4P Rds	3,300	9,850	16,400	32,800	57,400	82,000
4P Cpe	1,650	4,900	8,200	16,400	28,700	41,000
1925 Model 48, 6-cyl., 103 hp, 142" wb						
4P Sportif	5,800	17,400	29,000	58,000	102,000	145,000
7P Tr	3,900	11,800	19,600	39,200	68,500	98,000
7P Tr Limo	2,700	8,150	13,600	27,200	47,600	68,000
6P Brgm	2,500	7,450	12,400	24,800	43,400	62,000
5P Vic Sed	1,850	5,500	9,200	18,400	32,200	46,000
7P Encl Limo	2,550	7,700	12,800	25,600	44,800	64,000
7P Cabr	2,900	8,650	14,400	28,800	50,400	72,000
1926 Junior 8, 8-cyl., 66 hp, 124" wb						
5P Tr	3,200	9,600	16,000	32,000	56,000	80,000
5P Sed	1,450	4,300	7,200	14,400	25,200	36,000
5P Brgm	1,650	4,900	8,200	16,400	28,700	41,000
4P Rds	3,300	9,850	16,400	32,800	57,400	82,000
4P Cpe	1,700	5,150	8,600	17,200	30,100	43,000

	6	5	4	3	2	1
1926 Model 90, 6-cyl., 86 hp, 138" wb						
4P Sportif	5,300	15,800	26,400	52,800	92,500	132,000
4P Rds	5,100	15,400	25,600	51,200	89,500	128,000
5P Vic Cpe	1,700	5,150	8,600	17,200	30,100	43,000
5P Vic Sed	1,650	4,900	8,200	16,400	28,700	41,000
5P Vic Div Sed	1,850	5,500	9,200	18,400	32,200	46,000
7P Brgm	1,900	5,750	9,600	19,200	33,600	48,000
7P Sub Limo	1,950	5,900	9,800	19,600	34,300	49,000
7P Cabr	2,650	7,900	13,200	26,400	46,200	66,000
1926 Model 48, 6-cyl., 103 hp, 138" wb						
4P Sportif	5,500	16,600	27,600	55,200	96,500	138,000
7P Tr	3,900	11,800	19,600	39,200	68,500	98,000
7P Cabr	2,700	8,150	13,600	27,200	47,600	68,000
5P Vic Sed	1,850	5,500	9,200	18,400	32,200	46,000
7P Encl Dr Limo	2,250	6,700	11,200	22,400	39,200	56,000
7P Tr Limo	2,050	6,100	10,200	20,400	35,700	51,000
6P Twn Brgm	2,000	6,000	10,000	20,000	35,000	50,000
1927 Junior 8, 8-cyl., 66 hp, 124" wb						
5P Tr	3,500	10,600	17,600	35,200	61,500	88,000
5P Sed	1,850	5,500	9,200	18,400	32,200	46,000
5P Brgm	2,250	6,700	11,200	22,400	39,200	56,000
4P Rds	3,350	10,100	16,800	33,600	58,800	84,000
4P Cpe	2,300	6,950	11,600	23,200	40,600	58,000
1927 Model 8-80, 8-cyl., 90 hp, 130" wb						
5P Sed	1,650	4,900	8,200	16,400	28,700	41,000
1927 Model 90, 6-cyl., 86 hp, 138" wb						
4P Tr	3,700	11,000	18,400	36,800	64,500	92,000
4P Sportif	5,300	15,800	26,400	52,800	92,500	132,000
4P Rds	4,000	12,000	20,000	40,000	70,000	100,000
5P Vic Cpe	2,500	7,450	12,400	24,800	43,400	62,000
5P Sed	2,050	6,100	10,200	20,400	35,700	51,000
5P Div Sed	2,100	6,350	10,600	21,200	37,100	53,000
7P Sed	2,100	6,250	10,400	20,800	36,400	52,000
7P Brgm	2,500	7,450	12,400	24,800	43,400	62,000
7P Cabr	2,900	8,650	14,400	28,800	50,400	72,000
1927 Model 48, 6-cyl., 103 hp, 138" wb						
4P Sportif	5,500	16,600	27,600	55,200	96,500	138,000
7P Tr	3,750	11,300	18,800	37,600	66,000	94,000
4P Rds	4,100	12,200	20,400	40,800	71,500	102,000
5P Cabr	3,100	9,350	15,600	31,200	54,600	78,000
5P Vic Sed	1,850	5,500	9,200	18,400	32,200	46,000
7P Encl Dr Limo	2,250	6,700	11,200	22,400	39,200	56,000
7P Tr Limo	2,100	6,350	10,600	21,200	37,100	53,000
6P Twn Brgm	2,500	7,450	12,400	24,800	43,400	62,000
1928 Model 8-70, 8-cyl., 70 hp, 122" wb						
5P Sed	1,450	4,300	7,200	14,400	25,200	36,000
5P Brgm	1,500	4,550	7,600	15,200	26,600	38,000
5P DeL Brgm	1,600	4,800	8,000	16,000	28,000	40,000
4P Vic Cpe	1,700	5,150	8,600	17,200	30,100	43,000
1928 Model 8-80, 8-cyl., 90 hp, 130" wb						
5P Spt Phae	2,700	8,150	13,600	27,200	47,600	68,000
5P Sed	1,500	4,550	7,600	15,200	26,600	38,000
5P Brgm	1,600	4,800	8,000	16,000	28,000	40,000
4P Vic Cpe	1,850	5,500	9,200	18,400	32,200	46,000
Spl Rds	2,800	8,400	14,000	28,000	49,000	70,000
4P Collegiate Cpe	1,950	5,900	9,800	19,600	34,300	49,000
7P Tr	2,700	8,150	13,600	27,200	47,600	68,000
Vic Sed	1,600	4,800	8,000	16,000	28,000	40,000
7P Sed, 140" wb	1,500	4,550	7,600	15,200	26,600	38,000
7P Sub, 140" wb	1,600	4,800	8,000	16,000	28,000	40,000
1928 Model 90, 6-cyl., 86 hp, 138" wb						
4P Sportif	3,500	10,600	17,600	35,200	61,500	88,000
4P Rds	3,100	9,350	15,600	31,200	54,600	78,000
7P Tr	3,050	9,100	15,200	30,400	53,200	76,000
Cpe	1,900	5,750	9,600	19,200	33,600	48,000
5P Vic Sed	1,700	5,150	8,600	17,200	30,100	43,000
5P Div Vic Sed	1,850	5,500	9,200	18,400	32,200	46,000
7P Sub	1,900	5,650	9,400	18,800	32,900	47,000
7P Twn Brgm	1,900	5,650	9,400	18,800	32,900	47,000
7P Cabr	2,700	8,150	13,600	27,200	47,600	68,000
7P Semi-Collapsbl.Cabr	2,650	7,900	13,200	26,400	46,200	66,000
1928 Model 48, 6-cyl., 103 hp, 142" wb						
4P Sportif	3,700	11,000	18,400	36,800	64,500	92,000
7P Tr	3,500	10,600	17,600	35,200	61,500	88,000
Rds	3,600	10,800	18,000	36,000	63,000	90,000
7P Cabr	2,800	8,400	14,000	28,000	49,000	70,000

1927 Marmon E-75 dual cowl phaeton

1939 Mercury club coupe

1954 Mercury Monterey sedan

	6	5	4	3	2	1
5P Vic Sed	2,800	8,400	14,000	28,000	49,000	70,000
7P Encl Dr Limo	2,700	8,150	13,600	27,200	47,600	68,000
7P Tr Limo	2,900	8,650	14,400	28,800	50,400	72,000
6P Twn Brgm	2,900	8,650	14,400	28,800	50,400	72,000

1929 Model 88, 8-cyl., 115 hp, 130" wb

	6	5	4	3	2	1
4P Phae	3,100	9,350	15,600	31,200	54,600	78,000
5P Sed	1,650	4,900	8,200	16,400	28,700	41,000
Vic Cpe	2,250	6,700	11,200	22,400	39,200	56,000
5P Brgm	2,050	6,100	10,200	20,400	35,700	51,000
4P Collegiate Cpe	2,300	6,950	11,600	23,200	40,600	58,000
7P Sed	1,550	4,700	7,800	15,600	27,300	39,000
7P Sub	1,600	4,800	8,000	16,000	28,000	40,000
7P A/W Cabr	2,500	7,450	12,400	24,800	43,400	62,000

1929 Model 90, 6-cyl., 86 hp, 138" wb

	6	5	4	3	2	1
4P Sportif	3,500	10,600	17,600	35,200	61,500	88,000
4P Rds	3,500	10,600	17,600	35,200	61,500	88,000
7P Tr	3,200	9,600	16,000	32,000	56,000	80,000
5P Vic Sed	2,250	6,700	11,200	22,400	39,200	56,000
5P Vic Div Sed	2,500	7,450	12,400	24,800	43,400	62,000
6P Twn Brgm	2,550	7,700	12,800	25,600	44,800	64,000
7P Cabr	2,900	8,650	14,400	28,800	50,400	72,000
Semi-Collapsible Cabr	2,800	8,400	14,000	28,000	49,000	70,000

1929 Model 48, 6-cyl., 103 hp, 142" wb

	6	5	4	3	2	1
4P Sportif	3,750	11,300	18,800	37,600	66,000	94,000
7P Tr	3,500	10,600	17,600	35,200	61,500	88,000
Rds	3,700	11,000	18,400	36,800	64,500	92,000
7P Cabr	3,100	9,350	15,600	31,200	54,600	78,000
5P Vic Sed	2,500	7,450	12,400	24,800	43,400	62,000
7P Encl Dr Limo	2,650	7,900	13,200	26,400	46,200	66,000
7P Tr Limo	2,700	8,150	13,600	27,200	47,600	68,000
6P Twn Brgm	2,700	8,150	13,600	27,200	47,600	68,000

MARMON

NOTE: Marmon production started in 1902 but the earliest car known to exist is a 1909 speedster. Therefore ballpark values on pre-1909 models are inestimable.

1909-1912 Model 32, 4-cyl., 32 hp, 120" wb

	6	5	4	3	2	1
Rds	1,600	4,800	8,000	16,000	28,000	40,000
4P Tr	1,650	4,900	8,200	16,400	28,700	41,000
5P Tr	1,650	4,900	8,200	16,400	28,700	41,000
Spds	1,550	4,700	7,800	15,600	27,300	39,000
Limo	1,500	4,450	7,400	14,800	25,900	37,000

1913 Model 32, 4-cyl., 32 hp, 120" wb

	6	5	4	3	2	1
Rds	1,600	4,800	8,000	16,000	28,000	40,000
5P Tr	1,650	4,900	8,200	16,400	28,700	41,000
7P Tr	1,700	5,050	8,400	16,800	29,400	42,000
Spds	1,700	5,150	8,600	17,200	30,100	43,000
Limo	1,500	4,450	7,400	14,800	25,900	37,000

1913 Model 48, 6-cyl., 48 hp, 145" wb

	6	5	4	3	2	1
Rds	2,250	6,700	11,200	22,400	39,200	56,000
4P Tr	2,300	6,850	11,400	22,800	39,900	57,000
5P Tr	2,300	6,950	11,600	23,200	40,600	58,000
7P Tr	2,350	7,100	11,800	23,600	41,300	59,000
Spds	2,550	7,700	12,800	25,600	44,800	64,000
Limo	2,100	6,350	10,600	21,200	37,100	53,000

1914 Model 32, 4-cyl., 32 hp, 120" wb

	6	5	4	3	2	1
Rds	1,600	4,800	8,000	16,000	28,000	40,000
4P Tr	1,650	4,900	8,200	16,400	28,700	41,000
5P Tr	1,700	5,050	8,400	16,800	29,400	42,000
Spds	1,900	5,750	9,600	19,200	33,600	48,000
Limo	1,650	4,900	8,200	16,400	28,700	41,000

1914 Model 41, 6-cyl., 41 hp, 132" wb

	6	5	4	3	2	1
Rds	1,700	5,150	8,600	17,200	30,100	43,000
4P Tr	1,750	5,300	8,800	17,600	30,800	44,000
5P Tr	1,800	5,400	9,000	18,000	31,500	45,000
7P Tr	1,850	5,500	9,200	18,400	32,200	46,000
Spds	2,050	6,100	10,200	20,400	35,700	51,000

1914 Model 48, 6-cyl., 48 hp, 145" wb

	6	5	4	3	2	1
Rds	2,100	6,250	10,400	20,800	36,400	52,000
4P Tr	2,100	6,350	10,600	21,200	37,100	53,000
5P Tr	2,150	6,500	10,800	21,600	37,800	54,000
7P Tr	2,200	6,600	11,000	22,000	38,500	55,000
Spds	2,400	7,200	12,000	24,000	42,000	60,000
Limo	2,100	6,350	10,600	21,200	37,100	53,000
Ber Limo	2,150	6,500	10,800	21,600	37,800	54,000

	6	5	4	3	2	1
1915 Model 41, 6-cyl., 41 hp, 132" wb						
Rds	1,700	5,050	8,400	16,800	29,400	42,000
4P Tr	1,700	5,150	8,600	17,200	30,100	43,000
5P Tr	1,750	5,300	8,800	17,600	30,800	44,000
7P Tr	1,800	5,400	9,000	18,000	31,500	45,000
Spds	2,000	6,000	10,000	20,000	35,000	50,000
1915 Model 48, 6-cyl., 48 hp, 145" wb						
7P Tr	1,900	5,750	9,600	19,200	33,600	48,000
1916 Model 41, 6-cyl., 41 hp, 132" wb						
Rds	1,650	4,900	8,200	16,400	28,700	41,000
4P Tr	1,700	5,050	8,400	16,800	29,400	42,000
5P Tr	1,700	5,150	8,600	17,200	30,100	43,000
5P Tr	1,750	5,300	8,800	17,600	30,800	44,000
Spds	1,900	5,750	9,600	19,200	33,600	48,000
1916 Model 34, 6-cyl., 34 hp, 136" wb						
Clb Rds	1,600	4,800	8,000	16,000	28,000	40,000
5P Tr	1,650	4,900	8,200	16,400	28,700	41,000
7P Tr	1,700	5,050	8,400	16,800	29,400	42,000
Limo	1,550	4,700	7,800	15,600	27,300	39,000
Lan'let	1,600	4,800	8,000	16,000	28,000	40,000
Sed	1,300	3,850	6,400	12,800	22,400	32,000
Twn Car	1,400	4,200	7,000	14,000	24,500	35,000
1917 Model 34, 6-cyl., 34 hp, 136" wb						
5P Tr	1,300	3,850	6,400	12,800	22,400	32,000
4P Rds	1,250	3,700	6,200	12,400	21,700	31,000
7P Tr	1,350	4,100	6,800	13,600	23,800	34,000
Limo	800	2,400	4,000	8,000	14,000	20,000
Lan'let	950	2,900	4,800	9,600	16,800	24,000
Sed	700	2,150	3,600	7,200	12,600	18,000
Twn Car	1,000	3,000	5,000	10,000	17,500	25,000
1918 Model 34, 6-cyl., 34 hp, 136" wb						
5P Tr	1,300	3,850	6,400	12,800	22,400	32,000
4P Rds	1,250	3,700	6,200	12,400	21,700	31,000
7P Tr	1,350	4,100	6,800	13,600	23,800	34,000
Sed	700	2,150	3,600	7,200	12,600	18,000
Limo-Twn Car	1,000	3,000	5,000	10,000	17,500	25,000
Lan'let	1,050	3,100	5,200	10,400	18,200	26,000
Rubay Twn Car	1,150	3,500	5,800	11,600	20,300	29,000
Rubay Limo	1,200	3,600	6,000	12,000	21,000	30,000
1919 Model 34, 6-cyl., 34 hp, 136" wb						
5P Tr	1,300	3,850	6,400	12,800	22,400	32,000
4P Rds	1,250	3,700	6,200	12,400	21,700	31,000
7P Tr	1,350	4,100	6,800	13,600	23,800	34,000
Sed	700	2,150	3,600	7,200	12,600	18,000
Limo	950	2,900	4,800	9,600	16,800	24,000
Twn Car	1,050	3,100	5,200	10,400	18,200	26,000
Lan'let	1,100	3,250	5,400	10,800	18,900	27,000
1920 Model 34, 6-cyl., 34 hp, 136" wb						
4P Rds	1,300	3,950	6,600	13,200	23,100	33,000
4P 4d Tr	1,350	4,100	6,800	13,600	23,800	34,000
4P Cpe	700	2,150	3,600	7,200	12,600	18,000
7P Sed	700	2,050	3,400	6,800	11,900	17,000
Twn Car	850	2,500	4,200	8,400	14,700	21,000
7P Tr	1,200	3,600	6,000	12,000	21,000	30,000
1921 Model 34, 6-cyl., 34 hp, 136" wb						
4P Rds	1,300	3,950	6,600	13,200	23,100	33,000
7P Tr	1,400	4,200	7,000	14,000	24,500	35,000
2P Spds	1,600	4,800	8,000	16,000	28,000	40,000
4P Cpe	700	2,150	3,600	7,200	12,600	18,000
4P Tr	1,150	3,500	5,800	11,600	20,300	29,000
7P Sed	700	2,050	3,400	6,800	11,900	17,000
Limo	700	2,150	3,600	7,200	12,600	18,000
Twn Car	850	2,500	4,200	8,400	14,700	21,000
1922 Model 34, 6-cyl., 34 hp, 136" wb						
4P Rds	1,200	3,600	6,000	12,000	21,000	30,000
4P Tr	1,250	3,700	6,200	12,400	21,700	31,000
7P Tr	1,300	3,850	6,400	12,800	22,400	32,000
2P Spds	1,500	4,450	7,400	14,800	25,900	37,000
4P Spds	1,450	4,300	7,200	14,400	25,200	36,000
W'by Cpe	800	2,400	4,000	8,000	14,000	20,000
N & M Cpe	700	2,050	3,400	6,800	11,900	17,000
7P N & M Sed	700	2,050	3,400	6,800	11,900	17,000
Rubay Limo	1,100	3,250	5,400	10,800	18,900	27,000
4P N & M Sed	600	1,800	3,000	6,000	10,500	15,000
7P Sub	600	1,800	3,050	6,100	10,600	15,200
Spt Sed	600	1,850	3,100	6,200	10,850	15,500

	6	5	4	3	2	1
N & H Sed	700	2,150	3,600	7,200	12,600	18,000
Rubay Twn Car	1,050	3,100	5,200	10,400	18,200	26,000
W'by Limo	1,250	3,700	6,200	12,400	21,700	31,000
W'by Twn Car	1,100	3,250	5,400	10,800	18,900	27,000

NOTE: N & M bodies by Nordyke Marmon Co. (factory custom).

1923 Model 34, 6-cyl., 34 hp, 132" wb

	6	5	4	3	2	1
4P Phae	1,200	3,600	6,000	12,000	21,000	30,000
2P Rds	1,150	3,500	5,800	11,600	20,300	29,000
4P Rds	1,150	3,500	5,800	11,600	20,300	29,000
7P Phae	1,250	3,700	6,200	12,400	21,700	31,000
4P Tr	1,200	3,600	6,000	12,000	21,000	30,000
2P Spds	1,550	4,700	7,800	15,600	27,300	39,000
4P Spds	1,500	4,550	7,600	15,200	26,600	38,000
4P Cpe	700	2,050	3,400	6,800	11,900	17,000
4P Sed	600	1,800	3,000	6,000	10,500	15,000
7P Sed	600	1,850	3,100	6,200	10,850	15,500
7P Limo	1,050	3,100	5,200	10,400	18,200	26,000
Twn Car	1,000	3,050	5,100	10,200	17,850	25,500
Sub Sed	600	1,800	3,000	6,000	10,500	15,000

1924 Model 34, 6-cyl., 34 hp, 132" wb

	6	5	4	3	2	1
Spt Spds	1,550	4,700	7,800	15,600	27,300	39,000
4P Spds	1,500	4,550	7,600	15,200	26,600	38,000
4P Phae	1,300	3,950	6,600	13,200	23,100	33,000
4P Conv Phae	1,350	4,100	6,800	13,600	23,800	34,000
7P Conv Phae	1,400	4,200	7,000	14,000	24,500	35,000
4P Cpe	700	2,100	3,500	7,000	12,250	17,500
4P Sed	600	1,800	3,000	6,000	10,500	15,000
7P Sed	650	1,900	3,200	6,400	11,200	16,000
Sub Sed	600	1,800	3,000	6,000	10,500	15,000
Limo	1,050	3,100	5,200	10,400	18,200	26,000
Twn Car	1,000	3,050	5,100	10,200	17,850	25,500

NOTE: The Phaeton (Phae) is a touring car; the convertible Phaeton (Conv Phae) is a convertible sedan with glass slide-in windows.

NOTE: The following Marmon models are authentic Classic Cars: all 16-cyl., all Models 74 (1925-26); all Models 75 (1927); all Models E75 (1928), 1930 "Big Eight" and 1931 Model "88" and "Big Eight".

1925 Model D-74, 6-cyl., 34 hp, 136" wb

	6	5	4	3	2	1
R/S Rds	1,950	5,900	9,800	19,600	34,300	49,000
5P Phae	2,050	6,100	10,200	20,400	35,700	51,000
7P Tr	1,700	5,050	8,400	16,800	29,400	42,000
Std Sed	800	2,400	4,000	8,000	14,000	20,000
Brgm Cpe	800	2,450	4,100	8,200	14,350	20,500
DeL Cpe	850	2,500	4,200	8,400	14,700	21,000
DeL Sed	800	2,450	4,100	8,200	14,350	20,500
7P DeL Sed	850	2,500	4,200	8,400	14,700	21,000
5P Sed Limo	850	2,500	4,200	8,400	14,700	21,000
7P Sed Limo	850	2,500	4,200	8,400	14,700	21,000
7P Std Sed	800	2,450	4,100	8,200	14,350	20,500
4P Vic Cpe	800	2,450	4,100	8,200	14,350	20,500
2P Std Cpe	850	2,500	4,200	8,400	14,700	21,000

1926 Model D-74, 6-cyl., 34 hp, 136" wb

	6	5	4	3	2	1
2P Spds	1,950	5,900	9,800	19,600	34,300	49,000
5P Phae	2,050	6,100	10,200	20,400	35,700	51,000
7P Tr	1,700	5,050	8,400	16,800	29,400	42,000
Std Cpe	850	2,500	4,200	8,400	14,700	21,000
Std Sed	800	2,400	4,000	8,000	14,000	20,000
5P DeL Sed	800	2,450	4,100	8,200	14,350	20,500
7P Del Sed	850	2,500	4,200	8,400	14,700	21,000
Std Vic	850	2,600	4,300	8,600	15,050	21,500
Std Brgm	800	2,450	4,100	8,200	14,350	20,500
5P DeL Limo	850	2,600	4,300	8,600	15,050	21,500
7P DeL Limo	900	2,650	4,400	8,800	15,400	22,000
Spl Brgm	850	2,500	4,200	8,400	14,700	21,000
7P Spl Sed	850	2,500	4,200	8,400	14,700	21,000
5P Spl Sed	800	2,450	4,100	8,200	14,350	20,500

1927 Little Marmon Series, 8-cyl., 24 hp

	6	5	4	3	2	1
2P Spds	900	2,650	4,400	8,800	15,400	22,000
4P Spds	850	2,500	4,200	8,400	14,700	21,000
4d Sed	500	1,550	2,600	5,200	9,100	13,000
2d Sed	500	1,500	2,500	5,000	8,750	12,500
R/S Cpe	600	1,800	3,000	6,000	10,500	15,000
Coll Rds Cpe	900	2,650	4,400	8,800	15,400	22,000
4P Brgm	550	1,600	2,700	5,400	9,450	13,500

1927 E-75 Series (Factory-body), 6-cyl., 34 hp, 136" wb

	6	5	4	3	2	1
5P Sed	850	2,600	4,300	8,600	15,050	21,500
7P Sed	900	2,650	4,400	8,800	15,400	22,000

	6	5	4	3	2	1
5P Brgm	900	2,700	4,500	9,000	15,750	22,500
R/M Cpe	900	2,750	4,600	9,200	16,100	23,000
Twn Cpe	950	2,800	4,700	9,400	16,450	23,500
Vic	950	2,900	4,800	9,600	16,800	24,000
4P Spds	1,900	5,650	9,400	18,800	32,900	47,000
2P Spds	2,100	6,250	10,400	20,800	36,400	52,000

1927 E-75 Series (Custom Body), 6-cyl., 136" wb

	6	5	4	3	2	1
7P Sed	1,100	3,250	5,400	10,800	18,900	27,000
5P Sed	1,050	3,100	5,200	10,400	18,200	26,000
Limo	1,050	3,200	5,300	10,600	18,550	26,500
7P Spds	2,500	7,450	12,400	24,800	43,400	62,000

1928 Series 68, 8-cyl., 24 hp, 114" wb

	6	5	4	3	2	1
Rds	1,300	3,850	6,400	12,800	22,400	32,000
Sed	550	1,600	2,700	5,400	9,450	13,500
Cpe	600	1,850	3,100	6,200	10,850	15,500
Vic	650	1,900	3,200	6,400	11,200	16,000

1928 Series 78, 8-cyl., 28 hp, 120" wb

	6	5	4	3	2	1
Cpe	700	2,050	3,400	6,800	11,900	17,000
Sed	600	1,750	2,900	5,800	10,150	14,500
Rds	1,300	3,850	6,400	12,800	22,400	32,000
Spds	1,300	3,950	6,600	13,200	23,100	33,000
Coll Cpe	900	2,750	4,600	9,200	16,100	23,000
Vic Cpe	700	2,150	3,600	7,200	12,600	18,000

1928 Series 75 Standard Line, 6-cyl., 34 hp

	6	5	4	3	2	1
Twn Cpe	900	2,750	4,600	9,200	16,100	23,000
2P Spds	1,500	4,450	7,400	14,800	25,900	37,000
Cpe	850	2,500	4,200	8,400	14,700	21,000
Vic	900	2,650	4,400	8,800	15,400	22,000
Cpe Rds	1,050	3,100	5,200	10,400	18,200	26,000
Brgm	850	2,500	4,200	8,400	14,700	21,000
5P Sed	800	2,400	4,000	8,000	14,000	20,000
7P Sed	800	2,450	4,100	8,200	14,350	20,500

1928 Series 75 Custom Line, 6-cyl., 34 hp

	6	5	4	3	2	1
4P Spds	2,100	6,250	10,400	20,800	36,400	52,000
7P Spds	2,050	6,100	10,200	20,400	35,700	51,000
5P Sed	800	2,400	4,000	8,000	14,000	20,000
7P Sed	850	2,500	4,200	8,400	14,700	21,000
Limo	850	2,600	4,300	8,600	15,050	21,500

1929 Marmon Roosevelt, 8-cyl., 24 hp, 112.75" wb

	6	5	4	3	2	1
Sed	750	2,300	3,800	7,600	13,300	19,000
Cpe	800	2,400	4,000	8,000	14,000	20,000
Vic Cpe	800	2,450	4,100	8,200	14,350	20,500
Coll Cpe	1,000	3,000	5,000	10,000	17,500	25,000

1929 Series 68, 8-cyl., 28 hp, 114" wb

	6	5	4	3	2	1
Sed	800	2,400	4,000	8,000	14,000	20,000
Coll Cpe	1,150	3,500	5,800	11,600	20,300	29,000
Cpe	900	2,650	4,400	8,800	15,400	22,000
Rds	1,600	4,800	8,000	16,000	28,000	40,000
Vic Cpe	900	2,750	4,600	9,200	16,100	23,000

1929 Series 78, 8-cyl., 28 hp, 120" wb

	6	5	4	3	2	1
Sed	850	2,500	4,200	8,400	14,700	21,000
Cpe	900	2,750	4,600	9,200	16,100	23,000
Vic Cpe	950	2,900	4,800	9,600	16,800	24,000
Coll Cpe	1,400	4,200	7,000	14,000	24,500	35,000
Rds	1,650	4,900	8,200	16,400	28,700	41,000
6P Spds	1,800	5,400	9,000	18,000	31,500	45,000

1930 Marmon Roosevelt, 8-cyl., 24 hp, 112.75" wb

	6	5	4	3	2	1
Sed	750	2,300	3,800	7,600	13,300	19,000
R/S Cpe	850	2,500	4,200	8,400	14,700	21,000
Vic Cpe	800	2,400	4,000	8,000	14,000	20,000
Conv	1,400	4,200	7,000	14,000	24,500	35,000

1930 Model 8-69, 8-cyl., 25.5 hp, 118" wb

	6	5	4	3	2	1
Sed	800	2,400	4,000	8,000	14,000	20,000
Cpe	850	2,500	4,200	8,400	14,700	21,000
Phae	1,850	5,500	9,200	18,400	32,200	46,000
Conv	1,800	5,400	9,000	18,000	31,500	45,000
Brgm	800	2,400	4,000	8,000	14,000	20,000
Clb Sed	850	2,500	4,200	8,400	14,700	21,000

1930 Model 8-79, 8-cyl., 32.5 hp, 125" wb

	6	5	4	3	2	1
Sed	800	2,400	4,000	8,000	14,000	20,000
R/S Cpe	900	2,750	4,600	9,200	16,100	23,000
Phae	2,050	6,100	10,200	20,400	35,700	51,000
Conv	2,000	6,000	10,000	20,000	35,000	50,000
Brgm	900	2,650	4,400	8,800	15,400	22,000
Clb Sed	750	2,300	3,800	7,600	13,300	19,000

	6	5	4	3	2	1

1930 Model "Big Eight", 8-cyl., 34 hp, 136" wb

	6	5	4	3	2	1
5P Sed	1,300	3,850	6,400	12,800	22,400	32,000
R/S Cpe	1,500	4,550	7,600	15,200	26,600	38,000
7P Tr	2,200	6,600	11,000	22,000	38,500	55,000
Conv Sed	2,550	7,700	12,800	25,600	44,800	64,000
7P Sed	1,300	3,950	6,600	13,200	23,100	33,000
Limo	1,400	4,200	7,000	14,000	24,500	35,000
Brgm	1,300	3,950	6,600	13,200	23,100	33,000
Clb Sed	1,350	4,100	6,800	13,600	23,800	34,000

1931 Model "Big Eight" (First Series), 8-cyl., 33.8 hp, 136" wb

	6	5	4	3	2	1
5P Sed	1,100	3,250	5,400	10,800	18,900	27,000
Cpe	1,300	3,950	6,600	13,200	23,100	33,000
Tr	1,800	5,400	9,000	18,000	31,500	45,000
Conv Sed	2,300	6,850	11,400	22,800	39,900	57,000
Weyman Sed			value not estimable			
7P Sed	1,100	3,350	5,600	11,200	19,600	28,000
Limo	1,200	3,600	6,000	12,000	21,000	30,000
Brgm	1,100	3,350	5,600	11,200	19,600	28,000
Clb Sed	1,150	3,500	5,800	11,600	20,300	29,000

1931 Model 8-79 (First Series), 8-cyl., 32.5 hp, 125" wb

	6	5	4	3	2	1
5P Sed	800	2,400	4,000	8,000	14,000	20,000
Cpe	900	2,750	4,600	9,200	16,100	23,000
Phae	1,800	5,400	9,000	18,000	31,500	45,000
Conv Cpe	1,700	5,150	8,600	17,200	30,100	43,000
Brgm	800	2,400	4,000	8,000	14,000	20,000
Clb Sed	800	2,400	4,000	8,000	14,000	20,000

1931 Model 8-69 (First Series), 8-cyl., 25.3 hp, 118" wb

	6	5	4	3	2	1
Sed	800	2,400	4,000	8,000	14,000	20,000
Cpe	900	2,650	4,400	8,800	15,400	22,000
Phae	1,600	4,800	8,000	16,000	28,000	40,000
Conv Cpe	1,550	4,700	7,800	15,600	27,300	39,000
Brgm	750	2,300	3,800	7,600	13,300	19,000
Clb Sed	750	2,300	3,800	7,600	13,300	19,000

1931 Marmon Roosevelt (First Series), 8-cyl., 25.3 hp, 112.75" wb

	6	5	4	3	2	1
Sed	700	2,150	3,600	7,200	12,600	18,000
Cpe	800	2,400	4,000	8,000	14,000	20,000
Vic Cpe	750	2,300	3,800	7,600	13,300	19,000
Conv Cpe	1,400	4,200	7,000	14,000	24,500	35,000

1931 Model 70 (Second Series), 8-cyl., 25.3 hp, 112.75" wb

	6	5	4	3	2	1
Sed	700	2,050	3,400	6,800	11,900	17,000
Cpe	750	2,300	3,800	7,600	13,300	19,000
Vic Cpe	700	2,150	3,600	7,200	12,600	18,000
Conv Cpe	1,350	4,100	6,800	13,600	23,800	34,000

NOTE: Effective with release of the Second Series on January 1, 1931, the Roosevelt became the Marmon Model 70.

1931 Model 88 (Second Series), 8-cyl., 33.8 hp, 130"-136" wb

	6	5	4	3	2	1
5P Sed	1,100	3,300	5,500	11,000	19,250	27,500
Cpe	1,100	3,350	5,600	11,200	19,600	28,000
Conv Cpe	2,100	6,250	10,400	20,800	36,400	52,000
Spl Sed	1,100	3,350	5,600	11,200	19,600	28,000
Clb Sed	1,100	3,250	5,400	10,800	18,900	27,000
Tr	1,900	5,650	9,400	18,800	32,900	47,000
Spl Cpe	1,200	3,650	6,100	12,200	21,350	30,500
7P Sed	1,100	3,300	5,500	11,000	19,250	27,500
Limo	1,250	3,800	6,300	12,600	22,050	31,500

1931 Series 16 (Second Series), 16-cyl., 62.5 hp, 145" wb

	6	5	4	3	2	1
5P Sed	2,550	7,700	12,800	25,600	44,800	64,000
2P Cpe	2,650	7,900	13,200	26,400	46,200	66,000
5P Cpe	2,650	7,900	13,200	26,400	46,200	66,000
Conv Cpe	5,600	16,800	28,000	56,000	98,000	140,000
Conv Sed	6,400	19,200	32,000	64,000	112,000	160,000
7P Sed	2,700	8,150	13,600	27,200	47,600	68,000
Limo	2,800	8,400	14,000	28,000	49,000	70,000
C.C. Sed	2,800	8,400	14,000	28,000	49,000	70,000

1932 Series 70, 8-cyl., 25.3 hp, 112.75" wb

	6	5	4	3	2	1
Sed	800	2,400	4,000	8,000	14,000	20,000
Cpe	900	2,650	4,400	8,800	15,400	22,000

1932 Series 125, 8-cyl., 33.8 hp, 125" wb

	6	5	4	3	2	1
Sed	850	2,500	4,200	8,400	14,700	21,000
Cpe	950	2,900	4,800	9,600	16,800	24,000
Conv Cpe	1,750	5,300	8,800	17,600	30,800	44,000

1932 Series 16, 16-cyl., 62.5 hp, 145" wb

	6	5	4	3	2	1
Sed	3,450	10,300	17,200	34,400	60,000	86,000
Cpe	3,600	10,800	18,000	36,000	63,000	90,000
2d Cpe	3,700	11,000	18,400	36,800	64,500	92,000

	6	5	4	3	2	1
Conv Cpe	10,800	32,400	54,000	108,000	189,000	270,000
Conv Sed	11,000	33,000	55,000	110,000	193,000	275,000
Sed	3,600	10,800	18,000	36,000	63,000	90,000
Limo	3,850	11,500	19,200	38,400	67,000	96,000
C.C. Sed	3,700	11,000	18,400	36,800	64,500	92,000

1933 Series 16, 16-cyl., 62.5 hp, 145" wb

	6	5	4	3	2	1
Sed	3,450	10,300	17,200	34,400	60,000	86,000
2P Cpe	3,600	10,800	18,000	36,000	63,000	90,000
5P Cpe	3,700	11,000	18,400	36,800	64,500	92,000
Conv Cpe	10,800	32,400	54,000	108,000	189,000	270,000
Conv Sed	11,000	33,000	55,000	110,000	193,000	275,000
Sed	3,600	10,800	18,000	36,000	63,000	90,000
Limo	3,850	11,500	19,200	38,400	67,000	96,000
C.C. Sed	3,700	11,000	18,400	36,800	64,500	92,000

NOTE: Marmon was discontinued after the close of 1933 model year.

MERCURY

1939 Series 99A, V-8, 116" wb

	6	5	4	3	2	1
2d Conv	1,150	3,500	5,800	11,600	20,300	29,000
2d Cpe	750	2,200	3,700	7,400	13,000	18,500
2d Sed	550	1,650	2,750	5,500	9,650	13,800
4d Sed	550	1,650	2,750	5,500	9,650	13,800

1940 Series 09A, V-8, 116" wb

	6	5	4	3	2	1
2d Conv	1,200	3,600	6,000	12,000	21,000	30,000
4d Conv Sed	950	2,900	4,800	9,600	16,800	24,000
2d Cpe	800	2,350	3,900	7,800	13,700	19,500
2d Sed	550	1,650	2,800	5,550	9,750	13,900
4d Sed	550	1,650	2,800	5,550	9,750	13,900

1941 Series 19A, V-8, 118" wb

	6	5	4	3	2	1
2d Conv	1,100	3,250	5,400	10,800	18,900	27,000
2d Bus Cpe	600	1,850	3,100	6,200	10,900	15,500
2d 5P Cpe	650	1,900	3,150	6,300	11,100	15,800
2d 6P Cpe	650	1,950	3,250	6,500	11,400	16,300
2d Sed	550	1,650	2,700	5,450	9,500	13,600
4d Sed	550	1,600	2,700	5,400	9,450	13,500
4d Sta Wag	1,150	3,500	5,800	11,600	20,300	29,000

1942 Series 29A, V-8, 118" wb

	6	5	4	3	2	1
2d Conv	1,050	3,100	5,200	10,400	18,200	26,000
2d Bus Cpe	550	1,700	2,850	5,700	9,950	14,200
2d 6P Cpe	600	1,750	2,900	5,800	10,200	14,500
2d Sed	500	1,550	2,600	5,200	9,100	13,000
4d Sed	500	1,550	2,600	5,150	9,050	12,900
4d Sta Wag	1,100	3,350	5,600	11,200	19,600	28,000

NOTE: Add 10 percent for liquamatic drive models.

1946-1948 Series 69M, V-8, 118" wb

	6	5	4	3	2	1
2d Conv	1,050	3,100	5,200	10,400	18,200	26,000
2d 6P Cpe	600	1,850	3,100	6,200	10,900	15,500
2d Sed	500	1,500	2,550	5,100	8,900	12,700
4d Sed	500	1,500	2,500	5,050	8,800	12,600
4d Sta Wag	1,100	3,350	5,600	11,200	19,600	28,000
2d Sptsman Conv (1946-47 only)	1,850	5,500	9,200	18,400	32,200	46,000

1949-1950 Series 0CM, V-8, 118" wb

	6	5	4	3	2	1
2d Conv	1,300	3,950	6,600	13,200	23,100	33,000
2d Cpe	950	2,900	4,800	9,600	16,800	24,000
2d Clb Cpe	1,000	3,000	5,000	10,000	17,500	25,000
2d Mon Cpe (1950 only)	1,050	3,100	5,200	10,400	18,200	26,000
4d Sed	600	1,800	3,000	6,000	10,500	15,000
2d Sta Wag	1,000	3,000	5,000	10,000	17,500	25,000

1951 Mercury, V-8, 118" wb

	6	5	4	3	2	1
4d Sed	600	1,850	3,100	6,200	10,850	15,500
2d Cpe	1,000	3,000	5,000	10,000	17,500	25,000
2d Conv	1,300	3,850	6,400	12,800	22,400	32,000
2d Sta Wag	1,050	3,100	5,200	10,400	18,200	26,000

1951 Monterey, V-8, 118" wb

	6	5	4	3	2	1
2d Clth Cpe	1,100	3,250	5,400	10,800	18,900	27,000
2d Lthr Cpe	1,100	3,350	5,600	11,200	19,600	28,000

1952-1953 Mercury Custom, V-8, 118" wb

	6	5	4	3	2	1
4d Sta Wag (1952 only)	550	1,700	2,800	5,600	9,800	14,000
4d Sed	500	1,450	2,400	4,850	8,450	12,100
2d Sed	500	1,550	2,600	5,200	9,100	13,000
2d HT	850	2,500	4,200	8,400	14,700	21,000

1952-1953 Monterey Special Custom, V-8, 118" wb

	6	5	4	3	2	1
4d Sed	500	1,500	2,450	4,900	8,600	12,300
2d HT	900	2,650	4,400	8,800	15,400	22,000

	6	5	4	3	2	1
2d Conv	1,100	3,250	5,400	10,800	18,900	27,000
4d Sta Wag (1953 only)	650	1,900	3,200	6,400	11,200	16,000
1954 Mercury Custom, V-8, 118" wb						
4d Sed	550	1,650	2,700	5,450	9,500	13,600
2d Sed	550	1,600	2,700	5,400	9,450	13,500
2d HT	850	2,500	4,200	8,400	14,700	21,000
1954 Monterey Special Custom, V-8, 118" wb						
4d Sed	550	1,650	2,750	5,500	9,650	13,800
2d HT SV	1,150	3,500	5,800	11,600	20,300	29,000
2d HT	900	2,650	4,400	8,800	15,400	22,000
2d Conv	1,150	3,500	5,800	11,600	20,300	29,000
4d Sta Wag	700	2,050	3,400	6,800	11,900	17,000
1955 Custom Series, V-8, 119" wb						
4d Sed	500	1,500	2,500	5,000	8,750	12,500
2d Sed	500	1,500	2,500	4,950	8,700	12,400
2d HT	700	2,150	3,600	7,200	12,600	18,000
4d Sta Wag	500	1,550	2,600	5,200	9,100	13,000
1955 Monterey Series, V-8, 119" wb						
4d Sed	500	1,550	2,600	5,200	9,100	13,000
2d HT	750	2,300	3,800	7,600	13,300	19,000
4d Sta Wag	550	1,700	2,800	5,600	9,800	14,000
1955 Montclair Series, V-8, 119" wb						
4d Sed	550	1,600	2,700	5,400	9,450	13,500
2d HT	850	2,500	4,200	8,400	14,700	21,000
2d HT SV	1,150	3,500	5,800	11,600	20,300	29,000
2d Conv	1,200	3,600	6,000	12,000	21,000	30,000
1956 Medalist Series, V-8, 119" wb						
4d Sed	450	1,400	2,300	4,600	8,050	11,500
2d Sed	450	1,350	2,300	4,550	8,000	11,400
2d HT	650	1,900	3,200	6,400	11,200	16,000
1956 Custom Series, V-8, 119" wb						
4d Sed	500	1,450	2,400	4,800	8,400	12,000
2d Sed	500	1,450	2,450	4,900	8,550	12,200
2d HT	700	2,050	3,400	6,800	11,900	17,000
4d HT	550	1,700	2,800	5,600	9,800	14,000
2d Conv	1,100	3,350	5,600	11,200	19,600	28,000
4d Sta Wag	600	1,750	2,900	5,800	10,150	14,500
2d Sta Wag	600	1,800	3,000	6,000	10,500	15,000
1956 Monterey Series, V-8, 119" wb						
4d Sed	500	1,500	2,500	5,000	8,750	12,500
4d Spt Sed	500	1,550	2,600	5,200	9,100	13,000
2d HT	750	2,300	3,800	7,600	13,300	19,000
4d HT	600	1,800	3,000	6,000	10,500	15,000
4d Sta Wag	600	1,850	3,100	6,200	10,850	15,500
1956 Montclair Series, V-8, 119" wb						
4d Spt Sed	550	1,600	2,700	5,400	9,450	13,500
2d HT	850	2,500	4,200	8,400	14,700	21,000
4d HT	650	1,900	3,200	6,400	11,200	16,000
2d Conv	1,250	3,700	6,200	12,400	21,700	31,000
1957 Monterey Series, V-8, 122" wb						
4d Sed	450	1,400	2,300	4,600	8,050	11,500
2d Sed	450	1,350	2,300	4,550	8,000	11,400
4d HT	600	1,800	3,000	6,000	10,500	15,000
2d HT	700	2,150	3,600	7,200	12,600	18,000
2d Conv	850	2,500	4,200	8,400	14,700	21,000
1957 Montclair Series, V-8, 122" wb						
4d Sed	500	1,450	2,400	4,800	8,400	12,000
4d HT	650	1,900	3,200	6,400	11,200	16,000
2d HT	750	2,300	3,800	7,600	13,300	19,000
2d Conv	1,000	3,000	5,000	10,000	17,500	25,000
1957 Turnpike Cruiser, V-8, 122" wb						
4d HT	800	2,400	4,000	8,000	14,000	20,000
2d HT	1,000	3,000	5,000	10,000	17,500	25,000
2d Conv	1,250	3,700	6,200	12,400	21,700	31,000
1957 Station Wagons, V-8, 122" wb						
2d Voy HT	800	2,400	4,000	8,000	14,000	20,000
4d Voy HT	800	2,350	3,900	7,800	13,650	19,500
2d Com HT	850	2,500	4,200	8,400	14,700	21,000
4d Com HT	800	2,450	4,100	8,200	14,350	20,500
4d Col Pk HT	900	2,750	4,600	9,200	16,100	23,000
1958 Mercury, V-8, 122" wb						
4d Sed	400	1,200	2,000	4,000	7,000	10,000
2d Sed	400	1,200	2,050	4,100	7,150	10,200

	6	5	4	3	2	1
1958 Monterey, V-8, 122" wb						
4d Sed	400	1,200	2,050	4,100	7,150	10,200
2d Sed	400	1,250	2,050	4,100	7,200	10,300
4d HT	500	1,450	2,400	4,800	8,400	12,000
2d HT	550	1,700	2,800	5,600	9,800	14,000
2d Conv	850	2,500	4,200	8,400	14,700	21,000
1958 Montclair, V-8, 122" wb						
4d Sed	400	1,200	2,000	4,000	7,000	10,000
4d HT	600	1,800	3,000	6,000	10,500	15,000
2d HT	750	2,300	3,800	7,600	13,300	19,000
2d Conv	900	2,750	4,600	9,200	16,100	23,000
1958 Turnpike Cruiser, V-8, 122" wb						
4d HT	700	2,150	3,600	7,200	12,600	18,000
2d HT	900	2,650	4,400	8,800	15,400	22,000
1958 Station Wagons, V-8, 122" wb						
2d Voy HT	750	2,300	3,800	7,600	13,300	19,000
4d Voy HT	750	2,200	3,700	7,400	12,950	18,500
2d Com HT	800	2,450	4,100	8,200	14,350	20,500
4d Com HT	800	2,350	3,900	7,800	13,650	19,500
4d Col Pk HT	900	2,650	4,400	8,800	15,400	22,000
1958 Park Lane, V-8, 125" wb						
4d HT	650	1,900	3,200	6,400	11,200	16,000
2d HT	800	2,400	4,000	8,000	14,000	20,000
2d Conv	1,200	3,600	6,000	12,000	21,000	30,000
1959 Monterey, V-8, 126" wb						
4d Sed	400	1,150	1,900	3,800	6,650	9,500
2d Sed	400	1,150	1,900	3,850	6,700	9,600
4d HT	450	1,300	2,200	4,400	7,700	11,000
2d HT	550	1,700	2,800	5,600	9,800	14,000
2d Conv	900	2,650	4,400	8,800	15,400	22,000
1959 Montclair, V-8, 126" wb						
4d Sed	400	1,200	2,000	4,000	7,000	10,000
4d HT	500	1,450	2,400	4,800	8,400	12,000
2d HT	650	1,900	3,200	6,400	11,200	16,000
1959 Park Lane, V-8, 128" wb						
4d HT	500	1,550	2,600	5,200	9,100	13,000
2d HT	700	2,050	3,400	6,800	11,900	17,000
2d Conv	900	2,750	4,600	9,200	16,100	23,000
1959 Country Cruiser Station Wagons, V-8, 126" wb						
2d Com HT	700	2,150	3,600	7,200	12,600	18,000
4d Com HT	700	2,100	3,500	7,000	12,250	17,500
4d Voy HT	750	2,300	3,800	7,600	13,300	19,000
4d Col Pk HT	800	2,350	3,900	7,800	13,650	19,500
1960 Comet, 6-cyl., 114" wb						
4d Sed	300	900	1,500	2,950	5,200	7,400
2d Sed	300	900	1,450	2,900	5,100	7,300
4d Sta Wag	300	900	1,500	3,000	5,250	7,500
2d Sta Wag	300	900	1,500	3,050	5,300	7,600
1960 Monterey, V-8, 126" wb						
4d Sed	300	900	1,500	3,000	5,250	7,500
2d Sed	300	900	1,500	2,950	5,200	7,400
4d HT	350	1,000	1,700	3,400	5,950	8,500
2d HT	500	1,450	2,400	4,800	8,400	12,000
2d Conv	750	2,300	3,800	7,600	13,300	19,000
1960 Country Cruiser Station Wagons, V-8, 126" wb						
4d Com HT	650	1,900	3,200	6,400	11,200	16,000
4d Col Pk HT	700	2,050	3,400	6,800	11,900	17,000
1960 Montclair, V-8, 126" wb						
4d Sed	300	950	1,550	3,100	5,450	7,800
4d HT	450	1,300	2,200	4,400	7,700	11,000
2d HT	500	1,550	2,600	5,200	9,100	13,000
1960 Park Lane, V-8, 126" wb						
4d HT	500	1,450	2,400	4,800	8,400	12,000
2d HT	600	1,800	3,000	6,000	10,500	15,000
2d Conv	950	2,900	4,800	9,600	16,800	24,000
1961 Comet, 6-cyl., 114" wb						
4d Sed	250	700	1,200	2,350	4,150	5,900
2d Sed	250	700	1,150	2,300	4,050	5,800
2d S-22 Cpe	350	1,100	1,800	3,600	6,300	9,000
4d Sta Wag	250	800	1,300	2,650	4,600	6,600
2d Sta Wag	250	800	1,350	2,700	4,700	6,700
1961 Meteor 600, V-8, 120" wb						
4d Sed	250	700	1,150	2,300	4,050	5,800
2d Sed	250	700	1,150	2,300	4,000	5,700

	6	5	4	3	2	1
1961 Meteor 800, V-8, 120" wb						
4d Sed	250	700	1,200	2,400	4,200	6,000
4d HT	250	750	1,200	2,450	4,250	6,100
2d Sed	250	700	1,200	2,350	4,150	5,900
2d HT	250	800	1,300	2,600	4,550	6,500
1961 Monterey, V-8, 120" wb						
4d Sed	250	750	1,300	2,550	4,500	6,400
4d HT	250	800	1,300	2,600	4,550	6,500
2d HT	300	900	1,500	3,000	5,250	7,500
2d Conv	500	1,450	2,400	4,800	8,400	12,000
1961 Station Wagon, V-8, 120" wb						
4d Com	350	1,000	1,700	3,400	5,950	8,500
4d Col Pk	350	1,100	1,800	3,600	6,300	9,000
1962 Comet, 6-cyl.						
4d Sed	200	650	1,100	2,150	3,800	5,400
2d Sed	200	650	1,050	2,100	3,700	5,300
4d Sta Wag	200	650	1,050	2,100	3,700	5,300
2d Sta Wag	200	650	1,100	2,150	3,800	5,400
2d S-22 Cpe	350	1,100	1,800	3,600	6,300	9,000
4d Vill Sta Wag	200	650	1,100	2,200	3,850	5,500
NOTE: Add 10 percent for Custom line.						
1962 Meteor, 8-cyl.						
4d Sed	200	650	1,100	2,200	3,850	5,500
2d Sed	200	650	1,100	2,150	3,800	5,400
2d S-33 Cpe	300	900	1,500	3,000	5,250	7,500
NOTE: Deduct 10 percent for 6-cyl. Add 10 percent for Custom line.						
1962 Monterey, V-8						
4d Sed	200	650	1,100	2,250	3,900	5,600
4d HT Sed	250	700	1,150	2,300	4,000	5,700
2d Sed	200	650	1,100	2,150	3,800	5,400
2d HT	250	700	1,200	2,400	4,200	6,000
2d Conv	400	1,200	2,000	4,000	7,000	10,000
4d Sta Wag	250	800	1,300	2,600	4,550	6,500
NOTE: Add 10 percent for Custom line.						
1962 Custom S-55 Sport Series, V-8						
2d HT	350	1,000	1,700	3,400	5,950	8,500
2d Conv	500	1,450	2,400	4,800	8,400	12,000
NOTE: Add 30 percent for 406 cid.						
1963 Comet, 6-cyl.						
4d Sed	200	650	1,100	2,150	3,800	5,400
2d Sed	200	650	1,050	2,100	3,700	5,300
2d Cus HT	300	900	1,500	3,000	5,250	7,500
2d Cus Conv	400	1,200	2,000	4,000	7,000	10,000
2d S-22 Cpe	350	1,000	1,700	3,400	5,950	8,500
2d S-22 HT	400	1,150	1,900	3,800	6,650	9,500
2d S-22 Conv	500	1,450	2,400	4,800	8,400	12,000
4d Sta Wag	200	650	1,100	2,150	3,800	5,400
2d Sta Wag	200	650	1,100	2,200	3,850	5,500
4d Vill Sta Wag	250	700	1,150	2,300	4,000	5,700
NOTE: Add 10 percent for Custom line.						
1963 Meteor, V-8						
4d Sed	200	650	1,100	2,200	3,850	5,500
2d Sed	200	650	1,100	2,150	3,800	5,400
4d Sta Wag	200	650	1,100	2,200	3,850	5,500
2d Cus HT	250	700	1,200	2,400	4,200	6,000
2d S-33 HT	300	950	1,600	3,200	5,600	8,000
NOTE: Deduct 10 percent for 6-cyl. Add 10 percent for Custom line.						
1963 Monterey, V-8						
4d Sed	250	700	1,150	2,300	4,000	5,700
4d HT	250	700	1,200	2,400	4,200	6,000
2d Sed	200	650	1,100	2,250	3,900	5,600
2d HT	250	750	1,200	2,450	4,250	6,100
2d Cus Conv	300	850	1,450	2,900	5,050	7,200
2d S-55 HT	350	1,100	1,800	3,600	6,300	9,000
4d S-55 HT	350	1,050	1,800	3,550	6,250	8,900
2d S-55 Conv	500	1,550	2,600	5,200	9,100	13,000
2d Maraud FBk	350	1,000	1,700	3,400	5,950	8,500
2d Mar S-55 FBk	400	1,150	1,900	3,800	6,650	9,500
4d Col Pk	300	900	1,500	3,000	5,250	7,500
NOTE: Add 10 percent for Custom line. Add 30 percent for 406 cid. Add 60 percent for 427 cid.						
1964 Comet, 6-cyl., 114" wb						
4d Sed	250	700	1,200	2,400	4,200	6,000
2d Sed	250	700	1,200	2,350	4,150	5,900

	6	5	4	3	2	1
4d Sta Wag	250	700	1,200	2,400	4,200	6,000

1964 Comet 404, 6-cyl., 114" wb

	6	5	4	3	2	1
4d Sed	250	750	1,200	2,450	4,250	6,100
2d Sed	250	700	1,200	2,400	4,200	6,000
2d HT	300	900	1,500	3,000	5,250	7,500
2d Conv	400	1,200	2,000	4,000	7,000	10,000
4d DeL Wag	250	750	1,250	2,500	4,350	6,200
4d Sta Wag	250	750	1,200	2,450	4,250	6,100

1964 Comet Caliente, V-8 cyl., 114" wb

	6	5	4	3	2	1
4d Sed	250	750	1,250	2,500	4,350	6,200
2d HT	400	1,200	2,000	4,000	7,000	10,000
2d Conv	500	1,550	2,600	5,200	9,100	13,000

1964 Comet Cyclone, V-8 cyl., 114" wb

	6	5	4	3	2	1
2d HT	500	1,450	2,400	4,800	8,400	12,000

NOTE: Deduct 25 percent for 6-cyl. Caliente.

1964 Monterey, V-8

	6	5	4	3	2	1
4d Sed	250	700	1,200	2,350	4,150	5,900
4d HT	250	750	1,200	2,450	4,250	6,100
2d Sed	250	700	1,150	2,300	4,050	5,800
2d HT	250	750	1,250	2,500	4,400	6,300
2d HT FBk	300	900	1,500	3,000	5,250	7,500
2d Conv	400	1,250	2,100	4,200	7,350	10,500

1964 Montclair, V-8, 120" wb

	6	5	4	3	2	1
4d Sed	250	700	1,200	2,400	4,200	6,000
4d HT FBk	250	800	1,300	2,600	4,550	6,500
2d HT	300	950	1,600	3,200	5,600	8,000
2d HT FBk	350	1,000	1,700	3,400	5,950	8,500

1964 Park Lane, V-8, 120" wb

	6	5	4	3	2	1
4d Sed	250	750	1,250	2,500	4,350	6,200
4d HT	250	800	1,300	2,600	4,550	6,500
4d HT FBk	300	900	1,500	3,000	5,250	7,500
2d HT	350	1,100	1,800	3,600	6,300	9,000
2d HT FBk	400	1,200	2,000	4,000	7,000	10,000
2d Conv	500	1,550	2,600	5,200	9,100	13,000

1964 Station Wagon, V-8, 120" wb

	6	5	4	3	2	1
4d Col Pk	400	1,150	1,900	3,800	6,650	9,500
4d Com	400	1,150	1,900	3,750	6,600	9,400

NOTE: Add 10 percent for Marauder. Add 5 percent for bucket seat option where available. Add 60 percent for 427 Super Marauder.

1965 Comet 202, V-8, 114" wb

	6	5	4	3	2	1
4d Sed	250	750	1,200	2,450	4,250	6,100
2d Sed	250	700	1,200	2,400	4,200	6,000
4d Sta Wag	250	750	1,200	2,450	4,250	6,100

NOTE: Deduct 20 percent for 6-cyl.

1965 Comet 404

	6	5	4	3	2	1
4d Sed	250	750	1,250	2,500	4,350	6,200
2d Sed	250	750	1,200	2,450	4,250	6,100
4d Vill Wag	250	750	1,250	2,500	4,350	6,200
4d Sta Wag	250	750	1,200	2,450	4,250	6,100

1965 Comet Caliente, V-8, 114" wb

	6	5	4	3	2	1
4d Sed	250	750	1,250	2,500	4,400	6,300
2d HT	300	950	1,600	3,200	5,600	8,000
2d Conv	500	1,550	2,600	5,200	9,100	13,000

1965 Comet Cyclone, V-8, 114" wb

	6	5	4	3	2	1
2d HT	500	1,450	2,400	4,800	8,400	12,000

1965 Monterey, V-8, 123" wb

	6	5	4	3	2	1
4d Sed	250	800	1,300	2,600	4,550	6,500
4d HT	300	850	1,400	2,800	4,900	7,000
4d Brzwy	300	900	1,500	3,000	5,250	7,500
2d Sed	250	750	1,300	2,550	4,500	6,400
2d HT	300	950	1,550	3,100	5,450	7,800
2d Conv	500	1,450	2,400	4,800	8,400	12,000

1965 Montclair, V-8, 123" wb

	6	5	4	3	2	1
4d Brzwy	300	950	1,600	3,200	5,600	8,000
4d HT	300	850	1,400	2,800	4,900	7,000
2d HT	300	950	1,600	3,200	5,600	8,000

1965 Park Lane, V-8, 123" wb

	6	5	4	3	2	1
4d Brzwy	350	1,000	1,700	3,400	5,950	8,500
4d HT	300	950	1,600	3,200	5,600	8,000
2d HT	350	1,000	1,700	3,400	5,950	8,500
2d Conv	500	1,550	2,600	5,200	9,100	13,000

1965 Station Wagon, V-8, 119" wb

	6	5	4	3	2	1
4d Col Pk	250	800	1,300	2,600	4,550	6,500

1965 Mercury Comet Caliente convertible

1991 Mercury Grand Marquis Colony Park station wagon

1902 Rambler runabout

	6	5	4	3	2	1
4d Com	250	750	1,300	2,550	4,500	6,400

NOTE: Add 60 percent for 427 cid engine.

1966 Comet Capri, V-8, 116" wb
	6	5	4	3	2	1
4d Sed	250	750	1,250	2,500	4,350	6,200
2d HT	300	850	1,400	2,800	4,900	7,000
4d Sta Wag	250	750	1,250	2,500	4,400	6,300

1966 Comet Caliente, V-8, 116" wb
	6	5	4	3	2	1
4d Sed	250	750	1,250	2,500	4,400	6,300
2d HT	350	1,100	1,800	3,600	6,300	9,000
2d Conv	450	1,300	2,200	4,400	7,700	11,000

1966 Comet Cyclone, V-8, 116" wb
	6	5	4	3	2	1
2d HT	400	1,150	1,900	3,800	6,650	9,500
2d Conv	500	1,450	2,400	4,800	8,400	12,000

1966 Comet Cyclone GT/GTA, V-8, 116" wb
	6	5	4	3	2	1
2d HT	500	1,450	2,400	4,800	8,400	12,000
2d Conv	550	1,700	2,800	5,600	9,800	14,000

1966 Comet 202, V-8, 116" wb
	6	5	4	3	2	1
4d Sed	250	700	1,200	2,400	4,200	6,000
2d Sed	250	750	1,250	2,500	4,350	6,200
4d Sta Wag	250	700	1,200	2,400	4,200	6,000

1966 Monterey, V-8, 123" wb
	6	5	4	3	2	1
4d Sed	250	750	1,250	2,500	4,400	6,300
4d Brzwy Sed	300	850	1,400	2,800	4,900	7,000
4d HT	300	900	1,500	3,000	5,250	7,500
2d Sed	250	750	1,300	2,550	4,500	6,400
2d HT FBk	300	950	1,600	3,200	5,600	8,000
2d Conv	400	1,250	2,100	4,200	7,350	10,500

1966 Montclair, V-8, 123" wb
	6	5	4	3	2	1
4d Sed	250	800	1,300	2,600	4,550	6,500
4d HT	300	900	1,550	3,100	5,400	7,700
2d HT	300	950	1,600	3,200	5,600	8,000

1966 Park Lane, V-8, 123" wb
	6	5	4	3	2	1
4d Brzwy Sed	300	950	1,600	3,200	5,600	8,000
4d HT	300	950	1,600	3,200	5,600	8,000
2d HT	350	1,000	1,700	3,400	5,950	8,500
2d Conv	500	1,550	2,600	5,200	9,100	13,000

1966 S-55, V-8, 123" wb
	6	5	4	3	2	1
2d HT	400	1,200	2,000	4,000	7,000	10,000
2d Conv	500	1,450	2,400	4,800	8,400	12,000

1966 Station Wagons, V-8, 123" wb
	6	5	4	3	2	1
4d Comm	300	900	1,500	3,000	5,250	7,500
4d Col Pk	300	950	1,600	3,200	5,600	8,000

NOTE: Add 18 percent for 410 cid engine.

1967 Comet 202, V-8, 116" wb
	6	5	4	3	2	1
2d Sed	250	750	1,250	2,500	4,400	6,300
4d Sed	250	750	1,300	2,550	4,500	6,400

1967 Capri, V-8, 116" wb
	6	5	4	3	2	1
2d HT	250	800	1,350	2,700	4,700	6,700
4d Sed	250	750	1,250	2,500	4,400	6,300

1967 Caliante, V-8, 116" wb
	6	5	4	3	2	1
4d Sed	250	800	1,350	2,700	4,750	6,800
2d HT	350	1,000	1,700	3,400	5,950	8,500
2d Conv	450	1,400	2,300	4,600	8,050	11,500

1967 Cyclone, V-8, 116" wb
	6	5	4	3	2	1
2d HT	450	1,300	2,200	4,400	7,700	11,000
2d Conv	550	1,700	2,800	5,600	9,800	14,000

1967 Station Wagons, V-8, 113" wb
	6	5	4	3	2	1
4d Voyager	250	800	1,300	2,600	4,550	6,500
4d Villager	250	800	1,300	2,650	4,600	6,600

1967 Cougar, V-8, 111" wb
	6	5	4	3	2	1
2d HT	500	1,550	2,600	5,200	9,100	13,000
2d XR-7 HT	550	1,700	2,800	5,600	9,800	14,000

1967 Monterey, V-8, 123" wb
	6	5	4	3	2	1
4d Sed	250	750	1,250	2,500	4,400	6,300
4d Brzwy	300	850	1,400	2,800	4,900	7,000
2d Conv	450	1,300	2,200	4,400	7,700	11,000
2d HT	300	850	1,400	2,800	4,900	7,000
4d HT	250	800	1,300	2,600	4,550	6,500

1967 Montclair, V-8, 123" wb
	6	5	4	3	2	1
4d Sed	250	750	1,300	2,550	4,500	6,400
4d Brzwy	300	900	1,500	3,000	5,250	7,500
2d HT	300	900	1,500	3,000	5,250	7,500
4d HT	300	900	1,500	3,000	5,250	7,500

	6	5	4	3	2	1
1967 Park Lane, V-8, 123" wb						
4d Brzwy	300	950	1,600	3,200	5,600	8,000
2d Conv	500	1,450	2,400	4,800	8,400	12,000
2d HT	300	950	1,600	3,200	5,600	8,000
4d HT	300	950	1,600	3,200	5,600	8,000
1967 Brougham, V-8, 123" wb						
4d Brzwy	350	1,000	1,700	3,400	5,950	8,500
4d HT	300	950	1,600	3,200	5,600	8,000
1967 Marquis, V-8, 123" wb						
2d HT	350	1,100	1,800	3,600	6,300	9,000
1967 Station Wagons, 119" wb						
4d Commuter	300	900	1,500	3,000	5,250	7,500
4d Col Park	300	950	1,600	3,200	5,600	8,000

NOTE: Add 10 percent for GT option. Add 15 percent for S-55 performance package. Add 60 percent for 427 cid engine.

	6	5	4	3	2	1
1968 Comet, V-8						
2d HT	300	850	1,400	2,800	4,900	7,000
1968 Montego, V-8						
4d Sed	200	650	1,100	2,200	3,850	5,500
2d HT	250	700	1,200	2,400	4,200	6,000
1968 Montego MX						
4d Sta Wag	200	650	1,050	2,100	3,700	5,300
4d Sed	200	650	1,050	2,100	3,700	5,300
2d HT	300	850	1,400	2,800	4,900	7,000
2d Conv	400	1,250	2,100	4,200	7,350	10,500
1968 Cyclone, V-8						
2d FBk Cpe	450	1,300	2,200	4,400	7,700	11,000
2d HT	400	1,200	2,000	4,000	7,000	10,000
1968 Cyclone GT 427, V-8						
2d FBk Cpe	750	2,300	3,800	7,600	13,300	19,000
2d HT	700	2,150	3,600	7,200	12,600	18,000
1968 Cyclone GT 428, V-8						
2d FBk Cpe	550	1,700	2,800	5,600	9,800	14,000
1968 Cougar, V-8						
2d HT Cpe	450	1,300	2,200	4,400	7,700	11,000
2d XR-7 Cpe	500	1,550	2,600	5,200	9,100	13,000

NOTE: Add 10 percent for GTE package. Add 5 percent for XR-7G.

	6	5	4	3	2	1
1968 Monterey, V-8						
4d Sed	200	650	1,050	2,100	3,700	5,300
2d Conv	450	1,300	2,200	4,400	7,700	11,000
2d HT	250	800	1,300	2,600	4,550	6,500
4d HT	250	750	1,250	2,500	4,400	6,300
1968 Montclair, V-8						
4d Sed	200	650	1,100	2,150	3,800	5,400
2d HT	250	800	1,350	2,700	4,700	6,700
4d HT	250	800	1,300	2,600	4,550	6,500
1968 Park Lane, V-8						
4d Sed	250	700	1,150	2,300	4,050	5,800
2d Conv	450	1,400	2,300	4,600	8,050	11,500
2d HT	300	900	1,500	3,000	5,250	7,500
4d HT	300	850	1,400	2,750	4,850	6,900
1968 Marquis, V-8						
2d HT	300	950	1,600	3,200	5,600	8,000
1968 Station Wagons, V-8						
4d Commuter	300	900	1,500	3,000	5,250	7,500
4d Col Pk	300	950	1,600	3,200	5,600	8,000

NOTE: Deduct 5 percent for six-cylinder engine. Add 5 percent for Brougham package. Add 5 percent for "yacht paneling". Add 40 percent for 427 cid engine. Add 50 percent for 428 cid engine.

	6	5	4	3	2	1
1969 Comet, 6-cyl.						
2d HT	250	700	1,200	2,400	4,200	6,000
1969 Montego, 6-cyl.						
4d Sed	200	600	950	1,900	3,350	4,800
2d HT	200	600	1,000	2,000	3,500	5,000
1969 Montego MX, V8						
4d Sed	200	600	1,000	1,950	3,450	4,900
2d HT	250	700	1,200	2,400	4,200	6,000
2d Conv	350	1,100	1,800	3,600	6,300	9,000
4d Sta Wag	200	650	1,100	2,200	3,850	5,500
1969 Cyclone, V-8						
2d HT	350	1,100	1,800	3,600	6,300	9,000
1969 Cyclone CJ, V-8						
2d HT	400	1,200	2,050	4,100	7,150	10,200

	6	5	4	3	2	1
1969 Cougar, V-8						
2d HT	400	1,200	2,000	4,000	7,000	10,000
2d Conv	450	1,400	2,300	4,600	8,050	11,500
2d XR-7	450	1,300	2,200	4,400	7,700	11,000
2d XR-7 Conv	500	1,500	2,500	5,000	8,750	12,500
2d HT	550	1,700	2,800	5,600	9,800	14,000

NOTE: Add 30 percent for Boss 302. Add 50 percent for 428 CJ.

	6	5	4	3	2	1
1969 Monterey, V-8						
4d Sed	250	700	1,150	2,300	4,050	5,800
4d HT	250	700	1,200	2,350	4,150	5,900
2d HT	250	750	1,250	2,500	4,350	6,200
2d Conv	300	950	1,600	3,200	5,600	8,000
4d Sta Wag	250	700	1,200	2,400	4,200	6,000
1969 Marauder, V-8						
2d HT	300	900	1,500	3,000	5,250	7,500
2d X-100 HT	400	1,200	2,000	4,000	7,000	10,000
1969 Marquis, V-8						
4d Sed	250	700	1,200	2,350	4,150	5,900
4d HT	250	700	1,200	2,400	4,200	6,000
2d HT	300	900	1,500	3,000	5,250	7,500
2d Conv	450	1,300	2,200	4,400	7,700	11,000
4d Sta Wag	250	750	1,200	2,450	4,250	6,100
1969 Marquis Brougham, V-8						
4d Sed	250	700	1,200	2,400	4,200	6,000
4d HT	250	800	1,300	2,600	4,550	6,500
2d HT	300	950	1,600	3,200	5,600	8,000

NOTE: Add 10 percent for Montego/Comet V-8. Add 15 percent for GT option. Add 20 percent for GT Spoiler II. Add 10 percent for bucket seats (except Cougar). Add 10 percent for bench seats (Cougar only). Add 40 percent for "CJ" 428 V-8. Add 50 percent for 429 cid engine.

	6	5	4	3	2	1
1970 Montego						
4d Sed	250	700	1,200	2,350	4,150	5,900
2d HT	250	700	1,200	2,400	4,200	6,000
1970 Montego MX, V-8						
4d Sed	250	750	1,250	2,500	4,400	6,300
2d HT	300	850	1,400	2,800	4,900	7,000
4d Sta Wag	250	700	1,200	2,400	4,200	6,000
1970 Montego MX Brougham, V-8						
4d Sed	250	750	1,250	2,500	4,350	6,200
4d HT	250	800	1,300	2,600	4,550	6,500
2d HT	300	900	1,500	3,000	5,250	7,500
4d Vill Sta Wag	250	800	1,300	2,600	4,550	6,500
1970 Cyclone, V-8						
2d HT	400	1,250	2,100	4,200	7,350	10,500
1970 Cyclone GT, V-8						
2d HT	450	1,400	2,300	4,600	8,050	11,500
1970 Cyclone Spoiler, V-8						
2d HT	500	1,500	2,500	5,000	8,750	12,500

NOTE: Add 40 percent for 429 V-8 GT and Spoiler.

	6	5	4	3	2	1
1970 Cougar, V-8						
2d HT	400	1,250	2,100	4,200	7,350	10,500
2d Conv	500	1,450	2,400	4,800	8,400	12,000
1970 Cougar XR-7, V-8						
2d HT	500	1,450	2,400	4,800	8,400	12,000
2d Conv	600	1,800	3,000	6,000	10,500	15,000
2d HT	550	1,700	2,800	5,600	9,800	14,000

NOTE: Add 30 percent for Boss 302. Add 50 percent for 428 CJ.

	6	5	4	3	2	1
1970 Monterey, V-8						
4d Sed	250	700	1,200	2,400	4,200	6,000
4d HT	250	800	1,350	2,700	4,750	6,800
2d HT	300	900	1,450	2,900	5,100	7,300
2d Conv	400	1,150	1,900	3,800	6,650	9,500
4d Sta Wag	300	850	1,450	2,900	5,050	7,200
1970 Monterey Custom, V-8						
4d Sed	250	750	1,250	2,500	4,350	6,200
4d HT	300	850	1,400	2,800	4,900	7,000
2d HT	300	900	1,500	3,000	5,250	7,500
1970 Marauder, V-8						
2d HT	300	950	1,600	3,200	5,600	8,000
2d X-100 HT	400	1,200	2,000	4,000	7,000	10,000
1970 Marquis, V-8						
4d Sed	250	750	1,250	2,500	4,400	6,300
4d HT	300	850	1,450	2,900	5,050	7,200
2d HT	300	900	1,550	3,100	5,400	7,700

	6	5	4	3	2	1
2d Conv	500	1,550	2,600	5,200	9,100	13,000
4d Sta Wag	250	700	1,200	2,400	4,200	6,000
4d Col Pk	250	800	1,300	2,600	4,550	6,500

1970 Marquis Brougham, V-8

	6	5	4	3	2	1
4d Sed	250	800	1,300	2,600	4,550	6,500
4d HT	300	850	1,400	2,800	4,900	7,000
2d HT	300	900	1,550	3,100	5,400	7,700

NOTE: Add 50 percent for any 429 engine option.

1971 Comet, V-8

	6	5	4	3	2	1
4d Sed	200	600	1,000	2,050	3,550	5,100
2d Sed	200	600	1,050	2,100	3,650	5,200
2d HT GT	300	850	1,400	2,800	4,900	7,000

1971 Montego, V-8

	6	5	4	3	2	1
4d Sed	200	600	1,000	2,000	3,500	5,000
2d HT	250	700	1,150	2,300	4,050	5,800

1971 Montego MX

	6	5	4	3	2	1
4 Sed	200	600	1,000	2,050	3,550	5,100
2d HT	250	700	1,150	2,300	4,000	5,700
4d Sta Wag	200	600	1,050	2,100	3,650	5,200

1971 Montego MX Brougham

	6	5	4	3	2	1
4d Sed	200	600	1,050	2,100	3,650	5,200
4d HT	200	650	1,100	2,250	3,900	5,600
2d HT	250	700	1,200	2,400	4,200	6,000
4d Villager Sta Wag	200	650	1,100	2,200	3,850	5,500

1971 Cyclone, V-8

	6	5	4	3	2	1
2d HT	350	1,100	1,800	3,600	6,300	9,000

1971 Cyclone GT, V-8

	6	5	4	3	2	1
2d HT	400	1,200	2,000	4,000	7,000	10,000

1971 Cyclone Spoiler, V-8

	6	5	4	3	2	1
2d HT	400	1,250	2,100	4,200	7,350	10,500

NOTE: Add 40 percent for 429 V-8 GT and Spoiler.

1971 Cougar, V-8

	6	5	4	3	2	1
2d HT	350	1,100	1,800	3,600	6,300	9,000
2d Conv	400	1,200	2,000	4,000	7,000	10,000

1971 Cougar XR-7, V-8

	6	5	4	3	2	1
2d HT	400	1,250	2,100	4,200	7,350	10,500
2d Conv	450	1,400	2,300	4,600	8,050	11,500

1971 Monterey, V-8

	6	5	4	3	2	1
4d Sed	200	600	1,000	2,000	3,500	5,000
4d HT	200	650	1,100	2,150	3,800	5,400
2d HT	250	750	1,250	2,500	4,350	6,200
4d Sta Wag	250	700	1,200	2,400	4,200	6,000

1971 Monterey Custom, V-8

	6	5	4	3	2	1
4d Sed	200	600	1,000	2,050	3,550	5,100
4d HT	200	650	1,100	2,200	3,850	5,500
2d HT	250	800	1,300	2,600	4,550	6,500

1971 Marquis, V-8

	6	5	4	3	2	1
4d Sed	200	650	1,050	2,100	3,700	5,300
4d HT	250	700	1,150	2,300	4,000	5,700
2d HT	300	850	1,400	2,800	4,900	7,000
4d Sta Wag	250	800	1,300	2,600	4,550	6,500

1971 Marquis Brougham

	6	5	4	3	2	1
4d Sed	200	650	1,100	2,200	3,850	5,500
4d HT	250	700	1,200	2,400	4,200	6,000
2d HT	300	900	1,500	3,000	5,250	7,500
4d Col Pk	200	650	1,100	2,200	3,850	5,500

NOTE: Add 30 percent for 429.

1972 Comet, V-8

	6	5	4	3	2	1
4d Sed	200	600	1,000	2,050	3,550	5,100
2d Sed	200	650	1,100	2,200	3,850	5,500

1972 Montego, V-8

	6	5	4	3	2	1
4d Sed	200	600	1,000	2,000	3,500	5,000
2d HT	200	650	1,100	2,150	3,800	5,400

1972 Montego MX, V-8

	6	5	4	3	2	1
4d Sed	200	600	1,050	2,100	3,650	5,200
2d HT	250	700	1,200	2,400	4,200	6,000
4d Sta Wag	200	650	1,050	2,100	3,700	5,300

1972 Montego Brougham, V-8

	6	5	4	3	2	1
4d Sed	200	650	1,050	2,100	3,700	5,300
2d HT	250	800	1,300	2,600	4,550	6,500
4d Sta Wag	200	650	1,100	2,150	3,800	5,400

	6	5	4	3	2	1
1972 Montego GT, V-8						
2d HT FBk	300	850	1,400	2,800	4,900	7,000
1972 Cougar, V-8						
2d HT	350	1,100	1,800	3,600	6,300	9,000
2d Conv	400	1,250	2,100	4,200	7,350	10,500
1972 Cougar XR-7, V-8						
2d HT	400	1,250	2,100	4,200	7,350	10,500
2d Conv	500	1,450	2,400	4,800	8,400	12,000
1972 Monterey, V-8						
4d Sed	200	650	1,050	2,100	3,700	5,300
4d HT	200	650	1,100	2,200	3,850	5,500
2d HT	250	700	1,200	2,400	4,200	6,000
4d Sta Wag	200	650	1,100	2,200	3,850	5,500
1972 Monterey Custom, V-8						
4d Sed	200	650	1,100	2,150	3,800	5,400
4d HT	250	700	1,200	2,400	4,200	6,000
2d HT	250	800	1,300	2,600	4,550	6,500
1972 Marquis, V-8						
4d Sed	200	650	1,100	2,200	3,850	5,500
4d HT	250	800	1,300	2,600	4,550	6,500
2d HT	300	900	1,500	3,000	5,250	7,500
4d Sta Wag	250	800	1,300	2,600	4,550	6,500
1972 Marquis Brougham, V-8						
4d Sed	200	650	1,100	2,250	3,900	5,600
4d HT	250	700	1,150	2,300	4,000	5,700
2d HT	250	800	1,350	2,700	4,750	6,800
4d Col Pk	300	850	1,400	2,800	4,900	7,000
1973 Comet, V-8						
4d Sed	200	600	1,000	2,050	3,550	5,100
2d Sed	200	650	1,100	2,200	3,850	5,500
1973 Montego, V-8						
4d Sed	200	600	1,000	2,000	3,500	5,000
2d HT	250	700	1,150	2,300	4,050	5,800
1973 Montego MX, V-8						
4d Sed	200	600	1,000	2,050	3,550	5,100
2d HT	250	700	1,200	2,400	4,200	6,000
1973 Montego MX Brougham, V-8						
4d Sed	200	600	1,050	2,100	3,650	5,200
2d HT	250	750	1,250	2,500	4,350	6,200
1973 Montego GT, V-8						
2d HT	300	850	1,400	2,800	4,900	7,000
1973 Montego MX						
4d Village Wag	200	600	1,050	2,100	3,650	5,200
1973 Cougar, V-8						
2d HT	350	1,000	1,700	3,400	5,950	8,500
2d Conv	400	1,150	1,900	3,800	6,650	9,500
1973 Cougar XR-7, V-8						
2d HT	400	1,150	1,900	3,800	6,650	9,500
2d Conv	400	1,250	2,100	4,200	7,350	10,500
1973 Monterey, V-8						
4d Sed	200	600	1,000	2,000	3,500	5,000
2d HT	200	600	1,000	2,050	3,550	5,100
1973 Monterey Custom, V-8						
4d Sed	200	600	1,000	2,050	3,550	5,100
2d HT	250	700	1,200	2,400	4,200	6,000
1973 Marquis, V-8						
4d Sed	200	650	1,050	2,100	3,700	5,300
4d HT	200	650	1,100	2,200	3,850	5,500
2d HT	250	800	1,300	2,600	4,550	6,500
1973 Marquis Brougham, V-8						
4d Sed	200	650	1,100	2,150	3,800	5,400
4d HT	250	700	1,200	2,400	4,200	6,000
2d HT	300	900	1,500	3,000	5,250	7,500
1973 Station Wagon, V-8						
4d Monterey	200	650	1,050	2,100	3,700	5,300
4d Marquis	200	650	1,100	2,150	3,800	5,400
4d Col Pk	300	900	1,450	2,900	5,100	7,300
1974 Comet, V-8						
4d Sed	200	600	1,000	2,050	3,550	5,100
2d Sed	200	650	1,100	2,200	3,850	5,500
1974 Montego, V-8						
4d Sed	200	600	1,050	2,100	3,650	5,200

	6	5	4	3	2	1
2d HT	200	650	1,100	2,250	3,900	5,600
1974 Montego MX, V-8						
4d Sed	200	650	1,050	2,100	3,700	5,300
2d HT	250	700	1,150	2,300	4,000	5,700
1974 Montego MX Brougham, V-8						
4d Sed	200	650	1,100	2,150	3,800	5,400
2d HT	250	700	1,200	2,350	4,150	5,900
4d Villager	200	650	1,100	2,150	3,800	5,400
1974 Cougar, V-8						
2d HT	300	900	1,500	3,000	5,250	7,500
1974 Monterey, V-8						
4d Sed	200	600	1,000	2,050	3,550	5,100
2d HT	250	800	1,300	2,600	4,550	6,500
1974 Monterey Custom, V-8						
4d Sed	200	600	1,050	2,100	3,650	5,200
2d HT	250	800	1,300	2,600	4,550	6,500
1974 Marquis, V-8						
4d Sed	200	650	1,050	2,100	3,700	5,300
4d HT	200	650	1,100	2,200	3,850	5,500
2d HT	300	850	1,400	2,800	4,900	7,000
1974 Marquis Brougham, V-8						
4d Sed	200	650	1,100	2,150	3,800	5,400
4d HT	250	700	1,200	2,400	4,200	6,000
2d HT	300	850	1,400	2,800	4,900	7,000
1974 Station Wagons, V-8						
4d Monterey	300	850	1,400	2,800	4,900	7,000
4d Marquis	300	850	1,450	2,900	5,050	7,200
4d Col Pk	300	900	1,500	3,000	5,250	7,500
1975 Bobcat 4-cyl.						
2d HBk	200	600	1,000	2,050	3,550	5,100
4d Sta Wag	200	600	1,000	2,000	3,500	5,000
1975 Comet, V-8						
4d Sed	200	550	900	1,850	3,200	4,600
2d Sed	200	550	950	1,900	3,300	4,700
1975 Monarch, V-8						
4d Sed	200	600	1,000	1,950	3,450	4,900
2d Cpe	200	600	1,000	2,000	3,500	5,000
1975 Monarch Ghia, V-8						
4d Sed	200	600	1,000	2,000	3,500	5,000
2d Cpe	200	600	1,000	2,050	3,550	5,100
1975 Monarch Grand Ghia, V-8						
4d Sed	200	600	1,050	2,100	3,650	5,200
1975 Montego, V-8						
4d Sed	200	600	950	1,900	3,350	4,800
2d HT	200	600	1,000	1,950	3,450	4,900
1975 Montego MX, V-8						
4d Sed	200	600	1,000	1,950	3,450	4,900
2d HT	200	600	1,000	2,000	3,500	5,000
1975 Montego Brougham, V-8						
4d Sed	200	600	1,000	2,000	3,500	5,000
2d HT	200	600	1,000	2,050	3,550	5,100
1975 Station Wagons, V-8						
4d Villager	200	600	1,000	1,950	3,450	4,900
1975 Cougar, V-8						
2d HT	200	600	1,000	2,050	3,550	5,100
1975 Marquis, V-8						
4d Sed	200	600	1,000	1,950	3,450	4,900
2d HT	200	600	1,000	2,000	3,500	5,000
1975 Marquis Brougham, V-8						
4d Sed	200	600	1,000	2,000	3,500	5,000
2d HT	200	600	1,000	2,050	3,550	5,100
1975 Grand Marquis, V-8						
4d Sed	200	600	1,000	2,050	3,550	5,100
2d HT	200	600	1,050	2,100	3,650	5,200
1975 Station Wagons, V-8						
4d Marquis	250	700	1,200	2,400	4,200	6,000
4d Col Pk	300	850	1,400	2,800	4,900	7,000
1976 Bobcat, 4-cyl.						
3d HBk	200	550	900	1,850	3,200	4,600
4d Sta Wag	200	550	950	1,900	3,300	4,700
1976 Comet, V-8						
4d Sed	200	550	900	1,800	3,150	4,500

	6	5	4	3	2	1
2d Sed	200	550	900	1,750	3,100	4,400
1976 Monarch, V-8						
4d Sed	150	500	850	1,700	3,000	4,300
2d Sed	200	600	1,000	1,950	3,450	4,900
1976 Monarch Ghia, V-8						
4d Sed	200	550	900	1,800	3,150	4,500
2d Sed	200	550	900	1,850	3,200	4,600
1976 Monarch Grand Ghia, V-8						
4d Sed	200	600	1,000	1,950	3,450	4,900
1976 Montego, V-8						
4d Sed	200	550	900	1,850	3,200	4,600
2d Cpe	200	550	950	1,900	3,300	4,700
1976 Montego MX, V-8						
4d Sed	200	600	950	1,900	3,350	4,800
2d Cpe	200	600	1,000	1,950	3,450	4,900
1976 Montego Brougham, V-8						
4d Sed	200	600	1,000	2,000	3,500	5,000
2d Cpe	200	600	1,000	2,050	3,550	5,100
1976 Station Wagons, V-8						
4d Montego MX	200	550	950	1,900	3,300	4,700
4d Montego Vill	200	600	950	1,900	3,350	4,800
1976 Cougar XR7, V-8						
2d HT	200	600	950	1,900	3,350	4,800
1976 Marquis, V-8						
4d Sed	200	550	900	1,850	3,200	4,600
2d Cpe	200	550	950	1,900	3,300	4,700
1976 Marquis Brougham, V-8						
4d Sed	200	600	950	1,900	3,350	4,800
2d Cpe	200	600	1,000	1,950	3,450	4,900
1976 Grand Marquis, V-8						
4d Sed	200	600	1,000	2,000	3,500	5,000
2d Cpe	200	600	1,000	2,050	3,550	5,100
1976 Station Wagons, V-8						
4d Marquis	200	650	1,100	2,200	3,850	5,500
4d Col Pk	250	700	1,200	2,400	4,200	6,000
1977 Bobcat, 4-cyl.						
3d HBk	150	450	750	1,500	2,600	3,700
4d Sta Wag	150	450	750	1,500	2,650	3,800
4d Vill Wag	150	450	800	1,550	2,750	3,900
NOTE: Add 5 percent for V-6.						
1977 Comet, V-8						
4d Sed	150	450	700	1,450	2,500	3,600
2d Sed	150	450	750	1,500	2,600	3,700
1977 Monarch, V-8						
4d Sed	150	400	700	1,350	2,400	3,400
2d Sed	150	400	700	1,400	2,450	3,500
1977 Monarch Ghia, V-8						
4d Sed	150	450	700	1,450	2,500	3,600
2d Sed	150	450	750	1,500	2,600	3,700
1977 Cougar, V-8						
4d Sed	150	450	750	1,500	2,650	3,800
2d Sed	150	450	800	1,550	2,750	3,900
1977 Cougar Brougham, V-8						
4d Sed	150	450	800	1,550	2,750	3,900
2d Sed	150	500	800	1,600	2,800	4,000
1977 Cougar XR7, V-8						
2d HT	150	500	850	1,700	2,950	4,200
1977 Station Wagons, V-8						
4d Cougar	150	450	750	1,500	2,650	3,800
4d Vill	150	450	800	1,550	2,750	3,900
1977 Marquis, V-8						
4d Sed	150	450	800	1,550	2,750	3,900
2d Sed	150	500	800	1,600	2,800	4,000
1977 Marquis Brougham, V-8						
4d Sed	150	450	800	1,550	2,750	3,900
2d Sed	150	500	800	1,600	2,800	4,000
1977 Grand Marquis, V-8						
4d HT	150	500	800	1,650	2,850	4,100
2d HT	150	500	850	1,700	2,950	4,200
1977 Station Wagons, V-8						
4d 2S Marquis	150	500	850	1,700	2,950	4,200

	6	5	4	3	2	1
4d 3S Marquis	200	550	900	1,800	3,150	4,500
1978 Bobcat						
3d Rbt	150	450	700	1,450	2,500	3,600
4d Sta Wag	150	450	750	1,500	2,600	3,700
1978 Zephyr						
4d Sed	150	400	650	1,300	2,300	3,300
2d Sed	150	400	650	1,300	2,250	3,200
2d Cpe	150	400	700	1,400	2,450	3,500
4d Sta Wag	150	400	700	1,350	2,400	3,400
1978 Monarch						
4d Sed	150	400	650	1,300	2,300	3,300
2d Sed	150	400	700	1,350	2,400	3,400
1978 Cougar						
4d Sed	150	400	700	1,400	2,450	3,500
2d HT	150	450	700	1,450	2,500	3,600
1978 Cougar XR7						
2d HT	150	500	800	1,650	2,850	4,100
1978 Marquis						
4d Sed	150	450	750	1,500	2,650	3,800
2d HT	150	450	800	1,550	2,750	3,900
4d Sta Wag	150	450	750	1,500	2,650	3,800
1978 Marquis Brougham						
4d Sed	150	450	800	1,550	2,750	3,900
2d HT	150	500	800	1,600	2,800	4,000
1978 Grand Marquis						
4d Sed	150	500	800	1,650	2,850	4,100
2d HT	150	500	850	1,700	2,950	4,200
1979 Bobcat, 4-cyl.						
3d Rbt	150	450	750	1,500	2,600	3,700
4d Wag	150	450	700	1,450	2,500	3,600
4d Villager Wag	150	450	750	1,500	2,600	3,700
1979 Capri, 4-cyl.						
2d Cpe	150	450	750	1,500	2,650	3,800
2d Ghia Cpe	150	500	800	1,600	2,800	4,000

NOTE: Add 5 percent for 6-cyl. Add 8 percent for V-8.

	6	5	4	3	2	1
1979 Zephyr, 6-cyl.						
4d Sed	150	400	700	1,350	2,400	3,400
2d Cpe	150	450	700	1,450	2,500	3,600
2d Spt Cpe	150	450	750	1,500	2,650	3,800
4d Sta Wag	150	400	700	1,400	2,450	3,500

NOTE: Add 5 percent for V-8.

	6	5	4	3	2	1
1979 Monarch, V-8						
4d Sed	150	400	700	1,350	2,400	3,400
2d Cpe	150	450	700	1,450	2,500	3,600

NOTE: Deduct 5 percent for 6-cyl.

	6	5	4	3	2	1
1979 Cougar, V-8						
4d Sed	150	450	700	1,450	2,500	3,600
2d HT	150	450	750	1,500	2,600	3,700
2d HT XR7	150	500	800	1,650	2,850	4,100
1979 Marquis, V-8						
4d Sed	150	450	750	1,500	2,650	3,800
2d HT	150	450	800	1,550	2,750	3,900
1979 Marquis Brougham, V-8						
4d Sed	150	450	800	1,550	2,750	3,900
2d HT	150	500	800	1,600	2,800	4,000
1979 Grand Marquis, V-8						
4d Sed	150	500	800	1,600	2,800	4,000
2d HT	150	500	800	1,650	2,850	4,100
1979 Station Wagons, V-8						
4d 3S Marquis	150	450	750	1,500	2,650	3,800
4d 3S Colony Park	150	500	800	1,600	2,800	4,000
1980 Bobcat, 4-cyl.						
2d HBk	150	400	700	1,400	2,450	3,500
2d Sta Wag	150	450	700	1,450	2,500	3,600
2d Sta Wag Villager	150	450	750	1,500	2,650	3,800
1980 Capri, 6-cyl.						
2d HBk	200	550	950	1,900	3,300	4,700
2d HBk Ghia	200	600	1,000	2,000	3,500	5,000

NOTE: Deduct 10 percent for 4-cyl.

	6	5	4	3	2	1
1980 Zephyr, 6-cyl.						
4d Sed	150	400	700	1,400	2,450	3,500
2d Sed	150	400	700	1,350	2,400	3,400

	6	5	4	3	2	1
2d Cpe Z-7	150	500	850	1,700	2,950	4,200
4d Sta Wag	150	450	800	1,550	2,750	3,900

NOTE: Deduct 10 percent for 4-cyl.

1980 Monarch, V-8
4d Sed	150	500	850	1,700	2,950	4,200
2d Cpe	150	500	800	1,650	2,850	4,100

NOTE: Deduct 10 percent for 4-cyl.

1980 Cougar XR7, V-8
2d Cpe	250	700	1,150	2,300	4,050	5,800

1980 Marquis, V-8
4d Sed	200	550	900	1,750	3,100	4,400
2d Sed	150	500	850	1,700	3,000	4,300

1980 Marquis Brougham, V-8
4d Sed	200	550	900	1,850	3,200	4,600
2d Sed	200	550	900	1,800	3,150	4,500

1980 Grand Marquis, V-8
4d Sed	200	550	950	1,900	3,300	4,700
2d Sed	200	550	900	1,850	3,200	4,600
4d Sta Wag	200	600	950	1,900	3,350	4,800
4d Sta Wag CP	200	600	1,000	2,000	3,500	5,000

1981 Lynx, 4-cyl.
2d HBk RS	150	450	750	1,500	2,600	3,700
4d HBk RS	150	450	750	1,500	2,650	3,800
2d HBk LS	150	450	750	1,500	2,650	3,800

NOTE: Deduct 5 percent for lesser models.

1981 Zephyr, 6-cyl.
4d Sed S	150	400	700	1,400	2,450	3,500
4d Sed	150	450	700	1,450	2,500	3,600
2d Sed	150	400	700	1,400	2,450	3,500
2d Cpe Z-7	150	500	850	1,700	3,000	4,300
4d Sta Wag	150	500	800	1,600	2,800	4,000

NOTE: Deduct 10 percent for 4-cyl.

1981 Capri, 6-cyl.
2d HBk	200	550	900	1,800	3,150	4,500
2d HBk GS	200	550	950	1,900	3,300	4,700

NOTE: Deduct 10 percent for 4-cyl.

1981 Cougar, 6-cyl.
4d Sed	150	500	850	1,700	2,950	4,200
2d Sed	150	500	800	1,650	2,850	4,100

NOTE: Deduct 10 percent for 4-cyl.

1981 Cougar XR7, V-8
2d Cpe	250	700	1,200	2,350	4,150	5,900

NOTE: Deduct 12 percent for 6-cyl.

1981 Marquis, V-8
4d Sed	200	550	900	1,750	3,100	4,400

1981 Marquis Brougham, V-8
4d Sed	200	550	900	1,850	3,200	4,600
2d Sed	200	550	900	1,800	3,150	4,500

1981 Grand Marquis, V-8
4d Sed	200	600	950	1,900	3,350	4,800
2d Sed	200	550	950	1,900	3,300	4,700
4d Sta Wag	200	600	1,000	1,950	3,450	4,900
4d Sta Wag CP	200	600	1,000	1,950	3,450	4,900

1982 Lynx, 4-cyl.
2d HBk LS	150	450	750	1,500	2,650	3,800
4d HBk LS	150	450	800	1,550	2,750	3,900
4d Sta Wag LS	150	500	800	1,600	2,800	4,000
2d HBk RS	150	450	800	1,550	2,750	3,900

NOTE: Deduct 5 percent for lesser models.

1982 LN7, 4-cyl.
2d HBk	200	550	900	1,850	3,200	4,600

1982 Zephyr, 6-cyl.
4d Sed	150	450	750	1,500	2,600	3,700
2d Cpe Z-7	150	500	850	1,700	3,000	4,300
4d Sed GS	150	450	750	1,500	2,650	3,800
2d Cpe Z-7 GS	200	550	900	1,800	3,150	4,500

1982 Capri, 6-cyl.
2d HBk L	200	650	1,050	2,100	3,700	5,300
2d HBk GS	200	650	1,100	2,200	3,850	5,500

1982 Capri, V-8
2d HBk RS	200	650	1,100	2,250	3,900	5,600

	6	5	4	3	2	1
NOTE: Deduct 10 percent for 4-cyl.						
1982 Cougar, 6-cyl.						
4d Sed GS	150	500	800	1,600	2,800	4,000
2d Sed GS	150	450	800	1,550	2,750	3,900
4d Sta Wag GS	150	500	850	1,700	2,950	4,200
4d Sed LS	150	500	800	1,650	2,850	4,100
2d Sed LS	150	500	800	1,600	2,800	4,000
1982 Cougar XR7, V-8						
2d Cpe	250	700	1,200	2,400	4,200	6,000
2d Cpe LS	250	750	1,250	2,500	4,350	6,200
NOTE: Deduct 10 percent for 6-cyl.						
1982 Marquis, V-8						
4d Sed	200	550	900	1,800	3,150	4,500
1982 Marquis Brougham, V-8						
4d Sed	200	550	950	1,900	3,300	4,700
2d Cpe	200	550	900	1,850	3,200	4,600
1982 Grand Marquis, V-8						
4d Sed	200	600	1,000	1,950	3,450	4,900
2d Cpe	200	600	950	1,900	3,350	4,800
4d Sta Wag	200	600	1,000	1,950	3,450	4,900
4d Sta Wag CP	200	600	1,000	2,000	3,500	5,000
1983 Lynx, 4-cyl.						
2d HBk LS	150	450	750	1,500	2,650	3,800
4d HBk LS	150	450	800	1,550	2,750	3,900
4d Sta Wag LS	150	500	800	1,600	2,800	4,000
2d HBk RS	150	450	800	1,550	2,750	3,900
4d HBk LTS	150	500	800	1,600	2,800	4,000
NOTE: Deduct 5 percent for lesser models.						
1983 LN7, 4-cyl.						
2d HBk	200	550	950	1,900	3,300	4,700
2d HBk Spt	200	600	950	1,900	3,350	4,800
2d HBk GS	200	600	1,000	2,000	3,500	5,000
2d HBk RS	200	600	1,050	2,100	3,650	5,200
1983 Zephyr, V-6						
4d Sed	150	450	750	1,500	2,650	3,800
2d Cpe Z-7	200	550	900	1,750	3,100	4,400
4d Sed GS	150	450	800	1,550	2,750	3,900
2d Cpe Z-7 GS	200	550	900	1,850	3,200	4,600
NOTE: Deduct 10 percent for 4-cyl.						
1983 Capri, 6-cyl.						
2d HBk L	200	650	1,100	2,150	3,800	5,400
2d HBk GS	200	650	1,100	2,250	3,900	5,600
1983 Capri, V-8						
2d HBk RS	250	700	1,150	2,300	4,000	5,700
NOTE: Deduct 10 percent for 4-cyl.						
1983 Cougar, V-8						
2d Cpe	250	800	1,300	2,600	4,550	6,500
2d Cpe LS	250	800	1,350	2,700	4,700	6,700
NOTE: Deduct 15 percent for V-6.						
1983 Marquis, 4-cyl.						
4d Sed	150	500	850	1,700	2,950	4,200
4d Brgm	200	550	900	1,750	3,100	4,400
1983 Marquis, 6-cyl.						
4d Sed	200	550	900	1,750	3,100	4,400
4d Sta Wag	200	550	950	1,900	3,300	4,700
4d Sed Brgm	200	600	950	1,900	3,350	4,800
4d Sta Wag Brgm	200	600	1,000	1,950	3,450	4,900
1983 Grand Marquis, V-8						
4d Sed	200	600	1,050	2,100	3,650	5,200
2d Cpe	200	600	1,000	2,050	3,550	5,100
4d Sed LS	200	650	1,100	2,150	3,800	5,400
2d Cpe LS	200	650	1,050	2,100	3,700	5,300
4d Sta Wag	200	650	1,100	2,200	3,850	5,500
1984 Lynx, 4-cyl.						
4d HBk LTS	150	400	700	1,400	2,450	3,500
2d HBk RS	150	450	700	1,450	2,500	3,600
2d HBk RS Turbo	150	450	750	1,500	2,650	3,800
NOTE: Deduct 5 percent for lesser models.						
1984 Topaz, 4-cyl.						
2d Sed	150	400	650	1,300	2,300	3,300
4d Sed	150	400	650	1,300	2,300	3,300
2d Sed GS	150	400	700	1,350	2,400	3,400

1921 Nash Model 682 touring

1949 Nash 600 sedan

1953 Nash-Healey roadster

	6	5	4	3	2	1
4d Sed GS	150	400	700	1,350	2,400	3,400

1984 Capri, 4-cyl.
	6	5	4	3	2	1
2d HBk GS	200	550	900	1,750	3,100	4,400
2d HBk RS Turbo	200	600	950	1,900	3,350	4,800
2d HBk GS, V-6	200	550	900	1,850	3,200	4,600
2d HBk GS, V-8	200	600	950	1,900	3,350	4,800
2d HBk RS, V-8	200	600	1,000	2,000	3,500	5,000

1984 Cougar, V-6
2d Cpe	150	500	850	1,700	2,950	4,200
2d Cpe LS	150	500	850	1,700	3,000	4,300

1984 Cougar, V-8
2d Cpe	200	550	900	1,800	3,150	4,500
2d Cpe LS	200	600	950	1,900	3,350	4,800
2d Cpe XR7	200	650	1,100	2,200	3,850	5,500

1984 Marquis, 4-cyl.
4d Sed	150	500	800	1,650	2,850	4,100
4d Sed Brgm	150	500	850	1,700	2,950	4,200

1984 Marquis, V-6
4d Sed	150	500	850	1,700	2,950	4,200
4d Sed Brgm	150	500	850	1,700	3,000	4,300
4d Sta Wag	150	500	850	1,700	3,000	4,300
4d Sta Wag Brgm	200	550	900	1,750	3,100	4,400

1984 Grand Marquis, V-8
4d Sed	200	600	1,000	1,950	3,450	4,900
2d Sed	200	600	1,000	1,950	3,450	4,900
4d Sed LS	200	600	1,000	2,000	3,500	5,000
2d Sed LS	200	600	1,000	2,000	3,500	5,000
4d Sta Wag Colony Park	200	600	1,000	2,000	3,500	5,000

1985 Lynx, 4-cyl.
2d HBk GS	150	400	700	1,350	2,400	3,400
4d HBk GS	150	400	700	1,400	2,450	3,500
4d Sta Wag GS	150	400	700	1,400	2,450	3,500

NOTE: Deduct 20 percent for diesel. Deduct 5 percent for lesser models.

1985 Topaz, 4-cyl.
2d Sed	150	400	700	1,350	2,400	3,400
4d Sed	150	400	700	1,350	2,400	3,400
2d Sed LS	150	400	700	1,350	2,400	3,400
4d Sed LS	150	400	700	1,400	2,450	3,500

NOTE: Deduct 20 percent for diesel.

1985 Capri, 4-cyl.
2d HBk GS	200	550	900	1,800	3,150	4,500
2d HBk GS, V-6	200	550	900	1,850	3,200	4,600
2d HBk GS, V-8	200	600	1,000	1,950	3,450	4,900
2d HBk 5.0 liter, V-8	200	600	1,050	2,100	3,650	5,200

1985 Cougar, V-6
2d Cpe	150	500	850	1,700	3,000	4,300
2d Cpe LS	200	550	900	1,750	3,100	4,400
2d Cpe, V-8	200	550	900	1,850	3,200	4,600
2d Cpe LS, V-8	200	600	1,000	1,950	3,450	4,900
2d Cpe XR7 Turbo, 4-cyl.	200	650	1,100	2,250	3,900	5,600

1985 Marquis, V-6
4d Sed	150	500	850	1,700	3,000	4,300
4d Sed Brgm	200	550	900	1,750	3,100	4,400
4d Sta Wag	200	550	900	1,750	3,100	4,400
4d Sta Wag Brgm	200	550	900	1,800	3,150	4,500

NOTE: Deduct 20 percent for 4-cyl. where available.

1985 Grand Marquis, V-8
4d Sed	200	600	1,000	2,000	3,500	5,000
2d Sed	200	600	1,000	1,950	3,450	4,900
4d Sed LS	200	600	1,000	2,050	3,550	5,100
2d Sed LS	200	600	1,000	2,000	3,500	5,000
4d Sta Wag Colony Park	200	600	1,050	2,100	3,650	5,200

1986 Lynx
2d HBk	150	400	700	1,400	2,450	3,500
4d HBk	150	450	750	1,500	2,600	3,700
4d Sta Wag	150	450	750	1,500	2,600	3,700

1986 Capri
2d HBk	200	550	900	1,850	3,200	4,600

1986 Topaz
2d Sed	150	450	700	1,450	2,500	3,600
4d Sed	150	450	700	1,450	2,500	3,600

1986 Marquis
4d Sed	200	550	900	1,750	3,100	4,400

	6	5	4	3	2	1
4d Sta Wag	200	550	900	1,800	3,150	4,500

1986 Marquis Brougham
4d Sed	200	550	900	1,800	3,150	4,500
4d Sta Wag	200	550	900	1,850	3,200	4,600

1986 Cougar
2d Cpe	200	600	950	1,900	3,350	4,800
2d LS Cpe	200	600	1,000	2,000	3,500	5,000
XR7 2d Cpe	250	700	1,150	2,300	4,000	5,700

1986 Grand Marquis
2d Sed	200	600	1,000	2,050	3,550	5,100
4d Sed	200	600	1,050	2,100	3,650	5,200
4d Sta Wag	200	650	1,100	2,200	3,850	5,500

NOTE: Add 10 percent for deluxe models. Deduct 5 percent for smaller engines.

1987 Lynx, 4-cyl.
2d HBk L	150	450	750	1,500	2,600	3,700
2d HBk GS	150	450	750	1,500	2,650	3,800
4d HBk GS	150	450	800	1,550	2,750	3,900
4d Sta Wag GS	150	450	800	1,550	2,750	3,900
2d HBk XR3	150	500	800	1,600	2,800	4,000

1987 Topaz, 4-cyl.
2d Sed GS	150	450	750	1,500	2,650	3,800
4d Sed GS	150	450	800	1,550	2,750	3,900
2d Sed GS Spt	150	450	800	1,550	2,750	3,900
4d Sed GS Spt	150	500	800	1,600	2,800	4,000
4d Sed LS	150	500	800	1,650	2,850	4,100

1987 Cougar
2d Cpe LS, V-6	250	750	1,300	2,550	4,500	6,400
2d Cpe LS, V-8	300	850	1,400	2,800	4,900	7,000
2d Cpe XR7, V-8	300	850	1,450	2,900	5,050	7,200

NOTE: Add 10 percent for Anniversary Model.

1987 Sable, V-6
4d Sed GS	200	600	1,000	2,000	3,500	5,000
4d Sed LS	200	600	1,000	2,050	3,550	5,100
4d Sta Wag GS	200	600	1,000	2,050	3,550	5,100
4d Sta Wag LS	200	600	1,050	2,100	3,650	5,200

1987 Grand Marquis, V-8
4d Sed GS	250	700	1,150	2,300	4,000	5,700
4d Sta Wag Col Park GS	250	700	1,200	2,350	4,150	5,900
2d Sed LS	250	700	1,150	2,300	4,000	5,700
4d Sed LS	250	700	1,150	2,300	4,050	5,800
4d Sta Wag Col Park LS	250	700	1,200	2,400	4,200	6,000

1988 Tracer, 4-cyl.
2d HBk	100	350	600	1,200	2,100	3,000
4d HBk	100	350	600	1,250	2,150	3,100
4d Sta Wag	150	400	650	1,300	2,300	3,300

1988 Topaz, 4-cyl.
2d Sed	150	400	650	1,300	2,250	3,200
4d Sed	150	400	650	1,300	2,300	3,300
4d Sed LS	150	450	700	1,450	2,500	3,600
4d Sed LTS	150	450	750	1,500	2,650	3,800
2d Sed XR5	150	500	800	1,600	2,800	4,000

1988 Cougar
2d LS V-6	250	700	1,150	2,300	4,050	5,800
2d LS V-8	250	750	1,250	2,500	4,350	6,200
2d XR7 V-8	250	800	1,350	2,700	4,750	6,800

1988 Sable, V-6
4d Sed GS	200	550	900	1,850	3,200	4,600
4d Sta Wag GS	200	600	1,050	2,100	3,650	5,200
4d Sed LS	200	600	950	1,900	3,350	4,800
4d Sta Wag LS	250	700	1,150	2,300	4,050	5,800

1988 Grand Marquis, V-8
4d Sed GS	200	650	1,100	2,200	3,850	5,500
4d Sta Wag Col Park GS	250	700	1,150	2,300	4,050	5,800
4d Sed LS	200	650	1,100	2,250	3,900	5,600
4d Sta Wag Col Park LS	250	750	1,200	2,450	4,250	6,100

1989 Tracer, 4-cyl.
4d HBk	150	450	800	1,550	2,750	3,900
2d HBk	150	450	750	1,500	2,650	3,800
4d Sta Wag	150	500	800	1,600	2,800	4,000

1989 Topaz, 4-cyl.
2d Sed GS	150	450	700	1,450	2,500	3,600
4d Sed GS	150	450	750	1,500	2,600	3,700
4d Sed LS	150	450	800	1,550	2,750	3,900
4d Sed LTS	150	500	850	1,700	3,000	4,300

	6	5	4	3	2	1
2d Sed XR5	200	600	1,000	1,950	3,450	4,900
1989 Cougar, V-6						
2d Cpe LS	300	850	1,400	2,800	4,900	7,000
2d Cpe XR7	300	950	1,600	3,200	5,600	8,000
1989 Sable, V-6						
4d Sed GS	200	650	1,050	2,100	3,700	5,300
4d Sta Wag GS	250	750	1,250	2,500	4,350	6,200
4d Sed LS	250	700	1,200	2,350	4,150	5,900
4d Sta Wag LS	300	850	1,450	2,900	5,050	7,200
1989 Grand Marquis, V-8						
4d Sed GS	250	750	1,250	2,500	4,400	6,300
4d Sed LS	250	750	1,300	2,550	4,500	6,400
4d Sta Wag Col Park GS	250	800	1,350	2,700	4,700	6,700
4d Sta Wag Col Park LS	300	850	1,400	2,750	4,850	6,900
1990 Topaz, 4-cyl.						
2d Sed GS	150	450	800	1,550	2,750	3,900
4d Sed GS	150	500	800	1,600	2,800	4,000
4d Sed LS	150	500	850	1,700	2,950	4,200
4d Sed LTS	200	550	900	1,850	3,200	4,600
2d Sed XR5	150	500	850	1,700	2,950	4,200
1990 Cougar, V-6						
2d Cpe LS	250	800	1,300	2,600	4,550	6,500
2d Cpe XR7	300	850	1,400	2,800	4,900	7,000
1990 Sable, V-6						
4d Sed GS	200	650	1,100	2,200	3,850	5,500
4d Sed LS	250	700	1,200	2,400	4,200	6,000
4d Sta Wag GS	250	700	1,200	2,400	4,200	6,000
4d Sta Wag LS	250	800	1,300	2,600	4,550	6,500
1990 Grand Marquis, V-8						
4d Sed GS	250	800	1,300	2,600	4,550	6,500
4d Sed LS	300	850	1,400	2,800	4,900	7,000
4d Sta Wag GS	300	850	1,400	2,800	4,900	7,000
4d Sta Wag LS	300	900	1,500	3,000	5,250	7,500
1991 Tracer, 4-cyl.						
4d NBk	150	400	700	1,400	2,450	3,500
4d NBk LTS	150	450	750	1,500	2,600	3,700
4d Sta Wag	150	450	800	1,550	2,750	3,900
1991 Topaz, 4-cyl.						
2d Sed GS	150	450	750	1,500	2,600	3,700
4d Sed GS	150	450	750	1,500	2,600	3,700
4d Sed LS	150	450	800	1,550	2,750	3,900
4d Sed LTS	150	500	800	1,600	2,800	4,000
2d Sed XR5	150	500	850	1,700	2,950	4,200
1991 Capri, 4-cyl.						
2d Conv	200	600	1,000	2,000	3,500	5,000
2d Conv XR2 Turbo	200	650	1,100	2,200	3,850	5,500
1991 Cougar						
2d Cpe LS, V-6	250	700	1,200	2,400	4,200	6,000
2d Cpe LS, V-8	300	850	1,400	2,800	4,900	7,000
2d Cpe XR7, V-8	300	900	1,500	3,000	5,250	7,500
1991 Sable, V-6						
4d Sed GS	150	450	750	1,500	2,600	3,700
4d Sta Wag GS	150	450	800	1,550	2,750	3,900
4d Sed LS	150	450	750	1,500	2,650	3,800
4d Sta Wag LS	150	500	800	1,600	2,800	4,000
1991 Grand Marquis, V-8						
4d Sed GS	200	550	900	1,850	3,200	4,600
4d Sed LS	200	600	950	1,900	3,350	4,800
1991 Grand Marquis Colony Park, V-8						
4d Sta Wag GS35	200	650	1,100	2,200	3,850	5,500
4d Sta Wag GS25	200	650	1,100	2,150	3,800	5,400
4d Sta Wag LS35	200	650	1,100	2,250	3,900	5,600
4d Sta Wag LS25	200	650	1,100	2,200	3,850	5,500
1992 Tracer, 4-cyl.						
4d Sed	150	500	800	1,650	2,850	4,100
4d Sed LTS	150	500	850	1,700	2,950	4,200
4d Sta Wag	200	550	900	1,850	3,200	4,600
1992 Topaz, 4-cyl. & V-6						
2d Cpe GS	150	450	800	1,550	2,750	3,900
4d Sed GS	150	500	800	1,600	2,800	4,000
4d Sed LS	150	500	850	1,700	2,950	4,200
4d Sed LTS V-6	200	650	1,100	2,250	3,900	5,600
2d Cpe XR5 V-6	200	650	1,100	2,250	3,900	5,600

	6	5	4	3	2	1
1992 Capri, 4-cyl.						
2d Conv	250	700	1,200	2,400	4,200	6,000
2d Conv XR2 Turbo	250	750	1,250	2,500	4,350	6,200
1992 Cougar						
2d Cpe LS, V-6	300	900	1,450	2,900	5,100	7,300
2d Cpe LS, V-8	300	900	1,550	3,100	5,400	7,700
2d Cpe XR7 V-8	300	950	1,600	3,150	5,550	7,900
1992 Sable, V-6						
4d Sed GS	250	700	1,200	2,400	4,200	6,000
4d Sta Wag GS	250	700	1,200	2,400	4,200	6,000
4d Sed LS	250	750	1,250	2,500	4,350	6,200
4d Sta Wag LS	250	750	1,250	2,500	4,350	6,200
1992 Grand Marquis, V-8						
4d Sed GS	300	850	1,400	2,800	4,900	7,000
4d Sed LS	300	850	1,450	2,900	5,050	7,200
1993 Tracer, 4-cyl.						
4d Sed	150	500	850	1,700	3,000	4,300
4d Sta Wag	200	550	900	1,850	3,200	4,600
4d Sed LTS	200	550	900	1,800	3,150	4,500
1993 Topaz, 4-cyl.						
2d Sed GS	150	500	850	1,700	2,950	4,200
4d Sed GS	200	550	900	1,750	3,100	4,400
1993 Capri, 4-cyl.						
2d Conv	300	850	1,400	2,800	4,900	7,000
2d Conv XR2 Turbo	300	850	1,450	2,900	5,050	7,200
1993 Cougar						
2d Cpe XR7, V-6	300	900	1,450	2,900	5,100	7,300
2d Cpe XR7, V-8	300	900	1,500	3,000	5,300	7,550
1993 Sable, V-6						
4d Sed GS	250	750	1,250	2,500	4,350	6,200
4d Sed LS	250	750	1,250	2,500	4,400	6,300
4d Sta Wag GS	250	800	1,300	2,600	4,550	6,500
4d Sta Wag LS	250	800	1,300	2,650	4,600	6,600
1993 Grand Marquis, V-8						
4d Sed GS	300	850	1,450	2,900	5,050	7,200
4d Sed LS	300	900	1,500	2,950	5,200	7,400

RAMBLER

	6	5	4	3	2	1
1902 1-cyl., 4 hp						
2P Rbt	1,500	4,450	7,400	14,800	25,900	37,000
1903 1-cyl., 6 hp						
2/4P Lt Tr	1,450	4,300	7,200	14,400	25,200	36,000
1904 Model E, 1-cyl., 7 hp, 78" wb						
Rbt	1,300	3,850	6,400	12,800	22,400	32,000
1904 Model G, 1-cyl., 7 hp, 81" wb						
Rbt	1,300	3,950	6,600	13,200	23,100	33,000
1904 Model H, 1-cyl., 7 hp, 81" wb						
Tonn	1,300	3,950	6,600	13,200	23,100	33,000
1904 Model J, 2-cyl., 16 hp, 84" wb						
Rbt	1,350	4,100	6,800	13,600	23,800	34,000
1904 Model K, 2-cyl., 16 hp, 84" wb						
Tonn	1,350	4,100	6,800	13,600	23,800	34,000
1904 Model L, 2-cyl., 16 hp, 84" wb						
Canopy Tonn	1,400	4,200	7,000	14,000	24,500	35,000
1905 Model G, 1-cyl., 8 hp, 81" wb						
Rbt	1,300	3,850	6,400	12,800	22,400	32,000
1905 Model H, 1-cyl., 8 hp, 81" wb						
Tr	1,300	3,850	6,400	12,800	22,400	32,000
1905 Type One, 2-cyl., 18 hp, 90" wb						
Tr	1,300	3,950	6,600	13,200	23,100	33,000
1905 Type Two, 2-cyl., 20 hp, 100" wb						
Surrey	1,350	4,100	6,800	13,600	23,800	34,000
Limo	1,450	4,300	7,200	14,400	25,200	36,000
1906 Model 17, 2-cyl., 10/12 hp, 88" wb						
2P Rbt	1,250	3,700	6,200	12,400	21,700	31,000
1906 Type One, 2-cyl., 18/20 hp, 90" wb						
5P Surrey	1,300	3,850	6,400	12,800	22,400	32,000
1906 Type Two, 2-cyl., 20 hp, 100" wb						
5P Surrey	1,300	3,950	6,600	13,200	23,100	33,000

	6	5	4	3	2	1
1906 Type Three, 2-cyl., 18/20 hp, 96" wb						
5P Surrey	1,350	4,100	6,800	13,600	23,800	34,000
1906 Model 14, 4-cyl., 25 hp, 106" wb						
5P Tr	1,400	4,200	7,000	14,000	24,500	35,000
1906 Model 15, 4-cyl., 35/40 hp, 112" wb						
5P Tr	1,500	4,450	7,400	14,800	25,900	37,000
1906 Model 16, 4-cyl., 35/40 hp, 112" wb						
5P Limo	1,350	4,100	6,800	13,600	23,800	34,000
1907 Model 27, 2-cyl., 14/16 hp, 90" wb						
2P Rbt	1,250	3,700	6,200	12,400	21,700	31,000
1907 Model 22, 2-cyl., 20/22 hp, 100" wb						
2P Rbt	1,300	3,850	6,400	12,800	22,400	32,000
1907 Model 21, 2-cyl., 20/22 hp, 100" wb						
5P Tr	1,300	3,950	6,600	13,200	23,100	33,000
1907 Model 24, 4-cyl., 25/30 hp, 108" wb						
5P Tr	1,350	4,100	6,800	13,600	23,800	34,000
1907 Model 25, 4-cyl., 35/40 hp, 112" wb						
5P Tr	1,450	4,300	7,200	14,400	25,200	36,000
1908 Model 31, 2-cyl., 22 hp, 106" wb						
Det Tonneau	1,350	4,100	6,800	13,600	23,800	34,000
1908 Model 34, 4-cyl., 32 hp, 112" wb						
3P Rds	1,400	4,200	7,000	14,000	24,500	35,000
5P Tr	1,450	4,300	7,200	14,400	25,200	36,000
1909 Model 47, 2-cyl., 22 hp, 106" wb						
2P Rbt	1,350	4,100	6,800	13,600	23,800	34,000
1909 Model 41, 2-cyl., 22 hp, 106" wb						
5P Tr	1,400	4,200	7,000	14,000	24,500	35,000
1909 Model 44, 4-cyl., 34 hp, 112" wb						
5P Tr	1,450	4,300	7,200	14,400	25,200	36,000
4P C.C. Tr	1,500	4,450	7,400	14,800	25,900	37,000
1909 Model 45, 4-cyl., 45 hp, 123" wb						
7P Tr	1,700	5,050	8,400	16,800	29,400	42,000
4P C.C. Tr	1,700	5,150	8,600	17,200	30,100	43,000
3P Rds	1,650	4,900	8,200	16,400	28,700	41,000
1910 Model 53, 4-cyl., 34 hp, 109" wb						
Tr	1,550	4,700	7,800	15,600	27,300	39,000
1910 Model 54, 4-cyl., 45 hp, 117" wb						
Tr	1,650	4,900	8,200	16,400	28,700	41,000
1910 Model 55, 4-cyl., 45 hp, 123" wb						
Tr	1,700	5,150	8,600	17,200	30,100	43,000
Limo	1,350	4,100	6,800	13,600	23,800	34,000
1911 Model 63, 4-cyl., 34 hp, 112" wb						
Tr	1,500	4,550	7,600	15,200	26,600	38,000
Rds	1,500	4,450	7,400	14,800	25,900	37,000
Cpe	850	2,500	4,200	8,400	14,700	21,000
Twn Car	900	2,750	4,600	9,200	16,100	23,000
1911 Model 64, 4-cyl., 34 hp, 120" wb						
Tr	1,600	4,800	8,000	16,000	28,000	40,000
Toy Tonn	1,650	4,900	8,200	16,400	28,700	41,000
Lan'let	1,250	3,700	6,200	12,400	21,700	31,000
1911 Model 65, 4-cyl., 34 hp, 128" wb						
Tr	1,700	5,050	8,400	16,800	29,400	42,000
Toy Tonn	1,700	5,150	8,600	17,200	30,100	43,000
Limo	1,250	3,700	6,200	12,400	21,700	31,000
1912 Four, 38 hp, 120" wb						
5P Cr Ctry Tr	1,650	4,900	8,200	16,400	28,700	41,000
4P Sub Ctry Clb	1,600	4,800	8,000	16,000	28,000	40,000
2P Rds	1,600	4,800	8,000	16,000	28,000	40,000
4P Sed	850	2,500	4,200	8,400	14,700	21,000
7P Gotham Limo	1,050	3,100	5,200	10,400	18,200	26,000
1912 Four, 50 hp, 120" wb						
Ctry Clb	1,700	5,050	8,400	16,800	29,400	42,000
Valkyrie	1,650	4,900	8,200	16,400	28,700	41,000
1912 Four, 50 hp, 128" wb						
Morraine Tr	1,750	5,300	8,800	17,600	30,800	44,000
Metropolitan	1,800	5,400	9,000	18,000	31,500	45,000
Greyhound	1,800	5,400	9,000	18,000	31,500	45,000
Knickerbocker	2,300	6,950	11,600	23,200	40,600	58,000
1913 Four, 42 hp, 120" wb						
2/3P Cr Ctry Rds	1,600	4,800	8,000	16,000	28,000	40,000
4/5P Cr Ctry Tr	1,650	4,900	8,200	16,400	28,700	41,000

	6	5	4	3	2	1
4P Inside Drive Cpe	950	2,900	4,800	9,600	16,800	24,000
7P Gotham Limo	1,100	3,250	5,400	10,800	18,900	27,000

JEFFERY

1914 Four, 40 hp, 116" wb
4d 5P Tr	1,450	4,300	7,200	14,400	25,200	36,000
4d 5P Sed	650	1,900	3,200	6,400	11,200	16,000

1914 Four, 27 hp, 120" wb
2d 2P Rds	1,500	4,450	7,400	14,800	25,900	37,000
4d 4P/5P/7P Tr	1,500	4,550	7,600	15,200	26,600	38,000

1914 Six, 48 hp, 128" wb
4d 5P Tr	1,600	4,800	8,000	16,000	28,000	40,000
4d 6P Tr	1,650	4,900	8,200	16,400	28,700	41,000
4d 7P Limo	1,000	3,000	5,000	10,000	17,500	25,000

1915 Four, 40 hp, 116" wb
4d 5P Tr	1,600	4,800	8,000	16,000	28,000	40,000
2d 2P Rds	1,550	4,700	7,800	15,600	27,300	39,000
2d 2P A/W	1,100	3,350	5,600	11,200	19,600	28,000
4d 7P Limo	950	2,900	4,800	9,600	16,800	24,000
4d 4P Sed	800	2,400	4,000	8,000	14,000	20,000

1915 Chesterfield Six, 48 hp, 122" wb
4d 5P Tr	1,800	5,400	9,000	18,000	31,500	45,000
2d 2P Rds	1,700	5,150	8,600	17,200	30,100	43,000
2d 2P A/W	1,700	5,050	8,400	16,800	29,400	42,000

1916 Four, 40 hp, 116" wb
4d 7P Tr	1,750	5,300	8,800	17,600	30,800	44,000
4d 5P Tr	1,700	5,150	8,600	17,200	30,100	43,000
4d 7P Sed	850	2,500	4,200	8,400	14,700	21,000
4d 5P Sed	800	2,400	4,000	8,000	14,000	20,000
2d 3P Rds	1,650	4,900	8,200	16,400	28,700	41,000

1916 Chesterfield Six, 48 hp, 122" wb
4d 5P Tr	1,900	5,750	9,600	19,200	33,600	48,000

1917 Model 472, 4-cyl., 40 hp, 116" wb
4d 7P Tr	1,650	4,900	8,200	16,400	28,700	41,000
2d 2P Rds	1,600	4,800	8,000	16,000	28,000	40,000
4d 7P Sed	800	2,400	4,000	8,000	14,000	20,000

1917 Model 671, 6-cyl., 48 hp, 125" wb
4d 7P Tr	1,800	5,400	9,000	18,000	31,500	45,000
2d 3P Rds	1,750	5,300	8,800	17,600	30,800	44,000
4d 5P Sed	800	2,400	4,000	8,000	14,000	20,000

NASH

1918 Series 680, 6-cyl.
4d 7P Tr	1,150	3,500	5,800	11,600	20,300	29,000
4d 5P Tr	1,100	3,350	5,600	11,200	19,600	28,000
4d 4P Rds	1,200	3,600	6,000	12,000	21,000	30,000
4d Sed	750	2,300	3,800	7,600	13,300	19,000
2d Cpe	750	2,300	3,850	7,700	13,400	19,200

1919 Series 680, 6-cyl.
2d Rds	1,150	3,500	5,800	11,600	20,300	29,000
2d Spt Rds	1,100	3,350	5,600	11,200	19,600	28,000
4d 5P Tr	1,200	3,600	6,000	12,000	21,000	30,000
4d 7P Tr	1,250	3,700	6,200	12,400	21,700	31,000
2d 4P Rds	1,200	3,600	6,000	12,000	21,000	30,000
4d Sed	700	2,150	3,600	7,200	12,600	18,000
2d Cpe	750	2,200	3,700	7,400	12,950	18,500

1920 Series 680, 6-cyl.
4d 5P Tr	1,100	3,350	5,600	11,200	19,600	28,000
2d Rds	1,100	3,250	5,400	10,800	18,900	27,000
4d 7P Tr	1,150	3,500	5,800	11,600	20,300	29,000
2d Cpe	750	2,200	3,700	7,400	12,950	18,500
4d Sed	700	2,150	3,600	7,200	12,600	18,000
4d Spt Tr	1,200	3,600	6,000	12,000	21,000	30,000

1921 Series 680, 6-cyl.
4d 5P Tr	1,050	3,100	5,200	10,400	18,200	26,000
2d Rds	1,100	3,250	5,400	10,800	18,900	27,000
4d Spt Tr	1,100	3,350	5,600	11,200	19,600	28,000
4d Tr	1,100	3,250	5,400	10,800	18,900	27,000
2d Cpe	750	2,200	3,700	7,400	12,950	18,500
4d Sed	700	2,050	3,400	6,800	11,900	17,000

1921 Series 40, 4-cyl.
4d Tr	1,000	3,000	5,000	10,000	17,500	25,000

	6	5	4	3	2	1
2d Rds	1,050	3,100	5,200	10,400	18,200	26,000
2d Cpe	650	1,900	3,200	6,400	11,200	16,000
4d Sed	550	1,700	2,800	5,600	9,800	14,000
2d Cabr	950	2,900	4,800	9,600	16,800	24,000
1922 Series 680, 6-cyl.						
4d 5P Tr	1,050	3,100	5,200	10,400	18,200	26,000
4d 7P Tr	1,100	3,250	5,400	10,800	18,900	27,000
4d 7P Sed	650	1,900	3,200	6,400	11,200	16,000
2d Cpe	700	2,150	3,600	7,200	12,600	18,000
2d Rds	1,100	3,350	5,600	11,200	19,600	28,000
2d Spt	1,150	3,500	5,800	11,600	20,300	29,000
4d 5P Sed	700	2,050	3,400	6,800	11,900	17,000
1922 Series 40, 4-cyl.						
4d Tr	1,000	3,000	5,000	10,000	17,500	25,000
2d Rds	1,050	3,100	5,200	10,400	18,200	26,000
2d Cpe	700	2,050	3,400	6,800	11,900	17,000
4d Sed	500	1,550	2,600	5,200	9,100	13,000
2d Cabr	800	2,400	4,000	8,000	14,000	20,000
Ca'ole	600	1,800	3,000	6,000	10,500	15,000
1923 Series 690, 6-cyl., 121" wb						
2d Rds	1,100	3,250	5,400	10,800	18,900	27,000
4d Tr	1,100	3,350	5,600	11,200	19,600	28,000
4d Spt Tr	1,150	3,500	5,800	11,600	20,300	29,000
4d Sed	500	1,450	2,400	4,800	8,400	12,000
2d Cpe	600	1,800	3,000	6,000	10,500	15,000
1923 Series 690, 6-cyl., 127" wb						
4d Tr	1,100	3,350	5,600	11,200	19,600	28,000
4d Sed	500	1,500	2,500	5,000	8,750	12,500
2d Cpe	600	1,850	3,100	6,200	10,850	15,500
1923 Series 40, 4-cyl.						
4d Tr	1,050	3,100	5,200	10,400	18,200	26,000
2d Rds	1,100	3,250	5,400	10,800	18,900	27,000
4d Spt Tr	1,100	3,350	5,600	11,200	19,600	28,000
Ca'ole	550	1,700	2,800	5,600	9,800	14,000
4d Sed	500	1,550	2,600	5,200	9,100	13,000
1924 Series 690, 6-cyl., 121" wb						
2d Rds	1,100	3,250	5,400	10,800	18,900	27,000
4d Tr	1,050	3,100	5,200	10,400	18,200	26,000
4d Spl DeL	400	1,200	2,000	4,000	7,000	10,000
2d Cpe	500	1,450	2,400	4,800	8,400	12,000
4d Spl Sed	450	1,300	2,200	4,400	7,700	11,000
1924 Series 690, 6-cyl., 127" wb						
4d 7P Tr	1,100	3,350	5,600	11,200	19,600	28,000
4d 7P Sed	400	1,250	2,100	4,200	7,350	10,500
2d Vic	450	1,300	2,200	4,400	7,700	11,000
1924 4 cyl.						
4d Tr	1,100	3,250	5,400	10,800	18,900	27,000
2d Rds	1,100	3,350	5,600	11,200	19,600	28,000
2d Cab	1,050	3,100	5,200	10,400	18,200	26,000
4d 5P Sed	450	1,300	2,200	4,400	7,700	11,000
4d Sed	400	1,200	2,000	4,000	7,000	10,000
4d Spt Sed	500	1,450	2,400	4,800	8,400	12,000
2d Cpe	500	1,550	2,600	5,200	9,100	13,000
1925 Advanced models, 6-cyl.						
4d Tr	950	2,900	4,800	9,600	16,800	24,000
4d 7P Tr	1,000	3,000	5,000	10,000	17,500	25,000
4d Sed	500	1,450	2,400	4,800	8,400	12,000
2d Vic Cpe	500	1,550	2,600	5,200	9,100	13,000
4d 7P Sed	500	1,500	2,500	5,000	8,750	12,500
2d Rds	1,000	3,000	5,000	10,000	17,500	25,000
2d Cpe	500	1,450	2,400	4,800	8,400	12,000
2d Sed	400	1,200	2,000	4,000	7,000	10,000
1925 Special models, 6-cyl.						
4d Tr	900	2,750	4,600	9,200	16,100	23,000
4d Sed	450	1,300	2,200	4,400	7,700	11,000
2d Rds	950	2,900	4,800	9,600	16,800	24,000
2d Sed	450	1,300	2,150	4,300	7,550	10,800
1925 Light six, (Ajax), 6-cyl.						
4d Tr	750	2,300	3,800	7,600	13,300	19,000
4d Sed	400	1,200	2,000	4,000	7,000	10,000
1926 Advanced models, 6-cyl.						
4d 5P Tr	950	2,900	4,800	9,600	16,800	24,000
4d 7P Tr	1,000	3,000	5,000	10,000	17,500	25,000
2d Sed	400	1,200	2,000	4,000	7,000	10,000
4d Sed	400	1,200	2,050	4,100	7,150	10,200

	6	5	4	3	2	1
4d 7P Sed	400	1,250	2,100	4,200	7,350	10,500
2d Cpe	450	1,300	2,200	4,350	7,650	10,900
2d Rds	1,000	3,000	5,000	10,000	17,500	25,000
2d Vic Cpe	500	1,550	2,600	5,200	9,100	13,000

1926 Special models, 6-cyl.
	6	5	4	3	2	1
2d Rds	900	2,750	4,600	9,200	16,100	23,000
2d Sed	400	1,250	2,100	4,200	7,350	10,500
4d 7P Sed	450	1,300	2,150	4,300	7,500	10,700
2d Cpe	450	1,300	2,200	4,400	7,700	11,000
4d Sed	400	1,250	2,100	4,250	7,400	10,600
2d Spl Rds	1,050	3,100	5,200	10,400	18,200	26,000

1926 Light Six (formerly Ajax)
	6	5	4	3	2	1
4d Tr	700	2,150	3,600	7,200	12,600	18,000
2d Sed	400	1,250	2,100	4,200	7,350	10,500

1927 Standard, 6-cyl.
	6	5	4	3	2	1
4d Tr	800	2,400	4,000	8,000	14,000	20,000
2d Cpe	450	1,400	2,300	4,600	8,050	11,500
2d Sed	400	1,250	2,100	4,250	7,400	10,600
4d Sed	400	1,150	1,900	3,850	6,700	9,600
4d DeL Sed	450	1,300	2,150	4,300	7,500	10,700

1927 Special, 6-cyl.
	6	5	4	3	2	1
2d Rds	850	2,500	4,200	8,400	14,700	21,000
4d Tr	800	2,400	4,000	8,000	14,000	20,000
2d Cpe	500	1,450	2,400	4,800	8,400	12,000
2d Sed	450	1,300	2,200	4,400	7,700	11,000
4d Sed	450	1,350	2,250	4,500	7,850	11,200

NOTE: Begin September 1926.
	6	5	4	3	2	1
4d Cav Sed	450	1,400	2,300	4,600	8,050	11,500
4d Sed	450	1,350	2,300	4,550	8,000	11,400
2d RS Cab	700	2,050	3,400	6,800	11,900	17,000
2d RS Rds	800	2,400	4,000	8,000	14,000	20,000

NOTE: Begin January 1927.

1927 Advanced, 6-cyl.
	6	5	4	3	2	1
2d Rds	950	2,900	4,800	9,600	16,800	24,000
4d 5P Tr	900	2,750	4,600	9,200	16,100	23,000
4d 7P Tr	950	2,900	4,800	9,600	16,800	24,000
2d Cpe	500	1,550	2,600	5,200	9,100	13,000
2d Vic	550	1,700	2,800	5,600	9,800	14,000
2d Sed	450	1,300	2,200	4,400	7,700	11,000
4d Sed	450	1,350	2,250	4,500	7,850	11,200
4d 7P Sed	450	1,400	2,300	4,600	8,050	11,500

NOTE: Begin August 1926.
	6	5	4	3	2	1
2d RS Cpe	600	1,800	3,000	6,000	10,500	15,000
4d Spl Sed	450	1,400	2,300	4,600	8,050	11,500
4d Amb Sed	450	1,400	2,350	4,700	8,200	11,700

NOTE: Begin January 1927.

1928 Standard, 6-cyl.
	6	5	4	3	2	1
4d Tr	700	2,150	3,600	7,200	12,600	18,000
2d Cpe	500	1,450	2,400	4,800	8,400	12,000
2d Conv Cabr	850	2,500	4,200	8,400	14,700	21,000
2d Sed	400	1,250	2,100	4,200	7,350	10,500
4d Sed	400	1,250	2,100	4,250	7,400	10,600
4d Lan Sed	450	1,300	2,150	4,300	7,500	10,700

1928 Special, 6-cyl.
	6	5	4	3	2	1
4d Tr	700	2,100	3,500	6,950	12,200	17,400
2d RS Rds	750	2,300	3,800	7,600	13,300	19,000
2d Cpe	500	1,450	2,400	4,800	8,400	12,000
2d Conv Cabr	900	2,750	4,600	9,200	16,100	23,000
2d Vic	600	1,800	3,000	6,000	10,500	15,000
2d Sed	500	1,550	2,600	5,200	9,100	13,000
4d Sed	550	1,600	2,650	5,300	9,250	13,200
4d Cpe	550	1,600	2,700	5,400	9,450	13,500

1928 Advanced, 6-cyl.
	6	5	4	3	2	1
4d Spt Tr	1,050	3,100	5,200	10,400	18,200	26,000
4d Tr	1,000	3,000	5,000	10,000	17,500	25,000
2d RS Rds	1,100	3,250	5,400	10,800	18,900	27,000
2d Cpe	500	1,550	2,600	5,200	9,100	13,000
2d Vic	550	1,600	2,700	5,400	9,450	13,500
2d Sed	450	1,350	2,250	4,500	7,900	11,300
4d Sed	450	1,400	2,300	4,650	8,100	11,600
4d Cpe	500	1,450	2,400	4,800	8,400	12,000
4d 7P Sed	450	1,350	2,300	4,550	8,000	11,400

1929 Standard, 6-cyl.
	6	5	4	3	2	1
4d Sed	400	1,200	2,050	4,100	7,150	10,200
4d Tr	900	2,750	4,600	9,200	16,100	23,000

	6	5	4	3	2	1
2d Cabr	700	2,050	3,400	6,800	11,900	17,000
2d Sed	400	1,200	2,050	4,100	7,150	10,200
2P Cpe	400	1,200	2,000	4,050	7,050	10,100
4P Cpe	400	1,250	2,100	4,150	7,300	10,400
4d Lan Sed	400	1,250	2,050	4,100	7,200	10,300
1929 Special, 6-cyl.						
2d Sed	450	1,300	2,200	4,400	7,700	11,000
2d 2P Cpe	450	1,400	2,300	4,600	8,050	11,500
2d 4P Cpe	500	1,450	2,400	4,800	8,400	12,000
2d Rds	1,100	3,350	5,600	11,200	19,600	28,000
4d Sed	450	1,300	2,200	4,400	7,700	11,000
2d Cabr	900	2,650	4,400	8,800	15,400	22,000
2d Vic	450	1,350	2,300	4,550	8,000	11,400
1929 Advanced, 6-cyl.						
2d Cpe	500	1,450	2,400	4,800	8,400	12,000
2d Cabr	1,050	3,100	5,200	10,400	18,200	26,000
2d Sed	450	1,350	2,300	4,550	8,000	11,400
4d 7P Sed	450	1,400	2,300	4,600	8,050	11,500
4d Amb Sed	450	1,400	2,350	4,700	8,250	11,800
4d Sed	450	1,400	2,300	4,600	8,050	11,500
1930 Single, 6-cyl.						
2d Rds	850	2,500	4,200	8,400	14,700	21,000
4d Tr	800	2,400	4,000	8,000	14,000	20,000
2P Cpe	450	1,400	2,300	4,600	8,050	11,500
2d Sed	450	1,300	2,200	4,400	7,700	11,000
4P Cpe	500	1,500	2,500	4,950	8,700	12,400
2d Cabr	800	2,400	4,000	8,000	14,000	20,000
4d Sed	450	1,350	2,200	4,450	7,750	11,100
4d DeL Sed	450	1,350	2,250	4,500	7,900	11,300
4d Lan'let	500	1,450	2,400	4,800	8,400	12,000
1930 Twin-Ign, 6-cyl.						
2d Rds	1,250	3,700	6,200	12,400	21,700	31,000
4d 7P Tr	1,200	3,600	6,000	12,000	21,000	30,000
4d 5P Tr	1,150	3,500	5,800	11,600	20,300	29,000
2d 2P Cpe	500	1,450	2,400	4,800	8,400	12,000
2d 4P Cpe	500	1,450	2,450	4,900	8,550	12,200
2d Sed	450	1,300	2,200	4,400	7,700	11,000
2d Cabr	900	2,650	4,400	8,800	15,400	22,000
2d Vic	600	1,800	3,000	6,000	10,500	15,000
4d Sed	500	1,500	2,500	4,950	8,700	12,400
4d 7P Sed	500	1,500	2,550	5,100	8,900	12,700
1930 Twin-Ign, 8-cyl.						
2d Sed	600	1,750	2,900	5,750	10,100	14,400
2d 2P Cpe	700	2,100	3,500	7,000	12,250	17,500
2d 4P Cpe	700	2,150	3,600	7,200	12,600	18,000
2d Vic	800	2,400	4,000	8,000	14,000	20,000
2d Cabr	1,600	4,800	8,000	16,000	28,000	40,000
4d Sed	600	1,750	2,900	5,800	10,150	14,500
4d Amb Sed	600	1,850	3,100	6,200	10,850	15,500
4d 7P Sed	600	1,800	3,000	6,000	10,500	15,000
4d 7P Limo	650	1,900	3,200	6,400	11,200	16,000
1931 Series 660, 6-cyl.						
4d 5P Tr	1,000	3,000	5,000	10,000	17,500	25,000
2d 2P Cpe	500	1,500	2,500	5,000	8,750	12,500
2d 4P Cpe	500	1,500	2,550	5,100	8,900	12,700
2d Sed	500	1,450	2,400	4,800	8,400	12,000
4d Sed	500	1,450	2,400	4,800	8,400	12,000
1931 Series 870, 8-cyl.						
2d 2P Cpe	600	1,800	3,000	6,000	10,500	15,000
2d 4P Cpe	600	1,800	3,050	6,100	10,600	15,200
4d Conv Sed	2,000	6,000	10,000	20,000	35,000	50,000
2d Sed	550	1,700	2,850	5,700	9,950	14,200
4d Spl Sed	600	1,750	2,900	5,750	10,100	14,400
1931 Series 880 - Twin-Ign, 8-cyl.						
2d 2P Cpe	700	2,050	3,400	6,800	11,900	17,000
2d 4P Cpe	700	2,100	3,500	7,000	12,250	17,500
4d Conv Sed	2,100	6,350	10,600	21,200	37,100	53,000
2d Sed	600	1,800	3,000	6,000	10,500	15,000
4d Twn Sed	600	1,850	3,100	6,200	10,850	15,500
1931 Series 890 - Twin-Ign, 8-cyl.						
4d 7P Tr	1,800	5,400	9,000	18,000	31,500	45,000
2d 2P Cpe	900	2,750	4,600	9,200	16,100	23,000
2d 4P Cpe	950	2,900	4,800	9,600	16,800	24,000
2d Cabr	2,000	6,000	10,000	20,000	35,000	50,000
2d Vic	800	2,400	4,000	8,000	14,000	20,000
2d Sed	700	2,150	3,600	7,200	12,600	18,000

	6	5	4	3	2	1
4d Amb Sed	750	2,300	3,800	7,600	13,300	19,000
4d 7P Sed	800	2,400	4,000	8,000	14,000	20,000
4d 7P Limo	900	2,650	4,400	8,800	15,400	22,000
1932 Series 960, 6-cyl.						
4d 5P Tr	1,250	3,700	6,200	12,400	21,700	31,000
2d 2P Cpe	500	1,550	2,600	5,200	9,100	13,000
2d 4P Cpe	550	1,600	2,700	5,400	9,450	13,500
2d Sed	400	1,200	2,000	4,000	7,000	10,000
4d Sed	400	1,200	2,050	4,100	7,150	10,200
1932 Series 970, 8-cyl., 116.5" wb						
2d 2P Cpe	650	1,900	3,200	6,400	11,200	16,000
2d 4P Cpe	650	2,000	3,300	6,600	11,550	16,500
4d Conv Sed	2,150	6,500	10,800	21,600	37,800	54,000
2d Sed	550	1,600	2,700	5,400	9,450	13,500
4d Spl Sed	550	1,650	2,750	5,500	9,600	13,700
1932 Series 980 - Twin-Ign, 8-cyl., 121" wb						
2d 2P Cpe	950	2,900	4,800	9,600	16,800	24,000
2d 4P Cpe	1,000	3,000	5,000	10,000	17,500	25,000
4d Conv Sed	2,100	6,250	10,400	20,800	36,400	52,000
4d Sed	850	2,500	4,200	8,400	14,700	21,000
4d Twn Sed	900	2,650	4,400	8,800	15,400	22,000
1932 Series 990 - Twin-Ign, 8-cyl., 124"-133" wb						
4d 7P Tr	1,900	5,750	9,600	19,200	33,600	48,000
2d 2P Cpe	1,050	3,100	5,200	10,400	18,200	26,000
2d 4P Cpe	1,100	3,250	5,400	10,800	18,900	27,000
2d Cabr	2,000	6,000	10,000	20,000	35,000	50,000
2d Vic	1,050	3,100	5,200	10,400	18,200	26,000
2d Sed	900	2,650	4,400	8,800	15,400	22,000
4d Spl Sed	950	2,900	4,800	9,600	16,800	24,000
4d Amb Sed	1,000	3,000	5,000	10,000	17,500	25,000
4d 7P Sed	950	2,900	4,800	9,600	16,800	24,000
4d Limo	1,150	3,500	5,800	11,600	20,300	29,000
1933 Standard Series						
2d Rds	950	2,900	4,800	9,600	16,800	24,000
2d 2P Cpe	450	1,400	2,300	4,600	8,050	11,500
2d 4P Cpe	450	1,300	2,200	4,400	7,700	11,000
4d Sed	400	1,200	2,000	4,000	7,000	10,000
4d Twn Sed	400	1,250	2,100	4,200	7,350	10,500
1933 Special Series, 8-cyl.						
2d Rds	1,100	3,350	5,600	11,200	19,600	28,000
2d 2P Cpe	550	1,600	2,700	5,400	9,450	13,500
2d 4P Cpe	550	1,700	2,800	5,600	9,800	14,000
4d Sed	500	1,550	2,600	5,200	9,100	13,000
4d Conv Sed	1,800	5,400	9,000	18,000	31,500	45,000
4d Twn Sed	550	1,700	2,800	5,600	9,800	14,000
1933 Advanced Series, 8-cyl.						
2d Cabr	1,400	4,200	7,000	14,000	24,500	35,000
2d 2P Cpe	600	1,750	2,900	5,800	10,200	14,500
2d 4P Cpe	600	1,800	3,000	6,000	10,500	15,000
4d Sed	500	1,500	2,550	5,100	8,900	12,700
4d Conv Sed	2,100	6,250	10,400	20,800	36,400	52,000
2d Vic	600	1,850	3,100	6,200	10,900	15,500
1933 Ambassador Series, 8-cyl.						
2d Cabr	1,800	5,400	9,000	18,000	31,500	45,000
2d Cpe	650	2,000	3,300	6,600	11,600	16,500
4d Sed	600	1,850	3,100	6,200	10,900	15,500
4d Conv Sed	2,200	6,600	11,000	22,000	38,500	55,000
2d Vic	1,100	3,250	5,400	10,800	18,900	27,000
4d 142" Brgm	950	2,900	4,800	9,600	16,800	24,000
4d 142" Sed	900	2,650	4,400	8,800	15,400	22,000
4d 142" Limo	1,100	3,350	5,600	11,200	19,600	28,000
1934 Big Six, 6-cyl.						
2d Bus Cpe	500	1,550	2,600	5,200	9,100	13,000
2d Cpe	550	1,600	2,700	5,400	9,450	13,500
4d Brgm	500	1,450	2,400	4,800	8,400	12,000
2d Sed	450	1,400	2,300	4,600	8,050	11,500
4d Twn Sed	500	1,450	2,400	4,800	8,400	12,000
4d Tr Sed	500	1,450	2,400	4,750	8,350	11,900
1934 Advanced, 8-cyl.						
2d Bus Cpe	550	1,600	2,700	5,400	9,450	13,500
2d Cpe	550	1,700	2,800	5,600	9,800	14,000
4d Brgm	550	1,600	2,700	5,400	9,450	13,500
2d Sed	550	1,700	2,800	5,600	9,800	14,000
4d Twn Sed	550	1,700	2,800	5,600	9,800	14,000
4d Tr Sed	550	1,600	2,700	5,400	9,450	13,500

1959 Rambler Custom Country Club four-door hardtop

1967 AMC Marlin fastback

1973 AMC Gremlin X Levi's Edition hatchback

	6	5	4	3	2	1
1934 Ambassador, 8-cyl.						
4d Brgm	550	1,700	2,800	5,600	9,800	14,000
2d Sed	550	1,600	2,700	5,400	9,450	13,500
4d Tr Sed	550	1,650	2,750	5,500	9,600	13,700
4d 7P Sed	600	1,750	2,900	5,800	10,200	14,500
4d Limo	650	2,000	3,300	6,600	11,600	16,500
1934 Lafayette, 6-cyl.						
2d Sed	450	1,300	2,200	4,400	7,700	11,000
4d Twn Sed	450	1,350	2,200	4,450	7,750	11,100
4d Brgm	450	1,350	2,250	4,500	7,900	11,300
2d Spl Cpe	500	1,500	2,500	5,000	8,750	12,500
2d Spl 4P Cpe	500	1,550	2,600	5,200	9,100	13,000
4d Spl Tr Sed	450	1,400	2,300	4,600	8,050	11,500
4d Spl Sed	450	1,400	2,350	4,700	8,200	11,700
4d Brgm	500	1,450	2,400	4,800	8,400	12,000
1935 Lafayette, 6-cyl.						
2d Bus Cpe	450	1,400	2,300	4,600	8,050	11,500
2d Sed	450	1,300	2,150	4,300	7,500	10,700
4d Brgm	450	1,300	2,200	4,400	7,700	11,000
4d Tr Sed	450	1,300	2,150	4,300	7,550	10,800
4d Twn Sed	450	1,300	2,200	4,350	7,650	10,900
2d Spl Cpe	500	1,500	2,500	5,000	8,750	12,500
4d Spl 6W Sed	450	1,400	2,300	4,600	8,050	11,500
4d 6W Brgm	450	1,400	2,300	4,650	8,100	11,600
1935 Advanced, 6-cyl.						
2d Vic	500	1,450	2,400	4,800	8,400	12,000
4d 6W Sed	450	1,300	2,200	4,400	7,700	11,000
1935 Advanced, 8-cyl.						
2d Vic	550	1,700	2,850	5,700	9,950	14,200
4d 6W Sed	550	1,600	2,650	5,300	9,250	13,200
1935 Ambassador, 8-cyl.						
2d Vic	600	1,750	2,900	5,800	10,200	14,500
4d 6W Sed	550	1,600	2,700	5,400	9,450	13,500
1936 Lafayette, 6-cyl.						
2d Bus Cpe	450	1,400	2,300	4,600	8,050	11,500
2d Cpe	450	1,400	2,350	4,700	8,200	11,700
2d Cabr	750	2,300	3,800	7,600	13,300	19,000
4d Sed	400	1,250	2,100	4,200	7,350	10,500
2d Vic	450	1,300	2,200	4,400	7,700	11,000
4d Tr Sed	400	1,250	2,100	4,250	7,400	10,600
1936 400 Series, 6-cyl.						
2d Bus Cpe	450	1,400	2,350	4,700	8,200	11,700
2d Cpe	500	1,450	2,400	4,800	8,400	12,000
2d Vic	450	1,400	2,300	4,600	8,050	11,500
4d Tr Vic	500	1,450	2,400	4,800	8,400	12,000
4d Sed	400	1,250	2,100	4,250	7,400	10,600
4d Tr Sed	450	1,300	2,150	4,300	7,500	10,700
2d Spl Bus Cpe	500	1,450	2,400	4,800	8,400	12,000
2d Spl Cpe	500	1,500	2,500	5,000	8,750	12,500
2d Spl Spt Cabr	900	2,750	4,600	9,200	16,100	23,000
2d Spl Vic	450	1,400	2,300	4,600	8,050	11,500
2d Spl Tr Vic	500	1,450	2,400	4,800	8,400	12,000
4d Spl Sed	400	1,250	2,100	4,250	7,400	10,600
4d Spl Tr Sed	450	1,300	2,150	4,300	7,500	10,700
1936 Ambassador Series, 6-cyl.						
2d Vic	500	1,550	2,600	5,200	9,100	13,000
4d Tr Sed	500	1,450	2,400	4,800	8,400	12,000
1936 Ambassador Series, 8-cyl.						
4d Tr Sed	500	1,550	2,600	5,200	9,100	13,000
1937 Lafayette 400, 6-cyl.						
2d Bus Cpe	500	1,500	2,500	5,000	8,750	12,500
2d Cpe	500	1,550	2,600	5,200	9,100	13,000
2d A-P Cpe	500	1,550	2,600	5,200	9,100	13,000
2d Cabr	800	2,400	4,000	8,000	14,000	20,000
2d Vic Sed	450	1,300	2,200	4,400	7,700	11,000
4d Tr Sed	450	1,350	2,200	4,450	7,750	11,100
1937 Ambassador, 6-cyl.						
2d Bus Cpe	500	1,550	2,600	5,200	9,100	13,000
2d Cpe	550	1,600	2,700	5,400	9,450	13,500
2d A-P Cpe	550	1,650	2,750	5,500	9,600	13,700
2d Cabr	800	2,400	4,000	8,000	14,000	20,000
2d Vic Sed	500	1,450	2,400	4,800	8,400	12,000
4d Tr Sed	500	1,450	2,400	4,850	8,450	12,100
1937 Ambassador, 8-cyl.						
2d Bus Cpe	600	1,750	2,900	5,800	10,200	14,500

	6	5	4	3	2	1
2d Cpe	600	1,800	3,000	6,000	10,500	15,000
2d A-P Cpe	600	1,850	3,100	6,150	10,800	15,400
2d Cabr	900	2,650	4,400	8,800	15,400	22,000
2d Vic Sed	550	1,600	2,700	5,400	9,450	13,500
4d Tr Sed	550	1,650	2,700	5,450	9,500	13,600

1938 Lafayette Master, 6-cyl.

	6	5	4	3	2	1
2d Bus Cpe	450	1,400	2,300	4,650	8,100	11,600
2d Vic	450	1,350	2,300	4,550	8,000	11,400
4d Tr Sed	400	1,250	2,100	4,250	7,400	10,600

1938 DeLuxe, 6-cyl.

	6	5	4	3	2	1
2d Bus Cpe	450	1,400	2,350	4,700	8,250	11,800
2d A-P Cpe	500	1,450	2,400	4,800	8,400	12,000
2d Cabr	700	2,150	3,600	7,200	12,600	18,000
2d Vic	450	1,400	2,300	4,600	8,050	11,500
4d Tr Sed	400	1,250	2,100	4,250	7,400	10,600

1938 Ambassador, 6-cyl.

	6	5	4	3	2	1
2d Bus Cpe	450	1,400	2,300	4,600	8,050	11,500
2d A-P Cpe	500	1,450	2,400	4,800	8,400	12,000
2d Cabr	750	2,300	3,800	7,600	13,300	19,000
2d Vic	450	1,300	2,200	4,400	7,700	11,000
4d Tr Sed	400	1,200	2,000	4,050	7,050	10,100

1938 Ambassador, 8-cyl.

	6	5	4	3	2	1
2d Bus Cpe	500	1,450	2,400	4,800	8,400	12,000
2d A-P Cpe	500	1,500	2,500	5,000	8,750	12,500
2d Cabr	850	2,500	4,200	8,400	14,700	21,000
2d Vic	500	1,450	2,400	4,850	8,450	12,100
4d Tr Sed	500	1,450	2,400	4,800	8,400	12,000

1939 Lafayette, 6-cyl.

	6	5	4	3	2	1
2d Bus Cpe	450	1,400	2,300	4,600	8,050	11,500
2d Sed	450	1,300	2,200	4,400	7,700	11,000
4d Sed	400	1,200	2,000	4,050	7,050	10,100
4d Tr Sed	400	1,200	2,050	4,100	7,150	10,200
2d A-P Cpe	500	1,500	2,500	5,000	8,750	12,500
2d A-P Cabr	850	2,500	4,200	8,400	14,700	21,000

NOTE: Add 10 percent for DeLuxe.

1939 Ambassador, 6-cyl.

	6	5	4	3	2	1
2d Bus Cpe	500	1,500	2,500	5,050	8,800	12,600
2d A-P Cpe	500	1,550	2,600	5,200	9,100	13,000
2d A-P Cabr	900	2,750	4,600	9,200	16,100	23,000
2d Sed	450	1,300	2,150	4,300	7,500	10,700
4d Sed	450	1,300	2,150	4,300	7,550	10,800
4d Tr Sed	450	1,300	2,200	4,400	7,700	11,000

1939 Ambassador, 8-cyl.

	6	5	4	3	2	1
2d Bus Cpe	600	1,750	2,900	5,800	10,200	14,500
2d A-P Cpe	600	1,750	2,900	5,850	10,200	14,600
2d A-P Cabr	1,150	3,500	5,800	11,600	20,300	29,000
2d Sed	500	1,500	2,500	5,000	8,750	12,500
4d Sed	500	1,500	2,500	5,050	8,800	12,600
4d Tr Sed	500	1,500	2,550	5,100	8,900	12,700

1940 DeLuxe Lafayette, 6-cyl.

	6	5	4	3	2	1
2d Bus Cpe	500	1,500	2,500	5,000	8,750	12,500
2d A-P Cpe	500	1,500	2,500	5,050	8,800	12,600
2d A-P Cabr	1,050	3,100	5,200	10,400	18,200	26,000
2d FBk	450	1,350	2,250	4,500	7,850	11,200
4d FBk	450	1,350	2,250	4,500	7,900	11,300
4d Trk Sed	450	1,350	2,300	4,550	8,000	11,400

1940 Ambassador, 6-cyl.

	6	5	4	3	2	1
2d Bus Cpe	550	1,650	2,700	5,450	9,500	13,600
2d A-P Cpe	550	1,700	2,800	5,600	9,800	14,000
2d A-P Cabr	1,300	3,850	6,400	12,800	22,400	32,000
2d FBk	500	1,500	2,500	5,050	8,800	12,600
4d FBk	500	1,500	2,550	5,100	8,900	12,700
4d Trk Sed	500	1,550	2,550	5,100	8,950	12,800

1940 Ambassador, 8-cyl.

	6	5	4	3	2	1
2d Bus Cpe	600	1,850	3,100	6,200	10,900	15,500
2d A-P Cpe	600	1,850	3,100	6,250	10,900	15,600
2d A-P Cabr	1,400	4,200	7,000	14,000	24,500	35,000
2d FBk	550	1,700	2,800	5,600	9,800	14,000
4d FBk	550	1,700	2,800	5,650	9,850	14,100
4d Trk Sed	550	1,700	2,850	5,700	9,950	14,200

1941 Ambassador 600, 6-cyl.

	6	5	4	3	2	1
2d Bus Cpe	500	1,550	2,600	5,200	9,100	13,000
2d FBk	450	1,400	2,300	4,650	8,100	11,600
4d FBk	450	1,400	2,350	4,700	8,200	11,700
2d DeL Bus Cpe	550	1,650	2,700	5,450	9,500	13,600

	6	5	4	3	2	1
4d DeL Brgm	500	1,500	2,500	5,000	8,750	12,500
2d DeL FBk	500	1,450	2,400	4,800	8,400	12,000
4d DeL FBk	500	1,450	2,400	4,850	8,450	12,100
4d Tr Sed	500	1,450	2,450	4,900	8,550	12,200

1941 Ambassador, 6-cyl.

	6	5	4	3	2	1
2d Bus Cpe	600	1,750	2,900	5,850	10,200	14,600
2d Spl Bus Cpe	600	1,750	2,950	5,900	10,300	14,700
2d A-P Cabr	1,100	3,350	5,600	11,200	19,600	28,000
2d Brgm	550	1,600	2,700	5,350	9,400	13,400
4d Spl Sed	550	1,600	2,700	5,400	9,450	13,500
4d Spl FBk	550	1,600	2,700	5,350	9,400	13,400
4d DeL FBk	550	1,600	2,700	5,400	9,450	13,500
4d Tr Sed	550	1,650	2,700	5,450	9,500	13,600

1941 Ambassador, 8-cyl.

	6	5	4	3	2	1
2d A-P Cabr	1,250	3,700	6,200	12,400	21,700	31,000
2d DeL Brgm	600	1,750	2,900	5,800	10,200	14,500
4d Spl FBk	600	1,750	2,900	5,850	10,200	14,600
4d DeL FBk	600	1,750	2,950	5,900	10,300	14,700
4d Tr Sed	600	1,800	2,950	5,900	10,400	14,800

1942 Ambassador 600, 6-cyl.

	6	5	4	3	2	1
2d Bus Cpe	500	1,500	2,550	5,100	8,900	12,700
2d Brgm	450	1,400	2,300	4,650	8,100	11,600
2d SS	450	1,400	2,300	4,600	8,050	11,500
4d SS	450	1,400	2,300	4,650	8,100	11,600
4d Tr Sed	450	1,400	2,350	4,700	8,200	11,700

1942 Ambassador, 6-cyl.

	6	5	4	3	2	1
2d Bus Cpe	550	1,700	2,800	5,600	9,800	14,000
2d Brgm	500	1,550	2,550	5,100	8,950	12,800
2d SS	500	1,500	2,550	5,100	8,900	12,700
4d SS	500	1,550	2,550	5,100	8,950	12,800
4d Tr Sed	500	1,550	2,600	5,150	9,050	12,900

1942 Ambassador, 8-cyl.

	6	5	4	3	2	1
2d Bus Cpe	550	1,600	2,700	5,400	9,450	13,500
2d Brgm	500	1,550	2,600	5,200	9,100	13,000
2d SS	500	1,550	2,550	5,100	8,950	12,800
4d SS	500	1,550	2,600	5,150	9,050	12,900
4d Tr Sed	500	1,550	2,600	5,200	9,100	13,000

1946 600, 6-cyl.

	6	5	4	3	2	1
2d Brgm	450	1,350	2,200	4,450	7,750	11,100
4d Sed	450	1,300	2,200	4,400	7,700	11,000
4d Trk Sed	450	1,350	2,250	4,500	7,900	11,300

1946 Ambassador, 6-cyl.

	6	5	4	3	2	1
2d Brgm	500	1,500	2,500	5,000	8,750	12,500
4d Sed	500	1,500	2,500	5,050	8,800	12,600
4d Trk Sed	500	1,500	2,550	5,100	8,900	12,700
4d Sub Sed	950	2,900	4,800	9,600	16,800	24,000

1947 600, 6-cyl.

	6	5	4	3	2	1
2d Brgm	450	1,350	2,200	4,450	7,750	11,100
4d Sed	450	1,300	2,200	4,400	7,700	11,000
4d Trk Sed	450	1,350	2,250	4,500	7,900	11,300

1947 Ambassador, 6-cyl.

	6	5	4	3	2	1
2d Brgm	500	1,500	2,500	5,000	8,750	12,500
4d Sed	500	1,500	2,500	5,050	8,800	12,600
4d Trk Sed	500	1,500	2,550	5,100	8,900	12,700
4d Sub Sed	950	2,900	4,800	9,600	16,800	24,000

1948 600, 6-cyl.

	6	5	4	3	2	1
DeL Bus Cpe	500	1,550	2,550	5,100	8,950	12,800
4d Sup Sed	400	1,250	2,100	4,250	7,400	10,600
4d Sup Trk Sed	450	1,300	2,150	4,300	7,500	10,700
2d Sup Brgm	450	1,300	2,150	4,300	7,500	10,700
4d Cus Sed	450	1,300	2,150	4,300	7,550	10,800
4d Cus Trk Sed	450	1,300	2,200	4,350	7,650	10,900
2d Cus Brgm	450	1,300	2,200	4,400	7,700	11,000

1948 Ambassador, 6-cyl.

	6	5	4	3	2	1
4d Sed	500	1,450	2,450	4,900	8,550	12,200
4d Trk Sed	500	1,500	2,450	4,900	8,600	12,300
2d Brgm	500	1,500	2,450	4,900	8,600	12,300
4d Sub Sed	1,000	3,000	5,000	10,000	17,500	25,000

1948 Custom Ambassador, 6-cyl.

	6	5	4	3	2	1
4d Sed	500	1,500	2,500	5,000	8,750	12,500
4d Trk Sed	500	1,450	2,400	4,800	8,400	12,000
2d Brgm	500	1,500	2,500	5,000	8,750	12,500
2d Cabr	1,050	3,100	5,200	10,400	18,200	26,000

1949 600 Super, 6-cyl.

	6	5	4	3	2	1
4d Sed	500	1,450	2,400	4,800	8,400	12,000

	6	5	4	3	2	1
2d Sed	500	1,450	2,400	4,850	8,450	12,100
2d Brgm	500	1,450	2,450	4,900	8,550	12,200

1949 600 Super Special, 6-cyl.

4d Sed	500	1,450	2,400	4,850	8,450	12,100
2d Sed	500	1,450	2,450	4,900	8,550	12,200
2d Brgm	500	1,500	2,450	4,900	8,600	12,300

1949 600 Custom, 6-cyl.

4d Sed	500	1,500	2,450	4,900	8,600	12,300
2d Sed	500	1,500	2,500	4,950	8,700	12,400
2d Brgm	500	1,500	2,500	5,000	8,750	12,500

1949 Ambassador Super, 6-cyl.

4d Sed	500	1,550	2,600	5,250	9,150	13,100
2d Sed	550	1,600	2,650	5,300	9,250	13,200
2d Brgm	550	1,600	2,650	5,300	9,300	13,300

1949 Ambassador Super Special, 6-cyl.

4d Sed	550	1,600	2,650	5,300	9,250	13,200
2d Sed	550	1,600	2,650	5,300	9,300	13,300
2d Brgm	550	1,600	2,700	5,350	9,400	13,400

1949 Ambassador Custom, 6-cyl.

4d Sed	550	1,600	2,700	5,350	9,400	13,400
2d Sed	550	1,600	2,700	5,400	9,450	13,500
2d Brgm	550	1,650	2,700	5,450	9,500	13,600

1950 Rambler Custom, 6-cyl.

2d Conv Lan	650	1,900	3,200	6,400	11,200	16,000
2d Sta Wag	500	1,500	2,500	5,000	8,750	12,500

1950 Nash Super Statesman, 6-cyl.

2d DeL Cpe	500	1,500	2,450	4,900	8,600	12,300
4d Sed	500	1,450	2,400	4,850	8,450	12,100
2d Sed	500	1,450	2,450	4,900	8,550	12,200
2d Clb Cpe	500	1,500	2,450	4,900	8,600	12,300

1950 Nash Custom Statesman, 6-cyl.

4d Sed	500	1,500	2,500	4,950	8,700	12,400
2d Sed	500	1,500	2,500	5,000	8,750	12,500
2d Clb Cpe	500	1,500	2,500	5,050	8,800	12,600

1950 Ambassador, 6-cyl.

4d Sed	500	1,550	2,600	5,200	9,100	13,000
2d Sed	550	1,600	2,650	5,300	9,250	13,200
2d Clb Cpe	550	1,600	2,650	5,300	9,300	13,300

1950 Ambassador Custom, 6-cyl.

4d Sed	550	1,600	2,700	5,350	9,400	13,400
2d Sed	550	1,600	2,700	5,400	9,450	13,500
2d Clb Cpe	550	1,650	2,700	5,450	9,500	13,600

1951 Rambler, 6-cyl.

2d Utl Wag	500	1,500	2,500	5,000	8,750	12,500
2d Sta Wag	500	1,500	2,550	5,100	8,900	12,700
2d Cus Clb Sed	500	1,500	2,500	4,950	8,700	12,400
2d Cus Conv	650	1,900	3,200	6,400	11,200	16,000
2d Ctry Clb HT	550	1,700	2,800	5,600	9,800	14,000
2d Cus Sta Wag	500	1,550	2,600	5,200	9,100	13,000

1951 Nash Statesman, 6-cyl.

2d DeL Bus Cpe	500	1,500	2,500	5,000	8,750	12,500
4d Sup Sed	500	1,500	2,450	4,900	8,600	12,300
2d Sup	500	1,450	2,450	4,900	8,550	12,200
2d Sup Cpe	500	1,500	2,500	5,000	8,750	12,500
2d Cus Cpe	500	1,500	2,500	5,050	8,800	12,600
2d Cus	500	1,500	2,500	5,000	8,750	12,500

1951 Ambassador, 6-cyl.

4d Sup Sed	550	1,600	2,650	5,300	9,250	13,200
2d Sup	500	1,550	2,600	5,250	9,150	13,100
2d Sup Cpe	550	1,600	2,650	5,300	9,300	13,300
4d Cus Sed	550	1,600	2,700	5,350	9,400	13,400
2d Cus	550	1,600	2,650	5,300	9,250	13,200
2d Cus Cpe	550	1,600	2,650	5,300	9,300	13,300

1951 Nash-Healey

Spt Rds	1,300	3,850	6,400	12,800	22,400	32,000

1952-1953 Rambler, 6-cyl.

2d Utl Wag	500	1,500	2,500	5,000	8,750	12,500
2d Sta Wag	500	1,500	2,550	5,100	8,900	12,700
2d Cus Clb Sed	500	1,500	2,500	5,000	8,750	12,500
2d Cus Conv	650	1,900	3,200	6,400	11,200	16,000
2d Cus Ctry Clb HT	550	1,700	2,800	5,600	9,800	14,000
2d Cus Sta Wag	500	1,550	2,600	5,200	9,100	13,000

1952-1953 Nash Statesman, 6-cyl.

2d Sed	500	1,500	2,550	5,100	8,900	12,700

	6	5	4	3	2	1
4d Sed	500	1,500	2,500	5,050	8,800	12,600
2d Cus Ctry Clb	600	1,800	3,000	6,000	10,500	15,000

NOTE: Add 10 percent for Custom.

1952-1953 Ambassador, 6-cyl.

2d Sed	500	1,550	2,600	5,200	9,100	13,000
4d Sed	500	1,550	2,600	5,200	9,100	13,000
2d Cus Ctry Clb	650	1,900	3,200	6,400	11,200	16,000

NOTE: Add 10 percent for Custom.

1952-1953 Nash-Healey

2d Cpe (1953 only)	1,450	4,300	7,200	14,400	25,200	36,000
2d Spt Rds	1,600	4,800	8,000	16,000	28,000	40,000

1954 Rambler, 6-cyl.

2d DeL Clb Sed	500	1,500	2,500	5,000	8,750	12,500
2d Sup Clb Sed	500	1,500	2,500	5,050	8,800	12,600
2d Sup Ctry Clb HT	550	1,600	2,700	5,400	9,450	13,500
2d Sup Suburban Sta Wag	500	1,550	2,550	5,100	8,950	12,800
4d Sup Sed (108")	500	1,500	2,500	5,050	8,800	12,600
2d Cus Ctry Clb HT	600	1,750	2,900	5,800	10,150	14,500
2d Cus Conv	700	2,050	3,400	6,800	11,900	17,000
2d Cus Sta Wag	550	1,600	2,700	5,400	9,450	13,500
4d Cus Sed (108")	500	1,500	2,550	5,100	8,900	12,700
4d Cus Wag (108")	550	1,650	2,700	5,450	9,500	13,600
2d Cus Wag (108")	550	1,700	2,800	5,600	9,800	14,000

1954 Nash Statesman, 6-cyl.

4d Sup Sed	500	1,450	2,400	4,800	8,400	12,000
2d Sup Sed	500	1,450	2,400	4,850	8,450	12,100
4d Cus Sed	500	1,450	2,450	4,900	8,550	12,200
2d Cus Ctry Clb HT	650	1,900	3,200	6,400	11,200	16,000

1954 Nash Ambassador, 6-cyl.

4d Sup Sed	550	1,600	2,650	5,300	9,250	13,200
2d Sup Sed	550	1,600	2,650	5,300	9,300	13,300
4d Cus Sed	550	1,600	2,700	5,400	9,450	13,500
2d Cus Ctry Clb HT	650	1,900	3,200	6,400	11,200	16,000

NOTE: Add 5 percent for LeMans option.

1954 Nash-Healey

2d Cpe	1,500	4,500	7,500	15,000	26,250	37,500

1955 Rambler, 6-cyl.

2d DeL Clb Sed	500	1,500	2,500	5,000	8,750	12,500
2d DeL Bus Sed	500	1,500	2,500	4,950	8,700	12,400
4d DeL Sed (108")	500	1,500	2,500	5,050	8,800	12,600
2d Sup Clb Sed	500	1,500	2,500	5,050	8,800	12,600
2d Sup Sta Wag	500	1,500	2,500	4,950	8,700	12,400
4d Sup Sed (108")	500	1,500	2,500	5,050	8,800	12,600
4d Sup Crs Ctry (108")	550	1,600	2,700	5,400	9,450	13,500
2d Cus Ctry Clb HT	600	1,800	3,000	6,000	10,500	15,000
4d Cus Sed (108")	500	1,500	2,550	5,100	8,900	12,700
4d Cus Crs Ctry (108")	600	1,750	2,900	5,800	10,200	14,500

1955 Nash Statesman, 6-cyl.

4d Sup Sed	500	1,500	2,500	5,000	8,750	12,500
4d Cus Sed	500	1,500	2,500	5,050	8,800	12,600
2d Cus Ctry Clb	600	1,850	3,100	6,200	10,850	15,500

1955 Nash Ambassador, 6-cyl.

4d Sup Sed	550	1,650	2,700	5,450	9,500	13,600
4d Cus Sed	550	1,650	2,750	5,500	9,600	13,700
2d Cus Ctry Clb	700	2,050	3,400	6,800	11,900	17,000

1955 Nash Ambassador, 8-cyl.

4d Sup Sed	550	1,650	2,750	5,500	9,600	13,700
4d Cus Sed	600	1,750	2,950	5,900	10,300	14,700
2d Cus Ctry Clb	700	2,050	3,400	6,800	11,900	17,000

1956 Rambler, 6-cyl.

4d DeL Sed	450	1,350	2,250	4,500	7,850	11,200
4d Sup Sed	450	1,350	2,250	4,500	7,900	11,300
4d Sup Crs Ctry	500	1,450	2,400	4,850	8,450	12,100
4d Cus Sed	500	1,450	2,450	4,900	8,550	12,200
4d Cus HT	500	1,550	2,600	5,200	9,100	13,000
4d Cus Crs Ctry	500	1,500	2,500	5,050	8,800	12,600
4d HT Wag	500	1,550	2,600	5,200	9,100	13,000

1956 Nash Statesman, 6-cyl.

4d Sup Sed	500	1,500	2,500	5,000	8,750	12,500

1956 Nash Ambassador, 6-cyl.

4d Sup Sed	500	1,550	2,600	5,200	9,100	13,000

1956 Nash Ambassador, 8-cyl.

4d Sup Sed	550	1,600	2,650	5,300	9,250	13,200
4d Cus Sed	550	1,600	2,700	5,400	9,450	13,500

	6	5	4	3	2	1
2d Cus HT	700	2,150	3,600	7,200	12,600	18,000

1957 Rambler, 6-cyl.
4d DeL Sed	400	1,250	2,050	4,100	7,200	10,300
4d Sup Sed	400	1,250	2,100	4,200	7,350	10,500
4d Sup HT	450	1,300	2,200	4,400	7,700	11,000
4d Sup Crs Ctry	450	1,350	2,250	4,500	7,850	11,200
4d Cus Sed	400	1,250	2,100	4,150	7,300	10,400
4d Cus Crs Ctry	450	1,350	2,250	4,500	7,850	11,200

1957 Rambler, 8-cyl.
4d Sup Sed	400	1,250	2,100	4,200	7,350	10,500
4d Sup Crs Ctry Wag	450	1,350	2,250	4,500	7,850	11,200
4d Cus Sed	400	1,250	2,100	4,250	7,400	10,600
4d Cus HT	450	1,350	2,250	4,500	7,900	11,300
4d Cus Crs Ctry Wag	450	1,350	2,300	4,550	8,000	11,400
4d Cus HT Crs Ctry	500	1,450	2,400	4,800	8,400	12,000

1957 Rebel, 8-cyl.
4d HT	550	1,700	2,800	5,600	9,800	14,000

1957 Nash Ambassador, 8-cyl.
4d Sup Sed	500	1,500	2,550	5,100	8,900	12,700
2d Sup HT	700	2,050	3,400	6,800	11,900	17,000
4d Cus Sed	500	1,550	2,600	5,200	9,100	13,000
2d Cus HT	700	2,150	3,600	7,200	12,600	18,000

AMC

1958-1959 American DeLuxe, 6-cyl.
2d Sed	300	850	1,450	2,900	5,050	7,200
2d Sta Wag (1959 only)	300	900	1,450	2,900	5,100	7,300

1958-1959 American Super, 6-cyl.
2d Sed	300	900	1,450	2,900	5,100	7,300
2d Sta Wag (1959 only)	300	900	1,500	2,950	5,200	7,400

1958-1959 Rambler DeLuxe, 6-cyl.
4d Sed	300	850	1,450	2,900	5,050	7,200
4d Sta Wag	300	900	1,450	2,900	5,100	7,300

1958-1959 Rambler Super, 6-cyl.
4d Sed	300	900	1,450	2,900	5,100	7,300
4d HT	300	900	1,500	3,000	5,250	7,500
4d Sta Wag	300	900	1,500	2,950	5,200	7,400

1958-1959 Rambler Custom, 6-cyl.
4d Sed	300	900	1,550	3,100	5,400	7,700
4d HT	300	950	1,600	3,150	5,550	7,900
4d Sta Wag	300	900	1,500	3,000	5,250	7,500

1958-1959 Rebel Super V-8
4d Sed DeL (1958 only)	300	900	1,550	3,100	5,400	7,700
4d Sed	300	950	1,550	3,100	5,450	7,800
4d Sta Wag	300	950	1,600	3,150	5,550	7,900

1958-1959 Rebel Custom, V-8
4d Sed	300	950	1,600	3,150	5,550	7,900
4d HT	300	950	1,600	3,200	5,600	8,000
4d Sta Wag	300	950	1,600	3,200	5,600	8,000

1958-1959 Ambassador Super, V-8
4d Sed	350	1,050	1,750	3,500	6,100	8,700
4d Sta Wag	350	1,050	1,750	3,500	6,150	8,800

1958-1959 Ambassador Custom, V-8
4d Sed	350	1,050	1,750	3,500	6,150	8,800
4d HT	350	1,050	1,800	3,550	6,250	8,900
4d Sta Wag	350	1,050	1,800	3,550	6,250	8,900
4d HT Sta Wag	350	1,100	1,800	3,650	6,350	9,100

1960 American DeLuxe, 6-cyl.
2d Sed	300	950	1,600	3,250	5,650	8,100
4d Sed	300	950	1,600	3,200	5,600	8,000
2d Sta Wag	350	1,000	1,650	3,300	5,750	8,200

1960 American Super, 6-cyl.
2d Sed	350	1,000	1,650	3,300	5,750	8,200
4d Sed	300	950	1,600	3,250	5,650	8,100
2d Sta Wag	350	1,000	1,650	3,300	5,800	8,300

1960 American Custom, 6-cyl.
2d Sed	350	1,000	1,650	3,300	5,800	8,300
4d Sed	350	1,000	1,650	3,300	5,750	8,200
2d Sta Wag	350	1,000	1,700	3,350	5,900	8,400

1960 Rambler DeLuxe, 6-cyl.
4d Sed	300	950	1,600	3,250	5,650	8,100
4d Sta Wag	350	1,000	1,650	3,300	5,750	8,200

	6	5	4	3	2	1
1960 Rambler Super, 6-cyl.						
4d Sed	350	1,000	1,650	3,300	5,750	8,200
4d 6P Sta Wag	350	1,000	1,650	3,300	5,800	8,300
4d 8P Sta Wag	350	1,000	1,700	3,350	5,900	8,400
1960 Rambler Custom, 6-cyl.						
4d Sed	350	1,000	1,650	3,300	5,800	8,300
4d HT	350	1,000	1,700	3,350	5,900	8,400
4d 6P Sta Wag	350	1,000	1,700	3,350	5,900	8,400
4d 8P Sta Wag	350	1,000	1,700	3,400	5,950	8,500
1960 Rebel Super, V-8						
Sed	350	1,000	1,700	3,350	5,900	8,400
4d 6P Sta Wag	350	1,000	1,700	3,400	5,950	8,500
4d 8P Sta Wag	350	1,050	1,700	3,450	6,000	8,600
1960 Rebel Custom, V-8						
4d Sed	350	1,000	1,700	3,400	5,950	8,500
4d HT	350	1,050	1,700	3,450	6,000	8,600
4d 6P Sta Wag	350	1,050	1,700	3,450	6,000	8,600
4d 8P Sta Wag	350	1,050	1,750	3,500	6,100	8,700
1960 Ambassador Super, V-8						
4d Sed	350	1,050	1,700	3,450	6,000	8,600
4d 6P Sta Wag	350	1,050	1,750	3,500	6,100	8,700
4d 8P Sta Wag	350	1,050	1,750	3,500	6,150	8,800
1960 Ambassador Custom, V-8						
4d Sed	350	1,050	1,750	3,500	6,100	8,700
4d HT	350	1,050	1,800	3,550	6,250	8,900
6P Sta Wag	350	1,050	1,750	3,500	6,150	8,800
4d HT Sta Wag	350	1,100	1,800	3,600	6,300	9,000
4d 8P Sta Wag	350	1,050	1,800	3,550	6,250	8,900
1961 American						
4d DeL Sed	300	850	1,400	2,800	4,900	7,000
2d DeL Sed	300	850	1,400	2,850	4,950	7,100
4d DeL Sta Wag	300	850	1,450	2,900	5,050	7,200
2d DeL Sta Wag	300	850	1,400	2,850	4,950	7,100
4d Sup Sed	300	850	1,400	2,850	4,950	7,100
2d Sup Sed	300	850	1,450	2,900	5,050	7,200
4d Sup Sta Wag	300	900	1,450	2,900	5,100	7,300
2d Sup Sta Wag	300	850	1,400	2,850	4,950	7,100
4d Cus Sed	300	850	1,400	2,850	4,950	7,100
2d Cus Sed	300	850	1,450	2,900	5,050	7,200
2d Cus Conv	350	1,100	1,800	3,600	6,300	9,000
4d Cus Sta Wag	300	850	1,450	2,900	5,050	7,200
2d Cus Sta Wag	300	900	1,450	2,900	5,100	7,300
4d 400 Sed	300	850	1,450	2,900	5,050	7,200
2d 400 Conv	350	1,100	1,850	3,700	6,450	9,200
1961 Rambler Classic						
4d DeL Sed	300	850	1,400	2,800	4,900	7,000
4d DeL Sta Wag	300	850	1,400	2,850	4,950	7,100
4d Sup Sed	300	850	1,400	2,850	4,950	7,100
4d Sup Sta Wag	300	850	1,450	2,900	5,050	7,200
4d Cus Sed	300	850	1,450	2,900	5,050	7,200
4d Cus Sta Wag	300	900	1,450	2,900	5,100	7,300
4d 400 Sed	300	900	1,450	2,900	5,100	7,300
NOTE: Add 5 percent for V-8.						
1961 Ambassador						
4d DeL Sed	300	850	1,400	2,850	4,950	7,100
4d Sup Sed	300	850	1,450	2,900	5,050	7,200
5d Sup Sta Wag	300	900	1,450	2,900	5,100	7,300
4d Sup Sta Wag	300	850	1,450	2,900	5,050	7,200
4d Cus Sed	300	900	1,450	2,900	5,100	7,300
5d Cus Sta Wag	300	900	1,500	3,000	5,250	7,500
4d Cus Sta Wag	300	900	1,500	2,950	5,200	7,400
4d 400 Sed	300	900	1,500	2,950	5,200	7,400
1962 American						
4d DeL Sed	250	700	1,200	2,400	4,200	6,000
2d DeL Sed	250	750	1,200	2,450	4,250	6,100
4d DeL Sta Wag	250	750	1,200	2,450	4,250	6,100
2d DeL Sta Wag	250	700	1,200	2,400	4,200	6,000
4d Cus Sed	250	750	1,200	2,450	4,250	6,100
2d Cus Sed	250	750	1,200	2,450	4,250	6,100
4d Cus Sta Wag	250	750	1,250	2,500	4,350	6,200
2d Cus Sta Wag	250	750	1,200	2,450	4,250	6,100
4d 400	250	750	1,200	2,450	4,250	6,100
2d 400	250	750	1,250	2,500	4,350	6,200
2d 400 Conv	350	1,100	1,850	3,700	6,450	9,200
4d 400 Sta Wag	250	800	1,300	2,600	4,550	6,500

	6	5	4	3	2	1
1962 Classic						
4d DeL Sed	250	700	1,200	2,400	4,200	6,000
2d DeL	250	750	1,200	2,450	4,250	6,100
4d DeL Sta Wag	250	750	1,250	2,500	4,350	6,200
4d Cus Sed	250	750	1,250	2,500	4,400	6,300
2d Cus	250	750	1,300	2,550	4,500	6,400
4d Cus Sta Wag	250	750	1,250	2,500	4,400	6,300
5d Cus Sta Wag	250	750	1,300	2,550	4,500	6,400
4d 400 Sed	250	750	1,300	2,550	4,500	6,400
2d 400	250	800	1,300	2,600	4,550	6,500
4d 400 Sta Wag	250	800	1,300	2,650	4,600	6,600
NOTE: Add 5 percent for V-8.						
1962 Ambassador						
4d Cus Sed	250	750	1,250	2,500	4,350	6,200
2d Cus Sed	250	750	1,250	2,500	4,400	6,300
4d Cus Sta Wag	250	800	1,350	2,700	4,700	6,700
4d 400 Sed	250	800	1,300	2,600	4,550	6,500
2d 400 Sed	250	800	1,300	2,650	4,600	6,600
4d 400 Sta Wag	250	800	1,350	2,700	4,700	6,700
5d 400 Sta Wag	250	800	1,350	2,700	4,750	6,800
1963 American						
4d 220 Sed	200	650	1,100	2,250	3,900	5,600
2d 220 Sed	250	700	1,150	2,300	4,000	5,700
4d 220 Bus Sed	200	650	1,100	2,200	3,850	5,500
4d 220 Sta Wag	250	700	1,150	2,300	4,000	5,700
2d 220 Sta Wag	200	650	1,100	2,250	3,900	5,600
4d 330 Sed	250	700	1,150	2,300	4,000	5,700
2d 330 Sed	200	650	1,100	2,250	3,900	5,600
4d 330 Sta Wag	250	700	1,200	2,350	4,150	5,900
2d 330 Sta Wag	250	700	1,200	2,400	4,200	6,000
4d 440 Sed	250	700	1,200	2,350	4,150	5,900
2d 440 Sed	250	700	1,200	2,400	4,200	6,000
2d 440 HT	250	750	1,250	2,500	4,400	6,300
2d 440-H HT	300	850	1,400	2,800	4,900	7,000
2d 440 Conv	350	1,000	1,700	3,400	5,950	8,500
4d 440 Sta Wag	250	750	1,200	2,450	4,250	6,100
1963 Classic						
4d 550 Sed	200	650	1,100	2,200	3,850	5,500
2d 550 Sed	200	650	1,100	2,250	3,900	5,600
4d 550 Sta Wag	200	650	1,100	2,200	3,850	5,500
4d 660 Sed	200	650	1,100	2,200	3,850	5,500
2d 660 Sed	200	650	1,100	2,250	3,900	5,600
4d 660 Sta Wag	250	700	1,150	2,300	4,000	5,700
4d 770 Sed	250	700	1,200	2,350	4,150	5,900
2d 770 Sed	250	700	1,150	2,300	4,050	5,800
4d 770 Sta Wag	250	750	1,200	2,450	4,250	6,100
NOTE: Add 5 percent for V-8 models.						
1963 Ambassador						
4d 800 Sed	250	700	1,150	2,300	4,050	5,800
2d 800 Sed	250	700	1,200	2,350	4,150	5,900
4d 880 Sta Wag	250	700	1,200	2,400	4,200	6,000
4d 880 Sed	250	700	1,200	2,350	4,150	5,900
2d 880 Sed	250	700	1,200	2,400	4,200	6,000
4d 880 Sta Wag	250	750	1,200	2,450	4,250	6,100
4d 990 Sed	250	700	1,200	2,400	4,200	6,000
2d 990 Sed	250	750	1,200	2,450	4,250	6,100
5d 990 Sta Wag	250	750	1,250	2,500	4,400	6,300
4d 990 Sta Wag	250	750	1,250	2,500	4,350	6,200
1964 American						
4d 220 Sed	200	650	1,100	2,250	3,900	5,600
2d 220	250	700	1,150	2,300	4,000	5,700
4d 220 Sta Wag	250	700	1,150	2,300	4,050	5,800
4d 330 Sed	250	700	1,150	2,300	4,050	5,800
2d 330	250	700	1,200	2,350	4,150	5,900
4d 330 Sta Wag	250	700	1,200	2,350	4,150	5,900
4d 440 Sed	250	700	1,150	2,300	4,050	5,800
2d 440 HT	250	750	1,250	2,500	4,400	6,300
2d 440-H HT	300	850	1,400	2,800	4,900	7,000
2d Conv	350	1,000	1,700	3,400	5,950	8,500
1964 Classic						
4d 550 Sed	200	650	1,100	2,200	3,850	5,500
2d 550	200	650	1,100	2,250	3,900	5,600
4d 550 Sta Wag	250	700	1,150	2,300	4,000	5,700
4d 660 Sed	200	650	1,100	2,250	3,900	5,600
2d 660	250	700	1,150	2,300	4,000	5,700
4d 660 Sta Wag	250	700	1,150	2,300	4,050	5,800

	6	5	4	3	2	1
4d 770 Sed	250	700	1,150	2,300	4,000	5,700
2d 770	250	700	1,150	2,300	4,050	5,800
2d 770 HT	300	900	1,450	2,900	5,100	7,300
2d 770 Typhoon HT	350	1,000	1,700	3,400	5,950	8,500
4d 770 Sta Wag	250	700	1,150	2,300	4,050	5,800

NOTE: Add 5 percent for V-8 models.

1964 Ambassador
4d Sed	250	750	1,250	2,500	4,400	6,300
2d HT	250	800	1,350	2,700	4,750	6,800
4d 990-H	300	850	1,400	2,800	4,900	7,000
4d Sta Wag	250	700	1,200	2,400	4,200	6,000

1965 American
4d 220 Sed	250	700	1,150	2,300	4,000	5,700
2d 220	250	700	1,150	2,300	4,050	5,800
4d 220 Sta Wag	250	700	1,150	2,300	4,050	5,800
4d 330 Sed	250	700	1,150	2,300	4,050	5,800
2d 330	250	700	1,200	2,400	4,200	6,000
4d 330 Sta Wag	250	750	1,200	2,450	4,250	6,100
4d 440 Sed	250	700	1,200	2,400	4,200	6,000
2d 440 HT	300	850	1,400	2,800	4,900	7,000
2d 440-H HT	300	850	1,450	2,900	5,050	7,200
2d Conv	350	1,050	1,700	3,450	6,000	8,600

1965 Classic
4d 550 Sed	200	650	1,100	2,250	3,900	5,600
2d 550	250	700	1,150	2,300	4,000	5,700
4d 550 Sta Wag	250	700	1,150	2,300	4,000	5,700
4d 660 Sed	250	700	1,200	2,350	4,150	5,900
2d 660	250	700	1,200	2,400	4,200	6,000
4d 660 Sta Wag	250	750	1,200	2,450	4,250	6,100
4d 770 Sed	250	700	1,200	2,350	4,150	5,900
2d 770 HT	250	750	1,250	2,500	4,350	6,200
2d 770-H HT	300	900	1,450	2,900	5,100	7,300
2d 770 Conv	350	1,050	1,750	3,500	6,100	8,700
4d 770 Sta Wag	250	700	1,200	2,400	4,200	6,000

NOTE: Add 5 percent for V-8 models.

1965 Marlin
2d FBk	300	900	1,500	3,000	5,250	7,500

1965 Ambassador
4d 880 Sed	250	700	1,200	2,400	4,200	6,000
2d 880	250	750	1,200	2,450	4,250	6,100
4d 880 Sta Wag	250	750	1,250	2,500	4,350	6,200
4d 990 Sed	250	750	1,200	2,450	4,250	6,100
2d 990 HT	250	750	1,250	2,500	4,400	6,300
2d 990-H HT	300	900	1,500	2,950	5,200	7,400
2d Conv	350	1,050	1,800	3,550	6,250	8,900
4d Sta Wag	250	750	1,250	2,500	4,350	6,200

1965 Marlin, V-8
2d FBk	300	850	1,450	2,900	5,050	7,200

1966 American
4d 220 Sed	200	650	1,100	2,200	3,850	5,500
2d 220 Sed	200	650	1,100	2,250	3,900	5,600
4d 220 Wag	250	700	1,150	2,300	4,000	5,700
4d 440 Sed	250	700	1,150	2,300	4,050	5,800
2d 440 Sed	250	700	1,200	2,350	4,150	5,900
2d 440 Conv	250	700	1,150	2,300	4,050	5,800
4d 440 Wag	250	700	1,150	2,300	4,000	5,700
2d 440 HT	250	800	1,300	2,600	4,550	6,500
2d Rogue HT	300	900	1,500	3,000	5,250	7,500

1966 Classic
4d 550 Sed	200	650	1,100	2,250	3,900	5,600
2d 550 Sed	200	650	1,100	2,250	3,900	5,600
4d 550 Sta Wag	250	700	1,150	2,300	4,000	5,700
4d 770 Sed	250	700	1,150	2,300	4,050	5,800
2d 770 HT	250	750	1,250	2,500	4,350	6,200
2d 770 Conv	300	900	1,500	3,000	5,250	7,500
4d 770 Sta Wag	250	700	1,150	2,300	4,000	5,700

1966 Rebel
2d HT	300	900	1,500	3,000	5,250	7,500

1966 Marlin
2d FBk Cpe	300	900	1,500	3,000	5,250	7,500

1966 Ambassador
4d 880 Sed	250	700	1,200	2,350	4,150	5,900
2d 880 Sed	250	700	1,200	2,400	4,200	6,000
4d 880 Sta Wag	250	750	1,250	2,500	4,350	6,200
4d 990 Sed	250	750	1,200	2,450	4,250	6,100

	6	5	4	3	2	1
2d 990 HT	300	850	1,400	2,800	4,900	7,000
2d 990 Conv	350	1,100	1,800	3,600	6,300	9,000
4d 990 Sta Wag	250	700	1,200	2,350	4,150	5,900
1966 DPL (Diplomat)						
2d DPL HT	300	950	1,550	3,100	5,450	7,800
1967 American 220						
4d Sed	200	650	1,100	2,200	3,850	5,500
2d Sed	200	650	1,100	2,200	3,850	5,500
4d Sta Wag	200	650	1,100	2,250	3,900	5,600
1967 American 440						
4d Sed	200	650	1,100	2,250	3,900	5,600
2d Sed	200	650	1,100	2,250	3,900	5,600
2d HT	250	700	1,200	2,400	4,200	6,000
4d Sta Wag	250	700	1,150	2,300	4,000	5,700
1967 American Rogue						
2d HT	300	900	1,500	3,050	5,300	7,600
2d Conv	350	1,000	1,700	3,400	5,950	8,500
1967 Rebel 550						
4d Sed	200	650	1,100	2,200	3,850	5,500
2d Sed	200	650	1,100	2,200	3,850	5,500
4d Sta Wag	200	650	1,100	2,250	3,900	5,600
1967 Rebel 770						
4d Sed	200	650	1,100	2,250	3,900	5,600
2d HT	250	700	1,200	2,400	4,200	6,000
4d Sta Wag	200	650	1,100	2,250	3,900	5,600
1967 Rebel SST						
2d HT	250	750	1,250	2,500	4,350	6,200
2d Conv	350	1,000	1,700	3,400	5,950	8,500
1967 Rambler Marlin						
2d FBk Cpe	300	900	1,500	3,000	5,250	7,500
1967 Ambassador 880						
4d Sed	250	700	1,150	2,300	4,000	5,700
2d Sed	250	700	1,150	2,300	4,000	5,700
4d Sta Wag	250	700	1,150	2,300	4,050	5,800
1967 Ambassador 990						
4d Sed	250	700	1,200	2,400	4,200	6,000
2d HT	250	800	1,350	2,700	4,750	6,800
4d Sta Wag	250	750	1,200	2,450	4,250	6,100
1967 Ambassador DPL						
2d HT	300	900	1,500	3,000	5,250	7,500
2d Conv	350	1,100	1,800	3,600	6,300	9,000
1968 American 220						
4d Sed	250	700	1,150	2,300	4,000	5,700
2d Sed	250	700	1,150	2,300	4,000	5,700
1968 American 440						
4d Sed	250	700	1,150	2,300	4,050	5,800
4d Sta Wag	250	700	1,200	2,350	4,150	5,900
1968 Rogue						
2d HT	300	950	1,600	3,200	5,600	8,000
1968 Rebel 550						
4d Sed	250	700	1,150	2,300	4,000	5,700
2d Conv	350	1,050	1,750	3,500	6,100	8,700
4d Sta Wag	200	650	1,100	2,200	3,850	5,500
2d HT	250	750	1,250	2,500	4,350	6,200
1968 Rebel 770						
4d Sed	250	700	1,150	2,300	4,000	5,700
4d Sta Wag	200	650	1,100	2,250	3,900	5,600
2d HT	250	750	1,300	2,550	4,500	6,400
1968 Rebel SST						
2d Conv	350	1,050	1,800	3,550	6,250	8,900
2d HT	250	800	1,300	2,650	4,600	6,600
1968 Ambassador						
4d Sed	250	700	1,150	2,300	4,050	5,800
2d HT	250	800	1,300	2,600	4,550	6,500
1968 Ambassador DPL						
4d Sed	250	700	1,200	2,400	4,200	6,000
2d HT	250	800	1,350	2,700	4,700	6,700
4d Sta Wag	250	750	1,200	2,450	4,250	6,100
1968 Ambassador SST						
4d Sed	250	700	1,200	2,400	4,200	6,000
2d HT	300	850	1,400	2,800	4,900	7,000

1986 AMC Eagle Limited four-wheel-drive station wagon

1957 Metropolitan hardtop

1910 Oldsmobile Limited touring

	6	5	4	3	2	1
1968 Javelin						
2d FBk	350	1,000	1,700	3,400	5,950	8,500
1968 Javelin SST						
2d FBk	400	1,250	2,100	4,200	7,350	10,500
NOTE: Add 20 percent for GO pkg. Add 30 percent for Big Bad pkg.						
1968 AMX						
2d FBk	550	1,700	2,800	5,600	9,800	14,000
NOTE: Add 25 percent for Craig Breedlove Edit.						
1969 Rambler						
4d Sed	200	650	1,100	2,250	3,900	5,600
2d Sed	200	650	1,100	2,250	3,900	5,600
1969 Rambler 440						
4d Sed	250	700	1,150	2,300	4,000	5,700
2d Sed	250	700	1,150	2,300	4,000	5,700
1969 Rambler Rogue						
2d HT	300	950	1,600	3,200	5,600	8,000
1969 Rambler Hurst S/C						
2d HT	500	1,550	2,600	5,200	9,100	13,000
1969 Rebel						
4d Sed	200	650	1,100	2,200	3,850	5,500
2d HT	250	700	1,200	2,400	4,200	6,000
4d Sta Wag	200	650	1,100	2,250	3,900	5,600
1969 Rebel SST						
4d Sed	250	700	1,150	2,300	4,000	5,700
2d HT	250	750	1,250	2,500	4,350	6,200
4d Sta Wag	250	700	1,150	2,300	4,000	5,700
1969 AMX						
2d FBk Cpe	550	1,700	2,800	5,600	9,800	14,000
NOTE: Add 25 percent for Big Bad Pkg.						
1969 Javelin						
2d FBk Cpe	350	1,100	1,800	3,600	6,300	9,000
1969 Javelin SST						
2d FBk Cpe	400	1,250	2,100	4,200	7,350	10,500
NOTE: Add 20 percent for GO Pkg. Add 30 percent for Big Bad pkg.						
1969 Ambassador						
4d Sed	250	700	1,150	2,300	4,050	5,800
1969 Ambassador DPL						
4d Sed	250	700	1,200	2,400	4,200	6,000
4d Sta Wag	250	700	1,200	2,400	4,200	6,000
2d HT	250	750	1,250	2,500	4,350	6,200
1969 Ambassador SST						
4d Sed	250	700	1,150	2,300	4,050	5,800
2d HT	250	750	1,250	2,500	4,400	6,300
1970 Hornet						
4d Sed	200	600	1,000	2,000	3,500	5,000
2d Sed	200	600	1,000	2,000	3,500	5,000
1970 Hornet SST						
4d Sed	200	600	1,000	2,050	3,550	5,100
2d Sed	200	600	1,000	2,050	3,550	5,100
1970 Rebel						
4d Sed	200	600	1,050	2,100	3,650	5,200
2d HT	250	700	1,200	2,400	4,200	6,000
4d Sta Wag	200	650	1,100	2,250	3,900	5,600
1970 Rebel SST						
4d Sed	200	650	1,050	2,100	3,700	5,300
2d HT	250	800	1,300	2,600	4,550	6,500
4d Sta Wag	200	600	1,050	2,100	3,650	5,200
1970 Rebel 'Machine'						
2d HT	500	1,500	2,500	5,000	8,750	12,500
1970 AMX						
2d FBk Cpe	550	1,700	2,800	5,600	9,800	14,000
1970 Gremlin						
2d Comm	200	650	1,050	2,100	3,700	5,300
2d Sed	200	650	1,100	2,150	3,800	5,400
1970 Javelin						
2d FBk Cpe	300	950	1,600	3,200	5,600	8,000
1970 Javelin SST						
2d FBk Cpe	400	1,150	1,900	3,750	6,600	9,400
NOTE: Add 20 percent for GO pkg. Add 30 percent for Big Bad pkg.						

	6	5	4	3	2	1
1970 'Trans Am'						
2d FBk Cpe	400	1,200	2,000	4,000	7,000	10,000
1970 'Mark Donohue'						
2d FBk Cpe	400	1,150	1,900	3,800	6,650	9,500
1970 Ambassador						
4d Sed	200	650	1,050	2,100	3,700	5,300
1970 Ambassador DPL						
4d Sed	200	650	1,100	2,150	3,800	5,400
2d HT	200	650	1,100	2,200	3,850	5,500
4d Sta Wag	200	650	1,050	2,100	3,700	5,300
1970 Ambassador SST						
4d Sed	200	650	1,100	2,200	3,850	5,500
2d HT	200	650	1,100	2,250	3,900	5,600
4d Sta Wag	200	650	1,100	2,150	3,800	5,400
1971 Gremlin						
2d Sed	200	600	1,000	2,000	3,500	5,000
4d Sed	200	600	1,000	2,000	3,500	5,000
1971 Hornet						
2d Sed	200	600	1,000	2,050	3,550	5,100
4d Sed	200	600	1,000	2,050	3,550	5,100
1971 Hornet SST						
2d Sed	200	600	1,050	2,100	3,650	5,200
4d Sed	200	600	1,050	2,100	3,650	5,200
1971 Hornet SC/360						
2d HT	300	950	1,600	3,200	5,600	8,000
1971 Javelin						
2d HT	200	650	1,100	2,200	3,850	5,500
2d SST HT	250	700	1,200	2,400	4,200	6,000

NOTE: Add 10 percent for 401 V-8.

	6	5	4	3	2	1
1971 Javelin AMX						
2d HT	300	900	1,500	3,000	5,250	7,500

NOTE: Add 15 percent for GO Pkg.

	6	5	4	3	2	1
1971 Matador						
4d Sed	200	600	1,000	2,050	3,550	5,100
2d HT	200	650	1,100	2,200	3,850	5,500
4d Sta Wag	200	600	1,050	2,100	3,650	5,200
1971 Ambassador DPL						
4d Sed	200	600	1,000	2,050	3,550	5,100
1971 Ambassador SST						
4d Sed	200	600	1,050	2,100	3,650	5,200
2d HT	200	650	1,100	2,150	3,800	5,400
4d Sta Wag	200	650	1,050	2,100	3,700	5,300

NOTE: Add 10 percent to Ambassador SST for Broughams.

	6	5	4	3	2	1
1972 Hornet SST						
2d Sed	150	500	800	1,600	2,800	4,000
4d Sed	150	500	800	1,650	2,850	4,100
4d Sta Wag	150	500	850	1,700	2,950	4,200
2d Gucci	200	600	1,000	2,000	3,500	5,000
4d DeL Wag	150	500	850	1,700	3,000	4,300
4d 'X' Wag	150	500	850	1,700	2,950	4,200
1972 Matador						
4d Sed	150	500	850	1,700	2,950	4,200
2d HT	200	550	900	1,750	3,100	4,400
4d Sta Wag	150	500	850	1,700	3,000	4,300
1972 Gremlin						
2d Sed	150	500	800	1,650	2,850	4,100
2d 'X' Sed	200	600	1,000	2,000	3,500	5,000
1972 Javelin						
2d SST	200	600	1,000	2,000	3,500	5,000
2d AMX	250	700	1,200	2,400	4,200	6,000
2d Go '360'	300	850	1,400	2,800	4,900	7,000
2d Go '401'	300	950	1,600	3,150	5,550	7,900
2d Cardin	250	800	1,350	2,700	4,750	6,800

NOTE: Add 20 percent for 401 V-8. Add 25 percent for 401 Police Special V-8. Add 30 percent for GO Pkg.

	6	5	4	3	2	1
1972 Ambassador SST						
4d Sed	150	500	850	1,700	2,950	4,200
2d HT	200	550	900	1,750	3,100	4,400
4d Sta Wag	150	500	850	1,700	3,000	4,300
1972 Ambassador Brougham						

NOTE: Add 10 percent to SST prices for Brougham.

	6	5	4	3	2	1
1972 Gremlin, V-8						
2d	200	550	900	1,850	3,200	4,600
1972 Hornet, V-8						
2d	200	550	900	1,750	3,100	4,400
4d	200	600	950	1,900	3,350	4,800
2d HBk	200	550	900	1,800	3,150	4,500
4d Sta Wag	200	550	900	1,750	3,100	4,400
1972 AMX, V-8						
2d HT	350	1,000	1,650	3,300	5,750	8,200
NOTE: Add 15 percent for GO Pkg.						
1972 Matador, V-8						
4d Sed	150	500	850	1,700	2,950	4,200
2d HT	150	500	850	1,700	3,000	4,300
Sta Wag	150	500	850	1,700	2,950	4,200
1972 Ambassador Brougham, V-8						
4d Sed	150	500	850	1,700	3,000	4,300
2d HT	150	450	750	1,500	2,650	3,800
4d Sta Wag	150	500	850	1,700	3,000	4,300
1973 Gremlin, V-8						
2d	200	550	900	1,800	3,150	4,500
1973 Hornet, V-8						
2d	150	450	800	1,550	2,750	3,900
4d	150	450	750	1,500	2,650	3,800
2d HBk	150	500	800	1,600	2,800	4,000
4d Sta Wag	150	450	800	1,550	2,750	3,900
1973 Javelin, V-8						
2d HT	200	600	1,000	2,000	3,500	5,000
1973 AMX, V-8						
2d HT	300	950	1,600	3,200	5,600	8,000
1973 Matador, V-8						
4d Sed	150	450	750	1,500	2,600	3,700
2d HT	150	450	750	1,500	2,650	3,800
4d Sta Wag	150	450	750	1,500	2,600	3,700
1973 Ambassador Brougham, V-8						
4d Sed	150	450	750	1,500	2,650	3,800
2d HT	150	450	800	1,550	2,750	3,900
4d Sta Wag	150	450	750	1,500	2,650	3,800
1974 Gremlin, V-8						
2d Sed	200	550	900	1,800	3,150	4,500
1974 Hornet						
4d Sed	150	400	700	1,350	2,400	3,400
2d Sed	150	400	700	1,400	2,450	3,500
2d HBk	150	450	700	1,450	2,500	3,600
4d Sta Wag	150	400	700	1,400	2,450	3,500
1974 Javelin						
2d FBk	150	500	850	1,700	2,950	4,200
1974 Javelin AMX						
2d FBk	250	800	1,300	2,600	4,550	6,500
1974 Matador						
4d Sed	150	400	650	1,300	2,250	3,200
2d Sed	150	450	700	1,450	2,500	3,600
4d Sta Wag	150	400	650	1,300	2,300	3,300
1974 Matador Brougham						
2d Cpe	150	450	750	1,500	2,600	3,700
1974 Matador 'X'						
2d Cpe	150	450	750	1,500	2,650	3,800
1974 Ambassador Brougham						
4d Sed	150	400	650	1,300	2,300	3,300
4d Sta Wag	150	400	700	1,350	2,400	3,400
NOTE: Add 10 percent for Oleg Cassini coupe. Add 12 percent for GO Package.						
1975 Gremlin						
2d Sed	150	450	750	1,500	2,650	3,800
1975 Hornet						
4d Sed	150	400	700	1,400	2,450	3,500
2d Sed	150	400	700	1,350	2,400	3,400
2d HBk	150	400	700	1,400	2,450	3,500
4d Sta Wag	150	400	700	1,400	2,450	3,500
1975 Pacer						
2d Sed	150	450	800	1,550	2,750	3,900
1975 Matador						
4d Sed	150	400	700	1,350	2,400	3,400

	6	5	4	3	2	1
2d Cpe	150	450	700	1,450	2,500	3,600
4d Sta Wag	150	400	700	1,400	2,450	3,500
1976 Gremlin, V-8						
2d Sed	150	400	700	1,400	2,450	3,500
2d Cus Sed	150	450	750	1,500	2,650	3,800
1976 Hornet, V-8						
4d Sed	100	350	600	1,250	2,150	3,100
2d Sed	100	350	600	1,200	2,100	3,000
2d HBk	150	400	650	1,300	2,250	3,200
4d Sptabt	150	400	650	1,300	2,300	3,300
1976 Pacer, 6-cyl.						
2d Sed	150	400	700	1,400	2,450	3,500
1976 Matador, V-8						
4d Sed	100	350	600	1,200	2,100	3,000
2d Cpe	150	400	650	1,300	2,250	3,200
4d Sta Wag	100	350	600	1,250	2,150	3,100

NOTE: Deduct 5 percent for 6-cylinder.

	6	5	4	3	2	1
1977 Gremlin, V-8						
2d Sed	150	450	750	1,500	2,600	3,700
2d Cus Sed	150	450	750	1,500	2,650	3,800
1977 Hornet, V-8						
4d Sed	150	400	650	1,300	2,250	3,200
2d Sed	100	350	600	1,250	2,150	3,100
2d HBk	150	400	650	1,300	2,300	3,300
4d Sta Wag	150	400	700	1,350	2,400	3,400
1977 Pacer, 6-cyl.						
2d Sed	150	450	700	1,450	2,500	3,600
4d Sta Wag	150	450	750	1,500	2,600	3,700
1977 Matador, V-8						
4d Sed	100	350	600	1,250	2,150	3,100
2d Cpe	150	400	650	1,300	2,300	3,300
4d Sta Wag	150	400	650	1,300	2,250	3,200

NOTE: Deduct 5 percent for 6-cylinder. Add 10 percent for AMX package.

	6	5	4	3	2	1
1978 Gremlin						
2d Sed	150	400	700	1,350	2,400	3,400
2d Cus Sed	150	400	700	1,400	2,450	3,500
1978 Concord						
4d Sed	100	350	600	1,150	2,050	2,900
2d Sed	100	350	550	1,100	1,950	2,800
2d HBk	100	350	600	1,200	2,100	3,000
4d Sta Wag	100	350	600	1,250	2,150	3,100
1978 Pacer						
2d HBk	150	400	650	1,300	2,300	3,300
4d Sta Wag	150	400	700	1,350	2,400	3,400
1978 AMX						
2d HBk	150	450	700	1,450	2,500	3,600
1978 Matador						
4d Sed	100	350	550	1,100	1,950	2,800
2d Cpe	100	350	600	1,200	2,100	3,000
4d Sta Wag	100	350	600	1,150	2,050	2,900
1979 Spirit, 6-cyl.						
2d HBk	150	400	700	1,400	2,450	3,500
2d Sed	150	400	700	1,350	2,400	3,400
1979 Spirit DL, 6-cyl.						
2d HBK	150	450	700	1,450	2,500	3,600
2d Sed	150	400	700	1,400	2,450	3,500
1979 Spirit Ltd, 6-cyl.						
2d HBk	150	450	750	1,500	2,600	3,700
2d Sed	150	450	700	1,450	2,500	3,600

NOTE: Deduct 5 percent for 4-cyl.

	6	5	4	3	2	1
1979 Concord, V-8						
4d Sed	100	350	600	1,250	2,150	3,100
2d Sed	100	350	600	1,200	2,100	3,000
2d HBk	150	400	650	1,300	2,250	3,200
4d Sta Wag	150	400	650	1,300	2,250	3,200
1979 Concord DL, V-8						
4d Sed	150	400	650	1,300	2,250	3,200
2d Sed	100	350	600	1,250	2,150	3,100
2d HBk	150	400	650	1,300	2,300	3,300
4d Sta Wag	150	400	650	1,300	2,300	3,300
1979 Concord Ltd, V-8						
4d Sed	150	400	650	1,300	2,300	3,300

	6	5	4	3	2	1
2d Sed	150	400	650	1,300	2,250	3,200
4d Sta Wag	150	400	700	1,350	2,400	3,400

NOTE: Deduct 5 percent for 6-cyl.

1979 Pacer DL, V-8

	6	5	4	3	2	1
2d HBk	150	400	700	1,350	2,400	3,400
2d Sta Wag	150	400	700	1,400	2,450	3,500

1979 Pacer Ltd, V-8

	6	5	4	3	2	1
2d HBk	150	400	700	1,400	2,450	3,500
2d Sta Wag	150	450	700	1,450	2,500	3,600

NOTE: Deduct 5 percent for 6-cyl.

1979 AMX, V-8

	6	5	4	3	2	1
2d HBk	150	450	750	1,500	2,600	3,700

NOTE: Deduct 7 percent for 6-cyl.

1980 Spirit, 6-cyl.

	6	5	4	3	2	1
2d HBk	150	500	800	1,600	2,800	4,000
2d Cpe	150	450	800	1,550	2,750	3,900
2d HBk DL	150	500	800	1,650	2,850	4,100
2d Cpe DL	150	500	800	1,600	2,800	4,000
2d HBk Ltd	150	500	850	1,700	3,000	4,300
2d Cpe Ltd	150	500	850	1,700	2,950	4,200

NOTE: Deduct 10 percent for 4-cyl.

1980 Concord, 6-cyl.

	6	5	4	3	2	1
4d Sed	150	450	700	1,450	2,500	3,600
2d Cpe	150	400	700	1,400	2,450	3,500
4d Sta Wag	150	450	750	1,500	2,600	3,700
4d Sed DL	150	450	750	1,500	2,600	3,700
2d Cpe DL	150	450	700	1,450	2,500	3,600
4d Sta Wag DL	150	450	750	1,500	2,650	3,800
4d Sed Ltd	150	450	800	1,550	2,750	3,900
2d Cpe Ltd	150	450	750	1,500	2,650	3,800
4d Sta Wag Ltd	150	450	800	1,550	2,750	3,900

1980 Pacer, 6-cyl.

	6	5	4	3	2	1
2d HBk DL	150	450	700	1,450	2,500	3,600
2d Sta Wag DL	150	450	750	1,500	2,600	3,700
2d HBk Ltd	150	450	750	1,500	2,650	3,800
2d Sta Wag Ltd	150	450	800	1,550	2,750	3,900

1980 AMX, 6-cyl.

	6	5	4	3	2	1
2d HBk	150	500	850	1,700	2,950	4,200

1980 Eagle 4x4, 6-cyl.

	6	5	4	3	2	1
4d Sed	200	600	1,000	2,000	3,500	5,000
2d Cpe	200	600	1,000	1,950	3,450	4,900
4d Sta Wag	200	600	1,050	2,100	3,650	5,200
4d Sed Ltd	200	600	1,050	2,100	3,650	5,200
2d Cpe Ltd	200	600	1,000	2,050	3,550	5,100
4d Sta Wag Ltd	200	650	1,100	2,150	3,800	5,400

1981 Spirit, 4-cyl.

	6	5	4	3	2	1
2d HBk	150	450	750	1,500	2,600	3,700
2d Cpe	150	450	700	1,450	2,500	3,600
2d HBk DL	150	450	800	1,550	2,750	3,900
2d Cpe DL	150	450	750	1,500	2,650	3,800

1981 Spirit, 6-cyl.

	6	5	4	3	2	1
2d HBk	150	500	800	1,650	2,850	4,100
2d Cpe	150	500	800	1,600	2,800	4,000
2d HBk DL	150	500	850	1,700	3,000	4,300
2d Cpe DL	150	500	850	1,700	2,950	4,200

1981 Concord, 6-cyl.

	6	5	4	3	2	1
4d Sed	150	450	750	1,500	2,600	3,700
2d Cpe	150	450	700	1,450	2,500	3,600
4d Sta Wag	150	450	750	1,500	2,650	3,800
4d Sed DL	150	450	750	1,500	2,650	3,800
2d Cpe DL	150	450	750	1,500	2,600	3,700
4d Sta Wag DL	150	450	800	1,550	2,750	3,900
4d Sed Ltd	150	450	800	1,550	2,750	3,900
2d Cpe Ltd	150	450	750	1,500	2,650	3,800
4d Sta Wag Ltd	150	500	800	1,600	2,800	4,000

NOTE: Deduct 12 percent for 4-cyl.

1981 Eagle 50 4x4, 4-cyl.

	6	5	4	3	2	1
2d HBk SX4	200	600	1,000	2,000	3,500	5,000
2d HBk	200	600	1,000	1,950	3,450	4,900
2d HBk SX4 DL	200	600	1,050	2,100	3,650	5,200
2d HBk DL	200	600	1,000	2,050	3,550	5,100

1981 Eagle 50 4x4, 6-cyl.

	6	5	4	3	2	1
2d HBk SX4	200	650	1,100	2,150	3,800	5,400

	6	5	4	3	2	1
2d HBk	200	650	1,050	2,100	3,700	5,300
2d HBk SX4 DL	200	650	1,100	2,250	3,900	5,600
2d HBk DL	200	650	1,100	2,200	3,850	5,500

1982 Spirit, 6-cyl.

2d HBk	150	500	850	1,700	2,950	4,200
2d Cpe	150	500	800	1,650	2,850	4,100
2d HBk DL	200	550	900	1,750	3,100	4,400
2d Cpe DL	150	500	850	1,700	3,000	4,300

NOTE: Deduct 10 percent for 4-cyl.

1982 Concord, 6-cyl.

4d Sed	150	450	750	1,500	2,650	3,800
2d Cpe	150	450	750	1,500	2,600	3,700
4d Sta Wag	150	450	800	1,550	2,750	3,900
4d Sed DL	150	450	800	1,550	2,750	3,900
2d Cpe DL	150	450	750	1,500	2,650	3,800
4d Sta Wag DL	150	500	800	1,600	2,800	4,000
4d Sed Ltd	150	500	800	1,600	2,800	4,000
2d Cpe Ltd	150	450	800	1,550	2,750	3,900
4d Sta Wag Ltd	150	500	800	1,650	2,850	4,100

NOTE: Deduct 12 percent for 4-cyl.

1982 Eagle 50 4x4, 4-cyl.

2d HBk SX4	200	600	1,000	2,050	3,550	5,100
2d HBk	200	600	1,000	2,000	3,500	5,000
2d HBk SX4 DL	200	650	1,050	2,100	3,700	5,300
2d HBk DL	200	600	1,050	2,100	3,650	5,200

1982 Eagle 50 4x4, 6-cyl.

2d HBk SX4	200	650	1,100	2,200	3,850	5,500
2d HBk	200	650	1,100	2,150	3,800	5,400
2d HBk SX4 DL	250	700	1,150	2,300	4,000	5,700
2d HBk DL	200	650	1,100	2,250	3,900	5,600

1982 Eagle 30 4x4, 4-cyl.

4d Sed	200	600	1,000	1,950	3,450	4,900
2d Cpe	200	600	950	1,900	3,350	4,800
4d Sta Wag	200	600	1,000	2,000	3,500	5,000
4d Sed Ltd	200	600	1,000	2,000	3,500	5,000
2d Cpe Ltd	200	600	1,000	1,950	3,450	4,900
4d Sta Wag Ltd	200	600	1,050	2,100	3,650	5,200

1982 Eagle 30 4x4, 6-cyl.

4d Sed	200	650	1,050	2,100	3,700	5,300
2d Cpe	200	600	1,050	2,100	3,650	5,200
4d Sta Wag	200	650	1,100	2,200	3,850	5,500
4d Sed Ltd	200	650	1,100	2,200	3,850	5,500
2d Cpe Ltd	200	650	1,100	2,150	3,800	5,400
4d Sta Wag Ltd	250	700	1,150	2,300	4,000	5,700

1983 Spirit, 6-cyl.

2d HBk DL	150	500	850	1,700	3,000	4,300
2d HBk GT	200	550	900	1,750	3,100	4,400

1983 Concord, 6-cyl.

4d Sed	150	450	800	1,550	2,750	3,900
4d Sta Wag	150	500	800	1,600	2,800	4,000
4d Sed DL	150	500	800	1,600	2,800	4,000
4d Sta Wag DL	150	500	800	1,650	2,850	4,100
4d Sta Wag Ltd	150	500	850	1,700	3,000	4,300

1983 Alliance, 4-cyl.

2d Sed	150	450	700	1,450	2,500	3,600
4d Sed L	150	450	750	1,500	2,600	3,700
2d Sed L	150	450	750	1,500	2,600	3,700
4d Sed DL	150	450	750	1,500	2,650	3,800
2d Sed DL	150	450	750	1,500	2,650	3,800
4d Sed Ltd	150	450	800	1,550	2,750	3,900

1983 Eagle 50 4x4, 4-cyl.

2d HBk SX4	200	600	1,050	2,100	3,650	5,200
2d HBk SX4 DL	200	650	1,100	2,150	3,800	5,400

1983 Eagle 50 4x4, 6-cyl.

2d HBk SX4	200	650	1,100	2,250	3,900	5,600
2d HBk SX4 DL	250	700	1,150	2,300	4,050	5,800

1983 Eagle 30 4x4, 4-cyl.

4d Sed	200	600	1,000	2,000	3,500	5,000
4d Sta Wag	200	600	1,050	2,100	3,650	5,200
4d Sta Wag Ltd	200	650	1,100	2,150	3,800	5,400

1983 Eagle 30 4x4, 6-cyl.

4d Sed	200	650	1,100	2,150	3,800	5,400
4d Sta Wag	200	650	1,100	2,250	3,900	5,600
4d Sta Wag Ltd	250	700	1,150	2,300	4,050	5,800

	6	5	4	3	2	1
1984 Alliance, 4-cyl.						
2d	150	450	750	1,500	2,600	3,700
1984 L						
4d	150	450	750	1,500	2,650	3,800
2d	150	450	750	1,500	2,650	3,800
1984 DL						
4d	150	450	800	1,550	2,750	3,900
2d	150	450	800	1,550	2,750	3,900
1984 Ltd						
4d	150	500	800	1,600	2,800	4,000
1984 Encore, 4-cyl.						
2d Liftback	150	400	700	1,350	2,400	3,400
1984 S						
2d Liftback	150	400	700	1,400	2,450	3,500
4d Liftback	150	400	700	1,400	2,450	3,500
1984 LS						
2d Liftback	150	450	700	1,450	2,500	3,600
4d Liftback	150	450	700	1,450	2,500	3,600
1984 GS						
2d Liftback	150	450	750	1,500	2,600	3,700
1984 Eagle 4WD, 4-cyl.						
4d Sed	200	600	1,000	2,050	3,550	5,100
4d Sta Wag	200	650	1,050	2,100	3,700	5,300
4d Sta Wag Ltd	200	650	1,100	2,200	3,850	5,500
1984 Eagle 4WD, 6-cyl.						
4d Sed	200	650	1,100	2,200	3,850	5,500
4d Sta Wag	250	700	1,150	2,300	4,000	5,700
4d Sta Wag Ltd	250	700	1,200	2,350	4,150	5,900
1985 Alliance						
2d Sed	100	300	500	1,050	1,800	2,600
4d Sed L	100	350	550	1,100	1,950	2,800
2d Sed L	100	350	600	1,150	2,050	2,900
Conv L	150	450	750	1,500	2,600	3,700
4d Sed DL	150	400	650	1,300	2,250	3,200
2d Sed DL	150	400	700	1,400	2,450	3,500
Conv DL	150	500	800	1,650	2,850	4,100
4d Ltd Sed	150	450	800	1,550	2,750	3,900
1985 Eagle 4WD						
4d Sed	200	650	1,100	2,250	3,900	5,600
4d Sta Wag	250	700	1,150	2,300	4,050	5,800
4d Ltd Sta Wag	250	700	1,200	2,400	4,200	6,000
1986 Encore 90						
2d HBk	150	400	700	1,400	2,450	3,500
4d HBk	150	450	700	1,450	2,500	3,600
1986 Alliance						
2d Sed	150	450	700	1,450	2,500	3,600
4d Sed	150	450	750	1,500	2,600	3,700
Conv	200	650	1,100	2,200	3,850	5,500
1986 Eagle						
4d Sed	250	700	1,150	2,300	4,000	5,700
4d Sta Wag	250	700	1,150	2,300	4,050	5,800
4d Ltd Sta Wag	250	700	1,200	2,400	4,200	6,000

NOTE: Add 10 percent for deluxe models. Deduct 5 percent for smaller engines.

	6	5	4	3	2	1
1987 Eagle						
2d Sed	150	500	800	1,600	2,800	4,000
4d Sed	150	500	800	1,600	2,800	4,000
2d HBk	150	500	800	1,650	2,850	4,100
4d HBk	150	500	800	1,650	2,850	4,100
2d Conv	250	800	1,350	2,700	4,750	6,800

NOTE: Add 10 percent for deluxe models. Add 20 percent for GTA models.

	6	5	4	3	2	1
4d Sed	250	800	1,300	2,600	4,550	6,500
4d Sta Wag	250	800	1,350	2,700	4,700	6,700
4d Sta Wag Ltd	300	850	1,400	2,750	4,850	6,900

AMC-CHRYSLER CORP.

	6	5	4	3	2	1
1988 Medallion, 4-cyl.						
4d Sed	100	300	550	1,100	1,900	2,700
4d Sta Wag	100	350	600	1,150	2,050	2,900
4d LX Sed	100	350	600	1,200	2,100	3,000
1988 Premier, V-6						
4d LX Sed	150	400	700	1,400	2,450	3,500
4d ES Sed	150	500	800	1,600	2,800	4,000

	6	5	4	3	2	1
1988 Eagle, 6-cyl.						
4d Ltd Sta Wag	250	700	1,200	2,400	4,200	6,000
1989 Jeep Summit, 4-cyl.						
4d Sed DL	150	400	700	1,400	2,450	3,500
4d Sed LX	150	500	800	1,600	2,800	4,000
4d Sed LX DOHC	150	500	850	1,700	2,950	4,200
1989 Medallion, 4-cyl.						
4d Sed DL	100	350	600	1,250	2,150	3,100
4d Sta Wag DL	150	400	650	1,300	2,250	3,200
4d Sed LX	150	400	650	1,300	2,300	3,300
4d Sta Wag LX	150	400	700	1,350	2,400	3,400
1989 Premier, V-6						
4d Sed LX, 4-cyl.	150	400	700	1,350	2,400	3,400
4d Sed LX	150	450	750	1,500	2,650	3,800
4d Sed ES	150	450	800	1,550	2,750	3,900
4d Sed ES Ltd	200	550	900	1,800	3,150	4,500
1990 Jeep Summit, 4-cyl.						
4d Sed	150	400	700	1,400	2,450	3,500
4d Sed DL	150	450	750	1,500	2,600	3,700
4d Sed LX	150	500	800	1,600	2,800	4,000
4d Sed ES	150	500	850	1,700	2,950	4,200
1990 Talon, 4-cyl.						
2d Cpe	300	850	1,400	2,800	4,900	7,000
2d Cpe Turbo	300	950	1,600	3,200	5,600	8,000
2d Cpe Turbo 4x4	350	1,100	1,800	3,600	6,300	9,000
1990 Premier, V-6						
4d Sed LX	150	500	800	1,600	2,800	4,000
4d Sed ES	200	550	900	1,800	3,150	4,500
4d Sed ES Ltd	200	600	1,000	2,000	3,500	5,000
1991 Summit, 4-cyl.						
2d HBk	150	400	700	1,400	2,450	3,500
2d HBk ES	150	450	700	1,450	2,500	3,600
4d Sed	150	450	700	1,450	2,500	3,600
4d Sed ES	150	450	750	1,500	2,600	3,700
1991 Talon, 4-cyl.						
2d Cpe	200	650	1,100	2,200	3,850	5,500
2d Cpe TSi Turbo	250	800	1,300	2,600	4,550	6,500
2d Cpe TSi Turbo 4x4	300	900	1,500	3,000	5,250	7,500
1991 Premier, V-6						
4d Sed LX	150	450	700	1,450	2,500	3,600
4d Sed ES	150	500	850	1,700	2,950	4,200
4d Sed ES Ltd	200	550	900	1,800	3,150	4,500
1993 Summit, 4-cyl.						
2d DL Cpe	150	450	750	1,500	2,650	3,800
2d ES Cpe	150	450	800	1,550	2,750	3,900
4d DL Sed	150	450	800	1,550	2,750	3,900
4d ES Sed	150	500	800	1,600	2,800	4,000
2d DL Sta Wag	150	500	800	1,650	2,850	4,100
2d LX Sta Wag	150	500	850	1,700	2,950	4,200
2d 4x4 Sta Wag	200	600	1,050	2,100	3,650	5,200
1993 Talon, 4-cyl.						
2d DL HBk	150	500	800	1,650	2,850	4,100
2d ES HBk	150	500	850	1,700	2,950	4,200
2d Turbo	200	650	1,100	2,200	3,850	5,500
2d Turbo 4x4	250	800	1,300	2,600	4,550	6,500
1993 Vision, V-6						
4d ESi Sed	150	500	850	1,700	2,950	4,200
4d TSi Sed	150	500	850	1,700	3,000	4,300

METROPOLITAN

	6	5	4	3	2	1
1954 Series E, (Nash), 4-cyl., 85" wb, 42 hp						
HT	300	900	1,550	3,100	5,400	7,700
Conv	350	1,050	1,750	3,500	6,100	8,700
1955 Series A & B, Nash/Hudson, 4-cyl., 85" wb, 42 hp						
HT	300	900	1,550	3,100	5,400	7,700
Conv	350	1,050	1,750	3,500	6,100	8,700
1956 Series 1500, Nash/Hudson, 4-cyl., 85" wb, 52 hp						
HT	300	950	1,550	3,100	5,450	7,800
Conv	350	1,050	1,750	3,500	6,150	8,800
1956 Series A, Nash/Hudson, 4-cyl., 85" wb, 42 hp						
HT	300	900	1,500	3,000	5,250	7,500
Conv	350	1,000	1,650	3,300	5,800	8,300

	6	5	4	3	2	1
1957 Series 1500, Nash/Hudson, 4-cyl., 85" wb, 52 hp						
HT	300	950	1,550	3,100	5,450	7,800
Conv	350	1,050	1,750	3,500	6,150	8,800
1957 Series A-85, Nash/Hudson, 4-cyl., 85" wb, 42 hp						
HT	300	900	1,500	3,000	5,250	7,500
Conv	350	1,000	1,650	3,300	5,800	8,300
1958 Series 1500, (AMC), 4-cyl., 85" wb, 55 hp						
HT	300	950	1,550	3,100	5,450	7,800
Conv	350	1,050	1,750	3,500	6,150	8,800
1959 Series 1500, (AMC), 4-cyl., 85" wb, 55 hp						
HT	300	950	1,600	3,250	5,650	8,100
Conv	350	1,100	1,800	3,600	6,300	9,000
1960 Series 1500, (AMC), 4-cyl., 85" wb, 55 hp						
HT	300	950	1,600	3,250	5,650	8,100
Conv	350	1,100	1,800	3,600	6,300	9,000
1961 Series 1500, (AMC), 4-cyl., 85" wb, 55 hp						
HT	300	950	1,600	3,250	5,650	8,100
Conv	350	1,100	1,800	3,600	6,300	9,000
1962 Series 1500, (AMC), 4-cyl., 85" wb, 55 hp						
HT	300	950	1,600	3,250	5,650	8,100
Conv	350	1,100	1,800	3,600	6,300	9,000

OLDSMOBILE

1901 Curved Dash, 1-cyl.						
Rbt	1,550	4,700	7,800	15,600	27,300	39,000
1902 Curved Dash, 1-cyl.						
Rbt	1,500	4,550	7,600	15,200	26,600	38,000
1903 Curved Dash, 1-cyl.						
Rbt	1,500	4,550	7,600	15,200	26,600	38,000
1904 Curved Dash, 1-cyl.						
Rbt	1,500	4,550	7,600	15,200	26,600	38,000
1904 French Front, 1-cyl., 7 hp						
Rbt	1,400	4,200	7,000	14,000	24,500	35,000
1904 Light Tonneau, 1-cyl., 10 hp						
Tonn	1,350	4,100	6,800	13,600	23,800	34,000
1905 Curved Dash, 1-cyl.						
Rbt	1,500	4,550	7,600	15,200	26,600	38,000
1905 French Front, 1-cyl., 7 hp						
Rbt	1,400	4,200	7,000	14,000	24,500	35,000
1905 Touring Car, 2-cyl.						
Tr	1,350	4,100	6,800	13,600	23,800	34,000
1906 Straight Dash B, 1-cyl.						
Rbt	1,250	3,700	6,200	12,400	21,700	31,000
1906 Curved Dash B, 1-cyl.						
Rbt	1,500	4,550	7,600	15,200	26,600	38,000
1906 Model L, 2-cyl.						
Tr	1,300	3,850	6,400	12,800	22,400	32,000
1906 Model S, 4-cyl.						
Tr	1,400	4,200	7,000	14,000	24,500	35,000
1907 Straight Dash F, 2-cyl.						
Rbt	1,250	3,700	6,200	12,400	21,700	31,000
1907 Model H, 4-cyl.						
Fly Rds	1,350	4,100	6,800	13,600	23,800	34,000
1907 Model A, 4-cyl.						
Pal Tr	1,500	4,450	7,400	14,800	25,900	37,000
Limo	1,450	4,300	7,200	14,400	25,200	36,000
1908 Model X, 4-cyl.						
Tr	1,350	4,100	6,800	13,600	23,800	34,000
1908 Model M-MR, 4-cyl.						
Rds	1,400	4,200	7,000	14,000	24,500	35,000
Tr	1,350	4,100	6,800	13,600	23,800	34,000
1908 Model Z, 6-cyl.						
Tr	1,800	5,400	9,000	18,000	31,500	45,000
1909 Model D, 4-cyl.						
Tr	1,900	5,750	9,600	19,200	33,600	48,000
Limo	1,800	5,400	9,000	18,000	31,500	45,000
Lan	1,750	5,300	8,800	17,600	30,800	44,000
1909 Model DR, 4-cyl.						
Rds	1,900	5,650	9,400	18,800	32,900	47,000

	6	5	4	3	2	1
Cpe	1,700	5,050	8,400	16,800	29,400	42,000
1909 Model X, 4-cyl.						
Rbt	1,350	4,100	6,800	13,600	23,800	34,000
1909 Model Z, 6-cyl.						
Rbt	2,650	7,900	13,200	26,400	46,200	66,000
Tr	2,700	8,150	13,600	27,200	47,600	68,000
1910 Special, 4-cyl.						
Rbt	1,350	4,100	6,800	13,600	23,800	34,000
Tr	1,450	4,300	7,200	14,400	25,200	36,000
Limo	1,500	4,550	7,600	15,200	26,600	38,000
1910 Limited, 6-cyl.						
Rbt	3,600	10,800	18,000	36,000	63,000	90,000
Tr	4,250	12,700	21,200	42,400	74,000	106,000
Limo	2,500	7,450	12,400	24,800	43,400	62,000
1911 Special, 4-cyl.						
Rbt	1,350	4,100	6,800	13,600	23,800	34,000
Tr	1,450	4,300	7,200	14,400	25,200	36,000
Limo	1,400	4,200	7,000	14,000	24,500	35,000
1911 Autocrat, 4-cyl.						
Rbt	2,300	6,850	11,400	22,800	39,900	57,000
Tr	2,300	6,950	11,600	23,200	40,600	58,000
Limo	2,300	6,950	11,600	23,200	40,600	58,000
1911 Limited, 6-cyl.						
Rbt	3,600	10,800	18,000	36,000	63,000	90,000
Tr	4,250	12,700	21,200	42,400	74,000	106,000
Limo	2,400	7,200	12,000	24,000	42,000	60,000
1912 Autocrat, 4-cyl., 40 hp						
2d Rds	2,650	7,900	13,200	26,400	46,200	66,000
4d Tr	2,650	7,900	13,200	26,400	46,200	66,000
4d Limo	2,700	8,150	13,600	27,200	47,600	68,000
1912 Despatch, 4-cyl., 26 hp						
2d Rds	1,400	4,200	7,000	14,000	24,500	35,000
4d Tr	1,500	4,450	7,400	14,800	25,900	37,000
2d Cpe	1,300	3,850	6,400	12,800	22,400	32,000
1912 Defender, 4-cyl., 35 hp						
2d 2P Tr	1,450	4,300	7,200	14,400	25,200	36,000
4d 4P Tr	1,500	4,450	7,400	14,800	25,900	37,000
2d 2P Rds	1,400	4,200	7,000	14,000	24,500	35,000
2d 3P Cpe	1,300	3,850	6,400	12,800	22,400	32,000
2d 5P Cpe	1,250	3,700	6,200	12,400	21,700	31,000
1912 Limited, 6-cyl.						
2d Rds	3,450	10,300	17,200	34,400	60,000	86,000
4d Tr	4,000	12,000	20,000	40,000	70,000	100,000
4d Limo	2,650	7,900	13,200	26,400	46,200	66,000
1913 Light Six, 6-cyl.						
4d 4P Tr	1,300	3,950	6,600	13,200	23,100	33,000
4d Phae	1,350	4,100	6,800	13,600	23,800	34,000
4d 7P Tr	1,300	3,850	6,400	12,800	22,400	32,000
4d Limo	1,300	3,950	6,600	13,200	23,100	33,000
1913 6-cyl., 60 hp						
4d Tr	2,650	7,900	13,200	26,400	46,200	66,000
1913 4-cyl., 35 hp						
4d Tr	1,700	5,050	8,400	16,800	29,400	42,000
1914 Model 54, 6-cyl.						
4d Phae	1,650	4,900	8,200	16,400	28,700	41,000
4d 5P Tr	1,600	4,800	8,000	16,000	28,000	40,000
4d 7P Tr	1,650	4,900	8,200	16,400	28,700	41,000
4d Limo	1,400	4,200	7,000	14,000	24,500	35,000
1914 Model 42, 4-cyl.						
4d 5P Tr	1,300	3,850	6,400	12,800	22,400	32,000
1915 Model 42, 4-cyl.						
2d Rds	1,200	3,600	6,000	12,000	21,000	30,000
4d Tr	1,250	3,700	6,200	12,400	21,700	31,000
1915 Model 55, 6-cyl.						
4d Tr	2,200	6,600	11,000	22,000	38,500	55,000
1916 Model 43, 4-cyl.						
2d Rds	1,150	3,500	5,800	11,600	20,300	29,000
4d 5P Tr	1,200	3,600	6,000	12,000	21,000	30,000
1916 Model 44, V-8						
2d Rds	1,650	4,900	8,200	16,400	28,700	41,000
4d Tr	1,700	5,050	8,400	16,800	29,400	42,000
4d Sed	900	2,650	4,400	8,800	15,400	22,000
2d Cabr	1,600	4,800	8,000	16,000	28,000	40,000

1932 Oldsmobile Model L coupe

1964 Oldsmobile Jetstar 88 Holiday four-door hardtop

1989 Oldsmobile Toronado hardtop

	6	5	4	3	2	1
1917 Model 37, 6-cyl.						
4d Tr	1,100	3,250	5,400	10,800	18,900	27,000
2d Rds	1,050	3,100	5,200	10,400	18,200	26,000
2d Cabr	1,000	3,000	5,000	10,000	17,500	25,000
4d Sed	700	2,150	3,600	7,200	12,600	18,000
1917 Model 45, V-8						
4d 5P Tr	1,600	4,800	8,000	16,000	28,000	40,000
4d 7P Tr	1,650	4,900	8,200	16,400	28,700	41,000
4d Conv Sed	1,600	4,800	8,000	16,000	28,000	40,000
2d Rds	1,500	4,550	7,600	15,200	26,600	38,000
1917 Model 44-B, V-8						
2d Rds	1,550	4,700	7,800	15,600	27,300	39,000
4d Tr	1,500	4,550	7,600	15,200	26,600	38,000
1918 Model 37, 6-cyl.						
2d Rds	850	2,500	4,200	8,400	14,700	21,000
4d Tr	900	2,650	4,400	8,800	15,400	22,000
2d Cabr	800	2,400	4,000	8,000	14,000	20,000
2d Cpe	600	1,800	3,000	6,000	10,500	15,000
4d Sed	500	1,550	2,600	5,200	9,100	13,000
1918 Model 45-A, V-8						
4d 5P Tr	1,500	4,450	7,400	14,800	25,900	37,000
4d 7P Tr	1,500	4,550	7,600	15,200	26,600	38,000
2d Rds	1,450	4,300	7,200	14,400	25,200	36,000
4d Spt Tr	1,500	4,450	7,400	14,800	25,900	37,000
2d Cabr	1,400	4,200	7,000	14,000	24,500	35,000
4d Sed	1,100	3,350	5,600	11,200	19,600	28,000
1919 Model 37-A, 6-cyl.						
2d Rds	800	2,400	4,000	8,000	14,000	20,000
4d Tr	850	2,500	4,200	8,400	14,700	21,000
4d Sed	500	1,550	2,600	5,200	9,100	13,000
2d Cpe	600	1,800	3,000	6,000	10,500	15,000
1919 Model 45-A, V-8						
2d Rds	1,300	3,950	6,600	13,200	23,100	33,000
4d Tr	1,350	4,100	6,800	13,600	23,800	34,000
1919 Model 45-B, V-8						
4d 4P Tr	1,350	4,100	6,800	13,600	23,800	34,000
4d 7P Tr	1,400	4,200	7,000	14,000	24,500	35,000
1920 Model 37-A, 6-cyl.						
2d Rds	700	2,150	3,600	7,200	12,600	18,000
4d Tr	750	2,300	3,800	7,600	13,300	19,000
1920 Model 37-B, 6-cyl.						
2d Cpe	500	1,550	2,600	5,200	9,100	13,000
4d Sed	450	1,300	2,200	4,400	7,700	11,000
1920 Model 45-B, V-8						
4d 4P Tr	1,100	3,350	5,600	11,200	19,600	28,000
4d 5P Tr	1,150	3,500	5,800	11,600	20,300	29,000
4d 7P Sed	800	2,400	4,000	8,000	14,000	20,000
1921 Model 37, 6-cyl.						
2d Rds	700	2,050	3,400	6,800	11,900	17,000
4d Tr	700	2,150	3,600	7,200	12,600	18,000
2d Cpe	500	1,450	2,400	4,800	8,400	12,000
4d Sed	400	1,200	2,000	4,000	7,000	10,000
1921 Model 43-A, 4-cyl.						
2d Rds	600	1,800	3,000	6,000	10,500	15,000
4d Tr	650	1,900	3,200	6,400	11,200	16,000
2d Cpe	450	1,300	2,200	4,400	7,700	11,000
1921 Model 46, V-8						
4d 4P Tr	1,050	3,100	5,200	10,400	18,200	26,000
4d Tr	1,100	3,250	5,400	10,800	18,900	27,000
4d 7P Sed	700	2,050	3,400	6,800	11,900	17,000
1921 Model 47, V-8						
4d Spt Tr	1,100	3,250	5,400	10,800	18,900	27,000
2d 4P Cpe	800	2,400	4,000	8,000	14,000	20,000
4d 5P Sed	1,100	3,350	5,600	11,200	19,600	28,000
1922 Model 46, V-8						
4d Spt Tr	1,100	3,250	5,400	10,800	18,900	27,000
4d 4P Tr	1,000	3,000	5,000	10,000	17,500	25,000
4d 7P Tr	1,050	3,100	5,200	10,400	18,200	26,000
4d 7P Sed	650	1,900	3,200	6,400	11,200	16,000
1922 Model 47, V-8						
2d Rds	1,000	3,000	5,000	10,000	17,500	25,000
4d Tr	1,100	3,250	5,400	10,800	18,900	27,000
4d 4P Spt	1,100	3,350	5,600	11,200	19,600	28,000
2d 4P Cpe	700	2,150	3,600	7,200	12,600	18,000

	6	5	4	3	2	1
4d 5P Sed	600	1,800	3,000	6,000	10,500	15,000
1923 Model M30-A, 6-cyl.						
2d Rds	750	2,300	3,800	7,600	13,300	19,000
4d Tr	800	2,400	4,000	8,000	14,000	20,000
2d Cpe	500	1,550	2,600	5,200	9,100	13,000
4d Sed	450	1,300	2,200	4,400	7,700	11,000
4d Spt Tr	900	2,650	4,400	8,800	15,400	22,000
1923 Model 43-A, 4-cyl.						
2d Rds	800	2,400	4,000	8,000	14,000	20,000
4d Tr	850	2,500	4,200	8,400	14,700	21,000
2d Cpe	500	1,550	2,600	5,200	9,100	13,000
4d Sed	450	1,300	2,200	4,400	7,700	11,000
4d Brgm	500	1,450	2,400	4,800	8,400	12,000
4d Cal Tp Sed	500	1,550	2,600	5,200	9,100	13,000
1923 Model 47, V-8						
4d 4P Tr	1,050	3,100	5,200	10,400	18,200	26,000
4d 5P Tr	1,100	3,250	5,400	10,800	18,900	27,000
2d Rds	1,000	3,000	5,000	10,000	17,500	25,000
4d Sed	700	2,050	3,400	6,800	11,900	17,000
2d Cpe	750	2,300	3,800	7,600	13,300	19,000
4d Spt Tr	1,100	3,350	5,600	11,200	19,600	28,000
1924 Model 30-B, 6-cyl.						
2d Rds	650	1,900	3,200	6,400	11,200	16,000
4d Tr	700	2,050	3,400	6,800	11,900	17,000
2d Spt Rds	700	2,050	3,400	6,800	11,900	17,000
4d Spt Tr	700	2,150	3,600	7,200	12,600	18,000
2d Cpe	400	1,200	2,000	4,000	7,000	10,000
4d Sed	350	1,100	1,800	3,600	6,300	9,000
2d Sed	350	1,000	1,700	3,400	5,950	8,500
4d DeL Sed	350	1,100	1,800	3,600	6,300	9,000
1925 Series 30-C, 6-cyl.						
2d Rds	650	1,900	3,200	6,400	11,200	16,000
4d Tr	700	2,050	3,400	6,800	11,900	17,000
2d Spt Rds	700	2,050	3,400	6,800	11,900	17,000
4d Spt Tr	700	2,150	3,600	7,200	12,600	18,000
2d Cpe	350	1,100	1,800	3,600	6,300	9,000
4d Sed	350	1,000	1,700	3,400	5,950	8,500
4d DeL Sed	350	1,050	1,750	3,500	6,150	8,800
2d DeL	300	950	1,600	3,200	5,600	8,000
1926 Model 30-D, 6-cyl.						
2d DeL Rds	750	2,300	3,800	7,600	13,300	19,000
4d Tr	700	2,150	3,600	7,200	12,600	18,000
4d DeL Tr	750	2,200	3,700	7,400	13,000	18,500
2d Cpe	400	1,200	2,000	4,000	7,000	10,000
2d DeL Cpe	400	1,250	2,100	4,200	7,350	10,500
2d Sed	350	1,000	1,700	3,400	5,950	8,500
2d DeL Sed	350	1,100	1,800	3,600	6,300	9,000
4d Sed	350	1,100	1,800	3,600	6,300	9,000
4d DeL Sed	400	1,150	1,900	3,800	6,650	9,500
4d Lan Sed	550	1,700	2,800	5,600	9,800	14,000
1927 Series 30-E, 6-cyl.						
2d DeL Rds	600	1,800	3,000	6,000	10,500	15,000
4d Tr	550	1,700	2,800	5,600	9,800	14,000
4d DeL Tr	600	1,800	3,000	6,000	10,500	15,000
2d Cpe	450	1,300	2,200	4,400	7,700	11,000
2d DeL Cpe	450	1,400	2,300	4,600	8,050	11,500
2d Spt Cpe	500	1,450	2,400	4,800	8,400	12,000
2d Sed	400	1,150	1,900	3,800	6,650	9,500
2d DeL Sed	400	1,200	2,000	4,000	7,000	10,000
4d Sed	400	1,200	2,000	4,000	7,000	10,000
4d DeL Sed	400	1,250	2,100	4,200	7,350	10,500
4d Lan	500	1,550	2,600	5,200	9,100	13,000
1928 Model F-28, 6-cyl.						
2d Rds	700	2,050	3,400	6,800	11,900	17,000
2d DeL Rds	700	2,150	3,600	7,200	12,600	18,000
4d Tr	700	2,150	3,600	7,200	12,600	18,000
4d DeL Tr	750	2,300	3,800	7,600	13,300	19,000
2d Cpe	500	1,450	2,400	4,800	8,400	12,000
2d Spl Cpe	500	1,500	2,500	5,000	8,750	12,500
2d Spt Cpe	500	1,550	2,600	5,200	9,100	13,000
2d DeL Spt Cpe	550	1,600	2,700	5,400	9,450	13,500
2d Sed	400	1,200	2,000	4,000	7,000	10,000
4d Sed	400	1,200	2,050	4,100	7,150	10,200
4d DeL Sed	400	1,250	2,100	4,200	7,350	10,500
4d Lan	500	1,450	2,400	4,800	8,400	12,000
4d DeL Lan	500	1,550	2,600	5,200	9,100	13,000

	6	5	4	3	2	1
1929 Model F-29, 6-cyl.						
2d Rds	900	2,650	4,400	8,800	15,400	22,000
2d Conv	800	2,400	4,000	8,000	14,000	20,000
4d Tr	850	2,500	4,200	8,400	14,700	21,000
2d Cpe	550	1,600	2,700	5,400	9,450	13,500
2d Spt Cpe	550	1,650	2,750	5,500	9,600	13,700
2d Sed	450	1,300	2,200	4,400	7,700	11,000
4d Sed	450	1,350	2,250	4,500	7,850	11,200
4d Lan	450	1,400	2,300	4,600	8,050	11,500
1929 Viking, V-8						
2d Conv Cpe	1,100	3,350	5,600	11,200	19,600	28,000
4d Sed	850	2,500	4,200	8,400	14,700	21,000
4d CC Sed	900	2,650	4,400	8,800	15,400	22,000
1930 Model F-30, 6-cyl.						
2d Conv	900	2,750	4,600	9,200	16,100	23,000
4d Tr	950	2,900	4,800	9,600	16,800	24,000
2d Cpe	500	1,550	2,600	5,200	9,100	13,000
2d Spt Cpe	550	1,700	2,800	5,600	9,800	14,000
2d Sed	500	1,450	2,400	4,800	8,400	12,000
4d Sed	900	2,650	4,400	8,800	15,400	22,000
4d Pat Sed	900	2,750	4,600	9,200	16,100	23,000
1930 Viking, V-8						
2d Conv Cpe	1,100	3,250	5,400	10,800	18,900	27,000
4d Sed	550	1,700	2,800	5,600	9,800	14,000
4d CC Sed	600	1,800	3,000	6,000	10,500	15,000
1931 Model F-31, 6-cyl.						
2d Conv	1,050	3,100	5,200	10,400	18,200	26,000
2d Cpe	600	1,750	2,900	5,800	10,200	14,500
2d Spt Cpe	800	2,400	4,000	8,000	14,000	20,000
2d Sed	700	2,050	3,400	6,800	11,900	17,000
4d Sed	700	2,050	3,400	6,800	11,900	17,000
4d Pat Sed	700	2,100	3,500	7,000	12,300	17,500
1932 Model F-32, 6-cyl.						
2d Conv	1,100	3,250	5,400	10,800	18,900	27,000
2d Cpe	700	2,150	3,600	7,200	12,600	18,000
2d Spt Cpe	750	2,300	3,800	7,600	13,300	19,000
2d Sed	600	1,850	3,100	6,200	10,850	15,500
4d Sed	650	2,000	3,300	6,600	11,550	16,500
4d Pat Sed	700	2,050	3,400	6,800	11,900	17,000
1932 Model L-32, 8-cyl.						
2d Conv	1,200	3,600	6,000	12,000	21,000	30,000
2d Cpe	750	2,300	3,800	7,600	13,300	19,000
2d Spt Cpe	800	2,400	4,000	8,000	14,000	20,000
2d Sed	650	2,000	3,300	6,600	11,600	16,500
4d Sed	700	2,100	3,500	7,000	12,250	17,500
4d Pat Sed	700	2,150	3,600	7,200	12,600	18,000
1933 Model F-33, 6-cyl.						
2d Conv	950	2,900	4,800	9,600	16,800	24,000
2d Bus Cpe	550	1,600	2,700	5,400	9,450	13,500
2d Spt Cpe	600	1,800	3,000	6,000	10,500	15,000
2d 5P Cpe	600	1,750	2,900	5,800	10,150	14,500
2d Tr Cpe	550	1,600	2,700	5,400	9,450	13,500
4d Sed	550	1,600	2,650	5,300	9,250	13,200
4d Trk Sed	550	1,600	2,700	5,400	9,450	13,500
1933 Model L-33, 8-cyl.						
2d Conv	1,000	3,000	5,000	10,000	17,500	25,000
2d Bus Cpe	550	1,700	2,800	5,600	9,800	14,000
2d Spt Cpe	600	1,800	3,000	6,000	10,500	15,000
2d 5P Cpe	600	1,750	2,900	5,800	10,150	14,500
4d Sed	550	1,600	2,700	5,400	9,450	13,500
4d Trk Sed	550	1,700	2,800	5,600	9,800	14,000
1934 Model F-34, 6-cyl.						
2d Bus Cpe	450	1,400	2,300	4,600	8,050	11,500
2d Spt Cpe	500	1,450	2,400	4,800	8,400	12,000
2d 5P Cpe	450	1,300	2,200	4,400	7,700	11,000
4d SB Sed	400	1,250	2,100	4,200	7,350	10,500
4d Trk Sed	450	1,300	2,150	4,300	7,500	10,700
1934 Model L-34, 8-cyl.						
2d Conv	1,000	3,000	5,000	10,000	17,500	25,000
2d Bus Cpe	500	1,550	2,600	5,200	9,100	13,000
2d Spt Cpe	550	1,700	2,800	5,600	9,800	14,000
2d 5P Cpe	550	1,600	2,700	5,400	9,450	13,500
2d Tr Cpe	500	1,450	2,400	4,800	8,400	12,000
4d Sed	450	1,300	2,200	4,400	7,700	11,000
4d Trk Sed	450	1,350	2,250	4,500	7,900	11,300

	6	5	4	3	2	1
1935 F-35, 6-cyl.						
2d Conv	900	2,750	4,600	9,200	16,100	23,000
2d Clb Cpe	400	1,150	1,950	3,900	6,800	9,700
2d Bus Cpe	400	1,150	1,900	3,750	6,600	9,400
2d Spt Cpe	400	1,200	2,000	3,950	6,950	9,900
2d Tr Cpe	350	1,100	1,850	3,700	6,500	9,300
4d Sed	300	950	1,600	3,250	5,650	8,100
4d Trk Sed	350	1,000	1,650	3,300	5,750	8,200
1935 L-35, 8-cyl.						
2d Conv	1,000	3,000	5,000	10,000	17,500	25,000
2d Clb Cpe	400	1,250	2,100	4,150	7,300	10,400
2d Bus Cpe	400	1,200	2,000	4,050	7,050	10,100
2d Spt Cpe	450	1,300	2,200	4,400	7,700	11,000
2d Sed	350	1,050	1,750	3,500	6,100	8,700
2d Trk Sed	350	1,050	1,800	3,550	6,250	8,900
4d Sed	350	1,050	1,800	3,550	6,250	8,900
4d Trk Sed	350	1,100	1,800	3,650	6,350	9,100
1936 F-36, 6-cyl.						
2d Conv	1,000	3,000	5,000	10,000	17,500	25,000
2d Bus Cpe	400	1,250	2,100	4,200	7,350	10,500
2d Spt Cpe	450	1,300	2,200	4,400	7,700	11,000
2d Sed	350	1,050	1,750	3,500	6,150	8,800
2d Trk Sed	350	1,100	1,800	3,600	6,300	9,000
4d Sed	350	1,100	1,800	3,650	6,350	9,100
4d Trk Sed	350	1,100	1,850	3,700	6,450	9,200
1936 L-36, 8-cyl.						
2d Conv	1,100	3,250	5,400	10,800	18,900	27,000
2d Bus Cpe	400	1,200	2,000	4,000	7,000	10,000
2d Spt Cpe	400	1,250	2,100	4,200	7,350	10,500
2d Sed	350	1,100	1,850	3,700	6,450	9,200
2d Trk Sed	400	1,150	1,900	3,800	6,650	9,500
4d Sed	400	1,150	1,950	3,900	6,800	9,700
4d Trk Sed	400	1,200	2,000	3,950	6,950	9,900
1937 F-37, 6-cyl.						
2d Conv	1,100	3,350	5,600	11,200	19,600	28,000
2d Bus Cpe	400	1,250	2,100	4,150	7,300	10,400
2d Clb Cpe	450	1,400	2,300	4,600	8,050	11,500
2d Sed	450	1,300	2,200	4,400	7,700	11,000
2d Trk Sed	400	1,200	2,000	4,050	7,050	10,100
4d Sed	450	1,300	2,200	4,400	7,700	11,000
4d Trk Sed	400	1,200	2,050	4,100	7,150	10,200
1937 L-37, 8-cyl.						
2d Conv	1,250	3,700	6,200	12,400	21,700	31,000
2d Bus Cpe	450	1,350	2,250	4,500	7,850	11,200
2d Clb Cpe	450	1,300	2,200	4,400	7,700	11,000
2d Sed	400	1,250	2,100	4,150	7,300	10,400
2d Trk Sed	400	1,250	2,100	4,200	7,350	10,500
4d Sed	400	1,250	2,100	4,150	7,300	10,400
4d Trk Sed	400	1,250	2,100	4,250	7,400	10,600
1938 F-38, 6-cyl.						
2d Conv	1,200	3,600	6,000	12,000	21,000	30,000
2d Bus Cpe	400	1,250	2,100	4,150	7,300	10,400
2d Clb Cpe	450	1,300	2,200	4,350	7,650	10,900
2d Sed	400	1,150	1,900	3,800	6,650	9,500
2d Tr Sed	400	1,200	2,000	4,000	7,000	10,000
4d Sed	400	1,200	2,000	3,950	6,950	9,900
4d Tr Sed	400	1,200	2,000	4,000	7,000	10,000
1938 L-38, 8-cyl.						
2d Conv	1,350	4,100	6,800	13,600	23,800	34,000
2d Bus Cpe	450	1,300	2,200	4,350	7,650	10,900
2d Clb Cpe	450	1,350	2,300	4,550	8,000	11,400
2d Sed	400	1,200	2,000	4,000	7,000	10,000
2d Tr Sed	400	1,250	2,100	4,200	7,350	10,500
4d Sed	400	1,250	2,050	4,100	7,200	10,300
4d Tr Sed	400	1,250	2,100	4,200	7,350	10,500
1939 F-39 "60" Series, 6-cyl.						
2d Bus Cpe	400	1,250	2,050	4,100	7,200	10,300
2d Clb Cpe	400	1,250	2,100	4,150	7,300	10,400
2d Sed	400	1,200	2,050	4,100	7,150	10,200
4d Sed	400	1,250	2,100	4,150	7,300	10,400
1939 G-39 "70" Series, 6-cyl.						
2d Conv	1,100	3,350	5,600	11,200	19,600	28,000
2d Bus Sed	400	1,250	2,100	4,200	7,350	10,500
2d Clb Cpe	450	1,300	2,150	4,300	7,500	10,700
2d Sed	400	1,250	2,100	4,150	7,300	10,400
2d SR Sed	400	1,250	2,100	4,250	7,400	10,600

	6	5	4	3	2	1
4d Sed	400	1,250	2,100	4,200	7,350	10,500
4d SR Sed	400	1,250	2,100	4,250	7,400	10,600

1939 L-39, 8-cyl.

	6	5	4	3	2	1
2d Conv	1,250	3,700	6,200	12,400	21,700	31,000
2d Bus Cpe	450	1,300	2,200	4,400	7,700	11,000
2d Clb Cpe	450	1,350	2,300	4,550	8,000	11,400
2d Sed	450	1,300	2,150	4,300	7,500	10,700
2d SR Sed	450	1,300	2,200	4,400	7,700	11,000
4d Sed	450	1,350	2,200	4,450	7,750	11,100
4d SR Sed	450	1,300	2,150	4,300	7,550	10,800

1940 Series 60, 6-cyl.

	6	5	4	3	2	1
2d Conv	1,150	3,500	5,800	11,600	20,300	29,000
2d Bus Cpe	450	1,350	2,300	4,550	8,000	11,400
2d Clb Cpe	500	1,450	2,400	4,800	8,400	12,000
4d Sta Wag	800	2,400	4,000	8,000	14,000	20,000
2d Sed	450	1,300	2,150	4,300	7,500	10,700
2d SR Sed	450	1,300	2,200	4,400	7,700	11,000
4d Sed	450	1,300	2,150	4,300	7,550	10,800
4d SR Sed	450	1,350	2,200	4,450	7,750	11,100

1940 Series 70, 6-cyl.

	6	5	4	3	2	1
2d Conv	1,250	3,700	6,200	12,400	21,700	31,000
2d Bus Cpe	500	1,450	2,400	4,800	8,400	12,000
2d Clb Cpe	450	1,400	2,300	4,600	8,050	11,500
2d Sed	450	1,350	2,300	4,550	8,000	11,400
4d Sed	450	1,400	2,300	4,650	8,100	11,600

1940 Series 90, 8-cyl.

	6	5	4	3	2	1
2d Conv Cpe	1,900	5,650	9,400	18,800	32,900	47,000
4d Conv Sed	1,900	5,750	9,600	19,200	33,600	48,000
2d Clb Cpe	650	1,900	3,200	6,400	11,200	16,000
4d Tr Sed	550	1,700	2,800	5,600	9,800	14,000

1941 Series 66, 6-cyl.

	6	5	4	3	2	1
2d Conv Cpe	1,050	3,100	5,200	10,400	18,200	26,000
2d Bus Cpe	450	1,300	2,200	4,400	7,700	11,000
2d Clb Cpe	450	1,400	2,300	4,600	8,050	11,500
2d Sed	400	1,250	2,100	4,150	7,300	10,400
4d Sed	400	1,250	2,100	4,250	7,400	10,600
4d Twn Sed	450	1,300	2,150	4,300	7,500	10,700
4d Sta Wag	1,100	3,350	5,600	11,200	19,600	28,000

1941 Series 68, 8-cyl.

	6	5	4	3	2	1
2d Conv Cpe	1,100	3,350	5,600	11,200	19,600	28,000
2d Bus Cpe	450	1,400	2,300	4,600	8,050	11,500
2d Clb Cpe	500	1,450	2,400	4,800	8,400	12,000
2d Sed	400	1,250	2,100	4,250	7,400	10,600
4d Sed	450	1,300	2,150	4,300	7,550	10,800
4d Twn Sed	450	1,300	2,200	4,400	7,700	11,000
4d Sta Wag	1,100	3,350	5,600	11,200	19,600	28,000

1941 Series 76, 6-cyl.

	6	5	4	3	2	1
2d Bus Cpe	500	1,450	2,400	4,800	8,400	12,000
2d Clb Sed	450	1,300	2,200	4,400	7,700	11,000
4d Sed	450	1,300	2,200	4,400	7,700	11,000

1941 Series 78, 8-cyl.

	6	5	4	3	2	1
2d Bus Sed	450	1,350	2,200	4,450	7,750	11,100
2d Clb Sed	450	1,350	2,300	4,550	8,000	11,400
4d Sed	450	1,400	2,300	4,600	8,050	11,500

1941 Series 96, 6-cyl.

	6	5	4	3	2	1
2d Conv Cpe	1,650	4,900	8,200	16,400	28,700	41,000
2d Clb Cpe	600	1,800	3,000	6,000	10,500	15,000
4d Sed	500	1,550	2,600	5,200	9,100	13,000

1941 Series 98, 8-cyl.

	6	5	4	3	2	1
2d Conv Cpe	1,900	5,750	9,600	19,200	33,600	48,000
4d Conv Sed	1,950	5,900	9,800	19,600	34,300	49,000
2d Clb Cpe	650	1,900	3,200	6,400	11,200	16,000
4d Sed	550	1,700	2,800	5,600	9,800	14,000

1942 Special Series 66 & 68

	6	5	4	3	2	1
2d Conv	1,000	3,000	5,000	10,000	17,500	25,000
2d Bus Cpe	400	1,250	2,100	4,200	7,350	10,500
2d Clb Cpe	450	1,300	2,200	4,400	7,700	11,000
2d Clb Sed	400	1,250	2,100	4,250	7,400	10,600
2d Sed	400	1,250	2,050	4,100	7,200	10,300
4d Sed	400	1,250	2,100	4,200	7,350	10,500
4d Twn Sed	450	1,300	2,150	4,300	7,500	10,700
4d Sta Wag	1,100	3,250	5,400	10,800	18,900	27,000

NOTE: Add 10 percent for 8-cyl.

1942 Dynamic Series 76-78

	6	5	4	3	2	1
2d Clb Sed	450	1,400	2,300	4,600	8,050	11,500

	6	5	4	3	2	1
4d Sed	450	1,300	2,200	4,400	7,700	11,000

NOTE: Add 10 percent for 8-cyl.

1942 Custom Series 98, 8-cyl.

	6	5	4	3	2	1
2d Conv	1,150	3,500	5,800	11,600	20,300	29,000
2d Clb Sed	550	1,600	2,700	5,400	9,450	13,500
4d Sed	550	1,600	2,650	5,300	9,250	13,200

1946-1947 Special Series 66, 6-cyl.

	6	5	4	3	2	1
2d Conv	1,000	3,000	5,000	10,000	17,500	25,000
2d Clb Cpe	450	1,400	2,300	4,650	8,100	11,600
2d Clb Sed	450	1,350	2,300	4,550	8,000	11,400
4d Sed	450	1,350	2,250	4,500	7,900	11,300
4d Sta Wag	1,100	3,250	5,400	10,800	18,900	27,000

1946-1947 Special Series 68, 8-cyl.

	6	5	4	3	2	1
2d Conv	1,050	3,100	5,200	10,400	18,200	26,000
2d Clb Cpe	500	1,500	2,500	5,050	8,800	12,600
2d Clb Sed	500	1,500	2,500	4,950	8,700	12,400
4d Sed	500	1,500	2,450	4,900	8,600	12,300
4d Sta Wag	1,100	3,350	5,600	11,200	19,600	28,000

1946-1947 Dynamic Cruiser, Series 76, 6-cyl.

	6	5	4	3	2	1
2d Clb Sed	450	1,400	2,350	4,700	8,200	11,700
2d DeL Clb Sed (1947 only)	450	1,400	2,350	4,700	8,250	11,800
4d Sed	450	1,400	2,300	4,650	8,100	11,600
4d DeL Sed (1947 only)	450	1,400	2,350	4,700	8,200	11,700

1946-1947 Dynamic Cruiser Series 78, 8-cyl.

	6	5	4	3	2	1
2d Clb Sed	500	1,500	2,550	5,100	8,900	12,700
2d DeL Clb Sed (1947 only)	500	1,550	2,550	5,100	8,950	12,800
4d Sed	500	1,500	2,500	5,050	8,800	12,600
4d DeL Sed (1947 only)	500	1,500	2,550	5,100	8,900	12,700

1946-1947 Custom Cruiser Series 98, 8-cyl.

	6	5	4	3	2	1
2d Conv	1,100	3,250	5,400	10,800	18,900	27,000
2d Clb Sed	550	1,600	2,700	5,400	9,450	13,500
4d Sed	550	1,600	2,650	5,300	9,250	13,200

1948 Dynamic Series 66, 6-cyl., 119" wb

	6	5	4	3	2	1
2d Conv	1,050	3,100	5,200	10,400	18,200	26,000
2d Clb Cpe	450	1,400	2,300	4,600	8,050	11,500
2d Clb Sed	450	1,350	2,250	4,500	7,850	11,200
4d Sed	450	1,350	2,250	4,500	7,900	11,300
4d Sta Wag	1,100	3,250	5,400	10,800	18,900	27,000

1948 Dynamic Series 68, 8-cyl., 119" wb

	6	5	4	3	2	1
2d Conv	1,100	3,250	5,400	10,800	18,900	27,000
2d Clb Cpe	500	1,500	2,500	5,000	8,750	12,500
2d Clb Sed	500	1,450	2,450	4,900	8,550	12,200
4d Sed	500	1,500	2,500	5,050	8,800	12,600
4d Sta Wag	1,100	3,350	5,600	11,200	19,600	28,000

1948 Dynamic Series 76, 6-cyl., 125" wb

	6	5	4	3	2	1
2d Clb Sed	450	1,400	2,300	4,600	8,050	11,500
4d Sed	450	1,400	2,300	4,650	8,100	11,600

1948 Dynamic Series 78, 8-cyl., 125" wb

	6	5	4	3	2	1
2d Clb Sed	500	1,500	2,500	5,000	8,750	12,500
4d Sed	500	1,500	2,500	5,050	8,800	12,600

1948 Futuramic Series 98, 8-cyl., 125" wb

	6	5	4	3	2	1
2d Conv	1,100	3,350	5,600	11,200	19,600	28,000
2d Clb Sed	500	1,550	2,600	5,200	9,100	13,000
4d Sed	500	1,550	2,600	5,200	9,100	13,000

1949 Futuramic 76, 6-cyl., 119.5" wb

	6	5	4	3	2	1
2d Conv	1,050	3,100	5,200	10,400	18,200	26,000
4d Clb Cpe	500	1,450	2,400	4,800	8,400	12,000
2d Sed	400	1,200	2,000	4,050	7,050	10,100
4d Sed	400	1,200	2,000	4,000	7,000	10,000
4d Sta Wag	600	1,800	3,000	6,000	10,500	15,000

1949 Futuramic Series 88, V-8, 119.5" wb

	6	5	4	3	2	1
2d Conv	1,500	4,450	7,400	14,800	25,900	37,000
2d Clb Cpe	700	2,150	3,600	7,200	12,600	18,000
2d Clb Sed	700	2,050	3,400	6,800	11,900	17,000
4d Sed	500	1,550	2,600	5,200	9,100	13,000
4d Sta Wag	850	2,500	4,200	8,400	14,700	21,000

1949 Futuramic Series 98, V-8, 125" wb

	6	5	4	3	2	1
2d Conv	1,450	4,300	7,200	14,400	25,200	36,000
2d Holiday	900	2,750	4,600	9,200	16,100	23,000
2d Clb Sed	550	1,700	2,800	5,600	9,800	14,000
4d Sed	550	1,700	2,800	5,600	9,800	14,000

1950 Futuramic 76, 6-cyl., 119.5" wb

	6	5	4	3	2	1
2d Conv	1,200	3,600	6,000	12,000	21,000	30,000
2d Holiday	1,000	3,000	5,000	10,000	17,500	25,000

	6	5	4	3	2	1
2d Clb Cpe	650	1,900	3,200	6,400	11,200	16,000
2d Sed	400	1,200	2,050	4,100	7,150	10,200
2d Clb Sed	600	1,800	3,000	6,000	10,500	15,000
4d Sed	400	1,200	2,000	4,050	7,050	10,100
4d Sta Wag	800	2,400	4,000	8,000	14,000	20,000
1950 Futuramic 88, V-8, 119.5" wb						
2d Conv	1,700	5,050	8,400	16,800	29,400	42,000
2d DeL Holiday	1,150	3,500	5,800	11,600	20,300	29,000
2d DeL Clb Cpe	700	2,150	3,600	7,200	12,600	18,000
2d DeL	600	1,800	3,000	6,000	10,500	15,000
2d DeL Clb Sed	650	1,900	3,200	6,400	11,200	16,000
4d DeL Sed	600	1,800	3,000	5,950	10,400	14,900
4d DeL Sta Wag	1,050	3,100	5,200	10,400	18,200	26,000
1950 Futuramic 98, V-8, 122" wb						
2d DeL Conv	1,500	4,450	7,400	14,800	25,900	37,000
2d DeL Holiday HT	1,000	3,000	5,000	10,000	17,500	25,000
2d Holiday HT	950	2,900	4,800	9,600	16,800	24,000
2d DeL Clb Sed	600	1,750	2,900	5,800	10,150	14,500
4d DeL FBk	550	1,700	2,800	5,600	9,800	14,000
4d DeL FBk	550	1,700	2,800	5,650	9,850	14,100
4d DeL Sed	550	1,650	2,700	5,450	9,500	13,600
4d DeL Twn Sed	600	1,800	3,000	6,000	10,500	15,000

NOTE: Deduct 10 percent for 6-cyl.

	6	5	4	3	2	1
1951-1952 Standard 88, V-8, 119.5" wb						
2d Sed (1951 only)	600	1,750	2,900	5,800	10,150	14,500
4d Sed (1951 only)	600	1,750	2,900	5,750	10,100	14,400
1951-1952 DeLuxe 88, V-8, 120" wb						
2d Sed	500	1,500	2,500	5,050	8,800	12,600
4d Sed	500	1,500	2,500	5,000	8,750	12,500
1951-1952 Super 88, V-8, 120" wb						
2d Conv	1,100	3,250	5,400	10,800	18,900	27,000
2d Holiday HT	900	2,650	4,400	8,800	15,400	22,000
2d Clb Cpe	600	1,800	3,000	6,000	10,500	15,000
2d Sed	500	1,550	2,550	5,100	8,950	12,800
4d Sed	500	1,500	2,550	5,100	8,900	12,700
1951-1952 Series 98, V-8, 122" wb						
2d Conv	1,150	3,500	5,800	11,600	20,300	29,000
2d DeL Holiday HT ('51)	950	2,900	4,800	9,600	16,800	24,000
2d Holiday HT	900	2,750	4,600	9,200	16,100	23,000
4d Sed	500	1,550	2,600	5,200	9,100	13,000
1953 Series 88, V-8, 120" wb						
2d Sed	450	1,300	2,200	4,350	7,650	10,900
4d Sed	450	1,300	2,200	4,400	7,700	11,000
1953 Series Super 88, V-8, 120" wb						
2d Conv	1,200	3,600	6,000	12,000	21,000	30,000
2d Holiday HT	950	2,900	4,800	9,600	16,800	24,000
2d Sed	450	1,300	2,200	4,400	7,700	11,000
4d Sed	450	1,350	2,200	4,450	7,750	11,100
1953 Classic 98, V-8, 124" wb						
2d Conv	1,350	4,100	6,800	13,600	23,800	34,000
2d Holiday HT	1,050	3,100	5,200	10,400	18,200	26,000
4d Sed	500	1,500	2,500	5,000	8,750	12,500
1953 Fiesta 98, V-8, 124" wb						
2d Conv	2,800	8,400	14,000	28,000	49,000	70,000
1954 Series 88, V-8, 122" wb						
2d Holiday HT	900	2,750	4,600	9,200	16,100	23,000
2d Sed	450	1,400	2,300	4,650	8,100	11,600
4d Sed	450	1,400	2,300	4,600	8,050	11,500
1954 Series Super 88, V-8, 122" wb						
2d Conv	1,300	3,850	6,400	12,800	22,400	32,000
2d Holiday HT	1,000	3,000	5,000	10,000	17,500	25,000
2d Sed	500	1,450	2,450	4,900	8,550	12,200
4d Sed	500	1,450	2,400	4,800	8,400	12,000
1954 Classic 98, V-8, 126" wb						
2d Starfire Conv	1,550	4,700	7,800	15,600	27,300	39,000
2d DeL Holiday HT	1,150	3,500	5,800	11,600	20,300	29,000
2d Holiday HT	1,100	3,350	5,600	11,200	19,600	28,000
4d Sed	550	1,700	2,800	5,600	9,800	14,000
1955 Series 88, V-8, 122" wb						
2d DeL Holiday HT	850	2,500	4,200	8,400	14,700	21,000
4d Holiday HT	550	1,700	2,800	5,600	9,800	14,000
2d Sed	450	1,400	2,300	4,650	8,100	11,600
4d Sed	450	1,400	2,300	4,600	8,050	11,500

	6	5	4	3	2	1
1955 Series Super 88, V-8, 122" wb						
2d Conv	1,250	3,700	6,200	12,400	21,700	31,000
2d DeL Holiday HT	900	2,750	4,600	9,200	16,100	23,000
4d Holiday HT	600	1,800	3,000	6,000	10,500	15,000
2d Sed	500	1,450	2,400	4,850	8,450	12,100
4d Sed	500	1,450	2,400	4,800	8,400	12,000
1955 Classic 98, V-8, 126" wb						
2d Starfire Conv	1,500	4,450	7,400	14,800	25,900	37,000
2d DeL Holiday HT	1,100	3,250	5,400	10,800	18,900	27,000
4d DeL Holiday HT	650	1,900	3,200	6,400	11,200	16,000
4d Sed	550	1,700	2,800	5,600	9,800	14,000
1956 Series 88, V-8, 122" wb						
2d Holiday HT	900	2,750	4,600	9,200	16,100	23,000
4d Holiday HT	650	1,900	3,200	6,400	11,200	16,000
2d Sed	500	1,550	2,600	5,200	9,100	13,000
4d Sed	500	1,500	2,500	5,000	8,750	12,500
1956 Series Super 88, V-8, 122" wb						
2d Conv	1,250	3,700	6,200	12,400	21,700	31,000
2d Holiday HT	1,000	3,000	5,000	10,000	17,500	25,000
4d Holiday HT	700	2,150	3,600	7,200	12,600	18,000
2d Sed	550	1,700	2,800	5,600	9,800	14,000
4d Sed	550	1,600	2,700	5,400	9,450	13,500
1956 Series 98, V-8, 126" wb						
2d Starfire Conv	1,500	4,550	7,600	15,200	26,600	38,000
2d DeL Holiday HT	1,050	3,100	5,200	10,400	18,200	26,000
4d DeL Holiday HT	750	2,300	3,800	7,600	13,300	19,000
4d Sed	600	1,800	3,000	6,000	10,500	15,000
1957 Series 88, V-8, 122" wb						
2d Conv	1,300	3,950	6,600	13,200	23,100	33,000
2d Holiday HT	900	2,750	4,600	9,200	16,100	23,000
4d Holiday HT	650	1,900	3,200	6,400	11,200	16,000
2d Sed	500	1,500	2,500	5,050	8,800	12,600
4d Sed	500	1,500	2,500	5,000	8,750	12,500
4d HT Wag	750	2,300	3,800	7,600	13,300	19,000
4d Sta Wag	550	1,700	2,800	5,600	9,800	14,000
1957 Series Super 88, V-8, 122" wb						
2d Conv	1,500	4,450	7,400	14,800	25,900	37,000
2d Holiday HT	1,000	3,000	5,000	10,000	17,500	25,000
4d Holiday HT	700	2,150	3,600	7,200	12,600	18,000
2d Sed	550	1,650	2,700	5,450	9,500	13,600
4d Sed	550	1,600	2,700	5,400	9,450	13,500
4d HT Wag	850	2,500	4,200	8,400	14,700	21,000
1957 Series 98, V-8, 126" wb						
2d Starfire Conv	1,600	4,800	8,000	16,000	28,000	40,000
2d Holiday HT	1,050	3,100	5,200	10,400	18,200	26,000
4d Holiday HT	800	2,400	4,000	8,000	14,000	20,000
4d Sed	600	1,750	2,900	5,800	10,150	14,500
NOTE: Add 10 percent for J-2 option.						
1958 Series 88, V-8, 122.5" wb						
2d Conv	900	2,750	4,600	9,200	16,100	23,000
2d Holiday HT	900	2,650	4,400	8,800	15,400	22,000
4d Holiday HT	600	1,800	3,000	6,000	10,500	15,000
2d Sed	450	1,400	2,300	4,600	8,050	11,500
4d Sed	450	1,350	2,300	4,550	8,000	11,400
4d HT Wag	650	1,900	3,200	6,400	11,200	16,000
4d Sta Wag	500	1,550	2,600	5,200	9,100	13,000
1958 Series Super 88, V-8, 122.5" wb						
2d Conv	1,100	3,350	5,600	11,200	19,600	28,000
2d Holiday HT	1,000	3,000	5,000	10,000	17,500	25,000
4d Holiday HT	700	2,050	3,400	6,800	11,900	17,000
4d Sed	500	1,450	2,400	4,800	8,400	12,000
4d HT Wag	700	2,150	3,600	7,200	12,600	18,000
1958 Series 98, V-8, 126.5" wb						
2d Conv	1,300	3,950	6,600	13,200	23,100	33,000
2d Holiday HT	950	2,900	4,800	9,600	16,800	24,000
4d Holiday HT	750	2,300	3,800	7,600	13,300	19,000
4d Sed	500	1,550	2,600	5,200	9,100	13,000
NOTE: Add 10 percent for J-2 option.						
1959 Series 88, V-8, 123" wb						
2d Conv	1,100	3,250	5,400	10,800	18,900	27,000
2d Holiday HT	800	2,400	4,000	8,000	14,000	20,000
4d Holiday HT	600	1,800	3,000	6,000	10,500	15,000
4d Sed	400	1,200	2,000	4,000	7,000	10,000
4d Sta Wag	400	1,250	2,100	4,200	7,350	10,500

	6	5	4	3	2	1
1959 Series Super 88, V-8, 123" wb						
2d Conv	1,150	3,500	5,800	11,600	20,300	29,000
2d Holiday HT	900	2,650	4,400	8,800	15,400	22,000
4d Holiday HT	700	2,050	3,400	6,800	11,900	17,000
4d Sed	400	1,250	2,100	4,200	7,350	10,500
4d Sta Wag	450	1,300	2,200	4,400	7,700	11,000
1959 Series 98, V-8, 126.3" wb						
2d Conv	1,300	3,950	6,600	13,200	23,100	33,000
2d Holiday HT	950	2,900	4,800	9,600	16,800	24,000
4d Holiday HT	750	2,300	3,800	7,600	13,300	19,000
4d Sed	450	1,300	2,200	4,400	7,700	11,000

NOTE: Add 10 percent for hp option.

	6	5	4	3	2	1
1960 Series 88, V-8, 123" wb						
2d Conv	1,000	3,000	5,000	10,000	17,500	25,000
2d Holiday HT	700	2,150	3,600	7,200	12,600	18,000
4d Holiday HT	550	1,700	2,800	5,600	9,800	14,000
4d Sed	400	1,200	2,000	4,000	7,000	10,000
4d Sta Wag	400	1,250	2,100	4,200	7,350	10,500
1960 Series Super 88, V-8, 123" wb						
2d Conv	1,100	3,350	5,600	11,200	19,600	28,000
2d Holiday HT	800	2,400	4,000	8,000	14,000	20,000
4d Holiday HT	650	1,900	3,200	6,400	11,200	16,000
4d Sed	400	1,250	2,100	4,200	7,350	10,500
4d Sta Wag	450	1,300	2,200	4,400	7,700	11,000
1960 Series 98, V-8, 126.3" wb						
2d Conv	1,300	3,850	6,400	12,800	22,400	32,000
2d Holiday HT	900	2,650	4,400	8,800	15,400	22,000
4d Holiday HT	700	2,050	3,400	6,800	11,900	17,000
4d Sed	450	1,300	2,200	4,400	7,700	11,000
1961 F-85, V-8, 112" wb						
4d Sed	300	850	1,400	2,750	4,850	6,900
2d Clb Cpe	300	850	1,400	2,800	4,900	7,000
4d Sta Wag	300	900	1,500	3,000	5,250	7,500
1961 Dynamic 88, V-8, 123" wb						
2d Sed	300	900	1,500	2,950	5,200	7,400
4d Sed	300	900	1,500	3,000	5,250	7,500
2d Holiday HT	600	1,800	3,000	6,000	10,500	15,000
4d Holiday HT	450	1,300	2,200	4,400	7,700	11,000
2d Conv	900	2,650	4,400	8,800	15,400	22,000
4d Sta Wag	400	1,150	1,900	3,800	6,650	9,500
1961 Super 88, V-8, 123" wb						
4d Sed	300	950	1,600	3,200	5,600	8,000
4d Holiday HT	500	1,450	2,400	4,800	8,400	12,000
2d Holiday HT	700	2,050	3,400	6,800	11,900	17,000
2d Conv	1,000	3,000	5,000	10,000	17,500	25,000
4d Sta Wag	400	1,200	2,000	4,000	7,000	10,000
2d Starfire Conv	1,300	3,850	6,400	12,800	22,400	32,000
1961 Series 98, V-8, 126" wb						
4d Twn Sed	400	1,250	2,100	4,200	7,350	10,500
4d Spt Sed	450	1,300	2,150	4,300	7,500	10,700
4d Holiday HT	500	1,550	2,600	5,200	9,100	13,000
2d Holiday HT	700	2,150	3,600	7,200	12,600	18,000
2d Conv	1,100	3,250	5,400	10,800	18,900	27,000

NOTE: Deduct 10 percent for std. line values; add 10 percent for Cutlass.

	6	5	4	3	2	1
1962 F-85 Series, V-8, 112" wb						
4d Sed	300	850	1,400	2,800	4,900	7,000
2d Cutlass Cpe	300	950	1,600	3,200	5,600	8,000
2d Cutlass Conv	400	1,200	2,000	4,000	7,000	10,000
4d Sta Wag	300	850	1,400	2,800	4,900	7,000
1962 Jetfire Turbo-charged, V-8, 112" wb						
2d HT	500	1,450	2,400	4,800	8,400	12,000
1962 Dynamic 88, V-8, 123" wb						
4d Sed	300	900	1,500	3,000	5,250	7,500
4d Holiday HT	450	1,300	2,200	4,400	7,700	11,000
2d Holiday HT	650	1,900	3,200	6,400	11,200	16,000
2d Conv	900	2,650	4,400	8,800	15,400	22,000
4d Sta Wag	400	1,150	1,900	3,800	6,650	9,500
1962 Super 88, V-8, 123" wb						
4d Sed	300	950	1,600	3,200	5,600	8,000
4d Holiday HT	500	1,450	2,400	4,800	8,400	12,000
2d Holiday HT	700	2,050	3,400	6,800	11,900	17,000
4d Sta Wag	400	1,200	2,000	4,000	7,000	10,000
1962 Starfire, 345 hp V-8, 123" wb						
2d HT	900	2,750	4,600	9,200	16,100	23,000

	6	5	4	3	2	1
2d Conv	1,150	3,500	5,800	11,600	20,300	29,000
1962 Series 98, V-8, 126" wb						
4d Twn Sed	400	1,150	1,900	3,800	6,650	9,500
4d Spt Sed	400	1,150	1,950	3,900	6,800	9,700
4d Holiday HT	550	1,700	2,800	5,600	9,800	14,000
2d Holiday Spt HT	750	2,300	3,800	7,600	13,300	19,000
2d Conv	1,000	3,000	5,000	10,000	17,500	25,000
1963 F-85 Series, V-8, 112" wb						
4d Sed	300	850	1,400	2,800	4,900	7,000
2d Cutlass Cpe	300	950	1,600	3,200	5,600	8,000
2d Cutlass Conv	450	1,300	2,200	4,400	7,700	11,000
4d Sta Wag	300	900	1,500	3,000	5,250	7,500
1963 Jetfire Series, V-8, 112" wb						
2d HT	500	1,450	2,400	4,800	8,400	12,000
1963 Dynamic 88, V-8, 123" wb						
4d Sed	350	1,000	1,700	3,400	5,950	8,500
4d Holiday HT	450	1,300	2,200	4,400	7,700	11,000
2d Holiday HT	600	1,800	3,000	6,000	10,500	15,000
2d Conv	750	2,300	3,800	7,600	13,300	19,000
4d Sta Wag	350	1,100	1,800	3,600	6,300	9,000
1963 Super 88, V-8, 123" wb						
4d Sed	350	1,100	1,800	3,600	6,300	9,000
4d Holiday HT	500	1,450	2,400	4,800	8,400	12,000
2d Holiday HT	650	1,900	3,200	6,400	11,200	16,000
4d Sta Wag	400	1,150	1,900	3,800	6,650	9,500
1963 Starfire, V-8, 123" wb						
2d Cpe	800	2,400	4,000	8,000	14,000	20,000
2d Conv	1,150	3,500	5,800	11,600	20,300	29,000
1963 Series 98, V-8, 126" wb						
4d Sed	350	1,100	1,800	3,600	6,300	9,000
4d 4W Holiday HT	500	1,550	2,600	5,200	9,100	13,000
4d 6W Holiday HT	450	1,400	2,300	4,600	8,050	11,500
2d Holiday HT	700	2,050	3,400	6,800	11,900	17,000
2d Cus Spt HT	700	2,100	3,500	7,000	12,250	17,500
2d Conv	1,050	3,100	5,200	10,400	18,200	26,000
1964 F-85 Series, V-8, 115" wb						
4d Sed	300	900	1,500	3,000	5,250	7,500
4d Sta Wag	300	850	1,450	2,900	5,050	7,200
1964 Cutlass 3200, V-8						
2d Spt Cpe	300	950	1,600	3,200	5,600	8,000
2d HT	400	1,150	1,900	3,800	6,650	9,500
2d Conv	500	1,450	2,400	4,800	8,400	12,000
1964 Cutlass 4-4-2						
2d Sed	350	1,050	1,700	3,450	6,000	8,600
2d HT	400	1,250	2,100	4,200	7,350	10,500
2d Conv	550	1,700	2,800	5,600	9,800	14,000
1964 Vista Cruiser, V-8, 120" wb						
4d Sta Wag	300	950	1,600	3,200	5,600	8,000
4d Cus Wag	350	1,000	1,650	3,300	5,750	8,200
1964 Jetstar, V-8, 123" wb						
4d Sed	300	950	1,600	3,200	5,600	8,000
4d HT	400	1,150	1,900	3,800	6,650	9,500
2d HT	450	1,300	2,200	4,400	7,700	11,000
2d Conv	750	2,300	3,800	7,600	13,300	19,000
1964 Jetstar I, V-8, 123" wb						
2d HT	650	1,900	3,200	6,400	11,200	16,000
1964 Dynamic 88, V-8, 123" wb						
4d Sed	350	1,000	1,700	3,400	5,950	8,500
4d HT	400	1,200	2,000	4,000	7,000	10,000
2d HT	600	1,800	3,000	6,000	10,500	15,000
2d Conv	850	2,500	4,200	8,400	14,700	21,000
4d Sta Wag	400	1,200	2,000	4,000	7,000	10,000
1964 Super 88, V-8, 123" wb						
4d Sed	350	1,100	1,800	3,600	6,300	9,000
4d HT	450	1,300	2,200	4,400	7,700	11,000
1964 Starfire, 123" wb						
2d HT	800	2,400	4,000	8,000	14,000	20,000
2d Conv	1,050	3,100	5,200	10,400	18,200	26,000
1964 Series 98, V-8, 126" wb						
4d Sed	400	1,150	1,900	3,800	6,650	9,500
4d 6W HT	500	1,450	2,400	4,800	8,400	12,000
4d 4W HT	500	1,550	2,600	5,200	9,100	13,000
2d HT	700	2,050	3,400	6,800	11,900	17,000
2d Cus Spt HT	700	2,100	3,500	7,000	12,250	17,500

1929 Viking sedan

1905 Packard Model N limousine

1928 Packard Model 443 Saknoffsky convertible victoria

	6	5	4	3	2	1
2d Conv	1,050	3,100	5,200	10,400	18,200	26,000

1965 F-85 Series, V-8, 115" wb
	6	5	4	3	2	1
4d Sed	300	850	1,400	2,850	4,950	7,100
2d Cpe	300	900	1,500	3,000	5,250	7,500
4d Sta Wag	300	850	1,450	2,900	5,050	7,200
4d DeL Sed	300	900	1,450	2,900	5,100	7,300
4d DeL Wag	300	900	1,500	3,000	5,250	7,500

1965 Cutlass Series, V-8, 115" wb
	6	5	4	3	2	1
2d Cpe	350	1,000	1,700	3,400	5,950	8,500
2d HT	400	1,250	2,100	4,200	7,350	10,500
2d Conv	450	1,400	2,300	4,600	8,050	11,500

1965 Cutlass 4-4-2
	6	5	4	3	2	1
2d Sed	400	1,200	1,950	3,900	6,850	9,800
2d HT	500	1,450	2,400	4,800	8,400	12,000
2d Conv	600	1,800	3,000	6,000	10,500	15,000

1965 Vista Cruiser, V-8, 120" wb
	6	5	4	3	2	1
4d Sta Wag	300	950	1,600	3,200	5,600	8,000

1965 Jetstar Series, V-8, 123" wb
	6	5	4	3	2	1
4d Sed	300	950	1,550	3,100	5,450	7,800
4d HT	400	1,150	1,900	3,800	6,650	9,500
2d HT	450	1,400	2,300	4,600	8,050	11,500
2d Conv	500	1,550	2,600	5,200	9,100	13,000

1965 Dynamic 88, V-8, 123" wb
	6	5	4	3	2	1
4d Sed	300	950	1,600	3,200	5,600	8,000
4d HT	400	1,250	2,100	4,200	7,350	10,500
2d HT	450	1,400	2,300	4,600	8,050	11,500
2d Conv	600	1,800	3,000	6,000	10,500	15,000

1965 Delta 88, V-8, 123" wb
	6	5	4	3	2	1
4d Sed	350	1,000	1,700	3,400	5,950	8,500
4d HT	400	1,250	2,100	4,200	7,350	10,500
2d HT	500	1,500	2,500	5,000	8,750	12,500

1965 Jetstar I, V-8, 123" wb
	6	5	4	3	2	1
2d HT	500	1,550	2,600	5,200	9,100	13,000

1965 Starfire, 123" wb
	6	5	4	3	2	1
2d HT	600	1,800	3,000	6,000	10,500	15,000
2d Conv	700	2,050	3,400	6,800	11,900	17,000

1965 Series 98, V-8, 126" wb
	6	5	4	3	2	1
4d Twn Sed	350	1,100	1,800	3,600	6,300	9,000
4d Lux Sed	350	1,100	1,850	3,700	6,450	9,200
4d HT	400	1,200	2,000	4,000	7,000	10,000
2d HT	500	1,550	2,600	5,200	9,100	13,000
2d Conv	700	2,050	3,400	6,800	11,900	17,000

1966 F-85 Series, Standard V-8, 115" wb
	6	5	4	3	2	1
4d Sed	300	850	1,400	2,850	4,950	7,100
2d Cpe	300	900	1,500	3,000	5,250	7,500
4d Sta Wag	300	900	1,500	3,000	5,250	7,500

1966 F-85 Series, Deluxe, V-8, 115" wb
	6	5	4	3	2	1
4d Sed	300	850	1,450	2,900	5,050	7,200
4d HT	300	900	1,500	3,050	5,300	7,600
2d HT	350	1,100	1,800	3,600	6,300	9,000
4d Sta Wag	300	900	1,550	3,100	5,400	7,700

1966 Cutlass, V-8, 115" wb
	6	5	4	3	2	1
4d Sed	300	900	1,450	2,900	5,100	7,300
4d HT	300	900	1,550	3,100	5,400	7,700
2d Cpe	300	900	1,500	3,050	5,300	7,600
2d HT	400	1,150	1,900	3,800	6,650	9,500
2d Conv	550	1,700	2,800	5,600	9,800	14,000

1966 Cutlass 4-4-2
	6	5	4	3	2	1
2d Sed	500	1,550	2,600	5,200	9,100	13,000
2d HT	600	1,800	3,000	6,000	10,500	15,000
2d Conv	700	2,150	3,600	7,200	12,600	18,000

NOTE: Add 30 percent for triple two-barrel carbs. Add 90 percent for W-30.

	6	5	4	3	2	1
4d 3S Sta Wag	350	1,000	1,700	3,400	5,950	8,500
4d 2S Sta Wag	350	1,000	1,650	3,300	5,800	8,300
4d 3S Cus Sta Wag	350	1,050	1,750	3,500	6,100	8,700
4d Cus Sta Wag 2S	350	1,000	1,700	3,400	5,950	8,500

1966 Jetstar 88, V-8, 123" wb
	6	5	4	3	2	1
4d Sed	300	900	1,500	3,000	5,250	7,500
4d HT	300	950	1,600	3,200	5,600	8,000
2d HT	400	1,200	2,000	4,000	7,000	10,000

1966 Dynamic 88, V-8, 123" wb
	6	5	4	3	2	1
4d Sed	300	900	1,550	3,100	5,400	7,700
4d HT	350	1,000	1,700	3,400	5,950	8,500
2d HT	450	1,300	2,150	4,300	7,500	10,700

	6	5	4	3	2	1
2d Conv	500	1,450	2,400	4,800	8,400	12,000

1966 Delta 88, V-8, 123" wb
4d Sed	300	950	1,600	3,200	5,600	8,000
4d HT	350	1,100	1,800	3,600	6,300	9,000
2d HT	450	1,300	2,200	4,400	7,700	11,000
2d Conv	500	1,450	2,400	4,800	8,400	12,000

1966 Starfire, V-8, 123" wb
2d HT	500	1,550	2,600	5,200	9,100	13,000

1966 Ninety-Eight, V-8, 126" wb
4d Twn Sed	350	1,000	1,650	3,300	5,750	8,200
4d Lux Sed	350	1,000	1,650	3,300	5,800	8,300
4d HT	400	1,150	1,900	3,800	6,650	9,500
2d HT	500	1,450	2,400	4,800	8,400	12,000
2d Conv	550	1,700	2,800	5,600	9,800	14,000

1966 Toronado, FWD V-8, 119" wb
2d Spt HT	500	1,450	2,400	4,800	8,400	12,000
2d Cus HT	500	1,500	2,500	5,000	8,750	12,500

1967 F-85 Series, Standard, V-8, 115" wb
4d Sed	300	850	1,400	2,850	4,950	7,100
2d Cpe	300	900	1,500	3,000	5,250	7,500
4d 2S Sta Wag	300	850	1,400	2,850	4,950	7,100

1967 Cutlass, V-8, 115" wb
4d Sed	300	900	1,450	2,900	5,100	7,300
4d HT	300	900	1,500	3,000	5,250	7,500
2d HT	400	1,150	1,900	3,800	6,650	9,500
2d Conv	700	2,050	3,400	6,800	11,900	17,000
4d 2S Sta Wag	300	900	1,500	3,000	5,250	7,500

NOTE: Deduct 20 percent for 6-cyl.

1967 Cutlass Supreme, V-8, 115" wb
4d Sed	300	900	1,500	3,000	5,250	7,500
4d HT	300	950	1,600	3,150	5,550	7,900
2d Cpe	300	950	1,600	3,250	5,650	8,100
2d HT	500	1,450	2,400	4,800	8,400	12,000
2d Conv	700	2,150	3,600	7,200	12,600	18,000

1967 Cutlass 4-4-2
2d Sed	500	1,550	2,600	5,200	9,100	13,000
2d HT	650	1,900	3,200	6,400	11,200	16,000
2d Conv	750	2,300	3,800	7,600	13,300	19,000

NOTE: Add 70 percent for W-30.

1967 Vista Cruiser, V-8, 120" wb
4d 3S Sta Wag	300	950	1,600	3,200	5,600	8,000
4d 2S Cus Sta Wag	350	1,000	1,700	3,400	5,950	8,500
4d 3S Cus Sta Wag	350	1,050	1,750	3,500	6,100	8,700

1967 Delmont 88, 330 V-8, 123" wb
4d Sed	300	850	1,400	2,800	4,900	7,000
4d HT	300	900	1,500	3,000	5,250	7,500
2d HT	350	1,100	1,800	3,600	6,300	9,000

1967 Delmont 88, 425 V-8, 123" wb
4d Sed	300	900	1,500	3,000	5,250	7,500
4d HT	300	950	1,600	3,200	5,600	8,000
2d HT	400	1,150	1,900	3,800	6,650	9,500
2d Conv	550	1,700	2,800	5,600	9,800	14,000

1967 Delta 88, V-8, 123" wb
4d Sed	300	950	1,550	3,100	5,450	7,800
4d HT	350	1,000	1,650	3,300	5,800	8,300
2d HT	400	1,250	2,100	4,200	7,350	10,500
2d Conv	650	1,900	3,200	6,400	11,200	16,000

1967 Delta 88, Custom V-8, 123" wb
4d HT	350	1,000	1,700	3,400	5,950	8,500
2d HT	450	1,300	2,150	4,300	7,550	10,800

1967 Ninety-Eight, V-8, 126" wb
4d Twn Sed	350	1,000	1,700	3,400	5,950	8,500
4d Lux Sed	350	1,050	1,700	3,450	6,000	8,600
4d HT	350	1,100	1,850	3,700	6,500	9,300
2d HT	450	1,300	2,200	4,400	7,700	11,000
2d Conv	700	2,050	3,400	6,800	11,900	17,000

1967 Toronado, V-8, 119" wb
2d HT	450	1,400	2,300	4,600	8,050	11,500
2d Cus HT	500	1,450	2,400	4,800	8,400	12,000

NOTE: Add 10 percent for "425" Delmont Series. Add 30 percent for W-30.

1968 F-85, V-8, 116" wb, 2d 112" wb
4d Sed	300	850	1,450	2,900	5,050	7,200
2d Cpe	300	900	1,500	3,000	5,250	7,500

	6	5	4	3	2	1
1968 Cutlass, V-8, 116" wb, 2d 112" wb						
4d Sed	300	900	1,450	2,900	5,100	7,300
4d HT	300	900	1,500	2,950	5,200	7,400
2d Cpe S	300	900	1,550	3,100	5,400	7,700
2d HT S	400	1,150	1,900	3,800	6,650	9,500
2d Conv S	700	2,050	3,400	6,800	11,900	17,000
4d Sta Wag	300	900	1,500	3,000	5,250	7,500
1968 Cutlass Supreme, V-8, 116" wb, 2d 112" wb						
4d Sed	300	900	1,500	3,000	5,250	7,500
4d HT	300	950	1,600	3,150	5,550	7,900
2d HT	400	1,250	2,100	4,200	7,350	10,500
NOTE: Deduct 5 percent for 6-cyl.						
1968 4-4-2, V-8, 112" wb						
2d Cpe	500	1,550	2,600	5,200	9,100	13,000
2d HT	600	1,800	3,000	6,000	10,500	15,000
2d Conv	750	2,300	3,800	7,600	13,300	19,000
1968 Hurst/Olds						
2d HT	700	2,150	3,600	7,200	12,600	18,000
2d Sed	650	1,900	3,200	6,400	11,200	16,000
1968 Vista Cruiser, V-8, 121" wb						
4d 2S Sta Wag	300	850	1,450	2,900	5,050	7,200
4d 3S Sta Wag	300	900	1,500	3,000	5,250	7,500
1968 Delmont 88, V-8, 123" wb						
4d Sed	300	900	1,500	3,000	5,250	7,500
4d HT	300	900	1,550	3,100	5,400	7,700
2d HT	400	1,150	1,900	3,800	6,650	9,500
2d Conv	600	1,800	3,000	6,000	10,500	15,000
1968 Delta 88, V-8, 123" wb						
4d Sed	300	900	1,550	3,100	5,400	7,700
2d HT	400	1,200	2,000	4,000	7,000	10,000
4d HT	300	950	1,600	3,200	5,600	8,000
1968 Ninety-Eight, V-8, 126" wb						
4d Sed	350	1,000	1,650	3,300	5,750	8,200
4d Lux Sed	350	1,000	1,700	3,350	5,900	8,400
4d HT	350	1,100	1,800	3,600	6,300	9,000
2d HT	450	1,300	2,200	4,400	7,700	11,000
2d Conv	650	1,900	3,200	6,400	11,200	16,000
1968 Toronado, V-8, 119" wb						
2d Cus Cpe	400	1,250	2,100	4,200	7,350	10,500
NOTE: Add 30 percent for W-30. Add 20 percent for 455 when not standard. Add 20 percent for W-34 option on Toronado.						
1969 F-85, V-8, 116" wb, 2d 112" wb						
2d Cpe	300	850	1,400	2,800	4,900	7,000
1969 Cutlass, V-8, 116" wb, 2d 112" wb						
4d Sed	250	800	1,300	2,650	4,600	6,600
4d HT	250	800	1,350	2,700	4,750	6,800
4d Sta Wag	250	800	1,300	2,650	4,600	6,600
1969 Cutlass S						
2d Cpe	300	900	1,500	3,000	5,250	7,500
2d HT	400	1,200	2,000	4,000	7,000	10,000
2d Conv	650	1,900	3,200	6,400	11,200	16,000
1969 Cutlass Supreme, V-8, 116" wb, 2d 112" wb						
4d Sed	300	850	1,400	2,850	4,950	7,100
4d HT	300	900	1,500	3,000	5,250	7,500
2d HT	550	1,700	2,800	5,600	9,800	14,000
1969 4-4-2, V-8, 112" wb						
2d Cpe	500	1,550	2,600	5,200	9,100	13,000
2d HT	600	1,800	3,000	6,000	10,500	15,000
2d Conv	750	2,300	3,800	7,600	13,300	19,000
1969 Hurst/Olds						
2d HT	750	2,300	3,800	7,600	13,300	19,000
1969 Vista Cruiser						
4d 2S Sta Wag	300	850	1,450	2,900	5,050	7,200
4d 3S Sta Wag	300	900	1,450	2,900	5,100	7,300
1969 Delta 88, V-8, 124" wb						
4d Sed	300	950	1,600	3,200	5,600	8,000
2d Conv	500	1,450	2,400	4,800	8,400	12,000
4d HT	350	1,000	1,700	3,400	5,950	8,500
2d HT	400	1,200	2,000	4,000	7,000	10,000
1969 Delta 88 Custom, V-8, 124" wb						
4d Sed	300	950	1,550	3,100	5,450	7,800
4d HT	350	1,100	1,800	3,600	6,300	9,000
2d HT	400	1,250	2,100	4,200	7,350	10,500

	6	5	4	3	2	1
1969 Delta 88 Royale, V-8, 124" wb						
2d HT	450	1,300	2,200	4,400	7,700	11,000
1969 Ninety-Eight, V-8, 127" wb						
4d Sed	350	1,000	1,700	3,400	5,950	8,500
4d Lux Sed	350	1,050	1,700	3,450	6,000	8,600
4d Lux HT	400	1,150	1,900	3,850	6,700	9,600
4d HT	400	1,150	1,900	3,800	6,650	9,500
2d HT	500	1,450	2,400	4,800	8,400	12,000
2d Conv	550	1,700	2,800	5,600	9,800	14,000
2d Cus Cpe	400	1,150	1,950	3,900	6,800	9,700
1969 Toronado, V-8, 119" wb						
2d HT	400	1,250	2,100	4,200	7,350	10,500

NOTE: Add 30 percent for W-30. Add 20 percent for W-34 option on Toronado. Add 20 percent for 455 when not standard.

	6	5	4	3	2	1
1970 F-85, V-8, 116" wb, 2d 112" wb						
2d Cpe	300	900	1,500	3,000	5,250	7,500
1970 Cutlass, V-8, 116" wb, 2d 112" wb						
4d Sed	300	850	1,400	2,800	4,900	7,000
4d HT	300	900	1,500	3,000	5,250	7,500
4d Sta Wag	300	850	1,450	2,900	5,050	7,200

NOTE: Deduct 5 percent for 6-cyl.

	6	5	4	3	2	1
1970 Cutlass S, V-8, 112" wb						
2d Cpe	300	850	1,400	2,800	4,900	7,000
2d HT	500	1,550	2,600	5,200	9,100	13,000

NOTE: Add 25 percent for W45-W30-W31.

	6	5	4	3	2	1
1970 Cutlass-Supreme, V-8, 112" wb						
4d HT	300	900	1,500	3,000	5,250	7,500
2d HT	600	1,800	3,000	6,000	10,500	15,000
2d Conv	750	2,300	3,800	7,600	13,300	19,000
1970 4-4-2, V-8, 112" wb						
2d Cpe	600	1,800	3,000	6,000	10,500	15,000
2d HT	750	2,300	3,800	7,600	13,300	19,000
2d Conv	900	2,650	4,400	8,800	15,400	22,000
1970 Rallye 350, 112" wb						
2d HT	700	2,150	3,600	7,200	12,600	18,000
1970 Vista Cruiser, V-8, 121" wb						
4d 2S Sta Wag	300	850	1,450	2,900	5,050	7,200
4d 3S Sta Wag	300	900	1,450	2,900	5,100	7,300
1970 Delta 88, V-8, 124" wb						
4d Sed	300	900	1,450	2,900	5,100	7,300
4d HT	300	900	1,500	3,000	5,250	7,500
2d HT	400	1,150	1,900	3,800	6,650	9,500
2d Conv	500	1,550	2,600	5,200	9,100	13,000
1970 Delta 88 Custom, V-8, 124" wb						
4d Sed	300	900	1,500	3,000	5,250	7,500
4d HT	300	900	1,500	3,050	5,300	7,600
2d HT	400	1,200	2,000	4,000	7,000	10,000
1970 Delta 88 Royale, V-8, 124" wb						
2d HT	400	1,250	2,100	4,200	7,350	10,500
1970 Ninety-Eight, V-8, 127" wb						
4d Sed	300	900	1,500	3,050	5,300	7,600
4d Lux Sed	300	950	1,550	3,100	5,450	7,800
4d Lux HT	300	950	1,600	3,250	5,650	8,100
4d HT	300	950	1,600	3,200	5,600	8,000
2d HT	450	1,300	2,200	4,400	7,700	11,000
2d Conv	550	1,700	2,800	5,600	9,800	14,000
1970 Toronado, V-8, 119" wb						
2d Std Cpe	400	1,150	1,900	3,800	6,650	9,500
2d Cus Cpe	400	1,200	2,000	4,000	7,000	10,000

NOTE: Add 20 percent for SX Cutlass Supreme option. Add 35 percent for Y-74 Indy Pace Car option. Add 50 percent for W-30. Add 20 percent for 455 when not standard. Add 15 percent for Toronado GT W-34 option.

	6	5	4	3	2	1
1971 F-85, V-8, 116" wb						
4d Sed	200	650	1,100	2,150	3,800	5,400
1971 Cutlass, V-8, 116" wb, 2d 112" wb						
4d Sed	200	650	1,100	2,200	3,850	5,500
2d HT	400	1,250	2,100	4,200	7,350	10,500
4d Sta Wag	200	650	1,100	2,150	3,800	5,400
1971 Cutlass S, V-8, 112" wb						
2d Cpe	300	950	1,600	3,200	5,600	8,000
2d HT	450	1,300	2,200	4,400	7,700	11,000

NOTE: Deduct 5 percent for 6-cyl.

	6	5	4	3	2	1
1971 Cutlass Supreme, V-8, 116" wb, 2d 112" wb						
4d Sed	250	800	1,300	2,650	4,600	6,600
2d HT	500	1,550	2,600	5,200	9,100	13,000
2d Conv	700	2,150	3,600	7,200	12,600	18,000
NOTE: Add 15 percent for SX Cutlass Supreme option.						
1971 4-4-2, V-8, 112" wb						
2d HT	700	2,150	3,600	7,200	12,600	18,000
2d Conv	900	2,650	4,400	8,800	15,400	22,000
1971 Vista Cruiser, 121" wb						
4d 2S Sta Wag	200	650	1,100	2,200	3,850	5,500
4d 3S Sta Wag	200	650	1,100	2,250	3,900	5,600
1971 Delta 88, V-8, 124" wb						
4d Sed	200	650	1,100	2,200	3,850	5,500
4d HT	250	700	1,200	2,400	4,200	6,000
2d HT	300	950	1,600	3,200	5,600	8,000
1971 Delta 88 Custom, V-8, 124" wb						
4d Sed	200	650	1,100	2,250	3,900	5,600
4d HT	250	750	1,250	2,500	4,350	6,200
2d HT	350	1,000	1,700	3,400	5,950	8,500
1971 Delta 88 Royale, V-8, 124" wb						
2d HT	350	1,100	1,800	3,600	6,300	9,000
2d Conv	500	1,450	2,400	4,800	8,400	12,000
1971 Ninety-Eight, V-8, 127" wb						
2d HT	400	1,250	2,100	4,200	7,350	10,500
4d HT	250	800	1,300	2,600	4,550	6,500
4d Lux HT	250	800	1,350	2,700	4,700	6,700
2d Lux HT	400	1,200	2,000	4,000	7,000	10,000
1971 Custom Cruiser, V-8, 127" wb						
4d 2S Sta Wag	250	800	1,300	2,600	4,550	6,500
4d 3S Sta Wag	250	800	1,350	2,700	4,700	6,700
1971 Toronado, 122" wb						
2d HT	400	1,200	2,000	4,000	7,000	10,000
NOTE: Add 40 percent for W-30. Add 20 percent for 455 when not standard.						
1972 F-85, V-8, 116" wb						
4d Sed	200	650	1,100	2,150	3,800	5,400
1972 Cutlass, V-8, 116" wb, 2d 112" wb						
4d Sed	200	650	1,100	2,200	3,850	5,500
2d HT	450	1,300	2,200	4,400	7,700	11,000
4d Sta Wag	200	650	1,100	2,150	3,800	5,400
1972 Cutlass S, V-8, 112" wb						
2d Cpe	300	950	1,600	3,200	5,600	8,000
2d HT	500	1,550	2,600	5,200	9,100	13,000
NOTE: Deduct 5 percent for 6-cyl. Add 5 percent for 4-4-2 option.						
1972 Cutlass Supreme, V-8, 116" wb, 2d 112" wb						
4d HT	300	900	1,500	3,000	5,250	7,500
2d HT	550	1,700	2,800	5,600	9,800	14,000
2d Conv	700	2,150	3,600	7,200	12,600	18,000
NOTE: Add 20 percent for Hurst option.						
1972 Vista Cruiser, 121" wb						
4d 2S Sta Wag	200	650	1,100	2,200	3,850	5,500
4d 3S Sta Wag	200	650	1,100	2,250	3,900	5,600
1972 Delta 88, V-8, 124" wb						
4d Sed	200	650	1,050	2,100	3,700	5,300
4d HT	250	700	1,200	2,400	4,200	6,000
2d HT	400	1,200	2,000	4,000	7,000	10,000
1972 Delta 88 Royale, 124" wb						
4d Sed	200	650	1,100	2,150	3,800	5,400
4d HT	250	750	1,250	2,500	4,350	6,200
2d HT	400	1,250	2,100	4,200	7,350	10,500
2d Conv	500	1,450	2,400	4,800	8,400	12,000
1972 Custom Cruiser, 127" wb						
4d 2S Sta Wag	250	700	1,200	2,400	4,200	6,000
4d 3S Sta Wag	250	750	1,250	2,500	4,350	6,200
1972 Ninety-Eight, 127" wb						
4d HT	250	750	1,250	2,500	4,350	6,200
2d HT	400	1,200	2,000	4,000	7,000	10,000
1972 Ninety-Eight Luxury, 127" wb						
4d HT	250	800	1,300	2,600	4,550	6,500
2d HT	400	1,250	2,100	4,200	7,350	10,500
1972 Toronado, 122" wb						
2d HT	400	1,200	2,000	4,000	7,000	10,000

	6	5	4	3	2	1

NOTE: Add 30 percent for W-30. Add 20 percent for 455 when not standard.

1973 Omega, V-8, 111" wb

	6	5	4	3	2	1
4d Sed	200	650	1,100	2,150	3,800	5,400
2d Cpe	200	650	1,100	2,250	3,900	5,600
2d HBk	250	700	1,200	2,350	4,150	5,900

1973 Cutlass, 112" - 116" wb

	6	5	4	3	2	1
2d Col HT	250	750	1,200	2,450	4,250	6,100
4d Col HT	250	700	1,150	2,300	4,000	5,700

1973 Cutlass S, 112" wb

	6	5	4	3	2	1
2d Cpe	250	750	1,300	2,550	4,500	6,400

NOTE: Add 5 percent for 4-4-2 option.

1973 Cutlass Supreme, 112" - 116" wb

	6	5	4	3	2	1
2d Col HT	250	800	1,300	2,600	4,550	6,500
4d Col HT	250	700	1,150	2,300	4,050	5,800

1973 Vista Cruiser, 116" wb

	6	5	4	3	2	1
4d 2S Sta Wag	250	700	1,200	2,400	4,200	6,000
4d 3S Sta Wag	250	750	1,200	2,450	4,250	6,100

1973 Delta 88, 124" wb

	6	5	4	3	2	1
4d Sed	200	650	1,050	2,100	3,700	5,300
4d HT	250	700	1,200	2,400	4,200	6,000
2d HT	300	950	1,600	3,200	5,600	8,000

1973 Delta 88 Royale, 124" wb

	6	5	4	3	2	1
4d Sed	200	650	1,100	2,150	3,800	5,400
4d HT	250	750	1,250	2,500	4,350	6,200
2d HT	350	1,000	1,700	3,400	5,950	8,500
2d Conv	400	1,250	2,100	4,200	7,350	10,500

1973 Custom Cruiser, 127" wb

	6	5	4	3	2	1
3S Sta Wag	250	750	1,250	2,500	4,350	6,200
2S Sta Wag	250	700	1,200	2,400	4,200	6,000
3S Roy Wag	250	750	1,300	2,550	4,500	6,400
2S Roy Wag	250	750	1,250	2,500	4,350	6,200

1973 Ninety-Eight, 127" wb

	6	5	4	3	2	1
4d HT	250	700	1,200	2,400	4,200	6,000
2d HT	300	950	1,600	3,200	5,600	8,000
4d Lux HT	250	750	1,300	2,550	4,500	6,400
2d Lux HT	350	1,000	1,700	3,400	5,950	8,500
4d HT Reg	250	800	1,300	2,600	4,550	6,500

1973 Toronado, 122" wb

	6	5	4	3	2	1
2d HT Cpe	350	1,000	1,700	3,400	5,950	8,500

NOTE: Add 20 percent for Hurst/Olds.

1974 Omega, 111" wb

	6	5	4	3	2	1
2d Cpe	200	600	1,050	2,100	3,650	5,200
2d HBk	200	650	1,100	2,200	3,850	5,500
4d Sed	200	600	1,000	2,000	3,500	5,000

1974 Cutlass, 112" - 116" wb

	6	5	4	3	2	1
2d Cpe	200	650	1,100	2,250	3,900	5,600
4d Sed	200	600	1,000	2,000	3,500	5,000

1974 Cutlass S, 112" wb

	6	5	4	3	2	1
2d Cpe	200	650	1,100	2,250	3,900	5,600

1974 Cutlass Supreme, 112" - 116" wb

	6	5	4	3	2	1
4d Sed	200	600	1,050	2,100	3,650	5,200
2d Cpe	250	700	1,150	2,300	4,050	5,800

NOTE: Add 5 percent for 4-4-2 option. Add 20 percent for Hurst/Olds.

1974 Vista Cruiser, 116" wb

	6	5	4	3	2	1
4d 6P Sta Wag	200	600	950	1,900	3,350	4,800
4d 8P Sta Wag	200	600	1,000	1,950	3,450	4,900

1974 Delta 88, 124" wb

	6	5	4	3	2	1
2d HT	250	700	1,200	2,400	4,200	6,000
4d HT	200	650	1,100	2,150	3,800	5,400
4d Sed	200	600	1,000	2,000	3,500	5,000

1974 Custom Cruiser, 127" wb

	6	5	4	3	2	1
4d 6P Sta Wag	200	650	1,050	2,100	3,700	5,300
4d 8P Sta Wag	200	650	1,100	2,200	3,850	5,500

1974 Delta 88 Royale, 124" wb

	6	5	4	3	2	1
2d HT	250	800	1,300	2,600	4,550	6,500
4d HT	200	650	1,100	2,250	3,900	5,600
4d Sed	200	600	1,000	2,050	3,550	5,100
2d Conv	400	1,200	2,000	4,000	7,000	10,000

NOTE: Add 20 percent for Indy PaceCar.

1974 Ninety-Eight, 127" wb

	6	5	4	3	2	1
4d HT	250	700	1,200	2,400	4,200	6,000
2d HT Lux	300	850	1,400	2,800	4,900	7,000

	6	5	4	3	2	1
4d HT Lux	250	750	1,200	2,450	4,250	6,100
2d HT Reg	300	900	1,500	3,000	5,250	7,500
4d Reg Sed	250	750	1,200	2,450	4,250	6,100
1974 Toronado, 122" wb						
2d Cpe	300	950	1,600	3,200	5,600	8,000
1975 Starfire, 97" wb						
2d Cpe 'S'	150	500	800	1,650	2,850	4,100
2d Cpe	150	500	850	1,700	2,950	4,200
1975 Omega, 111" wb						
2d Cpe	150	500	800	1,650	2,850	4,100
2d HBk	200	550	900	1,800	3,150	4,500
4d Sed	150	500	850	1,700	2,950	4,200
1975 Omega Salon, 111" wb						
2d Cpe	200	550	900	1,750	3,100	4,400
2d HBk	200	550	900	1,850	3,200	4,600
4d Sed	200	550	900	1,800	3,150	4,500
1975 Cutlass, 112" - 116" wb						
2d Cpe	200	550	950	1,900	3,300	4,700
4d Sed	150	500	850	1,700	2,950	4,200
2d Cpe 'S'	200	600	950	1,900	3,350	4,800
1975 Cutlass Supreme, 112" - 116" wb						
2d Cpe	200	600	1,000	1,950	3,450	4,900
4d Sed	200	550	900	1,800	3,150	4,500
1975 Cutlass Salon, 112" - 116" wb						
2d Cpe	200	600	1,000	2,000	3,500	5,000
4d Sed	200	550	900	1,850	3,200	4,600

NOTE: Add 5 percent for 4-4-2 option. Add 20 percent for Hurst/Olds.

	6	5	4	3	2	1
1975 Vista Cruiser, 116" wb						
4d Sta Wag	200	550	900	1,750	3,100	4,400
1975 Delta 88, 124" wb						
2d Cpe	200	550	900	1,800	3,150	4,500
4d Twn Sed	150	500	800	1,650	2,850	4,100
4d HT	200	600	1,000	2,000	3,500	5,000
1975 Delta 88 Royale, 124" wb						
2d Cpe	200	550	900	1,850	3,200	4,600
4d Twn Sed	150	500	850	1,700	2,950	4,200
4d HT	200	600	1,050	2,100	3,650	5,200
2d Conv	400	1,150	1,900	3,800	6,650	9,500
1975 Ninety-Eight, 127" wb						
2d Lux Cpe	250	700	1,150	2,300	4,050	5,800
4d Lux HT	200	650	1,100	2,200	3,850	5,500
2d Reg Cpe	250	700	1,200	2,350	4,150	5,900
4d Reg HT	250	700	1,150	2,300	4,000	5,700
1975 Toronado, 122" wb						
2d Cus Cpe	300	850	1,400	2,800	4,900	7,000
2d Brgm Cpe	300	900	1,500	3,000	5,250	7,500
1975 Custom Cruiser, 127" wb						
4d Sta Wag	200	550	900	1,850	3,200	4,600

NOTE: Add 20 percent for Hurst/Olds.

	6	5	4	3	2	1
1976 Starfire, V-6						
2d Spt Cpe	150	500	850	1,700	3,000	4,300
2d Spt Cpe SX	200	550	900	1,750	3,100	4,400

NOTE: Add 5 percent for V-8.

	6	5	4	3	2	1
1976 Omega F-85, V-8						
2d Cpe	150	500	800	1,650	2,850	4,100
1976 Omega, V-8						
4d Sed	150	500	850	1,700	2,950	4,200
2d Cpe	150	500	850	1,700	3,000	4,300
2d HBk	200	550	900	1,750	3,100	4,400
1976 Omega Brougham, V-8						
4d Sed	150	500	850	1,700	3,000	4,300
2d Cpe	200	550	900	1,750	3,100	4,400
2d HBk	200	550	900	1,800	3,150	4,500
1976 Cutlass S, V-8						
4d Sed	150	500	800	1,650	2,850	4,100
2d Cpe	200	550	950	1,900	3,300	4,700

NOTE: Add 5 percent for 4-4-2 option.

	6	5	4	3	2	1
1976 Cutlass Supreme, V-8						
4d Sed	150	500	850	1,700	2,950	4,200
2d Cpe	200	600	950	1,900	3,350	4,800
1976 Cutlass Salon, V-8						
4d Sed	200	550	900	1,750	3,100	4,400

	6	5	4	3	2	1
2d Cpe	200	600	1,000	1,950	3,450	4,900

1976 Cutlass Supreme Brougham, V-8
	6	5	4	3	2	1
2d Cpe	200	600	1,000	2,000	3,500	5,000

NOTE: Add 20 percent for Hurst/Olds.

1976 Station Wagons, V-8
4d 2S Cruiser	200	550	900	1,800	3,150	4,500
4d 3S Cruiser	200	550	900	1,850	3,200	4,600
4d 2S Vista Cruiser	200	550	900	1,850	3,200	4,600
4d 3S Vista Cruiser	200	550	950	1,900	3,300	4,700

1976 Delta 88, V-8
4d Sed	200	550	900	1,750	3,100	4,400
4d HT	200	600	950	1,900	3,350	4,800
2d Sed	200	550	900	1,800	3,150	4,500

1976 Delta 88 Royle, V-8
4d Sed	200	550	900	1,850	3,200	4,600
4d HT	200	600	1,000	2,000	3,500	5,000
2d Sed	200	550	950	1,900	3,300	4,700

1976 Station Wagons, V-8
4d 2S Cus Cruiser	200	600	1,000	2,000	3,500	5,000
4d 3S Cus Cruiser	200	600	1,000	2,000	3,500	5,000

1976 Ninety-Eight, V-8
4d Lux HT	200	600	1,050	2,100	3,650	5,200
2d Lux Cpe	200	650	1,100	2,250	3,900	5,600
4d Reg HT	200	650	1,100	2,200	3,850	5,500
2d Reg Cpe	250	700	1,150	2,300	4,000	5,700

1976 Toronado, V-8
2d Cus Cpe	250	800	1,300	2,600	4,550	6,500
2d Brgm Cpe	300	850	1,400	2,800	4,900	7,000

NOTE: Deduct 5 percent for V-6.

1977 Starfire, V-6
2d Spt Cpe	150	450	800	1,550	2,750	3,900
2d Spt Cpe SX	150	500	800	1,650	2,850	4,100

NOTE: Add 5 percent for V-8.

1977 Omega F85, V-8
2d Cpe	150	450	750	1,500	2,600	3,700

1977 Omega, V-8
4d Sed	200	550	900	1,750	3,100	4,400
2d Cpe	200	550	900	1,800	3,150	4,500
2d HBk	200	550	900	1,850	3,200	4,600

1977 Omega Brougham, V-8
4d Sed	200	550	900	1,800	3,150	4,500
2d Cpe	200	550	900	1,850	3,200	4,600
2d HBk	200	550	950	1,900	3,300	4,700

NOTE: Deduct 5 percent for V-6.

1977 Cutlass S, V-8
4d Sed	150	500	850	1,700	2,950	4,200
2d Sed	150	500	850	1,700	3,000	4,300

NOTE: Add 5 percent for 4-4-2 option.

1977 Cutlass Supreme, V-8
4d Sed	200	550	900	1,750	3,100	4,400
2d Sed	200	550	900	1,800	3,150	4,500

1977 Cutlass Salon, V-8
2d	200	550	900	1,800	3,150	4,500

1977 Cutlass Supreme Brougham, V-8
4d Sed	200	550	900	1,850	3,200	4,600
2d Sed	200	600	950	1,900	3,350	4,800

1977 Station Wagons, V-8
4d 3S Cruiser	200	550	900	1,800	3,150	4,500

1977 Delta 88, V-8
4d Sed	200	550	900	1,800	3,150	4,500
2d Cpe	200	550	900	1,850	3,200	4,600

1977 Delta 88 Royale, V-8
4d Sed	200	550	950	1,900	3,300	4,700
2d Cpe	200	600	950	1,900	3,350	4,800

1977 Station Wagons, V-8
4d 2S Cus Cruiser	200	550	900	1,850	3,200	4,600
4d 3S Cus Cruiser	200	550	950	1,900	3,300	4,700

1977 Ninety-Eight, V-8
4d Lux Sed	200	600	1,000	1,950	3,450	4,900
2d Lux Cpe	200	600	1,000	2,000	3,500	5,000
4d Regency Sed	200	600	1,000	2,000	3,500	5,000

	6	5	4	3	2	1
2d Regency Cpe	200	600	1,000	2,050	3,550	5,100
1977 Toronado Brougham, V-8						
2d Cpe XS	300	900	1,500	3,000	5,250	7,500
2d Cpe	250	700	1,200	2,400	4,200	6,000

NOTE: Deduct 5 percent for V-6.

	6	5	4	3	2	1
1978 Starfire						
2d Cpe	100	350	600	1,200	2,100	3,000
2d Cpe SX	150	400	650	1,300	2,250	3,200
1978 Omega						
4d Sed	150	400	700	1,400	2,450	3,500
2d Cpe	150	450	700	1,450	2,500	3,600
2d HBk	150	450	750	1,500	2,600	3,700
1978 Omega Brougham						
4d Sed	150	450	700	1,450	2,500	3,600
2d Cpe	150	450	750	1,500	2,600	3,700
1978 Cutlass Salon						
4d Sed	150	400	650	1,300	2,300	3,300
2d Cpe	150	400	700	1,350	2,400	3,400
1978 Cutlass Salon Brougham						
4d Sed	150	400	700	1,350	2,400	3,400
2d Cpe	150	400	700	1,400	2,450	3,500
1978 Cutlass Supreme						
2d Cpe	150	450	700	1,450	2,500	3,600
1978 Cutlass Calais						
2d Cpe	150	450	750	1,500	2,600	3,700
1978 Cutlass Supreme Brougham						
2d Cpe	150	450	750	1,500	2,650	3,800

NOTE: Add 5 percent for 4-4-2 option.

	6	5	4	3	2	1
1978 Cutlass Cruiser						
4d 2S Sta Wag	150	400	700	1,400	2,450	3,500
1978 Delta 88						
4d Sed	150	450	700	1,450	2,500	3,600
2d Cpe	150	450	750	1,500	2,600	3,700
1978 Delta 88 Royale						
4d Sed	150	450	750	1,500	2,600	3,700
2d Cpe	150	450	750	1,500	2,650	3,800
1978 Custom Cruiser						
4d Sta Wag	150	450	700	1,450	2,500	3,600
1978 Ninety-Eight						
4d Lux Sed	150	450	800	1,550	2,750	3,900
2d Lux Cpe	150	500	800	1,600	2,800	4,000
4d Regency Sed	150	500	800	1,600	2,800	4,000
2d Regency Cpe	150	500	800	1,650	2,850	4,100
1978 Toronado Brougham, V-8						
2d Cpe XS	300	900	1,500	3,000	5,250	7,500
2d Cpe	250	700	1,200	2,400	4,200	6,000
1979 Starfire, 4-cyl.						
2d Spt Cpe	100	350	600	1,250	2,150	3,100
2d Spt Cpe SX	150	400	650	1,300	2,250	3,200
1979 Omega, V-8						
4d Sed	150	450	700	1,450	2,500	3,600
2d Cpe	150	450	750	1,500	2,600	3,700
2d HBk	150	450	750	1,500	2,650	3,800
1979 Omega Brougham, V-8						
4d Sed	150	450	750	1,500	2,600	3,700
2d Cpe	150	450	750	1,500	2,650	3,800
1979 Cutlass Salon, V-8						
4d Sed	150	400	700	1,350	2,400	3,400
2d Cpe	150	400	700	1,400	2,450	3,500

NOTE: Add 5 percent for 4-4-2 option.

	6	5	4	3	2	1
1979 Cutlass Salon Brougham, V-8						
4d Sed	150	400	700	1,400	2,450	3,500
2d Cpe	150	450	700	1,450	2,500	3,600
1979 Cutlass Supreme, V-8						
2d Cpe	150	450	750	1,500	2,600	3,700
1979 Cutlass Calais, V-8						
2d Cpe	150	450	750	1,500	2,650	3,800
1979 Cutlass Supreme Brougham, V-8						
2d Cpe	150	450	800	1,550	2,750	3,900
1979 Cutlass Cruiser, V-8						
4d Sta Wag	150	450	700	1,450	2,500	3,600

	6	5	4	3	2	1
1979 Cutlass Cruiser Brougham, V-8						
4d Sta Wag	150	450	750	1,500	2,600	3,700
1979 Delta 88, V-8						
4d Sed	150	450	750	1,500	2,650	3,800
2d Cpe	150	450	800	1,550	2,750	3,900
1979 Delta 88 Royale, V-8						
4d Sed	150	450	800	1,550	2,750	3,900
2d Cpe	150	500	800	1,600	2,800	4,000
1979 Custom Cruiser, V-8						
4d 2S Sta Wag	150	450	800	1,550	2,750	3,900
4d 3S Sta Wag	150	500	800	1,600	2,800	4,000
1979 Ninety-Eight						
4d Lux Sed	150	500	800	1,650	2,850	4,100
2d Lux Cpe	150	500	850	1,700	2,950	4,200
4d Regency Sed	150	500	850	1,700	3,000	4,300
2d Regency Cpe	200	550	900	1,750	3,100	4,400
1979 Toronado						
2d Cpe	200	600	1,000	2,000	3,500	5,000

NOTE: Deduct 5 percent for V-6. Add 40 percent for Hurst/Olds. Deduct 10 percent for diesel.

	6	5	4	3	2	1
1980 Starfire, 4-cyl.						
2d Cpe	150	450	750	1,500	2,650	3,800
2d Cpe SX	150	450	800	1,550	2,750	3,900
1980 Omega, V-6						
4d Sed	150	450	750	1,500	2,650	3,800
2d Cpe	150	450	800	1,550	2,750	3,900

NOTE: Deduct 10 percent for 4-cyl.

	6	5	4	3	2	1
1980 Omega Brougham, V-6						
4d Sed	150	450	800	1,550	2,750	3,900
2d Cpe	150	500	800	1,600	2,800	4,000

NOTE: Deduct 10 percent for 4-cyl.

	6	5	4	3	2	1
1980 Cutlass, V-8						
4d Sed	150	450	700	1,450	2,500	3,600

NOTE: Deduct 12 percent for V-6.

	6	5	4	3	2	1
1980 Cutlass Salon, V-8						
2d Cpe	150	450	800	1,550	2,750	3,900

NOTE: Deduct 12 percent for V-6.

	6	5	4	3	2	1
1980 Cutlass Salon Brougham, V-8						
2d Cpe	150	500	800	1,600	2,800	4,000

NOTE: Deduct 12 percent for V-6.

	6	5	4	3	2	1
1980 Cutlass Supreme, V-8						
2d Cpe	150	500	800	1,650	2,850	4,100

NOTE: Deduct 12 percent for V-6.

	6	5	4	3	2	1
1980 Cutlass LS, V-8						
4d Sed	150	450	750	1,500	2,600	3,700

NOTE: Deduct 12 percent for V-6.

	6	5	4	3	2	1
1980 Cutlass Calais, V-8						
2d Cpe	150	500	850	1,700	2,950	4,200

NOTE: Deduct 12 percent for V-6.

	6	5	4	3	2	1
1980 Cutlass Brougham, V-8						
4d Sed	150	450	750	1,500	2,650	3,800
2d Cpe Supreme	150	500	850	1,700	2,950	4,200

NOTE: Deduct 12 percent for V-6.

	6	5	4	3	2	1
1980 Cutlass Cruiser, V-8						
4d Sta Wag	150	450	800	1,550	2,750	3,900
4d Sta Wag Brgm	150	500	800	1,600	2,800	4,000

NOTE: Deduct 12 percent for V-6.

	6	5	4	3	2	1
1980 Delta 88, V-8						
4d Sed	150	500	800	1,650	2,850	4,100
2d Cpe	150	500	850	1,700	2,950	4,200

NOTE: Deduct 12 percent for V-6.

	6	5	4	3	2	1
1980 Delta 88 Royale, V-8						
4d Sed	150	500	850	1,700	2,950	4,200
2d Cpe	150	500	850	1,700	3,000	4,300

NOTE: Deduct 12 percent for V-6.

	6	5	4	3	2	1
1980 Delta 88 Royale Brougham, V-8						
4d Sed	200	550	900	1,750	3,100	4,400
2d Cpe	200	550	900	1,800	3,150	4,500

NOTE: Deduct 12 percent for V-6.

1940 Packard 18th Series (110) station wagon

1955 Packard Caribbean convertible

1916 Pierce-Arrow Model 66-A raceabout

	6	5	4	3	2	1
1980 Custom Cruiser, V-8						
4d 2S Sta Wag	150	500	850	1,700	3,000	4,300
4d 3S Sta Wag	200	550	900	1,750	3,100	4,400
1980 Ninety-Eight, V-8						
4d Lux Sed	200	550	900	1,850	3,200	4,600
4d Regency Sed	200	600	1,000	1,950	3,450	4,900
2d Regency Cpe	200	600	1,000	2,050	3,550	5,100
1980 Toronado Brougham, V-8						
2d Cpe	250	750	1,300	2,550	4,500	6,400
1981 Omega, V-6						
4d Sed	150	450	800	1,550	2,750	3,900
2d Cpe	150	500	800	1,600	2,800	4,000
NOTE: Deduct 10 percent for 4-cyl.						
1981 Omega Brougham, V-6						
4d Sed	150	500	800	1,600	2,800	4,000
2d Cpe	150	500	800	1,650	2,850	4,100
NOTE: Deduct 10 percent for 4-cyl.						
1981 Cutlass, V-8						
4d Sed	150	450	750	1,500	2,600	3,700
NOTE: Deduct 12 percent for V-6.						
1981 Cutlass Supreme, V-8						
2d Cpe	150	500	850	1,700	2,950	4,200
NOTE: Deduct 12 percent for V-6.						
1981 Cutlass LS, V-8						
4d Sed	150	450	750	1,500	2,650	3,800
NOTE: Deduct 12 percent for V-6.						
1981 Cutlass Calais, V-8						
2d Cpe	200	550	900	1,750	3,100	4,400
NOTE: Deduct 12 percent for V-6.						
1981 Cutlass Supreme Brougham, V-8						
2d Cpe	150	500	850	1,700	3,000	4,300
NOTE: Deduct 12 percent for V-6.						
1981 Cutlass Brougham, V-8						
4d Sed	150	450	800	1,550	2,750	3,900
NOTE: Deduct 12 percent for V-6.						
1981 Cutlass Cruiser, V-8						
4d Sta Wag	150	450	800	1,550	2,750	3,900
4d Brgm Sta Wag	150	500	800	1,600	2,800	4,000
NOTE: Deduct 12 percent for V-6.						
1981 Delta 88, V-8						
4d Sed	150	500	850	1,700	2,950	4,200
2d Cpe	150	500	850	1,700	3,000	4,300
NOTE: Deduct 12 percent for V-6.						
1981 Delta 88 Royale, V-8						
4d Sed	150	500	850	1,700	3,000	4,300
2d Cpe	200	550	900	1,750	3,100	4,400
NOTE: Deduct 12 percent for V-6.						
1981 Delta 88 Royale Brougham, V-8						
4d Sed	200	550	900	1,800	3,150	4,500
2d Cpe	200	550	900	1,850	3,200	4,600
1981 Custom Cruiser, V-8						
4d 2S Sta Wag	200	550	900	1,750	3,100	4,400
4d 3S Sta Wag	200	550	900	1,800	3,150	4,500
1981 Ninety-Eight, V-8						
4d Lux Sed	200	550	950	1,900	3,300	4,700
4d Regency Sed	200	600	950	1,900	3,350	4,800
2d Regency Cpe	200	600	1,000	1,950	3,450	4,900
NOTE: Deduct 12 percent for V-6.						
1981 Toronado Brougham, V-8						
2d Cpe	250	800	1,350	2,700	4,700	6,700
NOTE: Deduct 12 percent for V-6.						
1982 Firenza, 4-cyl.						
2d Cpe	150	500	850	1,700	2,950	4,200
4d Sed	150	500	850	1,700	3,000	4,300
4d Sta Wag	200	550	900	1,800	3,150	4,500
1982 Cutlass Calais, 4-cyl.						
2d Cpe	200	550	900	1,750	3,100	4,400
4d Sed	200	550	900	1,800	3,150	4,500
2d Cpe SL	200	600	950	1,900	3,350	4,800

	6	5	4	3	2	1
2d Cpe Int	200	650	1,100	2,200	3,850	5,500
4d Sed Int	200	650	1,100	2,250	3,900	5,600
2d Cpe V-6	200	600	1,050	2,100	3,650	5,200
4d Sed V-6	200	650	1,050	2,100	3,700	5,300
2d Cpe SL V-6	200	650	1,100	2,150	3,800	5,400
4d Sed SL V-6	200	650	1,100	2,200	3,850	5,500

1982 Cutlass Ciera, 4-cyl.

	6	5	4	3	2	1
2d Cpe	200	600	1,000	1,950	3,450	4,900
4d Sed	200	600	1,000	2,000	3,500	5,000
4d Sta Wag	200	600	1,000	2,050	3,550	5,100
2d Cpe Brgm	200	600	1,000	2,000	3,500	5,000
4d Sed Brgm SL	100	250	400	750	1,350	1,900
4d Sta Wag Brgm	200	600	1,050	2,100	3,650	5,200
2d Cpe V-6	200	600	1,000	2,050	3,550	5,100
4d Sed V-6	200	600	1,050	2,100	3,650	5,200
4d Sta Wag V-6	200	650	1,050	2,100	3,700	5,300
2d Cpe SL V-6	200	650	1,100	2,150	3,800	5,400
4d Sed V-6	200	650	1,100	2,200	3,850	5,500
4d Sta Wag V-6	200	650	1,100	2,250	3,900	5,600
2d Cpe Int V-6	250	700	1,150	2,300	4,050	5,800
4d Sed Int V-6	250	700	1,200	2,350	4,150	5,900

1982 Cutlass Supreme

	6	5	4	3	2	1
2d Cpe V-6	250	750	1,200	2,450	4,250	6,100
2d Cpe SL V-6	250	800	1,300	2,600	4,550	6,500
2d Cpe Int V-6	250	800	1,350	2,700	4,700	6,700
2d Cpe V-8	250	800	1,300	2,650	4,600	6,600
2d Cpe Brgm V-8	250	800	1,300	2,600	4,550	6,500

1982 Delta 88 Royale

	6	5	4	3	2	1
2d Cpe V-6	200	650	1,100	2,200	3,850	5,500
4d Sed V-6	200	650	1,100	2,250	3,900	5,600
2d Cpe Brgm V-6	250	700	1,200	2,350	4,150	5,900
4d Sed Brgm V-6	250	700	1,200	2,400	4,200	6,000

1982 Custom Cruiser, V-8

	6	5	4	3	2	1
4d Sta Wag	250	800	1,300	2,600	4,550	6,500

1982 Ninety-Eight, V-6

	6	5	4	3	2	1
4d Sed Regency	250	800	1,300	2,600	4,550	6,500
4d Sed Regency Brgm	300	850	1,400	2,800	4,900	7,000
4d Sed Touring Sed	300	850	1,400	2,800	4,900	7,000

1982 Toronado, V-8

	6	5	4	3	2	1
2d Cpe	300	900	1,500	3,000	5,250	7,500
2d Cpe Brgm	350	1,000	1,700	3,400	5,950	8,500

1982 Custom Cruiser, V-8

	6	5	4	3	2	1
4d Sta Wag	200	600	1,000	1,950	3,450	4,900

1982 Ninety-Eight Regency, V-8

	6	5	4	3	2	1
4d Sed	200	600	1,000	2,050	3,550	5,100
2d Cpe	200	600	1,050	2,100	3,650	5,200
4d Brgm Sed	200	600	1,050	2,100	3,650	5,200

NOTE: Deduct 12 percent for V-6.

1982 Toronado Brougham, V-8

	6	5	4	3	2	1
2d Cpe	250	800	1,350	2,700	4,750	6,800

NOTE: Deduct 12 percent for V-6.

1983 Firenza, 4-cyl.

	6	5	4	3	2	1
4d LX Sed	150	500	800	1,650	2,850	4,100
2d SX Cpe	150	500	850	1,700	2,950	4,200
4d LX Sta Wag	150	500	850	1,700	3,000	4,300

NOTE: Deduct 5 percent for lesser models.

1983 Omega, V-6

	6	5	4	3	2	1
4d Sed	150	500	800	1,650	2,850	4,100
2d Cpe	150	500	850	1,700	2,950	4,200

NOTE: Deduct 10 percent for 4-cyl.

1983 Omega Brougham, V-6

	6	5	4	3	2	1
4d Sed	150	500	850	1,700	2,950	4,200
2d Cpe	150	500	850	1,700	3,000	4,300

NOTE: Deduct 10 percent for 4-cyl.

1983 Cutlass Supreme, V-8

	6	5	4	3	2	1
4d Sed	200	550	900	1,850	3,200	4,600
2d Cpe	200	550	950	1,900	3,300	4,700

NOTE: Deduct 12 percent for V-6.

1983 Cutlass Supreme Brougham, V-8

	6	5	4	3	2	1
4d Sed	200	550	950	1,900	3,300	4,700
2d Cpe	200	600	950	1,900	3,350	4,800

NOTE: Deduct 12 percent for V-6.

	6	5	4	3	2	1
1983 Cutlass Calais, V-8						
2d Cpe Hurst/Olds	500	1,450	2,400	4,800	8,400	12,000
2d Cpe	200	600	1,000	1,950	3,450	4,900
NOTE: Deduct 12 percent for V-6.						
1983 Cutlass Cruiser, V-8						
4d Sta Wag	200	600	950	1,900	3,350	4,800
NOTE: Deduct 12 percent for V-6.						
1983 Cutlass Ciera, V-6						
4d Sed	200	550	900	1,850	3,200	4,600
2d Cpe	200	550	950	1,900	3,300	4,700
NOTE: Deduct 10 percent for 4-cyl.						
1983 Cutlass Ciera Brougham, V-6						
4d Sed	200	550	950	1,900	3,300	4,700
2d Cpe	200	600	950	1,900	3,350	4,800
NOTE: Deduct 10 percent for 4-cyl.						
1983 Delta 88, V-8						
4d Sed	200	600	950	1,900	3,350	4,800
NOTE: Deduct 12 percent for V-6.						
1983 Delta 88 Royale, V-8						
4d Sed	200	600	1,000	1,950	3,450	4,900
2d Cpe	200	600	1,000	2,000	3,500	5,000
NOTE: Deduct 12 percent for V-6.						
1983 Delta 88 Royale Brougham, V-8						
4d Sed	200	600	1,000	2,050	3,550	5,100
2d Cpe	200	600	1,050	2,100	3,650	5,200
NOTE: Deduct 12 percent for V-6.						
1983 Custom Cruiser, V-8						
4d Sta Wag	200	600	1,000	2,050	3,550	5,100
1983 Ninety-Eight Regency, V-8						
4d Sed	200	650	1,050	2,100	3,700	5,300
2d Cpe	200	650	1,100	2,200	3,850	5,500
4d Sed Brgm	200	650	1,100	2,150	3,800	5,400
NOTE: Deduct 13 percent for V-6.						
1983 Toronado Brougham, V-8						
2d Cus Cpe	300	850	1,400	2,750	4,850	6,900
NOTE: Deduct 13 percent for V-6.						
1984 Firenza, 4-cyl.						
4d LX Sed	150	500	800	1,650	2,850	4,100
2d LX Sed	150	500	800	1,650	2,850	4,100
4d LX Sta Wag Cruiser	150	500	850	1,700	3,000	4,300
NOTE: Deduct 5 percent for lesser models.						
4d Sed Brgm	150	500	850	1,700	3,000	4,300
2d Sed Brgm	150	500	850	1,700	3,000	4,300
NOTE: Deduct 5 percent for 4-cyl. Deduct 8 percent for 4-cyl.						
1984 Cutlass, V-8						
4d Sed Supreme Brgm	200	600	950	1,900	3,350	4,800
2d Sed Supreme Brgm	200	600	950	1,900	3,350	4,800
2d Sed Calais	200	600	1,000	1,950	3,450	4,900
2d Sed Calais Hurst/Olds	200	650	1,100	2,200	3,850	5,500
1984 Cutlass Ciera, V-6						
4d Sed	200	550	900	1,850	3,200	4,600
2d Sed	200	550	900	1,850	3,200	4,600
4d Sta Wag Cruiser	200	550	900	1,850	3,200	4,600
4d Sed Brgm	200	550	950	1,900	3,300	4,700
2d Sed Brgm	200	550	950	1,900	3,300	4,700
NOTE: Deduct 8 percent for 4-cyl.						
1984 Cutlass Ciera, V-8						
4d Sed	200	600	950	1,900	3,350	4,800
2d Sed	200	600	950	1,900	3,350	4,800
4d Sta Wag	200	600	950	1,900	3,350	4,800
4d Sed Brgm	200	600	1,000	1,950	3,450	4,900
2d Sed Brgm	200	600	1,000	1,950	3,450	4,900
1984 Delta 88 Royale, V-8						
4d Sed	200	600	1,000	2,000	3,500	5,000
2d Sed	200	600	1,000	2,000	3,500	5,000
4d Sed Brgm	200	600	1,050	2,100	3,650	5,200
2d Sed Brgm	200	600	1,050	2,100	3,650	5,200
4d Cus Sta Wag Cruiser	200	650	1,050	2,100	3,700	5,300
4d LS Sed	200	650	1,050	2,100	3,700	5,300
NOTE: Deduct 10 percent for V-6 cyl.						

	6	5	4	3	2	1
1984 Ninety-Eight Regency, V-8						
4d Sed	200	650	1,100	2,200	3,850	5,500
2d Sed	200	650	1,100	2,200	3,850	5,500
4d Sed Brgm	200	650	1,100	2,250	3,900	5,600
1984 Toronado Brougham						
2d V-6 Cpe	250	800	1,300	2,600	4,550	6,500
2d V-8 Cpe	300	850	1,400	2,800	4,900	7,000
1985 Firenza, V-6						
4d LX Sed	150	500	850	1,700	3,000	4,300
2d LX Sed	150	500	850	1,700	3,000	4,300
4d LX Sta Wag	200	550	900	1,750	3,100	4,400

NOTE: Deduct 8 percent for 4-cyl. Deduct 5 percent for lesser models.

	6	5	4	3	2	1
1985 Cutlass, V-8						
4d Sed	200	600	950	1,900	3,350	4,800
2d Sed	200	600	950	1,900	3,350	4,800
1985 Cutlass Supreme Brougham, V-8						
4d Sed	200	600	950	1,900	3,350	4,800
2d Sed	200	600	950	1,900	3,350	4,800
1985 Cutlass Salon, V-8						
2d Cpe	200	600	1,000	1,950	3,450	4,900
2d 4-4-2 Cpe	250	800	1,350	2,700	4,750	6,800

NOTE: Deduct 8 percent for 4-cyl. Deduct 30 percent for diesel.

	6	5	4	3	2	1
1985 Calais, V-6						
2d Sed	200	600	1,000	1,950	3,450	4,900
2d Sed Brgm	200	600	1,000	1,950	3,450	4,900

NOTE: Deduct 8 percent for 4-cyl.

	6	5	4	3	2	1
1985 Cutlass Ciera, V-6						
4d Sed	200	550	900	1,850	3,200	4,600
2d Sed	200	550	900	1,850	3,200	4,600
4d Sta Wag	200	550	950	1,900	3,300	4,700
1985 Cutlass Ciera Brougham, V-6						
4d Sed	200	550	950	1,900	3,300	4,700
2d Sed	200	550	950	1,900	3,300	4,700

NOTE: Deduct 8 percent for 4-cyl. Deduct 30 percent for diesel.

	6	5	4	3	2	1
1985 Delta 88 Royale, V-8						
4d Sed	200	600	1,000	2,050	3,550	5,100
2d Sed	200	600	1,000	2,050	3,550	5,100
4d Sed Brgm	200	650	1,050	2,100	3,700	5,300
2d Sed Brgm	200	650	1,050	2,100	3,700	5,300
4d Sta Wag	200	650	1,100	2,150	3,800	5,400

NOTE: Deduct 10 percent for V-6 where available. Deduct 30 percent for diesel.

	6	5	4	3	2	1
1985 Ninety-Eight Regency, V-6						
4d Sed	200	650	1,100	2,250	3,900	5,600
2d Sed	200	650	1,100	2,250	3,900	5,600
4d Sed Brgm	250	700	1,150	2,300	4,000	5,700
2d Sed Brgm	250	700	1,150	2,300	4,000	5,700
1985 Toronado, V-8						
2d Cpe	300	850	1,400	2,850	4,950	7,100

NOTE: Deduct 30 percent for diesel.

	6	5	4	3	2	1
1986 Firenza, 4-cyl.						
4d Sed	200	550	900	1,800	3,150	4,500
2d Cpe	200	550	900	1,750	3,100	4,400
2d HBk	200	550	900	1,800	3,150	4,500
4d Sed LX	200	550	900	1,850	3,200	4,600
2d Cpe LC	200	550	900	1,800	3,150	4,500
4d Sta Wag	200	550	900	1,850	3,200	4,600
2d HBk GT V-6	200	550	950	1,900	3,300	4,700
1986 Cutlass Supreme V-6						
4d Sed	200	550	950	1,900	3,300	4,700
2d Cpe	200	550	950	1,900	3,300	4,700
4d Sed Brgm	200	600	950	1,900	3,350	4,800
2d Cpe Brgm	200	600	950	1,900	3,350	4,800
1986 Cutlass Salon, V-6						
2d Cpe	200	600	1,000	1,950	3,450	4,900
2d Cpe 4-4-2-V-8	250	800	1,350	2,700	4,750	6,800

NOTE: Add 20 percent for V-8.

	6	5	4	3	2	1
1986 Calais, 4-cyl.						
4d Sed	200	600	1,000	2,050	3,550	5,100
2d Cpe	200	600	1,000	2,050	3,550	5,100
4d Sed Supreme	200	600	1,050	2,100	3,650	5,200
2d Cpe Supreme	200	600	1,050	2,100	3,650	5,200

NOTE: Add 10 percent for V-6.

	6	5	4	3	2	1
1986 Cutlass Ciera, V-6						
4d Sed LS	200	600	1,050	2,100	3,650	5,200
2d Cpe LS	200	600	1,050	2,100	3,650	5,200
2d Cpe S LS	200	650	1,050	2,100	3,700	5,300
4d Sta Wag LS	200	650	1,100	2,150	3,800	5,400
4d Sed Brgm	200	650	1,100	2,150	3,800	5,400
2d Cpe Brgm	200	650	1,100	2,150	3,800	5,400
2d Cpe Brgm SL	200	650	1,100	2,200	3,850	5,500
1986 Delta 88						
4d Sed	200	650	1,100	2,150	3,800	5,400
2d Cpe	200	650	1,100	2,150	3,800	5,400
4d Sed Brgm	200	650	1,100	2,200	3,850	5,500
2d Cpe Brgm	200	650	1,100	2,200	3,850	5,500
1986 Custom Cruiser, V-8						
4d Sta Wag	250	750	1,250	2,500	4,350	6,200
1986 Ninety-Eight Regency						
4d Sed	250	700	1,150	2,300	4,000	5,700
2d Cpe	250	700	1,150	2,300	4,000	5,700
4d Sed Brgm	250	700	1,150	2,300	4,050	5,800
2d Cpe Brgm	250	700	1,150	2,300	4,050	5,800
1986 Toronado						
2d Cpe	300	900	1,500	3,000	5,250	7,500
1987 Firenza, 4-cyl.						
4d Sed	200	550	900	1,800	3,150	4,500
2d Cpe	200	550	900	1,750	3,100	4,400
2d HBk S	200	550	900	1,800	3,150	4,500
4d Sed LX	200	550	900	1,850	3,200	4,600
2d Cpe LC	200	550	900	1,800	3,150	4,500
4d Sta Wag	200	550	900	1,850	3,200	4,600
2d HBk GT	200	550	900	1,850	3,200	4,600
1987 Cutlass Supreme, V-6						
4d Sed	200	600	950	1,900	3,350	4,800
2d Cpe	200	550	950	1,900	3,300	4,700
1987 Cutlass Supreme, V-8						
4d Sed	200	600	1,000	2,000	3,500	5,000
2d Cpe	200	600	1,000	1,950	3,450	4,900
2d Cpe 4-4-2	300	950	1,550	3,100	5,450	7,800
1987 Cutlass Supreme Brougham, V-6						
4d Sed	200	600	1,000	1,950	3,450	4,900
2d Cpe	200	600	950	1,900	3,350	4,800
1987 Cutlass Supreme Brougham, V-8						
4d Sed	200	600	1,000	2,050	3,550	5,100
2d Cpe	200	600	1,000	2,000	3,500	5,000
1987 Cutlass Salon						
2d Cpe V-6	200	600	1,000	2,050	3,550	5,100
2d Cpe V-8	200	600	1,050	2,100	3,650	5,200
1987 Calais, 4-cyl.						
4d Sed	200	600	1,050	2,100	3,650	5,200
2d Cpe	200	600	1,000	2,050	3,550	5,100
1987 Calais, V-6						
4d Sed	200	650	1,050	2,100	3,700	5,300
2d Cpe	200	600	1,050	2,100	3,650	5,200
1987 Calais Supreme, 4-cyl.						
4d Sed	200	650	1,050	2,100	3,700	5,300
2d Cpe	200	600	1,050	2,100	3,650	5,200
1987 Calais Supreme, V-6						
4d Sed	200	650	1,100	2,150	3,800	5,400
2d Cpe	200	650	1,050	2,100	3,700	5,300
1987 Cutlass Ciera, 4-cyl.						
4d Sed	200	650	1,100	2,150	3,800	5,400
2d Cpe	200	650	1,050	2,100	3,700	5,300
4d Sta Wag	200	650	1,100	2,200	3,850	5,500
1987 Cutlass Ciera, V-6						
4d Sed	200	650	1,100	2,200	3,850	5,500
2d Cpe	200	650	1,100	2,150	3,800	5,400
4d Sta Wag	200	650	1,100	2,250	3,900	5,600
1987 Cutlass Ciera Brougham, 4-cyl.						
4d Sed	200	650	1,100	2,200	3,850	5,500
2d Cpe SL	200	650	1,100	2,150	3,800	5,400
4d Sta Wag	200	650	1,100	2,250	3,900	5,600
1987 Cutlass Ciera Brougham, V-6						
4d Sed	200	650	1,100	2,250	3,900	5,600
2d Cpe SL	200	650	1,100	2,200	3,850	5,500

	6	5	4	3	2	1
4d Sta Wag	250	700	1,150	2,300	4,000	5,700

1987 Delta 88 Royale, V-6
4d Sed	200	650	1,100	2,150	3,800	5,400
2d Cpe	200	650	1,050	2,100	3,700	5,300
4d Sed Brgm	200	650	1,100	2,250	3,900	5,600
2d Cpe Brgm	200	650	1,100	2,200	3,850	5,500

1987 Custom Cruiser, V-8
4d Sta Wag	200	650	1,100	2,200	3,850	5,500

1987 Ninety-Eight, V-6
4d Sed	200	650	1,100	2,250	3,900	5,600
4d Sed Regency Brgm	250	700	1,150	2,300	4,000	5,700
2d Sed Regency Brgm	200	650	1,100	2,250	3,900	5,600

1987 Toronado, V-6
2d Cpe Brgm	300	900	1,500	2,950	5,200	7,400

NOTE: Add 10 percent for Trofeo option.

1988 Firenza, 4-cyl.
2d Cpe	150	500	850	1,700	2,950	4,200
4d Sed	150	500	850	1,700	3,000	4,300
4d Sta Wag	200	550	900	1,800	3,150	4,500

1988 Cutlass Calais, 4-cyl.
2d Cpe	200	550	900	1,750	3,100	4,400
4d Sed	200	550	900	1,800	3,150	4,500
2d SL Cpe	200	600	950	1,900	3,350	4,800
4d SL Sed	200	600	1,000	1,950	3,450	4,900
2d Int'l Cpe	200	650	1,100	2,200	3,850	5,500
4d Int'l Sed	200	650	1,100	2,250	3,900	5,600
2d Cpe, V-6	200	600	1,050	2,100	3,650	5,200
4d Sed, V-6	200	650	1,050	2,100	3,700	5,300
2d SL Cpe, V-6	200	650	1,100	2,150	3,800	5,400
4d SL Sed, V-6	200	650	1,100	2,200	3,850	5,500

1988 Cutlass Ciera, 4-cyl.
2d Cpe	200	600	1,000	1,950	3,450	4,900
4d Sed	200	600	1,000	2,000	3,500	5,000
4d Sta Wag	200	600	1,000	2,050	3,550	5,100

1988 Cutlass Ciera Brougham, 4-cyl.
2d Cpe	200	600	1,000	2,000	3,500	5,000
4d SL Sed	200	600	1,000	2,050	3,550	5,100
4d Sta Wag	200	600	1,050	2,100	3,650	5,200

1988 Cutlass Ciera, V-6
2d Cpe	200	600	1,000	2,050	3,550	5,100
4d Sed	200	600	1,050	2,100	3,650	5,200
4d Sta Wag	200	650	1,050	2,100	3,700	5,300

1988 Cutlass Ciera Brougham, V-6
2d Cpe SL	200	650	1,100	2,150	3,800	5,400
4d Sed	200	650	1,100	2,200	3,850	5,500
4d Sta Wag	200	650	1,100	2,250	3,900	5,600
2d Int'l Cpe	250	700	1,150	2,300	4,050	5,800
4d Int'l Cpe	250	700	1,200	2,350	4,150	5,900

1988 Cutlass Supreme, V-6
2d Cpe	250	750	1,200	2,450	4,250	6,100
2d SL Cpe	250	800	1,300	2,600	4,550	6,500
2d Int'l Cpe	250	800	1,350	2,700	4,700	6,700

1988 Cutlass Supreme, V-8
2d Cpe	250	750	1,250	2,500	4,400	6,300
2d Cpe Brgm	250	800	1,300	2,600	4,550	6,500

1988 Delta 88 Royale, V-6
2d Cpe	200	650	1,100	2,200	3,850	5,500
4d Sed	200	650	1,100	2,250	3,900	5,600
2d Cpe Brgm	250	700	1,200	2,350	4,150	5,900
4d Sed Brgm	250	700	1,200	2,400	4,200	6,000

1988 Custom Cruiser, V-8
4d Sta Wag	250	800	1,300	2,600	4,550	6,500

1988 Ninety-Eight, V-6
4d Sed Regency	250	800	1,300	2,600	4,550	6,500
4d Sed Regency Brgm	300	850	1,400	2,800	4,900	7,000
4d Trg Sed	300	950	1,600	3,200	5,600	8,000

1988 Toronado, V-6
2d Cpe	300	900	1,500	3,000	5,250	7,500
2d Cpe Trofeo	350	1,000	1,700	3,400	5,950	8,500

1989 Cutlass Calais, 4-cyl.
4d Sed	200	550	900	1,800	3,150	4,500
2d Cpe	200	550	900	1,750	3,100	4,400
4d Sed S	200	600	950	1,900	3,350	4,800

	6	5	4	3	2	1
2d Cpe S	200	550	950	1,900	3,300	4,700
4d Sed SL	200	650	1,050	2,100	3,700	5,300
2d Cpe SL	200	600	1,050	2,100	3,650	5,200
4d Sed Int'l Series	250	800	1,300	2,600	4,550	6,500
2d Cpe Int'l Series	250	750	1,300	2,550	4,500	6,400
1989 V-6						
4d Sed S	200	650	1,050	2,100	3,700	5,300
2d Cpe S	200	600	1,050	2,100	3,650	5,200
4d Sed SL	200	650	1,100	2,250	3,900	5,600
2d Cpe SL	200	650	1,100	2,200	3,850	5,500
1989 Cutlass Calais, 4-cyl.						
4d Sed	200	600	1,000	1,950	3,450	4,900
2d Cpe	200	600	950	1,900	3,350	4,800
4d Sta Wag	250	700	1,200	2,400	4,200	6,000
4d Sed SL	250	700	1,150	2,300	4,000	5,700
2d Cpe SL	200	650	1,100	2,250	3,900	5,600
4d Sta Wag SL	250	750	1,250	2,500	4,350	6,200
1989 V-6						
4d Sed	200	650	1,100	2,200	3,850	5,500
2d Cpe	200	650	1,100	2,150	3,800	5,400
4d Sta Wag	250	750	1,250	2,500	4,400	6,300
4d Sed SL	250	700	1,150	2,300	4,000	5,700
2d Cpe SL	200	650	1,100	2,250	3,900	5,600
4d Sta Wag SL	250	800	1,300	2,600	4,550	6,500
4d Sed Int'l Series	250	800	1,300	2,650	4,600	6,600
2d Cpe Int'l Series	250	800	1,300	2,600	4,550	6,500
1989 Cutlass Supreme, V-6						
2d Cpe	300	850	1,400	2,800	4,900	7,000
2d Cpe SL	300	900	1,500	3,000	5,250	7,500
2d Cpe Int'l Series	300	950	1,600	3,200	5,600	8,000
1989 Eighty-Eight Royale, V-6						
4d Sed	300	850	1,400	2,800	4,900	7,000
2d Cpe	300	850	1,400	2,750	4,850	6,900
4d Sed Brgm	300	900	1,500	3,000	5,250	7,500
2d Cpe Brgm	300	900	1,500	2,950	5,200	7,400
1989 Custom Cruiser, V-8						
4d Sta Wag	300	900	1,500	3,000	5,250	7,500
1989 Ninety-Eight, V-6						
4d Sed Regency	300	900	1,500	3,000	5,250	7,500
4d Sed Regency Brgm	350	1,000	1,700	3,400	5,950	8,500
4d Sed Trg	400	1,150	1,900	3,800	6,650	9,500
1989 Toronado, V-6						
2d Cpe	350	1,000	1,700	3,400	5,950	8,500
2d Cpe Trofeo	400	1,150	1,900	3,800	6,650	9,500
1990 Cutlass Calais, 4-cyl.						
2d Cpe	200	600	950	1,900	3,350	4,800
4d Sed	200	600	1,000	1,950	3,450	4,900
2d Cpe S	200	600	1,000	1,950	3,450	4,900
4d Sed S	200	600	1,000	2,000	3,500	5,000
2d Cpe SL Quad	200	650	1,100	2,200	3,850	5,500
4d Sed SL Quad	200	650	1,100	2,250	3,900	5,600
2d Cpe Int'l Quad	200	650	1,100	2,250	3,900	5,600
4d Sed Int'l Quad	250	700	1,150	2,300	4,000	5,700
1990 V-6						
2d Cpe SL	250	700	1,150	2,300	4,050	5,800
4d Sed SL	250	700	1,200	2,350	4,150	5,900
1990 Cutlass Ciera, 4-cyl.						
4d Sed	200	600	1,000	2,000	3,500	5,000
2d Cpe S	200	600	1,000	2,050	3,550	5,100
4d Sed S	200	600	1,050	2,100	3,650	5,200
4d Sta Wag S	200	650	1,100	2,200	3,850	5,500
1990 V-6						
4d Sed	200	600	1,050	2,100	3,650	5,200
2d Cpe S	200	650	1,100	2,200	3,850	5,500
4d Sed S	200	650	1,100	2,250	3,900	5,600
4d Sta Wag S	250	700	1,150	2,300	4,000	5,700
4d Sed SL	250	700	1,150	2,300	4,050	5,800
4d Sta Wag SL	250	700	1,200	2,350	4,150	5,900
2d Cpe Int'l	250	700	1,200	2,400	4,200	6,000
4d Sed Int'l	250	750	1,200	2,450	4,250	6,100
1990 Cutlass Supreme, 4-cyl.						
2d Cpe Quad	250	800	1,300	2,600	4,550	6,500
4d Sed Quad	250	800	1,300	2,650	4,600	6,600
2d Cpe Int'l Quad	300	900	1,500	3,000	5,250	7,500
4d Sed Int'l Quad	300	900	1,550	3,100	5,400	7,700

	6	5	4	3	2	1
1990 V-6						
2d Cpe	250	800	1,350	2,700	4,700	6,700
4d Sed	250	800	1,350	2,700	4,750	6,800
2d Cpe SL	300	850	1,400	2,750	4,850	6,900
2d Conv	300	950	1,600	3,200	5,600	8,000
4d Sed SL	300	850	1,400	2,800	4,900	7,000
2d Cpe Int'l	300	900	1,500	3,000	5,250	7,500
4d Sed Int'l	300	900	1,500	3,050	5,300	7,600
1990 Eighty-Eight Royale, V-6						
4d Sed	300	850	1,400	2,800	4,900	7,000
2d Cpe Brgm	300	900	1,500	3,000	5,250	7,500
4d Sed Brgm	300	900	1,500	3,050	5,300	7,600
1990 Custom Cruiser, V-8						
4d Sta Wag	300	900	1,500	3,000	5,250	7,500
1990 Ninety-Eight, V-6						
4d Sed Regency	300	950	1,600	3,200	5,600	8,000
4d Sed Regency Brgm	350	1,000	1,700	3,400	5,950	8,500
4d Sed Trg	400	1,150	1,900	3,800	6,650	9,500
1990 Toronado, V-6						
2d Cpe	350	1,000	1,700	3,400	5,950	8,500
2d Cpe Trofeo	400	1,150	1,900	3,800	6,650	9,500
1991 Cutlass Calais, 4-cyl.						
2d Cpe	200	550	900	1,850	3,200	4,600
4d Sed	200	550	900	1,850	3,200	4,600
2d Cpe S	200	600	1,000	1,950	3,450	4,900
4d Sed S	200	600	1,000	1,950	3,450	4,900
2d Cpe SL	200	650	1,100	2,200	3,850	5,500
4d Sed SL	200	650	1,100	2,200	3,850	5,500
2d Cpe Int'l Quad	250	750	1,200	2,450	4,250	6,100
4d Sed Int'l Quad	250	750	1,200	2,450	4,250	6,100
1991 Cutlass Calais, V-6						
2d Cpe SL	250	700	1,150	2,300	4,000	5,700
4d Sed SL	250	700	1,150	2,300	4,000	5,700
1991 Cutlass Ciera, 4-cyl.						
4d Sed	200	600	950	1,900	3,350	4,800
2d Cpe S	200	600	1,000	2,000	3,500	5,000
4d Sed S	200	600	1,000	2,000	3,500	5,000
4d Sta Wag S	200	650	1,100	2,200	3,850	5,500
1991 Cutlass Ciera, V-6						
4d Sed	200	600	1,000	2,000	3,500	5,000
2d Cpe S	200	650	1,100	2,200	3,850	5,500
4d Sed S	200	650	1,100	2,200	3,850	5,500
4d Sta Wag S	250	700	1,150	2,300	4,000	5,700
4d Sed SL	250	700	1,150	2,300	4,000	5,700
4d Sta Wag SL	250	700	1,200	2,350	4,150	5,900
1991 Cutlass Supreme, 4-cyl.						
2d Cpe Quad	250	700	1,200	2,400	4,200	6,000
4d Sed Quad	250	700	1,200	2,400	4,200	6,000
1991 Cutlass Supreme, V-6						
2d Cpe	250	750	1,250	2,500	4,350	6,200
4d Sed	250	750	1,250	2,500	4,350	6,200
2d Conv	400	1,250	2,100	4,200	7,350	10,500
2d Cpe SL	300	850	1,400	2,800	4,900	7,000
4d Sed SL	300	850	1,400	2,800	4,900	7,000
2d Cpe Int'l	300	900	1,500	3,000	5,250	7,500
4d Sed Int'l	300	900	1,500	3,000	5,250	7,500
1991 Eighty-Eight Royale, V-6						
2d Cpe	250	800	1,350	2,700	4,750	6,800
4d Sed	250	800	1,350	2,700	4,750	6,800
2d Cpe Brgm	300	850	1,450	2,900	5,050	7,200
4d Sed Brgm	300	850	1,450	2,900	5,050	7,200
1991 Custom Cruiser, V-8						
4d Sta Wag	400	1,150	1,900	3,800	6,650	9,500
1991 Ninety-Eight, V-6						
4d Sed	350	1,000	1,700	3,400	5,950	8,500
4d Sed Trg	400	1,150	1,900	3,800	6,650	9,500
1991 Toronado, V-6						
2d Cpe	300	950	1,600	3,200	5,600	8,000
2d Cpe Trofeo	350	1,100	1,800	3,600	6,300	9,000
1992 Achieva, 4-cyl.						
4d Sed S	200	650	1,100	2,200	3,850	5,500
2d Cpe S	200	650	1,100	2,200	3,850	5,500
4d Sed SL	250	700	1,200	2,350	4,150	5,900
2d Cpe SL	250	700	1,200	2,350	4,150	5,900

	6	5	4	3	2	1

NOTE: Add 10 percent for V-6.

1992 Cutlass Ciera, V-6

	6	5	4	3	2	1
4d Sed S	250	750	1,300	2,550	4,500	6,400
4d Sta Wag S	250	800	1,300	2,600	4,550	6,500
4d Sed SL	300	850	1,400	2,750	4,850	6,900
4d Sta Wag SL	300	850	1,400	2,800	4,900	7,000

NOTE: Deduct 10 percent for 4-cyl.

1992 Cutlass Supreme, V-6

	6	5	4	3	2	1
4d Sed S	300	900	1,500	3,000	5,250	7,500
2d Cpe S	300	900	1,500	3,000	5,250	7,500
4d Sed Int'l	350	1,100	1,800	3,600	6,300	9,000
2d Cpe Int'l	350	1,100	1,800	3,600	6,300	9,000
2d Conv	500	1,450	2,400	4,800	8,400	12,000

1992 Eighty-Eight, V-6

	6	5	4	3	2	1
4d Sed	300	950	1,600	3,200	5,600	8,000
4d Sed LS	350	1,000	1,700	3,400	5,950	8,500
4d Sta Wag	400	1,250	2,100	4,200	7,350	10,500

1992 Ninety-Eight, V-6

	6	5	4	3	2	1
4d Sed Regency	350	1,100	1,800	3,600	6,300	9,000
4d Sed Regency Elite	400	1,150	1,900	3,800	6,650	9,500
4d Sed Trg	400	1,200	2,000	4,000	7,000	10,000

1992 Toronado, V-6

	6	5	4	3	2	1
2d Cpe	400	1,250	2,100	4,200	7,350	10,500
2d Cpe Trofeo	500	1,450	2,400	4,800	8,400	12,000

1993 Achieva, 4-cyl.

	6	5	4	3	2	1
2d Cpe S	200	650	1,100	2,200	3,850	5,500
4d Sed S	200	650	1,100	2,200	3,850	5,500
2d Cpe SL	200	650	1,100	2,250	3,900	5,600
4d Sed SL	200	650	1,100	2,250	3,900	5,600

1993 Achieva, V-6

	6	5	4	3	2	1
2d Cpe S	250	700	1,150	2,300	4,000	5,700
4d Sed S	250	700	1,150	2,300	4,000	5,700
2d Cpe SL	250	700	1,150	2,300	4,050	5,800
4d Sed SL	250	700	1,150	2,300	4,050	5,800

1993 Cutlass Ciera, 4-cyl.

	6	5	4	3	2	1
4d Sed	200	650	1,100	2,250	3,900	5,600
4d Sta Wag	250	700	1,150	2,300	4,050	5,800

1993 Cutlass Ciera, V-6

	6	5	4	3	2	1
4d Sed S	250	700	1,150	2,300	4,000	5,700
4d Sta Wag S	250	700	1,200	2,350	4,150	5,900
4d Sed SL	250	700	1,150	2,300	4,050	5,800
4d Sta Wag SL	250	700	1,200	2,400	4,200	6,000

1993 Cutlass Supreme, V-6

	6	5	4	3	2	1
2d Cpe S	250	750	1,250	2,500	4,350	6,200
4d Sed S	250	750	1,200	2,450	4,250	6,100
4d Sed Int'l	250	750	1,250	2,500	4,350	6,200
2d Cpe Int'l	250	750	1,250	2,500	4,400	6,300
2d Conv	450	1,300	2,200	4,400	7,700	11,000

1993 Eighty Eight, V-6

	6	5	4	3	2	1
4d Sed	300	900	1,500	3,000	5,250	7,500
4d Sed LS	300	900	1,500	3,050	5,300	7,600

1993 Ninety-Eight

	6	5	4	3	2	1
4d Sed Regency	350	1,050	1,700	3,450	6,000	8,600
4d Sed Regency Elite	350	1,050	1,750	3,500	6,100	8,700
4d Sed Trg	350	1,050	1,750	3,500	6,150	8,800

PACKARD

1899 Model A, 1-cyl.
Rds   value not estimable

1900 Model B, 1-cyl.
Rds   value not estimable

1901 Model C, 1-cyl.
Rds   value not estimable

1902-03 Model F, 4-cyl.

	6	5	4	3	2	1
Tr	2,650	7,900	13,200	26,400	46,200	66,000

1904 Model L, 4-cyl.

	6	5	4	3	2	1
Tr	2,400	7,200	12,000	24,000	42,000	60,000

1904 Model M, 4-cyl.

	6	5	4	3	2	1
Tr	2,500	7,450	12,400	24,800	43,400	62,000

1905 Model N, 4-cyl.

	6	5	4	3	2	1
Tr	2,200	6,600	11,000	22,000	38,500	55,000

	6	5	4	3	2	1
1906 Model S, 4-cyl., 24 hp						
Tr	2,200	6,600	11,000	22,000	38,500	55,000
1907 Model U, 4-cyl., 30 hp						
Tr	2,300	6,850	11,400	22,800	39,900	57,000
1908 Model UA, 4-cyl., 30 hp						
Tr	2,200	6,600	11,000	22,000	38,500	55,000
Rds	2,100	6,250	10,400	20,800	36,400	52,000
1909 Model UB UBS, 4-cyl., 30 hp						
Tr	2,100	6,350	10,600	21,200	37,100	53,000
Rbt	1,700	5,150	8,600	17,200	30,100	43,000
1909 Model NA, 4-cyl., 18 hp						
Tr	1,800	5,400	9,000	18,000	31,500	45,000
1910-11 Model UC UCS, 4-cyl., 30 hp						
Tr	2,200	6,600	11,000	22,000	38,500	55,000
Rbt	2,100	6,350	10,600	21,200	37,100	53,000
1910-11 Model NB, 4-cyl., 18 hp						
Tr	2,000	6,000	10,000	20,000	35,000	50,000
1912 Model NE, 4-cyl., 18 hp						
Tr	1,800	5,400	9,000	18,000	31,500	45,000
Rbt	1,850	5,500	9,200	18,400	32,200	46,000
Cpe	1,200	3,600	6,000	12,000	21,000	30,000
Limo	1,500	4,450	7,400	14,800	25,900	37,000
Imp Limo	1,600	4,800	8,000	16,000	28,000	40,000
1911-12 Model UE, 4-cyl., 30 hp						
Tr	2,400	7,200	12,000	24,000	42,000	60,000
Phae	2,500	7,450	12,400	24,800	43,400	62,000
Rbt	2,550	7,700	12,800	25,600	44,800	64,000
Cpe	1,400	4,200	7,000	14,000	24,500	35,000
Brgm	1,300	3,850	6,400	12,800	22,400	32,000
Limo	1,600	4,800	8,000	16,000	28,000	40,000
Imp Limo	1,700	5,050	8,400	16,800	29,400	42,000
1912 Model 12-48, 6-cyl., 36 hp						
Tr	3,050	9,100	15,200	30,400	53,200	76,000
Phae	2,800	8,400	14,000	28,000	49,000	70,000
Rbt	2,650	7,900	13,200	26,400	46,200	66,000
Cpe	1,700	5,050	8,400	16,800	29,400	42,000
Brgm	1,550	4,700	7,800	15,600	27,300	39,000
Limo	1,700	5,050	8,400	16,800	29,400	42,000
Imp Limo	1,750	5,300	8,800	17,600	30,800	44,000
1912 Model 1-38, 6-cyl., 38 hp						
Tr	2,200	6,600	11,000	22,000	38,500	55,000
Phae	2,250	6,700	11,200	22,400	39,200	56,000
4P Phae	2,300	6,850	11,400	22,800	39,900	57,000
Rbt	2,000	6,000	10,000	20,000	35,000	50,000
Cpe	1,800	5,400	9,000	18,000	31,500	45,000
Imp Cpe	1,850	5,500	9,200	18,400	32,200	46,000
Lan'let	1,900	5,650	9,400	18,800	32,900	47,000
Imp Lan'let	1,900	5,750	9,600	19,200	33,600	48,000
Limo	2,000	6,000	10,000	20,000	35,000	50,000
Imp Limo	2,100	6,350	10,600	21,200	37,100	53,000
1913 Model 13-48, 6-cyl.						
Tr	2,200	6,600	11,000	22,000	38,500	55,000
1914 Model 2-38, 6-cyl.						
Tr	2,100	6,250	10,400	20,800	36,400	52,000
Sal Tr	2,100	6,350	10,600	21,200	37,100	53,000
Spl Tr	2,150	6,500	10,800	21,600	37,800	54,000
Phae	2,200	6,600	11,000	22,000	38,500	55,000
4P Phae	2,250	6,700	11,200	22,400	39,200	56,000
Cpe	1,800	5,400	9,000	18,000	31,500	45,000
Brgm	1,600	4,800	8,000	16,000	28,000	40,000
4P Brgm	1,600	4,800	8,000	16,000	28,000	40,000
1914 Model 2-38						
Lan'let	1,700	5,050	8,400	16,800	29,400	42,000
Cabr Lan'let	1,900	5,650	9,400	18,800	32,900	47,000
Limo	1,600	4,800	8,000	16,000	28,000	40,000
Cabr Limo	1,900	5,750	9,600	19,200	33,600	48,000
Imp Limo	1,850	5,500	9,200	18,400	32,200	46,000
Sal Limo	1,900	5,650	9,400	18,800	32,900	47,000
1914 Model 14-48, 6-cyl.						
Tr	2,000	6,000	10,000	20,000	35,000	50,000
1914 Model 4-48, 6-cyl., 48 hp						
Tr	2,050	6,100	10,200	20,400	35,700	51,000
Sal Tr	2,050	6,100	10,200	20,400	35,700	51,000
Phae	2,200	6,600	11,000	22,000	38,500	55,000

1925 Pierce-Arrow Model 80 runabout

1933 Pierce Silver Arrow sedan

1932 Plymouth Model PB convertible sedan

	6	5	4	3	2	1
4P Phae	2,250	6,700	11,200	22,400	39,200	56,000
Cpe	1,850	5,500	9,200	18,400	32,200	46,000
Brgm	1,800	5,400	9,000	18,000	31,500	45,000
Sal Brgm	1,850	5,500	9,200	18,400	32,200	46,000
Lan'let	1,900	5,650	9,400	18,800	32,900	47,000
Cabr Lan'let	2,000	6,000	10,000	20,000	35,000	50,000
Limo	1,900	5,650	9,400	18,800	32,900	47,000
Imp Limo	1,950	5,900	9,800	19,600	34,300	49,000
Sal Limo	2,000	6,000	10,000	20,000	35,000	50,000
1915 Model 3-38, 6-cyl.						
Tr	2,000	6,000	10,000	20,000	35,000	50,000
Sal Tr	2,100	6,250	10,400	20,800	36,400	52,000
Spl Tr	2,150	6,500	10,800	21,600	37,800	54,000
Phae	2,200	6,600	11,000	22,000	38,500	55,000
4P Phae	2,150	6,500	10,800	21,600	37,800	54,000
1915 Model 3-38, 38 hp						
Brgm	1,650	4,900	8,200	16,400	28,700	41,000
4P Brgm	1,600	4,800	8,000	16,000	28,000	40,000
Cpe	1,700	5,050	8,400	16,800	29,400	42,000
Lan'let	1,800	5,400	9,000	18,000	31,500	45,000
Cabr Lan'let	2,100	6,250	10,400	20,800	36,400	52,000
Limo	1,900	5,650	9,400	18,800	32,900	47,000
Limo Cabr	2,000	6,000	10,000	20,000	35,000	50,000
Imp Limo	1,950	5,900	9,800	19,600	34,300	49,000
Sal Limo	2,050	6,100	10,200	20,400	35,700	51,000
1915 Model 5-48, 6-cyl., 48 hp						
Tr	2,050	6,100	10,200	20,400	35,700	51,000
Sal Tr	2,100	6,250	10,400	20,800	36,400	52,000
Phae	2,100	6,350	10,600	21,200	37,100	53,000
4P Phae	2,150	6,500	10,800	21,600	37,800	54,000
Rbt	2,300	6,950	11,600	23,200	40,600	58,000
Cpe	1,600	4,800	8,000	16,000	28,000	40,000
Brgm	1,550	4,700	7,800	15,600	27,300	39,000
Sal Brgm	1,600	4,800	8,000	16,000	28,000	40,000
Lan'let	2,000	6,000	10,000	20,000	35,000	50,000
Cabr Lan'let	2,150	6,500	10,800	21,600	37,800	54,000
Limo	2,300	6,850	11,400	22,800	39,900	57,000
Cabr Limo	2,500	7,450	12,400	24,800	43,400	62,000
Imp Limo	2,500	7,450	12,400	24,800	43,400	62,000
1916 Twin Six, 12-cyl., 125" wb						
Tr	2,050	6,100	10,200	20,400	35,700	51,000
Sal Tr	2,100	6,250	10,400	20,800	36,400	52,000
Phae	2,100	6,350	10,600	21,200	37,100	53,000
Sal Phae	2,150	6,500	10,800	21,600	37,800	54,000
Rbt	2,100	6,250	10,400	20,800	36,400	52,000
Brgm	1,600	4,800	8,000	16,000	28,000	40,000
Cpe	1,650	4,900	8,200	16,400	28,700	41,000
Lan'let	1,700	5,150	8,600	17,200	30,100	43,000
Limo	1,750	5,300	8,800	17,600	30,800	44,000
1916 Twin Six, 12-cyl., 135" wb						
Tr	2,150	6,500	10,800	21,600	37,800	54,000
Sal Tr	2,200	6,600	11,000	22,000	38,500	55,000
Phae	2,150	6,500	10,800	21,600	37,800	54,000
Sal Phae	2,250	6,700	11,200	22,400	39,200	56,000
Brgm	1,700	5,150	8,600	17,200	30,100	43,000
Lan'let	1,800	5,400	9,000	18,000	31,500	45,000
Sal Lan'let	1,850	5,500	9,200	18,400	32,200	46,000
Cabr Lan'let	2,100	6,350	10,600	21,200	37,100	53,000
Limo	1,850	5,500	9,200	18,400	32,200	46,000
Cabr Limo	2,150	6,500	10,800	21,600	37,800	54,000
Imp Limo	2,100	6,350	10,600	21,200	37,100	53,000
1917 Series II Twin Six, 12-cyl., 126" wb						
Tr	1,850	5,500	9,200	18,400	32,200	46,000
Phae	1,900	5,650	9,400	18,800	32,900	47,000
Sal Phae	1,900	5,750	9,600	19,200	33,600	48,000
2P Rbt	1,800	5,400	9,000	18,000	31,500	45,000
4P Rbt	1,850	5,500	9,200	18,400	32,200	46,000
Brgm	1,350	4,100	6,800	13,600	23,800	34,000
Cpe	1,450	4,300	7,200	14,400	25,200	36,000
Lan'let	1,700	5,150	8,600	17,200	30,100	43,000
Limo	1,750	5,300	8,800	17,600	30,800	44,000
1917 Series II Twin Six, 12-cyl., 135" wb						
Tr	1,950	5,900	9,800	19,600	34,300	49,000
Sal Tr	2,000	6,000	10,000	20,000	35,000	50,000
Phae	2,050	6,100	10,200	20,400	35,700	51,000
Sal Phae	2,100	6,250	10,400	20,800	36,400	52,000

	6	5	4	3	2	1
Brgm	1,200	3,600	6,000	12,000	21,000	30,000
Lan'let	1,650	4,900	8,200	16,400	28,700	41,000
Cabr Lan'let	1,750	5,300	8,800	17,600	30,800	44,000
Limo	1,700	5,150	8,600	17,200	30,100	43,000
Cabr Limo	1,750	5,300	8,800	17,600	30,800	44,000
Imp Limo	1,800	5,400	9,000	18,000	31,500	45,000
1918-1920 Twin Six, 12-cyl., 128" wb						
Tr	1,750	5,300	8,800	17,600	30,800	44,000
Sal Tr	1,800	5,400	9,000	18,000	31,500	45,000
Phae	1,900	5,650	9,400	18,800	32,900	47,000
Sal Phae	1,950	5,900	9,800	19,600	34,300	49,000
Rbt	1,900	5,750	9,600	19,200	33,600	48,000
2d Brgm	1,300	3,850	6,400	12,800	22,400	32,000
Cpe	1,350	4,100	6,800	13,600	23,800	34,000
Lan'let	1,700	5,050	8,400	16,800	29,400	42,000
Limo	1,750	5,300	8,800	17,600	30,800	44,000
1918-1920 Twin Six, 12-cyl., 136" wb						
Tr	1,950	5,900	9,800	19,600	34,300	49,000
Sal Tr	2,050	6,100	10,200	20,400	35,700	51,000
Brgm	1,300	3,950	6,600	13,200	23,100	33,000
Lan'let	1,750	5,300	8,800	17,600	30,800	44,000
Limo	1,800	5,400	9,000	18,000	31,500	45,000
Imp Limo	1,900	5,650	9,400	18,800	32,900	47,000
1921-1922 Single Six (1st Series), 116" wb						
5P Tr	1,350	4,100	6,800	13,600	23,800	34,000
Rbt	1,300	3,950	6,600	13,200	23,100	33,000
7P Tr	1,400	4,200	7,000	14,000	24,500	35,000
Cpe	1,150	3,500	5,800	11,600	20,300	29,000
Sed	1,100	3,250	5,400	10,800	18,900	27,000
1921-1922 Single Six, 6-cyl., 126" wb						
Rbt	1,450	4,300	7,200	14,400	25,200	36,000
Rds	1,500	4,550	7,600	15,200	26,600	38,000
Tr	1,500	4,450	7,400	14,800	25,900	37,000
Cpe	1,200	3,600	6,000	12,000	21,000	30,000
5P Cpe	1,150	3,500	5,800	11,600	20,300	29,000
Sed	1,100	3,350	5,600	11,200	19,600	28,000
Limo Sed	1,250	3,700	6,200	12,400	21,700	31,000
1921-1922 Single Six, 6-cyl., 133" wb						
Tr	1,500	4,550	7,600	15,200	26,600	38,000
Sed	1,100	3,350	5,600	11,200	19,600	28,000
Limo	1,250	3,700	6,200	12,400	21,700	31,000
1921-1922 Single Eight, 8-cyl., 136" wb						
Rbt	1,500	4,550	7,600	15,200	26,600	38,000
Spt Rds	1,600	4,800	8,000	16,000	28,000	40,000
Cpe	1,200	3,600	6,000	12,000	21,000	30,000
5P Cpe	1,150	3,500	5,800	11,600	20,300	29,000
Sed	1,100	3,250	5,400	10,800	18,900	27,000
Sed Limo	1,200	3,600	6,000	12,000	21,000	30,000
1921-1922 Single Eight, 8-cyl., 143" wb						
Tr	1,550	4,700	7,800	15,600	27,300	39,000
Sed	1,150	3,500	5,800	11,600	20,300	29,000
Sed Limo	1,300	3,850	6,400	12,800	22,400	32,000
Rds	1,650	4,900	8,200	16,400	28,700	41,000
1923-24 Single Six, 6-cyl., 126" wb						
Rbt	1,300	3,850	6,400	12,800	22,400	32,000
Spt Rds	1,350	4,100	6,800	13,600	23,800	34,000
Tr	1,300	3,950	6,600	13,200	23,100	33,000
Sed	950	2,900	4,800	9,600	16,800	24,000
Tr Sed	1,000	3,000	5,000	10,000	17,500	25,000
Limo Sed	1,100	3,350	5,600	11,200	19,600	28,000
1923-24 Single Six, 6-cyl., 133" wb						
Tr	1,400	4,200	7,000	14,000	24,500	35,000
Sed	1,000	3,000	5,000	10,000	17,500	25,000
Sed Limo	1,150	3,500	5,800	11,600	20,300	29,000
1923-24 Single Eight, 8-cyl., 136" wb						
Tr	1,600	4,800	8,000	16,000	28,000	40,000
Rbt	1,700	5,050	8,400	16,800	29,400	42,000
Spt Rds	1,800	5,400	9,000	18,000	31,500	45,000
Cpe	1,100	3,350	5,600	11,200	19,600	28,000
5P Cpe	1,100	3,250	5,400	10,800	18,900	27,000
Sed	1,050	3,100	5,200	10,400	18,200	26,000
Sed Limo	1,200	3,600	6,000	12,000	21,000	30,000
1923-24 Single Eight, 8-cyl., 143" wb						
Tr	1,700	5,050	8,400	16,800	29,400	42,000
Sed	1,100	3,250	5,400	10,800	18,900	27,000

	6	5	4	3	2	1
Clb Sed	1,100	3,350	5,600	11,200	19,600	28,000
Sed Limo	1,250	3,700	6,200	12,400	21,700	31,000

1925-26 Single Six (3rd Series), 6-cyl., 126" wb

	6	5	4	3	2	1
Rbt	1,350	4,100	6,800	13,600	23,800	34,000
Spt Rds	1,500	4,450	7,400	14,800	25,900	37,000
Phae	1,500	4,550	7,600	15,200	26,600	38,000
2P Cpe	1,050	3,100	5,200	10,400	18,200	26,000
Cpe	1,000	3,000	5,000	10,000	17,500	25,000
5P Cpe	950	2,900	4,800	9,600	16,800	24,000
Sed	900	2,650	4,400	8,800	15,400	22,000
Sed Limo	1,100	3,250	5,400	10,800	18,900	27,000

1925-26 Single Six (3rd Series), 6-cyl., 133" wb

	6	5	4	3	2	1
Tr	1,300	3,850	6,400	12,800	22,400	32,000
Sed	900	2,750	4,600	9,200	16,100	23,000
Clb Sed	950	2,900	4,800	9,600	16,800	24,000
Sed Limo	1,100	3,350	5,600	11,200	19,600	28,000

1927 Single Six (4th Series), 6-cyl., 126" wb

	6	5	4	3	2	1
Rds	1,450	4,300	7,200	14,400	25,200	36,000
Phae	1,500	4,450	7,400	14,800	25,900	37,000
Sed	950	2,900	4,800	9,600	16,800	24,000

1927 Single Six (4th Series), 6-cyl., 133" wb

	6	5	4	3	2	1
Tr	1,500	4,450	7,400	14,800	25,900	37,000
Cpe	1,050	3,100	5,200	10,400	18,200	26,000
Sed	1,000	3,000	5,000	10,000	17,500	25,000
Clb Sed	1,050	3,100	5,200	10,400	18,200	26,000
Sed Limo	1,150	3,500	5,800	11,600	20,300	29,000

1927 Single Eight (3rd Series), 8-cyl., 136" wb

	6	5	4	3	2	1
Rbt	1,750	5,300	8,800	17,600	30,800	44,000
Phae	1,700	5,150	8,600	17,200	30,100	43,000
Sed	950	2,900	4,800	9,600	16,800	24,000

1927 Single Eight (3rd Series), 8-cyl., 143" wb

	6	5	4	3	2	1
Tr	1,850	5,500	9,200	18,400	32,200	46,000
Cpe	1,100	3,350	5,600	11,200	19,600	28,000
Sed	1,000	3,000	5,000	10,000	17,500	25,000
Clb Sed	1,050	3,100	5,200	10,400	18,200	26,000
Sed Limo	1,150	3,500	5,800	11,600	20,300	29,000

1928 Single Six (5th Series), 6-cyl., 126" wb

	6	5	4	3	2	1
Phae	1,600	4,800	8,000	16,000	28,000	40,000
Rbt	1,550	4,700	7,800	15,600	27,300	39,000
Conv	1,400	4,200	7,000	14,000	24,500	35,000
RS Cpe	950	2,900	4,800	9,600	16,800	24,000
Sed	900	2,650	4,400	8,800	15,400	22,000

1928 Single Six (5th Series), 6-cyl., 133" wb

	6	5	4	3	2	1
Phae	1,850	5,500	9,200	18,400	32,200	46,000
7P Tr	1,900	5,650	9,400	18,800	32,900	47,000
Rbt	1,750	5,300	8,800	17,600	30,800	44,000
Sed	900	2,750	4,600	9,200	16,100	23,000
Clb Sed	950	2,900	4,800	9,600	16,800	24,000
Sed Limo	1,000	3,000	5,000	10,000	17,500	25,000

1928 Standard, Single Eight (4th Series), 8-cyl., 143" wb

	6	5	4	3	2	1
Rds	2,000	6,000	10,000	20,000	35,000	50,000
Phae	2,100	6,250	10,400	20,800	36,400	52,000
Conv	1,750	5,300	8,800	17,600	30,800	44,000
7P Tr	2,050	6,100	10,200	20,400	35,700	51,000
4P Cpe	950	2,900	4,800	9,600	16,800	24,000
5P Cpe	1,000	3,000	5,000	10,000	17,500	25,000
Sed	900	2,650	4,400	8,800	15,400	22,000
Clb Sed	900	2,750	4,600	9,200	16,100	23,000
Sed Limo	1,000	3,000	5,000	10,000	17,500	25,000

1928 Custom, Single Eight (4th Series), 8-cyl., 143" wb

	6	5	4	3	2	1
7P Tr	2,500	7,450	12,400	24,800	43,400	62,000
Phae	2,500	7,450	12,400	24,800	43,400	62,000
Rds	2,400	7,200	12,000	24,000	42,000	60,000
Conv Cpe	2,200	6,600	11,000	22,000	38,500	55,000
RS Cpe	1,000	3,000	5,000	10,000	17,500	25,000
7P Sed	950	2,900	4,800	9,600	16,800	24,000
Sed	900	2,750	4,600	9,200	16,100	23,000
Sed Limo	1,050	3,100	5,200	10,400	18,200	26,000

1929 Model 626, Standard Eight (6th Series), 8-cyl.

	6	5	4	3	2	1
Conv	2,900	8,650	14,400	28,800	50,400	72,000
Cpe	1,200	3,600	6,000	12,000	21,000	30,000
Sed	1,000	3,000	5,000	10,000	17,500	25,000

1929 Model 633, Standard Eight (6th Series), 8-cyl.

	6	5	4	3	2	1
Phae	3,450	10,300	17,200	34,400	60,000	86,000
Rds	3,600	10,800	18,000	36,000	63,000	90,000

	6	5	4	3	2	1
7P Tr	3,450	10,300	17,200	34,400	60,000	86,000
Cpe	1,600	4,800	8,000	16,000	28,000	40,000
Sed	1,100	3,250	5,400	10,800	18,900	27,000
Clb Sed	1,100	3,350	5,600	11,200	19,600	28,000
Limo Sed	1,350	4,100	6,800	13,600	23,800	34,000

1929 Model 626, Speedster Eight (6th Series), 8-cyl.
Phae	9,600	28,800	48,000	96,000	168,000	240,000
Rds	10,600	31,800	53,000	106,000	186,000	265,000

1929 Model 640, Custom Eight (6th Series), 8-cyl.
DC Phae	5,050	15,100	25,200	50,400	88,000	126,000
7P Tr	4,800	14,400	24,000	48,000	84,000	120,000
Rds	4,800	14,400	24,000	48,000	84,000	120,000
Conv	4,650	13,900	23,200	46,400	81,000	116,000
RS Cpe	2,200	6,600	11,000	22,000	38,500	55,000
4P Cpe	1,800	5,400	9,000	18,000	31,500	45,000
Sed	1,150	3,500	5,800	11,600	20,300	29,000
Clb Sed	1,200	3,600	6,000	12,000	21,000	30,000
Limo	1,300	3,950	6,600	13,200	23,100	33,000

1929 Model 645, DeLuxe Eight (6th Series), 8-cyl.
Phae	5,600	16,800	28,000	56,000	98,000	140,000
Spt Phae	5,600	16,800	28,000	56,000	98,000	140,000
7P Tr	5,600	16,800	28,000	56,000	98,000	140,000
Rds	5,600	16,800	28,000	56,000	98,000	140,000
RS Cpe	2,400	7,200	12,000	24,000	42,000	60,000
5P Cpe	2,000	6,000	10,000	20,000	35,000	50,000
Sed	1,600	4,800	8,000	16,000	28,000	40,000
Clb Sed	1,700	5,050	8,400	16,800	29,400	42,000
Limo	1,850	5,500	9,200	18,400	32,200	46,000

1930 Model 726, Standard 8 (7th Series), 8-cyl.
Sed	1,250	3,700	6,200	12,400	21,700	31,000

1930 Model 733, Standard 8 (7th Series), 8-cyl., 134" wb
Phae	4,700	14,200	23,600	47,200	83,100	118,000
Spt Phae	4,800	14,400	24,000	48,000	84,000	120,000
Rds	4,700	14,200	23,600	47,200	83,100	118,000
7P Tr	4,650	13,900	23,200	46,400	81,000	116,000
RS Cpe	2,400	7,200	12,000	24,000	42,000	60,000
4P Cpe	1,400	4,200	7,000	14,000	24,500	35,000
Conv	3,600	10,800	18,000	36,000	63,000	90,000
Sed	1,500	4,450	7,400	14,800	25,900	37,000
Clb Sed	1,550	4,700	7,800	15,600	27,300	39,000
Limo Sed	1,700	5,150	8,600	17,200	30,100	43,000

1930 Model 734, Speedster Eight (7th Series), 8-cyl.
Boat	10,400	31,200	52,000	104,000	182,000	260,000
RS Rds	9,800	29,400	49,000	98,000	172,000	245,000
Phae	10,000	30,000	50,000	100,000	175,000	250,000
Vic	4,650	13,900	23,200	46,400	81,000	116,000
Sed	3,600	10,800	18,000	36,000	63,000	90,000

1930 Model 740, Custom Eight (7th Series), 8-cyl.
Phae	5,050	15,100	25,200	50,400	88,000	126,000
Spt Phae	5,050	15,100	25,200	50,400	88,000	126,000
7P Tr	5,600	16,800	28,000	56,000	98,000	140,000
Rds	6,600	19,800	33,000	66,000	116,000	165,000
Conv	5,600	16,800	28,000	56,000	98,000	140,000
RS Cpe	2,800	8,400	14,000	28,000	49,000	70,000
5P Cpe	2,000	6,000	10,000	20,000	35,000	50,000
Sed	1,900	5,750	9,600	19,200	33,600	48,000
7P Sed	1,950	5,900	9,800	19,600	34,300	49,000
Clb Sed	2,000	6,000	10,000	20,000	35,000	50,000
Limo	2,150	6,500	10,800	21,600	37,800	54,000

1930 Model 745, DeLuxe Eight (7th Series)
Phae	9,600	28,800	48,000	96,000	168,000	240,000
Spt Phae	10,000	30,000	50,000	100,000	175,000	250,000
Rds	9,400	28,200	47,000	94,000	165,000	235,000
Conv	10,200	30,600	51,000	102,000	179,000	255,000
7P Tr	9,200	27,600	46,000	92,000	161,000	230,000
RS Cpe	3,050	9,100	15,200	30,400	53,200	76,000
5P Cpe	2,650	7,900	13,200	26,400	46,200	66,000
Sed	2,200	6,600	11,000	22,000	38,500	55,000
7P Sed	2,300	6,850	11,400	22,800	39,900	57,000
Clb Sed	2,350	7,100	11,800	23,600	41,300	59,000
Limo	2,700	8,150	13,600	27,200	47,600	68,000

1931 Model 826, Standard Eight (8th Series)
Sed	1,250	3,700	6,200	12,400	21,700	31,000

1931 Model 833, Standard Eight (8th Series)
Phae	4,650	13,900	23,200	46,400	81,000	116,000
Spt Phae	4,700	14,200	23,600	47,200	83,100	118,000

	6	5	4	3	2	1
7P Tr	4,550	13,700	22,800	45,600	80,000	114,000
Conv Sed	5,200	15,600	26,000	52,000	91,000	130,000
Rds	4,650	13,900	23,200	46,400	81,000	116,000
Conv	3,850	11,500	19,200	38,400	67,000	96,000
RS Cpe	2,400	7,200	12,000	24,000	42,000	60,000
5P Cpe	2,100	6,350	10,600	21,200	37,100	53,000
7P Sed	1,600	4,800	8,000	16,000	28,000	40,000
Clb Sed	1,650	4,900	8,200	16,400	28,700	41,000

NOTE: Add 45 percent for 845 models.

1931 Model 840, Custom

	6	5	4	3	2	1
A/W Cabr	6,600	19,800	33,000	66,000	116,000	165,000
A/W Spt Cabr	6,800	20,400	34,000	68,000	119,000	170,000
A/W Lan'let	7,000	21,000	35,000	70,000	123,000	175,000
A/W Spt Lan'let	7,200	21,600	36,000	72,000	126,000	180,000
Dtrch Cv Sed	7,400	22,200	37,000	74,000	130,000	185,000
Limo Cabr	7,400	22,200	37,000	74,000	130,000	185,000
A/W Twn Car	7,200	21,600	36,000	72,000	126,000	180,000
Dtrch Cv Vic	7,600	22,800	38,000	76,000	133,000	190,000
Conv	7,800	23,400	39,000	78,000	137,000	195,000
Spt Phae	8,400	25,200	42,000	84,000	147,000	210,000
Phae	8,200	24,600	41,000	82,000	144,000	205,000
Rds	8,000	24,000	40,000	80,000	140,000	200,000
Tr	7,800	23,400	39,000	78,000	137,000	195,000
RS Cpe	3,100	9,350	15,600	31,200	54,600	78,000
5P Cpe	2,400	7,200	12,000	24,000	42,000	60,000
Sed	2,000	6,000	10,000	20,000	35,000	50,000
Clb Sed	2,100	6,350	10,600	21,200	37,100	53,000

1931 Model 840, Individual Custom

	6	5	4	3	2	1
A/W Cabr	10,200	30,600	51,000	102,000	179,000	255,000
A/W Spt Cabr	10,400	31,200	52,000	104,000	182,000	260,000
A/W Lan'let	8,800	26,400	44,000	88,000	154,000	220,000
A/W Spt Lan'let	9,000	27,000	45,000	90,000	158,000	225,000
Dtrch Conv Sed	9,800	29,400	49,000	98,000	172,000	245,000
Cabr Sed Limo	9,000	27,000	45,000	90,000	158,000	225,000
A/W Twn Car	9,600	28,800	48,000	96,000	168,000	240,000
Lan'let Twn Car	8,400	25,200	42,000	84,000	147,000	210,000
Conv Vic	10,000	30,000	50,000	100,000	175,000	250,000
Sed	2,650	7,900	13,200	26,400	46,200	66,000
Sed Limo	3,200	9,600	16,000	32,000	56,000	80,000

1932 Model 900, Light Eight (9th Series)

	6	5	4	3	2	1
Rds	2,500	7,450	12,400	24,800	43,400	62,000
Cpe	1,250	3,700	6,200	12,400	21,700	31,000
Cpe Sed	1,150	3,500	5,800	11,600	20,300	29,000
Sed	1,100	3,250	5,400	10,800	18,900	27,000

1932 Model 901, Standard Eight (9th Series) 129" wb

	6	5	4	3	2	1
Sed	1,100	3,250	5,400	10,800	18,900	27,000

1932 Model 902, Standard Eight (9th Series) 136" wb

	6	5	4	3	2	1
Rds	4,500	13,400	22,400	44,800	78,500	112,000
Phae	4,800	14,400	24,000	48,000	84,000	120,000
Spt Phae	5,050	15,100	25,200	50,400	88,000	126,000
RS Cpe	2,000	6,000	10,000	20,000	35,000	50,000
5P Cpe	1,800	5,400	9,000	18,000	31,500	45,000
Sed	1,250	3,700	6,200	12,400	21,700	31,000
7P Sed	1,300	3,850	6,400	12,800	22,400	32,000
Clb Sed	1,300	3,950	6,600	13,200	23,100	33,000
Limo	1,400	4,200	7,000	14,000	24,500	35,000
Tr	4,700	14,200	23,600	47,200	82,500	118,000
Conv Sed	5,050	15,100	25,200	50,400	88,000	126,000
Conv Vic	5,200	15,600	26,000	52,000	91,000	130,000

1932 Model 903, DeLuxe Eight, 142" wb

	6	5	4	3	2	1
Conv	5,200	15,600	26,000	52,000	91,000	130,000
Phae	5,200	15,600	26,000	52,000	91,000	130,000
Spt Phae	5,600	16,800	28,000	56,000	98,000	140,000
Conv Sed	5,600	16,800	28,000	56,000	98,000	140,000
Conv Vic	5,600	16,800	28,000	56,000	98,000	140,000
7P Tr	4,250	12,700	21,200	42,400	74,000	106,000
RS Cpe	2,650	7,900	13,200	26,400	46,200	66,000
5P Cpe	2,500	7,450	12,400	24,800	43,400	62,000
Sed	1,700	5,050	8,400	16,800	29,400	42,000
Clb Sed	1,750	5,300	8,800	17,600	30,800	44,000

1932 Model 904, DeLuxe Eight, 147" wb

	6	5	4	3	2	1
Sed	2,500	7,450	12,400	24,800	43,400	62,000
Limo	2,900	8,650	14,400	28,800	50,400	72,000

1932 Model 904, Individual Custom, 147" wb

	6	5	4	3	2	1
Dtrch Conv Cpe	10,200	30,600	51,000	102,000	179,000	255,000
Dtrch Cpe	6,600	19,800	33,000	66,000	116,000	165,000

	6	5	4	3	2	1
Cabr	10,400	31,200	52,000	104,000	182,000	260,000
Spt Cabr	10,800	32,400	54,000	108,000	189,000	270,000
A/W Brgm	11,000	33,000	55,000	110,000	193,000	275,000
Dtrch Spt Phae	11,000	33,000	55,000	110,000	193,000	275,000
Dtrch Conv Sed	11,200	33,600	56,000	112,000	196,000	280,000
Spt Sed	6,600	19,800	33,000	66,000	116,000	165,000
Limo Cabr	10,800	32,400	54,000	108,000	189,000	270,000
Dtrch Limo	7,600	22,800	38,000	76,000	133,000	190,000
A-W Twn Car	11,200	33,600	56,000	112,000	196,000	280,000
Dtrch Conv Vic	11,600	34,800	58,000	116,000	203,000	290,000
Lan'let	7,200	21,600	36,000	72,000	126,000	180,000
Spt Lan	7,600	22,800	38,000	76,000	133,000	190,000
Twn Car Lan'let	8,000	24,000	40,000	80,000	140,000	200,000

1932 Model 905, Twin Six, (9th Series), 142" wb

	6	5	4	3	2	1
Conv	11,000	33,000	55,000	110,000	193,000	275,000
Phae	10,800	32,400	54,000	108,000	189,000	270,000
Spt Phae	10,600	31,800	53,000	106,000	186,000	265,000
7P Tr	10,200	30,600	51,000	102,000	179,000	255,000
Conv Sed	11,000	33,000	55,000	110,000	193,000	275,000
Conv Vic	11,200	33,600	56,000	112,000	196,000	280,000
RS Cpe	3,850	11,500	19,200	38,400	67,000	96,000
5P Cpe	3,600	10,800	18,000	36,000	63,000	90,000
Sed	2,800	8,400	14,000	28,000	49,000	70,000
Clb Sed	2,900	8,650	14,400	28,800	50,400	72,000

1932 Model 906, Twin Six, 147" wb

	6	5	4	3	2	1
7P Sed	3,600	10,800	18,000	36,000	63,000	90,000
Limo	4,250	12,700	21,200	42,400	74,000	106,000

1932 Model 906, Individual Custom, Twin Six, 147" wb

Conv	value not estimable
Cabr	value not estimable
Dtrch Spt Phae	value not estimable
Dtrch Conv Vic	value not estimable
Dtrch Sed	value not estimable
Dtrch Cpe	value not estimable
Lan'let	value not estimable
Twn Car Lan'let	value not estimable
A/W Twn Car	value not estimable

1933 Model 1001, Eight, (10th Series), 127" wb

10th Series

	6	5	4	3	2	1
Conv	4,250	12,700	21,200	42,400	74,000	106,000
RS Cpe	1,400	4,200	7,000	14,000	24,500	35,000
Cpe Sed	1,300	3,950	6,600	13,200	23,100	33,000
Sed	1,250	3,700	6,200	12,400	21,700	31,000

1933 Model 1002, Eight, 136" wb

	6	5	4	3	2	1
Phae	5,800	17,400	29,000	58,000	102,000	145,000
Conv Sed	6,000	18,000	30,000	60,000	105,000	150,000
Conv Vic	6,200	18,600	31,000	62,000	109,000	155,000
7P Tr	5,200	15,600	26,000	52,000	91,000	130,000
RS Cpe	1,800	5,400	9,000	18,000	31,500	45,000
5P Cpe	1,500	4,450	7,400	14,800	25,900	37,000
Sed	1,400	4,200	7,000	14,000	24,500	35,000
7P Sed	1,450	4,300	7,200	14,400	25,200	36,000
Clb Sed	1,500	4,450	7,400	14,800	25,900	37,000
Limo	1,600	4,800	8,000	16,000	28,000	40,000

1933 Model 1003, Super Eight, 135" wb

	6	5	4	3	2	1
Sed	1,600	4,800	8,000	16,000	28,000	40,000

1933 Model 1004, Super Eight, 142" wb

	6	5	4	3	2	1
Conv	6,600	19,800	33,000	66,000	116,000	165,000
Phae	6,800	20,400	34,000	68,000	119,000	170,000
Spt Phae	7,400	22,200	37,000	74,000	130,000	185,000
Conv Vic	7,800	23,400	39,000	78,000	137,000	195,000
Conv Sed	7,400	22,200	37,000	74,000	130,000	185,000
7P Tr	7,000	21,000	35,000	70,000	123,000	175,000
RS Cpe	2,400	7,200	12,000	24,000	42,000	60,000
5P Cpe	2,000	6,000	10,000	20,000	35,000	50,000
Sed	1,400	4,200	7,000	14,000	24,500	35,000
Clb Sed	1,500	4,450	7,400	14,800	25,900	37,000
Limo	1,750	5,300	8,800	17,600	30,800	44,000
Fml Sed	1,900	5,650	9,400	18,800	32,900	47,000

1933 Model 1005, Twelve, 142" wb

	6	5	4	3	2	1
Conv	9,800	29,400	49,000	98,000	172,000	245,000
Spt Phae	10,000	30,000	50,000	100,000	175,000	250,000
Conv Sed	10,000	30,000	50,000	100,000	175,000	250,000
Conv Vic	10,200	30,600	51,000	102,000	179,000	255,000
RS Cpe	3,100	9,350	15,600	31,200	54,600	78,000
5P Cpe	2,550	7,700	12,800	25,600	44,800	64,000

	6	5	4	3	2	1
Sed	2,000	6,000	10,000	20,000	35,000	50,000
Fml Sed	2,100	6,350	10,600	21,200	37,100	53,000
Clb Sed	2,150	6,500	10,800	21,600	37,800	54,000

1933 Model 1006, Standard, 147" wb

7P Sed	3,050	9,100	15,200	30,400	53,200	76,000
Limo	3,300	9,850	16,400	32,800	57,400	82,000

1933 Model 1006, Custom Twelve, 147" wb, Dietrich

Conv	10,400	31,200	52,000	104,000	182,000	260,000
Conv Vic	10,800	32,400	54,000	108,000	189,000	270,000
Spt Phae	10,600	31,800	53,000	106,000	186,000	265,000
Conv Sed	10,800	32,400	54,000	108,000	189,000	270,000
Cpe	3,450	10,300	17,200	34,400	60,000	86,000
Fml Sed	3,300	9,850	16,400	32,800	57,400	82,000

1933 Model 1006, LeBaron Custom, Twelve, 147" wb

A/W Cabr	value not estimable
A/W Twn Car	value not estimable

1933 Model 1006, Packard Custom, Twelve, 147" wb

A/W Cabr	value not estimable
A/W Lan'let	value not estimable
Spt Sed	value not estimable
A/W Twn Car	value not estimable
Twn Car Lan'let	value not estimable
Limo	value not estimable
Lan'let Limo	value not estimable
A/W Cabr	value not estimable
A/W Twn Car	value not estimable

1934 Model 1100, Eight, (11th Series), 129" wb

11th Series

	6	5	4	3	2	1
Sed	1,600	4,800	8,000	16,000	28,000	40,000

1934 Model 1101, Eight, 141" wb

Conv	4,250	12,700	21,200	42,400	74,000	106,000
Phae	4,500	13,400	22,400	44,800	78,500	112,000
Conv Vic	4,550	13,700	22,800	45,600	80,000	114,000
Conv Sed	4,650	13,900	23,200	46,400	81,000	116,000
RS Cpe	2,000	6,000	10,000	20,000	35,000	50,000
5P Cpe	1,700	5,050	8,400	16,800	29,400	42,000
Sed	1,600	4,800	8,000	16,000	28,000	40,000
Clb Sed	1,650	4,900	8,200	16,400	28,700	41,000
Fml Sed	1,700	5,050	8,400	16,800	29,400	42,000

1934 Model 1102, Eight, 141" wb

7P Sed	1,700	5,150	8,600	17,200	30,100	43,000
Limo	1,800	5,400	9,000	18,000	31,500	45,000

1934 Model 1103, Super Eight, 135" wb

Sed	1,750	5,300	8,800	17,600	30,800	44,000

1934 Model 1104, Super Eight, 142" wb

Conv	5,050	15,100	25,200	50,400	88,000	126,000
Phae	5,100	15,400	25,600	51,200	90,100	128,000
Spt Phae	5,600	16,800	28,000	56,000	98,000	140,000
Conv Vic	5,600	16,800	28,000	56,000	98,000	140,000
Conv Sed	5,600	16,800	28,000	56,000	98,000	140,000
RS Cpe	3,200	9,600	16,000	32,000	56,000	80,000
5P Cpe	2,650	7,900	13,200	26,400	46,200	66,000
Clb Sed	2,550	7,700	12,800	25,600	44,800	64,000
Fml Sed	2,650	7,900	13,200	26,400	46,200	66,000

1934 Model 1105, Super Eight, Standard, 147" wb

7P Sed	2,900	8,650	14,400	28,800	50,400	72,000
Limo	3,050	9,100	15,200	30,400	53,200	76,000

1934 Model 1105, Dietrich, Super Eight, 147" wb

Conv	5,800	17,400	29,000	58,000	102,000	145,000
Conv Vic	7,000	21,000	35,000	70,000	123,000	175,000
Conv Sed	6,800	20,400	34,000	68,000	119,000	170,000
Cpe	3,750	11,300	18,800	37,600	66,000	94,000
Spt Sed	3,700	11,000	18,400	36,800	64,500	92,000

1934 Model 1105, LeBaron, Super Eight, 147" wb
Model 1106, Twelve, LeBaron, 135" wb

Spds	value not estimable
Spt Phae	value not estimable

1934 Model 1107, Twelve, 142" wb

Conv	value not estimable
Phae	value not estimable
Spt Phae	value not estimable
Conv Vic	value not estimable
Conv Sed	value not estimable
7P Tr	value not estimable

	6	5	4	3	2	1
RS Cpe		value not estimable				
5P Cpe		value not estimable				
Sed		value not estimable				
Clb Sed		value not estimable				
Fml Sed		value not estimable				

1934 Model 1108, Twelve, Standard, 147" wb

	6	5	4	3	2	1
7P Sed	3,450	10,300	17,200	34,400	60,000	86,000
Limo	3,600	10,800	18,000	36,000	63,000	90,000

1934 Model 1108, Twelve, Dietrich, 147" wb

	6	5	4	3	2	1
Conv		value not estimable				
Spt Phae		value not estimable				
Conv Sed		value not estimable				
Vic Conv		value not estimable				
Cpe		value not estimable				
Spt Sed		value not estimable				

1934 Model 1108, Twelve, LeBaron, 147" wb

	6	5	4	3	2	1
Cabr		value not estimable				
Spt Phae		value not estimable				
A/W Twn Car		value not estimable				

1935 120-A, 8-cyl., 120" wb

	6	5	4	3	2	1
Conv	1,800	5,400	9,000	18,000	31,500	45,000
Bus Cpe	1,100	3,350	5,600	11,200	19,600	28,000
Spt Cpe	1,200	3,600	6,000	12,000	21,000	30,000
Tr Cpe	1,200	3,600	6,000	12,000	21,000	30,000
Sed	800	2,400	4,000	8,000	14,000	20,000
Clb Sed	900	2,650	4,400	8,800	15,400	22,000
Tr Sed	850	2,500	4,200	8,400	14,700	21,000

1935 Series 1200, 8-cyl., 127" wb

	6	5	4	3	2	1
Sed	950	2,900	4,800	9,600	16,800	24,000
Cpe Rds	2,500	7,450	12,400	24,800	43,400	62,000
Phae	2,550	7,700	12,800	25,600	44,800	64,000

1935 Series 1201, 8-cyl., 134" wb

	6	5	4	3	2	1
Conv Vic	2,900	8,650	14,400	28,800	50,400	72,000
LeB A/W Cabr	3,200	9,600	16,000	32,000	56,000	80,000
RS Cpe	1,900	5,750	9,600	19,200	33,600	48,000
5P Cpe	1,900	5,650	9,400	18,800	32,900	47,000
Sed	1,450	4,300	7,200	14,400	25,200	36,000
Fml Sed	1,400	4,200	7,000	14,000	24,500	35,000
Clb Sed	1,500	4,450	7,400	14,800	25,900	37,000

1935 Series 1202, 8-cyl., 139" wb

	6	5	4	3	2	1
7P Sed	1,800	5,400	9,000	18,000	31,500	45,000
Limo	2,000	6,000	10,000	20,000	35,000	50,000
Conv Sed	3,600	10,800	18,000	36,000	63,000	90,000
LeB A/W Twn Car	4,000	12,000	20,000	40,000	70,000	100,000

1935 Series 1203, Super 8, 132" wb

	6	5	4	3	2	1
5P Sed	1,900	5,750	9,600	19,200	33,600	48,000

1935 Series 1204, Super 8, 139" wb

	6	5	4	3	2	1
Rds	3,600	10,800	18,000	36,000	63,000	90,000
Phae	3,700	11,000	18,400	36,800	64,500	92,000
Spt Phae	3,850	11,500	19,200	38,400	67,000	96,000
Conv Vic	3,750	11,300	18,800	37,600	66,000	94,000
RS Cpe	2,500	7,450	12,400	24,800	43,400	62,000
5P Cpe	2,100	6,350	10,600	21,200	37,100	53,000
Clb Sed	1,800	5,400	9,000	18,000	31,500	45,000
Fml Sed	1,750	5,300	8,800	17,600	30,800	44,000
LeB A/W Cabr	3,600	10,800	18,000	36,000	63,000	90,000

1935 Series 1205, Super 8, 144" wb

	6	5	4	3	2	1
Tr Sed	2,700	8,150	13,600	27,200	47,600	68,000
Conv Sed	4,000	12,000	20,000	40,000	70,000	100,000
7P Sed	2,000	6,000	10,000	20,000	35,000	50,000
Limo	2,300	6,850	11,400	22,800	39,900	57,000
LeB A/W Twn Car	3,850	11,500	19,200	38,400	67,000	96,000

1935 Series 1207, V-12, 139" wb

	6	5	4	3	2	1
Rds	6,000	18,000	30,000	60,000	105,000	150,000
Phae	6,200	18,600	31,000	62,000	109,000	155,000
Spt Phae	6,600	19,800	33,000	66,000	116,000	165,000
RS Cpe	3,200	9,600	16,000	32,000	56,000	80,000
5P Cpe	2,950	8,900	14,800	29,600	51,800	74,000
Clb Sed	2,650	7,900	13,200	26,400	46,200	66,000
Sed	2,700	8,150	13,600	27,200	47,600	68,000
Fml Sed	2,800	8,400	14,000	28,000	49,000	70,000
Conv Vic	6,000	18,000	30,000	60,000	105,000	150,000
LeB A/W Cabr	6,200	18,600	31,000	62,000	109,000	155,000

1935 Series 1208, V-12, 144" wb

	6	5	4	3	2	1
Conv Sed	7,400	22,200	37,000	74,000	130,000	185,000

	6	5	4	3	2	1
7P Sed	2,800	8,400	14,000	28,000	49,000	70,000
Limo	3,200	9,600	16,000	32,000	56,000	80,000
LeB A/W Twn Car	6,800	20,400	34,000	68,000	119,000	170,000

1936 14th Series Series 120-B, 8-cyl., 120" wb

	6	5	4	3	2	1
Conv	2,200	6,600	11,000	22,000	38,500	55,000
Conv Sed	2,300	6,950	11,600	23,200	40,600	58,000
Bus Cpe	1,200	3,600	6,000	12,000	21,000	30,000
Spt Cpe	1,250	3,700	6,200	12,400	21,700	31,000
Tr Cpe	1,200	3,600	6,000	12,000	21,000	30,000
2d Sed	650	1,900	3,200	6,400	11,200	16,000
Sed	700	2,050	3,400	6,800	11,900	17,000
Clb Sed	750	2,300	3,800	7,600	13,300	19,000
Tr Sed	700	2,150	3,600	7,200	12,600	18,000

1936 14th Series Series 1400, 8-cyl., 127" wb

	6	5	4	3	2	1
Sed	800	2,400	4,000	8,000	14,000	20,000
Rds	3,450	10,300	17,200	34,400	60,000	86,000

1936 14th Series Series 1401, 8-cyl., 134" wb

	6	5	4	3	2	1
Phae	3,500	10,600	17,600	35,200	61,500	88,000
Conv Vic	3,900	11,800	19,600	39,200	68,500	98,000
LeB A/W Cabr	3,600	10,800	18,000	36,000	63,000	90,000
RS Cpe	1,800	5,400	9,000	18,000	31,500	45,000
5P Cpe	1,700	5,150	8,600	17,200	30,100	43,000
Clb Sed	1,500	4,450	7,400	14,800	25,900	37,000
Sed	1,400	4,200	7,000	14,000	24,500	35,000
Fml Sed	1,450	4,300	7,200	14,400	25,200	36,000

1936 14th Series Series 1402, 8-cyl., 139" wb

	6	5	4	3	2	1
Conv Sed	4,250	12,700	21,200	42,400	74,000	106,000
7P Tr	4,100	12,200	20,400	40,800	71,500	102,000
7P Sed	1,800	5,400	9,000	18,000	31,500	45,000
Bus Sed	1,700	5,150	8,600	17,200	30,100	43,000
Limo	2,000	6,000	10,000	20,000	35,000	50,000
Bus Limo	1,900	5,750	9,600	19,200	33,600	48,000
LeB Twn Car	3,850	11,500	19,200	38,400	67,000	96,000

1936 14th Series Series 1403, Super 8, 132" wb

	6	5	4	3	2	1
Sed	1,700	5,150	8,600	17,200	30,100	43,000

1936 14th Series Series 1404, Super 8, 139" wb

	6	5	4	3	2	1
Cpe Rds	3,700	11,000	18,400	36,800	64,500	92,000
Phae	4,000	12,000	20,000	40,000	70,000	100,000
Spt Phae	4,250	12,700	21,200	42,400	74,000	106,000
Conv Vic	4,100	12,200	20,400	40,800	71,500	102,000
LeB A/W Cabr	4,250	12,700	21,200	42,400	74,000	106,000
RS Cpe	2,500	7,450	12,400	24,800	43,400	62,000
5P Cpe	2,300	6,850	11,400	22,800	39,900	57,000
Clb Sed	2,100	6,250	10,400	20,800	36,400	52,000
Fml Sed	2,000	6,000	10,000	20,000	35,000	50,000

1936 14th Series Series 1405, Super 8, 144" wb

	6	5	4	3	2	1
7P Tr	4,500	13,400	22,400	44,800	78,500	112,000
Conv Sed	4,650	13,900	23,200	46,400	81,000	116,000

1936 14th Series Series 1407, V-12, 139" wb

	6	5	4	3	2	1
Cpe Rds	6,000	18,000	30,000	60,000	105,000	150,000
Phae	6,200	18,600	31,000	62,000	109,000	155,000
Spt Phae	6,200	18,600	31,000	62,000	109,000	155,000
LeB A/W Cabr	6,400	19,200	32,000	64,000	112,000	160,000
Conv Vic	6,400	19,200	32,000	64,000	112,000	160,000
RS Cpe	3,050	9,100	15,200	30,400	53,200	76,000
5P Cpe	2,650	7,900	13,200	26,400	46,200	66,000
Clb Sed	2,050	6,100	10,200	20,400	35,700	51,000
Sed	1,850	5,500	9,200	18,400	32,200	46,000
Fml Sed	1,800	5,400	9,000	18,000	31,500	45,000

1936 14th Series Series 1408, V-12, 144" wb

	6	5	4	3	2	1
7P Tr	6,400	19,200	32,000	64,000	112,000	160,000
Conv Sed	6,600	19,800	33,000	66,000	116,000	165,000
7P Sed	2,000	6,000	10,000	20,000	35,000	50,000
Limo	2,400	7,200	12,000	24,000	42,000	60,000
LeB A/W Twn Car	6,800	20,400	34,000	68,000	119,000	170,000

1937 15th Series Model 115-C, 6-cyl., 115" wb

	6	5	4	3	2	1
Conv	1,600	4,800	8,000	16,000	28,000	40,000
Bus Cpe	1,000	3,000	5,000	10,000	17,500	25,000
Spt Cpe	1,100	3,250	5,400	10,800	18,900	27,000
2d Sed	700	2,150	3,600	7,200	12,600	18,000
Sed	700	2,050	3,400	6,800	11,900	17,000
Clb Sed	750	2,300	3,800	7,600	13,300	19,000
Tr Sed	700	2,150	3,600	7,200	12,600	18,000
Sta Wag	1,600	4,800	8,000	16,000	28,000	40,000

	6	5	4	3	2	1
1937 15th Series Model 120-C, 8-cyl., 120" wb						
Conv	2,000	6,000	10,000	20,000	35,000	50,000
Conv Sed	2,100	6,250	10,400	20,800	36,400	52,000
Bus Cpe	1,300	3,850	6,400	12,800	22,400	32,000
Spt Cpe	1,300	3,950	6,600	13,200	23,100	33,000
2d Sed	900	2,650	4,400	8,800	15,400	22,000
Sed	850	2,500	4,200	8,400	14,700	21,000
Clb Sed	900	2,750	4,600	9,200	16,100	23,000
Tr Sed	900	2,650	4,400	8,800	15,400	22,000
Sta Wag	1,800	5,400	9,000	18,000	31,500	45,000
1937 15th Series Model 120-CD, 8-cyl., 120" wb						
2d Sed	1,000	3,000	5,000	10,000	17,500	25,000
Clb Sed	1,100	3,250	5,400	10,800	18,900	27,000
Tr Sed	1,050	3,100	5,200	10,400	18,200	26,000
1937 15th Series Model 138-CD, 8-cyl., 138" wb						
Tr Sed	1,100	3,350	5,600	11,200	19,600	28,000
Tr Limo	1,250	3,700	6,200	12,400	21,700	31,000
1937 15th Series Model 1500, Super 8, 127" wb						
Sed	1,100	3,250	5,400	10,800	18,900	27,000
1937 15th Series Model 1501, Super 8, 134" wb						
Conv	3,600	10,800	18,000	36,000	63,000	90,000
LeB A/W Cabr	3,850	11,500	19,200	38,400	67,000	96,000
RS Cpe	2,300	6,850	11,400	22,800	39,900	57,000
5P Cpe	2,000	6,000	10,000	20,000	35,000	50,000
Clb Sed	1,450	4,300	7,200	14,400	25,200	36,000
Tr Sed	1,300	3,950	6,600	13,200	23,100	33,000
Fml Sed	1,350	4,100	6,800	13,600	23,800	34,000
Vic	2,900	8,650	14,400	28,800	50,400	72,000
1937 15th Series Model 1502, Super 8, 139" wb						
Conv Sed	4,000	12,000	20,000	40,000	70,000	100,000
Bus Sed	1,400	4,200	7,000	14,000	24,500	35,000
Tr Sed	1,450	4,300	7,200	14,400	25,200	36,000
Tr Limo	1,600	4,800	8,000	16,000	28,000	40,000
Bus Limo	1,550	4,700	7,800	15,600	27,300	39,000
LeB A/W Twn Car	4,400	13,200	22,000	44,000	77,000	110,000
1937 15th Series Model 1506, V-12, 132" wb						
Tr Sed	1,600	4,800	8,000	16,000	28,000	40,000
1937 15th Series Model 1507, V-12, 139" wb						
Conv	6,000	18,000	30,000	60,000	105,000	150,000
LeB A/W Cabr	6,200	18,600	31,000	62,000	109,000	155,000
RS Cpe	2,550	7,700	12,800	25,600	44,800	64,000
5P Cpe	2,500	7,450	12,400	24,800	43,400	62,000
Clb Sed	1,800	5,400	9,000	18,000	31,500	45,000
Fml Sed	1,750	5,300	8,800	17,600	30,800	44,000
Tr Sed	1,700	5,150	8,600	17,200	30,100	43,000
Conv Vic	5,450	16,300	27,200	54,400	95,000	136,000
1937 15th Series Model 1508, V-12, 144" wb						
Conv Sed	9,600	28,800	48,000	96,000	168,000	240,000
Tr Sed	3,200	9,600	16,000	32,000	56,000	80,000
Tr Limo	3,450	10,300	17,200	34,400	60,000	86,000
LeB A/W Twn Car	7,400	22,200	37,000	74,000	130,000	185,000
1938 16th Series Model 1600, 6-cyl., 122" wb						
Conv	1,500	4,450	7,400	14,800	25,900	37,000
Bus Cpe	850	2,500	4,200	8,400	14,700	21,000
Clb Cpe	800	2,400	4,000	8,000	14,000	20,000
2d Sed	550	1,700	2,800	5,600	9,800	14,000
Sed	600	1,800	3,000	6,000	10,500	15,000
1938 16th Series Model 1601, 8-cyl., 127" wb						
Conv	1,800	5,400	9,000	18,000	31,500	45,000
Conv Sed	1,900	5,650	9,400	18,800	32,900	47,000
Bus Cpe	1,100	3,250	5,400	10,800	18,900	27,000
Clb Cpe	1,100	3,350	5,600	11,200	19,600	28,000
2d Sed	800	2,400	4,000	8,000	14,000	20,000
Sed	750	2,300	3,800	7,600	13,300	19,000
1938 16th Series Model 1601-D, 8-cyl., 127" wb						
Tr Sed	950	2,900	4,800	9,600	16,800	24,000
1938 16th Series Model 1601, 8-cyl., 139" wb						
Roll A/W Cabr	4,400	13,200	22,000	44,000	77,000	110,000
Roll A/W Twn Car	4,250	12,700	21,200	42,400	74,000	106,000
Roll Brgm	3,850	11,500	19,200	38,400	67,000	96,000
1938 16th Series Model 1602, 8-cyl., 148" wb						
Tr Sed	1,200	3,600	6,000	12,000	21,000	30,000
Tr Limo	1,400	4,200	7,000	14,000	24,500	35,000

1947 Plymouth Special Deluxe convertible

1959 Plymouth Fury hardtop

1970 Plymouth Fury III four-door hardtop

	6	5	4	3	2	1
1938 16th Series Model 1603, Super 8, 127" wb						
Tr Sed	1,450	4,300	7,200	14,400	25,200	36,000
1938 16th Series Model 1604, Super 8, 134" wb						
Conv	3,600	10,800	18,000	36,000	63,000	90,000
RS Cpe	1,800	5,400	9,000	18,000	31,500	45,000
5P Cpe	1,600	4,800	8,000	16,000	28,000	40,000
Clb Sed	1,100	3,250	5,400	10,800	18,900	27,000
Tr Sed	1,000	3,000	5,000	10,000	17,500	25,000
Fml Sed	1,050	3,100	5,200	10,400	18,200	26,000
Vic	3,450	10,300	17,200	34,400	60,000	86,000
1938 16th Series Model 1605, Super 8, 139" wb						
Bus Sed	1,400	4,200	7,000	14,000	24,500	35,000
Conv Sed	4,000	12,000	20,000	40,000	70,000	100,000
Bus Limo	2,000	6,000	10,000	20,000	35,000	50,000
1938 16th Series Model 1605, Super 8, Customs						
Brn A/W Cabr			value not estimable			
Brn Tr Cabr			value not estimable			
Roll A/W Cabr			value not estimable			
Roll A/W Twn Car			value not estimable			
1938 16th Series Model 1607, V-12, 134" wb						
Conv Cpe	7,400	22,200	37,000	74,000	130,000	185,000
2-4P Cpe	2,550	7,700	12,800	25,600	44,800	64,000
5P Cpe	2,500	7,450	12,400	24,800	43,400	62,000
Clb Sed	2,050	6,100	10,200	20,400	35,700	51,000
Conv Vic	7,400	22,200	37,000	74,000	130,000	185,000
Tr Sed	1,900	5,750	9,600	19,200	33,600	48,000
Fml Sed	2,000	6,000	10,000	20,000	35,000	50,000
1938 16th Series Model 1608, V-12, 139" wb						
Conv Sed	7,600	22,800	38,000	76,000	133,000	190,000
Tr Sed	2,550	7,700	12,800	25,600	44,800	64,000
Tr Limo	2,700	8,150	13,600	27,200	47,600	68,000
1938 16th Series Model 1607-8, V-12, 139" wb						
Brn A/W Cabr			value not estimable			
Brn Tr Cabr			value not estimable			
Roll A/W Cabr			value not estimable			
Roll A/W Twn Car			value not estimable			
1939 17th Series Model 1700, 6-cyl., 122" wb						
Conv	1,400	4,200	7,000	14,000	24,500	35,000
Bus Cpe	750	2,300	3,800	7,600	13,300	19,000
Clb Cpe	800	2,400	4,000	8,000	14,000	20,000
2d Sed	550	1,700	2,800	5,600	9,800	14,000
Tr Sed	600	1,750	2,900	5,800	10,200	14,500
Sta Wag	1,250	3,700	6,200	12,400	21,700	31,000
1939 17th Series Model 1701, 8-cyl., 127" wb						
Conv	2,300	6,950	11,600	23,200	40,600	58,000
Conv Sed	2,350	7,100	11,800	23,600	41,300	59,000
Clb Cpe	900	2,750	4,600	9,200	16,100	23,000
Bus Cpe	850	2,500	4,200	8,400	14,700	21,000
2d Sed	700	2,050	3,400	6,800	11,900	17,000
Sed	700	2,050	3,400	6,800	11,900	17,000
Sta Wag	1,300	3,850	6,400	12,800	22,400	32,000
1939 17th Series Model 1702, 8-cyl., 148" wb						
Tr Sed	900	2,650	4,400	8,800	15,400	22,000
Tr Limo	1,000	3,000	5,000	10,000	17,500	25,000
1939 17th Series Model 1703, Super 8, 127" wb						
Tr Sed	1,100	3,250	5,400	10,800	18,900	27,000
Conv	2,500	7,450	12,400	24,800	43,400	62,000
Conv Sed	2,550	7,700	12,800	25,600	44,800	64,000
Clb Cpe	1,400	4,200	7,000	14,000	24,500	35,000
1939 17th Series Model 1705, Super 8, 148" wb						
Tr Sed	1,200	3,600	6,000	12,000	21,000	30,000
Tr Limo	1,400	4,200	7,000	14,000	24,500	35,000
1939 17th Series Model 1707, V-12, 134" wb						
Conv Cpe	6,600	19,800	33,000	66,000	116,000	165,000
Conv Vic	6,600	19,800	33,000	66,000	116,000	165,000
Roll A/W Cabr	5,200	15,600	26,000	52,000	91,000	130,000
2-4P Cpe	2,650	7,900	13,200	26,400	46,200	66,000
5P Cpe	2,400	7,200	12,000	24,000	42,000	60,000
Sed	2,000	6,000	10,000	20,000	35,000	50,000
Clb Sed	2,050	6,100	10,200	20,400	35,700	51,000
Fml Sed	2,300	6,850	11,400	22,800	39,900	57,000
1939 17th Series Model 1708, V-12, 139" wb						
Conv Sed			value not estimable			
Brn Tr Cabr			value not estimable			
Brn A/W Cabr			value not estimable			

	6	5	4	3	2	1
Tr Sed	3,050	9,100	15,200	30,400	53,200	76,000
Tr Limo	3,100	9,350	15,600	31,200	54,600	78,000
Roll A/W Twn Car			value not estimable			

1940 18th Series Model 1800, 6-cyl., 122" wb, (110)

Conv	1,400	4,200	7,000	14,000	24,500	35,000
Bus Cpe	800	2,400	4,000	8,000	14,000	20,000
Clb Cpe	850	2,500	4,200	8,400	14,700	21,000
2d Sed	550	1,700	2,800	5,600	9,800	14,000
Sed	550	1,700	2,800	5,600	9,800	14,000
Sta Wag	1,200	3,600	6,000	12,000	21,000	30,000

1940 18th Series Model 1801, Std., 8-cyl., 127" wb, (120)

Conv	1,700	5,050	8,400	16,800	29,400	42,000
Conv Sed	1,950	5,900	9,800	19,600	34,300	49,000
Bus Cpe	950	2,900	4,800	9,600	16,800	24,000
Clb Cpe	1,000	3,000	5,000	10,000	17,500	25,000
2d Sed	700	2,150	3,600	7,200	12,600	18,000
Clb Sed	750	2,300	3,800	7,600	13,300	19,000
Sed	700	2,150	3,600	7,200	12,600	18,000
Darr Vic	4,000	12,000	20,000	40,000	70,000	100,000
Sta Wag	1,300	3,950	6,600	13,200	23,100	33,000

1940 18th Series Model 1801, DeLuxe, 8-cyl., 127" wb, (120)

Conv	1,800	5,400	9,000	18,000	31,500	45,000
Clb Cpe	1,000	3,000	5,000	10,000	17,500	25,000
Clb Sed	800	2,400	4,000	8,000	14,000	20,000
Tr Sed	750	2,300	3,800	7,600	13,300	19,000

1940 18th Series Model 1803, Super 8, 127" wb, (160)

Conv	2,950	8,900	14,800	29,600	51,800	74,000
Conv Sed	3,100	9,350	15,600	31,200	54,600	78,000
Bus Cpe	1,100	3,250	5,400	10,800	18,900	27,000
Clb Cpe	1,150	3,500	5,800	11,600	20,300	29,000
Clb Sed	1,100	3,250	5,400	10,800	18,900	27,000
Sed	1,000	3,000	5,000	10,000	17,500	25,000

1940 18th Series Model 1804, Super 8, 138" wb, (160)

Sed	1,100	3,350	5,600	11,200	19,600	28,000

1940 18th Series Model 1805, Super 8, 148" wb, (160)

Tr Sed	1,150	3,500	5,800	11,600	20,300	29,000
Tr Limo	1,200	3,600	6,000	12,000	21,000	30,000

1940 18th Series Model 1806, Custom, Super 8, 127" wb, (180)

Clb Sed	1,350	4,100	6,800	13,600	23,800	34,000
Darr Conv Vic	4,650	13,900	23,200	46,400	81,000	116,000

1940 18th Series Model 1807, Custom, Super 8, 138" wb, (180)

Darr Conv Sed	4,800	14,400	24,000	48,000	84,000	120,000
Roll A/W Cabr	4,400	13,200	22,000	44,000	77,000	110,000
Darr Spt Sed	3,600	10,800	18,000	36,000	63,000	90,000
Fml Sed	1,800	5,400	9,000	18,000	31,500	45,000
Tr Sed	1,750	5,300	8,800	17,600	30,800	44,000

1940 18th Series Model 1808, Custom, Super 8, 148" wb, (180)

Roll A/W Twn Car	3,600	10,800	18,000	36,000	63,000	90,000
Tr Sed	1,800	5,400	9,000	18,000	31,500	45,000
Tr Limo	1,900	5,650	9,400	18,800	32,900	47,000

1941 19th Series Model 1900, Std., 6-cyl., 122" wb, (110)

Conv	1,300	3,850	6,400	12,800	22,400	32,000
Bus Cpe	700	2,050	3,400	6,800	11,900	17,000
Clb Cpe	700	2,150	3,600	7,200	12,600	18,000
2d Sed	550	1,700	2,800	5,600	9,800	14,000
Tr Sed	550	1,700	2,800	5,600	9,800	14,000
Sta Wag	1,550	4,700	7,800	15,600	27,300	39,000

1941 19th Series Model 1900, Dlx., 6-cyl., 122" wb, (110)

Conv	1,500	4,450	7,400	14,800	25,900	37,000
Clb Cpe	800	2,400	4,000	8,000	14,000	20,000
2d Sed	700	2,050	3,400	6,800	11,900	17,000
Sed	600	1,800	3,000	6,000	10,500	15,000
Sta Wag	1,650	4,900	8,200	16,400	28,700	41,000

1941 19th Series Model 1901, 8-cyl., 127" wb, (120)

Conv	1,600	4,800	8,000	16,000	28,000	40,000
Conv Sed	1,700	5,050	8,400	16,800	29,400	42,000
Bus Cpe	900	2,650	4,400	8,800	15,400	22,000
Clb Cpe	900	2,750	4,600	9,200	16,100	23,000
2d Sed	750	2,300	3,800	7,600	13,300	19,000
Sed	700	2,050	3,400	6,800	11,900	17,000
Sta Wag	1,900	5,650	9,400	18,800	32,900	47,000
DeL Sta Wag	2,000	6,000	10,000	20,000	35,000	50,000

1941 19th Series Model 1903, Super 8, 127" wb, (160)

Conv	2,900	8,650	14,400	28,800	50,400	72,000
DeL Conv	2,950	8,900	14,800	29,600	51,800	74,000

	6	5	4	3	2	1
Conv Sed	3,050	9,100	15,200	30,400	53,200	76,000
DeL Conv Sed	3,100	9,350	15,600	31,200	54,600	78,000
Clb Cpe	1,000	3,000	5,000	10,000	17,500	25,000
Bus Cpe	950	2,900	4,800	9,600	16,800	24,000
Sed	900	2,750	4,600	9,200	16,100	23,000

1941 19th Series Model 1904, Super 8, 138" wb, (160)

	6	5	4	3	2	1
Sed	1,100	3,250	5,400	10,800	18,900	27,000

1941 19th Series Model 1905, Super 8, 148" wb, (160)

	6	5	4	3	2	1
Tr Sed	1,150	3,500	5,800	11,600	20,300	29,000
Tr Limo	1,300	3,850	6,400	12,800	22,400	32,000

1941 19th Series Model 1906, Custom, Super 8, 127" wb, (180)

	6	5	4	3	2	1
Darr Conv Vic	4,250	12,700	21,200	42,400	74,000	106,000

1941 19th Series Model 1907, Custom, Super 8, 138" wb, (180)

	6	5	4	3	2	1
Leb Spt Brgm	2,800	8,400	14,000	28,000	49,000	70,000
Roll A/W Cabr	3,600	10,800	18,000	36,000	63,000	90,000
Darr Spt Sed	3,050	9,100	15,200	30,400	53,200	76,000
Tr Sed	1,600	4,800	8,000	16,000	28,000	40,000
Fml Sed	1,700	5,050	8,400	16,800	29,400	42,000

1941 19th Series Model 1908, Custom, Super 8, 148" wb, (180)

	6	5	4	3	2	1
Roll A/W Twn Car	3,500	10,600	17,600	35,200	62,100	88,000
Tr Sed	1,800	5,400	9,000	18,000	31,500	45,000
LeB Tr Sed	2,000	6,000	10,000	20,000	35,000	50,000
Tr Limo	2,100	6,250	10,400	20,800	36,400	52,000
LeB Tr Limo	2,400	7,200	12,000	24,000	42,000	60,000

1941 19th Series Model 1951, Clipper, 8-cyl., 127" wb

	6	5	4	3	2	1
Sed	650	1,900	3,200	6,400	11,200	16,000

1942 20th Series Clipper Series - (6-cyl.) Series 2000, Special, 120" wb

	6	5	4	3	2	1
Bus Cpe	650	1,900	3,200	6,400	11,200	16,000
Clb Sed	600	1,800	3,000	6,000	10,500	15,000
Tr Sed	550	1,700	2,800	5,600	9,800	14,000

1942 20th Series Model 2010, Custom, 120" wb

	6	5	4	3	2	1
Clb Sed	700	2,150	3,600	7,200	12,600	18,000
Tr Sed	700	2,050	3,400	6,800	11,900	17,000

1942 20th Series Model 2020, Custom, 122" wb

	6	5	4	3	2	1
Conv	1,450	4,300	7,200	14,400	25,200	36,000

1942 20th Series Clipper Series - (8-cyl.) Series 2001, Special, 120" wb

	6	5	4	3	2	1
Bus Cpe	700	2,050	3,400	6,800	11,900	17,000
Clb Sed	700	2,150	3,600	7,200	12,600	18,000
Tr Sed	700	2,050	3,400	6,800	11,900	17,000

1942 20th Series Model 2011, Custom, 120" wb

	6	5	4	3	2	1
Clb Sed	850	2,500	4,200	8,400	14,700	21,000
Tr Sed	800	2,400	4,000	8,000	14,000	20,000

1942 20th Series Model 2021, Custom, 127" wb

	6	5	4	3	2	1
Conv	1,600	4,800	8,000	16,000	28,000	40,000

1942 20th Series Super 8, 160 Series, Clipper, 127" wb, 2003

	6	5	4	3	2	1
Clb Sed	1,000	3,000	5,000	10,000	17,500	25,000
Tr Sed	950	2,900	4,800	9,600	16,800	24,000

1942 20th Series Super 8, 160, 127" wb, 2023

	6	5	4	3	2	1
Conv	2,900	8,650	14,400	28,800	50,400	72,000

1942 20th Series Super 8, 160, 138" wb, 2004

	6	5	4	3	2	1
Tr Sed	1,100	3,250	5,400	10,800	18,900	27,000

1942 20th Series Super 8, 160, 148" wb, 2005

	6	5	4	3	2	1
7P Sed	1,150	3,500	5,800	11,600	20,300	29,000
Limo	1,250	3,700	6,200	12,400	21,700	31,000

1942 20th Series Super 8, 160, 148" wb, 2055

	6	5	4	3	2	1
Bus Sed	1,100	3,250	5,400	10,800	18,900	27,000
Bus Limo	1,150	3,500	5,800	11,600	20,300	29,000

1942 20th Series Super 8, 180, Clipper, 127" wb, 2006

	6	5	4	3	2	1
Clb Sed	1,050	3,100	5,200	10,400	18,200	26,000
Tr Sed	1,000	3,000	5,000	10,000	17,500	25,000

1942 20th Series Super 8, 180, Special, 127" wb, 2006

	6	5	4	3	2	1
Darr Conv Vic	4,650	13,900	23,200	46,400	81,000	116,000

1942 20th Series Super 8, 180, 138" wb, 2007

	6	5	4	3	2	1
Tr Sed	1,000	3,000	5,000	10,000	17,500	25,000
Fml Sed	1,100	3,250	5,400	10,800	18,900	27,000
Roll A/W Cabr	3,600	10,800	18,000	36,000	63,000	90,000

1942 20th Series Super 8, 180, 148" wb, 2008

	6	5	4	3	2	1
Tr Sed	1,300	3,850	6,400	12,800	22,400	32,000
Limo	1,400	4,200	7,000	14,000	24,500	35,000
LeB Sed	1,900	5,650	9,400	18,800	32,900	47,000
LeB Limo	2,050	6,100	10,200	20,400	35,700	51,000
Roll A/W Twn Car	3,600	10,800	18,000	36,000	63,000	90,000

	6	5	4	3	2	1

1946 21st Series Clipper, 6-cyl., 120" wb, 2100

	6	5	4	3	2	1
Clb Sed	650	1,900	3,200	6,400	11,200	16,000
Sed	600	1,800	3,000	6,000	10,500	15,000

1946 21st Series Clipper, 6-cyl., 120" wb, 2130

	6	5	4	3	2	1
4d Taxi	700	2,150	3,600	7,200	12,600	18,000

1946 21st Series Clipper, 8-cyl., 120" wb, 2101

	6	5	4	3	2	1
Tr Sed	600	1,800	3,000	6,000	10,500	15,000

1946 21st Series Clipper, DeLuxe, 8-cyl., 120" wb, 2111

	6	5	4	3	2	1
Clb Sed	700	2,050	3,400	6,800	11,900	17,000
Tr Sed	650	1,900	3,200	6,400	11,200	16,000

1946 21st Series Clipper, Super 8, 127" wb, 2103

	6	5	4	3	2	1
Clb Sed	700	2,150	3,600	7,200	12,600	18,000
Tr Sed	700	2,050	3,400	6,800	11,900	17,000

1946 21st Series Clipper, Super 8, 127" wb, 2106 Custom

	6	5	4	3	2	1
Clb Sed	800	2,400	4,000	8,000	14,000	20,000
Tr Sed	750	2,300	3,800	7,600	13,300	19,000

1946 21st Series Clipper, Super, 148" wb, 2126 Custom

	6	5	4	3	2	1
8P Sed	950	2,900	4,800	9,600	16,800	24,000
Limo	1,150	3,500	5,800	11,600	20,300	29,000

1947 21st Series Clipper, 6-cyl., 120" wb, 2100

	6	5	4	3	2	1
Clb Sed	650	1,900	3,200	6,400	11,200	16,000
Tr Sed	600	1,800	3,000	6,000	10,500	15,000

1947 21st Series Clipper, DeLuxe, 8-cyl., 120" wb, 2111

	6	5	4	3	2	1
Clb Sed	650	1,900	3,200	6,400	11,200	16,000
Tr Sed	600	1,800	3,000	6,000	10,500	15,000

1947 21st Series Clipper, Super 8, 127" wb, 2103

	6	5	4	3	2	1
Clb Sed	800	2,400	4,000	8,000	14,000	20,000
Tr Sed	700	2,150	3,600	7,200	12,600	18,000

1947 21st Series Clipper, Super 8, 127" wb, 2106 Custom

	6	5	4	3	2	1
Clb Sed	900	2,650	4,400	8,800	15,400	22,000
Tr Sed	800	2,400	4,000	8,000	14,000	20,000

1947 21st Series Clipper, Super 8, 148" wb, 2126 Custom

	6	5	4	3	2	1
7P Sed	950	2,900	4,800	9,600	16,800	24,000
Limo	1,150	3,500	5,800	11,600	20,300	29,000

1948 & Early 1949 22nd Series Model 2201, 8-cyl., 120" wb

	6	5	4	3	2	1
Clb Sed	600	1,800	3,000	6,000	10,500	15,000
Sed	550	1,700	2,800	5,600	9,800	14,000
Sta Sed	1,500	4,550	7,600	15,200	26,600	38,000

1948 & Early 1949 22nd Series Model 2211, DeLuxe, 8-cyl., 120" wb

	6	5	4	3	2	1
Clb Sed	700	2,050	3,400	6,800	11,900	17,000
Tr Sed	650	1,900	3,200	6,400	11,200	16,000

1948 & Early 1949 22nd Series Super 8, 120" wb, 2202

	6	5	4	3	2	1
Clb Sed	800	2,400	4,000	8,000	14,000	20,000
Sed	750	2,300	3,800	7,600	13,300	19,000

1948 & Early 1949 22nd Series Super 8, 120" wb, 2232

	6	5	4	3	2	1
Conv	1,500	4,550	7,600	15,200	26,600	38,000

1948 & Early 1949 22nd Series Super 8, 141" wb, 2222

	6	5	4	3	2	1
Sed	900	2,750	4,600	9,200	16,100	23,000
Limo	1,100	3,350	5,600	11,200	19,600	28,000

1948 & Early 1949 22nd Series Super 8, DeLuxe, 141" wb

	6	5	4	3	2	1
Sed	950	2,900	4,800	9,600	16,800	24,000
Limo	1,150	3,500	5,800	11,600	20,300	29,000

1948 & Early 1949 22nd Series Custom 8, 127" wb, 2206

	6	5	4	3	2	1
Clb Sed	900	2,750	4,600	9,200	16,100	23,000
Tr Sed	900	2,650	4,400	8,800	15,400	22,000

1948 & Early 1949 22nd Series Custom 8, 127" wb, 2233

	6	5	4	3	2	1
Conv	1,600	4,800	8,000	16,000	28,000	40,000

1948 & Early 1949 22nd Series Custom 8, 148" wb, 2226

	6	5	4	3	2	1
7P Sed	1,150	3,500	5,800	11,600	20,300	29,000
Limo	1,200	3,600	6,000	12,000	21,000	30,000

1949-1950 23rd Series Model 2301, 120" wb

	6	5	4	3	2	1
Clb Sed	650	1,900	3,200	6,400	11,200	16,000
Sed	600	1,800	3,000	6,000	10,500	15,000
Sta Sed	1,500	4,550	7,600	15,200	26,600	38,000

1949-1950 23rd Series 2301 DeLuxe, 120" wb

	6	5	4	3	2	1
Clb Sed	700	2,050	3,400	6,800	11,900	17,000
Sed	650	1,900	3,200	6,400	11,200	16,000

1949-1950 23rd Series Super 8, 127" wb, 2302

	6	5	4	3	2	1
Clb Sed	750	2,300	3,800	7,600	13,300	19,000
Sed	700	2,150	3,600	7,200	12,600	18,000

	6	5	4	3	2	1
1949-1950 23rd Series Super 8, 2302 DeLuxe						
Clb Sed	800	2,400	4,000	8,000	14,000	20,000
Sed	750	2,300	3,800	7,600	13,300	19,000
1949-1950 23rd Series Super 8, Super DeLuxe, 127" wb, 2332						
Conv	1,500	4,550	7,600	15,200	26,600	38,000
1949-1950 23rd Series Super 8, 141" wb, 2322						
7P Sed	1,000	3,000	5,000	10,000	17,500	25,000
Limo	1,150	3,500	5,800	11,600	20,300	29,000
1949-1950 23rd Series Custom 8, 127" wb, 2306						
Sed	900	2,650	4,400	8,800	15,400	22,000
1949-1950 23rd Series Custom 8, 127" wb, 2333						
Conv	1,600	4,800	8,000	16,000	28,000	40,000
1951 24th Series 200, Standard, 122" wb, 2401						
Bus Cpe	500	1,550	2,600	5,200	9,100	13,000
2d Sed	500	1,550	2,600	5,200	9,100	13,000
Sed	500	1,550	2,600	5,200	9,100	13,000
1951 24th Series 200, DeLuxe						
2d Sed	550	1,700	2,800	5,600	9,800	14,000
Sed	550	1,700	2,800	5,600	9,800	14,000
1951 24th Series 122" wb, 2402						
M.F HT	700	2,050	3,400	6,800	11,900	17,000
Conv	1,050	3,100	5,200	10,400	18,200	26,000
1951 24th Series 300, 127" wb, 2402						
Sed	600	1,800	3,000	6,000	10,500	15,000
1951 24th Series Patrician, 400, 127" wb, 2406						
Sed	700	2,050	3,400	6,800	11,900	17,000
1952 25th Series 200, Std., 122" wb, 2501						
2d Sed	500	1,550	2,600	5,200	9,100	13,000
Sed	500	1,550	2,600	5,200	9,100	13,000
1952 25th Series 200, DeLuxe						
2d Sed	550	1,700	2,800	5,600	9,800	14,000
Sed	550	1,700	2,800	5,600	9,800	14,000
1952 25th Series 122" wb, 2531						
Conv	1,050	3,100	5,200	10,400	18,200	26,000
M.F HT	700	2,150	3,600	7,200	12,600	18,000
1952 25th Series 300, 122" wb, 2502						
Sed	600	1,800	3,000	6,000	10,500	15,000
1952 25th Series Patrician, 400, 127" wb, 2506						
Sed	700	2,050	3,400	6,800	11,900	17,000
Der Cus Sed	700	2,150	3,600	7,200	12,600	18,000
1953 26th Series Clipper, 122" wb, 2601						
2d HT	700	2,050	3,400	6,800	11,900	17,000
2d Sed	550	1,700	2,800	5,600	9,800	14,000
Sed	550	1,700	2,800	5,600	9,800	14,000
1953 26th Series Clipper DeLuxe						
2d Sed	600	1,800	3,000	6,000	10,500	15,000
Sed	600	1,800	3,000	6,000	10,500	15,000
1953 26th Series Cavalier, 127" wb, 2602						
Cav Sed	650	1,900	3,200	6,400	11,200	16,000
1953 26th Series Packard 8, 122" wb, 2631						
Conv	1,100	3,350	5,600	11,200	19,600	28,000
Carr Conv	1,600	4,800	8,000	16,000	28,000	40,000
M.F HT	700	2,150	3,600	7,200	12,600	18,000
1953 26th Series Patrician, 127" wb, 2606						
Sed	700	2,050	3,400	6,800	11,900	17,000
Der Fml Sed	750	2,300	3,800	7,600	13,300	19,000
1953 26th Series 149" wb, 2626						
Exec Sed	700	2,150	3,600	7,200	12,600	18,000
Corp Limo	800	2,400	4,000	8,000	14,000	20,000
1954 54th Series Clipper, 122" wb, DeLuxe 5401						
2d HT	700	2,050	3,400	6,800	11,900	17,000
Clb Sed	550	1,700	2,800	5,600	9,800	14,000
Sed	550	1,700	2,800	5,600	9,800	14,000
1954 54th Series Clipper Super 5411						
Pan HT	700	2,150	3,600	7,200	12,600	18,000
Clb Sed	600	1,800	3,000	6,000	10,500	15,000
Sed	600	1,800	3,000	6,000	10,500	15,000
1954 54th Series Cavalier, 127" wb, 5402						
Sed	650	1,900	3,200	6,400	11,200	16,000
1954 54th Series Packard 8, 122" wb, 5431						
Pac HT	750	2,300	3,800	7,600	13,300	19,000

	6	5	4	3	2	1
Conv	1,100	3,350	5,600	11,200	19,600	28,000
Carr Conv	1,600	4,800	8,000	16,000	28,000	40,000
1954 54th Series Patrician, 127" wb, 5406						
Sed	700	2,050	3,400	6,800	11,900	17,000
Der Cus Sed	750	2,300	3,800	7,600	13,300	19,000
1954 54th Series 149" wb, 5426						
8P Sed	800	2,400	4,000	8,000	14,000	20,000
Limo	850	2,500	4,200	8,400	14,700	21,000
1955 55th Series Clipper, DeLuxe, 122" wb, 5540						
Sed	500	1,450	2,400	4,800	8,400	12,000
1955 55th Series Clipper, Super, 5540						
Pan HT	650	1,900	3,200	6,400	11,200	16,000
Sed	500	1,550	2,600	5,200	9,100	13,000
1955 55th Series Clipper Custom 5560 (352 cid V-8)						
Con HT	700	2,150	3,600	7,200	12,600	18,000
Sed	550	1,700	2,800	5,600	9,800	14,000
1955 55th Series Packard, 400, 127" wb, 5580						
"400" HT	1,000	3,000	5,000	10,000	17,500	25,000
1955 55th Series Caribbean 5580						
Conv	1,750	5,300	8,800	17,600	30,800	44,000
1955 55th Series Patrician 5580						
Sed	750	2,300	3,800	7,600	13,300	19,000
1956 56th Series Clipper, DeLuxe, 122" wb, 5640						
Sed	500	1,550	2,600	5,200	9,100	13,000
1956 56th Series Clipper, Super, 5640						
HT	700	2,050	3,400	6,800	11,900	17,000
Sed	550	1,700	2,800	5,600	9,800	14,000
1956 56th Series Clipper, Custom, 5660						
Con HT	700	2,150	3,600	7,200	12,600	18,000
Sed	550	1,700	2,800	5,600	9,800	14,000
1956 56th Series Clipper Executive						
HT	750	2,300	3,800	7,600	13,300	19,000
Sed	600	1,800	3,000	6,000	10,500	15,000
1956 56th Series Packard, 400, 127" wb, 5680						
"400" HT	1,050	3,100	5,200	10,400	18,200	26,000
1956 56th Series Caribbean, 5688						
Conv	1,800	5,400	9,000	18,000	31,500	45,000
HT	1,150	3,500	5,800	11,600	20,300	29,000
1956 56th Series Patrician, 5680						
Sed	700	2,150	3,600	7,200	12,600	18,000
1957 57th L Series Clipper						
Sed	500	1,450	2,400	4,800	8,400	12,000
Sta Wag	500	1,550	2,600	5,200	9,100	13,000
1958 58th L Series Clipper						
HT	600	1,800	3,000	6,000	10,500	15,000
Sed	350	1,100	1,850	3,700	6,450	9,200
Sta Wag	400	1,200	2,000	4,000	7,000	10,000
Hawk	950	2,900	4,800	9,600	16,800	24,000

PIERCE-ARROW

	6	5	4	3	2	1
1901 1-cyl., 2-3/4 hp						
Motorette	1,900	5,750	9,600	19,200	33,600	48,000
1901 1-cyl., 3-3/4 hp						
Motorette	2,000	6,000	10,000	20,000	35,000	50,000
1902 1-cyl., 3-1/2 hp, 58" wb						
Motorette	2,000	6,000	10,000	20,000	35,000	50,000
1903 1-cyl., 5 hp						
Rbt	2,100	6,250	10,400	20,800	36,400	52,000
1903 1-cyl., 6-1/2 hp						
Stanhope	2,150	6,500	10,800	21,600	37,800	54,000
1903 2-cyl., 15 hp						
5P Tr	2,300	6,950	11,600	23,200	40,600	58,000
1904 1-cyl., 8 hp, 70" wb						
Stanhope	2,000	6,000	10,000	20,000	35,000	50,000
2P Stanhope	1,900	5,750	9,600	19,200	33,600	48,000
1904 4 cyl., 24/28 hp, 93" wb						
5P Great Arrow Tr	2,900	8,650	14,400	28,800	50,400	72,000
1904 2-cyl., 15 hp, 81" wb						
5P Tr	1,800	5,400	9,000	18,000	31,500	45,000

	6	5	4	3	2	1
1904 4-cyl., 24/28 hp, 93" wb						
Great Arrow Tr	2,550	7,700	12,800	25,600	44,800	64,000
1905 1-cyl., 8 hp, 70" wb						
Stanhope	1,500	4,550	7,600	15,200	26,600	38,000
Stanhope	1,600	4,800	8,000	16,000	28,000	40,000
1905 Great Arrow, 4-cyl., 24/28 hp, 100" wb						
5P Tonn	2,500	7,450	12,400	24,800	43,400	62,000
5P Canopy Tonn	2,550	7,700	12,800	25,600	44,800	64,000
5P Vic	2,200	6,600	11,000	22,000	38,500	55,000
5P Cape Tonn	2,300	6,850	11,400	22,800	39,900	57,000
1905 Great Arrow, 4-cyl., 28/32 hp, 104" wb						
5P Tonn	2,650	7,900	13,200	26,400	46,200	66,000
5P Canopy Tonn	2,550	7,700	12,800	25,600	44,800	64,000
5P Vic	2,500	7,450	12,400	24,800	43,400	62,000
5P Cape Tonn	2,550	7,700	12,800	25,600	44,800	64,000
1905 Great Arrow, 4-cyl., 28/32 hp, 109" wb						
7P Lan'let	2,000	6,000	10,000	20,000	35,000	50,000
7P Sub	1,800	5,400	9,000	18,000	31,500	45,000
8P Opera Coach	2,100	6,250	10,400	20,800	36,400	52,000
1905 4-cyl., 24/28 hp, 100" wb						
Great Arrow Tr	2,550	7,700	12,800	25,600	44,800	64,000
Great Arrow Lan'let	2,350	7,100	11,800	23,600	41,300	59,000
Great Arrow Sub	2,200	6,600	11,000	22,000	38,500	55,000
1905 4-cyl., 24/32 hp, 104" wb						
Great Arrow Opera Ch	2,700	8,150	13,600	27,200	47,600	68,000
1906 Motorette, 1-cyl., 8 hp, 70" wb						
Stanhope	1,200	3,600	6,000	12,000	21,000	30,000
1906 Great Arrow, 4-cyl., 28/32 hp, 107" wb						
5P Tr	2,650	7,900	13,200	26,400	46,200	66,000
5P Vic	2,200	6,600	11,000	22,000	38,500	55,000
8P Open Coach	2,800	8,400	14,000	28,000	49,000	70,000
7P Sub	2,700	8,150	13,600	27,200	47,600	68,000
7P Lan'let	2,500	7,450	12,400	24,800	43,400	62,000
1906 Great Arrow, 4-cyl., 40/45 hp, 109" wb						
7P Tr	2,900	8,650	14,400	28,800	50,400	72,000
8P Open Coach	2,950	8,900	14,800	29,600	51,800	74,000
7P Sub	2,900	8,650	14,400	28,800	50,400	72,000
7P Lan'let	2,650	7,900	13,200	26,400	46,200	66,000
1907 Great Arrow, 4-cyl., 28/32 hp, 112" wb						
5P Tr	2,950	8,900	14,800	29,600	51,800	74,000
5P Limo	2,650	7,900	13,200	26,400	46,200	66,000
7P Sub	2,700	8,150	13,600	27,200	47,600	68,000
1907 Great Arrow, 4-cyl., 40/45 hp, 124" wb						
7P Tr	3,050	9,100	15,200	30,400	53,200	76,000
7P Limo	2,900	8,650	14,400	28,800	50,400	72,000
7P Sub	2,950	8,900	14,800	29,600	51,800	74,000
1907 Great Arrow, 6-cyl., 65 hp, 135" wb						
7P Tr	3,050	9,100	15,200	30,400	53,200	76,000
1908 Great Arrow, 4-cyl., 30 hp, 112" wb						
Tr	2,800	8,400	14,000	28,000	49,000	70,000
1908 Great Arrow, 4-cyl., 40 hp, 124" wb						
Tr	3,050	9,100	15,200	30,400	53,200	76,000
Sub	2,900	8,650	14,400	28,800	50,400	72,000
1908 Great Arrow, 6-cyl., 40 hp, 130" wb						
Tr	3,300	9,850	16,400	32,800	57,400	82,000
Sub	3,050	9,100	15,200	30,400	53,200	76,000
Rds	3,200	9,600	16,000	32,000	56,000	80,000
1908 Great Arrow, 6-cyl., 60 hp, 135" wb						
Tr	3,600	10,800	18,000	36,000	63,000	90,000
Sub	3,200	9,600	16,000	32,000	56,000	80,000
Rds	3,450	10,300	17,200	34,400	60,000	86,000
1909 Model 24, 4-cyl., 24 hp, 111-1/2" wb						
3P Rbt	1,400	4,200	7,000	14,000	24,500	35,000
3P Vic Top Rbt	1,500	4,450	7,400	14,800	25,900	37,000
2P Rbt	1,350	4,100	6,800	13,600	23,800	34,000
4P Tr Car	1,600	4,800	8,000	16,000	28,000	40,000
5P Lan'let	1,500	4,550	7,600	15,200	26,600	38,000
5P Brgm	1,550	4,700	7,800	15,600	27,300	39,000
1909 Model 36, 6-cyl., 36 hp, 119" wb						
5P Tr	1,750	5,300	8,800	17,600	30,800	44,000
5P Cape Top Tr	1,800	5,400	9,000	18,000	31,500	45,000
2P Rbt	1,550	4,700	7,800	15,600	27,300	39,000
3P Rbt	1,600	4,750	7,900	15,800	27,700	39,500

	6	5	4	3	2	1
4P Tr	1,700	5,150	8,600	17,200	30,100	43,000
5P Brgm	1,600	4,800	8,000	16,000	28,000	40,000
5P Lan'let	1,700	5,050	8,400	16,800	29,400	42,000

1909 Model 40, 4-cyl., 40 hp, 124" wb

	6	5	4	3	2	1
7P Sub	2,000	6,000	10,000	20,000	35,000	50,000
4P Tr Car	1,950	5,900	9,800	19,600	34,300	49,000
7P Tr	2,000	6,000	10,000	20,000	35,000	50,000
7P Lan	1,800	5,400	9,000	18,000	31,500	45,000

1909 Model 48, 6-cyl., 48 hp, 130" wb

	6	5	4	3	2	1
4P Tr	2,300	6,850	11,400	22,800	39,900	57,000
4P Cape Top Tr	2,350	7,100	11,800	23,600	41,300	59,000
2P Tr	2,200	6,600	11,000	22,000	38,500	55,000
3P Tr	2,300	6,850	11,400	22,800	39,900	57,000
7P Tr	2,500	7,450	12,400	24,800	43,400	62,000
7P Lan	2,200	6,600	11,000	22,000	38,500	55,000
7P Sub	2,500	7,450	12,400	24,800	43,400	62,000

1909 Model 60, 6-cyl., 60 hp, 135" wb

	6	5	4	3	2	1
7P Tr	3,050	9,100	15,200	30,400	53,200	76,000
7P Cape Top Tr	3,100	9,350	15,600	31,200	54,600	78,000
7P Sub	3,100	9,350	15,600	31,200	54,600	78,000
7P Lan	2,800	8,400	14,000	28,000	49,000	70,000

1910 Model 60, 6-cyl., 60 hp, 135" wb

	6	5	4	3	2	1
5P Lan'let	1,750	5,300	8,800	17,600	30,800	44,000

1910 Model 36, 6-cyl., 36 hp, 125" wb

	6	5	4	3	2	1
4P Miniature Tonn	1,700	5,050	8,400	16,800	29,400	42,000
5P Tr	1,750	5,300	8,800	17,600	30,800	44,000
5P Brgm	1,600	4,800	8,000	16,000	28,000	40,000
Rbt (119" wb)	1,600	4,800	8,000	16,000	28,000	40,000

1910 Model 48, 6-cyl., 48 hp, 134-1/2" wb

	6	5	4	3	2	1
7P Lan'let	2,000	6,000	10,000	20,000	35,000	50,000
Miniature Tonn	1,900	5,750	9,600	19,200	33,600	48,000
7P Tr	2,200	6,600	11,000	22,000	38,500	55,000
7P Sub	2,200	6,600	11,000	22,000	38,500	55,000
Rbt (128" wb)	2,000	6,000	10,000	20,000	35,000	50,000

1910 Model 66, 6-cyl., 66 hp, 140" wb

	6	5	4	3	2	1
7P Tr	3,050	9,100	15,200	30,400	53,200	76,000
4P Miniature Tonn	2,800	8,400	14,000	28,000	49,000	70,000
7P Sub	3,050	9,100	15,200	30,400	53,200	76,000
7P Lan'let	2,800	8,400	14,000	28,000	49,000	70,000
Rbt (133-1/2" wb)	2,700	8,150	13,600	27,200	47,600	68,000

1911 Model 36T, 6-cyl., 38 hp, 125" wb

	6	5	4	3	2	1
5P Tr	2,700	8,150	13,600	27,200	47,600	68,000
3P Rbt	2,550	7,700	12,800	25,600	44,800	64,000
4P Miniature Tonn	2,550	7,700	12,800	25,600	44,800	64,000
5P Brgm	2,300	6,850	11,400	22,800	39,900	57,000
5P Lan'let	2,500	7,450	12,400	24,800	43,400	62,000

1911 Model 48T, 6-cyl., 48 hp, 134-1/2" wb

	6	5	4	3	2	1
7P Tr	2,950	8,900	14,800	29,600	51,800	74,000
Rbt	2,650	7,900	13,200	26,400	46,200	66,000
Miniature Tonn	2,700	8,150	13,600	27,200	47,600	68,000
5P Close Coupled	2,200	6,600	11,000	22,000	38,500	55,000
5P Protected Tr	2,650	7,900	13,200	26,400	46,200	66,000
Sub	2,900	8,650	14,400	28,800	50,400	72,000
Lan	2,900	8,650	14,400	28,800	50,400	72,000

1911 Model 66T, 6-cyl., 66 hp, 140" wb

	6	5	4	3	2	1
7P Tr	3,300	9,850	16,400	32,800	57,400	82,000
Rbt	3,050	9,100	15,200	30,400	53,200	76,000
Miniature Tonn	3,100	9,350	15,600	31,200	54,600	78,000
5P Protected Tr	3,050	9,100	15,200	30,400	53,200	76,000
Close Coupled	2,650	7,900	13,200	26,400	46,200	66,000
Sub	3,200	9,600	16,000	32,000	56,000	80,000
Lan	3,200	9,600	16,000	32,000	56,000	80,000

1912 Model 36T, 6 cyl., 36 hp, 127-1/2" wb

	6	5	4	3	2	1
4P Tr	2,650	7,900	13,200	26,400	46,200	66,000
5P Tr	2,650	7,900	13,200	26,400	46,200	66,000
Brgm	2,500	7,450	12,400	24,800	43,400	62,000
Lan'let	2,500	7,450	12,400	24,800	43,400	62,000
Rbt (119" wb)	2,550	7,700	12,800	25,600	44,800	64,000

1912 Model 48, 6-cyl., 48 hp, 134-1/2" wb

	6	5	4	3	2	1
4P Tr	2,900	8,650	14,400	28,800	50,400	72,000
5P Tr	2,900	8,650	14,400	28,800	50,400	72,000
7P Tr	2,950	8,900	14,800	29,600	51,800	74,000
Brgm	2,650	7,900	13,200	26,400	46,200	66,000
Lan'let	2,650	7,900	13,200	26,400	46,200	66,000
Sub	2,800	8,400	14,000	28,000	49,000	70,000

	6	5	4	3	2	1
Lan	2,800	8,400	14,000	28,000	49,000	70,000
Vestibule Sub	2,700	8,150	13,600	27,200	47,600	68,000
Rbt (128" wb)	2,700	8,150	13,600	27,200	47,600	68,000
1912 Model 66, 6-cyl., 66 hp, 140" wb						
4P Tr	3,200	9,600	16,000	32,000	56,000	80,000
5P Tr	3,300	9,850	16,400	32,800	57,400	82,000
7P Tr	3,350	10,100	16,800	33,600	58,800	84,000
Sub	3,300	9,850	16,400	32,800	57,400	82,000
Lan	3,200	9,600	16,000	32,000	56,000	80,000
Vestibule Sub	3,200	9,600	16,000	32,000	56,000	80,000
Rbt (133-1/2" wb)	3,200	9,600	16,000	32,000	56,000	80,000
1913 Model 38-C, 6-cyl., 38.4 hp, 119" wb						
3P Rbt	2,200	6,600	11,000	22,000	38,500	55,000
4P Tr	2,300	6,850	11,400	22,800	39,900	57,000
5P Tr	2,350	7,100	11,800	23,600	41,300	59,000
6P Brgm	2,100	6,350	10,600	21,200	37,100	53,000
6P Lan'let	2,150	6,500	10,800	21,600	37,800	54,000
1913 Model 48-B, 6-cyl., 48.6 hp, 134-1/2" wb						
5P Tr	2,900	8,650	14,400	28,800	50,400	72,000
Rbt	2,800	8,400	14,000	28,000	49,000	70,000
4P Tr	2,900	8,650	14,400	28,800	50,400	72,000
7P Tr	2,950	8,900	14,800	29,600	51,800	74,000
Brgm	2,200	6,600	11,000	22,000	38,500	55,000
Lan'let	2,300	6,850	11,400	22,800	39,900	57,000
7P Sub	2,500	7,450	12,400	24,800	43,400	62,000
7P Lan	2,350	7,100	11,800	23,600	41,300	59,000
Vestibule Sub	2,550	7,700	12,800	25,600	44,800	64,000
Vestibule Lan	2,550	7,700	12,800	25,600	44,800	64,000
1913 Model 66-A, 6-cyl., 60 hp, 147-1/2" wb						
7P Tr	3,500	10,600	17,600	35,200	61,500	88,000
Rbt	3,200	9,600	16,000	32,000	56,000	80,000
4P Tr	3,450	10,300	17,200	34,400	60,000	86,000
5P Tr	3,450	10,300	17,200	34,400	60,000	86,000
Brgm	2,800	8,400	14,000	28,000	49,000	70,000
Lan'let	2,800	8,400	14,000	28,000	49,000	70,000
7P Sub	3,050	9,100	15,200	30,400	53,200	76,000
7P Lan	3,050	9,100	15,200	30,400	53,200	76,000
Vestibule Sub	3,100	9,350	15,600	31,200	54,600	78,000
Vestibule Lan	3,100	9,350	15,600	31,200	54,600	78,000
1914 Model 38-C, 6-cyl., 38.4 hp, 132" wb						
5P Tr	2,350	7,100	11,800	23,600	41,300	59,000
4P Tr	2,300	6,850	11,400	22,800	39,900	57,000
7P Brgm	2,100	6,350	10,600	21,200	37,100	53,000
7P Lan'let	2,150	6,500	10,800	21,600	37,800	54,000
Vestibule Brgm	2,200	6,600	11,000	22,000	38,500	55,000
Vestibule Lan	2,200	6,600	11,000	22,000	38,500	55,000
3P Rbt (127-1/2" wb)	2,300	6,850	11,400	22,800	39,900	57,000
1914 Model 48-B, 6-cyl., 48.6 hp, 142" wb						
4P Tr	2,900	8,650	14,400	28,800	50,400	72,000
5P Tr	2,950	8,900	14,800	29,600	51,800	74,000
7P Tr	3,050	9,100	15,200	30,400	53,200	76,000
7P Sub	2,950	8,900	14,800	29,600	51,800	74,000
7P Lan	2,700	8,150	13,600	27,200	47,600	68,000
Vestibule Sub	2,650	7,900	13,200	26,400	46,200	66,000
Vestibule Lan	2,650	7,900	13,200	26,400	46,200	66,000
Brgm	2,650	7,900	13,200	26,400	46,200	66,000
Lan	2,700	8,150	13,600	27,200	47,600	68,000
Vestibule Brgm	2,700	8,150	13,600	27,200	47,600	68,000
Vestibule Lan'let	2,700	8,150	13,600	27,200	47,600	68,000
3P Rbt (134-1/2 " wb)	2,800	8,400	14,000	28,000	49,000	70,000
1914 Model 66-A, 6-cyl., 60 hp, 147-1/2" wb						
4P Tr	3,350	10,100	16,800	33,600	58,800	84,000
5P Tr	3,450	10,300	17,200	34,400	60,000	86,000
7P Tr	3,500	10,600	17,600	35,200	61,500	88,000
7P Sub	3,350	10,100	16,800	33,600	58,800	84,000
7P Lan	3,200	9,600	16,000	32,000	56,000	80,000
Vestibule Lan	3,200	9,600	16,000	32,000	56,000	80,000
7P Brgm	3,200	9,600	16,000	32,000	56,000	80,000
7P Lan	3,200	9,600	16,000	32,000	56,000	80,000
Vestibule Brgm	3,300	9,850	16,400	32,800	57,400	82,000
Vestibule Lan	3,300	9,850	16,400	32,800	57,400	82,000
3P Rbt	3,300	9,850	16,400	32,800	57,400	82,000
1915 Model 38-C, 6-cyl., 38.4 hp, 134" wb						
5P Tr	2,500	7,450	12,400	24,800	43,400	62,000
4P Tr	2,400	7,200	12,000	24,000	42,000	60,000
2P Rbt	2,300	6,850	11,400	22,800	39,900	57,000

	6	5	4	3	2	1
2P Cpe Rbt	2,200	6,600	11,000	22,000	38,500	55,000
7P Brgm	2,150	6,500	10,800	21,600	37,800	54,000
7P Lan'let	2,150	6,500	10,800	21,600	37,800	54,000
7P Sed	2,000	6,000	10,000	20,000	35,000	50,000
7P Brgm Lan'let	2,200	6,600	11,000	22,000	38,500	55,000
Vestibule Brgm	2,300	6,850	11,400	22,800	39,900	57,000
Vestibule Lan'let	2,300	6,850	11,400	22,800	39,900	57,000
Vestibule Brgm Lan'let	2,300	6,850	11,400	22,800	39,900	57,000

1915 Model 48-B, 6-cyl., 48.6 hp, 142" wb

	6	5	4	3	2	1
5P Tr	2,950	8,900	14,800	29,600	51,800	74,000
4P Tr	2,950	8,900	14,800	29,600	51,800	74,000
7P Tr	3,050	9,100	15,200	30,400	53,200	76,000
2P Rbt	2,900	8,650	14,400	28,800	50,400	72,000
2P Cpe Rbt	2,800	8,400	14,000	28,000	49,000	70,000
Cpe	2,700	8,150	13,600	27,200	47,600	68,000
7P Sub	2,650	7,900	13,200	26,400	46,200	66,000
7P Lan	2,650	7,900	13,200	26,400	46,200	66,000
7P Brgm	2,650	7,900	13,200	26,400	46,200	66,000
Sub Lan	2,650	7,900	13,200	26,400	46,200	66,000
Vestibule Sub	2,700	8,150	13,600	27,200	47,600	68,000
Vestibule Lan	2,700	8,150	13,600	27,200	47,600	68,000
Vestibule Brgm	2,650	7,900	13,200	26,400	46,200	66,000
Vestibule Sub Lan	2,650	7,900	13,200	26,400	46,200	66,000

1915 Model 66-A, 6-cyl., 60 hp, 147-1/2" wb

	6	5	4	3	2	1
7P Tr	3,500	10,600	17,600	35,200	61,500	88,000
4P Tr	3,350	10,100	16,800	33,600	58,800	84,000
5P Tr	3,450	10,300	17,200	34,400	60,000	86,000
2P Rbt	3,300	9,850	16,400	32,800	57,400	82,000
2P Cpe Rbt	3,200	9,600	16,000	32,000	56,000	80,000
7P Sub	3,350	10,100	16,800	33,600	58,800	84,000
7P Lan	3,350	10,100	16,800	33,600	58,800	84,000
7P Brgm	3,350	10,100	16,800	33,600	58,800	84,000
7P Sub Lan	3,350	10,100	16,800	33,600	58,800	84,000
Vestibule Lan	3,450	10,300	17,200	34,400	60,000	86,000
Vestibule Sub	3,450	10,300	17,200	34,400	60,000	86,000
Vestibule Brgm	3,350	10,100	16,800	33,600	58,800	84,000
Vestibule Sub Lan	3,450	10,300	17,200	34,400	60,000	86,000

1916 Model 38-C, 6-cyl., 38.4 hp, 134" wb

	6	5	4	3	2	1
5P Tr	2,550	7,700	12,800	25,600	44,800	64,000
4P Tr	2,550	7,700	12,800	25,600	44,800	64,000
2P Rbt	2,500	7,450	12,400	24,800	43,400	62,000
3P Rbt	2,500	7,450	12,400	24,800	43,400	62,000
3P Cpe	2,000	6,000	10,000	20,000	35,000	50,000
2P Cpe	2,000	6,000	10,000	20,000	35,000	50,000
7P Brgm	1,950	5,900	9,800	19,600	34,300	49,000
7P Lan'let	1,950	5,900	9,800	19,600	34,300	49,000
7P Sed	1,900	5,650	9,400	18,800	32,900	47,000
Brgm Lan'let	2,000	6,000	10,000	20,000	35,000	50,000
Vestibule Brgm	2,100	6,250	10,400	20,800	36,400	52,000
Vestibule Lan'let	2,100	6,250	10,400	20,800	36,400	52,000
Vestibule Brgm Lan'let	2,100	6,250	10,400	20,800	36,400	52,000

1916 Model 48-B, 6-cyl., 48.6 hp, 142" wb

	6	5	4	3	2	1
7P Tr	2,950	8,900	14,800	29,600	51,800	74,000
4P Tr	2,900	8,650	14,400	28,800	50,400	72,000
5P Tr	2,950	8,900	14,800	29,600	51,800	74,000
2P Rbt	2,900	8,650	14,400	28,800	50,400	72,000
3P Rbt	2,900	8,650	14,400	28,800	50,400	72,000
2P Cpe	2,500	7,450	12,400	24,800	43,400	62,000
3P Cpe	2,500	7,450	12,400	24,800	43,400	62,000
7P Sub	2,650	7,900	13,200	26,400	46,200	66,000
7P Lan	2,650	7,900	13,200	26,400	46,200	66,000
7P Brgm	2,550	7,700	12,800	25,600	44,800	64,000
Sub Lan	2,650	7,900	13,200	26,400	46,200	66,000
Vestibule Sub	2,650	7,900	13,200	26,400	46,200	66,000
Vestibule Lan	2,650	7,900	13,200	26,400	46,200	66,000
Vestibule Brgm	2,550	7,700	12,800	25,600	44,800	64,000
Vestibule Sub Lan	2,650	7,900	13,200	26,400	46,200	66,000

1916 Model 66-A, 6-cyl., 60 hp, 147-1/2" wb

	6	5	4	3	2	1
7P Tr	3,450	10,300	17,200	34,400	60,000	86,000
4P Tr	3,350	10,100	16,800	33,600	58,800	84,000
5P Tr	3,350	10,100	16,800	33,600	58,800	84,000
2P Rbt	3,300	9,850	16,400	32,800	57,400	82,000
3P Rbt	3,350	10,100	16,800	33,600	58,800	84,000
2P Cpe	3,050	9,100	15,200	30,400	53,200	76,000
3P Cpe	3,050	9,100	15,200	30,400	53,200	76,000
7P Sub	3,200	9,600	16,000	32,000	56,000	80,000
7P Lan	3,100	9,350	15,600	31,200	54,600	78,000

1989 Plymouth Gran Fury sedan

1931 Pontiac Model 401 coupe

1941 Pontiac Custom Deluxe station wagon

	6	5	4	3	2	1
7P Brgm	3,100	9,350	15,600	31,200	54,600	78,000
Sub Lan	3,100	9,350	15,600	31,200	54,600	78,000
Vestibule Lan	3,100	9,350	15,600	31,200	54,600	78,000
Vestibule Sub	3,100	9,350	15,600	31,200	54,600	78,000
Vestibule Brgm	3,100	9,350	15,600	31,200	54,600	78,000
Vestibule Sub Lan	3,100	9,350	15,600	31,200	54,600	78,000

1917 Model 38, 6-cyl., 38.4 hp, 134" wb

	6	5	4	3	2	1
5P Tr	2,200	6,600	11,000	22,000	38,500	55,000
2P Rbt	2,100	6,350	10,600	21,200	37,100	53,000
3P Rbt	2,100	6,350	10,600	21,200	37,100	53,000
2P Cpe	1,600	4,800	8,000	16,000	28,000	40,000
3P Cpe	1,650	4,900	8,200	16,400	28,700	41,000
4P Tr	2,150	6,500	10,800	21,600	37,800	54,000
Brgm	1,550	4,700	7,800	15,600	27,300	39,000
Lan'let	1,550	4,700	7,800	15,600	27,300	39,000
Sed	1,450	4,300	7,200	14,400	25,200	36,000
Vestibule Brgm	1,600	4,800	8,000	16,000	28,000	40,000
Brgm Lan'let	1,600	4,800	8,000	16,000	28,000	40,000
Vestibule Brgm Lan'let	1,700	5,050	8,400	16,800	29,400	42,000
Fr Brgm	1,700	5,050	8,400	16,800	29,400	42,000
Fr Brgm Lan'let	1,700	5,050	8,400	16,800	29,400	42,000

1917 Model 48, 6-cyl., 48.6 hp, 142" wb

	6	5	4	3	2	1
7P Tr	2,650	7,900	13,200	26,400	46,200	66,000
2P Rbt	2,500	7,450	12,400	24,800	43,400	62,000
3P Rbt	2,550	7,700	12,800	25,600	44,800	64,000
2P Cpe	2,000	6,000	10,000	20,000	35,000	50,000
3P Cpe	2,000	6,000	10,000	20,000	35,000	50,000
5P Tr	2,650	7,900	13,200	26,400	46,200	66,000
4P Tr	2,550	7,700	12,800	25,600	44,800	64,000
Brgm	1,950	5,900	9,800	19,600	34,300	49,000
Sub	2,000	6,000	10,000	20,000	35,000	50,000
Lan	2,000	6,000	10,000	20,000	35,000	50,000
Sub Lan	2,000	6,000	10,000	20,000	35,000	50,000
Vestibule Sub	2,100	6,250	10,400	20,800	36,400	52,000
Vestibule Lan	2,100	6,250	10,400	20,800	36,400	52,000
Vestibule Brgm	2,050	6,100	10,200	20,400	35,700	51,000
Vestibule Sub Lan	2,100	6,250	10,400	20,800	36,400	52,000

1917 Model 66, 6-cyl., 60 hp, 147-1/2" wb

	6	5	4	3	2	1
7P Tr	3,450	10,300	17,200	34,400	60,000	86,000
2P Rbt	3,300	9,850	16,400	32,800	57,400	82,000
3P Rbt	3,300	9,850	16,400	32,800	57,400	82,000
2P Cpe	3,050	9,100	15,200	30,400	53,200	76,000
3P Cpe	3,050	9,100	15,200	30,400	53,200	76,000
4P Tr	3,350	10,100	16,800	33,600	58,800	84,000
5P Tr	3,350	10,100	16,800	33,600	58,800	84,000
Brgm	2,700	8,150	13,600	27,200	47,600	68,000
Sub	2,800	8,400	14,000	28,000	49,000	70,000
Lan	2,800	8,400	14,000	28,000	49,000	70,000
Sub Lan	2,800	8,400	14,000	28,000	49,000	70,000
Vestibule Sub	2,800	8,400	14,000	28,000	49,000	70,000
Vestibule Lan	2,800	8,400	14,000	28,000	49,000	70,000
Vestibule Brgm	2,800	8,400	14,000	28,000	49,000	70,000
Vestibule Sub Lan	2,800	8,400	14,000	28,000	49,000	70,000

1918 Model 38, 6-cyl., 38.4 hp, 134" wb

	6	5	4	3	2	1
5P Tr	2,650	7,900	13,200	26,400	46,200	66,000
2P Rbt	2,550	7,700	12,800	25,600	44,800	64,000
3P Rbt	2,550	7,700	12,800	25,600	44,800	64,000
2P Cpe	2,150	6,500	10,800	21,600	37,800	54,000
3P Cpe	2,150	6,500	10,800	21,600	37,800	54,000
2P Conv Rds	2,550	7,700	12,800	25,600	44,800	64,000
3P Conv Rds	2,550	7,700	12,800	25,600	44,800	64,000
4P Rds	2,650	7,900	13,200	26,400	46,200	66,000
4P Tr	2,550	7,700	12,800	25,600	44,800	64,000
Brgm	2,200	6,600	11,000	22,000	38,500	55,000
Lan'let	2,200	6,600	11,000	22,000	38,500	55,000
Sed	2,000	6,000	10,000	20,000	35,000	50,000
Vestibule Brgm	2,100	6,250	10,400	20,800	36,400	52,000
Brgm Lan'let	2,050	6,100	10,200	20,400	35,700	51,000
Vestibule Lan'let	2,150	6,500	10,800	21,600	37,800	54,000
Vestibule Brgm Lan'let	2,150	6,500	10,800	21,600	37,800	54,000
Fr Brgm	2,100	6,350	10,600	21,200	37,100	53,000
Fr Brgm Lan'let	2,150	6,500	10,800	21,600	37,800	54,000
Twn Brgm	2,100	6,350	10,600	21,200	37,100	53,000

1918 Model 48, 6-cyl., 48.6 hp, 142" wb

	6	5	4	3	2	1
2P Rbt	2,650	7,900	13,200	26,400	46,200	66,000
4P Rbt	2,650	7,900	13,200	26,400	46,200	66,000
3P Rbt	2,650	7,900	13,200	26,400	46,200	66,000

	6	5	4	3	2	1
2P Cpe	2,300	6,850	11,400	22,800	39,900	57,000
3P Cpe	2,300	6,850	11,400	22,800	39,900	57,000
2P Conv Rds	2,650	7,900	13,200	26,400	46,200	66,000
3P Conv Rds	2,700	8,150	13,600	27,200	47,600	68,000
4P Tr	2,800	8,400	14,000	28,000	49,000	70,000
5P Tr	2,800	8,400	14,000	28,000	49,000	70,000
Brgm	2,500	7,450	12,400	24,800	43,400	62,000
Sub	2,500	7,450	12,400	24,800	43,400	62,000
Lan	2,500	7,450	12,400	24,800	43,400	62,000
Sub Lan	2,500	7,450	12,400	24,800	43,400	62,000
Vestibule Sub	2,500	7,450	12,400	24,800	43,400	62,000
Vestibule Lan	2,500	7,450	12,400	24,800	43,400	62,000
Vestibule Brgm	2,550	7,700	12,800	25,600	44,800	64,000
Vestibule Sub Lan	2,650	7,900	13,200	26,400	46,200	66,000
Fr Brgm	2,500	7,450	12,400	24,800	43,400	62,000
7P Tr	2,900	8,650	14,400	28,800	50,400	72,000
7P Sub Lan	2,650	7,900	13,200	26,400	46,200	66,000

1918 Model 66, 6-cyl., 60 hp, 147-1/2" wb

	6	5	4	3	2	1
2P Rbt	3,200	9,600	16,000	32,000	56,000	80,000
3P Rbt	3,200	9,600	16,000	32,000	56,000	80,000
2P Cpe	3,050	9,100	15,200	30,400	53,200	76,000
3P Cpe	3,050	9,100	15,200	30,400	53,200	76,000
2P Con Rds	3,200	9,600	16,000	32,000	56,000	80,000
3P Con Rds	3,300	9,850	16,400	32,800	57,400	82,000
4P Tr	3,350	10,100	16,800	33,600	58,800	84,000
5P Tr	3,350	10,100	16,800	33,600	58,800	84,000
7P Tr	3,450	10,300	17,200	34,400	60,000	86,000
Brgm	2,800	8,400	14,000	28,000	49,000	70,000
Sub	2,900	8,650	14,400	28,800	50,400	72,000
Lan	2,900	8,650	14,400	28,800	50,400	72,000
Sub Lan	2,900	8,650	14,400	28,800	50,400	72,000
Vestibule Lan	3,050	9,100	15,200	30,400	53,200	76,000
Vestibule Brgm	3,050	9,100	15,200	30,400	53,200	76,000
Vestibule Sub	3,050	9,100	15,200	30,400	53,200	76,000
Vestibule Sub Lan	3,050	9,100	15,200	30,400	53,200	76,000

1919 Model 48-B-5, 6-cyl., 48.6 hp, 142" wb

	6	5	4	3	2	1
7P Tr	3,050	9,100	15,200	30,400	53,200	76,000
2P Rbt	2,700	8,150	13,600	27,200	47,600	68,000
3P Rbt	2,700	8,150	13,600	27,200	47,600	68,000
4P Tr	2,800	8,400	14,000	28,000	49,000	70,000
4P Rds	2,950	8,900	14,800	29,600	51,800	74,000
5P Tr	3,050	9,100	15,200	30,400	53,200	76,000
2P Cpe	2,400	7,200	12,000	24,000	42,000	60,000
3P Cpe	2,400	7,200	12,000	24,000	42,000	60,000
2P Con Rds	2,650	7,900	13,200	26,400	46,200	66,000
3P Con Rds	2,650	7,900	13,200	26,400	46,200	66,000
Brgm	2,400	7,200	12,000	24,000	42,000	60,000
Brgm Lan'let	2,400	7,200	12,000	24,000	42,000	60,000
Fr Brgm	2,500	7,450	12,400	24,800	43,400	62,000
Fr Brgm Lan'let	2,550	7,700	12,800	25,600	44,800	64,000
Sub	2,400	7,200	12,000	24,000	42,000	60,000
Sub Lan	2,400	7,200	12,000	24,000	42,000	60,000
Vestibule Brgm	2,500	7,450	12,400	24,800	43,400	62,000
Vestibule Brgm Lan	2,550	7,700	12,800	25,600	44,800	64,000
Vestibule Sub	2,500	7,450	12,400	24,800	43,400	62,000
Vestibule Lan	2,500	7,450	12,400	24,800	43,400	62,000
Vestibule Sub Lan	2,550	7,700	12,800	25,600	44,800	64,000

1920 Model 38, 6 cyl., 38 hp, 134" wb

	6	5	4	3	2	1
2P & 3P Rbt	2,200	6,600	11,000	22,000	38,500	55,000
4P Tr	2,250	6,700	11,200	22,400	39,200	56,000
4P Rds	2,300	6,850	11,400	22,800	39,900	57,000
5P Tr	2,300	6,950	11,600	23,200	40,600	58,000
7P Tr	2,400	7,200	12,000	24,000	42,000	60,000
2P & 3P Cpe	1,800	5,400	9,000	18,000	31,500	45,000
4P Sed	1,200	3,600	6,000	12,000	21,000	30,000
7P Sed	1,300	3,850	6,400	12,800	22,400	32,000
Brgm	1,400	4,200	7,000	14,000	24,500	35,000
Fr Brgm	1,500	4,450	7,400	14,800	25,900	37,000
Brgm Lan'let	1,500	4,550	7,600	15,200	26,600	38,000
Tourer Brgm	1,550	4,700	7,800	15,600	27,300	39,000
Vestibule Brgm	1,600	4,800	8,000	16,000	28,000	40,000

1920 Model 48, 6-cyl., 48 hp, 142" wb

	6	5	4	3	2	1
2P & 4P Rbt	2,300	6,950	11,600	23,200	40,600	58,000
4P Tr	2,400	7,200	12,000	24,000	42,000	60,000
4P Rds	2,400	7,200	12,000	24,000	42,000	60,000
5P Tr	2,500	7,450	12,400	24,800	43,400	62,000
6P Tr	2,650	7,900	13,200	26,400	46,200	66,000

	6	5	4	3	2	1
2P & 3P Cpe	2,000	6,000	10,000	20,000	35,000	50,000
5P Brgm	2,150	6,500	10,800	21,600	37,800	54,000
7P Fr Brgm	2,150	6,500	10,800	21,600	37,800	54,000
7P Sub	2,250	6,700	11,200	22,400	39,200	56,000
7P Vestibule Sub	2,300	6,950	11,600	23,200	40,600	58,000
7P Fr Sub	2,250	6,700	11,200	22,400	39,200	56,000

1921 Model 38, 6-cyl., 38 hp, 138" wb

4P Tr	2,250	6,700	11,200	22,400	39,200	56,000
6P Tr	2,250	6,700	11,200	22,400	39,200	56,000
7P Tr	2,300	6,950	11,600	23,200	40,600	58,000
3P Rds	2,300	6,950	11,600	23,200	40,600	58,000
4P Cpe	1,800	5,400	9,000	18,000	31,500	45,000
7P Brgm	1,600	4,800	8,000	16,000	28,000	40,000
7P Limo	1,700	5,050	8,400	16,800	29,400	42,000
6P Sed	1,600	4,800	8,000	16,000	28,000	40,000
6P Vestibule Sed	1,700	5,050	8,400	16,800	29,400	42,000
7P Lan	1,750	5,300	8,800	17,600	30,800	44,000

1922 Model 38, 6-cyl., 38 hp, 138" wb

4P Tr	2,250	6,700	11,200	22,400	39,200	56,000
7P Tr	2,300	6,950	11,600	23,200	40,600	58,000
3P Rds	2,250	6,700	11,200	22,400	39,200	56,000
7P Brgm	1,600	4,800	8,000	16,000	28,000	40,000
Cpe Sed	1,600	4,800	8,000	16,000	28,000	40,000
3P Cpe	1,800	5,400	9,000	18,000	31,500	45,000
4P Sed	1,850	5,500	9,200	18,400	32,200	46,000
Lan'let	1,600	4,800	8,000	16,000	28,000	40,000
Limo	1,700	5,050	8,400	16,800	29,400	42,000
Fml Limo	1,750	5,300	8,800	17,600	30,800	44,000
Vestibule Sed	1,800	5,400	9,000	18,000	31,500	45,000
Sed	1,750	5,300	8,800	17,600	30,800	44,000

1923 Model 38, 6-cyl., 138" wb

7P Tr	2,000	6,000	10,000	20,000	35,000	50,000
4P Tr	1,900	5,750	9,600	19,200	33,600	48,000
2P Rbt	1,800	5,400	9,000	18,000	31,500	45,000
3P Cpe	1,500	4,550	7,600	15,200	26,600	38,000
4P Cpe Sed	1,450	4,300	7,200	14,400	25,200	36,000
6P Brgm	1,400	4,200	7,000	14,000	24,500	35,000
4P Sed	1,300	3,850	6,400	12,800	22,400	32,000
7P Sed	1,350	4,100	6,800	13,600	23,800	34,000
6P Lan'let	1,600	4,800	8,000	16,000	28,000	40,000
7P Limo	1,700	5,050	8,400	16,800	29,400	42,000
7P Encl Drive Limo	1,750	5,300	8,800	17,600	30,800	44,000
7P Fml Limo	1,800	5,400	9,000	18,000	31,500	45,000

1924 Model 33, 6-cyl., 138" wb

7P Tr	2,000	6,000	10,000	20,000	35,000	50,000
6P Tr	1,900	5,750	9,600	19,200	33,600	48,000
4P Tr	1,850	5,500	9,200	18,400	32,200	46,000
Rbt	1,700	5,050	8,400	16,800	29,400	42,000
6P Brgm	1,600	4,800	8,000	16,000	28,000	40,000
3P Cpe	1,650	4,900	8,200	16,400	28,700	41,000
4P Cpe Sed	1,650	4,900	8,200	16,400	28,700	41,000
4d 4P Sed	1,500	4,550	7,600	15,200	26,600	38,000
7P Encl Drive Limo	1,900	5,650	9,400	18,800	32,900	47,000
7P Fml Limo	1,900	5,750	9,600	19,200	33,600	48,000
6P Lan'let	1,950	5,900	9,800	19,600	34,300	49,000
7P Limo	2,000	6,000	10,000	20,000	35,000	50,000
7P Sed	1,900	5,750	9,600	19,200	33,600	48,000
7P Fml Lan	2,000	6,000	10,000	20,000	35,000	50,000
7P Limo Lan	2,050	6,100	10,200	20,400	35,700	51,000
4P Sed Lan	2,000	6,000	10,000	20,000	35,000	50,000
3P Cpe Lan	2,200	6,600	11,000	22,000	38,500	55,000
7P Encl Drive Lan	2,200	6,600	11,000	22,000	38,500	55,000
7P Sed Lan	2,150	6,500	10,800	21,600	37,800	54,000

1925 Model 80, 6-cyl., 130" wb

7P Tr	2,000	6,000	10,000	20,000	35,000	50,000
4P Tr	1,950	5,900	9,800	19,600	34,300	49,000
5P Sed	1,500	4,450	7,400	14,800	25,900	37,000
4P Cpe	1,700	5,150	8,600	17,200	30,100	43,000
7P Sed	1,500	4,550	7,600	15,200	26,600	38,000
Encl Drive Limo	1,800	5,400	9,000	18,000	31,500	45,000
2P Rbt	1,900	5,650	9,400	18,800	32,900	47,000

1925 Model 33, 6-cyl., 138" wb

2P Rbt	2,100	6,250	10,400	20,800	36,400	52,000
4P Tr	2,100	6,350	10,600	21,200	37,100	53,000
6P Tr	2,150	6,500	10,800	21,600	37,800	54,000
7P Tr	2,200	6,600	11,000	22,000	38,500	55,000
Brgm	1,900	5,650	9,400	18,800	32,900	47,000

	6	5	4	3	2	1
Cpe	2,000	6,000	10,000	20,000	35,000	50,000
4P Sed	1,800	5,400	9,000	18,000	31,500	45,000
Cpe Sed	1,800	5,400	9,000	18,000	31,500	45,000
Lan'let	1,900	5,650	9,400	18,800	32,900	47,000
7P Sed	1,850	5,500	9,200	18,400	32,200	46,000
Encl Drive Sed	1,900	5,650	9,400	18,800	32,900	47,000
Limo	2,000	6,000	10,000	20,000	35,000	50,000
Lan	1,950	5,900	9,800	19,600	34,300	49,000
Encl Drive Lan	2,050	6,100	10,200	20,400	35,700	51,000

1926 Model 80, 6-cyl., 70 hp, 130" wb

	6	5	4	3	2	1
7P Tr	2,000	6,000	10,000	20,000	35,000	50,000
4P Tr	1,900	5,650	9,400	18,800	32,900	47,000
2P Rds	1,900	5,750	9,600	19,200	33,600	48,000
4P Cpe	2,100	6,350	10,600	21,200	37,100	53,000
7P Sed	2,000	6,000	10,000	20,000	35,000	50,000
7P Encl Drive Limo	2,200	6,600	11,000	22,000	38,500	55,000
5P Sed	1,950	5,900	9,800	19,600	34,300	49,000
4P Cpe Lan	1,900	5,650	9,400	18,800	32,900	47,000
5P Coach	1,500	4,450	7,400	14,800	25,900	37,000

1926 Model 33, 6-cyl., 100 hp, 138" wb

	6	5	4	3	2	1
4P Tr	2,650	7,900	13,200	26,400	46,200	66,000
2P Rbt	2,550	7,700	12,800	25,600	44,800	64,000
6P Tr	2,700	8,150	13,600	27,200	47,600	68,000
7P Tr	2,900	8,650	14,400	28,800	50,400	72,000
6P Brgm	2,400	7,200	12,000	24,000	42,000	60,000
3P Cpe	2,100	6,250	10,400	20,800	36,400	52,000
4P Sed	2,000	6,000	10,000	20,000	35,000	50,000
4P Cpe Sed	2,050	6,100	10,200	20,400	35,700	51,000
4P Encl Drive Limo	2,500	7,450	12,400	24,800	43,400	62,000
7P Sed	2,300	6,850	11,400	22,800	39,900	57,000
6P Lan'let	2,500	7,450	12,400	24,800	43,400	62,000
7P Fr Limo	2,500	7,450	12,400	24,800	43,400	62,000
7P Sed Lan'let	2,500	7,450	12,400	24,800	43,400	62,000
4P Sed Lan'let	2,500	7,450	12,400	24,800	43,400	62,000
3P Cpe Lan'let	2,550	7,700	12,800	25,600	44,800	64,000
7P Limo	2,550	7,700	12,800	25,600	44,800	64,000
7P Encl Drive Limo	2,650	7,900	13,200	26,400	46,200	66,000
7P Encl Drive Lan'let	2,700	8,150	13,600	27,200	47,600	68,000

1927 Model 80, 6-cyl., 70 hp, 130" wb

	6	5	4	3	2	1
7P Tr	2,250	6,700	11,200	22,400	39,200	56,000
4P Tr	2,200	6,600	11,000	22,000	38,500	55,000
2P Rds	2,150	6,500	10,800	21,600	37,800	54,000
4P Cpe	1,900	5,750	9,600	19,200	33,600	48,000
7P Sed	1,700	5,050	8,400	16,800	29,400	42,000
7P Encl Drive Limo	2,200	6,600	11,000	22,000	38,500	55,000
5P Sed	1,650	4,900	8,200	16,400	28,700	41,000
2d 5P Coach	1,700	5,050	8,400	16,800	29,400	42,000
4d 5P Coach	1,800	5,400	9,000	18,000	31,500	45,000
4P Cpe	1,950	5,900	9,800	19,600	34,300	49,000
2P Cpe	1,900	5,650	9,400	18,800	32,900	47,000
4d 7P Coach	1,900	5,650	9,400	18,800	32,900	47,000
7P Limo Coach	2,100	6,250	10,400	20,800	36,400	52,000

1927 Model 36, 6-cyl., 100 hp, 138" wb

	6	5	4	3	2	1
2P Rbt	2,500	7,450	12,400	24,800	43,400	62,000
4P Tr	2,550	7,700	12,800	25,600	44,800	64,000
7P Tr	2,700	8,150	13,600	27,200	47,600	68,000
3P Cpe	2,350	7,100	11,800	23,600	41,300	59,000
4d 4P Sed	2,000	6,000	10,000	20,000	35,000	50,000
4P Cpe Sed	2,100	6,250	10,400	20,800	36,400	52,000
4P Encl Drive Limo	2,300	6,950	11,600	23,200	40,600	58,000
7P Encl Drive Lan	2,300	6,850	11,400	22,800	39,900	57,000
7P Sed	2,200	6,600	11,000	22,000	38,500	55,000
7P Fr Lan	2,250	6,700	11,200	22,400	39,200	56,000
7P Sed Lan	2,250	6,700	11,200	22,400	39,200	56,000
4P Sed Lan	2,200	6,600	11,000	22,000	38,500	55,000
7P Encl Drive Limo	2,350	7,100	11,800	23,600	41,300	59,000
7P Fr Limo	2,300	6,850	11,400	22,800	39,900	57,000
4P Encl Drive Limo	2,300	6,950	11,600	23,200	40,600	58,000

1928 Model 81, 6-cyl., 75 hp, 130" wb

	6	5	4	3	2	1
4P Rbt	2,400	7,200	12,000	24,000	42,000	60,000
4P Tr	2,500	7,450	12,400	24,800	43,400	62,000
4P Rds	2,550	7,700	12,800	25,600	44,800	64,000
5P Brgm	2,150	6,500	10,800	21,600	37,800	54,000
2P Cpe	2,200	6,600	11,000	22,000	38,500	55,000
5P Clb Sed	2,150	6,500	10,800	21,600	37,800	54,000
4P Cpe	2,250	6,700	11,200	22,400	39,200	56,000
5P Sed	2,100	6,250	10,400	20,800	36,400	52,000

	6	5	4	3	2	1
Spt Sed Lan	2,100	6,350	10,600	21,200	37,100	53,000
Clb Sed Lan	2,150	6,500	10,800	21,600	37,800	54,000
7P Sed	2,150	6,500	10,800	21,600	37,800	54,000
4P Cpe DeL	2,300	6,850	11,400	22,800	39,900	57,000
7P Encl Drive Limo	2,350	7,100	11,800	23,600	41,300	59,000

1928 Model 36, 6-cyl., 100 hp, 138" wb

	6	5	4	3	2	1
4P Rbt	3,050	9,100	15,200	30,400	53,200	76,000
4P Tr	3,100	9,350	15,600	31,200	54,600	78,000
7P Tr	3,200	9,600	16,000	32,000	56,000	80,000
Encl Drive Limo	2,800	8,400	14,000	28,000	49,000	70,000
7P Sed	2,550	7,700	12,800	25,600	44,800	64,000
7P Encl Drive Lan'let	2,800	8,400	14,000	28,000	49,000	70,000
7P Sed Lan	2,650	7,900	13,200	26,400	46,200	66,000
3P Cpe	2,650	7,900	13,200	26,400	46,200	66,000
4P Cpe Sed	2,650	7,900	13,200	26,400	46,200	66,000
4P Encl Drive Sed	2,900	8,650	14,400	28,800	50,400	72,000
4P Sed	2,400	7,200	12,000	24,000	42,000	60,000
6P Encl Drive Limo	3,050	9,100	15,200	30,400	53,200	76,000
4P CC Sed	2,700	8,150	13,600	27,200	47,600	68,000
4P Sed Lan	2,800	8,400	14,000	28,000	49,000	70,000
4P Encl Drive Lan	2,700	8,150	13,600	27,200	47,600	68,000
6P Fml Limo	3,050	9,100	15,200	30,400	53,200	76,000
6P Fr Lan	3,100	9,350	15,600	31,200	54,600	78,000

1929 Model 125, 8-cyl., 125 hp, 133" wb

	6	5	4	3	2	1
4P Rds	3,600	10,800	18,000	36,000	63,000	90,000
4P Tr	3,500	10,600	17,600	35,200	61,500	88,000
5P Brgm	2,400	7,200	12,000	24,000	42,000	60,000
4P Cpe	2,700	8,150	13,600	27,200	47,600	68,000
5P Sed	2,500	7,450	12,400	24,800	43,400	62,000
5P Twn Sed	2,550	7,700	12,800	25,600	44,800	64,000
7P Sed	2,550	7,700	12,800	25,600	44,800	64,000
7P Encl Drive Limo	2,800	8,400	14,000	28,000	49,000	70,000

1929 Model 126, 8-cyl., 125 hp, 143" wb

	6	5	4	3	2	1
7P Tr	3,850	11,500	19,200	38,400	67,000	96,000
4P Conv Cpe	3,900	11,800	19,600	39,200	68,500	98,000
7P Sed	2,950	8,900	14,800	29,600	51,800	74,000
7P Encl Drive Limo	3,050	9,100	15,200	30,400	53,200	76,000
4P Sed	2,800	8,400	14,000	28,000	49,000	70,000

1930 Model C, 8-cyl., 115 hp, 132" wb

	6	5	4	3	2	1
Clb Brgm	2,000	6,000	10,000	20,000	35,000	50,000
Cpe	2,100	6,250	10,400	20,800	36,400	52,000
Sed	1,900	5,650	9,400	18,800	32,900	47,000

1930 Model B, 8-cyl., 125 hp, 134" wb

	6	5	4	3	2	1
Rds	4,000	12,000	20,000	40,000	70,000	100,000
Tr	4,000	12,000	20,000	40,000	70,000	100,000
Spt Phae	4,250	12,700	21,200	42,400	74,000	106,000
Conv Cpe	3,900	11,800	19,600	39,200	68,500	98,000

1930 Model B, 8-cyl., 125 hp, 139" wb

	6	5	4	3	2	1
5P Sed	2,700	8,150	13,600	27,200	47,600	68,000
Vic Cpe	2,800	8,400	14,000	28,000	49,000	70,000
7P Sed	2,700	8,150	13,600	27,200	47,600	68,000
Clb Sed	2,800	8,400	14,000	28,000	49,000	70,000
Encl Drive Limo	3,200	9,600	16,000	32,000	56,000	80,000

1930 Model A, 8-cyl., 132 hp, 144" wb

	6	5	4	3	2	1
Tr	4,400	13,200	22,000	44,000	77,000	110,000
Conv Cpe	4,250	12,700	21,200	42,400	74,000	106,000
Sed	3,050	9,100	15,200	30,400	53,200	76,000
Encl Drive Limo	3,850	11,500	19,200	38,400	67,000	96,000
Twn Car	3,500	10,600	17,600	35,200	61,500	88,000

1931 Model 43, 8-cyl., 125 hp, 134" wb

	6	5	4	3	2	1
Rds	4,000	12,000	20,000	40,000	70,000	100,000
Tourer	4,000	12,000	20,000	40,000	70,000	100,000
Cpe	2,800	8,400	14,000	28,000	49,000	70,000

1931 Model 43, 8-cyl., 125 hp, 137" wb

	6	5	4	3	2	1
5P Sed	2,000	6,000	10,000	20,000	35,000	50,000
Clb Sed	2,200	6,600	11,000	22,000	38,500	55,000
7P Sed	2,300	6,850	11,400	22,800	39,900	57,000
Encl Drive Limo	2,400	7,200	12,000	24,000	42,000	60,000

1931 Model 42, 8-cyl., 132 hp, 142" wb

	6	5	4	3	2	1
Rds	4,400	13,200	22,000	44,000	77,000	110,000
Tourer	4,400	13,200	22,000	44,000	77,000	110,000
Spt Tourer	4,650	13,900	23,200	46,400	81,000	116,000
Conv Cpe	4,100	12,200	20,400	40,800	71,500	102,000
5P Sed	2,200	6,600	11,000	22,000	38,500	55,000
Clb Sed	2,300	6,950	11,600	23,200	40,600	58,000
7P Sed	2,300	6,850	11,400	22,800	39,900	57,000

	6	5	4	3	2	1
Clb Berl	2,400	7,200	12,000	24,000	42,000	60,000
Encl Drive Limo	2,800	8,400	14,000	28,000	49,000	70,000

1931 Model 41, 8-cyl., 132 hp, 147" wb

	6	5	4	3	2	1
Tr	4,400	13,200	22,000	44,000	77,000	110,000
Conv Cpe	4,400	13,200	22,000	44,000	77,000	110,000
Sed	2,400	7,200	12,000	24,000	42,000	60,000
Encl Drive Limo	2,800	8,400	14,000	28,000	49,000	70,000
Twn Car	2,800	8,400	14,000	28,000	49,000	70,000

1932 Model 54, 8-cyl., 125 hp, 137" wb

	6	5	4	3	2	1
Conv Cpe Rds	4,150	12,500	20,800	41,600	73,000	104,000
5P Tr	4,000	12,000	20,000	40,000	70,000	100,000
Phae	4,000	12,000	20,000	40,000	70,000	100,000
Brgm	2,150	6,500	10,800	21,600	37,800	54,000
Cpe	2,400	7,200	12,000	24,000	42,000	60,000
5P Sed	2,100	6,350	10,600	21,200	37,100	53,000
Clb Sed	2,150	6,500	10,800	21,600	37,800	54,000
Clb Berl	2,200	6,600	11,000	22,000	38,500	55,000
Con Sed	4,100	12,200	20,400	40,800	71,500	102,000

1932 Model 54, 8-cyl., 125 hp, 142" wb

	6	5	4	3	2	1
7P Tr	4,250	12,700	21,200	42,400	74,000	106,000
7P Sed	2,200	6,600	11,000	22,000	38,500	55,000
Limo	2,400	7,200	12,000	24,000	42,000	60,000

1932 Model 53, 12-cyl., 140 hp, 137" wb

	6	5	4	3	2	1
Conv Cpe Rds	4,400	13,200	22,000	44,000	77,000	110,000
5P Tr	4,500	13,400	22,400	44,800	78,500	112,000
Phae	4,400	13,200	22,000	44,000	77,000	110,000
Clb Brgm	2,400	7,200	12,000	24,000	42,000	60,000
Cpe	2,500	7,450	12,400	24,800	43,400	62,000
5P Sed	2,300	6,850	11,400	22,800	39,900	57,000
Clb Sed	2,350	7,100	11,800	23,600	41,300	59,000
Clb Berl	2,650	7,900	13,200	26,400	46,200	66,000
Con Sed	4,100	12,200	20,400	40,800	71,500	102,000

1932 Model 53, 12-cyl., 140 hp, 142" wb

	6	5	4	3	2	1
7P Tr	4,400	13,200	22,000	44,000	77,000	110,000
7P Sed	2,650	7,900	13,200	26,400	46,200	66,000
Limo	2,900	8,650	14,400	28,800	50,400	72,000

1932 Model 51, 12-cyl., 150 hp, 147" wb

	6	5	4	3	2	1
Cpe	2,700	8,150	13,600	27,200	47,600	68,000
Conv Vic Cpe	4,650	13,900	23,200	46,400	81,000	116,000
Clb Sed	2,700	8,150	13,600	27,200	47,600	68,000
Conv Sed	4,000	12,000	20,000	40,000	70,000	100,000
Encl Drive Limo	3,300	9,850	16,400	32,800	57,400	82,000
A/W Twn Brgm	3,850	11,500	19,200	38,400	67,000	96,000
A/W Twn Cabr	4,100	12,200	20,400	40,800	71,500	102,000
Encl Drive Brgm	3,700	11,000	18,400	36,800	64,500	92,000

1933 Model 836, 8-cyl., 135 hp, 136" wb

	6	5	4	3	2	1
5P Clb Brgm	1,850	5,500	9,200	18,400	32,200	46,000
5P Sed	1,900	5,650	9,400	18,800	32,900	47,000
5P Clb Sed	2,050	6,100	10,200	20,400	35,700	51,000
7P Sed	1,900	5,750	9,600	19,200	33,600	48,000
7P Encl Drive Limo	2,200	6,600	11,000	22,000	38,500	55,000

1933 Model 1236, 12-cyl., 160 hp, 136" wb

	6	5	4	3	2	1
5P Clb Brgm	2,050	6,100	10,200	20,400	35,700	51,000
5P Sed	2,100	6,250	10,400	20,800	36,400	52,000
5P Clb Sed	2,250	6,700	11,200	22,400	39,200	56,000
7P Sed (139" wb)	2,100	6,350	10,600	21,200	37,100	53,000
7P Encl Drive Limo	2,400	7,200	12,000	24,000	42,000	60,000

1933 Model 1242, 12-cyl., 175 hp, 137" wb

	6	5	4	3	2	1
5P Tr	3,850	11,500	19,200	38,400	67,000	96,000
5P Spt Phae	4,100	12,200	20,400	40,800	71,500	102,000
7P Tourer (142" wb)	3,900	11,800	19,600	39,200	68,500	98,000
5P Clb Brgm	2,100	6,350	10,600	21,200	37,100	53,000
5P Sed	2,150	6,500	10,800	21,600	37,800	54,000
5P Clb Sed	2,300	6,950	11,600	23,200	40,600	58,000
5P Clb Berl	2,400	7,200	12,000	24,000	42,000	60,000
4P Cpe	2,100	6,250	10,400	20,800	36,400	52,000
4P Cus Rds	4,150	12,500	20,800	41,600	73,000	104,000
5P Conv Sed	3,850	11,500	19,200	38,400	67,000	96,000
7P Sed (142" wb)	2,200	6,600	11,000	22,000	38,500	55,000
7P Encl Drive Limo	2,650	7,900	13,200	26,400	46,200	66,000

1933 Model 1247, 12-cyl., 175 hp, 142" wb

	6	5	4	3	2	1
5P Sed	2,650	7,900	13,200	26,400	46,200	66,000
5P Clb Sed	2,700	8,150	13,600	27,200	47,600	68,000
7P Sed (147" wb)	2,700	8,150	13,600	27,200	47,600	68,000
5P Clb Berl	2,700	8,150	13,600	27,200	47,600	68,000
7P Encl Drive Limo	2,900	8,650	14,400	28,800	50,400	72,000

	6	5	4	3	2	1
5P Conv Sed	3,850	11,500	19,200	38,400	67,000	96,000
4P Cpe (147" wb)	3,050	9,100	15,200	30,400	53,200	76,000
5P Conv Sed (147" wb)	4,650	13,900	23,200	46,400	81,000	116,000
5P Clb Sed (147" wb)	2,900	8,650	14,400	28,800	50,400	72,000
Encl Drive Limo (147" wb)	3,050	9,100	15,200	30,400	53,200	76,000
7P Twn Brgm (147" wb)	3,100	9,350	15,600	31,200	54,600	78,000
7P Twn Car (147" wb)	3,300	9,850	16,400	32,800	57,400	82,000
7P Twn Cabr (147" wb)	4,900	14,600	24,400	48,800	85,500	122,000
7P Encl Drive Brgm	3,300	9,850	16,400	32,800	57,400	82,000

1934 Model 836A, 136" wb

	6	5	4	3	2	1
Clb Brgm	1,900	5,750	9,600	19,200	33,600	48,000
Clb Brgm Salon	2,000	6,000	10,000	20,000	35,000	50,000
4d Sed	2,000	6,000	10,000	20,000	35,000	50,000
4d Sed Salon	2,100	6,250	10,400	20,800	36,400	52,000

1934 Model 840A, 8-cyl., 139" wb

	6	5	4	3	2	1
Rds	2,900	8,650	14,400	28,800	50,400	72,000
Brgm	2,100	6,250	10,400	20,800	36,400	52,000
Sed	2,100	6,350	10,600	21,200	37,100	53,000
Clb Sed	2,150	6,500	10,800	21,600	37,800	54,000
Cpe	2,300	6,850	11,400	22,800	39,900	57,000

1934 Model 840A, 8-cyl., 144" wb

	6	5	4	3	2	1
Silver Arrow	4,650	13,900	23,200	46,400	81,000	116,000
Sed	2,200	6,600	11,000	22,000	38,500	55,000
Encl Drive Limo	2,650	7,900	13,200	26,400	46,200	66,000

1934 Model 1240A, 12-cyl., 139" wb

	6	5	4	3	2	1
Rds	3,700	11,000	18,400	36,800	64,500	92,000
Brgm	2,200	6,600	11,000	22,000	38,500	55,000
Sed	2,250	6,700	11,200	22,400	39,200	56,000
Clb Sed	2,300	6,850	11,400	22,800	39,900	57,000
Cpe	2,400	7,200	12,000	24,000	42,000	60,000

1934 Model 1250A, 12-cyl., 144" wb

	6	5	4	3	2	1
Silver Arrow	5,050	15,100	25,200	50,400	88,000	126,000
Sed	2,400	7,200	12,000	24,000	42,000	60,000
Encl Drive Limo	2,900	8,650	14,400	28,800	50,400	72,000

1934 Model 1248A, 12-cyl., 147" wb

	6	5	4	3	2	1
Sed	2,650	7,900	13,200	26,400	46,200	66,000
Encl Drive Limo	3,050	9,100	15,200	30,400	53,200	76,000

1935 Model 845, 8-cyl., 140 hp, 138" wb

	6	5	4	3	2	1
Conv Rds	2,800	8,400	14,000	28,000	49,000	70,000
Clb Brgm	2,000	6,000	10,000	20,000	35,000	50,000
Cpe	2,200	6,600	11,000	22,000	38,500	55,000
5P Sed	2,050	6,100	10,200	20,400	35,700	51,000
Clb Sed	2,100	6,250	10,400	20,800	36,400	52,000

1935 Model 845, 8-cyl., 140 hp, 144" wb

	6	5	4	3	2	1
7P Sed	2,100	6,350	10,600	21,200	37,100	53,000
Encl Drive Limo	2,400	7,200	12,000	24,000	42,000	60,000
Silver Arrow	4,650	13,900	23,200	46,400	81,000	116,000

1935 Model 1245, 12-cyl., 175 hp, 138" wb

	6	5	4	3	2	1
Conv Rds	3,450	10,300	17,200	34,400	60,000	86,000
Clb Brgm	2,200	6,600	11,000	22,000	38,500	55,000
Cpe	2,400	7,200	12,000	24,000	42,000	60,000
5P Sed	2,250	6,700	11,200	22,400	39,200	56,000
Clb Sed	2,300	6,850	11,400	22,800	39,900	57,000

1935 Model 1245, 12-cyl., 175 hp, 144" wb

	6	5	4	3	2	1
7P Sed	2,500	7,450	12,400	24,800	43,400	62,000
Encl Drive Limo	2,650	7,900	13,200	26,400	46,200	66,000
Silver Arrow	5,050	15,100	25,200	50,400	88,000	126,000

1935 Model 1255, 12-cyl., 175 hp, 147" wb

	6	5	4	3	2	1
7P Sed	2,650	7,900	13,200	26,400	46,200	66,000
Encl Drive Limo	2,900	8,650	14,400	28,800	50,400	72,000

1936 Deluxe 8, 150 hp, 139" wb

	6	5	4	3	2	1
Cpe	2,000	6,000	10,000	20,000	35,000	50,000
Ctry Club Rds	2,650	7,900	13,200	26,400	46,200	66,000
Clb Sed	1,800	5,400	9,000	18,000	31,500	45,000
5P Sed	1,750	5,300	8,800	17,600	30,800	44,000
Clb Berl	2,000	6,000	10,000	20,000	35,000	50,000

1936 Deluxe 8, 150 hp, 144" wb

	6	5	4	3	2	1
7P Sed	1,900	5,650	9,400	18,800	32,900	47,000
Limo	2,200	6,600	11,000	22,000	38,500	55,000
Metropolitan Twn Car	2,400	7,200	12,000	24,000	42,000	60,000
Conv Sed	2,900	8,650	14,400	28,800	50,400	72,000

1936 Salon Twelve, 185 hp, 139" wb

	6	5	4	3	2	1
Cpe	2,200	6,600	11,000	22,000	38,500	55,000
Ctry Club Rds	3,050	9,100	15,200	30,400	53,200	76,000

	6	5	4	3	2	1
Clb Sed	1,950	5,900	9,800	19,600	34,300	49,000
5P Sed	1,900	5,750	9,600	19,200	33,600	48,000
Clb Berl	2,200	6,600	11,000	22,000	38,500	55,000

1936 Salon Twelve, 185 hp, 144" wb

	6	5	4	3	2	1
7P Sed	2,100	6,350	10,600	21,200	37,100	53,000
Limo	2,400	7,200	12,000	24,000	42,000	60,000
Metropolitan Twn Car	2,650	7,900	13,200	26,400	46,200	66,000
Conv Sed	3,300	9,850	16,400	32,800	57,400	82,000
7P Sed (147" wb)	2,400	7,200	12,000	24,000	42,000	60,000
7P Encl Drive Limo	2,700	8,150	13,600	27,200	47,600	68,000

1937 Pierce-Arrow 8, 150 hp, 138" wb

	6	5	4	3	2	1
Cpe	1,950	5,900	9,800	19,600	34,300	49,000
5P Sed	1,700	5,150	8,600	17,200	30,100	43,000
Conv Rds	2,650	7,900	13,200	26,400	46,200	66,000
Clb Sed	1,800	5,400	9,000	18,000	31,500	45,000
Clb Berl	1,400	4,200	7,000	14,000	24,500	35,000
Fml Sed	2,050	6,100	10,200	20,400	35,700	51,000

1937 Pierce-Arrow 8, 150 hp, 144" wb

	6	5	4	3	2	1
7P Fml Sed	2,200	6,600	11,000	22,000	38,500	55,000
7P Sed	2,100	6,250	10,400	20,800	36,400	52,000
Limo	2,400	7,200	12,000	24,000	42,000	60,000
Conv Sed	3,050	9,100	15,200	30,400	53,200	76,000
Brunn Metro Twn Car	2,650	7,900	13,200	26,400	46,200	66,000
Twn Brgm	2,500	7,450	12,400	24,800	43,400	62,000
5P Encl Drive Limo (147" wb)	250	750	1,250	2,500	4,350	6,200

1937 Pierce-Arrow 12, 185 hp, 139" wb

	6	5	4	3	2	1
Cpe	2,100	6,350	10,600	21,200	37,100	53,000
5P Sed	1,900	5,650	9,400	18,800	32,900	47,000
Conv Rds	3,050	9,100	15,200	30,400	53,200	76,000
Clb Sed	1,900	5,750	9,600	19,200	33,600	48,000
Clb Berl	1,950	5,900	9,800	19,600	34,300	49,000
5P Fml Sed	2,200	6,600	11,000	22,000	38,500	55,000

1937 Pierce-Arrow 12, 185 hp, 144" wb

	6	5	4	3	2	1
7P Sed	2,000	6,000	10,000	20,000	35,000	50,000
Limo	2,200	6,600	11,000	22,000	38,500	55,000
Conv Sed	3,700	11,000	18,400	36,800	64,500	92,000
Brunn Metro Twn Brgm	3,050	9,100	15,200	30,400	53,200	76,000

1937 Pierce-Arrow 12, 185 hp, 147" wb

	6	5	4	3	2	1
7P Sed	2,400	7,200	12,000	24,000	42,000	60,000
Encl Drive Limo	2,700	8,150	13,600	27,200	47,600	68,000
Metro Twn Car	3,100	9,350	15,600	31,200	54,600	78,000

1938 Pierce-Arrow 8, 150 hp, 139" wb

	6	5	4	3	2	1
5P Sed	1,650	4,900	8,200	16,400	28,700	41,000
Clb Sed	1,700	5,150	8,600	17,200	30,100	43,000
Cpe	1,900	5,750	9,600	19,200	33,600	48,000
Conv Cpe	2,650	7,900	13,200	26,400	46,200	66,000
Clb Berl	1,900	5,650	9,400	18,800	32,900	47,000
Fml Sed	1,750	5,300	8,800	17,600	30,800	44,000

1938 Pierce-Arrow 8, 150 hp, 144" wb

	6	5	4	3	2	1
Brunn Metro Twn Brgm	2,500	7,450	12,400	24,800	43,400	62,000
7P Sed	2,100	6,350	10,600	21,200	37,100	53,000
Encl Drive Limo	2,300	6,850	11,400	22,800	39,900	57,000
Con Sed	3,050	9,100	15,200	30,400	53,200	76,000
Spl Sed	2,100	6,250	10,400	20,800	36,400	52,000
Fml Sed	2,200	6,600	11,000	22,000	38,500	55,000

1938 Pierce-Arrow 12, 185 hp, 139" wb

	6	5	4	3	2	1
5P Sed	2,200	6,600	11,000	22,000	38,500	55,000
Clb Sed	2,300	6,850	11,400	22,800	39,900	57,000
Cpe	2,550	7,700	12,800	25,600	44,800	64,000
Conv Cpe	3,300	9,850	16,400	32,800	57,400	82,000
Clb Berl	2,000	6,000	10,000	20,000	35,000	50,000
Fml Sed	2,000	6,000	10,000	20,000	35,000	50,000

1938 Pierce-Arrow 12, 185 hp, 144" wb

	6	5	4	3	2	1
Spl Sed	2,400	7,200	12,000	24,000	42,000	60,000
7P Sed	2,500	7,450	12,400	24,800	43,400	62,000
Encl Drive Limo	2,900	8,650	14,400	28,800	50,400	72,000
Conv Sed	3,350	10,100	16,800	33,600	58,800	84,000
Brunn Metro Twn Brgm	2,950	8,900	14,800	29,600	51,800	74,000

1938 Pierce-Arrow 12, 147" wb

	6	5	4	3	2	1
7P Sed	2,550	7,700	12,800	25,600	44,800	64,000
Encl Drive Limo	3,050	9,100	15,200	30,400	53,200	76,000

	6	5	4	3	2	1

PLYMOUTH

1928 Model Q, 4-cyl.
	6	5	4	3	2	1
2d Rds	900	2,650	4,400	8,800	15,400	22,000
4d Tr	850	2,500	4,200	8,400	14,700	21,000
2d Cpe	400	1,200	2,000	4,000	7,000	10,000
2d DeL Cpe	400	1,250	2,100	4,200	7,350	10,500
2d Sed	300	900	1,550	3,100	5,400	7,700
4d Sed	300	950	1,600	3,200	5,600	8,000
4d DeL Sed	300	950	1,600	3,250	5,650	8,100

1929-30 Model U, 4-cyl.
	6	5	4	3	2	1
2d Rds	900	2,750	4,600	9,200	16,100	23,000
4d Tr	900	2,650	4,400	8,800	15,400	22,000
2d Cpe	400	1,150	1,900	3,800	6,650	9,500
2d DeL Cpe	400	1,200	2,000	4,000	7,000	10,000
2d Sed	350	1,050	1,700	3,450	6,000	8,600
4d Sed	350	1,000	1,700	3,400	5,950	8,500
4d DeL Sed	350	1,100	1,800	3,600	6,300	9,000

NOTE: Factory prices reduced app. 40 percent for 1930 model year.

1931 Model PA, 4-cyl.
	6	5	4	3	2	1
2d Rds	950	2,900	4,800	9,600	16,800	24,000
4d Tr	900	2,750	4,600	9,200	16,100	23,000
2d Conv	850	2,500	4,200	8,400	14,700	21,000
2d Cpe	400	1,200	2,000	4,000	7,000	10,000
2d Sed	300	900	1,500	3,050	5,300	7,600
4d Sed	350	1,000	1,650	3,300	5,750	8,200
4d DeL Sed	350	1,100	1,800	3,600	6,300	9,000

1932 Model PA, 4-cyl., 109" wb
	6	5	4	3	2	1
2d Rds	900	2,750	4,600	9,200	16,100	23,000
2d Conv	950	2,900	4,800	9,600	16,800	24,000
2d Cpe	400	1,250	2,100	4,200	7,350	10,500
2d RS Cpe	450	1,300	2,200	4,400	7,700	11,000
2d Sed	350	1,100	1,800	3,600	6,300	9,000
4d Sed	350	1,100	1,800	3,600	6,300	9,000
4d Phae	900	2,750	4,600	9,200	16,100	23,000

1932 Model PB, 4-cyl., 112" wb
	6	5	4	3	2	1
2d Rds	900	2,750	4,600	9,200	16,100	23,000
2d Conv	950	2,900	4,800	9,600	16,800	24,000
4d Conv Sed	1,000	3,000	5,000	10,000	17,500	25,000
2d RS Cpe	450	1,400	2,300	4,600	8,050	11,500
2d Sed	400	1,150	1,900	3,800	6,650	9,500
4d Sed	400	1,150	1,900	3,800	6,650	9,500
4d DeL Sed	400	1,150	1,950	3,900	6,800	9,700

1933 Model PC, 6-cyl., 108" wb
	6	5	4	3	2	1
2d Conv	1,000	3,000	5,000	10,000	17,500	25,000
2d Cpe	450	1,300	2,200	4,400	7,700	11,000
2d RS Cpe	450	1,400	2,300	4,600	8,050	11,500
2d Sed	400	1,200	2,000	4,050	7,050	10,100
4d Sed	400	1,200	2,000	4,000	7,000	10,000

1933 Model PD, 6-cyl.
NOTE: Deduct 4 percent for PCXX models.
	6	5	4	3	2	1
2d Conv	1,050	3,100	5,200	10,400	18,200	26,000
2d Cpe	500	1,500	2,500	5,000	8,750	12,500
2d RS Cpe	500	1,550	2,600	5,200	9,100	13,000
2d Sed	450	1,400	2,300	4,650	8,100	11,600
4d Sed	450	1,350	2,300	4,550	8,000	11,400

1934 Standard PG Model, 6-cyl., 108" wb
	6	5	4	3	2	1
2d Bus Cpe	450	1,300	2,200	4,400	7,700	11,000
2d Sed	300	1,000	1,700	3,400	5,950	8,500

1934 Standard PF Model, 6-cyl., 108" wb
	6	5	4	3	2	1
2d Bus Cpe	450	1,350	2,250	4,500	7,850	11,200
2d RS Cpe	500	1,450	2,400	4,800	8,400	12,000
2d Sed	350	1,050	1,750	3,500	6,100	8,700
4d Sed	350	1,050	1,750	3,500	6,150	8,800

1934 DeLuxe PE Model, 6-cyl., 114" wb
	6	5	4	3	2	1
2d Conv	1,000	3,000	5,000	10,000	17,500	25,000
2d Cpe	450	1,400	2,300	4,600	8,050	11,500
2d RS Cpe	500	1,500	2,500	5,000	8,750	12,500
2d Sed	400	1,150	1,900	3,800	6,650	9,500
4d Sed	400	1,150	1,900	3,850	6,700	9,600
4d Twn Sed	400	1,200	2,000	4,000	7,000	10,000

1935 Model PJ, 6-cyl., 113" wb
	6	5	4	3	2	1
2P Cpe	400	1,250	2,100	4,200	7,350	10,500
2d Bus Cpe	400	1,150	1,900	3,850	6,700	9,600

	6	5	4	3	2	1
2d Sed	350	1,050	1,750	3,500	6,150	8,800
4d Bus Sed	350	1,100	1,850	3,700	6,500	9,300
1935 DeLuxe PJ Model, 6-cyl., 113" wb						
2d Conv	900	2,650	4,400	8,800	15,400	22,000
2d Bus Cpe	450	1,300	2,200	4,400	7,700	11,000
2d RS Cpe	450	1,400	2,300	4,600	8,050	11,500
2d Sed	350	1,100	1,850	3,700	6,500	9,300
2d Tr Sed	400	1,150	1,900	3,800	6,650	9,500
4d Sed	400	1,200	1,950	3,900	6,850	9,800
4d Tr Sed	400	1,250	2,050	4,100	7,200	10,300
4d 7P Sed	450	1,300	2,150	4,300	7,550	10,800
4d Trav Sed	450	1,300	2,200	4,350	7,650	10,900
1936 P1 Business Line, 6-cyl., 113" wb						
2d Bus Cpe	400	1,250	2,100	4,200	7,350	10,500
2d Bus Sed	350	1,100	1,850	3,700	6,500	9,300
4d Bus Sed	400	1,150	1,900	3,750	6,600	9,400
4d Sta Wag	600	1,750	2,900	5,800	10,200	14,500
1936 P2 DeLuxe, 6-cyl., 113"-125" wb						
2d Conv	1,000	3,000	5,000	10,000	17,500	25,000
2d Cpe	450	1,300	2,200	4,400	7,700	11,000
2d RS Cpe	450	1,350	2,250	4,500	7,900	11,300
2d Sed	400	1,200	1,950	3,900	6,850	9,800
2d Tr Sed	400	1,250	2,050	4,100	7,200	10,300
4d Sed	400	1,200	1,950	3,900	6,850	9,800
4d Tr Sed	400	1,250	2,050	4,100	7,200	10,300
4d 7P Sed	400	1,250	2,100	4,200	7,350	10,500
1937 Roadking, 6-cyl., 112" wb						
2d Cpe	400	1,250	2,100	4,200	7,350	10,500
2d Sed	300	950	1,600	3,250	5,650	8,100
4d Sed	350	1,000	1,650	3,300	5,800	8,300
1937 DeLuxe, 6-cyl., 112"-132" wb						
2d Conv	900	2,750	4,600	9,200	16,100	23,000
2d Cpe	450	1,300	2,200	4,400	7,700	11,000
2d RS Cpe	450	1,350	2,250	4,500	7,900	11,300
2d Sed	350	1,100	1,800	3,600	6,300	9,000
2d Tr Sed	350	1,100	1,850	3,700	6,450	9,200
4d Sed	350	1,050	1,800	3,550	6,250	8,900
4d Tr Sed	350	1,100	1,800	3,600	6,300	9,000
4d Limo	450	1,300	2,150	4,300	7,550	10,800
4d Sub	450	1,300	2,200	4,400	7,700	11,000
1938 Roadking, 6-cyl., 112" wb						
2d Cpe	400	1,250	2,100	4,200	7,350	10,500
2d Sed	300	950	1,600	3,250	5,650	8,100
4d Sed	350	1,000	1,650	3,300	5,800	8,300
2d Tr Sed	350	1,000	1,700	3,400	5,950	8,500
4d Tr Sed	300	900	1,500	2,950	5,200	7,400
1938 DeLuxe, 6-cyl., 112"-132" wb						
2d Conv	900	2,750	4,600	9,200	16,100	23,000
2d Cpe	450	1,300	2,200	4,400	7,700	11,000
2d RS Cpe	450	1,350	2,250	4,500	7,900	11,300
2d Sed	350	1,100	1,800	3,600	6,300	9,000
2d Tr Sed	350	1,100	1,800	3,650	6,350	9,100
4d Sed	350	1,050	1,800	3,550	6,250	8,900
4d Tr Sed	350	1,100	1,800	3,600	6,300	9,000
4d 7P Sed	400	1,250	2,050	4,100	7,200	10,300
4d Limo	450	1,400	2,300	4,600	8,050	11,500
4d Sub	450	1,300	2,200	4,400	7,700	11,000
1939 P7 Roadking, 6-cyl., 114" wb						
2d Cpe	400	1,250	2,100	4,200	7,350	10,500
2d Sed	350	1,000	1,700	3,400	5,950	8,500
2d Tr Sed	350	1,050	1,700	3,450	6,000	8,600
4d Sed	350	1,050	1,750	3,500	6,100	8,700
4d Tr Sed	350	1,050	1,750	3,500	6,150	8,800
4d Utl Sed	350	1,050	1,750	3,500	6,100	8,700
1939 P8 DeLuxe, 6-cyl., 114"-134" wb						
2d Conv	850	2,500	4,200	8,400	14,700	21,000
4d Conv Sed	900	2,650	4,400	8,800	15,400	22,000
2P Cpe	450	1,300	2,200	4,400	7,700	11,000
2d RS Cpe	450	1,400	2,300	4,600	8,050	11,500
2d Sed	350	1,100	1,800	3,600	6,300	9,000
2d Tr Sed	350	1,100	1,800	3,650	6,350	9,100
4d Sed	350	1,100	1,800	3,600	6,300	9,000
4d Tr Sed	350	1,100	1,850	3,700	6,450	9,200
4d Sta Wag W/C	850	2,500	4,200	8,400	14,700	21,000
4d Sta Wag W/G	900	2,650	4,400	8,800	15,400	22,000
4d 7P Ewb Sed	400	1,200	2,000	4,000	7,000	10,000

1955 Pontiac Chieftain 870 sedan

1966 Pontiac GTO convertible

1989 Pontiac Sunbird LE coupe

	6	5	4	3	2	1
4d Ewb Limo	450	1,300	2,200	4,400	7,700	11,000

1940 P9 Roadking, 6-cyl., 117" wb
2d Cpe	450	1,300	2,200	4,400	7,700	11,000
2d Tr Sed	400	1,150	1,900	3,800	6,650	9,500
4d Tr Sed	400	1,150	1,900	3,750	6,600	9,400
4d Utl Sed	350	1,000	1,650	3,300	5,800	8,300

1940 P10 DeLuxe, 6-cyl., 137" wb
2d Conv	900	2,750	4,600	9,200	16,100	23,000
2d DeL Cpe	500	1,450	2,400	4,800	8,400	12,000
2d 4P Cpe	500	1,500	2,500	5,000	8,750	12,500
2d Sed	350	1,100	1,800	3,600	6,300	9,000
4d Sed	350	1,050	1,800	3,550	6,250	8,900
4d Sta Wag	900	2,700	4,500	9,000	15,700	22,500
4d 7P Sed	400	1,200	1,950	3,900	6,850	9,800
4d Sed Limo	450	1,400	2,300	4,600	8,050	11,500

1941 P11 Standard, 6-cyl., 117" wb
2d Cpe	450	1,400	2,300	4,600	8,050	11,500
2d Sed	400	1,150	1,900	3,800	6,650	9,500
4d Sed	400	1,150	1,900	3,750	6,600	9,400
4d Utl Sed	350	1,000	1,700	3,400	5,950	8,500

1941 P11 DeLuxe, 6-cyl., 117" wb
2d Cpe	450	1,400	2,350	4,700	8,200	11,700
2d Sed	400	1,150	1,950	3,900	6,800	9,700
4d Sed	400	1,150	1,900	3,850	6,700	9,600

1941 P12 Special DeLuxe, 6 cyl., 117"-137" wb
2d Conv	900	2,750	4,600	9,200	16,100	23,000
2d DeL Cpe	500	1,450	2,400	4,800	8,400	12,000
2d 4P Cpe	500	1,500	2,500	5,000	8,750	12,500
2d Sed	400	1,150	1,900	3,800	6,650	9,500
4d Sed	400	1,150	1,900	3,850	6,700	9,600
4d Sta Wag	900	2,750	4,600	9,200	16,100	23,000
4d 7P Sed	400	1,200	1,950	3,900	6,850	9,800
4d Limo	450	1,400	2,300	4,600	8,050	11,500

1942 P14S DeLuxe, 6-cyl., 117" wb
2d Cpe	450	1,300	2,200	4,400	7,700	11,000
2d Sed	300	950	1,600	3,150	5,550	7,900
4d Utl Sed	300	900	1,500	3,050	5,300	7,600
2d Clb Cpe	450	1,400	2,300	4,600	8,050	11,500
4d Sed	300	900	1,550	3,100	5,400	7,700

1942 P14C Special DeLuxe, 6-cyl., 117" wb
2d Conv	950	2,900	4,800	9,600	16,800	24,000
2d Cpe	500	1,450	2,400	4,800	8,400	12,000
2d Sed	300	950	1,600	3,250	5,650	8,100
4d Sed	300	950	1,600	3,200	5,600	8,000
4d Twn Sed	300	950	1,600	3,250	5,650	8,100
2d Clb Cpe	500	1,500	2,500	5,000	8,750	12,500
4d Sta Wag	900	2,750	4,600	9,200	16,100	23,000

1946-1948 P15 DeLuxe, 6-cyl., 117" wb
2d Cpe	450	1,300	2,200	4,400	7,700	11,000
2d Clb Cpe	450	1,400	2,300	4,600	8,050	11,500
2d Sed	400	1,200	2,000	4,000	7,000	10,000
4d Sed	400	1,200	2,000	3,950	6,950	9,900

1946-1948 P15 Special DeLuxe, 6-cyl., 117" wb
2d Conv	950	2,900	4,800	9,600	16,800	24,000
2d Cpe	450	1,400	2,300	4,600	8,050	11,500
2d Clb Cpe	500	1,450	2,400	4,800	8,400	12,000
2d Sed	400	1,250	2,100	4,200	7,350	10,500
4d Sed	400	1,250	2,100	4,150	7,300	10,400
4d Sta Wag	950	2,800	4,700	9,400	16,500	23,500

1949 DeLuxe, 6-cyl., 111" wb
First Series 1949 is the same as 1948 Second Series.
2d Cpe	350	1,100	1,800	3,600	6,300	9,000
2d Sed	350	1,000	1,700	3,400	5,950	8,500
2d Sta Wag	400	1,200	2,000	4,000	7,000	10,000

1949 DeLuxe, 6-cyl., 118.5" wb
2d Clb Cpe	400	1,150	1,900	3,800	6,650	9,500
4d Sed	350	1,000	1,700	3,350	5,900	8,400

1949 Special DeLuxe, 6-cyl., 118.5" wb
2d Conv	800	2,400	4,000	8,000	14,000	20,000
2d Clb Cpe	400	1,150	1,950	3,900	6,800	9,700
4d Sed	350	1,050	1,700	3,450	6,000	8,600
4d Sta Wag	500	1,550	2,600	5,200	9,100	13,000

1950 DeLuxe, 6-cyl., 111" wb
2d Cpe	400	1,150	1,900	3,800	6,650	9,500

	6	5	4	3	2	1
2d Sed	350	1,100	1,800	3,600	6,300	9,000
2d Sta Wag	400	1,200	2,000	4,000	7,000	10,000
1950 DeLuxe, 6-cyl., 118.5" wb						
2d Clb Cpe	400	1,150	1,900	3,850	6,700	9,600
4d Sed	350	1,100	1,850	3,700	6,450	9,200
1950 Special DeLuxe, 6-cyl., 118.5" wb						
2d Conv	750	2,300	3,800	7,600	13,300	19,000
2d Clb Cpe	400	1,150	1,950	3,900	6,800	9,700
4d Sed	400	1,150	1,900	3,800	6,650	9,500
4d Sta Wag	600	1,800	3,000	6,000	10,500	15,000
NOTE: Add 5 percent for P-19 Special DeLuxe Suburban.						
1951-1952 P22 Concord, 6-cyl., 111" wb						
2d Sed	300	950	1,600	3,200	5,600	8,000
2d Cpe	350	1,000	1,700	3,400	5,950	8,500
2d Sta Wag	400	1,200	2,000	4,000	7,000	10,000
1951-1952 P23 Cambridge, 6-cyl., 118.5" wb						
4d Sed	350	1,000	1,650	3,300	5,750	8,200
2d Clb Cpe	350	1,100	1,800	3,600	6,300	9,000
1951-1952 P23 Cranbrook, 6-cyl., 118.5" wb						
4d Sed	350	1,000	1,700	3,350	5,900	8,400
2d Clb Cpe	400	1,150	1,900	3,800	6,650	9,500
2d HT	550	1,700	2,800	5,600	9,800	14,000
2d Conv	750	2,300	3,800	7,600	13,300	19,000
1953 P24-1 Cambridge, 6-cyl., 114" wb						
4d Sed	300	900	1,550	3,100	5,400	7,700
2d Sed	300	900	1,500	3,050	5,300	7,600
2d Bus Cpe	300	950	1,550	3,100	5,450	7,800
2d Sta Wag	450	1,300	2,200	4,400	7,700	11,000
1953 P24-2 Cranbrook, 6-cyl., 114" wb						
4d Sed	300	950	1,600	3,200	5,600	8,000
2d Clb Cpe	350	1,000	1,700	3,400	5,950	8,500
2d HT	600	1,800	3,000	6,000	10,500	15,000
2d Sta Wag	400	1,200	2,000	4,000	7,000	10,000
2d Conv	850	2,500	4,200	8,400	14,700	21,000
1954 P25-1 Plaza, 6-cyl., 114" wb						
4d Sed	350	1,050	1,750	3,500	6,150	8,800
2d Sed	350	1,050	1,800	3,550	6,250	8,900
2d Bus Cpe	350	1,100	1,800	3,600	6,300	9,000
2d Sta Wag	450	1,400	2,300	4,600	8,050	11,500
1954 P25-2 Savoy, 6-cyl., 114" wb						
4d Sed	350	1,100	1,800	3,600	6,300	9,000
2d Sed	350	1,100	1,800	3,650	6,350	9,100
2d Clb Cpe	400	1,150	1,900	3,800	6,650	9,500
1954 P25-3 Belvedere, 6-cyl., 114" wb						
4d Sed	400	1,150	1,900	3,800	6,650	9,500
2d HT	700	2,050	3,400	6,800	11,900	17,000
2d Conv	900	2,650	4,400	8,800	15,400	22,000
4d Sta Wag	450	1,300	2,200	4,400	7,700	11,000
1955 Plaza, V-8, 115" wb						
4d Sed	350	1,100	1,800	3,600	6,300	9,000
2d Sed	350	1,100	1,800	3,650	6,350	9,100
2d Sta Wag	350	1,100	1,800	3,600	6,300	9,000
4d Sta Wag	400	1,200	2,000	4,000	7,000	10,000
1955 Savoy, V-8, 115" wb						
4d Sed	350	1,100	1,800	3,650	6,350	9,100
2d Sed	350	1,100	1,850	3,700	6,450	9,200
1955 Belvedere, V-8, 115" wb						
4d Sed	400	1,150	1,900	3,800	6,650	9,500
2d Sed	400	1,150	1,900	3,750	6,600	9,400
2d HT	750	2,300	3,800	7,600	13,300	19,000
2d Conv	1,000	3,000	5,000	10,000	17,500	25,000
4d Sta Wag	450	1,300	2,200	4,400	7,700	11,000
NOTE: Deduct 10 percent for 6-cyl. models.						
1956 Plaza, V-8, 115" wb						
4d Sed	350	1,000	1,700	3,350	5,900	8,400
2d Sed	350	1,000	1,700	3,400	5,950	8,500
Bus Cpe	350	1,000	1,650	3,300	5,750	8,200
1956 Savoy, V-8, 115" wb						
4d Sed	350	1,000	1,700	3,400	5,950	8,500
2d Sed	350	1,050	1,700	3,450	6,000	8,600
2d HT	700	2,150	3,600	7,200	12,600	18,000
1956 Belvedere, V-8, 115" wb						
4d Sed	350	1,100	1,800	3,600	6,300	9,000

	6	5	4	3	2	1
4d HT	450	1,300	2,200	4,400	7,700	11,000
2d Sed	350	1,100	1,800	3,600	6,300	9,000
2d HT	900	2,650	4,400	8,800	15,400	22,000

1956 Belvedere, V-8, 115" wb (conv. avail. as 8-cyl. only)
2d Conv	1,100	3,250	5,400	10,800	18,900	27,000

1956 Suburban, V-8, 115" wb
4d DeL Sta Wag	400	1,250	2,100	4,200	7,350	10,500
4d Cus Sta Wag	450	1,300	2,200	4,400	7,700	11,000
4d Spt Sta Wag	450	1,400	2,300	4,600	8,050	11,500

1956 Fury, V-8, (avail. as V-8 only)
2d HT	1,000	3,000	5,000	10,000	17,500	25,000

1957-1958 Plaza, V-8, 118" wb
4d Sed	300	900	1,450	2,900	5,100	7,300
2d Sed	300	850	1,450	2,900	5,050	7,200
2d Bus Cpe	300	850	1,400	2,850	4,950	7,100

1957-1958 Savoy, V-8
4d Sed	300	900	1,500	2,950	5,200	7,400
4d HT	400	1,150	1,900	3,800	6,650	9,500
2d Sed	350	1,000	1,700	3,350	5,900	8,400
2d HT	700	2,050	3,400	6,800	11,900	17,000

1957-1958 Belvedere, V-8, 118" wb
4d Sed	300	950	1,600	3,250	5,650	8,100
4d Spt HT	400	1,250	2,100	4,200	7,350	10,500
2d Sed	300	950	1,600	3,200	5,600	8,000
2d HT	950	2,900	4,800	9,600	16,800	24,000

1957-1958 Belvedere, V-8, 118" wb (conv. avail. as 8-cyl. only)
2d Conv	1,200	3,600	6,000	12,000	21,000	30,000

1957-1958 Suburban, V-8, 122" wb
4d Cus Sta Wag	400	1,200	2,000	4,000	7,000	10,000
2d Cus Sta Wag	400	1,250	2,100	4,200	7,350	10,500
4d Spt Sta Wag	450	1,300	2,200	4,400	7,700	11,000

1957-1958 Fury, V-8, 118" wb (318 cid/290 hp, 1958)
2d HT	1,050	3,100	5,200	10,400	18,200	26,000

NOTE: Deduct 10 percent for 6-cyl. models. Add 20 percent for 350 cid/305 hp V-8 (1957). Add 50 percent for 315 hp Bendix EFI V-8.

1959 Savoy, 6-cyl., 118" wb
4d Sed	300	850	1,400	2,850	4,950	7,100
2d Sed	300	850	1,400	2,800	4,900	7,000

1959 Belvedere, V-8, 118" wb
4d Sed	300	850	1,400	2,800	4,900	7,000
4d HT	350	1,000	1,700	3,400	5,950	8,500
2d Sed	300	850	1,400	2,800	4,900	7,000
2d HT	650	1,900	3,200	6,400	11,200	16,000
2d Conv	1,050	3,100	5,200	10,400	18,200	26,000

1959 Fury, V-8, 118" wb
4d Sed	300	850	1,400	2,800	4,900	7,000
4d HT	350	1,100	1,800	3,600	6,300	9,000
2d HT	700	2,050	3,400	6,800	11,900	17,000

1959 Sport Fury, V-8, 118" wb (260 hp, V-8 offered)
2d HT	700	2,150	3,600	7,200	12,600	18,000
2d Conv	1,100	3,350	5,600	11,200	19,600	28,000

1959 Suburban, V-8, 122" wb
4d Spt Sta Wag	350	1,050	1,750	3,500	6,100	8,700
2d Cus Sta Wag	350	1,050	1,700	3,450	6,000	8,600
4d Cus Sta Wag	350	1,000	1,700	3,400	5,950	8,500

NOTE: Deduct 10 percent for 6-cyl. models.

1960 Valiant 100, 6-cyl., 106.5" wb
4d Sed	300	850	1,450	2,900	5,050	7,200
4d Sta Wag	300	900	1,450	2,900	5,100	7,300

1960 Valiant 200, 6-cyl., 106" wb
4d Sed	300	900	1,450	2,900	5,100	7,300
4d Sta Wag	300	900	1,500	2,950	5,200	7,400

1960 Fleet Special, V8, 118" wb
4d Sed	300	900	1,450	2,900	5,100	7,300
2d Sed	300	850	1,450	2,900	5,050	7,200

1960 Savoy, V-8, 118" wb
4d Sed	300	950	1,550	3,100	5,450	7,800
2d Sed	300	900	1,550	3,100	5,400	7,700

1960 Belvedere, V-8, 118" wb
4d Sed	300	950	1,600	3,150	5,550	7,900
2d Sed	300	950	1,550	3,100	5,450	7,800
2d HT	500	1,450	2,400	4,800	8,400	12,000

	6	5	4	3	2	1
1960 Fury, V-8, 118" wb						
4d Sed	350	1,000	1,700	3,400	5,950	8,500
4d HT	400	1,200	2,000	4,000	7,000	10,000
2d HT	550	1,700	2,800	5,600	9,800	14,000
1960 Fury, V-8, 118" wb (conv. avail. as V-8 only)						
2d Conv	700	2,050	3,400	6,800	11,900	17,000
1960 Suburban, V-8, 122" wb						
4d DeL Sta Wag	350	1,050	1,750	3,500	6,100	8,700
2d DeL Sta Wag	350	1,050	1,700	3,450	6,000	8,600
4d 9P Cus Sta Wag	350	1,050	1,750	3,500	6,100	8,700
4d 9P Spt Sta Wag	350	1,050	1,750	3,500	6,150	8,800

NOTE: Deduct 20 percent for 6-cyl. model except Valiant.

	6	5	4	3	2	1
1961 Valiant 100, 6-cyl., 106.5" wb						
4d Sed	300	950	1,600	3,150	5,550	7,900
2d Sed	300	950	1,550	3,100	5,450	7,800
4d Sta Wag	300	950	1,550	3,100	5,450	7,800
1961 Valiant 200, 6-cyl., 106.5" wb						
4d Sed	300	950	1,600	3,200	5,600	8,000
2d HT	400	1,200	2,000	4,000	7,000	10,000
4d Sta Wag	300	900	1,550	3,100	5,400	7,700

NOTE: Add 20 percent for Hyper Pak 170 cid/148 hp and 30 percent for Hyper Pak 225 cid/220 hp engines.

	6	5	4	3	2	1
1961 Fleet Special, V8, 118" wb						
4d Sed	300	900	1,550	3,100	5,400	7,700
2d Sed	300	900	1,500	3,050	5,300	7,600
1961 Savoy, V-8, 118" wb						
4d Sed	300	950	1,550	3,100	5,450	7,800
2d Sed	300	900	1,550	3,100	5,400	7,700
1961 Belvedere, V-8, 118" wb						
4d Sed	300	900	1,550	3,100	5,400	7,700
2d Clb Sed	300	900	1,550	3,100	5,400	7,700
2d HT	400	1,150	1,950	3,900	6,800	9,700
1961 Fury, V-8, 118" wb						
4d Sed	300	950	1,600	3,150	5,550	7,900
4d HT	350	1,100	1,800	3,600	6,300	9,000
2d HT	500	1,550	2,600	5,200	9,100	13,000
2d Conv	600	1,800	3,000	6,000	10,500	15,000
1961 Suburban, V-8, 122" wb						
4d 6P DeL Sta Wag	350	1,000	1,650	3,300	5,750	8,200
2d 6P DeL Sta Wag	300	950	1,600	3,250	5,650	8,100
4d 6P Cus Sta Wag	350	1,000	1,650	3,300	5,750	8,200
4d 9P Spt Sta Wag	350	1,000	1,650	3,300	5,800	8,300

NOTE: Deduct 10 percent for 6-cyl. models. Add 30 percent for 330, 340, 350, 375 hp engines.

	6	5	4	3	2	1
1962 Valiant 100, 6-cyl., 106.5" wb						
4d Sed	250	800	1,350	2,700	4,700	6,700
2d Sed	250	800	1,300	2,650	4,600	6,600
4d Sta Wag	250	800	1,350	2,700	4,750	6,800
1962 Valiant 200, 6-cyl., 106.5" wb						
4d Sed	250	800	1,350	2,700	4,750	6,800
2d Sed	250	800	1,350	2,700	4,700	6,700
4d Sta Wag	300	850	1,400	2,750	4,850	6,900
1962 Valiant Signet, 6-cyl., 106.5" wb						
2d HT	350	1,000	1,700	3,400	5,950	8,500

NOTE: Add 20 percent for Hyper Pak 170 cid/148 hp and 30 percent for Hyper Pak 225 cid/200 hp engines.

	6	5	4	3	2	1
1962 Fleet Special, V8, 116" wb						
4d Sed	250	800	1,300	2,650	4,600	6,600
2d Sed	250	800	1,300	2,600	4,550	6,500
1962 Savoy, V-8, 116" wb						
4d Sed	250	800	1,350	2,700	4,700	6,700
2d Sed	250	800	1,300	2,650	4,600	6,600
1962 Belvedere, V-8, 116" wb						
4d Sed	250	800	1,350	2,700	4,750	6,800
2d Sed	250	800	1,350	2,700	4,700	6,700
2d HT	400	1,150	1,900	3,800	6,650	9,500
1962 Fury, V-8, 116" wb						
4d Sed	300	850	1,400	2,750	4,850	6,900
4d HT	300	900	1,500	3,000	5,250	7,500
2d HT	450	1,300	2,200	4,400	7,700	11,000
2d Conv	550	1,700	2,800	5,600	9,800	14,000
1962 Sport Fury, V-8, 116" wb						
2d HT	500	1,450	2,400	4,800	8,400	12,000

	6	5	4	3	2	1
2d Conv	600	1,800	3,000	6,000	10,500	15,000

1962 Suburban, V-8, 116" wb
4d 6P Savoy Sta Wag	300	850	1,450	2,900	5,050	7,200
4d 6P Belv Sta Wag	300	900	1,450	2,900	5,100	7,300
4d 9P Fury Sta Wag	300	900	1,500	2,950	5,200	7,400

NOTE: Deduct 10 percent for 6-cyl. models. Add 30 percent for Golden Commando 361 ci. Add 50 percent for Golden Commando 383 ci. Add 75 percent for Super Stock 413, 410 hp.

1963 Valiant 100, 6-cyl., 106.5" wb
4d Sed	250	750	1,200	2,450	4,250	6,100
2d Sed	250	700	1,200	2,400	4,200	6,000
4d Sta Wag	250	750	1,200	2,450	4,250	6,100

1963 Valiant 200, 6-cyl., 106.5" wb
4d Sed	250	750	1,250	2,500	4,350	6,200
2d Sed	250	750	1,200	2,450	4,250	6,100
2d Conv	400	1,250	2,100	4,200	7,350	10,500
4d Sta Wag	250	750	1,200	2,450	4,250	6,100

1963 Valiant Signet, 6-cyl., 106.5" wb
2d HT	400	1,250	2,100	4,200	7,350	10,500
2d Conv	450	1,400	2,300	4,600	8,050	11,500

1963 Savoy, V-8, 116" wb
4d Sed	250	800	1,300	2,600	4,550	6,500
2d Sed	250	800	1,300	2,650	4,600	6,600
4d 6P Sta Wag	250	750	1,300	2,550	4,500	6,400

1963 Belvedere, V-8, 116" wb
4d Sed	250	800	1,300	2,650	4,600	6,600
2d Sed	250	800	1,300	2,650	4,600	6,600
4d HT	300	850	1,450	2,900	5,050	7,200
4d 6P Sta Wag	300	850	1,400	2,800	4,900	7,000

1963 Fury, V-8, 116" wb
4d Sed	250	800	1,350	2,700	4,700	6,700
4d HT	300	900	1,500	3,000	5,250	7,500
2d HT	450	1,400	2,300	4,600	8,050	11,500
2d Conv	500	1,550	2,600	5,200	9,100	13,000
4d 9P Sta Wag	300	850	1,400	2,850	4,950	7,100

1963 Sport Fury, V-8, 116" wb
2d HT	500	1,500	2,500	5,000	8,750	12,500
2d Conv	550	1,600	2,700	5,400	9,450	13,500

NOTE: Deduct 10 percent for 6-cyl. models. Add 75 percent for Max Wedge II 426 engine. Add 40 percent for 413.

1964 Valiant 100, 6-cyl., 106.5" wb
4d Sed	250	750	1,200	2,450	4,250	6,100
2d Sed	250	700	1,200	2,400	4,200	6,000
4d Sta Wag	250	750	1,200	2,450	4,250	6,100

1964 Valiant 200, 6 or V-8, 106.5" wb
4d Sed	250	750	1,250	2,500	4,350	6,200
2d Sed	250	750	1,200	2,450	4,250	6,100
2d Conv	500	1,450	2,400	4,800	8,400	12,000
4d Sta Wag	250	750	1,200	2,450	4,250	6,100

1964 Valiant Signet, V-8 cyl., 106.5" wb
2d HT	450	1,300	2,200	4,400	7,700	11,000
2d Barracuda	500	1,550	2,600	5,200	9,100	13,000
2d Conv	650	1,900	3,200	6,400	11,200	16,000

1964 Savoy, V-8, 116" wb
4d Sed	250	800	1,300	2,600	4,550	6,500
2d Sed	250	800	1,300	2,650	4,600	6,600
4d 6P Sta Wag	250	800	1,350	2,700	4,700	6,700

1964 Belvedere, V-8, 116" wb
2d HT	400	1,200	2,000	4,000	7,000	10,000
4d Sed	250	800	1,300	2,650	4,600	6,600
2d Sed	250	800	1,300	2,650	4,600	6,600
4d 6P Sta Wag	300	850	1,400	2,750	4,850	6,900

1964 Fury, V-8, 116" wb
4d Sed	250	800	1,350	2,700	4,700	6,700
4d HT	300	850	1,400	2,850	4,950	7,100
2d HT	500	1,450	2,400	4,800	8,400	12,000
2d Conv	500	1,550	2,600	5,200	9,100	13,000
4d 9P Sta Wag	300	850	1,400	2,850	4,950	7,100

1964 Sport Fury, V-8, 116" wb
2d HT	550	1,700	2,800	5,600	9,800	14,000
Conv	700	2,050	3,400	6,800	11,900	17,000

NOTE: Deduct 10 percent for 6-cyl. models. Add 75 percent for 426-415 MW III. Autos equipped with 426 Hemi, value inestimable.

	6	5	4	3	2	1
1965 Valiant 100, V-8, 106" wb						
4d Sed	250	750	1,200	2,450	4,250	6,100
2d Sed	250	700	1,200	2,400	4,200	6,000
4d Sta Wag	250	750	1,200	2,450	4,250	6,100
1965 Valiant 200, V-8, 106" wb						
4d Sed	250	750	1,250	2,500	4,350	6,200
2d Sed	250	750	1,200	2,450	4,250	6,100
2d Conv	500	1,450	2,400	4,800	8,400	12,000
4d Sta Wag	250	750	1,200	2,450	4,250	6,100
1965 Valiant Signet, V-8, 106" wb						
2d HT	500	1,550	2,600	5,200	9,100	13,000
2d Conv	700	2,050	3,400	6,800	11,900	17,000
1965 Barracuda, V-8, 106" wb						
2d HT	650	1,900	3,200	6,400	11,200	16,000
NOTE: Add 10 percent for Formula S option.						
1965 Belvedere I, V-8, 116" wb						
4d Sed	250	750	1,250	2,500	4,350	6,200
2d Sed	250	750	1,200	2,450	4,250	6,100
4d Sta Wag	250	750	1,250	2,500	4,350	6,200
1965 Belvedere II, V-8, 116" wb						
4d Sed	250	750	1,300	2,550	4,500	6,400
2d HT	400	1,200	2,000	4,000	7,000	10,000
2d Conv	500	1,450	2,400	4,800	8,400	12,000
4d 9P Sta Wag	250	800	1,300	2,600	4,550	6,500
4d 6P Sta Wag	250	750	1,300	2,550	4,500	6,400
1965 Satellite, V-8, 116"wb						
2d HT	500	1,450	2,400	4,800	8,400	12,000
2d Conv	750	2,300	3,800	7,600	13,300	19,000
1965 Fury, V-8, 119" wb						
4d Sed	250	800	1,300	2,650	4,600	6,600
2d Sed	250	800	1,300	2,600	4,550	6,500
1965 Fury, V-8, 119" wb, Sta Wag 121" wb						
4d Sta Wag	250	800	1,300	2,650	4,600	6,600
1965 Fury II, V-8, 119" wb						
4d Sed	250	800	1,350	2,700	4,700	6,700
2d Sed	250	800	1,350	2,700	4,750	6,800
1965 Fury II, V-8, 119" wb, Sta Wag 121" wb						
4d 9P Sta Wag	250	800	1,350	2,700	4,750	6,800
4d 6P Sta Wag	250	800	1,350	2,700	4,700	6,700
1965 Fury III, V-8, 119" wb						
4d Sed	250	800	1,350	2,700	4,750	6,800
4d HT	300	950	1,600	3,200	5,600	8,000
2d HT	450	1,300	2,200	4,400	7,700	11,000
2d Conv	650	1,900	3,200	6,400	11,200	16,000
1965 Fury III, V-8, 119" wb, Sta Wag 121" wb						
4d 9P Sta Wag	300	850	1,400	2,750	4,850	6,900
4d 6P Sta Wag	250	800	1,350	2,700	4,750	6,800
1965 Sport Fury, V-8						
2d HT	500	1,550	2,600	5,200	9,100	13,000
2d Conv	650	1,900	3,200	6,400	11,200	16,000
NOTE: Deduct 5 percent for 6-cyl. models. Add 60 percent for 426 Commando engine option. Add 75 percent for 426 Hemi.						
1966 Valiant 100, V-8, 106" wb						
4d Sed	250	750	1,250	2,500	4,350	6,200
2d Sed	250	750	1,200	2,450	4,250	6,100
4d Sta Wag	250	750	1,300	2,550	4,500	6,400
1966 Valiant 200, V-8, 106" wb						
4d Sed	250	750	1,250	2,500	4,400	6,300
4d Sta Wag	250	800	1,300	2,600	4,550	6,500
1966 Valiant Signet, V-8, 106" wb						
2d HT	450	1,400	2,300	4,600	8,050	11,500
2d Conv	550	1,700	2,800	5,600	9,800	14,000
1966 Barracuda, V-8, 106" wb						
2d HT	500	1,550	2,600	5,200	9,100	13,000
NOTE: Add 10 percent for Formula S.						
1966 Belvedere I, V-8, 116" wb						
4d Sed	250	750	1,250	2,500	4,400	6,300
2d Sed	250	750	1,250	2,500	4,350	6,200
4d Sta Wag	250	800	1,300	2,650	4,600	6,600
1966 Belvedere II, V-8, 116" wb						
4d Sed	250	750	1,300	2,550	4,500	6,400
2d HT	450	1,400	2,300	4,600	8,050	11,500

	6	5	4	3	2	1
2d Conv	550	1,700	2,800	5,600	9,800	14,000
4d Sta Wag	250	800	1,350	2,700	4,700	6,700
1966 Satellite, V-8, 116" wb						
2d HT	500	1,550	2,600	5,200	9,100	13,000
2d Conv	600	1,800	3,000	6,000	10,500	15,000
1966 Fury I, V-8, 119" wb						
4d Sed	250	800	1,300	2,600	4,550	6,500
2d Sed	250	750	1,300	2,550	4,500	6,400
4d 6P Sta Wag	250	800	1,350	2,700	4,750	6,800
NOTE: Deduct 5 percent for 6-cyl. models.						
1966 Fury II, V-8, 119" wb						
4d Sed	250	800	1,300	2,650	4,600	6,600
2d Sed	250	800	1,300	2,600	4,550	6,500
4d 9P Sta Wag	300	850	1,400	2,750	4,850	6,900
1966 Fury III, V-8, 119" wb						
4d Sed	250	800	1,350	2,700	4,700	6,700
2d HT	500	1,500	2,500	5,000	8,750	12,500
4d HT	350	1,000	1,700	3,400	5,950	8,500
2d Conv	600	1,800	3,000	6,000	10,500	15,000
4d 9P Sta Wag	300	950	1,600	3,200	5,600	8,000
1966 Sport Fury, V-8, 119" wb						
2d HT	500	1,450	2,400	4,800	8,400	12,000
2d Conv	650	1,900	3,200	6,400	11,200	16,000
1966 VIP, V-8, 119" wb						
4d HT	350	1,000	1,700	3,400	5,950	8,500
2d HT	500	1,450	2,400	4,800	8,400	12,000
NOTE: Autos equipped with 426 Street Hemi or Race Hemi, value inestimable.						
1967 Valiant 100, V-8, 108" wb						
4d Sed	250	750	1,250	2,500	4,350	6,200
2d Sed	250	750	1,200	2,450	4,250	6,100
1967 Valiant Signet, V-8, 108" wb						
4d Sed	250	750	1,250	2,500	4,400	6,300
2d Sed	250	750	1,250	2,500	4,350	6,200
1967 Barracuda, V-8, 108" wb						
2d HT	500	1,450	2,400	4,800	8,400	12,000
2d FBk	500	1,550	2,600	5,200	9,100	13,000
2d Conv	600	1,800	3,000	6,000	10,500	15,000
NOTE: Add 10 percent for Formula S and 40 percent for 383 CID.						
1967 Belvedere I, V-8, 116" wb						
4d Sed	250	750	1,250	2,500	4,400	6,300
2d Sed	250	750	1,250	2,500	4,350	6,200
4d 6P Sta Wag	250	750	1,250	2,500	4,350	6,200
1967 Belvedere II, V-8, 116" wb						
4d Sed	250	750	1,300	2,550	4,500	6,400
2d HT	450	1,400	2,300	4,600	8,050	11,500
2d Conv	550	1,700	2,800	5,600	9,800	14,000
4d 9P Sta Wag	250	750	1,300	2,550	4,500	6,400
1967 Satellite, V-8, 116" wb						
2d HT	700	2,150	3,600	7,200	12,600	18,000
2d Conv	700	2,100	3,500	7,000	12,250	17,500
1967 GTX, V-8, 116" wb						
2d HT	750	2,300	3,800	7,600	13,300	19,000
2d Conv	800	2,400	4,000	8,000	14,000	20,000
1967 Fury I, V-8, 122" wb						
4d Sed	250	800	1,300	2,650	4,600	6,600
2d Sed	250	800	1,300	2,600	4,550	6,500
4d 6P Sta Wag	250	800	1,350	2,700	4,700	6,700
1967 Fury II, V-8, 122" wb						
4d Sed	250	800	1,350	2,700	4,700	6,700
2d Sed	250	800	1,300	2,650	4,600	6,600
4d 9P Sta Wag	300	850	1,400	2,800	4,900	7,000
1967 Fury III, V-8, 122" wb						
4d Sed	250	800	1,350	2,700	4,750	6,800
4d HT	300	900	1,500	3,000	5,250	7,500
2d HT	450	1,300	2,200	4,400	7,700	11,000
2d Conv	600	1,800	3,000	6,000	10,500	15,000
4d 9P Sta Wag	300	850	1,400	2,800	4,900	7,000
1967 Sport Fury, V-8, 119" wb						
2d HT	450	1,300	2,200	4,400	7,700	11,000
2d FBk	450	1,350	2,250	4,500	7,850	11,200
2d Conv	650	1,900	3,200	6,400	11,200	16,000

	6	5	4	3	2	1
1967 VIP, V-8, 119" wb						
4d HT	350	1,100	1,800	3,600	6,300	9,000
2d HT	450	1,400	2,300	4,600	8,050	11,500

NOTE: Add 50 percent for 440 engine. Autos equipped with 426 Hemi, value inestimable.

	6	5	4	3	2	1
1968 Valiant 100, V-8, 108" wb						
4d Sed	250	750	1,250	2,500	4,400	6,300
2d Sed	250	750	1,250	2,500	4,350	6,200
1968 Valiant Signet, V-8, 108" wb						
4d Sed	250	800	1,300	2,600	4,550	6,500
2d Sed	250	750	1,300	2,550	4,500	6,400
1968 Barracuda, V-8, 108" wb						
2d HT	500	1,550	2,600	5,200	9,100	13,000
2d FBk	550	1,700	2,800	5,600	9,800	14,000
2d Conv	700	2,050	3,400	6,800	11,900	17,000

NOTE: Add 20 percent for Barracuda/Formula S and 40 percent for 383 cid.

	6	5	4	3	2	1
1968 Belvedere, V-8, 116" wb						
4d Sed	250	750	1,300	2,550	4,500	6,400
2d Sed	250	750	1,250	2,500	4,400	6,300
4d 6P Sta Wag	250	800	1,300	2,600	4,550	6,500
1968 Satellite, V-8, 116" wb						
4d Sed	250	800	1,300	2,600	4,550	6,500
2d HT	500	1,450	2,400	4,800	8,400	12,000
2d Conv	500	1,550	2,600	5,200	9,100	13,000
4d Sta Wag	250	800	1,300	2,650	4,600	6,600
1968 Sport Satellite, V-8, 116" wb						
2d HT	550	1,700	2,800	5,600	9,800	14,000
2d Conv	600	1,800	3,000	6,000	10,500	15,000
4d Sta Wag	250	800	1,350	2,700	4,700	6,700
1968 Road Runner, V-8, 116" wb						
2d Cpe	850	2,500	4,200	8,400	14,700	21,000
2d HT	900	2,700	4,500	9,000	15,700	22,500
1968 GTX, V-8, 116" wb						
2d HT	900	2,650	4,400	8,800	15,400	22,000
2d Conv	1,000	3,050	5,100	10,200	17,900	25,500
1968 Fury I, V-8, 119" & 122" wb						
4d Sed	250	800	1,350	2,700	4,700	6,700
2d Sed	250	800	1,300	2,650	4,600	6,600
4d 6P Sta Wag	250	800	1,350	2,700	4,750	6,800
1968 Fury II, V-8, 119" & 122" wb						
4d Sed	250	800	1,350	2,700	4,750	6,800
2d Sed	250	800	1,350	2,700	4,700	6,700
4d 6P Sta Wag	300	850	1,400	2,750	4,850	6,900
1968 Fury III, V-8, 119" & 122" wb						
4d Sed	300	850	1,400	2,750	4,850	6,900
4d HT	300	900	1,550	3,100	5,400	7,700
2d HT	450	1,300	2,200	4,400	7,700	11,000
2d HT FBk	400	1,250	2,100	4,200	7,350	10,500
2d Conv	500	1,550	2,600	5,200	9,100	13,000
4d 6P Sta Wag	300	850	1,400	2,800	4,900	7,000
1968 Suburban, V-8, 121" wb						
4d 6P Cus Sta Wag	250	800	1,350	2,700	4,700	6,700
4d 9P Cus Sta Wag	250	800	1,350	2,700	4,750	6,800
4d 6P Spt Sta Wag	300	850	1,400	2,750	4,850	6,900
4d 9P Spt Sta Wag	300	850	1,400	2,800	4,900	7,000
1968 Sport Fury, V-8, 119" wb						
2d HT	450	1,300	2,200	4,400	7,700	11,000
2d HT FBk	450	1,400	2,300	4,600	8,050	11,500
2d Conv	500	1,550	2,600	5,200	9,100	13,000
1968 VIP, V-8, 119" wb						
4d HT	400	1,150	1,900	3,800	6,650	9,500
2d FBk	450	1,400	2,300	4,600	8,050	11,500

NOTE: Add 50 percent for 440 engine. Autos equipped with 426 Hemi, value inestimable.

	6	5	4	3	2	1
1969 Valiant 100, V-8, 108" wb						
4d Sed	250	700	1,200	2,350	4,150	5,900
2d Sed	250	700	1,150	2,300	4,050	5,800
1969 Valiant Signet, V-8, 108" wb						
4d Sed	250	700	1,200	2,400	4,200	6,000
2d Sed	250	700	1,200	2,350	4,150	5,900
1969 Barracuda, V-8, 108" wb						
2d HT	650	1,900	3,200	6,400	11,200	16,000
2d HT FBk	700	2,050	3,400	6,800	11,900	17,000
2d Conv	750	2,300	3,800	7,600	13,300	19,000

410   PLYMOUTH

	6	5	4	3	2	1

NOTE: Add 40 percent for Formula S 383 cid option. Add 50 percent for Barracuda 440.

1969 Belvedere, V-8, 117" wb
	6	5	4	3	2	1
4d Sed	250	750	1,250	2,500	4,350	6,200
2d Sed	250	750	1,200	2,450	4,250	6,100
4d 6P Sta Wag	250	750	1,250	2,500	4,350	6,200

1969 Satellite, V-8, 116" & 117" wb
4d Sed	250	750	1,250	2,500	4,400	6,300
2d HT	500	1,450	2,400	4,800	8,400	12,000
2d Conv	550	1,700	2,800	5,600	9,800	14,000
4d 6P Sta Wag	250	750	1,300	2,550	4,500	6,400

1969 Sport Satellite, V-8, 116" & 117" wb
4d Sed	250	750	1,300	2,550	4,500	6,400
2d HT	500	1,550	2,600	5,200	9,100	13,000
2d Conv	700	2,050	3,400	6,800	11,900	17,000
4d 9P Sta Wag	250	800	1,300	2,600	4,550	6,500

1969 Road Runner, V-8, 116" wb
2d Sed	800	2,400	4,000	8,000	14,000	20,000
2d HT	900	2,750	4,600	9,200	16,100	23,000
2d Conv	1,100	3,250	5,400	10,800	18,900	27,000

1969 GTX, V-8, 116" wb
2d HT	900	2,700	4,500	9,000	15,700	22,500
2d Conv	1,050	3,200	5,300	10,600	18,600	26,500

1969 Fury I, V-8, 120" & 122" wb
4d Sed	250	800	1,300	2,650	4,600	6,600
2d Sed	250	800	1,300	2,600	4,550	6,500
4d 6P Sta Wag	250	800	1,350	2,700	4,700	6,700

1969 Fury II, V-8, 120" & 122" wb
4d Sed	250	800	1,350	2,700	4,700	6,700
2d Sed	250	800	1,300	2,650	4,600	6,600
4d 6P Sta Wag	250	800	1,350	2,700	4,750	6,800

1969 Fury III, V-8, 120" & 122" wb
4d Sed	250	800	1,350	2,700	4,750	6,800
4d HT	300	900	1,450	2,900	5,100	7,300
2d HT	400	1,250	2,100	4,200	7,350	10,500
2d Conv	500	1,550	2,600	5,200	9,100	13,000
4d 9P Sta Wag	300	850	1,400	2,800	4,900	7,000

1969 Sport Fury
2d HT	400	1,250	2,100	4,200	7,350	10,500
2d Conv	550	1,700	2,800	5,600	9,800	14,000

1969 VIP
4d HT	300	950	1,600	3,200	5,600	8,000
2d HT	450	1,300	2,200	4,400	7,700	11,000

NOTE: Add 75 percent for 440 6 pack. Autos equipped with 426 Hemi, value inestimable.

1970 Valiant
4d Sed	250	700	1,150	2,300	4,050	5,800

1970 Valiant Duster
2d Cpe	300	850	1,400	2,800	4,900	7,000

1970 Duster '340'
2d Cpe	400	1,150	1,900	3,800	6,650	9,500

1970 Barracuda
2d HT	700	2,150	3,600	7,200	12,600	18,000
2d Conv	750	2,300	3,800	7,600	13,300	19,000

1970 Gran Coupe
2d HT	900	2,650	4,400	8,800	15,400	22,000
2d Conv	900	2,750	4,600	9,200	16,100	23,000

1970 Cuda
2d HT	950	2,900	4,800	9,600	16,800	24,000
2d Conv	1,000	3,000	5,000	10,000	17,500	25,000
2d Hemi Cuda Conv			value not estimable			

1970 Cuda AAR
2d HT	1,250	3,700	6,200	12,400	21,700	31,000

1970 Belvedere
4d Sed	250	750	1,250	2,500	4,350	6,200
2d Cpe	250	750	1,200	2,450	4,250	6,100
4d Wag	250	750	1,250	2,500	4,400	6,300

1970 Road Runner
2d Cpe	700	2,050	3,400	6,800	11,900	17,000
2d HT	800	2,400	4,000	8,000	14,000	20,000
2d Superbird	2,200	6,600	11,000	22,000	38,500	55,000
2d Conv	1,000	3,000	5,000	10,000	17,500	25,000

1970 Satellite
4d Sed	250	750	1,250	2,500	4,400	6,300

	6	5	4	3	2	1
2d HT	500	1,450	2,400	4,800	8,400	12,000
2d Conv	500	1,550	2,600	5,200	9,100	13,000
4d 6P Wag	250	750	1,300	2,550	4,500	6,400
4d 9P Wag	250	800	1,300	2,600	4,550	6,500
1970 Sport Satellite						
4d Sed	250	800	1,300	2,600	4,550	6,500
2d HT	600	1,800	3,000	6,000	10,500	15,000
4d 6P Wag	250	800	1,300	2,600	4,550	6,500
4d 9P Wag	250	800	1,300	2,650	4,600	6,600
1970 GTX						
2d HT	800	2,400	4,000	8,000	14,000	20,000
1970 Fury I						
4d Sed	250	800	1,300	2,650	4,600	6,600
2d Sed	250	800	1,300	2,600	4,550	6,500
1970 Fury II						
4d Sed	250	800	1,350	2,700	4,700	6,700
2d Sed	250	800	1,300	2,650	4,600	6,600
4d 6P Wag	250	800	1,350	2,700	4,700	6,700
4d 9P Wag	250	800	1,350	2,700	4,750	6,800
1970 Gran Coupe						
2d Sed	350	1,100	1,800	3,600	6,300	9,000
1970 Fury III						
4d Sed	250	800	1,350	2,700	4,750	6,800
2d HT	400	1,150	1,900	3,800	6,650	9,500
4d HT	300	950	1,600	3,200	5,600	8,000
2d Fml	400	1,150	1,950	3,900	6,800	9,700
2d Conv	550	1,700	2,800	5,600	9,800	14,000
4d 6P Wag	300	850	1,400	2,800	4,900	7,000
4d 9P Wag	300	850	1,400	2,850	4,950	7,100
1970 Sport Fury						
4d Sed	300	850	1,400	2,750	4,850	6,900
2d HT	400	1,250	2,100	4,200	7,350	10,500
4d HT	350	1,000	1,700	3,400	5,950	8,500
2d Fml	450	1,300	2,150	4,300	7,500	10,700
4d Wag	300	850	1,450	2,900	5,050	7,200
1970 Fury S-23						
2d HT	550	1,600	2,700	5,400	9,450	13,500
1970 Fury GT						
2d HT	550	1,700	2,800	5,600	9,800	14,000

NOTE: Add 60 percent for 440 6 pack. Autos equipped with 426 Hemi, value inestimable. Add 10 percent for 'Cuda 340 package. Add 40 percent for 'Cuda 383 (not avail. on conv.).

	6	5	4	3	2	1
1971 Valiant						
4d Sed	250	700	1,150	2,300	4,000	5,700
1971 Duster						
2d Cpe	250	700	1,200	2,400	4,200	6,000
1971 Duster '340'						
2d Cpe	400	1,150	1,900	3,850	6,700	9,600
1971 Scamp						
2d HT	350	1,000	1,700	3,400	5,950	8,500
1971 Barracuda						
2d Cpe	600	1,750	2,900	5,800	10,200	14,500
2d HT	650	2,000	3,300	6,600	11,600	16,500
2d Conv	750	2,300	3,800	7,600	13,300	19,000
1971 Gran Coupe						
2d HT	700	2,150	3,600	7,200	12,600	18,000
1971 'Cuda						
2d HT	850	2,500	4,200	8,400	14,700	21,000
2d Conv	950	2,900	4,800	9,600	16,800	24,000
1971 Satellite						
4d Sed	250	700	1,150	2,300	4,050	5,800
2d Cpe	300	900	1,500	3,000	5,250	7,500
4d Sta Wag	250	700	1,150	2,300	4,000	5,700
1971 Satellite Sebring						
2d HT	500	1,500	2,500	5,000	8,750	12,500
1971 Satellite Custom						
4d Sed	250	700	1,200	2,350	4,150	5,900
4d 6P Sta Wag	250	700	1,150	2,300	4,050	5,800
4d 9P Sta Wag	250	700	1,200	2,350	4,150	5,900
1971 Road Runner						
2d HT	700	2,150	3,600	7,200	12,600	18,000
1971 Sebring Plus						
2d HT	550	1,700	2,800	5,600	9,800	14,000

1967 Pontiac Firebird coupe

1979 Pontiac Firebird Trans Am coupe

1993 Pontiac Firebird coupe

	6	5	4	3	2	1
1971 Satellite Brougham						
4d Sed	250	700	1,200	2,400	4,200	6,000
1971 Regent Wagon						
4d 6P Sta Wag	250	700	1,200	2,400	4,200	6,000
4d 9P Sta Wag	250	750	1,200	2,450	4,250	6,100
1971 GTX						
2d HT	600	1,750	2,900	5,800	10,200	14,500
1971 Fury I						
4d Sed	250	750	1,250	2,500	4,350	6,200
2d Sed	250	750	1,200	2,450	4,250	6,100
1971 Fury Custom						
4d Sed	250	750	1,250	2,500	4,400	6,300
2d Sed	250	750	1,250	2,500	4,350	6,200
1971 Fury II						
4d Sed	250	750	1,300	2,550	4,500	6,400
2d HT	400	1,200	2,000	4,000	7,000	10,000
4d 6P Sta Wag	250	750	1,300	2,550	4,500	6,400
4d 9P Sta Wag	250	800	1,300	2,600	4,550	6,500
1971 Fury III						
4d Sed	250	800	1,300	2,600	4,550	6,500
2d HT	400	1,250	2,100	4,200	7,350	10,500
4d HT	300	950	1,600	3,200	5,600	8,000
2d Fml Cpe	450	1,300	2,150	4,300	7,550	10,800
4d 6P Sta Wag	250	800	1,300	2,600	4,550	6,500
4d 9P Sta Wag	250	800	1,300	2,650	4,600	6,600
1971 Sport Fury						
4d Sed	250	800	1,350	2,700	4,700	6,700
4d HT	300	850	1,450	2,900	5,050	7,200
2d Fml Cpe	350	1,100	1,800	3,600	6,300	9,000
2d HT	400	1,150	1,900	3,800	6,650	9,500
4d 9P Sta Wag	250	800	1,350	2,700	4,750	6,800
4d 6P Sta Wag	250	800	1,350	2,700	4,700	6,700
1971 Sport Fury 'GT'						
2d HT	500	1,500	2,500	5,000	8,750	12,500

NOTE: Add 40 percent for 440 engine. Deduct 10 percent for Cuda 340 package. Add 70 percent for 440 6 pack. Autos equipped with 426 Hemi, value inestimable.

	6	5	4	3	2	1
1972 Valiant						
4d Sed	250	700	1,150	2,300	4,000	5,700
1972 Duster						
2d Cpe	300	900	1,500	3,000	5,250	7,500
2d '340' Cpe	400	1,200	2,000	4,000	7,000	10,000
1972 Scamp						
2d HT	400	1,200	2,000	4,000	7,000	10,000
1972 Barracuda						
2d HT	550	1,700	2,800	5,600	9,800	14,000
1972 'Cuda						
2d HT	600	1,800	3,000	6,000	10,500	15,000
1972 Satellite						
4d Sed	250	700	1,200	2,350	4,150	5,900
2d Cpe	300	900	1,500	3,000	5,250	7,500
4d 6P Wag	250	700	1,200	2,350	4,150	5,900
1972 Satellite Sebring						
2d HT	500	1,500	2,500	5,000	8,750	12,500
1972 Satellite Custom						
4d Sed	250	700	1,200	2,400	4,200	6,000
4d 6P Wag	300	850	1,400	2,850	4,950	7,100
4d 9P Wag	300	850	1,400	2,800	4,900	7,000
1972 Sebring-Plus						
2d HT	500	1,550	2,600	5,200	9,100	13,000
1972 Regent						
4d 6P Wag	300	850	1,450	2,900	5,050	7,200
4d 9P Wag	300	900	1,450	2,900	5,100	7,300
1972 Road Runner						
2d HT	700	2,050	3,400	6,800	11,900	17,000
1972 Fury I						
4d Sed	200	650	1,100	2,250	3,900	5,600
1972 Fury II						
4d Sed	250	700	1,150	2,300	4,000	5,700
2d HT	400	1,150	1,900	3,800	6,650	9,500
1972 Fury III						
4d Sed	250	700	1,150	2,300	4,050	5,800
4d HT	250	800	1,300	2,600	4,550	6,500

	6	5	4	3	2	1
2d Fml Cpe	400	1,150	1,950	3,900	6,800	9,700
2d HT	400	1,150	1,900	3,850	6,700	9,600
1972 Gran Fury						
4d HT	300	850	1,450	2,900	5,050	7,200
2d Fml Cpe	400	1,200	1,950	3,900	6,850	9,800
1972 Suburban						
4d 6P Sta Wag	250	750	1,200	2,450	4,250	6,100
4d 9P Sta Wag	250	750	1,250	2,500	4,350	6,200
4d 6P Cus Wag	250	750	1,250	2,500	4,350	6,200
4d 9P Cus Wag	250	750	1,250	2,500	4,400	6,300
4d 6P Spt Wag	250	750	1,300	2,550	4,500	6,400
4d 9P Spt Wag	250	800	1,300	2,600	4,550	6,500

NOTE: Add 20 percent for 440 engine where available.

1973 Valiant, V-8						
4d Sed	200	600	1,000	2,050	3,550	5,100
1973 Duster, V-8						
2d Cpe Sport	250	800	1,300	2,650	4,600	6,600
2d 340 Cpe Spt	300	950	1,600	3,200	5,600	8,000
1973 Scamp, V-8						
2d HT	350	1,000	1,650	3,300	5,750	8,200
1973 Barracuda, V-8						
2d HT	500	1,550	2,600	5,200	9,100	13,000
2d 'Cuda HT	550	1,700	2,800	5,600	9,800	14,000
1973 Satellite Custom, V-8						
4d Sed	250	700	1,200	2,350	4,150	5,900
4d 3S Sta Wag	250	800	1,300	2,600	4,550	6,500
4d 3S Sta Wag Regent	250	800	1,300	2,650	4,600	6,600
2d Cpe	300	900	1,450	2,900	5,100	7,300
1973 Road Runner, V-8						
2d Cpe	450	1,300	2,200	4,400	7,700	11,000
1973 Satellite-Plus, V-8						
2d HT	400	1,250	2,100	4,200	7,350	10,500
1973 Satellite Sebring, V-8						
2d HT	400	1,200	2,000	4,000	7,000	10,000
1973 Fury I, V-8						
4d Sed	250	700	1,200	2,400	4,200	6,000
1973 Fury II, V-8						
4d Sed	250	750	1,200	2,450	4,250	6,100
1973 Fury III, V-8						
4d Sed	250	750	1,250	2,500	4,350	6,200
2d HT	350	1,100	1,800	3,600	6,300	9,000
4d HT	300	850	1,400	2,800	4,900	7,000
1973 Gran Fury, V-8						
2d HT	400	1,150	1,900	3,800	6,650	9,500
4d HT	300	900	1,450	2,900	5,100	7,300
1973 Fury Suburban, V-8						
4d 3S Spt Sta Wag	250	700	1,200	2,400	4,200	6,000

NOTE: Add 20 percent for 440 engine where available.

1974 Valiant						
4d Sed	200	600	1,000	2,000	3,500	5,000
1974 Duster						
2d Cpe	200	600	1,000	2,050	3,550	5,100
1974 Scamp						
2d HT	250	800	1,300	2,650	4,600	6,600
1974 Duster '360'						
2d Cpe	300	850	1,450	2,900	5,050	7,200
1974 Valiant Brougham						
4d Sed	200	600	1,050	2,100	3,650	5,200
2d HT	300	900	1,500	3,000	5,250	7,500
1974 Barracuda						
2d Spt Cpe	450	1,300	2,200	4,400	7,700	11,000
1974 'Cuda						
2d Spt Cpe	500	1,450	2,400	4,800	8,400	12,000
1974 Satellite						
4d Sed	200	600	1,000	2,050	3,550	5,100
2d Cpe	200	600	1,050	2,100	3,650	5,200
1974 Satellite Custom						
4d Sed	200	650	1,050	2,100	3,700	5,300
1974 Sebring						
2d HT	350	1,050	1,750	3,500	6,150	8,800

	6	5	4	3	2	1
1974 Sebring-Plus						
2d HT	350	1,100	1,800	3,650	6,350	9,100
1974 Road Runner						
2d Cpe	400	1,200	2,000	4,050	7,050	10,100
1974 Satellite Wagon						
4d Std Wag	200	650	1,100	2,150	3,800	5,400
4d 6P Cus Wag	200	650	1,100	2,200	3,850	5,500
4d 9P Cus Wag	200	650	1,100	2,250	3,900	5,600
4d 6P Regent	200	650	1,100	2,200	3,850	5,500
4d 9P Regent	200	650	1,100	2,250	3,900	5,600
1974 Fury I						
4d Sed	200	600	1,050	2,100	3,650	5,200
1974 Fury II						
4d Sed	200	650	1,050	2,100	3,700	5,300
1974 Fury III						
4d Sed	200	650	1,100	2,150	3,800	5,400
2d HT	250	750	1,250	2,500	4,350	6,200
4d HT	250	700	1,150	2,300	4,000	5,700
1974 Gran Fury						
2d HT	250	800	1,350	2,700	4,700	6,700
4d HT	250	700	1,150	2,300	4,050	5,800
1974 Suburban						
4d Std Wag	200	600	1,000	2,050	3,550	5,100
4d 6P Cus	200	600	1,050	2,100	3,650	5,200
4d 9P Cus	200	650	1,050	2,100	3,700	5,300
4d 6P Spt	200	650	1,050	2,100	3,700	5,300
4d 9P Spt	200	650	1,100	2,150	3,800	5,400
1975 Valiant						
4d Sed	200	550	900	1,800	3,150	4,500
4d Cus Sed	150	450	700	1,450	2,500	3,600
1975 Brougham						
4d Sed	200	550	900	1,850	3,200	4,600
2d HT	250	700	1,150	2,300	4,000	5,700
1975 Duster						
2d Cpe	200	600	1,000	2,050	3,550	5,100
2d Cus	200	600	1,050	2,100	3,650	5,200
2d '360' Cpe	250	700	1,200	2,400	4,200	6,000
1975 Scamp						
2d HT	200	600	1,000	1,950	3,450	4,900
2d Brghm	200	600	1,000	2,050	3,550	5,100
1975 Fury						
2d HT	200	650	1,100	2,200	3,850	5,500
2d Cus HT	250	700	1,200	2,400	4,200	6,000
2d Spt HT	250	750	1,250	2,500	4,350	6,200
4d Sed	200	550	950	1,900	3,300	4,700
4d Cus Sed	200	600	950	1,900	3,350	4,800
1975 Suburban						
4d Std Wag	150	500	800	1,650	2,850	4,100
4d 6P Cus	150	500	850	1,700	2,950	4,200
4d 9P Cus	200	550	900	1,750	3,100	4,400
4d 6P Spt	150	500	850	1,700	3,000	4,300
4d 9P Spt	200	550	900	1,800	3,150	4,500
1975 Road Runner						
2d HT	200	600	950	1,900	3,350	4,800
1975 Gran Fury						
4d Sed	200	550	950	1,900	3,300	4,700
1975 Gran Fury Custom						
4d Sed	200	600	1,000	1,950	3,450	4,900
4d HT	250	700	1,150	2,300	4,000	5,700
2d HT	250	700	1,200	2,400	4,200	6,000
1975 Gran Fury Brougham						
4d HT	250	700	1,150	2,300	4,050	5,800
2d HT	250	750	1,250	2,500	4,350	6,200
1975 Suburban						
4d Std	200	600	1,000	1,950	3,450	4,900
4d 6P Cus	200	600	1,000	2,000	3,500	5,000
4d 9P Cus	200	600	1,000	2,050	3,550	5,100
4d 6P Spt	200	600	1,000	2,050	3,550	5,100
4d 9P Spt	200	600	1,050	2,100	3,650	5,200
1976 Arrow, 4-cyl.						
2d HBk	150	400	650	1,300	2,300	3,300
2d GT HBk	150	400	700	1,350	2,400	3,400

	6	5	4	3	2	1
1976 Valiant, 6-cyl.						
2d Duster Spt Cpe	150	400	700	1,350	2,400	3,400
4d Sed Valiant	150	400	650	1,300	2,250	3,200
2d HT Scamp Spec	150	400	650	1,300	2,300	3,300
2d HT Scamp	150	400	700	1,400	2,450	3,500
1976 Volare, V-8						
4d Sed	150	450	750	1,500	2,600	3,700
2d Spt Cpe	150	500	800	1,650	2,850	4,100
4d Sta Wag	150	450	750	1,500	2,650	3,800
1976 Volare Custom, V-8						
4d Sed	150	450	750	1,500	2,650	3,800
2d Spt Cpe	150	500	850	1,700	2,950	4,200
1976 Volare Premier, V-8						
4d Sed	150	450	800	1,550	2,750	3,900
2d Spt Cpe	200	550	900	1,750	3,100	4,400
4d Sta Wag	150	500	800	1,600	2,800	4,000
1976 Fury, V-8						
4d Sed	150	400	650	1,300	2,300	3,300
2d HT	150	500	800	1,650	2,850	4,100
4d Sed Salon	150	400	700	1,350	2,400	3,400
2d HT Spt	150	500	850	1,700	3,000	4,300
4d 2S Suburban	150	400	700	1,350	2,400	3,400
4d 3S Suburban	150	400	700	1,400	2,450	3,500
4d 2S Spt Suburban	150	450	700	1,450	2,500	3,600
4d 3S Spt Suburban	150	450	750	1,500	2,650	3,800
1976 Gran Fury, V-8						
4d Sed	150	400	700	1,350	2,400	3,400
1976 Gran Fury Custom, V-8						
4d Sed	150	400	700	1,400	2,450	3,500
2d HT	150	450	750	1,500	2,650	3,800
1976 Gran Fury Brougham, V-8						
4d Sed	150	400	700	1,400	2,450	3,500
2d HT	150	500	800	1,650	2,850	4,100
4d 2S Gran Fury Sta Wag	150	450	750	1,500	2,650	3,800
4d 3S Gran Fury Sta Wag	150	500	800	1,600	2,800	4,000
1977 Arrow, 4-cyl.						
2d HBk	150	400	650	1,300	2,300	3,300
2d GS HBk	150	400	700	1,350	2,400	3,400
2d GT HBk	150	400	700	1,400	2,450	3,500
1977 Volare, V-8						
4d Sed	150	400	650	1,300	2,300	3,300
2d Spt Cpe	150	400	700	1,400	2,450	3,500
4d Sta Wag	150	400	700	1,350	2,400	3,400
1977 Volare Custom, V-8						
4d Sed	150	400	700	1,350	2,400	3,400
2d Spt Cpe	150	450	700	1,450	2,500	3,600
1977 Volare Premier, V-8						
4d Sed	150	400	700	1,400	2,450	3,500
2d Spt Cpe	150	450	750	1,500	2,600	3,700
4d Sta Wag	150	450	700	1,450	2,500	3,600
1977 Fury, V-8						
4d Spt Sed	150	400	700	1,350	2,400	3,400
2d Spt HT	150	500	850	1,700	2,950	4,200
4d 3S Sub	150	400	650	1,300	2,250	3,200
4d 3S Spt Sub	150	400	650	1,300	2,300	3,300
1977 Gran Fury, V-8						
4d Sed	150	400	700	1,400	2,450	3,500
2d HT	150	500	800	1,600	2,800	4,000
1977 Gran Fury Brougham, V-8						
4d Sed	150	450	700	1,450	2,500	3,600
2d HT	150	500	850	1,700	2,950	4,200
1977 Station Wagons, V-8						
2S Gran Fury	150	400	700	1,350	2,400	3,400
3S Gran Fury Spt	150	450	700	1,450	2,500	3,600
1978 Horizon						
4d HBk	150	400	700	1,350	2,400	3,400
1978 Arrow						
2d HBk	150	400	700	1,400	2,450	3,500
2d GS HBk	150	450	700	1,450	2,500	3,600
2d GT HBk	150	450	750	1,500	2,600	3,700
1978 Volare						
4d Sed	150	450	700	1,450	2,500	3,600
Spt Cpe	150	450	750	1,500	2,650	3,800

	6	5	4	3	2	1
Sta Wag	150	450	750	1,500	2,600	3,700
1978 Sapporo						
Cpe	150	450	750	1,500	2,650	3,800
1978 Fury						
4d Sed	150	450	700	1,450	2,500	3,600
2d	150	450	750	1,500	2,600	3,700
4d Salon	150	450	750	1,500	2,600	3,700
2d Spt	150	450	750	1,500	2,650	3,800
1978 Station Wagons						
3S Fury Sub	150	450	750	1,500	2,600	3,700
2S Fury Sub	150	450	700	1,450	2,500	3,600
3S Spt Fury Sub	150	450	750	1,500	2,650	3,800
2S Spt Fury Sub	150	450	750	1,500	2,600	3,700
1979 Champ, 4-cyl.						
2d HBk	150	400	700	1,350	2,400	3,400
2d Cus HBk	150	400	700	1,400	2,450	3,500
1979 Horizon, 4-cyl.						
4d HBk	150	400	700	1,400	2,450	3,500
TC 3 HBk	150	450	750	1,500	2,600	3,700
1979 Fire-Arrow, 4-cyl.						
2d HBk	150	450	700	1,450	2,500	3,600
2d GS HBk	150	450	750	1,500	2,600	3,700
2d GT HBk	150	450	750	1,500	2,650	3,800
1979 Volare, V-8						
Sed	150	450	750	1,500	2,650	3,800
Spt Cpe	150	500	800	1,600	2,800	4,000
Sta Wag	150	450	800	1,550	2,750	3,900
1979 Sapporo, 4-cyl.						
Cpe	150	450	800	1,550	2,750	3,900
1980 Champ, 4-cyl.						
2d HBk	150	400	650	1,300	2,300	3,300
2d Cus HBk	150	400	700	1,350	2,400	3,400
1980 Horizon, 4-cyl.						
4d HBk	150	400	700	1,350	2,400	3,400
2d HBk 2 plus 2 TC3	150	450	750	1,500	2,650	3,800
1980 Arrow, 4-cyl.						
2d HBk	200	550	900	1,800	3,150	4,500
1980 Fire Arrow, 4-cyl.						
2d HBk	200	550	900	1,850	3,200	4,600
1980 Volare, V-8						
4d Sed	150	400	700	1,350	2,400	3,400
2d Cpe	150	400	700	1,400	2,450	3,500
4d Sta Wag	150	450	750	1,500	2,600	3,700
NOTE: Deduct 10 percent for 6-cyl.						
1980 Sapporo, 4-cyl.						
2d Cpe	150	450	800	1,550	2,750	3,900
1980 Gran Fury, V-8						
4d Sed	150	450	750	1,500	2,650	3,800
NOTE: Deduct 10 percent for 6-cyl.						
1980 Gran Fury Salon, V-8						
4d Sed	150	500	800	1,600	2,800	4,000
NOTE: Deduct 10 percent for 6-cyl.						
1981 Champ, 4-cyl.						
2d HBk	150	400	700	1,350	2,400	3,400
2d DeL HBk	150	400	700	1,400	2,450	3,500
2d Cus HBk	150	450	700	1,450	2,500	3,600
1981 Horizon, 4-cyl.						
4d Miser HBk	150	400	700	1,400	2,450	3,500
4d Miser HBk TC3	150	450	750	1,500	2,650	3,800
4d HBk	150	450	750	1,500	2,600	3,700
2d HBk TC3	150	500	800	1,600	2,800	4,000
1981 Reliant, 4-cyl.						
4d Sed	150	400	700	1,350	2,400	3,400
2d Cpe	150	400	700	1,400	2,450	3,500
1981 Reliant Custom, 4-cyl.						
4d Sed	150	400	700	1,400	2,450	3,500
2d Cpe	150	450	700	1,450	2,500	3,600
4d Sta Wag	150	450	750	1,500	2,650	3,800
1981 Reliant SE, 4-cyl.						
4d Sed	150	450	700	1,450	2,500	3,600
2d Cpe	150	450	750	1,500	2,600	3,700
4d Sta Wag	150	450	800	1,550	2,750	3,900

	6	5	4	3	2	1
1981 Sapporo, 4-cyl.						
2d HT	150	500	800	1,600	2,800	4,000
1981 Gran Fury, V-8						
4d Sed	150	500	800	1,650	2,850	4,100
NOTE: Deduct 10 percent for 6-cyl.						
1982 Champ, 4-cyl.						
4d Cus HBk	150	450	700	1,450	2,500	3,600
2d Cus HBk	150	450	750	1,500	2,600	3,700
NOTE: Deduct 5 percent for lesser models.						
1982 Horizon, 4-cyl.						
4d Miser HBk	150	450	700	1,450	2,500	3,600
2d Miser HBk TC3	150	450	800	1,550	2,750	3,900
4d Cus HBk	150	450	750	1,500	2,600	3,700
2d Cus HBk	150	450	750	1,500	2,650	3,800
4d E-Type HBk	150	450	800	1,550	2,750	3,900
1982 Turismo, 4-cyl.						
2d HBk TC3	200	550	900	1,800	3,150	4,500
1982 Reliant, 4-cyl.						
4d Sed	150	450	700	1,450	2,500	3,600
2d Cpe	150	450	750	1,500	2,600	3,700
1982 Reliant Custom, 4-cyl.						
4d Sed	150	450	750	1,500	2,600	3,700
2d Cpe	150	450	750	1,500	2,650	3,800
4d Sta Wag	150	450	800	1,550	2,750	3,900
1982 Reliant SE, 4-cyl.						
4d Sed	150	450	750	1,500	2,650	3,800
2d Cpe	150	450	800	1,550	2,750	3,900
4d Sta Wag	150	500	800	1,600	2,800	4,000
1982 Sapporo						
2d HT	200	550	950	1,900	3,300	4,700
1982 Gran Fury, V-8						
4d Sed	150	500	800	1,600	2,800	4,000
NOTE: Deduct 10 percent for 6-cyl.						
1983 Colt, 4-cyl.						
4d Cus HBk	150	500	800	1,600	2,800	4,000
2d Cus HBk	150	500	800	1,650	2,850	4,100
NOTE: Deduct 5 percent for lesser models.						
1983 Horizon, 4-cyl.						
4d HBk	150	450	750	1,500	2,650	3,800
4d Cus HBk	150	450	800	1,550	2,750	3,900
1983 Turismo, 4-cyl.						
2d HBk	200	550	900	1,800	3,150	4,500
2d HBk 2 plus 2	200	600	950	1,900	3,350	4,800
1983 Reliant, 4-cyl.						
4d Sed	150	450	750	1,500	2,600	3,700
2d Cpe	150	450	750	1,500	2,650	3,800
4d Sta Wag	150	500	800	1,600	2,800	4,000
1983 Reliant SE, 4-cyl.						
4d Sed	150	450	750	1,500	2,650	3,800
2d Cpe	150	450	800	1,550	2,750	3,900
4d Sta Wag	150	500	800	1,650	2,850	4,100
1983 Sapporo, 4-cyl.						
2d HT	200	600	950	1,900	3,350	4,800
1983 Gran Fury, V-8						
4d Sed	150	500	800	1,650	2,850	4,100
NOTE: Deduct 10 percent for 6-cyl.						
1984 Colt, 4-cyl.						
4d HBk DL	150	450	750	1,500	2,600	3,700
2d HBk DL	150	450	750	1,500	2,600	3,700
4d Sta Wag Vista	150	450	750	1,500	2,600	3,700
NOTE: Deduct 5 percent for lesser models.						
1984 Horizon, 4-cyl.						
4d HBk	150	450	750	1,500	2,650	3,800
4d HBk SE	150	450	800	1,550	2,750	3,900
1984 Turismo, 4-cyl.						
2d HBk	200	550	950	1,900	3,300	4,700
2d HBk 2 plus 2	200	600	950	1,900	3,350	4,800
1984 Reliant, 4-cyl.						
4d Sed	150	450	700	1,450	2,500	3,600
2d Sed	150	450	700	1,450	2,500	3,600
4d Sta Wag	150	450	750	1,500	2,600	3,700

	6	5	4	3	2	1
1984 Conquest, 4-cyl.						
2d HBk	200	550	900	1,800	3,150	4,500
1984 Gran Fury, V-8						
4d Sed	150	500	850	1,700	2,950	4,200
1985 Colt, 4-cyl.						
4d HBk E	150	450	750	1,500	2,600	3,700
2d HBk E	150	450	750	1,500	2,600	3,700
4d Sed DL	150	450	750	1,500	2,650	3,800
2d HBk DL	150	450	750	1,500	2,650	3,800
4d Sed Premier	150	450	750	1,500	2,650	3,800
4d Sta Wag Vista	150	450	800	1,550	2,750	3,900
4d Sta Wag Vista 4WD	200	550	950	1,900	3,300	4,700
1985 Horizon, 4-cyl.						
4d HBk	150	450	800	1,550	2,750	3,900
4d HBk SE	150	500	800	1,600	2,800	4,000
1985 Turismo, 4-cyl.						
2d HBk	200	600	950	1,900	3,350	4,800
2d HBk 2 plus 2	200	600	1,000	1,950	3,450	4,900
1985 Reliant, 4-cyl.						
4d Sed	150	450	750	1,500	2,600	3,700
2d Sed	150	450	750	1,500	2,600	3,700
4d Sed SE	150	450	750	1,500	2,650	3,800
2d Sed SE	150	450	750	1,500	2,650	3,800
4d Sta Wag SE	150	450	750	1,500	2,650	3,800
4d Sed LE	150	450	800	1,550	2,750	3,900
2d Sed LE	150	450	800	1,550	2,750	3,900
4d Sta Wag LE	150	450	800	1,550	2,750	3,900
1985 Conquest, 4-cyl.						
2d HBk Turbo	200	550	950	1,900	3,300	4,700
1985 Caravelle, 4-cyl.						
4d Sed SE	150	500	800	1,650	2,850	4,100
NOTE: Add 10 percent for turbo.						
1985 Grand Fury, V-8						
4d Sed Salon	150	500	850	1,700	3,000	4,300
1986 Colt						
4d Sed E	150	500	800	1,650	2,850	4,100
2d HBk E	150	500	800	1,600	2,800	4,000
4d Sed DL	150	500	850	1,700	2,950	4,200
2d HBk DL	150	500	800	1,650	2,850	4,100
4d Sed Premier	150	500	850	1,700	3,000	4,300
4d Vista Sta Wag	200	550	900	1,850	3,200	4,600
4d Vista Sta Wag 4WD	200	650	1,100	2,250	3,900	5,600
1986 Horizon						
4d HBk	150	500	800	1,600	2,800	4,000
1986 Turismo						
2d HBk	200	600	1,000	1,950	3,450	4,900
1986 Reliant						
2d Sed	150	450	750	1,500	2,650	3,800
4d Sed	150	450	800	1,550	2,750	3,900
1986 Caravelle						
4d Sed	150	500	850	1,700	2,950	4,200
1986 Grand Fury						
4d Salon Sed	200	550	950	1,900	3,300	4,700
NOTE: Add 10 percent for deluxe models. Deduct 5 percent for smaller engines.						
1987 Colt, 4-cyl.						
4d Sed E	150	500	850	1,700	2,950	4,200
2d HBk E	150	500	800	1,650	2,850	4,100
4d Sed DL	150	500	850	1,700	3,000	4,300
2d HBk DL	150	500	850	1,700	2,950	4,200
4d Sed Premier	200	550	900	1,750	3,100	4,400
4d Vista Sta Wag	200	550	950	1,900	3,300	4,700
4d Vista Sta Wag 4WD	250	700	1,150	2,300	4,000	5,700
1987 Horizon, 4-cyl.						
4d HBk	150	500	850	1,700	2,950	4,200
1987 Turismo, 4-cyl.						
2d HBk	200	550	900	1,800	3,150	4,500
1987 Sundance, 4-cyl.						
2d LBk	150	500	850	1,700	3,000	4,300
4d LBk	200	550	900	1,750	3,100	4,400
NOTE: Add 5 percent for 2.2 Turbo.						
1987 Reliant, 4-cyl.						
2d Sed	150	500	850	1,700	2,950	4,200

	6	5	4	3	2	1
4d Sed	150	500	850	1,700	3,000	4,300
2d Sed LE	150	500	850	1,700	3,000	4,300
4d Sed LE	200	550	900	1,750	3,100	4,400
4d Sta Wag LE	200	550	900	1,750	3,100	4,400

1987 Caravelle, 4-cyl.

	6	5	4	3	2	1
4d Sed	200	550	900	1,800	3,150	4,500
4d Sed SE	200	550	900	1,850	3,200	4,600

NOTE: Add 5 percent for 2.2 Turbo.

1987 Grand Fury, V-8

	6	5	4	3	2	1
4d Sed	200	650	1,100	2,200	3,850	5,500

1988 Colt, 4-cyl.

	6	5	4	3	2	1
3d HBk	100	250	450	900	1,550	2,200
4d Sed E	100	350	550	1,100	1,950	2,800
3d HBk E	100	300	500	1,050	1,800	2,600
4d Sed DL	100	350	600	1,150	2,050	2,900
3d HBk DL	100	350	550	1,100	1,950	2,800
4d Sta Wag DL	100	350	600	1,200	2,100	3,000
4d Sed Premier	150	400	700	1,400	2,450	3,500
4d Sta Wag Vista	150	500	800	1,600	2,800	4,000
4d Sta Wag Vista 4x4	200	600	1,000	2,000	3,500	5,000

1988 Horizon, 4-cyl.

	6	5	4	3	2	1
4d HBk	100	350	550	1,100	1,950	2,800

1988 Reliant, 4-cyl.

	6	5	4	3	2	1
2d Sed	100	350	550	1,100	1,950	2,800
4d Sed	100	350	600	1,150	2,050	2,900
4d Sta Wag	150	400	650	1,300	2,300	3,300

1988 Sundance, 4-cyl.

	6	5	4	3	2	1
2d HBk	150	400	650	1,300	2,250	3,200
4d HBk	150	400	700	1,350	2,400	3,400

1988 Caravelle, 4-cyl.

	6	5	4	3	2	1
4d Sed	150	400	700	1,400	2,450	3,500
4d Sed SE	150	450	800	1,550	2,750	3,900

1988 Gran Fury, V-8

	6	5	4	3	2	1
4d Salon	150	450	750	1,500	2,650	3,800
4d SE	150	500	850	1,700	2,950	4,200

1989 Colt, 4-cyl.

	6	5	4	3	2	1
2d HBk	150	450	750	1,500	2,650	3,800
2d HBk E	150	450	800	1,550	2,750	3,900
2d HBk GT	150	500	800	1,650	2,850	4,100
4d Sta Wag DL	200	600	1,000	2,000	3,500	5,000
4d Sta Wag DL 4x4	200	650	1,100	2,150	3,800	5,400
4d Sta Wag Vista	200	600	1,050	2,100	3,650	5,200
4d Sta Wag Vista 4x4	200	650	1,100	2,250	3,900	5,600

1989 Horizon, 4-cyl.

	6	5	4	3	2	1
4d HBk	150	450	700	1,450	2,500	3,600

1989 Reliant, 4-cyl.

	6	5	4	3	2	1
4d Sed	150	400	700	1,400	2,450	3,500
2d Sed	150	400	700	1,350	2,400	3,400

1989 Sundance, 4-cyl.

	6	5	4	3	2	1
4d HBk	150	500	850	1,700	2,950	4,200
2d HBk	150	500	800	1,650	2,850	4,100

1989 Acclaim, 4-cyl.

	6	5	4	3	2	1
4d Sed	200	600	1,050	2,100	3,650	5,200
4d Sed LE	200	650	1,050	2,100	3,700	5,300

1989 Gran Fury, V-8

	6	5	4	3	2	1
4d Sed Salon	200	650	1,100	2,150	3,800	5,400

1990 Colt, 4-cyl.

	6	5	4	3	2	1
2d HBk	150	450	750	1,500	2,650	3,800
2d HBk GL	150	500	800	1,600	2,800	4,000
2d HBk GT	150	500	850	1,700	2,950	4,200
4d Sta Wag DL	200	550	900	1,850	3,200	4,600
4d Sta Wag DL 4x4	200	650	1,100	2,200	3,850	5,500
4d Vista	200	600	1,050	2,100	3,650	5,200
4d Vista 4x4	250	750	1,250	2,500	4,350	6,200

1990 Horizon, 4-cyl.

	6	5	4	3	2	1
4d HBk	150	400	700	1,400	2,450	3,500

1990 Sundance, 4-cyl.

	6	5	4	3	2	1
2d HBk	150	500	850	1,700	2,950	4,200
4d HBk	150	500	800	1,650	2,850	4,100

1990 Laser, 4-cyl.

	6	5	4	3	2	1
2d HBk	200	600	1,000	2,000	3,500	5,000
2d HBk RS	200	650	1,100	2,200	3,850	5,500
2d HBk Turbo RS	250	700	1,200	2,400	4,200	6,000

	6	5	4	3	2	1
1990 Acclaim 4-cyl.						
4d Sed	150	500	800	1,600	2,800	4,000
4d Sed LE	200	550	900	1,800	3,150	4,500
1990 V-6						
4d Sed	200	550	900	1,750	3,100	4,400
4d Sed LE	200	600	1,000	2,000	3,500	5,000
4d Sed LX	200	650	1,100	2,200	3,850	5,500
1991 Colt, 4-cyl.						
2d HBk	100	350	600	1,200	2,100	3,000
2d HBk GL	150	400	700	1,400	2,450	3,500
1991 Sundance, 4-cyl.						
2d HBk America	150	400	700	1,400	2,450	3,500
4d HBk America	150	400	700	1,400	2,450	3,500
2d HBk	150	450	750	1,500	2,600	3,700
4d HBk	150	450	750	1,500	2,600	3,700
2d HBk RS	150	500	850	1,700	2,950	4,200
4d HBk RS	150	500	850	1,700	2,950	4,200
1991 Laser, 4-cyl.						
2d HBk	200	550	900	1,800	3,150	4,500
2d HBk RS	200	550	900	1,850	3,200	4,600
2d HBk Turbo RS	200	600	950	1,900	3,350	4,800
1991 Acclaim, 4-cyl.						
4d Sed	150	500	800	1,600	2,800	4,000
4d Sed LE	150	500	850	1,700	3,000	4,300
1991 V-6						
4d Sed	150	500	850	1,700	3,000	4,300
4d Sed LE	200	550	900	1,850	3,200	4,600
4d LX Sed	200	600	950	1,900	3,350	4,800
1992 Colt, 4-cyl.						
2d HBk	150	450	700	1,450	2,500	3,600
2d GL HBk	150	500	800	1,600	2,800	4,000
3d Sta Wag	200	550	900	1,800	3,150	4,500
3d SE Sta Wag	200	550	900	1,850	3,200	4,600
3d Sta Wag 4x4	200	650	1,100	2,200	3,850	5,500
1992 Sundance, 4-cyl. & V-6						
4d HBk America	150	500	800	1,600	2,800	4,000
2d HBk America	150	500	800	1,600	2,800	4,000
4d HBk	150	500	850	1,700	2,950	4,200
2d HBk	150	500	850	1,700	2,950	4,200
4d Duster HBk, V-6	200	600	1,000	2,000	3,500	5,000
2d Duster HBk, V-6	200	600	1,000	2,000	3,500	5,000
1992 Laser, 4-cyl.						
2d HBk	200	600	1,000	2,000	3,500	5,000
2d RS HBk	200	650	1,100	2,200	3,850	5,500
2d RS HBk Turbo	250	700	1,200	2,400	4,200	6,000
2d RS HBk Turbo 4x4	300	900	1,500	3,000	5,250	7,500
1992 Acclaim, 4-cyl. & V-6						
4d Sed	200	600	1,000	2,000	3,500	5,000
4d Sed, V-6	200	650	1,100	2,200	3,850	5,500
1993 Colt, 4-cyl.						
2d Sed	150	450	750	1,500	2,650	3,800
2d GL Sed	150	450	800	1,550	2,750	3,900
4d Sed	150	450	750	1,500	2,650	3,800
4d GL Sed	150	450	800	1,550	2,750	3,900
3d Vista	200	550	900	1,800	3,200	4,550
3d SE Vista	200	550	900	1,850	3,200	4,600
3d Vista 4x4	200	650	1,100	2,250	3,900	5,600
1993 Sundance						
2d, 4-cyl.	200	550	900	1,850	3,200	4,600
2d Duster HBk, V-6	150	500	800	1,650	2,850	4,100
4d HBk, 4-cyl.	150	500	800	1,600	2,800	4,000
4d Duster HBk, V-6	150	500	800	1,650	2,850	4,100
1993 Laser						
2d HBk	200	650	1,100	2,250	3,900	5,600
2d RS HBk	200	600	1,000	2,050	3,550	5,100
2d HBk Turbo	200	650	1,050	2,100	3,700	5,300
2d HBk, 4x4	250	800	1,300	2,600	4,550	6,500
1993 Acclaim						
4d Sed, 4-cyl.	200	600	1,050	2,100	3,650	5,200
4d Sed, V-6	200	650	1,100	2,150	3,800	5,400

	6	5	4	3	2	1
PONTIAC						

1926 Model 6-27, 6-cyl.
	6	5	4	3	2	1
2d Cpe	600	1,750	2,900	5,800	10,150	14,500
2d Sed	550	1,600	2,700	5,400	9,450	13,500

1927 Model 6-27, 6-cyl.
2d Spt Rds	700	2,150	3,600	7,200	12,600	18,000
2d Spt Cabr	700	2,050	3,400	6,800	11,900	17,000
2d Cpe	500	1,550	2,600	5,200	9,100	13,000
2d DeL Cpe	550	1,600	2,700	5,400	9,450	13,500
2d Sed	500	1,450	2,400	4,800	8,400	12,000
4d Lan Sed	500	1,550	2,600	5,200	9,100	13,000

1928 Model 6-28, 6-cyl.
2d Rds	700	2,150	3,600	7,200	12,600	18,000
2d Cabr	700	2,050	3,400	6,800	11,900	17,000
4d Phae	700	2,050	3,400	6,800	11,900	17,000
2d Sed	450	1,300	2,200	4,400	7,700	11,000
4d Sed	400	1,250	2,100	4,200	7,350	10,500
4d Trs	450	1,400	2,300	4,600	8,050	11,500
2d Cpe	500	1,500	2,500	5,000	8,750	12,500
2d Spt Cpe	550	1,600	2,700	5,400	9,450	13,500
4d Lan Sed	550	1,700	2,800	5,600	9,800	14,000

1929 Model 6-29A, 6-cyl.
2d Rds	850	2,500	4,200	8,400	14,700	21,000
4d Phae	800	2,450	4,100	8,200	14,350	20,500
2d Conv	500	1,450	2,400	4,800	8,400	12,000
2d Cpe	500	1,500	2,500	5,000	8,750	12,500
2d Sed	450	1,300	2,200	4,400	7,700	11,000
4d Sed	450	1,300	2,200	4,400	7,700	11,000
4d Spt Lan Sed	450	1,400	2,300	4,600	8,050	11,500

NOTE: Add 5 percent for horizontal louvers on early year cars.

1930 Model 6-30B, 6-cyl.
2d Spt Rds	800	2,400	4,000	8,000	14,000	20,000
4d Phae	800	2,350	3,900	7,800	13,650	19,500
2d Cpe	450	1,300	2,200	4,400	7,700	11,000
2d Spt Cpe	450	1,400	2,300	4,600	8,050	11,500
2d Sed	400	1,200	2,000	4,000	7,000	10,000
4d Sed	400	1,200	2,000	4,000	7,000	10,000
4d Cus Sed	400	1,250	2,100	4,200	7,350	10,500

1931 Model 401, 6-cyl.
2d Conv	850	2,500	4,200	8,400	14,700	21,000
2P Cpe	550	1,600	2,700	5,400	9,450	13,500
2d Spt Cpe	550	1,700	2,800	5,600	9,800	14,000
2d Sed	450	1,350	2,250	4,500	7,850	11,200
4d Sed	450	1,400	2,300	4,600	8,050	11,500
4d Cus Sed	500	1,450	2,400	4,800	8,400	12,000

1932 Model 402, 6-cyl.
2d Conv	1,000	3,000	5,000	10,000	17,500	25,000
2d Cpe	600	1,750	2,900	5,800	10,150	14,500
2d RS Cpe	600	1,800	3,000	6,000	10,500	15,000
2d Sed	450	1,400	2,300	4,600	8,050	11,500
4d Cus Sed	500	1,450	2,400	4,800	8,400	12,000

1932 Model 302, V-8
2d Conv	1,100	3,350	5,600	11,200	19,600	28,000
2d Cpe	650	2,000	3,300	6,600	11,550	16,500
2d Spt Cpe	700	2,050	3,400	6,800	11,900	17,000
2d Sed	500	1,500	2,500	5,000	8,750	12,500
4d Sed	500	1,550	2,600	5,200	9,100	13,000
4d Cus Sed	550	1,700	2,800	5,600	9,800	14,000

1933 Model 601, 8-cyl.
2d Rds	900	2,750	4,600	9,200	16,100	23,000
2d Conv	850	2,500	4,200	8,400	14,700	21,000
2d Cpe	550	1,700	2,800	5,600	9,800	14,000
2d Spt Cpe	600	1,800	3,000	6,000	10,500	15,000
2d Sed	450	1,400	2,300	4,600	8,050	11,500
2d Trg Sed	450	1,400	2,350	4,700	8,200	11,700
4d Sed	500	1,450	2,400	4,800	8,400	12,000

1934 Model 603, 8-cyl.
2d Conv	800	2,400	4,000	8,000	14,000	20,000
2d Cpe	600	1,800	3,000	6,000	10,500	15,000
2d Spt Cpe	600	1,850	3,100	6,200	10,850	15,500
2d Sed	400	1,250	2,100	4,200	7,350	10,500
2d Trg Sed	450	1,300	2,200	4,400	7,700	11,000
4d Sed	450	1,300	2,200	4,350	7,650	10,900

1926 Oakland Greater Six roadster

1909 Reo (22 hp) touring

1929 Reo Flying Cloud sedan

	6	5	4	3	2	1
4d Trg Sed	450	1,300	2,200	4,400	7,700	11,000

1935 Master Series 701, 6-cyl.

2d Cpe	500	1,450	2,400	4,800	8,400	12,000
2d Sed	400	1,150	1,900	3,750	6,600	9,400
2d Trg Sed	400	1,150	1,900	3,800	6,650	9,500
4d Sed	400	1,200	2,000	4,000	7,000	10,000
4d Trg Sed	400	1,250	2,100	4,200	7,350	10,500

1935 DeLuxe Series 701, 6-cyl.

2d Cpe	500	1,500	2,500	5,000	8,750	12,500
2d Spt Cpe	500	1,550	2,600	5,200	9,100	13,000
2d Cabr	650	1,900	3,200	6,400	11,200	16,000
2d Sed	400	1,150	1,900	3,800	6,650	9,500
2d Trg Sed	400	1,150	1,900	3,850	6,700	9,600
4d Sed	400	1,150	1,950	3,900	6,800	9,700
4d Trg Sed	400	1,200	2,000	4,000	7,000	10,000

1935 Series 605, 8-cyl.

2d Cpe	500	1,550	2,600	5,200	9,100	13,000
2d Spt Cpe	550	1,600	2,700	5,400	9,450	13,500
2d Cabr	800	2,400	4,000	8,000	14,000	20,000
2d Sed	400	1,150	1,900	3,850	6,700	9,600
2d Trg Sed	400	1,200	2,000	4,000	7,000	10,000
4d Sed	450	1,300	2,200	4,400	7,700	11,000
4d Trg Sed	450	1,400	2,300	4,600	8,050	11,500

1936 DeLuxe Series Silver Streak, 6-cyl.

2d Cpe	550	1,600	2,700	5,400	9,450	13,500
2d Spt Cpe	550	1,700	2,800	5,600	9,800	14,000
2d Cabr	850	2,500	4,200	8,400	14,700	21,000
2d Sed	400	1,150	1,900	3,750	6,600	9,400
2d Trg Sed	400	1,150	1,900	3,850	6,700	9,600
4d Sed	400	1,150	1,950	3,900	6,800	9,700
4d Trg Sed	400	1,200	2,000	4,000	7,000	10,000

1936 DeLuxe Series Silver Streak, 8-cyl.

2d Cpe	550	1,700	2,800	5,600	9,800	14,000
2d Spt Cpe	600	1,750	2,900	5,800	10,150	14,500
2d Cabr	750	2,300	3,800	7,600	13,300	19,000
2d Sed	400	1,200	2,000	4,000	7,000	10,000
2d Trg Sed	400	1,200	2,050	4,100	7,150	10,200
4d Sed	400	1,200	2,000	4,050	7,050	10,100
4d Trg Sed	400	1,250	2,050	4,100	7,200	10,300

1937-1938 DeLuxe Model 6DA, 6-cyl.

2d Conv	1,100	3,250	5,400	10,800	18,900	27,000
4d Conv Sed	1,100	3,350	5,600	11,200	19,600	28,000
2d Bus Cpe	500	1,550	2,600	5,200	9,100	13,000
2d Spt Cpe	550	1,700	2,800	5,600	9,800	14,000
2d Sed	400	1,150	1,900	3,750	6,600	9,400
2d Trg Sed	400	1,150	1,900	3,800	6,650	9,500
4d Sed	400	1,200	2,000	4,000	7,000	10,000
4d Trg Sed	400	1,200	2,000	4,050	7,050	10,100
4d Sta Wag	1,100	3,350	5,600	11,200	19,600	28,000

1937-1938 DeLuxe Model 8DA, 8-cyl.

2d Conv	1,150	3,500	5,800	11,600	20,300	29,000
4d Conv Sed	1,200	3,600	6,000	12,000	21,000	30,000
2d Bus Cpe	600	1,750	2,900	5,800	10,150	14,500
2d Spt Cpe	600	1,800	3,000	6,000	10,500	15,000
2d Sed	400	1,250	2,100	4,200	7,350	10,500
2d Trg Sed	400	1,250	2,100	4,250	7,400	10,600
4d Sed	400	1,250	2,100	4,250	7,400	10,600
4d Trg Sed	450	1,300	2,150	4,300	7,500	10,700

1939 Special Series 25, 6-cyl.

2d Bus Cpe	500	1,550	2,600	5,200	9,100	13,000
2d Spt Cpe	550	1,700	2,800	5,600	9,800	14,000
2d Trg Sed	450	1,300	2,200	4,400	7,700	11,000
4d Trg Sed	450	1,300	2,200	4,400	7,700	11,000
4d Sta Wag	1,100	3,350	5,600	11,200	19,600	28,000

1939 DeLuxe Series 26, 6-cyl.

2d Conv	1,000	3,000	5,000	10,000	17,500	25,000
2d Bus Cpe	550	1,600	2,700	5,400	9,450	13,500
2d Spt Cpe	600	1,750	2,900	5,800	10,150	14,500
2d Sed	450	1,300	2,200	4,400	7,700	11,000
4d Sed	450	1,350	2,200	4,450	7,750	11,100

1939 DeLuxe Series 28, 8-cyl.

2d Conv	1,100	3,250	5,400	10,800	18,900	27,000
2d Bus Cpe	550	1,700	2,800	5,600	9,800	14,000
2d Spt Cpe	600	1,800	3,000	6,000	10,500	15,000
2d Sed	450	1,400	2,300	4,600	8,050	11,500
4d Trg Sed	450	1,400	2,300	4,650	8,100	11,600

	6	5	4	3	2	1
1940 Special Series 25, 6-cyl., 117" wb						
2d Bus Cpe	500	1,550	2,600	5,200	9,100	13,000
2d Spt Cpe	550	1,700	2,800	5,600	9,800	14,000
2d Sed	400	1,250	2,100	4,150	7,300	10,400
4d Sed	400	1,250	2,100	4,200	7,350	10,500
4d Sta Wag	1,050	3,100	5,200	10,400	18,200	26,000
1940 DeLuxe Series 26, 6-cyl., 120" wb						
2d Conv	1,050	3,100	5,200	10,400	18,200	26,000
2d Bus Cpe	550	1,600	2,700	5,400	9,450	13,500
2d Spt Cpe	600	1,750	2,900	5,800	10,150	14,500
2d Sed	400	1,200	2,000	4,000	7,000	10,000
4d Sed	450	1,300	2,150	4,300	7,500	10,700
1940 DeLuxe Series 28, 8-cyl., 120" wb						
2d Conv	1,100	3,250	5,400	10,800	18,900	27,000
2d Bus Cpe	550	1,700	2,800	5,600	9,800	14,000
2d Spt Cpe	600	1,800	3,000	6,000	10,500	15,000
2d Sed	450	1,300	2,150	4,300	7,500	10,700
4d Sed	450	1,300	2,150	4,300	7,550	10,800
1940 Torpedo Series 29, 8-cyl., 122" wb						
2d Spt Cpe	600	1,850	3,100	6,200	10,850	15,500
4d Sed	550	1,600	2,700	5,400	9,450	13,500
1941 DeLuxe Torpedo, 8-cyl.						
2d Bus Cpe	500	1,500	2,500	5,000	8,750	12,500
2d Spt Cpe	500	1,550	2,600	5,200	9,100	13,000
2d Conv	1,100	3,250	5,400	10,800	18,900	27,000
2d Sed	400	1,250	2,100	4,150	7,300	10,400
4d 4W Sed	400	1,250	2,100	4,250	7,400	10,600
4d 6W Sed	400	1,250	2,100	4,200	7,350	10,500
1941 Streamliner, 8-cyl.						
2d Cpe	550	1,600	2,700	5,400	9,450	13,500
4d Sed	500	1,450	2,400	4,800	8,400	12,000
1941 Super Streamliner, 8-cyl.						
2d Cpe	550	1,700	2,800	5,600	9,800	14,000
4d Sed	500	1,500	2,500	5,000	8,750	12,500
1941 Custom, 8-cyl.						
2d Spt Cpe	650	1,900	3,200	6,400	11,200	16,000
4d Sed	550	1,700	2,800	5,600	9,800	14,000
4d Sta Wag	1,100	3,350	5,600	11,200	19,600	28,000
4d DeL Sta Wag	1,150	3,500	5,800	11,600	20,300	29,000
NOTE: Deduct 10 percent for 6-cyl. models.						
1942 Torpedo, 8-cyl.						
2d Conv	850	2,500	4,200	8,400	14,700	21,000
2d Bus Cpe	500	1,450	2,400	4,800	8,400	12,000
2d Spt Cpe	500	1,500	2,500	5,000	8,750	12,500
2d 5P Cpe	500	1,550	2,600	5,200	9,100	13,000
2d Sed	400	1,250	2,100	4,200	7,350	10,500
4d Sed	400	1,250	2,100	4,150	7,300	10,400
4d Metro Sed	450	1,300	2,150	4,300	7,550	10,800
1942 Streamliner, 8-cyl.						
2d Cpe	500	1,550	2,600	5,200	9,100	13,000
4d Sed	450	1,400	2,300	4,600	8,050	11,500
4d Sta Wag	1,050	3,100	5,200	10,400	18,200	26,000
1942 Chieftain, 8-cyl.						
2d Cpe	550	1,600	2,700	5,400	9,450	13,500
4d Sed	450	1,400	2,350	4,700	8,200	11,700
4d Sta Wag	1,100	3,250	5,400	10,800	18,900	27,000
NOTE: Deduct 10 percent for 6-cyl. models.						
1946 Torpedo, 8-cyl.						
2d Conv	850	2,500	4,200	8,400	14,700	21,000
2d Bus Cpe	500	1,550	2,600	5,200	9,100	13,000
2d Spt Cpe	550	1,600	2,700	5,400	9,450	13,500
2d 5P Cpe	550	1,700	2,800	5,600	9,800	14,000
2d Sed	450	1,400	2,300	4,600	8,050	11,500
4d Sed	450	1,400	2,300	4,650	8,100	11,600
1946 Streamliner, 8-cyl.						
5P Cpe	600	1,800	3,000	6,000	10,500	15,000
4d Sed	450	1,400	2,350	4,700	8,250	11,800
4d Sta Wag	1,100	3,250	5,400	10,800	18,900	27,000
4d DeL Sta Wag	1,100	3,350	5,600	11,200	19,600	28,000
NOTE: Deduct 5 percent for 6-cyl. models.						
1947 Torpedo, 8-cyl.						
2d Conv	850	2,500	4,200	8,400	14,700	21,000
2d DeL Conv	900	2,750	4,600	9,200	16,100	23,000
2d Bus Cpe	500	1,550	2,600	5,200	9,100	13,000

	6	5	4	3	2	1
2d Spt Cpe	550	1,600	2,700	5,400	9,450	13,500
2d 5P Cpe	550	1,700	2,800	5,600	9,800	14,000
2d Sed	450	1,400	2,300	4,600	8,050	11,500
4d Sed	450	1,400	2,300	4,650	8,100	11,600

1947 Streamliner, 8-cyl.

2d Cpe	600	1,750	2,900	5,800	10,150	14,500
4d Sed	450	1,400	2,350	4,700	8,250	11,800
4d Sta Wag	1,100	3,250	5,400	10,800	18,900	27,000
4d DeL Sta Wag	1,100	3,350	5,600	11,200	19,600	28,000

NOTE: Deduct 5 percent for 6-cyl. models.

1948 Torpedo, 8-cyl.

2d Bus Cpe	550	1,600	2,700	5,400	9,450	13,500
2d Spt Cpe	550	1,700	2,800	5,600	9,800	14,000
2d 5P Cpe	600	1,750	2,900	5,800	10,150	14,500
2d Sed	450	1,400	2,300	4,600	8,050	11,500
4d Sed	450	1,300	2,200	4,400	7,700	11,000

1948 DeLuxe Torpedo, 8-cyl.

2d Conv	900	2,650	4,400	8,800	15,400	22,000
2d Spt Cpe	600	1,750	2,900	5,800	10,150	14,500
2d 5P Cpe	600	1,800	3,000	6,000	10,500	15,000
4d Sed	500	1,500	2,550	5,100	8,900	12,700

1948 DeLuxe Streamliner, 8-cyl.

2d Cpe	600	1,750	2,900	5,800	10,150	14,500
4d Sed	500	1,450	2,400	4,800	8,400	12,000
4d Sta Wag	1,100	3,350	5,600	11,200	19,600	28,000

NOTE: Deduct 5 percent for 6-cyl. models.

1949-1950 Streamliner, 8-cyl.

2d Cpe Sed	400	1,200	2,050	4,100	7,150	10,200
4d Sed	400	1,200	2,000	4,050	7,050	10,100
4d Sta Wag	450	1,400	2,300	4,600	8,050	11,500
4d Wood Sta Wag ('49 only)	550	1,700	2,800	5,600	9,800	14,000

1949-1950 Streamliner DeLuxe, 8-cyl.

4d Sed	400	1,250	2,050	4,100	7,200	10,300
2d Cpe Sed	400	1,250	2,100	4,150	7,300	10,400
4d Stl Sta Wag	450	1,300	2,200	4,400	7,700	11,000
4d Woodie (1949 only)	650	1,900	3,200	6,400	11,200	16,000
2d Sed Dely	550	1,700	2,800	5,600	9,800	14,000

1949-1950 Chieftain, 8-cyl.

4d Sed	400	1,250	2,100	4,150	7,300	10,400
2d Sed	400	1,200	2,050	4,100	7,150	10,200
2d Cpe Sed	400	1,250	2,100	4,250	7,400	10,600
2d Bus Cpe	450	1,400	2,300	4,600	8,050	11,500

1949-1950 Chieftain DeLuxe, 8-cyl.

4d Sed	400	1,250	2,100	4,200	7,350	10,500
2d Sed	400	1,250	2,050	4,100	7,200	10,300
2d Bus Cpe (1949 only)	500	1,500	2,500	5,000	8,750	12,500
2d HT (1950 only)	600	1,850	3,100	6,200	10,850	15,500
2d Cpe Sed	450	1,300	2,150	4,300	7,500	10,700
2d Sup HT (1950 only)	700	2,050	3,400	6,800	11,900	17,000
2d Conv	850	2,500	4,200	8,400	14,700	21,000

NOTE: Deduct 5 percent for 6-cyl. models.

1951-1952 Streamliner, 8-cyl. (1951 only)

2d Cpe Sed	400	1,250	2,050	4,100	7,200	10,300
4d Sta Wag	450	1,400	2,300	4,600	8,050	11,500

1951-1952 Streamliner DeLuxe, 8-cyl. (1951 only)

2d Cpe Sed	400	1,250	2,100	4,200	7,350	10,500
4d Sta Wag	500	1,450	2,400	4,800	8,400	12,000
2d Sed Dely	550	1,600	2,700	5,400	9,450	13,500

1951-1952 Chieftain, 8-cyl.

4d Sed	400	1,250	2,100	4,200	7,350	10,500
2d Sed	400	1,250	2,050	4,100	7,200	10,300
2d Cpe Sed	400	1,250	2,100	4,250	7,400	10,600
2d Bus Cpe	450	1,400	2,300	4,600	8,050	11,500

1951-1952 Chieftain DeLuxe, 8-cyl.

4d Sed	400	1,250	2,100	4,250	7,400	10,600
2d Sed	400	1,250	2,100	4,200	7,350	10,500
2d Cpe Sed	450	1,300	2,200	4,400	7,700	11,000
2d HT	700	2,100	3,500	7,000	12,250	17,500
2d HT Sup	750	2,200	3,700	7,400	12,950	18,500
2d Conv	900	2,650	4,400	8,800	15,400	22,000

NOTE: Deduct 5 percent for 6-cyl. models.

1953 Chieftain, 8-cyl., 122" wb

4d Sed	400	1,250	2,100	4,250	7,400	10,600
2d Sed	400	1,250	2,100	4,200	7,350	10,500

	6	5	4	3	2	1
4d Paint Sta Wag	450	1,400	2,300	4,600	8,050	11,500
4d Woodgrain Sta Wag	500	1,450	2,400	4,800	8,400	12,000
2d Sed Dely	650	1,900	3,200	6,400	11,200	16,000
1953 Chieftain DeLuxe, 8-cyl.						
4d Sed	450	1,300	2,150	4,300	7,500	10,700
2d Sed	400	1,250	2,100	4,250	7,400	10,600
2d HT	700	2,050	3,400	6,800	11,900	17,000
2d Conv	950	2,900	4,800	9,600	16,800	24,000
4d Mtl Sta Wag	450	1,300	2,200	4,400	7,700	11,000
4d Sim W Sta Wag	500	1,450	2,400	4,800	8,400	12,000
1953 Custom Catalina, 8-cyl.						
2d HT	700	2,100	3,500	7,000	12,250	17,500
NOTE: Deduct 5 percent for 6-cyl. models.						
1954 Chieftain, 8-cyl., 122" wb						
4d Sed	450	1,300	2,150	4,300	7,550	10,800
2d Sed	450	1,300	2,150	4,300	7,500	10,700
4d Sta Wag	500	1,450	2,400	4,800	8,400	12,000
1954 Chieftain DeLuxe, 8-cyl.						
4d Sed	450	1,300	2,200	4,400	7,700	11,000
2d Sed	450	1,300	2,150	4,300	7,550	10,800
2d HT	700	2,050	3,400	6,800	11,900	17,000
4d Sta Wag	500	1,500	2,500	5,000	8,750	12,500
1954 Custom Catalina, 8-cyl.						
2d HT	750	2,300	3,800	7,600	13,300	19,000
1954 Star Chief DeLuxe, 8-cyl.						
4d Sed	500	1,450	2,400	4,800	8,400	12,000
2d Conv	1,000	3,000	5,000	10,000	17,500	25,000
1954 Custom Star Chief, 8-cyl.						
4d Sed	500	1,550	2,600	5,200	9,100	13,000
1954 Custom Catalina						
2d HT	800	2,400	4,000	8,000	14,000	20,000
NOTE: Deduct 5 percent for 6-cyl. models.						
1955 Chieftain 860, V-8						
4d Sed	400	1,200	2,000	4,000	7,000	10,000
2d Sed	400	1,200	2,000	4,050	7,050	10,100
2d Sta Wag	500	1,450	2,400	4,800	8,400	12,000
4d Sta Wag	450	1,400	2,300	4,600	8,050	11,500
1955 Chieftain 870, V-8, 122" wb						
4d Sed	400	1,250	2,100	4,200	7,350	10,500
2d Sed	400	1,250	2,100	4,250	7,400	10,600
2d HT	700	2,150	3,600	7,200	12,600	18,000
4d Sta Wag	500	1,450	2,400	4,800	8,400	12,000
1955 Star Chief Custom Safari, 122" wb						
2d Sta Wag	850	2,500	4,200	8,400	14,700	21,000
1955 Star Chief, V-8, 124" wb						
4d Sed	450	1,400	2,300	4,600	8,050	11,500
2d Conv	1,300	3,850	6,400	12,800	22,400	32,000
1955 Custom Star Chief, V-8, 124" wb						
4d Sed	500	1,500	2,500	5,000	8,750	12,500
1955 Custom Catalina						
2d HT	850	2,500	4,200	8,400	14,700	21,000
1956 Chieftain 860, V-8, 122" wb						
4d Sed	400	1,200	2,000	4,000	7,000	10,000
4d HT	450	1,300	2,200	4,400	7,700	11,000
2d Sed	400	1,200	2,000	4,000	7,000	10,000
2d HT	700	2,050	3,400	6,800	11,900	17,000
2d Sta Wag	500	1,550	2,600	5,200	9,100	13,000
4d Sta Wag	500	1,500	2,500	5,000	8,750	12,500
1956 Chieftain 870, V-8, 122" wb						
4d Sed	400	1,250	2,050	4,100	7,200	10,300
4d HT	500	1,450	2,400	4,800	8,400	12,000
2d HT	750	2,300	3,800	7,600	13,300	19,000
4d Sta Wag	550	1,600	2,700	5,400	9,450	13,500
1956 Custom Star Chief Safari, V-8, 122" wb						
2d Sta Wag	900	2,650	4,400	8,800	15,400	22,000
1956 Star Chief, V-8, 124" wb						
4d Sed	450	1,300	2,200	4,400	7,700	11,000
2d Conv	1,400	4,200	7,000	14,000	24,500	35,000
1956 Custom Star Chief, V-8, 124" wb						
4d HT	550	1,700	2,800	5,600	9,800	14,000
1956 Custom Catalina						
2d HT	900	2,650	4,400	8,800	15,400	22,000

	6	5	4	3	2	1
1957 Chieftain, V-8, 122" wb						
4d Sed	400	1,200	2,000	4,000	7,000	10,000
4d HT	450	1,300	2,200	4,400	7,700	11,000
2d Sed	450	1,300	2,150	4,300	7,500	10,700
2d HT	650	1,900	3,200	6,400	11,200	16,000
4d Sta Wag	450	1,400	2,300	4,600	8,050	11,500
2d Sta Wag	500	1,450	2,400	4,800	8,400	12,000
1957 Super Chief, V-8, 122" wb						
4d Sed	400	1,250	2,100	4,200	7,350	10,500
4d HT	500	1,450	2,400	4,800	8,400	12,000
2d HT	700	2,150	3,600	7,200	12,600	18,000
4d Sta Wag	500	1,550	2,600	5,200	9,100	13,000
1957 Star Chief Custom Safari, V-8, 122" wb						
4d Sta Wag	800	2,400	4,000	8,000	14,000	20,000
2d Sta Wag	900	2,750	4,600	9,200	16,100	23,000
1957 Star Chief, V-8, 124" wb						
4d Sed	500	1,450	2,400	4,800	8,400	12,000
2d Conv	1,300	3,950	6,600	13,200	23,100	33,000
2d Bonneville Conv*	2,400	7,200	12,000	24,000	42,000	60,000
1957 Custom Star Chief, V-8, 124" wb						
4d Sed	500	1,500	2,500	5,000	8,750	12,500
4d HT	550	1,700	2,800	5,600	9,800	14,000
2d HT	900	2,650	4,400	8,800	15,400	22,000

*Available on one-to-a-dealer basis.

	6	5	4	3	2	1
1958 Chieftain, V-8, 122" wb						
4d Sed	300	950	1,600	3,250	5,650	8,100
4d HT	400	1,250	2,100	4,200	7,350	10,500
2d Sed	350	1,100	1,800	3,600	6,300	9,000
2d HT	600	1,800	3,000	6,000	10,500	15,000
2d Conv	1,100	3,250	5,400	10,800	18,900	27,000
4d 9P Safari	450	1,300	2,200	4,400	7,700	11,000
1958 Super-Chief, V-8, 122" wb						
4d Sed	350	1,050	1,700	3,450	6,000	8,600
4d HT	500	1,450	2,400	4,800	8,400	12,000
2d HT	650	1,900	3,200	6,400	11,200	16,000
1958 Star Chief, V-8, 124" wb						
4d Cus Sed	350	1,100	1,800	3,600	6,300	9,000
4d HT	500	1,550	2,600	5,200	9,100	13,000
2d HT	700	2,050	3,400	6,800	11,900	17,000
4d Cus Safari	550	1,700	2,800	5,600	9,800	14,000
1958 Bonneville, V-8, 122" wb						
2d HT	1,200	3,600	6,000	12,000	21,000	30,000
2d Conv	2,000	6,000	10,000	20,000	35,000	50,000

NOTE: Add 20 percent for fuel-injection Bonneville.

	6	5	4	3	2	1
1959 Catalina, V-8, 122" wb						
4d Sed	300	950	1,600	3,200	5,600	8,000
4d HT	350	1,100	1,800	3,600	6,300	9,000
2d Sed	300	900	1,500	3,000	5,250	7,500
2d HT	550	1,700	2,800	5,600	9,800	14,000
2d Conv	900	2,650	4,400	8,800	15,400	22,000
1959 Safari, V-8, 124" wb						
4d 6P Sta Wag	400	1,200	2,000	4,000	7,000	10,000
4d 9P Sta Wag	400	1,200	2,050	4,100	7,150	10,200
1959 Star Chief, V-8, 124" wb						
4d Sed	350	1,100	1,800	3,600	6,300	9,000
4d HT	450	1,300	2,200	4,400	7,700	11,000
2d Sed	400	1,150	1,900	3,800	6,650	9,500
1959 Bonneville, V-8, 124" wb						
4d HT	500	1,450	2,400	4,800	8,400	12,000
2d HT	700	2,050	3,400	6,800	11,900	17,000
2d Conv	1,100	3,350	5,600	11,200	19,600	28,000
1959 Custom Safari, V-8, 122" wb						
4d Sta Wag	500	1,500	2,500	5,000	8,750	12,500
1960 Catalina, V-8, 122" wb						
4d Sed	300	900	1,500	3,050	5,300	7,600
4d HT	350	1,100	1,800	3,600	6,300	9,000
2d Sed	300	950	1,600	3,200	5,600	8,000
2d HT	550	1,700	2,800	5,600	9,800	14,000
2d Conv	900	2,750	4,600	9,200	16,100	23,000
1960 Safari, V-8, 122" wb						
4d Sta Wag	450	1,300	2,200	4,400	7,700	11,000
4d 6P Sta Wag	450	1,400	2,300	4,600	8,050	11,500

	6	5	4	3	2	1
1960 Ventura, V-8, 122" wb						
4d HT	400	1,200	2,000	4,000	7,000	10,000
2d HT	600	1,800	3,000	6,000	10,500	15,000
1960 Star Chief, V-8, 124" wb						
4d Sed	400	1,150	1,900	3,800	6,650	9,500
4d HT	450	1,300	2,200	4,400	7,700	11,000
2d Sed	400	1,200	2,000	4,000	7,000	10,000
1960 Bonneville, V-8, 124" wb						
4d HT	500	1,450	2,400	4,800	8,400	12,000
2d HT	700	2,150	3,600	7,200	12,600	18,000
2d Conv	1,100	3,250	5,400	10,800	18,900	27,000
1960 Bonneville Safari, V-8, 122" wb						
4d Sta Wag	500	1,550	2,600	5,200	9,100	13,000
1961 Tempest Compact, 4-cyl.						
4d Sed	250	800	1,350	2,700	4,700	6,700
2d Cpe	250	800	1,350	2,700	4,750	6,800
2d Cus Cpe	300	850	1,400	2,800	4,900	7,000
4d Safari Wag	300	850	1,400	2,800	4,900	7,000
NOTE: Add 20 percent for Tempest V-8.						
1961 Catalina, V-8, 119" wb						
4d Sed	300	900	1,500	3,000	5,250	7,500
4d HT	350	1,000	1,700	3,400	5,950	8,500
2d Sed	300	900	1,500	3,050	5,300	7,600
2d HT	500	1,450	2,400	4,800	8,400	12,000
2d Conv	700	2,050	3,400	6,800	11,900	17,000
4d Safari Wag	400	1,200	2,000	4,000	7,000	10,000
1961 Ventura, V-8, 119" wb						
4d HT	400	1,150	1,900	3,800	6,650	9,500
2d HT	550	1,700	2,800	5,600	9,800	14,000
1961 Star Chief, V-8, 123" wb						
4d Sed	350	1,000	1,700	3,400	5,950	8,500
4d HT	400	1,200	2,000	4,000	7,000	10,000
1961 Bonneville, V-8, 123" wb						
4d HT	400	1,250	2,100	4,200	7,350	10,500
2d HT	550	1,700	2,800	5,600	9,800	14,000
2d Conv	900	2,650	4,400	8,800	15,400	22,000
1961 Bonneville Safari, V-8, 119" wb						
4d Sta Wag	450	1,300	2,200	4,400	7,700	11,000
1962 Tempest, 4-cyl., 122" wb						
4d Sed	250	800	1,350	2,700	4,700	6,700
2d Cpe	250	800	1,350	2,700	4,750	6,800
2d HT	350	1,100	1,800	3,600	6,300	9,000
2d Conv	500	1,450	2,400	4,800	8,400	12,000
4d Safari	300	850	1,400	2,800	4,900	7,000
NOTE: Add 20 percent for Tempest V-8.						
1962 Catalina, V-8, 120" wb						
4d Sed	300	900	1,500	3,000	5,250	7,500
4d HT	350	1,000	1,700	3,400	5,950	8,500
2d Sed	300	900	1,500	3,050	5,300	7,600
2d HT	500	1,450	2,400	4,800	8,400	12,000
2d Conv	650	1,900	3,200	6,400	11,200	16,000
4d Sta Wag	400	1,150	1,900	3,800	6,650	9,500
2d HT (421/405)	2,100	6,250	10,400	20,800	36,400	52,000
2d Sed (421/405)	2,100	6,250	10,400	20,800	36,400	52,000
1962 Star Chief, V-8, 123" wb						
4d Sed	300	950	1,600	3,200	5,600	8,000
4d HT	400	1,150	1,900	3,800	6,650	9,500
1962 Bonneville, V-8, 123" wb, Sta Wag 119" wb						
4d HT	400	1,200	2,000	4,000	7,000	10,000
2d HT	550	1,700	2,800	5,600	9,800	14,000
2d Conv	800	2,400	4,000	8,000	14,000	20,000
4d Sta Wag	400	1,250	2,100	4,200	7,350	10,500
1962 Grand Prix, V-8, 120" wb						
2d HT	550	1,700	2,800	5,600	9,800	14,000
NOTE: Add 30 percent for 421. Add 30 percent for "421" S-D models.						
1963 Tempest (Compact), 4-cyl., 112" wb						
4d Sed	250	800	1,300	2,600	4,550	6,500
2d Cpe	300	850	1,400	2,800	4,900	7,000
2d HT	350	1,000	1,700	3,400	5,950	8,500
2d Conv	500	1,450	2,400	4,800	8,400	12,000
4d Sta Wag	300	850	1,400	2,800	4,900	7,000
NOTE: Add 20 percent for Tempest V-8.						

	6	5	4	3	2	1
1963 LeMans, V-8, 112" wb						
2d HT	400	1,200	2,000	4,000	7,000	10,000
2d Conv	500	1,550	2,600	5,200	9,100	13,000
1963 Catalina, V-8, 119" wb						
4d Sed	300	850	1,400	2,850	4,950	7,100
4d HT	350	1,050	1,700	3,450	6,000	8,600
2d Sed	300	900	1,500	3,050	5,300	7,600
2d HT	500	1,550	2,600	5,200	9,100	13,000
2d Conv	600	1,800	3,000	6,000	10,500	15,000
4d Sta Wag	400	1,200	2,000	4,000	7,000	10,000
1963 Catalina Super-Duty						
2d HT (421/405)	2,000	6,000	10,000	20,000	35,000	50,000
2d HT (421/410)	2,100	6,250	10,400	20,800	36,400	52,000
2d Sed (421/405)	2,000	6,000	10,000	20,000	35,000	50,000
2d Sed (421/410)	2,000	6,000	10,000	20,000	35,000	50,000

NOTE: Add 5 percent for 4-speed.

	6	5	4	3	2	1
1963 Star Chief, V-8, 123" wb						
4d Sed	300	900	1,500	3,000	5,250	7,500
4d HT	400	1,150	1,900	3,800	6,650	9,500
1963 Bonneville, V-8, 123" wb						
2d HT	550	1,700	2,800	5,600	9,800	14,000
4d HT	400	1,250	2,100	4,200	7,350	10,500
2d Conv	750	2,300	3,800	7,600	13,300	19,000
4d Sta Wag	400	1,250	2,100	4,200	7,350	10,500
1963 Grand Prix, V-8, 120" wb						
2d HT	600	1,800	3,000	6,000	10,500	15,000

NOTE: Add 5 percent for Catalina Ventura. Add 30 percent for "421" engine option.

	6	5	4	3	2	1
1964 Tempest Custom 21, V-8, 115" wb						
4d Sed	250	800	1,350	2,700	4,700	6,700
2d HT	350	1,000	1,700	3,400	5,950	8,500
2d Conv	500	1,450	2,400	4,800	8,400	12,000
4d Sta Wag	300	850	1,400	2,800	4,900	7,000

NOTE: Deduct 10 percent for 6-cyl. where available.

	6	5	4	3	2	1
1964 LeMans, V-8, 115" wb						
2d HT	500	1,450	2,400	4,800	8,400	12,000
2d Cpe	400	1,250	2,100	4,200	7,350	10,500
2d Conv	500	1,550	2,600	5,200	9,100	13,000
2d GTO Cpe	650	1,900	3,200	6,400	11,200	16,000
2d GTO Conv	900	2,650	4,400	8,800	15,400	22,000
2d GTO HT	700	2,150	3,600	7,200	12,600	18,000

NOTE: Deduct 20 percent for Tempest 6-cyl.

	6	5	4	3	2	1
1964 Catalina, V-8, 120" wb						
4d Sed	300	900	1,500	3,000	5,250	7,500
4d HT	350	1,000	1,700	3,400	5,950	8,500
2d Sed	300	900	1,500	3,000	5,250	7,500
2d HT	500	1,450	2,400	4,800	8,400	12,000
2d Conv	600	1,800	3,000	6,000	10,500	15,000
4d Sta Wag	350	1,100	1,800	3,600	6,300	9,000
1964 Star Chief, V-8, 123" wb						
4d Sed	300	900	1,500	3,000	5,250	7,500
4d HT	400	1,150	1,900	3,800	6,650	9,500
1964 Bonneville, V-8, 123" wb						
4d HT	400	1,250	2,100	4,200	7,350	10,500
2d HT	500	1,550	2,600	5,200	9,100	13,000
2d Conv	700	2,150	3,600	7,200	12,600	18,000
4d Sta Wag	400	1,250	2,100	4,200	7,350	10,500
1964 Grand Prix, V-8, 120" wb						
2d HT	550	1,700	2,800	5,600	9,800	14,000

NOTE: Add 30 percent for tri power. Add 5 percent for Catalina-Ventura option. Add 10 percent for 2 plus 2.

	6	5	4	3	2	1
1965 Tempest, V-8, 115" wb						
4d Sed	250	800	1,300	2,650	4,600	6,600
2d Spt Cpe	300	850	1,400	2,850	4,950	7,100
2d HT	350	1,000	1,700	3,400	5,950	8,500
2d Conv	400	1,200	2,000	4,000	7,000	10,000
4d Sta Wag	300	850	1,400	2,800	4,900	7,000

NOTE: Add 20 percent for V-8.

	6	5	4	3	2	1
1965 LeMans, V-8, 115" wb						
4d Sed	300	850	1,400	2,800	4,900	7,000
2d Cpe	350	1,000	1,700	3,400	5,950	8,500
2d HT	400	1,250	2,100	4,200	7,350	10,500
2d Conv	600	1,800	3,000	6,000	10,500	15,000
2d GTO Conv	950	2,900	4,800	9,600	16,800	24,000

	6	5	4	3	2	1
2d GTO HT	800	2,400	4,000	8,000	14,000	20,000
2d GTO Cpe	700	2,150	3,600	7,200	12,600	18,000

NOTE: Deduct 20 percent for 6-cyl. where available. Add 5 percent for 4-speed.

1965 Catalina, V-8, 121" wb

4d Sed	250	800	1,350	2,700	4,750	6,800
4d HT	300	950	1,600	3,200	5,600	8,000
2d Sed	300	900	1,500	3,000	5,250	7,500
2d HT	400	1,250	2,100	4,200	7,350	10,500
2d Conv	500	1,550	2,600	5,200	9,100	13,000
4d Sta Wag	400	1,250	2,100	4,200	7,350	10,500

1965 Star Chief, V-8, 123" wb

4d Sed	300	850	1,400	2,800	4,900	7,000
4d HT	350	1,000	1,700	3,400	5,950	8,500

1965 Bonneville, V-8, 123" wb

4d HT	400	1,150	1,900	3,800	6,650	9,500
2d HT	500	1,450	2,400	4,800	8,400	12,000
2d Conv	700	2,050	3,400	6,800	11,900	17,000
4d 2S Sta Wag	400	1,250	2,100	4,200	7,350	10,500

1965 Grand Prix, 120" wb

2d HT	500	1,450	2,400	4,800	8,400	12,000

NOTE: Add 30 percent for "421" H.O. tri power V-8. Add 30 percent for tri power. Add 10 percent for 2 plus 2. Add 10 percent for Catalina-Ventura option. Add 10 percent for Ram Air.

1966 Tempest Custom, OHC-6, 115" wb

4d Sed	250	800	1,300	2,650	4,600	6,600
4d HT	250	800	1,350	2,700	4,700	6,700
2d HT	350	1,100	1,850	3,700	6,500	9,300
2d Cpe	300	950	1,600	3,200	5,600	8,000
2d Conv	400	1,200	2,000	4,000	7,000	10,000
4d Sta Wag	250	800	1,300	2,600	4,550	6,500

NOTE: Add 20 percent for V-8.

1966 Lemans, OHC-6, 115" wb

4d HT	300	850	1,400	2,750	4,850	6,900
2d Cpe	300	950	1,550	3,100	5,450	7,800
2d HT	400	1,200	2,000	4,000	7,000	10,000
2d Conv	450	1,400	2,300	4,600	8,050	11,500

NOTE: Add 20 percent for V-8.

1966 GTO, V-8, 115" wb

2d HT	700	2,050	3,400	6,800	11,900	17,000
2d Cpe	600	1,800	3,000	6,000	10,500	15,000
2d Conv	850	2,500	4,200	8,400	14,700	21,000

NOTE: Add 5 percent for 4-speed.

1966 Catalina, V-8, 121" wb

4d Sed	250	800	1,350	2,700	4,700	6,700
4d HT	300	950	1,600	3,200	5,600	8,000
2d Sed	300	900	1,500	3,000	5,250	7,500
2d HT	450	1,400	2,300	4,600	8,050	11,500
2d Conv	650	1,900	3,200	6,400	11,200	16,000
4d Sta Wag	400	1,200	2,000	4,000	7,000	10,000

1966 2 Plus 2, V-8, 121" wb

2d HT	500	1,500	2,500	5,000	8,750	12,500
2d Conv	600	1,800	3,000	6,000	10,500	15,000

1966 Executive, V-8, 124" wb

4d Sed	300	900	1,500	3,000	5,250	7,500
4d HT	350	1,000	1,700	3,400	5,950	8,500
2d HT	450	1,400	2,300	4,600	8,050	11,500

1966 Bonneville, V-8, 124" wb

4d HT	400	1,150	1,900	3,800	6,650	9,500
2d HT	500	1,500	2,500	5,000	8,750	12,500
2d Conv	700	2,150	3,600	7,200	12,600	18,000
4d Sta Wag	400	1,200	2,000	4,000	7,000	10,000

1966 Grand Prix, V-8, 121" wb

2d HT	500	1,550	2,600	5,200	9,100	13,000

NOTE: Add 30 percent for 421. Add 20 percent for Ram Air. Add 30 percent for tri power. Add 10 percent for Ventura Custom trim option.

1967 Tempest, 6-cyl., 115" wb

4d Sed	250	800	1,300	2,600	4,550	6,500
2d Cpe	300	850	1,400	2,800	4,900	7,000
4d Sta Wag	300	900	1,500	3,050	5,300	7,600

NOTE: Add 20 percent for V-8.

1967 Tempest Custom, 6-cyl., 115" wb

2d Cpe	300	850	1,400	2,850	4,950	7,100
2d HT	350	1,050	1,700	3,450	6,000	8,600

	6	5	4	3	2	1
2d Conv	400	1,200	2,000	4,000	7,000	10,000
4d HT	300	850	1,450	2,900	5,050	7,200
4d Sed	250	800	1,300	2,650	4,600	6,600
4d Sta Wag	300	850	1,400	2,800	4,900	7,000

NOTE: Add 20 percent for V-8.

1967 Lemans, 6-cyl., 115" wb

4d HT	300	850	1,400	2,800	4,900	7,000
2d Cpe	300	850	1,450	2,900	5,050	7,200
2d HT	350	1,100	1,800	3,600	6,300	9,000
2d Conv	450	1,400	2,300	4,600	8,050	11,500

NOTE: Add 20 percent for V-8.

1967 Tempest Safari, 6-cyl., 115" wb

4d Sta Wag	300	850	1,400	2,800	4,900	7,000

NOTE: Add 20 percent for V-8.

1967 GTO, V-8, 115" wb

2d Cpe	500	1,550	2,600	5,200	9,100	13,000
2d HT	650	1,900	3,200	6,400	11,200	16,000
2d Conv	750	2,300	3,800	7,600	13,300	19,000

1967 Catalina, V-8, 121" wb

4d Sed	250	800	1,350	2,700	4,700	6,700
4d HT	300	950	1,600	3,200	5,600	8,000
2d Sed	300	900	1,500	3,050	5,300	7,600
2d HT	400	1,250	2,100	4,200	7,350	10,500
2d Conv	500	1,450	2,400	4,800	8,400	12,000

1967 2 Plus 2, V-8, 121" Wb

2d HT	500	1,500	2,500	5,000	8,750	12,500
2d Conv	700	2,150	3,600	7,200	12,600	18,000
4d 3S Sta Wag	350	1,100	1,800	3,600	6,300	9,000

1967 Executive, V-8, 124" wb, Sta Wag 121" wb

4d Sed	300	850	1,400	2,800	4,900	7,000
4d HT	350	1,000	1,700	3,400	5,950	8,500
2d HT	450	1,400	2,300	4,600	8,050	11,500
4d 3S Sta Wag	400	1,200	2,000	4,000	7,000	10,000

1967 Bonneville, V-8, 124" wb

4d HT	350	1,100	1,800	3,600	6,300	9,000
2d HT	450	1,400	2,300	4,600	8,050	11,500
2d Conv	600	1,800	3,000	6,000	10,500	15,000
4d Sta Wag	400	1,200	2,000	4,000	7,000	10,000

1967 Grand Prix, V-8, 121" wb

2d HT	500	1,450	2,400	4,800	8,400	12,000
Conv	700	2,050	3,400	6,800	11,900	17,000

NOTE: Add 30 percent for 428. Add 10 percent for Sprint option. Add 15 percent for 2 plus 2 option. Add 10 percent for Ventura Custom trim option.

1967 Firebird, V-8, 108" wb

2d Cpe	550	1,700	2,800	5,600	9,800	14,000
2d Conv	700	2,150	3,600	7,200	12,600	18,000

NOTE: Deduct 25 percent for 6-cyl. Add 15 percent for 350 HO. Add 10 percent for 4-speed. Add 30 percent for the Ram Air 400 Firebird.

1968 Tempest, 6-cyl., 112" wb

2d Spt Cpe	300	850	1,400	2,800	4,900	7,000
2d Cus "S" Cpe	300	900	1,500	3,000	5,250	7,500
2d Cus "S" HT	350	1,100	1,800	3,600	6,300	9,000
2d Cus "S" Conv	400	1,200	2,000	4,000	7,000	10,000
2d LeMans	300	850	1,400	2,800	4,900	7,000
2d LeMans Spt Cpe	300	950	1,600	3,200	5,600	8,000
2d LeMans Conv	550	1,700	2,800	5,600	9,800	14,000

NOTE: Add 20 percent for V-8.

1968 GTO, V-8, 112" wb

2d HT	600	1,800	3,000	6,000	10,500	15,000
2d Conv	750	2,300	3,800	7,600	13,300	19,000

NOTE: Add 25 percent for Ram Air I, 40 percent for Ram Air II.

1968 Catalina, V-8, 122" wb

4d Sed	250	800	1,300	2,600	4,550	6,500
4d HT	300	850	1,400	2,800	4,900	7,000
2d Sed	300	900	1,550	3,100	5,400	7,700
2d HT	350	1,100	1,800	3,600	6,300	9,000
2d Conv	450	1,300	2,200	4,400	7,700	11,000
4d Sta Wag	350	1,100	1,800	3,600	6,300	9,000

1968 Executive, V-8, 124" wb, Sta Wag 121" wb

4d Sed	300	900	1,500	3,000	5,250	7,500
4d HT	300	950	1,600	3,200	5,600	8,000
2d HT	400	1,250	2,100	4,200	7,350	10,500
4d 3S Sta Wag	400	1,200	2,000	4,000	7,000	10,000

	6	5	4	3	2	1
1968 Bonneville, V-8, 125" wb						
4d Sed	300	900	1,550	3,100	5,400	7,700
4d HT	350	1,000	1,700	3,400	5,950	8,500
2d HT	450	1,300	2,200	4,400	7,700	11,000
2d Conv	500	1,550	2,600	5,200	9,100	13,000
4d Sta Wag	400	1,250	2,100	4,200	7,350	10,500
1968 Grand Prix, V-8, 118" wb						
2d HT	500	1,450	2,400	4,800	8,400	12,000

NOTE: Add 10 percent for Sprint option. Add 30 percent for 428. Add 25 percent for Ram Air I, 40 percent for Ram Air II. Add 10 percent for Ventura Custom trim option.

	6	5	4	3	2	1
1968 Firebird, V-8, 108" wb						
2d Cpe	550	1,700	2,800	5,600	9,800	14,000
2d Conv	700	2,150	3,600	7,200	12,600	18,000

NOTE: Deduct 25 percent for 6-cyl. Add 10 percent for 350 HO. Add 10 percent for 4-speed. Add 25 percent for the Ram Air 400 Firebird.

	6	5	4	3	2	1
1969 Tempest, 6-cyl., 116" wb, 2d 112" wb						
4d Sed	250	750	1,200	2,450	4,250	6,100
2d Cpe	250	750	1,250	2,500	4,350	6,200

NOTE: Add 20 percent for V-8.

	6	5	4	3	2	1
1969 Tempest 'S' Custom, 6-cyl., 116" wb, 2d 112" wb						
4d Sed	250	750	1,250	2,500	4,350	6,200
4d HT	250	750	1,300	2,550	4,500	6,400
2d Cpe	250	750	1,250	2,500	4,400	6,300
2d HT	300	950	1,600	3,200	5,600	8,000
2d Conv	350	1,100	1,800	3,600	6,300	9,000
4d Sta Wag	250	800	1,300	2,600	4,550	6,500

NOTE: Add 20 percent for V-8.

	6	5	4	3	2	1
1969 Tempest Lemans, 6-cyl., 116" wb, 2d 112" wb						
4d HT	250	800	1,300	2,600	4,550	6,500
2d Cpe	250	800	1,300	2,600	4,550	6,500
2d HT	350	1,000	1,700	3,400	5,950	8,500
2d Conv	400	1,250	2,100	4,200	7,350	10,500

NOTE: Add 20 percent for V-8.

	6	5	4	3	2	1
1969 Tempest Safari, 6-cyl., 116" wb						
4d Sta Wag	250	800	1,350	2,700	4,700	6,700

NOTE: Add 20 percent for V-8.

	6	5	4	3	2	1
1969 GTO, V-8, 112" wb						
2d HT	700	2,050	3,400	6,800	11,900	17,000
2d Conv	850	2,500	4,200	8,400	14,700	21,000
1969 Catalina, V-8, 122" wb						
4d Sed	250	800	1,300	2,600	4,550	6,500
4d HT	250	800	1,350	2,700	4,700	6,700
2d HT	350	1,000	1,700	3,400	5,950	8,500
2d Conv	400	1,250	2,100	4,200	7,350	10,500
4d 3S Sta Wag	300	950	1,600	3,200	5,600	8,000
1969 Executive, V-8, 125" wb, Sta Wag 122" wb						
4d Sed	250	800	1,300	2,650	4,600	6,600
4d HT	250	800	1,350	2,700	4,750	6,800
2d HT	350	1,100	1,800	3,600	6,300	9,000
4d 3S Sta Wag	350	1,000	1,650	3,300	5,750	8,200
1969 Bonneville, V-8, 125" wb						
4d Sed	250	800	1,300	2,650	4,600	6,600
4d HT	300	850	1,400	2,800	4,900	7,000
2d HT	400	1,150	1,900	3,800	6,650	9,500
2d Conv	450	1,400	2,300	4,600	8,050	11,500
4d Sta Wag	350	1,000	1,700	3,400	5,950	8,500
1969 Grand Prix, V-8, 118" wb						
2d HT	400	1,200	2,000	4,000	7,000	10,000

NOTE: Add 10 percent for LeMans Rally E Pkg. Add 30 percent for 428 cid V-8. Add 25 percent for Ram Air III. Add 40 percent for Ram Air IV. Add 40 percent for GTO Judge option. Add 25 percent for Ram Air IV.

	6	5	4	3	2	1
1969 Firebird, V-8, 108" wb						
2d Cpe	550	1,700	2,800	5,600	9,800	14,000
2d Conv	700	2,150	3,600	7,200	12,600	18,000
2d Trans Am Cpe	600	1,800	3,000	6,000	10,500	15,000
2d Trans Am Conv	900	2,650	4,400	8,800	15,400	22,000

NOTE: Deduct 25 percent for 6-cyl. Add 15 percent for "HO" 400 Firebird. Add 10 percent for 4-speed. Add 20 percent for Ram Air IV Firebird. Add 50 percent for '303' V-8 SCCA race engine.

	6	5	4	3	2	1
1970 Tempest, 6-cyl., 116" wb, 2d 112" wb						
4d Sed	250	750	1,250	2,500	4,400	6,300
2d HT	300	950	1,600	3,200	5,600	8,000

1992 Saturn SC coupe

1927 Studebaker (President) Model ES victoria

1942 Studebaker Commander Custom Cruising sedan

	6	5	4	3	2	1
2d Cpe	250	800	1,300	2,600	4,550	6,500

NOTE: Add 20 percent for V-8.

1970 LeMans, 6 cyl., 116" wb, 2d 112" wb

4d Sed	250	750	1,300	2,550	4,500	6,400
4d HT	300	850	1,400	2,800	4,900	7,000
2d Cpe	250	800	1,300	2,650	4,600	6,600
2d HT	350	1,000	1,700	3,400	5,950	8,500
4d Sta Wag	250	800	1,350	2,700	4,750	6,800

NOTE: Add 20 percent for V-8.

1970 LeMans Sport, 6-cyl., 116" wb, 2d 112" wb

4d HT	300	850	1,450	2,900	5,050	7,200
2d Cpe	300	900	1,500	3,000	5,250	7,500
2d HT	350	1,100	1,800	3,600	6,300	9,000
2d Conv	400	1,150	1,900	3,800	6,650	9,500
4d Sta Wag	300	850	1,400	2,800	4,900	7,000

NOTE: Add 20 percent for V-8.

1970 LeMans GT 37, V-8, 112" wb

2d Cpe	350	1,100	1,800	3,600	6,300	9,000
2d HT	400	1,250	2,100	4,200	7,350	10,500

1970 GTO, V-8, 112" wb

2d HT	700	2,150	3,600	7,200	12,600	18,000
2d Conv	900	2,650	4,400	8,800	15,400	22,000

1970 Catalina, V-8, 122" wb

4d Sed	250	800	1,300	2,600	4,550	6,500
4d HT	300	900	1,500	3,000	5,250	7,500
2d HT	350	1,100	1,800	3,600	6,300	9,000
2d Conv	400	1,200	2,000	4,000	7,000	10,000
4d 3S Sta Wag	300	950	1,600	3,200	5,600	8,000

1970 Executive, V-8, 125" wb, Sta Wag 122" wb

4d Sed	250	800	1,300	2,650	4,600	6,600
4d HT	300	950	1,600	3,200	5,600	8,000
2d HT	400	1,150	1,900	3,800	6,650	9,500
4d 3S Sta Wag	350	1,000	1,650	3,300	5,750	8,200

1970 Bonneville, V-8, 125" wb, Sta Wag 122" wb

4d Sed	300	850	1,400	2,800	4,900	7,000
4d HT	350	1,000	1,700	3,400	5,950	8,500
2d HT	400	1,200	2,000	4,000	7,000	10,000
2d Conv	450	1,400	2,300	4,600	8,050	11,500
4d 3S Sta Wag	350	1,000	1,700	3,400	5,950	8,500

1970 Grand Prix, V-8, 118" wb

2d Hurst "SSJ" HT	450	1,400	2,300	4,600	8,050	11,500
2d HT	400	1,250	2,100	4,200	7,350	10,500

NOTE: Add 10 percent for V-8 LeMans Rally Pkg. Add 40 percent for GTO Judge. Add 40 percent for 455 HO V-8. Add 10 percent for Grand Prix S.J. Add 25 percent for Ram Air III. Add 40 percent for Ram Air IV.

1970 Firebird, V-8, 108" wb

2d Firebird	450	1,300	2,200	4,400	7,700	11,000
2d Esprit	450	1,400	2,300	4,600	8,050	11,500
2d Formula 400	500	1,450	2,400	4,800	8,400	12,000
2d Trans Am	600	1,800	3,000	6,000	10,500	15,000

NOTE: Deduct 25 percent for 6-cyl. Add 10 percent for Trans Am with 4-speed. Add 25 percent for Ram Air IV Firebird.

1971 Ventura II, 6-cyl., 111" wb

2d Cpe	250	700	1,200	2,400	4,200	6,000
4d Sed	250	750	1,250	2,500	4,350	6,200

1971 Ventura II, V-8, 111" wb

2d Cpe	250	800	1,300	2,650	4,600	6,600
4d Sed	250	800	1,350	2,700	4,750	6,800

1971 LeMans T37, 6-cyl., 116" wb, 2d 112" wb

2d Sed	250	800	1,300	2,600	4,550	6,500
4d Sed	250	700	1,200	2,400	4,200	6,000
2d HT	300	950	1,600	3,200	5,600	8,000

1971 LeMans, 6-cyl., 116" wb, 2d 112" wb

2d Sed	250	700	1,200	2,400	4,200	6,000
4d Sed	250	750	1,200	2,450	4,250	6,100
4d HT	250	750	1,300	2,550	4,500	6,400
2d HT	350	1,100	1,800	3,600	6,300	9,000
4d 3S Sta Wag	250	700	1,200	2,400	4,200	6,000

1971 LeMans Sport, 6-cyl., 116" wb, 2d 112" wb

4d HT	250	750	1,250	2,500	4,400	6,300
2d HT	400	1,150	1,900	3,800	6,650	9,500
2d Conv	450	1,300	2,200	4,400	7,700	11,000

NOTE: Add 20 percent for V-8.

	6	5	4	3	2	1
1971 LeMans GT 37, V-8, 112" wb						
2d HT	450	1,300	2,200	4,400	7,700	11,000
1971 GTO						
2d HT	600	1,800	3,000	6,000	10,500	15,000
2d Conv	900	2,750	4,600	9,200	16,100	23,000
NOTE: Add 40 percent for GTO Judge option.						
1971 Catalina						
4d	250	800	1,300	2,650	4,600	6,600
4d HT	250	800	1,350	2,700	4,700	6,700
2d HT	300	900	1,500	3,000	5,250	7,500
2d Conv	400	1,200	2,000	4,000	7,000	10,000
1971 Safari, V-8, 127" wb						
4d 2S Sta Wag	250	800	1,350	2,700	4,700	6,700
4d 3S Sta Wag	250	800	1,350	2,700	4,750	6,800
1971 Catalina Brougham, V-8, 123" wb						
4d Sed	250	800	1,350	2,700	4,750	6,800
4d HT	300	850	1,400	2,750	4,850	6,900
2d HT	300	900	1,550	3,100	5,400	7,700
1971 Grand Safari, V-8, 127" wb						
4d 2S Sta Wag	250	700	1,200	2,400	4,200	6,000
4d 3S Sta Wag	250	750	1,200	2,450	4,250	6,100
1971 Bonneville						
4d Sed	300	850	1,400	2,750	4,850	6,900
4d HT	300	850	1,400	2,800	4,900	7,000
2d HT	300	950	1,600	3,200	5,600	8,000
1971 Grandville						
4d HT	300	850	1,400	2,800	4,900	7,000
2d HT	350	1,000	1,650	3,300	5,750	8,200
2d Conv	500	1,550	2,600	5,200	9,100	13,000
1971 Grand Prix						
2d HT	450	1,300	2,200	4,400	7,700	11,000
2d Hurst "SSJ" Cpe	500	1,500	2,500	5,000	8,750	12,500
1971 Firebird, V-8, 108" wb						
2d Firebird	450	1,400	2,300	4,600	8,050	11,500
2d Esprit	450	1,300	2,200	4,400	7,700	11,000
2d Formula	500	1,450	2,400	4,800	8,400	12,000
2d Trans Am	600	1,800	3,000	6,000	10,500	15,000
NOTE: Add 25 percent for Formula 455. Deduct 25 percent for 6-cyl. Add 40 percent for 455 HO V-8. Add 10 percent for 4-speed. (Formula Series - 350, 400, 455).						
1972 Ventura, 6-cyl., 111" wb						
4d Sed	250	700	1,150	2,300	4,000	5,700
2d Cpe	200	650	1,100	2,200	3,850	5,500
NOTE: Add 20 percent for V-8.						
1972 LeMans, 6-cyl., 116" wb, 2d 112" wb						
2d Cpe	250	700	1,200	2,400	4,200	6,000
4d Sed	250	700	1,150	2,300	4,050	5,800
2d HT	400	1,150	1,900	3,800	6,650	9,500
2d Conv	450	1,300	2,200	4,400	7,700	11,000
4d 3S Sta Wag	250	700	1,200	2,400	4,200	6,000
1972 GTO						
2d HT	500	1,550	2,600	5,200	9,100	13,000
2d Sed	400	1,200	2,000	4,000	7,000	10,000
1972 Luxury LeMans, V-8						
4d HT	250	750	1,250	2,500	4,350	6,200
2d HT	400	1,200	2,000	4,000	7,000	10,000
NOTE: Add 20 percent for V-8.						
1972 Catalina, V-8, 123" wb						
4d Sed	200	650	1,100	2,200	3,850	5,500
4d HT	250	700	1,150	2,300	4,000	5,700
2d HT	300	900	1,500	3,000	5,250	7,500
2d Conv	400	1,250	2,100	4,200	7,350	10,500
1972 Catalina Brougham, V-8, 123" wb						
4d Sed	200	650	1,100	2,250	3,900	5,600
4d HT	250	700	1,200	2,400	4,200	6,000
2d HT	300	950	1,600	3,200	5,600	8,000
1972 Bonneville						
4d Sed	250	700	1,150	2,300	4,000	5,700
4d HT	250	800	1,300	2,600	4,550	6,500
2d HT	350	1,000	1,700	3,400	5,950	8,500
1972 Grandville						
4d HT	250	800	1,300	2,600	4,550	6,500
2d HT	350	1,050	1,750	3,500	6,100	8,700

	6	5	4	3	2	1
2d Conv	500	1,450	2,400	4,800	8,400	12,000
1972 Safari, V-8, 127" wb						
4d 2S Sta Wag	200	650	1,100	2,250	3,900	5,600
4d 3S Sta Wag	250	700	1,150	2,300	4,000	5,700
1972 Grand Safari, V-8, 127" wb						
4d 2S Sta Wag	250	700	1,150	2,300	4,050	5,800
4d 3S Sta Wag	250	700	1,200	2,350	4,150	5,900
1972 Grand Prix						
2d HT	400	1,200	2,050	4,100	7,150	10,200
2d Hurst "SSJ" HT	450	1,400	2,300	4,600	8,050	11,500
1972 Firebird, V-8, 108" wb						
2d Firebird	400	1,250	2,100	4,200	7,350	10,500
2d Esprit	400	1,200	2,000	4,000	7,000	10,000
2d Formula	450	1,300	2,200	4,400	7,700	11,000
2d Trans Am	550	1,700	2,800	5,600	9,800	14,000

NOTE: Add 10 percent for Trans Am with 4-speed. Deduct 25 percent for 6-cyl. Add 40 percent for 455 HO V-8.

	6	5	4	3	2	1
1973 Ventura						
4d Sed	200	600	1,050	2,100	3,650	5,200
2d Cpe	200	600	1,000	1,950	3,450	4,900
2d HBk Cpe	200	650	1,050	2,100	3,700	5,300
1973 Ventura Custom						
4d Sed	200	650	1,050	2,100	3,700	5,300
2d Cpe	200	650	1,100	2,150	3,800	5,400
2d HBk Cpe	200	600	1,000	2,050	3,550	5,100

NOTE: Deduct 5 percent for 6-cyl. Deduct 5 percent for 6-cyl.

	6	5	4	3	2	1
1973 LeMans						
4d Sed	200	650	1,100	2,200	3,850	5,500
2d HT	250	800	1,350	2,700	4,700	6,700
1973 LeMans Spt						
2d Cpe	250	700	1,200	2,400	4,200	6,000
1973 Luxury LeMans						
2d Cpe	250	750	1,250	2,500	4,350	6,200
4d HT	250	700	1,200	2,400	4,200	6,000
1973 LeMans Safari, V-8, 116" wb						
4d 2S Sta Wag	200	650	1,100	2,200	3,850	5,500
4d 3S Sta Wag	200	650	1,100	2,200	3,850	5,500
1973 Grand AM						
2d HT	350	1,100	1,800	3,600	6,300	9,000
4d HT	250	800	1,300	2,600	4,550	6,500
2d GTO Spt Cpe	350	1,100	1,800	3,600	6,300	9,000

NOTE: Deduct 5 percent for 6-cyl.

	6	5	4	3	2	1
1973 Catalina						
4d HT	200	600	1,000	2,050	3,550	5,100
2d HT	250	800	1,300	2,600	4,550	6,500
1973 Bonneville						
4d Sed	200	600	1,050	2,100	3,650	5,200
4d HT	200	650	1,100	2,200	3,850	5,500
2d HT	300	850	1,400	2,750	4,850	6,900
1973 Safari, V-8, 127" wb						
4d 2S Sta Wag	200	650	1,100	2,200	3,850	5,500
4d 3S Sta Wag	200	650	1,100	2,250	3,900	5,600
1973 Grand Safari, V-8, 127" wb						
4d 2S Sta Wag	250	700	1,150	2,300	4,000	5,700
4d 3S Sta Wag	250	700	1,150	2,300	4,050	5,800
1973 Grandville						
4d HT	250	700	1,150	2,300	4,000	5,700
2d HT	300	850	1,400	2,850	4,950	7,100
2d Conv	500	1,450	2,400	4,800	8,400	12,000
1973 Grand Prix						
2d HT	400	1,150	1,900	3,800	6,650	9,500
2d 'SJ' HT	400	1,150	1,950	3,900	6,800	9,700
1973 Firebird, V-8, 108" wb						
2d Cpe	400	1,200	2,000	4,000	7,000	10,000
2d Esprit	400	1,250	2,100	4,200	7,350	10,500
2d Formula	450	1,300	2,200	4,400	7,700	11,000
2d Trans Am	450	1,400	2,300	4,600	8,050	11,500

NOTE: Add 50 percent for 455 SD V-8 (Formula & Trans Am only). Deduct 25 percent for 6-cyl. Add 10 percent for 4-speed.

	6	5	4	3	2	1
1974 Ventura						
4d Sed	200	550	950	1,900	3,300	4,700
2d Cpe	200	550	900	1,750	3,100	4,400

	6	5	4	3	2	1
2d HBk	200	600	950	1,900	3,350	4,800

1974 Ventura Custom
4d Sed	200	600	950	1,900	3,350	4,800
2d Cpe	200	550	900	1,800	3,150	4,500
2d HBk	200	600	1,000	1,950	3,450	4,900
2d GTO	250	800	1,300	2,600	4,550	6,500

NOTE: Deduct 4 percent for 6-cyl.

1974 LeMans
4d HT	150	500	850	1,700	2,950	4,200
2d HT	250	700	1,150	2,300	4,000	5,700
4d Sta Wag	200	550	900	1,800	3,150	4,500

1974 LeMans Sport
2d Cpe	200	600	1,000	2,000	3,500	5,000

1974 Luxury LeMans
4d HT	200	600	950	1,900	3,350	4,800
2d HT	250	750	1,250	2,500	4,350	6,200
4d Safari	200	600	1,000	2,000	3,500	5,000

NOTE: Add 10 percent for GT option.

1974 Grand AM
2d HT	300	950	1,600	3,200	5,600	8,000
4d HT	250	700	1,150	2,300	4,050	5,800

1974 Catalina
4d HT	200	600	950	1,900	3,350	4,800
2d HT	250	700	1,200	2,400	4,200	6,000
4d Sed	150	500	800	1,600	2,800	4,000
4d Safari	200	600	950	1,900	3,350	4,800

1974 Bonneville
4d Sed	150	500	850	1,700	2,950	4,200
4d HT	200	600	1,000	2,000	3,500	5,000
2d HT	250	750	1,300	2,550	4,500	6,400

1974 Grandville
4d HT	200	600	1,000	2,050	3,550	5,100
2d HT	250	800	1,300	2,600	4,550	6,500
2d Conv	450	1,300	2,200	4,400	7,700	11,000

1974 Grand Prix
2d HT	350	1,100	1,800	3,600	6,300	9,000
2d 'SJ' Cpe	350	1,100	1,850	3,700	6,450	9,200

1974 Firebird, V-8, 108" wb
2d Firebird	350	1,000	1,700	3,400	5,950	8,500
2d Esprit	350	1,100	1,800	3,600	6,300	9,000
2d Formula	400	1,250	2,100	4,200	7,350	10,500
2d Trans Am	450	1,300	2,200	4,400	7,700	11,000

NOTE: Add 40 percent for 455-SD V-8 (Formula & Trans Am only). Deduct 25 percent for 6-cyl. Add 10 percent for 4-speed.

1975 Astre S
2d Cpe	150	500	850	1,700	3,000	4,300
2d HBk	200	550	900	1,750	3,100	4,400
4d Safari	200	550	900	1,800	3,150	4,500

1975 Astre
2d HBk	200	550	900	1,750	3,100	4,400
4d Safari	200	550	900	1,800	3,150	4,500

NOTE: Add 10 percent for Astre 'SJ'.

1975 Ventura
4d Sed	200	550	900	1,750	3,100	4,400
2d Cpe	200	550	900	1,800	3,150	4,500
2d HBk	200	550	900	1,850	3,200	4,600

NOTE: Deduct 5 percent for Ventura 'S'. Add 15 percent for Ventura 'SJ'. Add 5 percent for Ventura Custom.

1975 LeMans
4d HT	200	550	900	1,800	3,150	4,500
2d HT	200	650	1,100	2,200	3,850	5,500
4d Safari	200	550	900	1,850	3,200	4,600

NOTE: Add 10 percent for Grand LeMans.

1975 LeMans Sport
2d HT Cpe	250	700	1,150	2,300	4,000	5,700

1975 Grand AM
4d HT	200	550	900	1,850	3,200	4,600
2d HT	250	700	1,200	2,400	4,200	6,000

NOTE: Add 5 percent for 4-speed. Add 20 percent for 455 HO V-8.

1975 Catalina
4d Sed	150	500	800	1,650	2,850	4,100
2d Cpe	200	550	900	1,800	3,150	4,500

	6	5	4	3	2	1
4d Safari	150	500	800	1,600	2,800	4,000

1975 Bonneville
4d HT	150	500	850	1,700	3,000	4,300
2d Cpe	200	550	900	1,850	3,200	4,600
4d Gr Safari	200	550	900	1,750	3,100	4,400

1975 Grand Ville Brougham
4d HT	200	550	900	1,750	3,100	4,400
2d Cpe	200	600	950	1,900	3,350	4,800
2d Conv	500	1,550	2,600	5,200	9,100	13,000

NOTE: Add 20 percent for 455 V-8.

1975 Grand Prix
2d Cpe	300	900	1,500	3,000	5,250	7,500
2d 'LJ' Cpe	300	900	1,500	3,050	5,300	7,600
2d 'SJ' Cpe	300	900	1,550	3,100	5,400	7,700

NOTE: Add 12 percent for 455 V-8.

1975 Firebird, V-8, 108" wb
2d Cpe	300	900	1,500	3,000	5,250	7,500
2d Esprit	350	1,000	1,700	3,400	5,950	8,500
2d Formula	350	1,000	1,700	3,400	5,950	8,500
Trans Am	400	1,150	1,900	3,800	6,650	9,500

NOTE: Add 18 percent for 455 HO V-8. Deduct 25 percent for 6-cyl. Add 10 percent for 4-speed. Add $150 for Honeycomb wheels.

1976 Astre, 4-cyl.
2d Cpe	150	450	700	1,450	2,500	3,600
2d HBk	150	450	750	1,500	2,600	3,700
4d Sta Wag	150	450	750	1,500	2,650	3,800

1976 Sunbird, 4-cyl.
2d Cpe	200	600	950	1,900	3,350	4,800

1976 Ventura, V-8
4d Sed	200	550	900	1,850	3,200	4,600
2d Cpe	200	550	950	1,900	3,300	4,700
2d HBk	200	600	950	1,900	3,350	4,800

1976 Ventura SJ, V-8
4d Sed	200	550	950	1,900	3,300	4,700
2d Cpe	200	600	950	1,900	3,350	4,800
2d HBk	200	600	1,000	1,950	3,450	4,900

1976 LeMans, V-8
4d Sed	200	600	950	1,900	3,350	4,800
2d Cpe	200	600	1,000	1,950	3,450	4,900
4d 2S Safari Wag	200	550	900	1,850	3,200	4,600
4d 3S Safari Wag	200	550	950	1,900	3,300	4,700

1976 LeMans Sport Cpe, V-8
2d Cpe	200	600	1,050	2,100	3,650	5,200

1976 Grand LeMans, V-8
4d Sed	200	600	1,000	1,950	3,450	4,900
2d Sed	200	600	1,000	2,000	3,500	5,000
4d 2S Safari Wag	200	600	950	1,900	3,350	4,800
4d 3S Safari Wag	200	600	1,000	1,950	3,450	4,900

1976 Catalina, V-8
4d Sed	200	550	950	1,900	3,300	4,700
2d Cpe	200	600	950	1,900	3,350	4,800
4d 2S Safari Wag	200	600	1,000	2,050	3,550	5,100
4d 3S Safari Wag	200	550	950	1,900	3,300	4,700

1976 Bonneville, V-8
4d Sed	200	600	1,000	1,950	3,450	4,900
2d Cpe	200	600	1,000	2,000	3,500	5,000

1976 Bonneville Brougham, V-8
4d Sed	200	600	1,000	2,050	3,550	5,100
2d Cpe	200	650	1,050	2,100	3,700	5,300

1976 Grand Safari, V-8
4d 2S Sta Wag	200	600	950	1,900	3,350	4,800
4d 3S Sta Wag	200	600	1,000	1,950	3,450	4,900

1976 Grand Prix, V-8
2d Cpe	300	900	1,500	3,000	5,250	7,500
2d Cpe SJ	300	900	1,550	3,100	5,400	7,700
2d Cpe LJ	350	1,000	1,650	3,300	5,750	8,200

NOTE: Add 10 percent for T-tops & Anniversary model.

1976 Firebird, V-8
2d Cpe	250	750	1,250	2,500	4,350	6,200
2d Esprit Cpe	250	800	1,300	2,600	4,550	6,500
2d Formula Cpe	250	800	1,350	2,700	4,700	6,700
2d Trans Am Cpe	300	850	1,400	2,750	4,850	6,900

	6	5	4	3	2	1

NOTE: Add 20 percent for 455 HO V-8. Deduct 25 percent for 6-cyl. Add 10 percent for 4-speed. Add $150 for Honeycomb wheels. Add 20 percent for Limited Edition.

1977 Astre, 4-cyl.
	6	5	4	3	2	1
2d Cpe	100	350	550	1,100	1,950	2,800
2d HBk	100	350	600	1,150	2,050	2,900
4d Sta Wag	100	350	600	1,200	2,100	3,000

1977 Sunbird, 4-cyl.
2d Cpe	150	500	800	1,600	2,800	4,000
2d HBk	150	500	800	1,650	2,850	4,100

1977 Phoenix, V-8
4d Sed	150	450	800	1,550	2,750	3,900
2d Cpe	150	500	800	1,600	2,800	4,000

1977 Ventura, V-8
4d Sed	150	450	800	1,550	2,750	3,900
2d Cpe	150	500	800	1,600	2,800	4,000
2d HBk	150	500	800	1,650	2,850	4,100

1977 Ventura SJ, V-8
4d Sed	150	500	800	1,600	2,800	4,000
2d Cpe	150	500	800	1,650	2,850	4,100
2d HBk	150	500	850	1,700	2,950	4,200

1977 LeMans, V-8
4d Sed	150	500	800	1,600	2,800	4,000
2d Cpe	150	500	800	1,650	2,850	4,100
4d 2S Sta Wag	150	450	800	1,550	2,750	3,900
4d 3S Sta Wag	150	500	800	1,600	2,800	4,000

1977 LeMans Sport Cpe, V-8
2d Cpe	200	600	1,050	2,100	3,650	5,200

NOTE: Add 20 percent for Can Am option.

1977 Grand LeMans, V-8
4d Sed	150	500	800	1,650	2,850	4,100
2d Cpe	150	500	850	1,700	2,950	4,200
4d 2S Sta Wag	150	500	800	1,600	2,800	4,000
4d 3S Sta Wag	150	500	800	1,650	2,850	4,100

1977 Catalina, V-8
4d Sed	150	450	800	1,550	2,750	3,900
2d Cpe	150	500	800	1,600	2,800	4,000
4d 2S Safari Wag	150	450	750	1,500	2,650	3,800
4d 3S Safari Wag	150	450	800	1,550	2,750	3,900

1977 Bonneville, V-8
4d Sed	150	500	800	1,650	2,850	4,100
2d Cpe	150	500	850	1,700	2,950	4,200

1977 Bonneville Brougham, V-8
4d Sed	150	500	850	1,700	3,000	4,300
2d Cpe	200	550	900	1,800	3,150	4,500

1977 Grand Safari
4d 2S Sta Wag	150	500	850	1,700	2,950	4,200
4d 3S Sta Wag	150	500	850	1,700	3,000	4,300

1977 Grand Prix, V-8
2d Cpe	250	800	1,350	2,700	4,700	6,700
2d Cpe LJ	300	850	1,400	2,800	4,900	7,000
2d Cpe SJ	300	950	1,600	3,200	5,600	8,000

1977 Firebird, V-8
2d Cpe	250	700	1,150	2,300	4,050	5,800
2d Esprit Cpe	250	700	1,200	2,400	4,200	6,000
2d Formula Cpe	250	750	1,250	2,500	4,400	6,300
2d Trans Am Cpe	250	800	1,300	2,600	4,550	6,500

NOTE: Add 10 percent for 4-speed.

1978 Sunbird
2d Cpe	100	350	600	1,150	2,050	2,900
2d Spt Cpe	100	350	600	1,200	2,100	3,000
2d Spt HBk	100	350	600	1,250	2,150	3,100
4d Spt Wag	100	350	600	1,200	2,100	3,000

1978 Phoenix
4d Sed	100	350	600	1,200	2,100	3,000
2d Cpe	150	400	650	1,300	2,300	3,300
2d HBk	100	350	600	1,250	2,150	3,100

1978 Phoenix LJ
4d Sed	100	350	600	1,250	2,150	3,100
2d Cpe	150	400	700	1,400	2,450	3,500

1978 LeMans
4d Sed	150	500	800	1,600	2,800	4,000
2d Cpe	150	500	850	1,700	2,950	4,200
4d 2S Sta Wag	150	500	800	1,600	2,800	4,000

	6	5	4	3	2	1
1978 Grand LeMans						
4d Sed	150	500	800	1,650	2,850	4,100
2d Cpe	150	500	850	1,700	3,000	4,300
4d 2S Sta Wag	150	500	800	1,650	2,850	4,100
1978 Grand Am						
4d Sed	150	500	850	1,700	2,950	4,200
2d Cpe	200	550	900	1,800	3,150	4,500
1978 Catalina						
4d Sed	150	500	800	1,600	2,800	4,000
2d Cpe	150	500	800	1,650	2,850	4,100
4d 2S Sta Wag	150	500	850	1,700	2,950	4,200
1978 Bonneville						
4d Sed	150	500	850	1,700	3,000	4,300
2d Cpe	200	550	900	1,800	3,150	4,500
4d 2S Sta Wag	200	550	900	1,800	3,150	4,500
1978 Bonneville Brougham						
4d Sed	200	550	900	1,800	3,150	4,500
2d Cpe	200	550	950	1,900	3,300	4,700
1978 Grand Prix						
2d Cpe	250	700	1,200	2,350	4,150	5,900
2d Cpe LJ	250	700	1,200	2,400	4,200	6,000
2d Cpe SJ	250	750	1,250	2,500	4,350	6,200
1978 Firebird, V-8, 108" wb						
2d Cpe	250	700	1,150	2,300	4,050	5,800
2d Esprit Cpe	250	700	1,200	2,400	4,200	6,000
2d Formula Cpe	250	750	1,250	2,500	4,400	6,300
2d Trans Am Cpe	250	800	1,300	2,600	4,550	6,500

NOTE: Add 10 percent for 4-speed.

	6	5	4	3	2	1
1979 Sunbird						
2d Cpe	100	350	600	1,200	2,100	3,000
2d Spt Cpe	100	350	600	1,250	2,150	3,100
2d HBk	100	350	600	1,250	2,150	3,100
4d Sta Wag	150	400	650	1,300	2,250	3,200
1979 Phoenix						
2d Sed	100	350	600	1,250	2,150	3,100
2d Cpe	150	400	650	1,300	2,300	3,300
2d HBk	150	400	650	1,300	2,250	3,200
1979 Phoenix LJ						
4d Sed	150	400	650	1,300	2,250	3,200
2d Cpe	150	400	700	1,350	2,400	3,400
1979 LeMans						
4d Sed	150	500	800	1,650	2,850	4,100
2d Cpe	150	500	850	1,700	3,000	4,300
4d Sta Wag	150	500	800	1,650	2,850	4,100
1979 Grand LeMans						
4d Sed	150	500	850	1,700	2,950	4,200
2d Cpe	200	550	900	1,800	3,150	4,500
4d Sta Wag	150	500	850	1,700	2,950	4,200
1979 Grand Am						
4d Sed	200	550	900	1,800	3,150	4,500
2d Cpe	200	550	950	1,900	3,300	4,700
1979 Catalina						
4d Sed	150	500	800	1,650	2,850	4,100
2d Cpe	150	500	850	1,700	2,950	4,200
4d Sta Wag	150	500	800	1,650	2,850	4,100
1979 Bonneville						
4d Sed	200	550	900	1,750	3,100	4,400
2d Cpe	200	550	900	1,800	3,150	4,500
4d Sta Wag	200	550	900	1,750	3,100	4,400
1979 Bonneville Brougham						
4d Sed	200	550	900	1,850	3,200	4,600
2d Cpe	200	600	950	1,900	3,350	4,800
1979 Grand Prix						
2d Cpe	200	600	1,000	2,000	3,500	5,000
2d LJ Cpe	200	600	1,050	2,100	3,650	5,200
2d SJ Cpe	200	650	1,100	2,150	3,800	5,400
1979 Firebird, V-8, 108" wb						
2d Cpe	250	750	1,250	2,500	4,350	6,200
2d Esprit Cpe	250	750	1,300	2,550	4,500	6,400
2d Formula Cpe	250	800	1,300	2,650	4,600	6,600
2d Trans Am Cpe	300	950	1,600	3,200	5,600	8,000

NOTE: Add 15 percent for 10th Anniversary Edition. Add 10 percent for 4-speed.

	6	5	4	3	2	1
1980 Sunbird, V-6						
2d Cpe	150	400	700	1,400	2,450	3,500
2d HBk	150	450	700	1,450	2,500	3,600
2d Spt Cpe	150	450	700	1,450	2,500	3,600
2d Cpe HBk	150	450	750	1,500	2,600	3,700
NOTE: Deduct 10 percent for 4-cyl.						
1980 Phoenix, V-6						
2d Cpe	150	450	750	1,500	2,600	3,700
4d Sed HBk	150	450	700	1,450	2,500	3,600
NOTE: Deduct 10 percent for 4-cyl.						
1980 Phoenix LJ, V-6						
2d Cpe	150	450	750	1,500	2,650	3,800
4d Sed HBk	150	450	750	1,500	2,600	3,700
NOTE: Deduct 10 percent for 4-cyl.						
1980 LeMans, V-8						
4d Sed	150	450	750	1,500	2,600	3,700
2d Cpe	150	450	800	1,550	2,750	3,900
4d Sta Wag	150	450	750	1,500	2,650	3,800
NOTE: Deduct 10 percent for V-6.						
1980 Grand LeMans, V-8						
4d Sed	150	450	750	1,500	2,650	3,800
2d Cpe	150	500	800	1,600	2,800	4,000
4d Sta Wag	150	450	800	1,550	2,750	3,900
NOTE: Deduct 10 percent for V-6.						
1980 Grand Am, V-8						
2d Cpe	150	500	800	1,650	2,850	4,100
1980 Firebird, V-8						
2d Cpe	250	700	1,200	2,350	4,150	5,900
2d Cpe Esprit	250	700	1,200	2,400	4,200	6,000
2d Cpe Formula	250	750	1,200	2,450	4,250	6,100
2d Cpe Trans Am	250	750	1,250	2,500	4,400	6,300
NOTE: Deduct 15 percent for V-6. Add 10 percent for Indy Pace Car.						
1980 Catalina, V-8						
4d Sed	150	450	750	1,500	2,650	3,800
2d Cpe	150	450	800	1,550	2,750	3,900
4d 2S Sta Wag	150	450	800	1,550	2,750	3,900
4d 3S Sta Wag	150	500	800	1,600	2,800	4,000
NOTE: Deduct 10 percent for V-6.						
1980 Bonneville, V-8						
4d Sed	150	450	800	1,550	2,750	3,900
2d Cpe	150	500	800	1,600	2,800	4,000
4d 2S Sta Wag	150	500	800	1,600	2,800	4,000
4d 3S Sta Wag	150	500	800	1,650	2,850	4,100
NOTE: Deduct 10 percent for V-6.						
1980 Bonneville Brougham, V-8						
4d Sed	150	500	800	1,650	2,850	4,100
2d Cpe	150	500	850	1,700	3,000	4,300
NOTE: Deduct 10 percent for V-6.						
1980 Grand Prix, V-8						
2d Cpe	200	650	1,100	2,150	3,800	5,400
2d Cpe LJ	200	650	1,100	2,200	3,850	5,500
2d Cpe SJ	200	650	1,100	2,250	3,900	5,600
NOTE: Deduct 10 percent for V-6.						
1981 T1000, 4-cyl.						
2d Sed HBk	150	400	700	1,400	2,450	3,500
4d Sed HBk	150	450	700	1,450	2,500	3,600
1981 Phoenix, V-6						
2d Cpe	150	450	750	1,500	2,600	3,700
4d Sed HBk	150	450	700	1,450	2,500	3,600
NOTE: Deduct 10 percent for 4-cyl.						
1981 Phoenix LJ, V-6						
2d Cpe	150	450	750	1,500	2,650	3,800
4d Sed HBk	150	450	750	1,500	2,600	3,700
NOTE: Deduct 10 percent for 4-cyl.						
1981 LeMans, V-8						
4d Sed	150	450	800	1,550	2,750	3,900
4d Sed LJ	150	500	800	1,600	2,800	4,000
2d Cpe	150	500	800	1,600	2,800	4,000
4d Sta Wag	150	500	800	1,600	2,800	4,000
NOTE: Deduct 10 percent for V-6.						

	6	5	4	3	2	1
1981 Grand LeMans, V-8						
4d Sed	200	550	900	1,850	3,200	4,600
2d Cpe	150	500	850	1,700	2,950	4,200
4d Sta Wag	150	500	850	1,700	2,950	4,200
NOTE: Deduct 10 percent for V-6.						
1981 Firebird, V-8						
2d Cpe	250	700	1,200	2,400	4,200	6,000
2d Cpe Esprit	250	750	1,200	2,450	4,250	6,100
2d Cpe Formula	250	750	1,250	2,500	4,350	6,200
2d Cpe Trans Am	250	800	1,300	2,600	4,550	6,500
2d Cpe Trans Am SE	250	800	1,350	2,700	4,750	6,800
NOTE: Deduct 15 percent for V-6.						
1981 Catalina, V-8						
4d Sed	150	500	850	1,700	2,950	4,200
2d Cpe	150	500	850	1,700	3,000	4,300
4d 2S Sta Wag	150	500	850	1,700	3,000	4,300
4d 3S Sta Wag	200	550	900	1,750	3,100	4,400
NOTE: Deduct 10 percent for V-6.						
1981 Bonneville, V-8						
4d Sed	150	500	850	1,700	3,000	4,300
2d Cpe	200	550	900	1,750	3,100	4,400
4d 2S Sta Wag	200	550	900	1,750	3,100	4,400
4d 3S Sta Wag	200	550	900	1,800	3,150	4,500
NOTE: Deduct 10 percent for V-6.						
1981 Bonneville Brougham, V-8						
4d Sed	200	550	900	1,800	3,150	4,500
2d Cpe	200	550	900	1,850	3,200	4,600
1981 Grand Prix, V-8						
2d Cpe	200	650	1,100	2,150	3,800	5,400
2d Cpe LJ	200	650	1,100	2,200	3,850	5,500
2d Cpe Brgm	200	650	1,100	2,250	3,900	5,600
NOTE: Deduct 10 percent for V-6.						
1982 T1000, 4-cyl.						
4d Sed HBk	150	450	750	1,500	2,600	3,700
2d Cpe HBk	150	450	700	1,450	2,500	3,600
1982 J2000 S, 4-cyl.						
4d Sed	150	450	800	1,550	2,750	3,900
2d Cpe	150	500	800	1,600	2,800	4,000
4d Sta Wag	150	500	800	1,600	2,800	4,000
1982 J2000, 4-cyl.						
4d Sed	150	500	800	1,600	2,800	4,000
2d Cpe	150	500	800	1,650	2,850	4,100
2d Cpe HBk	150	500	850	1,700	2,950	4,200
4d Sta Wag	150	500	850	1,700	2,950	4,200
1982 J2000 LE, 4-cyl.						
4d Sed	150	500	800	1,650	2,850	4,100
2d Cpe	150	500	850	1,700	2,950	4,200
1982 J2000 SE, 4-cyl.						
2d Cpe HBk	200	550	900	1,750	3,100	4,400
1982 Phoenix, V-6						
4d Sed HBk	150	450	750	1,500	2,650	3,800
2d Cpe	150	450	800	1,550	2,750	3,900
NOTE: Deduct 10 percent for 4-cyl.						
1982 Phoenix LJ, V-6						
4d Sed HBk	150	450	800	1,550	2,750	3,900
2d Cpe	150	500	800	1,600	2,800	4,000
NOTE: Deduct 10 percent for 4-cyl.						
1982 Phoenix SJ, V-6						
4d Sed HBk	150	500	800	1,600	2,800	4,000
2d Cpe	150	500	800	1,650	2,850	4,100
1982 6000, V-6						
4d Sed	150	500	850	1,700	2,950	4,200
2d Cpe	150	500	850	1,700	3,000	4,300
NOTE: Deduct 10 percent for 4-cyl.						
1982 6000 LE, V-6						
4d Sed	150	500	850	1,700	3,000	4,300
2d Cpe	200	550	900	1,750	3,100	4,400
NOTE: Deduct 10 percent for 4-cyl.						
1982 Firebird, V-8						
2d Cpe	250	750	1,250	2,500	4,400	6,300
2d Cpe SE	250	800	1,300	2,650	4,600	6,600

	6	5	4	3	2	1
2d Cpe Trans Am	300	850	1,400	2,750	4,850	6,900

NOTE: Deduct 15 percent for V-6.

1982 Bonneville, V-6
4d Sed	200	550	900	1,800	3,150	4,500
4d Sta Wag	200	550	900	1,800	3,150	4,500

1982 Bonneville Brougham
4d Sed	200	550	950	1,900	3,300	4,700

1982 Grand Prix, V-6
2d Cpe	250	700	1,200	2,350	4,150	5,900
2d Cpe LJ	250	750	1,200	2,450	4,250	6,100
2d Cpe Brgm	250	750	1,250	2,500	4,350	6,200

1983 1000, 4-cyl.
4d Sed HBk	150	450	750	1,500	2,650	3,800
2d Cpe	150	450	750	1,500	2,600	3,700

1983 2000, 4-cyl.
4d Sed	150	500	800	1,600	2,800	4,000
2d Cpe	150	500	800	1,650	2,850	4,100
2d Cpe HBk	150	500	850	1,700	2,950	4,200
4d Sta Wag	150	500	850	1,700	2,950	4,200

1983 2000 LE, 4-cyl.
4d Sed	150	500	850	1,700	2,950	4,200
2d Cpe	150	500	850	1,700	3,000	4,300
4d Sta Wag	150	500	850	1,700	3,000	4,300

1983 2000 SE, 4-cyl.
2d Cpe HBk	200	550	900	1,750	3,100	4,400

1983 Sunbird, 4-cyl.
2d Conv	350	1,000	1,700	3,400	5,950	8,500

1983 Phoenix, V-6
4d Sed HBk	150	450	800	1,550	2,750	3,900
2d Cpe	150	500	800	1,600	2,800	4,000

NOTE: Deduct 10 percent for 4-cyl.

1983 Phoenix LJ, V-6
4d Sed HBk	150	500	800	1,600	2,800	4,000
2d Cpe	150	500	800	1,650	2,850	4,100

NOTE: Deduct 10 percent for 4-cyl.

1983 Phoenix SJ, V-6
4d Sed HBk	150	500	800	1,650	2,850	4,100
2d Cpe	150	500	850	1,700	2,950	4,200

1983 6000, V-6
4d Sed	150	500	850	1,700	3,000	4,300
2d Cpe	200	550	900	1,750	3,100	4,400

NOTE: Deduct 10 percent for 4-cyl.

1983 6000 LE, V-6
4d Sed	200	550	900	1,750	3,100	4,400
2d Cpe	200	550	900	1,800	3,150	4,500

NOTE: Deduct 10 percent for 4-cyl.

1983 6000 STE, V-6
4d Sed	200	550	950	1,900	3,300	4,700

1983 Firebird, V-8
2d Cpe	250	750	1,250	2,500	4,400	6,300
2d Cpe SE	250	750	1,300	2,550	4,500	6,400
2d Cpe Trans Am	250	800	1,300	2,650	4,600	6,600

NOTE: Deduct 15 percent for V-6.

1983 Bonneville, V-8
4d Sed	200	600	950	1,900	3,350	4,800
4d Brgm	200	600	1,000	1,950	3,450	4,900
4d Sta Wag	200	600	1,000	1,950	3,450	4,900

NOTE: Deduct 10 percent for V-6.

1983 Grand Prix, V-8
2d Cpe	200	650	1,100	2,200	3,850	5,500
2d Cpe LJ	250	700	1,150	2,300	4,000	5,700
2d Cpe Brgm	250	700	1,150	2,300	4,050	5,800

1984 1000, 4-cyl.
4d HBk	150	450	750	1,500	2,650	3,800
2d HBk	150	450	750	1,500	2,600	3,700

1984 Sunbird 2000, 4-cyl.
4d Sed LE	150	500	800	1,650	2,850	4,100
2d Sed LE	150	500	800	1,600	2,800	4,000
2d Conv LE	350	1,000	1,700	3,400	5,950	8,500
4d Sta Wag LE	150	500	850	1,700	2,950	4,200
4d Sed SE	150	500	850	1,700	2,950	4,200

	6	5	4	3	2	1
2d Sed SE	150	500	800	1,650	2,850	4,100
2d HBk SE	150	500	850	1,700	3,000	4,300

NOTE: Deduct 5 percent for lesser models. Add 20 percent for turbo.

1984 Phoenix, 4-cyl.

	6	5	4	3	2	1
2d Sed	150	450	800	1,550	2,750	3,900
4d HBk	150	500	800	1,600	2,800	4,000
2d Sed LE	150	500	800	1,600	2,800	4,000
4d HBk LE	150	500	800	1,650	2,850	4,100

1984 Phoenix, V-6

	6	5	4	3	2	1
2d Sed	150	500	800	1,650	2,850	4,100
4d HBk	150	500	850	1,700	2,950	4,200
2d Sed LE	150	500	850	1,700	2,950	4,200
4d HBk LE	150	500	850	1,700	3,000	4,300
2d Sed SE	200	550	900	1,750	3,100	4,400

1984 6000, 4-cyl.

	6	5	4	3	2	1
4d Sed LE	200	550	900	1,800	3,150	4,500
2d Sed LE	200	550	900	1,850	3,200	4,600
4d Sta Wag LE	200	550	950	1,900	3,300	4,700

NOTE: Deduct 5 percent for lesser models.

1984 6000, V-6

	6	5	4	3	2	1
4d Sed LE	200	550	900	1,850	3,200	4,600
2d Sed LE	200	550	950	1,900	3,300	4,700
4d Sta Wag LE	200	600	950	1,900	3,350	4,800
4d Sed STE	200	600	1,000	1,950	3,450	4,900

NOTE: Deduct 5 percent for lesser models.

1984 Fiero, 4-cyl.

	6	5	4	3	2	1
2d Cpe	250	700	1,150	2,300	4,050	5,800
2d Cpe Spt	250	700	1,200	2,350	4,150	5,900
2d Cpe SE	250	700	1,200	2,400	4,200	6,000

NOTE: Add 40 percent for Indy Pace Car.

1984 Firebird, V-6

	6	5	4	3	2	1
2d Cpe	250	750	1,200	2,450	4,250	6,100
2d Cpe SE	250	750	1,250	2,500	4,400	6,300

1984 Firebird, V-8

	6	5	4	3	2	1
2d Cpe	250	800	1,300	2,650	4,600	6,600
2d Cpe SE	250	800	1,350	2,700	4,700	6,700
2d Cpe TA	250	800	1,350	2,700	4,750	6,800

1984 Bonneville, V-6

	6	5	4	3	2	1
4d Sed	200	550	900	1,850	3,200	4,600
4d Sed LE	200	550	950	1,900	3,300	4,700
4d Sed Brgm	200	600	950	1,900	3,350	4,800

1984 Bonneville, V-8

	6	5	4	3	2	1
4d Sed	200	600	950	1,900	3,350	4,800
4d Sed LE	200	600	1,000	1,950	3,450	4,900
4d Sed Brgm	200	600	1,000	2,000	3,500	5,000

1984 Grand Prix, V-6

	6	5	4	3	2	1
2d Cpe	200	650	1,100	2,200	3,850	5,500
2d Cpe LE	250	700	1,150	2,300	4,000	5,700
2d Cpe Brgm	250	700	1,200	2,350	4,150	5,900

1984 Grand Prix, V-8

	6	5	4	3	2	1
2d Cpe	250	700	1,150	2,300	4,050	5,800
2d Cpe LE	250	700	1,200	2,400	4,200	6,000
2d Cpe Brgm	250	750	1,300	2,550	4,500	6,400

1984 Parisienne, V-6

	6	5	4	3	2	1
4d Sed	200	550	900	1,800	3,150	4,500
4d Sed Brgm	200	550	900	1,850	3,200	4,600

1984 Parisienne, V-8

	6	5	4	3	2	1
4d Sed	200	550	950	1,900	3,300	4,700
4d Sed Brgm	200	600	950	1,900	3,350	4,800
4d Sta Wag	200	600	1,000	1,950	3,450	4,900

1985 1000, 4-cyl.

	6	5	4	3	2	1
4d Sed	150	450	750	1,500	2,650	3,800
2d Sed	150	450	750	1,500	2,600	3,700
2d HBk	150	450	800	1,550	2,750	3,900
4d Sta Wag	150	500	800	1,600	2,800	4,000

1985 Sunbird, 4-cyl.

	6	5	4	3	2	1
4d Sed	150	500	800	1,650	2,850	4,100
2d Cpe	150	500	800	1,600	2,800	4,000
Conv	350	1,000	1,700	3,400	5,950	8,500
4d Sta Wag	150	500	850	1,700	2,950	4,200
4d Sed SE	150	500	850	1,700	2,950	4,200
2d Cpe SE	150	500	800	1,650	2,850	4,100
2d HBk SE	150	500	850	1,700	3,000	4,300

	6	5	4	3	2	1

NOTE: Add 20 percent for turbo.

1985 Grand AM, V-6

	6	5	4	3	2	1
2d Cpe	200	550	900	1,800	3,150	4,500
2d Cpe LE	200	550	900	1,850	3,200	4,600

NOTE: Deduct 15 percent for 4-cyl.

1985 6000, V-6

	6	5	4	3	2	1
4d Sed LE	200	550	900	1,850	3,200	4,600
2d Sed LE	200	550	950	1,900	3,300	4,700
4d Sta Wag LE	200	600	950	1,900	3,350	4,800
4d Sed STE	200	600	1,000	1,950	3,450	4,900

NOTE: Deduct 20 percent for 4-cyl. where available. Deduct 5 percent for lesser models.

1985 Fiero, V-6

	6	5	4	3	2	1
2d Cpe	250	700	1,200	2,400	4,200	6,000
2d Cpe Spt	250	750	1,200	2,450	4,250	6,100
2d Cpe SE	250	750	1,250	2,500	4,350	6,200
2d Cpe GT	250	750	1,250	2,500	4,400	6,300

NOTE: Deduct 20 percent for 4-cyl. where available.

1985 Firebird, V-8

	6	5	4	3	2	1
2d Cpe	250	800	1,300	2,650	4,600	6,600
2d Cpe SE	250	800	1,350	2,700	4,700	6,700
2d Cpe Trans AM	250	800	1,350	2,700	4,750	6,800

NOTE: Deduct 30 percent for V-6 where available.

1985 Bonneville, V-8

	6	5	4	3	2	1
4d Sed	200	550	900	1,850	3,200	4,600
4d Sed LE	200	550	950	1,900	3,300	4,700
4d Sed Brgm	200	600	950	1,900	3,350	4,800

NOTE: Deduct 25 percent for V-6.

1985 Grand Prix, V-8

	6	5	4	3	2	1
2d Cpe	200	650	1,100	2,200	3,850	5,500
2d Cpe LE	250	700	1,150	2,300	4,000	5,700
2d Cpe Brgm	250	700	1,200	2,350	4,150	5,900

NOTE: Deduct 25 percent for V-6.

1985 Parisienne, V-8

	6	5	4	3	2	1
4d Sed	200	550	950	1,900	3,300	4,700
4d Sed Brgm	200	600	950	1,900	3,350	4,800
4d Sta Wag	200	600	1,000	1,950	3,450	4,900

NOTE: Deduct 20 percent for V-6 where available. Deduct 30 percent for diesel.

1986 Fiero, V-6

	6	5	4	3	2	1
2d Cpe Spt	250	700	1,200	2,400	4,200	6,000
2d Cpe SE	250	750	1,200	2,450	4,250	6,100
2d Cpe GT	250	750	1,250	2,500	4,400	6,300

NOTE: Deduct 20 percent for 4-cyl. where available.

	6	5	4	3	2	1
2d HBk	150	450	750	1,500	2,650	3,800
4d HBk	150	450	800	1,550	2,750	3,900

1986 Sunbird

	6	5	4	3	2	1
2d Cpe	150	500	800	1,600	2,800	4,000
2d HBk	150	500	800	1,650	2,850	4,100
2d Conv	350	1,050	1,700	3,450	6,000	8,600
4d GT Sed	150	500	800	1,650	2,850	4,100
2d GT Conv	350	1,050	1,750	3,500	6,150	8,800

1986 Grand Am

	6	5	4	3	2	1
2d Cpe	200	550	950	1,900	3,300	4,700
4d Sed	200	550	900	1,850	3,200	4,600

1986 Firebird

	6	5	4	3	2	1
2d Cpe	250	800	1,300	2,650	4,600	6,600
2d SE V-8 Cpe	250	800	1,350	2,700	4,700	6,700
Trans Am Cpe	300	850	1,400	2,750	4,850	6,900

1986 6000

	6	5	4	3	2	1
2d Cpe	200	600	950	1,900	3,350	4,800
4d Sed	200	550	950	1,900	3,300	4,700
4d Sta Wag	200	600	950	1,900	3,350	4,800
4d STE Sed	200	600	1,000	2,000	3,500	5,000

1986 Grand Prix

	6	5	4	3	2	1
2d Cpe	250	700	1,150	2,300	4,000	5,700

1986 Bonneville

	6	5	4	3	2	1
4d Sed	200	600	950	1,900	3,350	4,800

1986 Parisienne

	6	5	4	3	2	1
4d Sed	200	600	1,000	1,950	3,450	4,900
4d Sta Wag	250	700	1,150	2,300	4,050	5,800
4d Brgm Sed	200	600	1,000	2,000	3,500	5,000

NOTE: Add 10 percent for deluxe models.

	6	5	4	3	2	1
1986-1/2 Grand Prix 2 plus 2						
2d Aero Cpe	400	1,200	2,000	4,000	7,000	10,000
NOTE: Deduct 5 percent for smaller engines.						
1987 1000, 4-cyl.						
2d HBk	150	450	750	1,500	2,650	3,800
4d HBk	150	450	800	1,550	2,750	3,900
1987 Sunbird, 4-cyl.						
4d Sed	150	450	800	1,550	2,750	3,900
4d Sta Wag	150	500	800	1,600	2,800	4,000
2d SE Cpe	150	500	800	1,650	2,850	4,100
2d SE HBk	150	500	850	1,700	2,950	4,200
2d SE Conv	350	1,100	1,800	3,600	6,300	9,000
4d GT Turbo Sed	150	500	850	1,700	3,000	4,300
2d GT Turbo Cpe	150	500	850	1,700	2,950	4,200
2d GT Turbo HBk	150	500	850	1,700	3,000	4,300
2d GT Turbo Conv	400	1,200	2,000	4,000	7,000	10,000
NOTE: Add 5 percent for Turbo on all models except GT.						
1987 Grand Am, 4-cyl.						
4d Sed	200	600	950	1,900	3,350	4,800
2d Cpe	200	600	1,000	1,950	3,450	4,900
4d LE Sed	200	600	1,000	1,950	3,450	4,900
2d LE Cpe	200	600	1,000	2,000	3,500	5,000
4d SE Sed	200	600	1,000	2,050	3,550	5,100
2d SE Cpe	200	600	1,050	2,100	3,650	5,200
1987 Grand Am, V-6						
4d Sed	200	600	1,000	1,950	3,450	4,900
2d Cpe	200	600	1,000	2,000	3,500	5,000
4d LE Sed	200	600	1,000	2,000	3,500	5,000
2d LE Cpe	200	600	1,000	2,050	3,550	5,100
4d SE Sed	200	650	1,050	2,100	3,700	5,300
2d SE Cpe	200	650	1,100	2,150	3,800	5,400
1987 6000, 4-cyl.						
4d Sed	200	600	1,000	2,000	3,500	5,000
2d Cpe	200	600	1,000	1,950	3,450	4,900
4d Sta Wag	200	600	1,000	2,050	3,550	5,100
4d LE Sed	200	600	1,000	2,050	3,550	5,100
4d LE Sta Wag	200	600	1,050	2,100	3,650	5,200
1987 6000, V-6						
4d Sed	200	600	1,000	2,050	3,550	5,100
2d Cpe	200	600	1,000	2,000	3,500	5,000
4d Sta Wag	200	600	1,050	2,100	3,650	5,200
4d LE Sed	200	600	1,050	2,100	3,650	5,200
4d LE Sta Wag	200	650	1,050	2,100	3,700	5,300
4d SE Sed	200	650	1,050	2,100	3,700	5,300
4d SE Sta Wag	200	650	1,100	2,150	3,800	5,400
4d STE Sed	200	650	1,100	2,150	3,800	5,400
1987 Fiero, V-6						
2d Cpe	250	750	1,200	2,450	4,250	6,100
2d Spt Cpe	250	750	1,250	2,500	4,350	6,200
2d SE Cpe	250	750	1,250	2,500	4,400	6,300
NOTE: Deduct 20 percent for 4-cyl.						
2d GT Cpe	250	800	1,300	2,600	4,550	6,500
1987 Firebird, V-6						
2d Cpe	250	800	1,350	2,700	4,700	6,700
1987 Firebird, V-8						
2d Cpe	300	850	1,400	2,750	4,850	6,900
2d Cpe Formula	300	850	1,400	2,800	4,900	7,000
2d Cpe Trans Am	300	850	1,450	2,900	5,050	7,200
2d Cpe GTA	300	900	1,500	2,950	5,200	7,400
NOTE: Add 10 percent for 5.7 liter V-8 where available.						
1987 Bonneville, V-6						
4d Sed	200	600	1,000	2,000	3,500	5,000
4d LE Sed	200	600	1,050	2,100	3,650	5,200
1987 Grand Prix, V-6						
2d Cpe	250	700	1,150	2,300	4,050	5,800
2d LE Cpe	250	700	1,200	2,350	4,150	5,900
2d Brgm Cpe	250	700	1,200	2,400	4,200	6,000
1987 Grand Prix, V-8						
2d Cpe	250	700	1,200	2,400	4,200	6,000
2d LE Cpe	250	750	1,200	2,450	4,250	6,100
2d Brgm Cpe	250	750	1,250	2,500	4,350	6,200
1987 Safari, V-8						
4d Sta Wag	200	600	1,050	2,100	3,650	5,200

	6	5	4	3	2	1
1988 LeMans, 4-cyl.						
3d HBk	100	300	500	1,000	1,750	2,500
4d Sed	100	350	550	1,100	1,950	2,800
4d SE Sed	100	350	600	1,200	2,100	3,000
1988 Sunbird, 4-cyl.						
4d Sed	150	400	700	1,350	2,400	3,400
2d SE Cpe	150	450	700	1,450	2,500	3,600
4d SE Sed	150	450	750	1,500	2,600	3,700
4d Sta Wag	150	450	750	1,500	2,650	3,800
2d GT Cpe	200	600	1,000	2,000	3,500	5,000
2d GT Conv	350	1,000	1,700	3,400	5,950	8,500
1988 Grand Am, 4-cyl.						
2d Cpe	200	550	900	1,800	3,150	4,500
4d Sed	200	550	900	1,850	3,200	4,600
2d LE Cpe	200	600	950	1,900	3,350	4,800
4d Sed LE	200	600	1,000	1,950	3,450	4,900
2d SE Turbo Cpe	200	650	1,100	2,250	3,900	5,600
4d SE Turbo Sed	250	700	1,150	2,300	4,000	5,700
1988 6000, 4-cyl.						
4d Sed	150	450	800	1,550	2,750	3,900
4d Sta Wag	150	500	800	1,600	2,800	4,000
4d LE Sed	150	500	800	1,600	2,800	4,000
4d LE Sta Wag	150	500	850	1,700	2,950	4,200
1988 6000, V-6						
4d Sed	150	500	850	1,700	2,950	4,200
4d Sta Wag	200	550	900	1,800	3,150	4,500
4d Sed LE	200	600	1,000	2,000	3,500	5,000
4d LE Sta Wag	200	600	1,000	2,000	3,500	5,000
4d SE Sed	200	600	1,050	2,100	3,650	5,200
4d SE Sta Wag	200	650	1,100	2,200	3,850	5,500
4d STE Sed	300	850	1,450	2,900	5,050	7,200
1988 Fiero, V-6						
2d Cpe III	250	700	1,200	2,400	4,200	6,000
2d Formula Cpe	250	800	1,300	2,600	4,550	6,500
2d GT Cpe	250	800	1,350	2,700	4,750	6,800
1988 Firebird, V-6						
2d Cpe	250	700	1,200	2,400	4,200	6,000
1988 Firebird, V-8						
2d Cpe	300	850	1,400	2,800	4,900	7,000
2d Formula Cpe	300	950	1,600	3,200	5,600	8,000
2d Cpe Trans Am	350	1,100	1,800	3,600	6,300	9,000
2d Cpe GTA	450	1,300	2,200	4,400	7,700	11,000
1988 Bonneville, V-6						
4d LE Sed	250	700	1,200	2,400	4,200	6,000
4d SE Sed	300	900	1,500	3,000	5,250	7,500
4d SSE Sed	350	1,100	1,800	3,600	6,300	9,000
1988 Grand Prix, V-6						
2d Cpe	250	800	1,300	2,600	4,550	6,500
2d LE Cpe	300	850	1,400	2,800	4,900	7,000
2d SE Cpe	300	950	1,600	3,200	5,600	8,000
1989 LeMans, 4-cyl.						
2d HBk	100	300	550	1,100	1,900	2,700
2d LE HBk	100	350	600	1,150	2,050	2,900
2d GSE HBk	150	400	700	1,350	2,400	3,400
4d LE Sed	150	400	650	1,300	2,300	3,300
4d SE Sed	150	400	700	1,400	2,450	3,500
1989 Sunbird, 4-cyl.						
4d LE Sed	200	550	900	1,850	3,200	4,600
2d LE Cpe	200	550	900	1,800	3,150	4,500
2d SE Cpe	200	550	950	1,900	3,300	4,700
2d GT Turbo Cpe	250	800	1,350	2,700	4,700	6,700
2d GT Turbo Conv	400	1,150	1,900	3,800	6,650	9,500
1989 Grand Am, 4-cyl.						
4d LE Sed	200	650	1,100	2,250	3,900	5,600
2d LE Cpe	200	650	1,100	2,200	3,850	5,500
4d SE Sed	250	750	1,250	2,500	4,400	6,300
2d SE Cpe	250	750	1,250	2,500	4,350	6,200
1989 6000, 4-cyl.						
4d Sed LE	250	700	1,150	2,300	4,000	5,700
1989 6000, V-6						
4d LE Sed	250	750	1,200	2,450	4,250	6,100
4d LE Sta Wag	250	750	1,300	2,550	4,500	6,400
4d STE Sed	300	950	1,600	3,200	5,600	8,000

1956 Studebaker President Pinehurst two-door station wagon

1963 Studebaker Avanti coupe

1914 Stutz
Bearcat
roadster

	6	5	4	3	2	1
1989 Firebird, V-6						
2d Cpe	250	800	1,300	2,600	4,550	6,500
1989 Firebird, V-8						
2d Cpe	300	850	1,400	2,800	4,900	7,000
2d Formula Cpe	300	900	1,500	3,000	5,250	7,500
2d Trans Am Cpe	400	1,200	2,000	4,000	7,000	10,000
1989 Turbo, V-6						
2d Trans Am Cpe	400	1,200	2,000	4,000	7,000	10,000
2d GTA Cpe	450	1,300	2,200	4,400	7,700	11,000
1989 Bonneville, V-6						
4d LE Sed	250	800	1,350	2,700	4,750	6,800
4d SE Sed	300	950	1,550	3,100	5,450	7,800
4d SSE Sed	350	1,050	1,750	3,500	6,150	8,800
1989 Grand Prix, V-6						
2d Cpe	300	850	1,400	2,800	4,900	7,000
2d LE Cpe	300	900	1,500	3,000	5,250	7,500
2d SE Cpe	300	950	1,600	3,200	5,600	8,000
NOTE: Add 40 percent for McLaren Turbo Cpe.						
1989 Safari, V-8						
4d Sta Wag	300	850	1,450	2,900	5,050	7,200
1989-1/2 Firebird Trans Am Pace Car, V-6 Turbo						
Cpe	600	1,800	3,000	6,000	10,500	15,000
1990 LeMans, 4-cyl.						
2d Cpe	100	350	550	1,100	1,950	2,800
2d LE Cpe	150	400	650	1,300	2,250	3,200
2d GSE Cpe	150	450	700	1,450	2,500	3,600
4d LE Sed	150	400	650	1,300	2,250	3,200
1990 Sunbird, 4-cyl.						
2d VL Cpe	150	500	800	1,600	2,800	4,000
4d VL Sed	150	500	800	1,650	2,850	4,100
2d LE Cpe	150	500	850	1,700	2,950	4,200
2d LE Conv	300	900	1,500	3,000	5,250	7,500
4d LE Sed	150	500	850	1,700	3,000	4,300
2d SE Cpe	200	600	1,000	2,000	3,500	5,000
2d GT Turbo Cpe	250	700	1,200	2,400	4,200	6,000
1990 Grand Am, 4-cyl.						
2d LE Cpe	250	700	1,150	2,300	4,000	5,700
4d LE Cpe	250	700	1,200	2,400	4,200	6,000
2d SE Quad Cpe	250	800	1,300	2,600	4,550	6,500
4d SE Quad Sed	250	800	1,300	2,650	4,600	6,600
1990 6000, 4-cyl.						
4d LE Sed	200	550	900	1,800	3,150	4,500
1990 6000, V-6						
4d LE Sed	200	600	1,000	2,000	3,500	5,000
4d LE Sta Wag	200	650	1,100	2,200	3,850	5,500
4d SE Sed	200	650	1,100	2,200	3,850	5,500
4d SE Sta Wag	250	700	1,200	2,400	4,200	6,000
1990 Firebird, V-6						
2d Cpe	250	800	1,300	2,600	4,550	6,500
1990 Firebird, V-8						
2d Cpe	300	900	1,500	3,000	5,250	7,500
2d Formula Cpe	300	950	1,600	3,200	5,600	8,000
2d Trans Am Cpe	350	1,100	1,800	3,600	6,300	9,000
2d GTA Cpe	450	1,300	2,200	4,400	7,700	11,000
1990 Bonneville, V-6						
4d LE Sed	300	850	1,400	2,800	4,900	7,000
4d SE Sed	300	900	1,500	3,000	5,250	7,500
4d SSE Sed	350	1,000	1,700	3,400	5,950	8,500
1990 Grand Prix, 4-cyl.						
2d LE Cpe	250	700	1,200	2,400	4,200	6,000
4d LE Sed	250	750	1,200	2,450	4,250	6,100
1990 Grand Prix, V-6						
2d LE Cpe	250	750	1,250	2,500	4,400	6,300
4d LE Sed	250	750	1,300	2,550	4,500	6,400
2d SE Cpe	300	950	1,600	3,200	5,600	8,000
4d STE Sed	350	1,000	1,700	3,400	5,950	8,500
1991 LeMans, 4-cyl.						
2d Aero Cpe	150	400	650	1,300	2,250	3,200
2d Aero LE Cpe	150	450	750	1,500	2,650	3,800
4d LE Sed	150	400	700	1,400	2,450	3,500
1991 Sunbird, 4-cyl.						
2d Cpe	150	450	750	1,500	2,650	3,800
4d Sed	150	450	750	1,500	2,650	3,800

	6	5	4	3	2	1
2d LE Cpe	150	500	800	1,600	2,800	4,000
4d LE Cpe	150	500	800	1,600	2,800	4,000
2d LE Conv	300	950	1,600	3,200	5,600	8,000
2d SE Cpe	200	600	1,000	2,000	3,500	5,000
1991 Sunbird, V-6						
2d GT Cpe	250	800	1,300	2,600	4,550	6,500
1991 Grand Am, 4-cyl.						
2d Cpe	200	600	1,000	2,000	3,500	5,000
4d Sed	200	600	1,000	2,000	3,500	5,000
2d LE Cpe	200	600	1,050	2,100	3,650	5,200
4d LE Sed	200	600	1,050	2,100	3,650	5,200
2d SE Quad 4 Cpe	250	700	1,150	2,300	4,050	5,800
4d SE Quad 4 Sed	250	700	1,150	2,300	4,050	5,800
1991 6000, 4-cyl.						
4d LE Sed	200	550	900	1,800	3,150	4,500
1991 6000, V-6						
4d LE Sed	200	600	1,000	2,000	3,500	5,000
4d LE Sta Wag	200	650	1,100	2,200	3,850	5,500
4d SE Sed	200	650	1,100	2,150	3,800	5,400
1991 Firebird, V-6						
2d Cpe	250	800	1,300	2,600	4,550	6,500
2d Conv	400	1,200	2,000	4,000	7,000	10,000
1991 Firebird, V-8						
2d Cpe	300	900	1,500	3,000	5,250	7,500
2d Conv	450	1,300	2,200	4,400	7,700	11,000
2d Formula Cpe	300	950	1,600	3,200	5,600	8,000
2d Trans Am Cpe	350	1,100	1,800	3,600	6,300	9,000
2d Trans Am Conv	500	1,500	2,500	5,000	8,750	12,500
2d GTA Cpe	450	1,300	2,200	4,400	7,700	11,000
1991 Bonneville, V-6						
4d LE Sed	250	800	1,300	2,600	4,550	6,500
4d SE Sed	300	900	1,500	3,000	5,250	7,500
4d SSE Sed	300	950	1,600	3,200	5,600	8,000
1991 Grand Prix, Quad 4						
2d SE Cpe	200	650	1,100	2,200	3,850	5,500
4d LE Sed	200	650	1,100	2,200	3,850	5,500
4d SE Sed	250	700	1,150	2,300	4,050	5,800
1991 Grand Prix, V-6						
4d SE Cpe	250	700	1,200	2,400	4,200	6,000
2d GT Cpe	250	750	1,300	2,550	4,500	6,400
4d LE Sed	250	700	1,200	2,400	4,200	6,000
4d SE Sed	250	750	1,300	2,550	4,500	6,400
4d STE Sed	300	850	1,400	2,800	4,900	7,000
1992 LeMans, 4-cyl.						
2d Aero Cpe HBk	150	450	750	1,500	2,650	3,800
2d SE Aero Cpe HBk	150	450	800	1,550	2,750	3,900
4d SE Sed	150	500	800	1,600	2,800	4,000
1992 Sunbird, 4-cyl.						
4d LE Sed	150	500	800	1,600	2,800	4,000
2d LE Cpe	150	500	800	1,650	2,850	4,100
4d SE Sed	150	500	850	1,700	2,950	4,200
2d SE Cpe	150	500	850	1,700	3,000	4,300
2d SE Conv	250	800	1,300	2,600	4,550	6,500
2d GT Cpe V-6	200	550	900	1,800	3,150	4,500
1992 Grand Am, 4-cyl.						
4d SE Sed	200	600	1,000	2,000	3,500	5,000
2d SE Cpe	200	650	1,100	2,200	3,850	5,500
4d GT Sed	250	700	1,200	2,400	4,200	6,000
2d GT Cpe	250	800	1,300	2,600	4,550	6,500
NOTE: Add 10 percent for V-6.						
1992 Firebird, V-8						
2d Cpe	300	950	1,600	3,200	5,600	8,000
2d Conv	450	1,300	2,200	4,400	7,700	11,000
2d Formula Cpe	350	1,000	1,700	3,400	5,950	8,500
2d Trans Am Cpe	400	1,150	1,900	3,800	6,650	9,500
2d Trans Am Conv	450	1,400	2,300	4,600	8,050	11,500
2d GTA Cpe	400	1,250	2,100	4,200	7,350	10,500
NOTE: Deduct 10 percent for V-6.						
1992 Bonneville, V-6						
4d SE Sed	250	800	1,300	2,600	4,550	6,500
4d SSE Sed	300	900	1,500	3,000	5,250	7,500
4d SSEi Sed	350	1,100	1,800	3,600	6,300	9,000
1992 Grand Prix, V-6						
4d LE Sed	200	650	1,100	2,200	3,850	5,500

	6	5	4	3	2	1
4d SE Sed	250	700	1,200	2,400	4,200	6,000
2d SE Cpe	250	800	1,300	2,600	4,550	6,500
4d STE Sed	300	950	1,600	3,200	5,600	8,000
2d GT Cpe	350	1,000	1,700	3,400	5,950	8,500
1993 LeMans						
2d Aero Cpe	150	450	800	1,550	2,750	3,900
2d SE Aero Cpe	150	500	800	1,600	2,800	4,000
4d SE Sed	150	450	800	1,550	2,750	3,900
1993 Sunbird						
2d LE Cpe	150	500	850	1,700	2,950	4,200
4d LE Sed	150	500	850	1,700	3,000	4,250
2d SE Cpe	150	500	850	1,700	3,000	4,300
4d SE Sed	150	500	850	1,750	3,050	4,350
2d GT Cpe, V-6	200	550	900	1,800	3,150	4,500
2d SE Conv	200	550	950	1,900	3,300	4,700
1993 Grand Am, 4-cyl.						
2d SE Cpe	200	650	1,100	2,200	3,850	5,500
4d SE Sed	200	650	1,100	2,200	3,850	5,500
2d GT Cpe	200	650	1,100	2,250	3,900	5,600
4d GT Sed	200	650	1,100	2,250	3,900	5,600
1993 Grand Am, V-6						
2d SE Cpe	200	650	1,100	2,250	3,900	5,600
4d SE Sed	200	650	1,100	2,250	3,900	5,600
2d GT Cpe	250	700	1,150	2,300	4,000	5,700
4d GT Sed	250	700	1,150	2,300	4,000	5,700
1993 Firebird						
2d Cpe, V-6	300	950	1,600	3,200	5,600	8,000
2d Formula Cpe, V-8	350	1,100	1,800	3,600	6,300	9,000
2d Trans Am Cpe, V-8	400	1,150	1,900	3,800	6,650	9,500
1993 Bonneville, V-6						
4d SE Sed	300	950	1,600	3,200	5,600	8,000
4d SSE Sed	350	1,000	1,700	3,400	5,950	8,500
4d SSEi Sed	350	1,100	1,800	3,600	6,300	9,000
1993 Grand Prix						
2d SE Cpe	250	700	1,200	2,400	4,200	6,000
2d GT Cpe	250	750	1,250	2,500	4,350	6,200
4d LE Sed	250	700	1,200	2,400	4,200	6,000
4d SE Sed	250	750	1,250	2,500	4,350	6,200
4d STE Sed	250	750	1,300	2,550	4,500	6,400

OAKLAND

1907 Model A, 4-cyl., 96" wb - 100" wb

All Body Styles	1,300	3,950	6,600	13,200	23,100	33,000

1909 Model 20, 2-cyl., 112" wb

All Body Styles	1,200	3,600	6,000	12,000	21,000	30,000

1909 Model 40, 4-cyl., 112" wb

All Body Styles	1,100	3,350	5,600	11,200	19,600	28,000

1910-1911 Model 24, 4-cyl., 96" wb

Rds	900	2,650	4,400	8,800	15,400	22,000

1910-1911 Model 25, 4-cyl., 100" wb

Tr	800	2,400	4,000	8,000	14,000	20,000

1910-1911 Model 33, 4-cyl., 106" wb

Tr	950	2,900	4,800	9,600	16,800	24,000

1910-1911 Model K, 4-cyl., 102" wb

Tr	1,050	3,100	5,200	10,400	18,200	26,000

1910-1911 Model M, 4-cyl., 112" wb

Rds	1,100	3,250	5,400	10,800	18,900	27,000

NOTE: Model 33 1911 only.

1912 Model 30, 4-cyl., 106" wb

5P Tr	600	1,800	3,000	6,000	10,500	15,000
Rbt	600	1,850	3,100	6,200	10,850	15,500

1912 Model 40, 4-cyl., 112" wb

5P Tr	600	1,800	3,000	6,000	10,500	15,000
Cpe	450	1,300	2,200	4,400	7,700	11,000
Rds	650	1,900	3,200	6,400	11,200	16,000

1912 Model 45, 4-cyl., 120" wb

7P Tr	850	2,500	4,200	8,400	14,700	21,000
4P Tr	900	2,650	4,400	8,800	15,400	22,000
Limo	800	2,400	4,000	8,000	14,000	20,000

1913 Greyhound 6-60, 6-cyl., 130" wb

4P Tr	950	2,900	4,800	9,600	16,800	24,000
7P Tr	900	2,750	4,600	9,200	16,100	23,000

	6	5	4	3	2	1
Rbt	750	2,300	3,800	7,600	13,300	19,000

1913 Model 42, 4-cyl., 116" wb

5P Tr	700	2,150	3,600	7,200	12,600	18,000
3P Rds	700	2,050	3,400	6,800	11,900	17,000
4P Cpe	450	1,300	2,200	4,400	7,700	11,000

1913 Model 35, 4-cyl., 112" wb

5P Tr	650	1,900	3,200	6,400	11,200	16,000
3P Rds	650	1,900	3,200	6,400	11,200	16,000

1913 Model 40, 4-cyl., 114" wb

5P Tr	700	2,050	3,400	6,800	11,900	17,000

1913 Model 45, 4-cyl., 120" wb

7P Limo	600	1,800	3,000	6,000	10,500	15,000

1914 Model 6-60, 6-cyl., 130" wb

Rbt	700	2,050	3,400	6,800	11,900	17,000
Rds	850	2,500	4,200	8,400	14,700	21,000
Cl Cpl	650	1,900	3,200	6,400	11,200	16,000
Tr	900	2,750	4,600	9,200	16,100	23,000

1914 Model 6-48, 6-cyl., 130" wb

Spt	500	1,450	2,400	4,800	8,400	12,000
Rds	750	2,300	3,800	7,600	13,300	19,000
Tr	800	2,400	4,000	8,000	14,000	20,000

1914 Model 43, 4-cyl., 116" wb

5P Tr	650	1,900	3,200	6,400	11,200	16,000
Cpe	400	1,200	2,000	4,000	7,000	10,000
Sed	400	1,150	1,900	3,800	6,650	9,500

1914 Model 36, 4-cyl., 112" wb

5P Tr	600	1,800	3,000	6,000	10,500	15,000
Cabr	600	1,750	2,900	5,800	10,150	14,500

1914 Model 35, 4-cyl., 112" wb

Rds	550	1,700	2,800	5,600	9,800	14,000
5P Tr	600	1,750	2,900	5,800	10,150	14,500

1915-1916 Model 37 - Model 38, 4-cyl., 112" wb

Tr	550	1,700	2,800	5,600	9,800	14,000
Rds	500	1,550	2,600	5,200	9,100	13,000
Spd	500	1,500	2,500	5,000	8,750	12,500

1915-1916 Model 49 - Model 32, 6-cyl., 110"-123.5" wb

Tr	650	1,900	3,200	6,400	11,200	16,000
Rds	600	1,850	3,100	6,200	10,900	15,500

1915-1916 Model 50, 8-cyl., 127" wb

7P Tr	750	2,300	3,800	7,600	13,300	19,000

NOTE: Model 37 and Model 49 are 1915 models.

1917 Model 34, 6-cyl., 112" wb

Rds	500	1,450	2,400	4,800	8,400	12,000
5P Tr	500	1,500	2,500	5,000	8,750	12,500
Cpe	400	1,150	1,900	3,800	6,650	9,500
Sed	350	1,100	1,800	3,600	6,300	9,000

1917 Model 50, 8-cyl., 127" wb

7P Tr	750	2,300	3,800	7,600	13,300	19,000

1918 Model 34-B, 6-cyl., 112" wb

5P Tr	500	1,450	2,400	4,800	8,400	12,000
Rds	450	1,400	2,300	4,600	8,050	11,500
Rds Cpe	400	1,150	1,900	3,800	6,650	9,500
Tr Sed	350	1,100	1,800	3,600	6,300	9,000
4P Cpe	350	1,000	1,700	3,400	5,950	8,500
Sed	300	950	1,600	3,200	5,600	8,000

1919 Model 34-B, 6-cyl., 112" wb

5P Tr	500	1,450	2,400	4,800	8,400	12,000
Rds	450	1,400	2,300	4,600	8,050	11,500
Rds Cpe	400	1,150	1,900	3,800	6,650	9,500
Cpe	350	1,000	1,700	3,400	5,950	8,500
Sed	300	950	1,600	3,200	5,600	8,000

1920 Model 34-C, 6-cyl., 112" wb

Tr	500	1,450	2,400	4,800	8,400	12,000
Rds	450	1,400	2,300	4,600	8,050	11,500
Sed	350	1,000	1,700	3,400	5,950	8,500
Cpe	350	1,100	1,800	3,600	6,300	9,000

1921-22 Model 34-C, 6-cyl., 115" wb

Tr	500	1,550	2,600	5,200	9,100	13,000
Rds	500	1,500	2,500	5,000	8,750	12,500
Sed	350	1,000	1,700	3,400	5,950	8,500
Cpe	350	1,100	1,800	3,600	6,300	9,000

1923 Model 6-44, 6-cyl., 115" wb

Rds	500	1,550	2,600	5,200	9,100	13,000

	6	5	4	3	2	1
Tr	550	1,600	2,700	5,400	9,450	13,500
Spt Rds	550	1,600	2,700	5,400	9,450	13,500
Spt Tr	550	1,700	2,800	5,600	9,800	14,000
2P Cpe	300	900	1,500	3,000	5,250	7,500
4P Cpe	300	900	1,500	2,950	5,200	7,400
Sed	250	800	1,300	2,600	4,550	6,500

1924-25 Model 6-54, 6-cyl., 113" wb

	6	5	4	3	2	1
5P Tr	600	1,800	3,000	6,000	10,500	15,000
Spl Tr	600	1,850	3,100	6,200	10,850	15,500
Rds	600	1,750	2,900	5,800	10,150	14,500
Spl Rds	600	1,800	3,000	6,000	10,500	15,000
4P Cpe	400	1,150	1,900	3,800	6,650	9,500
Lan Cpe	400	1,150	1,900	3,800	6,650	9,500
Sed	300	950	1,600	3,200	5,600	8,000
Lan Sed	350	1,000	1,700	3,400	5,950	8,500
2d Sed	300	900	1,500	3,000	5,250	7,500
2d Lan Sed	300	950	1,600	3,200	5,600	8,000

1926-27 Greater Six, 6-cyl., 113" wb

	6	5	4	3	2	1
Tr	600	1,850	3,100	6,200	10,850	15,500
Spt Phae	650	1,900	3,200	6,400	11,200	16,000
Rds	600	1,800	3,000	6,000	10,500	15,000
Spt Rds	600	1,850	3,100	6,200	10,850	15,500
Lan Cpe	400	1,250	2,100	4,200	7,350	10,500
2d Sed	350	1,100	1,800	3,600	6,300	9,000
Sed	350	1,000	1,700	3,400	5,950	8,500
Lan Sed	350	1,100	1,800	3,600	6,300	9,000

1928 Model 212, All-American, 6-cyl., 117" wb

	6	5	4	3	2	1
Spt Rds	650	2,000	3,300	6,600	11,550	16,500
Phae	700	2,050	3,400	6,800	11,900	17,000
Lan Cpe	450	1,300	2,200	4,400	7,700	11,000
Cabr	600	1,800	3,000	6,000	10,500	15,000
2d Sed	400	1,200	2,000	4,000	7,000	10,000
Sed	400	1,150	1,900	3,800	6,650	9,500
Lan Sed	400	1,200	2,000	4,000	7,000	10,000

1929 Model 212, All-American, 6-cyl., 117" wb

	6	5	4	3	2	1
Spt Rds	950	2,900	4,800	9,600	16,800	24,000
Spt Phae	1,000	3,000	5,000	10,000	17,500	25,000
Cpe	450	1,300	2,200	4,400	7,700	11,000
Conv	900	2,650	4,400	8,800	15,400	22,000
2d Sed	400	1,200	2,000	4,000	7,000	10,000
Brgm	450	1,300	2,200	4,400	7,700	11,000
Sed	400	1,150	1,900	3,800	6,650	9,500
Spl Sed	400	1,200	2,000	4,000	7,000	10,000
Lan Sed	400	1,250	2,100	4,200	7,350	10,500

1930 Model 101, V-8, 117" wb

	6	5	4	3	2	1
Spt Rds	950	2,900	4,800	9,600	16,800	24,000
Phae	1,000	3,000	5,000	10,000	17,500	25,000
Cpe	550	1,700	2,800	5,600	9,800	14,000
Spt Cpe	600	1,800	3,000	6,000	10,500	15,000
2d Sed	450	1,300	2,200	4,400	7,700	11,000
Sed	400	1,250	2,100	4,200	7,350	10,500
Cus Sed	450	1,300	2,150	4,300	7,550	10,800

1931 Model 301, V-8, 117" wb

	6	5	4	3	2	1
Cpe	600	1,800	3,000	6,000	10,500	15,000
Spt Cpe	650	1,900	3,200	6,400	11,200	16,000
Conv	1,000	3,000	5,000	10,000	17,500	25,000
2d Sed	400	1,250	2,100	4,200	7,350	10,500
Sed	450	1,300	2,150	4,300	7,550	10,800
Cus Sed	450	1,300	2,200	4,400	7,700	11,000

REO

1905 2-cyl., 16 hp, 88" wb

	6	5	4	3	2	1
5P Detachable Tonn	1,000	3,000	5,000	10,000	17,500	25,000

1905 1-cyl., 7-1/2" hp, 76" wb

	6	5	4	3	2	1
Rbt	950	2,900	4,800	9,600	16,800	24,000

1906 1-cyl., 8 hp, 76" wb

	6	5	4	3	2	1
2P Bus Rbt	950	2,900	4,800	9,600	16,800	24,000

1906 1-cyl., 8 hp, 78" wb

	6	5	4	3	2	1
4P Rbt	1,000	3,000	5,000	10,000	17,500	25,000

1906 2-cyl., 16 hp, 90" wb

	6	5	4	3	2	1
2P Physician's Vehicle	1,050	3,100	5,200	10,400	18,200	26,000
4P Cpe/Depot Wag	1,100	3,250	5,400	10,800	18,900	27,000
5P Tr	1,000	3,000	5,000	10,000	17,500	25,000

	6	5	4	3	2	1
1906 Four - 24 hp, 100" wb						
5P Tr	1,050	3,100	5,200	10,400	18,200	26,000
1907 2-cyl., 16/20 hp, 94" wb						
5P Tr	1,050	3,100	5,200	10,400	18,200	26,000
7P Limo	1,100	3,250	5,400	10,800	18,900	27,000
1907 1-cyl., 8 hp, 78" wb						
2/4P Rbt	1,050	3,100	5,200	10,400	18,200	26,000
2P Rbt	1,000	3,000	5,000	10,000	17,500	25,000
1908 1-cyl., 8/10 hp, 78" wb						
Rbt	1,000	3,000	5,000	10,000	17,500	25,000
1908 2-cyl., 18/20 hp, 94" wb						
Tr	1,050	3,100	5,200	10,400	18,200	26,000
Rds	1,000	3,000	5,000	10,000	17,500	25,000
1909 1-cyl., 10/12 hp, 78" wb						
Rbt	950	2,900	4,800	9,600	16,800	24,000
1909 2-cyl., 20/22, 96" wb						
Tr	1,050	3,100	5,200	10,400	18,200	26,000
Semi-Racer	1,000	3,000	5,000	10,000	17,500	25,000
1910 1-cyl., 10/12 hp, 78" wb						
Rbt	950	2,900	4,800	9,600	16,800	24,000
1910 2-cyl., 20 hp, 96" wb						
Tr	1,000	3,000	5,000	10,000	17,500	25,000
1910 Four, 35 hp, 108" wb						
5P Tr	1,050	3,100	5,200	10,400	18,200	26,000
4P Demi-Tonn	1,050	3,100	5,200	10,400	18,200	26,000
1911 Twenty-Five, 4-cyl., 22.5 hp, 98" wb						
Rbt	1,050	3,100	5,200	10,400	18,200	26,000
1911 Thirty, 4-cyl., 30 hp, 108" wb						
2P Torp Rds	1,100	3,350	5,600	11,200	19,600	28,000
5P Tr	1,100	3,350	5,600	11,200	19,600	28,000
4P Rds	1,100	3,250	5,400	10,800	18,900	27,000
1911 Thirty-Five, 4-cyl., 35 hp, 108" wb						
5P Tr	1,200	3,600	6,000	12,000	21,000	30,000
4P Demi-Tonn	1,150	3,500	5,800	11,600	20,300	29,000
1912 The Fifth, 4-cyl., 30/35 hp, 112" wb						
5P Tr	1,100	3,350	5,600	11,200	19,600	28,000
4P Rds	1,100	3,250	5,400	10,800	18,900	27,000
2P Rbt	1,100	3,250	5,400	10,800	18,900	27,000
1913 The Fifth, 4-cyl., 30/35 hp, 112" wb						
5P Tr	1,100	3,250	5,400	10,800	18,900	27,000
2P Rbt	1,050	3,100	5,200	10,400	18,200	26,000
1914 The Fifth, 4-cyl., 30/35 hp, 112" wb						
5P Tr	1,100	3,250	5,400	10,800	18,900	27,000
2P Rbt	1,050	3,100	5,200	10,400	18,200	26,000
1915 The Fifth, 4-cyl., 30/35 hp, 115" wb						
5P Tr	1,050	3,100	5,200	10,400	18,200	26,000
2P Rds	950	2,900	4,800	9,600	16,800	24,000
3P Cpe	800	2,400	4,000	8,000	14,000	20,000
1916 The Fifth, 4-cyl., 30/35 hp, 115" wb						
5P Tr	900	2,650	4,400	8,800	15,400	22,000
3P Rbt	850	2,500	4,200	8,400	14,700	21,000
1916 Model M, 6-cyl., 45 hp, 126" wb						
7P Tr	1,000	3,000	5,000	10,000	17,500	25,000
1917 The Fifth, 4-cyl., 30/35 hp, 115" wb						
5P Tr	900	2,650	4,400	8,800	15,400	22,000
3P Rds	850	2,500	4,200	8,400	14,700	21,000
1917 Model M, 6-cyl., 45 hp, 126" wb						
7P Tr	1,000	3,000	5,000	10,000	17,500	25,000
4P Rds	950	2,900	4,800	9,600	16,800	24,000
7P Sed	500	1,550	2,600	5,200	9,100	13,000
1918 The Fifth, 4-cyl., 30/35 hp, 120" wb						
5P Tr	900	2,750	4,600	9,200	16,100	23,000
3P Rds	900	2,650	4,400	8,800	15,400	22,000
1918 Model M, 6-cyl., 45 hp, 126" wb						
7P Tr	1,000	3,000	5,000	10,000	17,500	25,000
4P Rds	950	2,900	4,800	9,600	16,800	24,000
4P Encl Rds	900	2,750	4,600	9,200	16,100	23,000
7P Sed	500	1,550	2,600	5,200	9,100	13,000
1919 The Fifth, 4-cyl., 30/35 hp, 120" wb						
5P Tr	850	2,500	4,200	8,400	14,700	21,000
3P Rds	800	2,400	4,000	8,000	14,000	20,000
4P Cpe	500	1,450	2,400	4,800	8,400	12,000

	6	5	4	3	2	1
5P Sed	450	1,300	2,200	4,400	7,700	11,000

1920 Model T-6, 6-cyl., 50 hp, 120" wb

	6	5	4	3	2	1
5P Tr	900	2,750	4,600	9,200	16,100	23,000
3P Rds	900	2,700	4,500	9,000	15,750	22,500
4P Cpe	550	1,700	2,800	5,600	9,800	14,000
5P Sed	500	1,450	2,400	4,800	8,400	12,000

1921 Model T-6, 6-cyl., 50 hp, 120" wb

	6	5	4	3	2	1
5P Tr	900	2,750	4,600	9,200	16,100	23,000
3P Rds	900	2,700	4,500	9,000	15,750	22,500
4P Cpe	550	1,700	2,800	5,600	9,800	14,000
5P Sed	500	1,450	2,400	4,800	8,400	12,000

1922 Model T-6, 6-cyl., 50 hp, 120" wb

	6	5	4	3	2	1
7P Tr	900	2,650	4,400	8,800	15,400	22,000
3P Rds	850	2,600	4,300	8,600	15,050	21,500
3P Bus Cpe	500	1,450	2,400	4,800	8,400	12,000
4P Cpe	500	1,550	2,600	5,200	9,100	13,000
5P Sed	450	1,300	2,200	4,400	7,700	11,000

1923 Model T-6, 6-cyl., 50 hp, 120" wb

	6	5	4	3	2	1
7P Tr	850	2,500	4,200	8,400	14,700	21,000
5P Phae	900	2,650	4,400	8,800	15,400	22,000
4P Cpe	500	1,450	2,400	4,800	8,400	12,000
5P Sed	450	1,300	2,200	4,400	7,700	11,000

1924 Model T-6, 6-cyl., 50 hp, 120" wb

	6	5	4	3	2	1
5P Tr	850	2,500	4,200	8,400	14,700	21,000
5P Phae	900	2,650	4,400	8,800	15,400	22,000
4P Cpe	500	1,550	2,600	5,200	9,100	13,000
5P Sed	450	1,300	2,200	4,400	7,700	11,000
5P Brgm	500	1,450	2,400	4,800	8,400	12,000

1925 Model T-6, 6-cyl., 50 hp, 120" wb

	6	5	4	3	2	1
5P Tr	850	2,500	4,200	8,400	14,700	21,000
5P Sed	500	1,450	2,400	4,800	8,400	12,000
4P Cpe	600	1,800	3,000	6,000	10,500	15,000
5P Brgm	550	1,700	2,800	5,600	9,800	14,000

1926 Model T-6, 6-cyl., 50 hp, 120" wb

	6	5	4	3	2	1
4P Rds	750	2,300	3,800	7,600	13,300	19,000
2P Cpe	500	1,450	2,400	4,800	8,400	12,000
5P Sed	450	1,300	2,200	4,400	7,700	11,000
5P Tr	800	2,400	4,000	8,000	14,000	20,000

1927 Flying Cloud, 6-cyl., 65 hp, 121" wb

	6	5	4	3	2	1
4P Spt Rds	950	2,900	4,800	9,600	16,800	24,000
4P Cpe	500	1,550	2,600	5,200	9,100	13,000
4P DeL Cpe	550	1,700	2,800	5,600	9,800	14,000
2d 5P Brgm	500	1,550	2,600	5,200	9,100	13,000
5P DeL Sed	500	1,450	2,400	4,800	8,400	12,000

1928 Flying Cloud, 6-cyl., 65 hp, 121" wb

	6	5	4	3	2	1
4P Spt Rds	950	2,900	4,800	9,600	16,800	24,000
4P Cpe	500	1,550	2,600	5,200	9,100	13,000
4P DeL Cpe	550	1,700	2,800	5,600	9,800	14,000
2d 5P Brgm	500	1,450	2,400	4,800	8,400	12,000
5P DeL Sed	450	1,300	2,200	4,400	7,700	11,000

1929 Flying Cloud Mate, 6-cyl., 65 hp, 115" wb

	6	5	4	3	2	1
5P Sed	400	1,200	2,000	4,000	7,000	10,000
4P Cpe	500	1,550	2,600	5,200	9,100	13,000

1929 Flying Cloud Master, 6-cyl., 80 hp, 121" wb

	6	5	4	3	2	1
4P Rds	1,050	3,100	5,200	10,400	18,200	26,000
4P Cpe	550	1,700	2,800	5,600	9,800	14,000
5P Brgm	500	1,450	2,400	4,800	8,400	12,000
5P Sed	450	1,300	2,200	4,400	7,700	11,000
4P Vic	500	1,450	2,400	4,800	8,400	12,000

1930 Flying Cloud, Model 15, 6-cyl., 60 hp, 115" wb

	6	5	4	3	2	1
5P Sed	450	1,300	2,200	4,400	7,700	11,000
2P Cpe	550	1,700	2,800	5,600	9,800	14,000
4P Cpe	600	1,800	3,000	6,000	10,500	15,000

1930 Flying Cloud, Model 20, 6-cyl., 80 hp, 120" wb

	6	5	4	3	2	1
5P Sed	500	1,450	2,400	4,800	8,400	12,000
2P Cpe	600	1,800	3,000	6,000	10,500	15,000
4P Cpe	650	1,900	3,200	6,400	11,200	16,000

1930 Flying Cloud, Model 25, 6-cyl., 80 hp, 124" wb

	6	5	4	3	2	1
7P Sed	500	1,550	2,600	5,200	9,100	13,000

1931 Flying Cloud, Model 15, 6-cyl., 60 hp, 116" wb

	6	5	4	3	2	1
5P Phae	1,050	3,100	5,200	10,400	18,200	26,000
5P Sed	500	1,550	2,600	5,200	9,100	13,000
2P Cpe	650	1,900	3,200	6,400	11,200	16,000
4P Cpe	700	2,050	3,400	6,800	11,900	17,000

	6	5	4	3	2	1
1931 Flying Cloud, Model 20, 6-cyl., 85 hp, 120" wb						
5P Sed	550	1,700	2,800	5,600	9,800	14,000
Spt Cpe	650	1,900	3,200	6,400	11,200	16,000
Spt Sed	600	1,800	3,000	6,000	10,500	15,000
Cpe-4P	650	1,900	3,200	6,400	11,200	16,000
1931 Flying Cloud, Model 25, 6-cyl., 85 hp, 125" wb						
Sed	550	1,700	2,800	5,600	9,800	14,000
Vic	600	1,800	3,000	6,000	10,500	15,000
4P Cpe	650	2,000	3,300	6,600	11,550	16,500
Spt Sed	600	1,850	3,100	6,200	10,850	15,500
Spt Vic	650	1,900	3,200	6,400	11,200	16,000
Spt Cpe	700	2,050	3,400	6,800	11,900	17,000
1931 Flying Cloud, Model 30, 8-cyl., 125 hp, 130" wb						
Sed	700	2,150	3,600	7,200	12,600	18,000
Vic	800	2,400	4,000	8,000	14,000	20,000
4P Cpe	800	2,400	4,000	8,000	14,000	20,000
Spt Sed	750	2,300	3,800	7,600	13,300	19,000
Spt Vic	850	2,500	4,200	8,400	14,700	21,000
Spt Cpe	850	2,500	4,200	8,400	14,700	21,000
1931 Royale, Model 35, 8-cyl., 125 hp, 135" wb						
Sed	1,100	3,250	5,400	10,800	18,900	27,000
Vic	1,100	3,350	5,600	11,200	19,600	28,000
4P Cpe	1,200	3,600	6,000	12,000	21,000	30,000
1932 Flying Cloud, Model 6-21, 6-cyl., 85 hp, 121" wb						
Sed	800	2,400	4,000	8,000	14,000	20,000
Spt Sed	850	2,500	4,200	8,400	14,700	21,000
1932 Flying Cloud, Model 8-21, 8-cyl., 90 hp, 121" wb						
Sed	850	2,500	4,200	8,400	14,700	21,000
Spt Sed	900	2,650	4,400	8,800	15,400	22,000
1932 Flying Cloud, Model 6-25						
Vic	1,000	3,000	5,000	10,000	17,500	25,000
Sed	900	2,750	4,600	9,200	16,100	23,000
Cpe	950	2,900	4,800	9,600	16,800	24,000
1932 Flying Cloud, Model 8-25, 8-cyl., 90 hp, 125" wb						
Sed	900	2,650	4,400	8,800	15,400	22,000
Vic	950	2,900	4,800	9,600	16,800	24,000
Cpe	950	2,900	4,800	9,600	16,800	24,000
Spt Sed	900	2,750	4,600	9,200	16,100	23,000
Spt Vic	1,000	3,000	5,000	10,000	17,500	25,000
Spt Cpe	1,000	3,000	5,000	10,000	17,500	25,000
1932 Royale, Model 8-31, 8-cyl., 125 hp, 131" wb						
Sed	1,300	3,950	6,600	13,200	23,100	33,000
Vic	1,400	4,200	7,000	14,000	24,500	35,000
Cpe	1,400	4,200	7,000	14,000	24,500	35,000
Spt Sed	1,350	4,100	6,800	13,600	23,800	34,000
Spt Vic	1,450	4,300	7,200	14,400	25,200	36,000
Spt Cpe	1,450	4,300	7,200	14,400	25,200	36,000
1932 Royale, Model 8-35, 8-cyl., 125 hp, 135" wb						
Sed	1,350	4,100	6,800	13,600	23,800	34,000
Vic	1,450	4,300	7,200	14,400	25,200	36,000
Cpe	1,450	4,300	7,200	14,400	25,200	36,000
Conv Cpe	2,650	7,900	13,200	26,400	46,200	66,000
1932 Flying Cloud, Model S						
Std Cpe	700	2,150	3,600	7,200	12,600	18,000
Std Conv Cpe	1,100	3,350	5,600	11,200	19,600	28,000
Std Sed	600	1,800	3,000	6,000	10,500	15,000
Spt Cpe	750	2,300	3,800	7,600	13,300	19,000
Spt Conv Cpe	1,150	3,500	5,800	11,600	20,300	29,000
Spt Sed	650	1,900	3,200	6,400	11,200	16,000
DeL Cpe	750	2,300	3,800	7,600	13,300	19,000
DeL Conv Cpe	1,200	3,600	6,000	12,000	21,000	30,000
DeL Sed	700	2,050	3,400	6,800	11,900	17,000

NOTE: Model 8-31 had been introduced April 1931, Model 8-21 May 1931.

	6	5	4	3	2	1
1933 Flying Cloud, 6-cyl., 85 hp, 117-1/2" wb						
5P Sed	800	2,400	4,000	8,000	14,000	20,000
4P Cpe	900	2,750	4,600	9,200	16,100	23,000
Vic	900	2,650	4,400	8,800	15,400	22,000
1933 Royale, 8-cyl., 125 hp, 131" wb						
5P Sed	1,250	3,700	6,200	12,400	21,700	31,000
5P Vic	1,350	4,100	6,800	13,600	23,800	34,000
4P Cpe	1,300	3,950	6,600	13,200	23,100	33,000
Conv Cpe	2,200	6,600	11,000	22,000	38,500	55,000
1934 Flying Cloud, 6-cyl., 95 hp, 118" wb						
Cpe	850	2,500	4,200	8,400	14,700	21,000

	6	5	4	3	2	1
5P Sed	800	2,400	4,000	8,000	14,000	20,000
Cpe	900	2,650	4,400	8,800	15,400	22,000
5P Sed	850	2,500	4,200	8,400	14,700	21,000
Elite Sed	900	2,650	4,400	8,800	15,400	22,000
Elite Cpe	900	2,750	4,600	9,200	16,100	23,000

1934 Royale, 8-cyl., 95 hp, 131" wb

	6	5	4	3	2	1
5P Sed	1,300	3,850	6,400	12,800	22,400	32,000
Vic	1,350	4,100	6,800	13,600	23,800	34,000
Elite Sed	1,300	3,950	6,600	13,200	23,100	33,000
Elite Vic	1,400	4,200	7,000	14,000	24,500	35,000
Elite Cpe	1,450	4,300	7,200	14,400	25,200	36,000

1934 Royale, 8-cyl., 95 hp, 135" wb

	6	5	4	3	2	1
Cus Sed	1,400	4,200	7,000	14,000	24,500	35,000
Cus Vic	1,500	4,450	7,400	14,800	25,900	37,000
Cus Cpe	1,500	4,550	7,600	15,200	26,600	38,000

1935 Flying Cloud, 6-cyl., 85 hp, 115" wb

	6	5	4	3	2	1
Cpe	800	2,400	4,000	8,000	14,000	20,000
Sed	700	2,050	3,400	6,800	11,900	17,000

1935 Flying Cloud, 6-cyl., 85 hp, 118" wb

	6	5	4	3	2	1
Sed	700	2,150	3,600	7,200	12,600	18,000
Conv Cpe	1,150	3,500	5,800	11,600	20,300	29,000
2P Cpe	850	2,500	4,200	8,400	14,700	21,000
4P Cpe	900	2,650	4,400	8,800	15,400	22,000

1936 Flying Cloud, 6-cyl., 85 hp, 115" wb

	6	5	4	3	2	1
Coach	700	2,150	3,600	7,200	12,600	18,000
Sed	750	2,300	3,800	7,600	13,300	19,000
DeL Brgm	850	2,500	4,200	8,400	14,700	21,000
DeL Sed	800	2,400	4,000	8,000	14,000	20,000

SATURN

1991 Saturn, 4-cyl.

	6	5	4	3	2	1
SL 2d Cpe	250	700	1,200	2,400	4,200	6,000
SL 4d Sed	150	500	800	1,600	2,800	4,000
SL1 4d Sed	200	550	900	1,800	3,150	4,500
SL2 4d Trg Sed	200	650	1,100	2,200	3,850	5,500

1992 4-cyl.

	6	5	4	3	2	1
SL 4d Sed	200	550	900	1,800	3,150	4,500
SL14d Sed	200	650	1,100	2,200	3,850	5,500
SL2 4d Sed	250	800	1,300	2,600	4,550	6,500
SC 2d Cpe	300	850	1,400	2,800	4,900	7,000

1993 4-cyl.

	6	5	4	3	2	1
SC1 2d Cpe	300	850	1,450	2,900	5,050	7,200
SC2 2d Cpe	300	900	1,450	2,900	5,100	7,300
SL 4d Sed	300	850	1,400	2,850	4,950	7,100
SL1 4d Sed	300	850	1,450	2,900	5,050	7,200
SL2 4d Sed	300	900	1,450	2,900	5,100	7,300
SW1 4d Sta Wag	300	900	1,500	2,950	5,200	7,400
SW2 4d Sta Wag	300	900	1,500	3,000	5,250	7,500

STUDEBAKER

1903 Model A, 8 hp

	6	5	4	3	2	1
Tonn Tr			value not estimable			

1904 Model A

	6	5	4	3	2	1
Tonn Tr	1,100	3,350	5,600	11,200	19,600	28,000

1904 Model B

	6	5	4	3	2	1
Dely Wagon	1,100	3,250	5,400	10,800	18,900	27,000

1904 Model C

	6	5	4	3	2	1
Tonn Tr	1,150	3,500	5,800	11,600	20,300	29,000

1905 Model 9502, 2-cyl.

	6	5	4	3	2	1
Rear Ent Tr	1,200	3,600	6,000	12,000	21,000	30,000
Side Ent Tr	1,250	3,700	6,200	12,400	21,700	31,000

1905 Model 9503, 4-cyl.

	6	5	4	3	2	1
Side Ent Tr	1,300	3,950	6,600	13,200	23,100	33,000

1906 Model E, 20 N.A.C.C.H.P.

	6	5	4	3	2	1
Side Ent Tr	1,150	3,500	5,800	11,600	20,300	29,000
Twn Car	1,100	3,350	5,600	11,200	19,600	28,000

1906 Model F, 28 N.A.C.C.H.P.

	6	5	4	3	2	1
Side Ent Tr	1,250	3,700	6,200	12,400	21,700	31,000

1906 Model G, 30 N.A.C.C.H.P.

	6	5	4	3	2	1
Side Ent Tr	1,350	4,100	6,800	13,600	23,800	34,000

	6	5	4	3	2	1
1907 Model L, 4-cyl., 28 hp, 104" wb						
5P Rear Ent Tr	1,400	4,200	7,000	14,000	24,500	35,000
1907 Model G, 4-cyl., 30 hp, 104" wb						
5P Rear Ent Tr	1,450	4,300	7,200	14,400	25,200	36,000
1907 Model H, 4-cyl., 30 hp, 104" wb						
5P Rear Ent Tr	1,450	4,300	7,200	14,400	25,200	36,000
1908 Model H, 4-cyl., 30 hp, 104" wb						
5P Rear Ent Tr	1,450	4,300	7,200	14,400	25,200	36,000
1908 Model A, 4-cyl., 30 hp, 104" wb						
5P Tr	1,450	4,300	7,200	14,400	25,200	36,000
5P Twn Car	1,400	4,200	7,000	14,000	24,500	35,000
2P Rbt	1,350	4,100	6,800	13,600	23,800	34,000
5P Lan'let	1,450	4,300	7,200	14,400	25,200	36,000
1908 Model B, 4-cyl., 40 hp, 114" wb						
5P Tr	1,500	4,550	7,600	15,200	26,600	38,000
2P Rbt	1,450	4,300	7,200	14,400	25,200	36,000
7P Limo	1,500	4,450	7,400	14,800	25,900	37,000
5P Lan'let	1,500	4,550	7,600	15,200	26,600	38,000
4P Trabt	1,550	4,700	7,800	15,600	27,300	39,000
3P Speed Car	1,500	4,450	7,400	14,800	25,900	37,000
1909 Model A, 4-cyl., 30 hp, 104" wb						
5P Tr	1,450	4,300	7,200	14,400	25,200	36,000
5P Twn Car	1,400	4,200	7,000	14,000	24,500	35,000
Rbt	1,350	4,100	6,800	13,600	23,800	34,000
5P Lan'let	1,450	4,300	7,200	14,400	25,200	36,000
1909 Model B, 4-cyl., 40 hp, 114" wb						
5P Tr	1,500	4,550	7,600	15,200	26,600	38,000
7P Limo	1,500	4,450	7,400	14,800	25,900	37,000
5P Lan'let	1,500	4,550	7,600	15,200	26,600	38,000
1909 Model C, 4-cyl., 30 hp, 104" wb						
5P Tr	1,450	4,300	7,200	14,400	25,200	36,000
1909 Model D, 4-cyl., 40 hp, 117.5" wb						
5P Tr	1,550	4,700	7,800	15,600	27,300	39,000
1910 Model H, 4-cyl., 30 hp, 104" wb						
5P Tr	1,450	4,300	7,200	14,400	25,200	36,000
1910 Model M, 4-cyl., 28 hp, 104" wb						
5P Tr	1,400	4,200	7,000	14,000	24,500	35,000
1910 Model G-7, 4-cyl., 40 hp, 117.5" wb						
4/5P Tr	1,500	4,550	7,600	15,200	26,600	38,000
7P Tr	1,550	4,700	7,800	15,600	27,300	39,000
Limo (123" wb)	1,450	4,300	7,200	14,400	25,200	36,000
1911 Model G-8, 4-cyl., 40 hp, 117.5" wb						
4d 7P Limo	1,500	4,450	7,400	14,800	25,900	37,000
4d 5P Lan'let	1,500	4,550	7,600	15,200	26,600	38,000
4d 4/6/7P Tr	1,600	4,800	8,000	16,000	28,000	40,000
2d 2P Rds	1,400	4,200	7,000	14,000	24,500	35,000
1911 Model G-10, 4-cyl., 30 hp, 116" wb						
4d 5P Tr	1,500	4,550	7,600	15,200	26,600	38,000
NOTE: Studebaker-Garford association was discontinued after 1911 model year.						
1913 Model SA-25, 4-cyl., 101" wb						
2d Rds	1,050	3,100	5,200	10,400	18,200	26,000
4d Tr	1,100	3,250	5,400	10,800	18,900	27,000
1913 Model AA-35, 4-cyl., 115.5" wb						
4d Tr	1,100	3,350	5,600	11,200	19,600	28,000
2d Cpe	900	2,650	4,400	8,800	15,400	22,000
4d Sed	850	2,500	4,200	8,400	14,700	21,000
1913 Model E, 6-cyl., 121" wb						
4d Tr	1,150	3,500	5,800	11,600	20,300	29,000
4d Limo	950	2,900	4,800	9,600	16,800	24,000
1914 Series 14, Model 1 SC, 4-cyl., 108.3" wb						
4d Tr	950	2,900	4,800	9,600	16,800	24,000
2d Lan Rds	950	2,900	4,800	9,600	16,800	24,000
1914 Series 14, Model EB, 6-cyl., 121.3" wb						
4d Tr	1,000	3,000	5,000	10,000	17,500	25,000
4d Lan Rds	1,000	3,000	5,000	10,000	17,500	25,000
2d Sed	700	2,050	3,400	6,800	11,900	17,000
1915 Series 15, Model SD, 4-cyl., 108.3" wb						
2d Rds	950	2,900	4,800	9,600	16,800	24,000
4d Tr	950	2,900	4,800	9,600	16,800	24,000
1915 Series 15, Model EC, 6-cyl., 121.3" wb						
4d 5P Tr	1,000	3,000	5,000	10,000	17,500	25,000
4d 7P Tr	1,050	3,100	5,200	10,400	18,200	26,000

	6	5	4	3	2	1
1916 Model SF, 4-cyl., 112" wb						
2d Rds	900	2,750	4,600	9,200	16,100	23,000
2d Lan Rds	950	2,900	4,800	9,600	16,800	24,000
4d 7P Tr	1,000	3,000	5,000	10,000	17,500	25,000
4d A/W Sed	750	2,300	3,800	7,600	13,300	19,000
1916 Series 16 & 17, Model ED, 6-cyl., 121.8" wb						
2d Rds	950	2,900	4,800	9,600	16,800	24,000
2d Lan Rds	1,000	3,000	5,000	10,000	17,500	25,000
4d 7P Tr	1,050	3,100	5,200	10,400	18,200	26,000
2d Cpe	500	1,550	2,600	5,200	9,100	13,000
4d Sed	450	1,300	2,200	4,400	7,700	11,000
4d Limo	750	2,300	3,800	7,600	13,300	19,000
4d A/W Sed	750	2,300	3,800	7,600	13,300	19,000

NOTE: The All Weather sedan was available only in the Series 17.

	6	5	4	3	2	1
1917 Series 18, Model SF, 4-cyl., 112" wb						
2d Rds	800	2,400	4,000	8,000	14,000	20,000
2d Lan Rds	850	2,500	4,200	8,400	14,700	21,000
4d 7P Tr	900	2,650	4,400	8,800	15,400	22,000
4d A/W Sed	700	2,050	3,400	6,800	11,900	17,000
1917 Series 18, Model ED, 6-cyl., 121.8" wb						
2d Rds	850	2,500	4,200	8,400	14,700	21,000
2d Lan Rds	900	2,650	4,400	8,800	15,400	22,000
4d 7P Tr	900	2,750	4,600	9,200	16,100	23,000
2d Cpe	500	1,450	2,400	4,800	8,400	12,000
4d Sed	450	1,300	2,200	4,400	7,700	11,000
4d Limo	550	1,700	2,800	5,600	9,800	14,000
4d A/W Sed	750	2,300	3,800	7,600	13,300	19,000
1918-1919 Series 19, Model SH, 4-cyl., 112" wb						
2d Rds	700	2,050	3,400	6,800	11,900	17,000
4d Tr	700	2,050	3,400	6,800	11,900	17,000
4d Sed	400	1,150	1,900	3,800	6,650	9,500
1918-1919 Series 19, Model EH, 6-cyl., 119" wb						
4d Tr	700	2,150	3,600	7,200	12,600	18,000
2d Clb Rds	700	2,150	3,600	7,200	12,600	18,000
2d Rds	550	1,700	2,800	5,600	9,800	14,000
4d Sed	400	1,150	1,900	3,850	6,700	9,600
2d Cpe	400	1,200	2,000	4,000	7,000	10,000
1918-1919 Series 19, Model EG, 6-cyl., 126" wb						
4d 7P Tr	800	2,400	4,000	8,000	14,000	20,000
1920-21 Model EJ, 6-cyl., 112" wb						
4d Tr	550	1,700	2,800	5,600	9,800	14,000
2d Lan Rds *	600	1,800	3,000	6,000	10,500	15,000
2d Rds	550	1,700	2,850	5,700	9,950	14,200
2d Cpe Rds **	600	1,850	3,100	6,200	10,850	15,500
4d Sed	350	1,100	1,800	3,600	6,300	9,000
1920-21 Model EH, 6-cyl., 119" wb						
4d Tr	600	1,800	3,000	6,000	10,500	15,000
2d Rds	600	1,800	3,050	6,100	10,600	15,200
4d Rds	600	1,850	3,100	6,200	10,850	15,500
2d Cpe	400	1,200	2,000	4,000	7,000	10,000
4d Sed	350	1,100	1,800	3,600	6,300	9,000
1920-21 Model EG, Big Six						
4d 7P Tr	700	2,050	3,400	6,800	11,900	17,000
2d Cpe **	450	1,300	2,200	4,400	7,700	11,000
4d 7P Sed	400	1,200	2,000	4,000	7,000	10,000

* 1920 Model only.

** 1921 Model only.

	6	5	4	3	2	1
1922 Model EJ, Light Six, 6-cyl., 112" wb						
2d Rds	550	1,700	2,800	5,600	9,800	14,000
4d Tr	550	1,600	2,700	5,400	9,450	13,500
2d Cpe Rds	600	1,750	2,900	5,800	10,150	14,500
4d Sed	400	1,150	1,900	3,800	6,650	9,500
1922 Model EL, Special Six, 6-cyl., 119" wb						
2d Rds	600	1,750	2,900	5,800	10,150	14,500
4d Tr	550	1,700	2,800	5,600	9,800	14,000
4d Rds	600	1,800	3,000	6,000	10,500	15,000
2d Cpe	450	1,300	2,200	4,400	7,700	11,000
4d Sed	400	1,200	2,000	4,000	7,000	10,000
1922 Model EK, Big Six, 6-cyl., 126" wb						
4d Tr	600	1,800	3,000	6,000	10,500	15,000
2d Cpe	400	1,250	2,100	4,200	7,350	10,500
4d Sed	400	1,200	2,000	4,000	7,000	10,000
4d Spds	650	1,900	3,200	6,400	11,200	16,000

	6	5	4	3	2	1
1923 Model EM, Light Six						
2d Rds	550	1,700	2,800	5,600	9,800	14,000
4d Tr	550	1,600	2,700	5,400	9,450	13,500
2d Cpe	400	1,200	2,000	4,000	7,000	10,000
4d Sed	400	1,150	1,900	3,800	6,650	9,500
1923 Model EL, Special Six						
4d Tr	550	1,700	2,800	5,600	9,800	14,000
2d 4P Cpe	400	1,250	2,100	4,200	7,350	10,500
2d Rds	600	1,750	2,900	5,850	10,200	14,600
2d 5P Cpe	450	1,300	2,200	4,400	7,700	11,000
4d Sed	400	1,200	2,000	4,000	7,000	10,000
1923 Model EK, Big Six						
4d Tr	600	1,850	3,100	6,200	10,850	15,500
2d Spds	700	2,150	3,600	7,200	12,600	18,000
2d 5P Cpe	450	1,400	2,300	4,600	8,050	11,500
2d 4P Cpe	450	1,350	2,300	4,550	8,000	11,400
4d Sed	400	1,250	2,100	4,200	7,350	10,500
1924 Model EM, Light Six, 6-cyl., 112" wb						
4d Tr	500	1,550	2,600	5,200	9,100	13,000
2d Rds	550	1,600	2,700	5,400	9,450	13,500
2d Cpe Rds	600	1,750	2,900	5,800	10,150	14,500
4d Cus Tr	550	1,700	2,800	5,600	9,800	14,000
4d Sed	350	1,000	1,700	3,400	5,950	8,500
2d Cpe	400	1,150	1,900	3,800	6,650	9,500
1924 Model EL, Special Six, 6-cyl., 119" wb						
4d Tr	550	1,700	2,800	5,600	9,800	14,000
2d Rds	600	1,750	2,900	5,800	10,150	14,500
2d Cpe	450	1,300	2,200	4,400	7,700	11,000
4d Sed	400	1,200	2,000	4,000	7,000	10,000
1924 Model EK, Big Six, 6-cyl., 126" wb						
4d 7P Tr	700	2,100	3,500	7,000	12,250	17,500
2d Spds	700	2,150	3,600	7,200	12,600	18,000
2d Cpe	450	1,400	2,300	4,600	8,050	11,500
4d Sed	400	1,200	2,000	4,000	7,000	10,000
1925-1926 Model ER, Standard Six, 6-cyl., 113" wb						
4d Dplx Phae	650	1,900	3,200	6,400	11,200	16,000
2d Dplx Rds	650	2,000	3,300	6,600	11,550	16,500
2d Coach	350	1,050	1,750	3,500	6,150	8,800
2d Cty Clb Cpe	500	1,450	2,400	4,800	8,400	12,000
2d Spt Rds	600	1,850	3,100	6,200	10,850	15,500
4d Spt Phae	600	1,800	3,000	6,000	10,500	15,000
4d Sed	350	1,100	1,800	3,600	6,300	9,000
2d Cpe Rds	650	1,900	3,200	6,400	11,200	16,000
4d w/Sed	400	1,150	1,900	3,800	6,650	9,500
4d Sed	350	1,100	1,800	3,600	6,300	9,000
2d Cpe	450	1,300	2,200	4,400	7,700	11,000
4d Ber	400	1,250	2,100	4,200	7,350	10,500
1925-1926 Model EQ, Special Six, 6-cyl., 120" - 127" wb						
4d Dplx Phae	700	2,150	3,600	7,200	12,600	18,000
2d Dplx Rds	800	2,350	3,900	7,800	13,700	19,500
2d Vic	450	1,300	2,150	4,300	7,550	10,800
4d Sed	400	1,250	2,100	4,200	7,350	10,500
4d Ber	450	1,400	2,300	4,600	8,050	11,500
2d Brgm	450	1,300	2,200	4,400	7,700	11,000
2d Spt Rds	750	2,300	3,800	7,600	13,300	19,000
2d Coach	400	1,200	2,000	4,000	7,000	10,000
1925-1926 Model EP, Big Six, 6-cyl., 120" wb						
4d Dplx Phae	800	2,400	4,000	8,000	14,000	20,000
2d Cpe	500	1,450	2,400	4,800	8,400	12,000
2d Brgm	400	1,150	1,900	3,800	6,650	9,500
4d 7P Sed	400	1,150	1,900	3,750	6,600	9,400
2d Ber	450	1,300	2,200	4,400	7,700	11,000
4d Sed	400	1,150	1,900	3,800	6,650	9,500
4d Spt Phae	750	2,300	3,800	7,600	13,300	19,000
2d Clb Cpe	350	1,100	1,850	3,700	6,450	9,200

NOTE: Add 10 percent for 4-wheel brake option.

1927 Dictator, Model EU, Standard, 6-cyl., 113" wb						
2d Spt Rds	900	2,650	4,400	8,800	15,400	22,000
4d Tr	800	2,450	4,100	8,200	14,300	20,500
4d Dplx Tr	850	2,500	4,200	8,400	14,700	21,000
4d 7P Tr	800	2,400	4,000	8,000	14,000	20,000
2d Bus Cpe	450	1,400	2,300	4,600	8,050	11,500
2d Spt Cpe	500	1,450	2,400	4,800	8,400	12,000
2d Vic	400	1,150	1,900	3,800	6,650	9,500
4d (P) Sed	350	1,100	1,800	3,600	6,300	9,000

	6	5	4	3	2	1
4d (M) Sed	400	1,200	2,000	4,000	7,000	10,000

1927 Special, Model EQ
4d Dplx Phae	900	2,750	4,600	9,200	16,100	23,000
2d Coach	400	1,200	2,000	4,000	7,000	10,000
2d Brgm	450	1,300	2,200	4,400	7,700	11,000
2d Spt Rds	950	2,900	4,800	9,600	16,800	24,000

1927 Commander, Model EW
2d Spt Rds	1,000	3,000	5,000	10,000	17,500	25,000
2d Bus Cpe	500	1,450	2,400	4,800	8,400	12,000
2d Spt Cpe	500	1,500	2,500	5,000	8,750	12,500
4d Sed	400	1,250	2,100	4,200	7,350	10,500
2d Cus Vic	450	1,400	2,300	4,600	8,050	11,500
2d Dplx Rds	950	2,900	4,800	9,600	16,800	24,000
4d Spt Phae	950	2,900	4,800	9,600	16,800	24,000
2d Cus Brgm	450	1,300	2,150	4,300	7,500	10,700

1927 President, Model ES
4d Cus Sed	400	1,250	2,100	4,200	7,350	10,500
4d Limo	700	2,150	3,600	7,200	12,600	18,000
4d Dplx Phae	900	2,750	4,600	9,200	16,100	23,000

1928 Dictator, Model GE
2d Roy Rds	1,400	4,200	7,000	14,000	24,500	35,000
4d Tr	1,300	3,950	6,600	13,200	23,100	33,000
4d Dplx Tr	1,350	4,100	6,800	13,600	23,800	34,000
4d 7P Roy Tr	1,400	4,200	7,000	14,000	24,500	35,000
2d Bus Cpe	400	1,250	2,100	4,200	7,350	10,500
2d Roy Cpe	450	1,300	2,200	4,400	7,700	11,000
2d Roy Vic	400	1,250	2,100	4,200	7,350	10,500
2d Clb Sed	400	1,150	1,950	3,900	6,800	9,700
4d Sed	350	1,100	1,850	3,700	6,450	9,200
4d Roy Sed	400	1,150	1,900	3,800	6,650	9,500

1928 Commander, Model GB
2d Reg Rds	1,450	4,300	7,200	14,400	25,200	36,000
2d Cpe	450	1,400	2,300	4,600	8,050	11,500
2d Reg Cpe	500	1,450	2,400	4,800	8,400	12,000
2d Reg Cabr	400	1,250	2,100	4,200	7,350	10,500
2d Vic	400	1,250	2,100	4,200	7,350	10,500
2d Reg Vic	450	1,300	2,200	4,400	7,700	11,000
4d Sed	400	1,250	2,100	4,200	7,350	10,500
2d Clb Sed	450	1,300	2,150	4,300	7,500	10,700
4d Reg Sed	400	1,200	2,000	4,000	7,000	10,000

1928 President Six, Model ES
4d Cus Sed	400	1,250	2,100	4,200	7,350	10,500
4d Limo	650	1,900	3,200	6,400	11,200	16,000
4d Cus Tr	900	2,750	4,600	9,200	16,100	23,000

1928 President Eight, Model FA
4d 7P Tr	1,200	3,600	6,000	12,000	21,000	30,000
2d Sta Cabr	1,250	3,700	6,200	12,400	21,700	31,000
4d Sed	450	1,350	2,250	4,500	7,850	11,200
4d Sta Sed	450	1,400	2,300	4,600	8,050	11,500
4d 7P Sed	450	1,400	2,300	4,600	8,050	11,500
4d 7P Sta Sed	500	1,450	2,400	4,800	8,400	12,000
4d Limo	700	2,050	3,400	6,800	11,900	17,000
4d Sta Ber	700	2,150	3,600	7,200	12,600	18,000

1928-1/2 Dictator, Model GE
2d Tr	950	2,900	4,800	9,600	16,800	24,000
2d 7P Tr	1,000	2,950	4,900	9,800	17,200	24,500
2d Bus Cpe	400	1,200	2,000	4,000	7,000	10,000
2d Roy Cabr	1,200	3,600	6,000	12,000	21,000	30,000
2d Roy Vic	400	1,250	2,100	4,200	7,350	10,500
2d Clb Sed	400	1,150	1,950	3,900	6,800	9,700
4d Sed	400	1,150	1,900	3,750	6,600	9,400
4d Roy Sed	400	1,200	2,000	4,000	7,000	10,000

1928-1/2 Commander, Model GH
2d Reg Vic	450	1,300	2,150	4,300	7,500	10,700
4d Sed	400	1,200	2,050	4,100	7,150	10,200
4d Reg Sed	400	1,250	2,100	4,150	7,300	10,400

1928-1/2 President, Model FB
2d Sta Rds	1,200	3,600	6,000	12,000	21,000	30,000
2d Sta Cabr	1,150	3,500	5,800	11,600	20,300	29,000
2d Sta Vic	450	1,300	2,150	4,300	7,550	10,800
4d Sed	400	1,250	2,100	4,150	7,300	10,400
4d Sta Sed	400	1,250	2,100	4,250	7,400	10,600

1928-1/2 President, Model FA
4d Tr	1,250	3,700	6,200	12,400	21,700	31,000
4d Sta Tr	1,300	3,850	6,400	12,800	22,400	32,000

	6	5	4	3	2	1
2d Sta Cabr	1,300	3,950	6,600	13,200	23,100	33,000
4d Sta Sed	500	1,450	2,400	4,800	8,400	12,000
4d Sed	450	1,400	2,350	4,700	8,250	11,800
4d 7P Sta Sed	500	1,500	2,500	5,000	8,750	12,500
4d Limo	700	2,150	3,600	7,200	12,600	18,000

1929 Dictator GE, 6-cyl., 113" wb

	6	5	4	3	2	1
4d 5P Tr	950	2,900	4,800	9,600	16,800	24,000
4d 7P Tr	950	2,900	4,800	9,600	16,800	24,000
2d Bus Cpe	400	1,250	2,100	4,200	7,350	10,500
2d Cabr	950	2,900	4,800	9,600	16,800	24,000
2d Vic Ryl	450	1,300	2,200	4,400	7,700	11,000

1929 Commander Six, Model GJ

	6	5	4	3	2	1
2d Rds	1,500	4,550	7,600	15,200	26,600	38,000
2d Reg Rds	1,550	4,700	7,800	15,600	27,300	39,000
4d Tr	1,350	4,100	6,800	13,600	23,800	34,000
4d Reg Tr	1,450	4,300	7,200	14,400	25,200	36,000
4d 7P Tr	1,350	4,100	6,800	13,600	23,800	34,000
4d 7P Reg Tr	1,450	4,300	7,200	14,400	25,200	36,000
2d Cpe	450	1,400	2,300	4,600	8,050	11,500
2d Spt Cpe	450	1,300	2,200	4,400	7,700	11,000
2d Cabr	1,300	3,950	6,600	13,200	23,100	33,000
2d Vic	400	1,250	2,100	4,200	7,350	10,500
4d Sed	400	1,200	2,000	4,000	7,000	10,000
4d Reg Sed	450	1,300	2,200	4,400	7,700	11,000
4d Reg Brgm	450	1,400	2,300	4,600	8,050	11,500

1929 Commander Eight, Model FD

	6	5	4	3	2	1
2d Reg Rds	1,700	5,050	8,400	16,800	29,400	42,000
4d Tr	1,500	4,450	7,400	14,800	25,900	37,000
4d Reg Tr	1,550	4,700	7,800	15,600	27,300	39,000
4d 7P Tr	1,500	4,450	7,400	14,800	25,900	37,000
4d 7P Reg Tr	1,550	4,700	7,800	15,600	27,300	39,000
2d Bus Cpe	550	1,600	2,700	5,400	9,450	13,500
2d Spt Cpe	550	1,700	2,800	5,600	9,800	14,000
2d Reg Conv	1,500	4,450	7,400	14,800	25,900	37,000
2d Vic	500	1,450	2,400	4,800	8,400	12,000
2d Reg Brgm	500	1,550	2,600	5,200	9,100	13,000
4d Sed	500	1,500	2,500	5,000	8,750	12,500
4d Reg Sed	500	1,550	2,600	5,200	9,100	13,000

1929 President Eight, Model FH, 125" wb

	6	5	4	3	2	1
2d Rds	1,700	5,150	8,600	17,200	30,100	43,000
2d Cabr	1,550	4,700	7,800	15,600	27,300	39,000
2d Sta Vic	600	1,800	3,000	6,000	10,500	15,000
4d Sed	550	1,700	2,800	5,600	9,800	14,000
4d Sta Sed	600	1,800	3,000	6,000	10,500	15,000

1929 President Eight, Model FE, 135" wb

	6	5	4	3	2	1
4d 7P Tr	1,550	4,700	7,800	15,600	27,300	39,000
4d 7P Sta Tr	1,600	4,750	7,900	15,800	27,650	39,500
2d Brgm	600	1,800	3,000	6,000	10,500	15,000
4d 7P Sed	600	1,800	3,000	6,000	10,500	15,000
4d 7P Sta Sed	650	1,900	3,200	6,400	11,200	16,000
4d 7P Limo	700	2,050	3,400	6,800	11,900	17,000

1930 Studebaker Model 53, 6-cyl., 114" wb

	6	5	4	3	2	1
4d Tr	1,300	3,950	6,600	13,200	23,100	33,000
4d Reg Tr	1,350	4,100	6,800	13,600	23,800	34,000
2d Bus Cpe	500	1,450	2,400	4,800	8,400	12,000
2d Reg Cpe	500	1,500	2,500	5,000	8,750	12,500
2d Clb Sed	450	1,300	2,200	4,400	7,700	11,000
4d Sed	400	1,200	2,000	4,000	7,000	10,000
4d Reg Sed	400	1,250	2,100	4,200	7,350	10,500
4d Lan Sed	400	1,200	2,050	4,100	7,150	10,200

1930 Dictator, 6 & 8-cyl., 115" wb

	6	5	4	3	2	1
4d Tr	1,350	4,100	6,800	13,600	23,800	34,000
4d Reg Tr	1,400	4,200	7,000	14,000	24,500	35,000
2d Cpe	500	1,500	2,500	5,000	8,750	12,500
2d Spt Cpe	550	1,600	2,700	5,400	9,450	13,500
2d Brgm	450	1,400	2,300	4,600	8,050	11,500
2d Clb Sed	450	1,300	2,200	4,400	7,700	11,000
4d Sed	450	1,300	2,200	4,400	7,700	11,000
4d Reg Sed	450	1,400	2,300	4,600	8,050	11,500

NOTE: Add $200 for Dictator 8-cyl.

1930 Commander 6 & 8-cyl., 120" wb Commander FD

	6	5	4	3	2	1
2d Reg Rds	1,500	4,550	7,600	15,200	26,600	38,000
4d Tr	1,450	4,300	7,200	14,400	25,200	36,000
4d Reg Tr	1,500	4,450	7,400	14,800	25,900	37,000
4d 7P Tr	1,450	4,300	7,200	14,400	25,200	36,000
4d 7P Reg Tr	1,500	4,450	7,400	14,800	25,900	37,000

	6	5	4	3	2	1
2d Cpe	550	1,700	2,800	5,600	9,800	14,000
2d Spt Cpe	600	1,800	3,000	6,000	10,500	15,000
2d Conv Cabr	1,450	4,300	7,200	14,400	25,200	36,000
2d Vic	500	1,450	2,400	4,800	8,400	12,000
2d Brgm	500	1,500	2,500	5,000	8,750	12,500
4d Sed	500	1,450	2,400	4,800	8,400	12,000
4d Reg Sed	500	1,550	2,600	5,200	9,100	13,000

NOTE: Add $200 for Commander 8-cyl.

1930 President FH Model

2d Rds	1,900	5,750	9,600	19,200	33,600	48,000
2d Conv Cabr	1,700	5,050	8,400	16,800	29,400	42,000
2d Sta Vic	650	1,900	3,200	6,400	11,200	16,000
4d Sed	550	1,700	2,800	5,600	9,800	14,000
4d Sta Sed	600	1,800	3,000	6,000	10,500	15,000

1930 President FE Model

4d Tr	1,800	5,400	9,000	18,000	31,500	45,000
4d Sta Tr	1,850	5,500	9,200	18,400	32,200	46,000
2d Sta Vic	1,100	3,350	5,600	11,200	19,600	28,000
2d Brgm	600	1,800	3,000	6,000	10,500	15,000
4d Sed	650	1,900	3,200	6,400	11,200	16,000
4d Sta Sed	700	2,050	3,400	6,800	11,900	17,000
4d Limo	800	2,400	4,000	8,000	14,000	20,000
4d Sta Limo	850	2,500	4,200	8,400	14,700	21,000

1931 Studebaker Six, Model 53, 114" wb

2d Rds	1,450	4,300	7,200	14,400	25,200	36,000
2d Tr	1,300	3,850	6,400	12,800	22,400	32,000
2d Reg Tr	1,300	3,950	6,600	13,200	23,100	33,000
2d Bus Cpe	450	1,300	2,200	4,400	7,700	11,000
2d Spt Cpe	500	1,450	2,400	4,800	8,400	12,000
2d Clb Sed	400	1,200	2,000	4,000	7,000	10,000
4d Sed	400	1,200	2,000	4,000	7,000	10,000

1931 Model 61 Dictator, 8-cyl., 115" wb

4d Reg Sed	400	1,250	2,100	4,150	7,300	10,400
4d Lan Sed	400	1,250	2,100	4,200	7,350	10,500

1931 Series 54

2d Rds	1,700	5,050	8,400	16,800	29,400	42,000
4d Tr	1,600	4,800	8,000	16,000	28,000	40,000
4d Rea Tr	1,650	4,900	8,200	16,400	28,700	41,000
2d Bus Cpe	500	1,500	2,500	5,000	8,750	12,500
2d Spt Cpe	500	1,550	2,600	5,200	9,100	13,000
4d Sed	450	1,300	2,200	4,400	7,700	11,000
4d Reg Sed	450	1,400	2,300	4,600	8,050	11,500

1931 Dictator Eight, Model FC

4d Tr	1,550	4,700	7,800	15,600	27,300	39,000
4d Reg Tr	1,600	4,800	8,000	16,000	28,000	40,000
2d Cpe	500	1,550	2,600	5,200	9,100	13,000
2d Spt Cpe	550	1,600	2,700	5,400	9,450	13,500
2d Reg Brgm	500	1,450	2,400	4,800	8,400	12,000
2d Clb Sed	450	1,400	2,300	4,600	8,050	11,500
4d Sed	500	1,450	2,400	4,800	8,400	12,000
4d Reg Sed	500	1,450	2,450	4,900	8,550	12,200

1931 Model 61

2d Cpe	550	1,700	2,800	5,600	9,800	14,000
2d Spt Cpe	600	1,800	3,000	6,000	10,500	15,000
4d Sed	500	1,500	2,500	5,000	8,750	12,500
4d Reg Sed	500	1,550	2,600	5,200	9,100	13,000

1931 Commander Eight, Model 70

2d Cpe	600	1,750	2,900	5,800	10,150	14,500
2d Vic	550	1,700	2,800	5,600	9,800	14,000
2d Reg Brgm	600	1,750	2,900	5,800	10,150	14,500
4d Sed	600	1,750	2,900	5,800	10,150	14,500
4d Reg Sed	600	1,800	3,000	6,000	10,500	15,000

1931 President Eight, Model 80

2d Sta Rds	2,200	6,600	11,000	22,000	38,500	55,000
2d Cpe	900	2,750	4,600	9,200	16,100	23,000
2d Sta Cpe	1,000	3,000	5,000	10,000	17,500	25,000
4d Sed	700	2,050	3,400	6,800	11,900	17,000
4d Sta Sed	700	2,150	3,600	7,200	12,600	18,000

1931 President Eight, Model 90

4d Tr	1,900	5,750	9,600	19,200	33,600	48,000
4d Sta Tr	2,000	6,000	10,000	20,000	35,000	50,000
2d Sta Vic	900	2,650	4,400	8,800	15,400	22,000
2d Sta Brgm	900	2,650	4,400	8,800	15,400	22,000
4d Sed	800	2,400	4,000	8,000	14,000	20,000
4d Sta Sed	850	2,500	4,200	8,400	14,700	21,000

	6	5	4	3	2	1
4d Sta Limo	900	2,750	4,600	9,200	16,100	23,000

1932 Model 55, 6-cyl., 117" wb

	6	5	4	3	2	1
2d Conv Rds	1,300	3,950	6,600	13,200	23,100	33,000
2d Reg Conv Rds	1,500	4,450	7,400	14,800	25,900	37,000
2d Cpe	500	1,500	2,500	5,000	8,750	12,500
2d Reg Cpe	500	1,500	2,550	5,100	8,900	12,700
2d Spt Cpe	500	1,500	2,500	5,000	8,750	12,500
2d Reg Spt Cpe	500	1,550	2,600	5,200	9,100	13,000
2d St R Brgm	450	1,400	2,300	4,600	8,050	11,500
2d Reg St R Brgm	450	1,400	2,350	4,700	8,250	11,800
4d Conv Sed	1,500	4,450	7,400	14,800	25,900	37,000
4d Reg Conv Sed	1,500	4,550	7,600	15,200	26,600	38,000
4d Sed	450	1,300	2,200	4,400	7,700	11,000
4d Reg Sed	450	1,350	2,250	4,500	7,850	11,200

1932 Model 62 Dictator, 8-cyl., 117" wb

	6	5	4	3	2	1
2d Conv Rds	1,700	5,050	8,400	16,800	29,400	42,000
2d Reg Conv Rds	1,700	5,150	8,600	17,200	30,100	43,000
2d Cpe	800	2,400	4,000	8,000	14,000	20,000
2d Reg Cpe	850	2,500	4,200	8,400	14,700	21,000
2d Spt Cpe	1,100	3,250	5,400	10,800	18,900	27,000
2d Reg Spt Cpe	1,100	3,350	5,600	11,200	19,600	28,000
2d St R Brgm	950	2,900	4,800	9,600	16,800	24,000
2d Reg St R Brgm	1,000	3,000	5,000	10,000	17,500	25,000
4d Conv Sed	1,500	4,450	7,400	14,800	25,900	37,000
4d Reg Conv Sed	1,750	5,300	8,800	17,600	30,800	44,000
4d Sed	800	2,400	4,000	8,000	14,000	20,000
4d Reg Sed	850	2,500	4,200	8,400	14,700	21,000

1932 Model 65 Rockne, 6-cyl., 110" wb

	6	5	4	3	2	1
2d 2P Cpe	500	1,450	2,400	4,800	8,400	12,000
4d 5P Sed	450	1,300	2,200	4,400	7,700	11,000
2d Sed	400	1,250	2,100	4,200	7,350	10,500
4d 5P Conv Sed	1,350	4,100	6,800	13,600	23,800	34,000
2d Rds	1,500	4,550	7,600	15,200	26,600	38,000

1932 Model 71 Commander, 8-cyl.

	6	5	4	3	2	1
2d Rds Conv	1,800	5,400	9,000	18,000	31,500	45,000
2d Reg Rds Conv	1,850	5,500	9,200	18,400	32,200	46,000
2d Spt Cpe	1,050	3,100	5,200	10,400	18,200	26,000
2d Reg Spt Cpe	1,100	3,250	5,400	10,800	18,900	27,000
2d St R Brgm	1,050	3,100	5,200	10,400	18,200	26,000
2d Reg St R Brgm	1,100	3,250	5,400	10,800	18,900	27,000
4d Conv Sed	1,750	5,300	8,800	17,600	30,800	44,000
4d Reg Conv Sed	1,800	5,400	9,000	18,000	31,500	45,000
4d Sed	800	2,400	4,000	8,000	14,000	20,000
4d Reg Sed	800	2,450	4,100	8,200	14,350	20,500

1932 Model 75 Rockne, 6-cyl., 114" wb

	6	5	4	3	2	1
2d 2P Cpe	500	1,500	2,500	5,000	8,750	12,500
2d 4P Cpe	500	1,450	2,400	4,800	8,400	12,000
4d 5P Sed	450	1,300	2,200	4,400	7,700	11,000
2d 2P DeL Cpe	550	1,600	2,700	5,400	9,450	13,500
2d 4P DeL Cpe	500	1,550	2,600	5,200	9,100	13,000
4d 5P DeL Sed	500	1,450	2,400	4,800	8,400	12,000
2d Rds	1,600	4,800	8,000	16,000	28,000	40,000
4d Conv Sed	1,550	4,700	7,800	15,600	27,300	39,000

1932 Model 91 President, 8-cyl.

	6	5	4	3	2	1
2d Rds Conv	2,400	7,200	12,000	24,000	42,000	60,000
2d Sta Rds Conv	2,500	7,450	12,400	24,800	43,400	62,000
2d Cpe	1,200	3,600	6,000	12,000	21,000	30,000
2d Sta Cpe	1,250	3,700	6,200	12,400	21,700	31,000
2d Spt Cpe	1,300	3,850	6,400	12,800	22,400	32,000
2d Sta Spt Cpe	1,300	3,950	6,600	13,200	23,100	33,000
2d St R Brgm	1,100	3,250	5,400	10,800	18,900	27,000
2d Sta St R Brgm	1,100	3,350	5,600	11,200	19,600	28,000
4d Conv Sed	2,350	7,100	11,800	23,600	41,300	59,000
4d Sta Conv Sed	2,400	7,200	12,000	24,000	42,000	60,000
4d Sed	850	2,500	4,200	8,400	14,700	21,000
4d Sta Sed	900	2,650	4,400	8,800	15,400	22,000
4d Limo	1,000	3,000	5,000	10,000	17,500	25,000
4d Sta Limo	1,050	3,100	5,200	10,400	18,200	26,000
4d 7P Sed	800	2,400	4,000	8,000	14,000	20,000
4d 7P Sta Sed	850	2,500	4,200	8,400	14,700	21,000

1933 Model 10 Rockne, 6-cyl., 110" wb

	6	5	4	3	2	1
2d 4P Conv	1,300	3,950	6,600	13,200	23,100	33,000
2d 4P DeL Conv Rds	1,350	4,100	6,800	13,600	23,800	34,000
2d 2P Cpe	550	1,700	2,800	5,600	9,800	14,000
2d 5P Coach	400	1,200	2,000	4,000	7,000	10,000
2d 4P Cpe	500	1,550	2,600	5,200	9,100	13,000

1929 Stutz Model L7 Black Hawk Eight limousine

1928 Whippet Model 98 rumbleseat roadster

1927 Willys-Knight Model 66-A sedan

	6	5	4	3	2	1
2d 2P DeL Cpe	550	1,700	2,800	5,600	9,800	14,000
2d 5P Sed	400	1,200	2,000	4,000	7,000	10,000
2d 5P DeL Coach	400	1,250	2,100	4,200	7,350	10,500
2d 4P DeL Cpe	500	1,550	2,600	5,200	9,100	13,000
4d 5P DeL Sed	400	1,200	2,000	4,000	7,000	10,000
4d 5P Conv Sed	1,500	4,450	7,400	14,800	25,900	37,000
4d 5P DeL Conv Sed	1,500	4,550	7,600	15,200	26,600	38,000

1933 Model 56 Studebaker, 6-cyl., 117" wb

	6	5	4	3	2	1
2d Conv	1,550	4,700	7,800	15,600	27,300	39,000
2d Reg Conv	1,600	4,800	8,000	16,000	28,000	40,000
2d Cpe	700	2,050	3,400	6,800	11,900	17,000
2d Reg Cpe	700	2,150	3,600	7,200	12,600	18,000
2d Spt Cpe	750	2,300	3,800	7,600	13,300	19,000
2d Reg Spt Cpe	800	2,400	4,000	8,000	14,000	20,000
2d St R Brgm	600	1,800	3,000	6,000	10,500	15,000
2d Reg St R Brgm	650	1,900	3,200	6,400	11,200	16,000
4d Conv Sed	1,500	4,550	7,600	15,200	26,600	38,000
4d Reg Conv Sed	1,550	4,700	7,800	15,600	27,300	39,000
4d Sed	500	1,550	2,600	5,200	9,100	13,000
4d Reg Sed	550	1,700	2,800	5,600	9,800	14,000

1933 Model 73 Commander, 8-cyl.

	6	5	4	3	2	1
2d Rds Conv	1,600	4,800	8,000	16,000	28,000	40,000
2d Reg Rds Conv	1,650	4,900	8,200	16,400	28,700	41,000
2d Cpe	700	2,150	3,600	7,200	12,600	18,000
2d Reg Cpe	750	2,300	3,800	7,600	13,300	19,000
2d Spt Cpe	800	2,400	4,000	8,000	14,000	20,000
2d Reg Spt Cpe	850	2,500	4,200	8,400	14,700	21,000
2d St R Brgm	650	1,900	3,200	6,400	11,200	16,000
2d Reg St R Brgm	700	2,050	3,400	6,800	11,900	17,000
4d Conv Sed	1,600	4,800	8,000	16,000	28,000	40,000
4d Reg Conv Sed	1,650	4,900	8,200	16,400	28,700	41,000
4d Sed	650	1,900	3,200	6,400	11,200	16,000
4d Reg Sed	700	2,050	3,400	6,800	11,900	17,000

1933 Model 82 President, 8-cyl.

	6	5	4	3	2	1
2d Sta Rds Conv	1,700	5,150	8,600	17,200	30,100	43,000
2d Cpe	700	2,150	3,600	7,200	12,600	18,000
2d Sta Cpe	850	2,500	4,200	8,400	14,700	21,000
2d St R Brgm	650	1,900	3,200	6,400	11,200	16,000
2d Sta St R Brgm	700	2,050	3,400	6,800	11,900	17,000
4d Sta Conv Sed	1,700	5,150	8,600	17,200	30,100	43,000
4d Sed	700	2,050	3,400	6,800	11,900	17,000
4d Sta Sed	700	2,150	3,600	7,200	12,600	18,000

1933 Model 92 President Speedway, 8-cyl.

	6	5	4	3	2	1
2d Sta Rds Conv	1,750	5,300	8,800	17,600	30,800	44,000
2d Sta Cpe	850	2,500	4,200	8,400	14,700	21,000
2d Sta St R Brgm	900	2,650	4,400	8,800	15,400	22,000
4d Sta Conv Sed	1,750	5,300	8,800	17,600	30,800	44,000
4d Sed	650	1,900	3,200	6,400	11,200	16,000
4d Sta Sed	700	2,050	3,400	6,800	11,900	17,000
4d 7P Sed	700	2,150	3,600	7,200	12,600	18,000
4d 7P Sta Sed	750	2,300	3,800	7,600	13,300	19,000
4d 7P Sta Limo	850	2,500	4,200	8,400	14,700	21,000

1934 Model Special A, Dictator

	6	5	4	3	2	1
2d Cpe	500	1,550	2,600	5,200	9,100	13,000
2d Reg Cpe	600	1,800	3,000	6,000	10,500	15,000
2d 4P Cpe	500	1,550	2,600	5,200	9,100	13,000
2d 4P Reg Cpe	550	1,700	2,800	5,600	9,800	14,000
2d St R Sed	400	1,200	2,000	4,000	7,000	10,000
2d Reg St R Sed	400	1,250	2,100	4,200	7,350	10,500
2d Sed	400	1,200	2,000	4,000	7,000	10,000
2d Reg Sed	400	1,250	2,100	4,200	7,350	10,500
4d Cus Reg St R	450	1,300	2,200	4,400	7,700	11,000
4d Cus Sed	450	1,400	2,300	4,600	8,050	11,500

1934 Model A, Dictator

	6	5	4	3	2	1
2d Rds	1,350	4,100	6,800	13,600	23,800	34,000
2d Rds Regal	1,400	4,200	7,000	14,000	24,500	35,000
2d Reg Cpe	700	2,050	3,400	6,800	11,900	17,000
2d St R Sed	500	1,550	2,600	5,200	9,100	13,000
2d Cus St R Sed	400	1,250	2,100	4,200	7,350	10,500
4d Sed	400	1,200	2,000	4,000	7,000	10,000
4d Reg Sed	400	1,250	2,100	4,200	7,350	10,500

1934 Model B, Commander

	6	5	4	3	2	1
2d Rds Conv	1,400	4,200	7,000	14,000	24,500	35,000
2d Reg Rds Conv	1,450	4,300	7,200	14,400	25,200	36,000
2d Cpe	700	2,050	3,400	6,800	11,900	17,000
2d Reg Cpe	700	2,150	3,600	7,200	12,600	18,000

	6	5	4	3	2	1
2d 4P Cpe	650	1,900	3,200	6,400	11,200	16,000
2d 4P Reg Cpe	700	2,050	3,400	6,800	11,900	17,000
2d St R Sed	450	1,300	2,200	4,400	7,700	11,000
2d Cus St R Sed	450	1,400	2,300	4,600	8,050	11,500
4d Sed	400	1,200	2,000	4,000	7,000	10,000
4d Reg Sed	400	1,250	2,100	4,200	7,350	10,500
4d Cus Sed	450	1,300	2,150	4,300	7,500	10,700
4d L Cruise	450	1,300	2,200	4,400	7,700	11,000

1934 Model C, President

	6	5	4	3	2	1
2d Rds Conv	1,500	4,550	7,600	15,200	26,600	38,000
2d Reg Rds Conv	1,550	4,700	7,800	15,600	27,300	39,000
2d Cpe	700	2,150	3,600	7,200	12,600	18,000
2d Reg Cpe	750	2,300	3,800	7,600	13,300	19,000
2d 4P Cpe	700	2,050	3,400	6,800	11,900	17,000
2d 4P Reg Cpe	700	2,150	3,600	7,200	12,600	18,000
2d Sed	450	1,400	2,300	4,600	8,050	11,500
2d Reg Sed	500	1,450	2,400	4,800	8,400	12,000
4d Cus Sed	500	1,450	2,400	4,800	8,400	12,000
4d Cus Berl	500	1,500	2,500	5,000	8,750	12,500
4d L Cruise	550	1,600	2,700	5,400	9,450	13,500

1935 Model 1A, Dictator Six

	6	5	4	3	2	1
2d Rds	1,300	3,950	6,600	13,200	23,100	33,000
2d Reg Rds	1,350	4,100	6,800	13,600	23,800	34,000
2d Cpe	500	1,450	2,400	4,800	8,400	12,000
2d Reg Cpe	500	1,550	2,600	5,200	9,100	13,000
2d R/S Cpe	550	1,600	2,700	5,400	9,450	13,500
2d Reg R/S Cpe	600	1,750	2,900	5,800	10,150	14,500
2d St Reg	350	1,050	1,750	3,500	6,100	8,700
2d Reg St Reg	350	1,100	1,800	3,600	6,300	9,000
2d Cus St Reg	350	1,100	1,850	3,700	6,500	9,300
4d Sed	350	1,000	1,700	3,400	5,950	8,500
2d Reg Sed	350	1,050	1,750	3,500	6,150	8,800
2d Cus Sed	350	1,100	1,800	3,650	6,350	9,100
4d L Cr	350	1,100	1,850	3,700	6,500	9,300
4d Reg L Cr	400	1,150	1,900	3,800	6,650	9,500

1935 Model 1B, Commander Eight

	6	5	4	3	2	1
2d Rds	1,450	4,300	7,200	14,400	25,200	36,000
2d Reg Rds	1,500	4,450	7,400	14,800	25,900	37,000
2d Cpe	500	1,550	2,600	5,200	9,100	13,000
2d Reg Cpe	550	1,700	2,800	5,600	9,800	14,000
2d R/S Cpe	600	1,750	2,900	5,800	10,150	14,500
2d Reg R/S Cpe	600	1,800	3,000	6,000	10,500	15,000
2d Reg St R	400	1,200	2,000	4,000	7,000	10,000
2d Cus St R	400	1,200	2,050	4,100	7,150	10,200
2d Reg Sed	400	1,250	2,050	4,100	7,200	10,300
2d Cus Sed	400	1,250	2,100	4,200	7,350	10,500
4d L Cr	450	1,300	2,200	4,400	7,700	11,000
4d Reg L Cr	450	1,350	2,250	4,500	7,900	11,300

1935 Model 1C, President Eight

	6	5	4	3	2	1
2d Rds	1,500	4,450	7,400	14,800	25,900	37,000
2d Reg Rds	1,500	4,550	7,600	15,200	26,600	38,000
2d Cpe	650	1,900	3,200	6,400	11,200	16,000
2d Reg Cpe	700	2,050	3,400	6,800	11,900	17,000
2d R/S Cpe	700	2,100	3,500	7,000	12,250	17,500
2d Reg R/S Cpe	700	2,150	3,600	7,200	12,600	18,000
2d Reg Sed	450	1,300	2,200	4,400	7,700	11,000
2d Cus Sed	500	1,450	2,400	4,800	8,400	12,000
4d L Cr	500	1,550	2,600	5,200	9,100	13,000
4d Reg L Cr	550	1,700	2,800	5,600	9,800	14,000
4d Cus Berl	600	1,800	3,000	6,000	10,500	15,000
4d Reg Berl	600	1,850	3,100	6,200	10,850	15,500

NOTE: Add 10 percent for 2A Dictator models.

1936 Model 3A/4A, Dictator Six

	6	5	4	3	2	1
2d Bus Cpe	450	1,300	2,200	4,400	7,700	11,000
2d Cus Cpe	500	1,450	2,400	4,800	8,400	12,000
2d 5P Cus Cpe	500	1,550	2,600	5,200	9,100	13,000
2d Cus St R	350	1,100	1,850	3,700	6,450	9,200
4d Cr St R	400	1,150	1,900	3,800	6,650	9,500
2d Cus Sed	400	1,150	1,900	3,800	6,650	9,500
4d Cr Sed	400	1,200	1,950	3,900	6,850	9,800

1936 Model 2C, President Eight

	6	5	4	3	2	1
2d Cus Cpe	550	1,700	2,800	5,600	9,800	14,000
2d 5P Cus Cpe	600	1,800	3,000	6,000	10,500	15,000
2d Cus St R	450	1,350	2,250	4,500	7,850	11,200
4d Cr St R	450	1,400	2,300	4,600	8,050	11,500
4d Cus Sed	500	1,450	2,400	4,800	8,400	12,000

	6	5	4	3	2	1
4d Cr Sed	500	1,550	2,600	5,200	9,100	13,000

NOTE: Add 10 percent for Model 4A Dictator Six.

1937 Model 5A/6A, Dictator Six

2d Cpe Express	500	1,550	2,600	5,200	9,100	13,000
2d Bus Cpe	500	1,450	2,400	4,800	8,400	12,000
2d Cus Cpe	500	1,550	2,600	5,200	9,100	13,000
2d 5P Cus Cpe	500	1,500	2,500	5,000	8,750	12,500
2d Cus St R	400	1,150	1,900	3,800	6,650	9,500
4d St R Cr	400	1,150	1,900	3,750	6,600	9,400
4d Cus Sed	400	1,150	1,900	3,750	6,600	9,400
4d Cr Sed	400	1,150	1,950	3,900	6,800	9,700

1937 Model 3C, President Eight

2d Cus Cpe	550	1,700	2,800	5,600	9,800	14,000
2d 5P Cus Cpe	550	1,600	2,700	5,400	9,450	13,500
2d Cus St R	450	1,350	2,250	4,500	7,850	11,200
4d St R Cr	450	1,350	2,200	4,450	7,750	11,100
4d Cus Sed	450	1,350	2,200	4,450	7,750	11,100
4d Cr Sed	450	1,350	2,300	4,550	8,000	11,400

NOTE: Add 10 percent for Dictator 6A models.

1938 Model 7A, Commander Six

2d Cpe Exp	500	1,450	2,400	4,800	8,400	12,000
2d Bus Cpe	450	1,300	2,200	4,400	7,700	11,000
2d Cus Cpe	500	1,450	2,400	4,800	8,400	12,000
2d Clb Sed	400	1,150	1,900	3,850	6,700	9,600
4d Cr Sed	400	1,200	1,950	3,900	6,850	9,800
4d Conv Sed	1,000	3,050	5,100	10,200	17,850	25,500

1938 Model 8A, State Commander Six

2d Cus Cpe	500	1,500	2,500	5,000	8,750	12,500
2d Clb Sed	400	1,150	1,900	3,850	6,700	9,600
4d Cr Sed	400	1,200	1,950	3,900	6,850	9,800
4d Conv Sed	1,050	3,200	5,300	10,600	18,550	26,500

1938 Model 4C, President Eight

2d Cpe	500	1,550	2,600	5,200	9,100	13,000
2d Clb Sed	450	1,300	2,200	4,400	7,700	11,000
4d Cr Sed	450	1,400	2,300	4,600	8,050	11,500

1938 Model 4C, State President Eight

2d Cpe	550	1,700	2,800	5,600	9,800	14,000
2d Clb Sed	450	1,350	2,250	4,500	7,900	11,300
4d Cr Sed	500	1,450	2,400	4,800	8,400	12,000
4d Conv Sed	1,200	3,550	5,900	11,800	20,650	29,500

1939 Model G, Custom Champion Six

2d Cpe	500	1,450	2,400	4,800	8,400	12,000
2d Clb Sed	450	1,300	2,150	4,300	7,500	10,700
4d Cr Sed	450	1,300	2,150	4,300	7,550	10,800

1939 Model G, Deluxe Champion Six

2d Cpe	550	1,700	2,800	5,600	9,800	14,000
2d Clb Sed	450	1,400	2,350	4,700	8,250	11,800
4d Cr Sed	500	1,450	2,400	4,800	8,400	12,000

1939 Model 9A, Commander Six

2d Cpe Express	650	2,000	3,300	6,600	11,550	16,500
2d Bus Cpe	600	1,800	3,000	6,000	10,500	15,000
2d Cus Cpe	650	1,900	3,200	6,400	11,200	16,000
2d Clb Sed	550	1,650	2,700	5,450	9,500	13,600
4d Cr Sed	550	1,650	2,750	5,500	9,600	13,700
4d Conv Sed	1,300	3,850	6,400	12,800	22,400	32,000

1939 Model 5C, State President Eight

2d Cus Cpe	700	2,050	3,400	6,800	11,900	17,000
2d Clb Sed	600	1,800	3,000	6,000	10,500	15,000
4d Cr Sed	600	1,850	3,100	6,200	10,850	15,500
4d Conv Sed	1,400	4,200	7,000	14,000	24,500	35,000

1940 Champion Custom

2d Cpe	550	1,600	2,700	5,400	9,450	13,500
2d OS Cpe	600	1,750	2,900	5,800	10,150	14,500
2d Clb Sed	500	1,450	2,400	4,800	8,400	12,000
4d Cr Sed	500	1,450	2,400	4,850	8,450	12,100

1940 Champion Custom Deluxe

2d Cpe	600	1,800	3,000	6,000	10,500	15,000
2d OS Cpe	600	1,850	3,100	6,200	10,850	15,500
2d Clb Sed	500	1,450	2,400	4,850	8,450	12,100
4d Cr Sed	500	1,450	2,450	4,900	8,550	12,200

1940 Champion Deluxe

2d Cpe	600	1,850	3,100	6,200	10,850	15,500
2d OS Cpe	650	1,900	3,200	6,400	11,200	16,000
2d Clb Sed	500	1,450	2,450	4,900	8,550	12,200

	6	5	4	3	2	1
4d Cr Sed	500	1,500	2,450	4,900	8,600	12,300

1940 Champion Deluxe-Tone
2d Cpe	650	1,900	3,200	6,400	11,200	16,000
2d OS Cpe	650	2,000	3,300	6,600	11,550	16,500
2d Clb Sed	500	1,500	2,450	4,900	8,600	12,300
4d Cr Sed	500	1,500	2,500	4,950	8,700	12,400

1940 Commander
2d Cus Cpe	700	2,050	3,400	6,800	11,900	17,000
2d Clb Sed	500	1,500	2,500	5,050	8,800	12,600
4d Cr Sed	500	1,500	2,550	5,100	8,900	12,700

1940 Commander Deluxe-Tone
2d Cus Cpe	700	2,150	3,600	7,200	12,600	18,000
2d Clb Sed	500	1,500	2,500	5,050	8,800	12,600
4d Cr Sed	500	1,500	2,550	5,100	8,900	12,700

1940 State President
2d Cpe	750	2,200	3,700	7,400	12,950	18,500
2d Clb Sed	550	1,700	2,800	5,600	9,800	14,000
4d Cr Sed	600	1,800	3,000	6,000	10,500	15,000

1940 President Deluxe-Tone
2d Cpe	800	2,350	3,900	7,800	13,650	19,500
2d Clb Sed	550	1,700	2,850	5,700	9,950	14,200
4d Cr Sed	600	1,800	3,000	6,000	10,500	15,000

1941 Champion Custom
2d Cpe	550	1,700	2,800	5,600	9,800	14,000
2d D D Cpe	600	1,750	2,900	5,800	10,150	14,500
2d OS Cpe	600	1,800	3,000	6,000	10,500	15,000
2d Clb Sed	500	1,500	2,550	5,100	8,900	12,700
4d Cr Sed	500	1,550	2,550	5,100	8,950	12,800

1941 Champion Custom Deluxe
2d Cpe	600	1,750	2,900	5,800	10,150	14,500
2d D D Cpe	600	1,800	3,000	6,000	10,500	15,000
2d OS Cpe	600	1,850	3,100	6,200	10,850	15,500
2d Clb Sed	500	1,550	2,550	5,100	8,950	12,800
4d Cr Sed	500	1,550	2,600	5,200	9,100	13,000

1941 Champion Deluxe-Tone
2d Cpe	600	1,800	3,000	6,000	10,500	15,000
2d D D Cpe	600	1,850	3,100	6,200	10,850	15,500
2d OS Cpe	650	1,900	3,200	6,400	11,200	16,000
2d Clb Sed	500	1,550	2,550	5,100	8,950	12,800
4d Cr Sed	500	1,550	2,600	5,200	9,100	13,000

1941 Commander Custom
4d Sed Cpe	600	1,800	3,000	6,000	10,500	15,000
2d Cr Cpe	650	2,000	3,300	6,600	11,550	16,500
4d L Cruise	600	1,800	3,000	6,000	10,500	15,000

1941 Commander Deluxe-Tone
4d Cr Sed	600	1,850	3,050	6,100	10,700	15,300
4d L Cruise	600	1,850	3,100	6,200	10,850	15,500

1941 Commander Skyway
4d Sed Cpe	700	2,050	3,400	6,800	11,900	17,000
4d Cr Sed	650	1,900	3,200	6,400	11,200	16,000
4d L Cruise	650	2,000	3,300	6,600	11,550	16,500

1941 President Custom
4d Cr Sed	650	2,000	3,300	6,600	11,550	16,500
4d L Cruise	700	2,100	3,500	7,000	12,250	17,500

1941 President Deluxe-Tone
4d Cr Sed	650	2,000	3,350	6,700	11,700	16,700
4d L Cruise	700	2,100	3,550	7,100	12,400	17,700

1941 President Skyway
2d Sed Cpe	850	2,500	4,200	8,400	14,700	21,000
4d Cr Sed	750	2,300	3,800	7,600	13,300	19,000
4d L Cruise	800	2,350	3,900	7,800	13,650	19,500

1942 Champion Custom Series
2d Cpe	450	1,400	2,300	4,600	8,050	11,500
2d D D Cpe	500	1,450	2,400	4,800	8,400	12,000
2d Clb Sed	400	1,200	2,000	4,000	7,000	10,000
4d Cr Sed	400	1,200	2,000	4,050	7,050	10,100

1942 Champion Deluxstyle Series
2d Cpe	500	1,450	2,400	4,800	8,400	12,000
2d D D Cpe	500	1,500	2,500	5,000	8,750	12,500
2d Clb Sed	400	1,200	2,000	4,050	7,050	10,100
4d Cr Sed	400	1,200	2,050	4,100	7,150	10,200

1942 Commander Custom Series
2d Sed Cpe	500	1,500	2,500	5,000	8,750	12,500
4d Cr Sed	450	1,300	2,150	4,300	7,500	10,700

	6	5	4	3	2	1
4d L Cr	450	1,300	2,150	4,300	7,550	10,800
1942 Commander Deluxstyle Series						
2d Sed Cpe	550	1,600	2,700	5,400	9,450	13,500
4d Cr Sed	450	1,350	2,250	4,500	7,900	11,300
4d L Cr	450	1,400	2,350	4,700	8,250	11,800
1942 Commander Skyway Series						
2d Sed Cpe	600	1,850	3,100	6,200	10,850	15,500
4d Cr Sed	500	1,550	2,550	5,100	8,950	12,800
4d L Cr	550	1,650	2,750	5,500	9,650	13,800
1942 President Custom Series						
2d Sed Cpe	600	1,850	3,100	6,200	10,850	15,500
4d Cr Sed	500	1,550	2,550	5,100	8,950	12,800
4d L Cr	550	1,650	2,750	5,500	9,650	13,800
1942 President Deluxstyle Series						
2d Sed Cpe	650	2,000	3,300	6,600	11,550	16,500
4d Cr Sed	550	1,650	2,750	5,500	9,650	13,800
4d L Cr	600	1,800	2,950	5,900	10,400	14,800
1942 President Skyway Series						
2d Sed Cpe	700	2,100	3,500	7,000	12,250	17,500
4d Cr Sed	600	1,800	2,950	5,900	10,400	14,800
4d L Cr	650	1,900	3,150	6,300	11,100	15,800
1946 Skyway Champion, 6-cyl., 109.5" wb						
2d 3P Cpe	500	1,550	2,600	5,200	9,100	13,000
2d 5P Cpe	550	1,600	2,700	5,400	9,450	13,500
2d Sed	450	1,350	2,250	4,500	7,850	11,200
4d Sed	450	1,350	2,300	4,550	8,000	11,400
1947-1949 Champion, 6-cyl., 112" wb						
2d 3P Cpe	450	1,300	2,200	4,400	7,700	11,000
2d 5P Cpe Starlight	500	1,500	2,500	5,000	8,750	12,500
2d Sed	400	1,150	1,950	3,900	6,800	9,700
4d Sed	400	1,200	1,950	3,900	6,850	9,800
2d Conv	800	2,400	4,000	8,000	14,000	20,000
1947-1949 Commander, 6-cyl., 119" wb						
2d 3P Cpe	450	1,400	2,300	4,600	8,050	11,500
2d 5P Cpe Starlight	500	1,450	2,400	4,800	8,400	12,000
2d Sed	400	1,200	2,000	4,050	7,050	10,100
4d Sed	400	1,250	2,050	4,100	7,200	10,300
2d Conv	850	2,500	4,200	8,400	14,700	21,000
1947-1949 Land Cruiser, 6-cyl., 123" wb						
4d Ld Crs Sed	450	1,400	2,350	4,700	8,200	11,700
1950 Champion, 6-cyl., 113" wb						
2d 3P Cpe	500	1,500	2,500	5,000	8,750	12,500
2d 5P Cpe Starlight	500	1,550	2,600	5,200	9,100	13,000
2d Sed	500	1,550	2,600	5,200	9,100	13,000
4d Sed	500	1,550	2,600	5,200	9,100	13,000
2d Conv	850	2,500	4,200	8,400	14,700	21,000
1950 Commander, 6-cyl., 120" - 124" wb						
2d 3P Cpe	650	1,900	3,200	6,400	11,200	16,000
2d 5P Cpe Starlight	700	2,050	3,400	6,800	11,900	17,000
2d Sed	550	1,600	2,700	5,400	9,450	13,500
4d Sed	550	1,600	2,700	5,400	9,450	13,500
2d Conv	900	2,750	4,600	9,200	16,100	23,000
1950 Land Cruiser, 6-cyl., 124" wb						
4d Ld Crs Sed	550	1,700	2,800	5,600	9,800	14,000
1951 Champion Custom, 6-cyl., 115" wb						
4d Sed	550	1,700	2,800	5,600	9,800	14,000
2d Sed	550	1,700	2,800	5,600	9,800	14,000
2d 5P Cpe Starlight	650	1,900	3,200	6,400	11,200	16,000
2d 3P Cpe	600	1,750	2,900	5,800	10,200	14,500
1951 Champion DeLuxe, 6-cyl., 115" wb						
4d Sed	500	1,450	2,400	4,800	8,400	12,000
2d Sed	500	1,450	2,400	4,800	8,400	12,000
2d 5P Cpe Starlight	650	1,900	3,200	6,400	11,200	16,000
2d 3P Cpe	550	1,700	2,800	5,600	9,800	14,000
1951 Champion Regal, 6-cyl., 115" wb						
4d Sed	500	1,550	2,600	5,200	9,100	13,000
2d Sed	500	1,550	2,600	5,200	9,100	13,000
2d 5P Cpe Starlight	600	1,800	3,000	6,000	10,500	15,000
2d 3P Cpe	550	1,700	2,800	5,600	9,800	14,000
2d Conv	900	2,650	4,400	8,800	15,400	22,000
1951 Commander Regal, V-8, 115" wb						
4d Sed	500	1,550	2,600	5,200	9,100	13,000
2d Sed	500	1,550	2,600	5,200	9,100	13,000
5P Cpe Starlight	650	1,900	3,200	6,400	11,200	16,000

	6	5	4	3	2	1
1951 Commander State, V-8, 115" wb						
4d Sed	550	1,600	2,700	5,400	9,450	13,500
2d Sed	550	1,600	2,700	5,400	9,450	13,500
5P Cpe Starlight	700	2,050	3,400	6,800	11,900	17,000
2d Conv	1,000	3,000	5,000	10,000	17,500	25,000
1951 Land Cruiser, V-8, 119" wb						
4d Sed	550	1,700	2,800	5,600	9,800	14,000
1952 Champion Custom, 6-cyl., 115" wb						
4d Sed	500	1,450	2,400	4,800	8,400	12,000
2d Sed	500	1,450	2,400	4,800	8,400	12,000
2d 5P Cpe Starlight	600	1,800	3,000	6,000	10,500	15,000
1952 Champion DeLuxe, 6-cyl., 115" wb						
4d Sed	500	1,450	2,400	4,800	8,400	12,000
2d Sed	500	1,450	2,400	4,800	8,400	12,000
2d 5P Cpe Starlight	600	1,800	3,000	6,000	10,500	15,000
1952 Champion Regal, 6-cyl., 115" wb						
Sed	500	1,500	2,500	5,000	8,750	12,500
2d Sed	500	1,500	2,500	5,000	8,750	12,500
2d 5P Cpe Starlight	600	1,850	3,100	6,200	10,900	15,500
2d Star Cpe	650	1,900	3,200	6,400	11,200	16,000
2d Conv	850	2,500	4,200	8,400	14,700	21,000
1952 Commander Regal, V-8, 115" wb						
4d Sed	500	1,550	2,600	5,200	9,100	13,000
2d Sed	500	1,550	2,600	5,200	9,100	13,000
5P Cpe Starlight	700	2,050	3,400	6,800	11,900	17,000
1952 Commander State, V-8, 115" wb						
4d Sed	550	1,600	2,700	5,400	9,450	13,500
2d Sed	550	1,600	2,700	5,400	9,450	13,500
2d Cpe Starlight	700	2,150	3,600	7,200	12,600	18,000
2d Star HT	800	2,400	4,000	8,000	14,000	20,000
2d Conv	950	2,900	4,800	9,600	16,800	24,000
1952 Land Cruiser, V-8, 119" wb						
2d Sed	550	1,700	2,800	5,600	9,800	14,000
1953-1954 Champion Custom, 6-cyl., 116.5" wb						
4d Sed	450	1,300	2,200	4,400	7,700	11,000
2d Sed	450	1,300	2,200	4,400	7,700	11,000
1953-1954 Champion DeLuxe, 6-cyl., 116.5" - 120.5" wb						
4d Sed	500	1,450	2,400	4,800	8,400	12,000
2d Sed	500	1,450	2,400	4,800	8,400	12,000
2d Cpe	650	1,900	3,200	6,400	11,200	16,000
2d Sta Wag	500	1,550	2,600	5,200	9,100	13,000
1953-1954 Champion Regal, 6-cyl., 116.5" - 120.5" wb						
4d Sed	500	1,500	2,500	5,000	8,750	12,500
2d Sed	500	1,500	2,500	5,000	8,750	12,500
2d 5P Cpe	700	2,050	3,400	6,800	11,900	17,000
2d HT	700	2,150	3,600	7,200	12,600	18,000
2d Sta Wag (1954 only)	550	1,700	2,800	5,600	9,800	14,000
1953-1954 Commander DeLuxe, V-8, 116.5" - 120.5" wb						
4d Sed	500	1,550	2,600	5,200	9,100	13,000
2d Sed	500	1,550	2,600	5,200	9,100	13,000
2d Cpe	700	2,150	3,600	7,200	12,600	18,000
Sta Wag (1954 only)	600	1,800	3,000	6,000	10,500	15,000
1953-1954 Commander Regal, V-8, 116.5" - 120.5" wb						
4d Sed	550	1,600	2,700	5,400	9,450	13,500
2d Cpe	550	1,600	2,700	5,400	9,450	13,500
2d HT	800	2,400	4,000	8,000	14,000	20,000
2d Sta Wag (1954 only)	600	1,750	2,900	5,800	10,200	14,500
1953-1954 Land Cruiser, V-8, 120.5" wb						
4d Sed	500	1,550	2,600	5,200	9,100	13,000
4d Reg Sed (1954 only)	550	1,600	2,700	5,400	9,450	13,500
1955 Champion Custom, 6-cyl., 116.5" wb						
4d Sed	450	1,300	2,200	4,400	7,700	11,000
2d Sed	450	1,300	2,200	4,400	7,700	11,000
1955 Champion DeLuxe, 6-cyl., 116.5" - 120.5" wb						
4d Sed	500	1,450	2,400	4,800	8,400	12,000
2d Sed	500	1,450	2,400	4,800	8,400	12,000
2d Cpe	650	1,900	3,200	6,400	11,200	16,000
1955 Champion Regal, 6-cyl., 116.5" - 120.5" wb						
4d Sed	500	1,450	2,400	4,800	8,400	12,000
2d Cpe	500	1,450	2,400	4,800	8,400	12,000
2d HT	700	2,150	3,600	7,200	12,600	18,000
2d Sta Wag	500	1,550	2,600	5,200	9,100	13,000

	6	5	4	3	2	1
1955 Commander Custom, V-8, 116.5" wb						
4d Sed	500	1,500	2,500	5,000	8,750	12,500
2d Sed	500	1,500	2,500	5,000	8,750	12,500
1955 Commander DeLuxe, V-8, 116.5" - 120.5" wb						
4d Sed	500	1,550	2,600	5,200	9,100	13,000
2d Sed	500	1,550	2,600	5,200	9,100	13,000
2d Cpe	700	2,150	3,600	7,200	12,600	18,000
Sta Wag	550	1,700	2,800	5,600	9,800	14,000
1955 Commander Regal, V-8, 116.5" - 120.5" wb						
4d Sed	550	1,600	2,700	5,400	9,450	13,500
2d Cpe	700	2,150	3,600	7,200	12,600	18,000
2d HT	750	2,300	3,800	7,600	13,300	19,000
2d Sta Wag	600	1,750	2,900	5,800	10,200	14,500
1955 President DeLuxe, V-8, 120.5" wb						
4d Sed	550	1,700	2,800	5,600	9,800	14,000
1955 President State, V-8, 120.5" wb						
4d Sed	600	1,750	2,900	5,800	10,200	14,500
2d Cpe	750	2,300	3,800	7,600	13,300	19,000
2d HT	850	2,500	4,200	8,400	14,700	21,000
2d Spds HT	900	2,650	4,400	8,800	15,400	22,000
NOTE: Deduct $200 for Champion models in all series.						
1956 Champion, 6-cyl., 116.5" wb						
4d Sed	350	1,100	1,800	3,650	6,350	9,100
2d S'net	350	1,100	1,800	3,600	6,300	9,000
2d Sed	350	1,100	1,800	3,600	6,300	9,000
1956 Flight Hawk, 6-cyl., 120.5" wb						
2d Cpe	600	1,750	2,900	5,800	10,150	14,500
1956 Champion Pelham, 6-cyl., 116.5" wb						
Sta Wag	400	1,200	2,000	4,000	7,000	10,000
1956 Commander, V-8, 116.5" wb						
4d Sed	400	1,200	1,950	3,900	6,850	9,800
2d S'net	400	1,150	1,950	3,900	6,800	9,700
2d Sed	400	1,200	1,950	3,900	6,850	9,800
1956 Power Hawk, V-8, 120.5" wb						
2d Cpe	600	1,850	3,100	6,200	10,850	15,500
1956 Commander Parkview, V-8, 116.5" wb						
2d Sta Wag	500	1,450	2,400	4,800	8,400	12,000
1956 President, V-8, 116.5" wb						
4d Sed	400	1,250	2,100	4,200	7,350	10,500
4d Classic	450	1,300	2,200	4,400	7,700	11,000
2d Sed	400	1,250	2,100	4,150	7,300	10,400
1956 Sky Hawk, V-8, 120.5" wb						
2d HT	700	2,050	3,400	6,800	11,900	17,000
1956 President Pinehurst, V-8, 116.5" wb						
4d Sta Wag	500	1,450	2,400	4,800	8,400	12,000
1956 Golden Hawk, V-8, 120.5" wb						
2d HT	900	2,650	4,400	8,800	15,400	22,000
1957 Champion Scotsman, 6-cyl., 116.5" wb						
4d Sed	350	1,050	1,800	3,550	6,250	8,900
2d Sed	350	1,050	1,800	3,550	6,250	8,900
2d Sta Wag	400	1,200	2,000	4,000	7,000	10,000
1957 Champion Custom, 6-cyl., 116.5" wb						
4d Sed	350	1,100	1,800	3,600	6,300	9,000
2d Clb Sed	350	1,100	1,800	3,600	6,300	9,000
1957 Champion DeLuxe, 6-cyl., 116.5" wb						
4d Sed	350	1,100	1,800	3,650	6,350	9,100
2d Clb Sed	350	1,050	1,800	3,550	6,250	8,900
1957 Silver Hawk, 6-cyl., 120.5" wb						
2d Cpe	550	1,600	2,700	5,400	9,450	13,500
1957 Champion Pelham, 6-cyl., 116.5" wb						
Sta Wag	400	1,150	1,900	3,800	6,650	9,500
1957 Commander Custom, V-8, 116.5" wb						
4d Sed	350	1,100	1,800	3,650	6,350	9,100
2d Clb Sed	350	1,100	1,800	3,600	6,300	9,000
1957 Commander DeLuxe, V-8, 116.5" wb						
4d Sed	400	1,200	2,000	4,000	7,000	10,000
2d Clb Sed	400	1,300	2,150	4,300	7,550	10,800
1957 Commander Station Wagons, V-8, 116.5" wb						
4d Park	500	1,450	2,400	4,800	8,400	12,000
4d Prov	500	1,500	2,500	5,000	8,750	12,500

	6	5	4	3	2	1
1957 President, V-8, 116.5" wb						
4d Sed	450	1,300	2,200	4,400	7,700	11,000
4d Classic	450	1,300	2,200	4,400	7,700	11,000
2d Clb Sed	450	1,300	2,150	4,300	7,550	10,800
1957 Silver Hawk, V-8, 120.5" wb						
2d Cpe	700	2,050	3,400	6,800	11,900	17,000
1957 President Broadmoor, V-8, 116.5" wb						
4d Sta Wag	500	1,500	2,500	5,000	8,750	12,500
1957 Golden Hawk, V-8, 120.5" wb						
2d Spt HT	900	2,650	4,400	8,800	15,400	22,000
1958 Champion Scotsman, 6-cyl., 116.5" wb						
4d Sed	300	900	1,550	3,100	5,400	7,700
2d Sed	300	900	1,500	3,050	5,300	7,600
4d Sta Wag	350	1,000	1,700	3,400	5,950	8,500
1958 Champion, 6-cyl., 116.5" wb						
4d Sed	300	950	1,550	3,100	5,450	7,800
2d Sed	300	900	1,550	3,100	5,400	7,700
1958 Silver Hawk, 6-cyl., 120.5" wb						
2d Cpe	500	1,450	2,400	4,800	8,400	12,000
1958 Commander, V-8, 116.5" wb						
4d Sed	350	1,100	1,800	3,600	6,300	9,000
2d HT	400	1,250	2,100	4,200	7,350	10,500
4d Sta Wag	400	1,150	1,900	3,800	6,650	9,500
1958 President, V-8, 120.5" & 116.5" wb						
4d Sed	350	1,100	1,850	3,700	6,450	9,200
2d HT	450	1,300	2,150	4,300	7,500	10,700
1958 Silver Hawk, V-8, 120.5" wb						
2d Cpe	600	1,800	3,000	6,000	10,500	15,000
1958 Golden Hawk, V-8, 120.5" wb						
2d Spt HT	750	2,300	3,800	7,600	13,300	19,000
1959-1960 Lark DeLuxe, V-8, 108.5" wb						
4d Sed	300	950	1,600	3,200	5,600	8,000
2d Sed	300	950	1,600	3,200	5,600	8,000
4d Sta Wag (1960 only)	350	1,000	1,650	3,300	5,800	8,300
2d Sta Wag	350	1,000	1,700	3,350	5,900	8,400
1959-1960 Lark Regal, V-8, 108.5" wb						
4d Sed	350	1,000	1,700	3,400	5,950	8,500
2d HT	400	1,250	2,100	4,200	7,350	10,500
2d Conv (1960 only)	600	1,850	3,100	6,200	10,850	15,500
4d Sta Wag	350	1,000	1,700	3,400	5,950	8,500
NOTE: Deduct 5 percent for 6-cyl. models.						
1959-1960 Hawk, V-8, 120.5" wb						
2d Spt Cpe	550	1,700	2,800	5,600	9,800	14,000
1961 Lark DeLuxe, V-8, 108.5" wb						
4d Sed	300	950	1,550	3,100	5,450	7,800
2d Sed	300	950	1,600	3,150	5,550	7,900
1961 Lark Regal, V-8, 108.5" wb						
4d Sed	300	950	1,600	3,200	5,600	8,000
2d HT	400	1,200	2,000	4,000	7,000	10,000
2d Conv	550	1,600	2,700	5,400	9,450	13,500
1961 Lark Cruiser, V-8, 113" wb						
4d Sed	350	1,000	1,650	3,300	5,750	8,200
1961 Station Wagons, V-8, 113" wb						
4d DeL	300	950	1,550	3,100	5,450	7,800
2d	300	950	1,550	3,100	5,450	7,800
4d Reg	300	950	1,600	3,150	5,550	7,900
1961 Hawk, 8-cyl., 120.5" wb						
2d Spt Cpe	600	1,800	3,000	6,000	10,500	15,000
NOTE: Deduct 5 percent for 6-cyl. models. First year for 4-speed Hawks.						
1962 Lark DeLuxe, V-8, 109" - 113" wb						
4d Sed	300	950	1,550	3,100	5,450	7,800
2d Sed	300	950	1,550	3,100	5,450	7,800
4d Sta Wag	350	1,000	1,650	3,300	5,800	8,300
1962 Lark Regal, V-8, 109" - 113" wb						
4d Sed	300	950	1,550	3,100	5,450	7,800
2d HT	400	1,250	2,100	4,200	7,350	10,500
2d Conv	500	1,500	2,500	5,000	8,750	12,500
4d Sta Wag	350	1,000	1,700	3,400	5,950	8,500
1962 Lark Daytona, V-8, 109" wb						
2d HT	400	1,250	2,100	4,200	7,350	10,500
2d Conv	500	1,550	2,600	5,200	9,100	13,000

	6	5	4	3	2	1
1962 Lark Cruiser, V-8, 113" wb						
4d Sed	400	1,200	2,000	4,000	7,000	10,000
1962 Gran Turismo Hawk, V-8, 120.5" wb						
2d HT	600	1,850	3,100	6,200	10,850	15,500

NOTE: Deduct 5 percent for 6-cyl. models.

		6	5	4	3	2	1
1963 Lark Standard, V-8, 109" - 113" wb							
4d Sed		300	950	1,550	3,100	5,450	7,800
2d Sed		300	950	1,550	3,100	5,450	7,800
4d Sta Wag		350	1,000	1,700	3,400	5,950	8,500
1963 Lark Regal, V-8, 109" - 113" wb							
4d Sed		300	950	1,550	3,100	5,450	7,800
2d Sed		300	950	1,550	3,100	5,450	7,800
4d Sta Wag		350	1,050	1,750	3,500	6,100	8,700
1963 Lark Custom, V-8, 109" - 113" wb							
4d Sed		300	950	1,550	3,100	5,450	7,800
2d Sed		300	950	1,600	3,150	5,550	7,900
1963 Lark Daytona, V-8, 109" - 113" wb							
2d HT		400	1,200	2,000	4,000	7,000	10,000
2d Conv		500	1,500	2,500	5,000	8,750	12,500
4d Sta Wag		400	1,200	2,000	4,000	7,000	10,000
1963 Cruiser, V-8, 113" wb							
4d Sed		400	1,200	2,000	4,050	7,050	10,100
1963 Gran Turismo Hawk, V-8, 120.5" wb							
2d HT		600	1,850	3,100	6,200	10,850	15,500

NOTE: Deduct 5 percent for 6-cyl. Add 10 percent for R1 engine option. Add 20 percent for R2 engine option. Add 30 percent for R3 engine option.

	6	5	4	3	2	1
1964 Challenger, V-8, 109" - 113" wb						
4d Sed	300	950	1,600	3,150	5,550	7,900
2d Sed	300	950	1,600	3,200	5,600	8,000
4d Sta Wag	350	1,000	1,650	3,300	5,750	8,200
1964 Commander, V-8, 109" - 113" wb						
4d Sed	300	950	1,600	3,250	5,650	8,100
2d Sed	350	1,000	1,650	3,300	5,750	8,200
4d Sta Wag	350	1,000	1,700	3,400	5,950	8,500
1964 Daytona, V-8, 109" - 113" wb						
4d Sed	350	1,000	1,700	3,400	5,950	8,500
2d HT	450	1,400	2,300	4,600	8,050	11,500
2d Conv	500	1,500	2,500	5,000	8,750	12,500
4d Sta Wag	400	1,250	2,100	4,200	7,350	10,500
1964 Cruiser, V-8, 113" wb						
4d Sed	400	1,200	2,050	4,100	7,150	10,200
1964 Gran Turismo Hawk, V-8, 120.5" wb						
2d HT	600	1,850	3,100	6,200	10,850	15,500

NOTE: Deduct 5 percent for 6-cyl. models. Add 10 percent for R1 engine option. Add 20 percent for R2 engine option. Add 30 percent for R3 engine option.

	6	5	4	3	2	1
1965 Commander, V-8, 109" - 113" wb						
4d Sed	300	950	1,600	3,200	5,600	8,000
2d Sed	300	950	1,600	3,150	5,550	7,900
4d Sta Wag	350	1,000	1,650	3,300	5,800	8,300
1965 Daytona, V-8, 109" - 113" wb						
4d Spt Sed	350	1,000	1,650	3,300	5,750	8,200
4d Sta Wag	350	1,000	1,700	3,400	5,950	8,500
1965 Cruiser, V-8, 113" wb						
4d Sed	350	1,050	1,750	3,500	6,100	8,700

NOTE: Deduct 10 percent for 6-cyl. models.

	6	5	4	3	2	1
1966 Commander, V-8, 109" wb						
4d Sed	300	950	1,600	3,200	5,600	8,000
2d Sed	300	950	1,600	3,150	5,550	7,900
1966 Daytona, V-8, 109" - 113" wb						
2d Spt Sed	350	1,000	1,700	3,400	5,950	8,500
1966 Cruiser, V-8, 113" wb						
4d Sed	350	1,000	1,650	3,300	5,800	8,300
1966 Wagonaire, V-8, 113" wb						
4d Sta Wag	350	1,000	1,700	3,400	5,950	8,500

AVANTI

	6	5	4	3	2	1
1963 Avanti, V-8, 109" wb						
2d Spt Cpe	850	2,500	4,200	8,400	14,700	21,000

NOTE: Add 20 percent for R2 engine option.

	6	5	4	3	2	1

1964 Avanti, V-8, 109" wb
	6	5	4	3	2	1
2d Spt Cpe	800	2,400	4,000	8,000	14,000	20,000

NOTE: Add 20 percent for R2 engine option. Add 40 percent for R4 engine option. Add 60 percent for R3 engine option.

AVANTI II

Avanti II, V-8, 109" wb
	6	5	4	3	2	1
1965 2d Spt Cpe	950	2,900	4,800	9,600	16,800	24,000

NOTE: 5 prototypes made.

	6	5	4	3	2	1
1966 2d Spt Cpe	800	2,400	4,000	8,000	14,000	20,000
1967 2d Spt Cpe	800	2,400	4,000	8,000	14,000	20,000
1968 2d Spt Cpe	800	2,400	4,000	8,000	14,000	20,000
1969 2d Spt Cpe	800	2,400	4,000	8,000	14,000	20,000
1970 2d Spt Cpe	800	2,400	4,000	8,000	14,000	20,000
1971 2d Spt Cpe	800	2,400	4,000	8,000	14,000	20,000
1972 2d Spt Cpe	800	2,400	4,000	8,000	14,000	20,000
1973 2d Spt Cpe	800	2,400	4,000	8,000	14,000	20,000
1974 2d Spt Cpe	800	2,400	4,000	8,000	14,000	20,000
1975 2d Spt Cpe	800	2,400	4,000	8,000	14,000	20,000
1976 2d Spt Cpe	750	2,300	3,800	7,600	13,300	19,000

NOTE: Add 5 percent for leather upholstery. Add 5 percent for sunroof. Add 6 percent for wire wheels.

	6	5	4	3	2	1
1977 2d Spt Cpe	750	2,300	3,800	7,600	13,300	19,000
1978 2d Spt Cpe	750	2,300	3,800	7,600	13,300	19,000
1979 2d Spt Cpe	850	2,500	4,200	8,400	14,700	21,000
1980 2d Spt Cpe	850	2,500	4,200	8,400	14,700	21,000
1981 2d Spt Cpe	900	2,650	4,400	8,800	15,400	22,000
1982 2d Spt Cpe	900	2,750	4,600	9,200	16,100	23,000
1983 2d Spt Cpe	900	2,750	4,600	9,200	16,100	23,000
1984 2d Spt Cpe	900	2,750	4,600	9,200	16,100	23,000
1985 2d Spt Cpe	1,000	3,000	5,000	10,000	17,500	25,000
1987 2d Spt Cpe	1,100	3,350	5,600	11,200	19,600	28,000
1987 2d Conv	1,250	3,700	6,200	12,400	21,700	31,000
1988 2d Spt Cpe	1,150	3,500	5,800	11,600	20,300	29,000
1988 2d Conv	1,300	3,850	6,400	12,800	22,400	32,000
1989 2d Spt Cpe	1,150	3,500	5,800	11,600	20,300	29,000
1989 2d Conv	1,300	3,850	6,400	12,800	22,400	32,000
1990 4d Sed	900	2,650	4,400	8,800	15,400	22,000
1991 2d Conv	1,300	3,950	6,600	13,200	23,100	33,000

STUTZ

1912 Series A, 4-cyl., 50 hp, 120" wb
	6	5	4	3	2	1
2P Rds	2,900	8,650	14,400	28,800	50,400	72,000
4P Toy Tonn	2,800	8,400	14,000	28,000	49,000	70,000
5P Tr	2,800	8,400	14,000	28,000	49,000	70,000
2P Bearcat	5,600	16,800	28,000	56,000	98,000	140,000
4P Cpe	2,000	6,000	10,000	20,000	35,000	50,000

1912 Series A, 6-cyl., 60 hp, 124" wb
Touring - 6P (130" wb)
	6	5	4	3	2	1
6P Tr	2,650	7,900	13,200	26,400	46,200	66,000
4P Toy Tonn	2,550	7,700	12,800	25,600	44,800	64,000
2P Bearcat	6,000	18,000	30,000	60,000	105,000	150,000

1913 Series B, 4-cyl., 50 hp, 120" wb
	6	5	4	3	2	1
2P Rds	2,900	8,650	14,400	28,800	50,400	72,000
4P Toy Tonn	2,800	8,400	14,000	28,000	49,000	70,000
4P Tr (124" wb)	2,800	8,400	14,000	28,000	49,000	70,000
2P Bearcat	5,600	16,800	28,000	56,000	98,000	140,000
6P Tr (124" wb)	2,950	8,900	14,800	29,600	51,800	74,000

1913 Series B, 6-cyl., 60 hp, 124" wb
	6	5	4	3	2	1
2P Bearcat	6,000	18,000	30,000	60,000	105,000	150,000
4P Toy Tonn	2,800	8,400	14,000	28,000	49,000	70,000
6P Tr (130" wb)	3,050	9,100	15,200	30,400	53,200	76,000

1914 Model 4E, 4-cyl., 50 hp, 120" wb
	6	5	4	3	2	1
2P Rds	2,800	8,400	14,000	28,000	49,000	70,000
Bearcat	5,800	17,400	29,000	58,000	102,000	145,000
5P Tr	2,800	8,400	14,000	28,000	49,000	70,000

1914 Model 6E, 6-cyl., 55 hp, 130" wb
	6	5	4	3	2	1
2P Rds	3,050	9,100	15,200	30,400	53,200	76,000
6P Tr	3,050	9,100	15,200	30,400	53,200	76,000

1915 Model H.C.S., 4-cyl., 23 hp, 108" wb
	6	5	4	3	2	1
2P Rds	2,000	6,000	10,000	20,000	35,000	50,000

	6	5	4	3	2	1
1915 Model 4F, 4-cyl., 36.1 hp, 120" wb						
2P Rds	2,400	7,200	12,000	24,000	42,000	60,000
Bearcat	5,450	16,300	27,200	54,400	95,000	136,000
Cpe	1,300	3,850	6,400	12,800	22,400	32,000
Bulldog	2,300	6,950	11,600	23,200	40,600	58,000
5P Tr	2,500	7,450	12,400	24,800	43,400	62,000
5P Sed	1,150	3,500	5,800	11,600	20,300	29,000
1915 Model 6F, 6-cyl., 38.4 hp, 130" wb						
2P Rds	2,550	7,700	12,800	25,600	44,800	64,000
Bearcat	5,600	16,800	28,000	56,000	98,000	140,000
Cpe	1,400	4,200	7,000	14,000	24,500	35,000
5P Tr	2,650	7,900	13,200	26,400	46,200	66,000
6P Tr	2,650	7,900	13,200	26,400	46,200	66,000
5P Sed	1,200	3,600	6,000	12,000	21,000	30,000
1916 Model C, 4-cyl., 36.1 hp, 120" wb						
2P Rds	2,400	7,200	12,000	24,000	42,000	60,000
Bearcat	5,200	15,600	26,000	52,000	91,000	130,000
Bulldog	2,650	7,900	13,200	26,400	46,200	66,000
Sed	1,150	3,500	5,800	11,600	20,300	29,000
1916 Bulldog Special, 4-cyl., 36.1 hp, 130" wb						
4P Tr	2,650	7,900	13,200	26,400	46,200	66,000
5P Tr	2,700	8,150	13,600	27,200	47,600	68,000
1917 Series R, 4-cyl., 80 hp, 130" wb						
2P Rds	2,800	8,400	14,000	28,000	49,000	70,000
4P Bulldog Spl	2,650	7,900	13,200	26,400	46,200	66,000
6P Bulldog Spl	2,700	8,150	13,600	27,200	47,600	68,000
Bearcat (120" wb)	5,450	16,300	27,200	54,400	95,000	136,000
1918 Series S, 4-cyl., 80 hp, 130" wb						
2P Rds	2,800	8,400	14,000	28,000	49,000	70,000
4P Bulldog Spl	2,650	7,900	13,200	26,400	46,200	66,000
6P Bulldog Spl	2,700	8,150	13,600	27,200	47,600	68,000
Bearcat (120" wb)	5,450	16,300	27,200	54,400	95,000	136,000
1919 Series G, 4-cyl., 80 hp, 130" wb						
6P Tr	2,900	8,650	14,400	28,800	50,400	72,000
2P Rds	2,650	7,900	13,200	26,400	46,200	66,000
4P C.C. Tr	2,900	8,650	14,400	28,800	50,400	72,000
Bearcat (120" wb)	5,450	16,300	27,200	54,400	95,000	136,000
1920 Series H, 4-cyl., 80 hp, 130" wb						
2P Bearcat (120" wb)	5,450	16,300	27,200	54,400	95,000	136,000
2P Rds	2,800	8,400	14,000	28,000	49,000	70,000
4P/5P Tr	2,900	8,650	14,400	28,800	50,400	72,000
6P/7P Tr	2,950	8,900	14,800	29,600	51,800	74,000
1921 Series K, 4-cyl., 80 hp, 130" wb						
2P Bearcat (120" wb)	5,450	16,300	27,200	54,400	95,000	136,000
2P Rds	3,600	10,800	18,000	36,000	63,000	90,000
4P Tr	2,900	8,650	14,400	28,800	50,400	72,000
6P Tr	2,900	8,650	14,400	28,800	50,400	72,000
4P Cpe	1,600	4,800	8,000	16,000	28,000	40,000
1922 Series K, 4-cyl., 80 hp, 130" wb						
3P Cpe	1,600	4,800	8,000	16,000	28,000	40,000
2P Rds	2,800	8,400	14,000	28,000	49,000	70,000
Bearcat (120" wb)	5,450	16,300	27,200	54,400	95,000	136,000
6P Tr	2,900	8,650	14,400	28,800	50,400	72,000
4P Spt	3,050	9,100	15,200	30,400	53,200	76,000
1923 Special Six, 70 hp, 120" wb						
5P Sed	1,400	4,200	7,000	14,000	24,500	35,000
5P Tr	2,900	8,650	14,400	28,800	50,400	72,000
Rds	2,900	8,650	14,400	28,800	50,400	72,000
1923 Speedway Four, 88 hp, 130" wb						
6P Tr	3,050	9,100	15,200	30,400	53,200	76,000
Sportster	3,200	9,600	16,000	32,000	56,000	80,000
4P Cpe	1,600	4,800	8,000	16,000	28,000	40,000
Sportsedan	1,500	4,450	7,400	14,800	25,900	37,000
Rds	2,800	8,400	14,000	28,000	49,000	70,000
Bearcat	5,600	16,800	28,000	56,000	98,000	140,000
Calif Tr	3,100	9,350	15,600	31,200	54,600	78,000
Calif Sptstr	3,100	9,350	15,600	31,200	54,600	78,000
1924 Special Six, 70 hp, 120" wb						
5P Phae	2,700	8,150	13,600	27,200	47,600	68,000
Tourabout	2,700	8,150	13,600	27,200	47,600	68,000
2P Rds	2,800	8,400	14,000	28,000	49,000	70,000
Palanquin	2,700	8,150	13,600	27,200	47,600	68,000
5P Sed	1,300	3,850	6,400	12,800	22,400	32,000
1924 Speedway Four, 4-cyl., 88 hp, 130" wb						
2P Rds	2,800	8,400	14,000	28,000	49,000	70,000

	6	5	4	3	2	1
2P Bearcat	5,450	16,300	27,200	54,400	95,000	136,000
6P Tr	2,900	8,650	14,400	28,800	50,400	72,000
4P Cpe	1,600	4,800	8,000	16,000	28,000	40,000

1925 Models 693-694, 6-cyl., 70 hp, 120" wb

	6	5	4	3	2	1
5P Phae	2,650	7,900	13,200	26,400	46,200	66,000
5P Tourabout	2,700	8,150	13,600	27,200	47,600	68,000
2P Rds	2,650	7,900	13,200	26,400	46,200	66,000
4P Cpe	1,500	4,550	7,600	15,200	26,600	38,000
5P Sed	1,300	3,850	6,400	12,800	22,400	32,000

1925 Model 695, 6-cyl., 80 hp, 130" wb

	6	5	4	3	2	1
7P Tourster	2,700	8,150	13,600	27,200	47,600	68,000
5P Sportster	2,700	8,150	13,600	27,200	47,600	68,000
7P Sub	1,800	5,400	9,000	18,000	31,500	45,000
Sportbrohm	1,750	5,300	8,800	17,600	30,800	44,000
7P Berline	1,850	5,500	9,200	18,400	32,200	46,000

1926 Vertical Eight, AA, 92 hp, 131" wb

	6	5	4	3	2	1
4P Spds	5,450	16,300	27,200	54,400	95,000	136,000
5P Spds	5,450	16,300	27,200	54,400	95,000	136,000
4P Vic Cpe	2,200	6,600	11,000	22,000	38,500	55,000
5P Brgm	1,950	5,900	9,800	19,600	34,300	49,000
5P Sed	1,600	4,800	8,000	16,000	28,000	40,000

1927 Vertical Eight, AA, 92 hp, 131" wb

	6	5	4	3	2	1
4P Spds	5,450	16,300	27,200	54,400	95,000	136,000
5P Spds	5,450	16,300	27,200	54,400	95,000	136,000
2P Cpe	2,000	6,000	10,000	20,000	35,000	50,000
4P Cpe	2,000	6,000	10,000	20,000	35,000	50,000
5P Brgm	1,950	5,900	9,800	19,600	34,300	49,000
5P Sed	1,600	4,800	8,000	16,000	28,000	40,000
7P Berline	1,950	5,900	9,800	19,600	34,300	49,000
7P Sed	1,700	5,050	8,400	16,800	29,400	42,000

1928 Series BB, 8-cyl., 115 hp, 131 & 135" wb

	6	5	4	3	2	1
2P Spds	5,450	16,300	27,200	54,400	95,000	136,000
4P Spds	5,450	16,300	27,200	54,400	95,000	136,000
5P Spds	5,600	16,800	28,000	56,000	98,000	140,000
7P Spds	5,500	16,600	27,600	55,200	97,100	138,000
2P Black Hawk Spds	5,800	17,400	29,000	58,000	102,000	145,000
4P Black Hawk Spds	5,800	17,400	29,000	58,000	102,000	145,000
4P Vic Cpe	2,200	6,600	11,000	22,000	38,500	55,000
2P Cpe	2,100	6,250	10,400	20,800	36,400	52,000
5P Sed	1,600	4,800	8,000	16,000	28,000	40,000
5P Brgm	1,650	4,900	8,200	16,400	28,700	41,000
2P Cabr Cpe	3,600	10,800	18,000	36,000	63,000	90,000
7P Sed	1,700	5,050	8,400	16,800	29,400	42,000
7P Sed Limo	2,400	7,200	12,000	24,000	42,000	60,000
4P Deauville	2,500	7,450	12,400	24,800	43,400	62,000
5P Chantilly Sed	2,500	7,450	12,400	24,800	43,400	62,000
4P Monaco Cpe	2,650	7,900	13,200	26,400	46,200	66,000
5P Riv Sed	2,650	7,900	13,200	26,400	46,200	66,000
7P Biarritz Sed	2,650	7,900	13,200	26,400	46,200	66,000
5P Chamonix Sed	2,700	8,150	13,600	27,200	47,600	68,000
7P Fontainbleau	2,700	8,150	13,600	27,200	47,600	68,000
5P Aix Les Bains	2,700	8,150	13,600	27,200	47,600	68,000
7P Versailles	2,800	8,400	14,000	28,000	49,000	70,000
5P Prince of Wales	2,800	8,400	14,000	28,000	49,000	70,000
8P Prince of Wales	2,900	8,650	14,400	28,800	50,400	72,000
Transformable Twn Car	3,050	9,100	15,200	30,400	53,200	76,000

1929 Model M, 8-cyl., 115 hp, 134-1/2" wb

	6	5	4	3	2	1
4P Spds	5,450	16,300	27,200	54,400	95,000	136,000
7P Spds	5,500	16,600	27,600	55,200	96,500	138,000
2P Speed Car	5,600	16,800	28,000	56,000	98,000	140,000
5P Cpe	2,100	6,250	10,400	20,800	36,400	52,000
4P Cpe	2,100	6,250	10,400	20,800	36,400	52,000
2P Cabr	3,850	11,500	19,200	38,400	67,000	96,000
5P Sed	1,700	5,050	8,400	16,800	29,400	42,000
7P Sed	1,700	5,150	8,600	17,200	30,100	43,000
5P Chantilly Sed	2,500	7,450	12,400	24,800	43,400	62,000
5P Monaco Cpe	2,650	7,900	13,200	26,400	46,200	66,000
5P Deauville	2,500	7,450	12,400	24,800	43,400	62,000
7P Limo	2,500	7,450	12,400	24,800	43,400	62,000
5P Sed	2,000	6,000	10,000	20,000	35,000	50,000
2P Cabr	4,100	12,200	20,400	40,800	71,500	102,000
5P Biarritz	2,650	7,900	13,200	26,400	46,200	66,000
7P Fontainbleau	2,700	8,150	13,600	27,200	47,600	68,000
7P Aix Les Baines	2,700	8,150	13,600	27,200	47,600	68,000
5P Sed	2,200	6,600	11,000	22,000	38,500	55,000
5P Limo	2,650	7,900	13,200	26,400	46,200	66,000
6P Brgm	2,650	7,900	13,200	26,400	46,200	66,000

	6	5	4	3	2	1
Brgm Limo	2,700	8,150	13,600	27,200	47,600	68,000
6P Sed	2,150	6,500	10,800	21,600	37,800	54,000
6P Sed Limo	2,700	8,150	13,600	27,200	47,600	68,000
7P Sed Limo	2,700	8,150	13,600	27,200	47,600	68,000
5P Transformable Cabr	3,450	10,300	17,200	34,400	60,000	86,000
7P Trans Twn Car	3,450	10,300	17,200	34,400	60,000	86,000
5P Trans Twn Car	3,500	10,600	17,600	35,200	61,500	88,000

1930 Model MA, 8-cyl., 115 hp, 134-1/2" wb

	6	5	4	3	2	1
2P Spds	5,450	16,300	27,200	54,400	95,000	136,000
4P Spds	5,450	16,300	27,200	54,400	95,000	136,000
2P Cpe	2,200	6,600	11,000	22,000	38,500	55,000
5P Cpe	2,200	6,600	11,000	22,000	38,500	55,000
Sed	1,600	4,800	8,000	16,000	28,000	40,000
Cabr	3,600	10,800	18,000	36,000	63,000	90,000
Longchamps	2,650	7,900	13,200	26,400	46,200	66,000
Versailles	2,650	7,900	13,200	26,400	46,200	66,000
Torpedo	2,800	8,400	14,000	28,000	49,000	70,000

1930 Model MB, 8-cyl., 115 hp, 145" wb

	6	5	4	3	2	1
4P Spds	5,600	16,800	28,000	56,000	98,000	140,000
7P Spds	5,600	16,800	28,000	56,000	98,000	140,000
5P Sed	1,700	5,150	8,600	17,200	30,100	43,000
7P Sed	1,750	5,300	8,800	17,600	30,800	44,000
7P Limo	2,000	6,000	10,000	20,000	35,000	50,000
5P Sed	1,850	5,500	9,200	18,400	32,200	46,000
Cabr	3,700	11,000	18,400	36,800	64,500	92,000
Chaumont	2,800	8,400	14,000	28,000	49,000	70,000
Monte Carlo	2,800	8,400	14,000	28,000	49,000	70,000
5P Sed	2,400	7,200	12,000	24,000	42,000	60,000
5P Limo	2,500	7,450	12,400	24,800	43,400	62,000
Brgm	2,400	7,200	12,000	24,000	42,000	60,000
Brgm Limo	2,650	7,900	13,200	26,400	46,200	66,000
6P Sed	2,400	7,200	12,000	24,000	42,000	60,000
6P Sed Limo	2,650	7,900	13,200	26,400	46,200	66,000
7P Sed Limo	2,700	8,150	13,600	27,200	47,600	68,000
Transformable Cabr	3,450	10,300	17,200	34,400	60,000	86,000
Transformable Twn Car	3,450	10,300	17,200	34,400	60,000	86,000
Transformable Tr Cabr	3,600	10,800	18,000	36,000	63,000	90,000

1931 Model LA, 6-cyl., 85 hp, 127-1/2" wb

	6	5	4	3	2	1
4P Spds	5,050	15,100	25,200	50,400	88,000	126,000
5P Cpe	1,800	5,400	9,000	18,000	31,500	45,000
Sed	1,500	4,550	7,600	15,200	26,600	38,000
4P Cpe	1,850	5,500	9,200	18,400	32,200	46,000
Cabr Cpe	3,200	9,600	16,000	32,000	56,000	80,000

1931 Model MA, 8-cyl., 115 hp, 134-1/2" wb

	6	5	4	3	2	1
4P Spds	5,200	15,600	26,000	52,000	91,000	130,000
Torp	3,700	11,000	18,400	36,800	64,500	92,000
4P Spds	5,450	16,300	27,200	54,400	95,000	136,000
5P Cpe	2,000	6,000	10,000	20,000	35,000	50,000
4P Cpe	2,050	6,100	10,200	20,400	35,700	51,000
Cabr Cpe	3,200	9,600	16,000	32,000	56,000	80,000
Sed	1,700	5,050	8,400	16,800	29,400	42,000
Longchamps	2,150	6,500	10,800	21,600	37,800	54,000
Versailles	2,150	6,500	10,800	21,600	37,800	54,000

1931 Model MB, 8-cyl., 115 hp, 145" wb

	6	5	4	3	2	1
7P Spds	5,450	16,300	27,200	54,400	95,000	136,000
5P Sed	1,950	5,900	9,800	19,600	34,300	49,000
7P Sed	2,000	6,000	10,000	20,000	35,000	50,000
Limo	2,400	7,200	12,000	24,000	42,000	60,000
Cabr Cpe	3,850	11,500	19,200	38,400	67,000	96,000
Conv Sed	5,050	15,100	25,200	50,400	88,000	126,000
Chaumont	3,850	11,500	19,200	38,400	67,000	96,000
Monte Carlo	3,850	11,500	19,200	38,400	67,000	96,000
5P Sed	2,400	7,200	12,000	24,000	42,000	60,000
Brgm	2,500	7,450	12,400	24,800	43,400	62,000
7P Sed	2,650	7,900	13,200	26,400	46,200	66,000
Brgm Limo	2,700	8,150	13,600	27,200	47,600	68,000
6/7P Sed Limo	2,800	8,400	14,000	28,000	49,000	70,000
Transformable Cabr	3,600	10,800	18,000	36,000	63,000	90,000
Transformable Twn Car	3,450	10,300	17,200	34,400	60,000	86,000
Transformable Twn Cabr	3,600	10,800	18,000	36,000	63,000	90,000

1932 Model LAA, 6-cyl., 85 hp, 127-1/2" wb

	6	5	4	3	2	1
Sed	1,600	4,800	8,000	16,000	28,000	40,000
5P Cpe	2,200	6,600	11,000	22,000	38,500	55,000
4P Cpe	2,200	6,600	11,000	22,000	38,500	55,000
Clb Sed	1,800	5,400	9,000	18,000	31,500	45,000

	6	5	4	3	2	1

1932 Model SV-16, 8-cyl., 115 hp, 134-1/2" wb

	6	5	4	3	2	1
4P Spds	5,200	15,600	26,000	52,000	91,000	130,000
Torp	3,450	10,300	17,200	34,400	60,000	86,000
5P Cpe	2,000	6,000	10,000	20,000	35,000	50,000
5P Sed	1,800	5,400	9,000	18,000	31,500	45,000
4P Cpe	2,200	6,600	11,000	22,000	38,500	55,000
Clb Sed	1,900	5,650	9,400	18,800	32,900	47,000
Cabr Cpe	3,450	10,300	17,200	34,400	60,000	86,000
Longchamps	2,200	6,600	11,000	22,000	38,500	55,000
Versailles	2,200	6,600	11,000	22,000	38,500	55,000
6P Sed	2,100	6,250	10,400	20,800	36,400	52,000
Cont Cpe	2,700	8,150	13,600	27,200	47,600	68,000

1932 Model SV-16, 8-cyl., 115 hp, 145" wb

	6	5	4	3	2	1
7P Spds	5,800	17,400	29,000	58,000	102,000	145,000

1932 Model SV-16, 8 cyl., 115 hp, 145" wb

	6	5	4	3	2	1
7P Sed	3,200	9,600	16,000	32,000	56,000	80,000
5P Sed	3,050	9,100	15,200	30,400	53,200	76,000
Limo	3,450	10,300	17,200	34,400	60,000	86,000
Conv Sed	5,050	15,100	25,200	50,400	88,000	126,000
6P Sed	3,300	9,850	16,400	32,800	57,400	82,000
Chaumont	3,850	11,500	19,200	38,400	67,000	96,000
Brgm	3,450	10,300	17,200	34,400	60,000	86,000
Monte Carlo	3,500	10,600	17,600	35,200	62,100	88,000
Brgm Limo	3,600	10,800	18,000	36,000	63,000	90,000
7P Sed Limo	3,600	10,800	18,000	36,000	63,000	90,000
6P Sed Limo	3,600	10,800	18,000	36,000	63,000	90,000
Transformable Cabr	3,850	11,500	19,200	38,400	67,000	96,000
Monte Carlo	3,900	11,800	19,600	39,200	69,100	98,000
Prince of Wales	3,900	11,800	19,600	39,200	69,100	98,000
Conv Vic	4,400	13,200	22,000	44,000	77,000	110,000
Spt Sed	3,450	10,300	17,200	34,400	60,000	86,000
Tuxedo Cabr	5,450	16,300	27,200	54,400	95,000	136,000
Patrician Cpe	3,600	10,800	18,000	36,000	63,000	90,000
Transformable Twn Car	5,600	16,800	28,000	56,000	98,000	140,000

1932 Model DV-32, 8-cyl., 156 hp, 134-1/2" wb

	6	5	4	3	2	1
Bearcat	7,200	21,600	36,000	72,000	126,000	180,000

NOTE: All other models same as SV-16, with prices $1,000 more than SV-16.

1932 Model DV-32, 8-cyl., 156 hp, 145" wb

NOTE: All models same as SV-16, with prices $1,000 more than SV-16.

1932 Model DV-32, 8-cyl., 156 hp, 116" wb

	6	5	4	3	2	1
Sup Bearcat	7,200	21,600	36,000	72,000	126,000	180,000

1933 Model LAA, 6-cyl., 85 hp, 127-1/2" wb

	6	5	4	3	2	1
5P Sed	1,700	5,050	8,400	16,800	29,400	42,000
5P Cpe	2,000	6,000	10,000	20,000	35,000	50,000
4P Cpe	2,050	6,100	10,200	20,400	35,700	51,000
5P Clb Sed	1,800	5,400	9,000	18,000	31,500	45,000
4P Cabr Cpe	3,050	9,100	15,200	30,400	53,200	76,000

1933 Model SV-16, 8-cyl., 115 hp, 134-1/2" wb

	6	5	4	3	2	1
4P Spds	4,400	13,200	22,000	44,000	77,000	110,000
2P Torp	3,200	9,600	16,000	32,000	56,000	80,000
4P Spds	4,800	14,400	24,000	48,000	84,000	120,000
5P Cpe	2,300	6,850	11,400	22,800	39,900	57,000
5P Sed	1,800	5,400	9,000	18,000	31,500	45,000
4P Cpe	2,300	6,950	11,600	23,200	40,600	58,000
5P Clb Sed	1,900	5,650	9,400	18,800	32,900	47,000
4P Cabr Cpe	3,200	9,600	16,000	32,000	56,000	80,000
5P Versailles	2,650	7,900	13,200	26,400	46,200	66,000

1933 Model SV-16, 8-cyl., 115 hp, 145" wb

	6	5	4	3	2	1
4P Spds	5,600	16,800	28,000	56,000	98,000	140,000
5P Sed	2,200	6,600	11,000	22,000	38,500	55,000
7P Sed	2,300	6,850	11,400	22,800	39,900	57,000
7P Limo	2,650	7,900	13,200	26,400	46,200	66,000
4P Cabr Cpe	3,850	11,500	19,200	38,400	67,000	96,000
5P Conv Sed	5,200	15,600	26,000	52,000	91,000	130,000
6P Sed	2,700	8,150	13,600	27,200	47,600	68,000
5P Chaumont	2,800	8,400	14,000	28,000	49,000	70,000
6P Brgm	2,800	8,400	14,000	28,000	49,000	70,000
6P Sed	2,700	8,150	13,600	27,200	47,600	68,000
5P Monte Carlo	2,900	8,650	14,400	28,800	50,400	72,000
6P Brgm Limo	3,450	10,300	17,200	34,400	60,000	86,000
6P Sed Limo	3,200	9,600	16,000	32,000	56,000	80,000
7P Twn Car	3,600	10,800	18,000	36,000	63,000	90,000
5P Monte Carlo	3,600	10,800	18,000	36,000	63,000	90,000

1950 Willys 473VJ two-door phaeton

1952 Willys Aero Wing two-door sedan

1954 Willys Ace Deluxe sedan

	6	5	4	3	2	1

1933 Series DV-32, 8-cyl., 156" wb
NOTE: Same models as the SV-16 on the two chassis, with prices $700 more. Bearcat and Super Bearcat continued from 1932.

1934 Model SV-16, 8-cyl., 115 hp, 134-1/2" wb
Model	6	5	4	3	2	1
Spds	4,800	14,400	24,000	48,000	84,000	120,000
Spds	4,800	14,400	24,000	48,000	84,000	120,000
Torp	4,400	13,200	22,000	44,000	77,000	110,000
4P Cpe	2,000	6,000	10,000	20,000	35,000	50,000
Conv Cpe	3,450	10,300	17,200	34,400	60,000	86,000
Club Sed	2,400	7,200	12,000	24,000	42,000	60,000
5P Sed	2,200	6,600	11,000	22,000	38,500	55,000
5P Cpe	2,400	7,200	12,000	24,000	42,000	60,000
Versailles	2,400	7,200	12,000	24,000	42,000	60,000

1934 Model SV-16, 8-cyl., 115 hp, 145" wb
Model	6	5	4	3	2	1
Conv Cpe	3,600	10,800	18,000	36,000	63,000	90,000
7P Sed	2,350	7,100	11,800	23,600	41,300	59,000
Limo	2,500	7,450	12,400	24,800	43,400	62,000
Chaumont	2,500	7,450	12,400	24,800	43,400	62,000
Monte Carlo	2,550	7,700	12,800	25,600	44,800	64,000

1934 Model DV-32, 8-cyl., 156 hp, 134-1/2" wb
Model	6	5	4	3	2	1
Spds	5,200	15,600	26,000	52,000	91,000	130,000
Spds	5,300	15,800	26,400	52,800	92,500	132,000
Torp	5,100	15,400	25,600	51,200	89,500	128,000
4P Cpe	2,400	7,200	12,000	24,000	42,000	60,000
Conv Cpe	5,050	15,100	25,200	50,400	88,000	126,000
Clb Sed	2,350	7,100	11,800	23,600	41,300	59,000
5P Sed	2,300	6,950	11,600	23,200	40,600	58,000
5P Cpe	2,500	7,450	12,400	24,800	43,400	62,000
Versailles	2,650	7,900	13,200	26,400	46,200	66,000

1934 Model DV-32, 8-cyl., 156 hp, 145" wb
Model	6	5	4	3	2	1
Conv Cpe	4,800	14,400	24,000	48,000	84,000	120,000
7P Sed	2,400	7,200	12,000	24,000	42,000	60,000
Limo	2,800	8,400	14,000	28,000	49,000	70,000
Chaumont	2,800	8,400	14,000	28,000	49,000	70,000
Monte Carlo	2,900	8,650	14,400	28,800	50,400	72,000

1935 Model SV-16, 8-cyl., 134 & 145" wb
Model	6	5	4	3	2	1
2P Spds	3,500	10,600	17,600	35,200	62,100	88,000
2P Cpe	2,100	6,250	10,400	20,800	36,400	52,000
5P Sed	1,700	5,050	8,400	16,800	29,400	42,000
7P Sed	1,900	5,750	9,600	19,200	33,600	48,000

1935 Model DV-32, 8-cyl., 134 & 145" wb
Model	6	5	4	3	2	1
2P Spds	3,600	10,800	18,000	36,000	63,000	90,000
2/4P Cpe	2,200	6,600	11,000	22,000	38,500	55,000
5P Sed	1,700	5,050	8,400	16,800	29,400	42,000
7P Limo	2,200	6,600	11,000	22,000	38,500	55,000

WHIPPET

1926 Model 96, 4-cyl.
Model	6	5	4	3	2	1
2d 2P Cpe	350	1,050	1,700	3,450	6,000	8,600
4d 5P Tr	750	2,300	3,800	7,600	13,300	19,000
4d 5P Sed	350	1,050	1,700	3,450	6,000	8,600

1927 Model 96, 4-cyl., 30 hp, 104-1/4" wb
Model	6	5	4	3	2	1
4d 5P Tr	750	2,300	3,800	7,600	13,300	19,000
2d 5P Coach	350	1,000	1,700	3,400	5,950	8,500
2d 5P Rds	700	2,150	3,600	7,200	12,600	18,000
2d 2P Cpe	400	1,150	1,900	3,800	6,650	9,500
4d 5P Sed	350	1,050	1,700	3,450	6,000	8,600
2d Cabr	550	1,700	2,800	5,600	9,800	14,000
4d 5P Lan Sed	350	1,000	1,700	3,350	5,900	8,400

1927 Model 93A, 6-cyl., 40 hp, 109-1/4" wb
Model	6	5	4	3	2	1
4d 5P Tr	800	2,400	4,000	8,000	14,000	20,000
2d 2/4P Rds	750	2,300	3,800	7,600	13,300	19,000
2d 2P Cpe	400	1,200	2,000	4,000	7,000	10,000
2d 5P Cpe	350	1,100	1,800	3,600	6,300	9,000
4d 5P Sed	350	1,100	1,850	3,700	6,450	9,200
2d Cabr	550	1,700	2,800	5,600	9,800	14,000
4d 5P Lan Sed	350	1,000	1,700	3,350	5,900	8,400

1928 Model 96, 4-cyl., 32 hp, 100-1/4" wb
Model	6	5	4	3	2	1
2d 2/4P Spt Rds	700	2,150	3,600	7,200	12,600	18,000
4d 5P Tr	750	2,300	3,800	7,600	13,300	19,000
2d 5P Coach	300	950	1,600	3,200	5,600	8,000
2d 2P Cpe	350	1,100	1,800	3,600	6,300	9,000
2d 2/4P Cabr	550	1,700	2,800	5,600	9,800	14,000
4d 5P Sed	350	1,000	1,650	3,300	5,750	8,200

	6	5	4	3	2	1
1928 Model 98, 6-cyl.						
2d 2/4P Rds	750	2,300	3,800	7,600	13,300	19,000
4d 5P Tr	800	2,400	4,000	8,000	14,000	20,000
2d 2P Cpe	400	1,200	2,000	4,000	7,000	10,000
2d 5P Coach	350	1,100	1,800	3,600	6,300	9,000
4d 5P Sed	350	1,100	1,850	3,700	6,450	9,200
1929 Model 96A, 4-cyl., 103-1/2" wb						
2d 2P Rds	700	2,150	3,600	7,200	12,600	18,000
2d 2/4P Rds	750	2,300	3,800	7,600	13,300	19,000
2d 2/4P Rds College	750	2,300	3,800	7,600	13,300	19,000
4d 5P Tr	750	2,300	3,800	7,600	13,300	19,000
2d 2P Cpe	350	1,100	1,800	3,600	6,300	9,000
2d Cabr	550	1,700	2,800	5,600	9,800	14,000
2d 2/4P Cpe	550	1,700	2,800	5,600	9,800	14,000
2d 5P Coach	300	950	1,600	3,200	5,600	8,000
4d 5P Sed	350	1,000	1,650	3,300	5,750	8,200
4d DeL Sed	350	1,000	1,700	3,400	5,950	8,500
1929 Model 98A, 6-cyl.						
2d 2/4P Spt Rds	850	2,500	4,200	8,400	14,700	21,000
4d 5P Tr	900	2,650	4,400	8,800	15,400	22,000
2d 2P Cpe	400	1,150	1,900	3,800	6,650	9,500
2d 2/4P Cpe	400	1,200	2,000	4,000	7,000	10,000
2d 5P Coach	350	1,000	1,650	3,300	5,750	8,200
4d 5P Sed	350	1,000	1,700	3,400	5,950	8,500
4d 5P DeL Sed	350	1,000	1,700	3,400	5,950	8,500
1930 Model 96A, 4-cyl.						
2d 2P Rds	850	2,500	4,200	8,400	14,700	21,000
2d 2/4P Rds College	950	2,900	4,800	9,600	16,800	24,000
4d 5P Tr	900	2,650	4,400	8,800	15,400	22,000
2d 2P Cpe	350	1,100	1,800	3,600	6,300	9,000
2d 2/4P Cpe	400	1,150	1,900	3,800	6,650	9,500
2d 5P Coach	300	950	1,600	3,200	5,600	8,000
4d 5P Sed	350	1,000	1,650	3,300	5,750	8,200
4d 5P DeL Sed	350	1,000	1,700	3,400	5,950	8,500
1930 Model 98A, 6-cyl.						
4d 5P Tr	900	2,750	4,600	9,200	16,100	23,000
2d 2/4P Spt Rds	850	2,500	4,200	8,400	14,700	21,000
2d 2P Cpe	350	1,100	1,850	3,700	6,450	9,200
2d 2/4P Cpe	400	1,150	1,900	3,850	6,700	9,600
2d 5P Coach	350	1,100	1,850	3,700	6,450	9,200
4d 5P Sed	350	1,100	1,850	3,700	6,500	9,300
4d 5P DeL Sed	400	1,200	1,950	3,900	6,850	9,800
1930 Model 96A, 4-cyl.						
2d 2P Cpe	350	1,100	1,800	3,600	6,300	9,000
2d 2/4P Cpe	400	1,150	1,900	3,800	6,650	9,500
4d 5P Sed	350	1,000	1,650	3,300	5,750	8,200
1930 Model 98A, 6-cyl.						
2d 5P Coach	350	1,000	1,650	3,300	5,750	8,200
4d 5P Sed	350	1,000	1,650	3,300	5,800	8,300
4d 5P DeL Sed	350	1,050	1,750	3,500	6,150	8,800

WILLYS

	6	5	4	3	2	1
1902-03 Model 13, 1-cyl.						
2P Rbt	1,200	3,600	6,000	12,000	21,000	30,000
1904 Model 13, 1-cyl.						
2P Rbt	1,100	3,350	5,600	11,200	19,600	28,000
1905 Model 15, 2-cyl.						
2P Rbt	1,100	3,350	5,600	11,200	19,600	28,000
1905 Model 17, 2-cyl.						
2P Rbt	1,100	3,350	5,600	11,200	19,600	28,000
1905 Model 18, 4-cyl.						
5P Tr	1,150	3,500	5,800	11,600	20,300	29,000
1906 Model 16, 2-cyl.						
2P Rbt	1,100	3,250	5,400	10,800	18,900	27,000
1906 Model 18, 4-cyl.						
4P Tr	1,100	3,350	5,600	11,200	19,600	28,000
1907 Model 22, 4-cyl.						
2P Rbt	1,100	3,250	5,400	10,800	18,900	27,000
1908 Model 24, 4-cyl.						
2P Rds	1,100	3,350	5,600	11,200	19,600	28,000
1909 Model 30, 4-cyl.						
3P Rds	1,100	3,250	5,400	10,800	18,900	27,000
4P Rds	1,100	3,250	5,400	10,800	18,900	27,000

	6	5	4	3	2	1
2P Cpe	1,000	3,000	5,000	10,000	17,500	25,000
1909 Model 31, 4-cyl.						
4P Toy Tonn	1,100	3,350	5,600	11,200	19,600	28,000
5P Tourist	1,100	3,350	5,600	11,200	19,600	28,000
5P Taxi	1,100	3,250	5,400	10,800	18,900	27,000
1909 Model 32, 4-cyl.						
3P Rds	1,050	3,100	5,200	10,400	18,200	26,000
4P Rds	1,100	3,250	5,400	10,800	18,900	27,000
4P Toy Tonn	1,100	3,250	5,400	10,800	18,900	27,000
5P Tr	1,100	3,350	5,600	11,200	19,600	28,000
1909 Willys, 6-cyl.						
3P Rds	1,100	3,350	5,600	11,200	19,600	28,000
4P Rds	1,100	3,350	5,600	11,200	19,600	28,000
Toy Tonn	1,150	3,500	5,800	11,600	20,300	29,000
5P Tr	1,150	3,500	5,800	11,600	20,300	29,000
1910 Model 38, 4-cyl., 102" wb, 25 hp						
2P Rds	1,100	3,250	5,400	10,800	18,900	27,000
3P Rds	1,100	3,250	5,400	10,800	18,900	27,000
4P Rds	1,100	3,300	5,500	11,000	19,250	27,500
Toy Tonn	1,100	3,250	5,400	10,800	18,900	27,000
1910 Model 40, 4-cyl., 112" wb, 40 hp						
3P Rds	1,100	3,350	5,600	11,200	19,600	28,000
4P Rds	1,100	3,350	5,600	11,200	19,600	28,000
1910 Model 41, 4-cyl.						
5P Tr	1,150	3,500	5,800	11,600	20,300	29,000
4P C.C. Tr	1,150	3,500	5,800	11,600	20,300	29,000
1910 Model 42, 4-cyl.						
5P Tr	1,200	3,600	6,000	12,000	21,000	30,000
4P C.C. Tr	1,200	3,600	6,000	12,000	21,000	30,000
1911 Model 38, 4-cyl.						
4P Tr	1,000	3,000	5,000	10,000	17,500	25,000
2P Cpe	800	2,400	4,000	8,000	14,000	20,000
1911 Model 45, 4-cyl.						
2P Rds	1,050	3,100	5,200	10,400	18,200	26,000
1911 Model 46, 4-cyl.						
2P Torp	1,050	3,100	5,200	10,400	18,200	26,000
1911 Model 47, 4-cyl.						
Tr	1,100	3,250	5,400	10,800	18,900	27,000
1911 Model 49, 4-cyl.						
5P Tr	1,050	3,100	5,200	10,400	18,200	26,000
4P Tr	1,100	3,250	5,400	10,800	18,900	27,000
1911 Model 50, 4-cyl.						
2P Torp	1,200	3,600	6,000	12,000	21,000	30,000
1911 Model 51, 4-cyl.						
4d 5P Tr	1,150	3,500	5,800	11,600	20,300	29,000
5P Tr	1,150	3,500	5,800	11,600	20,300	29,000
1911 Model 52, 4-cyl.						
4d 5P Tr	1,200	3,600	6,000	12,000	21,000	30,000
5P Tr	1,200	3,600	6,000	12,000	21,000	30,000
1911 Model 53, 4-cyl.						
2P Rds	1,250	3,700	6,200	12,400	21,700	31,000
1911 Model 54, 4-cyl.						
5P Tr	1,250	3,700	6,200	12,400	21,700	31,000
1911 Model 55, 4-cyl.						
4d 5P Tr	1,250	3,700	6,200	12,400	21,700	31,000
5P Tr	1,250	3,700	6,200	12,400	21,700	31,000
1911 Model 56, 4-cyl.						
5P Tr	1,300	3,850	6,400	12,800	22,400	32,000
1912 Model 58R, 4-cyl., 25 hp						
Torp Rds	1,050	3,100	5,200	10,400	18,200	26,000
1912 Model 59R-T, 4-cyl., 30 hp						
Rds	1,100	3,250	5,400	10,800	18,900	27,000
Tr	1,100	3,350	5,600	11,200	19,600	28,000
1912 Model 59C, 4-cyl., 30 hp						
Cpe	800	2,400	4,000	8,000	14,000	20,000
1912 Model 60, 4-cyl., 35 hp						
Tr	1,150	3,500	5,800	11,600	20,300	29,000
1912 Model 61, 4-cyl., 45 hp						
Rds	1,350	4,100	6,800	13,600	23,800	34,000
4d Tr	1,400	4,200	7,000	14,000	24,500	35,000
Tr	1,400	4,200	7,000	14,000	24,500	35,000
Cpe	900	2,750	4,600	9,200	16,100	23,000

	6	5	4	3	2	1
1913 Model 69, 4-cyl., 30 hp						
Cpe	750	2,300	3,800	7,600	13,300	19,000
Tr	1,100	3,350	5,600	11,200	19,600	28,000
Rds	1,100	3,250	5,400	10,800	18,900	27,000
4d Tr	1,150	3,500	5,800	11,600	20,300	29,000
1913 Model 71, 4-cyl., 45 hp						
Rds	1,350	4,100	6,800	13,600	23,800	34,000
Tr	1,400	4,200	7,000	14,000	24,500	35,000
5P Tr	1,450	4,300	7,200	14,400	25,200	36,000
1914 Model 79, 4-cyl., 35 hp						
Rds	1,100	3,250	5,400	10,800	18,900	27,000
Tr	1,100	3,350	5,600	11,200	19,600	28,000
Cpe	800	2,400	4,000	8,000	14,000	20,000
1914 Model 46, 4-cyl., 35 hp						
Tr	1,150	3,500	5,800	11,600	20,300	29,000
1915 Model 81, 4-cyl., 30 hp						
Rds	1,100	3,350	5,600	11,200	19,600	28,000
Tr	1,150	3,500	5,800	11,600	20,300	29,000
1915 Willys-Knight K-19, 4-cyl., 45 hp						
Rds	1,150	3,500	5,800	11,600	20,300	29,000
Tr	1,200	3,600	6,000	12,000	21,000	30,000
1915 Willys-Knight K-17, 4-cyl., 45 hp						
Rds	1,200	3,600	6,000	12,000	21,000	30,000
Tr	1,250	3,700	6,200	12,400	21,700	31,000
1915 Model 80, 4-cyl., 35 hp						
Rds	1,000	3,000	5,000	10,000	17,500	25,000
Tr	950	2,900	4,800	9,600	16,800	24,000
Cpe	800	2,400	4,000	8,000	14,000	20,000
1915 Model 82, 6-cyl., 45-50 hp						
7P Tr	1,500	4,550	7,600	15,200	26,600	38,000
1916 Model 75, 4-cyl., 20-25 hp						
Rds	750	2,300	3,800	7,600	13,300	19,000
Tr	800	2,400	4,000	8,000	14,000	20,000
1916 Model 83, 4-cyl., 35 hp						
Rds	800	2,400	4,000	8,000	14,000	20,000
Tr	850	2,500	4,200	8,400	14,700	21,000
1916 Model 83-B, 4-cyl., 35 hp						
Rds	850	2,500	4,200	8,400	14,700	21,000
Tr	900	2,650	4,400	8,800	15,400	22,000
1916 Willys-Knight, 4-cyl., 40 hp (also Model 84)						
Rds	1,050	3,100	5,200	10,400	18,200	26,000
Tr	1,100	3,250	5,400	10,800	18,900	27,000
Cpe	650	1,900	3,200	6,400	11,200	16,000
Limo	700	2,150	3,600	7,200	12,600	18,000
1916 Willys-Knight, 6-cyl., 45 hp (also Model 86)						
7P Tr	1,400	4,200	7,000	14,000	24,500	35,000
1917-18 Light Four 90, 4-cyl., 32 hp						
2P Rds	700	2,050	3,400	6,800	11,900	17,000
5P Tr	700	2,150	3,600	7,200	12,600	18,000
4P Ctry Clb	650	1,900	3,200	6,400	11,200	16,000
5P Sed*	400	1,200	2,000	4,000	7,000	10,000
1917-18 Big Four 85, 4-cyl., 35 hp						
3P Rds	700	2,150	3,600	7,200	12,600	18,000
5P Tr	750	2,300	3,800	7,600	13,300	19,000
3P Tr Cpe	600	1,800	3,000	6,000	10,500	15,000
5P Tr Sed	450	1,300	2,200	4,400	7,700	11,000
1917-18 Light Six 85, 6-cyl., 35-40 hp						
3P Rds	750	2,300	3,800	7,600	13,300	19,000
5P Tr	800	2,400	4,000	8,000	14,000	20,000
3P Tr Cpe	650	1,900	3,200	6,400	11,200	16,000
5P Tr Sed	500	1,450	2,400	4,800	8,400	12,000
1917-18 Willys 89, 6-cyl., 45 hp						
7P Tr	1,050	3,100	5,200	10,400	18,200	26,000
4P Clb Rds	1,000	3,000	5,000	10,000	17,500	25,000
6P Sed	550	1,700	2,800	5,600	9,800	14,000
1917-18 Willys-Knight 88-4, 4-cyl., 40 hp						
7P Tr	1,150	3,500	5,800	11,600	20,300	29,000
4P Cpe	700	2,050	3,400	6,800	11,900	17,000
7P Tr Sed	500	1,550	2,600	5,200	9,100	13,000
7P Limo	700	2,150	3,600	7,200	12,600	18,000
1917-18 Willys-Knight 88-8, 8-cyl., 65 hp						
7P Tr	1,350	4,100	6,800	13,600	23,800	34,000
7P Sed	550	1,700	2,800	5,600	9,800	14,000

	6	5	4	3	2	1
7P Limo	700	2,150	3,600	7,200	12,600	18,000
7P Twn Car	750	2,300	3,800	7,600	13,300	19,000

*This model offered 1917 only.

1919 Light Four 90, 4-cyl., 32 hp
Rds	550	1,700	2,800	5,600	9,800	14,000
5P Tr	600	1,800	3,000	6,000	10,500	15,000
Clb Rds	600	1,800	3,000	6,000	10,500	15,000
5P Sed	400	1,250	2,100	4,200	7,350	10,500

1919 Willys 89, 6-cyl., 45 hp
7P Tr	1,050	3,100	5,200	10,400	18,200	26,000
4P Clb Rds	1,000	3,000	5,000	10,000	17,500	25,000
6P Sed	400	1,250	2,100	4,200	7,350	10,500

1919 Willys-Knight 88-4, 4-cyl., 40 hp
7P Tr	950	2,900	4,800	9,600	16,800	24,000
4P Cpe	400	1,150	1,900	3,800	6,650	9,500
7P Sed	400	1,150	1,900	3,800	6,650	9,500
7P Limo	500	1,450	2,400	4,800	8,400	12,000

1919 Willys-Knight 88-8, 8-cyl., 65 hp
7P Tr	1,100	3,250	5,400	10,800	18,900	27,000
4P Cpe	400	1,250	2,100	4,200	7,350	10,500
7P Tr Sed	400	1,200	2,000	4,000	7,000	10,000
7P Limo	500	1,550	2,600	5,200	9,100	13,000

1920 Model 4, 4-cyl., 100" wb, 27 hp
2P Rds	700	2,150	3,600	7,200	12,600	18,000
5P Tr	750	2,300	3,800	7,600	13,300	19,000
Clb Rds	550	1,700	2,800	5,600	9,800	14,000
5P Sed	400	1,200	2,000	4,000	7,000	10,000

1920 Model 89-6, Willys Six, 6-cyl.
Clb Rds	750	2,300	3,800	7,600	13,300	19,000
7P Tr	800	2,400	4,000	8,000	14,000	20,000
6P Sed	400	1,200	2,000	4,000	7,000	10,000

1920 Model 20 Willys-Knight, 4-cyl., 118" wb, 48 hp
3P Rds	750	2,300	3,800	7,600	13,300	19,000
5P Tr	800	2,400	4,000	8,000	14,000	20,000
4P Cpe	400	1,250	2,100	4,200	7,350	10,500
5P Sed	400	1,200	2,000	4,000	7,000	10,000

1921 Model 4, 4-cyl., 100" wb, 27 hp
5P Tr	700	2,150	3,600	7,200	12,600	18,000
2P Rds	750	2,300	3,800	7,600	13,300	19,000
5P Sed	400	1,250	2,100	4,200	7,350	10,500
2P Cpe	450	1,300	2,150	4,300	7,550	10,800

1921 Model 20 Willys-Knight, 4-cyl., 118" wb
3P Rds	700	2,050	3,400	6,800	11,900	17,000
5P Tr	700	2,150	3,600	7,200	12,600	18,000
4P Cpe	450	1,400	2,300	4,600	8,050	11,500
5P Sed	450	1,300	2,200	4,400	7,700	11,000

1922 Model 4, 4-cyl., 100" wb, 27 hp
2P Rds	700	2,050	3,400	6,800	11,900	17,000
5P Tr	700	2,150	3,600	7,200	12,600	18,000
5P Sed	400	1,250	2,100	4,200	7,350	10,500
2P Cpe	450	1,300	2,150	4,300	7,500	10,700

1922 Model 20 Willys-Knight, 4-cyl., 118" wb, 40 hp
3P Rds	750	2,300	3,800	7,600	13,300	19,000
5P Tr	800	2,400	4,000	8,000	14,000	20,000
4P Cpe	450	1,300	2,200	4,400	7,700	11,000
5P Sed	400	1,250	2,100	4,200	7,350	10,500

1922 Model 27 Willys-Knight, 4-cyl., 118" wb
7P Tr	850	2,500	4,200	8,400	14,700	21,000
7P Sed	400	1,250	2,100	4,200	7,350	10,500

1923-24 Model 91, 4-cyl., 100" wb, 27 hp
2P Rds	550	1,700	2,800	5,600	9,800	14,000
5P Tr	550	1,700	2,800	5,600	9,800	14,000
3P Cpe	400	1,250	2,100	4,200	7,350	10,500
5P Sed	400	1,200	2,000	4,000	7,000	10,000

1923-24 Model 92, 4-cyl., 106" wb, 30 hp
Redbird	1,000	3,000	5,000	10,000	17,500	25,000
Blackbird*	1,000	3,000	5,000	10,000	17,500	25,000
Bluebird*	1,000	3,000	5,000	10,000	17,500	25,000

1923-24 Model 64 Willys-Knight, 4-cyl., 118" wb, 40 hp
3P Rds	750	2,300	3,800	7,600	13,300	19,000
5P Tr	800	2,400	4,000	8,000	14,000	20,000
Ctry Clb	500	1,550	2,600	5,200	9,100	13,000
4P Cpe	400	1,250	2,100	4,200	7,350	10,500
5P Sed	400	1,200	2,000	4,000	7,000	10,000

	6	5	4	3	2	1

1923-24 Model 67 Willys-Knight, 4-cyl., 124" wb, 40 hp
	6	5	4	3	2	1
7P Tr	800	2,400	4,000	8,000	14,000	20,000
7P Sed	450	1,300	2,200	4,400	7,700	11,000

*Model offered 1924 only.

1925 Model 91, 4-cyl., 100" wb, 27 hp
	6	5	4	3	2	1
5P Tr	700	2,050	3,400	6,800	11,900	17,000
2P Cpe	450	1,400	2,300	4,600	8,050	11,500
5P Tr Sed	400	1,200	2,000	4,000	7,000	10,000
5P Cpe Sed	400	1,250	2,050	4,100	7,200	10,300
5P DeL Sed	400	1,250	2,100	4,200	7,350	10,500

1925 Model 92, 4-cyl., 106" wb, 30 hp
	6	5	4	3	2	1
Bluebird	850	2,500	4,200	8,400	14,700	21,000

1925 Model 93, 6-cyl., 113" wb, 38 hp
	6	5	4	3	2	1
5P Sed	450	1,300	2,150	4,300	7,550	10,800
DeL Sed	450	1,300	2,200	4,400	7,700	11,000

1925 Model 65 Willys-Knight, 4-cyl., 124" wb, 40 hp
	6	5	4	3	2	1
5P Tr	750	2,300	3,800	7,600	13,300	19,000
2P Cpe	500	1,450	2,400	4,800	8,400	12,000
Cpe Sed	450	1,400	2,300	4,600	8,050	11,500
Sed	400	1,200	2,000	4,000	7,000	10,000
Brgm	450	1,300	2,200	4,400	7,700	11,000

1925 Model 66 Willys-Knight, 6-cyl., 126" wb, 60 hp
	6	5	4	3	2	1
Rds	800	2,400	4,000	8,000	14,000	20,000
5P Tr	850	2,500	4,200	8,400	14,700	21,000
Cpe Sed	500	1,450	2,400	4,800	8,400	12,000
Brgm	500	1,500	2,500	5,000	8,750	12,500
Cpe	500	1,500	2,500	5,000	8,750	12,500
Sed	450	1,400	2,300	4,600	8,050	11,500

1926 Model 91, 4-cyl., 100" wb, 27 hp
	6	5	4	3	2	1
5P Tr	700	2,150	3,600	7,200	12,600	18,000
2P Cpe	450	1,400	2,300	4,600	8,050	11,500
5P Sed	400	1,200	1,950	3,900	6,850	9,800
2d Sed	400	1,150	1,900	3,850	6,700	9,600
4P Cpe	400	1,150	1,950	3,900	6,800	9,700

1926 Model 92, 4-cyl., 100" wb, 30 hp
	6	5	4	3	2	1
5P Tr	750	2,300	3,800	7,600	13,300	19,000

1926 Model 93, 6-cyl., 113" wb, 38 hp
	6	5	4	3	2	1
5P Tr	800	2,400	4,000	8,000	14,000	20,000
5P Sed	400	1,200	2,000	4,000	7,000	10,000
DeL Sed	400	1,250	2,100	4,200	7,350	10,500
2P Cpe	400	1,200	2,000	4,000	7,000	10,000

1926 Model 66 Willys-Knight, 6-cyl., 126" wb, 60 hp
	6	5	4	3	2	1
Rds	950	2,900	4,800	9,600	16,800	24,000
7P Tr	1,000	3,000	5,000	10,000	17,500	25,000
5P Tr	950	2,900	4,800	9,600	16,800	24,000
4P Cpe	450	1,400	2,300	4,600	8,050	11,500
Sed	450	1,300	2,200	4,400	7,700	11,000

1926 Model 70 Willys-Knight, 6-cyl., 113" wb, 53 hp
	6	5	4	3	2	1
5P Tr	1,000	3,000	5,000	10,000	17,500	25,000
Sed	400	1,250	2,100	4,200	7,350	10,500
2d Sed	400	1,200	2,000	4,000	7,000	10,000
Cpe	450	1,400	2,300	4,600	8,050	11,500
Rds	1,000	3,000	5,000	10,000	17,500	25,000

1927 Model 70A Willys-Knight, 6-cyl., 113" wb, 52 hp
	6	5	4	3	2	1
Rds	900	2,650	4,400	8,800	15,400	22,000
Tr	900	2,750	4,600	9,200	16,100	23,000
Cpe	500	1,550	2,600	5,200	9,100	13,000
Cabr	850	2,500	4,200	8,400	14,700	21,000
Sed	450	1,400	2,300	4,600	8,050	11,500
2d Sed	450	1,300	2,200	4,400	7,700	11,000

1927 Model 66A Willys-Knight, 6-cyl., 126" wb, 65 hp
	6	5	4	3	2	1
Rds	1,050	3,100	5,200	10,400	18,200	26,000
Tr	1,100	3,250	5,400	10,800	18,900	27,000
Foursome	1,050	3,100	5,200	10,400	18,200	26,000
Cabr	900	2,750	4,600	9,200	16,100	23,000
5P Sed	500	1,500	2,500	5,000	8,750	12,500
7P Sed	550	1,600	2,700	5,400	9,450	13,500
Limo	600	1,800	3,000	6,000	10,500	15,000

1928 Model 56 Willys-Knight, 6-cyl., 109.5" wb, 45 hp
	6	5	4	3	2	1
Rds	850	2,500	4,200	8,400	14,700	21,000
Tr	900	2,650	4,400	8,800	15,400	22,000
Cpe	550	1,600	2,700	5,400	9,450	13,500
2d Sed	450	1,300	2,200	4,400	7,700	11,000
Sed	450	1,350	2,200	4,450	7,750	11,100

	6	5	4	3	2	1

1928 Model 70A Willys-Knight, 6-cyl., 113.5" wb, 53 hp

	6	5	4	3	2	1
Rds	900	2,750	4,600	9,200	16,100	23,000
Tr	950	2,900	4,800	9,600	16,800	24,000
Cpe	600	1,800	3,000	6,000	10,500	15,000
5P Cpe	600	1,850	3,100	6,200	10,850	15,500
Cabr	700	2,050	3,400	6,800	11,900	17,000
2d Sed	500	1,500	2,500	5,000	8,750	12,500
Sed	500	1,550	2,600	5,200	9,100	13,000

1928 Model 66A Willys-Knight, 6-cyl., 126" wb, 70 hp

	6	5	4	3	2	1
Rds	1,000	3,000	5,000	10,000	17,500	25,000
Tr	1,050	3,100	5,200	10,400	18,200	26,000
Cabr	950	2,900	4,800	9,600	16,800	24,000
Fml Sed	550	1,600	2,700	5,400	9,450	13,500
Sed	500	1,450	2,400	4,800	8,400	12,000

1928 Model 66A Willys-Knight, 6-cyl., 135" wb, 70 hp

	6	5	4	3	2	1
7P Tr	1,100	3,250	5,400	10,800	18,900	27,000
Cpe	700	2,050	3,400	6,800	11,900	17,000
7P Sed	600	1,850	3,100	6,200	10,850	15,500
Limo	650	1,900	3,200	6,400	11,200	16,000

1929 Series 56, 6-cyl., 109.5" wb, 45 hp

(All Willys-Knight)

	6	5	4	3	2	1
Rds	1,050	3,100	5,200	10,400	18,200	26,000
Tr	850	2,500	4,200	8,400	14,700	21,000
Cpe	500	1,550	2,600	5,200	9,100	13,000
2d Sed	500	1,500	2,500	5,000	8,750	12,500
Sed	500	1,550	2,600	5,200	9,100	13,000

1929 Series 70A, 6-cyl., 113.2" wb, 53 hp

	6	5	4	3	2	1
Rds	1,100	3,250	5,400	10,800	18,900	27,000
Tr	1,100	3,350	5,600	11,200	19,600	28,000
Cpe	700	2,050	3,400	6,800	11,900	17,000
Cabr	1,050	3,100	5,200	10,400	18,200	26,000
2d Sed	500	1,550	2,600	5,200	9,100	13,000
Sed	550	1,600	2,700	5,400	9,450	13,500

1929 Series 66A, 6-cyl., 126" wb, 70 hp

	6	5	4	3	2	1
Rds	1,100	3,350	5,600	11,200	19,600	28,000
Tr	1,150	3,500	5,800	11,600	20,300	29,000
Cabr	1,100	3,250	5,400	10,800	18,900	27,000
Fml Sed	700	2,050	3,400	6,800	11,900	17,000
DeL Fml Sed	700	2,100	3,500	7,000	12,250	17,500
Sed	600	1,800	3,000	6,000	10,500	15,000

1929 Series 66A, 6-cyl., 135" wb, 70 hp

	6	5	4	3	2	1
7P Tr	1,300	3,850	6,400	12,800	22,400	32,000
5P Cpe	800	2,400	4,000	8,000	14,000	20,000
7P Sed	700	2,050	3,400	6,800	11,900	17,000
Limo	700	2,150	3,600	7,200	12,600	18,000

1929 Series 70B, 6-cyl., 112.5" - 115" wb, 53 hp

	6	5	4	3	2	1
Rds	1,050	3,100	5,200	10,400	18,200	26,000
Tr	1,100	3,250	5,400	10,800	18,900	27,000
2P Cpe	650	1,900	3,200	6,400	11,200	16,000
4P Cpe	600	1,800	3,000	6,000	10,500	15,000
2d Sed	500	1,500	2,500	5,000	8,750	12,500
Sed	500	1,500	2,500	5,050	8,800	12,600
DeL Sed	500	1,550	2,600	5,200	9,100	13,000

1930 Series 98B, 6-cyl., 110" wb, 65 hp

Willys Models

	6	5	4	3	2	1
Rds	1,100	3,250	5,400	10,800	18,900	27,000
4P Rds	1,100	3,350	5,600	11,200	19,600	28,000
5P Tr	1,150	3,500	5,800	11,600	20,300	29,000
2P Cpe	600	1,800	3,000	6,000	10,500	15,000
4P Cpe	650	1,900	3,200	6,400	11,200	16,000
2d Sed	500	1,550	2,600	5,200	9,100	13,000
Sed	550	1,600	2,700	5,400	9,450	13,500
DeL Sed	550	1,700	2,800	5,600	9,800	14,000

1930 Series 66B, 6-cyl., 120" wb, 87 hp

Willys-Knight Models

	6	5	4	3	2	1
Rds	1,100	3,350	5,600	11,200	19,600	28,000
Tr	1,150	3,500	5,800	11,600	20,300	29,000
2P Cpe	700	2,050	3,400	6,800	11,900	17,000
5P Cpe	700	2,150	3,600	7,200	12,600	18,000
Sed	650	1,900	3,200	6,400	11,200	16,000

1930 Series 70B, "See 1929 Series 70B"

1930 Series 6-87, "See 1929 Series 56"

	6	5	4	3	2	1

1931 Willys 98B, "See 1930 98B Series"

1931 Willys 97, 6-cyl., 110" wb, 65 hp

	6	5	4	3	2	1
Rds	1,000	3,000	5,000	10,000	17,500	25,000
Tr	1,050	3,100	5,200	10,400	18,200	26,000
Cpe	650	1,900	3,200	6,400	11,200	16,000
2d Sed	550	1,600	2,700	5,400	9,450	13,500
Clb Sed	550	1,700	2,800	5,600	9,800	14,000
Sed	550	1,600	2,700	5,400	9,450	13,500

1931 Willys 98D, 6-cyl., 113" wb, 65 hp

	6	5	4	3	2	1
Vic Cpe	600	1,800	3,000	6,000	10,500	15,000
Sed	550	1,700	2,800	5,600	9,800	14,000

NOTE: Add 10 percent for DeLuxe Willys models.

1931 Willys-Knight 66B, "See 1930 W-K 66B"

1931 Willys-Knight 87, "See 1930 Series 6-87"

1931 Willys-Knight 66D, 6-cyl., 121" wb, 87 hp

	6	5	4	3	2	1
Vic Cpe	600	1,800	3,000	6,000	10,500	15,000
Sed	550	1,700	2,800	5,600	9,800	14,000
Cus Sed	600	1,750	2,900	5,800	10,150	14,500

NOTE: Add 10 percent for DeLuxe Willys-Knight models.

1931 Willys 8-80, 8-cyl., 120" wb, 80 hp

	6	5	4	3	2	1
Cpe	600	1,800	3,000	6,000	10,500	15,000
DeL Cpe	600	1,850	3,100	6,200	10,850	15,500
Sed	500	1,550	2,600	5,200	9,100	13,000
DeL Sed	600	1,750	2,900	5,800	10,150	14,500

1931 Willys 8-80D, 8-cyl., 120" wb, 80 hp

	6	5	4	3	2	1
Vic Cpe	550	1,700	2,800	5,600	9,800	14,000
DeL Vic Cpe	600	1,750	2,900	5,800	10,150	14,500
Sed	500	1,450	2,400	4,800	8,400	12,000
DeL Sed	500	1,500	2,500	5,000	8,750	12,500
Cus Sed	500	1,550	2,600	5,200	9,100	13,000

1932 Willys 97, "See 1931 Willys 97 Series"

1932 Willys 98D, "See 1931 Willys 98D Series"

1932 Willys 90 (Silver Streak), 6-cyl., 113" wb, 65 hp

	6	5	4	3	2	1
2P Rds	1,000	3,000	5,000	10,000	17,500	25,000
4P Rds	1,000	3,050	5,100	10,200	17,850	25,500
Spt Rds	1,050	3,100	5,200	10,400	18,200	26,000
5P Tr	1,050	3,100	5,200	10,400	18,200	26,000
2P Cpe	700	2,050	3,400	6,800	11,900	17,000
4P Cpe	700	2,100	3,500	7,000	12,250	17,500
Vic Cus	500	1,500	2,500	5,000	8,750	12,500
5P Sed	400	1,250	2,100	4,200	7,350	10,500
2d Sed	500	1,500	2,550	5,100	8,900	12,700
Spl Sed	550	1,700	2,800	5,600	9,800	14,000
Cus Sed	600	1,750	2,900	5,800	10,150	14,500

1932 Willys 8-80D, "See 1931 Willys 8-80D"

1932 Willys 8-88 (Silver Streak), 8-cyl., 121" wb, 80 hp

	6	5	4	3	2	1
Rds	1,050	3,100	5,200	10,400	18,200	26,000
Spt Rds	1,050	3,200	5,300	10,600	18,550	26,500
2P Cpe	650	1,900	3,200	6,400	11,200	16,000
4P Cpe	700	2,050	3,400	6,800	11,900	17,000
Vic Cus	650	2,000	3,300	6,600	11,550	16,500
Sed	550	1,700	2,850	5,700	10,000	14,300
Spl Sed	600	1,800	2,950	5,900	10,400	14,800
Cus Sed	650	1,900	3,200	6,400	11,200	16,000

1932 Willys-Knight 95 DeLuxe, 6-cyl., 113" wb, 60 hp

	6	5	4	3	2	1
2P Cpe	600	1,850	3,100	6,200	10,850	15,500
4P Cpe	650	1,900	3,200	6,400	11,200	16,000
Vic	600	1,800	3,000	6,000	10,500	15,000
2d Sed	550	1,700	2,800	5,600	9,800	14,000
Sed	600	1,750	2,900	5,800	10,150	14,500

1932 Willys-Knight 66D, 6-cyl., 121" wb, 87 hp

1st Series (start Oct. 1931)

	6	5	4	3	2	1
Vic	700	2,050	3,400	6,800	11,900	17,000
DeL Vic	700	2,100	3,500	7,000	12,300	17,500
Sed	600	1,800	3,000	6,000	10,500	15,000
DeL Sed	600	1,850	3,100	6,200	10,900	15,500

	6	5	4	3	2	1
Cus Sed	650	1,900	3,200	6,400	11,200	16,000

2nd Series (start Jan. 1932)

	6	5	4	3	2	1
Vic Cus	700	2,050	3,400	6,800	11,900	17,000
Cus Sed	700	2,100	3,500	7,000	12,300	17,500

1933 Willys 77, 4-cyl., 100" wb, 48 hp

	6	5	4	3	2	1
Cpe	650	2,000	3,300	6,600	11,550	16,500
Cus Cpe	700	2,050	3,400	6,800	11,900	17,000
4P Cpe	700	2,100	3,500	7,000	12,250	17,500
4P Cus Cpe	700	2,150	3,600	7,200	12,600	18,000
Sed	650	1,900	3,200	6,400	11,200	16,000
Cus Sed	650	2,000	3,300	6,600	11,550	16,500

1933 Willys 6-90A (Silver Streak), 6-cyl., 113" wb, 65 hp

	6	5	4	3	2	1
Rds	800	2,400	4,000	8,000	14,000	20,000
4P Rds	800	2,450	4,100	8,200	14,350	20,500
Spt Rds	850	2,500	4,200	8,400	14,700	21,000
Cpe	600	1,800	3,000	6,000	10,500	15,000
Cus Cpe	600	1,850	3,100	6,200	10,850	15,500
2d Sed	550	1,600	2,700	5,400	9,450	13,500
Sed	550	1,700	2,800	5,600	9,800	14,000
Cus Sed	600	1,750	2,900	5,800	10,150	14,500

1933 Willys 8-88A (Streamline), 8-cyl., 121" wb, 80 hp

	6	5	4	3	2	1
2P Cpe	600	1,800	3,000	6,000	10,500	15,000
Cus Cpe	650	1,900	3,200	6,400	11,200	16,000
Sed	600	1,750	2,900	5,800	10,150	14,500
Cus Sed	650	1,900	3,200	6,400	11,200	16,000

1933 Willys-Knight 66E, 6-cyl., 121" wb, 87 hp

	6	5	4	3	2	1
Cus Sed	700	2,100	3,500	7,000	12,250	17,500

1934 Willys 77, 4-cyl., 100" wb, 48 hp

	6	5	4	3	2	1
Cpe	700	2,050	3,400	6,800	11,900	17,000
Cus Cpe	700	2,100	3,500	7,000	12,250	17,500
4P Cpe	700	2,100	3,550	7,100	12,400	17,700
4P Cus Cpe	700	2,150	3,600	7,200	12,600	18,000
Sed	650	1,900	3,200	6,400	11,200	16,000
Cus Sed	650	2,000	3,300	6,600	11,550	16,500
Pan Dely	700	2,050	3,400	6,800	11,900	17,000

1935 Willys 77, 4-cyl., 100" wb, 48 hp

	6	5	4	3	2	1
Cpe	700	2,100	3,500	7,000	12,250	17,500
Sed	600	1,800	3,000	6,000	10,500	15,000

1936 Willys 77, 4-cyl., 100" wb, 48 hp

	6	5	4	3	2	1
Cpe	700	2,050	3,400	6,800	11,900	17,000
Sed	600	1,800	3,000	6,000	10,500	15,000
DeL Sed	600	1,850	3,100	6,200	10,850	15,500

1937 Willys 37, 4-cyl., 100" wb, 48 hp

	6	5	4	3	2	1
Cpe	700	2,050	3,400	6,800	11,900	17,000
DeL Cpe	700	2,100	3,500	7,000	12,250	17,500
Sed	650	1,900	3,200	6,400	11,200	16,000
DeL Sed	650	2,000	3,300	6,600	11,550	16,500

1938 Willys 38, 4-cyl., 100" wb, 48 hp

	6	5	4	3	2	1
Std Cpe	600	1,750	2,900	5,800	10,150	14,500
DeL Cpe	600	1,800	3,000	6,000	10,500	15,000
2d Clipper Sed	500	1,550	2,600	5,200	9,100	13,000
Std Sed	500	1,550	2,550	5,100	8,950	12,800
2d DeL Clipper Sed	550	1,600	2,650	5,300	9,250	13,200
DeL Sed	500	1,550	2,600	5,200	9,100	13,000
Cus Sed	550	1,600	2,650	5,300	9,250	13,200

1939 Willys Std Speedway, 4-cyl., 102" wb, 48 hp

	6	5	4	3	2	1
Cpe	600	1,850	3,100	6,200	10,850	15,500
2d Sed	550	1,600	2,700	5,400	9,450	13,500
Sed	500	1,550	2,600	5,200	9,100	13,000
DeLCpe	650	1,900	3,150	6,300	11,000	15,700
DeL 2d Sed	550	1,650	2,750	5,500	9,650	13,800
DeL 4d Sed	550	1,600	2,650	5,300	9,300	13,300
Spl Speedway Cpe	650	1,900	3,200	6,400	11,200	16,000
Spl Speedway 2d Sed	550	1,700	2,800	5,600	9,800	14,000
Spl Speedway 4d Sed	550	1,600	2,700	5,400	9,450	13,500

1939 Model 48, 100" wb

	6	5	4	3	2	1
Cpe	650	1,950	3,250	6,500	11,300	16,200
2d Sed	550	1,700	2,850	5,700	9,950	14,200
4d Sed	550	1,650	2,700	5,450	9,500	13,600

1939 Model 38, 100" wb

	6	5	4	3	2	1
Std Cpe	650	1,950	3,250	6,500	11,300	16,200
Std 2d Sed	550	1,700	2,850	5,700	9,950	14,200
Std 4d Sed	550	1,650	2,750	5,500	9,600	13,700
DeL Cpe	650	1,950	3,250	6,500	11,400	16,300
DeL 2d Sed	550	1,700	2,850	5,700	10,000	14,300

	6	5	4	3	2	1
DeL 4d Sed	550	1,650	2,750	5,500	9,650	13,800

1940 Willys Speedway, 4-cyl., 102" wb, 48 hp
Willys (American)
Cpe	600	1,850	3,100	6,200	10,850	15,500
Sed	550	1,650	2,750	5,500	9,600	13,700
Sta Wag	800	2,400	4,000	8,000	14,000	20,000

1940 DeLuxe, 4-cyl., 102" wb
Cpe	550	1,650	2,700	5,450	9,500	13,600
Sed	850	2,500	4,200	8,400	14,700	21,000
Sta Wag	750	2,300	3,800	7,600	13,300	19,000

1941 Speedway Series, 4-cyl., 104" wb, 63 hp
| Cpe | 600 | 1,850 | 3,100 | 6,200 | 10,850 | 15,500 |
| Sed | 550 | 1,700 | 2,800 | 5,600 | 9,800 | 14,000 |

1941 DeLuxe, 4-cyl., 104" wb, 63 hp
Cpe	650	1,900	3,200	6,400	11,200	16,000
Sed	550	1,700	2,800	5,600	9,800	14,000
Sta Wag	900	2,650	4,400	8,800	15,400	22,000

1941 Plainsman, 4-cyl., 104" wb, 63 hp
| Cpe | 650 | 1,900 | 3,150 | 6,300 | 11,000 | 15,700 |
| Sed | 550 | 1,600 | 2,700 | 5,400 | 9,450 | 13,500 |

1946-47 Willys 4-63, 4-cyl., 104" wb, 63 hp
| 2d Sta Wag | 450 | 1,300 | 2,200 | 4,400 | 7,700 | 11,000 |

1948 Willys 4-63, 4-cyl., 104" wb, 63 hp
| 2d Sta Wag | 450 | 1,300 | 2,200 | 4,400 | 7,700 | 11,000 |
| 2d Jeepster | 550 | 1,700 | 2,800 | 5,600 | 9,800 | 14,000 |

1948 Willys 6-63, 6-cyl., 104" wb, 75 hp
| 2d Sta Sed | 450 | 1,400 | 2,300 | 4,600 | 8,050 | 11,500 |
| 2d Jeepster | 600 | 1,750 | 2,900 | 5,800 | 10,150 | 14,500 |

1949 Willys 4X463, 4-cyl., 104.5" wb, 63 hp
| 2d FWD Sta Wag | 400 | 1,200 | 2,000 | 4,000 | 7,000 | 10,000 |

1949 Willys VJ3, 4-cyl., 104" wb, 63 hp
| 2d Phae | 550 | 1,700 | 2,800 | 5,600 | 9,800 | 14,000 |

1949 Willys 463, 4-cyl., 104" wb, 63 hp
| 2d Sta Wag | 450 | 1,300 | 2,200 | 4,400 | 7,700 | 11,000 |

1949 Willys Six, 6-cyl., 104" wb, 75 hp
2d Phae	600	1,750	2,900	5,800	10,150	14,500
2d Sta Sed	450	1,400	2,350	4,700	8,250	11,800
2d Sta Wag	450	1,400	2,300	4,600	8,050	11,500

1950-51 Willys 473SW, 4-cyl., 104" wb, 63 hp
| 2d Sta Wag | 450 | 1,300 | 2,200 | 4,400 | 7,700 | 11,000 |

1950-51 Willys 4X473SW, 4-cyl., 104.5" wb, 63 hp
| 2d FWD Sta Wag | 400 | 1,250 | 2,100 | 4,200 | 7,350 | 10,500 |

1950-51 Willys 473VJ, 4-cyl., 104" wb, 63 hp
| 2d Phae | 600 | 1,750 | 2,900 | 5,800 | 10,150 | 14,500 |

NOTE: Add 10 percent for six cylinder models.

1952 Willys Aero, 6-cyl., 108" wb, 75 hp
2d Lark	400	1,200	2,000	4,000	7,000	10,000
2d Wing	400	1,200	2,050	4,100	7,150	10,200
2d Ace	400	1,250	2,100	4,250	7,400	10,600
2d HT Eagle	500	1,500	2,500	5,000	8,750	12,500

1952 Willys Four, 4-cyl., 104"-104.5" wb, 63 hp
| 2d FWD Sta Wag | 400 | 1,150 | 1,900 | 3,800 | 6,650 | 9,500 |
| 2d Sta Wag | 400 | 1,200 | 2,000 | 4,000 | 7,000 | 10,000 |

1952 Willys Six, 6-cyl., 104" wb, 75 hp
| 2d Sta Wag | 400 | 1,250 | 2,100 | 4,200 | 7,350 | 10,500 |

NOTE: Deduct 10 percent for standard models.

1953 Willys Aero, 6-cyl., 108" wb, 90 hp
4d H.D. Aero	400	1,200	2,000	4,050	7,050	10,100
4d DeL Lark	400	1,250	2,100	4,150	7,300	10,400
2d DeL Lark	400	1,250	2,100	4,200	7,350	10,500
4d Falcon	400	1,250	2,100	4,250	7,400	10,600
2d Falcon	450	1,300	2,150	4,300	7,500	10,700
4d Ace	450	1,300	2,150	4,300	7,550	10,800
2d Ace	450	1,300	2,200	4,350	7,650	10,900
2d HT Eagle	550	1,700	2,800	5,600	9,800	14,000

1953 Willys Four, 4-cyl., 104"-104.5" wb, 72 hp
| 2d FWD Sta Wag | 400 | 1,150 | 1,900 | 3,800 | 6,650 | 9,500 |
| 2d Sta Wag | 400 | 1,200 | 2,000 | 4,000 | 7,000 | 10,000 |

1953 Willys Six, 6-cyl., 104" wb, 90 hp
| 2d Sta Wag | 400 | 1,250 | 2,050 | 4,100 | 7,200 | 10,300 |

	6	5	4	3	2	1
1954 Willys, 6-cyl., 108" wb, 90 hp						
4d DeL Ace	400	1,250	2,100	4,200	7,350	10,500
2d DeL Ace	400	1,200	2,050	4,100	7,150	10,200
2d HT DeL Eagle	550	1,700	2,800	5,600	9,800	14,000
2d HT Cus Eagle	600	1,750	2,900	5,800	10,200	14,500
4d Lark	400	1,200	2,050	4,100	7,150	10,200
2d Lark	400	1,200	2,000	4,050	7,050	10,100
4d Ace	400	1,200	2,050	4,100	7,150	10,200
2d Ace	400	1,200	2,050	4,100	7,150	10,200
2d HT Eagle	550	1,700	2,800	5,600	9,800	14,000
1954 Willys Four, 4-cyl., 104"-104.5" wb, 72 hp						
2d Sta Wag	400	1,200	2,000	4,000	7,000	10,000
1954 Willys Six, 6-cyl., 104" wb, 90 hp						
2d FWD Sta Wag	400	1,150	1,900	3,800	6,650	9,500
2d Sta Wag	400	1,250	2,050	4,100	7,200	10,300
1955 Willys Six, 6-cyl., 108" wb, 90 hp						
4d Cus Sed	450	1,300	2,150	4,300	7,550	10,800
2d Cus	450	1,300	2,150	4,300	7,500	10,700
2d HT Bermuda	600	1,800	3,000	6,000	10,500	15,000
1955 Willys Six, 6-cyl., 104"-104.5" wb, 90 hp						
2d FWD Sta Wag	400	1,150	1,900	3,800	6,650	9,500
2d Sta Wag	400	1,200	2,000	4,000	7,000	10,000

1950 Willys Jeepster 473VJ phaeton

IMPORTS

	6	5	4	3	2	1

AC

1947-52 Two-Litre, 6-cyl., 117" wb, various bodies
	6	5	4	3	2	1
2d DHC	1,200	3,600	6,000	12,000	21,000	30,000
4d Saloon	1,000	3,000	5,000	10,000	17,500	25,000

1953-54 Ace, 6-cyl., 90" wb
2d Rds	2,650	7,900	13,200	26,400	46,200	66,000

1955-56 Ace, 6-cyl., 90" wb
2d Rds	2,650	7,900	13,200	26,400	46,200	66,000

1955-56 Aceca, 6-cyl., 90" wb
2d FBk Cpe	2,000	6,000	10,000	20,000	35,000	50,000

1957 Ace, 6-cyl., 90" wb
2d Rds	2,650	7,900	13,200	26,400	46,200	66,000

1957 Aceca, 6-cyl., 90" wb
2d FBk Cpe	2,000	6,000	10,000	20,000	35,000	50,000

1958 Ace, 6-cyl., 90" wb
2d Rds	2,650	7,900	13,200	26,400	46,200	66,000

1958 Aceca, 6-cyl., 90" wb
2d FBk Cpe	2,000	6,000	10,000	20,000	35,000	50,000

1959 Ace, 6-cyl., 90" wb
2d Rds	2,650	7,900	13,200	26,400	46,200	66,000

1959 Aceca, 6-cyl., 90" wb
2d FBk Cpe	2,000	6,000	10,000	20,000	35,000	50,000

1960 Ace, 6-cyl., 90" wb
2d Rds	2,650	7,900	13,200	26,400	46,200	66,000

1960 Aceca, 6-cyl., 90" wb
2d FBk Cpe	2,000	6,000	10,000	20,000	35,000	50,000

1961 Ace, 6-cyl., 90" wb
2d Rds	2,650	7,900	13,200	26,400	46,200	66,000

1961 Aceca, 6-cyl., 90" wb
2d FBk Cpe	2,000	6,000	10,000	20,000	35,000	50,000

1962 Ace, 6-cyl., 90" wb
2d Rds	2,650	7,900	13,200	26,400	46,200	66,000

1962 Aceca, 6-cyl., 90" wb
2d FBk Cpe	2,050	6,100	10,200	20,400	35,700	51,000

1962 Ford/AC Shelby Cobra, 260/289 V-8, 90" wb
2d Rds	8,400	25,200	42,000	84,000	147,000	210,000

1963 Ace, 6-cyl., 90" wb
2d Rds	2,650	7,900	13,200	26,400	46,200	66,000

1963 Aceca, 6-cyl., 90" wb
2d FBk Cpe	2,050	6,100	10,200	20,400	35,700	51,000

1963 Ford/AC Shelby Cobra Mk II, 280 V-8, 90" wb
2d Rds	8,400	25,200	42,000	84,000	147,000	210,000

NOTE: Add 20 percent for 1956-63 Ace or Aceca with Bristol engine.

1964 Ace, 6-cyl., 90" wb
2d Rds	2,650	7,900	13,200	26,400	46,200	66,000

1964 Aceca, 6-cyl., 90" wb
2d FBk Cpe	2,650	7,900	13,200	26,400	46,200	66,000

1964 Ford/AC Shelby Cobra Mk II, 289 V-8, 90" wb
2d Rds	8,800	26,400	44,000	88,000	154,000	220,000

1965 Ford/AC Shelby Cobra Mk II, 289 V-8, 90" wb
2d Rds	8,800	26,400	44,000	88,000	154,000	220,000

1965 Ford/AC Shelby Cobra Mk III, 427-428, V-8, 90" wb
2d Rds	13,200	39,600	66,000	132,000	231,000	330,000

1965 Ford/AC 428, 428 V-8, 96" wb
2d Conv	2,650	7,900	13,200	26,400	46,200	66,000
2d Cpe	2,200	6,600	11,000	22,000	38,500	55,000

1965 Shelby Cobra Mk III, 427 SC V-8, 90" wb
2d Rds — value not estimable
NOTE: Approximately 26 made.

1965 Shelby Cobra Daytona
2d Cpe — value not estimable
NOTE: 6 made.

1966 Ford/AC Shelby Cobra Mk III, 427/428 V-8, 90" wb
2d Rds	13,200	39,600	66,000	132,000	231,000	330,000

	6	5	4	3	2	1
1966 Ford/AC 289, 289 V-8, 90" wb						
2d Rds	8,000	24,000	40,000	80,000	140,000	200,000
1966 Ford/AC 428, 428 V-8, 96" wb						
2d Conv	2,650	7,900	13,200	26,400	46,200	66,000
2d Cpe	2,200	6,600	11,000	22,000	38,500	55,000
1967 Ford/AC Shelby Cobra Mk III 427/428 V-8, 90" wb						
2d Rds	13,200	39,600	66,000	132,000	231,000	330,000
1967 Ford/AC 289, 289 V-8, 90" wb						
2d Rds	8,400	25,200	42,000	84,000	147,000	210,000
1967 Ford/AC 428, 428 V-8, 96" wb						
2d Conv	2,650	7,900	13,200	26,400	46,200	66,000
2d Cpe	2,200	6,600	11,000	22,000	38,500	55,000
1968 Ford/AC 289, 289 V-8, 90" wb						
2d Rds	8,400	25,200	42,000	84,000	147,000	210,000
1968 Ford/AC 428, 428 V-8, 96" wb						
2d Conv	2,650	7,900	13,200	26,400	46,200	66,000
2d Cpe	2,200	6,600	11,000	22,000	38,500	55,000
1969-73 Ford/AC 428, 428 V-8, 96" wb						
2d Conv	2,650	7,900	13,200	26,400	46,200	66,000
2d Cpe	2,200	6,600	11,000	22,000	38,500	55,000

ACURA

	6	5	4	3	2	1
1986 Integra						
3d HBk RS	200	600	1,000	2,000	3,500	5,000
5d HBk RS	200	650	1,100	2,150	3,800	5,400
3d HBK LS	200	650	1,100	2,200	3,850	5,500
5d HBk LS	250	700	1,200	2,400	4,200	6,000
1986 Legend						
4d Sed	250	800	1,300	2,600	4,550	6,500
1987 Integra						
3d HBk RS	200	650	1,100	2,200	3,850	5,500
5d HBk RS	250	700	1,150	2,300	4,000	5,700
3d HBk LS	250	700	1,200	2,400	4,200	6,000
5d HBk LS	250	800	1,300	2,600	4,550	6,500
1987 Legend						
4d Sed	300	850	1,400	2,800	4,900	7,000
2d Cpe	300	900	1,500	3,000	5,250	7,500
1988 Integra						
3d HBk RS	200	650	1,100	2,200	3,850	5,500
5d HBk RS	200	650	1,100	2,200	3,850	5,500
3d HBk LS	250	800	1,300	2,600	4,550	6,500
5d HBk LS	300	850	1,400	2,800	4,900	7,000
3d HBk SE	300	900	1,500	3,000	5,250	7,500
1988 Legend						
4d Sed	300	950	1,600	3,200	5,600	8,000
2d Cpe	350	1,000	1,700	3,400	5,950	8,500
1989 Integra						
3d HBk RS	300	850	1,400	2,800	4,900	7,000
5d HBk RS	300	900	1,500	3,000	5,250	7,500
3d HBk LS	300	900	1,500	3,000	5,250	7,500
5d HBk LS	300	950	1,600	3,200	5,600	8,000
1989 Legend						
4d Sed	500	1,450	2,400	4,800	8,400	12,000
2d Cpe	500	1,550	2,600	5,200	9,100	13,000
1990 Integra, 4-cyl.						
2d HBk RS	300	900	1,500	3,000	5,250	7,500
4d Sed RS	300	950	1,600	3,200	5,600	8,000
2d HBk LS	300	950	1,600	3,200	5,600	8,000
4d Sed LS	350	1,000	1,700	3,400	5,950	8,500
2d HBk GS	350	1,000	1,700	3,400	5,950	8,500
4d Sed GS	350	1,100	1,800	3,600	6,300	9,000
1990 Legend, V-6						
4d Sed	400	1,200	2,000	4,000	7,000	10,000
2d Cpe	500	1,450	2,400	4,800	8,400	12,000
4d Sed L	450	1,400	2,300	4,600	8,050	11,500
2d Cpe L	500	1,550	2,600	5,200	9,100	13,000
4d Sed LS	500	1,500	2,500	5,000	8,750	12,500
2d Cpe LS	550	1,700	2,800	5,600	9,800	14,000
1991 Integra						
2d HBk RS	250	800	1,350	2,700	4,750	6,800
4d Sed RS	300	850	1,400	2,800	4,900	7,000
2d HBk LS	300	850	1,400	2,800	4,900	7,000

	6	5	4	3	2	1
4d Sed LS	300	850	1,450	2,900	5,050	7,200
2d HBk GS	300	900	1,500	3,000	5,250	7,500
4d Sed GS	300	900	1,550	3,100	5,400	7,700
1991 Legend						
2d Cpe L	500	1,450	2,400	4,800	8,400	12,000
2d Cpe LS	500	1,550	2,600	5,200	9,100	13,000
4d Sed	400	1,200	2,000	4,000	7,000	10,000
4d Sed L	500	1,500	2,500	5,000	8,750	12,500
4d Sed LS	550	1,600	2,700	5,400	9,450	13,500
1991 NSX, V-6						
2d Cpe	1,200	3,600	6,000	12,000	21,000	30,000
1992 Integra, 4-cyl.						
2d HBk RS	300	900	1,500	3,000	5,250	7,500
4d Sed RS	300	900	1,500	3,000	5,250	7,500
2d HBk LS	300	950	1,550	3,100	5,450	7,800
4d Sed LS	300	950	1,550	3,100	5,450	7,800
2d HBk GS	300	950	1,600	3,200	5,600	8,000
4d Sed GS	350	1,100	1,800	3,600	6,300	9,000
4d Sed GS-R	400	1,150	1,900	3,800	6,650	9,500
1992 Vigor, 5-cyl.						
4d Sed LS	400	1,150	1,900	3,800	6,650	9,500
4d Sed GS	400	1,200	2,000	4,000	7,000	10,000
1992 Legend, V-6						
4d Sed	550	1,600	2,700	5,400	9,450	13,500
4d Sed L	550	1,700	2,800	5,600	9,800	14,000
2d Cpe L	600	1,800	3,000	6,000	10,500	15,000
4d Sed LS	600	1,800	3,000	6,000	10,500	15,000
2d Cpe LS	700	2,050	3,400	6,800	11,900	17,000
1992 NSX, V-6						
2d Cpe	1,600	4,800	8,000	16,000	28,000	40,000
1993 Integra, 4-cyl.						
2d RS Sed	300	900	1,500	3,050	5,300	7,600
4d RS Sed	300	900	1,550	3,100	5,400	7,700
2d LS Sed	300	900	1,550	3,100	5,400	7,700
4d LS Sed	300	950	1,550	3,100	5,450	7,800
2d GS Sed	300	950	1,550	3,100	5,450	7,800
4d GS Sed	400	1,200	2,000	4,000	7,000	10,000
1993 Legend, V-6						
4d Sed	550	1,650	2,700	5,450	9,500	13,600
4d L Sed	550	1,650	2,750	5,500	9,650	13,800
2d L Cpe	600	1,850	3,100	6,200	10,850	15,500
4d LS Sed	600	1,750	2,900	5,800	10,150	14,500
2d LS Cpe	650	2,000	3,300	6,600	11,550	16,500
1993 NSX, V-6						
2d Cpe	1,650	4,900	8,200	16,400	28,700	41,000

ALFA ROMEO

1946-1953 6-cyl., 2443cc, 118" wb (106" SS) 6C-2500 Series

3P Spt Cpe	650	1,900	3,200	6,400	11,200	16,000
Spt Cabr	800	2,400	4,000	8,000	14,000	20,000
3P Sup Spt Cpe	900	2,750	4,600	9,200	16,100	23,000
Sup Spt Cabr	1,200	3,600	6,000	12,000	21,000	30,000
Freccia d'Oro Cpe	750	2,300	3,800	7,600	13,300	19,000
Spt Sed	650	1,900	3,200	6,400	11,200	16,000

1950 4-cyl., 1884cc, 98.5" wb

1900 Berlina 4d Sed	400	1,200	2,000	4,000	7,000	10,000

1951 4-cyl., 1884cc, 98.5" wb

1900 Berlina 4d Sed	400	1,200	2,000	4,000	7,000	10,000
1900 Sprint Cpe	600	1,800	3,000	6,000	10,500	15,000

1952 4-cyl., 1884cc, 98.5" wb

1900 Berlina 4d Sed	400	1,200	2,000	4,000	7,000	10,000
1900 TI 4d Sed	500	1,450	2,400	4,800	8,400	12,000
1900 Sprint Cpe	600	1,800	3,000	6,000	10,500	15,000
1900 Sup Sprint Cpe	700	2,150	3,600	7,200	12,600	18,000
1900 Cabr	850	2,500	4,200	8,400	14,700	21,000

1953 4-cyl., 1884cc, 98.5" wb

1900 Berlina 4d Sed	400	1,200	2,000	4,000	7,000	10,000

1953 4-cyl., 1975cc, 98.5" wb

1900 TI Sup 4d Sed	500	1,450	2,400	4,800	8,400	12,000
1900 Sup Sprint Cpe	700	2,150	3,600	7,200	12,600	18,000

1954 4-cyl., 1884cc, 98.5" wb

1900 Berlina 4d Sed	400	1,200	2,000	4,000	7,000	10,000

	6	5	4	3	2	1
1954 4-cyl., 1975cc, 98.5" wb						
1900 TI Sup 4d Sed	500	1,450	2,400	4,800	8,400	12,000
1900 Sup Sprint Cpe	700	2,150	3,600	7,200	12,600	18,000
1954 4-cyl., 1290cc, 93.7" wb						
Giulietta Sprint Cpe	500	1,550	2,600	5,200	9,100	13,000
1955 4-cyl., 1975cc, 98.5" wb						
1900 TI Sup 4d Sed	500	1,450	2,400	4,800	8,400	12,000
1900 Sup Sprint Cpe	700	2,150	3,600	7,200	12,600	18,000
1955 Giulietta 4-cyl., 1290cc, 93.7" wb (88.6" Spider)						
Berlina 4d Sed	350	1,100	1,800	3,600	6,300	9,000
Sprint Cpe	500	1,550	2,600	5,200	9,100	13,000
Spider Conv	750	2,300	3,800	7,600	13,300	19,000
1956 4-cyl., 1975cc, 98.5" wb Giulietta						
1900 Sup Sprint Cpe	700	2,150	3,600	7,200	12,600	18,000
1956 4-cyl., 1290cc, 93.7" wb (88.6" Spider)						
Berlina 4d Sed	350	1,100	1,800	3,600	6,300	9,000
Sprint Cpe	500	1,550	2,600	5,200	9,100	13,000
Sp Veloce Cpe	550	1,700	2,800	5,600	9,800	14,000
Spider Conv	750	2,300	3,800	7,600	13,300	19,000
Spr Veloce Conv	800	2,400	4,000	8,000	14,000	20,000
1957 1900, 4-cyl., 1975cc, 98.5" wb						
Sup Sprint Cpe	700	2,150	3,600	7,200	12,600	18,000
1957 Giulietta 4-cyl., 1290cc, 93.7" wb (88.6" Spider & SS)						
Berlina 4d Sed	400	1,200	2,000	4,000	7,000	10,000
Sprint Cpe	500	1,550	2,600	5,200	9,100	13,000
Veloce Cpe	550	1,700	2,800	5,600	9,800	14,000
Spider Conv	750	2,300	3,800	7,600	13,300	19,000
Spr Veloce Conv	1,000	3,000	5,000	10,000	17,500	25,000
Sprint Speciale	1,200	3,600	6,000	12,000	21,000	30,000
1958 1900, 4-cyl., 1975cc, 98.5" wb						
Sup Sprint Cpe	650	1,900	3,200	6,400	11,200	16,000
1958 Giulietta 4-cyl., 1290cc, 93.7" wb (88.6" Spider & SS)						
Berlina 4d Sed	400	1,200	2,000	4,000	7,000	10,000
Sprint Cpe	500	1,550	2,600	5,200	9,100	13,000
Veloce Cpe	550	1,700	2,800	5,600	9,800	14,000
Spider Conv	750	2,300	3,800	7,600	13,300	19,000
Spider Veloce Conv	1,000	3,000	5,000	10,000	17,500	25,000
Sprint Speciale	1,200	3,600	6,000	12,000	21,000	30,000
1958 2000, 4-cyl., 1975cc, 107.1" wb (98.4" Spider)						
Berlina 4d Sed	350	1,100	1,800	3,600	6,300	9,000
Spider Conv	750	2,300	3,800	7,600	13,300	19,000
1959 4-cyl., 1290cc, 93.7" wb (88.6" Spider, SS, SZ) Giulietta - 750 Series						
Berlina 4d Sed	400	1,200	2,000	4,000	7,000	10,000
Sprint Cpe	500	1,550	2,600	5,200	9,100	13,000
Veloce Cpe	550	1,700	2,800	5,600	9,800	14,000
Spider Conv	750	2,300	3,800	7,600	13,300	19,000
Spr Veloce Conv	1,000	3,000	5,000	10,000	17,500	25,000
1959 Giulietta - 101 Series						
Sprint Cpe	500	1,550	2,600	5,200	9,100	13,000
Sp Veloce Cpe	550	1,700	2,800	5,600	9,800	14,000
Spider Conv	700	2,050	3,400	6,800	11,900	17,000
Spr Veloce Conv	700	2,150	3,600	7,200	12,600	18,000
Sprint Speciale Cpe	1,000	3,000	5,000	10,000	17,500	25,000
Sprint Zagato	1,100	3,250	5,400	10,800	18,900	27,000
1959 2000, 4-cyl., 1975cc, 107.1" wb (98.4" Spider)						
Berlina 4d Sed	450	1,300	2,200	4,400	7,700	11,000
Spider Conv	950	2,900	4,800	9,600	16,800	24,000
1960 4-cyl., 1290cc, 93.7" wb (88.6" Spider, SS, SZ) Giulietta - 750 Series						
Berlina 4d Sed	400	1,200	2,000	4,000	7,000	10,000
1960 Giulietta - 101 Series						
Sprint Cpe	500	1,550	2,600	5,200	9,100	13,000
Sp Veloce Cpe	550	1,700	2,800	5,600	9,800	14,000
Spider Conv	750	2,300	3,800	7,600	13,300	19,000
Spr Veloce Conv	700	2,150	3,600	7,200	12,600	18,000
Sprint Speciale	1,100	3,250	5,400	10,800	18,900	27,000
Sprint Zagato	1,150	3,500	5,800	11,600	20,300	29,000
1960 2000, 4-cyl., 1975cc, 107.1" wb (101.6" Sprint, 98.4" Spider)						
Berlina 4d Sed	600	1,750	2,900	5,800	10,200	14,500
Sprint Cpe	700	2,050	3,400	6,800	11,900	17,000
Spider Conv	900	2,750	4,600	9,200	16,100	23,000
1961 Giulietta, 4-cyl., 1290cc, 93.7" wb (88.6" Spider, SS, SZ)						
Sprint Cpe	400	1,150	1,900	3,800	6,650	9,500
Sp Veloce Cpe	550	1,700	2,800	5,600	9,800	14,000

	6	5	4	3	2	1
Spider Conv	750	2,300	3,800	7,600	13,300	19,000
Spr Veloce Conv	800	2,400	4,000	8,000	14,000	20,000
Sprint Speciale	1,100	3,250	5,400	10,800	18,900	27,000
Sprint Zagato	1,150	3,500	5,800	11,600	20,300	29,000

1961 2000, 4-cyl., 1975cc, 107" wb (101.6" Sprint, 98.4" Spider)

	6	5	4	3	2	1
Berlina 4d Sed	600	1,750	2,900	5,800	10,200	14,500
Sprint Cpe	700	2,050	3,400	6,800	11,900	17,000
Spider Conv	1,000	3,000	5,000	10,000	17,500	25,000

1962 Giulietta, 4-cyl., 1290cc, 93.7" wb (88.6" Spider, SS)

	6	5	4	3	2	1
Sprint Cpe	500	1,550	2,600	5,200	9,100	13,000
Sp Veloce Cpe	550	1,700	2,800	5,600	9,800	14,000
Spider Conv	750	2,300	3,800	7,600	13,300	19,000
Spr Veloce Conv	800	2,400	4,000	8,000	14,000	20,000
Sprint Speciale	1,100	3,250	5,400	10,800	18,900	27,000

1962 4-cyl., 1570cc, 93.7" wb (88.6" Spider) Giulia - 101 Series

	6	5	4	3	2	1
Sprint Cpe	550	1,700	2,800	5,600	9,800	14,000
Spider Conv	900	2,750	4,600	9,200	16,100	23,000

1962 4-cyl., 1570cc, 98.8" wb Giulia - 105 Series

	6	5	4	3	2	1
TI 4d Sed	500	1,450	2,400	4,800	8,400	12,000

1962 2000, 4-cyl., 1975cc, 107" wb (101.6" Sprint)

	6	5	4	3	2	1
Berlina 4d Sed	550	1,700	2,800	5,600	9,800	14,000
Sprint Cpe	700	2,050	3,400	6,800	11,900	17,000

1962 2600, 6-cyl., 2584cc, 106.7" wb (101.6" Sprint, 98.4" Spider, SZ)

	6	5	4	3	2	1
Berlina 4d Sed	650	1,900	3,200	6,400	11,200	16,000
Sprint Cpe	700	2,150	3,600	7,200	12,600	18,000
Spider Conv	1,050	3,100	5,200	10,400	18,200	26,000

1963 Giulietta, 4-cyl., 1290cc, 93.7" wb

	6	5	4	3	2	1
Sprint 1300 Cpe	450	1,300	2,200	4,400	7,700	11,000

1963 4-cyl., 1570cc, 93.7" wb (88.6" Spider) Giulia - 101 Series

	6	5	4	3	2	1
Sprint Cpe	500	1,550	2,600	5,200	9,100	13,000
Spider Conv	800	2,400	4,000	8,000	14,000	20,000
Sprint Spl	1,100	3,250	5,400	10,800	18,900	27,000

1963 4-cyl., 1570cc, 98.8" wb (92.5" Sprint) Giulia - 105 Series

	6	5	4	3	2	1
TI 4d Sed	400	1,150	1,900	3,800	6,650	9,500
TI Sup 4d Sed	400	1,200	2,000	4,000	7,000	10,000
Sprint GT Cpe	550	1,700	2,800	5,600	9,800	14,000
GTZ	2,500	7,450	12,400	24,800	43,400	62,000

1963 2600, 6-cyl., 2584cc, 106.7" wb (101.6" Sprint, 98.4" Spider)

	6	5	4	3	2	1
Berlina 4d Sed	400	1,250	2,100	4,200	7,350	10,500
Sprint Cpe	500	1,550	2,600	5,200	9,100	13,000
Spider Conv	850	2,500	4,200	8,400	14,700	21,000

1964 Giulietta, 4-cyl., 1290cc, 93.7" wb

	6	5	4	3	2	1
Sprint 1300 Cpe	450	1,300	2,200	4,400	7,700	11,000

1964 4-cyl., 1570cc, 93.7" wb (88.6" Spider) Giulia - 101 Series

	6	5	4	3	2	1
Sprint Cpe	500	1,550	2,600	5,200	9,100	13,000
Spider Conv	750	2,300	3,800	7,600	13,300	19,000
Spider Veloce Conv	700	2,050	3,400	6,800	11,900	17,000
Sprint Speciale	1,200	3,600	6,000	12,000	21,000	30,000

1964 4-cyl., 1570cc, 98.8" wb (92.5" Sprint) Giulia - 105 Series

	6	5	4	3	2	1
TI 4d Sed	400	1,150	1,900	3,800	6,650	9,500
TI Sup 4d Sed	400	1,200	2,000	4,000	7,000	10,000
Sprint GT Cpe	550	1,700	2,800	5,600	9,800	14,000
GTZ	2,500	7,450	12,400	24,800	43,400	62,000
GTC Conv	650	1,900	3,200	6,400	11,200	16,000

1964 2600, 6-cyl., 2584cc, 106.7" wb (101.6" Sprint, 98.4" Spider)

	6	5	4	3	2	1
Berlina 4d Sed	400	1,250	2,100	4,200	7,350	10,500
Sprint Cpe	500	1,550	2,600	5,200	9,100	13,000
Spider Conv	700	2,150	3,600	7,200	12,600	18,000

1965 4-cyl., 1570cc, 93.7" wb (88.6" Spider) Giulia - 101 Series

	6	5	4	3	2	1
Spider Conv	800	2,400	4,000	8,000	14,000	20,000
Spider Veloce Conv	850	2,500	4,200	8,400	14,700	21,000
Sprint Spl Cpe	1,150	3,500	5,800	11,600	20,300	29,000

1965 4-cyl., 1570cc, 98.8" wb (92.5" Sprint) Giulia - 105 Series

	6	5	4	3	2	1
TI 4d Sed	250	750	1,250	2,500	4,350	6,200
Sup 4d Sed	400	1,200	2,000	4,000	7,000	10,000
Sprint GT Cpe	550	1,700	2,800	5,600	9,800	14,000
GTV Cpe	650	1,900	3,200	6,400	11,200	16,000
GTZ Cpe	2,500	7,450	12,400	24,800	43,400	62,000
GTA Cpe	1,150	3,500	5,800	11,600	20,300	29,000
GTC Conv	650	1,900	3,200	6,400	11,200	16,000
TZ 2	3,300	9,850	16,400	32,800	57,400	82,000

1965 2600, 6-cyl., 2584cc, 106.7" wb (101.6" Sprint, 98.4" Spider)

	6	5	4	3	2	1
Berlina 4d Sed	400	1,200	2,000	4,000	7,000	10,000
Sprint Cpe	500	1,550	2,600	5,200	9,100	13,000

	6	5	4	3	2	1
Spider Conv	1,150	3,500	5,800	11,600	20,300	29,000
SZ	950	2,900	4,800	9,600	16,800	24,000

1966 Giulia, 4-cyl., 1570cc, 98.8" wb (92.5" Sprint)

	6	5	4	3	2	1
T.I. 4d Sed	250	750	1,250	2,500	4,350	6,200
Sprint GT Cpe	550	1,700	2,800	5,600	9,800	14,000
GTV Cpe	1,200	3,600	6,000	12,000	21,000	30,000
Spider Conv	800	2,400	4,000	8,000	14,000	20,000
Spider Veloce	850	2,500	4,200	8,400	14,700	21,000
GTZ	2,500	7,450	12,400	24,800	43,400	62,000
GTA Cpe	900	2,750	4,600	9,200	16,100	23,000
GTC Conv	650	1,900	3,200	6,400	11,200	16,000
TZ 2 Cpe	3,350	10,100	16,800	33,600	58,800	84,000

1966 4-cyl., 1570cc, 88.6" wb

	6	5	4	3	2	1
Duetto Conv	500	1,550	2,600	5,200	9,100	13,000

1966 2600, 6-cyl., 2584cc, 106.7" wb (101.6" Sprint, 98.4" Spider)

	6	5	4	3	2	1
Berlina 4d Sed	500	1,450	2,400	4,800	8,400	12,000
Sprint Cpe	700	2,150	3,600	7,200	12,600	18,000
SZ	950	2,900	4,800	9,600	16,800	24,000

1967 Giulia, 4-cyl., 1570cc, 98.8" wb (92.5" Sprint)

	6	5	4	3	2	1
T.I. 4d Sed	250	750	1,250	2,500	4,350	6,200
GTV Cpe	650	1,900	3,200	6,400	11,200	16,000
GTZ Cpe	2,500	7,450	12,400	24,800	43,400	62,000
GTA Cpe	900	2,750	4,600	9,200	16,100	23,000
TZ 2	3,300	9,850	16,400	32,800	57,400	82,000

1967 4-cyl., 1570cc, 88.6" wb

	6	5	4	3	2	1
Duetto Conv	500	1,550	2,600	5,200	9,100	13,000

1967 1750, 4-cyl., 1779cc, 101.2" wb (92.5" Cpe, 88.6" Spider)

	6	5	4	3	2	1
Berlina 4d Sed	250	750	1,250	2,500	4,350	6,200
GTV Cpe	700	2,050	3,400	6,800	11,900	17,000
Spider	700	2,150	3,600	7,200	12,600	18,000

1967 2600, 6-cyl., 2584cc, 106.7" wb

	6	5	4	3	2	1
Berlina 4d Sed	400	1,250	2,100	4,200	7,350	10,500
SZ	950	2,900	4,800	9,600	16,800	24,000

1968 4-cyl., 1290/1570cc, 92.5" wb

	6	5	4	3	2	1
Giulia GTV Cpe	650	1,900	3,200	6,400	11,200	16,000

1968 1750, 4-cyl., 1779cc, 101.2" wb (92.5" Sprint, 88.6" Spider)

	6	5	4	3	2	1
Berlina 4d Sed	250	750	1,250	2,500	4,350	6,200
GTV Cpe	700	2,050	3,400	6,800	11,900	17,000
Spider Conv	700	2,150	3,600	7,200	12,600	18,000

1968 2600, 6-cyl., 2584cc, 106.7" wb

	6	5	4	3	2	1
Berlina 4d Sed	300	900	1,500	3,000	5,250	7,500

1969 Giulia, 4-cyl., 1290cc, 92.5" wb

	6	5	4	3	2	1
GTA 1300 Jr Cpe	850	2,500	4,200	8,400	14,700	21,000

1969 1750, 4-cyl., 1779cc, 101.2" wb (92.5" Cpe, 88.6" Spider)

	6	5	4	3	2	1
Berlina 4d Sed	250	800	1,300	2,600	4,550	6,500
GTV Cpe	700	2,050	3,400	6,800	11,900	17,000
Spider Conv	700	2,150	3,600	7,200	12,600	18,000

1970 Giulia, 4-cyl., 1290cc, 92.5" wb

	6	5	4	3	2	1
GTA 1300 Jr Cpe	850	2,500	4,200	8,400	14,700	21,000
Jr Z 1300 Cpe	650	1,900	3,200	6,400	11,200	16,000

1970 1750, 4-cyl., 1779cc, 101.2" wb (92.5" Cpe, 88.6" Spider)

	6	5	4	3	2	1
Berlina 4d Sed	250	800	1,300	2,600	4,550	6,500
GTV Cpe	350	1,100	1,800	3,600	6,300	9,000
Spider	500	1,450	2,400	4,800	8,400	12,000

1971 Giulia, 4-cyl., 1290cc, 92.5" wb

	6	5	4	3	2	1
GTA 1300 Jr Cpe	850	2,500	4,200	8,400	14,700	21,000
Jr Z 1300 Cpe	650	1,900	3,200	6,400	11,200	16,000

1971 1750, 4-cyl., 1779cc, 101.2" wb (92.5" Cpe, 88.6" Spider)

	6	5	4	3	2	1
Berlina 4d Sed	250	750	1,250	2,500	4,350	6,200
GTV Cpe	350	1,100	1,800	3,600	6,300	9,000
Spider	400	1,250	2,100	4,200	7,350	10,500

1971 2000, 4-cyl., 1962cc, 101.8" wb (92.5" Cpe, 88.6" Spider)

	6	5	4	3	2	1
Berlina 4d Sed	250	800	1,300	2,600	4,550	6,500
GTV Cpe	400	1,200	2,000	4,000	7,000	10,000
Spider Veloce	500	1,450	2,400	4,800	8,400	12,000

1971 V-8, 2953cc, 92.5" wb

	6	5	4	3	2	1
Montreal Cpe	900	2,750	4,600	9,200	16,100	23,000

1972 Giulia, 4-cyl., 1290cc, 92.5" wb

	6	5	4	3	2	1
GTA 1300 Jr Cpe	850	2,500	4,200	8,400	14,700	21,000
Jr Z 1300 Cpe	650	1,900	3,200	6,400	11,200	16,000
Jr Z 1600 Cpe	700	2,050	3,400	6,800	11,900	17,000

1972 1750, 4-cyl., 1779cc, 101.2" wb (92.5" Cpe, 88.6" Spider)

	6	5	4	3	2	1
Berlina 4d Sed	250	750	1,250	2,500	4,350	6,200

	6	5	4	3	2	1
GTV Cpe	350	1,100	1,800	3,600	6,300	9,000
Spider	400	1,250	2,100	4,200	7,350	10,500
1972 2000, 4-cyl., 1962cc, 101.8" wb (92.5" Cpe, 88.6" Spider)						
Berlina 4d Sed	250	800	1,300	2,600	4,550	6,500
GTV Cpe	350	1,100	1,800	3,600	6,300	9,000
Spider Veloce	500	1,450	2,400	4,800	8,400	12,000
1972 V-8, 2593cc, 92.5" wb						
Montreal Cpe	900	2,750	4,600	9,200	16,100	23,000
1973 4-cyl., 1570cc, 92.5" wb						
Giulia Jr Z 1600	650	1,900	3,200	6,400	11,200	16,000
1973 2000, 4-cyl., 1992cc, 101.8" wb (92.5" Cpe, 88.6" Spider)						
Berlina 4d Sed	250	800	1,300	2,600	4,550	6,500
GTV Cpe	400	1,150	1,900	3,800	6,650	9,500
Spider Veloce	500	1,450	2,400	4,800	8,400	12,000
1973 V-8, 2593cc, 92.5" wb						
Montreal Cpe	900	2,750	4,600	9,200	16,100	23,000
1974 4-cyl., 1570 cc, 92.5" wb						
Giulia Jr Z 1600 Cpe	650	1,900	3,200	6,400	11,200	16,000
1974 2000, 4-cyl., 1962cc, 101.8" wb (92.5" Cpe, 88.6" Spider)						
Berlina 4d Sed	250	800	1,300	2,600	4,550	6,500
GTV Cpe	400	1,150	1,900	3,800	6,650	9,500
Spider Veloce	500	1,450	2,400	4,800	8,400	12,000
1974 V-8, 2953cc, 92.5" wb						
Montreal Cpe	900	2,750	4,600	9,200	16,100	23,000
1975 Giulia, 4-cyl., 1570cc, 92.5" wb						
Jr Z 1600 Cpe	650	1,900	3,200	6,400	11,200	16,000
1975 2000, 4-cyl., 1962cc, 88.6" wb						
Spr Veloce Conv	500	1,450	2,400	4,800	8,400	12,000
1975 V-8, 2593cc, 92.5" wb						
Montreal Cpe	900	2,750	4,600	9,200	16,100	23,000
1975 Alfetta, 4-cyl., 1779cc, 98.8" wb						
4d Sed	250	700	1,200	2,400	4,200	6,000
1975 Alfetta, 4-cyl., 1962cc, 94.5" wb						
GT Cpe	350	1,100	1,800	3,600	6,300	9,000
1976 2000, 4-cyl., 1962cc, 88.6" wb						
Spr Veloce Conv	500	1,450	2,400	4,800	8,400	12,000
1976 Alfetta, 4-cyl., 1779cc, 98.8" wb						
4d Sed	250	800	1,300	2,600	4,550	6,500
1976 4-cyl., 1962cc, 94.5" wb						
GTV Cpe	350	1,100	1,800	3,600	6,300	9,000
1977 2000, 4-cyl., 1962cc, 88.6" wb						
Spr Veloce Conv	500	1,450	2,400	4,800	8,400	12,000
1977 Alfetta, 4-cyl., 1779cc, 98.8" wb						
4d Sed	250	800	1,300	2,600	4,550	6,500
1977 4-cyl., 1962cc, 94.5" wb						
GTV Cpe	400	1,150	1,900	3,800	6,650	9,500
1978 2000, 4-cyl., 1962cc, 88.6" wb						
Spr Veloce Conv	500	1,450	2,400	4,800	8,400	12,000
1978 4-cyl., 1962cc, 98.8" wb (94.5" Cpe)						
4d Spt Sed	250	800	1,300	2,600	4,550	6,500
Sprint Veloce Cpe	400	1,150	1,900	3,800	6,650	9,500
1980 4-cyl., 1962cc, 98.8" wb (94.5" Cpe)						
2d Spider Conv	450	1,400	2,300	4,600	8,050	11,500
1981 4-cyl., 1962cc, 98.8" wb (94.5" Cpe)						
2d Spt Cpe 2 plus 2	300	850	1,400	2,800	4,900	7,000
2d Spider Conv	450	1,400	2,300	4,600	8,050	11,500
1982 4-cyl., 1962cc, 98.8" wb (94.5" Cpe)						
2d Spt Cpe	250	800	1,350	2,700	4,700	6,700
2d Spider	450	1,400	2,300	4,600	8,050	11,500
1983 4-cyl., 1962cc, 98.8" wb (94.5" Cpe)						
2d Cpe	300	850	1,400	2,800	4,900	7,000
2d Spider	450	1,400	2,300	4,600	8,050	11,500
1984 4-cyl., 1962cc, 98.8" wb (94.5" Cpe)						
GTV6 Cpe	300	950	1,600	3,200	5,600	8,000
Spider Veloce	450	1,400	2,300	4,600	8,050	11,500
1985 4-cyl., 1962cc, 98.8" wb (94.5" Cpe)						
GTV6 2d Cpe	350	1,100	1,800	3,600	6,300	9,000
Graduate 2d Conv	500	1,450	2,400	4,800	8,400	12,000
Spider Veloce 2d Conv	500	1,550	2,600	5,200	9,100	13,000

1960 AC
Ace
roadster

1965
Ford
Shelby
Cobra
roadster

1990 Acura Legend LS sedan

	6	5	4	3	2	1
1986 4-cyl., 1962cc, 98.8" wb (94.5" Cpe)						
GTV6 2d Cpe	350	1,100	1,800	3,600	6,300	9,000
Graduate 2d Conv	500	1,550	2,600	5,200	9,100	13,000
Spider Veloce 2d Conv	550	1,700	2,800	5,600	9,800	14,000
Quadrifoglio 2d Conv	500	1,550	2,600	5,200	9,100	13,000
1987 4-cyl., 1962cc, 98.8" wb (94.5" Cpe)						
4d Sed Milano Silver	300	950	1,600	3,200	5,600	8,000
2d Spider Veloce	550	1,700	2,800	5,600	9,800	14,000
4d Quadrifoglio	500	1,450	2,400	4,800	8,400	12,000
2d Conv Graduate	500	1,550	2,600	5,200	9,100	13,000
1988 4-cyl., 1962cc, 98.8" wb (94.5" Cpe)						
4d Sed Milano Gold	350	1,100	1,800	3,600	6,300	9,000
4d Sed Milano Platinum	400	1,150	1,900	3,800	6,650	9,500
4d Sed Milano Verde 3.0	400	1,200	2,000	4,000	7,000	10,000
2d Spider Veloce	500	1,550	2,600	5,200	9,100	13,000
4d Quadrifoglio	500	1,550	2,600	5,200	9,100	13,000
2d Conv Graduate	500	1,500	2,500	5,000	8,750	12,500
1989 4-cyl., 1962cc, 98.8" wb (94.5" Cpe)						
4d Sed Milano Gold	350	1,100	1,800	3,600	6,300	9,000
4d Sed Milano Platinum	400	1,150	1,900	3,800	6,650	9,500
4d Sed Milano 3.0	400	1,200	2,000	4,000	7,000	10,000
2d Spider Veloce	500	1,550	2,600	5,200	9,100	13,000
4d Quadrifoglio	550	1,700	2,800	5,600	9,800	14,000
2d Conv Graduate	450	1,300	2,200	4,400	7,700	11,000
1990 4-cyl., 1962cc, 98.8" wb (94.5" Cpe)						
2d Conv Spider	400	1,200	2,000	4,000	7,000	10,000
2d Conv Graduate	350	1,100	1,800	3,600	6,300	9,000
2d Conv Quadrifoglio	450	1,300	2,200	4,400	7,700	11,000
1991 Alfa Romeo						
4d	200	650	1,100	2,200	3,850	5,500
4d L	250	800	1,300	2,600	4,550	6,500
4d S	300	950	1,600	3,200	5,600	8,000
1991 Spider						
2d Conv	350	1,100	1,800	3,600	6,300	9,000
2d Conv Veloce	400	1,200	2,000	4,000	7,000	10,000
1992 Spider, 4-cyl.						
2d Conv	450	1,400	2,300	4,600	8,050	11,500
2d Conv Veloce	500	1,550	2,600	5,200	9,100	13,000
1992 164, V-6						
4d Sed L	400	1,150	1,900	3,800	6,650	9,500
4d Sed S	450	1,400	2,300	4,600	8,050	11,500
1993 Spider, 4-cyl.						
2d Conv	500	1,450	2,400	4,800	8,400	12,000
2d Veloce Conv	500	1,550	2,600	5,200	9,100	13,000
1993 164, V-6						
4d Sed L	400	1,150	1,900	3,850	6,700	9,600
4d Sed S	400	1,200	1,950	3,900	6,850	9,800

ALLARD

	6	5	4	3	2	1
1946-49 J1, V-8, 100" wb						
2d Rds	5,600	16,800	28,000	56,000	98,000	140,000
1946-49 K1, V-8, 106" wb						
2d Rds	6,000	18,000	30,000	60,000	105,000	150,000
1946-49 L, V-8, 112" wb						
2d Tr	2,800	8,400	14,000	28,000	49,000	70,000
1946-49 M, V-8, 112" wb						
2d DHC	2,950	8,900	14,800	29,600	51,800	74,000
1950-51 J2, V-8, 100" wb						
2d Rds	4,800	14,400	24,000	48,000	84,000	120,000
1950-51 K2, V-8, 106" wb						
2d Rds	5,200	15,600	26,000	52,000	91,000	130,000
2d Spt Sed	2,650	7,900	13,200	26,400	46,200	66,000
1950-51 L, V-8, 112" wb						
2d Tr	2,800	8,400	14,000	28,000	49,000	70,000
1950-51 M, V-8, 112" wb						
2d DHC	2,900	8,650	14,400	28,800	50,400	72,000
1952-54 K3, V-8, 100" wb						
2d Rds	5,450	16,300	27,200	54,400	95,000	136,000
1952-54 J2X, V-8, 100" wb						
2d Rds	6,000	18,000	30,000	60,000	105,000	150,000
2d LeMans Rds	6,000	18,000	30,000	60,000	105,000	150,000

	6	5	4	3	2	1
1952-54 JR, V-8, 96" wb						
2d Rds	6,400	19,200	32,000	64,000	112,000	160,000
1952-54 Monte Carlo/Safari, V-8, 112" wb						
2d M.C. Sed	2,400	7,200	12,000	24,000	42,000	60,000
2d Safari Wag	2,800	8,400	14,000	28,000	49,000	70,000
1952-54 Palm Beach, 4-cyl., 96" wb						
2d Rds	2,800	8,400	14,000	28,000	49,000	70,000
1952-54 Palm Beach, 6-cyl., 96" wb						
2d Rds	3,050	9,100	15,200	30,400	53,200	76,000
1955-59 Palm Beach, 4-cyl., 96" wb						
2d Rds	2,800	8,400	14,000	28,000	49,000	70,000
1955-59 Palm Beach, 6-cyl., 96" wb						
2d Rds	3,050	9,100	15,200	30,400	53,200	76,000

AMPHICAR

	6	5	4	3	2	1
1961 4-cyl., 43 hp, 83" wb						
2d Conv	650	1,900	3,200	6,400	11,200	16,000
1962 4-cyl., 43 hp, 83" wb						
2d Conv	650	1,900	3,200	6,400	11,200	16,000
1963 4-cyl., 43 hp, 83" wb						
2d Conv	650	1,900	3,200	6,400	11,200	16,000
1964 4-cyl., 43 hp, 83" wb						
2d Conv	650	1,900	3,200	6,400	11,200	16,000
1965 4-cyl., 43 hp, 83" wb						
2d Conv	650	1,900	3,200	6,400	11,200	16,000
1966 4-cyl., 43 hp, 83" wb						
2d Conv	650	1,900	3,200	6,400	11,200	16,000
1967-68 4-cyl., 43 hp, 83" wb						
2d Conv	650	1,900	3,200	6,400	11,200	16,000

ASTON MARTIN

(Saloon - 2d coupe)

	6	5	4	3	2	1
1948-1950 DBl, 4-cyl., 1970cc, 108" wb						
2S Rds (14 made)	value not estimable					
1950-1953 DB2, 6-cyl., 2580cc, 99" wb						
Saloon	3,050	9,100	15,200	30,400	53,200	76,000
DHC	6,000	18,000	30,000	60,000	105,000	150,000
Graber DHC (3 made)	value not estimable					
1951-1953 DB3, 6-cyl., 2580/2922cc, 93" wb						
Racer (10 made)	value not estimable					
1953-1955 DB2/4, 6-cyl., 292cc, 99" wb						
Saloon	4,000	12,000	20,000	40,000	70,000	100,000
DHC	6,000	18,000	30,000	60,000	105,000	150,000
DHC by Graber	7,000	21,000	35,000	70,000	122,000	175,000
Rds by Touring (2 made)	value not estimable					
1953-1956 DS3S, 6-cyl., 2922cc, 87" wb						
Racer	value not estimable					
Cpe	8,000	24,000	40,000	80,000	140,000	200,000
1955-1957 DB2/4, 6-cyl., 2922cc, 99" wb						
Mk II Saloon	3,050	9,100	15,200	30,400	53,200	76,000
Mk II DHC	6,000	18,000	30,000	60,000	105,000	150,000
Mk II FHC	3,600	10,800	18,000	36,000	63,000	90,000
Mk II Spider by Touring (2 made)	value not estimable					
1957-1959 DB, 6-cyl., 2922cc, 99" wb						
Mk III Saloon	3,050	9,100	15,200	30,400	53,200	76,000
Mk III DHC	6,000	18,000	30,000	60,000	105,000	150,000
Mk III FHC	3,200	9,600	16,000	32,000	56,000	80,000
1956-1960 DBR, 6-cyl., 2493/2992/4164cc, 90" wb						
Racer (14 made)	value not estimable					
1958-1960 DB4, 6-cyl., 3670cc, 98" wb, Series 1						
Saloon	3,050	9,100	15,200	30,400	53,200	76,000
1960-1961 DB4, 6-cyl., 3670cc, 98" wb, Series 2						
Saloon	3,050	9,100	15,200	30,400	53,200	76,000
1961 DB4, 6-cyl., 3670cc, 98" wb, Series 3						
Saloon	3,050	9,100	15,200	30,400	53,200	76,000
1961-1962 DB4, 6-cyl., 3670cc, 98" wb, Series 4						
Saloon	3,050	9,100	15,200	30,400	53,200	76,000
DHC	5,600	16,800	28,000	56,000	98,000	140,000

	6	5	4	3	2	1
1962-1963 DB4, 6-cyl., 3670cc, 98" wb, Series 5						
Saloon	3,050	9,100	15,200	30,400	53,200	76,000
DHC	5,600	16,800	28,000	56,000	98,000	140,000
1959-1963 DB4GT, 6-cyl., 3670cc, 93" wb						
Saloon	5,050	15,100	25,200	50,400	88,000	126,000
Cpe by Zagato		value not estimable				
Bertone (1 made)		value not estimable				
1963-1965 DB5, 6-cyl., 3995cc, 98" wb						
Saloon	3,200	9,600	16,000	32,000	56,000	80,000
DHC	6,000	18,000	30,000	60,000	105,000	150,000
Radford Shooting Brake (12 made)		value not estimable				
Volante (37 made)		value not estimable				
1965-1969 DB6, 6-cyl., 3995cc, 102" wb						
Saloon	3,450	10,300	17,200	34,400	60,000	86,000
Radford Shooting Brake (6 made)		value not estimable				
Volante	6,000	18,000	30,000	60,000	105,000	150,000
1967-1972 6-cyl., 3995cc, 103" wb						
DBS Saloon	3,050	9,100	15,200	30,400	53,200	76,000
DBSC Saloon (2 made)		value not estimable				
1969-1970 DB6, 6-cyl., 3995cc, 102" wb						
Mk II Saloon	3,200	9,600	16,000	32,000	56,000	80,000
Mk II Volante	6,000	18,000	30,000	60,000	105,000	150,000
1970-1972 DBSV8, V-8, 5340cc, 103" wb						
Saloon	3,200	9,600	16,000	32,000	56,000	80,000
Saloon by Ogle (2 built)		value not estimable				
1972-1973 AM, 6-cyl., 3995cc, 103" wb						
Vantage Saloon (70 made)		value not estimable				
1972-1973 AMV8, 5340cc, V-8, 103" wb, Series II						
Saloon	1,850	5,500	9,200	18,400	32,200	46,000
1973-1978 AMV8, V-8, 5340cc, 103" wb, Series III						
Saloon	2,200	6,600	11,000	22,000	38,500	55,000
1977-1978 AMV8, V-8, 5340cc, 103" wb						
Vantage Saloon	2,200	6,600	11,000	22,000	38,500	55,000
1979 AMV8, V-8, 5340cc, 103" wb						
2d Vantage Cpe	2,300	6,850	11,400	22,800	39,900	57,000
2d Volante Conv	3,750	11,300	18,800	37,600	66,000	94,000
4d Lagonda	2,950	8,900	14,800	29,600	51,800	74,000
1980 AMV8, V-8, 5340cc, 103" wb						
2d Vantage Cpe	2,350	7,100	11,800	23,600	41,300	59,000
2d Volante Conv	3,750	11,300	18,800	37,600	66,000	94,000
4d Lagonda	2,950	8,900	14,800	29,600	51,800	74,000
1981 AMV8, V-8, 5340cc, 103" wb						
2d Vantage Cpe	2,500	7,450	12,400	24,800	43,400	62,000
2d Volante Conv	3,850	11,500	19,200	38,400	67,000	96,000
4d Lagonda	2,950	8,900	14,800	29,600	51,800	74,000
1982 AMV8, V-8, 5340cc, 103" wb						
2d Vantage Cpe	2,550	7,700	12,800	25,600	44,800	64,000
2d Volante Conv	3,850	11,500	19,200	38,400	67,000	96,000
4d Lagonda	2,950	8,900	14,800	29,600	51,800	74,000
1983 AMV8, V-8, 5340cc, 103" wb						
2d Vantage Cpe	2,800	8,400	14,000	28,000	49,000	70,000
2d Volante Conv	3,900	11,800	19,600	39,200	68,500	98,000
4d Lagonda	3,050	9,100	15,200	30,400	53,200	76,000
1984 AMV8, V-8, 5340cc, 103" wb						
2d Vantage Cpe	3,700	11,000	18,400	36,800	64,500	92,000
2d Volante Conv	3,900	11,800	19,600	39,200	68,500	98,000
4d Lagonda	3,050	9,100	15,200	30,400	53,200	76,000
1985 V-8						
2d Vantage Cpe	350	1,100	1,850	3,700	6,450	9,200
2d Volante Conv	400	1,200	1,950	3,900	6,850	9,800
4d Lagonda	3,050	9,100	15,200	30,400	53,200	76,000
1986 V-8						
2d Vantage Cpe	3,750	11,300	18,800	37,600	66,000	94,000
2d Volante Conv	4,000	12,000	20,000	40,000	70,000	100,000
4d Lagonda Saloon	300	950	1,550	3,100	5,450	7,800
1987 V-8						
2d Vantage Cpe	3,750	11,300	18,800	37,600	66,000	94,000
2d Volante Conv	4,000	12,000	20,000	40,000	70,000	100,000
4d Lagonda Saloon	3,100	9,350	15,600	31,200	54,600	78,000
1988 V-8						
2d Vantage Cpe	3,850	11,500	19,200	38,400	67,000	96,000
2d Volante Conv	4,100	12,200	20,400	40,800	71,500	102,000
4d Lagonda Saloon	3,100	9,350	15,600	31,200	54,600	78,000

	6	5	4	3	2	1
1989 V-8						
2d Vantage Cpe	4,000	12,000	20,000	40,000	70,000	100,000
2d Volante Conv	4,150	12,500	20,800	41,600	73,000	104,000
4d Lagonda Saloon	3,300	9,850	16,400	32,800	57,400	82,000
1990 V-8						
2d Virage Cpe	5,450	16,300	27,200	54,400	95,000	136,000
1991 Virage						
2d Cpe	4,400	13,200	22,000	44,000	77,000	110,000
1992 Virage						
2d Cpe	400	1,250	2,100	4,200	7,350	10,500
1993 Virage						
2d Cpe	4,000	12,000	20,000	40,000	70,000	100,000
1993 Volante						
2d Conv	6,400	19,200	32,000	64,000	112,000	160,000

AUDI

	6	5	4	3	2	1
1970 Super 90						
2d Sed	200	650	1,100	2,250	3,900	5,600
4d Sed	250	700	1,150	2,300	4,000	5,700
4d Sta Wag	250	700	1,150	2,300	4,000	5,700
1970 100 LS						
2d Sed	250	700	1,150	2,300	4,050	5,800
4d Sed	250	700	1,200	2,350	4,150	5,900
1971 Super 90						
2d Sed	200	650	1,100	2,250	3,900	5,600
4d Sed	250	700	1,150	2,300	4,000	5,700
4d Sta Wag	250	700	1,150	2,300	4,000	5,700
1971 100 LS						
2d Sed	250	700	1,150	2,300	4,050	5,800
4d Sed	250	700	1,200	2,350	4,150	5,900
1972 Super 90						
2d Sed	200	650	1,100	2,250	3,900	5,600
4d Sed	250	700	1,150	2,300	4,000	5,700
4d Sta Wag	250	700	1,150	2,300	4,000	5,700
1972 100						
2d Sed	250	700	1,150	2,300	4,000	5,700
4d Sed	250	700	1,150	2,300	4,050	5,800
1972 100 LS						
2d Sed	250	700	1,150	2,300	4,000	5,700
4d Sed	250	700	1,200	2,350	4,150	5,900
1972 100 GL						
2d Sed	250	700	1,200	2,350	4,150	5,900
4d Sed	250	700	1,200	2,400	4,200	6,000
1973 100						
2d Sed	200	650	1,100	2,250	3,900	5,600
4d Sed	250	700	1,150	2,300	4,000	5,700
1973 100 LS						
2d Sed	250	700	1,150	2,300	4,000	5,700
4d Sed	250	700	1,150	2,300	4,050	5,800
1973 100 GL						
2d Sed	250	700	1,150	2,300	4,050	5,800
4d Sed	250	700	1,200	2,350	4,150	5,900
1973 Fox						
2d Sed	150	500	800	1,600	2,800	4,000
4d Sed	150	500	800	1,600	2,800	4,000
1974 100 LS						
2d Sed	200	650	1,100	2,250	3,900	5,600
4d Sed	250	700	1,150	2,300	4,000	5,700
1974 Fox						
2d Sed	150	500	800	1,600	2,800	4,000
4d Sed	150	500	800	1,600	2,800	4,000
1975 100 LS						
2d Sed	200	650	1,100	2,200	3,850	5,500
4d Sed	200	650	1,100	2,250	3,900	5,600
1975 Fox						
2d Sed	150	500	800	1,600	2,800	4,000
4d Sed	150	500	800	1,600	2,800	4,000
4d Sta Wag	150	500	850	1,700	2,950	4,200
1976 100 LS						
2d Sed	200	650	1,100	2,150	3,800	5,400
4d Sed	200	650	1,100	2,200	3,850	5,500

	6	5	4	3	2	1
1976 Fox						
2d Sed	150	500	800	1,600	2,800	4,000
4d Sed	150	500	800	1,600	2,800	4,000
4d Sta Wag	150	500	850	1,700	2,950	4,200
1977 Sedan						
2d	200	650	1,050	2,100	3,700	5,300
4d	200	650	1,100	2,150	3,800	5,400
1977 Fox						
2d Sed	150	500	800	1,600	2,800	4,000
4d Sed	150	500	800	1,600	2,800	4,000
4d Sta Wag	150	500	850	1,700	2,950	4,200
1978 5000						
4d Sed	200	650	1,100	2,150	3,800	5,400
1978 Fox						
2d Sed	150	500	800	1,600	2,800	4,000
4d Sed	150	500	800	1,600	2,800	4,000
4d Sta Wag	150	500	850	1,700	2,950	4,200
1979 5000						
4d Sed	200	650	1,050	2,100	3,700	5,300
4d Sed S	200	650	1,100	2,250	3,900	5,600
1979 Fox						
2d Sed	150	500	800	1,600	2,800	4,000
4d Sed	150	500	800	1,600	2,800	4,000
4d Sta Wag	150	500	850	1,700	2,950	4,200
1980 5000						
4d Sed	200	600	1,050	2,100	3,650	5,200
4d Sed S	200	650	1,100	2,200	3,850	5,500
4d Sed (Turbo)	250	700	1,200	2,400	4,200	6,000
1980 4000						
2d Sed	200	600	1,000	1,950	3,450	4,900
4d Sed	200	600	1,000	2,000	3,500	5,000
1981 5000						
4d Sed	200	600	1,000	2,000	3,500	5,000
4d Sed S	200	600	1,050	2,100	3,650	5,200
4d Sed (Turbo)	200	650	1,100	2,200	3,850	5,500
1981 4000						
2d Sed 4E	200	550	900	1,750	3,100	4,400
4d Sed 4E	200	550	900	1,800	3,150	4,500
2d Sed (5 plus 5)	200	600	1,000	1,950	3,450	4,900
2d Cpe	200	600	1,000	2,000	3,500	5,000
1982 5000						
4d Sed S	200	600	1,000	2,000	3,500	5,000
4d Sed (Turbo)	200	650	1,100	2,200	3,850	5,500
1982 4000						
2d Sed	200	550	900	1,800	3,150	4,500
4d Sed (Diesel)	150	500	800	1,600	2,800	4,000
4d Sed S	200	600	950	1,900	3,350	4,800
2d Cpe	200	600	1,000	1,950	3,450	4,900
1983 5000						
4d Sed S	200	600	1,000	2,000	3,500	5,000
4d Sed (Turbo)	200	650	1,100	2,200	3,850	5,500
4d Sed (Turbo Diesel)	200	600	950	1,900	3,350	4,800
1983 4000						
2d Sed	200	550	900	1,800	3,150	4,500
4d Sed S	200	600	950	1,900	3,350	4,800
4d Sed S (Diesel)	150	500	800	1,600	2,800	4,000
2d Cpe	200	600	1,000	1,950	3,450	4,900
1984 5000						
4d Sed S	200	600	1,000	2,000	3,500	5,000
4d Sed (Turbo)	200	650	1,100	2,200	3,850	5,500
4d Sta Wag S	200	600	1,050	2,100	3,650	5,200
1984 4000						
2d Sed S	200	550	900	1,800	3,150	4,500
4d Sed S	200	550	950	1,900	3,300	4,700
2d GT Cpe	200	650	1,050	2,100	3,700	5,300
4d Sed S Quattro (4x4)	200	650	1,100	2,200	3,850	5,500
1985 5000						
4d Sed S	200	600	1,000	2,000	3,500	5,000
4d Sed (Turbo)	200	650	1,100	2,200	3,850	5,500
4d Sta Wag S	200	600	1,050	2,100	3,650	5,200
1985 4000						
4d Sed S	200	550	950	1,900	3,300	4,700
2d GT Cpe	200	650	1,050	2,100	3,700	5,300

	6	5	4	3	2	1
4d Sed S Quattro (4x4)	200	650	1,100	2,200	3,850	5,500
1986 5000						
4d Sed S	250	700	1,200	2,400	4,200	6,000
4d Sed CS (Turbo)	300	850	1,400	2,800	4,900	7,000
4d Sed CS Quattro (Turbo - 4x4)	300	900	1,500	3,000	5,250	7,500
4d Sta Wag S	250	800	1,300	2,600	4,550	6,500
4d Sta Wag CS Quattro (Turbo - 4x4)	350	1,000	1,700	3,400	5,950	8,500
1986 4000						
4d Sed S	200	650	1,100	2,200	3,850	5,500
2d GT Cpe	300	850	1,400	2,800	4,900	7,000
4d Sed CS Quattro (4x4)	300	900	1,500	3,000	5,250	7,500
1987 5000						
4d Sed S	300	850	1,400	2,800	4,900	7,000
4d Sed CS (Turbo)	300	900	1,500	3,000	5,250	7,500
4d Sed CS Quattro (Turbo - 4x4)	300	950	1,600	3,200	5,600	8,000
4d Sta Wag S	350	1,100	1,800	3,600	6,300	9,000
4d Sta Wag CS Quattro (Turbo - 4x4)	400	1,150	1,900	3,800	6,650	9,500
1987 4000						
4d Sed S	250	700	1,200	2,400	4,200	6,000
2d GT Cpe	300	900	1,500	3,000	5,250	7,500
4d Sed CS Quattro (4x4)	350	1,000	1,700	3,400	5,950	8,500
1988 5000						
4d Sed S	350	1,000	1,700	3,400	5,950	8,500
4d Sed CS (Turbo)	350	1,100	1,800	3,600	6,300	9,000
4d Sed S Quattro (4x4)	350	1,000	1,700	3,400	5,950	8,500
4d Sed CS Quattro (Turbo - 4x4)	400	1,150	1,900	3,800	6,650	9,500
4d Sta Wag S	300	900	1,500	3,000	5,250	7,500
4d Sta Wag CS Quattro (Turbo - 4x4)	400	1,150	1,900	3,800	6,650	9,500
1988 80 and 90						
4d Sed 80	550	1,700	2,800	5,600	9,800	14,000
4d Sed 90	400	1,150	1,900	3,800	6,650	9,500
4d Sed 80 Quattro (4x4)	400	1,200	2,000	4,000	7,000	10,000
4d Sed 90 Quattro (4x4)	550	1,700	2,800	5,600	9,800	14,000
1989 80 and 90						
4d Sed 80	500	1,550	2,600	5,200	9,100	13,000
4d Sed 90	550	1,700	2,800	5,600	9,800	14,000
4d Sed 80 (4x4)	600	1,750	2,900	5,800	10,150	14,500
4d Sed 90 (4x4)	650	1,900	3,200	6,400	11,200	16,000
1989 100						
4d Sed E	550	1,700	2,800	5,600	9,800	14,000
4d Sed	650	1,900	3,200	6,400	11,200	16,000
4d Sed Quattro (4x4)	700	2,050	3,400	6,800	11,900	17,000
4d Sta Wag	650	1,900	3,200	6,400	11,200	16,000
1989 200						
4d Sed (Turbo)	700	2,050	3,400	6,800	11,900	17,000
4d Sed Quattro (Turbo - 4x4)	700	2,150	3,600	7,200	12,600	18,000
4d Sta Wag Quattro (Turbo - 4x4)	800	2,400	4,000	8,000	14,000	20,000
1990 80 and 90, 4 & 5-cyl.						
4d Sed 80	300	850	1,400	2,800	4,900	7,000
4d Sed 90	400	1,150	1,900	3,800	6,650	9,500
4d Sed 80 Quattro	400	1,150	1,900	3,750	6,600	9,400
4d Sed 90 Quattro	500	1,450	2,400	4,800	8,400	12,000
2d Cpe	500	1,500	2,500	5,000	8,750	12,500
1990 100						
4d Sed	350	1,100	1,800	3,600	6,300	9,000
4d Sed Quattro	450	1,300	2,200	4,400	7,700	11,000
1990 200						
4d Sed Turbo	450	1,400	2,300	4,600	8,050	11,500
4d Sed 200T Quattro	550	1,600	2,700	5,400	9,450	13,500
4d Sta Wag 200T Quattro	550	1,700	2,800	5,600	9,800	14,000
4d Sed Quattro V-8	650	1,900	3,200	6,400	11,200	16,000
1991 80 and 90						
2d Cpe Quattro	450	1,300	2,200	4,400	7,700	11,000
4d Sed 80	300	900	1,500	3,000	5,250	7,500
4d Sed 90	400	1,150	1,900	3,800	6,650	9,500
4d Sed 80 Quattro	400	1,150	1,900	3,750	6,600	9,400
4d Sed 90 Quattro	400	1,250	2,100	4,200	7,350	10,500
1991 100						
4d Sed	300	950	1,600	3,200	5,600	8,000
4d Sed Quattro	400	1,150	1,900	3,800	6,650	9,500
1991 200						
4d Sed Turbo	450	1,300	2,200	4,400	7,700	11,000
4d Sed Turbo Quattro	500	1,450	2,400	4,800	8,400	12,000
4d Sta Wag Turbo Quattro	550	1,700	2,800	5,600	9,800	14,000

	6	5	4	3	2	1
4d Sed Quattro V-8	600	1,800	3,000	6,000	10,500	15,000

1992 80, 5-cyl.

	6	5	4	3	2	1
4d Sed	300	850	1,400	2,800	4,900	7,000
4d Sed Quattro	350	1,100	1,800	3,600	6,300	9,000

1992 100, V-6

	6	5	4	3	2	1
4d Sed	350	1,100	1,800	3,600	6,300	9,000
4d Sed S	400	1,200	2,000	4,000	7,000	10,000
4d Sed CS	450	1,300	2,200	4,400	7,700	11,000
4d Sed CS Quattro	500	1,450	2,400	4,800	8,400	12,000
4d Sed S4 (Turbo - 4x4)	700	2,150	3,600	7,200	12,600	18,000
4d Sed Quattro V-8	700	2,150	3,600	7,200	12,600	18,000
4d Sta Wag CS	500	1,550	2,600	5,200	9,100	13,000

1993 90, V-6

	6	5	4	3	2	1
4d Sed S	300	950	1,550	3,100	5,450	7,800
4d Sed CS	300	950	1,600	3,150	5,550	7,900
4d Quattro Sed	350	1,000	1,650	3,300	5,750	8,200

1993 100, V-6

	6	5	4	3	2	1
4d Sed	350	1,100	1,850	3,700	6,450	9,200
4d Sed S	400	1,150	1,900	3,800	6,650	9,500
4d Sed CS	400	1,150	1,900	3,850	6,700	9,600
4d Sed CS Quattro	400	1,200	1,950	3,900	6,850	9,800
4d Sta Wag CS Quattro	400	1,200	2,000	4,000	7,000	10,000
4d Sed (4x4)	400	1,250	2,100	4,250	7,400	10,600
4d Quattro Sed V-8	450	1,300	2,200	4,400	7,700	11,000

AUSTIN

1947-48 A40, 4-cyl., 40 hp, 92.5" wb

	6	5	4	3	2	1
2d Dorset Sed	400	1,150	1,900	3,800	6,650	9,500
2d Devon Sed	400	1,150	1,900	3,800	6,650	9,500

1949 A40, 4-cyl., 40 hp, 92.5" wb

	6	5	4	3	2	1
2d Dorset Sed	400	1,150	1,900	3,800	6,650	9,500
2d Devon Sed	400	1,150	1,900	3,800	6,650	9,500
2d Countryman Wag	400	1,200	2,000	4,000	7,000	10,000

1949 A90 Atlantic, 4-cyl., 88 hp, 96" wb

	6	5	4	3	2	1
2d Conv	650	1,900	3,200	6,400	11,200	16,000

1949 A125 Sheerline, 6-cyl., 125 hp, 119" wb

	6	5	4	3	2	1
4d Sed	450	1,300	2,200	4,400	7,700	11,000

1950 A40 Devon, 4-cyl., 40 hp, 92.5" wb

	6	5	4	3	2	1
4d Mk II Sed	400	1,150	1,900	3,800	6,650	9,500
4d DeL Sed	400	1,150	1,900	3,800	6,650	9,500

1950 A40 Countryman, 4-cyl., 40 hp, 92.5" wb

	6	5	4	3	2	1
2d Sta Wag	500	1,450	2,400	4,800	8,400	12,000

1950 A90 Atlantic, 4-cyl., 88 hp, 96" wb

	6	5	4	3	2	1
2d Conv	650	1,900	3,200	6,400	11,200	16,000

1950 A125 Sheerline, 6-cyl., 125 hp, 119" wb

	6	5	4	3	2	1
4d Sed	450	1,400	2,300	4,600	8,050	11,500

1951 A40 Devon, 4-cyl., 40 hp, 92.5" wb

	6	5	4	3	2	1
4d Mk II Sed	350	1,100	1,800	3,600	6,300	9,000
4d DeL Sed	400	1,150	1,900	3,800	6,650	9,500

1951 A40 Countryman, 4-cyl., 40 hp, 92.5" wb

	6	5	4	3	2	1
2d Sta Wag	500	1,450	2,400	4,800	8,400	12,000

1951 A90 Atlantic, 4-cyl., 88 hp, 96" wb

	6	5	4	3	2	1
2d Conv	650	1,900	3,200	6,400	11,200	16,000
2d Spt Sed	450	1,300	2,200	4,400	7,700	11,000

1951 A125 Sheerline, 6-cyl., 125 hp, 119" wb

	6	5	4	3	2	1
4d Sed	450	1,400	2,300	4,600	8,050	11,500

1952 A40 Somerset, 4-cyl., 42/50 hp, 92.5" wb

	6	5	4	3	2	1
2d Conv	600	1,800	3,000	6,000	10,500	15,000
2d Spt Conv	600	1,850	3,100	6,200	10,900	15,500
4d Sed	350	1,100	1,800	3,600	6,300	9,000

1952 A40 Countryman, 4-cyl., 42 hp, 92.5" wb

	6	5	4	3	2	1
2d Sta Wag	500	1,450	2,400	4,800	8,400	12,000

1952 A90 Atlantic, 4-cyl., 88 hp, 96" wb

	6	5	4	3	2	1
2d Spt Sed	400	1,200	2,000	4,000	7,000	10,000

1952 A125 Sheerline, 6-cyl., 125 hp, 119" wb

	6	5	4	3	2	1
4d Sed	450	1,400	2,300	4,600	8,050	11,500

1953 A30 "Seven", 4-cyl., 30 hp, 79.5" wb

	6	5	4	3	2	1
4d Sed	350	1,100	1,800	3,600	6,300	9,000

1953 A40 Somerset, 4-cyl., 42/50 hp, 92.5" wb

	6	5	4	3	2	1
2d Conv	600	1,800	3,000	6,000	10,500	15,000
2d Spt Conv	600	1,850	3,100	6,200	10,900	15,500

1953 Alfa Romeo 1900SS Ghia coupe

1979 Alfa Romeo Sprint Voloce coupe

1952 Allard roadster

	6	5	4	3	2	1
4d Sed	400	1,150	1,900	3,800	6,650	9,500

1953 A40 Countryman, 4-cyl., 42 hp, 92.5" wb
2d Sta Wag	500	1,450	2,400	4,800	8,400	12,000

1954 A30 "Seven", 4-cyl., 30 hp, 79.5" wb
2d Sed	350	1,100	1,800	3,600	6,300	9,000
4d Sed	300	950	1,600	3,200	5,600	8,000

1954 A40 Somerset, 4-cyl., 42/50 hp, 92.5" wb
2d Conv	550	1,700	2,800	5,600	9,800	14,000
4d Sed	350	1,100	1,800	3,600	6,300	9,000

1954 A40 Countryman, 4-cyl., 42 hp, 92.5" wb
2d Sta Wag	500	1,450	2,400	4,800	8,400	12,000

1955 A50 Cambridge, 4-cyl., 50 hp, 99" wb
4d Sed	350	1,000	1,700	3,400	5,950	8,500

1955 A90 Westminster, 6-cyl., 85 hp, 103" wb
4d Sed	350	1,100	1,800	3,600	6,300	9,000

1956 A50 Cambridge, 4-cyl., 50 hp, 99" wb
4d Sed	350	1,000	1,700	3,400	5,950	8,500

1956 A90 Westminster, 6-cyl., 85 hp, 103" wb
4d Sed	350	1,100	1,800	3,600	6,300	9,000

1957 A35, 4-cyl., 34 hp, 79" wb
2d Sed	300	900	1,500	2,950	5,200	7,400

1957 A55 Cambridge, 4-cyl., 51 hp, 99" wb
4d Sed	300	900	1,550	3,100	5,400	7,700

1957 A95 Westminster, 6-cyl., 92 hp, 106" wb
4d Sed	350	1,100	1,800	3,600	6,300	9,000

1958 A35, 4-cyl., 34 hp, 79" wb
2d Sed	300	900	1,500	2,950	5,200	7,400

1958 A55 Cambridge, 4-cyl., 51 hp, 99" wb
4d Sed	300	900	1,550	3,100	5,400	7,700

1959 A35, 4-cyl., 34 hp, 79" wb
2d Sed	300	900	1,500	2,950	5,200	7,400

1959 A40, 4-cyl., 34 hp, 83" wb
2d Std Sed	300	900	1,500	3,000	5,250	7,500
2d DeL Sed	300	900	1,500	3,050	5,300	7,600

1959 A55 Cambridge, 4-cyl., 51 hp, 99" wb
4d Sed	300	900	1,550	3,100	5,400	7,700

1959 A55 Mk II, 4-cyl., 51 hp, 99" wb
4d Sed	300	950	1,550	3,100	5,450	7,800

1960 850 Mini, 4-cyl., 37 hp, 80" wb
2d Sed	500	1,450	2,400	4,800	8,400	12,000

1960 A40, 4-cyl., 34 hp, 83" wb
2d Std Sed	300	900	1,500	3,000	5,250	7,500
2d DeL Sed	300	900	1,500	3,050	5,300	7,600

1960 A55 Mk II, 4-cyl., 51 hp, 99" wb
4d Sed	300	950	1,550	3,100	5,450	7,800

1960 A99 Westminster, 6-cyl., 112 hp, 108" wb
4d Sed	300	950	1,600	3,150	5,550	7,900

1961 850 Mini, 4-cyl., 37 hp, 80" wb
2d Sed	500	1,450	2,400	4,800	8,400	12,000

1961 Mini Cooper, 4-cyl., 55 hp, 80" wb
2d Sed	550	1,700	2,800	5,600	9,800	14,000

1961 A40, 4-cyl., 34 hp, 83" wb
2d Std Sed	300	900	1,500	3,000	5,250	7,500
2d DeL Sed	300	900	1,500	3,050	5,300	7,600
2d Std Sta Wag	300	950	1,600	3,200	5,600	8,000
2d DeL Sta Wag	350	1,000	1,700	3,400	5,950	8,500

1961 A55 Mk II, 4-cyl., 51 hp, 99" wb
4d Sed	300	950	1,550	3,100	5,450	7,800

1961 A99 Westminster, 6-cyl., 112 hp, 108" wb
4d Sed	300	950	1,600	3,200	5,600	8,000

1962 850 Mini, 4-cyl., 37 hp, 80" wb
2d Sed	500	1,450	2,400	4,800	8,400	12,000

1962 Mini Cooper, 4-cyl., 55 hp, 80" wb
2d Sed	550	1,700	2,800	5,600	9,800	14,000

1962 A40, 4-cyl., 34 hp, 83" wb
2d Sed	300	900	1,500	3,000	5,250	7,500

1962 A55 Mk II, 4-cyl., 51 hp, 99" wb
4d Sed	300	900	1,500	3,050	5,300	7,600

1963 850 Mini, 4-cyl., 37 hp, 80" wb
2d Sed	500	1,450	2,400	4,800	8,400	12,000

	6	5	4	3	2	1
2d Sta Wag	500	1,550	2,600	5,200	9,100	13,000
1963 850 Mini Cooper, 4-cyl., 56 hp, 80" wb						
2d Sed	600	1,750	2,900	5,800	10,200	14,500
1963 850 Mini Cooper "S", 4-cyl., 75 hp, 80" wb						
2d Sed	650	1,900	3,200	6,400	11,200	16,000
1963 A60, 4-cyl., 68 hp, 100" wb						
4d Sed	300	900	1,500	3,000	5,250	7,500
4d Countryman	300	900	1,550	3,100	5,400	7,700
1964 850 Mini, 4-cyl., 37 hp, 80" wb						
2d Sed	500	1,450	2,400	4,800	8,400	12,000
2d Sta Wag	500	1,550	2,600	5,200	9,100	13,000
1964 850 Mini Cooper, 4-cyl., 56 hp, 80" wb						
2d Sed	600	1,750	2,900	5,800	10,200	14,500
1964 850 Mini Cooper "S", 4-cyl., 75 hp, 80" wb						
2d Sed	650	1,900	3,200	6,400	11,200	16,000
1964 A60, 4-cyl., 68 hp, 100" wb						
4d Sed	300	900	1,500	3,000	5,250	7,500
4d Countryman	300	900	1,550	3,100	5,400	7,700
1964 Mk II Princess, 6-cyl., 175 hp, 110" wb						
4d Sed	350	1,100	1,800	3,600	6,300	9,000
1965 850 Mini, 4-cyl., 34 hp, 80" wb						
2d Sed	500	1,450	2,400	4,800	8,400	12,000
1965 850 Mini Cooper "S", 4-cyl., 75 hp, 80" wb						
2d Sed	650	1,900	3,200	6,400	11,200	16,000
1965 Mk II Princess, 6-cyl., 175 hp, 110" wb						
4d Sed	350	1,100	1,800	3,600	6,300	9,000
1966 850 Mini, 4-cyl., 34 hp, 80" wb						
2d Sed	500	1,450	2,400	4,800	8,400	12,000
1966 850 Mini Cooper "S", 4-cyl., 75 hp, 80" wb						
2d Sed	650	1,900	3,200	6,400	11,200	16,000
1966 Mk II Princess "R", 6-cyl., 175 hp, 110" wb						
4d Sed	350	1,100	1,800	3,600	6,300	9,000
1967 850 Mini Cooper "S", 4-cyl., 75 hp, 80" wb						
2d Sed	650	2,000	3,300	6,600	11,600	16,500
1968 850 Mini Cooper "S", 4-cyl., 75 hp, 80" wb						
2d Sed	650	2,000	3,300	6,600	11,600	16,500
1968 America, 4-cyl., 58 hp, 93" wb						
2d Sed	200	600	1,000	2,000	3,500	5,000
1969 America, 4-cyl., 58 hp, 93" wb						
2d Sed	200	600	1,000	2,000	3,500	5,000
1970 America, 4-cyl., 58 hp, 93" wb						
2d Sed	200	600	1,000	2,000	3,500	5,000
1971 America, 4-cyl., 58 hp, 93" wb						
2d Sed	200	600	1,000	2,000	3,500	5,000
1972						
NOTE: No Austins imported in 1972.						
1973 Marina, 4-cyl., 68 hp, 96" wb						
2d GT Sed	200	600	1,000	2,000	3,500	5,000
4d Sed	200	600	950	1,900	3,350	4,800
1974 Marina, 4-cyl., 68 hp, 96" wb						
2d GT Sed	200	600	1,000	2,000	3,500	5,000
4d Sed	200	600	950	1,900	3,350	4,800
1975 Marina, 4-cyl., 68 hp, 96" wb						
2d GT Sed	200	600	1,000	2,000	3,500	5,000
4d Sed	200	600	950	1,900	3,350	4,800

AUSTIN-HEALEY

	6	5	4	3	2	1
1953-1956 "100", 4-cyl., 90 hp, 90" wb						
Rds	1,000	3,000	5,000	10,000	17,500	25,000
1956 "100-6", 6-cyl., 102 hp, 92" wb						
Rds	1,050	3,100	5,200	10,400	18,200	26,000
1957 "100-6", 6-cyl., 102 hp, 92" wb						
Rds	1,100	3,250	5,400	10,800	18,900	27,000
1958 "100-6", 6-cyl., 117 hp, 92" wb						
Rds	1,100	3,250	5,400	10,800	18,900	27,000
1958 Sprite Mk I, 4-cyl., 43 hp, 80" wb						
Rds	500	1,450	2,400	4,800	8,400	12,000

	6	5	4	3	2	1
1959 "100-6", 6-cyl., 117 hp, 92" wb						
Rds	1,100	3,250	5,400	10,800	18,900	27,000
1959 Sprite Mk I, 4-cyl., 43 hp, 80" wb						
Rds	500	1,450	2,400	4,800	8,400	12,000
1960 "3000" Mk I, 6-cyl., 124 hp, 92" wb						
Rds	1,100	3,250	5,400	10,800	18,900	27,000
1960 Sprite Mk I, 4-cyl., 43 hp, 80" wb						
Rds	500	1,450	2,400	4,800	8,400	12,000
1961 "3000" Mk I, 6-cyl., 124 hp, 92" wb						
Rds	950	2,900	4,800	9,600	16,800	24,000
1961 "3000" Mk II, 6-cyl., 132 hp, 92" wb						
Rds	1,000	3,000	5,000	10,000	17,500	25,000
1961 Sprite Mk I, 4-cyl., 43 hp, 80" wb						
Rds	500	1,450	2,400	4,800	8,400	12,000
1961 Sprite Mk II, 4-cyl., 46 hp, 80" wb						
Rds	400	1,200	2,000	4,000	7,000	10,000
1962 "3000" Mk II, 6-cyl., 132 hp, 92" wb						
Rds	900	2,750	4,600	9,200	16,100	23,000
1962 Sprite Mk II, 4-cyl., 46 hp, 80" wb						
Conv	350	1,100	1,800	3,600	6,300	9,000
1963 "3000 Mk II, 6-cyl., 132 hp, 92" wb						
Conv	1,000	3,000	5,000	10,000	17,500	25,000
1963 Sprite Mk II, 4-cyl., 56 hp, 80" wb						
Rds	350	1,100	1,800	3,600	6,300	9,000
1964 "3000" Mk II, 6-cyl., 132 hp, 92" wb						
Conv	1,050	3,100	5,200	10,400	18,200	26,000
1964 "3000" Mk III, 6-cyl., 150 hp, 92" wb						
Conv	1,100	3,250	5,400	10,800	18,900	27,000
1964 Sprite Mk II, 4-cyl., 56 hp, 80" wb						
Rds	350	1,100	1,800	3,600	6,300	9,000
1964 Sprite Mk III, 4-cyl., 59 hp, 80" wb						
Conv	400	1,150	1,900	3,800	6,650	9,500
1965 "3000" Mk III, 6-cyl., 150 hp, 92" wb						
Conv	1,100	3,250	5,400	10,800	18,900	27,000
1965 Sprite Mk III, 4-cyl., 59 hp, 80" wb						
Conv	400	1,150	1,900	3,800	6,650	9,500
1966 "3000" Mk III, 6-cyl., 150 hp, 92" wb						
Conv	1,100	3,250	5,400	10,800	18,900	27,000
1966 Sprite Mk III, 4-cyl., 59 hp, 80" wb						
Conv	400	1,150	1,900	3,800	6,650	9,500
1967 "3000" Mk III, 6-cyl., 150 hp, 92" wb						
Conv	1,100	3,250	5,400	10,800	18,900	27,000
1967 Sprite Mk III, 4-cyl., 59 hp, 80" wb						
Conv	400	1,150	1,900	3,800	6,650	9,500
1968 Sprite Mk III, 4-cyl., 59 hp, 80" wb						
2d Rds	350	1,100	1,800	3,600	6,300	9,000
1968 Sprite Mk IV, 4-cyl., 62 hp, 80" wb						
2d Rds	400	1,200	2,000	4,000	7,000	10,000
1969 Sprite Mk IV, 4-cyl., 62 hp, 80" wb						
2d Rds	400	1,200	2,000	4,000	7,000	10,000
1970 Sprite MK IV, 4-cyl., 62 hp, 80" wb						
2d Rds	400	1,200	2,000	4,000	7,000	10,000

BMW

	6	5	4	3	2	1
1952 - 1953 6-cyl., 1917cc, 111.6" wb						
501 4d Sed	450	1,400	2,300	4,600	8,050	11,500
1954 6-cyl., 1917cc, 111.6" wb						
501A 4d Sed	400	1,200	2,000	4,000	7,000	10,000
501B 4d Sed	400	1,200	2,000	4,000	7,000	10,000

NOTE: Add 75 percent for custom-built coupe. Add 100 percent for custom-built 2d and 4d convertibles.

	6	5	4	3	2	1
1954 V-8, 2580cc, 111.6" wb						
502/2.6 4d Sed	500	1,500	2,500	5,000	8,750	12,500
1955 Isetta 250 1-cyl., 250cc, 59.1" wb						
1d Std Sed	450	1,300	2,200	4,400	7,700	11,000
1d DeL Sed	450	1,350	2,250	4,500	7,900	11,300
1955 6-cyl., 1971cc, 111.6" wb						
501A 4d Sed	400	1,200	2,000	4,000	7,000	10,000

	6	5	4	3	2	1
501B 4d Sed	400	1,200	2,000	4,000	7,000	10,000
501/6 4d Sed, 2077 cc	450	1,400	2,300	4,600	8,050	11,500
501 V-8 4d Sed, 2580 cc	500	1,500	2,500	5,000	8,750	12,500
502/2.6 4d Sed	550	1,600	2,700	5,400	9,450	13,500
502/3.2 4d Sed	450	1,400	2,300	4,600	8,050	11,500

NOTE: Add 75 percent for coach-built cpe. Add 100 percent for coach-built 2d and 4d convertibles.

1956 Isetta 250

	6	5	4	3	2	1
1d Std Sed	400	1,200	2,000	4,000	7,000	10,000
1d DeL Sed	450	1,350	2,250	4,500	7,900	11,300
501/6 4d Sed	400	1,200	2,000	4,000	7,000	10,000
501 V-8 4d Sed	500	1,450	2,400	4,800	8,400	12,000
502/2.6 4d Sed	500	1,550	2,600	5,200	9,100	13,000
502/3.2 4d Sed	600	1,800	3,000	6,000	10,500	15,000

NOTE: Add 25 percent for coach-built cpe. Add 100 percent for coach-built 2d and 4d convertibles.

1956 V-8, 3168cc, 11.6" wb

	6	5	4	3	2	1
503 Cpe	1,200	3,600	6,000	12,000	21,000	30,000
503 Conv	1,600	4,800	8,000	16,000	28,000	40,000
507 Rds	8,400	25,200	42,000	84,000	147,000	210,000

1957 Isetta 300

	6	5	4	3	2	1
1d Std Sed	450	1,300	2,150	4,300	7,550	10,800
1d DeL Sed	400	1,200	2,000	4,000	7,000	10,000

1957 2-cyl., 582cc, 66.9" wb

	6	5	4	3	2	1
600 2d Sed	400	1,150	1,900	3,800	6,650	9,500
501/6 4d Sed	400	1,200	2,000	4,000	7,000	10,000
501 V-8 4d Sed	500	1,450	2,400	4,800	8,400	12,000
502/2.6 4d Sed	500	1,550	2,600	5,200	9,100	13,000
502/3.2 4d Sed	600	1,800	3,000	6,000	10,500	15,000
502/3.2 Sup 4d Sed	650	1,900	3,200	6,400	11,200	16,000
503 Cpe	1,200	3,600	6,000	12,000	21,000	30,000
503 Conv	1,600	4,800	8,000	16,000	28,000	40,000
507 Rds	8,400	25,200	42,000	84,000	147,000	210,000

1958 Isetta 300

	6	5	4	3	2	1
1d Std Sed	450	1,300	2,200	4,400	7,700	11,000
1d DeL Sed	450	1,350	2,250	4,500	7,900	11,300
600 2d Sed	400	1,150	1,900	3,800	6,650	9,500
501/3 4d Sed	400	1,200	2,000	4,000	7,000	10,000
501 V-8 4d Sed	500	1,450	2,400	4,800	8,400	12,000
502/2.6 4d Sed	500	1,550	2,600	5,200	9,100	13,000
502/3.2 4d Sed	600	1,800	3,000	6,000	10,500	15,000
502/3.2 Sup 4d Sed	650	1,900	3,200	6,400	11,200	16,000

NOTE: Add 75 percent for coach-built cpe . Add 100 percent for coach-built 2d and 4d convertibles.

	6	5	4	3	2	1
503 Cpe	1,200	3,600	6,000	12,000	21,000	30,000
503 Conv	1,600	4,800	8,000	16,000	28,000	40,000
507 Rds	8,400	25,200	42,000	84,000	147,000	210,000

1959 Isetta 300

	6	5	4	3	2	1
1d Std Sed	450	1,300	2,200	4,400	7,700	11,000
1d DeL Sed	450	1,350	2,250	4,500	7,900	11,300
600 2d Sed	400	1,150	1,900	3,800	6,650	9,500

1959 700, 2-cyl., 697cc, 83.5" wb

	6	5	4	3	2	1
Cpe	300	850	1,400	2,800	4,900	7,000
2d Sed	250	800	1,350	2,700	4,700	6,700
501 V-8 4d Sed	500	1,450	2,400	4,800	8,400	12,000
502/2.6 4d Sed	500	1,550	2,600	5,200	9,100	13,000
502/3.2 4d Sed	600	1,800	3,000	6,000	10,500	15,000
502/3.2 Sup 4d Sed	650	1,900	3,200	6,400	11,200	16,000
503 Cpe	1,200	3,600	6,000	12,000	21,000	30,000
503 Conv	1,600	4,800	8,000	16,000	28,000	40,000
507 Rds	8,400	25,200	42,000	84,000	147,000	210,000

1960 Isetta 300

	6	5	4	3	2	1
1d Std Sed	450	1,350	2,250	4,500	7,850	11,200
1d DeL Sed	450	1,350	2,300	4,550	8,000	11,400
600 2d Sed	400	1,150	1,900	3,800	6,650	9,500
700 Cpe	300	900	1,500	3,000	5,250	7,500
700 2d Sed	300	850	1,450	2,900	5,050	7,200
700 Spt Cpe	300	900	1,500	3,050	5,300	7,600
501 V-8 4d Sed	500	1,450	2,400	4,800	8,400	12,000
502/2.6 4d Sed	500	1,550	2,600	5,200	9,100	13,000
502/3.2 4d Sed	600	1,800	3,000	6,000	10,500	15,000
502/3.2 Sup 4d Sed	650	1,900	3,200	6,400	11,200	16,000

1961 Isetta 300

	6	5	4	3	2	1
1d Std Sed	450	1,350	2,250	4,500	7,900	11,300
1d DeL Sed	450	1,400	2,300	4,600	8,050	11,500
700 Cpe	300	900	1,500	3,000	5,250	7,500
700 2d Sed	300	850	1,400	2,800	4,900	7,000
700 Spt Cpe	300	900	1,550	3,100	5,400	7,700

	6	5	4	3	2	1
700 2d Luxus Sed	300	850	1,450	2,900	5,050	7,200
700 Conv	500	1,450	2,400	4,800	8,400	12,000
501 V-8 4d Sed	500	1,450	2,400	4,800	8,400	12,000
502/2.6 4d Sed	500	1,550	2,600	5,200	9,100	13,000
2600 4d Sed	550	1,700	2,800	5,600	9,800	14,000
2600L 4d Sed	600	1,750	2,900	5,800	10,150	14,500
502/3.2 4d Sed	500	1,550	2,600	5,200	9,100	13,000
502/3.2 4d Sup Sed	550	1,700	2,800	5,600	9,800	14,000
3200L 4d Sed	600	1,800	3,000	6,000	10,500	15,000
3200S 4d Sed	650	1,900	3,200	6,400	11,200	16,000
1962 Isetta 300						
1d Std Sed	450	1,350	2,250	4,500	7,900	11,300
1d DeL Sed	450	1,400	2,300	4,600	8,050	11,500
700 Cpe	300	900	1,500	3,000	5,250	7,500
700CS Cpe	300	900	1,550	3,100	5,400	7,700
700 Spt Cpe	300	950	1,550	3,100	5,450	7,800
700 2d Sed	300	850	1,400	2,800	4,900	7,000
700 Conv	500	1,450	2,400	4,800	8,400	12,000
700LS 2d Sed	300	900	1,450	2,900	5,100	7,300
700LS Luxus 2d Sed	300	900	1,500	3,000	5,250	7,500
1962 4-cyl., 1499cc, 100.4" wb						
1500 4d Sed	300	900	1,500	3,000	5,250	7,500
2600 4d Sed	400	1,150	1,900	3,800	6,650	9,500
2600L 4d Sed	400	1,150	1,900	3,800	6,650	9,500
3200L 4d Sed	500	1,450	2,400	4,800	8,400	12,000
3200S 4d Sed	500	1,500	2,500	5,000	8,750	12,500
3200CS Cpe	850	2,500	4,200	8,400	14,700	21,000
1963 4-cyl., 1499cc, 100.4" wb						
700 Cpe	250	750	1,250	2,500	4,350	6,200
700 Spt Cpe	300	950	1,550	3,100	5,450	7,800
700CS Cpe	250	800	1,350	2,700	4,700	6,700
700 Conv	500	1,450	2,400	4,800	8,400	12,000
700LS 2d Sed	300	900	1,450	2,900	5,100	7,300
700LS Luxus 2d Sed	300	900	1,500	3,000	5,250	7,500
1500 4d Sed	300	850	1,450	2,900	5,050	7,200
1800 4d Sed	300	950	1,600	3,200	5,600	8,000
2600L 4d Sed	400	1,250	2,100	4,200	7,350	10,500
3200S 4d Sed	450	1,300	2,200	4,400	7,700	11,000
3200CS Cpe	800	2,400	4,000	8,000	14,000	20,000
1964 4-cyl., 1499cc, 100.4" wb						
700 C Cpe	250	750	1,250	2,500	4,350	6,200
700CS Cpe	250	800	1,350	2,700	4,700	6,700
700 Conv	500	1,450	2,400	4,800	8,400	12,000
700LS Cpe	300	850	1,450	2,900	5,050	7,200
700 Luxus 2d Sed	300	850	1,400	2,800	4,900	7,000
1500 4d Sed	300	850	1,400	2,800	4,900	7,000
1600 4d Sed	300	900	1,500	3,000	5,250	7,500
1800 4d Sed	300	950	1,600	3,200	5,600	8,000
1800TI 4d Sed	350	1,000	1,700	3,400	5,950	8,500
1800TI/SA 4d Sed	450	1,300	2,200	4,400	7,700	11,000
2600L 4d Sed	400	1,200	2,000	4,000	7,000	10,000
3200CS Cpe	800	2,400	4,000	8,000	14,000	20,000
1965 4-cyl., 1499cc, 100.4" wb						
700LS Cpe	300	850	1,450	2,900	5,050	7,200
700 Luxus 2d Sed	300	850	1,400	2,800	4,900	7,000
1600 4d Sed	300	900	1,500	3,000	5,250	7,500
1800 4d Sed	350	1,100	1,800	3,600	6,300	9,000
1800TI 4d Sed	400	1,150	1,900	3,800	6,650	9,500
1800TI/SA 4d Sed	500	1,450	2,400	4,800	8,400	12,000
1965 4-cyl., 100.4" wb						
2000C Cpe	500	1,550	2,600	5,200	9,100	13,000
2000CS Cpe	550	1,650	2,750	5,500	9,650	13,800
1965 V-8, 111.4" wb						
3200CS Cpe	800	2,400	4,000	8,000	14,000	20,000
1966 4-cyl., 98.4" wb						
1600-2 2d Sed	300	950	1,600	3,200	5,600	8,000
1600 4d Sed	300	900	1,500	3,000	5,250	7,500
1800 4d Sed	300	950	1,600	3,200	5,600	8,000
1800TI 4d Sed	350	1,050	1,750	3,500	6,100	8,700
2000 4d Sed	350	1,000	1,650	3,300	5,750	8,200
2000TI 4d Sed	350	1,050	1,750	3,500	6,100	8,700
2000TI Lux 4d Sed	350	1,100	1,850	3,700	6,450	9,200
2000C Cpe	500	1,550	2,600	5,200	9,100	13,000
2000CA Cpe	550	1,650	2,750	5,500	9,650	13,800
2000CS Cpe	550	1,650	2,750	5,500	9,650	13,800

	6	5	4	3	2	1
1967 4-cyl., 98.4" wb						
1602 2d Sed	300	850	1,400	2,800	4,900	7,000
1600TI 2d Sed	350	1,100	1,800	3,600	6,300	9,000
Glas 1600GT Cpe	400	1,150	1,900	3,800	6,650	9,500
1800 4d Sed	300	850	1,400	2,800	4,900	7,000
2000 4d Sed	300	850	1,450	2,900	5,050	7,200
2000TI 4d Sed	300	900	1,550	3,100	5,400	7,700
2000TI Lux 4d Sed	350	1,000	1,700	3,400	5,950	8,500
2000C Cpe	550	1,600	2,650	5,300	9,300	13,300
2000CA Cpe	550	1,600	2,650	5,300	9,300	13,300
2000CS Cpe	550	1,600	2,650	5,300	9,300	13,300
Glas 3000 V-8 Cpe	600	1,750	2,900	5,800	10,150	14,500
1968 4-cyl., 98.4" wb						
1600 2d Sed	350	1,100	1,800	3,600	6,300	9,000
1600 Cabr	600	1,800	3,000	6,000	10,500	15,000
Glas 1600GT Cpe	400	1,150	1,900	3,800	6,650	9,500
1800 4d Sed	300	850	1,400	2,800	4,900	7,000
2002 2d Sed	400	1,150	1,900	3,800	6,650	9,500
2002TI 2d Sed, Non-USA	450	1,300	2,200	4,400	7,700	11,000
2000 4d Sed	300	850	1,400	2,800	4,900	7,000
2000TI 4d Sed	300	900	1,500	3,000	5,250	7,500
2000TI Lux 4d Sed	350	1,000	1,700	3,400	5,950	8,500
2000C Cpe	500	1,550	2,600	5,150	9,050	12,900
2000CA Cpe	500	1,550	2,600	5,200	9,100	13,000
2000CS Cpe	550	1,600	2,700	5,400	9,450	13,500
2500 4d Sed, E-3	300	900	1,500	3,000	5,250	7,500
2800 4d Sed, E-3	350	1,000	1,700	3,400	5,950	8,500
2800CS Cpe, E-9	700	2,150	3,600	7,200	12,600	18,000
Glas 3000 V-8 Cpe	500	1,550	2,600	5,200	9,100	13,000
1969 4-cyl., 98.4" wb						
1600 2d Sed	300	950	1,600	3,200	5,600	8,000
1600 Cabr	650	1,900	3,200	6,400	11,200	16,000
1800 4d Sed	300	850	1,400	2,800	4,900	7,000
2002 2d Sed	400	1,150	1,900	3,800	6,650	9,500
2002TI 2d Sed, Non-USA	450	1,300	2,200	4,400	7,700	11,000
2000TI Lux 4d Sed	300	900	1,500	3,000	5,250	7,500
2000CA Cpe	500	1,550	2,600	5,150	9,050	12,900
2000CS Cpe	550	1,600	2,700	5,400	9,450	13,500
2500 4d Sed	300	850	1,400	2,800	4,900	7,000
2800 4d Sed	300	900	1,500	3,000	5,250	7,500
2800CSA Cpe	600	1,800	2,950	5,900	10,400	14,800
2800CS Cpe	700	2,050	3,400	6,850	12,000	17,100
1970 4-cyl., 98.4" wb						
1600 2d Sed	350	1,000	1,700	3,400	5,950	8,500
1600 Cabr	650	1,900	3,200	6,400	11,200	16,000
1800 4d Sed	300	850	1,400	2,800	4,900	7,000
2002 2d Sed	350	1,100	1,800	3,600	6,300	9,000
2000TI Lux 4d Sed	350	1,000	1,700	3,400	5,950	8,500
2000TII 4d Sed	350	1,100	1,800	3,600	6,300	9,000
2500 4d Sed	300	900	1,500	3,000	5,250	7,500
2800 4d Sed	350	1,000	1,700	3,400	5,950	8,500
2800CSA	600	1,800	2,950	5,900	10,400	14,800
2800CS Cpe	700	2,050	3,400	6,800	11,900	17,000
1971 4-cyl., 98.4" wb						
1600 2d Sed	350	1,000	1,700	3,400	5,950	8,500
1600 Tr, E-10, Non-USA	350	1,000	1,700	3,400	5,950	8,500
1600 Cabr	700	2,050	3,400	6,800	11,900	17,000
1800 4d Sed	300	850	1,400	2,800	4,900	7,000
2002 2d Sed	350	1,100	1,800	3,600	6,300	9,000
2002 Cabr	800	2,400	4,000	8,000	14,000	20,000
2002 Targa	500	1,450	2,400	4,800	8,400	12,000
2000 Tr, E-10, Non-USA	400	1,250	2,100	4,200	7,350	10,500
2002TI 2d Sed, Non-USA	400	1,150	1,900	3,800	6,650	9,500
2000TII 4d Sed	350	1,100	1,800	3,600	6,300	9,000
2500 4d Sed	300	850	1,400	2,800	4,900	7,000
2800 4d Sed	300	900	1,500	3,000	5,250	7,500
Bavaria 4d Sed	300	900	1,500	3,000	5,250	7,500
3.0S 4d Sed	350	1,000	1,700	3,400	5,950	8,500
Bavaria 4d Sed	350	1,000	1,700	3,400	5,950	8,500
2800CSA Cpe	600	1,800	2,950	5,900	10,400	14,800
2800CS Cpe	700	2,100	3,550	7,100	12,400	17,700
3.0CSA Cpe	650	2,000	3,350	6,700	11,800	16,800
3.0CS Cpe	700	2,150	3,600	7,200	12,600	18,000
3.0CSi Cpe	900	2,650	4,400	8,800	15,400	22,000
3.0CSL Cpe, Non-USA	1,050	3,200	5,300	10,600	18,550	26,500
1972 4-cyl., 98.4" wb						
1800 4d Sed	300	850	1,400	2,800	4,900	7,000

	6	5	4	3	2	1
2000TII 4d Sed	350	1,100	1,800	3,600	6,300	9,000
2002 2d Sed	350	1,100	1,800	3,600	6,300	9,000
2002 Targa	500	1,450	2,400	4,800	8,400	12,000
2000 Tr, Non-USA	400	1,250	2,100	4,200	7,350	10,500
2002TII 2d Sed	400	1,200	2,000	4,000	7,000	10,000
2000TII Tr, Non-USA	450	1,300	2,200	4,400	7,700	11,000
2800 4d Sed	300	900	1,500	3,000	5,250	7,500
Bavaria 4d Sed, 2788cc	300	900	1,500	3,000	5,250	7,500
3.0S 4d Sed	350	1,000	1,700	3,400	5,950	8,500
Bavaria 4d Sed, 2985cc	350	1,000	1,700	3,400	5,950	8,500
3.0CS Cpe	700	2,150	3,550	7,100	12,500	17,800
3.0CSA Cpe	550	1,700	2,800	5,600	9,800	14,000
3.0CSi Cpe	850	2,500	4,200	8,400	14,700	21,000
3.0CSL Cpe, Non-USA	1,050	3,200	5,300	10,600	18,550	26,500

1973 4-cyl., 98.4" wb

2002 2d Sed	350	1,100	1,800	3,600	6,300	9,000
2000 Targa	500	1,450	2,400	4,800	8,400	12,000
2000 Tr, Non-USA	400	1,250	2,100	4,200	7,350	10,500
2002TII 2d Sed	400	1,200	2,000	4,000	7,000	10,000
2000TII Tr, Non-USA	450	1,300	2,200	4,400	7,700	11,000
2002 Turbo, Non-USA	700	2,150	3,600	7,200	12,600	18,000
2800 4d Sed	300	900	1,500	3,000	5,250	7,500
Bavaria 4d Sed, 2788cc	300	900	1,500	3,000	5,250	7,500
3.0S 4d Sed	350	1,000	1,700	3,400	5,950	8,500
Bavaria 4d Sed, 2985cc	350	1,000	1,700	3,400	5,950	8,500
3.0CSA Cpe	600	1,800	3,000	6,000	10,500	15,000
3.0CS Cpe	700	2,050	3,400	6,800	11,900	17,000
3.0CSi Cpe	800	2,400	4,000	8,000	14,000	20,000
3.0CSL Cpe, Non-USA	1,050	3,200	5,300	10,600	18,550	26,500

1973 3153cc

3.0CSL Cpe	1,150	3,400	5,700	11,400	20,000	28,500

1974 3153cc

2002 2d Sed	350	1,100	1,800	3,600	6,300	9,000
2002 Targa	500	1,450	2,400	4,800	8,400	12,000
2000 Tr, Non-USA	400	1,250	2,050	4,100	7,200	10,300
2002TII 2d Sed	400	1,200	2,000	4,000	7,000	10,000
2000TII Tr, Non-USA	450	1,300	2,200	4,400	7,700	11,000
2002 Turbo, Non-USA	700	2,050	3,400	6,750	11,800	16,900
2800 4d Sed	300	900	1,500	3,000	5,250	7,500
Bavaria 4d Sed, 2788cc	300	900	1,500	3,000	5,250	7,500
3.0S 4d Sed	350	1,000	1,700	3,400	5,950	8,500
Bavaria 4d Sed, 2985cc	350	1,000	1,700	3,400	5,950	8,500
3.0CSA Cpe	600	1,800	3,000	6,000	10,500	15,000
3.0CS Cpe	700	2,050	3,400	6,800	11,900	17,000
3.0CSi Cpe	800	2,400	4,000	8,000	14,000	20,000
3.0CSL Cpe, Non-USA	1,150	3,400	5,700	11,400	20,000	28,500
530i 4d Sed, E-12	350	1,000	1,700	3,400	5,950	8,500

1975 3153cc

2002 2d Sed	350	1,100	1,800	3,600	6,300	9,000
2002TII 2d Sed	400	1,200	2,000	4,000	7,000	10,000
2002 Targa	500	1,550	2,600	5,200	9,100	13,000
320i 2d Sed, E-21	300	850	1,400	2,800	4,900	7,000
2800 4d Sed	300	900	1,500	3,000	5,250	7,500
Bavaria, 2788cc	300	900	1,500	3,000	5,250	7,500
3.0S 4d Sed	350	1,100	1,800	3,600	6,300	9,000
Bavaria, 2985cc	350	1,100	1,800	3,600	6,300	9,000
3.0CSA Cpe	600	1,800	3,000	6,000	10,500	15,000
3.0CS Cpe	700	2,050	3,400	6,800	11,900	17,000
3.0CSi Cpe	800	2,400	4,000	8,000	14,000	20,000
3.0CSL Cpe, Non-USA	1,150	3,400	5,700	11,400	20,000	28,500
530i 4d Sed	350	1,100	1,800	3,600	6,300	9,000

1976 3153cc

2002 2d Sed	350	1,100	1,800	3,600	6,300	9,000
320i 2d Sed	300	950	1,600	3,200	5,600	8,000
2800 4d Sed	300	950	1,600	3,200	5,600	8,000
Bavaria, 2788cc	300	950	1,600	3,200	5,600	8,000
3.0Si 4d Sed	400	1,150	1,900	3,800	6,650	9,500
Bavaria, 2985cc	400	1,150	1,900	3,800	6,650	9,500
530i 4d Sed	400	1,150	1,900	3,800	6,650	9,500
630CS Cpe, E-24	600	1,800	3,000	6,000	10,500	15,000

1977 3153cc

320i 2d Sed	350	1,000	1,700	3,400	5,950	8,500
2800 4d Sed	350	1,000	1,700	3,400	5,950	8,500
Bavaria, 2788cc	350	1,000	1,700	3,400	5,950	8,500
3.0S 4d Sed	400	1,150	1,900	3,800	6,650	9,500
Bavaria, 2985cc	400	1,150	1,900	3,800	6,650	9,500
530i 4d Sed	400	1,150	1,900	3,800	6,650	9,500

1964 Amphicar convertible

1953 Aston
Martin DB2
drophead
coupe

1990 Aston Martin Virage coupe

	6	5	4	3	2	1
630CS Cpe	600	1,800	3,000	6,000	10,500	15,000
630CSi Cpe	700	2,050	3,400	6,800	11,900	17,000
633CSi Cpe	700	2,150	3,600	7,200	12,600	18,000
1978 3153cc						
320i 2d Sed	350	1,100	1,800	3,600	6,300	9,000
528i 4d Sed	400	1,200	2,000	4,000	7,000	10,000
530i 4d Sed	600	1,800	3,000	6,000	10,500	15,000
630CS Cpe	650	1,900	3,200	6,400	11,200	16,000
630CSi Cpe	700	2,050	3,400	6,800	11,900	17,000
633CSi Cpe	750	2,300	3,800	7,600	13,300	19,000
733i 4d Sed, E-23	600	1,800	3,000	6,000	10,500	15,000
1979 3153cc						
320i 2d Sed	400	1,150	1,900	3,800	6,650	9,500
528i 4d Sed	450	1,300	2,200	4,400	7,700	11,000
M535i 4d Sed, Non-USA	800	2,400	3,950	7,900	13,900	19,800
733i 4d Sed	700	2,050	3,400	6,800	11,900	17,000
633CSi 2d Cpe	750	2,300	3,800	7,600	13,300	19,000
M1 Cpe, E-26, Non-USA	5,800	17,400	29,000	58,000	102,000	145,000
1980 3153cc						
320i 2d Sed	400	1,150	1,900	3,800	6,650	9,500
528i 4d Sed	450	1,300	2,200	4,400	7,700	11,000
M535i 4d Sed, Non-USA	800	2,400	3,950	7,900	13,900	19,800
733i 4d Sed	700	2,050	3,400	6,800	11,900	17,000
633CSi 2d Cpe	750	2,300	3,800	7,600	13,300	19,000
M1 Cpe, Non-USA	6,400	19,200	32,000	64,000	112,000	160,000
1981 3153cc						
320i 2d Sed	400	1,200	2,000	4,000	7,000	10,000
528i 4d Sed	450	1,300	2,200	4,400	7,700	11,000
733i 4d Sed	750	2,300	3,800	7,600	13,300	19,000
633CSi 2d Cpe	850	2,500	4,200	8,400	14,700	21,000
1982 3153cc						
320i 2d Sed	450	1,300	2,200	4,400	7,700	11,000
528E 4d Sed	500	1,450	2,400	4,800	8,400	12,000
733i 4d Sed	750	2,300	3,800	7,600	13,300	19,000
633CSi 2d Cpe	900	2,750	4,600	9,200	16,100	23,000
1983 3153cc						
320i 2d Sed	400	1,150	1,900	3,800	6,650	9,500
528E 4d Sed	500	1,450	2,400	4,800	8,400	12,000
533i 4d Sed	500	1,550	2,600	5,200	9,100	13,000
733i 4d Sed	800	2,400	4,000	8,000	14,000	20,000
633CSi 2d Cpe	900	2,650	4,400	8,800	15,400	22,000
1984 3153cc						
318i 2d Sed	350	1,100	1,800	3,600	6,300	9,000
325E 2d Sed	400	1,200	2,000	4,000	7,000	10,000
528E 4d Sed	500	1,450	2,400	4,800	8,400	12,000
533i 4d Sed	550	1,700	2,800	5,600	9,800	14,000
733i 4d Sed	850	2,500	4,200	8,400	14,700	21,000
633CSi Cpe	900	2,650	4,400	8,800	15,400	22,000
1985 3153cc						
318i 2d Sed	400	1,150	1,900	3,800	6,650	9,500
318i 4d Sed	400	1,150	1,900	3,750	6,600	9,400
325E 2d Sed	450	1,300	2,200	4,400	7,700	11,000
325E 4d Sed	450	1,300	2,200	4,400	7,700	11,000
528E 4d Sed	500	1,550	2,600	5,200	9,100	13,000
535i 4d Sed	600	1,800	3,000	6,000	10,500	15,000
524TD 4d Sed	600	1,800	3,000	6,000	10,500	15,000
735i 4d Sed	950	2,900	4,800	9,600	16,800	24,000
635CSi 2d Cpe	1,100	3,250	5,400	10,800	18,900	27,000
1986 3153cc						
325 2d Sed	500	1,450	2,400	4,800	8,400	12,000
325 4d Sed	500	1,450	2,400	4,800	8,400	12,000
325ES 4d Sed	500	1,550	2,600	5,200	9,100	13,000
325E 4d Sed	500	1,550	2,600	5,200	9,100	13,000
524TD 4d Sed	600	1,800	3,000	6,000	10,500	15,000
528E 4d Sed	650	1,900	3,200	6,400	11,200	16,000
535i 4d Sed	700	2,150	3,600	7,200	12,600	18,000
735i 4d Sed	1,050	3,100	5,200	10,400	18,200	26,000
L7 4d Sed	1,100	3,350	5,600	11,200	19,600	28,000
635CSi 2d Cpe	1,200	3,600	6,000	12,000	21,000	30,000
1987 3153cc						
325 2d Sed	500	1,550	2,600	5,200	9,100	13,000
325 4d Sed	500	1,550	2,600	5,200	9,100	13,000
325ES 2d Sed	550	1,700	2,800	5,600	9,800	14,000
325E 4d Sed	550	1,700	2,800	5,600	9,800	14,000
325is 2d Sed	650	1,900	3,200	6,400	11,200	16,000
325i 4d Sed	600	1,800	3,000	6,000	10,500	15,000

	6	5	4	3	2	1
325i 2d Conv	950	2,900	4,800	9,600	16,800	24,000
528E 4d Sed	700	2,150	3,600	7,200	12,600	18,000
528i 4d Sed	800	2,400	4,000	8,000	14,000	20,000
528is 4d Sed	800	2,450	4,100	8,200	14,300	20,500
735i 4d Sed	900	2,650	4,400	8,800	15,400	22,000
L7 4d Sed	900	2,650	4,400	8,800	15,400	22,000
635CSi 2d Cpe	1,100	3,350	5,600	11,200	19,600	28,000
L6 2d Cpe	1,300	3,850	6,400	12,800	22,400	32,000
M6 2d Cpe	1,200	3,600	6,000	12,000	21,000	30,000
1988 3153cc						
325 2d	650	1,900	3,200	6,400	11,200	16,000
325 4d	650	1,900	3,200	6,400	11,200	16,000
325i 2d	700	2,150	3,600	7,200	12,600	18,000
325i 4d	700	2,150	3,600	7,200	12,600	18,000
325i 2d Conv	900	2,650	4,400	8,800	15,400	22,000
325iX 2d	800	2,400	4,000	8,000	14,000	20,000
M3 2d	1,000	3,000	5,000	10,000	17,500	25,000
528E 4d	800	2,400	4,000	8,000	14,000	20,000
535i 4d	900	2,750	4,600	9,200	16,100	23,000
535is 4d	950	2,900	4,800	9,600	16,800	24,000
M5 4d	1,100	3,350	5,600	11,200	19,600	28,000
735i 4d	1,100	3,350	5,600	11,200	19,600	28,000
735iL 4d	1,200	3,600	6,000	12,000	21,000	30,000
750iL 4d	2,100	6,350	10,600	21,200	37,100	53,000
635CSi 2d	1,200	3,600	6,000	12,000	21,000	30,000
M6 2d	1,400	4,200	7,000	14,000	24,500	35,000
1989 3153cc						
325i 2d Sed	700	2,150	3,600	7,200	12,600	18,000
325i 4d Sed	700	2,150	3,600	7,200	12,600	18,000
325is 2d Sed	800	2,400	4,000	8,000	14,000	20,000
325i Conv	1,050	3,100	5,200	10,400	18,200	26,000
325ix 2d Sed (4x4)	900	2,650	4,400	8,800	15,400	22,000
325ix 4d Sed (4x4)	900	2,650	4,400	8,800	15,400	22,000
M3 2d Sed	1,250	3,700	6,200	12,400	21,700	31,000
525i 4d Sed	1,100	3,350	5,600	11,200	19,600	28,000
535i 4d Sed	1,200	3,600	6,000	12,000	21,000	30,000
735i 4d Sed	1,600	4,800	8,000	16,000	28,000	40,000
735iL 4d Sed	1,650	4,900	8,200	16,400	28,700	41,000
750iL 4d Sed	2,250	6,700	11,200	22,400	39,200	56,000
635CSi Cpe	1,400	4,200	7,000	14,000	24,500	35,000
1990 3153cc						
325i 2d Sed	500	1,450	2,400	4,800	8,400	12,000
325i 4d Sed	500	1,550	2,600	5,200	9,100	13,000
325is 2d Sed	550	1,600	2,700	5,400	9,450	13,500
325i 2d Conv	650	1,900	3,200	6,400	11,200	16,000
325i 2d Sed (4x4)	550	1,700	2,800	5,600	9,800	14,000
325i 4d Sed (4x4)	550	1,700	2,800	5,600	9,800	14,000
M3 4d Sed	650	1,900	3,200	6,400	11,200	16,000
525i 4d Sed	600	1,800	3,000	6,000	10,500	15,000
535i 4d Sed	700	2,150	3,600	7,200	12,600	18,000
735i 4d Sed	750	2,300	3,800	7,600	13,300	19,000
735iL 4d Sed	800	2,400	4,000	8,000	14,000	20,000
750iL 4d Sed	850	2,500	4,200	8,400	14,700	21,000
1991 3153cc						
318i 2d Sed	300	900	1,500	3,000	5,250	7,500
318i 4d Sed	300	850	1,400	2,800	4,900	7,000
318i 2d Conv	500	1,550	2,600	5,200	9,100	13,000
325i 2d Sed	450	1,300	2,200	4,400	7,700	11,000
325i 4d Sed	450	1,300	2,200	4,400	7,700	11,000
325i 2d Conv	750	2,200	3,700	7,400	13,000	18,500
325i 2d Sed (4x4)	600	1,800	3,000	6,000	10,500	15,000
325i 4d Sed (4x4)	600	1,800	3,000	6,000	10,500	15,000
M3 2d Sed	650	2,000	3,300	6,600	11,600	16,500
525i 4d Sed	600	1,800	3,000	6,000	10,500	15,000
535i 4d Sed	650	1,900	3,200	6,400	11,200	16,000
M5 4d Sed	900	2,650	4,400	8,800	15,400	22,000
735i 4d Sed	700	2,150	3,600	7,200	12,600	18,000
735iL 4d Sed	750	2,200	3,700	7,400	13,000	18,500
750iL 4d Sed	900	2,650	4,400	8,800	15,400	22,000
850i 2d Cpe	1,200	3,600	6,000	12,000	21,000	30,000
1992 3153cc						
318is 2d Cpe	500	1,450	2,400	4,800	8,400	12,000
318i 4d Sed	450	1,300	2,200	4,400	7,700	11,000
318i 2d Conv	550	1,700	2,800	5,600	9,800	14,000
325is 2d Cpe	600	1,800	3,000	6,000	10,500	15,000
325i 4d Sed	600	1,750	2,900	5,800	10,200	14,500
325i 2d Conv	700	2,050	3,400	6,800	11,900	17,000

	6	5	4	3	2	1
525i 4d Sed	650	1,900	3,200	6,400	11,200	16,000
535i 4d Sed	700	2,150	3,600	7,200	12,600	18,000
525i 4d Sta Wag	650	1,900	3,200	6,400	11,200	16,000
M5 4d Sed	1,150	3,500	5,800	11,600	20,300	29,000
735i 4d Sed	700	2,150	3,600	7,200	12,600	18,000
735L 4d Sed	850	2,500	4,200	8,400	14,700	21,000
750L 4d Sed	950	2,900	4,800	9,600	16,800	24,000
850i 2d Cpe	1,250	3,700	6,200	12,400	21,700	31,000
1993 3 Series						
318is 2d Cpe	500	1,550	2,600	5,200	9,100	13,000
318i 4d Sed	550	1,600	2,650	5,300	9,250	13,200
325 is 2d Cpe	550	1,600	2,700	5,400	9,450	13,500
325i 4d Sed	550	1,650	2,750	5,500	9,600	13,700
325i 2d Conv	650	1,900	3,200	6,400	11,200	16,000
1993 5 Series						
525i 4d Sed	700	2,100	3,500	7,000	12,300	17,500
525i 4d Sta Wag	750	2,200	3,700	7,400	13,000	18,500
535i 4d Sed	700	2,150	3,600	7,200	12,600	18,000
M5 4d Sed	750	2,200	3,650	7,300	12,700	18,200
1993 7 Series						
740i 4d Sed	900	2,650	4,400	8,800	15,400	22,000
740iL 4d Sed	900	2,750	4,600	9,200	16,100	23,000
750iL 4d Sed	950	2,900	4,800	9,600	16,800	24,000
1993 8 Series						
850ci 2d Cpe	1,500	4,450	7,400	14,800	25,900	37,000

BENTLEY

1946-1951 6-cyl., 4257cc, 120" wb
4d Sed	1,100	3,350	5,600	11,200	19,600	28,000

1951-1952 Mk VI, 6-cyl., 4566cc, 120" wb
Std Steel Saloon	1,050	3,100	5,200	10,400	18,200	26,000

1951-1952 Abbott
DHC	2,400	7,200	12,000	24,000	42,000	60,000
FHC	1,200	3,600	6,000	12,000	21,000	30,000

1951-1952 Facel
FHC	1,650	4,900	8,200	16,400	28,700	41,000

1951-1952 Franay
Sedanca Cpe	1,600	4,800	8,000	16,000	28,000	40,000
DHC	2,650	7,900	13,200	26,400	46,200	66,000

1951-1952 Freestone & Webb
Cpe	1,400	4,200	7,000	14,000	24,500	35,000
Saloon	1,200	3,600	6,000	12,000	21,000	30,000

1951-1952 Graber
Cpe	1,700	5,150	8,600	17,200	30,100	43,000

1951-1952 Gurney Nutting
Sedanca Cpe	1,650	4,900	8,200	16,400	28,700	41,000

1951-1952 Hooper
Cpe	1,750	5,300	8,800	17,600	30,800	44,000
Saloon	1,650	4,900	8,200	16,400	28,700	41,000
Sedanca Cpe	1,850	5,500	9,200	18,400	32,200	46,000

1951-1952 H.J. Mulliner
DHC	3,700	11,000	18,400	36,800	64,500	92,000
4d Saloon	1,200	3,600	6,000	12,000	21,000	30,000
2d Saloon	1,350	4,100	6,800	13,600	23,800	34,000

1951-1952 Park Ward
DHC	3,700	11,000	18,400	36,800	64,500	92,000
Cpe	1,450	4,300	7,200	14,400	25,200	36,000
Saloon	1,400	4,200	7,000	14,000	24,500	35,000

1951-1952 Radford
Countryman	1,450	4,300	7,200	14,400	25,200	36,000

1951-1952 Windovers
2d Saloon	1,400	4,200	7,000	14,000	24,500	35,000

1951-1952 Worlaufen
DHC	2,250	6,700	11,200	22,400	39,200	56,000

1951-1952 James Young
Clubman Cpe	1,400	4,200	7,000	14,000	24,500	35,000
Saloon	1,250	3,700	6,200	12,400	21,700	31,000
Spt Saloon	1,450	4,300	7,200	14,400	25,200	36,000

NOTE: Deduct 30 percent for RHD.
1952-1955 R Type, 6-cyl., 4566cc, 120" wb
NOTE: Numbers produced in ( ).

	6	5	4	3	2	1
Std Steel Saloon	1,050	3,100	5,200	10,400	18,200	26,000

1952-1955 Abbott (16)
	6	5	4	3	2	1
Continental	2,900	8,650	14,400	28,800	50,400	72,000
DHC	3,050	9,100	15,200	30,400	53,200	76,000

1952-1955 Frankdale
	6	5	4	3	2	1
Saloon	1,300	3,850	6,400	12,800	22,400	32,000

1952-1955 Freestone & Webb (29)
	6	5	4	3	2	1
Saloon	1,400	4,200	7,000	14,000	24,500	35,000

1952-1955 Franay (2)
	6	5	4	3	2	1
Cpe	2,500	7,450	12,400	24,800	43,400	62,000

1952-1955 Hooper (41)
	6	5	4	3	2	1
4d Saloon	1,350	4,100	6,800	13,600	23,800	34,000
2d Saloon	1,450	4,300	7,200	14,400	25,200	36,000
Sedanca Cpe	1,550	4,700	7,800	15,600	27,300	39,000

1952-1955 Graber (7) H.J. Mulliner (67)
	6	5	4	3	2	1
DHC	2,900	8,650	14,400	28,800	50,400	72,000
Saloon	1,300	3,850	6,400	12,800	22,400	32,000

1952-1955 Radford (20)
	6	5	4	3	2	1
Countryman	1,600	4,800	8,000	16,000	28,000	40,000

1952-1955 Park Ward (50)
	6	5	4	3	2	1
FHC	1,650	4,900	8,200	16,400	28,700	41,000
DHC	2,650	7,900	13,200	26,400	46,200	66,000
Saloon	1,200	3,600	6,000	12,000	21,000	30,000

1952-1955 James Young (69)
	6	5	4	3	2	1
Cpe	1,300	3,850	6,400	12,800	22,400	32,000
Saloon	1,100	3,250	5,400	10,800	18,900	27,000
Sedanca Cpe	1,300	3,950	6,600	13,200	23,100	33,000

1952-1955 R Type Continental 6-cyl., 4566cc (A-C series), 4887cc (D-E series) Bertone, 120" wb
	6	5	4	3	2	1
Saloon	1,650	4,900	8,200	16,400	28,700	41,000

1952-1955 Farina
Cpe (1)	value not estimable
Franay (5)	value not estimable
Graber (3)	value not estimable

1952-1955 J.H. Mulliner
	6	5	4	3	2	1
Cpe (193)	1,650	4,900	8,200	16,400	28,700	41,000
Park Ward (6)	value not estimable					
Cpe (2)	value not estimable					
DHC (4)	value not estimable					

NOTE: Deduct 30 percent for RHD.

1955-1959 S1 Type, 6-cyl., 4887cc, 123" wb, 127" wb
	6	5	4	3	2	1
Std Steel Saloon	1,400	4,200	7,000	14,000	24,500	35,000
LWB Saloon (after 1957)	1,500	4,550	7,600	15,200	26,600	38,000

1955-1959 Freestone & Webb
	6	5	4	3	2	1
Saloon	1,550	4,700	7,800	15,600	27,300	39,000

1955-1959 Graber
	6	5	4	3	2	1
DHC	2,500	7,450	12,400	24,800	43,400	62,000

1955-1959 Hooper
	6	5	4	3	2	1
Saloon	1,550	4,700	7,800	15,600	27,300	39,000

1955-1959 H.J. Mulliner
	6	5	4	3	2	1
Saloon	1,800	5,400	9,000	18,000	31,500	45,000
Limo (5)	1,850	5,500	9,200	18,400	32,200	46,000

1955-1959 Park Ward
	6	5	4	3	2	1
FHC	2,100	6,250	10,400	20,800	36,400	52,000

1955-1959 James Young
	6	5	4	3	2	1
Saloon	1,600	4,800	8,000	16,000	28,000	40,000

1955-1959 S1 Type Continental, 6-cyl., 4887cc Franay, 123" wb
	6	5	4	3	2	1
Cpe	2,250	6,700	11,200	22,400	39,200	56,000

1955-1959 Graber
	6	5	4	3	2	1
DHC	3,700	11,000	18,400	36,800	64,500	92,000

1955-1959 Hooper
	6	5	4	3	2	1
Saloon (6)	1,450	4,300	7,200	14,400	25,200	36,000

1955-1959 H.J. Mulliner
	6	5	4	3	2	1
Cpe	1,500	4,550	7,600	15,200	26,600	38,000
DHC	2,250	6,700	11,200	22,400	39,200	56,000
Spt Saloon	1,850	5,500	9,200	18,400	32,200	46,000
Flying Spur (after 1957)	2,000	6,000	10,000	20,000	35,000	50,000

1955-1959 Park Ward
	6	5	4	3	2	1
DHC	2,550	7,700	12,800	25,600	44,800	64,000
Spt Saloon	2,050	6,100	10,200	20,400	35,700	51,000

	6	5	4	3	2	1
1955-1959 James Young						
Saloon	1,300	3,950	6,600	13,200	23,100	33,000

NOTE: Deduct 30 percent for RHD.

1959-1962 S2 Type V-8, 6230cc, 123" wb, 127" wb						
Std Steel Saloon	1,400	4,200	7,000	14,000	24,500	35,000
LWB Saloon	1,550	4,700	7,800	15,600	27,300	39,000
Franay	1,900	5,750	9,600	19,200	33,600	48,000
Graber	1,950	5,900	9,800	19,600	34,300	49,000
Hooper	2,000	6,000	10,000	20,000	35,000	50,000
1959-1962 H.J. Mulliner						
DHC (15)	3,450	10,300	17,200	34,400	60,000	86,000
1959-1962 Park Ward						
DHC	2,250	6,700	11,200	22,400	39,200	56,000
1959-1962 Radford						
Countryman	1,850	5,500	9,200	18,400	32,200	46,000
1959-1962 James Young						
Limo (5)	1,900	5,650	9,400	18,800	32,900	47,000
1959-1962 S2 Type Continental, V-8, 6230cc H.J. Mulliner, 123" wb						
Flying Spur	2,250	6,700	11,200	22,400	39,200	56,000
1959-1962 Park Ward						
DHC	2,200	6,600	11,000	22,000	38,500	55,000
1959-1962 James Young						
Saloon	1,450	4,300	7,200	14,400	25,200	36,000

NOTE: Deduct 30 percent for RHD.

1962-1965 S3 Type V-8, 6230cc, 123" wb, 127" wb						
Std Steel Saloon	1,500	4,550	7,600	15,200	26,600	38,000
LWB Saloon	1,700	5,050	8,400	16,800	29,400	42,000
1962-1965 H.J. Mulliner						
Cpe	1,600	4,800	8,000	16,000	28,000	40,000
DHC	2,300	6,850	11,400	22,800	39,900	57,000
1962-1965 Park Ward						
Cpe	2,200	6,600	11,000	22,000	38,500	55,000
DHC	3,050	9,100	15,200	30,400	53,200	76,000
1962-1965 James Young						
LWB Limo	2,200	6,600	11,000	22,000	38,500	55,000
1962-1965 S3 Continental, V-8, 6230cc H.J. Mulliner-Park Ward, 123" wb						
Cpe	1,900	5,750	9,600	19,200	33,600	48,000
DHC	2,650	7,900	13,200	26,400	46,200	66,000
Flying Spur	2,250	6,700	11,200	22,400	39,200	56,000
1962-1965 James Young						
Cpe	1,600	4,800	8,000	16,000	28,000	40,000
Saloon	1,800	5,400	9,000	18,000	31,500	45,000

NOTE: Add 10 percent for factory sunroof. Deduct 30 percent for RHD.

1966 James Young						
James Young 2d	2,000	6,000	10,000	20,000	35,000	50,000
Park Ward 2d	4,000	12,000	20,000	40,000	70,000	100,000
1967 James Young						
James Young 2d	1,950	5,900	9,800	19,600	34,300	49,000
Park Ward 2d	3,300	9,850	16,400	32,800	57,400	82,000
Park Ward 2d Conv	4,000	12,000	20,000	40,000	70,000	100,000
T 4d	1,450	4,300	7,200	14,400	25,200	36,000
1968 James Young						
Park Ward 2d	3,300	9,850	16,400	32,800	57,400	82,000
Park Ward 2d Conv	4,000	12,000	20,000	40,000	70,000	100,000
T 4d	1,450	4,300	7,200	14,400	25,200	36,000
1969 James Young						
Park Ward 2d	3,300	9,850	16,400	32,800	57,400	82,000
Park Ward 2d Conv	4,250	12,700	21,200	42,400	74,000	106,000
T 4d	1,500	4,450	7,400	14,800	25,900	37,000
1970 James Young						
Park Ward 2d	3,200	9,600	16,000	32,000	56,000	80,000
Park Ward 2d Conv	4,250	12,700	21,200	42,400	74,000	106,000
T 4d	1,500	4,550	7,600	15,200	26,600	38,000
1971 James Young						
T 4d	1,400	4,200	7,000	14,000	24,500	35,000
1972 James Young						
T 4d	1,400	4,200	7,000	14,000	24,500	35,000
1973 James Young						
T 4d	1,400	4,200	7,000	14,000	24,500	35,000
1974 James Young						
T 4d	1,450	4,300	7,200	14,400	25,200	36,000

	6	5	4	3	2	1
1975 James Young						
T 4d	1,450	4,300	7,200	14,400	25,200	36,000
1976 James Young						
T 4d	1,500	4,450	7,400	14,800	25,900	37,000
1977 James Young						
T2 4d	1,300	3,850	6,400	12,800	22,400	32,000
Corniche 2d	1,600	4,800	8,000	16,000	28,000	40,000
Corniche 2d Conv	2,650	7,900	13,200	26,400	46,200	66,000
1978 James Young						
T2 4d	1,350	4,100	6,800	13,600	23,800	34,000
Corniche 2d	1,600	4,800	8,000	16,000	28,000	40,000
Corniche 2d Conv	2,650	7,900	13,200	26,400	46,200	66,000
1979 James Young						
T2 4d	1,500	4,450	7,400	14,800	25,900	37,000
Corniche 2d	1,700	5,050	8,400	16,800	29,400	42,000
Corniche 2d Conv	2,700	8,150	13,600	27,200	47,600	68,000
1980 James Young						
T2 4d	1,600	4,800	8,000	16,000	28,000	40,000
Mulsanne 4d	1,800	5,400	9,000	18,000	31,500	45,000
Corniche 2d	1,900	5,650	9,400	18,800	32,900	47,000
Corniche 2d Conv	2,800	8,400	14,000	28,000	49,000	70,000
1981 James Young						
Mulsanne 4d	1,900	5,650	9,400	18,800	32,900	47,000
Corniche 2d Conv	2,900	8,650	14,400	28,800	50,400	72,000
1982 James Young						
Mulsanne 4d	2,000	6,000	10,000	20,000	35,000	50,000
Corniche 2d Conv	3,050	9,100	15,200	30,400	53,200	76,000
1983 James Young						
Mulsanne 4d	2,100	6,250	10,400	20,800	36,400	52,000
Corniche 2d Conv	3,100	9,350	15,600	31,200	54,600	78,000
1984 Mulsanne						
4d Sed	2,150	6,500	10,800	21,600	37,800	54,000
Turbo 4d Sed	2,250	6,700	11,200	22,400	39,200	56,000
1984 Corniche						
2d Conv	3,200	9,600	16,000	32,000	56,000	80,000
1985 Eight						
4d Sed	2,400	7,200	12,000	24,000	42,000	60,000
1985 Mulsanne-S						
4d Sed	2,500	7,450	12,400	24,800	43,400	62,000
Turbo 4d Sed	2,550	7,700	12,800	25,600	44,800	64,000
1985 Continental						
2d Conv	3,500	10,600	17,600	35,200	62,100	88,000
1986 Eight						
4d Sed	2,650	7,900	13,200	26,400	46,200	66,000
1986 Mulsanne-S						
4d Sed	2,700	8,150	13,600	27,200	47,600	68,000
Turbo 4d Sed	2,800	8,400	14,000	28,000	49,000	70,000
1986 Continental						
2d Conv	3,750	11,300	18,800	37,600	66,000	94,000
1987 Eight						
4d Sed	1,700	5,150	8,600	17,200	30,100	43,000
1987 Mulsanne-S						
4d Sed	1,850	5,500	9,200	18,400	32,200	46,000
1987 Continental						
2d Conv	5,200	15,600	26,000	52,000	91,000	130,000
1988 Eight						
4d Sed	1,900	5,650	9,400	18,800	32,900	47,000
1988 Mulsanne-S						
4d Sed	2,000	6,000	10,000	20,000	35,000	50,000
1988 Continental						
2d Conv	5,450	16,300	27,200	54,400	95,000	136,000
1989 Eight						
4d Sed	2,000	6,000	10,000	20,000	35,000	50,000
1989 Mulsanne-S						
4d Sed	2,100	6,250	10,400	20,800	36,400	52,000
Turbo 4d Sed	2,200	6,600	11,000	22,000	38,500	55,000
1989 Continental						
2d Conv	5,500	16,600	27,600	55,200	97,100	138,000
1990 Eight						
4d Sed	2,300	6,950	11,600	23,200	40,600	58,000

	6	5	4	3	2	1
1990 Mulsanne-S						
4d Sed	2,400	7,200	12,000	24,000	42,000	60,000
Turbo 4d Sed	2,550	7,700	12,800	25,600	44,800	64,000
1990 Continental						
2d Conv	5,600	16,800	28,000	56,000	98,000	140,000
1991 Eight						
4d Sed	2,400	7,200	12,000	24,000	42,000	60,000
1991 Mulsanne-S						
4d Sed	2,800	8,400	14,000	28,000	49,000	70,000
1991 Turbo R						
4d Sed	3,200	9,600	16,000	32,000	56,000	80,000
1991 Continental						
2d Conv	5,800	17,400	29,000	58,000	102,000	145,000
1992 Mulsanne-S, V-8						
4d Sed	2,800	8,400	14,000	28,000	49,000	70,000
1992 Turbo R, V-8						
4d Sed	3,350	10,100	16,800	33,600	58,800	84,000
4d Sed LWB	5,050	15,100	25,200	50,400	88,000	126,000
1992 Continental, V-8						
2d Conv	5,600	16,800	28,000	56,000	98,000	140,000
1993 Brooklands						
4d Sed	2,400	7,200	12,000	24,000	42,000	60,000
1993 Brooklands LWB						
4d Limo	2,800	8,400	14,000	28,000	49,000	70,000
1993 Turbo R						
4d Sed	3,200	9,600	16,000	32,000	56,000	80,000
1993 Turbo RL LWB						
4d Limo	3,400	10,200	17,000	34,000	59,500	85,000
1993 Continental R						
2d Cpe	5,200	15,600	26,000	52,000	91,000	130,000
1993 Continental						
2d Conv	5,600	16,800	28,000	56,000	98,000	140,000

BORGWARD

1949-53 Hansa 1500, 4-cyl., 96" wb						
2d Sed	250	800	1,300	2,600	4,550	6,500
2d Conv	350	1,100	1,800	3,600	6,300	9,000
1949-53 Hansa 1800, 4-cyl., 102" wb						
4d Sed	250	800	1,300	2,650	4,600	6,600
1949-53 Hansa 2400, 4-cyl., 102" wb or 111" wb						
4d Sed	250	800	1,350	2,700	4,700	6,700
1954-55 Isabella, 4-cyl., 102" wb						
2d Sed	300	900	1,500	3,000	5,250	7,500
1954-55 Hansa 1500, 4-cyl., 96" wb						
2d Sed	250	800	1,300	2,650	4,600	6,600
2d Conv	350	1,100	1,800	3,600	6,300	9,000
1954-55 Hansa 1800, 4-cyl., 102" wb						
4d Sed	250	800	1,300	2,650	4,600	6,600
1954-55 Hansa 2400, 4-cyl., 102" or 111" wb						
4d Sed	250	800	1,350	2,700	4,700	6,700
1956 Isabella, 4-cyl., 102" wb						
2d Sed	300	900	1,550	3,100	5,400	7,700
2d TS Sed	300	950	1,550	3,100	5,450	7,800
2d Sta Wag	300	900	1,550	3,100	5,400	7,700
2d Cabr	450	1,300	2,200	4,400	7,700	11,000
1957 Isabella, 4-cyl., 102" wb						
2d Sed	300	950	1,550	3,100	5,450	7,800
2d Sta Wag	300	950	1,550	3,100	5,450	7,800
2d TS Sed	300	950	1,600	3,200	5,600	8,000
2d TS Conv Cpe	450	1,300	2,200	4,400	7,700	11,000
2d TS Spt Cpe	350	1,100	1,800	3,600	6,300	9,000
1958 Isabella, 4-cyl., 102" wb						
2d Sed	300	900	1,550	3,100	5,400	7,700
2d Sta Wag	300	950	1,550	3,100	5,450	7,800
2d TS Sed	300	950	1,600	3,150	5,550	7,900
2d TS Spt Cpe	350	1,100	1,800	3,600	6,300	9,000
1959 Isabella, 4-cyl., 102" wb						
2d Sed	300	900	1,550	3,100	5,400	7,700
2d SR Sed	300	950	1,550	3,100	5,450	7,800
2d Combi Wag	300	950	1,600	3,150	5,550	7,900

1971 Audi Super 90 sedan

1982 Audi 4000 two-door sedan

1962 Austin Mini Cooper two-door sedan

	6	5	4	3	2	1
2d TS Spt Sed	300	950	1,600	3,150	5,550	7,900
2d TS DeL Sed	300	950	1,600	3,200	5,600	8,000
2d TS Spt Cpe	350	1,100	1,800	3,600	6,300	9,000
1960 Isabella, 4-cyl., 102" wb						
2d Sed	300	900	1,550	3,100	5,400	7,700
2d SR Sed	300	950	1,550	3,100	5,450	7,800
2d Combi Wag	300	950	1,550	3,100	5,450	7,800
2d TS Spt Sed	300	950	1,600	3,150	5,550	7,900
2d TS DeL Sed	300	950	1,600	3,200	5,600	8,000
2d TS Spt Cpe	350	1,100	1,800	3,600	6,300	9,000
1961 Isabella, 4-cyl., 102" wb						
2d Sed	300	950	1,600	3,150	5,550	7,900

CITROEN

	6	5	4	3	2	1
1945-48 11 Legere, 4-cyl., 1911cc, 114.5" wb						
4d Sed	500	1,450	2,400	4,800	8,400	12,000
1945-48 11 Normale, 4-cyl., 1911cc, 119" wb						
4d Sed	800	2,400	4,000	8,000	14,000	20,000
1945-48 15, 6-cyl., 2867cc, 119" wb						
4d Sed	800	2,400	4,000	8,000	14,000	20,000
1949-54 2CV, 2-cyl., 375cc, 94.4" wb						
4d Sed	250	800	1,300	2,600	4,550	6,500
1949-54 11 Legere, 4-cyl., 1911cc, 114.5" wb						
4d Sed	500	1,450	2,400	4,800	8,400	12,000
1949-54 11 Normale, 4-cyl., 1911cc, 119" wb						
4d Sed	550	1,700	2,800	5,600	9,800	14,000
1949-54 15, 6-cyl., 2867cc, 119" wb						
4d Sed	900	2,700	4,500	9,000	15,700	22,500
1955-56 2CV, 2-cyl., 425cc, 94.4" wb						
4d Sed	250	800	1,350	2,700	4,750	6,800
1955-56 DS19, 4-cyl., 1911cc, 123" wb						
4d Sed	300	950	1,600	3,200	5,600	8,000
1955-56 11, 4-cyl., 1911cc, 114.5" wb						
4d Sed	600	1,800	3,000	6,000	10,500	15,000
1955-56 15, 6-cyl., 2867cc, 121.5" wb						
4d Sed	1,000	3,000	5,000	10,000	17,500	25,000
1957 2CV, 2-cyl., 425cc, 94.4" wb						
4d Sed	250	800	1,350	2,700	4,750	6,800
1957 ID19, 4-cyl., 1911cc, 123" wb						
4d Sed	300	900	1,500	3,000	5,250	7,500
1957 DS19, 4-cyl., 1911cc, 123" wb						
4d DeL Sed	300	950	1,600	3,200	5,600	8,000
1958 2CV, 2-cyl., 425cc, 94.4" wb						
4d DeL Sed	250	800	1,350	2,700	4,750	6,800
1958 ID19, 4-cyl., 1911cc, 123" wb						
4d Sed	300	900	1,500	3,000	5,250	7,500
1958 DS19, 4-cyl., 1911cc, 123" wb						
4d DeL Sed	300	950	1,600	3,200	5,600	8,000
1959 2CV, 2-cyl., 425cc, 94.4" wb						
2d Sed	250	800	1,350	2,700	4,750	6,800
1959 ID19, 4-cyl., 1911cc, 123" wb						
4d Sed	300	900	1,500	3,050	5,300	7,600
1959 DS19, 4-cyl., 1911cc, 123" wb						
4d DeL Sed	350	1,000	1,650	3,300	5,750	8,200
1960 AMI-6, 2-cyl., 602cc, 94.5" wb						
4d Sed	300	900	1,500	3,000	5,250	7,500
1960 ID19, 4-cyl., 1911cc, 123" wb						
4d Luxe Sed	300	950	1,600	3,150	5,550	7,900
4d Confort Sed	350	1,000	1,650	3,300	5,800	8,300
4d Sta Wag	300	950	1,600	3,200	5,600	8,000
1960 DS19, 4-cyl., 1911cc, 123" wb						
4d DeL Sed	300	950	1,550	3,100	5,450	7,800
1961 AMI-6, 2-cyl., 602cc, 94.5" wb						
4d Sed	300	900	1,500	3,000	5,250	7,500
1961 ID19, 4-cyl., 1911cc, 123" wb						
4d Luxe Sed	300	950	1,600	3,200	5,600	8,000
4d Luxe Sta Wag	300	950	1,600	3,200	5,600	8,000
4d Confort Sed	350	1,000	1,650	3,300	5,750	8,200
4d Confort Sta Wag	350	1,000	1,650	3,300	5,750	8,200

	6	5	4	3	2	1
1961 DS19, 4-cyl., 1911cc, 123" wb						
4d DeL Sed	300	950	1,600	3,200	5,600	8,000
2d Chapron Sed	1,000	3,000	5,000	10,000	17,500	25,000
4d Prestige Limo	500	1,450	2,400	4,800	8,400	12,000
1962 AMI-6, 2-cyl., 602cc, 94.5" wb						
4d Sed	300	900	1,500	3,000	5,250	7,500
1962 ID19, 4-cyl., 1911cc, 123" wb						
4d Normale Sed	300	950	1,550	3,100	5,450	7,800
4d Luxe Sed	300	950	1,600	3,200	5,600	8,000
4d Luxe Sta Wag	300	950	1,600	3,200	5,600	8,000
4d Confort Sed	350	1,000	1,650	3,300	5,750	8,200
4d Confort Sta Wag	350	1,000	1,650	3,300	5,750	8,200
1962 DS19, 4-cyl., 1911cc, 123" wb						
4d Sup 83 Sed	350	1,000	1,700	3,400	5,950	8,500
1963 AMI-6, 2-cyl., 602cc, 94.5" wb						
4d Sed	300	900	1,500	3,000	5,250	7,500
1963 ID19, 4-cyl., 1911cc, 123" wb						
4d Normale Sed	300	950	1,550	3,100	5,450	7,800
4d Luxe Sed	300	950	1,600	3,200	5,600	8,000
4d Luxe Sta Wag	300	950	1,600	3,200	5,600	8,000
4d Confort Sed	350	1,000	1,650	3,300	5,750	8,200
4d Confort Sta Wag	350	1,000	1,650	3,300	5,750	8,200
2d Confort Conv	1,000	3,000	5,000	10,000	17,500	25,000
1963 DS19, 4-cyl., 1911cc, 123" wb						
4d Sup 83 Sed	350	1,000	1,700	3,400	5,950	8,500
2d Sup 83 Conv	1,050	3,200	5,300	10,600	18,600	26,500
4d Aero Sup Sed	400	1,200	2,000	4,000	7,000	10,000
2d Aero Sup Conv	1,150	3,400	5,700	11,400	20,000	28,500
1964 AMI-6, 2-cyl., 602cc, 94.5" wb						
4d Sed	300	900	1,500	3,000	5,250	7,500
1964 ID19, 4-cyl., 1911cc, 123" wb						
4d Sup Sed	300	950	1,600	3,200	5,600	8,000
2d Sup Conv	1,000	3,000	5,000	10,000	17,500	25,000
4d DeL Sta Wag	300	950	1,600	3,200	5,600	8,000
4d Confort Sta Wag	350	1,000	1,650	3,300	5,750	8,200
1964 DS19, Grande Route, 4-cyl., 1911cc, 94.5" wb						
4d Sed	350	1,000	1,700	3,400	5,950	8,500
2d Conv	1,050	3,200	5,300	10,600	18,600	26,500
1964 DS19, Aero Super, 4-cyl., 1911cc, 94.5" wb						
4d Sed	400	1,200	2,000	4,000	7,000	10,000
2d Conv	1,150	3,400	5,700	11,400	20,000	28,500
1965 AMI-6, 2-cyl., 602cc, 94.5" wb						
4d Sed	300	900	1,500	3,000	5,250	7,500
1965 ID19, 4-cyl., 1911cc, 123" wb						
4d Luxe Sed	300	950	1,600	3,200	5,600	8,000
4d Luxe Sta Wag	300	950	1,600	3,200	5,600	8,000
4d Sup Sed	300	950	1,600	3,200	5,600	8,000
4d Confort Sta Wag	350	1,000	1,650	3,300	5,750	8,200
1965 DS19, Grande Route, 4-cyl., 1911cc, 123" wb						
4d Sed	350	1,000	1,700	3,400	5,950	8,500
4d Pallas Sed	350	1,050	1,700	3,450	6,000	8,600
1965 DS19, Aero Super, 4-cyl., 1911cc, 123" wb						
4d Sed	400	1,200	2,000	4,000	7,000	10,000
4d Pallas Sed	400	1,200	1,950	3,900	6,850	9,800
1966-67 AMI-6, 2-cyl., 602cc, 94.5" wb						
4d Sed	300	900	1,500	3,000	5,250	7,500
4d Sta Wag	300	900	1,500	3,000	5,250	7,500
1966-67 ID19, 4-cyl., 1911cc, 123" wb						
4d Luxe Sed	300	950	1,600	3,200	5,600	8,000
4d Sup Sed	300	950	1,600	3,200	5,600	8,000
1966-67 DS19, Grand Route, 4-cyl., 1985cc, 123" wb						
4d Sed	350	1,000	1,700	3,400	5,950	8,500
4d Pallas Sed	500	1,500	2,500	5,000	8,750	12,500
1966-67 DS19, Aero Super, 4-cyl., 1985cc, 123" wb						
4d Sed	350	1,000	1,700	3,400	5,950	8,500
4d Pallas Sed	500	1,500	2,500	5,000	8,750	12,500
1966-67 DS21, Grande Route, 4-cyl., 2175cc, 123" wb						
4d Sed	350	1,050	1,750	3,500	6,150	8,800
4d Pallas Sed	400	1,200	2,000	4,000	7,000	10,000
1966-67 DS21, Aero Super, 4-cyl., 2175cc, 123" wb						
4d Sed	550	1,600	2,700	5,400	9,450	13,500
4d Pallas Sed	600	1,800	3,000	6,000	10,500	15,000

	6	5	4	3	2	1
1966-67 DS21, Chapron, 4-cyl., 2175cc, 123" wb						
2d Conv Cpe	1,200	3,600	6,000	12,000	21,000	30,000
1966-67 D21, 4-cyl., 2175cc, 123" wb						
4d Luxe Sta Wag	400	1,200	2,000	4,000	7,000	10,000
4d Confort Sta Wag	450	1,400	2,300	4,600	8,050	11,500
1968 ID19, 4-cyl., 1985cc, 123" wb						
4d Luxe Sed	300	950	1,600	3,200	5,600	8,000
4d Grande Rte Sed	300	1,000	1,700	3,400	5,950	8,500
1968 DS21, Grande Route, 4-cyl., 2175cc, 123" wb						
4d Sed	350	1,050	1,750	3,500	6,150	8,800
4d Pallas Sed	400	1,200	2,000	4,000	7,000	10,000
1968 DS21, Aero Super, 4-cyl., 2175cc, 123" wb						
4d Sed	550	1,600	2,700	5,400	9,450	13,500
4d Pallas Sed	600	1,800	3,000	6,000	10,500	15,000
1968 D21, 4-cyl., 2175cc, 123" wb						
4d Luxe Sta Wag	400	1,200	2,000	4,000	7,000	10,000
4d Confort Sta Wag	450	1,400	2,300	4,600	8,050	11,500
1969 ID19, 4-cyl., 1985cc, 123" wb						
4d Luxe Sed	300	900	1,500	3,000	5,250	7,500
4d Grande Rte Sed	300	950	1,600	3,200	5,600	8,000
1969 DS21, Grande Route, 4-cyl., 2175cc, 123" wb						
4d Sed	350	1,000	1,650	3,300	5,800	8,300
4d Pallas Sed	400	1,150	1,900	3,800	6,650	9,500
1969 DS21, Aero Super, 4-cyl., 2175cc, 123" wb						
4d Sed	350	1,000	1,650	3,300	5,800	8,300
4d Pallas Sed	400	1,150	1,900	3,800	6,650	9,500
1969 Luxe, 4-cyl., 2175cc, 123" wb						
4d D19 Sta Wag	400	1,150	1,900	3,800	6,650	9,500
4d D21 Sta Wag	400	1,150	1,900	3,800	6,650	9,500
1970 ID19/D Special, 4-cyl., 1985cc, 123" wb						
4d Grande Rte Sed	350	1,000	1,650	3,300	5,800	8,300
1970 DS21, Aero Super, 4-cyl., 2175cc, 123" wb						
4d Sed	350	1,000	1,650	3,300	5,750	8,200
4d Pallas Sed	400	1,150	1,900	3,800	6,650	9,500
4d Grande Rte Sed	300	950	1,600	3,200	5,600	8,000
1970 D21, 4-cyl., 2175cc, 123" wb						
4d Luxe Sta Wag	350	1,100	1,800	3,600	6,300	9,000
4d Confort Sta Wag	400	1,250	2,100	4,200	7,350	10,500
1971-72 D Special, 4-cyl., 1985cc, 123" wb						
4d DS20 Sed	350	1,100	1,800	3,600	6,300	9,000
1971-72 DS21, Aero Super, 4-cyl., 2175cc, 123" wb						
4d Sed	350	1,000	1,650	3,300	5,750	8,200
4d Pallas Sed	400	1,150	1,900	3,800	6,650	9,500
1971-72 DS21, Grande Route, 4-cyl., 2175cc, 123" wb						
4d Sed	300	950	1,600	3,200	5,600	8,000
1971-72 D21, 4-cyl., 2175cc, 123" wb						
4d Sta Wag	350	1,100	1,800	3,600	6,300	9,000
1971-72 SM Maserati, V-6, 2670cc, 116.1" wb						
2d Cpe (2 plus 2)	900	2,750	4,600	9,200	16,100	23,000
1973-75 SM-Maserati, V-6, 2670-2695cc, 116.1" wb						
2d Cpe	800	2,400	4,000	8,000	14,000	20,000
1973-75 SM-Maserati, V-6, 2670-2965cc, 116.1" wb						

NOTE: Although still in production in the '80s and '90s, cars were not exported to U.S. after mid-'70s.

DAIHATSU

1988						
2d HBk CLS	200	550	900	1,800	3,150	4,500
2d HBk CLX	200	600	1,000	1,950	3,450	4,900
2d HBk CSX	200	650	1,100	2,200	3,850	5,500
1989						
2d HBk CES	200	650	1,100	2,200	3,850	5,500
2d HBk CLS	250	700	1,200	2,350	4,150	5,900
2d HBk CLX	250	800	1,300	2,600	4,550	6,500
1990 Charade						
2d HBk SE	250	750	1,250	2,500	4,350	6,200
2d HBk SX	250	750	1,250	2,500	4,400	6,300
4d Sed SE	250	750	1,250	2,500	4,350	6,200
4d Sed SX	250	750	1,250	2,500	4,400	6,300
1990 Rocky 4x4						
2d Conv SE	300	950	1,600	3,200	5,600	8,000

	6	5	4	3	2	1
2d Conv SX	350	1,000	1,650	3,300	5,750	8,200
2d Utly SE	300	850	1,400	2,800	4,900	7,000
2d Utly SX	300	850	1,450	2,900	5,050	7,200
1991 Charade						
2d HBk SE	100	350	600	1,200	2,100	3,000
4d Sed SE	150	400	650	1,300	2,250	3,200
4d Sed SX	150	450	700	1,450	2,500	3,600
1992 Charade						
2d HBk SE	150	400	650	1,300	2,250	3,200
4d Sed SE	150	400	700	1,350	2,400	3,400
4d Sed SX	150	400	700	1,400	2,450	3,500

DATSUN

	6	5	4	3	2	1
1960 4-cyl., 1189cc, 87.4" wb						
Fairlady Rds SPL 212	300	900	1,500	3,000	5,250	7,500
1961-1962 4-cyl., 1189cc, 86.6" wb						
Fairlady Rds SPL 213	300	900	1,500	3,000	5,250	7,500
1963-1965 4-cyl., 1488cc, 89.8" wb						
1500 Rds SPL 310	300	900	1,500	3,000	5,250	7,500
1966 4-cyl., 1595cc, 89.8" wb						
1600 Rds SPL 311	300	850	1,450	2,900	5,050	7,200
1967 4-cyl., 1595cc, 89.8" wb						
1600 Rds SPL 311, (Early)	300	850	1,450	2,900	5,050	7,200
2000 Rds SRL 311, (Late)	300	900	1,550	3,100	5,400	7,700
1968 4-cyl., 1595cc, 89.8" wb						
4d Sed 510	250	700	1,150	2,300	4,050	5,800
1600 Rds SPL 311	300	850	1,400	2,800	4,900	7,000
1968 4-cyl., 1982cc, 89.8" wb						
2000 Rds SRL 311	300	850	1,400	2,800	4,900	7,000
1969 4-cyl., 1595cc, 95.3" wb						
2d 510 Sed	250	700	1,200	2,350	4,150	5,900
4d 510 Sed	250	700	1,150	2,300	4,050	5,800
1969 4-cyl., 1595cc, 89.8" wb						
1600 Rds SPL 311	250	750	1,250	2,500	4,350	6,200
1969 4-cyl., 1982cc, 89.8" wb						
2000 Rds SRL 311	300	850	1,450	2,900	5,050	7,200
1970 4-cyl., 1595cc, 95.3" wb						
2d 510 Sed	250	700	1,200	2,350	4,150	5,900
4d 510 Sed	250	700	1,150	2,300	4,050	5,800
1970 4-cyl., 1595cc, 89.8" wb						
1600 Rds SPL 311	250	800	1,350	2,700	4,750	6,800
1970 4-cyl., 1982cc, 89.8" wb						
2000 Rds SRL 311	250	800	1,300	2,600	4,550	6,500
1970 6-cyl., 2393cc, 90.7" wb						
240Z 2d Cpe	400	1,150	1,900	3,800	6,650	9,500
1971 4-cyl., 1595cc, 95.3" wb						
2d 510 Sed	250	700	1,200	2,350	4,150	5,900
4d 510 Sed	250	700	1,150	2,300	4,050	5,800
1971 6-cyl., 2393cc, 90.7" wb						
240Z 2d Cpe	350	1,000	1,700	3,400	5,950	8,500
1972 4-cyl., 1595cc, 95.3" wb						
2d 510 Sed	250	700	1,200	2,350	4,150	5,900
4d 510 Sed	250	700	1,150	2,300	4,050	5,800
1972 6-cyl., 2393cc, 90.7" wb						
240Z 2d Cpe	350	1,000	1,700	3,400	5,950	8,500
1973 4-cyl., 1595cc, 95.3" wb						
2d 510 Sed	250	700	1,200	2,350	4,150	5,900
1973 6-cyl., 2393cc, 90.7" wb						
240Z 2d Cpe	300	900	1,500	3,000	5,250	7,500
1974 6-cyl., 2565cc, 90.7" wb						
260Z 2d Cpe	250	750	1,300	2,550	4,500	6,400
1974 6-cyl., 2565cc, 102.6" wb						
260Z 2d Cpe 2 plus 2	250	750	1,250	2,500	4,350	6,200
1975 6-cyl., 2565cc, 90.7" wb						
260Z 2d Cpe	250	750	1,300	2,550	4,500	6,400
1975 6-cyl., 2565cc, 102.6" wb						
260Z 2d Cpe 2 plus 2	250	750	1,250	2,500	4,350	6,200
1975 6-cyl., 2753cc, 90.7" wb						
280Z 2d Cpe	250	800	1,300	2,650	4,600	6,600

	6	5	4	3	2	1
1975 6-cyl., 2753cc, 102.6" wb						
280Z 2d Cpe 2 plus 2	250	750	1,300	2,550	4,500	6,400
1976 6-cyl., 2753cc, 90.7" wb						
280Z 2d Cpe	300	900	1,500	3,050	5,300	7,600
1976 6-cyl., 2753cc, 102.6" wb						
280Z 2d Cpe 2 plus 2	250	800	1,350	2,700	4,750	6,800
1977 6-cyl., 2393cc, 104.3" wb						
4d 810 Sed	200	550	900	1,800	3,150	4,500
1977 6-cyl., 2753cc, 90.7" wb						
280Z 2d Cpe	300	850	1,400	2,800	4,900	7,000
1977 6-cyl., 2753cc, 102.6" wb						
280Z 2d Cpe 2 plus 2	250	750	1,250	2,500	4,350	6,200

DATSUN/NISSAN

	6	5	4	3	2	1
1978 4-cyl., 1952cc, 92.1" wb						
200SX Cpe	200	600	950	1,900	3,350	4,800
1978 6-cyl., 149 hp, 90.7" wb						
280Z Cpe	300	850	1,400	2,800	4,900	7,000
280Z Cpe 2 plus 2	250	800	1,350	2,700	4,750	6,800
1979 4-cyl., 1952cc, 92.1" wb						
200SX Cpe	200	600	950	1,900	3,350	4,800
280ZX Cpe	300	850	1,400	2,800	4,900	7,000
280ZX Cpe 2 plus 2	250	800	1,350	2,700	4,750	6,800
1980 4-cyl., 1952cc, 92.1" wb						
280ZX Cpe	250	800	1,350	2,700	4,700	6,700
280ZX Cpe 2 plus 2	250	750	1,300	2,550	4,500	6,400
NOTE: Add 10 percent for 10th Anniversary Edition (Black Gold).						
1981 4-cyl., 1952cc, 92.1" wb						
280ZX Cpe	250	750	1,250	2,500	4,400	6,300
280ZX Cpe 2 plus 2 GL	250	700	1,200	2,400	4,200	6,000
280ZX Cpe Turbo GL	250	700	1,200	2,400	4,200	6,000
1982 4-cyl., 1952cc, 92.1" wb						
280ZX Cpe	250	800	1,300	2,650	4,600	6,600
280ZX Cpe 2 plus 2	250	750	1,250	2,500	4,400	6,300
280ZX Cpe Turbo	300	850	1,400	2,800	4,900	7,000
280ZX Cpe 2 plus 2 Turbo	250	800	1,300	2,650	4,600	6,600
1983 4-cyl., 1952cc, 92.1" wb						
280ZX Cpe	250	800	1,300	2,600	4,550	6,500
280ZX Cpe 2 plus 2	250	750	1,250	2,500	4,350	6,200
280ZX Cpe Turbo	300	850	1,400	2,750	4,850	6,900
280ZX Cpe 2 plus 2 Turbo	250	800	1,300	2,600	4,550	6,500
1984 Sentra (FWD)						
2d Sed	150	500	800	1,650	2,850	4,100
2d DeL Sed	150	500	850	1,700	2,950	4,200
4d DeL Sed	150	500	800	1,600	2,800	4,000
4d DeL Wag	150	500	850	1,700	3,000	4,300
2d HBk XE	200	550	900	1,750	3,100	4,400
300ZX Cpe GL	300	900	1,500	3,000	5,250	7,500
300ZX 2d 2 plus 2 GL	250	800	1,350	2,700	4,700	6,700
300ZX 2d Turbo GL	350	1,100	1,800	3,600	6,300	9,000
1985 Sentra						
2d Std Sed	150	500	800	1,650	2,850	4,100
2d DeL Sed	150	500	850	1,700	2,950	4,200
4d DeL Sed	150	500	850	1,700	3,000	4,300
4d DeL Sta Wag	200	550	900	1,750	3,100	4,400
2d Diesel Sed	150	500	800	1,650	2,850	4,100
XE 2d Sed	150	500	850	1,700	3,000	4,300
XE 4d Sed	200	550	900	1,750	3,100	4,400
XE 4d Sta Wag	200	550	900	1,800	3,150	4,500
XE 2d HBk	200	550	900	1,750	3,100	4,400
SE 2d HBk	200	550	900	1,850	3,200	4,600
1985 Pulsar						
2d Cpe	200	600	950	1,900	3,350	4,800
1985 Stanza						
4d HBk	200	550	900	1,850	3,200	4,600
4d Sed	200	550	950	1,900	3,300	4,700
1985 200SX						
2d DeL Sed	200	600	1,000	2,000	3,500	5,000
2d DeL HBk	200	650	1,050	2,100	3,700	5,300
XE 2d Sed	200	600	1,050	2,100	3,650	5,200
XE 2d HBk	200	650	1,100	2,200	3,850	5,500
Turbo 2d HBk	250	700	1,150	2,300	4,000	5,700

	6	5	4	3	2	1
1985 Maxima						
SE 4d Sed	300	850	1,450	2,900	5,050	7,200
GL 4d Sed	300	900	1,500	2,950	5,200	7,400
GL 4d Sta Wag	300	900	1,500	3,050	5,300	7,600
1985 300ZX						
2d Cpe	300	950	1,600	3,200	5,600	8,000
2 plus 2 2d Cpe	350	1,100	1,800	3,600	6,300	9,000
Turbo 2d Cpe	400	1,200	2,000	4,000	7,000	10,000
1986 Sentra						
2d Sed	200	550	950	1,900	3,300	4,700
2d DeL Sed	200	600	950	1,900	3,350	4,800
4d DeL Sed	200	600	1,000	1,950	3,450	4,900
4d Sta Wag	200	550	900	1,800	3,150	4,500
2d Diesel Sed	200	550	950	1,900	3,300	4,700
XE 2d Sed	200	550	900	1,800	3,150	4,500
XE 4d Sed	200	550	900	1,850	3,200	4,600
XE 4d Sta Wag	150	500	850	1,700	3,000	4,300
XE 2d HBk	150	500	800	1,650	2,850	4,100
SE 2d HBk	200	550	900	1,750	3,100	4,400
1986 Pulsar						
2d Cpe	200	550	900	1,800	3,150	4,500
1986 Stanza						
GL 4d Sed	200	600	1,050	2,100	3,650	5,200
XE 4d Sta Wag	200	650	1,050	2,100	3,700	5,300
XE 4d Sta Wag 4WD	250	700	1,200	2,350	4,150	5,900
1986 200SX						
E 2d Sed	250	700	1,150	2,300	4,050	5,800
E 2d HBk	250	750	1,250	2,500	4,350	6,200
XE 2d Sed	250	700	1,200	2,350	4,150	5,900
XE 2d HBk	250	750	1,250	2,500	4,400	6,300
Turbo 2d HBk	250	800	1,300	2,650	4,600	6,600
1986 Maxima						
SE 4d Sed	300	950	1,550	3,100	5,450	7,800
GL 4d Sed	300	950	1,600	3,250	5,650	8,100
GL 4d Sta Wag	350	1,000	1,650	3,300	5,800	8,300
1986 300ZX						
2d Cpe	400	1,150	1,900	3,800	6,650	9,500
2d 2 plus 2 Cpe	400	1,250	2,100	4,200	7,350	10,500
2d Turbo Cpe	450	1,400	2,300	4,600	8,050	11,500
1987 Sentra						
2d Sed	150	500	850	1,700	2,950	4,200
E 2d Sed	200	600	1,000	2,000	3,500	5,000
E 4d Sed	200	600	1,000	2,050	3,550	5,100
E 2d HBk	200	600	1,000	2,000	3,500	5,000
E 4d Sta Wag	200	650	1,050	2,100	3,700	5,300
XE 2d Sed	200	650	1,050	2,100	3,700	5,300
XE 4d Sed	200	650	1,100	2,150	3,800	5,400
XE 4d Sta Wag	200	650	1,050	2,100	3,700	5,300
XE 4d Sta Wag 4WD	250	700	1,150	2,300	4,000	5,700
GXE 4d Sed	250	750	1,250	2,500	4,400	6,300
XE 2d Cpe	250	700	1,150	2,300	4,050	5,800
SE 2d Cpe	250	750	1,250	2,500	4,350	6,200
1987 Pulsar						
XE 2d Cpe	300	850	1,450	2,900	5,050	7,200
SE 2d Cpe 16V	300	900	1,550	3,100	5,400	7,700
1987 Stanza						
E 4d NBk	300	850	1,400	2,750	4,850	6,900
GXE 4d NBk	300	900	1,500	2,950	5,200	7,400
4d HBk	300	850	1,450	2,900	5,050	7,200
XE 4d Sta Wag	300	900	1,500	2,950	5,200	7,400
XE 4d Sta Wag 4WD	300	950	1,600	3,200	5,600	8,000
1987 200SX						
XE 2d NBk	300	850	1,400	2,850	4,950	7,100
XE 2d HBk	300	850	1,450	2,900	5,050	7,200
SE 2d HBk V-6	350	1,000	1,650	3,300	5,800	8,300
1987 Maxima						
SE 4d Sed	350	1,050	1,750	3,500	6,150	8,800
GXE 4d Sed	350	1,050	1,750	3,500	6,100	8,700
GXE 4d Sta Wag	350	1,100	1,800	3,600	6,300	9,000
1987 300ZX						
GS 2d Cpe	500	1,450	2,400	4,800	8,400	12,000
GS 2d Cpe 2 plus 2	500	1,500	2,500	5,000	8,750	12,500
2d Turbo Cpe	550	1,600	2,700	5,400	9,450	13,500

	6	5	4	3	2	1
1988 Sentra						
2d Sed	200	550	950	1,900	3,300	4,700
E 2d Sed	250	700	1,150	2,300	4,000	5,700
E 4d Sed	250	700	1,200	2,400	4,200	6,000
E 2d HBk	250	700	1,150	2,300	4,000	5,700
E 4d Sta Wag	250	750	1,250	2,500	4,400	6,300
XE 2d Sed	250	750	1,200	2,450	4,250	6,100
XE 4d Sed	250	750	1,300	2,550	4,500	6,400
XE 4d Sta Wag	250	800	1,350	2,700	4,700	6,700
XE 4d Sta Wag 4x4	300	900	1,500	2,950	5,200	7,400
XE 2d Cpe	250	800	1,350	2,700	4,700	6,700
SE 2d Cpe	300	850	1,450	2,900	5,050	7,200
GXE 4d Sed	250	800	1,350	2,700	4,750	6,800
1988 Pulsar						
XE 2d Cpe	300	950	1,550	3,100	5,450	7,800
SE 2d Cpe	350	1,000	1,650	3,300	5,750	8,200
1988 Stanza						
E 4d Sed	300	850	1,450	2,900	5,050	7,200
GXE 4d Sed	300	950	1,600	3,200	5,600	8,000
XE 4d Sta Wag	300	900	1,550	3,100	5,400	7,700
XE 4d Sta Wag 4x4	350	1,000	1,700	3,350	5,900	8,400
1988 200 SX						
XE 2d Cpe	300	900	1,550	3,100	5,400	7,700
XE 2d HBk	300	950	1,600	3,150	5,550	7,900
SE 2d HBk V-6	350	1,100	1,800	3,600	6,300	9,000
1988 Maxima						
SE 4d Sed	350	1,100	1,800	3,600	6,300	9,000
GXE 4d Sed	400	1,150	1,900	3,800	6,650	9,500
GXE 4d Sta Wag	400	1,200	2,000	4,000	7,000	10,000
1988 300ZX						
GS 2d Cpe	500	1,450	2,400	4,800	8,400	12,000
GS 2d Cpe 2 plus 2	500	1,500	2,500	5,000	8,750	12,500
2d Turbo Cpe	500	1,550	2,600	5,200	9,100	13,000
1989 Sentra						
2d Sed	250	700	1,200	2,400	4,200	6,000
E 2d Sed	300	850	1,400	2,800	4,900	7,000
E 4d Sed	300	900	1,500	2,950	5,200	7,400
E 4d Sta Wag	300	900	1,550	3,100	5,400	7,700
XE 2d Sed	300	900	1,500	3,050	5,300	7,600
XE 4d Sed	300	950	1,600	3,150	5,550	7,900
XE 4d Sta Wag	350	1,000	1,650	3,300	5,750	8,200
XE 4d Sta Wag 4x4	350	1,050	1,800	3,550	6,250	8,900
XE Cpe	350	1,000	1,700	3,400	5,950	8,500
SE Cpe	350	1,050	1,800	3,550	6,250	8,900
1989 Pulsar						
XE Cpe	350	1,100	1,850	3,700	6,450	9,200
SE Cpe (16V)	400	1,200	1,950	3,900	6,850	9,800
1989 Stanza						
E 4d Sed	350	1,100	1,850	3,700	6,450	9,200
GXE 4d Sed	400	1,200	2,000	4,000	7,000	10,000
1989 240 SX						
XE 2d Sed	450	1,350	2,250	4,500	7,900	11,300
SE 2d HBk	450	1,350	2,300	4,550	8,000	11,400
1989 Maxima						
SE 4d Sed	550	1,650	2,750	5,500	9,650	13,800
GXE 4d Sed	550	1,600	2,700	5,350	9,400	13,400
1989 300 ZX						
GS Cpe	600	1,850	3,100	6,150	10,800	15,400
GS Cpe 2 plus 2	600	1,850	3,100	6,200	10,850	15,500
Cpe Turbo	650	1,900	3,200	6,400	11,200	16,000
1990 Sentra, 4-cyl.						
2d Sed	150	450	700	1,450	2,500	3,600
XE 2d Sed	200	550	900	1,800	3,150	4,500
XE 4d Sed	200	550	900	1,850	3,200	4,600
XE 4d Sta Wag	200	550	950	1,900	3,300	4,700
XE 2d Cpe	200	600	1,000	2,000	3,500	5,000
SE 2d Cpe	200	650	1,100	2,200	3,850	5,500
1990 Pulsar, 4-cyl.						
XE 2d Cpe	250	800	1,300	2,600	4,550	6,500
1990 Stanza, 4-cyl.						
XE 4d Sed	250	750	1,250	2,500	4,350	6,200
GXE 4d Sed	250	800	1,350	2,700	4,700	6,700
1990 240 SX, 4-cyl.						
XE 2d Cpe	300	850	1,400	2,800	4,900	7,000

1963 Austin-Healey 3000 Mark II convertible

1953 Bentley R Type drophead coupe

1982 Bentley Mulsanne sedan

	6	5	4	3	2	1
SE 2d FBk	300	900	1,500	3,000	5,250	7,500
1990 Maxima, V-6						
SE 4d Sed	400	1,150	1,950	3,900	6,800	9,700
GXE 4d Sed	350	1,100	1,800	3,600	6,300	9,000
1990 300ZX, V-6						
GS 2d Cpe	500	1,550	2,600	5,200	9,100	13,000
GS 2 plus 2 2d Cpe	550	1,600	2,700	5,400	9,450	13,500
2d Turbo Cpe	600	1,800	3,000	6,000	10,500	15,000
1990 Axxess, 4-cyl.						
XE 4d Sta Wag	250	700	1,200	2,400	4,200	6,000
XE 4d Sta Wag 4x4	300	850	1,400	2,800	4,900	7,000
1991 Sentra						
E 2d Sed	150	500	850	1,700	2,950	4,200
XE 2d Sed	200	550	900	1,750	3,100	4,400
SE 2d Sed	200	550	900	1,850	3,200	4,600
SE-R 2d Sed	200	600	950	1,900	3,350	4,800
E 4d Sed	150	500	850	1,700	2,950	4,200
XE 4d Sed	200	550	900	1,750	3,100	4,400
GXE 4d Sed	200	600	1,000	1,950	3,450	4,900
1991 Stanza						
XE 4d Sed	250	700	1,150	2,300	4,000	5,700
GXE 4d Sed	250	750	1,300	2,550	4,500	6,400
1991 NX						
2d Cpe 1600	200	650	1,100	2,200	3,850	5,500
2d Cpe 2000	250	700	1,200	2,400	4,200	6,000
1991 240SX						
2d Cpe	300	850	1,400	2,800	4,900	7,000
SE 2d Cpe	300	950	1,600	3,200	5,600	8,000
2d FBk	300	950	1,600	3,200	5,600	8,000
SE 2d FBk	350	1,000	1,700	3,400	5,950	8,500
LE 2d FBk	350	1,050	1,750	3,500	6,100	8,700
1991 Maxima, V-6						
SE 4d Sed	400	1,150	1,900	3,800	6,650	9,500
GXE 4d Sed	350	1,100	1,800	3,600	6,300	9,000
1991 300ZX, V-6						
2d Cpe	550	1,700	2,800	5,600	9,800	14,000
2d 2 plus 2 Cpe	600	1,750	2,900	5,800	10,150	14,500
2d Turbo Cpe	650	1,900	3,200	6,400	11,200	16,000
1992 Sentra, 4-cyl.						
E 2d Sed	200	550	900	1,850	3,200	4,600
E 4d Sed	200	600	950	1,900	3,350	4,800
XE 2d Sed	200	600	1,000	1,950	3,450	4,900
XE 4d Sed	200	600	1,000	2,000	3,500	5,000
SE 2d Sed	200	600	1,000	2,000	3,500	5,000
SE-R 4d Sed	200	600	1,050	2,100	3,650	5,200
GXE 4d Sed	200	650	1,100	2,200	3,850	5,500
1992 NX, 4-cyl.						
2d Cpe 1600	250	800	1,300	2,600	4,550	6,500
2d Cpe 2000	300	850	1,400	2,800	4,900	7,000
1992 Stanza, 4-cyl.						
XE 4d Sed	200	650	1,100	2,200	3,850	5,500
SE 4d Sed	250	700	1,200	2,400	4,200	6,000
GXE 4d Sed	250	800	1,300	2,600	4,550	6,500
1992 240SX, 4-cyl.						
2d Cpe	250	700	1,200	2,400	4,200	6,000
2d FBk	250	800	1,300	2,600	4,550	6,500
SE 2d Cpe	300	850	1,400	2,800	4,900	7,000
SE 2d FBk	300	900	1,500	3,000	5,250	7,500
LE 2d FBk	350	1,000	1,700	3,400	5,950	8,500
SE 2d Conv	400	1,250	2,100	4,200	7,350	10,500
1992 Maxima, V-6						
GXE 4d Sed	400	1,150	1,900	3,800	6,650	9,500
SE 4d Sed	400	1,250	2,100	4,200	7,350	10,500
1992 300ZX, V-6						
2d Cpe	550	1,700	2,800	5,600	9,800	14,000
2d Cpe 2 plus 2	600	1,800	3,000	6,000	10,500	15,000
2d Cpe Turbo	700	2,050	3,400	6,800	11,900	17,000
1993 Sentra, 4-cyl.						
E 2d Sed	200	550	900	1,800	3,150	4,500
E 4d Sed	200	550	900	1,850	3,200	4,600
XE 2d Sed	200	550	950	1,900	3,300	4,700
XE 4d Sed	200	600	950	1,900	3,350	4,800
SE 2d Sed	200	600	950	1,900	3,350	4,800
SE-R 2d Sed	200	600	1,000	1,950	3,450	4,900

	6	5	4	3	2	1
GXE 4d Sed	200	600	1,000	2,000	3,500	5,000
1993 NX, 4-cyl.						
2d Cpe 1600	200	600	1,050	2,100	3,650	5,200
2d Cpe 2000	200	650	1,100	2,200	3,850	5,500
1993 Altima, 4-cyl.						
XE 4d Sed	200	600	950	1,900	3,350	4,800
GXE 4d Sed	200	600	1,000	1,950	3,450	4,900
SE 4d Sed	200	600	1,000	2,050	3,550	5,100
GLE 4d Sed	200	600	1,050	2,100	3,650	5,200
1993 240SX, 4-cyl.						
2d Cpe	300	900	1,500	3,000	5,250	7,500
2d FBk	300	900	1,500	3,000	5,250	7,500
SE 2d Cpe	300	900	1,500	3,050	5,300	7,600
SE 2d FBk	300	900	1,500	3,050	5,300	7,600
SE 2d Conv	500	1,450	2,400	4,800	8,400	12,000
1993 Maxima, V-6						
GXE 4d Sed	200	600	1,000	2,000	3,500	5,000
SE 4d Sed	200	600	1,050	2,100	3,650	5,200
1993 300ZX, V-6						
2d Cpe	400	1,150	1,900	3,800	6,650	9,500
2d Cpe 2 plus 2	400	1,200	2,000	4,000	7,000	10,000
2d Cpe Turbo	450	1,300	2,200	4,400	7,700	11,000
2d Conv	500	1,550	2,600	5,200	9,100	13,000

DE TOMASO

1967-1971 V-8, 302 cid, 98.4" wb

Mangusta 2d Cpe	3,450	10,300	17,200	34,400	60,000	86,000

1971-1974 V-8, 351 cid, 99" wb

Pantera 2d Cpe	2,200	6,600	11,000	22,000	38,500	55,000

1975-1978 V-8, 351 cid, 99" wb

Pantera 2d Cpe	2,000	6,000	10,000	20,000	35,000	50,000

NOTE: After 1974 the Pantera was not officially available in the U.S. Add 5 percent for GTS models.

FACEL VEGA

1954 FV, V-8, 103" wb

2d HT Cpe	2,650	7,900	13,200	26,400	46,200	66,000

1955 FV, V-8, 103" wb

2d HT Cpe	2,650	7,900	13,200	26,400	46,200	66,000

1956 FVS, V-8, 103" wb

2d HT Cpe	2,650	7,900	13,200	26,400	46,200	66,000

1956 Excellence, V-8, 122" wb

4d HT Sed	2,400	7,200	12,000	24,000	42,000	60,000

1957 FVS, V-8, 103" wb

2d HT Cpe	2,650	7,900	13,200	26,400	46,200	66,000

1957 Excellence, V-8, 122" wb

4d HT Sed	2,400	7,200	12,000	24,000	42,000	60,000

1958 FVS, V-8, 105" wb

2d HT Cpe	2,650	7,900	13,200	26,400	46,200	66,000

1958 Excellence, V-8, 122" wb

4d HT Sed	2,400	7,200	12,000	24,000	42,000	60,000

1959 HK500, V-8, 105" wb

2d HT Cpe	2,650	7,900	13,200	26,400	46,200	66,000

1959 Excellence, V-8, 125" wb

4d HT Sed	2,400	7,200	12,000	24,000	42,000	60,000

1960 Facellia, 4-cyl., 96" wb

2d Cpe	1,600	4,800	8,000	16,000	28,000	40,000
2d Conv	2,000	6,000	10,000	20,000	35,000	50,000

1960 HK500, V-8, 105" wb

2d HT Cpe	2,650	7,900	13,200	26,400	46,200	66,000

1960 Excellence, V-8, 125" wb

4d HT Sed	2,400	7,200	12,000	24,000	42,000	60,000

1961 Facellia, 4-cyl., 96" wb

2d Cpe	1,600	4,800	8,000	16,000	28,000	40,000
2d Conv	2,000	6,000	10,000	20,000	35,000	50,000

1961 HK500, V-8, 105" wb

2d HT Cpe	2,650	7,900	13,200	26,400	46,200	66,000

1961 Excellence, V-8, 125" wb

4d HT Sed	2,400	7,200	12,000	24,000	42,000	60,000

	6	5	4	3	2	1
1962 Facellia, 4-cyl., 96" wb						
2d Cpe	1,600	4,800	8,000	16,000	28,000	40,000
2d Conv	2,000	6,000	10,000	20,000	35,000	50,000
1962 Facel II, V-8, 105" wb						
2d HT Cpe	2,650	7,900	13,200	26,400	46,200	66,000
1962 Excellence, V-8, 125" wb						
4d HT Sed	2,800	8,400	14,000	28,000	49,000	70,000
1963 Facellia, 4-cyl., 96" wb						
2d Cpe	1,600	4,800	8,000	16,000	28,000	40,000
2d Conv	2,000	6,000	10,000	20,000	35,000	50,000
1963 Facel II, V-8, 105" wb						
2d HT Cpe	2,800	8,400	14,000	28,000	49,000	70,000
1963 Facel III, 4-cyl., 97" wb						
2d HT Cpe	2,650	7,900	13,200	26,400	46,200	66,000
1963 Facel 6, 6-cyl., 97" wb						
2d HT Cpe	2,700	8,150	13,600	27,200	47,600	68,000
1963 Excellence, V-8, 125" wb						
4d HT Sed	2,800	8,400	14,000	28,000	49,000	70,000
1964-65 Facellia, 4-cyl., 96" wb						
2d Cpe	1,600	4,800	8,000	16,000	28,000	40,000
2d Conv	2,000	6,000	10,000	20,000	35,000	50,000
1964-65 Facel II, V-8, 105" wb						
2d HT Cpe	2,800	8,400	14,000	28,000	49,000	70,000
1964-65 Facel III, 4-cyl., 97" wb						
2d HT Cpe	2,650	7,900	13,200	26,400	46,200	66,000
1964-65 Facel 6, 6-cyl., 97" wb						
2d HT Cpe	2,700	8,150	13,600	27,200	47,600	68,000

FIAT

	6	5	4	3	2	1
1947-52 4-cyl., 570cc, 78.75" wb						
500 2d Sed	300	950	1,600	3,200	5,600	8,000
1947-52 4-cyl., 1089cc, 95.4" wb						
1100B 4d Sed	200	600	1,000	2,000	3,500	5,000
1100BL 4d Sed	200	600	1,000	2,000	3,500	5,000
1947-52 4-cyl., 1089cc, 95.25" wb						
1100E 4d Sed	250	700	1,200	2,400	4,200	6,000
1947-52 4-cyl., 1089cc, 106" wb						
1100EL 4d Sed	250	700	1,200	2,400	4,200	6,000
1100S 2d Spt Cpe	400	1,200	2,000	4,000	7,000	10,000
1100ES 2d Spt Cpe	400	1,200	2,000	4,000	7,000	10,000
1947-52 4-cyl., 1395cc, 104.2" wb						
1400 4d Sed	200	650	1,100	2,200	3,850	5,500
1400 2d Cabr	500	1,450	2,400	4,800	8,400	12,000
1947-52 6-cyl., 1493cc, 110" wb						
1500 4d Sed	200	650	1,100	2,200	3,850	5,500
2d Conv Cpe	500	1,450	2,400	4,800	8,400	12,000
1953-56 500, 4-cyl., 570cc, 78.75" wb						
2d Sed	300	950	1,600	3,200	5,600	8,000
2d Sta Wag	350	1,100	1,800	3,600	6,300	9,000
1953-56 600, 4-cyl., 633cc, 78.75" wb						
2d Sed	200	600	1,000	2,000	3,500	5,000
2d Conv (S/R)	200	650	1,100	2,200	3,850	5,500
1953-56 600 Multipla, 4-cyl., 633cc, 78.75" wb						
4d Sta Wag	250	700	1,200	2,400	4,200	6,000
1953-56 1100, 4-cyl., 1089cc, 92.1" wb						
103 4d Sed	200	600	1,000	2,000	3,500	5,000
103E 4d Sed	200	600	1,000	2,050	3,550	5,100
103E TV 4d Sed	200	600	1,050	2,100	3,650	5,200
103E 4d Sta Wag	200	650	1,100	2,200	3,850	5,500
103F TV 2d Spt Rds	600	1,800	3,000	6,000	10,500	15,000
1953-56 1400, 4-cyl., 1395cc, 104.2" wb						
4d Sed	200	650	1,100	2,200	3,850	5,500
2d Cabr	500	1,450	2,400	4,800	8,400	12,000
1953-56 1900, 4-cyl., 1901cc, 104" wb						
4d Sed	200	650	1,100	2,200	3,850	5,500
1953-56 8V, V-8, 1996cc, 94.5" wb						
2d Cpe	1,200	3,600	6,000	12,000	21,000	30,000
1957 500, 2-cyl., 479cc, 72.4" wb						
2d Sed	300	850	1,400	2,800	4,900	7,000

	6	5	4	3	2	1
1957 600, 4-cyl., 633cc, 78.75" wb						
2d Sed	200	600	1,000	2,000	3,500	5,000
2d Conv (S/R)	250	700	1,200	2,400	4,200	6,000
1957 600 Multipla, 4-cyl., 633cc, 78.75" wb						
4d Sta Wag (4/5P)	250	700	1,200	2,400	4,200	6,000
4d Sta Wag (6P)	250	700	1,200	2,400	4,200	6,000
1957 1100, 4-cyl., 1089cc, 92.1" wb						
4d Sed	200	600	1,000	2,000	3,500	5,000
4d Sta Wag	200	650	1,100	2,200	3,850	5,500
1957 1100 TV, 4-cyl., 1089cc, 92.1" wb						
4d Sed	250	700	1,150	2,300	4,050	5,800
2d Conv	500	1,450	2,400	4,800	8,400	12,000
1958 500, 2-cyl., 479cc, 72.4" wb						
2d Sed	300	850	1,400	2,800	4,900	7,000
1958 600, 4-cyl., 633cc, 78.75" wb						
2d Sed	200	600	1,000	2,000	3,500	5,000
2d Conv (S/R)	200	650	1,100	2,200	3,850	5,500
1958 600 Multipla, 4-cyl., 633cc, 78.75" wb						
4d Sta Wag (4/5P)	250	700	1,200	2,400	4,200	6,000
4d Sta Wag (6P)	250	700	1,200	2,400	4,200	6,000
1958 1100, 4-cyl., 1089cc, 92.1" wb						
4d Sed	200	650	1,100	2,200	3,850	5,500
4d Familiare Sta Wag	250	700	1,150	2,300	4,050	5,800
1958 1100 TV, 4-cyl., 1089cc, 92.1" wb						
4d Sed	200	650	1,100	2,200	3,850	5,500
2d Conv	500	1,450	2,400	4,800	8,400	12,000
1958 1200 Gran Luce, 4-cyl., 1221cc, 92.1" wb						
4d Sed	200	600	1,000	2,000	3,500	5,000
TV, 2d Conv	500	1,450	2,400	4,800	8,400	12,000
1959 500, 2-cyl., 479cc, 72.4" wb						
2d Sed	200	600	1,000	2,000	3,500	5,000
2d Bianchina Cpe	200	650	1,100	2,200	3,850	5,500
2d Jolly Sed	400	1,200	2,000	4,000	7,000	10,000
1959 500 Sport, 2-cyl., 499cc, 72.4" wb						
2d Sed	200	600	1,000	2,000	3,500	5,000
2d Bianchina Cpe	200	650	1,100	2,200	3,850	5,500
1959 600, 4-cyl., 633cc, 78.75" wb						
2d Sed	200	600	1,000	2,000	3,500	5,000
2d Sed (S/R)	200	650	1,100	2,200	3,850	5,500
1959 600 Multipla, 4-cyl., 633cc, 78.75" wb						
4d Sta Wag (4/5P)	250	700	1,200	2,400	4,200	6,000
4d Sta Wag (6P)	250	700	1,200	2,400	4,200	6,000
1959 1100, 4-cyl., 1089cc, 92.1" wb						
4d Sed	200	600	1,000	2,000	3,500	5,000
4d Sta Wag	200	650	1,100	2,200	3,850	5,500
1959 1200, 4-cyl., 1221cc, 92.1" wb						
4d Sed	200	600	1,000	2,000	3,500	5,000
2d Spider Conv	450	1,300	2,200	4,400	7,700	11,000
1959 1500, 1500S, 4-cyl., 1491cc, 92.1" wb						
2d Spider Conv	500	1,500	2,500	5,000	8,750	12,500
1960 500, 2-cyl., 479cc, 72.4" wb						
2d Sed	200	600	1,050	2,100	3,650	5,200
2d Bianchina Cpe	250	700	1,150	2,300	4,000	5,700
2d Jolly Sed	400	1,200	2,000	4,000	7,000	10,000
1960 500 Sport, 2-cyl., 499cc, 72.4" wb						
2d Sed	200	650	1,050	2,100	3,700	5,300
2d Bianchina Cpe	250	700	1,150	2,300	4,050	5,800
1960 600, 4-cyl., 633cc, 78.75" wb						
2d Sed	200	600	1,000	2,000	3,500	5,000
2d Sed (S/R)	200	650	1,100	2,200	3,850	5,500
2d Jolly Sed	400	1,200	2,000	4,000	7,000	10,000
1960 600 Multipla, 4-cyl., 633cc, 78.75" wb						
4d Sta Wag (4/5P)	250	700	1,200	2,400	4,200	6,000
4d Sta Wag (6P)	250	700	1,200	2,400	4,200	6,000
1960 1100, 4-cyl., 1089cc, 92.1" wb						
4d Sed	200	600	1,000	2,000	3,500	5,000
4d DeL Sed	200	600	1,050	2,100	3,650	5,200
4d Sta Wag	200	650	1,100	2,200	3,850	5,500
1960 1200, 4-cyl., 1221cc, 92.1" wb						
4d Sed	200	600	1,000	2,000	3,500	5,000
2d Spider Conv	500	1,500	2,500	5,000	8,750	12,500

	6	5	4	3	2	1
1960 1500, 1500S, 4-cyl., 1491cc, 92.1" wb						
2d Spider Conv	550	1,600	2,700	5,400	9,450	13,500
1960 2100, 6-cyl., 2054cc, 104.3" wb						
4d Sed	200	650	1,100	2,200	3,850	5,500
4d Sta Wag	200	650	1,100	2,200	3,850	5,500
1961 500, 2-cyl., 479cc, 72.4" wb						
Bianchina DeL Cpe	200	650	1,100	2,250	3,900	5,600
2d Jolly Sed	400	1,200	2,000	4,000	7,000	10,000
1961 500 Sport, 2-cyl., 499cc, 72.4" wb						
2d Sed	300	850	1,400	2,800	4,900	7,000
2d Bianchina Cpe	250	700	1,150	2,300	4,000	5,700
1961 600, 4-cyl., 633cc, 78.75" wb						
2d Sed	200	600	1,000	2,000	3,500	5,000
2d Sed (S/R)	200	650	1,100	2,200	3,850	5,500
2d Jolly Sed	400	1,200	2,000	4,000	7,000	10,000
1961 600 Multipla, 4-cyl., 633cc, 78.75" wb						
4d Sta Wag (4/5P)	250	700	1,200	2,400	4,200	6,000
4d Sta Wag (6P)	250	700	1,200	2,400	4,200	6,000
1961 1100, 4-cyl., 1089cc, 92.1" wb						
4d Sed	200	600	1,000	2,000	3,500	5,000
4d DeL Sed	200	600	1,050	2,100	3,650	5,200
4d Sta Wag	200	650	1,100	2,200	3,850	5,500
1961 1200, 4-cyl., 1225cc, 92.1" wb						
4d Sed	200	600	1,000	2,000	3,500	5,000
2d Spider Conv	450	1,300	2,200	4,400	7,700	11,000
1961 1500, 1500S, 4-cyl., 1491cc, 92.1" wb						
Spider Conv	500	1,500	2,500	5,000	8,750	12,500
1961 2100, 6-cyl., 2054cc, 104.3" wb						
4d Sed	200	600	1,000	2,000	3,500	5,000
4d Sta Wag	200	650	1,100	2,200	3,850	5,500
1962 600D, 4-cyl., 767cc, 78.75" wb						
2d Sed	200	600	1,000	2,000	3,500	5,000
1962 1100, 4-cyl., 1089cc, 92.1" wb						
4d Export Sed	200	600	1,000	2,000	3,500	5,000
4d Spl Sed	200	600	1,050	2,100	3,650	5,200
1962 1200 Spider, 4-cyl., 1221cc, 92.1" wb						
2d Conv	450	1,300	2,200	4,400	7,700	11,000
1963 600D, 4-cyl., 767cc, 78.5" wb						
2d Sed	200	600	1,000	2,000	3,500	5,000
1963 1100 Special, 4-cyl., 1089cc, 92.1" wb						
4d Sed	200	600	1,000	2,000	3,500	5,000
1963 1100D, 4-cyl., 1221cc, 92.1" wb						
4d Sed	200	600	1,000	2,000	3,500	5,000
1963 1200 Spider, 4-cyl., 1221cc, 92.1" wb						
2d Conv	450	1,300	2,200	4,400	7,700	11,000
1964 600D, 4-cyl., 767cc, 78.5" wb						
2d Sed	200	600	1,000	2,000	3,500	5,000
1964 1100D, 4-cyl., 1221cc, 92.1" wb						
4d Sed	200	650	1,100	2,200	3,850	5,500
1964 1500 Spider, 4-cyl., 1481cc, 92.1" wb						
2d Conv	450	1,400	2,300	4,600	8,050	11,500
1965 600D, 4-cyl., 767cc, 78.5" wb						
2d Sed	200	600	1,000	2,000	3,500	5,000
1965 1100D, 4-cyl., 1221cc, 92.1" wb						
4d Sed	200	600	1,000	2,000	3,500	5,000
4d Sta Wag	200	650	1,100	2,200	3,850	5,500
1965 1500 Spider, 4-cyl., 1481cc, 92." wb						
2d Conv	450	1,400	2,300	4,600	8,050	11,500
1966 600D, 4-cyl., 767cc, 78.5" wb						
2d Sed	200	600	1,000	2,000	3,500	5,000
1966 1100D, 4-cyl., 1221cc, 92.1" wb						
4d Sed	200	600	1,000	2,000	3,500	5,000
4d Sta Wag	200	650	1,100	2,200	3,850	5,500
1966 1500 Spider, 4-cyl., 1481cc, 92.1" wb						
2d Conv	450	1,400	2,300	4,600	8,050	11,500
1967 600D, 4-cyl., 767cc, 78.7" wb						
2d Sed	200	600	1,000	2,000	3,500	5,000
1967 850, 4-cyl., 843cc, 79.8" wb						
FBk Cpe 2 plus 2	200	600	1,000	2,000	3,500	5,000
2d Spider Conv	400	1,150	1,900	3,800	6,650	9,500

	6	5	4	3	2	1
1967 124, 4-cyl., 1197cc, 95.3" wb						
4d Sed	150	500	800	1,600	2,800	4,000
4d Sta Wag	150	500	850	1,700	3,000	4,300
1967 1100R, 4-cyl., 1089cc, 92.2" wb						
4d Sed	200	600	1,000	2,000	3,500	5,000
4d Sta Wag	200	650	1,100	2,200	3,850	5,500
1967 1500 Spider, 4-cyl., 1481cc, 92.1" wb						
2d Conv	450	1,400	2,300	4,600	8,050	11,500
1968 850, 4-cyl., 817cc, 79.8" wb						
2d Sed	150	500	800	1,600	2,800	4,000
2d FBk Cpe	200	600	1,000	2,000	3,500	5,000
2d Spider Conv	400	1,150	1,900	3,800	6,650	9,500
1968 124, 4-cyl., 1197cc, 95.3" wb						
4d Sed	150	500	800	1,600	2,800	4,000
4d Sta Wag	150	500	800	1,600	2,800	4,000
1968 124, 4-cyl., 1438cc, 95.3" wb						
2d Spt Cpe	300	850	1,400	2,800	4,900	7,000
1968 124 Spider, 4-cyl., 1438cc, 89.8" wb						
2d Conv	450	1,400	2,300	4,600	8,050	11,500
1969 850, 4-cyl., 817cc, 79.8" wb						
2d Sed	150	500	800	1,600	2,800	4,000
2d FBk Cpe 2 plus 2	200	600	1,000	2,000	3,500	5,000
2d Spider Conv	400	1,150	1,900	3,800	6,650	9,500
1969 124, 4-cyl., 1197cc, 95.3" wb						
4d Sed	150	500	800	1,600	2,800	4,000
4d Sta Wag	150	500	800	1,600	2,800	4,000
1969 124, 4-cyl., 1438cc, 95.3" wb						
2d Spt Cpe	300	850	1,400	2,800	4,900	7,000
1969 124 Spider, 4-cyl., 1438cc, 89.8" wb						
2d Conv	450	1,400	2,300	4,600	8,050	11,500
1970 850, 4-cyl., 817cc, 79.8" wb						
2d Sed	150	500	800	1,600	2,800	4,000
1970 850, 4-cyl., 903cc, 79.8" wb						
Spt FBk Cpe 2 plus 2	200	650	1,100	2,200	3,850	5,500
Racer 2d HT Cpe	250	700	1,150	2,300	4,050	5,800
1970 850 Spider, 4-cyl., 903cc, 79.8" wb						
2d Conv	300	900	1,500	3,000	5,250	7,500
1970 124, 4-cyl., 1438cc, 95.3" wb						
4d Spl Sed	150	500	800	1,600	2,800	4,000
4d Spl Sta Wag	150	500	800	1,600	2,800	4,000
2d Spt Cpe	300	850	1,400	2,800	4,900	7,000
1970 124 Spider, 4-cyl., 1438cc, 89.8" wb						
2d Conv	450	1,400	2,300	4,600	8,050	11,500
1971 850, 4-cyl., 817cc, 79.8" wb						
2d Sed	150	500	800	1,600	2,800	4,000
1971 850, 4-cyl., 903cc, 79.8" wb						
2d FBk Cpe, 2 plus 2	200	600	1,000	2,000	3,500	5,000
Racer, 2d HT Cpe	250	700	1,150	2,300	4,050	5,800
1971 850 Spider, 4-cyl., 903cc, 79.8" wb						
2d Conv	300	900	1,500	3,000	5,250	7,500
1971 124, 4-cyl., 1438cc, 95.3" wb						
4d Spl Sed	150	500	800	1,600	2,800	4,000
4d Spl Sta Wag	150	500	800	1,600	2,800	4,000
2d Spt Cpe	300	850	1,400	2,800	4,900	7,000
1971 124 Spider, 4-cyl., 1438cc, 89.8" wb						
2d Conv	450	1,400	2,300	4,600	8,050	11,500

NOTE: The 124 coupe and convertible could be ordered with the larger 1.6-liter engine (1608cc).

	6	5	4	3	2	1
1972 850 Spider, 4-cyl., 903cc, 79.8" wb						
2d Conv	300	900	1,500	3,000	5,250	7,500
1972 128, 4-cyl., 1116cc, 96.4" wb						
2d Sed	150	400	700	1,400	2,450	3,500
4d Sed	150	400	700	1,400	2,450	3,500
2d Sta Wag	150	400	700	1,400	2,450	3,500
1972 124, 4-cyl., 1438cc, 95.3" wb						
4d Spl Sed	150	500	800	1,600	2,800	4,000
4d Sta Wag	150	500	800	1,600	2,800	4,000
1972 124, 4-cyl., 1608cc, 95.3" wb						
2d Spt Cpe	300	850	1,400	2,800	4,900	7,000
1972 124 Spider, 4-cyl., 1608cc, 89.8" wb						
2d Conv	450	1,300	2,200	4,400	7,700	11,000

	6	5	4	3	2	1
1973 850 Spider, 4-cyl., 903cc, 79.8" wb						
2d Conv	300	900	1,500	3,000	5,250	7,500
1973 128, 4-cyl., 1116cc, 96.4" wb						
2d Sed	150	500	800	1,600	2,800	4,000
4d Sed	150	500	800	1,600	2,800	4,000
2d Sta Wag	150	500	800	1,650	2,850	4,100
SL 1300 2d Cpe	150	500	850	1,700	3,000	4,300
1973 124, 4-cyl., 1438cc, 95.3" wb						
4d Spl Sed	200	550	900	1,800	3,150	4,500
4d Sta Wag	200	550	900	1,800	3,150	4,500
1973 124, 4-cyl., 1608cc, 95.3" wb						
2d Spt Cpe	300	900	1,500	3,000	5,250	7,500
1973 124 Spider, 4-cyl., 1608cc, 89.8" wb						
2d Conv	450	1,300	2,200	4,400	7,700	11,000
1974 128, 4-cyl., 1290cc, 96.4" wb						
2d Sed	150	500	800	1,600	2,800	4,000
4d Sed	150	500	800	1,600	2,800	4,000
2d Sta Wag	150	500	800	1,650	2,850	4,100
1974 128, 4-cyl., 1290cc, 87.5" wb						
SL 2d Cpe	150	500	850	1,700	3,000	4,300
1974 X1/9, 4-cyl., 1290cc, 86.7" wb						
2d Targa Cpe	200	650	1,100	2,200	3,850	5,500
1974 124, 4-cyl., 1593cc, 95.3" wb						
4d Spl Sed	200	550	900	1,800	3,150	4,500
4d Sta Wag	200	550	900	1,800	3,150	4,500
1974 124, 4-cyl., 1756cc, 95.3" wb						
2d Spt Cpe	200	550	900	1,800	3,150	4,500
1974 124 Spider, 4-cyl., 1756cc, 89.8" wb						
2d Conv	450	1,300	2,200	4,400	7,700	11,000
1975 128, 4-cyl., 1290cc, 96.4" wb						
2d Sed	150	500	800	1,600	2,800	4,000
4d Sed	150	500	800	1,600	2,800	4,000
2d Sta Wag	150	500	800	1,650	2,850	4,100
1975 128, 4-cyl., 1290cc, 87.5" wb						
SL 2d Cpe	150	500	850	1,700	3,000	4,300
1975 X1/9, 4-cyl., 1290cc, 86.7" wb						
2d Targa Cpe	200	650	1,100	2,200	3,850	5,500
1975 131, 4-cyl., 1756cc, 98" wb						
2d Sed	150	500	800	1,600	2,800	4,000
4d Sed	150	500	800	1,600	2,800	4,000
4d Sta Wag	150	500	850	1,700	3,000	4,300
1975 124, 4-cyl., 1756cc, 95.3" wb						
2d Spt Cpe	300	900	1,500	3,000	5,250	7,500
1975 124 Spider, 4-cyl., 1756cc, 89.7" wb						
2d Conv	450	1,300	2,200	4,400	7,700	11,000
1976 128, 4-cyl., 1290cc, 96.4" wb						
2d Sed	150	500	800	1,600	2,800	4,000
2d Cus Sed	150	500	800	1,600	2,800	4,000
4d Cus Sed	150	500	800	1,600	2,800	4,000
2d Sta Wag	150	500	800	1,650	2,850	4,100
1976 128 Sport, 4-cyl., 1290cc, 87.5" wb						
3P HBk Cpe	150	500	850	1,700	3,000	4,300
1976 X1/9, 4-cyl., 1290cc, 86.7" wb						
AS Targa Cpe	200	650	1,100	2,200	3,850	5,500
1976 131, 4-cyl., 1756cc, 98" wb						
A3 2d Sed	150	500	800	1,600	2,800	4,000
A3 4d Sed	150	500	800	1,600	2,800	4,000
AF2 4d Sta Wag	150	500	800	1,600	2,800	4,000
1976 124 Sport Spider, 4-cyl., 1756cc, 89.7" wb						
CS 2d Conv	450	1,300	2,200	4,400	7,700	11,000
1977 128, 4-cyl., 1290cc, 96.4" wb						
2d Sed	150	500	800	1,600	2,800	4,000
2d Cus Sed	150	500	800	1,600	2,800	4,000
4d Cus Sed	150	500	800	1,600	2,800	4,000
2d Sta Wag	150	500	800	1,650	2,850	4,100
1977 128, 4-cyl., 1290cc, 87.5" wb						
3P Cus HBk Cpe	150	500	850	1,700	3,000	4,300
1977 X1/9, 4-cyl., 1290cc, 86.7" wb						
AS Targa Cpe	200	650	1,100	2,200	3,850	5,500
1977 131, 4-cyl., 1756cc, 98" wb						
A3 2d Sed	150	500	800	1,600	2,800	4,000

1962 BMW 1500 sedan

1987 BMW 325i convertible

1950 Borgward Hansa 1500 convertible

	6	5	4	3	2	1
A3 4d Sed	150	500	800	1,600	2,800	4,000
AF2 4d Sta Wag	150	500	800	1,600	2,800	4,000

1977 124 Sport Spider, 4-cyl., 1756cc, 89.7" wb

	6	5	4	3	2	1
CS 2d Conv	450	1,300	2,200	4,400	7,700	11,000

1978 128, 4-cyl., 1290cc, 96.4" wb

	6	5	4	3	2	1
A1 2d Sed	150	500	800	1,600	2,800	4,000
A1 4d Sed	150	500	800	1,600	2,800	4,000

1978 128, 4-cyl., 1290cc, 87.5" wb

	6	5	4	3	2	1
AC Spt HBk	150	500	850	1,700	3,000	4,300

1978 X1/9, 4-cyl., 1290cc, 86.7" wb

	6	5	4	3	2	1
AS Targa Cpe	200	650	1,100	2,200	3,850	5,500

1978 131, 4-cyl., 1756cc, 98" wb

	6	5	4	3	2	1
A 2d Sed	150	500	800	1,650	2,850	4,100
A 4d Sed	150	500	800	1,650	2,850	4,100
AF 4d Sta Wag	150	500	850	1,700	2,950	4,200

1978 Brava, 4-cyl., 1756cc, 98" wb

	6	5	4	3	2	1
2d Sed	150	500	850	1,700	2,950	4,200
2d Sup Sed	150	500	850	1,700	2,950	4,200
4d Sup Sed	150	500	850	1,700	2,950	4,200
4d Sup Sta Wag	150	500	850	1,700	3,000	4,300

1978 Spider 124, 4-cyl., 1756cc, 89.7" wb

	6	5	4	3	2	1
2d Conv	450	1,300	2,200	4,400	7,700	11,000

1978 X1/9

NOTE: At mid-year the Brava series and Spider contained the new twin-cam 2.0-liter four (1995cc).

1979 128A1, 4-cyl., 1290cc, 96.4" wb

	6	5	4	3	2	1
2d Sed	150	500	800	1,600	2,800	4,000
4d Sed	150	500	800	1,600	2,800	4,000

1979 128AC, 4-cyl., 1290cc, 87.5" wb

	6	5	4	3	2	1
2d Spt HBk	150	500	850	1,700	3,000	4,300

1979 X1/9, 4-cyl., 1498cc, 86.7" wb

	6	5	4	3	2	1
AS Targa Cpe	200	650	1,100	2,200	3,850	5,500

1979 Strada 138A, 1498cc, 96.4" wb

	6	5	4	3	2	1
2d HBk	150	500	800	1,650	2,850	4,100
2d Cus HBk	150	500	800	1,650	2,850	4,100
4d Cus HBk	150	500	800	1,650	2,850	4,100

1979 Brava 131, 4-cyl., 1995cc, 98" wb

	6	5	4	3	2	1
A4 2d Sed	150	500	850	1,700	2,950	4,200
A4 4d Sed	150	500	850	1,700	2,950	4,200
AF 4d Sta Wag	150	500	850	1,700	3,000	4,300

1979 Spider 2000, 4-cyl., 1995cc, 89.7" wb

	6	5	4	3	2	1
2d Conv	450	1,400	2,300	4,600	8,050	11,500

1980 Strada 138, 4-cyl., 1498cc, 96.4" wb

	6	5	4	3	2	1
2d HBk	150	500	800	1,600	2,800	4,000
2d Cus HBk	150	500	800	1,600	2,800	4,000
4d Cus HBk	150	500	800	1,600	2,800	4,000

1980 X1/9, 4-cyl., 1498cc, 86.7" wb

	6	5	4	3	2	1
128 Targa Cpe	200	650	1,100	2,200	3,850	5,500

1980 Brava 131, 4-cyl., 1995cc, 98" wb

	6	5	4	3	2	1
2d Sed	150	500	800	1,650	2,850	4,100
4d Sed	150	500	800	1,650	2,850	4,100

1980 Spider 2000, 4-cyl., 1995cc, 89.7" wb

	6	5	4	3	2	1
124 2d Conv	450	1,400	2,300	4,600	8,050	11,500

NOTE The Brava series and the Spider 2000 were also available with fuel injection in 1980.

1981 Strada 138, 4-cyl., 1498cc, 96.4" wb

	6	5	4	3	2	1
2d HBk	150	500	800	1,600	2,800	4,000
2d Cus HBk	150	500	800	1,600	2,800	4,000
4d Cus HBk	150	500	800	1,600	2,800	4,000

1981 X1/9, 4-cyl., 1498cc, 86.7" wb

	6	5	4	3	2	1
128 Targa Cpe	200	650	1,100	2,200	3,850	5,500

1981 Brava 131, 4-cyl., 1995cc, 98" wb

	6	5	4	3	2	1
2d Sed	150	500	800	1,650	2,850	4,100
4d Sed	150	500	800	1,650	2,850	4,100

1981 Spider 2000, 4-cyl., 1995cc, 89.7" wb

	6	5	4	3	2	1
124 2d Conv	400	1,150	1,900	3,800	6,650	9,500
124 2d Turbo Conv	400	1,200	2,000	4,000	7,000	10,000

1982 Strada, 4-cyl., 1498cc, 96.4" wb

	6	5	4	3	2	1
DD 2d HBk	150	500	800	1,600	2,800	4,000
DD 2d Cus HBk	150	500	800	1,600	2,800	4,000
DE Cus 4d HBk	150	500	800	1,600	2,800	4,000

1982 X1/9, 4-cyl., 1498cc, 86.7" wb

	6	5	4	3	2	1
BS Targa Cpe	200	650	1,100	2,200	3,850	5,500

	6	5	4	3	2	1
1982 Spider 2000, 4-cyl., 1995cc, 89.7" wb						
AS 2d Conv	400	1,150	1,900	3,800	6,650	9,500
2d Turbo Conv	400	1,200	2,000	4,000	7,000	10,000
1983 X1/9, 4-cyl., 1498cc, 86.7" wb						
BS Targa Cpe	200	650	1,100	2,200	3,850	5,500
1983 Spider 2000, 4-cyl., 1995cc, 89.7" wb						
AS 2d Conv	400	1,150	1,900	3,800	6,650	9,500
2d Turbo Conv	400	1,200	2,000	4,000	7,000	10,000

NOTE: The Spider 2000 convertible was produced under the Pininfarina nameplate during 1984-85.
The X1/9 Targa Coupe was produced under the Bertone nameplate during 1984-90.

FORD - BRITISH

	6	5	4	3	2	1
1948 Anglia, 4-cyl., 90" wb						
2d Sed	350	1,000	1,700	3,400	5,950	8,500
1948 Prefect, 4-cyl., 94" wb						
4d Sed	300	950	1,600	3,200	5,600	8,000
1949 Anglia, 4-cyl., 90" wb						
2d Sed	350	1,000	1,700	3,400	5,950	8,500
1949 Prefect, 4-cyl., 94" wb						
4d Sed	300	950	1,600	3,200	5,600	8,000
1950 Anglia, 4-cyl., 90" wb						
2d Sed	350	1,000	1,700	3,400	5,950	8,500
1950 Prefect, 4-cyl., 94" wb						
4d Sed	300	950	1,600	3,200	5,600	8,000
1951 Anglia, 4-cyl., 90" wb						
2d Sed	250	800	1,350	2,700	4,700	6,700
1951 Prefect, 4-cyl., 90" wb						
4d Sed	250	800	1,300	2,650	4,600	6,600
1951 Consul, 4-cyl., 100" wb						
4d Sed	250	800	1,350	2,700	4,700	6,700
1952 Anglia, 4-cyl., 90" wb						
2d Sed	250	800	1,350	2,700	4,700	6,700
1952 Prefect, 4-cyl., 94" wb						
4d Sed	250	800	1,300	2,650	4,600	6,600
1952 Consul, 4-cyl., 100" wb						
4d Sed	250	800	1,350	2,700	4,700	6,700
1952 Zephyr, 6-cyl., 104" wb						
4d Sed	300	850	1,400	2,800	4,900	7,000
1953 Anglia, 4-cyl., 90" wb						
2d Sed	250	800	1,350	2,700	4,700	6,700
1953 Prefect, 4-cyl., 94" wb						
4d Sed	250	800	1,300	2,650	4,600	6,600
1953 Consul, 4-cyl., 100" wb						
4d Sed	250	800	1,350	2,700	4,700	6,700
1953 Zephyr, 6-cyl., 104" wb						
4d Sed	300	850	1,400	2,800	4,900	7,000
1954 Anglia, 4-cyl., 87" wb						
2d Sed	250	800	1,350	2,700	4,700	6,700
1954 Prefect, 4-cyl., 87" wb						
4d Sed	250	800	1,300	2,650	4,600	6,600
1954 Consul, 4-cyl., 100" wb						
4d Sed	250	800	1,350	2,700	4,700	6,700
1954 Zephyr, 6-cyl., 104" wb						
4d Sed	300	850	1,400	2,800	4,900	7,000
1955 Anglia, 4-cyl., 87" wb						
2d Sed	250	800	1,350	2,700	4,700	6,700
1955 Prefect, 4-cyl., 87" wb						
4d Sed	250	800	1,300	2,650	4,600	6,600
1955 Consul, 4-cyl., 100" wb						
4d Sed	300	850	1,400	2,750	4,850	6,900
2d Conv	350	1,000	1,700	3,400	5,950	8,500
1955 Zephyr, 6-cyl., 104" wb						
4d Sed	300	850	1,400	2,800	4,900	7,000
1955 Zodiac, 6-cyl., 104" wb						
4d Sed	300	850	1,400	2,850	4,950	7,100
2d Conv	350	1,000	1,700	3,400	5,950	8,500
1956 Anglia, 4-cyl., 87" wb						
2d Sed	250	800	1,350	2,700	4,700	6,700

	6	5	4	3	2	1
1956 Prefect, 4-cyl., 87" wb						
4d Sed	250	800	1,300	2,650	4,600	6,600
1956 Escort/Squire, 4-cyl., 87" wb						
2d Sta Wag	300	850	1,400	2,750	4,850	6,900
1956 Consul, 4-cyl., 100" wb						
4d Sed	300	850	1,400	2,750	4,850	6,900
2d Conv	350	1,000	1,700	3,400	5,950	8,500
1956 Zephyr, 6-cyl., 104" wb						
4d Sed	300	850	1,400	2,800	4,900	7,000
2d Conv	350	1,000	1,700	3,400	5,950	8,500
1956 Zodiac, 6-cyl., 104" wb						
4d Sed	300	850	1,400	2,850	4,950	7,100
1957 Anglia, 4-cyl., 87" wb						
2d Sed	250	800	1,350	2,700	4,700	6,700
1957 Prefect, 4-cyl., 87" wb						
4d Sed	250	800	1,300	2,650	4,600	6,600
1957 Escort/Squire, 4-cyl., 87" wb						
2d Sta Wag	300	850	1,400	2,750	4,850	6,900
1957 Consul, 4-cyl., 104" wb						
4d Sed	300	850	1,400	2,750	4,850	6,900
2d Conv	350	1,000	1,700	3,400	5,950	8,500
1957 Zephyr, 6-cyl., 107" wb						
4d Sed	300	850	1,400	2,800	4,900	7,000
2d Conv	350	1,000	1,700	3,400	5,950	8,500
1957 Zodiac, 6-cyl., 107" wb						
4d Sed	300	850	1,400	2,850	4,950	7,100
2d Conv	350	1,100	1,800	3,600	6,300	9,000
1958 Anglia, 4-cyl., 87" wb						
2d Sed	250	800	1,350	2,700	4,700	6,700
2d DeL Sed	250	800	1,350	2,700	4,750	6,800
1958 Prefect, 4-cyl., 87" wb						
4d Sed	250	800	1,350	2,700	4,700	6,700
1958 Escort/Squire, 4-cyl., 87" wb						
2d Sta Wag	300	850	1,400	2,750	4,850	6,900
1958 Consul, 4-cyl., 104" wb						
4d Sed	300	850	1,400	2,750	4,850	6,900
2d Conv	350	1,000	1,700	3,400	5,950	8,500
1958 Zephyr, 6-cyl., 107" wb						
4d Sed	300	850	1,400	2,800	4,900	7,000
2d Conv	350	1,000	1,700	3,400	5,950	8,500
1958 Zodiac, 6-cyl., 107" wb						
4d Sed	300	850	1,400	2,850	4,950	7,100
2d Conv	350	1,100	1,800	3,600	6,300	9,000
1959 Anglia, 4-cyl., 87" wb						
2d DeL Sed	250	800	1,350	2,700	4,700	6,700
1959 Prefect, 4-cyl., 87" wb						
4d Sed	250	800	1,300	2,650	4,600	6,600
1959 Escort/Squire, 4-cyl., 87" wb						
2d Sta Wag	300	850	1,400	2,750	4,850	6,900
1959 Consul, 4-cyl., 104" wb						
4d Sed	300	850	1,400	2,750	4,850	6,900
2d Conv	350	1,000	1,700	3,400	5,950	8,500
4d Sta Wag	300	850	1,400	2,800	4,900	7,000
1959 Zephyr, 6-cyl., 107" wb						
4d Sed	300	850	1,400	2,800	4,900	7,000
2d Conv	350	1,000	1,700	3,400	5,950	8,500
4d Sta Wag	300	850	1,400	2,850	4,950	7,100
1959 Zodiac, 6-cyl., 107" wb						
4d Sed	300	850	1,400	2,850	4,950	7,100
2d Conv	350	1,000	1,700	3,400	5,950	8,500
4d Sta Wag	300	850	1,450	2,900	5,050	7,200
1960 Anglia, 4-cyl., 90" wb						
2d Sed	250	800	1,300	2,650	4,600	6,600
1960 Prefect, 4-cyl., 90" wb						
4d Sed	200	650	1,100	2,200	3,850	5,500
1960 Escort/Squire, 4-cyl., 87" wb						
2d Sta Wag	300	850	1,400	2,750	4,850	6,900
1960 Consul, 4-cyl., 104" wb						
4d Sed	300	850	1,400	2,750	4,850	6,900
2d Conv	300	950	1,600	3,200	5,600	8,000

	6	5	4	3	2	1
1960 Zephyr, 6-cyl., 107" wb						
4d Sed	300	850	1,400	2,800	4,900	7,000
2d Conv	350	1,000	1,650	3,300	5,750	8,200
1960 Zodiac, 6-cyl., 107" wb						
4d Sed	300	850	1,400	2,850	4,950	7,100
2d Conv	350	1,000	1,700	3,400	5,950	8,500
1961 Anglia, 4-cyl., 90" wb						
2d Sed	200	650	1,100	2,250	3,900	5,600
1961 Prefect, 4-cyl., 90" wb						
4d Sed	200	650	1,100	2,200	3,850	5,500
1961 Escort, 4-cyl., 87" wb						
2d Sta Wag	300	850	1,400	2,750	4,850	6,900
1961 Consul, 4-cyl., 104" wb						
4d Sed	300	850	1,400	2,750	4,850	6,900
2d Conv	400	1,150	1,900	3,800	6,650	9,500
1961 Zephyr, 6-cyl., 107" wb						
4d Sed	300	850	1,400	2,800	4,900	7,000
2d Conv	400	1,200	2,000	4,000	7,000	10,000
1961 Zodiac, 6-cyl., 107" wb						
4d Sed	300	850	1,400	2,850	4,950	7,100
2d Conv	400	1,200	2,050	4,100	7,150	10,200
1962 Anglia, 4-cyl., 90" wb						
2d Sed	200	650	1,100	2,250	3,900	5,600
2d DeL Sed	250	700	1,150	2,300	4,000	5,700
2d Sta Wag	250	700	1,150	2,300	4,000	5,700
1962 Consul 315, 4-cyl., 99" wb						
2d Sed	250	700	1,150	2,300	4,050	5,800
4d DeL Sed	250	700	1,200	2,350	4,150	5,900
1962 Consul Capri, 4-cyl., 99" wb						
2d HT Cpe	300	850	1,400	2,800	4,900	7,000
1963 Anglia, 4-cyl., 90" wb						
2d Sed	200	650	1,100	2,250	3,900	5,600
2d DeL Sed	250	700	1,150	2,300	4,000	5,700
2d Sta Wag	250	700	1,150	2,300	4,000	5,700
1963 Consul 315, 4-cyl., 99" wb						
2d Sed	250	700	1,150	2,300	4,050	5,800
4d DeL Sed	250	700	1,200	2,350	4,150	5,900
1963 Capri, 4-cyl., 99" wb						
2d HT Cpe	300	850	1,400	2,800	4,900	7,000
1963 Cortina, 4-cyl., 98" wb						
2d DeL Sed	250	700	1,150	2,300	4,000	5,700
4d DeL Sed	250	700	1,150	2,300	4,050	5,800
4d Sta Wag	250	700	1,150	2,300	4,050	5,800
1963 Zephyr, 6-cyl., 107" wb						
4d Sed	250	700	1,200	2,350	4,150	5,900
1963 Zodiac, 6-cyl., 107" wb						
4d Sed	250	700	1,200	2,400	4,200	6,000
1964 Anglia, 4-cyl., 90" wb						
2d Sed	200	650	1,100	2,250	3,900	5,600
2d DeL Sed	250	700	1,150	2,300	4,000	5,700
2d Sta Wag	250	700	1,150	2,300	4,000	5,700
1964 Consul 315, 4-cyl., 99" wb						
2d Sed	250	700	1,150	2,300	4,050	5,800
4d DeL Sed	250	700	1,200	2,350	4,150	5,900
1964 Consul Capri, 4-cyl., 99" wb						
2d Cpe	300	850	1,400	2,800	4,900	7,000
2d GT Cpe	300	850	1,450	2,900	5,050	7,200
1964 Cortina, 4-cyl., 98" wb						
2d GT Sed	250	750	1,200	2,450	4,250	6,100
2d DeL Sed	250	700	1,200	2,400	4,200	6,000
4d DeL Sed	250	700	1,200	2,350	4,150	5,900
4d Sta Wag	250	700	1,200	2,350	4,150	5,900
1964 Zodiac, 6-cyl., 107" wb						
4d Sed	250	700	1,200	2,400	4,200	6,000
1965 Anglia, 4-cyl., 90" wb						
2d DeL Sed	250	700	1,150	2,300	4,000	5,700
1965 Capri, 4-cyl., 99" wb						
2d Cpe	250	700	1,150	2,300	4,050	5,800
2d GT Cpe	250	700	1,200	2,350	4,150	5,900
1965 Cortina, 4-cyl., 98" wb						
2d GT Sed	250	800	1,300	2,600	4,550	6,500

	6	5	4	3	2	1
2d Sed	250	700	1,150	2,300	4,000	5,700
4d Sed	200	650	1,100	2,250	3,900	5,600
4d Sta Wag	200	650	1,100	2,250	3,900	5,600
1966 Anglia 1200, 4-cyl., 90" wb						
2d DeL Sed	250	700	1,150	2,300	4,000	5,700
1966 Cortina 1500, 4-cyl., 98" wb						
2d GT Sed	250	800	1,300	2,600	4,550	6,500
2d Sed	250	700	1,150	2,300	4,000	5,700
4d Sed	250	700	1,150	2,300	4,050	5,800
4d Sta Wag	250	700	1,200	2,350	4,150	5,900
1966 Cortina Lotus, 4-cyl., 98" wb						
2d Sed	450	1,300	2,200	4,400	7,700	11,000
1967 Anglia 113E, 4-cyl., 90" wb						
2d DeL Sed	250	700	1,150	2,300	4,000	5,700
1967 Cortina 116E, 4-cyl., 98" wb						
2d GT Sed	250	700	1,150	2,300	4,050	5,800
2d Sed	200	650	1,100	2,250	3,900	5,600
4d Sed	250	700	1,150	2,300	4,000	5,700
4d Sta Wag	250	700	1,200	2,400	4,200	6,000
1968 Cortina, 4-cyl., 98" wb						
2d Sed	250	700	1,150	2,300	4,050	5,800
4d Sed	250	700	1,200	2,350	4,150	5,900
2d GT Sed	250	700	1,200	2,400	4,200	6,000
4d GT Sed	250	700	1,200	2,400	4,200	6,000
4d Sta Wag	250	700	1,200	2,400	4,200	6,000
1969 Cortina, 4-cyl., 98" wb						
2d Sed	250	700	1,150	2,300	4,050	5,800
4d Sed	250	700	1,200	2,350	4,150	5,900
2d GT Sed	250	750	1,200	2,450	4,250	6,100
4d GT Sed	250	750	1,200	2,450	4,250	6,100
2d DeL Sed	250	700	1,200	2,400	4,200	6,000
4d DeL Sed	250	700	1,200	2,400	4,200	6,000
4d Sta Wag	250	750	1,200	2,450	4,250	6,100
1970 Cortina, 4-cyl., 98" wb						
2d Sed	250	700	1,150	2,300	4,050	5,800
4d Sed	250	700	1,200	2,350	4,150	5,900
2d GT Sed	250	750	1,200	2,450	4,250	6,100
4d GT Sed	250	750	1,200	2,450	4,250	6,100
2d DeL Sed	250	700	1,200	2,400	4,200	6,000
4d DeL Sed	250	700	1,200	2,400	4,200	6,000
4d Sta Wag	250	750	1,200	2,450	4,250	6,100

FORD-CAPRI

	6	5	4	3	2	1
1969-70 1600, 4-cyl., 1599cc, 100.8" wb						
2d Spt Cpe	250	700	1,200	2,400	4,200	6,000
1971 1600, 4-cyl., 1599cc, 100.8" wb						
2d Spt Cpe	250	800	1,300	2,600	4,550	6,500
1971 2000, 4-cyl., 1993cc. 100.8" wb						
2d Spt Cpe	300	850	1,400	2,800	4,900	7,000
1972 1600, 4-cyl., 1599cc. 100.8" wb						
2d Spt Cpe	250	700	1,200	2,400	4,200	6,000
1972 2000, 4-cyl., 1993cc, 100.8" wb						
2d Spt Cpe	250	800	1,300	2,600	4,550	6,500
1972 2600, V-6, 2548cc, 100.8" wb						
2d Spt Cpe	300	850	1,400	2,800	4,900	7,000
1973 2000, 4-cyl., 1993cc. 100.8" wb						
2d Spt Cpe	250	800	1,300	2,600	4,550	6,500
1973 2600, V-6, 2548cc, 100.8" wb						
2d Spt Cpe	300	850	1,400	2,800	4,900	7,000
1974 2000, 4-cyl., 1993cc, 100.8" wb						
2d Spt Cpe	250	800	1,300	2,600	4,550	6,500
1974 2800, V-6, 2792cc, 100.8" wb						
2d Spt Cpe	300	850	1,400	2,800	4,900	7,000
1975-76 2300, 4-cyl., 2300cc, 100.9" wb						
2d HBk Cpe	250	800	1,300	2,600	4,550	6,500
2d Ghia Cpe	300	850	1,400	2,800	4,900	7,000
2d "S" Cpe	300	850	1,400	2,800	4,900	7,000
1975-76 2800, V-6, 2795cc, 100.9" wb						
2d HBk Cpe	250	800	1,300	2,600	4,550	6,500

NOTE: No Capris were imported for the 1975 model year. Late in the year came the Capri II (intended as a '76 model).

	6	5	4	3	2	1
1977-78 2300, 4-cyl., 2300cc, 100.9" wb						
2d HBk Cpe	250	800	1,300	2,600	4,550	6,500
2d Ghia Cpe	300	850	1,400	2,800	4,900	7,000
1977-78 2800, V-6, 2795cc, 100.9" wb						
2d HBk Cpe	300	850	1,400	2,800	4,900	7,000

NOTE: 1977 was the final model year for Capri II. They were not imported after 1977.

GEO

1989 Metro						
2d HBk	200	550	900	1,850	3,200	4,600
2d HBk LSi	200	600	1,000	2,050	3,550	5,100
4d Sed LSi	200	600	1,050	2,100	3,650	5,200
1989 Prizm						
4d Sed	250	800	1,300	2,650	4,600	6,600
5d HBk	250	800	1,350	2,700	4,700	6,700
1989 Spectrum						
2d HBk	200	650	1,100	2,250	3,900	5,600
4d Sed	250	700	1,150	2,300	4,050	5,800
1989 Tracker (4x4)						
Wag HT	350	1,000	1,700	3,400	5,950	8,500
Wag Soft-top	300	950	1,600	3,200	5,600	8,000
1990 Metro, 3-cyl.						
2d HBk XFi	100	350	550	1,100	1,950	2,800
2d HBk	100	350	600	1,150	2,050	2,900
2d HBk LSi	100	350	600	1,250	2,150	3,100
4d HBk	100	350	600	1,150	2,050	2,900
4d HBk LSi	150	400	650	1,300	2,300	3,300
2d Conv LSi	200	600	1,000	2,000	3,500	5,000
1990 Prizm, 4-cyl.						
4d Sed	250	700	1,200	2,400	4,200	6,000
4d Sed GSi	250	800	1,300	2,600	4,550	6,500
4d HBk	250	750	1,300	2,550	4,500	6,400
4d HBk GSi	300	850	1,400	2,750	4,850	6,900
1990 Storm, 4-cyl.						
2d HBk (2 plus 2)	200	650	1,100	2,200	3,850	5,500
2d HBk (2 plus 2) GSi	250	700	1,200	2,400	4,200	6,000
1991 Metro						
2d HBk	100	300	500	1,000	1,750	2,500
2d HBk XFi	100	300	500	1,050	1,800	2,600
2d HBk LSi	100	350	550	1,100	1,950	2,800
4d HBk	100	300	500	1,050	1,800	2,600
4d HBk LSi	100	350	550	1,100	1,950	2,800
2d Conv LSi	150	450	800	1,550	2,750	3,900
1991 Prizm						
4d NBk	200	600	1,000	2,000	3,500	5,000
4d NBk GSi	200	650	1,100	2,200	3,850	5,500
4d HBk	200	600	1,000	2,050	3,550	5,100
4d HBk GSi	200	650	1,100	2,250	3,900	5,600
1991 Storm						
2d Cpe	200	550	900	1,800	3,150	4,500
2d Cpe GSi	200	600	1,000	2,000	3,500	5,000
2d HBk	200	550	900	1,800	3,150	4,500
1992 Metro, 3-cyl.						
2d HBk XFi	100	350	600	1,200	2,100	3,000
2d HBk	150	400	650	1,300	2,250	3,200
2d HBk LSi	150	400	700	1,400	2,450	3,500
4d HBk	150	400	650	1,300	2,250	3,200
4d HBk LSi	150	400	700	1,400	2,450	3,500
2d Conv LSi	200	550	900	1,800	3,150	4,500
1992 Prizm, 4-cyl.						
4d Sed	200	600	1,000	2,000	3,500	5,000
4d Sed GSi	250	700	1,200	2,400	4,200	6,000
1992 Storm, 4-cyl.						
2d Cpe	150	500	850	1,700	2,950	4,200
2d HBk	200	550	900	1,800	3,150	4,500
2d Cpe GSi	200	650	1,100	2,200	3,850	5,500
1993 Metro, 3-cyl.						
2d XFi HBk	150	450	750	1,500	2,650	3,800
2d HBk	150	450	800	1,550	2,750	3,900
2d LSi HBk	150	450	800	1,550	2,750	3,900
4d HBk	150	500	800	1,600	2,800	4,000
4d LSi HBk	150	500	800	1,600	2,800	4,000
2d LSi Conv	250	800	1,300	2,600	4,550	6,500

	6	5	4	3	2	1
1993 Prizm						
4d Sed	200	650	1,100	2,200	3,850	5,500
4d LSi Sed	200	650	1,100	2,250	3,900	5,600
1993 Storm						
2d Cpe	250	700	1,150	2,300	4,000	5,700
2d GSi Cpe	250	700	1,150	2,300	4,050	5,800

HILLMAN

	6	5	4	3	2	1
1948 Minx, 4-cyl., 92" wb						
4d Sed	250	700	1,200	2,400	4,200	6,000
2d Conv	400	1,150	1,900	3,800	6,650	9,500
4d Est Wag	300	850	1,400	2,800	4,900	7,000
1949 Minx, 4-cyl., 93" wb						
4d Sed	250	700	1,200	2,400	4,200	6,000
2d Conv	400	1,150	1,900	3,800	6,650	9,500
4d Est Wag	300	850	1,400	2,800	4,900	7,000
1950 Minx, 4-cyl., 93" wb						
4d Sed	250	700	1,200	2,400	4,200	6,000
2d Conv	400	1,150	1,900	3,800	6,650	9,500
4d Est Wag	300	850	1,400	2,800	4,900	7,000
1951 Minx Mk IV, 4-cyl., 93" wb						
4d Sed	250	700	1,200	2,400	4,200	6,000
2d Conv	400	1,150	1,900	3,800	6,650	9,500
4d Est Wag	300	850	1,400	2,800	4,900	7,000
1952 Minx Mk IV, 4-cyl., 93" wb						
4d Sed	250	700	1,200	2,400	4,200	6,000
2d Conv	400	1,150	1,900	3,800	6,650	9,500
4d Est Wag	250	800	1,300	2,600	4,550	6,500
1952 Minx Mk V, 4-cyl., 93" wb						
4d Sed	250	700	1,200	2,400	4,200	6,000
2d Conv	400	1,150	1,900	3,850	6,700	9,600
4d Est Wag	300	850	1,400	2,800	4,900	7,000
1953 Minx Mk VI, 4-cyl., 93" wb						
4d Sed	250	700	1,200	2,400	4,200	6,000
2d HT	300	950	1,600	3,200	5,600	8,000
2d Conv	400	1,150	1,950	3,900	6,800	9,700
4d Est Wag	300	850	1,400	2,800	4,900	7,000
1954 Minx Mk VII, 4-cyl., 93" wb						
4d Sed	250	700	1,200	2,400	4,200	6,000
2d HT	300	950	1,600	3,200	5,600	8,000
2d Conv	400	1,150	1,950	3,900	6,800	9,700
4d Est Wag	300	850	1,400	2,800	4,900	7,000
1955 Husky, 4-cyl., 84" wb						
2d Sta Wag	300	850	1,400	2,800	4,900	7,000
1955 Minx Mk VIII, 4-cyl., 93" wb						
4d Sed	250	700	1,200	2,400	4,200	6,000
2d HT Cpe	300	950	1,600	3,200	5,600	8,000
2d Conv	400	1,150	1,950	3,900	6,800	9,700
4d Est Wag	300	850	1,400	2,800	4,900	7,000
1956 Husky, 4-cyl., 84" wb						
2d Sta Wag	250	800	1,300	2,600	4,550	6,500
1956 Minx Mk VIII, 4-cyl., 93" wb						
4d Sed	250	800	1,300	2,600	4,550	6,500
2d HT Cpe	300	950	1,600	3,200	5,600	8,000
2d Conv	400	1,150	1,950	3,900	6,800	9,700
4d Est Wag	300	850	1,400	2,800	4,900	7,000
1957 Husky, 4-cyl., 84" wb						
2d Sta Wag	300	850	1,400	2,800	4,900	7,000
1957 New Minx, 4-cyl., 96" wb						
4d Sed	250	700	1,200	2,400	4,200	6,000
2d Conv	400	1,150	1,900	3,750	6,600	9,400
4d Est Wag	300	850	1,450	2,900	5,050	7,200
1958 Husky, 4-cyl., 84" wb						
2d Sta Wag	300	850	1,400	2,800	4,900	7,000
1958 Husky, 2nd Series, 4-cyl., 86" wb						
2d Sta Wag	250	800	1,300	2,650	4,600	6,600
1958 Minx, 4-cyl., 96" wb						
4d Spl Sed	250	700	1,200	2,400	4,200	6,000
4d DeL Sed	250	800	1,300	2,600	4,550	6,500
2d Conv	400	1,150	1,900	3,750	6,600	9,400
4d Est Wag	300	900	1,500	2,950	5,200	7,400

1956 Citroen DS19 sedan

1970 Datsun 240Z coupe

1989 Nissan Maxima GXE sedan

	6	5	4	3	2	1
1959 Husky, 4-cyl., 86" wb						
2d Sta Wag	250	800	1,300	2,600	4,550	6,500
1959 Minx Series II, 4-cyl., 96" wb						
4d Spl Sed	250	800	1,300	2,600	4,550	6,500
4d DeL Sed	250	800	1,300	2,600	4,550	6,500
2d Conv	350	1,000	1,700	3,350	5,900	8,400
4d Est Wag	250	800	1,350	2,700	4,700	6,700
1960 Husky, 4-cyl., 86" wb						
2d Sta Wag	250	800	1,300	2,600	4,550	6,500
1960 Minx Series IIIA, 4-cyl., 96" wb						
4d Spl Sed	250	800	1,300	2,600	4,550	6,500
4d DeL Sed	250	800	1,300	2,600	4,550	6,500
2d Conv	350	1,000	1,700	3,400	5,950	8,500
4d Est Wag	250	800	1,350	2,700	4,700	6,700
1961 Husky, 4-cyl., 86" wb						
2d Sta Wag	250	800	1,300	2,600	4,550	6,500
1961 Minx Series IIIA, 4-cyl., 96" wb						
4d Spl Sed	250	800	1,300	2,600	4,550	6,500
4d DeL Sed	250	800	1,300	2,600	4,550	6,500
2d Conv	400	1,150	1,900	3,800	6,650	9,500
4d Est Wag	250	800	1,350	2,700	4,700	6,700
1962 Husky, 4-cyl., 86" wb						
2d Sta Wag	250	800	1,300	2,600	4,550	6,500
1962 Minx Series 1600, 4-cyl., 96" wb						
4d Sed	250	700	1,200	2,400	4,200	6,000
2d Conv	350	1,100	1,800	3,600	6,300	9,000
4d Est Wag	250	800	1,350	2,700	4,700	6,700
1962 Super Minx, 4-cyl., 101" wb						
4d Sed	250	800	1,300	2,600	4,550	6,500
1963 Husky II, 4-cyl., 86" wb						
2d Sta Wag	250	800	1,300	2,600	4,550	6,500
1963 Minx Series 1600, 4-cyl., 96" wb						
4d Sed	250	700	1,200	2,400	4,200	6,000
1963 Super Minx Mk I, 4-cyl., 101" wb						
4d Sed	250	700	1,200	2,400	4,200	6,000
2d Conv	350	1,100	1,800	3,600	6,300	9,000
4d Est Wag	250	800	1,350	2,700	4,700	6,700
1963 Super Minx Mk II, 4-cyl., 101" wb						
4d Sed	350	1,100	1,800	3,600	6,300	9,000
2d Conv	350	1,100	1,850	3,700	6,450	9,200
4d Est Wag	250	800	1,350	2,700	4,750	6,800
1964 Husky, 4-cyl., 86" wb						
2d Sta Wag	250	800	1,300	2,600	4,550	6,500
1964 Minx Series 1600 Mk V, 4-cyl., 96" wb						
4d Sed	250	700	1,200	2,400	4,200	6,000
1964 Super Minx Mk II, 4-cyl., 101" wb						
4d Sed	250	700	1,200	2,400	4,200	6,000
2d Conv	350	1,100	1,800	3,650	6,350	9,100
4d Est Wag	250	800	1,300	2,650	4,600	6,600
1965 Husky, 4-cyl., 86" wb						
2d Sta Wag	250	800	1,300	2,600	4,550	6,500
1965 Super Minx Mk II, 4-cyl., 101" wb						
4d Sed	250	700	1,200	2,400	4,200	6,000
4d Est Wag	250	800	1,350	2,700	4,700	6,700
1966 Husky, 4-cyl., 86" wb						
2d Sta Wag	250	800	1,300	2,600	4,550	6,500
1966 Super Minx Mk III, 4-cyl., 101" wb						
4d Sed	250	700	1,200	2,400	4,200	6,000
4d Est Wag	250	800	1,350	2,700	4,700	6,700
1967 Husky, 4-cyl., 86" wb						
2d Sta Wag	250	800	1,350	2,700	4,700	6,700

HONDA

	6	5	4	3	2	1
1980 Civic 1300						
3d HBk	200	550	900	1,800	3,150	4,500
3d DX	200	550	900	1,800	3,150	4,500
1980 Civic 1500						
3d HBk	200	550	900	1,800	3,150	4,500
3d HBk DX	200	550	900	1,850	3,200	4,600
3d HBk GL	200	550	950	1,900	3,300	4,700
5d Sta Wag	200	550	900	1,850	3,200	4,600

	6	5	4	3	2	1
1980 Accord						
3d HBk	200	600	1,000	2,000	3,500	5,000
4d Sed	200	650	1,100	2,200	3,850	5,500
3d HBk LX	200	650	1,100	2,200	3,850	5,500
1980 Prelude						
2d Cpe	250	750	1,250	2,500	4,350	6,200
1981 Civic 1300						
3d HBk	200	550	900	1,800	3,150	4,500
3d HBk DX	200	550	900	1,850	3,200	4,600
1981 Civic 1500						
3d HBk DX	200	550	900	1,800	3,150	4,500
3d HBk GL	200	550	900	1,800	3,150	4,500
4d Sed	200	550	900	1,850	3,200	4,600
4d Sta Wag	200	550	900	1,850	3,200	4,600
1981 Accord						
3d HBk	200	650	1,100	2,200	3,850	5,500
4d Sed	200	650	1,100	2,200	3,850	5,500
3d HBk LX	200	650	1,100	2,250	3,900	5,600
4d Sed SE	200	650	1,100	2,250	3,900	5,600
1981 Prelude						
2d Cpe	250	800	1,300	2,600	4,550	6,500
1982 Civic 1300						
3d HBk	200	550	900	1,800	3,150	4,500
3d HBk FE	200	550	900	1,800	3,150	4,500
1982 Civic 1500						
3d HBk DX	200	550	900	1,850	3,200	4,600
3d HBk GL	200	550	950	1,900	3,300	4,700
4d Sed	200	600	950	1,900	3,350	4,800
4d Sta Wag	200	650	1,100	2,250	3,900	5,600
1982 Accord						
3d HBk	200	650	1,100	2,200	3,850	5,500
4d Sed	200	650	1,100	2,250	3,900	5,600
3d HBk LX	250	700	1,150	2,300	4,000	5,700
1982 Prelude						
2d Cpe	250	800	1,350	2,700	4,700	6,700
1983 Civic 1300						
3d HBk	200	550	900	1,800	3,150	4,500
3d HBk FE	200	550	900	1,800	3,150	4,500
1983 Civic 1500						
3d HBk DX	200	550	900	1,850	3,200	4,600
3d HBk S	200	550	950	1,900	3,300	4,700
4d Sed	200	600	950	1,900	3,350	4,800
4d Sta Wag	200	550	900	1,850	3,200	4,600
1983 Accord						
3d HBk	200	650	1,100	2,200	3,850	5,500
3d HBk LX	200	650	1,100	2,250	3,900	5,600
4d Sed	250	700	1,150	2,300	4,000	5,700
1983 Prelude						
2d Cpe	250	800	1,350	2,700	4,750	6,800
1984 Civic 1300						
2d Cpe CRX	200	550	900	1,800	3,150	4,500
3d HBk	200	550	900	1,800	3,150	4,500
1984 Civic 1500						
2d Cpe CRX	200	650	1,100	2,200	3,850	5,500
3d HBk DX	200	550	900	1,800	3,150	4,500
3d HBk S	200	550	900	1,800	3,150	4,500
4d Sed	200	550	950	1,900	3,300	4,700
4d Sta Wag	200	550	950	1,900	3,300	4,700
1984 Accord						
3d HBk	200	600	1,000	2,050	3,550	5,100
3d HBk LX	200	600	1,050	2,100	3,650	5,200
4d Sed	200	650	1,050	2,100	3,700	5,300
4d Sed LX	200	650	1,100	2,200	3,850	5,500
1984 Prelude						
2d Cpe	250	800	1,300	2,600	4,550	6,500
1985 Civic 1300						
3d HBk	200	550	900	1,800	3,150	4,500
1985 Civic 1500						
2d Cpe CRX HF	200	650	1,100	2,200	3,850	5,500
2d Cpe CRX	250	700	1,150	2,300	4,000	5,700
2d Cpe CRX Si	250	700	1,200	2,400	4,200	6,000
3d HBk DX	200	600	1,000	2,000	3,500	5,000
3d HBk S	150	500	800	1,600	2,800	4,000

	6	5	4	3	2	1
4d Sed	150	500	800	1,650	2,850	4,100
4d Sta Wag	150	500	800	1,600	2,800	4,000
4d Sta Wag (4x4)	200	550	900	1,800	3,150	4,500
1985 Accord						
3d HBk	250	700	1,200	2,400	4,200	6,000
3d HBk LX	250	800	1,300	2,600	4,550	6,500
4d Sed	250	800	1,300	2,650	4,600	6,600
4d Sed LX	250	800	1,350	2,700	4,750	6,800
4d Sed SEi	300	900	1,500	3,000	5,250	7,500
1985 Prelude						
2d Cpe	300	900	1,500	3,000	5,250	7,500
2d Cpe Si	350	1,000	1,650	3,300	5,800	8,300
1986 Civic						
3d HBk	150	500	850	1,700	2,950	4,200
3d HBk DX	200	550	950	1,900	3,300	4,700
3d HBk Si	200	650	1,100	2,150	3,800	5,400
4d Sed	200	650	1,100	2,200	3,850	5,500
4d Sta Wag	200	600	1,000	2,000	3,500	5,000
4d Sta Wag (4x4)	200	650	1,100	2,250	3,900	5,600
1986 Civic CRX						
2d Cpe HF	200	600	1,050	2,100	3,650	5,200
2d Cpe Si	250	700	1,200	2,400	4,200	6,000
2d Cpe	200	650	1,100	2,200	3,850	5,500
1986 Accord						
3d HBk DX	250	800	1,300	2,650	4,600	6,600
3d HBk LXi	300	950	1,600	3,200	5,600	8,000
4d Sed DX	300	900	1,500	3,000	5,250	7,500
4d Sed LX	300	950	1,600	3,200	5,600	8,000
4d Sed LXi	350	1,050	1,800	3,550	6,250	8,900
1986 Prelude						
2d Cpe	350	1,050	1,750	3,500	6,150	8,800
2d Cpe Si	400	1,150	1,950	3,900	6,800	9,700
1987 Civic						
3d HBk	200	550	900	1,800	3,150	4,500
3d HBk DX	200	600	1,000	2,050	3,550	5,100
3d HBk Si	250	700	1,150	2,300	4,050	5,800
4d Sed	250	700	1,200	2,400	4,200	6,000
4d Sta Wag	200	650	1,100	2,150	3,800	5,400
4d Sta Wag (4x4)	250	750	1,200	2,450	4,250	6,100
1987 Civic CRX						
2d Cpe HF	200	650	1,100	2,250	3,900	5,600
2d Cpe	250	700	1,200	2,350	4,150	5,900
2d Cpe Si	250	800	1,300	2,600	4,550	6,500
1987 Accord						
3d HBk DX	300	850	1,400	2,800	4,900	7,000
3d HBk LXi	300	900	1,500	2,950	5,200	7,400
4d Sed DX	300	900	1,550	3,100	5,400	7,700
4d Sed LX	300	900	1,500	3,000	5,250	7,500
4d Sed LXi	400	1,150	1,900	3,800	6,650	9,500
1987 Prelude						
2d Cpe	350	1,100	1,800	3,600	6,300	9,000
2d Cpe Si	450	1,300	2,200	4,400	7,700	11,000
1988 Civic						
3d HBk	200	600	1,000	2,000	3,500	5,000
3d HBk DX	250	700	1,200	2,400	4,200	6,000
4d Sed DX	250	750	1,250	2,500	4,350	6,200
4d Sed LX	250	800	1,350	2,700	4,750	6,800
4d Sta Wag	250	700	1,150	2,300	4,050	5,800
4d Sta Wag (4x4)	200	650	1,100	2,200	3,850	5,500
1988 Civic CRX						
2d Cpe HF	250	800	1,300	2,600	4,550	6,500
2d Cpe Si	300	900	1,500	3,000	5,250	7,500
2d Cpe	250	800	1,350	2,700	4,750	6,800
1988 Accord						
3d HBk DX	300	900	1,500	3,050	5,300	7,600
3d HBk LXi	350	1,100	1,800	3,600	6,300	9,000
2d Cpe DX	300	950	1,550	3,100	5,450	7,800
2d Cpe LXi	350	1,000	1,700	3,400	5,950	8,500
4d Sed DX	300	950	1,600	3,200	5,600	8,000
4d Sed LX	350	1,000	1,650	3,300	5,750	8,200
4d Sed LXi	400	1,150	1,900	3,800	6,650	9,500
1988 Prelude						
2d Cpe S	400	1,200	2,000	4,000	7,000	10,000
2d Cpe Si	450	1,400	2,300	4,600	8,050	11,500

	6	5	4	3	2	1
2d Cpe Si (4x4)	500	1,450	2,400	4,800	8,400	12,000
1989 Civic						
3d HBk	250	750	1,250	2,500	4,400	6,300
3d HBk DX	300	900	1,450	2,900	5,100	7,300
3d HBk Si	300	950	1,600	3,250	5,650	8,100
4d Sed DX	350	1,000	1,650	3,300	5,800	8,300
4d Sed LX	350	1,050	1,800	3,550	6,250	8,900
4d Sta Wag	300	950	1,600	3,200	5,600	8,000
4d Sta Wag (4x4)	350	1,050	1,800	3,550	6,250	8,900
1989 Civic CRX						
2d Cpe HF	300	950	1,600	3,200	5,600	8,000
2d Cpe	350	1,000	1,700	3,400	5,950	8,500
2d Cpe Si	400	1,250	2,100	4,200	7,350	10,500
1989 Accord						
3d HBk DX	400	1,150	1,950	3,900	6,800	9,700
3d HBk LXi	450	1,400	2,350	4,700	8,250	11,800
2d Cpe DX	400	1,250	2,100	4,250	7,400	10,600
2d Cpe LXi	500	1,550	2,550	5,100	8,950	12,800
4d Sed DX	450	1,300	2,150	4,300	7,550	10,800
4d Sed LX	450	1,300	2,200	4,400	7,700	11,000
4d Sed LXi	500	1,550	2,550	5,100	8,950	12,800
2d Cpe SEi	500	1,550	2,550	5,100	8,950	12,800
4d Sed SEi	550	1,600	2,700	5,400	9,450	13,500
1989 Prelude						
2d Cpe S	400	1,200	2,000	4,000	7,000	10,000
2d Cpe Si	500	1,500	2,450	4,900	8,600	12,300
2d Cpe Si (4x4)	500	1,550	2,550	5,100	8,950	12,800
1990 Civic, 4-cyl.						
2d HBk	200	550	900	1,800	3,150	4,500
2d HBk DX	200	600	1,000	2,000	3,500	5,000
2d HBk Si	200	650	1,100	2,200	3,850	5,500
4d Sed DX	250	700	1,200	2,400	4,200	6,000
4d Sed LX	250	800	1,300	2,600	4,550	6,500
4d Sed EX	250	800	1,350	2,700	4,750	6,800
4d Sta Wag	250	700	1,200	2,400	4,200	6,000
4d Sta Wag 4x4	250	800	1,300	2,600	4,550	6,500
1990 Civic CRX, 4-cyl.						
2d Cpe HF	200	650	1,100	2,200	3,850	5,500
2d Cpe	250	700	1,200	2,400	4,200	6,000
2d Cpe Si	250	800	1,300	2,600	4,550	6,500
1990 Accord, 4-cyl.						
2d Cpe DX	300	850	1,400	2,800	4,900	7,000
2d Cpe LX	300	900	1,500	3,000	5,250	7,500
2d Cpe EX	300	950	1,600	3,200	5,600	8,000
4d Sed DX	300	900	1,500	3,000	5,250	7,500
4d Sed LX	300	950	1,600	3,200	5,600	8,000
4d Sed EX	350	1,100	1,800	3,600	6,300	9,000
1990 Prelude, 4-cyl.						
2d 2.0 Cpe S	300	950	1,600	3,200	5,600	8,000
2d 2.0 Cpe Si	350	1,000	1,700	3,400	5,950	8,500
2d Cpe Si	350	1,100	1,800	3,600	6,300	9,000
2d Cpe Si 4WS	400	1,150	1,900	3,800	6,650	9,500
1991 Civic						
2d HBk	150	500	850	1,700	2,950	4,200
2d HBk DX	200	550	900	1,800	3,150	4,500
2d HBk Si	200	600	1,000	2,000	3,500	5,000
4d Sed DX	200	650	1,100	2,200	3,850	5,500
4d Sed LX	250	700	1,150	2,300	4,050	5,800
4d Sed EX	250	750	1,250	2,500	4,350	6,200
4d Sta Wag	200	650	1,100	2,200	3,850	5,500
4d Sta Wag 4x4	250	750	1,250	2,500	4,350	6,200
2d Cpe CRX HF	200	600	1,000	2,000	3,500	5,000
2d Cpe CRX	200	650	1,100	2,200	3,850	5,500
2d Cpe CRX Si	250	700	1,200	2,400	4,200	6,000
1991 Accord						
2d Cpe DX	250	700	1,200	2,400	4,200	6,000
2d Cpe LX	300	850	1,400	2,800	4,900	7,000
2d Cpe EX	300	950	1,600	3,200	5,600	8,000
4d Sed DX	250	700	1,200	2,400	4,200	6,000
4d Sed LX	300	850	1,400	2,800	4,900	7,000
4d Sed EX	300	950	1,600	3,200	5,600	8,000
4d Sed SE	350	1,000	1,700	3,400	5,950	8,500
4d Sta Wag LX	350	1,050	1,750	3,500	6,150	8,800
4d Sta Wag EX	350	1,100	1,800	3,600	6,300	9,000

	6	5	4	3	2	1
1991 Prelude						
2d 2.0 Si Cpe	300	950	1,600	3,200	5,600	8,000
2d Si Cpe	350	1,000	1,700	3,400	5,950	8,500
2d Si Cpe 4WS	350	1,100	1,800	3,600	6,300	9,000
1992 Civic, 4-cyl.						
2d Cpe CX	200	600	1,000	2,000	3,500	5,000
2d HBk DX	200	650	1,100	2,200	3,850	5,500
2d HBk VX	200	650	1,100	2,200	3,850	5,500
2d HBk Si	250	750	1,250	2,500	4,350	6,200
4d Sed DX	250	750	1,250	2,500	4,350	6,200
4d Sed LX	250	800	1,300	2,600	4,550	6,500
4d Sed EX	300	950	1,550	3,100	5,450	7,800
4d Sta Wag	250	800	1,300	2,600	4,550	6,500
1992 Accord, 4-cyl.						
2d Cpe DX	300	850	1,400	2,800	4,900	7,000
2d Cpe LX	300	900	1,500	3,000	5,250	7,500
2d Cpe EX	300	900	1,500	3,000	5,250	7,500
4d Sed DX	300	900	1,500	3,000	5,250	7,500
4d Sed LX	300	950	1,600	3,200	5,600	8,000
4d Sed EX	400	1,150	1,900	3,800	6,650	9,500
4d Sta Wag LX	400	1,150	1,900	3,800	6,650	9,500
4d Sta Wag EX	400	1,200	2,000	4,000	7,000	10,000
1992 Prelude, 4-cyl.						
2d S Cpe	400	1,150	1,900	3,800	6,650	9,500
2d Si Cpe	400	1,200	2,000	4,000	7,000	10,000
2d Si Cpe 4WS	450	1,300	2,200	4,400	7,700	11,000
1993 Civic, 4-cyl.						
2d HBk CX	200	550	900	1,800	3,150	4,500
2d HBk DX	200	550	900	1,850	3,200	4,600
2d HBk VX	200	550	950	1,900	3,300	4,700
2d HBk Si	200	600	950	1,900	3,350	4,800
2d Cpe DX	200	550	950	1,900	3,300	4,700
2d Cpe EX	200	600	950	1,900	3,350	4,800
4d Sed DX	200	600	950	1,900	3,350	4,800
4d Sed LX	200	600	1,000	1,950	3,450	4,900
4d Sed EX	200	600	1,000	2,000	3,500	5,000
2d Cpe S	200	600	1,000	1,950	3,450	4,900
2d Cpe Si	200	600	1,000	2,050	3,550	5,100
1993 Accord, 4-cyl.						
2d Cpe DX	200	650	1,100	2,200	3,850	5,500
2d Cpe LX	200	650	1,100	2,250	3,900	5,600
2d Cpe EX	250	700	1,150	2,300	4,000	5,700
2d Cpe SE	200	650	1,100	2,250	3,900	5,600
4d Sed DX	250	700	1,150	2,300	4,000	5,700
4d Sed LX	250	700	1,150	2,300	4,050	5,800
4d Sed Anniversary	250	700	1,200	2,350	4,150	5,900
4d Sed EX	250	700	1,200	2,400	4,200	6,000
4d Sed SE	250	750	1,200	2,450	4,250	6,100
4d Sta Wag LX	250	800	1,300	2,600	4,550	6,500
4d Sta Wag EX	250	800	1,350	2,700	4,700	6,700
1993 Prelude, 4-cyl.						
2d Cpe S	200	650	1,100	2,200	3,850	5,500
2d Cpe Si	200	650	1,100	2,250	3,900	5,600
2d Cpe 4WS	250	700	1,150	2,300	4,050	5,800
2d Cpe VTEC	250	700	1,200	2,400	4,200	6,000

INFINITI

	6	5	4	3	2	1
1990 Infiniti						
4d Sed Q45	450	1,300	2,200	4,400	7,700	11,000
2d Cpe M30	400	1,200	2,000	4,000	7,000	10,000
1991 Infiniti						
4d Sed G20	300	950	1,600	3,200	5,600	8,000
4d Sed Q45	500	1,450	2,400	4,800	8,400	12,000
4d Sed Q45A	500	1,500	2,500	5,000	8,750	12,500
2d Cpe M30	400	1,250	2,100	4,200	7,350	10,500
2d Conv M30	600	1,800	3,000	6,000	10,500	15,000
1992 G20, 4-cyl.						
4d Sed	300	950	1,600	3,200	5,600	8,000
1992 M30, V-6						
2d Cpe	400	1,200	2,000	4,000	7,000	10,000
2d Conv	550	1,700	2,800	5,600	9,800	14,000
1992 Q45, V-8						
4d Sed	550	1,600	2,650	5,300	9,250	13,200
4d Sed Active	550	1,600	2,700	5,400	9,450	13,500

	6	5	4	3	2	1
1993 G20, 4-cyl.						
4d Sed	450	1,300	2,200	4,400	7,700	11,000
1993 J30, V-6						
4d Sed	500	1,550	2,600	5,200	9,100	13,000
1993 Q45, V-8						
4d Sed	650	1,900	3,200	6,400	11,200	16,000
4d Active Sed	700	2,150	3,600	7,200	12,600	18,000

ISUZU

	6	5	4	3	2	1
1961-65 Bellel 2000, 4-cyl., 1991cc, 99.6" wb						
Diesel 4d Sed	200	600	1,000	2,000	3,500	5,000
Diesel 4d Sta Wag	200	600	1,050	2,100	3,650	5,200
NOTE: An optional diesel engine DL200 was available.						
1966-80 Bellel 2000, 4-cyl., 1991cc, 99.6" wb						
NOTE: See detailed listings.						
1981-82 I-Mark, Gasoline, 4-cyl., 1817cc, 94.3" wb						
AT77B 2d DeL Cpe	200	550	900	1,800	3,150	4,500
AT69B 4d DeL Sed	200	550	900	1,800	3,150	4,500
AT77B 2d LS Cpe	200	600	950	1,900	3,350	4,800
1981-82 I-Mark, Diesel, 4-cyl., 1817cc, 94.3" wb						
AT77P 2d Cpe	150	500	800	1,600	2,800	4,000
AT77P 2d DeL Cpe	150	500	850	1,700	2,950	4,200
AT69P 4d DeL Sed	150	500	800	1,650	2,850	4,100
AT77P 2d LS Cpe	200	550	900	1,850	3,200	4,600
1983-85 I-Mark, Gasoline, 4-cyl., 1817cc, 94.3" wb						
T77 2d DeL Cpe	200	600	1,000	2,000	3,500	5,000
T69 4d DeL Sed	200	600	1,000	2,000	3,500	5,000
T77 2d LS Cpe	200	600	1,000	2,050	3,550	5,100
T69 4d LS Sed	200	600	1,000	2,050	3,550	5,100
1983-85 I-Mark, Diesel, 4-cyl., 1817cc, 94.3" wb						
T77 2d Cpe	200	650	1,050	2,100	3,700	5,300
1983-85 Impulse, 4-cyl., 1949cc, 96" wb						
2d Spt Cpe	300	850	1,400	2,800	4,900	7,000
1986 I-Mark, 4x4						
4d Sed	200	650	1,100	2,200	3,850	5,500
2d HBk	250	700	1,150	2,300	4,000	5,700
1986 Impulse						
2d Cpe	300	900	1,500	3,000	5,250	7,500
2d Turbo Cpe	300	950	1,600	3,200	5,600	8,000
1986 Trooper II, 4x4						
2d Sta Wag	400	1,200	2,000	4,000	7,000	10,000
1987 I-Mark, 4x4						
2d S HBk	200	650	1,100	2,250	3,900	5,600
2d HBk	250	700	1,150	2,300	4,050	5,800
2d RS Turbo HBk	250	750	1,250	2,500	4,350	6,200
4d S Sed	250	700	1,150	2,300	4,050	5,800
4d Sed	250	700	1,200	2,400	4,200	6,000
4d RS Turbo Sed	250	750	1,300	2,550	4,500	6,400
1987 Impulse						
2d RS Turbo Cpe	350	1,000	1,700	3,400	5,950	8,500
1987 Trooper II, 4x4						
2d Sta Wag	400	1,250	2,100	4,200	7,350	10,500
4d Sta Wag	450	1,300	2,200	4,400	7,700	11,000
1988 I-Mark, 4x4						
2d S HBk	250	700	1,150	2,300	4,000	5,700
2d XS HBk	250	700	1,200	2,350	4,150	5,900
2d Turbo HBk	250	750	1,250	2,500	4,400	6,300
2d RS Turbo HBk	250	800	1,300	2,600	4,550	6,500
4d S Sed	250	700	1,150	2,300	4,050	5,800
4d XS Sed	250	700	1,200	2,400	4,200	6,000
4d Turbo Sed	250	750	1,300	2,550	4,500	6,400
4d LS Turbo Sed	250	800	1,300	2,650	4,600	6,600
1988 Impulse						
2d Cpe	350	1,000	1,700	3,400	5,950	8,500
2d Turbo Cpe	350	1,050	1,750	3,500	6,100	8,700
2d S Sta Wag	450	1,300	2,200	4,400	7,700	11,000
4d S Sta Wag	450	1,400	2,300	4,600	8,050	11,500
4d Ltd Sta Wag	500	1,450	2,400	4,800	8,400	12,000
1989 I-Mark						
2d S HBk	250	700	1,150	2,300	4,000	5,700
2d XS HBk	250	700	1,200	2,350	4,150	5,900

	6	5	4	3	2	1
2d RS HBk 16V	250	750	1,300	2,550	4,500	6,400
4d S Sed	250	700	1,150	2,300	4,050	5,800
4d XS Sed	250	700	1,200	2,350	4,150	5,900
4d RS Sed 16V	250	800	1,300	2,600	4,550	6,500
4d LS Turbo Sed	250	800	1,300	2,650	4,600	6,600
1989 Impulse						
2d Cpe	350	1,000	1,700	3,400	5,950	8,500
2d Turbo Cpe	350	1,050	1,750	3,500	6,150	8,800
1989 Amigo						
2d S SUV	350	1,050	1,750	3,500	6,150	8,800
2d XS SUV	350	1,050	1,800	3,550	6,250	8,900
2d S SUV 4x4	400	1,200	1,950	3,900	6,850	9,800
2d XS SUV 4x4	400	1,200	2,000	3,950	6,950	9,900
1989 Trooper, 4x4						
2d RS Sta Wag	450	1,300	2,200	4,400	7,700	11,000
4d S Sta Wag	450	1,400	2,300	4,600	8,050	11,500
1990 Impulse, 4x4						
2d XS 2 plus 2 Cpe	350	1,050	1,800	3,550	6,250	8,900
1990 Amigo						
2d S SUV	350	1,050	1,750	3,500	6,150	8,800
2d XS SUV	350	1,050	1,800	3,550	6,250	8,900
2d S SUV 4x4	400	1,200	1,950	3,900	6,850	9,800
2d XS SUV 4x4	400	1,200	2,000	3,950	6,950	9,900
1990 Trooper						
2d RS Sta Wag	450	1,300	2,200	4,400	7,700	11,000
4d S Sta Wag	450	1,400	2,300	4,600	8,050	11,500
1991 Stylus						
4d S Sed	150	450	700	1,450	2,500	3,600
4d XS Sed	150	500	800	1,600	2,800	4,000
1991 Impulse						
2d XS Cpe	200	600	1,000	2,000	3,500	5,000
2d RS Turbo Cpe	250	700	1,200	2,400	4,200	6,000
1992 Stylus, 4-cyl.						
4d S Sed	200	550	900	1,800	3,150	4,500
4d RS Sed	200	600	1,000	2,000	3,500	5,000
1992 Impulse, 4-cyl.						
2d XS HBk	200	650	1,100	2,200	3,850	5,500
2d XS Cpe	200	650	1,100	2,200	3,850	5,500
2d RS Cpe 4x4	300	900	1,500	3,000	5,250	7,500
1993 Stylus, 4-cyl.						
4d S Sed	150	400	700	1,400	2,450	3,500
4d RS Sed	150	450	750	1,500	2,650	3,750
1993 Impulse, 4-cyl.						
2d XS HBk	150	450	750	1,500	2,650	3,800
2d XS Cpe	150	500	800	1,600	2,800	4,000
2d XS Cpe Turbo 4x4	200	600	1,000	2,000	3,500	5,000

JAGUAR

1946-1948 3-5 Litre, 6-cyl., 125 hp, 120" wb

	6	5	4	3	2	1
Conv Cpe	2,300	6,950	11,600	23,200	40,600	58,000
Saloon	1,050	3,100	5,200	10,400	18,200	26,000

1949 Mk V, 6-cyl., 125 hp, 120" wb

Conv Cpe	2,300	6,950	11,600	23,200	40,600	58,000
Saloon	1,050	3,100	5,200	10,400	18,200	26,000

1950 Mk V, 6-cyl., 160 hp, 120" wb

Saloon	1,200	3,600	6,000	12,000	21,000	30,000
Conv Cpe	2,300	6,950	11,600	23,200	40,600	58,000

1950 XK-120, 6-cyl., 160 hp, 102" wb

Rds	2,700	8,150	13,600	27,200	47,600	68,000

NOTE: Some X-120 models delivered as early as 1949 models, use 1950 prices.

1951 Mk VII, 6-cyl., 160 hp, 120" wb

Saloon	700	2,050	3,400	6,800	11,900	17,000

1951 XK-120, 6-cyl., 160 hp, 102" wb

Rds	3,300	9,850	16,400	32,800	57,400	82,000
Cpe	2,000	6,000	10,000	20,000	35,000	50,000

1952 Mk VII, 6-cyl., 160 hp, 120" wb, (twin-cam)

Std Sed	900	2,650	4,400	8,800	15,400	22,000
DeL Sed	900	2,750	4,600	9,200	16,100	23,000

1952 XK-120S (modified), 160 hp, 102" wb

Rds	3,350	10,100	16,800	33,600	58,800	84,000
Cpe	2,050	6,100	10,200	20,400	35,700	51,000

1972 DeTomaso Pantera GTS coupe

1954 Facel Vega coupe

1950 Fiat 1400 cabriolet

	6	5	4	3	2	1
1952 XK-120, 6-cyl., 160 hp, 102" wb						
Rds	3,300	9,850	16,400	32,800	57,400	82,000
Cpe	1,900	5,650	9,400	18,800	32,900	47,000
1953 Mk VII, 6-cyl., 160 hp, 120" wb						
Std Sed	900	2,650	4,400	8,800	15,400	22,000
1953 XK-120S, 6-cyl., 160 hp, 102" wb						
Rds	3,350	10,100	16,800	33,600	58,800	84,000
Cpe	2,050	6,100	10,200	20,400	35,700	51,000
Conv	2,500	7,450	12,400	24,800	43,400	62,000
1953 XK-120, 6-cyl., 160 hp, 102" wb						
Rds	3,200	9,600	16,000	32,000	56,000	80,000
Cpe	1,900	5,650	9,400	18,800	32,900	47,000
Conv	2,300	6,850	11,400	22,800	39,900	57,000
1954 Mk VII, 6-cyl., 160 hp, 120" wb						
Sed	1,050	3,100	5,200	10,400	18,200	26,000
1954 XK-120S (modified), 6-cyl., 102" wb						
Rds	3,350	10,100	16,800	33,600	58,800	84,000
Cpe	2,100	6,250	10,400	20,800	36,400	52,000
Conv	2,550	7,700	12,800	25,600	44,800	64,000
1954 XK-120, 6-cyl., 160 hp, 102" wb						
Rds	2,950	8,900	14,800	29,600	51,800	74,000
Cpe	1,850	5,500	9,200	18,400	32,200	46,000
Conv	2,300	6,850	11,400	22,800	39,900	57,000
1955 Mk VII M, 6-cyl., 190 hp, 120" wb						
Saloon	900	2,750	4,600	9,200	16,100	23,000
1955 XK-140, 6-cyl., 190 hp, 102" wb						
Cpe	1,700	5,050	8,400	16,800	29,400	42,000
Rds	3,050	9,100	15,200	30,400	53,200	76,000
Conv	2,300	6,850	11,400	22,800	39,900	57,000
1955 XK-140M, 6-cyl., 190 hp, 102" wb						
Cpe	1,900	5,650	9,400	18,800	32,900	47,000
Rds	3,350	10,100	16,800	33,600	58,800	84,000
Conv	2,900	8,650	14,400	28,800	50,400	72,000
1955 XK-140MC, 6-cyl., 210 hp, 102" wb						
Cpe	2,100	6,250	10,400	20,800	36,400	52,000
Rds	3,500	10,600	17,600	35,200	62,100	88,000
Conv	3,100	9,350	15,600	31,200	54,600	78,000
1956 Mk VII M, 6-cyl., 190 hp, 120" wb						
Saloon	900	2,650	4,400	8,800	15,400	22,000
1956 XK-140, 6-cyl., 190 hp, 102" wb						
Cpe	1,700	5,050	8,400	16,800	29,400	42,000
Rds	2,950	8,900	14,800	29,600	51,800	74,000
Conv	2,300	6,850	11,400	22,800	39,900	57,000
1956 XK-140M, 6-cyl., 190 hp, 102" wb						
Cpe	1,900	5,650	9,400	18,800	32,900	47,000
Rds	3,350	10,100	16,800	33,600	58,800	84,000
Conv	2,900	8,650	14,400	28,800	50,400	72,000
1956 XK-140MC, 6-cyl., 210 hp, 102" wb						
Cpe	2,100	6,250	10,400	20,800	36,400	52,000
Rds	3,500	10,600	17,600	35,200	62,100	88,000
Conv	3,100	9,350	15,600	31,200	54,600	78,000
1956 2.4 Litre, 6-cyl., 112 hp, 108" wb						
Sed	850	2,500	4,200	8,400	14,700	21,000
1956 3.4 Litre, 6-cyl., 210 hp, 108" wb						
Sed	900	2,650	4,400	8,800	15,400	22,000
1956 Mk VIII, 6-cyl., 210 hp, 120" wb						
Lux Sed	1,000	3,000	5,000	10,000	17,500	25,000
NOTE: 3.4 Litre available 1957 only. Mk VIII luxury sedan available 1957.						
1957 Mk VIII, 6-cyl., 210 hp, 102" wb						
Saloon	750	2,300	3,800	7,600	13,300	19,000
1957 XK-140						
Cpe	1,800	5,400	9,000	18,000	31,500	45,000
Rds	2,650	7,900	13,200	26,400	46,200	66,000
Conv	2,000	6,000	10,000	20,000	35,000	50,000
1957 XK-150, 6-cyl., 190 hp, 102" wb						
Cpe	2,000	6,000	10,000	20,000	35,000	50,000
Rds	2,900	8,650	14,400	28,800	50,400	72,000
1957 2.4 Litre, 6-cyl., 112 hp, 108" wb						
Sed	750	2,200	3,700	7,400	12,950	18,500
1957 3.4 Litre, 6-cyl., 210 hp, 108" wb						
Sed	850	2,600	4,300	8,600	15,050	21,500

	6	5	4	3	2	1
1958 3.4 Litre, 6-cyl., 210 hp, 108" wb						
Sed	800	2,450	4,100	8,200	14,350	20,500
1958 XK-150, 6-cyl., 190 hp, 120" wb						
Cpe	2,000	6,000	10,000	20,000	35,000	50,000
Rds	2,900	8,650	14,400	28,800	50,400	72,000
Conv	2,200	6,600	11,000	22,000	38,500	55,000
1958 XK-150S, 6-cyl., 250 hp, 102" wb						
Rds	3,200	9,600	16,000	32,000	56,000	80,000
1958 Mk VIII, 6-cyl., 210 hp, 120" wb						
Saloon	750	2,200	3,700	7,400	13,000	18,500
1959-60 XK-150, 6-cyl., 210 hp, 102" wb						
Cpe	1,800	5,400	9,000	18,000	31,500	45,000
Rds	2,650	7,900	13,200	26,400	46,200	66,000
Conv	1,950	5,900	9,800	19,600	34,300	49,000
1959-60 XK-150SE, 6-cyl., 210 hp, 102" wb						
Cpe	1,900	5,650	9,400	18,800	32,900	47,000
Rds	3,050	9,100	15,200	30,400	53,200	76,000
Conv	2,100	6,350	10,600	21,200	37,100	53,000
1959-60 XK-150S, 6-cyl., 250 hp, 102" wb						
Rds	3,200	9,600	16,000	32,000	56,000	80,000
1959-60 3.4 Litre, 6-cyl., 210 hp, 108" wb						
Sed	800	2,350	3,900	7,800	13,650	19,500
1959-60 Mk IX, 6-cyl., 220 hp, 120" wb						
Sed	950	2,900	4,800	9,600	16,800	24,000
NOTE: Some factory prices increase for 1960.						
1961 XK-150, 6-cyl., 210 hp, 102" wb						
Cpe	1,700	5,150	8,600	17,200	30,100	43,000
Conv	1,900	5,650	9,400	18,800	32,900	47,000
1961 XKE, 6-cyl., 265 hp, 96" wb						
Rds	2,200	6,600	11,000	22,000	38,500	55,000
Cpe	1,600	4,800	8,000	16,000	28,000	40,000
1961 3.4 Litre, 6-cyl., 265 hp, 108" wb						
Sed	800	2,450	4,100	8,200	14,350	20,500
1961 Mk IX, 6-cyl., 265 hp, 120" wb						
Sed	900	2,750	4,600	9,200	16,100	23,000
1962 XKE, 6-cyl., 265 hp, 96" wb						
Rds	2,200	6,600	11,000	22,000	38,500	55,000
Cpe	1,450	4,300	7,200	14,400	25,200	36,000
1962 3.4 Litre Mk II, 6-cyl., 265 hp, 108" wb						
Sed	800	2,450	4,100	8,200	14,300	20,500
1962 Mk X, 6-cyl., 265 hp, 120" wb						
Sed	900	2,750	4,600	9,200	16,100	23,000
1963 XKE, 6-cyl., 265 hp, 96" wb						
Rds	2,100	6,350	10,600	21,200	37,100	53,000
Cpe	1,350	4,100	6,800	13,600	23,800	34,000
1963 3.8 Litre Mk II, 6-cyl., 265 hp, 108" wb						
Sed	800	2,450	4,100	8,200	14,300	20,500
1963 Mk X, 6-cyl., 265 hp, 120" wb						
Sed	900	2,750	4,600	9,200	16,100	23,000
1964 XKE, 6-cyl., 265 hp, 96" wb						
Rds	2,200	6,600	11,000	22,000	38,500	55,000
Cpe	1,450	4,300	7,200	14,400	25,200	36,000
1964 Model 3.8 Liter Mk II, 6-cyl., 108" wb						
4d Sed	800	2,450	4,100	8,200	14,350	20,500
1964 Model Mk X, 6-cyl., 265 hp, 120" wb						
4d Sed	900	2,750	4,600	9,200	16,100	23,000
1965 XKE 4.2, 6-cyl., 265 hp, 96" wb						
Rds	2,200	6,600	11,000	22,000	38,500	55,000
Cpe	1,500	4,550	7,600	15,200	26,600	38,000
1965 Model 4.2						
4d Sed	800	2,450	4,100	8,200	14,350	20,500
1965 Model 3.8						
4d Sed	900	2,750	4,600	9,200	16,100	23,000
Mk II Sed	800	2,450	4,100	8,200	14,350	20,500
1966 XKE 4.2, 6-cyl., 265 hp, 96" wb						
Rds	2,200	6,600	11,000	22,000	38,500	55,000
Cpe	1,300	3,950	6,600	13,200	23,100	33,000
1966 Model 4.2						
4d Sed	800	2,450	4,100	8,200	14,350	20,500

	6	5	4	3	2	1
1966 Model Mk II 3.8						
4d Sed	1,500	4,550	7,600	15,200	26,600	38,000
S 4d Sed	850	2,500	4,200	8,400	14,700	21,000
1967 XKE 4.2, 6-cyl., 265 hp, 96" wb						
Rds	2,300	6,850	11,400	22,800	39,900	57,000
Cpe	1,550	4,700	7,800	15,600	27,300	39,000
2 plus 2 Cpe	1,200	3,600	6,000	12,000	21,000	30,000
1967 340, 6-cyl., 225 hp, 108" wb						
4d Sed	800	2,400	4,000	8,000	14,000	20,000
1967 420, 6-cyl., 255 hp, 108" wb						
4d Sed	750	2,300	3,800	7,600	13,300	19,000
1967 420 G, 6-cyl., 245 hp, 107" wb						
4d Sed	800	2,400	4,000	8,000	14,000	20,000
1968 Model XKE 4.2, 245 hp, 96" wb						
Rds	2,000	6,000	10,000	20,000	35,000	50,000
Cpe	1,450	4,300	7,200	14,400	25,200	36,000
2 plus 2 Cpe	1,200	3,600	6,000	12,000	21,000	30,000
1969 Model XKE, 246 hp, 96" wb						
Rds	2,000	6,000	10,000	20,000	35,000	50,000
Cpe	1,450	4,300	7,200	14,400	25,200	36,000
2 plus 2 Cpe	1,200	3,600	6,000	12,000	21,000	30,000
1969 Model XJ, 246 hp, 96" wb						
4d Sed	950	2,900	4,800	9,600	16,800	24,000
1970 Model XKE, 246 hp, 96" wb						
Rds	2,000	6,000	10,000	20,000	35,000	50,000
Cpe	1,450	4,300	7,200	14,400	25,200	36,000
2 plus 2 Cpe	1,250	3,700	6,200	12,400	21,700	31,000
1970 Model XJ, 246 hp, 96" wb						
4d Sed	900	2,650	4,400	8,800	15,400	22,000
1971 Model XKE, 246 hp, 96" wb						
Rds	2,200	6,600	11,000	22,000	38,500	55,000
Cpe	1,500	4,550	7,600	15,200	26,600	38,000
V-12 2 plus 2 Cpe	1,350	4,100	6,800	13,600	23,800	34,000
V-12 Conv	2,550	7,700	12,800	25,600	44,800	64,000
1971 Model XJ, 246 hp, 96" wb						
4d Sed	850	2,500	4,200	8,400	14,700	21,000
1972 Model XKE V-12, 272 hp, 105" wb						
Rds	2,950	8,900	14,800	29,600	51,800	74,000
2 plus 2 Cpe	1,300	3,950	6,600	13,200	23,100	33,000
1972 Model XJ6, 186 hp, 108.9" wb						
4d Sed	800	2,400	4,000	8,000	14,000	20,000
1973 Model XKE V-12, 272 hp, 105" wb						
Rds	2,650	7,900	13,200	26,400	46,200	66,000
2 plus 2 Cpe	1,450	4,300	7,200	14,400	25,200	36,000
1973 Model XJ, 186 hp, 108.9" wb						
XJ6 4d	800	2,400	4,000	8,000	14,000	20,000
XJ12 4d	1,000	3,000	5,000	10,000	17,500	25,000
1974 Model XKE V-12, 272 hp, 105" wb						
Rds	2,800	8,400	14,000	28,000	49,000	70,000
1974 Model XJ						
XJ6 4d	800	2,400	4,000	8,000	14,000	20,000
XJ6 4d LWB	850	2,500	4,200	8,400	14,700	21,000
XJ12L 4d	1,000	3,000	5,000	10,000	17,500	25,000
1975 Model XJ6						
C Cpe	1,050	3,100	5,200	10,400	18,200	26,000
L 4d Sed	850	2,500	4,200	8,400	14,700	21,000
1975 Model XJ12						
C Cpe	1,100	3,250	5,400	10,800	18,900	27,000
L 4d Sed	950	2,900	4,800	9,600	16,800	24,000
1976 Model XJ6						
C Cpe	1,100	3,350	5,600	11,200	19,600	28,000
L 4d Sed	850	2,500	4,200	8,400	14,700	21,000
1976 Model XJ12						
C Cpe	1,100	3,350	5,600	11,200	19,600	28,000
L 4d Sed	900	2,750	4,600	9,200	16,100	23,000
1976 Model XJS						
2 plus 2 Cpe	1,000	3,000	5,000	10,000	17,500	25,000
1977 Model XJ6						
C Cpe	1,100	3,250	5,400	10,800	18,900	27,000
L 4d Sed	700	2,050	3,400	6,800	11,900	17,000

	6	5	4	3	2	1
1977 Model XJ12L						
4d Sed	750	2,300	3,800	7,600	13,300	19,000
1977 Model XJS						
GT 2 plus 2 Cpe	900	2,750	4,600	9,200	16,100	23,000
1978 Model XJ6L						
4d Sed	700	2,150	3,600	7,200	12,600	18,000
1978 Model XJ12L						
4d Sed	900	2,650	4,400	8,800	15,400	22,000
1978 Model XJS						
Cpe	900	2,750	4,600	9,200	16,100	23,000
1979 Model XJ6						
4d Sed	700	2,150	3,600	7,200	12,600	18,000
Series III 4d Sed	750	2,300	3,800	7,600	13,300	19,000
1979 Model XJ12						
4d Sed	900	2,650	4,400	8,800	15,400	22,000
1979 Model XJS						
Cpe	900	2,750	4,600	9,200	16,100	23,000
1980 Model XJS						
XJ6 4d Sed	700	2,050	3,400	6,800	11,900	17,000
XJS 2d 2 plus 2 Cpe	900	2,750	4,600	9,200	16,100	23,000
1981 Model XJS						
XJ6 4d Sed	700	2,050	3,400	6,800	11,900	17,000
XJS 2d Cpe	900	2,750	4,600	9,200	16,100	23,000
1982 Model XJS						
XJ6 4d Sed	700	2,050	3,400	6,800	11,900	17,000
XJ6 Vanden Plas 4d Sed	800	2,400	4,000	8,000	14,000	20,000
XJS 2d Cpe	1,000	3,000	5,000	10,000	17,500	25,000
1983 Model XJS						
XJ6 4d Sed	700	2,050	3,400	6,800	11,900	17,000
XJ6 Vanden Plas 4d Sed	800	2,400	4,000	8,000	14,000	20,000
XJS 2d Cpe	1,000	3,000	5,000	10,000	17,500	25,000
1984 Model XJS						
XJ6 4d Sed	700	2,050	3,400	6,800	11,900	17,000
XJ6 Vanden Plas 4d Sed	800	2,400	4,000	8,000	14,000	20,000
XJS 2d Cpe	1,000	3,000	5,000	10,000	17,500	25,000
1985 Model XJ6						
4d Sed	750	2,200	3,700	7,400	13,000	18,500
Vanden Plas 4d Sed	850	2,600	4,300	8,600	15,000	21,500
1985 Model XJS						
2d Cpe	1,050	3,100	5,200	10,400	18,200	26,000
1986 Model XJ6						
4d Sed	800	2,350	3,900	7,800	13,700	19,500
Vanden Plas 4d Sed	900	2,750	4,600	9,200	16,100	23,000
1986 Model XJS						
2d Cpe	1,100	3,250	5,400	10,800	18,900	27,000
1987 Model XJ6						
4d Sed	850	2,500	4,200	8,400	14,700	21,000
4d Sed Vanden Plas	950	2,900	4,800	9,600	16,800	24,000
1987 Model XJS						
2d Cpe	1,050	3,100	5,200	10,400	18,200	26,000
2d Cpe Cabr	1,450	4,300	7,200	14,400	25,200	36,000
1988 Model XJ6						
4d Sed	900	2,650	4,400	8,800	15,400	22,000
1988 Model XJS						
2d Cpe	900	2,650	4,400	8,800	15,400	22,000
2d Cpe Cabr	1,200	3,600	6,000	12,000	21,000	30,000
2d Conv	1,450	4,300	7,200	14,400	25,200	36,000
1989 Model XJ6						
4d Sed	1,000	3,000	5,000	10,000	17,500	25,000
1989 Model XJS						
2d Cpe	1,200	3,600	6,000	12,000	21,000	30,000
2d Conv	1,500	4,550	7,600	15,200	26,600	38,000
1990 Model XJ6						
4d Sed	1,050	3,100	5,200	10,400	18,200	26,000
Sovereign 4d Sed	1,100	3,250	5,400	10,800	18,900	27,000
Vanden Plas 4d Sed	1,100	3,350	5,600	11,200	19,600	28,000
Majestic 4d Sed	1,200	3,600	6,000	12,000	21,000	30,000
1990 Model XJS						
2d Cpe	1,300	3,850	6,400	12,800	22,400	32,000
2d Conv	1,500	4,550	7,600	15,200	26,600	38,000

	6	5	4	3	2	1
1991 Model XJ6						
4d Sed	500	1,550	2,600	5,200	9,100	13,000
Sovereign 4d Sed	600	1,800	3,000	6,000	10,500	15,000
Vanden Plas 4d Sed	700	2,050	3,400	6,800	11,900	17,000
1991 Model XJS						
2d Cpe	700	2,150	3,600	7,200	12,600	18,000
2d Conv	1,500	4,550	7,600	15,200	26,600	38,000
1992 Model XJ6						
4d Sed	500	1,550	2,600	5,200	9,100	13,000
Sovereign 4d Sed	650	1,900	3,200	6,400	11,200	16,000
Vanden Plas 4d Sed	700	2,050	3,400	6,800	11,900	17,000
Majestic 4d Sed	700	2,150	3,600	7,200	12,600	18,000
1992 Model XJS						
2d Cpe	800	2,400	4,000	8,000	14,000	20,000
2d Conv	1,500	4,550	7,600	15,200	26,600	38,000
1993 Model XJ6						
4d Sed	750	2,300	3,800	7,600	13,300	19,000
Vanden Plas 4d Sed	800	2,400	4,000	8,000	14,000	20,000
1993 Model XJS						
2d Cpe	900	2,650	4,400	8,800	15,400	22,000
2d Conv	1,500	4,550	7,600	15,200	26,600	38,000

LAMBORGHINI

	6	5	4	3	2	1
1964-1966 V-12, 3464/3929cc, 350/400 GT, 99.5" wb						
Cpe	3,850	11,500	19,200	38,400	67,000	96,000
1966-1968 V-12, 3929cc, 99.5" wb, 400 GT 2 plus 2						
2 plus 2 Cpe	3,700	11,000	18,400	36,800	64,500	92,000
1966-1969 V-12, 3929cc, 97.5" wb, P400 Miura						
Cpe	4,100	12,200	20,400	40,800	71,500	102,000
1969-1971 V-12, 3929cc, 97.7" wb, P400 Miura S						
Cpe	4,100	12,200	20,400	40,800	71,500	102,000
1971-1972 V-12, 3929cc, 97.7" wb, P400 Miura SV						
Cpe	4,150	12,500	20,800	41,600	73,000	104,000
1968-1978 V-12, 3929cc, 99.5" wb, Espada						
2 plus 2 Cpe	3,850	11,500	19,200	38,400	67,000	96,000
1968-1969 V-12, 3929cc, 99.5" wb, 400 GT Islero, Islero S						
2 plus 2 Cpe	3,600	10,800	18,000	36,000	63,000	90,000
1970-1973 V-12, 3929cc, 92.8" wb, 400 GT Jarama						
2 plus 2 Cpe	3,600	10,800	18,000	36,000	63,000	90,000
1973-1976 V-12, 3929cc, 92.8" wb, 400 GTS Jarama						
2 plus 2 Cpe	3,700	11,000	18,400	36,800	64,500	92,000
1972-1976 V-8, 2462cc, 95.5" wb, P 250 Urraco						
2 plus 2 Cpe	3,700	11,000	18,400	36,800	64,500	92,000
1975-1977 V-8, 1994cc, 95.5" wb, P 200 Urraco						
2 plus 2 Cpe	3,700	11,000	18,400	36,800	64,500	92,000
1976-1978 V-8, 2995.8cc, 95.5" wb, Silhouette						
Targa Conv	3,200	9,600	16,000	32,000	56,000	80,000
1975-1979 V-8, 2995.8cc, 95.5" wb, P 300 Urraco						
2 plus 2 Cpe	2,800	8,400	14,000	28,000	49,000	70,000
1973-1978 V-12, 3929cc, 95.5" wb, LP 400 Countach						
Cpe	4,000	12,000	20,000	40,000	70,000	100,000
1978-Present V-12, 3929cc, 95.5" wb, LP 400S Countach						
Cpe	4,550	13,700	22,800	45,600	80,000	114,000
1982-Present V-12, 4754cc, 95.5" wb, LP 5000 Countach						
Cpe	5,050	15,100	25,200	50,400	88,000	126,000
1982-Present V-8, 3485cc, 95.5" wb, P 350 Jalpa						
Targa Conv	3,700	11,000	18,400	36,800	64,500	92,000
1990-1991 Diablo						
2d Cpe	5,200	15,600	26,000	52,000	91,000	130,000
1992 Diablo						
2d Cpe	5,200	15,600	26,000	52,000	91,000	130,000
1993 Diablo						
2d Cpe	5,200	15,600	26,000	52,000	91,000	130,000

LEXUS

	6	5	4	3	2	1
1992 Lexus						
4d ES300 Sed	600	1,800	3,000	6,000	10,500	15,000
2d SC300 Cpe	800	2,400	4,000	8,000	14,000	20,000
2d SC400 Cpe	900	2,650	4,400	8,800	15,400	22,000

	6	5	4	3	2	1
4d LS400 Sed	850	2,500	4,200	8,400	14,700	21,000
1993 ES						
4d ES300 Sed	550	1,700	2,800	5,600	9,800	14,000
1993 GS						
4d GS300 Sed	650	1,900	3,200	6,400	11,200	16,000
1993 SC						
2d SC300 Cpe	750	2,300	3,800	7,600	13,300	19,000
2d SC400 Cpe	800	2,350	3,900	7,800	13,700	19,500
1993 LS						
4d LS400 Sed, V-8	900	2,650	4,400	8,800	15,400	22,000

MASERATI

1946-50 A6/1500, 6-cyl., 1488cc, 100.4" wb

	6	5	4	3	2	1
2d Cpe (2 plus 2)	4,000	12,000	20,000	40,000	70,000	100,000
2d Cabr	8,000	24,000	40,000	80,000	140,000	200,000

1951-53 A6G, 6-cyl., 1954cc, 100.4" wb

	6	5	4	3	2	1
2d Cpe (2 plus 2)	6,000	18,000	30,000	60,000	105,000	150,000
2d Cabr (2 plus 2)	12,000	36,000	60,000	120,000	210,000	300,000

1954-56 A6G, 6-cyl., 1954cc, 100.4" wb

	6	5	4	3	2	1
2d Cpe (2 plus 2)	6,000	18,000	30,000	60,000	105,000	150,000
2d Cabr (2 plus 2)	12,000	36,000	60,000	120,000	210,000	300,000

1954-56 A6G/2000, 6-cyl., 1985cc, 100.4" wb

	6	5	4	3	2	1
2d Cpe (2 plus 2)	6,000	18,000	30,000	60,000	105,000	150,000
2d Cabr (2 plus 2)	12,000	36,000	60,000	120,000	210,000	300,000

1957-61 A6G/2000/C, 6-cyl., 1985cc, 100.4" wb

	6	5	4	3	2	1
Allemano Cpe (2 plus 2)	6,000	18,000	30,000	60,000	105,000	150,000
Frua Cabr (2 plus 2)	12,000	36,000	60,000	120,000	210,000	300,000
Frua 2d Cpe	10,000	30,000	50,000	100,000	175,000	250,000
Zagato Cpe (2 plus 2)	12,000	36,000	60,000	120,000	210,000	300,000

1957-61 3500 GT, 6-cyl., 3485cc, 102.3" wb

	6	5	4	3	2	1
2d Cpe	1,900	5,750	9,600	19,200	33,600	48,000

1957-61 3500 GT Spider 6-cyl., 3485cc, 98.4" wb

	6	5	4	3	2	1
2d Rds	7,800	23,400	39,000	78,000	137,000	195,000

1962 3500 GTI, 6-cyl., 3485cc, 102.3" wb

	6	5	4	3	2	1
2d Cpe (2 plus 2)	1,900	5,750	9,600	19,200	33,600	48,000

1962 3500 GTI, 6-cyl., 3485cc, 98.4" wb

	6	5	4	3	2	1
Spider 2d Rds	7,800	23,400	39,000	78,000	137,000	195,000

1962 Sebring, 6-cyl., 3485cc, 98.4" wb

	6	5	4	3	2	1
2d Cpe (2 plus 2)	1,900	5,750	9,600	19,200	33,600	48,000

1963-64 3500 GTI, 6-cyl., 3485cc, 102.3" wb

	6	5	4	3	2	1
2d Cpe (2 plus 2)	1,900	5,750	9,600	19,200	33,600	48,000
Spider 2d Conv	7,800	23,400	39,000	78,000	137,000	195,000

1963-64 Sebring, 6-cyl, 102.3" wb Early 3485cc, Later 3694cc

	6	5	4	3	2	1
2d Cpe (2 plus 2)	1,900	5,750	9,600	19,200	33,600	48,000

1963-64 Mistral, 6-cyl., 94.5" wb Early 3485cc, Later 3694cc

	6	5	4	3	2	1
2d Cpe	1,800	5,400	9,000	18,000	31,500	45,000
Spider 2d Conv	6,400	19,200	32,000	64,000	112,000	160,000

1963-64 Quattroporte, V-8, 4136cc, 108.3" wb

	6	5	4	3	2	1
4d Sed	1,000	2,950	4,900	9,800	17,200	24,500

1965-66 Sebring II, 6-cyl., 3694cc, 102.3" wb

	6	5	4	3	2	1
2d Cpe (2 plus 2)	2,150	6,500	10,800	21,600	37,800	54,000

1965-66 Mistral, 6-cyl., 3694cc, 94.5" wb

	6	5	4	3	2	1
2d Cpe	1,800	5,400	9,000	18,000	31,500	45,000
Spider 2d Conv	6,400	19,200	32,000	64,000	112,000	160,000

NOTE: Optional Six engine 4014cc available in Sebring Mistral models.

1965-66 Mexico, V-8, 4136cc, 103.9" wb

	6	5	4	3	2	1
2d Cpe	1,450	4,300	7,200	14,400	25,200	36,000

1965-66 Quattroporte, V-8, 4136cc, 108.3" wb

	6	5	4	3	2	1
4200 4d Sed	1,000	2,950	4,900	9,800	17,200	24,500

1967-68 Mistral, 6-cyl., 3694cc, 94.5" wb

	6	5	4	3	2	1
2d Cpe	1,800	5,400	9,000	18,000	31,500	45,000
Spider 2d Conv	6,400	19,200	32,000	64,000	112,000	160,000

1967-68 Ghibli, V-8, 4719cc, 100.4" wb

	6	5	4	3	2	1
4700 2d Cpe	2,950	8,900	14,800	29,600	51,800	74,000

1967-68 Mexico, V-8, 4136cc-4719cc, 103.9" wb

	6	5	4	3	2	1
4200 2d Cpe	1,450	4,300	7,200	14,400	25,200	36,000
4700 2d Cpe	1,500	4,450	7,400	14,800	25,900	37,000

1967-68 Quattroporte, V-8, 4136cc-4719cc, 108.3" wb

	6	5	4	3	2	1
4200 4d Sed	1,000	2,950	4,900	9,800	17,200	24,500
4700 4d Sed	1,000	3,000	5,000	10,000	17,500	25,000

	6	5	4	3	2	1
1969-70 Mistral, 6-cyl., 3694cc, 94.5" wb						
2d Cpe	1,800	5,400	9,000	18,000	31,500	45,000
Spider 2d Conv	6,400	19,200	32,000	64,000	112,000	160,000
1969-70 Ghibli, V-8, 4719cc, 100.4" wb						
2d Cpe	2,950	8,900	14,800	29,600	51,800	74,000
Spider 2d Conv	4,800	14,400	24,000	48,000	84,000	120,000
1969-70 Indy, V-8, 4136cc, 102.5" wb						
2d Cpe (2 plus 2)	1,600	4,800	8,000	16,000	28,000	40,000
1969-70 Quattroporte, V-8, 4719cc, 108.3" wb						
4d Sed	1,000	2,950	4,900	9,800	17,200	24,500
1971-73 Merak, V-6, 2965cc, 102.3" wb						
2d Cpe (2 plus 2)	1,350	4,100	6,800	13,600	23,800	34,000
1971-73 Bora, V-8, 4719cc, 102.3" wb						
2d Cpe	3,450	10,300	17,200	34,400	60,000	86,000
1971-73 Ghibli, V-8, 4930cc, 100.4" wb						
2d Cpe	2,950	8,900	14,800	29,600	51,800	74,000
Spider 2d Conv	8,000	24,000	40,000	80,000	140,000	200,000
1971-73 Indy, V-8, 4136cc, 102.5" wb						
2d Cpe (2 plus 2)	1,600	4,800	8,000	16,000	28,000	40,000
1974-76 Merak, V-6, 2965cc, 102.3" wb						
2d Cpe (2 plus 2)	1,350	4,100	6,800	13,600	23,800	34,000
1974-76 Bora, V-8, 4930cc, 102.3" wb						
2d Cpe	3,450	10,300	17,200	34,400	60,000	86,000
1974-76 Indy, V-8, 4930cc, 102.5" wb						
2d Cpe	1,600	4,800	8,000	16,000	28,000	40,000
1977-83 Merak SS, 2965cc, 102.3" wb						
2d Cpe (2 plus 2)	1,500	4,450	7,400	14,800	25,900	37,000
1977-83 Bora, V-8, 4930cc, 102.3" wb						
2d Cpe	3,450	10,300	17,200	34,400	60,000	86,000
1977-83 Khamsin, V-8, 4930cc, 100.3" wb						
2d Cpe (2 plus 2)	1,900	5,750	9,600	19,200	33,600	48,000
1977-83 Kyalami, V-8, 4930cc, 102.4" wb						
2d Cpe (2 plus 2)	1,400	4,200	7,000	14,000	24,500	35,000
1984-88 Biturbo, V-6, 1996cc, 99" wb						
2d Cpe	400	1,200	2,000	4,000	7,000	10,000
E 2d Cpe	450	1,300	2,200	4,400	7,700	11,000
1984-88 Biturbo, V-6, 2491cc, 94.5" wb						
Spider 2d Conv	600	1,800	3,000	6,000	10,500	15,000
425 4d Sed	400	1,150	1,900	3,800	6,650	9,500
1984-88 Quattroporte, V-8, 4930cc, 110.2" wb						
4d Sed	600	1,800	3,000	6,000	10,500	15,000

MAZDA

	6	5	4	3	2	1
1970-71 Conventional Engine 1200, 4-cyl., 1169cc, 88.9" wb						
2d Sed	150	450	750	1,500	2,650	3,800
2d Cpe	150	500	800	1,600	2,800	4,000
2d Sta Wag	150	450	750	1,500	2,650	3,800
1970-71 616, 4-cyl., 1587cc, 97" wb						
2d Cpe	150	500	800	1,600	2,800	4,000
4d Sed	150	450	750	1,500	2,650	3,800
1970-71 1800, 4-cyl., 1769cc, 98.4" wb						
4d Sed	150	450	800	1,550	2,750	3,900
4d Sta Wag	150	500	800	1,650	2,850	4,100
1970-71 Wankel Rotary Engine R100, 1146cc, 88.9" wb						
2d Spt Cpe (2 plus 2)	250	700	1,200	2,400	4,200	6,000
1970-71 RX-2, 1146cc, 97" wb						
2d Cpe	150	500	850	1,700	2,950	4,200
4d Sed	150	500	800	1,600	2,800	4,000
1972 Conventional Engine 808, 4-cyl., 1587cc, 91" wb						
2d Cpe	150	450	700	1,450	2,500	3,600
4d Sed	150	400	700	1,400	2,450	3,500
4d Sta Wag	150	450	750	1,500	2,600	3,700
1972 618, 4-cyl., 1796cc, 97" wb						
2d Cpe	150	450	750	1,500	2,600	3,700
4d Sed	150	450	700	1,450	2,500	3,600
1972 Wankel Rotary Engine R100, 1146cc, 88.9" wb						
2d Cpe (2 plus 2)	250	700	1,200	2,400	4,200	6,000
1972 RX-2, 1146cc, 97" wb						
2d Cpe	150	500	800	1,600	2,800	4,000
4d Sed	150	450	750	1,500	2,600	3,700

1982 Fiat X1/9 targa coupe

1990 Honda Civic EX sedan

1990 Infiniti Q-45 sedan

	6	5	4	3	2	1
1972 RX-3, 1146cc, 91" wb						
2d Cpe	150	500	800	1,600	2,800	4,000
4d Sed	150	450	700	1,450	2,500	3,600
4d Sta Wag	150	450	750	1,500	2,600	3,700
1973 Conventional Engine 808, 4-cyl., 1587cc, 91" wb						
2d Cpe	150	450	700	1,450	2,500	3,600
4d Sed	150	400	700	1,400	2,450	3,500
4d Sta Wag	150	450	750	1,500	2,600	3,700
1973 Wankel Rotary Engine RX-2, 1146cc, 97" wb						
2d Cpe	150	500	800	1,600	2,800	4,000
4d Sed	150	450	700	1,450	2,500	3,600
1973 RX-3, 1146cc, 162" wb						
2d Cpe	150	450	800	1,550	2,750	3,900
4d Sed	150	400	700	1,400	2,450	3,500
4d Sta Wag	150	450	750	1,500	2,600	3,700
1974 Conventional Engine 808, 4-cyl., 1587cc, 91" wb						
2d Cpe	150	500	800	1,600	2,800	4,000
4d Sta Wag	150	450	750	1,500	2,650	3,800
1974 Wankel Rotary Engine RX-2, 1146cc, 97" wb						
2d Cpe	150	500	800	1,650	2,850	4,100
4d Sed	150	450	800	1,550	2,750	3,900
1974 RX-3, 1146cc, 91" wb						
2d Cpe	150	450	800	1,550	2,750	3,900
4d Sta Wag	150	450	750	1,500	2,600	3,700
1974 RX-4, 1308cc, 99" wb						
2d HT Cpe	150	500	800	1,650	2,850	4,100
4d Sed	150	450	750	1,500	2,650	3,800
4d Sta Wag	150	450	800	1,550	2,750	3,900
1975 Conventional Engine 808, 4-cyl., 1587cc, 91" wb						
2d Cpe	150	450	700	1,450	2,500	3,600
4d Sta Wag	150	450	750	1,500	2,600	3,700
1975 Wankel Rotary Engine RX-3, 1146cc, 91" wb						
2d Cpe	150	500	800	1,600	2,800	4,000
4d Sta Wag	150	450	750	1,500	2,650	3,800
1975 RX-4, 1308cc, 99" wb						
2d HT Cpe	150	500	800	1,650	2,850	4,100
4d Sed	150	450	750	1,500	2,600	3,700
4d Sta Wag	150	450	750	1,500	2,650	3,800
1976 Conventional Engine Mizer 808-1300, 4-cyl., 1272cc, 91" wb						
2d Cpe	150	400	700	1,400	2,450	3,500
4d Sed	150	450	700	1,450	2,500	3,600
4d Sta Wag	150	450	750	1,500	2,600	3,700
1976 808-1600, 4-cyl., 1587cc, 91" wb						
2d Cpe	150	450	700	1,450	2,500	3,600
4d Sed	150	450	750	1,500	2,600	3,700
4d Sta Wag	150	450	750	1,500	2,650	3,800
1976 Wankel Rotary Engine RX-3, 1146cc, 91" wb						
2d Cpe	150	500	800	1,600	2,800	4,000
4d Sta Wag	150	450	750	1,500	2,650	3,800
1976 RX-4, 1308cc, 99" wb						
2d HT Cpe	150	500	800	1,600	2,800	4,000
4d Sed	150	450	750	1,500	2,650	3,800
4d Sta Wag	150	450	800	1,550	2,750	3,900
Cosmo 2d HdTp Cpe	200	650	1,100	2,200	3,850	5,500
1977 Mizer, 4-cyl., 1272cc						
2d Cpe	150	400	700	1,400	2,450	3,500
4d Sed	150	400	700	1,400	2,450	3,500
4d Sta Wag	150	450	700	1,450	2,500	3,600
1977 GLC, 4-cyl., 1272cc, 91.1" wb						
2d HBk	150	400	700	1,400	2,450	3,500
2d DeL HBk	150	450	700	1,450	2,500	3,600
1977 808, 4-cyl., 1587cc, 91" wb						
2d Cpe	150	450	700	1,450	2,500	3,600
4d Sed	150	400	700	1,400	2,450	3,500
4d Sta Wag	150	450	750	1,500	2,600	3,700
1977 Wankel Rotary Engine RX-3SP, 1146cc, 91" wb						
2d Cpe	150	500	800	1,650	2,850	4,100
1977 RX-4, 1308cc, 99" wb						
4d Sed	150	450	700	1,450	2,500	3,600
4d Sta Wag	150	450	750	1,500	2,600	3,700
Cosmo 2d HT Cpe	200	650	1,100	2,200	3,850	5,500
1978 GLC, 4-cyl., 1272cc, 91.1" wb						
2d HBk	150	400	650	1,300	2,300	3,300

	6	5	4	3	2	1
2d DeL HBk	150	400	700	1,350	2,400	3,400
2d Spt HBk	150	400	700	1,400	2,450	3,500
4d DeL HBk	150	400	700	1,400	2,450	3,500
1978 Wankel Rotary Engine RX-3SP, 1146cc, 91" wb						
2d Cpe	150	500	800	1,600	2,800	4,000
1978 RX-4, 1308cc, 99" wb						
4d Sed	150	400	700	1,400	2,450	3,500
4d Sta Wag	150	450	700	1,450	2,500	3,600
Cosmo 2d Cpe	200	650	1,100	2,200	3,850	5,500
1979 GLC, 4-cyl., 1415cc, 91" wb						
2d HBk	150	400	650	1,300	2,300	3,300
2d DeL HBk	150	400	700	1,350	2,400	3,400
2d Spt HBk	150	400	700	1,400	2,450	3,500
4d DeL HBk	150	400	700	1,400	2,450	3,500
4d Sta Wag	150	450	700	1,450	2,500	3,600
4d DeL Sta Wag	150	450	750	1,500	2,600	3,700
1979 626, 4-cyl., 1970cc, 98.8" wb						
2d Spt Cpe	150	500	800	1,600	2,800	4,000
4d Spt Sed	150	450	750	1,500	2,650	3,800
1979 Wankel Rotary Engine RX-7, 1146cc, 95.3" wb						
S 2d Cpe	200	650	1,100	2,200	3,850	5,500
GS 2d Cpe	250	700	1,150	2,300	4,000	5,700
1980 GLC, 4-cyl., 1415cc, 91" wb						
2d HBk	150	500	800	1,600	2,800	4,000
2d Cus HBk	150	500	800	1,650	2,850	4,100
2d Spt HBk	150	500	850	1,700	2,950	4,200
4d Cus HBk	150	500	850	1,700	2,950	4,200
4d Cus Sta Wag	150	500	850	1,700	3,000	4,300
1980 626, 4-cyl., 1970cc, 98.8" wb						
2d Spt Cpe	200	550	900	1,800	3,150	4,500
4d Spt Sed	200	550	900	1,750	3,100	4,400
1980 Wankel Rotary Engine RX-7, 1146cc, 95.3" wb						
S 2d Cpe	250	700	1,200	2,400	4,200	6,000
GS 2d Cpe	250	750	1,250	2,500	4,400	6,300
1981 GLC, 4-cyl., 1490cc, 93.1" wb						
2d HBk	150	500	800	1,600	2,800	4,000
2d Cus HBk	150	500	800	1,650	2,850	4,100
4d Cus HBk	150	500	800	1,600	2,800	4,000
4d Cus Sed	150	500	800	1,650	2,850	4,100
2d Cus L HBk	150	500	850	1,700	2,950	4,200
4d Cus L Sed	150	500	850	1,700	2,950	4,200
2d Spt HBk	150	500	850	1,700	3,000	4,300
4d Sta Wag	200	550	900	1,750	3,100	4,400
1981 626, 4-cyl., 1970cc, 98.8" wb						
2d Spt Cpe	200	550	900	1,800	3,150	4,500
4d Spt Sed	200	550	900	1,750	3,100	4,400
2d Lux Spt Cpe	200	550	950	1,900	3,300	4,700
4d Lux Spt Sed	200	550	900	1,850	3,200	4,600
1981 Wankel Rotary Engine RX-7, 1146cc, 95.3" wb						
S 2d Cpe	250	800	1,300	2,600	4,550	6,500
GS 2d Cpe	300	850	1,400	2,800	4,900	7,000
GSL 2d Cpe	300	900	1,500	3,000	5,250	7,500
1982 GLC, 4-cyl., 1490cc, 93.1" wb						
2d HBk	200	550	900	1,800	3,150	4,500
2d Cus HBk	200	550	900	1,850	3,200	4,600
4d Cus Sed	200	550	900	1,850	3,200	4,600
2d Cus L HBk	200	550	950	1,900	3,300	4,700
4d Cus L Sed	200	550	950	1,900	3,300	4,700
2d Spt HBk	200	600	950	1,900	3,350	4,800
4d Cus Sta Wag	200	550	900	1,800	3,150	4,500
1982 626, 4-cyl., 1970cc, 98.8" wb						
2d Spt Cpe	200	550	900	1,850	3,200	4,600
4d Spt Sed	200	550	900	1,800	3,150	4,500
2d Lux Spt Cpe	200	550	950	1,900	3,300	4,700
4d Lux Spt Sed	200	550	900	1,850	3,200	4,600
1982 Wankel Rotary Engine RX-7, 1146cc, 95.3" wb						
S 2d Cpe	300	850	1,400	2,800	4,900	7,000
GS 2d Cpe	300	900	1,500	3,000	5,250	7,500
GSL 2d Cpe	300	950	1,550	3,100	5,450	7,800
1983 GLC, 4-cyl., 1490cc, 93.1" wb						
2d HBk	200	550	900	1,800	3,150	4,500
2d Cus HBk	200	550	900	1,850	3,200	4,600
4d Cus Sed	200	550	900	1,850	3,200	4,600
2d Cus L HBk	200	550	950	1,900	3,300	4,700

	6	5	4	3	2	1
4d Cus L Sed	200	550	950	1,900	3,300	4,700
2d Spt HBk	200	600	950	1,900	3,350	4,800
4d Sed	200	550	900	1,850	3,200	4,600
4d Cus Sta Wag	200	550	900	1,850	3,200	4,600

1983 626, 4-cyl., 1998cc, 98.8" wb
2d Spt Cpe	200	550	950	1,900	3,300	4,700
4d Spt Sed	200	550	950	1,900	3,300	4,700
2d Lux Spt Cpe	200	600	950	1,900	3,350	4,800
4d Lux Spt Sed	200	600	950	1,900	3,350	4,800
4d Lux HBk	200	600	1,000	2,000	3,500	5,000

1983 Wankel Rotary Engine RX-7, 1146cc, 95.3" wb
S 2d Cpe	300	850	1,400	2,800	4,900	7,000
GS 2d Cpe	300	900	1,500	3,000	5,250	7,500

1984-85 GLC, 4-cyl., 1490cc, 93.1" wb
2d HBk	200	600	1,000	1,950	3,450	4,900
2d DeL HBk	200	600	1,000	2,000	3,500	5,000
4d DeL Sed	200	600	1,000	2,000	3,500	5,000
2d Lux HBk	200	600	1,000	2,050	3,550	5,100
4d Lux Sed	200	600	1,000	2,050	3,550	5,100

1984-85 626, 4-cyl., 1998cc, 98.8" wb
2d DeL Cpe	200	650	1,100	2,200	3,850	5,500
4d DeL Sed	200	650	1,100	2,200	3,850	5,500
2d Lux Cpe	250	700	1,150	2,300	4,000	5,700
4d Lux Sed	250	700	1,150	2,300	4,000	5,700
4d Tr HBk	250	700	1,150	2,300	4,050	5,800

1984-85 Wankel Rotary Engine RX-7, 1146cc, 95.3" wb
S 2d Cpe	300	900	1,500	3,000	5,250	7,500
GS 2d Cpe	300	950	1,600	3,200	5,600	8,000
GSL 2d Cpe	350	1,000	1,700	3,400	5,950	8,500

1984-85 RX-7, 1308cc, 95.3" wb
GSL-SE 2d Cpe	300	950	1,600	3,200	5,600	8,000

1986 323
2d HBk	100	300	500	1,050	1,800	2,600
DIX 2d HBk	100	300	550	1,100	1,900	2,700
LX 2d HBk	100	350	550	1,100	1,950	2,800
DIX 4d Sed	100	350	600	1,150	2,050	2,900
LX 4d Sed	100	350	600	1,200	2,100	3,000

1986 626, 4-cyl.
DIX 4d Sed	150	400	650	1,300	2,300	3,300
DIX 2d Cpe	150	400	700	1,350	2,400	3,400
LX 4d Sed	150	400	700	1,400	2,450	3,500
LX 2d Cpe	150	450	750	1,500	2,600	3,700
LX 4d HBk	150	450	750	1,500	2,650	3,800
GT 4d Sed (Turbo)	150	500	800	1,600	2,800	4,000
GT 2d Cpe (Turbo)	150	500	800	1,650	2,850	4,100
GT 4d HBk (Turbo)	150	500	850	1,700	2,950	4,200

1986 RX-7, 4-cyl.
2d Cpe	200	550	900	1,800	3,150	4,500
GXL 2d Cpe	200	600	1,000	2,000	3,500	5,000

1987 323, 4-cyl.
2d HBk	100	350	550	1,100	1,950	2,800
SE 2d HBk	100	350	600	1,150	2,050	2,900
DIX 2d HBk	150	400	650	1,300	2,250	3,200
DIX 4d Sed	150	450	700	1,450	2,500	3,600
LX 4d Sed	150	450	750	1,500	2,650	3,800
DIX 4d Sta Wag	150	400	700	1,400	2,450	3,500

1987 626, 4-cyl.
DIX 4d Sed	150	500	800	1,600	2,800	4,000
DIX 2d Cpe	150	500	800	1,650	2,850	4,100
LX 4d Sed	150	500	850	1,700	2,950	4,200
LX 2d Cpe	200	550	900	1,750	3,100	4,400
LX 4d HBk	200	550	900	1,800	3,150	4,500
GT 4d Sed	150	500	850	1,700	2,950	4,200
GT 2d Cpe	150	500	850	1,700	3,000	4,300
GT 4d HBk	200	550	900	1,800	3,150	4,500

1987 RX-7, 4-cyl.
2d Cpe	200	600	1,000	2,000	3,500	5,000
GXL 2d Cpe	250	700	1,200	2,400	4,200	6,000
2d Cpe Turbo	250	800	1,300	2,600	4,550	6,500

1988 323, 4-cyl.
2d HBk	100	350	600	1,200	2,100	3,000
SE 2d HBk	150	400	650	1,300	2,250	3,200
GTX 2d HBk (4x4)	200	650	1,100	2,200	3,850	5,500
4d Sed	150	400	650	1,300	2,300	3,300
SE 4d Sed	150	400	700	1,400	2,450	3,500

	6	5	4	3	2	1
LX 4d Sed	150	500	800	1,600	2,800	4,000
GT 4d Sed	200	550	900	1,800	3,150	4,500
4d Sta Wag	150	450	750	1,500	2,650	3,800
1988 626, 4-cyl.						
DX 4d Sed	150	500	800	1,600	2,800	4,000
LX 4d Sed	200	550	900	1,800	3,150	4,500
LX 4d HBk	200	600	1,000	2,000	3,500	5,000
4d Sed (Turbo)	200	650	1,100	2,200	3,850	5,500
4d HBk (Turbo)	250	700	1,150	2,300	4,050	5,800
4d Sed, (Turbo) 4WS	250	700	1,200	2,350	4,150	5,900
1988 MX-6, 4-cyl.						
DX 2d Cpe	200	600	1,000	1,950	3,450	4,900
LX 2d Cpe	200	650	1,100	2,200	3,850	5,500
GT 2d Cpe	250	700	1,150	2,300	4,050	5,800
1988 RX-7, 4-cyl.						
SE 2d Cpe	250	750	1,300	2,550	4,500	6,400
GTV 2d Cpe	250	800	1,300	2,600	4,550	6,500
GXL 2d Cpe	300	850	1,450	2,900	5,050	7,200
2d Cpe (Turbo)	300	900	1,500	3,000	5,250	7,500
2d Conv	400	1,200	2,000	4,000	7,000	10,000
1988 929						
LX 4d Sed	250	800	1,350	2,700	4,700	6,700
1989 323, 4-cyl.						
2d HBk	150	450	750	1,500	2,650	3,800
SE 2d HBk	150	450	800	1,550	2,750	3,900
GTX 2d HBk (4x4)	200	650	1,100	2,200	3,850	5,500
SE 4d Sed	200	600	1,000	2,000	3,500	5,000
LX 4d Sed	200	650	1,100	2,200	3,850	5,500
1989 626, 4-cyl.						
DX 4d Sed	200	650	1,100	2,200	3,850	5,500
LX 4d Sed	250	700	1,200	2,400	4,200	6,000
LX 4d HBk	250	800	1,300	2,600	4,550	6,500
4d HBk (Turbo)	300	850	1,400	2,800	4,900	7,000
1989 MX-6, 4-cyl.						
DX 2d Cpe	250	700	1,150	2,300	4,000	5,700
LX 2d Cpe	250	700	1,200	2,400	4,200	6,000
GT 2d Cpe	300	850	1,400	2,800	4,900	7,000
GT 2d Cpe 4WS	300	850	1,400	2,800	4,900	7,000
1989 RX-7, 4-cyl.						
GTV 2d Cpe	300	900	1,500	3,000	5,250	7,500
GXL 2d Cpe	350	1,000	1,700	3,400	5,950	8,500
2d Cpe (Turbo)	350	1,100	1,800	3,600	6,300	9,000
2d Conv	500	1,450	2,400	4,800	8,400	12,000
1989 929, V-6						
LX 4d Sed	300	900	1,500	3,000	5,250	7,500
1990 323, 4-cyl.						
2d HBk	150	500	800	1,600	2,800	4,000
2d HBk SE	200	550	900	1,800	3,150	4,500
1990 Protege, 4-cyl.						
SE 4d Sed	200	600	1,000	2,000	3,500	5,000
LX 4d Sed	200	650	1,100	2,200	3,850	5,500
4d Sed (4x4)	250	700	1,200	2,400	4,200	6,000
1990 626, 4-cyl.						
DX 4d Sed	250	800	1,300	2,600	4,550	6,500
LX 4d Sed	300	850	1,400	2,800	4,900	7,000
LX 4d HBk	300	850	1,400	2,800	4,900	7,000
GT 4d HBk	300	950	1,600	3,200	5,600	8,000
1990 MX-6, 4-cyl.						
DX 2d Cpe	300	850	1,400	2,800	4,900	7,000
LX 2d Cpe	300	900	1,500	3,000	5,250	7,500
GT 2d Cpe	300	950	1,600	3,150	5,550	7,900
GT 2d Cpe 4WS	300	950	1,600	3,200	5,600	8,000
1990 MX-5 Miata, 4-cyl.						
2d Conv	400	1,150	1,900	3,800	6,650	9,500
1990 RX-7						
GTV 2d Cpe	350	1,100	1,800	3,600	6,300	9,000
GXL 2d Cpe	400	1,150	1,900	3,800	6,650	9,500
2d Cpe (Turbo)	400	1,200	2,000	4,000	7,000	10,000
2d Conv	500	1,550	2,600	5,200	9,100	13,000
1990 926, V-6						
4d Sed	400	1,150	1,900	3,800	6,650	9,500
S 4d Sed	400	1,200	2,000	4,000	7,000	10,000
1991 323						
2d HBk	150	500	800	1,600	2,800	4,000

	6	5	4	3	2	1
2d HBk SE	200	550	900	1,800	3,150	4,500
1991 Protege						
4d Sed DX	200	550	900	1,800	3,150	4,500
4d Sed LX	200	600	1,000	2,000	3,500	5,000
4d Sed (4x4)	250	700	1,200	2,400	4,200	6,000
1991 626						
4d Sed DX	250	700	1,200	2,400	4,200	6,000
4d Sed LX	250	800	1,300	2,600	4,550	6,500
4d HBk LX	250	800	1,350	2,700	4,750	6,800
4d HBk GT	300	850	1,400	2,800	4,900	7,000
1991 Miata						
2d Conv	400	1,150	1,900	3,800	6,650	9,500
1991 RX-7						
2d Cpe	350	1,100	1,800	3,600	6,300	9,000
2d Cpe (Turbo)	400	1,200	2,000	4,000	7,000	10,000
2d Conv	500	1,500	2,500	5,000	8,750	12,500
1991 929, V-6						
4d Sed	350	1,000	1,700	3,400	5,950	8,500
4d Sed S	350	1,100	1,800	3,600	6,300	9,000
1992 323, 4-cyl.						
2d HBk	150	500	800	1,600	2,800	4,000
2d HBk SE	200	550	900	1,800	3,150	4,500
1992 Protege, 4-cyl.						
4d Sed DX	200	600	1,000	2,000	3,500	5,000
4d Sed LX	200	650	1,100	2,200	3,850	5,500
1992 MX-3, 4-cyl.						
2d Cpe	200	600	1,000	2,000	3,500	5,000
2d Cpe GS, V-6	200	650	1,100	2,200	3,850	5,500
1992 626, 4-cyl.						
4d Sed DX	250	700	1,200	2,400	4,200	6,000
4d Sed LX	250	800	1,300	2,600	4,550	6,500
1992 MX-6, 4-cyl.						
2d Cpe DX	250	800	1,300	2,600	4,550	6,500
2d Cpe LX	300	850	1,400	2,800	4,900	7,000
2d Cpe GT	300	950	1,600	3,200	5,600	8,000
1992 MX-5, 4-cyl.						
2d Miata Conv	350	1,100	1,800	3,600	6,300	9,000
1992 929, V-6						
4d Sed	400	1,250	2,100	4,200	7,350	10,500
1993 323, 4-cyl.						
2d HBk	200	550	900	1,800	3,150	4,500
2d SE HBk	200	550	900	1,850	3,200	4,600
1993 Protege, 4-cyl.						
4d DX Sed	200	650	1,100	2,200	3,850	5,500
4d LX Sed	250	700	1,150	2,300	4,000	5,700
1993 MX-3						
2d Cpe, 4-cyl.	250	800	1,300	2,600	4,550	6,500
2d Cpe, V-6	250	800	1,350	2,700	4,700	6,700
1993 626						
4d DX Sed, 4-cyl.	250	700	1,150	2,300	4,050	5,800
4d LX Sed, 4-cyl.	250	700	1,200	2,350	4,150	5,900
4d ES Sed, V-6	250	700	1,200	2,400	4,200	6,000
1993 MX-6						
2d Cpe, 4-cyl.	300	900	1,500	3,000	5,250	7,500
2d LS Cpe, V-6	300	900	1,550	3,100	5,400	7,700
1993 MX-5 Miata, 4-cyl.						
2d Conv	500	1,550	2,600	5,200	9,100	13,000
1993 RX7						
2d Turbo Cpe	400	1,250	2,100	4,200	7,350	10,500

MG

1947-48 MG-TC, 4-cyl., 94" wb						
Rds	950	2,900	4,800	9,600	16,800	24,000
1949 MG-TC, 4-cyl., 94" wb						
Rds	950	2,900	4,800	9,600	16,800	24,000
1950 MG-TD, 4-cyl., 54.4 hp, 94" wb						
Rds	850	2,500	4,200	8,400	14,700	21,000
1951 MG-TD, 4-cyl., 54.4 hp, 94" wb						
Rds	850	2,500	4,200	8,400	14,700	21,000

	6	5	4	3	2	1
1951 Mk II, 4-cyl., 54.4 hp, 94" wb						
Rds	900	2,750	4,600	9,200	16,100	23,000
1952 MG-TD, 4-cyl., 54.4 hp, 94" wb						
Rds	850	2,500	4,200	8,400	14,700	21,000
1952 Mk II, 4-cyl., 62 hp, 94" wb						
Rds	900	2,750	4,600	9,200	16,100	23,000
NOTE: Add 20 percent for Inskip 4 place Roadster.						
1953 MG-TD, 4-cyl., 54.4 hp, 94" wb						
Rds	900	2,650	4,400	8,800	15,400	22,000
1953 MG-TDC, 4-cyl., 62 hp, 94" wb						
Rds	900	2,750	4,600	9,200	16,100	23,000
1954 MG-TF, 4-cyl., 57 hp, 94" wb						
Rds	850	2,500	4,200	8,400	14,700	21,000
1955 MG-TF, 4-cyl., 68 hp, 94" wb						
Rds	750	2,300	3,800	7,600	13,300	19,000
1956 MG-'A', 4-cyl., 68 hp, 94" wb						
1500 Rds	700	2,050	3,400	6,800	11,900	17,000
1957 MG-'A', 4-cyl., 68 hp, 94" wb						
1500 Rds	700	2,050	3,400	6,800	11,900	17,000
1958 MG-'A', 4-cyl., 72 hp, 94" wb						
1500 Cpe	700	2,150	3,600	7,200	12,600	18,000
1500 Rds	750	2,300	3,800	7,600	13,300	19,000
1959-60 MG-'A', 4-cyl., 72 hp, 94" wb						
1600 Rds	750	2,300	3,800	7,600	13,300	19,000
1600 Cpe	700	2,150	3,600	7,200	12,600	18,000
1959-60 MG-'A', Twin-Cam, 4-cyl., 107 hp, 94" wb						
Rds	1,000	3,000	5,000	10,000	17,500	25,000
Cpe	900	2,650	4,400	8,800	15,400	22,000
1961 MG-'A', 4-cyl., 79 hp, 94" wb						
1600 Rds	650	1,900	3,200	6,400	11,200	16,000
1600 Cpe	600	1,800	3,000	6,000	10,500	15,000
1600 Mk II Rds	700	2,050	3,400	6,800	11,900	17,000
1600 Mk II Cpe	650	1,900	3,200	6,400	11,200	16,000
1962 MG Midget, 4-cyl., 50 hp, 80" wb						
Rds	450	1,300	2,200	4,400	7,700	11,000
1962 MG-'A', 4-cyl., 90 hp, 94" wb						
1600 Mk II Rds	700	2,050	3,400	6,800	11,900	17,000
1600 Mk II Cpe	650	1,900	3,200	6,400	11,200	16,000
NOTE: Add 40 percent for 1600 Mk II Deluxe.						
1963 MG Midget, 4-cyl., 56 hp, 80" wb						
Rds	450	1,300	2,200	4,400	7,700	11,000
1963 MG-B, 4-cyl., 95 hp, 91" wb						
Rds	500	1,500	2,500	5,000	8,750	12,500
1964 MG Midget, 4-cyl., 56 hp, 80" wb						
Rds	450	1,300	2,200	4,400	7,700	11,000
1964 MG-B, 4-cyl., 95 hp, 91" wb						
Rds	500	1,500	2,500	5,000	8,750	12,500
1965 MG Midget Mk II, 4-cyl., 59 hp, 80" wb						
Rds	450	1,300	2,200	4,400	7,700	11,000
1965 MG-B, 4-cyl., 95 hp, 91" wb						
Rds	500	1,500	2,500	5,000	8,750	12,500
1966 MG Midget Mk III, 4-cyl., 59 hp, 80" wb						
Rds	450	1,300	2,200	4,400	7,700	11,000
1966 MG-B, 4-cyl., 95 hp, 91" wb						
Rds	500	1,450	2,400	4,800	8,400	12,000
1966 1100 Sport, 4-cyl., 58 hp, 93.5" wb						
2d Sed	250	700	1,200	2,400	4,200	6,000
4d Sed	250	750	1,250	2,500	4,350	6,200
1967 MG Midget Mk III, 4-cyl., 59 hp, 80" wb						
Rds	450	1,300	2,200	4,400	7,700	11,000
1967 MG-B, 4-cyl., 98 hp, 91" wb						
Rds	500	1,450	2,400	4,800	8,400	12,000
GT Cpe	450	1,300	2,200	4,400	7,700	11,000
1967 1100 Sport, 4-cyl., 58 hp, 93.5" wb						
2d Sed	250	700	1,200	2,400	4,200	6,000
4d Sed	250	750	1,250	2,500	4,350	6,200
1968 MG Midget, 4-cyl., 65 hp, 80" wb						
Rds	450	1,300	2,200	4,400	7,700	11,000
1968 MG-B, 4-cyl., 98 hp, 91" wb						
Conv	400	1,150	1,900	3,850	6,700	9,600

	6	5	4	3	2	1
GT Cpe	400	1,150	1,900	3,800	6,650	9,500

1969 MG Midget Mk III, 4-cyl., 65 hp, 80" wb
	6	5	4	3	2	1
Rds	400	1,200	2,000	4,000	7,000	10,000

1969 MG-B/GT, Mk II, 4-cyl., 98 hp, 91" wb
	6	5	4	3	2	1
Cpe	350	1,100	1,850	3,700	6,450	9,200
'B' Rds	450	1,300	2,200	4,400	7,700	11,000

1969 MG-C, 6-cyl., 145 hp, 91" wb
	6	5	4	3	2	1
Rds	500	1,500	2,500	5,000	8,750	12,500
GT Cpe	350	1,100	1,800	3,600	6,300	9,000

1970 MG Midget, 4-cyl., 65 hp, 80" wb
	6	5	4	3	2	1
Rds	400	1,200	2,000	4,000	7,000	10,000

1970 MG-B/GT, 4-cyl., 78.5 hp, 91" wb
	6	5	4	3	2	1
Rds	450	1,400	2,300	4,600	8,050	11,500
GT Cpe	400	1,250	2,100	4,200	7,350	10,500

NOTE: Add 10 percent for wire wheels. Add 5 percent for overdrive.

1971 MG Midget, 4-cyl., 65 hp, 80" wb
	6	5	4	3	2	1
Rds	400	1,200	2,000	4,000	7,000	10,000

1971 MG-B/GT, 4-cyl., 78.5 hp, 91" wb
	6	5	4	3	2	1
Rds	450	1,400	2,300	4,600	8,050	11,500
GT Cpe	400	1,250	2,100	4,200	7,350	10,500

NOTE: Add 10 percent for wire wheels. Add 5 percent for overdrive.

1972 MG Midget, 4-cyl., 54.5 hp, 80" wb
	6	5	4	3	2	1
Conv	400	1,200	2,000	4,000	7,000	10,000

1972 MG-B/GT, 4-cyl., 78.5 hp, 91" wb
	6	5	4	3	2	1
Conv	400	1,250	2,100	4,200	7,350	10,500
Cpe GT	350	1,100	1,800	3,600	6,300	9,000

NOTE: Add 10 percent for wire wheels. Add 5 percent for overdrive.

1973 MG Midget, 4-cyl., 54.5 hp, 80" wb
	6	5	4	3	2	1
Conv	400	1,200	2,000	4,000	7,000	10,000

1973 MG-B/GT, 4-cyl., 78.5 hp, 91" wb
	6	5	4	3	2	1
Conv	400	1,250	2,100	4,200	7,350	10,500
GT Cpe	350	1,100	1,800	3,600	6,300	9,000

NOTE: Add 10 percent for wire wheels. Add 5 percent for overdrive.

1974 MG Midget, 4-cyl., 54.5 hp, 80" wb
	6	5	4	3	2	1
Conv	400	1,200	2,000	4,000	7,000	10,000

1974 MG-B, 4-cyl., 78.5 hp, 91" wb
	6	5	4	3	2	1
Conv	400	1,250	2,100	4,200	7,350	10,500
GT Cpe	350	1,100	1,800	3,600	6,300	9,000

1974 Interim MG-B, 4-cyl., 62.9 hp, 91.125" wb
	6	5	4	3	2	1
Conv	400	1,150	1,900	3,800	6,650	9,500
GT Cpe	300	950	1,600	3,250	5,650	8,100

NOTE: Add 10 percent for wire wheels. Add 5 percent for overdrive.

1975 MG Midget, 4-cyl., 50 hp, 80" wb
	6	5	4	3	2	1
Conv	400	1,150	1,900	3,800	6,650	9,500

1975 MG-B, 4-cyl., 62.9 hp, 91.125" wb
	6	5	4	3	2	1
Conv	400	1,200	2,000	4,000	7,000	10,000

NOTE: Add 10 percent for wire wheels. Add 5 percent for overdrive.

1976 MG Midget, 4-cyl., 50 hp, 80" wb
	6	5	4	3	2	1
Conv	350	1,100	1,800	3,600	6,300	9,000

1976 MG-B, 4-cyl., 62.5 hp, 91.13" wb
	6	5	4	3	2	1
Conv	400	1,150	1,900	3,800	6,650	9,500

NOTE: Add 10 percent for wire wheels. Add 5 percent for overdrive.

1977 MG Midget, 4-cyl., 50 hp, 80" wb
	6	5	4	3	2	1
Conv	350	1,100	1,800	3,600	6,300	9,000

1977 MG-B, 4-cyl., 62.5 hp, 91.13" wb
	6	5	4	3	2	1
Conv	400	1,150	1,900	3,800	6,650	9,500

NOTE: Add 10 percent for wire wheels. Add 5 percent for overdrive.

1978 MG-B, 4-cyl., 62.5 hp, 91.13" wb
	6	5	4	3	2	1
Midget Conv	350	1,100	1,800	3,600	6,300	9,000
B Conv	400	1,150	1,900	3,800	6,650	9,500

1979 MG-B, 4-cyl., 62.5 hp, 91.13" wb
	6	5	4	3	2	1
Midget Conv	350	1,100	1,800	3,600	6,300	9,000
B Conv	400	1,150	1,900	3,800	6,650	9,500

1980 MG-B, 4-cyl., 62.5 hp, 91.13" wb
	6	5	4	3	2	1
B Conv	400	1,150	1,900	3,850	6,700	9,600

1959 Jaguar Mark IX sedan

1989 Jaguar XJ-S Collection Rouge coupe

1990 Lamborghini Diablo coupe

	6	5	4	3	2	1

MERCEDES-BENZ

1951-1953 Model 170S

	6	5	4	3	2	1
4d Sed	900	2,750	4,600	9,200	16,100	23,000

NOTE: Deduct 8 percent for lesser models. Deduct 10 percent for diesel.

1951-1953 Model 180

4d Sed	1,000	3,000	5,000	10,000	17,500	25,000

1951-1953 Model 220

4d Sed	1,100	3,250	5,400	10,800	18,900	27,000
2d Conv	1,800	5,400	9,000	18,000	31,500	45,000
2d Cpe	1,400	4,200	7,000	14,000	24,500	35,000

1951-1953 Model 300

4d Sed	1,200	3,600	6,000	12,000	21,000	30,000
4d Conv Sed	4,650	13,900	23,200	46,400	81,000	116,000
2d Cpe	3,450	10,300	17,200	34,400	60,000	86,000

1951-1953 Model 300S

4d Conv Sed	4,650	13,900	23,200	46,400	81,000	116,000
2d Conv	4,400	13,200	22,000	44,000	77,000	110,000
2d Cpe	3,600	10,800	18,000	36,000	63,000	90,000
2d Rds	4,800	14,400	24,000	48,000	84,000	120,000

1954 Model 170

4d Sed	800	2,400	4,000	8,000	14,000	20,000

NOTE: Deduct 10 percent for diesel.

1954 Model 180

4d Sed	850	2,500	4,200	8,400	14,700	21,000

NOTE: Deduct 10 percent for diesel.

1954 Model 220A

4d Sed	1,100	3,250	5,400	10,800	18,900	27,000
2d Conv	1,800	5,400	9,000	18,000	31,500	45,000
2d Cpe	1,400	4,200	7,000	14,000	24,500	35,000

1954 Model 300

4d Sed	1,450	4,300	7,200	14,400	25,200	36,000
4d Conv Sed	3,850	11,500	19,200	38,400	67,000	96,000
2d Cpe	3,350	10,100	16,800	33,600	58,800	84,000

1954 Model 300B

4d Sed	1,400	4,200	7,000	14,000	24,500	35,000
4d Conv Sed	4,250	12,700	21,200	42,400	74,000	106,000
2d Cpe	3,350	10,100	16,800	33,600	58,800	84,000

1954 Model 300S

4d Sed	1,600	4,800	8,000	16,000	28,000	40,000
2d Conv	4,400	13,200	22,000	44,000	77,000	110,000
2d Cpe	3,850	11,500	19,200	38,400	67,000	96,000
2d Rds	5,200	15,600	26,000	52,000	91,000	130,000

1954 Model 300SL

2d GW Cpe	12,000	36,000	60,000	120,000	210,000	300,000

1955 Model 170

4d Sed	800	2,400	4,000	8,000	14,000	20,000

NOTE: Deduct 10 percent for diesel.

1955 Model 180

4d Sed	900	2,650	4,400	8,800	15,400	22,000

NOTE: Deduct 10 percent for diesel.

1955 Model 190

2d Rds	1,700	5,050	8,400	16,800	29,400	42,000

1955 Model 220A

4d Sed	1,100	3,250	5,400	10,800	18,900	27,000
2d Conv	1,800	5,400	9,000	18,000	31,500	45,000
2d Cpe	1,500	4,550	7,600	15,200	26,600	38,000

1955 Model 300B

4d Sed	1,500	4,550	7,600	15,200	26,600	38,000
4d Conv Sed	4,250	12,700	21,200	42,400	74,000	106,000
2d Cpe	3,350	10,100	16,800	33,600	58,800	84,000

1955 Model 300S

4d Sed	1,700	5,050	8,400	16,800	29,400	42,000
2d Conv	4,250	12,700	21,200	42,400	74,000	106,000
2d Cpe	3,850	11,500	19,200	38,400	67,000	96,000
2d Rds	5,200	15,600	26,000	52,000	91,000	130,000

1955 Model 300SL

2d GW Cpe	12,000	36,000	60,000	120,000	210,000	300,000

1956-1957 Model 180

4d Sed	550	1,700	2,800	5,600	9,800	14,000

	6	5	4	3	2	1

NOTE: Deduct 10 percent for diesel.

1956-1957 Model 190

	6	5	4	3	2	1
4d Sed	600	1,800	3,000	6,000	10,500	15,000
SL Rds	1,700	5,050	8,400	16,800	29,400	42,000

NOTE: Add 10 percent for removable hardtop.

1956-1957 Model 219

	6	5	4	3	2	1
4d Sed	700	2,050	3,400	6,800	11,900	17,000

1956-1957 Model 220S

	6	5	4	3	2	1
4d Sed	700	2,150	3,600	7,200	12,600	18,000
Cpe	900	2,750	4,600	9,200	16,100	23,000
Cabr	2,200	6,600	11,000	22,000	38,500	55,000

1956-1957 Model 300C

	6	5	4	3	2	1
4d Sed	1,300	3,950	6,600	13,200	23,100	33,000
4d Limo	1,700	5,050	8,400	16,800	29,400	42,000
4d Conv Sed	6,000	18,000	30,000	60,000	105,000	150,000
2d Cpe	4,000	12,000	20,000	40,000	70,000	100,000

1956-1957 Model 300S

	6	5	4	3	2	1
4d Sed	1,600	4,800	8,000	16,000	28,000	40,000
2d Conv	6,200	18,600	31,000	62,000	109,000	155,000
2d Cpe	4,250	12,700	21,200	42,400	74,000	106,000
2d Rds	7,600	22,800	38,000	76,000	133,000	190,000

1956-1957 Model 300SC

	6	5	4	3	2	1
4d Sed	1,700	5,050	8,400	16,800	29,400	42,000
2d Conv	6,400	19,200	32,000	64,000	112,000	160,000
2d Rds	8,000	24,000	40,000	80,000	140,000	200,000

1956-1957 Model 300SL

	6	5	4	3	2	1
2d GW Cpe	12,800	38,400	64,000	128,000	224,000	320,000

1958-1960 Model 180a

	6	5	4	3	2	1
4d Sed	500	1,450	2,400	4,800	8,400	12,000

NOTE: Deduct 10 percent for diesel.

1958-1960 Model 190

	6	5	4	3	2	1
4d Sed	500	1,550	2,600	5,200	9,100	13,000
SL Rds	1,650	4,900	8,200	16,400	28,700	41,000

NOTE: Add 10 percent for removable hardtop.

1958-1960 Model 219

	6	5	4	3	2	1
4d Sed	550	1,700	2,800	5,600	9,800	14,000

1958-1960 Model 220S

	6	5	4	3	2	1
2d Cpe	1,000	3,000	5,000	10,000	17,500	25,000
4d Sed	650	1,900	3,200	6,400	11,200	16,000
2d Conv	2,000	6,000	10,000	20,000	35,000	50,000

1958-1960 Model 220SE

	6	5	4	3	2	1
4d Sed	700	2,150	3,600	7,200	12,600	18,000
2d Cpe	900	2,750	4,600	9,200	16,100	23,000
2d Conv	2,200	6,600	11,000	22,000	38,500	55,000

1958-1960 Model 300D

	6	5	4	3	2	1
4d HT	1,750	5,300	8,800	17,600	30,800	44,000
4d Conv	6,200	18,600	31,000	62,000	109,000	155,000

1958-1960 Model 300SL

	6	5	4	3	2	1
2d Rds	8,000	24,000	40,000	80,000	140,000	200,000

NOTE: Add 5 percent for removable hardtop.

1958-1960

	6	5	4	3	2	1
180D 4d Sed	800	2,400	4,000	8,000	14,000	20,000
190 4d Sed	950	2,900	4,800	9,600	16,800	24,000
190SL Rds	900	2,650	4,400	8,800	15,400	22,000

1961-1962

	6	5	4	3	2	1
180 4d Sed	400	1,200	2,000	4,000	7,000	10,000
180D 4d Sed	450	1,300	2,200	4,400	7,700	11,000
190 4d Sed	400	1,250	2,100	4,200	7,350	10,500
190D 4d Sed	450	1,400	2,300	4,600	8,050	11,500
190SL Cpe/Rds	1,650	4,900	8,200	16,400	28,700	41,000
220 4d Sed	550	1,700	2,800	5,600	9,800	14,000
220S 4d Sed	600	1,800	3,000	6,000	10,500	15,000
220SE 4d Sed	650	1,900	3,200	6,400	11,200	16,000
220SE Cpe	900	2,750	4,600	9,200	16,100	23,000
220SE Cabr	1,650	4,900	8,200	16,400	28,700	41,000
220SEb Cpe	1,100	3,250	5,400	10,800	18,900	27,000
220SEb Cabr	1,500	4,550	7,600	15,200	26,600	38,000
220SEb 4d Sed	700	2,050	3,400	6,800	11,900	17,000
300 4d HT	1,800	5,400	9,000	18,000	31,500	45,000
300 4d Cabr	4,300	13,000	21,600	43,200	76,100	108,000
300SE 4d Sed	800	2,400	4,000	8,000	14,000	20,000
300SE 2d Cpe	1,300	3,850	6,400	12,800	22,400	32,000
300SE 2d Cabr	3,450	10,300	17,200	34,400	60,000	86,000

	6	5	4	3	2	1
300SL Rds	8,000	24,000	40,000	80,000	140,000	200,000

NOTE: Add 5 percent for removable hardtop.

1963

180Dc 4d Sed	350	1,100	1,800	3,600	6,300	9,000
190c 4d Sed	350	1,000	1,700	3,400	5,950	8,500
190Dc 4d Sed	400	1,150	1,900	3,800	6,650	9,500
190SL Rds	1,450	4,300	7,200	14,400	25,200	36,000

NOTE: Add 10 percent for removable hardtop.

220 4d Sed	450	1,300	2,200	4,400	7,700	11,000
220S 4d Sed	500	1,450	2,400	4,800	8,400	12,000
220SE 4d Sed	500	1,550	2,600	5,200	9,100	13,000
220SEb Cpe	700	2,050	3,400	6,800	11,900	17,000
220SEb Cabr	1,400	4,200	7,000	14,000	24,500	35,000
300SE 4d Sed	850	2,500	4,200	8,400	14,700	21,000
300SE Cpe	1,050	3,100	5,200	10,400	18,200	26,000
300SE Cabr	3,050	9,100	15,200	30,400	53,200	76,000
300 4d HT	1,100	3,250	5,400	10,800	18,900	27,000
300SL Rds	7,800	23,400	39,000	78,000	137,000	195,000

NOTE: Add 5 percent for removable hardtop.

1964

190c 4d Sed	300	950	1,600	3,200	5,600	8,000
190Dc 4d Sed	350	1,100	1,800	3,600	6,300	9,000
220 4d Sed	450	1,300	2,200	4,400	7,700	11,000
220S 4d Sed	500	1,450	2,400	4,800	8,400	12,000
220SE 4d Sed	500	1,550	2,600	5,200	9,100	13,000
220SEb Cpe	700	2,150	3,600	7,200	12,600	18,000
220SEb Cabr	1,350	4,100	6,800	13,600	23,800	34,000
230SL Cpe/Rds	850	2,500	4,200	8,400	14,700	21,000
300SE 4d Sed	700	2,050	3,400	6,800	11,900	17,000
300SE 4d Sed(112)	700	2,150	3,600	7,200	12,600	18,000
300SE Cpe	1,100	3,250	5,400	10,800	18,900	27,000
300SE Cabr	3,100	9,350	15,600	31,200	54,600	78,000

1965

190c 4d Sed	300	950	1,600	3,200	5,600	8,000
190Dc 4d Sed	350	1,100	1,800	3,600	6,300	9,000
220b 4d Sed	450	1,300	2,200	4,400	7,700	11,000
220Sb 4d Sed	450	1,400	2,300	4,600	8,050	11,500
220SEb 4d Sed	500	1,450	2,400	4,800	8,400	12,000
220SEb Cpe	600	1,800	3,000	6,000	10,500	15,000
220SEb Cabr	1,300	3,950	6,600	13,200	23,100	33,000
230SL Cpe/Rds	900	2,650	4,400	8,800	15,400	22,000
250SE Cpe	700	2,050	3,400	6,800	11,900	17,000
250SE Cabr	1,350	4,100	6,800	13,600	23,800	34,000
300SE 4d Sed	550	1,700	2,800	5,600	9,800	14,000
300SEL 4d Sed	650	1,900	3,200	6,400	11,200	16,000
300SE Cpe	700	2,150	3,600	7,200	12,600	18,000
300SE Cabr	3,100	9,350	15,600	31,200	54,600	78,000
600 4d Sed	1,200	3,600	6,000	12,000	21,000	30,000
600 Limo	1,600	4,800	8,000	16,000	28,000	40,000

1966

200 4d Sed	300	950	1,600	3,200	5,600	8,000
200D 4d Sed	350	1,100	1,800	3,600	6,300	9,000
230 4d Sed	350	1,000	1,700	3,400	5,950	8,500
230S 4d Sed	350	1,050	1,750	3,500	6,100	8,700
230SL Cpe/Rds	1,000	3,000	5,000	10,000	17,500	25,000
250SE Cpe	700	2,050	3,400	6,800	11,900	17,000
250SE Cabr	1,350	4,100	6,800	13,600	23,800	34,000
250S 4d Sed	450	1,300	2,200	4,400	7,700	11,000
250SE 4d Sed	450	1,400	2,300	4,600	8,050	11,500
300SE Cpe	700	2,150	3,600	7,200	12,600	18,000
300SE Cabr	3,100	9,350	15,600	31,200	54,600	78,000
600 4d Sed	1,200	3,600	6,000	12,000	21,000	30,000
600 Limo	1,650	4,900	8,200	16,400	28,700	41,000

1967

200 4d Sed	350	1,000	1,700	3,400	5,950	8,500
200D 4d Sed	400	1,150	1,900	3,800	6,650	9,500
230 4d Sed	350	1,100	1,800	3,600	6,300	9,000
230S 4d Sed	350	1,100	1,850	3,700	6,450	9,200
230SL Cpe/Rds	900	2,750	4,600	9,200	16,100	23,000
250S 4d Sed	450	1,300	2,200	4,400	7,700	11,000
250SE 4d Sed	450	1,400	2,300	4,600	8,050	11,500
250SE Cpe	700	2,050	3,400	6,800	11,900	17,000
250SE Cabr	1,000	3,000	5,000	10,000	17,500	25,000
250SL Cpe/Rds	950	2,900	4,800	9,600	16,800	24,000
280SE Cpe	700	2,150	3,600	7,200	12,600	18,000
280SE Cabr	1,550	4,700	7,800	15,600	27,300	39,000

	6	5	4	3	2	1
300SE Cpe	850	2,500	4,200	8,400	14,700	21,000
300SE Cabr	3,100	9,350	15,600	31,200	54,600	78,000
300SE 4d Sed	750	2,300	3,800	7,600	13,300	19,000
300SEL 4d Sed	800	2,400	4,000	8,000	14,000	20,000
600 4d Sed	1,150	3,500	5,800	11,600	20,300	29,000
600 Limo	1,700	5,050	8,400	16,800	29,400	42,000
1968						
220 4d Sed	350	1,000	1,700	3,400	5,950	8,500
220D 4d Sed	400	1,150	1,900	3,800	6,650	9,500
230 4d Sed	350	1,100	1,800	3,600	6,300	9,000
250 4d Sed	400	1,150	1,900	3,850	6,700	9,600
280 4d Sed	400	1,200	1,950	3,900	6,850	9,800
280SE 4d Sed	450	1,300	2,200	4,400	7,700	11,000
280SEL 4d Sed	500	1,450	2,400	4,800	8,400	12,000
280SE Cpe	700	2,150	3,600	7,200	12,600	18,000
280SE Cabr	1,650	4,900	8,200	16,400	28,700	41,000
280SL Cpe/Rds	1,150	3,500	5,800	11,600	20,300	29,000
300SEL 4d Sed	800	2,400	4,000	8,000	14,000	20,000
600 4d Sed	1,300	3,850	6,400	12,800	22,400	32,000
600 Limo	1,700	5,150	8,600	17,200	30,100	43,000
1969						
220 4d Sed	400	1,250	2,100	4,200	7,350	10,500
220D 4d Sed	450	1,400	2,300	4,600	8,050	11,500
230 4d Sed	450	1,300	2,150	4,300	7,550	10,800
250 4d Sed	450	1,300	2,200	4,400	7,700	11,000
280S 4d Sed	450	1,350	2,200	4,450	7,750	11,100
280SE 4d Sed	450	1,300	2,200	4,400	7,700	11,000
280SEL 4d Sed	450	1,400	2,300	4,600	8,050	11,500
280SE Cpe	700	2,150	3,600	7,200	12,600	18,000
280SE Cabr	1,700	5,150	8,600	17,200	30,100	43,000
280SL Cpe/Rds	1,250	3,700	6,200	12,400	21,700	31,000
300SEL 4d Sed	750	2,300	3,800	7,600	13,300	19,000
600 4d Sed	1,250	3,700	6,200	12,400	21,700	31,000
600 Limo	1,700	5,150	8,600	17,200	30,100	43,000
1970						
220 4d Sed	350	1,100	1,800	3,600	6,300	9,000
220D 4d Sed	400	1,150	1,900	3,800	6,650	9,500
250 4d Sed	350	1,100	1,850	3,700	6,450	9,200
250C Cpe	500	1,450	2,400	4,800	8,400	12,000
280S 4d Sed	400	1,250	2,100	4,200	7,350	10,500
280SE 4d Sed	450	1,300	2,200	4,400	7,700	11,000
280SEL 4d Sed	450	1,400	2,300	4,600	8,050	11,500
280SE Cpe	1,000	3,000	5,000	10,000	17,500	25,000
280SE Cpe 3.5	1,500	4,550	7,600	15,200	26,600	38,000
280SE Cabr	1,800	5,400	9,000	18,000	31,500	45,000
280SE Cabr 3.5	2,400	7,200	12,000	24,000	42,000	60,000
280SL Cpe/Rds	1,300	3,850	6,400	12,800	22,400	32,000
300SEL 4d Sed	700	2,150	3,600	7,200	12,600	18,000
600 4d Sed	1,300	3,850	6,400	12,800	22,400	32,000
600 Limo	1,650	4,900	8,200	16,400	28,700	41,000
1971						
220 4d Sed	350	1,100	1,800	3,600	6,300	9,000
220D 4d Sed	400	1,150	1,900	3,800	6,650	9,500
250 4d Sed	350	1,100	1,800	3,600	6,300	9,000
250C Cpe	450	1,300	2,200	4,400	7,700	11,000
280S 4 Sed	400	1,250	2,100	4,200	7,350	10,500
280SE 4d Sed	450	1,300	2,200	4,400	7,700	11,000
280SE 4.5 4d Sed	600	1,800	3,000	6,000	10,500	15,000
280SEL 4d Sed	450	1,400	2,300	4,600	8,050	11,500
280SE 3.5 Cpe	1,000	3,000	5,000	10,000	17,500	25,000
280SE 3.5 Cabr	3,050	9,100	15,200	30,400	53,200	76,000
280SL Cpe/Rds	1,300	3,950	6,600	13,200	23,100	33,000
300SEL 4d Sed	750	2,300	3,800	7,600	13,300	19,000
600 4d Sed	1,300	3,850	6,400	12,800	22,400	32,000
600 4d Limo	1,900	5,650	9,400	18,800	32,900	47,000
1972						
220 4d Sed	350	1,100	1,800	3,600	6,300	9,000
220D 4d Sed	400	1,150	1,900	3,800	6,650	9,500
250 4d Sed	400	1,200	2,000	4,000	7,000	10,000
250C Cpe	500	1,450	2,400	4,800	8,400	12,000
280SE 4d Sed	450	1,300	2,200	4,400	7,700	11,000
280SE 4.5 4d Sed	600	1,800	3,000	6,000	10,500	15,000
280SE 3.5 Cpe	700	2,050	3,400	6,800	11,900	17,000
280SE 3.5 Cabr	1,350	4,100	6,800	13,600	23,800	34,000
280SEL 4d Sed	500	1,450	2,400	4,800	8,400	12,000
300SEL 4d Sed	700	2,150	3,600	7,200	12,600	18,000
350SL Cpe/Rds	1,250	3,700	6,200	12,400	21,700	31,000

	6	5	4	3	2	1
600 4d Sed	1,300	3,850	6,400	12,800	22,400	32,000
600 Limo	1,850	5,500	9,200	18,400	32,200	46,000
1973						
220 4d Sed	350	1,100	1,800	3,600	6,300	9,000
220D 4d Sed	400	1,200	2,000	4,000	7,000	10,000
280 4d Sed	400	1,250	2,100	4,200	7,350	10,500
280C Cpe	500	1,550	2,600	5,200	9,100	13,000
280SE 4d Sed	500	1,450	2,400	4,800	8,400	12,000
280SE 4.5 4d Sed	650	1,900	3,200	6,400	11,200	16,000
280SEL 4d Sed	500	1,500	2,500	5,000	8,750	12,500
300SEL 4d Sed	700	2,150	3,600	7,200	12,600	18,000
450SE 4d Sed	500	1,500	2,500	5,000	8,750	12,500
450SEL 4d Sed	550	1,600	2,700	5,400	9,450	13,500
450SL Cpe/Rds	1,150	3,500	5,800	11,600	20,300	29,000
450SLC Cpe	900	2,750	4,600	9,200	16,100	23,000
1974						
230 4d Sed	400	1,150	1,900	3,800	6,650	9,500
240D 4d Sed	400	1,200	2,000	4,000	7,000	10,000
280 4d Sed	450	1,300	2,200	4,400	7,700	11,000
280C Cpe	500	1,550	2,600	5,200	9,100	13,000
450SE 4d Sed	550	1,700	2,800	5,600	9,800	14,000
450SEL 4d Sed	650	1,900	3,200	6,400	11,200	16,000
450SL Cpe/Rds	1,100	3,350	5,600	11,200	19,600	28,000
450SLC Cpe	900	2,750	4,600	9,200	16,100	23,000
1975						
230 4d Sed	400	1,200	2,000	4,000	7,000	10,000
240D 4d Sed	450	1,300	2,200	4,400	7,700	11,000
300D 4d Sed	500	1,450	2,400	4,800	8,400	12,000
280 4d Sed	500	1,550	2,600	5,200	9,100	13,000
280C Cpe	550	1,700	2,800	5,600	9,800	14,000
280S 4d Sed	500	1,550	2,600	5,200	9,100	13,000
450SE 4d Sed	600	1,800	3,000	6,000	10,500	15,000
450SEL 4d Sed	650	1,900	3,200	6,400	11,200	16,000
450SL Cpe/Rds	1,200	3,600	6,000	12,000	21,000	30,000
450SLC Cpe	900	2,750	4,600	9,200	16,100	23,000
1976						
230 4d Sed	500	1,450	2,400	4,800	8,400	12,000
240D 4d Sed	500	1,450	2,400	4,800	8,400	12,000
300D 4d Sed	500	1,500	2,500	5,000	8,750	12,500
280 4d Sed	500	1,550	2,600	5,200	9,100	13,000
280C Cpe	650	1,900	3,200	6,400	11,200	16,000
280S 4d Sed	550	1,600	2,700	5,400	9,450	13,500
450SE 4d Sed	700	2,050	3,400	6,800	11,900	17,000
450SEL 4d Sed	700	2,150	3,600	7,200	12,600	18,000
450SL Cpe/Rds	1,200	3,600	6,000	12,000	21,000	30,000
450SLC Cpe	900	2,650	4,400	8,800	15,400	22,000
1977						
230 4d Sed	450	1,300	2,200	4,400	7,700	11,000
240D 4d Sed	500	1,500	2,500	5,000	8,750	12,500
300D 4d Sed	500	1,550	2,600	5,200	9,100	13,000
280E 4d Sed	550	1,600	2,700	5,400	9,450	13,500
280SE 4d Sed	550	1,700	2,800	5,600	9,800	14,000
450SEL 4d Sed	700	2,150	3,600	7,200	12,600	18,000
450SL Cpe/Rds	1,200	3,600	6,000	12,000	21,000	30,000
450SLC Cpe	900	2,650	4,400	8,800	15,400	22,000
1978						
230 4d Sed	450	1,300	2,200	4,400	7,700	11,000
240D 4d Sed	450	1,400	2,300	4,600	8,050	11,500
300D 4d Sed	500	1,450	2,400	4,800	8,400	12,000
300CD Cpe	500	1,550	2,600	5,200	9,100	13,000
300SD 4d Sed	600	1,750	2,900	5,800	10,150	14,500
280E 4d Sed	500	1,500	2,500	5,000	8,750	12,500
280CE Cpe	600	1,750	2,900	5,800	10,150	14,500
280SE 4d Sed	600	1,800	3,000	6,000	10,500	15,000
450SEL 4d Sed	750	2,300	3,800	7,600	13,300	19,000
450SL Cpe/Rds	1,150	3,500	5,800	11,600	20,300	29,000
450SLC Cpe	950	2,900	4,800	9,600	16,800	24,000
6.9L 4d Sed	900	2,750	4,600	9,200	16,100	23,000
1979						
240D 4d Sed	350	1,100	1,800	3,600	6,300	9,000
300D 4d Sed	400	1,200	2,000	4,000	7,000	10,000
300CD Cpe	500	1,450	2,400	4,800	8,400	12,000
300TD Sta Wag	700	2,050	3,400	6,800	11,900	17,000
300SD 4d Sed	550	1,700	2,800	5,600	9,800	14,000
280E 4d Sed	450	1,300	2,200	4,400	7,700	11,000
280CE Cpe	500	1,550	2,600	5,200	9,100	13,000

	6	5	4	3	2	1
280SE 4d Sed	550	1,700	2,800	5,600	9,800	14,000
450SEL 4d Sed	700	2,050	3,400	6,800	11,900	17,000
450SL Cpe/Rds	1,100	3,250	5,400	10,800	18,900	27,000
450SLC Cpe	900	2,750	4,600	9,200	16,100	23,000
6.9L 4d Sed	850	2,500	4,200	8,400	14,700	21,000
1980						
240D 4d Sed	400	1,200	2,000	4,000	7,000	10,000
300D 4d Sed	450	1,300	2,200	4,400	7,700	11,000
300CD 2d Cpe	500	1,550	2,600	5,200	9,100	13,000
300TD 4d Sta Wag	700	2,050	3,400	6,800	11,900	17,000
300SD 4d Sed	600	1,800	3,000	6,000	10,500	15,000
280E 4d Sed	550	1,700	2,800	5,600	9,800	14,000
280CE 2d Cpe	600	1,800	3,000	6,000	10,500	15,000
280SE 4d Sed	550	1,700	2,800	5,600	9,800	14,000
450SEL 4d Sed	600	1,800	3,000	6,000	10,500	15,000
450SL 2d Conv	1,150	3,500	5,800	11,600	20,300	29,000
450SLC 2d Cpe	850	2,500	4,200	8,400	14,700	21,000
1981						
240D 4d Sed	400	1,200	2,000	4,000	7,000	10,000
300D 4d Sed	450	1,300	2,200	4,400	7,700	11,000
300CD 2d Cpe	500	1,550	2,600	5,200	9,100	13,000
300TD-T 4d Turbo Sta Wag	700	2,150	3,600	7,200	12,600	18,000
300SD 4d Sed	550	1,700	2,800	5,600	9,800	14,000
280E 4d Sed	500	1,550	2,600	5,200	9,100	13,000
280CE 2d Cpe	550	1,700	2,800	5,600	9,800	14,000
280SEL 4d Sed	750	2,300	3,800	7,600	13,300	19,000
380SL 2d Conv	1,250	3,700	6,200	12,400	21,700	31,000
380SLC 2d Cpe	900	2,650	4,400	8,800	15,400	22,000
1982						
240D 4d Sed	450	1,300	2,200	4,400	7,700	11,000
300D-T 4d Sed	500	1,450	2,400	4,800	8,400	12,000
300CD-T 2d Cpe	550	1,700	2,800	5,600	9,800	14,000
300TD-T 4d Turbo Sta Wag	700	2,150	3,600	7,200	12,600	18,000
300SD 4d Sed	600	1,800	3,000	6,000	10,500	15,000
380SEL 4d Sed	800	2,400	4,000	8,000	14,000	20,000
380SL 2d Conv	1,400	4,200	7,000	14,000	24,500	35,000
380SEC 2d Cpe	1,000	3,000	5,000	10,000	17,500	25,000
1983						
240D 4d Sed	450	1,300	2,200	4,400	7,700	11,000
300D-T 4d Sed	500	1,450	2,400	4,800	8,400	12,000
300CD-T 2d Cpe	550	1,700	2,800	5,600	9,800	14,000
300TD-T 4d Turbo Sta Wag	700	2,150	3,600	7,200	12,600	18,000
300SD 4d Sed	600	1,800	3,000	6,000	10,500	15,000
300SEL 4d Sed	800	2,400	4,000	8,000	14,000	20,000
380SL 2d Conv	1,400	4,200	7,000	14,000	24,500	35,000
380SEC 2d Cpe	1,000	3,000	5,000	10,000	17,500	25,000
1984						
190E 4d Sed	450	1,300	2,200	4,400	7,700	11,000
190D 4d Sed	400	1,200	2,000	4,000	7,000	10,000
300D-T 4d Sed	450	1,400	2,300	4,600	8,050	11,500
300CD-T 2d Cpe	500	1,450	2,400	4,800	8,400	12,000
300TD-T 4d Turbo Sta Wag	650	1,900	3,200	6,400	11,200	16,000
300SD 4d Sed	700	2,150	3,600	7,200	12,600	18,000
500SEL 4d Sed	900	2,650	4,400	8,800	15,400	22,000
500SEC 2d Cpe	1,000	3,000	5,000	10,000	17,500	25,000
380SE 4d Sed	700	2,150	3,600	7,200	12,600	18,000
380SL 2d Conv	1,300	3,850	6,400	12,800	22,400	32,000
1985						
190E 4d Sed	450	1,300	2,200	4,400	7,700	11,000
190D 4d Sed	400	1,250	2,100	4,200	7,350	10,500
300D-T 4d Sed	500	1,500	2,500	5,000	8,750	12,500
300CD-T 2d Cpe	500	1,550	2,600	5,200	9,100	13,000
300TD-T 4d Turbo Sta Wag	650	1,900	3,200	6,400	11,200	16,000
300SD 4d Sed	750	2,300	3,800	7,600	13,300	19,000
500SEL 4d Sed	900	2,750	4,600	9,200	16,100	23,000
500SEC 2d Cpe	1,050	3,100	5,200	10,400	18,200	26,000
380SE 4d Sed	750	2,300	3,800	7,600	13,300	19,000
380SL 2d Conv	1,250	3,700	6,200	12,400	21,700	31,000
1986						
190E 4d Sed	450	1,400	2,300	4,600	8,050	11,500
190D 4d Sed	450	1,300	2,200	4,400	7,700	11,000
190D 1.6 4d Sed	500	1,450	2,400	4,800	8,400	12,000
300E 4d Sed	550	1,600	2,700	5,400	9,450	13,500
300SDL 4d Sed	900	2,650	4,400	8,800	15,400	22,000
420SEL 4d Sed	950	2,900	4,800	9,600	16,800	24,000
560SEL 4d Sed	1,050	3,100	5,200	10,400	18,200	26,000

	6	5	4	3	2	1
560SEC 2d Cpe	1,100	3,350	5,600	11,200	19,600	28,000
560SL 2d Conv	1,300	3,950	6,600	13,200	23,100	33,000
1987						
190D 4d Sed	500	1,550	2,600	5,200	9,100	13,000
190D-T 4d Sed	550	1,600	2,700	5,400	9,450	13,500
190E 4d Sed	600	1,750	2,900	5,800	10,150	14,500
190 2.6 4d Sed	600	1,850	3,100	6,200	10,850	15,500
190E-16V 4d Sed	800	2,450	4,100	8,200	14,350	20,500
260E 4d Sed	700	2,150	3,600	7,200	12,600	18,000
300E 4d Sed	800	2,400	4,000	8,000	14,000	20,000
300DT 4d Sed	750	2,200	3,700	7,400	12,950	18,500
300TD-T 4d Sta Wag	800	2,450	4,100	8,200	14,350	20,500
300SDL-T 4d Sed	950	2,900	4,800	9,600	16,800	24,000
420SEL 4d Sed	1,000	2,950	4,900	9,800	17,150	24,500
560SEL 4d Sed	1,300	3,850	6,400	12,800	22,400	32,000
560SEC 2d Cpe	1,300	3,950	6,600	13,200	23,100	33,000
560SL 2d Conv	1,250	3,700	6,200	12,400	21,700	31,000
1988						
190D 4d Sed	550	1,700	2,800	5,600	9,800	14,000
190E 4d Sed	650	1,900	3,200	6,400	11,200	16,000
190E 2.6 4d Sed	750	2,300	3,800	7,600	13,300	19,000
260E 4d Sed	800	2,400	4,000	8,000	14,000	20,000
300E 4d Sed	900	2,650	4,400	8,800	15,400	22,000
300CE 2d Cpe	1,100	3,350	5,600	11,200	19,600	28,000
300TE 4d Sta Wag	1,000	3,050	5,100	10,200	17,850	25,500
300SE 4d Sed	900	2,750	4,600	9,200	16,100	23,000
300SEL 4d Sed	1,000	3,000	5,000	10,000	17,500	25,000
420SEL 4d Sed	1,100	3,250	5,400	10,800	18,900	27,000
560SEL 4d Sed	1,300	3,850	6,400	12,800	22,400	32,000
560SEC 2d Cpe	1,350	4,100	6,800	13,600	23,800	34,000
560SL 2d Conv	1,450	4,300	7,200	14,400	25,200	36,000
1989						
190D 4d Sed	750	2,300	3,800	7,600	13,300	19,000
190E 4d 2.6 Sed	700	2,150	3,600	7,200	12,600	18,000
260E 4d Sed	1,000	3,000	5,000	10,000	17,500	25,000
300E 4d Sed	1,100	3,250	5,400	10,800	18,900	27,000
300CE 2d Cpe	1,200	3,600	6,000	12,000	21,000	30,000
300TE 4d Sta Wag	1,100	3,250	5,400	10,800	18,900	27,000
300SE 4d Sed	1,000	3,000	5,000	10,000	17,500	25,000
300SEC 4d Sed	1,050	3,100	5,200	10,400	18,200	26,000
420SEL 4d Sed	1,200	3,600	6,000	12,000	21,000	30,000
560SEL 4d Sed	1,400	4,200	7,000	14,000	24,500	35,000
560SEC 2d Cpe	1,600	4,800	8,000	16,000	28,000	40,000
560SL 2d Conv	2,100	6,250	10,400	20,800	36,400	52,000
1990						
190E 4d 2.6 Sed	700	2,050	3,400	6,800	11,900	17,000
300E 4d 2.6 Sed	750	2,300	3,800	7,600	13,300	19,000
300D 4d 2.5 Turbo Sed	800	2,400	4,000	8,000	14,000	20,000
300E 4d Sed	1,100	3,350	5,600	11,200	19,600	28,000
300E Matic 4d Sed	1,150	3,500	5,800	11,600	20,300	29,000
300CE 2d Cpe	1,250	3,700	6,200	12,400	21,700	31,000
300TE 4d Sta Wag	1,100	3,350	5,600	11,200	19,600	28,000
300TE Matic 4d Sta Wag	1,150	3,500	5,800	11,600	20,300	29,000
300SE 4d Sed	1,050	3,100	5,200	10,400	18,200	26,000
300SEL 4d Sed	1,100	3,350	5,600	11,200	19,600	28,000
350SDL 4d Turbo Sed	1,100	3,250	5,400	10,800	18,900	27,000
420SEL 4d Sed	1,300	3,950	6,600	13,200	23,100	33,000
560SEL 4d Sed	1,450	4,300	7,200	14,400	25,200	36,000
560SEC 2d Cpe	1,600	4,800	8,000	16,000	28,000	40,000
300SL 2d Conv	2,000	6,000	10,000	20,000	35,000	50,000
500SL 2d Conv	2,100	6,350	10,600	21,200	37,100	53,000
1991						
4d 2.3 Sed	500	1,450	2,400	4,800	8,400	12,000
4d 2.6 Sed	550	1,700	2,800	5,600	9,800	14,000
300TD 4d Turbo Sed	700	2,050	3,400	6,800	11,900	17,000
300E 4d Sed	750	2,300	3,800	7,600	13,300	19,000
300E Matic 4x4 4d Sed	900	2,650	4,400	8,800	15,400	22,000
300CE 2d Cpe	1,000	3,000	5,000	10,000	17,500	25,000
300TE 4d Sta Wag	950	2,900	4,800	9,600	16,800	24,000
300TE Matic 4x4 4d Sta Wag						
	1,050	3,100	5,200	10,400	18,200	26,000
300SE 4d Sed	850	2,500	4,200	8,400	14,700	21,000
300SEL 4d Sed	900	2,750	4,600	9,200	16,100	23,000
350SD 4d Sed	1,100	3,250	5,400	10,800	18,900	27,000
350SDL 4d Turbo Sed	1,100	3,350	5,600	11,200	19,600	28,000
420SEL 4d Sed	1,350	4,100	6,800	13,600	23,800	34,000
560SEL 4d Sed	1,500	4,450	7,400	14,800	25,900	37,000

1990 Lexus LS400 sedan

1963 Maserati 5000GT "Indianapolis" coupe

1991 Mazda Miati MX-5 convertible

	6	5	4	3	2	1
560SEC 2d Cpe	1,700	5,150	8,600	17,200	30,100	43,000
300SL 2d Conv	2,050	6,100	10,200	20,400	35,700	51,000
500SL 2d Conv	2,150	6,500	10,800	21,600	37,800	54,000
1992						
190 4d 2.3 Sed	500	1,550	2,600	5,200	9,100	13,000
190 4d 2.6 Sed	550	1,700	2,800	5,600	9,800	14,000
300E 4d 2.6 Sed	600	1,800	3,000	6,000	10,500	15,000
300DT 4d 2.5 Sed	700	2,100	3,500	7,000	12,250	17,500
300E 4d Sed	800	2,350	3,900	7,800	13,700	19,500
300E 4d Sed 4 Matic	900	2,750	4,600	9,200	16,100	23,000
300CE 2d Cpe	1,050	3,100	5,200	10,400	18,200	26,000
300TE 4d Sta Wag	1,000	3,000	5,000	10,000	17,500	25,000
300TE 4d Sta Wag 4 Matic						
	1,100	3,250	5,400	10,800	18,900	27,000
300SDT 4d Sed	850	2,500	4,200	8,400	14,700	21,000
300SE 4d Sed	900	2,750	4,600	9,200	16,100	23,000
400E 4d Sed	900	2,650	4,400	8,800	15,400	22,000
400SE 4d Sed	950	2,900	4,800	9,600	16,800	24,000
500E 4d Sed	1,050	3,100	5,200	10,400	18,200	26,000
500SEL 4d Sed	1,150	3,500	5,800	11,600	20,300	29,000
600SEL 4d Sed	1,250	3,700	6,200	12,400	21,700	31,000
300SL 2d Conv	2,100	6,250	10,400	20,800	36,400	52,000
500SL 2d Conv	2,200	6,600	11,000	22,000	38,500	55,000
1993						
190E 4d 2.3 Sed	500	1,550	2,600	5,200	9,100	13,000
190E 4d 2.6 Sed	550	1,600	2,650	5,300	9,250	13,200
300E 4d 2.8 Sed	550	1,700	2,800	5,600	9,800	14,000
300DT 4d 2.5 Sed	750	2,300	3,850	7,700	13,400	19,200
300E 4d Sed	1,000	3,000	5,000	10,000	17,500	25,000
300E Matic 4d Sed	1,000	3,000	5,050	10,100	17,600	25,200
300CE 2d Cpe	1,050	3,100	5,200	10,400	18,200	26,000
300CE 2d Conv	2,100	6,250	10,400	20,800	36,400	52,000
300TE 4d Sta Wag	1,100	3,350	5,600	11,200	19,600	28,000
300TE Matic 4d Sta Wag	1,150	3,500	5,800	11,600	20,300	29,000
300SDT 4d Sed	950	2,900	4,800	9,600	16,800	24,000
300SE 4d Sed	1,000	2,950	4,900	9,800	17,200	24,500
400E 4d Sed	1,000	3,000	5,000	10,000	17,500	25,000
400SEL 4d Sed	1,050	3,100	5,200	10,400	18,200	26,000
500E 4d Sed	1,100	3,350	5,600	11,200	19,600	28,000
500SEL 4d Sed	1,150	3,500	5,800	11,600	20,300	29,000
500SEL 2d Cpe	1,250	3,700	6,200	12,400	21,700	31,000
600SEL 4d Sed	1,300	3,950	6,600	13,200	23,100	33,000
600SEL 2d Cpe	1,450	4,300	7,200	14,400	25,200	36,000
300SL 2d Rds	2,100	6,350	10,600	21,200	37,100	53,000
500SL 2d Rds	2,200	6,600	11,000	22,000	38,500	55,000
600SL 2d Rds	2,300	6,950	11,600	23,200	40,600	58,000

MERKUR

1985						
HBk XR4Ti	200	600	1,000	2,000	3,500	5,000
1986						
HBk XR4Ti	250	700	1,200	2,400	4,200	6,000
1987						
HBk XR4Ti	300	950	1,600	3,200	5,600	8,000
1988						
HBk XR4Ti	350	1,000	1,700	3,400	5,950	8,500
HBk Scorpio	350	1,000	1,700	3,400	5,950	8,500
1989						
HBk XR4Ti	400	1,200	2,000	4,000	7,000	10,000
HBk Scorpio	400	1,200	2,000	4,000	7,000	10,000

MITSUBISHI

1982-83 Cordia, 4-cyl., 1795cc, FWD, 96.3" wb

2d HBk	150	400	650	1,300	2,300	3,300
L 2d HBk	150	400	700	1,350	2,400	3,400
LS 2d HBk	150	500	800	1,600	2,800	4,000

1982-83 Tredia, 4-cyl., 1795cc, FWD, 96.3" wb

4d Sed	100	350	600	1,200	2,100	3,000
L 4d Sed	150	400	650	1,300	2,300	3,300
LS 4d Sed	150	400	700	1,400	2,450	3,500

1982-83 Starion, 4-cyl., 2555cc, 95.9" wb

2d Cpe (2 plus 2)	150	500	850	1,700	2,950	4,200
LS 2d Cpe (2 plus 2)	200	600	1,000	2,000	3,500	5,000

	6	5	4	3	2	1
1984 Cordia, 4-cyl., 1997cc, FWD, 96.3" wb						
2d HBk	150	500	850	1,700	2,950	4,200
L 2d HBk	200	550	900	1,850	3,200	4,600
LS 2d HBk	200	550	950	1,900	3,300	4,700
2d HBk Turbo	200	600	1,000	2,000	3,500	5,000
1984 Tredia, 4-cyl., 1997cc, FWD, 96.3" wb						
4d Sed	150	450	750	1,500	2,600	3,700
L 4d Sed	150	450	750	1,500	2,650	3,800
LS 4d Sed	150	500	800	1,600	2,800	4,000
1984 Tredia, 4-cyl., 1795cc, FWD, 96.3" wb						
4d Sed Turbo	150	500	850	1,700	2,950	4,200
1984 Starion, 4-cyl., 2555cc, 95.9" wb						
LS Cpe (2 plus 2)	250	700	1,200	2,400	4,200	6,000
LE Cpe (2 plus 2)	250	800	1,300	2,600	4,550	6,500
ES Cpe (2 plus 2)	250	800	1,350	2,700	4,700	6,700
1985-86 Mirage, 4-cyl., 1468cc, FWD, 93.7" wb						
2d HBk	150	500	800	1,600	2,800	4,000
L 2d HBk	150	500	850	1,700	2,950	4,200
LS 2d HBk	200	550	900	1,800	3,150	4,500
1985-86 Mirage, 4-cyl., 1597cc, FWD, 93.7" wb						
2d HBk Turbo	200	600	1,000	2,000	3,500	5,000
1985-86 Cordia, 4-cyl., 1997cc, FWD, 96.3" wb						
L 2d HBk	200	650	1,100	2,200	3,850	5,500
1985-86 Cordia, 4-cyl., 1795cc, FWD, 96.3" wb						
2d HBk Turbo	250	700	1,150	2,300	4,000	5,700
1985-86 Tredia, 4-cyl., 1997cc, FWD, 96.3" wb						
4d Sed	150	500	800	1,600	2,800	4,000
L 4d Sed	200	550	900	1,800	3,150	4,500
4d Sed Turbo	200	550	900	1,800	3,150	4,500
1985-86 Galant, 4-cyl., 2350cc, FWD, 102.4" wb						
4d Sed	200	600	1,000	2,000	3,500	5,000
1985-86 Starion (2 plus 2), 4-cyl., 2555cc, 95.9" wb						
LS 2d Cpe	200	600	1,000	2,000	3,500	5,000
LE 2d Cpe	200	600	1,000	2,000	3,500	5,000
ES 2d Cpe	200	650	1,050	2,100	3,700	5,300
ESI 2d Cpe	200	650	1,100	2,150	3,800	5,400
ESI-R 2d Cpe	200	650	1,100	2,200	3,850	5,500
1987 Precis						
2d HBk	150	450	800	1,550	2,750	3,900
LS 2d HBk	150	500	800	1,650	2,850	4,100
LS 4d HBk	150	500	800	1,650	2,850	4,100
1987 Mirage						
2d HBk	200	550	900	1,800	3,150	4,500
L 2d HBk	200	550	900	1,850	3,200	4,600
2d HBk Turbo	200	550	950	1,900	3,300	4,700
4d Sed	200	550	900	1,850	3,200	4,600
1987 Cordia						
L 2d HBk	200	650	1,100	2,150	3,800	5,400
2d HBk Turbo	200	650	1,100	2,250	3,900	5,600
1987 Tredia						
L 4d Sed	150	500	800	1,650	2,850	4,100
4d Sed Turbo	150	500	850	1,700	3,000	4,300
1987 Galant						
LUX 4d Sed	200	600	1,000	1,950	3,450	4,900
1987 Starion						
LE 2d Cpe	200	600	1,050	2,100	3,650	5,200
ESi-R 2d Cpe	200	650	1,100	2,150	3,800	5,400
1988 Precis						
2d HBk	150	500	800	1,600	2,800	4,000
RS 2d HBk	150	500	800	1,650	2,850	4,100
LS 2d HBk	150	500	850	1,700	3,000	4,300
LS 4d HBk	200	550	900	1,750	3,100	4,400
1988 Mirage						
2d HBk Turbo	200	600	950	1,900	3,350	4,800
L 4d Sed	200	550	900	1,800	3,150	4,500
1988 Cordia						
L 2d HBk	200	650	1,100	2,200	3,850	5,500
2d HBk Turbo	250	700	1,150	2,300	4,000	5,700
1988 Galant						
Sigma 4d Sed	200	600	1,000	2,050	3,550	5,100
1988 Starion						
ESi 2d Cpe	200	650	1,050	2,100	3,700	5,300

	6	5	4	3	2	1
ESi-R 2d Cpe	200	650	1,100	2,200	3,850	5,500
1989 Precis						
2d HBk	150	500	800	1,650	2,850	4,100
RS 2d HBk	150	500	850	1,700	2,950	4,200
LS 2d HBk	200	550	900	1,750	3,100	4,400
LS 4d HBk	200	550	900	1,800	3,150	4,500
1989 Mirage						
2d HBk	200	550	900	1,850	3,200	4,600
2d HBk Turbo	200	600	1,000	1,950	3,450	4,900
4d Sed	200	550	900	1,800	3,150	4,500
LS 4d Sed	200	550	900	1,850	3,200	4,600
1989 Galant						
4d Sed	200	600	1,050	2,100	3,650	5,200
LS 4d Sed	200	650	1,050	2,100	3,700	5,300
GS 4d Sed	200	650	1,100	2,150	3,800	5,400
1989 Sigma						
4d Sed	200	650	1,100	2,250	3,900	5,600
1989 Starion						
ESi-R 2d Cpe	200	650	1,100	2,250	3,900	5,600
1990 Precis						
2d HBk	150	500	850	1,700	2,950	4,200
RS 2d HBk	150	500	850	1,700	3,000	4,300
1990 Mirage						
VL 2d HBk	200	550	950	1,900	3,300	4,700
2d HBk	200	600	950	1,900	3,350	4,800
RS 2d HBk	200	600	1,000	2,000	3,500	5,000
4d Sed	200	600	1,000	1,950	3,450	4,900
RS 4d Sed	200	600	1,000	2,000	3,500	5,000
1990 Galant						
4d Sed	200	650	1,050	2,100	3,700	5,300
LS 4d Sed	200	650	1,100	2,150	3,800	5,400
GS 4d Sed	200	650	1,100	2,200	3,850	5,500
GSX 4d Sed 4x4	250	800	1,300	2,600	4,550	6,500
1990 Sigma						
4d Sed	250	700	1,150	2,300	4,000	5,700
1990 Eclipse						
2d Cpe	250	700	1,150	2,300	4,050	5,800
GS 2d Cpe	250	700	1,200	2,350	4,150	5,900
2d Cpe Turbo	250	700	1,200	2,400	4,200	6,000
2d Cpe Turbo 4x4	300	850	1,400	2,800	4,900	7,000
1990 Van						
Cargo Van	200	600	1,050	2,100	3,650	5,200
Mini Van	200	650	1,100	2,150	3,800	5,400
1991 Precis						
2d HBk	150	400	700	1,400	2,450	3,500
RS 2d HBk	150	450	700	1,450	2,500	3,600
1991 Mirage						
VL 2d HBk	150	450	750	1,500	2,600	3,700
2d HBk	150	500	800	1,600	2,800	4,000
4d Sed	150	500	800	1,600	2,800	4,000
LS 4d Sed	150	500	850	1,700	2,950	4,200
GS 4d Sed	200	550	900	1,750	3,100	4,400
1991 Galant						
4d Sed	200	650	1,100	2,200	3,850	5,500
LS 4d Sed	250	700	1,200	2,400	4,200	6,000
GS 4d Sed	250	800	1,300	2,600	4,550	6,500
GSR 4d Sed	300	850	1,400	2,800	4,900	7,000
GSX 4d Sed 4x4	350	1,000	1,700	3,400	5,950	8,500
VR-4 4d Turbo Sed 4x4	400	1,200	2,000	4,000	7,000	10,000
1991 Eclipse						
2d Cpe	200	650	1,100	2,200	3,850	5,500
GS 2d Cpe	250	700	1,200	2,400	4,200	6,000
GS 2d Cpe 16V	250	800	1,300	2,600	4,550	6,500
GS 2d Cpe 16V Turbo	300	900	1,500	3,000	5,250	7,500
GSX 2d Cpe 16V Turbo 4x4	350	1,000	1,700	3,400	5,950	8,500
1991 3000 GT						
2d Cpe	400	1,150	1,900	3,800	6,650	9,500
SL 2d Cpe	500	1,450	2,400	4,800	8,400	12,000
VR-4 2d Turbo Cpe 4x4	600	1,800	3,000	6,000	10,500	15,000
1992 Precis, 4-cyl.						
2d HBk	150	400	700	1,350	2,400	3,400
1992 Mirage, 4-cyl.						
2d VL HBk	150	500	800	1,600	2,800	4,000

	6	5	4	3	2	1
2d HBk	200	550	900	1,800	3,150	4,500
4d Sed	200	550	900	1,800	3,150	4,500
4d LS Sed	200	600	1,000	2,000	3,500	5,000
4d GS Sed	200	650	1,100	2,200	3,850	5,500

1992 Expo, 4-cyl.
	6	5	4	3	2	1
2d LRV Sta Wag	250	800	1,300	2,600	4,550	6,500
2d LRV Spt Sta Wag	300	850	1,400	2,800	4,900	7,000
2d LRV Spt Sta Wag 4x4	300	900	1,500	3,000	5,250	7,500
4d Sta Wag	300	850	1,400	2,800	4,900	7,000
4d SP Sta Wag	300	900	1,500	3,000	5,250	7,500
4d SP Sta Wag 4x4	350	1,000	1,700	3,400	5,950	8,500

1992 Galant, 4-cyl.
	6	5	4	3	2	1
4d Sed	200	550	900	1,800	3,150	4,500
4d LS Sed	200	600	1,000	2,000	3,500	5,000
4d GS Sed	200	650	1,100	2,200	3,850	5,500
4d GSR Sed	250	700	1,200	2,400	4,200	6,000
4d GSX Sed 4x4	300	900	1,500	3,000	5,250	7,500
4d VR4 Sed 4x4	350	1,000	1,700	3,400	5,950	8,500

1992 Eclipse, 4-cyl.
	6	5	4	3	2	1
2d Cpe	200	650	1,100	2,200	3,850	5,500
2d GS Cpe	250	700	1,200	2,400	4,200	6,000

1992 Eclipse, GS, 16V, 4-cyl.
	6	5	4	3	2	1
2d Cpe	300	850	1,400	2,800	4,900	7,000
2d Turbo Cpe	300	900	1,500	3,000	5,250	7,500
2d GSX Turbo Cpe 4x4	350	1,100	1,800	3,600	6,300	9,000

1992 Diamante, V-6
	6	5	4	3	2	1
4d Sed	350	1,000	1,700	3,400	5,950	8,500
4d LS Sed	400	1,150	1,900	3,800	6,650	9,500

1992 3000 GT, V-6
	6	5	4	3	2	1
2d Cpe	400	1,250	2,100	4,200	7,350	10,500
2d SL Cpe	500	1,550	2,600	5,200	9,100	13,000
2d VR-4 Turbo Cpe 4x4	650	1,900	3,200	6,400	11,200	16,000

1993 Precis, 4-cyl.
	6	5	4	3	2	1
2d HBk	200	550	900	1,800	3,150	4,500

1993 Mirage, 4-cyl.
	6	5	4	3	2	1
2d S Cpe	200	600	1,000	2,000	3,500	5,000
2d ES Cpe	200	600	1,050	2,100	3,650	5,200
2d LS Cpe	200	650	1,100	2,200	3,850	5,500
4d S Sed	200	600	1,050	2,100	3,650	5,200
4d ES Sed	200	650	1,050	2,100	3,700	5,300
4d LS Sed	200	650	1,100	2,150	3,800	5,400

1993 Expo, 4-cyl.
	6	5	4	3	2	1
3d LRV Sta Wag	250	750	1,250	2,500	4,350	6,200
3d LRV Sta Wag 4x4	300	850	1,450	2,900	5,050	7,200
3d Spt Sta Wag	250	800	1,300	2,600	4,550	6,500
4d Sta Wag	300	850	1,400	2,800	4,900	7,000
4d Sta Wag 4x4	300	950	1,600	3,200	5,600	8,000
4d SP Sta Wag	300	900	1,500	3,000	5,250	7,500
4d SP Sta Wag 4x4	350	1,000	1,700	3,400	5,950	8,500

1993 Galant, 4-cyl.
	6	5	4	3	2	1
4d S Sed	250	800	1,300	2,600	4,550	6,500
4d ES Sed	250	800	1,300	2,650	4,600	6,600
4d LS Sed	250	800	1,350	2,700	4,700	6,700

1993 Eclipse, 4-cyl.
	6	5	4	3	2	1
2d Cpe	250	800	1,300	2,650	4,600	6,600
2d GS Cpe	250	800	1,350	2,700	4,700	6,700
2d GS Cpe 16V	300	850	1,400	2,750	4,850	6,900
2d GS Turbo Cpe	300	850	1,400	2,800	4,900	7,000
2d GSX Cpe 4x4	300	950	1,600	3,200	5,600	8,000

1993 Diamante, V-6
	6	5	4	3	2	1
4d ES Sed	300	900	1,500	3,000	5,250	7,500
4d LS Sed	300	900	1,500	3,050	5,300	7,600
4d ES Sta Wag	300	950	1,550	3,100	5,450	7,800

1993 3000 GT, V-6
	6	5	4	3	2	1
2d Cpe	350	1,100	1,800	3,600	6,300	9,000
2d SL Cpe	400	1,200	2,000	4,000	7,000	10,000
2d turbo Cpe, 4x4	600	1,750	2,900	5,800	10,150	14,500

MORGAN

1945-50 4/4, Series I, 4-cyl., 1267cc, 92" wb
	6	5	4	3	2	1
2d Rds	1,000	3,000	5,000	10,000	17,500	25,000
2d Rds (2 plus 2)	950	2,900	4,800	9,600	16,800	24,000
2d DHC	1,150	3,500	5,800	11,600	20,300	29,000

	6	5	4	3	2	1
1951-54 Plus Four I, 4-cyl., 2088cc, 96" wb						
2d Rds	900	2,750	4,600	9,200	16,100	23,000
2d Rds (2 plus 2)	900	2,650	4,400	8,800	15,400	22,000
2d DHC	1,000	3,000	5,000	10,000	17,500	25,000
2d DHC (2 plus 2)	1,050	3,100	5,200	10,400	18,200	26,000
1955-62 Plus Four I (1954-1962) 4-cyl., 1991cc, 96" wb						
2d Rds	900	2,650	4,400	8,800	15,400	22,000
2d Rds (2 plus 2)	850	2,500	4,200	8,400	14,700	21,000
2d DHC	1,000	3,000	5,000	10,000	17,500	25,000
1955-62 Plus Four Super Sports 4-cyl., 2138cc, 96" wb						
2d Rds	1,000	3,000	5,000	10,000	17,500	25,000
1955-62 4/4 II (1955-59) L-head, 4-cyl., 1172cc, 96" wb						
2d Rds	900	2,750	4,600	9,200	16,100	23,000
1955-62 4/4 III (1960-61) 4-cyl., 997cc, 96" wb						
2d Rds	900	2,650	4,400	8,800	15,400	22,000
1955-62 4/4 IV (1961-63) 4-cyl., 1340cc, 96" wb						
2d Rds	900	2,650	4,400	8,800	15,400	22,000
1963-67 Plus Four (1962-68) 4-cyl., 2138cc, 96" wb						
2d Rds	900	2,750	4,600	9,200	16,100	23,000
2d Rds (2 plus 2)	900	2,650	4,400	8,800	15,400	22,000
2d DHC	1,050	3,100	5,200	10,400	18,200	26,000
2d Sup Spt Rds	1,000	3,000	5,000	10,000	17,500	25,000
1963-67 Plus Four Plus (1963-66) 4-cyl., 2138cc, 96" wb						
2d Cpe			value not estimable			
1963-67 4/4 Series IV (1962-63) 4-cyl., 1340cc, 96" wb						
2d Rds	900	2,750	4,600	9,200	16,100	23,000
1963-67 4/4 Series V (1963-68) 4-cyl., 1498cc, 96" wb						
2d Rds	1,000	3,000	5,000	10,000	17,500	25,000
1968-69 Plus Four (1962-68) 4-cyl., 2138cc, 96" wb						
2d Rds	950	2,900	4,800	9,600	16,800	24,000
2d Rds (2 plus 2)	900	2,750	4,600	9,200	16,100	23,000
2d DHC	1,050	3,100	5,200	10,400	18,200	26,000
2d Sup Spt Rds	1,000	3,000	5,000	10,000	17,500	25,000
1968-69 Plus 8, V-8, 3528cc, 98" wb						
2d Rds	1,050	3,100	5,200	10,400	18,200	26,000
1968-69 4/4 Series V (1963-68) 4-cyl., 1498cc, 96" wb						
2d Rds	950	2,900	4,800	9,600	16,800	24,000
1968-69 4/4 1600, 4-cyl., 1599cc, 96" wb						
2d Rds	1,000	3,000	5,000	10,000	17,500	25,000
2d Rds (2 plus 2)	950	2,900	4,800	9,600	16,800	24,000
1970-90 Plus 8 (1972-90) V-8, 3528cc, 98" wb						
2d Rds	1,000	3,000	5,000	10,000	17,500	25,000
1970-90 4/4 1600 (1970-81) 4-cyl., 1599cc, 96" wb						
2d Rds	1,000	3,000	5,000	10,000	17,500	25,000
2d Rds (2 plus 2)	950	2,900	4,800	9,600	16,800	24,000
1970-90 4/4 1600 (1982-87) 4-cyl., 1596cc, 96" wb						
2d Rds	900	2,750	4,600	9,200	16,100	23,000
2d Rds (2 plus 2)	1,100	3,250	5,400	10,800	18,900	27,000

MORRIS

	6	5	4	3	2	1
1946-48 Eight Series, 4-cyl., 918cc, 89" wb						
2d Sed	400	1,150	1,900	3,800	6,650	9,500
4d Sed	350	1,000	1,700	3,400	5,950	8,500
2d Rds	450	1,300	2,200	4,400	7,700	11,000
1946-48 Ten Series, 4-cyl., 1140cc						
4d Sed	350	1,000	1,700	3,400	5,950	8,500
1949 Minor MM, 4-cyl., 918.6cc, 86" wb						
2d Sed	350	1,000	1,700	3,400	5,950	8,500
2d Conv	450	1,300	2,200	4,400	7,700	11,000
1949 Oxford MO, 4-cyl., 1476cc, 97" wb						
4d Sed	350	1,000	1,700	3,400	5,950	8,500
1950 Minor MM, 4-cyl., 918.6cc, 86" wb						
2d Sed	350	1,000	1,700	3,400	5,950	8,500
2d Conv	450	1,300	2,200	4,400	7,700	11,000
1950 Oxford MO, 4-cyl., 1476cc, 97" wb						
4d Sed	350	1,000	1,700	3,400	5,950	8,500
1951 Minor MM, 4-cyl., 918.6cc, 86" wb						
2d Sed	350	1,000	1,700	3,400	5,950	8,500
2d Conv	450	1,300	2,200	4,400	7,700	11,000
4d Sed	350	1,000	1,700	3,400	5,950	8,500

	6	5	4	3	2	1

1951 Oxford MO, 4-cyl., 1476cc, 97" wb

4d Sed	350	1,000	1,700	3,400	5,950	8,500

1952 Minor MM, 4-cyl., 918.6cc, 86" wb

2d Sed	350	1,000	1,700	3,400	5,950	8,500
2d Conv	500	1,450	2,400	4,800	8,400	12,000
4d Sed	350	1,000	1,700	3,400	5,950	8,500

1952 Oxford MO, 4-cyl., 1476cc, 97" wb

4d Sed	350	1,000	1,700	3,400	5,950	8,500

1953 Minor II, 4-cyl., 803cc, 86" wb

2d Sed	350	1,000	1,700	3,400	5,950	8,500
4d Sed	350	1,000	1,700	3,400	5,950	8,500
2d Conv	500	1,450	2,400	4,800	8,400	12,000

1953 Oxford MO, 4-cyl., 1476cc, 97" wb

4d Sed	350	1,000	1,700	3,400	5,950	8,500
4d Sta Wag	500	1,450	2,400	4,800	8,400	12,000

1954 Minor II, 4-cyl., 803cc, 86" wb

2d Sed	350	1,000	1,700	3,400	5,950	8,500
4d Sed	350	1,000	1,700	3,400	5,950	8,500
2d Tr Conv	500	1,450	2,400	4,800	8,400	12,000
2d Sta Wag	500	1,450	2,400	4,800	8,400	12,000

1954 Oxford MO, 4-cyl., 1476cc, 97" wb

4d Sed	350	1,000	1,700	3,400	5,950	8,500
4d Sta Wag	500	1,500	2,500	5,000	8,750	12,500

1955-56 Minor II, 4-cyl., 803cc, 86" wb

2d Sed	350	1,000	1,700	3,400	5,950	8,500
4d Sed	350	1,000	1,700	3,400	5,950	8,500
2d Conv	500	1,450	2,400	4,800	8,400	12,000
2d Sta Wag	500	1,450	2,400	4,800	8,400	12,000

1957-59 Minor 1000, 4-cyl., 948cc, 86" wb

2d Sed	350	1,000	1,700	3,400	5,950	8,500
4d Sed	350	1,000	1,700	3,400	5,950	8,500
2d Conv	500	1,450	2,400	4,800	8,400	12,000
2d Sta Wag	500	1,450	2,400	4,800	8,400	12,000

1960-62 Minor 1000, 4-cyl., 997cc, 86" wb

2d Sed	350	1,000	1,700	3,400	5,950	8,500
2d DeL Sed	350	1,100	1,800	3,600	6,300	9,000
4d Sed	350	1,000	1,700	3,400	5,950	8,500
4d DeL Sed	350	1,100	1,800	3,600	6,300	9,000
2d Conv	500	1,500	2,500	5,000	8,750	12,500
2d DeL Conv	500	1,550	2,600	5,200	9,100	13,000
2d Sta Wag	500	1,450	2,400	4,800	8,400	12,000
2d DeL Sta Wag	500	1,500	2,500	5,000	8,750	12,500

1960-62 Mini-Minor, 4-cyl., 997cc, FWD, 80" wb

850 2d Sed	350	1,000	1,700	3,400	5,950	8,500
850 2d Sta Wag	500	1,450	2,400	4,800	8,400	12,000

1960-62 Oxford V, 4-cyl., 1489cc, 99.2" wb

4d Sed	350	1,000	1,700	3,400	5,950	8,500

1963-71 Minor 1000, 4-cyl., 1098cc, 86" wb

2d Sed	350	1,000	1,700	3,400	5,950	8,500
2d Conv	500	1,500	2,500	5,000	8,750	12,500
2d Sta Wag	500	1,450	2,400	4,800	8,400	12,000
2d DeL Wag	500	1,500	2,500	5,000	8,750	12,500

1963-71 Mini-Minor 850 Cooper 4-cyl., 848cc, FWD, 80" wb

2d Sed	400	1,150	1,900	3,800	6,650	9,500
2d Sta Wag	500	1,450	2,400	4,800	8,400	12,000

NOTE: The Mini-Minor Mark II 1000 1967-69 contained a 998cc engine. The Mini-Minor Cooper a 997cc until 1964 998cc thru 1964-65. The 1071 S a 1071cc the 970 S a 970cc the 1275 S a 1275cc. Add 50 percent for Mini-Minor Coopers.

OPEL

1947-52 Olympia, 4-cyl., 1488cc, 94.3" wb

2d Sed	250	800	1,300	2,600	4,550	6,500

1947-52 Kapitan, 6-cyl., 2473cc, 106.1" wb

4d Sed	250	800	1,300	2,600	4,550	6,500

1953-57 Olympia Rekord, 4-cyl., 1488cc, 97.9" wb

2d Sed	250	700	1,200	2,400	4,200	6,000

1953-57 Caravan, 4-cyl.

2d Sta Wag	250	750	1,250	2,500	4,350	6,200

1953-57 Kapitan, 6-cyl., 2473cc, 108.3" wb

4d Sed	250	800	1,300	2,600	4,550	6,500

	6	5	4	3	2	1
1958-59 Olympia Rekord 28, 4-cyl., 1488cc, 100.4" wb						
2d Sed	250	700	1,200	2,400	4,200	6,000
1958-59 Caravan 29, 4-cyl., 100.4" wb						
2d Sta Wag	250	800	1,300	2,600	4,550	6,500
1960 Olympia Rekord 28, 4-cyl., 1488cc, 100.4" wb						
2d Sed	250	700	1,200	2,400	4,200	6,000
1960 Caravan 29, 4-cyl., 100.4" wb						
2d Sta Wag	250	800	1,300	2,600	4,550	6,500
1961-62 Olympia Rekord 11, 4-cyl., 1680cc, 100" wb						
2d Sed	250	700	1,200	2,400	4,200	6,000
1961-62 Caravan 14, 4-cyl., 1680cc						
2d Sta Wag	250	750	1,250	2,500	4,350	6,200
1964-65 Kadett, 4-cyl., 987cc, 91.5" wb						
31 2d Sed	250	700	1,200	2,400	4,200	6,000
32 2d Spt Cpe	250	800	1,300	2,600	4,550	6,500
34 2d Sta Wag	300	850	1,400	2,800	4,900	7,000
1966-67 Kadett, 4-cyl., 1077cc, 95.1" wb						
31 2d Sed	250	700	1,200	2,400	4,200	6,000
32 2d Spt Cpe	250	800	1,300	2,600	4,550	6,500
38 2d DeL Sed	250	750	1,250	2,500	4,350	6,200
37 4d DeL Sed	250	800	1,300	2,650	4,600	6,600
39 2d DeL Sta Wag	300	850	1,400	2,800	4,900	7,000
1966-67 Rallye, 4-cyl., 1077cc, 95.1" wb						
32 2d Spt Cpe	250	800	1,350	2,700	4,750	6,800
1968 Kadett, 4-cyl., 1077cc, 95.1" wb						
31 2d Sed	250	700	1,200	2,400	4,200	6,000
39 2d Sta Wag	250	750	1,250	2,500	4,350	6,200
1968 Rallye, 4-cyl., 1491cc, 95.1" wb						
92 2d Spt Cpe	250	800	1,300	2,650	4,600	6,600
1968 Sport Series, 4-cyl., 1491cc, 95.1" wb						
91 2d Spt Sed	250	750	1,250	2,500	4,350	6,200
99 2d LS Cpe	250	800	1,300	2,600	4,550	6,500
95 2d DeL Spt Cpe	250	800	1,350	2,700	4,750	6,800

NOTE: Two larger engines were optional in 1968. The 4-cyl. 149cc engine that was standard in the Rallye Cpe and the even larger 4-cyl. 1897cc.

	6	5	4	3	2	1
1969 Kadett, 4-cyl., 1077cc, 95.1" wb						
31 2d Sed	250	750	1,200	2,450	4,250	6,100
39 2d Sta Wag	250	750	1,250	2,500	4,350	6,200
1969 Rallye/Sport Series, 4-cyl., 1077cc, 95.1" wb						
92 Rallye Spe Cpe	250	800	1,300	2,650	4,600	6,600
91 2d Spt Sed	250	750	1,250	2,500	4,400	6,300
95 DeL Spt Cpe	250	800	1,300	2,600	4,550	6,500
1969 GT, 4-cyl., 1077cc, 95.7" wb						
2d Cpe	300	850	1,450	2,900	5,050	7,200

NOTE: Optional 4-cyl. 1897cc engine.

	6	5	4	3	2	1
1970 Kadett, 4-cyl., 1077cc, 95.1" wb						
31 2d Sed	250	750	1,200	2,450	4,250	6,100
39 2d Sta Wag	250	750	1,250	2,500	4,350	6,200
1970 Rallye/Sport (FB) Series, 4-cyl., 1077cc, 95.1" wb						
92 Rallye Spt Cpe	250	800	1,300	2,650	4,600	6,600
91 2d Spt Sed	250	750	1,250	2,500	4,400	6,300
95 DeL Spt Cpe	250	750	1,300	2,550	4,500	6,400
1970 GT, 4-cyl., 1077cc, 95.7" wb						
93 2d Cpe	300	850	1,450	2,900	5,050	7,200
1971-72 Kadett, 4-cyl., 1077cc, 95.1" wb						
31 2d Sed	250	750	1,250	2,500	4,350	6,200
31D DeL 2d Sed	250	750	1,250	2,500	4,400	6,300
36 4d Sed	250	750	1,200	2,450	4,250	6,100
36D DeL 4d Sed	250	750	1,250	2,500	4,350	6,200
39 DeL 2d Sta Wag	250	800	1,300	2,600	4,550	6,500
1971-72 1900 Series, 4-cyl., 1897cc, 95.7" wb						
51 2d Sed	250	750	1,300	2,550	4,500	6,400
53 4d Sed	250	750	1,300	2,550	4,500	6,400
54 2d Sta Wag	250	800	1,300	2,650	4,600	6,600
57 2d Spt Cpe	250	800	1,300	2,600	4,550	6,500
57R 2d Rallye Cpe	300	850	1,400	2,800	4,900	7,000
1971-72 GT, 4-cyl., 1897cc, 95.7" wb						
77 2d Cpe	300	850	1,450	2,900	5,050	7,200
1973 1900 Series, 4-cyl., 1897cc, 95.7" wb						
51 2d Sed	250	750	1,300	2,550	4,500	6,400
53 4d Sed	250	750	1,300	2,550	4,500	6,400
54 2d Sta Wag	250	800	1,300	2,650	4,600	6,600

1958 Mercedes-Benz 300SL roadster (w/hardtop)

1993 Mercedes-Benz 500SL convertible

1972 MGB/GT coupe

	6	5	4	3	2	1
1973 Manta 57, 4-cyl., 1897cc, 95.7" wb						
2d Spt Cpe	250	800	1,350	2,700	4,700	6,700
Luxus 2d Spt Cpe	300	850	1,450	2,900	5,050	7,200
R 2d Rallye Cpe	300	900	1,500	2,950	5,200	7,400
1973 GT, 4-cyl., 1897cc, 95.7" wb						
77 2d Cpe	300	850	1,450	2,900	5,050	7,200
1974-75 1900, 4-cyl., 1897cc, 95.7" wb						
51 2d Sed	250	750	1,250	2,500	4,350	6,200
54 2d Sta Wag	250	800	1,300	2,600	4,550	6,500
1974-75 Manta 57, 1897cc, 95.7" wb						
2d Spt Cpe	250	800	1,300	2,650	4,600	6,600
Luxus Spt Cpe	300	850	1,450	2,900	5,050	7,200
R 2d Rallye Cpe	300	900	1,500	2,950	5,200	7,400
NOTE: FI was available in 1975.						
1976-79 Opel Isuzu, 1976 models 4-cyl., 1817cc, 94.3" wb						
77 2d Cpe	200	600	950	1,900	3,350	4,800
2d DeL Cpe	200	600	1,000	1,950	3,450	4,900
T77 2d Cpe	200	600	950	1,900	3,350	4,800
Y77 2d DeL Cpe	200	600	1,000	1,950	3,450	4,900
Y69 4d DeL Sed	200	600	1,000	1,950	3,450	4,900
W77 2d Spt Cpe	200	600	1,000	2,000	3,500	5,000

PEUGEOT

	6	5	4	3	2	1
1945-48 202, 4-cyl., 1133cc						
Sed	300	850	1,400	2,800	4,900	7,000
1949-54 203, 4-cyl., 1290cc, 102 or 110" wb						
4d Sed	300	850	1,400	2,800	4,900	7,000
4d Family Limo	250	800	1,300	2,600	4,550	6,500
2d Cabr	500	1,450	2,400	4,800	8,400	12,000
4d Conv	500	1,550	2,600	5,200	9,100	13,000
1955-57 203, minimal changes 403, 4-cyl., 1468cc, 105" wb						
4d Sed	300	850	1,400	2,800	4,900	7,000
4d Sta Wag	250	800	1,300	2,650	4,600	6,600
2d Conv Cpe	500	1,550	2,600	5,200	9,100	13,000
1955-57 403L, 4-cyl., 1468cc, 114" wb						
4d Family Sed	250	700	1,200	2,400	4,200	6,000
1958-59 403, 4-cyl., 1468cc, 105" wb						
4d Sed	250	700	1,200	2,400	4,200	6,000
L 4d Family Sed	300	850	1,400	2,800	4,900	7,000
4d Sta Wag	350	1,100	1,800	3,600	6,300	9,000
2d Conv Cpe	500	1,550	2,600	5,200	9,100	13,000
1960 403, 4-cyl., 1468cc, 105" wb						
4d Sed	250	800	1,300	2,600	4,550	6,500
1960 403, 4-cyl., 1468cc, 116" wb						
4d Sta Wag	300	850	1,400	2,800	4,900	7,000
1961-62 403, 4-cyl., 1468cc, 105" wb						
4d Sed	250	800	1,300	2,600	4,550	6,500
1961-62 403, 4-cyl., 1468cc, 116" wb						
4d Sta Wag	250	800	1,300	2,600	4,550	6,500
1961-62 404, 4-cyl., 1618cc, 104.3" wb						
4d Sed	250	800	1,300	2,600	4,550	6,500
1963-64 403, 4-cyl., 1468cc, 105" wb						
4d Sed	250	800	1,300	2,600	4,550	6,500
1963-64 404, 4-cyl., 1618cc, 104.3" wb						
4d Sed	250	800	1,300	2,600	4,550	6,500
4d Sta Wag	300	850	1,400	2,800	4,900	7,000
1965-67 403, 4-cyl., 1468cc, 105" wb						
4d Sed	250	800	1,300	2,600	4,550	6,500
1965-67 404, 4-cyl., 1618cc, 104.3" wb						
4d Sed	250	700	1,200	2,400	4,200	6,000
1965-67 404, 4-cyl., 1618cc, 111.8" wb						
4d Sta Wag	250	800	1,300	2,600	4,550	6,500
1968-69 404, 4-cyl., 1618cc, 104.3" wb						
4d Sed	250	700	1,200	2,400	4,200	6,000
1968-69 404, 4-cyl., 1618cc, 111.8" wb						
4d Sta Wag	250	800	1,300	2,600	4,550	6,500
NOTE: Convertibles were available on a special order basis.						
1970 404, 4-cyl., 1796cc, 111.8" wb						
4d Sta Wag	200	650	1,100	2,200	3,850	5,500

	6	5	4	3	2	1
1970 504, 4-cyl., 1796cc, 108" wb						
4d Sed	200	650	1,100	2,200	3,850	5,500
1971-72 304, 4-cyl., 1288cc, 101.9" wb						
4d Sed	200	650	1,100	2,200	3,850	5,500
4d Sta Wag	250	700	1,200	2,400	4,200	6,000
1971-72 504, 4-cyl., 1971cc, 108" wb						
4d Sed	200	650	1,100	2,200	3,850	5,500
4d Sta Wag	250	700	1,200	2,400	4,200	6,000
1973-76 504, 1973 models 4-cyl., 1971cc						
4d Sed	200	650	1,100	2,200	3,850	5,500
4d Sta Wag	250	700	1,200	2,400	4,200	6,000
1973-76 504, 1974 models 4-cyl., 1971cc						
4d Sed	200	650	1,100	2,200	3,850	5,500
4d Sta Wag	200	650	1,100	2,200	3,850	5,500
1973-76 Diesel, 2111cc						
4d Sed	200	650	1,100	2,200	3,850	5,500
4d Sta Wag	250	700	1,200	2,400	4,200	6,000
1973-76 504, 1975 models 4-cyl., 1971cc						
4d Sed	200	650	1,100	2,200	3,850	5,500
4d Sta Wag	250	700	1,200	2,400	4,200	6,000
1973-76 Diesel, 2111cc						
4d Sed	200	650	1,100	2,200	3,850	5,500
4d Sta Wag	250	700	1,200	2,400	4,200	6,000
1973-76 504, 1976 models 4-cyl., 1971cc						
GL 4d Sed	200	650	1,100	2,200	3,850	5,500
SL 4d Sed	250	700	1,200	2,400	4,200	6,000
4d Sta Wag	250	700	1,200	2,400	4,200	6,000
1973-76 Diesel, 2111cc						
4d Sed	200	650	1,100	2,200	3,850	5,500
4d Sta Wag	250	700	1,200	2,400	4,200	6,000
NOTE: The sedans had a 108" wb. The station wagons had a 114" wb.						
1977-79 504, 1977 models 4-cyl., 1971cc						
SL 4d Sed	200	650	1,100	2,200	3,850	5,500
4d Sta Wag	250	700	1,200	2,400	4,200	6,000
1977-79 Diesel, 2304cc						
4d Sed	200	650	1,100	2,200	3,850	5,500
4d Sta Wag	250	700	1,200	2,400	4,200	6,000
1977-79 604, 1977 models V-6, 2664cc, 110.2" wb						
4d Sed	200	650	1,100	2,200	3,850	5,500
NOTE: 504 sedans - 108" wb, 504 wagons - 114" wb.						
1980-81 505/504, 1980 models, 4-cyl., 1971cc, 107.9" wb						
4d Sed	200	650	1,100	2,200	3,850	5,500
1980-81 Diesel, 2304cc						
505 4d Sed	200	650	1,100	2,200	3,850	5,500
504 4d Sta Wag	250	700	1,200	2,400	4,200	6,000
1980-81 505 Turbodiesel, 1981 models						
D 4d Sed	200	650	1,100	2,200	3,850	5,500
1980-81 604, 1980 models V-6, 2849cc, 110.2" wb						
SL 4d Sed	200	650	1,100	2,200	3,850	5,500
1982 505, 4-cyl., 1971cc, 107.9" wb						
4d Sed	250	700	1,200	2,400	4,200	6,000
S 4d Sed	250	700	1,200	2,400	4,200	6,000
STI 4d Sed	250	750	1,250	2,500	4,400	6,300
1982 Diesel, 2304cc						
505 4d Sed	200	600	1,000	2,000	3,500	5,000
504 4d Sta Wag	200	650	1,050	2,100	3,700	5,300
1982 505/604 Turbodiesel, 2304cc						
505 4d Sed	200	650	1,050	2,100	3,700	5,300
505S 4d Sed	200	650	1,050	2,100	3,700	5,300
604TD 4d Sed	200	650	1,100	2,200	3,850	5,500
1983 505/504						
505 4d Sed	250	700	1,200	2,400	4,200	6,000
505S 4d Sed	250	700	1,200	2,400	4,200	6,000
505 STI 4d Sed	250	700	1,200	2,400	4,200	6,000
505 Dsl 4d Sed	200	600	1,000	2,000	3,500	5,000
504 Dsl Sta Wag	200	650	1,100	2,200	3,850	5,500
1983 505/604 Turbodiesel						
505 4d Sed	250	700	1,200	2,400	4,200	6,000
505 S 4d Sed	250	700	1,200	2,400	4,200	6,000
604 4d Sed	250	700	1,200	2,400	4,200	6,000

	6	5	4	3	2	1
1984 505 Series						
GL 4d Sed	250	800	1,300	2,600	4,550	6,500
S 4d Sed	250	800	1,300	2,600	4,550	6,500
STI 4d Sed	250	800	1,300	2,600	4,550	6,500
GL 4d Sta Wag	300	850	1,400	2,800	4,900	7,000
S 4d Sta Wag	300	850	1,400	2,800	4,900	7,000
1984 505/604 Turbodiesel						
GL 4d Sed	250	700	1,200	2,400	4,200	6,000
S 4d Sed	250	700	1,200	2,400	4,200	6,000
STI 4d Sed	250	700	1,200	2,400	4,200	6,000
GL 4d Sta Wag	250	800	1,300	2,600	4,550	6,500
S 4d Sta Wag	250	800	1,300	2,600	4,550	6,500
604 4d Sed	250	800	1,300	2,600	4,550	6,500
1985 505						
GL 4d Sed	300	850	1,400	2,800	4,900	7,000
S 4d Sed	300	850	1,400	2,800	4,900	7,000
STI 4d Sed	300	850	1,400	2,800	4,900	7,000
Turbo 4d Sed	300	900	1,450	2,900	5,100	7,300
GL 4d Sta Wag	300	900	1,450	2,900	5,100	7,300
S 4d Sta Wag	300	900	1,450	2,900	5,100	7,300
1985 505 Turbodiesel						
GL 4d Sed	250	800	1,300	2,600	4,550	6,500
S 4d Sed	250	800	1,300	2,600	4,550	6,500
STI 4d Sed	250	700	1,200	2,400	4,200	6,000
GL 4d Sta Wag	300	850	1,400	2,800	4,900	7,000
S 4d Sta Wag	300	850	1,400	2,800	4,900	7,000
1986 505						
GL 4d Sed	300	850	1,450	2,900	5,050	7,200
S 4d Sed	300	850	1,450	2,900	5,050	7,200
S 4d Sed Turbodiesel	300	850	1,400	2,850	4,950	7,100
STI 4d Sed	300	900	1,450	2,900	5,100	7,300
GL 4d Sed Turbo	300	900	1,500	3,000	5,250	7,500
4d Sed Turbo	300	900	1,450	2,900	5,100	7,300
GL 4d Sta Wag	300	900	1,450	2,900	5,100	7,300
S 4d Sta Wag	300	900	1,500	2,950	5,200	7,400
S 4d Sta Wag Turbodiesel	300	850	1,450	2,900	5,050	7,200
4d Sta Wag Turbo	300	900	1,500	3,000	5,250	7,500
1987 505						
GL 4d Sed	300	850	1,400	2,850	4,950	7,100
GLS 4d Sed	300	900	1,450	2,900	5,100	7,300
4d Sed Turbo	300	900	1,450	2,900	5,100	7,300
S 4d Sed Turbo	300	900	1,500	3,000	5,250	7,500
STI 4d Sed	300	900	1,500	3,050	5,300	7,600
STI 4d Sed V-6	300	900	1,500	2,950	5,200	7,400
STX 4d Sed V-6	300	900	1,500	3,000	5,250	7,500
Lib. 4d Sed	300	900	1,500	3,050	5,300	7,600
Lib. 4d Sta Wag	300	900	1,500	2,950	5,200	7,400
4d Sta Wag Turbo	300	900	1,500	3,000	5,250	7,500
S 4d Sta Wag Turbo	300	900	1,500	3,050	5,300	7,600
1988 505						
DL 4d Sed	300	900	1,500	2,950	5,200	7,400
GLS 4d Sed	300	900	1,500	3,000	5,250	7,500
S 4d Sed Turbo	300	900	1,500	3,050	5,300	7,600
STI 4d Sed	300	900	1,500	2,950	5,200	7,400
GLX 4d Sed V-6	300	900	1,550	3,100	5,400	7,700
STX 4d Sed V-6	300	900	1,550	3,100	5,400	7,700
DL 4d Sta Wag	300	900	1,500	3,000	5,250	7,500
GLS 4d Sta Wag	300	900	1,500	3,050	5,300	7,600
SW8 4d Sta Wag	300	900	1,550	3,100	5,400	7,700
S 4d Sta Wag Turbo	300	950	1,550	3,100	5,450	7,800
1989 405						
DL 4d Sed	300	900	1,500	3,000	5,250	7,500
S 4d Sed	300	900	1,500	3,050	5,300	7,600
Mk 4d Sed	300	900	1,550	3,100	5,400	7,700
1989 505						
S 4d Sed	300	900	1,500	3,050	5,300	7,600
S 4d Sed V-6	300	950	1,550	3,100	5,450	7,800
STX 4d Sed V-6	300	950	1,600	3,150	5,550	7,900
4d Sed Turbo	300	950	1,600	3,200	5,600	8,000
DL 4d Sta Wag	300	950	1,600	3,150	5,550	7,900
SW8 4d Sta Wag	300	950	1,600	3,200	5,600	8,000
4d Sta Wag Turbo	350	1,000	1,650	3,300	5,750	8,200
SW8 4d Sta Wag Turbo	350	1,000	1,700	3,400	5,950	8,500
1990 405						
DL 4d Sed	300	950	1,600	3,150	5,550	7,900
DL 4d Sta Wag	350	1,000	1,650	3,300	5,750	8,200

	6	5	4	3	2	1
S 4d Sta Wag	350	1,000	1,700	3,400	5,950	8,500

1991 405

DL 4d Sed	200	600	1,000	2,000	3,500	5,000
S 4d Sed	200	650	1,100	2,200	3,850	5,500
Mi 4d Sed 16V	250	700	1,200	2,400	4,200	6,000
DL 4d Sta Wag	250	700	1,150	2,300	4,000	5,700
S 4d Sta Wag	250	700	1,200	2,400	4,200	6,000

1991 505

DL 4d Sta Wag	200	650	1,100	2,200	3,850	5,500
SW8 4d 2.2 Sta Wag	250	700	1,200	2,400	4,200	6,000
SW8 4d Turbo Sta Wag	300	850	1,400	2,800	4,900	7,000

PORSCHE

1950 Model 356, 40 hp, 1100cc

Cpe	1,300	3,850	6,400	12,800	22,400	32,000

1951 Model 356, 40 hp, 1100cc

Cpe	700	2,050	3,400	6,800	11,900	17,000
Cabr	850	2,500	4,200	8,400	14,700	21,000

1952 Model 356, 40 hp, 1100cc

Cpe	700	2,050	3,400	6,800	11,900	17,000
Cabr	850	2,500	4,200	8,400	14,700	21,000

1953 Model 356, 40 hp

Cpe	700	2,050	3,400	6,800	11,900	17,000
Cabr	850	2,500	4,200	8,400	14,700	21,000

1954 Model 356, 1.5 liter, 55 hp

Spds	2,300	6,950	11,600	23,200	40,600	58,000
Cpe	750	2,300	3,800	7,600	13,300	19,000
Cabr	1,200	3,600	6,000	12,000	21,000	30,000

1954 Model 356, 1.5 liter, Super

Spds	2,400	7,200	12,000	24,000	42,000	60,000
Cpe	900	2,650	4,400	8,800	15,400	22,000
Cabr	1,300	3,950	6,600	13,200	23,100	33,000

1955 Model 356, 4-cyl., 55 hp

Spds	2,300	6,950	11,600	23,200	40,600	58,000
Cpe	750	2,300	3,800	7,600	13,300	19,000
Cabr	1,300	3,950	6,600	13,200	23,100	33,000

1955 Model 356, Super, 1.5 liter, 70 hp

Spds	2,400	7,200	12,000	24,000	42,000	60,000
Cpe	800	2,400	4,000	8,000	14,000	20,000
Cabr	1,400	4,200	7,000	14,000	24,500	35,000

1956 Model 356A, Normal, 1.6 liter, 60 hp

Spds	2,300	6,950	11,600	23,200	40,600	58,000
Cpe	850	2,500	4,200	8,400	14,700	21,000
Cabr	1,300	3,950	6,600	13,200	23,100	33,000

1956 Model 356A, Super, 1.6 liter, 75 hp

Spds	2,400	7,200	12,000	24,000	42,000	60,000
Cpe	900	2,650	4,400	8,800	15,400	22,000
Cabr	1,500	4,450	7,400	14,800	25,900	37,000

1956 Model 356A, Carrera, 1.5 liter, 100 hp

Spds	5,450	16,300	27,200	54,400	95,000	136,000
Cpe	2,400	7,200	12,000	24,000	42,000	60,000
Cabr	2,800	8,400	14,000	28,000	49,000	70,000

1957 Model 356A, Normal, 1.6 liter, 60 hp

Spds	2,350	7,100	11,800	23,600	41,300	59,000
Cpe	900	2,650	4,400	8,800	15,400	22,000
Cabr	1,300	3,950	6,600	13,200	23,100	33,000

1957 Model 356A, Super, 1.6 liter, 70 hp

Spds	2,400	7,200	12,000	24,000	42,000	60,000
Cpe	900	2,650	4,400	8,800	15,400	22,000
Cabr	1,500	4,450	7,400	14,800	25,900	37,000

1957 Model 356A, Carrera, 1.5 liter, 100 hp

Spds	5,450	16,300	27,200	54,400	95,000	136,000
Cpe	2,400	7,200	12,000	24,000	42,000	60,000
Cabr	2,800	8,400	14,000	28,000	49,000	70,000

1958 Model 356A, Normal, 1.6 liter, 60 hp

Spds	2,350	7,100	11,800	23,600	41,300	59,000
Cpe	850	2,500	4,200	8,400	14,700	21,000
Cabr	1,300	3,950	6,600	13,200	23,100	33,000
HT	1,000	3,000	5,000	10,000	17,500	25,000

1958 Model 356A, Super, 1.6 liter, 75 hp

Spds	2,400	7,200	12,000	24,000	42,000	60,000
Cpe	900	2,650	4,400	8,800	15,400	22,000

	6	5	4	3	2	1
HT	1,500	4,550	7,600	15,200	26,600	38,000
Cabr	1,500	4,450	7,400	14,800	25,900	37,000

1958 Model 356A, Carrera, 1.5 liter, 100 hp

Spds	5,450	16,300	27,200	54,400	95,000	136,000
Cpe	2,400	7,200	12,000	24,000	42,000	60,000
HT	2,550	7,700	12,800	25,600	44,800	64,000
Cabr	3,600	10,800	18,000	36,000	63,000	90,000

1959 Model 356A, Normal, 60 hp

Cpe	700	2,150	3,600	7,200	12,600	18,000
Cpe/HT	900	2,750	4,600	9,200	16,100	23,000
Conv D	950	2,900	4,800	9,600	16,800	24,000
Cabr	1,000	3,000	5,000	10,000	17,500	25,000

1959 Model 356A, Super, 75 hp

Cpe	900	2,650	4,400	8,800	15,400	22,000
Cpe/HT	1,000	3,000	5,000	10,000	17,500	25,000
Conv D	1,050	3,100	5,200	10,400	18,200	26,000
Cabr	1,100	3,250	5,400	10,800	18,900	27,000

1959 Model 356A, Carrera, 1.6 liter, 105 hp

Cpe	2,400	7,200	12,000	24,000	42,000	60,000
Cpe/HT	2,550	7,700	12,800	25,600	44,800	64,000
Cabr	3,600	10,800	18,000	36,000	63,000	90,000

1960 Model 356B, Normal, 1.6 liter, 60 hp

Cpe	850	2,500	4,200	8,400	14,700	21,000
HT	1,000	3,000	5,000	10,000	17,500	25,000
Rds	1,200	3,600	6,000	12,000	21,000	30,000
Cabr	1,250	3,700	6,200	12,400	21,700	31,000

1960 Model 356B, Super, 1.6 liter, 75 hp

Cpe	900	2,650	4,400	8,800	15,400	22,000
HT	1,050	3,100	5,200	10,400	18,200	26,000
Rds	1,250	3,700	6,200	12,400	21,700	31,000
Cabr	1,300	3,850	6,400	12,800	22,400	32,000

1960 Model 356B, Super 90, 1.6 liter, 90 hp

Cpe	950	2,900	4,800	9,600	16,800	24,000
HT	1,100	3,350	5,600	11,200	19,600	28,000
Rds	1,300	3,950	6,600	13,200	23,100	33,000
Cabr	1,350	4,100	6,800	13,600	23,800	34,000

1961 Model 356B, Normal, 1.6 liter, 60 hp

Cpe	850	2,500	4,200	8,400	14,700	21,000
HT	1,000	3,000	5,000	10,000	17,500	25,000
Rds	1,200	3,600	6,000	12,000	21,000	30,000
Cabr	1,250	3,700	6,200	12,400	21,700	31,000

1961 Model 356B, Super 90, 1.6 liter, 90 hp

Cpe	900	2,750	4,600	9,200	16,100	23,000
HT	1,100	3,250	5,400	10,800	18,900	27,000
Rds	1,300	3,950	6,600	13,200	23,100	33,000
Cabr	1,350	4,100	6,800	13,600	23,800	34,000

1961 Model 356B, Carrera, 2.0 liter, 130 hp

Cpe	3,200	9,600	16,000	32,000	56,000	80,000
Rds	3,600	10,800	18,000	36,000	63,000	90,000
Cabr	4,800	14,400	24,000	48,000	84,000	120,000

1962 Model 356B, Normal, 1.6 liter, 60 hp

Cpe	850	2,500	4,200	8,400	14,700	21,000
HT	1,000	3,000	5,000	10,000	17,500	25,000

1962 Model 356B, Super 90, 1.6 liter, 90 hp

Cpe	900	2,650	4,400	8,800	15,400	22,000
HT	1,050	3,100	5,200	10,400	18,200	26,000
Rds	1,250	3,700	6,200	12,400	21,700	31,000
Cabr	1,300	3,850	6,400	12,800	22,400	32,000

1962 Model 356B, Carrera 2, 2.0 liter, 130 hp

Cpe	3,200	9,600	16,000	32,000	56,000	80,000
Rds	3,600	10,800	18,000	36,000	63,000	90,000
Cabr	4,800	14,400	24,000	48,000	84,000	120,000

1963 Model 356C, Standard, 1.6 liter, 75 hp

Cpe	700	2,150	3,600	7,200	12,600	18,000
Cabr	1,050	3,100	5,200	10,400	18,200	26,000

1963 Model 356C, SC, 1.6 liter, 95 hp

Cpe	800	2,400	4,000	8,000	14,000	20,000
Cabr	1,100	3,250	5,400	10,800	18,900	27,000

1963 Model 356C, Carrera 2, 2.0 liter, 130 hp

Cpe	3,200	9,600	16,000	32,000	56,000	80,000
Cabr	4,800	14,400	24,000	48,000	84,000	120,000

1964 Model 356C, Normal, 1.6 liter, 75 hp

Cpe	700	2,150	3,600	7,200	12,600	18,000
Cabr	1,050	3,100	5,200	10,400	18,200	26,000

	6	5	4	3	2	1
1964 Model 356C, SC, 1.6 liter, 95 hp						
Cpe	800	2,400	4,000	8,000	14,000	20,000
Cabr	1,100	3,350	5,600	11,200	19,600	28,000
1964 Model 356C, Carrera 2, 2.0 liter, 130 hp						
Cpe	3,200	9,600	16,000	32,000	56,000	80,000
Cabr	4,800	14,400	24,000	48,000	84,000	120,000
1965 Model 356C, 1.6 liter, 75 hp						
Cpe	750	2,300	3,800	7,600	13,300	19,000
Cabr	1,050	3,100	5,200	10,400	18,200	26,000
1965 Model 356SC, 1.6 liter, 95 hp						
Cpe	800	2,400	4,000	8,000	14,000	20,000
Cabr	1,100	3,250	5,400	10,800	18,900	27,000
1966 Model 912, 4-cyl., 90 hp						
Cpe	700	2,050	3,400	6,800	11,900	17,000
1966 Model 911, 6-cyl., 130 hp						
Cpe	750	2,300	3,800	7,600	13,300	19,000
1967 Model 912, 4-cyl., 90 hp						
Cpe	700	2,050	3,400	6,800	11,900	17,000
Targa	750	2,300	3,800	7,600	13,300	19,000
1967 Model 911, 6-cyl., 110 hp						
Cpe	750	2,300	3,800	7,600	13,300	19,000
Targa	850	2,500	4,200	8,400	14,700	21,000
1967 Model 911S, 6-cyl., 160 hp						
Cpe	900	2,750	4,600	9,200	16,100	23,000
Targa	950	2,900	4,800	9,600	16,800	24,000
1968 Model 912, 4-cyl., 90 hp						
Cpe	700	2,150	3,600	7,200	12,600	18,000
Targa	800	2,400	4,000	8,000	14,000	20,000
1968 Model 911, 6-cyl., 130 hp						
Cpe	850	2,500	4,200	8,400	14,700	21,000
Targa	900	2,650	4,400	8,800	15,400	22,000
1968 Model 911L, 6-cyl., 130 hp						
Cpe	900	2,650	4,400	8,800	15,400	22,000
Targa	900	2,750	4,600	9,200	16,100	23,000
1968 Model 911S, 6-cyl., 160 hp						
Cpe	950	2,900	4,800	9,600	16,800	24,000
Targa	1,050	3,100	5,200	10,400	18,200	26,000
1969 Model 912, 4-cyl., 90 hp						
Cpe	700	2,150	3,600	7,200	12,600	18,000
Targa	750	2,300	3,800	7,600	13,300	19,000
1969 Model 911T, 6-cyl., 110 hp						
Cpe	850	2,500	4,200	8,400	14,700	21,000
Targa	900	2,750	4,600	9,200	16,100	23,000
1969 Model 911E, 6-cyl., 140 hp						
Cpe	850	2,500	4,200	8,400	14,700	21,000
Targa	900	2,750	4,600	9,200	16,100	23,000
1969 Model 911S, 6-cyl., 170 hp						
Cpe	950	2,900	4,800	9,600	16,800	24,000
Targa	1,050	3,100	5,200	10,400	18,200	26,000
1970 Model 914, 4-cyl., 1.7 liter, 80 hp						
Cpe/Targa	650	1,900	3,200	6,400	11,200	16,000
1970 Model 914/6, 6-cyl., 2.0 liter, 110 hp						
Cpe/Targa	700	2,150	3,600	7,200	12,600	18,000
1970 Model 911T, 6-cyl., 125 hp						
Cpe	750	2,300	3,800	7,600	13,300	19,000
Targa	850	2,500	4,200	8,400	14,700	21,000
1970 Model 911E, 6-cyl., 155 hp						
Cpe	800	2,400	4,000	8,000	14,000	20,000
Targa	900	2,650	4,400	8,800	15,400	22,000
1970 Model 911S, 6-cyl., 180 hp						
Cpe	950	2,900	4,800	9,600	16,800	24,000
Targa	1,100	3,250	5,400	10,800	18,900	27,000
1971 Model 914, 4-cyl., 1.7 liter, 80 hp						
Cpe/Targa	650	1,900	3,200	6,400	11,200	16,000
1971 Model 914/6, 6-cyl., 2.0 liter, 110 hp						
Cpe/Targa	700	2,150	3,600	7,200	12,600	18,000
1971 Model 911T, 6-cyl., 125 hp						
Cpe	750	2,300	3,800	7,600	13,300	19,000
Targa	850	2,500	4,200	8,400	14,700	21,000
1971 Model 911E, 6-cyl., 155 hp						
Cpe	800	2,400	4,000	8,000	14,000	20,000

	6	5	4	3	2	1
Targa	900	2,650	4,400	8,800	15,400	22,000
1971 Model 911S, 6-cyl., 180 hp						
Cpe	1,050	3,100	5,200	10,400	18,200	26,000
Targa	1,150	3,500	5,800	11,600	20,300	29,000
1972 Model 914, 4-cyl., 1.7 liter, 80 hp						
Cpe/Targa	650	1,900	3,200	6,400	11,200	16,000
1972 Model 911T, 6-cyl., 130 hp						
Cpe	750	2,300	3,800	7,600	13,300	19,000
Targa	850	2,500	4,200	8,400	14,700	21,000
1972 Model 911E, 6-cyl., 165 hp						
Cpe	700	2,150	3,600	7,200	12,600	18,000
Targa	850	2,500	4,200	8,400	14,700	21,000
1972 Model 911S, 6-cyl., 190 hp						
Cpe	950	2,900	4,800	9,600	16,800	24,000
Targa	1,100	3,250	5,400	10,800	18,900	27,000
1973 Model 914, 4-cyl., 1.8 liter, 76 hp						
Cpe/Targa	650	1,900	3,200	6,400	11,200	16,000
1973 Model 914, 4-cyl., 2.0 liter, 95 hp						
Cpe/Targa	700	2,150	3,600	7,200	12,600	18,000
1973 Model 911T, 6-cyl., 140 hp						
Cpe	800	2,400	4,000	8,000	14,000	20,000
Targa	900	2,650	4,400	8,800	15,400	22,000
1973 Model 911E, 6-cyl., 165 hp						
Cpe	800	2,400	4,000	8,000	14,000	20,000
Targa	900	2,650	4,400	8,800	15,400	22,000
1973 Model 911S, 6-cyl., 190 hp						
Cpe	950	2,900	4,800	9,600	16,800	24,000
Targa	1,100	3,250	5,400	10,800	18,900	27,000
1974 Model 914, 4-cyl., 1.8 liter, 76 hp						
Cpe/Targa	650	1,900	3,200	6,400	11,200	16,000
1974 Model 914, 4-cyl., 2 liter, 95 hp						
Cpe/Targa	700	2,150	3,600	7,200	12,600	18,000
1974 Model 911, 6-cyl., 150 hp						
Cpe	850	2,500	4,200	8,400	14,700	21,000
Targa	900	2,750	4,600	9,200	16,100	23,000
1974 Model 911S, 6-cyl., 175 hp						
Cpe	900	2,750	4,600	9,200	16,100	23,000
Targa	1,000	3,000	5,000	10,000	17,500	25,000
1974 Model 911 Carrera, 6-cyl., 175 hp						
Cpe	1,100	3,350	5,600	11,200	19,600	28,000
Targa	1,200	3,600	6,000	12,000	21,000	30,000
NOTE: Add 10 percent for RS. Add 20 percent for RSR.						
1975 Model 914, 4-cyl., 1.8 liter, 76 hp						
Cpe/Targa	500	1,550	2,600	5,200	9,100	13,000
1975 Model 914, 4-cyl., 2 liter, 95 hp						
Cpe/Targa	550	1,700	2,800	5,600	9,800	14,000
1975 Model 911S, 6-cyl., 175 hp						
Cpe	900	2,650	4,400	8,800	15,400	22,000
Targa	900	2,750	4,600	9,200	16,100	23,000
1975 Model 911 Carrera, 6-cyl., 210 hp						
Cpe	1,100	3,250	5,400	10,800	18,900	27,000
Targa	1,150	3,500	5,800	11,600	20,300	29,000
1976 Model 914, 4-cyl., 2 liter, 95 hp						
Cpe/Targa	550	1,700	2,800	5,600	9,800	14,000
1976 Model 912E, 4-cyl., 90 hp						
Cpe	750	2,300	3,800	7,600	13,300	19,000
1976 Model 911S, 6-cyl., 165 hp						
Cpe	900	2,650	4,400	8,800	15,400	22,000
Cpe 3.0	1,500	4,500	7,500	15,000	26,300	37,500
Targa	950	2,900	4,800	9,600	16,800	24,000
1976 Model 930, Turbo & T. Carrera						
Cpe	1,450	4,300	7,200	14,400	25,200	36,000
1977 Model 924, 4-cyl., 95 hp						
Cpe	550	1,700	2,800	5,600	9,800	14,000
1977 Model 911S, 6-cyl., 165 hp						
Cpe	800	2,400	4,000	8,000	14,000	20,000
Targa	900	2,650	4,400	8,800	15,400	22,000
Targa 3.0 (200 hp)	1,500	4,500	7,500	15,000	26,300	37,500
1977 Model 930 Turbo, 6-cyl., 245 hp						
Cpe	1,450	4,300	7,200	14,400	25,200	36,000

1967 Opel Kadett Rallye coupe

1989 Peugeot 505 Turbo sedan

1954 Porsche 356 coupe

	6	5	4	3	2	1
1978 Model 924						
Cpe	550	1,700	2,800	5,600	9,800	14,000
1978 Model 911SC						
Cpe	850	2,500	4,200	8,400	14,700	21,000
Cpe Targa	900	2,650	4,400	8,800	15,400	22,000
1978 Model 928						
Cpe	950	2,900	4,800	9,600	16,800	24,000
1978 Model 930						
Cpe	1,450	4,300	7,200	14,400	25,200	36,000
1979 Model 924						
Cpe	500	1,550	2,600	5,200	9,100	13,000
1979 Model 911SC						
Cpe	800	2,400	4,000	8,000	14,000	20,000
Targa	900	2,650	4,400	8,800	15,400	22,000
1979 Model 930						
Cpe	1,400	4,200	7,000	14,000	24,500	35,000
1979 Model 928						
Cpe	1,450	4,300	7,200	14,400	25,200	36,000
1980 Model 924						
Cpe	500	1,550	2,600	5,200	9,100	13,000
Cpe Turbo	650	1,900	3,200	6,400	11,200	16,000
1980 Model 911SC						
Cpe	900	2,650	4,400	8,800	15,400	22,000
Cpe Targa	900	2,750	4,600	9,200	16,100	23,000
1980 Model 928						
Cpe	1,000	3,000	5,000	10,000	17,500	25,000
1981 Model 924						
Cpe	500	1,450	2,400	4,800	8,400	12,000
Cpe Turbo	550	1,700	2,800	5,600	9,800	14,000
1981 Model 911SC						
Cpe	850	2,500	4,200	8,400	14,700	21,000
Cpe Targa	900	2,650	4,400	8,800	15,400	22,000
1981 Model 928						
Cpe	1,050	3,100	5,200	10,400	18,200	26,000
1982 Model 924						
Cpe	450	1,300	2,200	4,400	7,700	11,000
Cpe Turbo	500	1,550	2,600	5,200	9,100	13,000
1982 Model 911SC						
Cpe	750	2,300	3,800	7,600	13,300	19,000
Cpe Targa	800	2,400	4,000	8,000	14,000	20,000
1982 Model 928						
Cpe	1,050	3,100	5,200	10,400	18,200	26,000
1983 Model 944						
Cpe	450	1,300	2,200	4,400	7,700	11,000
1983 Model 911SC						
Cpe	750	2,300	3,800	7,600	13,300	19,000
Cpe Targa	800	2,400	4,000	8,000	14,000	20,000
Conv	900	2,650	4,400	8,800	15,400	22,000
1983 Model 928						
Cpe	1,100	3,350	5,600	11,200	19,600	28,000
1984 Model 944						
2d Cpe	450	1,300	2,200	4,400	7,700	11,000
1984 Model 911						
2d Cpe	750	2,300	3,800	7,600	13,300	19,000
2d Cpe Targa	900	2,650	4,400	8,800	15,400	22,000
2d Conv	1,000	3,000	5,000	10,000	17,500	25,000
1984 Model 928S						
Cpe	1,100	3,350	5,600	11,200	19,600	28,000
1985 Model 944						
2d Cpe	500	1,450	2,400	4,800	8,400	12,000
1985 Model 911						
Carrera 2d Cpe	850	2,500	4,200	8,400	14,700	21,000
Carrera 2d Conv	1,100	3,250	5,400	10,800	18,900	27,000
Targa 2d Cpe	950	2,900	4,800	9,600	16,800	24,000
1985 Model 928S						
2d Cpe	1,150	3,500	5,800	11,600	20,300	29,000
1986 Model 944						
2d Cpe	500	1,550	2,600	5,200	9,100	13,000
Turbo 2d Cpe	550	1,700	2,800	5,600	9,800	14,000
1986 Model 911 Carrera						
2d Cpe	1,200	3,600	6,000	12,000	21,000	30,000

	6	5	4	3	2	1
2d Conv	1,450	4,300	7,200	14,400	25,200	36,000
2d Cpe Targa	1,300	3,850	6,400	12,800	22,400	32,000
2d Cpe Turbo	1,800	5,400	9,000	18,000	31,500	45,000
1986 Model 928S						
2d Cpe	1,150	3,500	5,800	11,600	20,300	29,000
1987 Model 924S						
2d Cpe	500	1,550	2,600	5,200	9,100	13,000
1987 Model 928S4						
2d Cpe	1,750	5,300	8,800	17,600	30,800	44,000
1987 Model 944						
2d Cpe	650	1,900	3,200	6,400	11,200	16,000
2d Cpe Turbo	700	2,150	3,600	7,200	12,600	18,000
1987 Model 944S						
2d Cpe	700	2,050	3,400	6,800	11,900	17,000
1987 Model 911 Carrera						
2d Cpe	1,200	3,600	6,000	12,000	21,000	30,000
2d Cpe Targa	1,300	3,850	6,400	12,800	22,400	32,000
2d Conv	1,450	4,300	7,200	14,400	25,200	36,000
2d Turbo	1,800	5,400	9,000	18,000	31,500	45,000
1988 Porsche						
2d 924S Cpe	650	1,900	3,200	6,400	11,200	16,000
2d 944 Cpe	700	2,150	3,600	7,200	12,600	18,000
2d 944S Cpe	750	2,300	3,800	7,600	13,300	19,000
2d 944 Cpe Turbo	800	2,400	4,000	8,000	14,000	20,000
2d 911 Cpe Carrera	1,500	4,450	7,400	14,800	25,900	37,000
2d 911 Cpe Targa	1,500	4,550	7,600	15,200	26,600	38,000
2d 911 Conv	1,650	4,900	8,200	16,400	28,700	41,000
2d 928S4 Cpe	1,100	3,250	5,400	10,800	18,900	27,000
2d 911 Turbo Conv	2,200	6,600	11,000	22,000	38,500	55,000
1989 Model 944						
2d Cpe	750	2,300	3,800	7,600	13,300	19,000
2d Cpe (Turbo)	850	2,500	4,200	8,400	14,700	21,000
2d S2 Cpe	900	2,750	4,600	9,200	16,100	23,000
2d S2 Conv	1,150	3,500	5,800	11,600	20,300	29,000
1989 Model 911						
2d Carrera	1,350	4,100	6,800	13,600	23,800	34,000
2d Targa	1,400	4,200	7,000	14,000	24,500	35,000
2d Conv	1,700	5,050	8,400	16,800	29,400	42,000
2d Conv Turbo	2,200	6,600	11,000	22,000	38,500	55,000
1989 Model 928						
2d Cpe	1,100	3,250	5,400	10,800	18,900	27,000
1990 Model 944S						
2d Cpe	700	2,150	3,600	7,200	12,600	18,000
2d Conv	850	2,500	4,200	8,400	14,700	21,000
1990 Model 911						
2d Carrera Cpe 2P	1,300	3,850	6,400	12,800	22,400	32,000
2d Targa Cpe 2P	1,300	3,950	6,600	13,200	23,100	33,000
2d Carrera Conv 2P	1,600	4,800	8,000	16,000	28,000	40,000
2d Carrera Cpe 4P	1,450	4,300	7,200	14,400	25,200	36,000
2d Targa Cpe 4P	1,500	4,450	7,400	14,800	25,900	37,000
2d Carrera Conv 4P	1,700	5,050	8,400	16,800	29,400	42,000
1990 Model 928S						
2d Cpe	1,050	3,100	5,200	10,400	18,200	26,000
1991 Model 944S						
2d Cpe 2P	750	2,300	3,800	7,600	13,300	19,000
2d Conv 2P	900	2,650	4,400	8,800	15,400	22,000
1991 Model 911						
2d Carrera 2P	1,400	4,200	7,000	14,000	24,500	35,000
2d Carrera Targa 2P	1,450	4,300	7,200	14,400	25,200	36,000
2d Carrera Conv 2P	1,700	5,050	8,400	16,800	29,400	42,000
2d Carrera 4P	1,550	4,700	7,800	15,600	27,300	39,000
2d Carrera Targa 4P	1,600	4,800	8,000	16,000	28,000	40,000
2d Carrera Conv 4P	1,800	5,400	9,000	18,000	31,500	45,000
2d Turbo Cpe	1,900	5,750	9,600	19,200	33,600	48,000
1991 Model 928S						
2d Cpe 4P	1,000	3,000	5,000	10,000	17,500	25,000
1992 968, 4-cyl.						
2d Cpe	950	2,900	4,800	9,600	16,800	24,000
2d Conv	1,150	3,500	5,800	11,600	20,300	29,000
1992 911, 6-cyl.						
2d Cpe 2P	1,600	4,800	8,000	16,000	28,000	40,000
2d Targa Cpe 2P	1,650	4,900	8,200	16,400	28,700	41,000
2d Conv 2P	1,800	5,400	9,000	18,000	31,500	45,000

	6	5	4	3	2	1
2d Cpe 4P	1,700	5,050	8,400	16,800	29,400	42,000
2d Targa Cpe 4P	1,700	5,150	8,600	17,200	30,100	43,000
2d Conv 4P	1,900	5,750	9,600	19,200	33,600	48,000
2d Turbo Cpe	2,200	6,600	11,000	22,000	38,500	55,000
1993 968, 4-cyl.						
2d Cpe	1,000	3,000	5,000	10,000	17,500	25,000
2d Conv	1,200	3,600	6,000	12,000	21,000	30,000
1993 911, 6-cyl.						
2d Carrera	1,700	5,050	8,400	16,800	29,400	42,000
2d Carrera Targa	1,850	5,500	9,200	18,400	32,200	46,000
2d Carrera Conv	1,900	5,750	9,600	19,200	33,600	48,000
2d Carrera Cabrio	2,000	6,000	10,000	20,000	35,000	50,000
1993 928 GTS, V-8						
2d Cpe	1,850	5,500	9,200	18,400	32,200	46,000

RENAULT

1946-48 Juvaquatre, 4-cyl., 760cc 4CV, 4-cyl., 760cc. 83" wb
4d Sed	250	800	1,300	2,600	4,550	6,500

1949 4CV, 4-cyl., 760cc, 83" wb
| Std 4d Sed | 250 | 800 | 1,300 | 2,600 | 4,550 | 6,500 |
| Grande Luxe 4d Sed | 250 | 800 | 1,300 | 2,600 | 4,550 | 6,500 |

1950 4CV, 4-cyl., 760cc, 83" wb
| Grande Luxe 4d Sed | 250 | 800 | 1,300 | 2,600 | 4,550 | 6,500 |

1951 4CV, Sliding Windows 4-cyl., 747cc, 83" wb
| R-1060 4d Sed | 250 | 800 | 1,300 | 2,600 | 4,550 | 6,500 |

1951 4CV Luxe, Rolldown Windows
| R-1062 4d Sed | 250 | 800 | 1,300 | 2,600 | 4,550 | 6,500 |

1951 4CV Super Grande Luxe, Rolldown Windows
| R-1062 4d Sed | 250 | 800 | 1,300 | 2,600 | 4,550 | 6,500 |
| R-1062 4d Conv | 300 | 850 | 1,400 | 2,800 | 4,900 | 7,000 |

1952 4CV Luxe, 4-cyl., 747cc, 83" wb
| R-1062 4d Sed | 250 | 800 | 1,300 | 2,600 | 4,550 | 6,500 |

1952 4CV Super Grande Luxe
| R-1062 4d Sed | 250 | 800 | 1,300 | 2,600 | 4,550 | 6,500 |
| R-1062 4d Conv | 300 | 850 | 1,400 | 2,800 | 4,900 | 7,000 |

NOTE: All models had rollup windows.

1953-54 4CV Luxe, Sport Line 4-cyl., 747cc, 83" wb
| R-1062 4d Sed | 250 | 800 | 1,300 | 2,600 | 4,550 | 6,500 |

1953-54 4CV Super Grande Luxe, Sport Line 4-cyl., 747cc, 83" wb
| R-1062 4d Conv | 300 | 850 | 1,400 | 2,800 | 4,900 | 7,000 |

1953-54 Fregate, 4-cyl., 1997cc, 110.25" wb
| R-1100 4d Sed | 200 | 600 | 1,000 | 2,000 | 3,500 | 5,000 |

1955-56 4CV Luxe, Sport Line 4-cyl., 747cc, 82.7" wb
| R-1062 4d Sed | 250 | 800 | 1,300 | 2,600 | 4,550 | 6,500 |

1955-56 4CV Super Grande Luxe 4-cyl., 747cc, 82.7" wb
| R-1062 4d Conv | 300 | 850 | 1,400 | 2,800 | 4,900 | 7,000 |

1957-59 4CV, Sport Line 4-cyl., 747cc, 82.7" wb
| R-1062 4d Sed | 250 | 800 | 1,300 | 2,600 | 4,550 | 6,500 |

1957-59 Dauphine, 4-cyl., 845cc, 89" wb
| R-1090 4d Sed | 200 | 650 | 1,100 | 2,200 | 3,850 | 5,500 |

1960-62 4CV, 1960-61 4-cyl., 747cc, 83" wb
| R-1062 4d Sed | 250 | 800 | 1,300 | 2,600 | 4,550 | 6,500 |
| 4d Sed S/R | 250 | 800 | 1,300 | 2,600 | 4,550 | 6,500 |

1960-62 Dauphine, 4-cyl., 845cc, 89" wb
| R-1090 4d Sed | 200 | 650 | 1,100 | 2,200 | 3,850 | 5,500 |
| 4d Sed S/R | 200 | 650 | 1,100 | 2,200 | 3,850 | 5,500 |

1960-62 Gordini, 1961-62 4-cyl., 845cc, 89" wb
| R-1091A 4d Spt Sed | 200 | 600 | 1,000 | 2,000 | 3,500 | 5,000 |

1960-62 Caravella R-1092, 4-cyl., 845cc, 89" wb
2d Conv	300	950	1,600	3,200	5,600	8,000
2d Cpe	300	900	1,500	3,000	5,250	7,500
2d HdTp Conv	300	950	1,600	3,200	5,600	8,000

1963-66 Dauphine, 4-cyl., 845cc, 89" wb
| R-1090 4d Sed | 200 | 650 | 1,100 | 2,200 | 3,850 | 5,500 |

1963-66 Caravella S, 1963, 4-cyl., 956cc, 89" wb
R-1133 2d Conv	300	950	1,600	3,200	5,600	8,000
R-1131 2d Cpe	300	900	1,500	3,000	5,250	7,500
2d HT Cpe	300	950	1,600	3,200	5,600	8,000

1963-66 Caravella 1964-66, 4-cyl., 89" wb
| R-1133 2d Conv | 300 | 950 | 1,600 | 3,200 | 5,600 | 8,000 |

	6	5	4	3	2	1
R-1131 2d Cpe	300	900	1,500	3,000	5,250	7,500
1963-66 R8, 4-cyl., 956cc, 89" wb						
R-1130 4d Sed	200	600	1,000	2,000	3,500	5,000
1963-66 R8 1100, 1964-66, 4-cyl., 1108cc, 89" wb						
R-1132 4d Sed	200	600	1,000	2,000	3,500	5,000
1963-66 R8 Gordini, 1965-66, 4-cyl., 89" wb						
R-1134 4d Sed	200	650	1,100	2,200	3,850	5,500
1967-68 10, R-10, 4-cyl., 1108cc, 89" wb						
R-1190 4d Sed	200	600	1,000	2,000	3,500	5,000
1969-70 10, 1969 R-10, 4-cyl., 1108cc, 89" wb						
R-1190 4d Sed	200	600	1,000	2,000	3,500	5,000
1969-70 10, 1970 R-10, 4-cyl., 1289cc, 89" wb						
4d Sed	200	650	1,100	2,200	3,850	5,500
1969-70 16, 1970 R-16, 4-cyl., 1565cc, FWD, 105.8" wb						
R-1152 4d Sed Wag	250	700	1,200	2,400	4,200	6,000
1971-75 R-10, 1971 only, 4-cyl., 1289cc, 89" wb						
4d Sed	200	650	1,100	2,200	3,850	5,500
1971-75 R-12, 1972-up, 4-cyl., 1565cc, FWD, 96" wb						
4d Sed	250	700	1,200	2,400	4,200	6,000
4d Sta Wag	200	650	1,100	2,200	3,850	5,500
1971-75 R-15, 1972-up, 4-cyl., 1647cc, FWD, 96" wb						
2d Cpe	250	700	1,200	2,400	4,200	6,000
1971-75 R-16, 1971-72 only, 4-cyl., 1565cc, FWD, 105.8" wb						
4d Sed	200	600	1,000	2,000	3,500	5,000
1971-75 R-17, 1972-up, 4-cyl., 1565cc-1647cc, FWD, 96" wb						
2d Spt Cpe	250	800	1,300	2,600	4,550	6,500
1976-80 R-5, 1976, 4-cyl., 1289cc, FWD, 94.6-95.8" wb						
R-5TL 2d HBk	200	600	1,000	2,000	3,500	5,000
R-5GTL 2d HBk	200	600	1,000	2,000	3,500	5,000
1976-80 LeCar, 1977-up, 4-cyl., 1289cc-1397cc, FWD						
TL 2d HBk	200	600	1,000	2,000	3,500	5,000
GTL 2d HBk	200	600	1,000	2,000	3,500	5,000
1976-80 R-12, 1976-77 only, 4-cyl., 1647cc, FWD, 96" wb						
TL 4d Sed	200	550	900	1,800	3,150	4,500
GTL 4d Sed	200	550	900	1,800	3,150	4,500
R-12 4d Sta Wag	200	600	950	1,900	3,350	4,800
1976-80 R-15, 1976 only, 4-cyl., 1647cc, FWD, 96" wb						
TL 2d Cpe	200	550	900	1,800	3,150	4,500
1976-80 R-17, 4-cyl., 1647cc, FWD, 96" wb						
TL 2d Cpe/Conv	250	700	1,200	2,400	4,200	6,000
Gordini 2d Cpe/Conv	250	800	1,300	2,600	4,550	6,500
1981 LeCar, 4-cyl., 1397cc, FWD, 95.2" wb						
2d HBk	200	600	1,000	2,000	3,500	5,000
1981 LeCar, 4-cyl, 95.2" wb, 1397cc, FWD						
DeL 2d HBk	200	600	1,000	2,000	3,500	5,000
DeL 4d HBk	200	600	1,000	2,000	3,500	5,000
1981 18i, 4-cyl., 1647cc, FWD, 96.1" wb						
4d Sed	200	600	1,000	2,000	3,500	5,000
4d Sta Wag	200	600	1,050	2,100	3,650	5,200
DeL 4d Sed	200	600	1,050	2,100	3,650	5,200
DeL 4d Sta Wag	200	650	1,100	2,150	3,800	5,400
1982 LeCar, 4-cyl., 1397cc, FWD, 95.2" wb						
2d HBk	200	600	1,000	2,000	3,500	5,000
DeL 2d HBk	200	600	1,050	2,100	3,650	5,200
DeL 4d HBk	200	600	1,050	2,100	3,650	5,200
1982 Fuego, 4-cyl., 1647cc, FWD, 96.1" wb						
2d Cpe	250	700	1,200	2,400	4,200	6,000
1982 18i, 4-cyl., 1647cc, FWD, 96.1" wb						
4d Sed	200	600	1,000	2,000	3,500	5,000
4d Sta Wag	200	600	1,050	2,100	3,650	5,200
DeL 4d Sed	200	600	1,050	2,100	3,650	5,200
DeL 4d Sta Wag	200	650	1,100	2,150	3,800	5,400
1983 LeCar, 4-cyl., 1397cc, FWD, 95.2" wb						
2d HBk	200	600	1,000	2,000	3,500	5,000
DeL 2d HBk	200	600	1,050	2,100	3,650	5,200
DeL 4d HBk	200	650	1,100	2,150	3,800	5,400
1983 Fuego, 4-cyl., 1647cc, FWD, 96.1" wb						
2d Cpe	250	700	1,200	2,400	4,200	6,000
1983 Fuego Turbo, 4-cyl., 1565cc, FWD, 96.1" wb						
2d Cpe	250	800	1,300	2,600	4,550	6,500

	6	5	4	3	2	1
1983 18i, 4-cyl., 1647cc, FWD, 96.1" wb						
DeL 4d Sed	200	600	1,000	2,000	3,500	5,000
DeL 4d Sta Wag	200	600	1,050	2,100	3,650	5,200
1984 Fuego, 4-cyl., 2165cc, FWD, 96.1" wb						
2d Cpe	250	700	1,200	2,400	4,200	6,000
1984 Fuego Turbo, 4-cyl., 1565cc, FWD, 96.1" wb						
2d Cpe	250	800	1,300	2,600	4,550	6,500
1984 Sportwagon, 4-cyl., 2165cc, FWD, 96.1" wb						
4d Sta Wag	200	600	1,050	2,100	3,650	5,200
1985 Fuego, 4-cyl., 2165cc, FWD, 96.1" wb						
2d Cpe	250	800	1,300	2,600	4,550	6,500
1985 Sportwagon, 4-cyl., 2165cc, FWD, 96.1" wb						
4d Sta Wag	200	600	1,050	2,100	3,650	5,200

ROLLS-ROYCE

1947-1951 6-cyl., 4257cc, 127" wb, 133" wb (1951), Silver Wraith Freestone & Webb						
Cpe	2,200	6,600	11,000	22,000	38,500	55,000
Limo	1,700	5,050	8,400	16,800	29,400	42,000
Saloon	1,450	4,300	7,200	14,400	25,200	36,000
Spt Saloon	1,500	4,550	7,600	15,200	26,600	38,000
1947-1951 Hooper						
DHC	3,350	10,100	16,800	33,600	58,800	84,000
Treviot	1,700	5,050	8,400	16,800	29,400	42,000
Treviot II	1,700	5,150	8,600	17,200	30,100	43,000
Treviot III	1,750	5,300	8,800	17,600	30,800	44,000
1947-1951 H.J. Mulliner						
Sedanca de Ville	2,950	8,900	14,800	29,600	51,800	74,000
Tr Limo	1,750	5,300	8,800	17,600	30,800	44,000
1947-1951 Park Ward						
Saloon	1,600	4,800	8,000	16,000	28,000	40,000
1947-1951 James Young						
Limo	1,750	5,300	8,800	17,600	30,800	44,000
Saloon	1,700	5,050	8,400	16,800	29,400	42,000
1949-1951 6-cyl., 4257cc, 120" wb, Silver Dawn						
Std Steel Saloon	1,700	5,050	8,400	16,800	29,400	42,000
1949-1951 Farina						
Spl Saloon	2,300	6,850	11,400	22,800	39,900	57,000
1949-1951 Freestone & Webb						
Saloon	1,750	5,300	8,800	17,600	30,800	44,000
1949-1951 Park Ward						
DHC	2,500	7,450	12,400	24,800	43,400	62,000
FHC	1,900	5,650	9,400	18,800	32,900	47,000
1950-1956 8-cyl., 5675cc, 145" wb, Phantom IV						
Park Ward Limo	6,200	18,600	31,000	62,000	109,000	155,000
1951-1952 6-cyl., 4566cc, 127" wb, Silver Wraith Freestone & Webb						
Cpe	1,750	5,300	8,800	17,600	30,800	44,000
1951-1955 6-cyl., 4566cc, 127" wb, Silver Wraith Freestone & Webb						
Spt Saloon	1,750	5,300	8,800	17,600	30,800	44,000
1951-1955 Hooper						
Tr Limo	1,600	4,800	8,000	16,000	28,000	40,000
1951-1955 H.J. Mulliner						
Tr Limo	1,750	5,300	8,800	17,600	30,800	44,000
1951-1955 Park Ward						
Limo	1,700	5,150	8,600	17,200	30,100	43,000
1951-1955 6-cyl., 4566cc, 120" wb, Silver Dawn						
Std Steel Saloon	1,700	5,050	8,400	16,800	29,400	42,000
1951-1955 Park Ward						
DHC	2,550	7,700	12,800	25,600	44,800	64,000
1955-1959 6-cyl., 4887cc, 123" wb, 127" wb (after 1957), Silver Cloud						
Std Steel Saloon	1,600	4,800	8,000	16,000	28,000	40,000
1955-1959 H.J. Mulliner						
DHC	3,450	10,300	17,200	34,400	60,000	86,000
1955-1959 Park Ward						
Saloon LWB	1,650	4,900	8,200	16,400	28,700	41,000
1955-1959 James Young						
Saloon	2,100	6,250	10,400	20,800	36,400	52,000

NOTE: Deduct 30 percent for RHD.

	6	5	4	3	2	1
1955-1959 6-cyl., 4887cc, 133" wb, Silver Wraith Hooper						
LWB Limo	1,750	5,300	8,800	17,600	30,800	44,000
Saloon	1,700	5,050	8,400	16,800	29,400	42,000
1955-1959 H.J. Mulliner						
Tr Limo	1,850	5,500	9,200	18,400	32,200	46,000
1955-1959 Park Ward						
Limo	1,600	4,800	8,000	16,000	28,000	40,000
Saloon	1,550	4,700	7,800	15,600	27,300	39,000
NOTE: Deduct 30 percent for RHD.						
1959-1962 V-8, 6230cc, 123" wb, 127" wb (after 1960), Silver Cloud II						
Std Steel Saloon	1,650	4,900	8,200	16,400	28,700	41,000
1959-1962 H.J. Mulliner						
DHC	4,100	12,200	20,400	40,800	71,500	102,000
1959-1962 Radford						
Countryman	1,900	5,650	9,400	18,800	32,900	47,000
1959-1962 James Young						
Limo, LWB	2,300	6,950	11,600	23,200	40,600	58,000
NOTE: Deduct 30 percent for RHD.						
1960-1968 V-8, 6230cc, 144" wb, Phantom V H.J. Mulliner-Park Ward						
Landaulette	6,200	18,600	31,000	62,000	109,000	155,000
Limo	2,800	8,400	14,000	28,000	49,000	70,000
1960-1968 Park Ward						
Limo	2,100	6,250	10,400	20,800	36,400	52,000
1960-1968 James Young						
Limo	3,200	9,600	16,000	32,000	56,000	80,000
Sedanca de Ville	6,200	18,600	31,000	62,000	109,000	155,000
NOTE: Deduct 30 percent for RHD.						
1962-1966 V-8, 6230cc, 123" wb, 127" wb, Silver Cloud III						
Std Steel Saloon	2,950	8,900	14,800	29,600	51,800	74,000
1962-1966 H.J. Mulliner						
2d Saloon	2,050	6,100	10,200	20,400	35,700	51,000
DHC	5,100	15,400	25,600	51,200	90,100	128,000
Flying Spur	3,450	10,300	17,200	34,400	60,000	86,000
NOTE: Deduct 30 percent for RHD.						
1962-1966 James Young						
4d Spt Saloon	1,650	4,900	8,200	16,400	28,700	41,000
Cpe	2,100	6,250	10,400	20,800	36,400	52,000
Tr Limo SWB	2,550	7,700	12,800	25,600	44,800	64,000
Tr Limo LWB	3,050	9,100	15,200	30,400	53,200	76,000
1962-1966 Park Ward						
DHC	2,300	6,850	11,400	22,800	39,900	57,000
Limo, LWB	2,550	7,700	12,800	25,600	44,800	64,000
NOTE: Deduct 30 percent for RHD.						
1965-1969 V-8, 6230cc, 119.5" wb, 123.5" wb, Silver Shadow						
Std Steel Saloon	1,700	5,050	8,400	16,800	29,400	42,000
LWB Saloon	1,800	5,400	9,000	18,000	31,500	45,000
1965-1969 Mulliner-Park Ward						
2d Saloon	1,850	5,500	9,200	18,400	32,200	46,000
DHC	1,950	5,900	9,800	19,600	34,300	49,000
1965-1969 James Young						
2d Saloon	1,850	5,500	9,200	18,400	32,200	46,000
NOTE: Deduct 30 percent for RHD.						
1968-1977 V-8, 6230cc, 145" wb, Phantom VI						
Landau	3,850	11,500	19,200	38,400	67,000	96,000
Limo	3,450	10,300	17,200	34,400	60,000	86,000
1968-1977 Mulliner-Park Ward						
Laudaulette	7,200	21,600	36,000	72,000	126,000	180,000
NOTE: Deduct 30 percent for RHD.						
1970-1976 V-8, 6750cc, 119.5" wb, 123.5" wb, Silver Shadow						
Std Steel Saloon	1,800	5,400	9,000	18,000	31,500	45,000
1970-1976 V-8, 6750cc, 119.5" wb, 123.5" wb Silver Shadow						
LWB Saloon	2,000	6,000	10,000	20,000	35,000	50,000
1970-1976 Mulliner-Park Ward						
2d Saloon	2,150	6,500	10,800	21,600	37,800	54,000
DHC	2,700	8,150	13,600	27,200	47,600	68,000
NOTE: Deduct 30 percent for RHD.						
1971-1977 V-8, 6750cc, 119" wb, Corniche						
2d Saloon	2,400	7,200	12,000	24,000	42,000	60,000
Conv	3,200	9,600	16,000	32,000	56,000	80,000

	6	5	4	3	2	1

NOTE: Deduct 30 percent for RHD.
1975-1978 V-8, 6750cc, 108.5" wb
| Camarque | 2,000 | 6,000 | 10,000 | 20,000 | 35,000 | 50,000 |

NOTE: Deduct 30 percent for RHD.
1977-1978 V-8, 6750cc, 120" wb
| Silver Shadow II | 1,800 | 5,400 | 9,000 | 18,000 | 31,500 | 45,000 |

1977-1978 V-8, 6750cc, 123.5" wb
| Silver Wraith II | 2,000 | 6,000 | 10,000 | 20,000 | 35,000 | 50,000 |

NOTE: Add 10 percent for factory sunroof. Deduct 30 percent for RHD.
1979 V-8, 6750cc, 123.5" wb
4d Silver Spirit	2,300	6,950	11,600	23,200	40,600	58,000
4d Silver Spur	2,550	7,700	12,800	25,600	44,800	64,000
2d Conv Corniche	3,450	10,300	17,200	34,400	60,000	86,000
2d Camargue	2,350	7,100	11,800	23,600	41,300	59,000
4d Phantom VI	6,600	19,800	33,000	66,000	115,000	165,000
4d Silver Shadow	2,200	6,600	11,000	22,000	38,500	55,000
4d Silver Wraith	2,300	6,950	11,600	23,200	40,600	58,000

1980 V-8, 6750cc, 123.5" wb
4d Silver Spirit	2,300	6,950	11,600	23,200	40,600	58,000
4d Silver Spur	2,550	7,700	12,800	25,600	44,800	64,000
2d Conv Corniche	3,450	10,300	17,200	34,400	60,000	86,000
2d Camargue	2,550	7,700	12,800	25,600	44,800	64,000
4d Phantom VI	6,600	19,800	33,000	66,000	115,000	165,000
4d Silver Shadow	2,200	6,600	11,000	22,000	38,500	55,000
4d Silver Wraith	2,300	6,950	11,600	23,200	40,600	58,000

1981 V-8, 6750cc, 123.5" wb
4d Silver Spirit	2,300	6,950	11,600	23,200	40,600	58,000
4d Silver Spur	2,550	7,700	12,800	25,600	44,800	64,000
2d Conv Corniche	3,450	10,300	17,200	34,400	60,000	86,000
2d Camarque	2,350	7,100	11,800	23,600	41,300	59,000
4d Phantom VI	6,600	19,800	33,000	66,000	115,000	165,000

1982 V-8, 6750cc, 123.5" wb
4d Silver Spirit	2,300	6,850	11,400	22,800	39,900	57,000
4d Silver Spur	2,550	7,700	12,800	25,600	44,800	64,000
2d Conv Corniche	3,500	10,600	17,600	35,200	61,500	88,000
2d Camarque	2,500	7,450	12,400	24,800	43,400	62,000
4d Phantom VI	6,600	19,800	33,000	66,000	115,000	165,000

1983 V-8, 6750cc, 123.5" wb
4d Silver Spirit	2,300	6,850	11,400	22,800	39,900	57,000
4d Silver Spur	2,550	7,700	12,800	25,600	44,800	64,000
2d Conv Corniche	3,500	10,600	17,600	35,200	61,500	88,000
2d Camarque	2,500	7,450	12,400	24,800	43,400	62,000
4d Phantom VI	6,600	19,800	33,000	66,000	115,000	165,000

1984 V-8, 6750cc, 123.5" wb
4d Silver Spirit Sed	2,350	7,100	11,800	23,600	41,300	59,000
4d Silver Spur Sed	2,650	7,900	13,200	26,400	46,200	66,000
2d Camarque Cpe	2,650	7,900	13,200	26,400	46,200	66,000
2d Corniche Conv	3,700	11,000	18,400	36,800	64,500	92,000

1985 V-8, 6750cc, 123.5" wb
4d Silver Spirit Sed	2,650	7,900	13,200	26,400	46,200	66,000
4d Silver Spur Sed	2,900	8,650	14,400	28,800	50,400	72,000
2d Camarque Cpe	2,900	8,650	14,400	28,800	50,400	72,000
2d Corniche Conv	3,900	11,800	19,600	39,200	68,500	98,000

1986 V-8, 6750cc, 123.5" wb
4d Silver Spirit Sed	2,900	8,650	14,400	28,800	50,400	72,000
4d Silver Spur Sed	3,100	9,350	15,600	31,200	54,600	78,000
2d Camarque Cpe	3,100	9,350	15,600	31,200	54,600	78,000
2d Corniche Conv	4,000	12,000	20,000	40,000	70,000	100,000

1987 V-8, 6750cc, 123.5" wb
4d Silver Spirit Sed	1,800	5,400	9,000	18,000	31,500	45,000
4d Silver Spur Sed	1,900	5,750	9,600	19,200	33,600	48,000
2d Camarque Cpe	3,600	10,800	18,000	36,000	63,000	90,000
2d Corniche Conv	5,200	15,600	26,000	52,000	91,000	130,000
4d Silver Spur Limo	4,800	14,400	24,000	48,000	84,000	120,000

1988 V-8, 6750cc, 123.5" wb
4d Silver Spirit Sed	2,100	6,250	10,400	20,800	36,400	52,000
4d Silver Spur Sed	2,200	6,600	11,000	22,000	38,500	55,000
2d Corniche Conv	5,450	16,300	27,200	54,400	95,000	136,000

1989 V-8, 6750cc, 123.5" wb
4d Silver Spirit Sed	2,300	6,850	11,400	22,800	39,900	57,000
4d Silver Spur Sed	2,400	7,200	12,000	24,000	42,000	60,000
2d Corniche Conv	5,500	16,600	27,600	55,200	96,500	138,000

1990 V-8, 6750cc, 123.5" wb
| 4d Silver Spirit Sed | 2,650 | 7,900 | 13,200 | 26,400 | 46,200 | 66,000 |

1978 Porsche 911SC coupe

1978
Renault
LeCar
hatchback

1949 Rolls-Royce Silver Wraith Sedanca de Ville by H.J. Mulliner

	6	5	4	3	2	1
4d Silver Spur Sed	2,700	8,150	13,600	27,200	47,600	68,000
2d Corniche Conv	5,500	16,600	27,600	55,200	96,500	138,000
1991 Silver Spirit II						
4d Sed SWB	2,800	8,400	14,000	28,000	49,000	70,000
4d Sed LWB	3,050	9,100	15,200	30,400	53,200	76,000
1991 Corniche III						
2d Conv	5,600	16,800	28,000	56,000	98,000	140,000
1992 Silver Spirit, V-8						
4d Sed	3,050	9,100	15,200	30,400	53,200	76,000
1992 Silver Spur, V-8						
4d Sed	3,450	10,300	17,200	34,400	60,000	86,000
4d Limo	5,450	16,300	27,200	54,400	95,000	136,000
1992 Corniche IV, V-8						
2d Conv	5,800	17,400	29,000	58,000	102,000	145,000
1993 Silver Spur IV						
4d Sed	3,800	11,400	19,000	38,000	66,500	95,000
1993 Silver Spur						
4d Limo	5,600	16,800	28,000	56,000	98,000	140,000
1993 Corniche IV						
2d Conv	6,400	19,200	32,000	64,000	112,000	160,000

SAAB

1950-1952 2-cyl., 764cc, 97.2" wb						
92 2d Sed	300	950	1,550	3,100	5,450	7,800
1953-1955 2-cyl., 764cc, 97.2" wb						
92B 2d Sed	300	900	1,450	2,900	5,100	7,300
1956-1957 3-cyl., 748cc, 98" wb						
93 2d Sed	250	800	1,350	2,700	4,750	6,800
1958 3-cyl., 748cc, 98" wb						
93B 2d Sed	250	750	1,250	2,500	4,400	6,300
GT 750 2d Sed	250	800	1,350	2,700	4,750	6,800
1959 3-cyl., 748cc, 98" wb						
93B 2d Sed	250	750	1,250	2,500	4,400	6,300
GT 750 2d Sed	250	800	1,350	2,700	4,750	6,800
1959 3-cyl., 841cc, 98" wb						
95 2d Sta Wag	250	800	1,300	2,650	4,600	6,600
1960 3-cyl., 748cc, 98" wb						
93F 2d Sed	250	750	1,250	2,500	4,400	6,300
GT 750 2d Sed	250	800	1,350	2,700	4,750	6,800
1960 3-cyl., 841cc, 98" wb						
96 2d Sed	250	750	1,250	2,500	4,400	6,300
95 2d Sta Wag	250	800	1,300	2,650	4,600	6,600
1961 3-cyl., 748cc, 98" wb						
GT 750 2d Sed	250	800	1,350	2,700	4,750	6,800
1961 3-cyl., 841cc, 98" wb						
96 2d Sed	250	700	1,200	2,400	4,200	6,000
95 2d Sta Wag	250	750	1,200	2,450	4,250	6,100
1962 3-cyl., 748cc, 98" wb						
GT 750 2d Sed	250	800	1,350	2,700	4,750	6,800
1962 3-cyl., 841cc, 98" wb						
96 2d Sed	250	700	1,200	2,400	4,200	6,000
95 2d Sta Wag	250	750	1,200	2,450	4,250	6,100
2d Spt Sed	250	750	1,250	2,500	4,400	6,300
1963 3-cyl., 841cc, 98" wb						
96 2d Sed	250	700	1,200	2,400	4,200	6,000
95 2d Sta Wag	250	750	1,200	2,450	4,250	6,100
Spt/GT 850 2d Sed	250	750	1,250	2,500	4,400	6,300
1964 3-cyl., 841cc, 98" wb						
96 2d Sed	250	700	1,200	2,400	4,200	6,000
95 2d Sta Wag	250	750	1,250	2,500	4,400	6,300
Spt/Monte Carlo 850 2d Sed	300	900	1,450	2,900	5,100	7,300
1965 3-cyl., 841cc, 98" wb						
96 2d Sed	250	700	1,200	2,400	4,200	6,000
95 2d Sta Wag	250	750	1,200	2,450	4,250	6,100
Spt/Monte Carlo 850 2d Sed	300	900	1,450	2,900	5,100	7,300
1966 3-cyl., 841cc, 98" wb						
96 2d Sed	250	700	1,200	2,400	4,200	6,000
96 Spl 2d Sed	250	750	1,200	2,450	4,250	6,100
95 2d Sta Wag	250	750	1,250	2,500	4,350	6,200
Monte Carlo 850 2d Sed	300	900	1,450	2,900	5,100	7,300

	6	5	4	3	2	1
1966 3-cyl., 841cc, 84.6" wb						
Sonett II	300	900	1,450	2,900	5,100	7,300
1967 3-cyl., 841cc, 98" wb						
96 Shrike 2d Sed	200	600	1,000	2,000	3,500	5,000
95 2d Sta Wag	200	600	1,000	2,050	3,550	5,100
Monte Carlo 850 2d Sed	300	900	1,500	3,000	5,250	7,500
1967 3-cyl., 841cc, 84.6" wb						
Sonett II	300	900	1,450	2,900	5,100	7,300
1967 V-4, 1498cc, 98" wb						
96 V4 2d Sed	200	600	1,000	2,000	3,500	5,000
95 V4 2d Sta Wag	200	600	1,000	2,050	3,550	5,100
Monte Carlo V4 2d Sed	300	900	1,500	3,000	5,250	7,500
1967 V-4, 1498cc, 84.6" wb						
Sonett V4	300	900	1,450	2,900	5,100	7,300
1968 3-cyl., 841cc (816cc Shrike), 98" wb						
96 Shrike 2d Sed	250	700	1,150	2,300	4,050	5,800
96 2d Sed	250	700	1,200	2,350	4,150	5,900
95 Shrike 2d Sta Wag	250	700	1,150	2,300	4,050	5,800
95 2d Sta Wag	250	700	1,200	2,350	4,150	5,900
1968 V-4, 1498cc, 98" wb						
96 V4 2d Sed	250	750	1,250	2,500	4,400	6,300
96 V4 2d DeL Sed	250	750	1,300	2,550	4,500	6,400
95 V4 2d Sta Wag	250	800	1,300	2,600	4,550	6,500
95 V4C 2d Sta Wag	250	800	1,300	2,650	4,600	6,600
Monte Carlo V4 2d Sed	300	900	1,500	2,950	5,200	7,400
1968 V-4, 1498cc, 84.6" wb						
Sonett V4	300	850	1,400	2,800	4,900	7,000
1969 V-4, 1498cc, 98" wb						
96 V4 2d Sed	250	750	1,250	2,500	4,400	6,300
96 V4 2d DeL Sed	250	750	1,300	2,550	4,500	6,400
95 V4 2d Sta Wag	250	800	1,300	2,600	4,550	6,500
1969 V-4, 1498cc, 84.6" wb						
Sonett V4	300	850	1,400	2,800	4,900	7,000
1969 4-cyl., 1709cc, 97.4" wb						
99 2d Sed	250	750	1,250	2,500	4,400	6,300
1970 V-4, 1498cc, 98" wb						
96 V4 2d Sed	250	750	1,250	2,500	4,400	6,300
95 V4 2d Sta Wag	250	800	1,300	2,650	4,600	6,600
1970 V-4, 84.6" wb						
Sonett III	300	900	1,500	3,000	5,250	7,500
1970 4-cyl., 1709cc, 97.4" wb						
99 2d Sed	250	750	1,250	2,500	4,350	6,200
99 4d Sed	250	750	1,200	2,450	4,250	6,100
1971 V-4, 1698cc, 98" wb						
96 V4 2d Sed	200	650	1,050	2,100	3,700	5,300
95 V4 2d Sta Wag	200	650	1,100	2,250	3,900	5,600
1971 V-4, 1698cc, 84.6" wb						
Sonett III	300	850	1,400	2,800	4,900	7,000
1971 4-cyl., 1709cc, 97.4" wb						
99 2d Sed	200	650	1,050	2,100	3,700	5,300
99 4d Sed	200	600	1,050	2,100	3,650	5,200
1972 V-4, 1698cc, 98" wb						
96 V4 2d Sed	200	650	1,050	2,100	3,700	5,300
95 V4 2d Sta Wag	200	650	1,100	2,250	3,900	5,600
1972 V-4, 1698cc, 84.6" wb						
Sonett III	300	850	1,400	2,800	4,900	7,000
1972 4-cyl., 1850/1985cc, 97.4" wb						
99 2d Sed	200	650	1,050	2,100	3,700	5,300
99EMS 2d Sed	250	700	1,150	2,300	4,050	5,800
99 4d Sed	200	650	1,050	2,100	3,700	5,300
1973 V-4, 1698cc, 98" wb						
96 V4	200	650	1,050	2,100	3,700	5,300
95 V4 2d Sta Wag	200	650	1,100	2,250	3,900	5,600
1973 V-4, 1698cc, 84.6" wb						
Sonett III	300	850	1,400	2,800	4,900	7,000
1973 4-cyl., 1850/1985cc, 97.4" wb						
99X7 2d Sed	200	600	1,050	2,100	3,650	5,200
99L 2d Sed	200	600	1,050	2,100	3,650	5,200
99L 4d Sed	200	600	1,000	2,050	3,550	5,100
99EMS 2d Sed	250	700	1,150	2,300	4,050	5,800
1974 V-4, 1698cc, 98" wb						
96 V4 2d Sed	200	650	1,050	2,100	3,700	5,300

	6	5	4	3	2	1
95 V4 2d Sta Wag	200	650	1,100	2,200	3,850	5,500

1974 V-4, 1698cc, 84.6" wb

	6	5	4	3	2	1
Sonett III	300	850	1,400	2,800	4,900	7,000

1974 4-cyl., 1985cc, 97.4" wb

99X7 2d Sed	250	700	1,150	2,300	4,050	5,800
99L 2d Sed	250	700	1,200	2,350	4,150	5,900
99L 4d Sed	250	700	1,150	2,300	4,050	5,800
99L 3d Combi Cpe	250	700	1,200	2,400	4,200	6,000
99EMS 2d Sed	250	750	1,250	2,500	4,400	6,300

1975 V-4, 1498cc, 98" wb

96 V4 2d Sed	200	600	950	1,900	3,350	4,800
95 V4 2d Sta Wag	200	600	1,000	2,000	3,500	5,000

1975 4-cyl., 1985cc, 97.4" wb

99 2d Sed	200	550	950	1,900	3,300	4,700
99L 2d Sed	200	600	1,000	2,000	3,500	5,000
99L 4d Sed	200	600	1,000	2,000	3,500	5,000
99L 3d Combi Cpe	200	600	1,000	2,050	3,550	5,100
99EMS 2d Sed	200	650	1,100	2,200	3,850	5,500

1976 4-cyl., 1985cc, 97.4" wb

99L 2d Sed	200	600	950	1,900	3,350	4,800
99GL 2d Sed	200	600	1,000	1,950	3,450	4,900
99GL 4d Sed	200	600	950	1,900	3,350	4,800
99GL 3d Combi Cpe	200	600	1,000	2,000	3,500	5,000
99GL 5d Combi Cpe	200	600	1,000	2,050	3,550	5,100
99EMS 2d Sed	250	700	1,150	2,300	4,000	5,700
99GLE 4d Sed	200	650	1,100	2,250	3,900	5,600

1977 4-cyl., 1985cc, 97.4" wb

99L 2d Sed	200	550	900	1,800	3,150	4,500
99GL 2d Sed	200	600	950	1,900	3,350	4,800
99GL 4d Sed	200	600	950	1,900	3,350	4,800
99GL 3d Combi Cpe	200	600	1,000	2,000	3,500	5,000
99GL 5d Combi Cpe	200	600	1,000	2,050	3,550	5,100
99EMS 2d Sed	200	650	1,050	2,100	3,700	5,300
99GLE 4d Sed	200	600	1,050	2,100	3,650	5,200

1978 4-cyl., 1985cc, 97.4" wb

99L 2d Sed	200	550	900	1,800	3,150	4,500
99L 4d Sed	200	550	900	1,800	3,150	4,500
99L 3d Combi Cpe	200	600	950	1,900	3,350	4,800
99GL 2d Sed	200	550	900	1,850	3,200	4,600
99GL 4d Sed	200	550	900	1,850	3,200	4,600
99GL 3d Combi Cpe	200	600	1,000	1,950	3,450	4,900
99GL 5d Combi Cpe	200	600	1,000	1,950	3,450	4,900
99EMS 2d Sed	200	600	1,000	2,000	3,500	5,000
99EMS 3d Combi Cpe	200	600	1,000	2,050	3,550	5,100
99GLE 5d Combi Cpe	200	600	1,000	2,050	3,550	5,100
99 Turbo 3d Combi Cpe	250	700	1,150	2,300	4,050	5,800

1979 4-cyl., 1985cc, 97.4" wb

99GL 2d Sed	200	600	1,000	2,000	3,500	5,000
900GL 2d HBk	200	600	1,000	2,050	3,550	5,100
900GLE 4d HBk	200	650	1,100	2,150	3,800	5,400
900EMS 2d HBk	200	650	1,100	2,200	3,850	5,500
900 Turbo 2d HBk	250	700	1,150	2,300	4,000	5,700
900 Turbo 4d HBk	250	700	1,150	2,300	4,000	5,700

1980 4-cyl., 1985cc, 97.4" wb

99GL 2d Sed	200	600	1,050	2,100	3,650	5,200
900GLI 2d HBk	200	650	1,050	2,100	3,700	5,300
900GLE 4d HBk	200	650	1,100	2,150	3,800	5,400
900EMS 2d HBk	200	650	1,100	2,200	3,850	5,500
900 Turbo 2d HBk	250	700	1,150	2,300	4,000	5,700
900 Turbo 4d HBk	250	700	1,150	2,300	4,000	5,700

1981 4-cyl., 1985cc, 97.4" wb

900 2d HBk	200	650	1,100	2,250	3,900	5,600
900S 2d HBk	250	700	1,150	2,300	4,000	5,700
900S 4d Sed	250	700	1,150	2,300	4,000	5,700
900 Turbo 2d HBk	250	700	1,150	2,300	4,050	5,800
900 Turbo 4d HBk	250	700	1,150	2,300	4,050	5,800

1982 4-cyl., 1985cc, 97.4" wb

900 2d HBk	200	650	1,100	2,200	3,850	5,500
900 4d Sed	200	650	1,100	2,250	3,900	5,600
900S 2d HBk	200	650	1,100	2,250	3,900	5,600
900S 4d Sed	250	700	1,150	2,300	4,000	5,700
900 Turbo 2d HBk	250	700	1,200	2,350	4,150	5,900
900 Turbo 4d Sed	250	700	1,200	2,350	4,150	5,900

1983 4-cyl., 1985cc, 97.4" wb

900 2d HBk	200	650	1,100	2,200	3,850	5,500

	6	5	4	3	2	1
900 4d Sed	200	650	1,100	2,250	3,900	5,600
900S 2d HBk	200	650	1,100	2,250	3,900	5,600
900S 4d Sed	250	700	1,150	2,300	4,000	5,700
900 Turbo 2d HBk	250	700	1,200	2,350	4,150	5,900
900 Turbo 4d Sed	250	700	1,200	2,350	4,150	5,900

1984 4-cyl., 1985cc, 97.4" wb

900 2d HBk	200	650	1,100	2,200	3,850	5,500
900 4d Sed	200	650	1,100	2,250	3,900	5,600
900S 2d HBk	200	650	1,100	2,250	3,900	5,600
900S 4d Sed	250	700	1,150	2,300	4,000	5,700
900 Turbo 2d HBk	250	700	1,200	2,400	4,200	6,000
900 Turbo 4d Sed	250	700	1,200	2,400	4,200	6,000

1985 4-cyl., 1985cc, 97.4" wb

900 2d HBk	250	700	1,200	2,400	4,200	6,000
900 4d Sed	250	750	1,250	2,500	4,350	6,200
900S 2d HBk	250	800	1,350	2,700	4,750	6,800
900S 4d Sed	250	800	1,350	2,700	4,750	6,800

NOTE: Add 10 percent for Turbo.

1986 4-cyl., 1985cc, 97.4" wb

900 2d HBk	250	700	1,200	2,400	4,200	6,000
900 4d Sed	250	750	1,250	2,500	4,350	6,200
900S 2d Sed	300	850	1,400	2,750	4,850	6,900
900S 2d HBk	300	850	1,400	2,750	4,850	6,900
900S 4d Sed	300	850	1,400	2,800	4,900	7,000

NOTE: Add 10 percent for Turbo.

1987 4-cyl., 1985cc, 97.4" wb

900 2d HBk	300	850	1,400	2,800	4,900	7,000
900 4d Sed	300	850	1,450	2,900	5,050	7,200
900S 2d HBk	300	900	1,500	3,000	5,250	7,500
900S 4d Sed	300	900	1,500	3,000	5,250	7,500
900 2d HBk Turbo	350	1,000	1,700	3,400	5,950	8,500
900 2d Conv Turbo	700	2,050	3,400	6,800	11,900	17,000
9000S 4d HBk	350	1,000	1,700	3,400	5,950	8,500
9000 4d HBk Turbo	350	1,100	1,800	3,600	6,300	9,000

1988 4-cyl., 1985cc, 97.4" wb

900 2d HBk	300	950	1,600	3,200	5,600	8,000
900 4d Sed	300	950	1,600	3,200	5,600	8,000
900S 2d HBk	350	1,050	1,800	3,550	6,250	8,900
900S 4d Sed	350	1,100	1,800	3,600	6,300	9,000
900 2d HBk Turbo	450	1,300	2,200	4,400	7,700	11,000
900 2d Conv Turbo	750	2,300	3,800	7,600	13,300	19,000
9000 4d HBk	350	1,100	1,800	3,600	6,300	9,000
9000 4d HBk Turbo	400	1,200	2,000	4,000	7,000	10,000

1989 4-cyl., 1985cc, 97.4" wb

900 2d HBk	300	950	1,600	3,200	5,600	8,000
900 4d Sed	300	950	1,600	3,200	5,600	8,000
900S 2d HBk	350	1,100	1,800	3,600	6,300	9,000
900S 4d Sed	350	1,100	1,800	3,600	6,300	9,000
900 2d HBk Turbo	400	1,200	2,000	4,000	7,000	10,000
900 4d Sed Turbo	400	1,200	2,000	4,000	7,000	10,000
900 2d Conv Turbo	900	2,650	4,400	8,800	15,400	22,000
9000S 4d HBk	450	1,300	2,200	4,400	7,700	11,000
9000 4d HBk Turbo	500	1,450	2,400	4,800	8,400	12,000
9000 4d Sed Turbo	500	1,550	2,600	5,200	9,100	13,000

1990 4-cyl., 1985 cc, 97.4" wb

900 2d Sed	350	1,000	1,700	3,400	5,950	8,500

1990 4-cyl., 1985cc, 97.4" wb

900 4d Sed	350	1,050	1,700	3,450	6,000	8,600
900S 2d Sed	350	1,100	1,800	3,600	6,300	9,000
900S 4d Sed	350	1,100	1,800	3,650	6,350	9,100
900 2d Sed Turbo	450	1,300	2,200	4,400	7,700	11,000
900 4d Sed Turbo	450	1,350	2,200	4,450	7,750	11,100
900 2d Conv Turbo	650	1,900	3,200	6,400	11,200	16,000
9000S 4d Sed	450	1,300	2,200	4,400	7,700	11,000
9000S 4d HBk Sed	450	1,350	2,200	4,450	7,750	11,100
9000 4d HBk Sed Turbo	500	1,550	2,600	5,200	9,100	13,000
9000 4d Sed Turbo	550	1,700	2,800	5,600	9,800	14,000

1991 4-cyl., 1985cc, 97.4" wb

900 2d Sed	300	900	1,500	3,000	5,250	7,500
900S 2d Sed	350	1,000	1,700	3,400	5,950	8,500
900S 2d Conv	550	1,700	2,800	5,600	9,800	14,000
900 2d Sed Turbo	500	1,450	2,400	4,800	8,400	12,000
900 2d Conv Turbo	650	1,900	3,200	6,400	11,200	16,000
900 4d Sed	300	900	1,500	3,000	5,250	7,500
900S 4d Sed	350	1,000	1,700	3,400	5,950	8,500

	6	5	4	3	2	1
9000 HBk	350	1,100	1,800	3,600	6,300	9,000
9000S 4d HBk	400	1,150	1,900	3,800	6,650	9,500
9000S 4d Turbo HBk	500	1,450	2,400	4,800	8,400	12,000
9000CD 4d Sed	400	1,200	2,000	4,000	7,000	10,000
9000CD 4d Turbo Sed	500	1,450	2,400	4,800	8,400	12,000
1992 900, 4-cyl.						
2d HBk	350	1,000	1,700	3,400	5,950	8,500
4d Sed	350	1,000	1,700	3,400	5,950	8,500
2d S HBk	400	1,150	1,900	3,800	6,650	9,500
4d S Sed	400	1,150	1,900	3,800	6,650	9,500
2d S Conv	500	1,550	2,600	5,200	9,100	13,000
2d Turbo HBk	450	1,300	2,200	4,400	7,700	11,000
2d Turbo Conv	650	1,900	3,200	6,400	11,200	16,000
1992 9000, 4-cyl.						
4d HBk	400	1,250	2,100	4,200	7,350	10,500
4d S HBk	500	1,450	2,400	4,800	8,400	12,000
4d CD Sed	500	1,450	2,400	4,800	8,400	12,000
4d Turbo HBk	500	1,550	2,600	5,200	9,100	13,000
4d CD Turbo Sed	500	1,550	2,600	5,200	9,100	13,000
1993 900, 4-cyl.						
2d S Sed	350	1,050	1,800	3,550	6,250	8,900
4d S Sed	350	1,100	1,800	3,600	6,300	9,000
2d S Conv	550	1,600	2,700	5,400	9,450	13,500
2d Sed Turbo	400	1,200	2,000	4,000	7,000	10,000
2d Conv Turbo	600	1,750	2,900	5,800	10,200	14,500
1993 9000, 4-cyl.						
4d CD Sed	400	1,200	2,050	4,100	7,150	10,200
4d CD Turbo Sed	400	1,250	2,100	4,250	7,400	10,600
4d CS HBk	450	1,300	2,200	4,400	7,700	11,000
4d CS Turbo HBk	450	1,400	2,300	4,600	8,050	11,500
4d CDE Sed	450	1,300	2,150	4,300	7,550	10,800
4d CDE Turbo Sed	450	1,350	2,250	4,500	7,850	11,200
4d CSE HBk	400	1,250	2,100	4,200	7,350	10,500
4d CSE Turbo HBk	450	1,300	2,200	4,400	7,700	11,000
4d Aero Turbo Sed	500	1,450	2,400	4,800	8,400	12,000

SIMCA

1946-50 Series 5, 4-cyl., 570cc, 79" wb

2d Cpe	300	950	1,600	3,200	5,600	8,000

1946-50 Series 6, 4-cyl., 570cc, 79" wb

2d Cpe	300	950	1,600	3,200	5,600	8,000

1946-50 Series 8, 1000, 4-cyl., 1089cc, 95" wb

4d Sed	300	900	1,500	3,000	5,250	7,500
2d Bus Cpe	300	950	1,600	3,200	5,600	8,000
2d Conv Cpe	400	1,200	2,000	4,000	7,000	10,000

1946-50 Series 8, 1200, 4-cyl., 1221cc, 95" wb

4d Sed	300	900	1,500	3,000	5,250	7,500
2d Bus Cpe	300	950	1,600	3,200	5,600	8,000
2d Conv Cpe	400	1,200	2,000	4,000	7,000	10,000

1946-50 Series 8, 4-cyl., 1221cc, 95" wb

2d Spt Rds	500	1,500	2,500	5,000	8,750	12,500

1951-55 Series 8, 4-cyl., 1221cc, 95" wb

2d Spt Rds	500	1,500	2,500	5,000	8,750	12,500
2d Spt Cpe	400	1,200	2,000	4,000	7,000	10,000
2d Sed	300	900	1,500	3,000	5,250	7,500

1951-55 Aronde 9, 4-cyl., 1221cc, 96" wb

4d Sed	200	550	900	1,800	3,150	4,500
2d Sta Wag	200	600	1,000	2,000	3,500	5,000
2d HT Cpe	250	700	1,200	2,400	4,200	6,000

1956-58 Aronde 1300, 4-cyl., 1290cc, 96.2" wb

4d DeL Sed	150	500	800	1,600	2,800	4,000
4d Elysee Sed	150	500	850	1,700	3,000	4,300
2d Plein Ciel Sed	200	550	900	1,800	3,150	4,500
Grand Large HT Cpe	250	700	1,200	2,400	4,200	6,000
Chatelaine Sta Wag	200	600	1,000	2,000	3,500	5,000
Oceane 2d Conv	400	1,200	2,000	4,000	7,000	10,000

1956-58 Vedette, V-8, 2351cc, 106" wb

Versailles Sed	200	600	1,000	2,000	3,500	5,000

1959-61 Aronde, 4-cyl., 1290cc, 96.3" wb

4d DeL Sed	150	500	800	1,600	2,800	4,000
Sup DeL Sed	150	500	850	1,700	3,000	4,300
Elysee 4d Sed	200	550	900	1,800	3,150	4,500
Montlhery Sed	200	550	950	1,900	3,300	4,700

	6	5	4	3	2	1
Grand Large HT Cpe	250	700	1,200	2,400	4,200	6,000
Plain Ciel HT Cpe	250	700	1,200	2,400	4,200	6,000
Chatelaine Sta Wag	200	600	1,000	2,000	3,500	5,000
Oceane 2d Conv	400	1,200	2,000	4,000	7,000	10,000

1959-61 Aronde (Second Series 1959) 4-cyl., 1290cc, 96.3" wb

Elysee 4d Sed	150	500	800	1,600	2,800	4,000
Montlhery Sed	150	500	850	1,700	3,000	4,300
Grand Large HT Cpe	250	700	1,200	2,400	4,200	6,000
Monaco HT Cpe	250	700	1,200	2,400	4,200	6,000
Etoile 4d Sed	150	500	850	1,700	3,000	4,300

1959-61 Vedette Beaulieu, V-8, 2351cc, 106" wb

4d Sed	200	600	1,000	2,000	3,500	5,000

1959-61 Ariane, 235cc, 106" wb

Four 4d Sed	150	500	800	1,600	2,800	4,000

1959-61 Ariane, 2351cc, 106" wb

V-8 4d Sed	200	600	1,000	2,000	3,500	5,000

1962-68 Series 5, 4-cyl., 1290cc, 96.3" wb

4d Sed	150	500	800	1,600	2,800	4,000

1962-68 Series 1000, 4-cyl., 944cc, 87.3" wb

4d Sed	150	500	800	1,600	2,800	4,000

1962-68 Bertone 1000, 4-cyl., 944cc, 87.7" wb

2d Cpe	200	600	1,000	2,000	3,500	5,000

1969-71 Series 1118, 4-cyl., 1118cc, 87.4" wb

GL 4d Sed	150	500	800	1,600	2,800	4,000
GLS 4d Sed	150	500	800	1,600	2,800	4,000

1969-71 Series 1204, 4-cyl., 1204cc, 99.2" wb

LS 2d Sed	150	500	800	1,600	2,800	4,000
GLS 2d Sed	150	500	800	1,600	2,800	4,000
GLS 4d Sed	150	500	800	1,600	2,800	4,000
GLS 2d Sta Wag	150	500	850	1,700	3,000	4,300
GLS 4d Sta Wag	150	500	850	1,700	3,000	4,300

SUBARU

1958-70 360, 2-cyl., 356cc, 70.9" wb

2d Cpe	200	550	900	1,800	3,150	4,500
2d Cus Cpe	200	550	950	1,900	3,300	4,700

NOTE: Imports began in the late 1960s.

1971 FF-1 Star, 4-cyl., 1088cc, 95.2" wb

1100 2d Sed	200	550	900	1,800	3,150	4,500
1100 4d Sed	200	550	900	1,800	3,150	4,500
1100 4d Sta Wag	200	550	950	1,900	3,300	4,700

1972 1300, 4-cyl., 1267cc, 95.3" wb

A15L 2d Sed	200	550	900	1,800	3,150	4,500
A15L 4d Sed	200	550	900	1,800	3,150	4,500
A44L 4d Sta Wag	200	550	950	1,900	3,300	4,700
GL 2d Cpe	200	600	1,000	2,000	3,500	5,000

1973-76 1400, 4-cyl., 1361cc, 96.7" wb

DL 2d Sed	200	550	900	1,800	3,150	4,500
DL 4d Sed	200	550	900	1,800	3,150	4,500
DL 4d Sta Wag	200	550	900	1,800	3,150	4,500
GL 2d Cpe	200	600	1,000	2,000	3,500	5,000

NOTE: A 4WD Station Wagon was available in 1975 with a 96.1" wb.

1977-79 1600, 4-cyl., 1595cc, 96.7" wb

STD 2d Sed	200	550	900	1,800	3,150	4,500
DL 2d Sed	200	550	900	1,800	3,150	4,500
DL 4d Sed	200	550	900	1,800	3,150	4,500
DL 2d Cpe	200	550	950	1,900	3,300	4,700
GF 2d HT Cpe	200	600	1,000	2,000	3,500	5,000
DL 4d Sta Wag	200	550	950	1,900	3,300	4,700
DL 4x4 Sta Wag	200	650	1,100	2,200	3,850	5,500

1980-84 1600

STD 2d HBk	200	550	900	1,800	3,150	4,500
STD 2d HBk, 4x4	200	600	1,000	2,000	3,500	5,000
DL 2d HBk	200	550	900	1,800	3,150	4,500
DL 2d HBk, 4x4	200	600	1,000	2,000	3,500	5,000
DL 4d Sed	200	550	900	1,800	3,150	4,500
DL 2d HT Cpe	200	600	1,000	2,000	3,500	5,000
DL 4d Sta Wag	200	550	900	1,800	3,150	4,500
DL Sta Wag, 4x4	200	650	1,100	2,200	3,850	5,500
GL 4d Sed	200	550	900	1,800	3,150	4,500
GL 4d Sta Wag	200	600	1,000	2,000	3,500	5,000
GL Sta Wag, 4x4	200	650	1,100	2,200	3,850	5,500

	6	5	4	3	2	1
GLF HT Cpe	200	600	1,000	2,000	3,500	5,000

NOTE: Optional 4-cyl 1781cc engine also available.

1985-86 STD

	6	5	4	3	2	1
STD 2d HBk	200	600	1,000	2,000	3,500	5,000
DL 4d Sed	200	650	1,100	2,200	3,850	5,500
DL 4d Sta Wag	250	700	1,200	2,400	4,200	6,000
GL 2d HBk	250	750	1,250	2,500	4,350	6,200
GL HBk, 4x4	250	800	1,350	2,700	4,700	6,700
GL 4d Sed	200	600	1,050	2,100	3,650	5,200
GL 4d Sed, 4x4	250	700	1,200	2,400	4,200	6,000
GL 4d Sta Wag	200	650	1,100	2,200	3,850	5,500
GL Sta Wag, 4x4	250	800	1,300	2,600	4,550	6,500

1985-86 Turbo RX

	6	5	4	3	2	1
RX 4d Sed, 4x4	250	800	1,300	2,600	4,550	6,500
GL 4d Sed, 4x4	250	800	1,300	2,600	4,550	6,500

1985-86 XT

	6	5	4	3	2	1
DL 2d Cpe	250	700	1,200	2,400	4,200	6,000
GL 2d Cpe	250	750	1,250	2,500	4,350	6,200
Turbo 2d Cpe, 4x4	250	800	1,300	2,600	4,550	6,500

1987 STD

	6	5	4	3	2	1
2d HBk	150	450	750	1,500	2,650	3,800

1987 Justy

	6	5	4	3	2	1
DL 2d HBk	150	500	850	1,700	2,950	4,200
GL 2d HBk	200	550	900	1,750	3,100	4,400

1987 DL

	6	5	4	3	2	1
2d Cpe	200	550	900	1,800	3,150	4,500
4d Sed	200	550	900	1,850	3,200	4,600
4d Sta Wag	200	550	950	1,900	3,300	4,700
4d Sta Wag, 4x4	250	700	1,150	2,300	4,000	5,700

1987 GL

	6	5	4	3	2	1
2d HBk	200	550	950	1,900	3,300	4,700
2d HBk, 4x4	250	700	1,150	2,300	4,000	5,700
2d Cpe	200	550	900	1,850	3,200	4,600
2d Cpe, 4x4	200	650	1,100	2,250	3,900	5,600
4d Sed	200	550	900	1,800	3,150	4,500
4d Sed, 4x4	200	650	1,100	2,200	3,850	5,500
4d Sta Wag	200	600	950	1,900	3,350	4,800
4d Sta Wag, 4x4	250	700	1,150	2,300	4,050	5,800
4d Sed RX Turbo, 4x4	250	800	1,300	2,650	4,600	6,600

1987 XT

	6	5	4	3	2	1
DL 2d Cpe	250	700	1,150	2,300	4,050	5,800
GL 2d Cpe	250	700	1,200	2,350	4,150	5,900
GL 2d Cpe, 4x4	250	800	1,350	2,700	4,750	6,800

1988 Justy

	6	5	4	3	2	1
DL 2d HBk	200	550	900	1,750	3,100	4,400
GL 2d HBk	200	550	900	1,800	3,150	4,500
GL 2d HBk, 4x4	200	650	1,100	2,150	3,800	5,400
RS 2d HBk, 4x4	200	650	1,100	2,200	3,850	5,500

1988 DL

	6	5	4	3	2	1
2d Cpe	200	550	900	1,850	3,200	4,600
4d Sed	200	550	950	1,900	3,300	4,700
4d Sta Wag	200	600	950	1,900	3,350	4,800
4d Sta Wag, 4x4	250	700	1,150	2,300	4,050	5,800

1988 GL

	6	5	4	3	2	1
2d HBk	200	550	950	1,900	3,300	4,700
2d HBk, 4x4	250	700	1,150	2,300	4,000	5,700
2d Cpe	200	600	950	1,900	3,350	4,800
2d Cpe, 4x4	250	700	1,150	2,300	4,050	5,800
2d Cpe RX Turbo, 4x4	250	800	1,300	2,600	4,550	6,500
4d Sed	200	600	1,000	1,950	3,450	4,900
4d Sed, 4x4	250	700	1,200	2,350	4,150	5,900
4d Sed RX Turbo, 4x4	250	800	1,300	2,650	4,600	6,600
4d Sta Wag	200	600	1,000	2,050	3,550	5,100
4d Sta Wag, 4x4	250	750	1,200	2,450	4,250	6,100

1988 XT

	6	5	4	3	2	1
DL 2d Cpe	250	700	1,200	2,350	4,150	5,900
GL 2d Cpe	250	700	1,200	2,400	4,200	6,000
GL 2d Cpe, 4x4	300	850	1,400	2,800	4,900	7,000
2d Cpe XT6	250	800	1,300	2,600	4,550	6,500
2d Cpe XT6, 4x4	300	900	1,500	3,000	5,250	7,500

1989 Justy

	6	5	4	3	2	1
DL 2d HBk	200	550	900	1,800	3,150	4,500
GL 2d HBk	200	550	900	1,850	3,200	4,600
DL 2d HBk, 4x4	200	650	1,100	2,200	3,850	5,500

1990 Rolls-Royce Corniche III convertible

1992 Saab 9000CD Griffin Edition Turbo sedan

1950 Simca Eight sport coupe

	6	5	4	3	2	1
GL 2d HBk, 4x4	200	650	1,100	2,250	3,900	5,600
1989 DL						
2d Cpe	200	550	950	1,900	3,300	4,700
4d Sed	200	600	950	1,900	3,350	4,800
4d Sta Wag	200	600	1,000	1,950	3,450	4,900
4d Sta Wag, 4x4	250	700	1,200	2,350	4,150	5,900
1989 GL						
2d HBk	200	600	950	1,900	3,350	4,800
2d HBk, 4x4	250	700	1,150	2,300	4,050	5,800
2d Cpe	200	600	1,000	1,950	3,450	4,900
2d Cpe, 4x4	250	700	1,200	2,350	4,150	5,900
2d Cpe RX Turbo, 4x4	250	800	1,350	2,700	4,750	6,800
4d Sed	200	600	1,000	2,000	3,500	5,000
4d Sed, 4x4	250	700	1,200	2,400	4,200	6,000
4d Sta Wag	200	600	1,050	2,100	3,650	5,200
4d Sta Wag, 4x4	250	750	1,250	2,500	4,350	6,200
1989 XT						
GL 2d Cpe	250	700	1,200	2,400	4,200	6,000
GL 2d Cpe, 4x4	300	850	1,400	2,800	4,900	7,000
2d Cpe XT6	250	800	1,350	2,700	4,750	6,800
2d Cpe XT6, 4x4	300	950	1,550	3,100	5,450	7,800
1990 Justy						
2d DL HBk	200	550	900	1,850	3,200	4,600
2d GL HBk	200	550	950	1,900	3,300	4,700
2d GL HBk 4x4	200	650	1,100	2,250	3,900	5,600
4d GL HBk 4x4	250	700	1,150	2,300	4,000	5,700
1990 Loyale						
2d Cpe	200	600	950	1,900	3,350	4,800
2d RS Cpe 4x4	250	700	1,150	2,300	4,050	5,800
2d RS Cpe Turbo 4x4	250	700	1,200	2,400	4,200	6,000
4d Sed	200	600	1,000	1,950	3,450	4,900
4d Sed 4x4	250	700	1,200	2,350	4,150	5,900
4d Sta Wag	200	600	1,000	2,000	3,500	5,000
4d Sta Wag 4x4	250	700	1,200	2,400	4,200	6,000
1990 Legacy						
4d Sed	200	600	1,000	2,000	3,500	5,000
4d L Sed	200	600	1,000	2,050	3,550	5,100
4d L Sed 4x4	250	750	1,200	2,450	4,250	6,100
4d Sta Wag	200	600	1,000	2,050	3,550	5,100
4d L Sta Wag	200	600	1,050	2,100	3,650	5,200
4d L Sta Wag 4x4	250	750	1,250	2,500	4,350	6,200
1991 Justy						
DL 2d HBk	100	350	600	1,200	2,100	3,000
GL 2d HBk	150	400	650	1,300	2,250	3,200
GL 2d HBk 4x4	200	600	950	1,900	3,350	4,800
GL 4d HBk 4x4	200	600	1,000	2,000	3,500	5,000
1991 Loyale						
4d Sed	200	550	950	1,900	3,300	4,700
4d Sed 4x4	200	650	1,100	2,200	3,850	5,500
4d Sta Wag	200	600	1,000	2,000	3,500	5,000
4d Sta Wag 4x4	250	700	1,200	2,400	4,200	6,000
1991 Legacy						
L 4d Sed	250	700	1,200	2,400	4,200	6,000
L 4d Sed 4x4	300	900	1,500	3,000	5,250	7,500
LS 4d Sed	250	800	1,300	2,600	4,550	6,500
LS 4d Sed 4x4	300	950	1,600	3,200	5,600	8,000
Spt Turbo 4d Sed 4x4	350	1,100	1,800	3,600	6,300	9,000
L 4d Sta Wag	300	850	1,400	2,800	4,900	7,000
L 4d Sta Wag 4x4	300	950	1,600	3,200	5,600	8,000
LS 4d Sta Wag	300	900	1,500	3,000	5,250	7,500
LS 4d Sta Wag 4x4	350	1,000	1,700	3,400	5,950	8,500
1991 XT						
GL 2d HBk	250	700	1,200	2,400	4,200	6,000
XT6 2d HBk	250	800	1,300	2,600	4,550	6,500
XT6 2d HBk 4x4	300	850	1,400	2,800	4,900	7,000
1992 Justy, 3-cyl.						
DL 2d HBk	150	400	650	1,300	2,250	3,200
GL 2d HBk	150	400	700	1,400	2,450	3,500
GL 2d HBk, 4x4	200	550	900	1,800	3,150	4,500
GL 4d HBk, 4x4	200	550	900	1,800	3,150	4,500
1992 Loyale, 4-cyl.						
4d Sed	200	600	1,000	2,000	3,500	5,000
4d Sed 4x4	250	700	1,200	2,400	4,200	6,000
4d Sta Wag	200	600	1,050	2,100	3,650	5,200
4d Sta Wag 4x4	250	800	1,300	2,600	4,550	6,500

	6	5	4	3	2	1
1992 Legacy, 4-cyl.						
L 4d Sed	250	750	1,250	2,500	4,350	6,200
L 4d Sed 4x4	300	850	1,400	2,800	4,900	7,000
LS 4d Sed	300	850	1,400	2,800	4,900	7,000
LS 4d Sed 4x4	300	950	1,600	3,200	5,600	8,000
LSi 4d Sed	300	900	1,500	3,000	5,250	7,500
LSi 4d Sed 4x4	400	1,150	1,900	3,800	6,650	9,500
4d Turbo Sed 4x4	400	1,200	2,000	4,000	7,000	10,000
L 4d Sta Wag	300	900	1,500	3,000	5,250	7,500
L 4d Sta Wag 4x4	400	1,150	1,900	3,800	6,650	9,500
LS 4d Sta Wag	350	1,100	1,800	3,600	6,300	9,000
LS 4d Sta Wag 4x4	400	1,200	2,000	4,000	7,000	10,000
4d Turbo Sta Wag 4x4	400	1,250	2,100	4,200	7,350	10,500
1992 SVX, 6-cyl.						
LS 2d Cpe	450	1,300	2,200	4,400	7,700	11,000
LSL 2d Cpe	500	1,450	2,400	4,800	8,400	12,000
1993 Justy, 3-cyl.						
2d HBk	200	550	900	1,800	3,150	4,500
GL 2d HBk	200	550	900	1,850	3,200	4,600
GL 2d HBk 4x4	200	650	1,100	2,200	3,850	5,500
GL 4d HBk 4x4	200	650	1,100	2,250	3,900	5,600
1993 Loyale, 4-cyl.						
4d Sed	200	600	1,000	1,950	3,450	4,900
4d Sed, 4x4	250	700	1,200	2,350	4,150	5,900
4d Sta Wag	200	600	1,000	2,050	3,550	5,100
4d Sta Wag 4x4	250	750	1,200	2,450	4,250	6,100
1993 Impreza, 4-cyl.						
4d Sed	250	750	1,250	2,500	4,350	6,200
4d Sed L	250	800	1,300	2,600	4,550	6,500
4d Sed L 4x4	300	900	1,500	3,000	5,250	7,500
4d Sed LS	250	800	1,300	2,650	4,600	6,600
4d Sed LS 4x4	300	900	1,500	3,050	5,300	7,600
4d Sta Wag L	300	850	1,400	2,800	4,900	7,000
4d Sta Wag L 4x4	300	950	1,600	3,200	5,600	8,000
4d Sta Wag LS	300	850	1,450	2,900	5,050	7,200
4d Sta Wag LS 4x4	350	1,000	1,650	3,300	5,750	8,200
1993 Legacy, 4-cyl.						
4d Sed L	350	1,000	1,700	3,400	5,950	8,500
4d Sed L 4x4	400	1,150	1,900	3,800	6,650	9,500
4d Sed LS	350	1,050	1,700	3,450	6,000	8,600
4d Sed LS 4x4	400	1,150	1,900	3,850	6,700	9,600
4d Sed LSi 4x4	400	1,200	1,950	3,900	6,850	9,800
4d Turbo Sed 4x4	400	1,200	2,000	4,000	7,000	10,000
4d Sta Wag L	400	1,150	1,900	3,800	6,650	9,500
4d Sta Wag L 4x4	400	1,250	2,100	4,200	7,350	10,500
4d Sta Wag LS	400	1,150	1,900	3,850	6,700	9,600
4d Sta Wag LS 4x4	400	1,250	2,100	4,250	7,400	10,600
4d Sta Wag LSi 4x4	450	1,300	2,200	4,400	7,700	11,000
4d Turbo Sta Wag 4x4	500	1,450	2,400	4,800	8,400	12,000
1993 SVX, 6-cyl.						
2d Cpe LSL	400	1,200	1,950	3,900	6,850	9,800

SUNBEAM

	6	5	4	3	2	1
1948-1957 4-cyl., 2267cc, 97.5" wb, Sunbeam-Talbot 90						
4d Sed	250	800	1,300	2,600	4,550	6,500
DHC	300	900	1,500	3,000	5,250	7,500
1948-1951 4-cyl., 1944cc, 97.5" wb, Sunbeam-Talbot 90						
4d Sed	250	700	1,200	2,400	4,200	6,000
DHC	300	850	1,400	2,800	4,900	7,000
1953-1955 4-cyl., 2267cc, 97.5" wb, Sunbeam Alpine						
Rds	400	1,200	2,000	4,000	7,000	10,000
1956-1958 4-cyl., 1390cc, 96" wb, Sunbeam Rapier Series I						
2d HT	250	700	1,200	2,400	4,200	6,000
Conv	350	1,100	1,800	3,600	6,300	9,000
1959-1961 4-cyl., 1494cc, 96" wb, Sunbeam Rapier Series II/III						
2d HT	250	700	1,200	2,400	4,200	6,000
Conv	350	1,100	1,800	3,600	6,300	9,000
1962-1965 4-cyl., 1592cc, 96" wb, Sunbeam Rapier Series III/IV						
2d HT	250	700	1,200	2,400	4,200	6,000
Conv	350	1,100	1,800	3,600	6,300	9,000
1966-1967 4-cyl., 1725cc, 96" wb, Sunbeam Rapier Series V						
2d HT	250	700	1,200	2,400	4,200	6,000
Conv	350	1,100	1,800	3,600	6,300	9,000

	6	5	4	3	2	1
1960 4-cyl., 1494cc, 86" wb, Sunbeam Alpine Series I						
Conv	400	1,150	1,900	3,800	6,650	9,500
1961 4-cyl., 1592cc, 86" wb, Sunbeam Alpine Series II/III						
Conv	400	1,150	1,900	3,800	6,650	9,500
1962 4-cyl., 1592cc, 86" wb, Sunbeam Alpine Series II/III						
Conv	400	1,150	1,900	3,800	6,650	9,500
1962 Sunbeam Herrington LeMans						
Cpe	450	1,400	2,300	4,600	8,050	11,500
1963 4-cyl., 1592cc, 86" wb, Sunbeam Alpine Series II/III						
Conv	400	1,250	2,100	4,200	7,350	10,500
Conv GT	450	1,400	2,300	4,600	8,050	11,500
1963 Sunbeam Herrington LeMans						
Cpe	500	1,500	2,500	5,000	8,750	12,500
1964 4-cyl., 1592cc, 86" wb, Sunbeam Alpine Series III/IV						
Conv	400	1,250	2,100	4,200	7,350	10,500
Conv GT	450	1,400	2,300	4,600	8,050	11,500
1964 Sunbeam Venezia by Superleggera						
Cpe	500	1,500	2,500	5,000	8,750	12,500
1964 V-8, 260 cid, 86" wb, Sunbeam Tiger Series I						
Conv	500	1,550	2,600	5,200	9,100	13,000
1965 4-cyl., 1592cc, 86" wb, Sunbeam Alpine Series IV						
Conv	500	1,500	2,500	5,000	8,750	12,500
1965 Sunbeam Venezia by Superleggera						
Cpe	500	1,550	2,600	5,200	9,100	13,000
1965 V-8, 260 cid, 86" wb, Sunbeam Tiger Series I						
Conv	550	1,700	2,800	5,600	9,800	14,000
1966 4-cyl., 1725cc, 86" wb, Sunbeam Alpine Series V						
Conv	400	1,250	2,100	4,200	7,350	10,500
1966 V-8, 260 cid, 86" wb, Sunbeam Tiger Series I/IA						
Conv	700	2,050	3,400	6,800	11,900	17,000
1967-1968 4-cyl., 1725cc, 86" wb, Sunbeam Alpine Series V						
Conv	400	1,250	2,100	4,200	7,350	10,500
1967-1968 V-8, 289cc, 86" wb, Sunbeam Tiger Series II						
Conv	700	2,150	3,600	7,200	12,600	18,000
1969-1970 4-cyl., 1725cc, 98.5" wb, Sunbeam Alpine						
HT FBk	200	600	1,000	2,000	3,500	5,000
GT HT FBk	200	650	1,100	2,200	3,850	5,500

SUZUKI

	6	5	4	3	2	1
1986 Samurai (4x4)						
Utl HT	200	550	900	1,800	3,150	4,500
Utl Conv	200	600	1,000	2,000	3,500	5,000
1987 Samurai (4x4)						
Utl HT	200	600	1,000	2,000	3,500	5,000
Utl Conv	200	650	1,100	2,200	3,850	5,500
1988 Samurai (4x4)						
Utl HT	200	550	900	1,800	3,150	4,500
Utl Conv	200	600	1,000	2,000	3,500	5,000
1989 Swift FWD						
GTi 2d HBk	200	650	1,100	2,200	3,850	5,500
GLX 4d HBk	200	600	1,000	2,000	3,500	5,000
1989 Samurai (4x4)						
Utl	200	650	1,100	2,150	3,800	5,400
Conv	200	650	1,100	2,250	3,900	5,600
1989 Sidekick (4x4)						
JA Utl Conv	300	850	1,400	2,800	4,900	7,000
JX Utl HT	350	1,100	1,800	3,600	6,300	9,000
JX Utl Conv	300	950	1,600	3,200	5,600	8,000
1990 Swift, 4-cyl.						
GA 2d HBk	150	400	700	1,400	2,450	3,500
GT 2d HBk	150	500	850	1,700	3,000	4,300
GA 4d Sed	150	450	750	1,500	2,650	3,800
GS 4d Sed	150	500	800	1,650	2,850	4,100
1991 Swift						
GA 2d HBk	150	400	650	1,300	2,250	3,200
GT 2d HBk	150	400	700	1,400	2,450	3,500
GA 4d Sed	150	400	650	1,300	2,300	3,300
GT 4d Sed	150	450	700	1,450	2,500	3,600
1992 Swift, 4-cyl.						
GA 2d HBk	150	400	650	1,300	2,250	3,200

	6	5	4	3	2	1
GT 2d HBk	150	450	750	1,500	2,650	3,800
GA 4d Sed	150	500	800	1,600	2,800	4,000
GS 4d Sed	150	500	850	1,700	2,950	4,200

1993 Swift, 4-cyl.

2d GA HBk	250	700	1,200	2,400	4,200	6,000
2d GT HBk	250	750	1,250	2,500	4,350	6,200
4d GA Sed	250	750	1,300	2,550	4,500	6,400
4d GS Sed	250	800	1,300	2,650	4,600	6,600

TOYOTA (TOYOPET)

1958-60 Crown, 4-cyl., 1453cc, 99.6" wb

RSL 4d Sed	200	650	1,100	2,200	3,850	5,500

1961-66 Tiara, 4-cyl., 1453cc, 94.5" wb

4d Sed	200	600	1,000	2,000	3,500	5,000

1961-66 Crown, 4-cyl., 1879cc, 99.6" wb

4d Cus Sed	250	700	1,150	2,300	4,000	5,700
4d Cus Sta Wag	250	700	1,150	2,300	4,050	5,800

TOYOTA

1967-68 Corona, 4-cyl., 1879cc, 95.3" wb

4d Sed	200	600	1,000	2,000	3,500	5,000
2d HT Cpe	250	700	1,200	2,400	4,200	6,000

1967-68 Crown, 6-cyl., 2254cc, 105.9" wb

4d Sed	200	600	1,000	2,000	3,500	5,000
4d Sta Wag	200	600	1,050	2,100	3,650	5,200

1967-68 2000 GT, 6-cyl., 1988cc, 91.7" wb

2d FBk Cpe	3,200	9,600	16,000	32,000	56,000	80,000

1969-70 1969 - Corolla, 4-cyl., 1079cc, 90" wb; 1970 - Corolla, 4-cyl., 1166cc, 90" wb

2d Sed	200	550	900	1,800	3,150	4,500
2d FBk Cpe	200	600	1,000	2,000	3,500	5,000
2d Sta Wag	200	600	950	1,900	3,350	4,800

1969-70 Corona, 4-cyl., 1879cc, 95.3" wb

4d Sed	200	550	900	1,800	3,150	4,500
2d HT Cpe	200	650	1,100	2,200	3,850	5,500

1969-70 Corona Mk II, 4-cyl., 1859cc, 98.8" wb

4d Sed	200	600	1,000	2,000	3,500	5,000
2d HT Cpe	250	700	1,150	2,300	4,000	5,700
4d Sta Wag	200	650	1,050	2,100	3,700	5,300

1969-70 Crown, 6-cyl., 2254cc, 105.9" wb

4d Sed	200	600	1,000	2,000	3,500	5,000
4d Sta Wag	200	650	1,100	2,200	3,850	5,500

1971-77 Corolla 1200, 4-cyl., 1166cc, 91.9" wb

2d Sed	200	550	900	1,800	3,150	4,500
2d Cpe	200	550	900	1,800	3,150	4,500
2d Sta Wag	200	600	950	1,900	3,350	4,800

1971-77 Corolla 1600, 4-cyl., 1588cc, 91.9" wb

2d Sed	200	550	900	1,800	3,150	4,500
4d Sed	200	550	900	1,800	3,150	4,500
2d Cpe	200	600	950	1,900	3,350	4,800
2d Sta Wag	200	600	1,000	1,950	3,450	4,900

1971-77 1971-74 - Celica, 4-cyl., 1967cc; 1975-77 - 2189cc

2d Cpe	250	800	1,300	2,600	4,550	6,500

1971-77 Corona, 4-cyl., 1859cc, 95.7" wb

4d Sed	200	600	1,000	2,000	3,500	5,000
2d HT Cpe	250	700	1,150	2,300	4,000	5,700

1971-77 Corona Mk II, 4-cyl., 1859cc, 98.8" wb

4d Sed	200	600	1,000	2,000	3,500	5,000
2d HT Cpe	250	700	1,150	2,300	4,000	5,700
4d Sta Wag	200	650	1,100	2,200	3,850	5,500

1971-77 Crown, 1971 only, 6-cyl., 2254cc, 105.9" wb

4d Sed	200	600	1,000	2,000	3,500	5,000
4d Sta Wag	200	650	1,100	2,200	3,850	5,500

1978-83 Corolla, 4-cyl., 1770cc, 94.5" wb

2d Sed	200	550	900	1,800	3,150	4,500
DeL 2d Sed	200	550	900	1,800	3,150	4,500
DeL 4d Sed	200	550	900	1,800	3,150	4,500
DeL Sta Wag	200	550	900	1,850	3,200	4,600
DeL HT Cpe	200	600	1,000	2,000	3,500	5,000
SR5 2d HT Cpe	200	600	1,050	2,100	3,650	5,200
DeL 3d LBk	200	550	900	1,800	3,150	4,500

	6	5	4	3	2	1
DeL 2d Spt Cpe	200	600	950	1,900	3,350	4,800
SR5 3d LBk	200	600	1,000	2,000	3,500	5,000
SR5 2d Spt Cpe	200	600	1,000	2,000	3,500	5,000
1978-83 Tercel, 4-cyl., 1452cc, 98.4" wb						
2d Sed	200	600	1,000	2,000	3,500	5,000
DeL 2d Sed	200	600	1,000	2,000	3,500	5,000
4d Sed	200	600	1,000	2,000	3,500	5,000
DeL 3d LBk	200	600	1,000	2,000	3,500	5,000
SR5 3d LBk	200	600	1,050	2,100	3,650	5,200
1978-83 Starlet, 4-cyl., 1290cc, 90.6" wb						
3d LBk	200	600	1,000	2,000	3,500	5,000
1978-83 Celica, 4-cyl., 2366cc, 98.4" wb						
ST 2d Spt Cpe	250	700	1,200	2,400	4,200	6,000
GT 2d Spt Cpe	250	750	1,200	2,450	4,250	6,100
GT 3d LBk	250	750	1,250	2,500	4,350	6,200
1978-83 Celica Supra, 6-cyl., 2759cc, 103.5" wb						
GT 2d Spt Cpe	300	850	1,400	2,800	4,900	7,000
1978-83 Corona, 4-cyl., 2366cc, 99.4" wb						
DeL 4d Sed	200	600	1,000	2,000	3,500	5,000
DeL 5d Sta Wag	200	650	1,100	2,200	3,850	5,500
LE 4d Sed	200	600	1,000	2,000	3,500	5,000
LE 5d LBk	200	650	1,100	2,200	3,850	5,500
1978-83 Cressida, 6-cyl., 2759cc, 104.1" wb						
Lux 4d Sed	200	600	1,050	2,100	3,650	5,200
Lux 4d Sta Wag	250	700	1,150	2,300	4,000	5,700

NOTE: Specifications in this section are for 1981 models only. Prices are averages for the 1980-1981 model years.

1984 Starlet						
2d LBk	200	550	900	1,850	3,200	4,600
1984 Tercel						
2d LBk	200	550	950	1,900	3,300	4,700
4d Sta Wag	200	600	950	1,900	3,350	4,800

NOTE: Add 20 percent for 4x4 option where available.

1984 Corolla						
4d Sed	200	550	950	1,900	3,300	4,700
4d LBk	200	600	950	1,900	3,350	4,800
2d HT	200	600	1,000	2,000	3,500	5,000
1984 Celica						
2d Cpe	200	650	1,050	2,100	3,700	5,300
2d LBk	200	650	1,100	2,200	3,850	5,500
2d Supra	250	700	1,150	2,300	4,050	5,800
1984 Camry						
4d Sed	200	650	1,100	2,150	3,800	5,400
4d LBk	200	650	1,100	2,200	3,850	5,500
1984 Cressida						
4d Sed	200	650	1,100	2,200	3,850	5,500
4d Sta Wag	200	650	1,100	2,250	3,900	5,600
1985 Tercel						
2d LBk	200	600	950	1,900	3,350	4,800
4d LBk	200	600	1,000	1,950	3,450	4,900
4d Sta Wag	200	600	1,000	2,000	3,500	5,000

NOTE: Add 20 percent for 4x4 option where available.

1985 Corolla						
4d Sed	200	600	1,000	1,950	3,450	4,900
4d LBk	200	600	1,000	2,000	3,500	5,000
2d Cpe	200	600	1,000	2,050	3,550	5,100
2d LBk	200	600	1,000	2,000	3,500	5,000
1985 Celica						
2d Cpe	200	650	1,050	2,100	3,700	5,300
2d LBk	200	650	1,100	2,200	3,850	5,500
2d Conv	250	800	1,300	2,600	4,550	6,500
2d Supra	250	700	1,150	2,300	4,050	5,800
1985 Camry						
4d Sed	200	650	1,100	2,150	3,800	5,400
4d LBk	200	650	1,100	2,250	3,900	5,600
1985 MR2						
2d Cpe	250	700	1,200	2,350	4,150	5,900
1985 Cressida						
4d Sed	250	700	1,150	2,300	4,050	5,800
4d Sta Wag	250	700	1,200	2,350	4,150	5,900
1986 Tercel						
2d LBk	200	550	900	1,750	3,100	4,400

	6	5	4	3	2	1
4d Sta Wag	200	550	900	1,800	3,150	4,500

NOTE: Add 20 percent for 4x4 option where available.

1986 Corolla
4d Sed	150	500	850	1,700	3,000	4,300
4d LBk	200	550	900	1,750	3,100	4,400
2d Cpe	150	500	850	1,700	2,950	4,200

1986 Celica
2d Cpe	200	650	1,100	2,150	3,800	5,400
2d LBk	200	650	1,100	2,250	3,900	5,600

1986 Supra
2d LBk	250	700	1,200	2,350	4,150	5,900

1986 Camry
4d Sed	150	500	850	1,700	3,000	4,300
4d LBk	200	550	900	1,750	3,100	4,400

1986 MR2
2d Cpe	200	650	1,100	2,200	3,850	5,500

1986 Cressida
4d Sed	200	650	1,100	2,150	3,800	5,400
4d Sta Wag	250	700	1,150	2,300	4,000	5,700

1987 Tercel
2d LBk	200	550	900	1,800	3,150	4,500
4d LBk	200	550	900	1,850	3,200	4,600
2d Cpe	200	550	900	1,750	3,100	4,400
4d Sta Wag	200	550	900	1,850	3,200	4,600

NOTE: Add 20 percent for 4x4 option where available.

1987 Corolla
4d Sed	200	550	900	1,750	3,100	4,400
4d LBk	200	550	900	1,800	3,150	4,500
2d Cpe	200	550	900	1,750	3,100	4,400
2d LBk	150	500	850	1,700	3,000	4,300

1987 Celica
2d Cpe	200	650	1,100	2,200	3,850	5,500
2d LBk	200	650	1,100	2,250	3,900	5,600
2d Conv	250	800	1,350	2,700	4,750	6,800

1987 Supra
2d LBk	250	700	1,200	2,400	4,200	6,000

1987 Camry
4d Sed	200	550	900	1,750	3,100	4,400
4d Sta Wag	200	550	900	1,800	3,150	4,500

1987 MR2
2d Cpe	200	650	1,100	2,250	3,900	5,600

1987 Cressida
4d Sed	200	650	1,100	2,200	3,850	5,500
4d Sta Wag	250	700	1,150	2,300	4,050	5,800

1988 Tercel
2d LBk	150	500	800	1,650	2,850	4,100
4d LBk	150	500	850	1,700	2,950	4,200
2d Cpe	150	500	800	1,600	2,800	4,000
4d Sta Wag	150	500	850	1,700	2,950	4,200

NOTE: Add 20 percent for 4x4 option where available.

1988 Corolla
4d Sed	150	500	800	1,600	2,800	4,000
4d Sta Wag	150	500	800	1,600	2,800	4,000
2d Cpe	150	500	800	1,650	2,850	4,100
2d LBk	150	500	800	1,600	2,800	4,000

NOTE: Add 20 percent for 4x4 option where available.

1988 Celica
2d Cpe	200	650	1,100	2,250	3,900	5,600
2d LBk	250	700	1,150	2,300	4,000	5,700
2d Conv	300	850	1,400	2,800	4,900	7,000

1988 Supra
2d LBk	250	700	1,200	2,400	4,200	6,000

1988 Camry
4d Sed	200	550	900	1,800	3,150	4,500
4d Sta Wag	200	550	900	1,850	3,200	4,600

NOTE: Add 20 percent for 4x4 option where available.

1988 MR2
2d Cpe	250	700	1,150	2,300	4,000	5,700

1988 Cressida
4d Sed	200	650	1,100	2,250	3,900	5,600

	6	5	4	3	2	1
1989 Tercel						
2d LBk	150	500	850	1,700	2,950	4,200
4d LBk	150	500	850	1,700	3,000	4,300
2d Cpe	150	500	800	1,650	2,850	4,100
1989 Corolla						
4d Sed	150	500	800	1,650	2,850	4,100
4d Sta Wag	150	500	800	1,650	2,850	4,100
2d Cpe	150	500	850	1,700	2,950	4,200
NOTE: Add 20 percent for 4x4 option.						
1989 Celica						
2d Cpe	250	700	1,150	2,300	4,000	5,700
2d LBk	250	700	1,150	2,300	4,050	5,800
2d Conv	300	850	1,450	2,900	5,050	7,200
1989 Supra						
2d LBk	250	750	1,200	2,450	4,250	6,100
1989 Camry						
4d Sed	200	550	900	1,850	3,200	4,600
4d Sta Wag	200	550	950	1,900	3,300	4,700
1989 MR2						
2d Cpe	250	700	1,150	2,300	4,050	5,800
1989 Cressida						
4d Sed	250	700	1,150	2,300	4,000	5,700
1990 Tercel, 4-cyl.						
2d EZ HBk	150	500	800	1,600	2,800	4,000
2d HBk	200	550	900	1,800	3,150	4,500
2d Cpe	200	550	900	1,850	3,200	4,600
2d DLX Cpe	200	600	1,000	2,000	3,500	5,000
1990 Corolla, 4-cyl.						
4d Sed	200	650	1,100	2,200	3,850	5,500
4d DLX Sed	250	700	1,200	2,400	4,200	6,000
4d LE Sed	250	800	1,300	2,600	4,550	6,500
4d DLX Sta Wag	250	750	1,250	2,500	4,350	6,200
4d DLX Sed 4x4	300	850	1,400	2,800	4,900	7,000
4d DLX Sta Wag 4x4	300	850	1,400	2,800	4,900	7,000
4d SR5 Sta Wag 4x4	300	850	1,450	2,900	5,050	7,200
2d SR5 Cpe	250	800	1,300	2,650	4,600	6,600
2d GT-S Cpe	250	800	1,350	2,700	4,750	6,800
1990 Celica, 4-cyl.						
2d ST Cpe	300	900	1,500	3,000	5,250	7,500
2d GT Cpe	300	950	1,600	3,200	5,600	8,000
2d GT HBk	350	1,000	1,650	3,300	5,750	8,200
2d GT-S HBk	350	1,100	1,800	3,600	6,300	9,000
2d Turbo HBk 4x4	450	1,300	2,200	4,400	7,700	11,000
1990 Supra, 6-cyl.						
2d HBk	450	1,300	2,200	4,400	7,700	11,000
2d Turbo HBk	500	1,450	2,400	4,800	8,400	12,000
1990 Camry 4-cyl.						
4d Sed	300	850	1,400	2,800	4,900	7,000
4d DLX Sed	300	900	1,500	2,950	5,200	7,400
4d LE Sed	300	900	1,500	3,050	5,300	7,600
4d DLX Sed 4x4	300	950	1,600	3,200	5,600	8,000
4d LE Sed 4x4	350	1,000	1,700	3,350	5,900	8,400
4d DLX Sta Wag	350	1,000	1,650	3,300	5,800	8,300
1990 V-6						
4d DLX Sed	300	900	1,500	3,000	5,250	7,500
4d LE Sed	300	950	1,550	3,100	5,450	7,800
4d DLX Sta Wag	350	1,050	1,700	3,450	6,000	8,600
4d LE Sta Wag	350	1,100	1,800	3,600	6,300	9,000
1990 Cressida, 6-cyl.						
4d LUX Sed	400	1,150	1,900	3,800	6,650	9,500
1991 Tercel						
2d Sed	150	400	700	1,400	2,450	3,500
2d DX Sed	150	450	750	1,500	2,650	3,800
4d DX Sed	150	450	700	1,450	2,500	3,600
4d LE Sed	150	450	800	1,550	2,750	3,900
1991 Corolla						
4d Sed	200	550	900	1,800	3,150	4,500
4d DX Sed	200	600	1,000	2,000	3,500	5,000
4d LE Sed	200	650	1,100	2,200	3,850	5,500
4d DX Sta Wag	250	700	1,150	2,300	4,000	5,700
4d DX Sta Wag 4x4	250	700	1,200	2,400	4,200	6,000
2d SR5 Cpe	250	800	1,300	2,600	4,550	6,500
2d GT-S Cpe	250	800	1,350	2,700	4,750	6,800

1959 Sunbeam Alpine convertible

1963 Triumph TR-4 coupe

1974 Triumph TR-6 convertible

	6	5	4	3	2	1
1991 Celica						
2d ST Cpe	300	850	1,400	2,800	4,900	7,000
2d GT Cpe	300	900	1,500	3,000	5,250	7,500
2d GT Conv	500	1,450	2,400	4,800	8,400	12,000
2d GT HBk	350	1,100	1,800	3,600	6,300	9,000
2d GT-S HBk	400	1,200	2,000	4,000	7,000	10,000
2d Turbo HBk 4x4	400	1,250	2,100	4,200	7,350	10,500
1991 Supra						
2d HBk	450	1,300	2,200	4,400	7,700	11,000
2d Turbo HBk	500	1,450	2,400	4,800	8,400	12,000
1991 Camry						
4d Sed	250	800	1,300	2,600	4,550	6,500
4d DX Sed	300	850	1,400	2,800	4,900	7,000
4d LE Sed	300	850	1,400	2,800	4,900	7,000
4d DX Sed 4x4	300	950	1,600	3,200	5,600	8,000
4d LE Sed 4x4	350	1,000	1,700	3,400	5,950	8,500
4d DX Sta Wag	300	900	1,500	3,000	5,250	7,500
4d LE Sta Wag V-6	350	1,100	1,800	3,600	6,300	9,000
NOTE: Add 5 percent for V-6 on LE and DX 2x4 sedans.						
1991 MR2						
2d Cpe	350	1,000	1,700	3,400	5,950	8,500
2d Turbo Cpe	350	1,100	1,800	3,600	6,300	9,000
1991 Cressida						
4d Sed	450	1,300	2,200	4,400	7,700	11,000
1992 & 1993 Tercel, 4-cyl.						
2d Sed	150	500	800	1,600	2,800	4,000
2d DX Sed	150	500	850	1,700	2,950	4,200
4d DX Sed	200	550	900	1,800	3,150	4,500
4d LE Sed	200	600	950	1,900	3,350	4,800
1992 & 1993 Corolla, 4-cyl.						
4d Sed	300	900	1,500	3,000	5,250	7,500
4d DX Sed	300	950	1,550	3,100	5,450	7,800
4d LE Sed	300	950	1,600	3,200	5,600	8,000
4d DX Sta Wag	400	1,150	1,900	3,800	6,650	9,500
1992 & 1993 Paseo, 4-cyl.						
2d Cpe	350	1,100	1,800	3,600	6,300	9,000
1992 & 1993 Cellica, 4-cyl.						
2d ST Cpe	300	950	1,600	3,200	5,600	8,000
2d GT Cpe	350	1,000	1,700	3,400	5,950	8,500
2d GT HBk	400	1,250	2,100	4,200	7,350	10,500
2d GT-S HBk	450	1,300	2,150	4,300	7,550	10,800
2d Turbo HBk	450	1,300	2,200	4,400	7,700	11,000
2d GT Conv	500	1,450	2,400	4,800	8,400	12,000
1992 & 1993 Camry, 4-cyl.						
4d DX Sed	250	750	1,250	2,500	4,400	6,300
4d LE Sed	250	800	1,300	2,600	4,550	6,500
4d X LE Sed	300	850	1,400	2,800	4,900	7,000
4d DX Sta Wag	300	900	1,500	3,000	5,250	7,500
4d LE Sta Wag	300	950	1,600	3,200	5,600	8,000
1992 & 1993 Camry, V-6						
4d DX Sed	300	850	1,400	2,800	4,900	7,000
4d LE Sed	300	850	1,400	2,850	4,950	7,100
4d SE Sed	300	850	1,450	2,900	5,050	7,200
4d X LE Sed	300	950	1,550	3,100	5,450	7,800
4d LE Sta Wag	400	1,150	1,900	3,800	6,650	9,500
1992 & 1993 MR2, 4-cyl.						
2d Cpe	350	1,100	1,800	3,600	6,300	9,000
2d Turbo Cpe	400	1,150	1,900	3,800	6,650	9,500
1992 & 1993 Supra						
2d HBk	500	1,450	2,400	4,800	8,400	12,000
2d Turbo HBk	500	1,550	2,600	5,200	9,100	13,000

TRIUMPH

	6	5	4	3	2	1
1946-48 1800, 4-cyl., 63 hp, 108" wb						
T&C Saloon	300	850	1,400	2,800	4,900	7,000
1946-48 1800, 4-cyl., 63 hp, 100" wb						
Rds	700	2,150	3,600	7,200	12,600	18,000
1949 1800, 4-cyl., 63 hp, 108" wb						
T&C Saloon	250	700	1,200	2,400	4,200	6,000
1949 2000, 4-cyl., 68 hp, 108" wb						
Saloon	250	750	1,200	2,450	4,250	6,100

	6	5	4	3	2	1
1949 2000 Renown, 4-cyl., 68 hp, 108" wb						
Saloon	300	850	1,400	2,800	4,900	7,000
1949 Mayflower, 4-cyl., 38 hp, 84" wb						
Saloon	200	650	1,100	2,200	3,850	5,500
1949 2000, 4-cyl., 68 hp, 100" wb						
Rds	750	2,300	3,800	7,600	13,300	19,000
1950 2000 Renown, 4-cyl., 68 hp, 108" wb						
Saloon	250	700	1,200	2,400	4,200	6,000
1950 Mayflower, 4-cyl., 38 hp, 84" wb						
Saloon	200	650	1,100	2,200	3,850	5,500
Conv	300	900	1,500	3,000	5,250	7,500
1950 TRX (New Roadster Prototype) 4-cyl., 71 hp, 94" wb						
Rds		value not estimable				
NOTE: Car was offered but none were ever delivered.						
1951 2000 Renown, 4-cyl., 68 hp, 108" wb						
Saloon	250	700	1,200	2,400	4,200	6,000
1951 2000, 4-cyl., 68 hp, 111" wb						
Limo	250	800	1,300	2,600	4,550	6,500
1951 Mayflower, 4-cyl., 38 hp, 84" wb						
Saloon	200	650	1,100	2,200	3,850	5,500
1952 2000, 4-cyl., 68 hp, 111" wb						
Limo	250	800	1,300	2,600	4,550	6,500
1952 Mayflower, 4-cyl., 38 hp, 84" wb						
Saloon	200	650	1,100	2,200	3,850	5,500
1952 20TS (prototype), 4-cyl., 75 hp, 130" wb						
TR-1 Rds		value not estimable				
NOTE: Only one prototype built.						
1952 2000 Renown, 4-cyl., 68 hp, 111" wb						
Saloon	250	700	1,200	2,400	4,200	6,000
1953 2000 Renown, 4-cyl., 68 hp, 108" wb						
Saloon	250	700	1,200	2,400	4,200	6,000
1953 2000, 4-cyl., 68 hp, 111" wb						
Limo	250	750	1,200	2,450	4,250	6,100
1953 Mayflower, 4-cyl., 38 hp, 84" wb						
Saloon	200	650	1,100	2,200	3,850	5,500
1953 TR-2, 4-cyl., 90 hp, 88" wb						
Rds	500	1,450	2,400	4,800	8,400	12,000
1954 2000 Renown, 4-cyl., 68 hp, 108" wb						
Saloon	250	700	1,200	2,400	4,200	6,000
1954 TR-2, 4-cyl., 90 hp, 88" wb						
Rds	450	1,400	2,300	4,600	8,050	11,500
1955 TR-2, 4-cyl., 90 hp, 88" wb						
Rds	450	1,300	2,200	4,400	7,700	11,000
1955 TR-3, 4-cyl., 95 hp, 88" wb						
Rds	450	1,400	2,300	4,600	8,050	11,500
1956 TR-3, 4-cyl., 95 hp, 88" wb						
Rds	450	1,400	2,300	4,600	8,050	11,500
HT Rds	500	1,450	2,400	4,800	8,400	12,000
1957 TR-3, 4-cyl., 100 hp, 88" wb						
Rds	450	1,400	2,300	4,600	8,050	11,500
HT Rds	500	1,450	2,400	4,800	8,400	12,000
1957 TR-10, 4-cyl., 40 hp, 84" wb						
Saloon	350	1,100	1,800	3,600	6,300	9,000
1958 TR-3, 4-cyl., 100 hp, 88" wb						
Rds	450	1,400	2,300	4,600	8,050	11,500
HT Rds	500	1,450	2,400	4,800	8,400	12,000
1958 TR-10, 4-cyl., 40 hp, 84" wb						
Saloon	350	1,100	1,800	3,600	6,300	9,000
Sta Wag	350	1,100	1,850	3,700	6,450	9,200
1959 TR-10, 4-cyl., 40 hp, 84" wb						
NOTE: All cars registered after 9-15-58 are 1959 models.						
1959 TR-3, 4-cyl., 100 hp, 88" wb						
Rds	450	1,400	2,300	4,600	8,050	11,500
HT Rds	450	1,300	2,200	4,400	7,700	11,000
1959 TR-10, 4-cyl., 40 hp, 84" wb						
Saloon	350	1,100	1,800	3,600	6,300	9,000
Sta Wag	350	1,100	1,850	3,700	6,450	9,200
1960 Herald, 4-cyl., 40 hp, 84" wb						
Sed	200	600	1,000	2,050	3,550	5,100

	6	5	4	3	2	1
Cpe	200	600	1,050	2,100	3,650	5,200
Conv	300	850	1,400	2,800	4,900	7,000
Sta Wag	200	650	1,100	2,200	3,850	5,500
1960 TR-3, 4-cyl., 100 hp, 88" wb						
Rds	450	1,400	2,300	4,600	8,050	11,500
HT Rds	500	1,450	2,400	4,800	8,400	12,000
1961 TR-3, 4-cyl., 100 hp, 88" wb						
NOTE: All cars registered after 9-15-60 are 1961 models.						
1961 Herald, 4-cyl., 40 hp, 91.5" wb						
Sed	200	600	1,050	2,100	3,650	5,200
Cpe	200	650	1,050	2,100	3,700	5,300
Conv	300	850	1,400	2,800	4,900	7,000
Sta Wag	200	600	1,050	2,100	3,650	5,200
1961 TR-3, 4-cyl., 100 hp, 88" wb						
Rds	450	1,400	2,300	4,600	8,050	11,500
HT Rds	500	1,450	2,400	4,800	8,400	12,000
1962 Herald, 4-cyl., 40 hp, 91.5" wb						
Sed	200	600	1,000	2,050	3,550	5,100
Cpe	200	600	1,050	2,100	3,650	5,200
Conv	300	850	1,400	2,800	4,900	7,000
1962 TR-3, 4-cyl., 100 hp, 88" wb						
Rds	450	1,300	2,200	4,400	7,700	11,000
HT Rds	450	1,400	2,300	4,600	8,050	11,500
1962 TR-4, 4-cyl., 105 hp, 88" wb						
Rds	500	1,450	2,400	4,800	8,400	12,000
HT Rds	500	1,500	2,500	5,000	8,750	12,500
1962 Spitfire, 4-cyl., 100 hp, 83" wb						
Conv	300	950	1,600	3,200	5,600	8,000
1963 TR-3B, 4-cyl., 100 hp, 88" wb						
Rds	400	1,250	2,100	4,200	7,350	10,500
HT Rds	450	1,300	2,200	4,400	7,700	11,000
1963 TR-4, 4-cyl., 105 hp, 88" wb						
Conv	350	1,100	1,800	3,600	6,300	9,000
HT	350	1,050	1,750	3,500	6,100	8,700
1963 Four, 4-cyl., 40 hp, 91.5" wb						
Sed	200	650	1,100	2,200	3,850	5,500
Conv	300	850	1,400	2,800	4,900	7,000
1963 Spitfire, 4-cyl., 100 hp, 83" wb						
Spt Conv	300	950	1,600	3,200	5,600	8,000
1963 Six, 6-cyl., 70 hp, 91.5" wb						
Spt Conv	350	1,000	1,700	3,400	5,950	8,500
1964 TR-4, 4-cyl., 105 hp, 88" wb						
Conv	400	1,200	2,000	4,000	7,000	10,000
HT Cpe	400	1,250	2,100	4,200	7,350	10,500
1965 TR-4 and TR-4A, 4-cyl., 105 hp, 88" wb						
Conv	450	1,400	2,300	4,600	8,050	11,500
HT Cpe	450	1,300	2,200	4,400	7,700	11,000
1965 Spitfire Mk II, 4-cyl., 100 hp, 83" wb						
Conv	300	950	1,600	3,200	5,600	8,000
1966 TR-4A, 4-cyl., 105 hp, 88" wb						
Conv	450	1,400	2,300	4,600	8,050	11,500
HT Cpe	400	1,250	2,100	4,200	7,350	10,500
1966 2000, 6-cyl., 90 hp, 106" wb						
Sed	200	650	1,100	2,200	3,850	5,500
1966 Spitfire Mk II, 4-cyl., 100 hp, 83" wb						
Conv	300	950	1,600	3,200	5,600	8,000
1967 TR-4A, 4-cyl., 105 hp, 88" wb						
Conv	400	1,250	2,100	4,200	7,350	10,500
HT Cpe	450	1,300	2,200	4,400	7,700	11,000
1967 2000						
Sed	200	600	1,000	2,000	3,500	5,000
1967 Spitfire Mk II, 4-cyl., 68 hp, 83" wb						
Conv	300	900	1,500	3,000	5,250	7,500
HT Cpe	300	950	1,600	3,200	5,600	8,000
1967 1200 Sport						
Sed	200	550	950	1,900	3,300	4,700
Conv	300	850	1,400	2,800	4,900	7,000
1968 TR-250, 6-cyl., 104 hp, 88" wb						
Conv	350	1,100	1,800	3,600	6,300	9,000
1968 Spitfire Mk III, 4-cyl., 68 hp, 83" wb						
Conv	300	950	1,600	3,200	5,600	8,000

	6	5	4	3	2	1
1968 GT-6 Plus, 6-cyl., 95 hp, 83" wb						
Cpe	250	700	1,200	2,400	4,200	6,000

NOTE: Add 10 percent for wire wheels. Add 10 percent for factory hardtop. Add 5 percent for overdrive.

	6	5	4	3	2	1
1969 TR-6, 6-cyl., 104 hp, 88" wb						
Conv	350	1,100	1,800	3,600	6,300	9,000
1969 Spitfire Mk III, 4-cyl., 68 hp, 83" wb						
Conv	300	950	1,600	3,200	5,600	8,000
1969 GT-6 Plus, 6-cyl., 95 hp, 83" wb						
Cpe	250	700	1,200	2,400	4,200	6,000

NOTE: Add 10 percent for wire wheels. Add 10 percent for factory hardtop. Add 5 percent for overdrive.

	6	5	4	3	2	1
1970 TR-6, 6-cyl., 104 hp, 88" wb						
Conv	350	1,000	1,700	3,400	5,950	8,500
1970 Spitfire Mk III, 4-cyl., 68 hp, 83" wb						
Conv	250	800	1,300	2,600	4,550	6,500
1970 GT-6 Plus, 6-cyl., 95 hp, 83" wb						
Cpe	250	700	1,200	2,400	4,200	6,000
1970 Stag, 8-cyl., 145 hp, 100" wb						
Conv	450	1,300	2,200	4,400	7,700	11,000

NOTE: Add 10 percent for wire wheels. Add 10 percent for factory hardtop. Add 5 percent for overdrive.

	6	5	4	3	2	1
1971 TR-6, 6-cyl., 104 hp, 88" wb						
Conv	300	950	1,600	3,250	5,650	8,100
1971 Spitfire Mk IV, 4-cyl., 58 hp, 83" wb						
Conv	250	700	1,200	2,400	4,200	6,000
1971 GT-6 Mk III, 6-cyl., 90 hp, 83" wb						
Cpe	200	600	1,000	2,000	3,500	5,000
1971 Stag, 8-cyl., 145 hp, 100" wb						
Conv	400	1,150	1,900	3,800	6,650	9,500

NOTE: Add 10 percent for wire wheels. Add 10 percent for factory hardtop. Add 5 percent for overdrive.

	6	5	4	3	2	1
1972 TR-6, 6-cyl., 106 hp, 88" wb						
Conv	300	950	1,600	3,200	5,600	8,000
1972 Spitfire Mk IV, 4-cyl., 48 hp, 83" wb						
Conv	250	800	1,300	2,600	4,550	6,500
1972 GT-6 Mk III, 6-cyl., 79 hp, 83" wb						
Cpe	200	600	1,000	2,000	3,500	5,000
1972 Stag, 8-cyl., 127 hp, 100" wb						
Conv	400	1,150	1,900	3,800	6,650	9,500

NOTE: Add 10 percent for wire wheels. Add 10 percent for factory hardtop. Add 5 percent for overdrive.

	6	5	4	3	2	1
1973 TR-6, 6-cyl., 106 hp, 88" wb						
Conv	300	950	1,600	3,200	5,600	8,000
1973 Spitfire Mk IV, 4-cyl., 57 hp, 83" wb						
Conv	250	800	1,300	2,600	4,550	6,500
1973 GT-6 Mk III, 6-cyl., 79 hp, 83" wb						
Cpe	200	600	1,000	2,000	3,500	5,000
1973 Stag, 8-cyl., 127 hp, 100" wb						
Conv	400	1,200	2,000	4,000	7,000	10,000

NOTE: Add 10 percent for wire wheels. Add 10 percent for factory hardtop. Add 5 percent for overdrive.

	6	5	4	3	2	1
1974 TR-6, 6-cyl., 106 hp, 88" wb						
Conv	300	950	1,600	3,200	5,600	8,000
1974 Spitfire Mk IV, 4-cyl., 57 hp, 83" wb						
Conv	250	800	1,300	2,600	4,550	6,500

NOTE: Add 10 percent for factory hardtop. Add 5 percent for overdrive.

	6	5	4	3	2	1
1975 TR-6, 6-cyl., 106 hp, 88" wb						
Conv	300	950	1,600	3,200	5,600	8,000
1975 TR-7, 4-cyl., 92 hp, 85" wb						
Cpe	250	700	1,200	2,400	4,200	6,000
1975 Spitfire 1500, 4-cyl., 57 hp, 83" wb						
Conv	250	800	1,300	2,600	4,550	6,500

NOTE: Add 10 percent for factory hardtop. Add 5 percent for overdrive.

	6	5	4	3	2	1
1976 TR-6, 6-cyl., 106 hp, 88" wb						
Conv	350	1,000	1,700	3,400	5,950	8,500
1976 TR-7, 4-cyl., 92 hp, 85" wb						
Cpe	250	700	1,200	2,400	4,200	6,000

	6	5	4	3	2	1
1976 Spitfire 1500, 4-cyl., 57 hp, 83" wb						
Conv	250	800	1,300	2,600	4,550	6,500
NOTE: Add 10 percent for factory hardtop. Add 5 percent for overdrive.						
1977 TR-7, 4-cyl., 92 hp, 85" wb						
Cpe	200	650	1,100	2,200	3,850	5,500
1977 Spitfire 1500, 4-cyl., 57 hp, 83" wb						
Conv	250	800	1,300	2,600	4,550	6,500
NOTE: Add 10 percent for factory hardtop. Add 5 percent for overdrive.						
1978 TR-7, 4-cyl., 92 hp, 85" wb						
Cpe	200	650	1,100	2,200	3,850	5,500
1978 TR-8, 8-cyl., 133 hp, 85" wb (About 150 prototypes in USA)						
Cpe	400	1,250	2,100	4,200	7,350	10,500
1978 Spitfire 1500, 4-cyl., 57 hp, 83" wb						
Conv	250	700	1,200	2,400	4,200	6,000
NOTE: Add 10 percent for factory hardtop. Add 5 percent for overdrive.						
1979 TR-7, 4-cyl., 86 hp, 85" wb						
Conv	300	850	1,400	2,800	4,900	7,000
Cpe	250	700	1,200	2,400	4,200	6,000
1979 Spitfire 1500, 4-cyl., 53 hp, 83" wb						
Conv	250	800	1,300	2,600	4,550	6,500
NOTE: Add 10 percent for factory hardtop. Add 5 percent for overdrive.						
1980 TR-7, 4-cyl., 86 hp, 85" wb						
Conv	300	850	1,450	2,900	5,050	7,200
Spider Conv	300	900	1,500	3,050	5,300	7,600
Cpe	250	750	1,250	2,500	4,400	6,300
1980 TR-8, 8-cyl., 133 hp, 85" wb						
Conv	500	1,450	2,450	4,900	8,550	12,200
Cpe	400	1,250	2,100	4,200	7,350	10,500
1980 Spitfire 1500, 4-cyl., 57 hp, 83" wb						
Conv	300	900	1,500	2,950	5,200	7,400
NOTE: Add 10 percent for factory hardtop. Add 5 percent for overdrive.						
1981 TR-7, 4-cyl., 89 hp, 85" wb						
Conv	300	950	1,600	3,150	5,550	7,900
1981 TR-8, 8-cyl., 148 hp, 85" wb						
Conv	550	1,600	2,700	5,400	9,450	13,500

VAUXHALL

	6	5	4	3	2	1
1946-56 Ten, 4-cyl., 1203cc. 97.8" wb						
Saloon	250	750	1,250	2,500	4,350	6,200
1946-56 Twelve, 4-cyl., 1442cc, 97.8" wb						
Saloon	300	850	1,400	2,800	4,900	7,000
1946-56 Fourteen, 6-cyl., 1781cc, 105" wb						
Saloon	300	950	1,600	3,200	5,600	8,000
1946-56 Wyvern, 1948, 1442cc, 97.8" wb; 1951, 103" wb						
Saloon	300	950	1,600	3,200	5,600	8,000
1946-56 Velox, 1948, 6-cyl., 97.8" wb, 2275cc 1951, 103" wb						
Saloon	350	1,000	1,700	3,400	5,950	8,500
1957-59 Victor Super, 4-cyl., 1507cc, 98" wb						
FD 4d Sed	250	750	1,250	2,500	4,350	6,200
FW 4d Sta Wag	250	800	1,350	2,700	4,750	6,800
1960-61 Victor Super, 4-cyl., 1507cc Series 2, 98" wb						
FD 4d Sed	250	750	1,250	2,500	4,350	6,200
FW 4d Sta Wag	250	800	1,350	2,700	4,750	6,800
1962 Victor FB Super, 4-cyl., 1507cc, 100" wb						
FBD 4d Sed	250	750	1,250	2,500	4,350	6,200
FBW 4d Sta Wag	250	800	1,350	2,700	4,750	6,800

VOLKSWAGEN

	6	5	4	3	2	1
1945 Standard, 4-cyl., 25 hp, 94.5" wb						
2d Sed	650	2,000	3,300	6,600	11,600	16,500
1946 Standard, 4-cyl., 25 hp, 94.5" wb						
2d Sed	600	1,850	3,100	6,200	10,900	15,500
1947-1948 4-cyl., 25 hp, 94.5" wb						
Std	500	1,450	2,400	4,800	8,400	12,000
Export	600	1,750	2,900	5,800	10,200	14,500
1949 Standard, 4-cyl., 25 hp, 94.5" wb						
2d Sed	500	1,450	2,400	4,800	8,400	12,000

	6	5	4	3	2	1

1949 DeLuxe, 4-cyl., 10 hp, 94.5" wb
	6	5	4	3	2	1
2d Sed	550	1,600	2,700	5,400	9,450	13,500
Conv	700	2,100	3,500	6,950	12,200	17,400
Heb Conv	750	2,200	3,700	7,350	12,900	18,400

NOTE: Only 700 Hebmuller Cabr convertibles were built during 1949-1950. Add 10 percent for sunroof.

1950 DeLuxe, 4-cyl., 25 hp, 94.5" wb
	6	5	4	3	2	1
2d Sed	500	1,550	2,600	5,200	9,100	13,000
Conv	600	1,800	3,000	6,000	10,500	15,000
Heb Conv	750	2,200	3,700	7,400	13,000	18,500

NOTE: Add 10 percent for sunroof.

1950 Transporter, 4-cyl., 25 hp, 94.5" wb
	6	5	4	3	2	1
DeL Van	600	1,850	3,100	6,200	10,900	15,500
Kombi	500	1,550	2,600	5,200	9,100	13,000

1951-1952 (Serial Nos. 170000-Up) DeLuxe, 4-cyl., 25 hp, 94.5" wb
	6	5	4	3	2	1
2d Sed	500	1,450	2,400	4,800	8,400	12,000
Conv	550	1,600	2,700	5,400	9,450	13,500

NOTE: Add 10 percent for sunroof.

1951-1952 Transporter, 4-cyl., 25 hp, 94.5" wb
	6	5	4	3	2	1
DeL Van	600	1,850	3,100	6,200	10,900	15,500
Kombi	500	1,550	2,600	5,200	9,100	13,000

NOTE: Overdrive is standard equipment.

1952-1953 (Serial Nos. 1-0264198-Up) DeLuxe 4-cyl., 25 hp, 94.5" wb
	6	5	4	3	2	1
2d Sed	500	1,450	2,400	4,800	8,400	12,000
Conv	600	1,800	3,000	6,000	10,500	15,000

NOTE: Add 10 percent for sunroof.

1952-1953 Transporter, 4-cyl., 25 hp, 94.5" wb
	6	5	4	3	2	1
DeL Van	600	1,850	3,100	6,200	10,900	15,500
Kombi	500	1,550	2,600	5,200	9,100	13,000

1953 (Serial Nos. later than March 1953) DeLuxe, 4-cyl., 94.5" wb, 25 hp
	6	5	4	3	2	1
2d Sed	500	1,450	2,400	4,800	8,400	12,000
Conv	600	1,800	3,000	6,000	10,500	15,000

NOTE: Add 10 percent for sunroof.

1953 Transporter, 4-cyl., 25 hp, 94.5" wb
	6	5	4	3	2	1
DeL Van	500	1,550	2,600	5,200	9,100	13,000
Kombi	600	1,850	3,100	6,200	10,900	15,500

1954 DeLuxe, 4-cyl., 36 hp, 94.5" wb
	6	5	4	3	2	1
2d Sed	500	1,450	2,400	4,800	8,400	12,000
Conv	600	1,800	3,000	6,000	10,500	15,000

NOTE: Add 10 percent for sunroof.

1954 Station Wagons, 4-cyl., 30 hp, 94.5" wb
	6	5	4	3	2	1
Microbus	600	1,800	3,000	6,000	10,500	15,000
DeL Microbus	600	1,850	3,100	6,200	10,900	15,500

NOTE: Microbus 165" overall; DeLuxe Microbus 166.1" overall; Beetle 160.3" overall.

1955 DeLuxe, 4-cyl., 36 hp, 94.5" wb
	6	5	4	3	2	1
2d Sed	500	1,450	2,400	4,800	8,400	12,000
Conv	600	1,800	3,000	6,000	10,500	15,000

NOTE: Add 10 percent for sunroof.

1955 Station Wagons, 4-cyl., 36 hp, 94.5" wb
	6	5	4	3	2	1
Kombi	500	1,550	2,600	5,200	9,100	13,000
Microbus	600	1,800	3,000	6,000	10,500	15,000
Microbus DeL	600	1,850	3,100	6,200	10,900	15,500

NOTE: Factory prices given above are estimates.

1956 DeLuxe, 4-cyl., 36 hp, 94.5" wb
	6	5	4	3	2	1
2d Sed	500	1,450	2,400	4,800	8,400	12,000
Conv	600	1,800	3,000	6,000	10,500	15,000

NOTE: Add 10 percent for sunroof.

1956 Karmann-Ghia, 4-cyl., 36 hp, 94.5" wb
	6	5	4	3	2	1
Cpe	500	1,550	2,600	5,200	9,100	13,000

1956 Station Wagons, 4-cyl., 36 hp, 94.5" wb
	6	5	4	3	2	1
Kombi	500	1,550	2,600	5,200	9,100	13,000
Microbus	650	1,900	3,200	6,400	11,200	16,000
Microbus DeL	650	2,000	3,300	6,600	11,600	16,500

1957 Beetle, 4-cyl., 36 hp, 94.5" wb
	6	5	4	3	2	1
2d Sed	500	1,450	2,400	4,800	8,400	12,000
Conv	600	1,800	3,000	6,000	10,500	15,000

NOTE: Add 10 percent for sunroof.

1957 Karmann-Ghia, 4-cyl., 36 hp, 94.5" wb
	6	5	4	3	2	1
Cpe	500	1,450	2,400	4,800	8,400	12,000

	6	5	4	3	2	1
1957 Station Wagons, 4-cyl., 36 hp, 94.5" wb						
Kombi	550	1,700	2,800	5,600	9,800	14,000
Microbus	700	2,100	3,500	7,000	12,300	17,500
Microbus SR	700	2,150	3,600	7,200	12,600	18,000
Camper	750	2,300	3,800	7,600	13,300	19,000
NOTE: Add 10 percent for sunroof.						
1958 Beetle, 4-cyl., 36 hp, 94.5" wb						
2d DeL Sed	500	1,450	2,400	4,800	8,400	12,000
Conv	600	1,800	3,000	6,000	10,500	15,000
1958 Karmann-Ghia, 4-cyl., 36 hp, 94.5" wb						
Cpe	550	1,700	2,800	5,600	9,800	14,000
Conv	600	1,800	3,000	6,000	10,500	15,000
1958 Station Wagons, 4-cyl., 36 hp, 94.5" wb						
Kombi	550	1,700	2,800	5,600	9,800	14,000
Microbus	750	2,200	3,700	7,400	13,000	18,500
Microbus DeL SR	750	2,300	3,800	7,600	13,300	19,000
Camper	800	2,400	4,000	8,000	14,000	20,000
1959 Beetle, 4-cyl., 36 hp, 94.5" wb						
2d Sed	450	1,400	2,300	4,600	8,050	11,500
Conv	600	1,750	2,900	5,800	10,200	14,500
NOTE: Add 10 percent for sunroof.						
1959 Karmann-Ghia, 4-cyl., 36 hp, 94.5" wb						
Cpe	500	1,550	2,600	5,200	9,100	13,000
Conv	550	1,700	2,800	5,600	9,800	14,000
1959 Station Wagons, 4-cyl., 36 hp, 94.5" wb						
Kombi	550	1,700	2,800	5,600	9,800	14,000
Microbus	750	2,300	3,800	7,600	13,300	19,000
Microbus DeL SR	900	2,650	4,400	8,800	15,400	22,000
Camper	800	2,450	4,100	8,200	14,300	20,500
1960 Beetle, 4-cyl., 36 hp, 94.5" wb						
2d DeL Sed	450	1,400	2,300	4,600	8,050	11,500
Conv	600	1,750	2,900	5,800	10,200	14,500
1960 Karmann-Ghia, 4-cyl., 36 hp, 94.5" wb						
Cpe	500	1,550	2,600	5,200	9,100	13,000
Conv	550	1,700	2,800	5,600	9,800	14,000
1960 Station Wagons, 4-cyl., 36 hp, 94.5" wb						
Kombi	550	1,700	2,800	5,600	9,800	14,000
Microbus	750	2,300	3,800	7,600	13,300	19,000
Microbus DeL SR	900	2,650	4,400	8,800	15,400	22,000
Camper	800	2,450	4,100	8,200	14,300	20,500
NOTE: Add 10 percent for sunroof.						
1961 Beetle, 4-cyl., 40 hp, 94.5" wb						
2d DeL Sed	450	1,400	2,300	4,600	8,050	11,500
Conv	550	1,600	2,700	5,400	9,450	13,500
1961 Karmann-Ghia, 4-cyl., 40 hp, 94.5" wb						
Cpe	550	1,700	2,800	5,600	9,800	14,000
Conv	600	1,800	3,000	6,000	10,500	15,000
1961 Station Wagons, 4-cyl., 40 hp, 94.5" wb						
Kombi	550	1,700	2,800	5,600	9,800	14,000
Sta Wag	800	2,400	4,000	8,000	14,000	20,000
Sta Wag DeL/SR	900	2,750	4,600	9,200	16,100	23,000
Camper	850	2,600	4,300	8,600	15,000	21,500
NOTE: Add 5 percent for extra seats (sta. wag.).						
1962 Beetle, 4-cyl., 40 hp, 94.5" wb						
2d DeL Sed	450	1,400	2,300	4,600	8,050	11,500
Conv	550	1,600	2,700	5,400	9,450	13,500
NOTE: Add 10 percent for sunroof.						
1962 Karmann-Ghia, 4-cyl., 40 hp, 94.5" wb						
Cpe	550	1,700	2,800	5,600	9,800	14,000
Conv	600	1,800	3,000	6,000	10,500	15,000
1962 Station Wagons, 4-cyl., 40 hp, 94.5" wb						
Kombi	550	1,700	2,800	5,600	9,800	14,000
Sta Wag	800	2,450	4,100	8,200	14,300	20,500
DeL Sta Wag	900	2,750	4,600	9,200	16,100	23,000
Camper	900	2,650	4,400	8,800	15,400	22,000
1963 Beetle, 4-cyl., 40 hp, 94.5" wb						
2d DeL Sed	450	1,300	2,200	4,400	7,700	11,000
Conv	500	1,550	2,600	5,200	9,100	13,000
NOTE: Add 10 percent for sunroof.						
1963 Karmann-Ghia, 4-cyl., 40 hp, 94.5" wb						
Cpe	500	1,550	2,600	5,200	9,100	13,000
Conv	550	1,700	2,800	5,600	9,800	14,000

1949 Volkswagen (Beetle) two-door sedan

1990 Volkswagen Corrado G60 hatchback

1969 Volvo 144S sedan

	6	5	4	3	2	1
1963 Station Wagons, 4-cyl., 40 hp, 94.5" wb						
Kombi	550	1,700	2,800	5,600	9,800	14,000
Sta Wag	800	2,450	4,100	8,200	14,300	20,500
DeL Sta Wag	900	2,750	4,600	9,200	16,100	23,000
Camper	900	2,650	4,400	8,800	15,400	22,000
1964 Beetle, 4-cyl., 40 hp, 94.5" wb						
2d DeL Sed	450	1,300	2,200	4,400	7,700	11,000
Conv	500	1,550	2,600	5,200	9,100	13,000
NOTE: Add 10 percent for sunroof.						
1964 Karmann-Ghia, 4-cyl., 40 hp, 94.5" wb						
Cpe	500	1,550	2,600	5,200	9,100	13,000
Conv	550	1,700	2,800	5,600	9,800	14,000
1964 Station Wagons (1200 Series), 4-cyl., 40 hp, 94.5" wb						
Kombi	550	1,700	2,800	5,600	9,800	14,000
Sta Wag	800	2,450	4,100	8,200	14,300	20,500
DeL Sta Wag	850	2,600	4,300	8,600	15,000	21,500
1964 Station Wagons (1500 Series), 4-cyl., 50 hp, 94.5" wb						
Kombi	600	1,800	3,000	6,000	10,500	15,000
Sta Wag	850	2,500	4,200	8,400	14,700	21,000
DeL Sta Wag	900	2,750	4,600	9,200	16,100	23,000
Camper	900	2,750	4,600	9,200	16,100	23,000
1965 Beetle, 4-cyl., 40 hp, 94.5" wb						
2d DeL Sed	450	1,300	2,200	4,400	7,700	11,000
Conv	500	1,550	2,600	5,200	9,100	13,000
NOTE: Add 10 percent for sunroof.						
1965 Karmann-Ghia, 4-cyl., 40 hp, 94.5" wb						
Cpe	500	1,550	2,600	5,200	9,100	13,000
Conv	550	1,700	2,800	5,600	9,800	14,000
1965 Station Wagons (1500 Series), 4-cyl., 40 hp, 94.5" wb						
Kombi	550	1,700	2,800	5,600	9,800	14,000
Sta Wag	800	2,450	4,100	8,200	14,300	20,500
DeL Sta Wag	900	2,750	4,600	9,200	16,100	23,000
Camper	900	2,650	4,400	8,800	15,400	22,000
1965 Commercial, (1500 Series), 4-cyl., 40 hp, 94.5" wb						
Panel	450	1,300	2,200	4,400	7,700	11,000
PU	450	1,400	2,300	4,600	8,050	11,500
Dbl Cab PU	450	1,400	2,300	4,650	8,100	11,600
1966 Beetle, 50 hp						
2d DeL Sed	450	1,300	2,200	4,400	7,700	11,000
Conv	500	1,550	2,600	5,200	9,100	13,000
NOTE: Add 10 percent for sunroof.						
1966 Karmann-Ghia, 53 hp						
Cpe	500	1,550	2,600	5,200	9,100	13,000
Conv	550	1,700	2,800	5,600	9,800	14,000
1966 Station Wagons, 57 hp						
Kombi	550	1,700	2,800	5,600	9,800	14,000
Sta Wag	800	2,450	4,100	8,200	14,300	20,500
DeL Sta Wag	900	2,750	4,600	9,200	16,100	23,000
Camper	900	2,650	4,400	8,800	15,400	22,000
1966 1600 Series, 65 hp						
2d FBk Sed	200	600	1,000	2,050	3,550	5,100
2d SqBk Sed	200	600	1,050	2,100	3,650	5,200
NOTE: Add 10 percent for sunroof.						
1966 Commercial						
Panel	450	1,300	2,200	4,400	7,700	11,000
PU	450	1,400	2,300	4,600	8,050	11,500
Dbl Cab PU	450	1,400	2,300	4,650	8,100	11,600
1967 Beetle, 53 hp						
2d DeL Sed	450	1,400	2,300	4,600	8,050	11,500
Conv	550	1,600	2,700	5,400	9,450	13,500
NOTE: Add 10 percent for sunroof.						
1967 Karmann-Ghia, 53 hp						
Cpe	500	1,550	2,600	5,200	9,100	13,000
Conv	550	1,700	2,800	5,600	9,800	14,000
1967 Station Wagon, 57 hp						
Kombi	550	1,700	2,800	5,600	9,800	14,000
Sta Wag	800	2,450	4,100	8,200	14,350	20,500
DeL Sta Wag	900	2,750	4,600	9,200	16,100	23,000
Camper	900	2,650	4,400	8,800	15,400	22,000
1967 1600 Series, 65 hp						
2d FBk Sed	200	650	1,100	2,150	3,800	5,400
2d SqBk Sed	200	650	1,100	2,250	3,900	5,600

	6	5	4	3	2	1
NOTE: Add 10 percent for sunroof.						
1967 Commercial						
Panel	450	1,300	2,200	4,400	7,700	11,000
PU	450	1,400	2,300	4,600	8,050	11,500
Dbl Cab PU	450	1,400	2,300	4,650	8,100	11,600
1968 Beetle, 53 hp						
2d Sed	450	1,300	2,200	4,400	7,700	11,000
Conv	500	1,550	2,600	5,200	9,100	13,000
NOTE: Add 10 percent for sunroof.						
1968 Karmann-Ghia, 53 hp						
Cpe	500	1,550	2,600	5,200	9,100	13,000
Conv	550	1,700	2,800	5,600	9,800	14,000
1968 1600 Series, 65 hp						
2d FBk Sed	200	650	1,100	2,150	3,800	5,400
2d SqBk Sed	200	650	1,100	2,250	3,900	5,600
NOTE: Add 10 percent for sunroof.						
1968 Station Wagons, 57 hp						
Kombi	500	1,550	2,600	5,200	9,100	13,000
Sta Wag	750	2,300	3,800	7,600	13,300	19,000
Camper	800	2,400	4,000	8,000	14,000	20,000
1968 Commercial						
Panel	400	1,200	2,000	4,000	7,000	10,000
PU	400	1,250	2,100	4,200	7,350	10,500
Dbl Cab PU	400	1,250	2,100	4,250	7,400	10,600
1969 Beetle, 53 hp						
2d Sed	450	1,300	2,200	4,400	7,700	11,000
Conv	500	1,550	2,600	5,200	9,100	13,000
NOTE: Add 10 percent for sunroof.						
1969 Karmann-Ghia, 53 hp						
Cpe	500	1,550	2,600	5,200	9,100	13,000
Conv	550	1,700	2,800	5,600	9,800	14,000
1969 1600 Series, 65 hp						
2d FBk Sed	200	550	900	1,850	3,200	4,600
2d SqBk Sed	200	550	950	1,900	3,300	4,700
NOTE: Add 10 percent for sunroof.						
1969 Station Wagons, 57 hp						
Kombi	500	1,550	2,600	5,200	9,100	13,000
Sta Wag	750	2,300	3,800	7,600	13,300	19,000
Camper	800	2,350	3,900	7,800	13,650	19,500
1969 Commercial						
Panel	400	1,200	2,000	4,000	7,000	10,000
PU	400	1,250	2,100	4,200	7,350	10,500
Dbl Cab PU	400	1,250	2,100	4,250	7,400	10,600
1970 Beetle, 60 hp						
2d Sed	450	1,300	2,200	4,400	7,700	11,000
Conv	500	1,550	2,600	5,200	9,100	13,000
NOTE: Add 10 percent for sunroof.						
1970 Karmann-Ghia, 60 hp						
Cpe	500	1,550	2,600	5,200	9,100	13,000
Conv	550	1,700	2,800	5,600	9,800	14,000
1970 1600 Series, 65 hp						
2d FBk Sed	200	550	900	1,800	3,150	4,500
2d SqBk Sed	200	550	900	1,850	3,200	4,600
NOTE: Add 10 percent for sunroof.						
1970 Station Wagons, 60 hp						
Kombi	500	1,550	2,600	5,200	9,100	13,000
Sta Wag	750	2,300	3,800	7,600	13,300	19,000
Camper	800	2,350	3,900	7,800	13,650	19,500
1970 Commercial						
Panel	400	1,200	2,000	4,000	7,000	10,000
PU	400	1,250	2,100	4,200	7,350	10,500
Dbl Cab PU	400	1,250	2,100	4,250	7,400	10,600
1971 Beetle, 60 hp						
2d Sed	400	1,250	2,100	4,200	7,350	10,500
2d Sup Sed	450	1,300	2,200	4,400	7,700	11,000
Conv	500	1,550	2,600	5,200	9,100	13,000
NOTE: Add 10 percent for sunroof.						
1971 Karmann-Ghia						
Cpe	500	1,450	2,400	4,800	8,400	12,000
Conv	550	1,600	2,700	5,400	9,450	13,500

	6	5	4	3	2	1
1971 Type 3, Sq. Back - 411						
2d SqBk Sed	200	650	1,100	2,200	3,850	5,500
3d 411 Sed	200	650	1,100	2,250	3,900	5,600
4d 411 Sed	200	650	1,100	2,250	3,900	5,600
2d Type 3 Sed	200	650	1,100	2,200	3,850	5,500
1971 Transporter						
Kombi	500	1,450	2,400	4,800	8,400	12,000
Sta Wag	600	1,800	3,000	6,000	10,500	15,000
Sta Wag SR	600	1,800	3,050	6,100	10,600	15,200
Campmobile	600	1,850	3,100	6,200	10,850	15,500
1971 Commercial						
Panel	350	1,100	1,800	3,600	6,300	9,000
PU	400	1,150	1,900	3,800	6,650	9,500
Dbl Cab PU	400	1,150	1,900	3,850	6,700	9,600
1972 Beetle, 60 hp						
2d Sed	400	1,250	2,100	4,200	7,350	10,500
2d Sup Sed	450	1,300	2,200	4,400	7,700	11,000
Conv	500	1,550	2,600	5,200	9,100	13,000
NOTE: Add 10 percent for sunroof.						
1972 Karmann-Ghia						
Cpe	500	1,450	2,400	4,800	8,400	12,000
Conv	550	1,600	2,700	5,400	9,450	13,500
1972 Type 3, Sq. Back, 411						
2d Sed	200	650	1,100	2,200	3,850	5,500
2d Sed Type 3	200	650	1,100	2,200	3,850	5,500
2d Sed 411	200	650	1,100	2,250	3,900	5,600
4d Sed AT 411	200	650	1,100	2,250	3,900	5,600
3d Wagon 411	250	700	1,150	2,300	4,000	5,700
NOTE: Add 10 percent for sunroof.						
1972 Transporter						
Kombi	500	1,450	2,400	4,800	8,400	12,000
Sta Wag	600	1,800	3,000	6,000	10,500	15,000
Campmobile	600	1,850	3,100	6,200	10,850	15,500
1972 Commercial						
Panel	350	1,100	1,800	3,600	6,300	9,000
PU	400	1,150	1,900	3,800	6,650	9,500
Dbl Cab PU	400	1,150	1,900	3,850	6,700	9,600
1973 Beetle, 46 hp						
2d Sed	400	1,200	2,000	4,000	7,000	10,000
2d Sup Sed	400	1,250	2,100	4,200	7,350	10,500
Conv	500	1,500	2,500	5,000	8,750	12,500
1973 Karmann-Ghia						
Cpe	450	1,300	2,200	4,400	7,700	11,000
Conv	500	1,550	2,600	5,200	9,100	13,000
1973 Type 3, Sq. Back, 412						
2d Sed SqBk	200	650	1,100	2,200	3,850	5,500
2d Sed Type 3	200	650	1,100	2,200	3,850	5,500
2d Sed 412	200	650	1,100	2,250	3,900	5,600
4d Sed 412	200	650	1,100	2,250	3,900	5,600
3d Sed 412	200	650	1,100	2,250	3,900	5,600
Thing Conv	250	700	1,200	2,400	4,200	6,000
1973 Transporter						
Kombi	450	1,300	2,200	4,400	7,700	11,000
Sta Wag	550	1,700	2,800	5,600	9,800	14,000
Campmobile	600	1,750	2,900	5,800	10,150	14,500
Panel	400	1,250	2,100	4,200	7,350	10,500
1974 Beetle						
2d Sed	400	1,200	2,000	4,000	7,000	10,000
2d Sup Sed	400	1,250	2,100	4,200	7,350	10,500
2d Sun Bug Sed	400	1,250	2,100	4,250	7,400	10,600
Conv	500	1,500	2,500	5,000	8,750	12,500
1974 Karmann-Ghia						
Cpe	400	1,250	2,100	4,200	7,350	10,500
Conv	500	1,500	2,500	5,000	8,750	12,500
1974 Thing						
Conv	250	700	1,200	2,400	4,200	6,000
1974 Dasher						
2d Sed	250	700	1,150	2,300	4,050	5,800
4d Sed	250	700	1,200	2,350	4,150	5,900
4d Wag	250	700	1,200	2,400	4,200	6,000
1974 412						
2d Sed	250	700	1,150	2,300	4,050	5,800
4d Sed	250	700	1,200	2,350	4,150	5,900

	6	5	4	3	2	1
3d Sed	250	700	1,200	2,350	4,150	5,900
1974 Transporter						
Kombi	450	1,300	2,200	4,400	7,700	11,000
Sta Wag	500	1,550	2,600	5,200	9,100	13,000
Campmobile	550	1,600	2,700	5,400	9,450	13,500
Panel	400	1,200	2,000	4,000	7,000	10,000
1975 Beetle						
2d Sed	400	1,150	1,900	3,800	6,650	9,500
2d Sup Sed	400	1,200	2,000	4,000	7,000	10,000
Conv	500	1,450	2,400	4,800	8,400	12,000
1975 Rabbit						
2d Cus Sed	200	650	1,100	2,250	3,900	5,600
4d Cus Sed	250	700	1,150	2,300	4,000	5,700
NOTE: Add 5 percent for DeLuxe.						
1975 Dasher						
2d Sed	200	650	1,100	2,250	3,900	5,600
4d Sed	250	700	1,150	2,300	4,050	5,800
HBk	250	700	1,200	2,350	4,150	5,900
4d Wag	250	700	1,200	2,400	4,200	6,000
1975 Scirocco						
Cpe	250	750	1,300	2,550	4,500	6,400
1975 Transporter						
Kombi	400	1,250	2,100	4,200	7,350	10,500
Sta Wag	500	1,450	2,400	4,800	8,400	12,000
Campmobile	500	1,500	2,500	5,000	8,750	12,500
Panel	400	1,150	1,900	3,800	6,650	9,500
1976 Beetle						
2d Sed	400	1,150	1,900	3,800	6,650	9,500
Conv	500	1,450	2,400	4,800	8,400	12,000
1976 Rabbit						
2d Sed	200	550	900	1,850	3,200	4,600
2d Cus Sed	200	550	950	1,900	3,300	4,700
4d Cus Sed	200	550	950	1,900	3,300	4,700
NOTE: Add 10 percent for DeLuxe.						
1976 Dasher						
2d Sed	200	550	950	1,900	3,300	4,700
4d Sed	200	600	1,000	1,950	3,450	4,900
4d Wag	200	600	1,050	2,100	3,650	5,200
1976 Scirocco						
Cpe	250	700	1,150	2,300	4,050	5,800
1976 Transporter						
Kombi	400	1,250	2,100	4,200	7,350	10,500
Sta Wag	500	1,450	2,400	4,800	8,400	12,000
Campmobile	500	1,500	2,500	5,000	8,750	12,500
1977 Beetle						
2d Sed	400	1,150	1,900	3,800	6,650	9,500
Conv	500	1,450	2,400	4,800	8,400	12,000
1977 Rabbit						
2d Sed	200	550	900	1,850	3,200	4,600
2d Cus Sed	200	550	950	1,900	3,300	4,700
4d Cus Sed	200	550	950	1,900	3,300	4,700
NOTE: Add 10 percent for DeLuxe.						
1977 Dasher						
2d Sed	200	550	950	1,900	3,300	4,700
4d Sed	200	600	1,000	1,950	3,450	4,900
4d Wag	200	600	1,050	2,100	3,650	5,200
1977 Scirocco						
Cpe	250	700	1,200	2,350	4,150	5,900
1977 Transporter						
Kombi	400	1,200	2,000	4,000	7,000	10,000
Sta Wag	500	1,450	2,400	4,800	8,400	12,000
Campmobile	500	1,500	2,500	5,000	8,750	12,500
1978 Transporter						
2d Conv Beetle	450	1,300	2,200	4,400	7,700	11,000
2d Rabbit	200	550	900	1,800	3,150	4,500
2d Cus Rabbit	200	550	900	1,850	3,200	4,600
4d Cus Rabbit	200	550	900	1,850	3,200	4,600
2d DeL Rabbit	200	550	950	1,900	3,300	4,700
4d DeL Rabbit	200	550	950	1,900	3,300	4,700
2d Dasher	200	600	1,000	2,000	3,500	5,000
4d Dasher	200	600	1,000	2,000	3,500	5,000
4d Dasher Sta Wag	200	600	1,000	2,050	3,550	5,100
2d Scirocco Cpe	200	650	1,100	2,200	3,850	5,500

	6	5	4	3	2	1
Kombi	400	1,200	2,000	4,000	7,000	10,000
Sta Wag	500	1,450	2,400	4,800	8,400	12,000
Campmobile	500	1,500	2,500	5,000	8,750	12,500
1979 Transporter						
2d Beetle Conv	450	1,400	2,300	4,600	8,050	11,500
2d Rabbit	200	550	900	1,800	3,150	4,500
2d Cus Rabbit	200	550	900	1,850	3,200	4,600
4d Cus Rabbit	200	550	900	1,850	3,200	4,600
2d DeL Rabbit	200	550	950	1,900	3,300	4,700
4d DeL Rabbit	200	550	950	1,900	3,300	4,700
2d Dasher HBk	200	600	1,000	2,000	3,500	5,000
4d Dasher HBk	200	600	1,000	2,000	3,500	5,000
4d Dasher Sta Wag	200	600	1,000	2,050	3,550	5,100
2d Scirocco Cpe	200	650	1,100	2,200	3,850	5,500
Kombi	400	1,200	2,000	4,000	7,000	10,000
Sta Wag	500	1,450	2,400	4,800	8,400	12,000
Campmobile	500	1,500	2,500	5,000	8,750	12,500
1980 Transporter						
2d Rabbit Conv	250	750	1,300	2,550	4,500	6,400
2d Cus Rabbit	150	500	800	1,600	2,800	4,000
4d Cus Rabbit	150	500	800	1,600	2,800	4,000
2d DeL Rabbit	150	500	800	1,650	2,850	4,100
4d DeL Rabbit	150	500	800	1,650	2,850	4,100
2d Jetta	200	550	900	1,750	3,100	4,400
4d Jetta	200	550	900	1,750	3,100	4,400
2d Dasher	150	500	850	1,700	3,000	4,300
4d Dasher	150	500	850	1,700	3,000	4,300
4d Dasher Sta Wag	200	550	900	1,750	3,100	4,400
2d Scirocco Cpe	200	550	900	1,850	3,200	4,600
2d Scirocco Cpe S	200	600	950	1,900	3,350	4,800
Cus PU	200	550	900	1,850	3,200	4,600
LX PU	200	550	950	1,900	3,300	4,700
Spt PU	200	600	950	1,900	3,350	4,800
1980 Vanagon Transporter						
Kombi	300	900	1,500	3,000	5,250	7,500
Sta Wag	350	1,000	1,700	3,400	5,950	8,500
Campmobile	400	1,200	2,000	4,000	7,000	10,000
1981 Vanagon Transporter						
2d Rabbit Conv	250	750	1,250	2,500	4,400	6,300
2d Rabbit	150	500	800	1,600	2,800	4,000
2d Rabbit L	150	500	800	1,600	2,800	4,000
4d Rabbit L	150	500	800	1,600	2,800	4,000
2d Rabbit LS	150	500	800	1,650	2,850	4,100
4d Rabbit LS	150	500	800	1,650	2,850	4,100
2d Rabbit S	150	500	850	1,700	2,950	4,200
2d Jetta	200	550	900	1,750	3,100	4,400
4d Jetta	200	550	900	1,750	3,100	4,400
4d Dasher	150	500	850	1,700	2,950	4,200
2d Scirocco Cpe	200	550	900	1,850	3,200	4,600
2d Scirocco Cpe S	200	550	950	1,900	3,300	4,700
PU	200	550	900	1,850	3,200	4,600
LX PU	200	550	950	1,900	3,300	4,700
Spt PU	200	600	950	1,900	3,350	4,800
Kombi	300	900	1,500	3,000	5,250	7,500
Sta Wag	350	1,000	1,700	3,400	5,950	8,500
Campmobile	400	1,200	2,000	4,000	7,000	10,000
1982 Vanagon Transporter						
2d Rabbit Conv	250	750	1,200	2,450	4,250	6,100
2d Rabbit	150	500	800	1,600	2,800	4,000
2d Rabbit L	150	500	800	1,650	2,850	4,100
4d Rabbit L	150	500	800	1,600	2,800	4,000
2d Rabbit LS	150	500	800	1,650	2,850	4,100
4d Rabbit LS	150	500	800	1,650	2,850	4,100
2d Rabbit S	150	500	850	1,700	2,950	4,200
2d Jetta	150	500	850	1,700	3,000	4,300
4d Jetta	150	500	850	1,700	3,000	4,300
2d Scirocco Cpe	200	550	950	1,900	3,300	4,700
2d Quantum Cpe	200	600	1,000	2,000	3,500	5,000
4d Quantum	200	600	1,000	2,000	3,500	5,000
4d Quantum Sta Wag	200	600	1,000	2,050	3,550	5,100
PU	200	550	900	1,850	3,200	4,600
LX PU	200	550	950	1,900	3,300	4,700
Spt PU	200	600	950	1,900	3,350	4,800
1982 Vanagon						
Sta Wag	300	900	1,500	3,000	5,250	7,500
Campmobile	400	1,200	2,000	4,000	7,000	10,000

	6	5	4	3	2	1
1983 Vanagon						
2d Rabbit Conv	250	750	1,250	2,500	4,350	6,200
2d Rabbit L	150	500	800	1,600	2,800	4,000
4d Rabbit L	150	500	800	1,600	2,800	4,000
2d Rabbit LS	150	500	800	1,600	2,800	4,000
4d Rabbit LS	150	500	800	1,600	2,800	4,000
2d Rabbit GL	150	500	800	1,650	2,850	4,100
4d Rabbit GL	150	500	800	1,650	2,850	4,100
2d Rabbit GTi	200	550	900	1,800	3,150	4,500
2d Jetta	200	550	900	1,750	3,100	4,400
4d Jetta	200	550	900	1,750	3,100	4,400
2d Scirocco Cpe	200	600	1,000	2,050	3,550	5,100
2d Quantum Cpe	200	600	1,000	2,050	3,550	5,100
4d Quantum	200	600	1,000	2,050	3,550	5,100
4d Quantum Sta Wag	200	600	1,050	2,100	3,650	5,200
PU	200	550	900	1,850	3,200	4,600
LX PU	200	550	950	1,900	3,300	4,700
Spt PU	200	600	950	1,900	3,350	4,800
Sta Wag	300	900	1,500	3,000	5,250	7,500
Campmobile	400	1,200	2,000	4,000	7,000	10,000
1984 Vanagon						
2d Rabbit Conv	250	800	1,350	2,700	4,750	6,800
2d Rabbit L HBk	150	500	800	1,600	2,800	4,000
4d Rabbit L HBk	150	500	800	1,650	2,850	4,100
4d Rabbit GL HBk	200	550	900	1,800	3,150	4,500
2d Rabbit GTi HBk	200	600	1,000	2,000	3,500	5,000
2d Jetta Sed	200	600	950	1,900	3,350	4,800
4d Jetta Sed	200	600	1,000	1,950	3,450	4,900
4d Jetta GL Sed	200	600	1,000	2,000	3,500	5,000
4d Jetta GLi Sed	200	600	1,050	2,100	3,650	5,200
2d Scirocco Cpe	200	600	1,000	2,000	3,500	5,000
4d Quantum GL Sed	200	600	950	1,900	3,350	4,800
4d Quantum GL Sta Wag	200	550	950	1,900	3,300	4,700
1985 Vanagon						
2d Golf HBk	150	500	800	1,650	2,850	4,100
2d Golf GTi HBk	200	550	900	1,800	3,150	4,500
4d Golf HBk	150	500	850	1,700	2,950	4,200
2d Jetta Sed	150	500	850	1,700	2,950	4,200
4d Jetta Sed	150	500	850	1,700	3,000	4,300
NOTE: Add 5 percent for GL and GLi option.						
2d Cabr Conv	300	900	1,500	3,000	5,250	7,500
2d Scirocco Cpe	200	550	900	1,800	3,150	4,500
4d Quantum Sed	150	500	850	1,700	3,000	4,300
4d Quantum Sta Wag	200	550	900	1,750	3,100	4,400
Vanagon Sta Wag	300	850	1,400	2,800	4,900	7,000
Vanagon Camper	400	1,200	2,000	4,000	7,000	10,000
1986 Vanagon						
2d Golf HBk	200	650	1,100	2,250	3,900	5,600
2d Golf GTi HBk	250	700	1,200	2,400	4,200	6,000
4d Golf HBk	250	700	1,150	2,300	4,000	5,700
2d Jetta Sed	250	700	1,150	2,300	4,000	5,700
4d Jetta Sed	250	700	1,150	2,300	4,050	5,800
NOTE: Add 5 percent for GL and GLi option.						
2d Cabr Conv	400	1,150	1,900	3,800	6,650	9,500
2d Scirocco Cpe	250	700	1,200	2,400	4,200	6,000
4d Quantum GL Sed	250	700	1,150	2,300	4,050	5,800
Vanagon Sta Wag	300	950	1,600	3,200	5,600	8,000
Vanagon Camper	400	1,200	2,000	4,000	7,000	10,000
1987 Fox						
2d Sed	250	700	1,150	2,300	4,000	5,700
4d GL Sed	250	700	1,150	2,300	4,050	5,800
2d GL Sta Wag	250	700	1,200	2,350	4,150	5,900
1987 Cabriolet						
2d Conv	400	1,200	1,950	3,900	6,850	9,800
1987 Golf						
2d HBk GL	250	700	1,150	2,300	4,050	5,800
4d GL HBk	250	700	1,200	2,350	4,150	5,900
2d GT HBk	250	700	1,200	2,350	4,150	5,900
4d GT HBk	250	700	1,200	2,400	4,200	6,000
2d GTi HBk	250	800	1,350	2,700	4,750	6,800
2d GTi HBk 16V	300	950	1,550	3,100	5,450	7,800
1987 Jetta						
2d Sed	250	700	1,200	2,350	4,150	5,900
4d Sed	250	700	1,200	2,400	4,200	6,000
4d GL Sed	250	750	1,250	2,500	4,350	6,200
4d GLi Sed	300	850	1,400	2,750	4,850	6,900

	6	5	4	3	2	1
4d GLi Sed 16V	300	950	1,600	3,150	5,550	7,900
1987 Scirocco						
2d Cpe	250	750	1,250	2,500	4,350	6,200
2d Cpe 16V	300	850	1,450	2,900	5,050	7,200
1987 Quantum						
4d GL Sed	250	700	1,200	2,400	4,200	6,000
4d Sta Wag	250	750	1,200	2,450	4,250	6,100
4d GL Sta Wag	250	750	1,250	2,500	4,400	6,300
1987 Vanagon						
Sta Wag	300	950	1,600	3,200	5,600	8,000
GL Sta Wag	350	1,000	1,700	3,400	5,950	8,500
Camper	400	1,200	2,000	4,000	7,000	10,000
GL Camper	400	1,200	2,050	4,100	7,150	10,200
1988 Fox						
2d Sed	200	600	1,000	2,000	3,500	5,000
4d GL Sed	200	600	1,050	2,100	3,650	5,200
2d GL Sta Wag	200	650	1,100	2,200	3,850	5,500
1988 Cabriolet						
2d Conv	450	1,300	2,200	4,400	7,700	11,000
1988 Golf						
2d HBk	200	650	1,100	2,200	3,850	5,500
2d GL HBk	250	700	1,200	2,400	4,200	6,000
4d GL HBk	250	750	1,250	2,500	4,350	6,200
2d GT HBk	250	800	1,300	2,650	4,600	6,600
4d GT HBk	250	800	1,350	2,700	4,750	6,800
2d GTi HBk	300	850	1,400	2,750	4,850	6,900
1988 Jetta						
2d Sed	250	800	1,350	2,700	4,750	6,800
4d Sed	300	850	1,400	2,850	4,950	7,100
4d GL Sed	300	900	1,500	2,950	5,200	7,400
4d Sed Carat	300	900	1,500	3,000	5,250	7,500
4d GLi Sed	350	1,000	1,700	3,400	5,950	8,500
1988 Scirocco						
2d Cpe	250	800	1,350	2,700	4,750	6,800
1988 Quantum						
4d GL Sed	250	750	1,250	2,500	4,350	6,200
4d GL Sta Wag	250	750	1,250	2,500	4,350	6,200
1988 Vanagon						
GL Sta Wag	400	1,250	2,100	4,200	7,350	10,500
GL Camper	500	1,450	2,400	4,800	8,400	12,000
1989 Fox						
2d Sed	200	600	1,050	2,100	3,650	5,200
2d GL Sed	200	650	1,100	2,200	3,850	5,500
4d GL Sed	250	700	1,150	2,300	4,000	5,700
4d GL Sta Wag	250	700	1,200	2,350	4,150	5,900
1989 Cabriolet						
2d Conv	450	1,400	2,300	4,600	8,050	11,500
1989 Golf						
2d HBk	250	700	1,150	2,300	4,000	5,700
2d GL HBk	250	750	1,200	2,450	4,250	6,100
4d GL HBk	250	750	1,250	2,500	4,350	6,200
2d GTi HBk	300	850	1,400	2,800	4,900	7,000
1989 Jetta						
2d Sed	300	850	1,400	2,800	4,900	7,000
4d Sed	300	850	1,450	2,900	5,050	7,200
4d GL Sed	300	900	1,500	3,000	5,250	7,500
4d Sed Carat	300	900	1,500	3,050	5,300	7,600
4d GLi Sed	350	1,050	1,750	3,500	6,100	8,700
1989 Vanagon						
GL Sta Wag	450	1,300	2,200	4,400	7,700	11,000
GL Camper	500	1,500	2,500	5,000	8,750	12,500
Carat Sta Wag	500	1,500	2,500	5,000	8,750	12,500
1990 Fox, 4-cyl.						
2d Sed	200	600	1,000	2,000	3,500	5,000
4d Sed	200	650	1,100	2,200	3,850	5,500
2d Sta Wag	250	700	1,150	2,300	4,050	5,800
4d Spt Sed	200	650	1,100	2,250	3,900	5,600
1990 Cabriolet, 4-cyl.						
2d Conv	450	1,300	2,200	4,400	7,700	11,000
1990 Golf, 4-cyl.						
2d GL HBk	250	700	1,200	2,400	4,200	6,000
4d GL HBk	250	750	1,200	2,450	4,250	6,100
2d GTi HBk	300	850	1,400	2,750	4,850	6,900

	6	5	4	3	2	1
1990 Jetta, 4-cyl.						
2d GL Sed	300	900	1,450	2,900	5,100	7,300
4d GL Sed	300	900	1,500	2,950	5,200	7,400
4d GL Sed Diesel	250	800	1,350	2,700	4,750	6,800
4d Carat Sed	300	900	1,500	3,000	5,250	7,500
4d GLi Sed	350	1,000	1,700	3,400	5,950	8,500
1990 Passat, 4-cyl.						
4d Sed	350	1,000	1,700	3,400	5,950	8,500
4d Sta Wag	350	1,100	1,800	3,600	6,300	9,000
1990 Corrado, 4-cyl.						
2d Cpe	400	1,150	1,900	3,800	6,650	9,500
1991 Fox						
2d Sed	150	400	650	1,300	2,250	3,200
4d GL Sed	150	400	700	1,400	2,450	3,500
1991 Cabriolet						
2d Conv	350	1,000	1,700	3,400	5,950	8,500
1991 Golf						
2d GL HBk	200	600	1,000	2,000	3,500	5,000
2d GTi HBk	250	800	1,300	2,600	4,550	6,500
2d GTi HBk 16V	300	850	1,400	2,800	4,900	7,000
4d GL HBk	250	700	1,150	2,300	4,000	5,700
1991 Jetta						
2d GL Sed	200	650	1,100	2,200	3,850	5,500
4d GL Sed	250	700	1,150	2,300	4,000	5,700
4d GL Sed Diesel	200	550	900	1,800	3,150	4,500
4d Carat Sed	250	750	1,250	2,500	4,350	6,200
4d GLi Sed 16V	300	850	1,400	2,800	4,900	7,000
1991 Passat						
4d GL Sed	250	800	1,300	2,600	4,550	6,500
4d GL Sta Wag	300	850	1,400	2,800	4,900	7,000
1991 Corrado						
2d Cpe	350	1,000	1,700	3,400	5,950	8,500
1992 Fox, 4-cyl.						
2d Sed	150	500	800	1,600	2,800	4,000
4d GL Sed	200	550	900	1,800	3,150	4,500
1992 Golf, 4-cyl.						
2d GL HBk	250	700	1,200	2,400	4,200	6,000
4d GL HBk	250	800	1,300	2,600	4,550	6,500
2d GTi HBk	300	850	1,400	2,800	4,900	7,000
2d GTi HBk 16V	300	900	1,500	3,000	5,250	7,500
1992 Cabriolet, 4-cyl.						
2d Conv	350	1,000	1,700	3,400	5,950	8,500
1992 Jetta, 4-cyl.						
4d GL Sed	250	800	1,300	2,600	4,550	6,500
4d GL Sed Diesel	250	700	1,200	2,400	4,200	6,000
4d Carat Sed	300	900	1,500	3,000	5,250	7,500
4d GLi Sed 16V	350	1,000	1,700	3,400	5,950	8,500
1992 Passat, 4-cyl.						
4d CL Sed	250	800	1,300	2,600	4,550	6,500
4d GL Sed	300	900	1,500	3,000	5,250	7,500
4d GL Sta Wag	350	1,000	1,700	3,400	5,950	8,500
1992 Corrado, 4-cyl.						
2d G60 Cpe	400	1,200	2,000	4,000	7,000	10,000
2d SLC Cpe	500	1,450	2,400	4,800	8,400	12,000
1993 Fox, 4-cyl.						
2d Sed	150	450	700	1,450	2,500	3,600
4d GL Sed	150	450	750	1,500	2,650	3,800
1993 Golf						
4d GL HBk	300	850	1,400	2,800	4,900	7,000
1993 Cabriolet, 4-cyl.						
2d Conv	350	1,050	1,750	3,500	6,100	8,700
1993 Jetta, 4-cyl.						
4d GL Sed	250	800	1,350	2,700	4,750	6,800
1993 Passat, 4-cyl.						
4d GL Sed	300	950	1,600	3,200	5,600	8,000
4d GLX Sed	350	1,000	1,700	3,400	5,950	8,500
4d GLX Sta Wag	350	1,100	1,800	3,600	6,300	9,000
1993 Corrado, V-6						
2d SLC Cpe	450	1,300	2,200	4,400	7,700	11,000

	6	5	4	3	2	1

VOLVO

1944-1950 4-cyl., 1414cc, 102.4" wb
PV444 2d Sed	350	1,100	1,850	3,700	6,450	9,200

1951 4-cyl., 1414cc, 102.4" wb
PV444 2d Sed	350	1,100	1,800	3,600	6,300	9,000

1952 4-cyl., 1414cc, 102.4" wb
PV444 2d Sed	350	1,100	1,800	3,600	6,300	9,000

1953 4-cyl., 1414cc, 102.4" wb
PV444 2d Sed	350	1,100	1,800	3,600	6,300	9,000

1954 4-cyl., 1414cc, 102.4" wb
PV444 2d Sed	350	1,100	1,800	3,600	6,300	9,000
PV445 2d Sta Wag	350	1,100	1,800	3,650	6,350	9,100

1955 4-cyl., 1414cc, 102.4" wb
PV444 2d Sed	350	1,100	1,800	3,600	6,300	9,000
PV445 2d Sta Wag	350	1,100	1,800	3,650	6,350	9,100

1956 4-cyl., 1414cc, 102.4" wb
PV444 2d Sed	350	1,100	1,800	3,600	6,300	9,000
PV445 2d Sta Wag	350	1,100	1,800	3,650	6,350	9,100

1957 4-cyl., 1414cc, 102.4" wb
PV444 2d Sed	350	1,100	1,800	3,600	6,300	9,000
PV445 2d Sta Wag	350	1,100	1,800	3,650	6,350	9,100

1957 4-cyl., 104.4" wb, 1583cc, 4-cyl., 94.5" wb, 1414cc
P1900 conv	500	1,500	2,500	5,000	8,750	12,500

1958 4-cyl., 1583cc, 102.4" wb
PV544 2d Sed	350	1,100	1,800	3,600	6,300	9,000
PV445 2d Sta Wag	350	1,100	1,800	3,650	6,350	9,100

1959 4-cyl., 1583cc, 102.4" wb
PV544 2d Sed	350	1,100	1,800	3,600	6,300	9,000
PV445 2d Sta Wag	350	1,100	1,800	3,650	6,350	9,100
122S 4d Sed	400	1,150	1,900	3,800	6,650	9,500

1960 4-cyl., 1583cc, 102.4" wb
PV544 2d Sed	350	1,100	1,800	3,600	6,300	9,000
PV445 2d Sta Wag	350	1,100	1,850	3,700	6,500	9,300
122S 4d Sed	400	1,150	1,900	3,800	6,650	9,500

1961 4-cyl., 1583cc, 102.4" wb
PV544 2d Sed	350	1,000	1,700	3,400	5,950	8,500
P210 2d Sta Wag	350	1,050	1,750	3,500	6,150	8,800
122 4d Sed	350	1,100	1,800	3,600	6,300	9,000

1961 4-cyl., 1778cc, 96.5" wb
P1800 Cpe	350	1,100	1,800	3,600	6,300	9,000

1962 4-cyl., 1583cc, 102.4" wb
P210 2d Sta Wag	350	1,050	1,750	3,500	6,100	8,700

1962 4-cyl., 1778cc, 102.4" wb
PV544 2d Sed	300	950	1,600	3,200	5,600	8,000
122S 4d Sed	300	900	1,500	3,000	5,250	7,500
122S 2d Sed	300	900	1,550	3,100	5,400	7,700
122S 4d Sta Wag	300	950	1,600	3,200	5,600	8,000

1962 4-cyl., 1778cc, 96.5" wb
P1800 Cpe	350	1,100	1,800	3,600	6,300	9,000

1963 4-cyl., 1778cc, 102.4" wb
PV544 2d Sed	350	1,050	1,750	3,500	6,100	8,700
210 2d Sta Wag	350	1,050	1,750	3,500	6,150	8,800
P122S 4d Sed	300	950	1,600	3,200	5,600	8,000
P122S 2d Sed	350	1,000	1,650	3,300	5,750	8,200
P122S 4d Sta Wag	350	1,000	1,700	3,400	5,950	8,500

1963 4-cyl., 1778cc, 96.5" wb
1800S Cpe	350	1,100	1,800	3,600	6,300	9,000

1964 4-cyl., 1778cc, 102.4" wb
PV544 2d Sed	350	1,050	1,750	3,500	6,100	8,700
P210 2d Sta Wag	400	1,150	1,900	3,800	6,650	9,500
122S 4d Sed	300	950	1,600	3,200	5,600	8,000
122S 2d Sed	350	1,000	1,650	3,300	5,750	8,200
122S 4d Sta Wag	350	1,000	1,700	3,400	5,950	8,500

1964 4-cyl., 1778cc, 96.5" wb
1800S Cpe	400	1,150	1,900	3,800	6,650	9,500

1965 4-cyl., 1778cc, 102.4" wb
PV544 2d Sed	350	1,000	1,700	3,400	5,950	8,500
P210 Sta Wag	350	1,100	1,800	3,600	6,300	9,000
122S 4d Sed	350	1,000	1,650	3,300	5,750	8,200
122S 2d Sed	300	950	1,600	3,200	5,600	8,000

	6	5	4	3	2	1
122S 4d Sta Wag	350	1,000	1,700	3,400	5,950	8,500

1965 4-cyl., 1778cc, 96.5" wb
	6	5	4	3	2	1
1800S Cpe	400	1,200	2,000	4,000	7,000	10,000

1966 4-cyl., 1778cc, 102.4" wb
	6	5	4	3	2	1
210S 2d Sta Wag	350	1,100	1,800	3,600	6,300	9,000
122S 4d Sed	300	950	1,600	3,200	5,600	8,000
122S 2d Sed	350	1,000	1,650	3,300	5,750	8,200
122S 4d Sta Wag	350	1,000	1,700	3,400	5,950	8,500

1966 4-cyl., 1778cc, 96.5" wb
	6	5	4	3	2	1
1800S Cpe	350	1,100	1,800	3,600	6,300	9,000

1967 4-cyl., 1778cc, 102.4" wb
	6	5	4	3	2	1
P210 2d Sta Wag	400	1,150	1,900	3,800	6,650	9,500
122S 2d Sed	350	1,000	1,650	3,300	5,750	8,200
122S 4d Sed	300	950	1,600	3,200	5,600	8,000
122S 4d Sta Wag	350	1,000	1,700	3,400	5,950	8,500

1967 4-cyl., 1778cc, 96.5" wb
	6	5	4	3	2	1
123 GT	350	1,100	1,800	3,600	6,300	9,000
1800S Cpe	400	1,250	2,100	4,200	7,350	10,500

1968 4-cyl., 1778cc, 102.4" wb
	6	5	4	3	2	1
122S 2d Sed	350	1,000	1,650	3,300	5,750	8,200
122S 4d Sta Wag	350	1,000	1,700	3,400	5,950	8,500
123 GT	350	1,100	1,800	3,600	6,300	9,000
142S 2d Sed	300	900	1,500	3,000	5,250	7,500
144 4d Sed	300	900	1,450	2,900	5,100	7,300

1968 4-cyl., 1778cc, 96.5" wb
	6	5	4	3	2	1
1800S Cpe	400	1,200	2,000	4,000	7,000	10,000

1969 4-cyl., 1986cc, 102.4" wb
	6	5	4	3	2	1
142S 2d Sed	300	950	1,600	3,250	5,650	8,100
144S 4d Sed	300	950	1,600	3,200	5,600	8,000
145S 4d Sta Wag	350	1,000	1,650	3,300	5,750	8,200

1969 4-cyl., 1986cc, 96.5" wb
	6	5	4	3	2	1
1800S Cpe	400	1,250	2,100	4,200	7,350	10,500

1970 4-cyl., 1986cc, 102.4" wb
	6	5	4	3	2	1
142 2d Sed	350	1,000	1,650	3,300	5,750	8,200
144 4d Sed	300	950	1,600	3,250	5,650	8,100
145 4d Sta Wag	300	950	1,600	3,250	5,650	8,100

1970 4-cyl., 1986cc, 96.5" wb
	6	5	4	3	2	1
1800E Cpe	400	1,250	2,100	4,200	7,350	10,500

1970 6-cyl., 2978cc, 106.3" wb
	6	5	4	3	2	1
164 4d Sed	300	900	1,500	3,000	5,250	7,500

1971 4-cyl., 1986cc, 103.2" wb
	6	5	4	3	2	1
142 2d Sed	300	900	1,550	3,100	5,400	7,700
144 4d Sed	300	900	1,500	3,000	5,250	7,500
145 4d Sta Wag	300	950	1,600	3,150	5,550	7,900

1971 4-cyl., 1986cc, 96.5" wb
	6	5	4	3	2	1
1800E Cpe	450	1,300	2,200	4,400	7,700	11,000

1971 6-cyl., 2978cc, 107" wb
	6	5	4	3	2	1
164 4d Sed	300	900	1,500	3,050	5,300	7,600

1972 4-cyl., 1986cc, 103.2" wb
	6	5	4	3	2	1
142 2d Sed	300	950	1,550	3,100	5,450	7,800
144 4d Sed	300	900	1,550	3,100	5,400	7,700
145 4d Sta Wag	300	950	1,600	3,200	5,600	8,000

1972 4-cyl., 1986cc, 96.5" wb
	6	5	4	3	2	1
1800E Cpe	450	1,300	2,200	4,400	7,700	11,000
1800ES Spt Wag	450	1,400	2,300	4,600	8,050	11,500

1972 6-cyl., 2978cc, 107" wb
	6	5	4	3	2	1
164 4d Sed	300	900	1,500	3,050	5,300	7,600

1973 4-cyl., 1986cc, 103.2" wb
	6	5	4	3	2	1
142 2d Sed	300	900	1,500	3,000	5,250	7,500
144 4d Sed	300	900	1,500	2,950	5,200	7,400
145 4d Sta Wag	300	900	1,550	3,100	5,400	7,700

1973 4-cyl., 1986cc, 96.5" wb
	6	5	4	3	2	1
1800ES Spt Wag	500	1,450	2,400	4,800	8,400	12,000

1973 6-cyl., 2978cc, 107" wb
	6	5	4	3	2	1
164E 4d Sed	300	900	1,500	3,000	5,250	7,500

1974 4-cyl., 1986cc, 103.2" wb
	6	5	4	3	2	1
142 2d Sed	300	850	1,400	2,850	4,950	7,100
144 4d Sed	300	850	1,400	2,850	4,950	7,100
145 4d Sta Wag	300	900	1,450	2,900	5,100	7,300
142GL 2d Sed	300	850	1,450	2,900	5,050	7,200
144GL 4d Sed	300	850	1,450	2,900	5,050	7,200

	6	5	4	3	2	1
1974 6-cyl., 2978cc, 107" wb						
164E 4d Sed	300	900	1,500	2,950	5,200	7,400
1975 4-cyl., 2127cc, 103.9" wb						
242 2d Sed	250	750	1,250	2,500	4,350	6,200
244 4d Sed	250	750	1,250	2,500	4,350	6,200
245 4d Sta Wag	250	800	1,300	2,600	4,550	6,500
242GL 2d Sed	250	750	1,300	2,550	4,500	6,400
244GL 4d Sed	250	750	1,300	2,550	4,500	6,400
1975 6-cyl., 2978cc, 107" wb						
164 4d Sed	250	800	1,300	2,600	4,550	6,500
1976 4-cyl., 2127cc, 103.9" wb						
242 2d Sed	250	800	1,300	2,600	4,550	6,500
244 4d Sed	250	800	1,300	2,600	4,550	6,500
245 4d Sta Wag	250	800	1,350	2,700	4,750	6,800
1976 6-cyl., 2664cc, 103.9" wb						
262GL 2d Sed	250	800	1,350	2,700	4,750	6,800
264 4d Sed	300	850	1,400	2,750	4,850	6,900
265 4d Sta Wag	300	850	1,400	2,850	4,950	7,100
264GL 4d Sed	300	850	1,400	2,800	4,900	7,000
1977 4-cyl., 2127cc, 103.9" wb						
242 2d Sed	250	800	1,350	2,700	4,750	6,800
244 4d Sed	250	800	1,350	2,700	4,750	6,800
245 4d Sta Wag	300	850	1,450	2,900	5,050	7,200
1977 6-cyl., 2664cc, 103.9" wb						
264GL 4d Sed	300	850	1,400	2,850	4,950	7,100
265GL 4d Sta Wag	300	900	1,450	2,900	5,100	7,300
262C 2d Cpe	400	1,200	2,000	4,000	7,000	10,000
1978 6-cyl., 2664cc, 103.9" wb						
244 4d	250	700	1,200	2,400	4,200	6,000
242GT 2d	250	750	1,200	2,450	4,250	6,100
242 2d	250	750	1,250	2,500	4,350	6,200
245 4d Sta Wag	250	750	1,250	2,500	4,400	6,300
264GL 4d	250	750	1,250	2,500	4,350	6,200
265GL 4d Sta Wag	250	750	1,300	2,550	4,500	6,400
262C 2d	400	1,200	2,000	4,000	7,000	10,000
1979 6-cyl., 2664cc, 103.9" wb						
242DL 2d	250	700	1,150	2,300	4,050	5,800
242GT 2d	250	700	1,200	2,350	4,150	5,900
244DL 4d	250	700	1,200	2,350	4,150	5,900
245DL 4d Sta Wag	250	700	1,200	2,400	4,200	6,000
245GL 4d	250	700	1,200	2,400	4,200	6,000
265GL 4d Sta Wag	250	750	1,200	2,450	4,250	6,100
262C 2d Cpe	400	1,250	2,100	4,200	7,350	10,500
1980 6-cyl., 2664cc, 103.9" wb						
DL 2d	200	600	1,050	2,100	3,650	5,200
DL GT 2d	200	650	1,100	2,150	3,800	5,400
DL 4d	200	650	1,100	2,150	3,800	5,400
DL 4d Sta Wag	250	700	1,150	2,300	4,000	5,700
GL 4d	250	700	1,150	2,300	4,000	5,700
GLE 4d	250	700	1,150	2,300	4,050	5,800
GLE 4d Sta Wag	250	700	1,200	2,350	4,150	5,900
GLE 2d Cpe Bertone	400	1,200	2,000	4,050	7,050	10,100
1981 6-cyl., 2664cc, 103.9" wb						
DL 2d	200	600	1,050	2,100	3,650	5,200
DL 4d	200	650	1,100	2,150	3,800	5,400
DL 4d Sta Wag	250	700	1,150	2,300	4,000	5,700
GL 2d	200	650	1,100	2,200	3,850	5,500
GL 4d	200	650	1,100	2,200	3,850	5,500
GLT 2d	200	650	1,100	2,200	3,850	5,500
GLT 4d Sta Wag	250	700	1,150	2,300	4,050	5,800
GLT 2d Turbo	250	700	1,200	2,400	4,200	6,000
GLT 4d Turbo	250	700	1,200	2,400	4,200	6,000
GLE 4d	250	700	1,200	2,400	4,200	6,000
2d Bertone Cpe	400	1,250	2,100	4,200	7,350	10,500
1982 6-cyl., 2664cc, 103.9" wb						
DL 2d	200	600	1,050	2,100	3,650	5,200
DL 4d	200	600	1,050	2,100	3,650	5,200
DL 4d Sta Wag	200	650	1,050	2,100	3,700	5,300
GL 4d	200	650	1,050	2,100	3,700	5,300
GL 4d Sta Wag	200	650	1,100	2,150	3,800	5,400
GLT 2d	200	650	1,050	2,100	3,700	5,300
GLT 2d Turbo	250	700	1,150	2,300	4,000	5,700
GLT 4d Turbo	250	700	1,150	2,300	4,000	5,700
GLT 4d Sta Wag Turbo	250	700	1,150	2,300	4,000	5,700
GLE 4d	250	700	1,150	2,300	4,000	5,700

	6	5	4	3	2	1
1983 6-cyl., 2664cc, 103.9" wb						
DL 2d	200	600	1,050	2,100	3,650	5,200
DL 4d	200	600	1,050	2,100	3,650	5,200
DL 4d Sta Wag	200	650	1,050	2,100	3,700	5,300
GL 4d	200	650	1,050	2,100	3,700	5,300
GL 4d Sta Wag	200	650	1,100	2,150	3,800	5,400
GLT 2d Turbo	200	650	1,050	2,100	3,700	5,300
GLT 4d Turbo	200	650	1,100	2,250	3,900	5,600
GLT 4d Sta Wag Turbo	250	700	1,150	2,300	4,000	5,700
760 GLE 4d	250	700	1,150	2,300	4,000	5,700
760 GLE 4d Turbo Diesel	250	700	1,150	2,300	4,050	5,800
1984 6-cyl., 2664cc, 103.9" wb						
DL 2d	300	900	1,500	3,000	5,250	7,500
DL 4d	300	950	1,600	3,200	5,600	8,000
DL 4d Sta Wag	350	1,000	1,700	3,400	5,950	8,500
GL 4d	350	1,100	1,800	3,600	6,300	9,000
GL 4d Sta Wag	400	1,150	1,900	3,800	6,650	9,500
GLT 2d Turbo	400	1,200	2,000	4,000	7,000	10,000
GLT 4d Turbo	400	1,250	2,100	4,200	7,350	10,500
GLT 4d Sta Wag Turbo	400	1,250	2,100	4,200	7,350	10,500
760 GLE 4d	400	1,250	2,100	4,200	7,350	10,500
760 GLE 4d Turbo	450	1,300	2,200	4,400	7,700	11,000
760 GLE 4d Turbo Diesel	400	1,200	2,000	4,000	7,000	10,000
1985 6-cyl., 2664cc, 103.9" wb						
DL 4d Sed	300	900	1,500	3,000	5,250	7,500
DL 4d Sta Wag	300	900	1,500	3,050	5,300	7,600
GL 4d Sed	350	1,000	1,700	3,400	5,950	8,500
GL 4d Sta Wag	350	1,050	1,700	3,450	6,000	8,600
NOTE: Add 10 percent for Turbo.						
740 4d Sed	400	1,250	2,100	4,200	7,350	10,500
740 4d Sta Wag	450	1,300	2,200	4,400	7,700	11,000
NOTE: Deduct 10 percent for Diesel. Add 10 percent for Turbo.						
760 4d Sed	500	1,450	2,400	4,800	8,400	12,000
760 4d Sta Wag	500	1,500	2,500	5,000	8,750	12,500
NOTE: Deduct 10 percent for Diesel. Add 10 percent for Turbo.						
1986 6-cyl., 2664cc, 103.9" wb						
DL 4d Sed	350	1,100	1,800	3,600	6,300	9,000
DL 4d Sta Wag	350	1,100	1,800	3,650	6,350	9,100
GL 4d Sed	400	1,250	2,100	4,200	7,350	10,500
GL 4d Sta Wag	400	1,250	2,100	4,250	7,400	10,600
740 4d Sed	500	1,500	2,500	5,000	8,750	12,500
740 4d Sta Wag	500	1,550	2,600	5,200	9,100	13,000
NOTE: Deduct 10 percent for Diesel. Add 10 percent for Turbo.						
760 4d Sed	550	1,700	2,800	5,600	9,800	14,000
760 4d Sta Wag	600	1,800	3,000	6,000	10,500	15,000
1987 240						
DL 4d Sed	400	1,200	2,000	4,000	7,000	10,000
DL 4d Sta Wag	450	1,300	2,200	4,400	7,700	11,000
GL 4d Sed	450	1,300	2,200	4,400	7,700	11,000
GL 4d Sta Wag	500	1,450	2,400	4,800	8,400	12,000
1987 740						
GLE 4d Sed	500	1,500	2,500	5,000	8,750	12,500
Turbo GLE 4d Sed	550	1,700	2,800	5,600	9,800	14,000
GLE 4d Sta Wag	500	1,550	2,600	5,200	9,100	13,000
Turbo GLE 4d Sta Wag	600	1,800	3,000	6,000	10,500	15,000
1987 760						
Turbo GLE 4d Sed	650	1,900	3,200	6,400	11,200	16,000
Turbo GLE 4d Sta Wag	700	2,050	3,400	6,800	11,900	17,000
1987 780						
GLE 2d Cpe	900	2,650	4,400	8,800	15,400	22,000
1987 240						
DL 4d Sed	400	1,150	1,900	3,800	6,650	9,500
DL 4d Sta Wag	400	1,250	2,100	4,200	7,350	10,500
GL 4d Sed	400	1,250	2,100	4,250	7,400	10,600
GL 4d Sta Wag	400	1,250	2,100	4,200	7,350	10,500
1987 740						
GLE 4d Sed	500	1,500	2,500	5,000	8,750	12,500
GLE 4d Sta Wag	500	1,550	2,600	5,200	9,100	13,000
Turbo GLE 4d Sed	550	1,700	2,800	5,600	9,800	14,000
GLE Sta Wag	600	1,800	3,000	6,000	10,500	15,000
1987 760						
4d Sed	550	1,700	2,800	5,600	9,800	14,000
Turbo 4d Sed	650	1,900	3,200	6,400	11,200	16,000
Turbo 4d Sta Wag	700	2,050	3,400	6,800	11,900	17,000

	6	5	4	3	2	1
1987 780						
2d Cpe GLE	900	2,650	4,400	8,800	15,400	22,000
1988 240						
DL 4d Sed	500	1,450	2,400	4,800	8,400	12,000
DL 4d Sta Wag	500	1,550	2,600	5,200	9,100	13,000
GL 4d Sed	550	1,700	2,800	5,600	9,800	14,000
GL 4d Sta Wag	600	1,800	3,000	6,000	10,500	15,000
1988 740						
GLE 4d Sed	600	1,800	3,000	6,000	10,500	15,000
GLE 4d Sta Wag	650	1,900	3,200	6,400	11,200	16,000
Turbo GLE 4d Sed	800	2,400	4,000	8,000	14,000	20,000
Turbo GLE 4d Sta Wag	850	2,500	4,200	8,400	14,700	21,000
1988 760						
4d Sed	900	2,650	4,400	8,800	15,400	22,000
Turbo GLE 4d Sed	900	2,750	4,600	9,200	16,100	23,000
Turbo GLE 4d Sta Wag	950	2,900	4,800	9,600	16,800	24,000
1988 780						
GLE 2d Cpe	1,050	3,100	5,200	10,400	18,200	26,000
1989 DL						
4d Sed	450	1,300	2,200	4,400	7,700	11,000
4d Sta Wag	500	1,450	2,400	4,800	8,400	12,000
1989 GL						
4d Sed	500	1,450	2,400	4,800	8,400	12,000
4d Sta Wag	500	1,550	2,600	5,200	9,100	13,000
1989 740 GL						
4d	550	1,700	2,800	5,600	9,800	14,000
4d Sta Wag	600	1,800	3,000	6,000	10,500	15,000
1989 740 GLE						
4d Sed (16V)	700	2,050	3,400	6,800	11,900	17,000
4d Sta Wag (16V)	700	2,150	3,600	7,200	12,600	18,000
1989 740 (Turbo)						
4d Sed	750	2,300	3,800	7,600	13,300	19,000
4d Sta Wag	800	2,400	4,000	8,000	14,000	20,000
1989 760 GLE						
4d Sed	900	2,750	4,600	9,200	16,100	23,000
4d Sed Turbo	950	2,900	4,800	9,600	16,800	24,000
4d Sta Wag Turbo	1,000	3,000	5,000	10,000	17,500	25,000
1989 780						
2d Cpe	1,000	3,000	5,000	10,000	17,500	25,000
2d Cpe Turbo	1,050	3,100	5,200	10,400	18,200	26,000
1990 240, 4-cyl.						
4d Sed	400	1,200	2,000	4,000	7,000	10,000
4d Sta Wag	450	1,300	2,200	4,400	7,700	11,000
4d DL Sed	450	1,300	2,200	4,400	7,700	11,000
4d DL Sta Wag	500	1,450	2,400	4,800	8,400	12,000
1990 740, 4-cyl.						
4d Sed	450	1,300	2,200	4,400	7,700	11,000
4d Sta Wag	500	1,450	2,400	4,800	8,400	12,000
4d GL Sed	500	1,550	2,600	5,200	9,100	13,000
4d GL Sta Wag	550	1,700	2,800	5,600	9,800	14,000
4d GLE Sed	600	1,800	3,000	6,000	10,500	15,000
4d GLE Sta Wag	650	1,900	3,200	6,400	11,200	16,000
4d Turbo Sed	700	2,050	3,400	6,800	11,900	17,000
4d Turbo Sta Wag	700	2,150	3,600	7,200	12,600	18,000
1990 760, 6-cyl.						
4d GLE Sed	750	2,300	3,800	7,600	13,300	19,000
4d GLE Turbo Sed	800	2,400	4,000	8,000	14,000	20,000
4d GLE Turbo Sta Wag	850	2,500	4,200	8,400	14,700	21,000
1990 780, 6-cyl.						
2d Cpe	850	2,500	4,200	8,400	14,700	21,000
2d Turbo Cpe	900	2,650	4,400	8,800	15,400	22,000
1991 240						
4d Sed	400	1,150	1,900	3,800	6,650	9,500
4d Sta Wag	400	1,200	1,950	3,900	6,850	9,800
4d SE Sta Wag	450	1,300	2,200	4,400	7,700	11,000
1991 740						
4d Sed	450	1,300	2,150	4,300	7,500	10,700
4d Turbo Sed	500	1,550	2,600	5,200	9,100	13,000
4d SE Turbo Sed	500	1,500	2,500	5,000	8,750	12,500
4d Sta Wag	500	1,550	2,600	5,200	9,100	13,000
4d Turbo Sta Wag	550	1,700	2,800	5,600	9,800	14,000
4d SE Turbo Sta Wag	600	1,800	3,000	6,000	10,500	15,000

	6	5	4	3	2	1
1991 940						
4d GLE Sed (16V)	500	1,550	2,600	5,200	9,100	13,000
4d Turbo Sed	550	1,700	2,800	5,600	9,800	14,000
4d SE Turbo Sed	600	1,800	3,000	6,000	10,500	15,000
4d GLE Sta Wag (16V)	550	1,700	2,800	5,600	9,800	14,000
4d Turbo Sta Wag	600	1,800	3,000	6,000	10,500	15,000
4d SE Turbo Sta Wag	600	1,800	3,000	6,000	10,500	15,000
1991 780						
2d Turbo Cpe	700	2,150	3,600	7,200	12,600	18,000
1992 240, 4-cyl.						
4d Sed	400	1,250	2,100	4,200	7,350	10,500
4d Sta Wag	450	1,400	2,300	4,600	8,050	11,500
4d GL Sed	450	1,300	2,200	4,400	7,700	11,000
1992 740, 4-cyl.						
4d Sed	450	1,300	2,200	4,400	7,700	11,000
4d Sta Wag	500	1,450	2,400	4,800	8,400	12,000
4d Turbo Sta Wag	550	1,700	2,800	5,600	9,800	14,000
1992 940, 4-cyl.						
4d CL Sed	450	1,300	2,200	4,400	7,700	11,000
4d Turbo Sed	550	1,600	2,650	5,300	9,250	13,200
4d Turbo Sta Wag	550	1,700	2,850	5,700	9,950	14,200
1992 960, 4-cyl.						
4d Sed (16V)	550	1,600	2,650	5,300	9,300	13,300
4d Sta Wag (16V)	550	1,700	2,850	5,700	10,000	14,300
1993 240, 4-cyl.						
4d Sed	400	1,200	2,000	4,000	7,000	10,000
4d Sta Wag	450	1,300	2,200	4,400	7,700	11,000
1993 850, 5-cyl.						
4d GLT Sed	450	1,300	2,200	4,400	7,700	11,000
1993 940, 4-cyl.						
4d Sed	450	1,400	2,300	4,600	8,050	11,500
4d Sta Wag	450	1,400	2,300	4,600	8,050	11,500
4d Turbo Sed	500	1,450	2,400	4,800	8,400	12,000
4d Turbo Sta Wag	500	1,500	2,500	5,000	8,750	12,500
1993 960, 4-cyl.						
4d Sed	500	1,550	2,600	5,200	9,100	13,000
4d Sta Wag	600	1,750	2,900	5,800	10,200	14,500

YUGO

	6	5	4	3	2	1
1986						
2d HBk GV	150	500	800	1,650	2,850	4,100
1987						
2d HBk GV	150	500	800	1,650	2,850	4,100
1988						
2d HBk GV	150	500	800	1,650	2,850	4,100
2d HBk GVL	150	500	850	1,700	2,950	4,200

1990 Yugo Cabrio Convertible

TRUCKS

	6	5	4	3	2	1

AMERICAN AUSTIN-BANTAM TRUCKS

1931 Austin Series A
	6	5	4	3	2	1
Cpe Dly	800	2,400	4,000	8,000	14,000	20,000
Panel Dly	900	2,650	4,400	8,800	15,400	22,000

1932 Austin Series A
Cpe Dly	800	2,400	4,000	8,000	14,000	20,000
Panel Dly	900	2,650	4,400	8,800	15,400	22,000

1933 Austin 275
Cpe Dly	750	2,300	3,800	7,600	13,300	19,000
Panel Dly	850	2,500	4,200	8,400	14,700	21,000
Bantam Van	800	2,400	4,000	8,000	14,000	20,000

1933 Austin 375
Panel Dly	800	2,400	4,000	8,000	14,000	20,000
PU	750	2,300	3,800	7,600	13,300	19,000
Pony Exp	700	2,150	3,600	7,200	12,600	18,000
Cpe Dly	850	2,500	4,200	8,400	14,700	21,000

1934 Austin 375
PU	650	1,900	3,200	6,400	11,200	16,000
Panel Dly	700	2,150	3,600	7,200	12,600	18,000

1935 Austin 475
PU	600	1,800	3,000	6,000	10,500	15,000
Panel Dly	700	2,050	3,400	6,800	11,900	17,000

1936 Austin 475

No vehicles manufactured.

1937 American Bantam 575
PU	750	2,300	3,800	7,600	13,300	19,000
Panel Dly	900	2,750	4,600	9,200	16,100	23,000

1938 American Bantam 60
Bus Cpe	700	2,050	3,400	6,800	11,900	17,000
PU Exp	750	2,300	3,800	7,600	13,300	19,000
Panel Exp	900	2,750	4,600	9,200	16,100	23,000
Boulevard Dly	1,800	5,400	9,000	18,000	31,500	45,000

1939 American Bantam 60
PU Exp	750	2,300	3,800	7,600	13,300	19,000
Panel Exp	900	2,750	4,600	9,200	16,100	23,000
Boulevard Dly	1,800	5,400	9,000	18,000	31,500	45,000

1940 American Bantam 65
PU	750	2,300	3,800	7,600	13,300	19,000
Panel	900	2,750	4,600	9,200	16,100	23,000
Boulevard Dly	1,800	5,400	9,000	18,000	31,500	45,000

1941 American Bantam 65
PU	750	2,300	3,800	7,600	13,300	19,000
Panel	900	2,750	4,600	9,200	16,100	23,000

CHEVROLET TRUCKS

1927-1928
Rds PU	650	1,900	3,200	6,400	11,200	16,000
Commercial Rds	650	1,900	3,200	6,400	11,200	16,000
Open Exp	550	1,700	2,800	5,600	9,800	14,000
Sta Wag	650	1,900	3,200	6,400	11,200	16,000
Panel Dly	600	1,800	3,000	6,000	10,500	15,000

1929-1930
Rds w/Slip-in Cargo Box	700	2,050	3,400	6,800	11,900	17,000
Rds w/Panel Carrier	700	2,050	3,400	6,800	11,900	17,000
Open Exp	600	1,800	3,000	6,000	10,500	15,000
Canopy Exp	650	1,900	3,200	6,400	11,200	16,000
Sed Dly	700	2,050	3,400	6,800	11,900	17,000
Screenside Exp	650	1,900	3,200	6,400	11,200	16,000
Panel Dly	650	1,900	3,200	6,400	11,200	16,000
Ambassador Panel Dly	700	2,150	3,600	7,200	12,600	18,000

1931-1932
Open Cab PU	750	2,300	3,800	7,600	13,300	19,000
Closed Cab PU	700	2,050	3,400	6,800	11,900	17,000
Panel Dly	700	2,150	3,600	7,200	12,600	18,000
Canopy Dly (curtains)	750	2,300	3,800	7,600	13,300	19,000
Canopy Dly (screens)	750	2,300	3,800	7,600	13,300	19,000
Sed Dly	850	2,500	4,200	8,400	14,700	21,000
DeL Sta Wag	750	2,300	3,800	7,600	13,300	19,000

	6	5	4	3	2	1

NOTE: Add 5 percent for Deluxe 1/2-Ton models. Add 5 percent for Special Equipment on models other than those noted as "Specials" above. Add 2 percent for Canopy Tops on both pickups.

1933-1936

	6	5	4	3	2	1
Sed Dly	700	2,050	3,400	6,800	11,900	17,000
Spl Sed Dly	700	2,150	3,600	7,200	12,600	18,000
Closed Cab PU	600	1,800	3,000	6,000	10,500	15,000
Panel Dly	600	1,800	3,000	6,000	10,500	15,000
Spl Panel Dly	650	1,900	3,200	6,400	11,200	16,000
Canopy Exp	700	2,050	3,400	6,800	11,900	17,000
Spl Canopy Exp	650	1,900	3,200	6,400	11,200	16,000
Screenside Exp	650	1,900	3,200	6,400	11,200	16,000

NOTE: Add 2 percent for canopied pickups.

1937-1940

	6	5	4	3	2	1
Sed Dly	700	2,150	3,600	7,200	12,600	18,000
PU	700	2,050	3,400	6,800	11,900	17,000
Panel	700	2,050	3,400	6,800	11,900	17,000
Canopy Exp	700	2,150	3,600	7,200	12,600	18,000
Carryall Suburban	700	2,050	3,400	6,800	11,900	17,000

1937-1940 1/2-Ton

	6	5	4	3	2	1
PU	650	1,900	3,200	6,400	11,200	16,000
Stake	600	1,800	3,000	6,000	10,500	15,000

1937-1940 3/4-Ton

	6	5	4	3	2	1
PU	650	1,900	3,200	6,400	11,200	16,000
Stake	600	1,800	3,000	6,000	10,500	15,000

1941-1947 3/4-Ton

	6	5	4	3	2	1
Cpe PU	700	2,150	3,600	7,200	12,600	18,000
Sed Dly	750	2,300	3,800	7,600	13,300	19,000

1941-1947 1/2-Ton

	6	5	4	3	2	1
PU	700	2,150	3,600	7,200	12,600	18,000
Panel Dly	700	2,050	3,400	6,800	11,900	17,000
Canopy	700	2,150	3,600	7,200	12,600	18,000
Suburban	700	2,150	3,600	7,200	12,600	18,000

1948-1953 1/2-Ton

	6	5	4	3	2	1
Sed Dly	700	2,150	3,600	7,200	12,600	18,000
PU	800	2,400	4,000	8,000	14,000	20,000
Panel	600	1,800	3,000	6,000	10,500	15,000
Canopy Exp	650	1,900	3,200	6,400	11,200	16,000
Suburban	650	1,900	3,200	6,400	11,200	16,000

1948-1953 3/4-Ton

	6	5	4	3	2	1
PU	700	2,050	3,400	6,800	11,900	17,000
Platform	550	1,700	2,800	5,600	9,800	14,000
Stake	550	1,700	2,800	5,600	9,800	14,000

1948-1953 1-Ton

	6	5	4	3	2	1
PU	600	1,750	2,900	5,800	10,200	14,500
Panel	500	1,550	2,550	5,100	8,950	12,800
Canopy Exp	500	1,550	2,600	5,200	9,100	13,000
Platform	450	1,400	2,350	4,700	8,250	11,800
Stake	500	1,450	2,400	4,800	8,400	12,000

1954 - First Series 1955 1-Ton

	6	5	4	3	2	1
Sed Dly	700	2,050	3,400	6,800	11,900	17,000

1954 - First Series 1955 1/2-Ton

	6	5	4	3	2	1
PU	700	2,050	3,400	6,800	11,900	17,000
Panel	550	1,700	2,800	5,600	9,800	14,000
Canopy	550	1,600	2,700	5,400	9,450	13,500
Suburban	600	1,750	2,900	5,800	10,200	14,500

1954 - First Series 1955 3/4-Ton

	6	5	4	3	2	1
PU	600	1,800	3,000	6,000	10,500	15,000
Platform	500	1,450	2,400	4,850	8,450	12,100
Stake	500	1,500	2,450	4,900	8,600	12,300

1954 - First Series 1955 1-Ton

	6	5	4	3	2	1
PU	600	1,800	3,000	6,000	10,500	15,000
Panel	500	1,550	2,600	5,200	9,100	13,000
Canopy	500	1,550	2,600	5,200	9,100	13,000
Platform	500	1,450	2,400	4,800	8,400	12,000
Stake	500	1,450	2,400	4,850	8,450	12,100

Second Series 1955-1957 1/2-Ton, V-8

	6	5	4	3	2	1
Sed Dly	700	2,150	3,600	7,200	12,600	18,000
PU	700	2,050	3,400	6,800	11,900	17,000
Cus Cab PU	700	2,100	3,500	7,000	12,300	17,500
Panel Dly	600	1,800	3,000	6,000	10,500	15,000
Suburban	650	1,900	3,200	6,400	11,200	16,000
Cameo Carrier	750	2,300	3,800	7,600	13,300	19,000
Cantrell Sta Wag	700	2,150	3,600	7,200	12,600	18,000

NOTE: 1955 and up prices based on top of the line models. Deduct 20 percent for 6-cyl.

	6	5	4	3	2	1
1958-1959 1/2-Ton, V-8						
Sed Dly	600	1,800	3,000	6,000	10,500	15,000
El Camino - 1959 only	700	2,050	3,400	6,800	11,900	17,000
Stepside PU	550	1,700	2,800	5,600	9,800	14,000
Fleetside PU	600	1,800	3,000	6,000	10,500	15,000
Cameo PU - 1958 only	700	2,150	3,600	7,200	12,600	18,000
Panel	500	1,550	2,600	5,200	9,100	13,000
Suburban	500	1,550	2,600	5,200	9,100	13,000
Fleetside (LBx)	500	1,550	2,600	5,200	9,100	13,000
NOTE: 1955-up prices based on top of the line models. Deduct 20 percent for 6-cyl.						
Stepside PU	450	1,350	2,300	4,550	8,000	11,400
1960-1966 1/2-Ton, V-8						
Sed Dly	500	1,550	2,600	5,200	9,100	13,000
El Camino	650	1,900	3,200	6,400	11,200	16,000
Stepside PU	500	1,450	2,400	4,800	8,400	12,000
Fleetside PU	550	1,600	2,700	5,400	9,450	13,500
Panel	450	1,350	2,300	4,550	8,000	11,400
Suburban	450	1,400	2,350	4,700	8,200	11,700
1960-1966 "Long Box", 1/2-Ton, V-8						
Stepside PU	450	1,350	2,300	4,550	8,000	11,400
Fleetside PU	500	1,450	2,400	4,800	8,400	12,000
1960-1966 3/4-Ton, V-8						
Stepside PU	450	1,350	2,300	4,550	8,000	11,400
Fleetside PU	500	1,450	2,400	4,800	8,400	12,000
8-ft. Stake	400	1,200	2,000	4,000	7,000	10,000
NOTE: Deduct 20 percent for 6-cyl.						
1961-1965 Corvair Series 95, 61-64						
Loadside	350	1,100	1,800	3,600	6,300	9,000
Rampside	400	1,150	1,900	3,800	6,650	9,500
1961-1965 Corvan Series, 61-64						
Corvan Panel	400	1,150	1,900	3,800	6,650	9,500
Greenbriar Spt Van	400	1,200	2,000	4,000	7,000	10,000
1967-1968 El Camino Series, V-8						
Spt PU	650	1,900	3,200	6,400	11,200	16,000
Cus Spt PU	700	2,050	3,400	6,800	11,900	17,000
1967-1968 Fleetside Pickups, V-8						
C10 PU (SBx)	550	1,700	2,800	5,600	9,800	14,000
C10 PU (LBx)	500	1,550	2,600	5,200	9,100	13,000
K10 PU (SBx)	500	1,500	2,550	5,100	8,900	12,700
K10 PU (LBx)	500	1,500	2,500	5,000	8,750	12,500
C20 PU (LBx)	450	1,400	2,350	4,700	8,250	11,800
C20 PU (8-1/2 ft. bed)	450	1,400	2,350	4,700	8,200	11,700
K20 PU (LBx)	450	1,400	2,350	4,700	8,200	11,700
K20 PU (8-1/2 ft. bed)	450	1,400	2,300	4,650	8,100	11,600
1967-1968 Stepside Pickups, V-8						
C10 PU (SBx)	500	1,550	2,600	5,200	9,100	13,000
C10 PU (LBx)	500	1,500	2,500	5,050	8,800	12,600
C20 PU (LBx)	450	1,400	2,350	4,700	8,200	11,700
K20 PU (LBx)	450	1,400	2,300	4,650	8,100	11,600
1967-1968 Panel/Suburbans, Stakes, V-8						
C10 Panel	400	1,200	2,000	4,000	7,000	10,000
C10 Suburban	500	1,550	2,600	5,200	9,100	13,000
C20 Panel	350	1,100	1,800	3,600	6,300	9,000
C20 Suburban	400	1,250	2,100	4,200	7,350	10,500
NOTE: 1955-up prices based on top of the line models. Add 5 percent for 4x4. C is conventional drive model. K is 4-wheel drive (4x4) model. 10 is 1/2-Ton series. 20 is 3/4-Ton series. 30 is 1-Ton series. Short box has 6-1/2 ft. bed. Lon box has 8-ft. bed. Deduct 20 percent for 6-cyl.						
1969-1970 El Camino Series, V-8						
Spt PU	600	1,800	3,000	6,000	10,500	15,000
Cus Spt PU	650	1,900	3,200	6,400	11,200	16,000
NOTE: Add 15 percent for SS-396 option.						
1969-1970 Blazer Series, 4x4						
Blazer, V-8	550	1,700	2,800	5,600	9,800	14,000
1969-1970 Fleetside Series, V-8						
C10 PU (SBx)	600	1,800	3,000	6,000	10,500	15,000
C10 PU (LBx)	600	1,750	2,900	5,800	10,200	14,500
K10 PU (SBx)	500	1,550	2,600	5,200	9,100	13,000
K10 PU (LBx)	500	1,550	2,550	5,100	8,950	12,800
C20 PU (LBx)	450	1,400	2,350	4,700	8,250	11,800
C20 PU (long horn)	450	1,400	2,300	4,650	8,100	11,600
K20 PU (LBx)	500	1,500	2,500	5,050	8,800	12,600
K20 PU (long horn)	500	1,500	2,550	5,100	8,900	12,700

646

1948 Chevrolet Thriftmaster 3100 half-ton pickup

1957 Chevrolet 150 sedan delivery

1967 Chevrolet C-10 Fleetside half-ton pickup

	6	5	4	3	2	1
1969-1970 Stepside Series, V-8						
C10 PU (SBx)	500	1,550	2,600	5,200	9,100	13,000
C10 PU (LBx)	500	1,500	2,500	5,000	8,750	12,500
K10 PU (SBx)	500	1,550	2,600	5,200	9,100	13,000
K10 PU (LBx)	500	1,500	2,550	5,100	8,900	12,700
C20 PU (LBx)	500	1,550	2,550	5,100	8,950	12,800
C20 PU (long horn)	500	1,450	2,400	4,850	8,450	12,100
K20 PU (LBx)	500	1,500	2,550	5,100	8,900	12,700
K20 PU (long horn)	500	1,500	2,500	5,050	8,800	12,600
1969-1970 Panel/Suburban Series C10/K10, V-8, 115" wb						
C10 Panel	450	1,300	2,200	4,400	7,700	11,000
C10 Suburban	500	1,500	2,450	4,900	8,600	12,300
K10 Panel	400	1,250	2,100	4,250	7,400	10,600
K10 Suburban	500	1,450	2,400	4,850	8,450	12,100
1969-1970 Panel/Suburban Series C20/K20, V-8, 127" wb						
C20 Panel	400	1,250	2,100	4,250	7,400	10,600
C20 Suburban	450	1,350	2,250	4,500	7,900	11,300
K20 Panel	400	1,250	2,100	4,150	7,300	10,400
K20 Suburban	4,450	13,300	22,200	44,400	77,500	111,000

NOTE: 1955-up prices based on top of the line models. C is conventional drive model. K is 4-wheel drive (4x4) model. 10 is 1/2-Ton series. 20 is 3/4-Ton series. 30 is 1-Ton series. Short box has 6-1/2 ft. bed and 115" wb. Long box pickup has 8-ft. bed and 127" wb. Long horn pickup has 8-1/2 to 9-ft. bed and 133" wb. Deduct 20 percent for 6-cyl.

1971-1972 Vega, 1/2-Ton, V-8						
Panel Exp	250	800	1,300	2,600	4,550	6,500
1971-1972 LUV Pickup, 1/2-Ton, 1972 only						
PU	250	700	1,150	2,300	4,000	5,700
1971-1972 El Camino, V-8						
Spt PU	600	1,800	3,000	6,000	10,500	15,000
Cus Spt PU	650	1,900	3,200	6,400	11,200	16,000
SS PU	700	2,150	3,600	7,200	12,600	18,000

NOTE: Add 30 percent for 350, 40 percent for 402, 45 percent for 454 engine options. Deduct 20 percent for 6-cyl.

1971-1972 Blazer, 4x4						
C10 Blazer, V-8, 1972 only	550	1,700	2,800	5,600	9,800	14,000
K10 Blazer, V-8	550	1,700	2,800	5,600	9,800	14,000
1971-1972 Fleetside Pickups, V-8						
C10 PU (SBx)	600	1,850	3,100	6,200	10,900	15,500
C10 PU (LBx)	600	1,800	3,000	6,000	10,500	15,000
K10 PU (SBx)	550	1,650	2,750	5,500	9,650	13,800
K10 PU (LBx)	550	1,600	2,700	5,400	9,450	13,500
C20 PU (SBx)	500	1,550	2,550	5,100	8,950	12,800
C20 PU (LBx)	500	1,550	2,600	5,200	9,100	13,000
K20 PU (SBx)	500	1,500	2,500	5,050	8,800	12,600
K20 PU (LBx)	500	1,500	2,550	5,100	8,900	12,700
1971-1972 Stepside Pickups, V-8						
C10 PU (SBx)	550	1,700	2,800	5,600	9,800	14,000
C10 PU (LBx)	550	1,600	2,700	5,400	9,450	13,500
K10 PU (SBx)	500	1,550	2,550	5,100	8,950	12,800
K10 PU (LBx)	500	1,500	2,500	5,000	8,750	12,500
K10 PU (LBx)	500	1,550	2,550	5,100	8,950	12,800
K20 PU (LBx)	500	1,500	2,450	4,900	8,600	12,300
1971-1972 Suburban, V-8						
C10 Suburban	500	1,550	2,600	5,200	9,100	13,000
K10 Suburban	500	1,450	2,400	4,800	8,400	12,000
C20 Suburban	500	1,450	2,400	4,800	8,400	12,000
K20 Suburban	450	1,400	2,300	4,600	8,050	11,500

NOTE: 1955-up prices based on top of the line models. Deduct 20 percent for 6-cyl.

1973-1980 Vega						
Panel	250	800	1,300	2,600	4,550	6,500
1973-1980 LUV						
PU	200	650	1,050	2,100	3,700	5,300
1973-1980 El Camino, V-8						
PU	400	1,150	1,900	3,800	6,650	9,500
Cus PU	400	1,200	2,000	4,000	7,000	10,000
1973-1980 Blazer K10, V-8						
Blazer 2WD	400	1,200	2,000	4,000	7,000	10,000
Blazer (4x4)	500	1,450	2,400	4,800	8,400	12,000
1973-1980 C10, 1/2-Ton, V-8						
Stepside (SBx)	450	1,300	2,200	4,400	7,700	11,000
Stepside (LBx)	400	1,200	2,000	4,000	7,000	10,000
Fleetside (SBx)	400	1,200	2,000	4,000	7,000	10,000
Fleetside (LBx)	400	1,150	1,900	3,800	6,650	9,500

	6	5	4	3	2	1
Suburban	400	1,200	2,000	4,000	7,000	10,000

1973-1980 K10, 4x4, 1/2-Ton, V-8

	6	5	4	3	2	1
Stepside (SBx)	250	800	1,350	2,700	4,700	6,700
Stepside (LBx)	250	800	1,350	2,700	4,750	6,800
Fleetside (SBx)	300	850	1,400	2,750	4,850	6,900
Fleetside (LBx)	300	850	1,400	2,800	4,900	7,000
Suburban	400	1,250	2,100	4,200	7,350	10,500

1973-1980 C20, 3/4-Ton

	6	5	4	3	2	1
Stepside (LBx)	250	800	1,300	2,600	4,550	6,500
Fleetside (LBx)	250	800	1,350	2,700	4,700	6,700
6P (LBx)	250	750	1,250	2,500	4,400	6,300
Suburban	300	950	1,600	3,200	5,600	8,000

1973-1980 K20, 4x4, 3/4-Ton, V-8

	6	5	4	3	2	1
Stepside (LBx)	250	800	1,350	2,700	4,750	6,800
Fleetside (LBx)	300	850	1,400	2,750	4,850	6,900
6P (LBx)	250	800	1,300	2,600	4,550	6,500
Suburban	300	850	1,400	2,800	4,900	7,000

NOTE: Deduct 20 percent for 6-cyl.

1981-1982 Luv, 1/2-Ton, 104.3" or 117.9" wb

	6	5	4	3	2	1
PU (SBx)	150	500	800	1,650	2,850	4,100
PU (LBx)	150	500	850	1,700	2,950	4,200

1981-1982 El Camino, 1/2-Ton, V-8, 117" wb

	6	5	4	3	2	1
PU	300	950	1,600	3,200	5,600	8,000
SS PU	350	1,000	1,700	3,400	5,950	8,500

1981-1982 Blazer K10, 1/2-Ton, V-8, 106.5" wb

	6	5	4	3	2	1
Blazer (4x4), V-8	350	1,100	1,800	3,600	6,300	9,000

1981-1982 C10, 1/2-Ton, V-8, 117" or 131" wb

	6	5	4	3	2	1
Stepside PU (SBx)	250	800	1,350	2,700	4,750	6,800
Stepside PU (LBx)	250	800	1,350	2,700	4,700	6,700
Fleetside PU (SBx)	300	900	1,500	3,000	5,250	7,500
Fleetside PU (LBx)	300	950	1,600	3,200	5,600	8,000
Suburban	300	900	1,500	3,000	5,250	7,500

1981-1982 C20, 3/4-Ton, V-8, 131" or 164" wb

	6	5	4	3	2	1
Stepside PU (LBx)	250	800	1,350	2,700	4,700	6,700
Fleetside PU (LBx)	250	800	1,350	2,700	4,750	6,800
Fleetside PU Bonus Cab (LBx)	300	850	1,400	2,800	4,900	7,000
Fleetside PU Crew Cab (LBx)	300	850	1,400	2,750	4,850	6,900
Suburban	300	850	1,450	2,900	5,050	7,200

NOTE: Add 15 percent for 4x4. Deduct 20 percent for 6-cyl.

1983-1987 El Camino, 1/2-Ton, 117" wb

	6	5	4	3	2	1
PU	250	700	1,200	2,400	4,200	6,000
SS PU	250	800	1,300	2,600	4,550	6,500

1983-1987 S10, 1/2-Ton, 100.5" wb

	6	5	4	3	2	1
Blazer 2WD	200	550	900	1,800	3,150	4,500
Blazer (4x4)	200	600	1,000	2,000	3,500	5,000

1983-1987 Blazer K10, 1/2-Ton, 106.5" wb

	6	5	4	3	2	1
Blazer (4x4)	300	850	1,400	2,800	4,900	7,000

1983-1987 S10, 1/2-Ton, 108" or 122" wb

	6	5	4	3	2	1
Fleetside PU (SBx)	150	450	750	1,500	2,600	3,700
Fleetside PU (LBx)	150	450	750	1,500	2,650	3,800
Fleetside PU Ext Cab	150	500	800	1,600	2,800	4,000

1983-1987 C10, 1/2-Ton, 117" or 131" wb

	6	5	4	3	2	1
Stepside PU (SBx)	250	700	1,150	2,300	4,050	5,800
Fleetside PU (SBx)	250	700	1,200	2,350	4,150	5,900
Fleetside PU (LBx)	200	650	1,100	2,250	3,900	5,600
Suburban	250	750	1,250	2,500	4,400	6,300

1983-1987 C20, 3/4-Ton, 131" or 164" wb

	6	5	4	3	2	1
Stepside PU (LBx)	250	700	1,150	2,300	4,000	5,700
Fleetside PU (LBx)	250	700	1,150	2,300	4,050	5,800
Fleetside PU Bonus Cab (LBx)	250	750	1,200	2,450	4,250	6,100
Fleetside PU Crew Cab (LBx)	200	650	1,100	2,250	3,900	5,600
Suburban	250	750	1,250	2,500	4,400	6,300

NOTE: Add 15 percent for 4x4. Deduct 20 percent for 6-cyl. on full-size vehicles.

1988-1991 Blazer, 106.5" wb

	6	5	4	3	2	1
V10 (4x4)	400	1,200	2,000	4,000	7,000	10,000
S10 2WD	250	700	1,200	2,400	4,200	6,000
S10 (4x4)	300	950	1,600	3,200	5,600	8,000

1988-1991 S10 Pickup, 108.3" or 122.9" wb

	6	5	4	3	2	1
Fleetside (SBx)	200	600	1,000	2,000	3,500	5,000

	6	5	4	3	2	1
Fleetside (LBx)	200	600	1,050	2,100	3,650	5,200
Fleetside Ext Cab	200	650	1,100	2,200	3,850	5,500
1988-1991 C1500, 1/2-Ton, 117.5" or 131" wb						
Sportside PU (SBx)	300	850	1,400	2,800	4,900	7,000
SS 454 PU (SBx),						
1990 only	500	1,450	2,400	4,800	8,400	12,000
Fleetside PU (SBx)	300	850	1,400	2,800	4,900	7,000
Fleetside PU (LBx)	300	900	1,500	3,000	5,250	7,500
Fleetside PU Ext Cab (LBx)	350	1,000	1,700	3,400	5,950	8,500
Suburban	450	1,300	2,200	4,400	7,700	11,000
1988-1991 C2500, 3/4-Ton, 129.5" or 164.5" wb						
Stepside PU (LBx)	350	1,100	1,800	3,600	6,300	9,000
Fleetside PU (LBx)	350	1,100	1,800	3,600	6,300	9,000
Bonus Cab PU (LBx)	350	1,000	1,700	3,400	5,950	8,500
Crew Cab PU (LBx)	350	1,050	1,750	3,500	6,150	8,800
Suburban	500	1,450	2,400	4,800	8,400	12,000
1992 K1500 Blazer, V-8						
2d SUV (4x4)	500	1,550	2,600	5,200	9,100	13,000
1992 S10 Blazer, V-6						
2d SUV	300	850	1,400	2,800	4,900	7,000
2d SUV (4x4)	300	950	1,600	3,200	5,600	8,000
4d SUV	400	1,150	1,900	3,800	6,650	9,500
4d SUV (4x4)	400	1,250	2,100	4,200	7,350	10,500
1992 Astro Van, V-6						
3d Van	200	550	950	1,900	3,300	4,700
1992 Lumina, V-6						
3d Van	200	550	900	1,800	3,150	4,500
1992 Suburban 1500, V-8						
4d Sta Wag	550	1,700	2,800	5,600	9,800	14,000
4d Sta Wag (4x4)	600	1,800	3,000	6,000	10,500	15,000
1992 Suburban 2500, V-8						
4d Sta Wag	600	1,800	3,000	6,000	10,500	15,000
4d Sta Wag (4x4)	650	1,900	3,200	6,400	11,200	16,000
1992 S10, 1/2-Ton, V-6						
2d PU (SBx)	300	950	1,600	3,200	5,600	8,000
2d PU (LBx)	300	950	1,600	3,200	5,600	8,000
NOTE: Add $1,500 for 4x4.						
1992 C1500, 1/2-Ton, V-8						
2d Sportside PU (SBx)	350	1,100	1,800	3,600	6,300	9,000
2d Fleetside PU (SBx)	350	1,100	1,800	3,600	6,300	9,000
2d Fleetside PU (LBx)	350	1,100	1,800	3,600	6,300	9,000
NOTE: Add $2,000 for 4x4.						
1992 C2500, 3/4-Ton, V-8						
2d Fleetside PU (LBx)	400	1,200	2,000	4,000	7,000	10,000
1993 K1500 Blazer, V-8						
2d SUV 4x4	550	1,700	2,800	5,600	9,800	14,000
1993 S10 Blazer, V-6						
2d SUV 2WD	300	900	1,500	3,000	5,250	7,500
4d SUV 2WD	300	950	1,550	3,100	5,450	7,800
2d SUV 4x4	400	1,150	1,900	3,800	6,650	9,500
4d SUV 4x4	400	1,200	2,000	4,000	7,000	10,000
1993 Astro, V-6						
Van	200	600	1,000	2,000	3,500	5,000
1993 Lumina, V-6, FWD						
Van	200	600	1,000	2,000	3,500	5,000
1993 G Van, V-8						
Spt Van	200	650	1,100	2,200	3,850	5,500
1993 Suburban C1500/C2500, V-8						
4d Sta Wag 1500	600	1,800	3,000	6,000	10,500	15,000
4d Sta Wag 2500	600	1,800	3,000	6,000	10,500	15,000
1993 S10, V-6						
2d PU SBx	350	1,000	1,650	3,300	5,750	8,200
2d PU LBx	350	1,000	1,700	3,400	5,950	8,500
1993 C1500/C2500, V-8						
2d PU SBx 1500	350	1,100	1,850	3,700	6,450	9,200
2d PU LBx 1500	400	1,150	1,900	3,800	6,650	9,500
2d PU SBx 2500	400	1,150	1,900	3,800	6,650	9,500
2d PU LBx 2500	400	1,150	1,950	3,900	6,800	9,700

1979 Chevrolet El Camino Royal Knight pickup

1985 Chevrolet El Camino SS pickup

1993 Chevrolet S-10 Blazer sport utility vehicle

	6	5	4	3	2	1

CROFTON TRUCKS

1959-1962 Crofton Bug Series

	6	5	4	3	2	1
Bug Utl	250	800	1,300	2,650	4,600	6,600
Brawny Bug Utl	300	850	1,400	2,750	4,850	6,900

CROSLEY TRUCKS

1940 Crosley Commercial

	6	5	4	3	2	1
Panel Dly	250	800	1,300	2,600	4,550	6,500
1941 Crosley Commercial						
PU Dly	250	750	1,300	2,550	4,500	6,400
Parkway Dly	250	800	1,300	2,650	4,600	6,600
Panel Dly	250	800	1,300	2,600	4,550	6,500
1942 Crosley Commercial						
PU Dly	250	750	1,300	2,550	4,500	6,400
Parkway Dly	250	800	1,300	2,650	4,600	6,600
Panel Dly	250	800	1,300	2,600	4,550	6,500
1947 Crosley Commercial						
PU	250	750	1,300	2,550	4,500	6,400
1948 Crosley Commercial						
PU	250	750	1,300	2,550	4,500	6,400
Panel	250	700	1,200	2,400	4,200	6,000
1949 Series CD						
PU	250	800	1,300	2,600	4,550	6,500
Panel	250	800	1,300	2,650	4,600	6,600
1950 Crosley Commercial Series CD						
PU	250	800	1,300	2,600	4,550	6,500
Panel	250	800	1,300	2,650	4,600	6,600
Farm-O-Road	250	800	1,350	2,700	4,700	6,700
1951 Crosley Commercial Series CD						
PU	250	800	1,300	2,600	4,550	6,500
Panel	250	800	1,300	2,650	4,600	6,600
Farm-O-Road	250	800	1,350	2,700	4,700	6,700
1952 Crosley Commercial Series CD						
PU	250	800	1,300	2,600	4,550	6,500
Panel	250	800	1,300	2,650	4,600	6,600
Farm-O-Road	250	800	1,350	2,700	4,700	6,700

DODGE TRUCKS

1933-1935 1/2-Ton, 111.25" wb

	6	5	4	3	2	1
PU	500	1,550	2,600	5,200	9,100	13,000
Canopy	450	1,400	2,300	4,650	8,100	11,600
Comm Sed	450	1,400	2,350	4,700	8,200	11,700
Panel	450	1,400	2,300	4,600	8,050	11,500
1933-1935 1/2-Ton, 119" wb						
Panel	450	1,350	2,300	4,550	8,000	11,400
1933-1935 1/2-Ton, 109" wb						
PU	500	1,550	2,600	5,200	9,100	13,000
Canopy	450	1,400	2,350	4,700	8,200	11,700
Screen	450	1,400	2,350	4,700	8,250	11,800
Panel	450	1,400	2,300	4,650	8,100	11,600
1933-1935 3/4-Ton, 131" wb						
Panel	450	1,350	2,250	4,500	7,900	11,300
1936-1938 1/2-Ton						
PU	500	1,550	2,600	5,250	9,150	13,100
Canopy	450	1,400	2,350	4,700	8,200	11,700
Screen	450	1,400	2,350	4,700	8,250	11,800
Comm Sed	500	1,450	2,400	4,750	8,350	11,900
Panel	450	1,400	2,300	4,650	8,100	11,600
Westchester Suburban	1,050	3,100	5,200	10,400	18,200	26,000
1936-1938 3/4-Ton, 136" wb						
PU	500	1,500	2,500	5,000	8,750	12,500
Canopy	500	1,450	2,400	4,800	8,400	12,000
Screen	500	1,450	2,400	4,800	8,400	12,000
Panel	450	1,400	2,300	4,600	8,050	11,500
Platform	400	1,200	1,950	3,900	6,850	9,800
Stake	400	1,200	2,000	4,000	7,000	10,000
1939-1942, 1946-1947 1/2-Ton, 116" wb						
PU	550	1,600	2,700	5,400	9,450	13,500
Canopy	500	1,500	2,500	5,050	8,800	12,600

	6	5	4	3	2	1
Screen	500	1,500	2,500	5,050	8,800	12,600
Panel	500	1,550	2,550	5,100	8,950	12,800
1939-1942, 1946-1947 3/4-Ton, 120" wb						
PU	500	1,500	2,550	5,100	8,900	12,700
Platform	450	1,350	2,300	4,550	8,000	11,400
Stake	450	1,350	2,300	4,550	8,000	11,400
1948-1949 1/2-Ton, 108" wb						
PU	500	1,550	2,600	5,200	9,100	13,000
Panel	450	1,300	2,200	4,400	7,700	11,000
1948-1949 3/4-Ton, 116" wb						
PU	500	1,500	2,550	5,100	8,900	12,700
Platform	400	1,250	2,100	4,200	7,350	10,500
Stake	400	1,200	2,000	4,050	7,050	10,100
1948-1949 Power Wagon, 1-Ton, 126" wb						
PU	600	1,800	3,000	6,000	10,500	15,000
1950-1952 1/2-Ton, 108" wb						
PU	550	1,600	2,700	5,400	9,450	13,500
Panel	450	1,400	2,300	4,600	8,050	11,500
1950-1952 3/4-Ton, 116" wb						
PU	550	1,600	2,650	5,300	9,250	13,200
Platform	450	1,300	2,200	4,400	7,700	11,000
Stake	450	1,350	2,200	4,450	7,750	11,100
1950-1952 Power-Wagon, 1-Ton, 126" wb						
PU	600	1,800	3,000	6,000	10,500	15,000

NOTE: Add 3 percent for Fluid Drive.

1953-1954 1/2-Ton, 108" wb	6	5	4	3	2	1
PU	550	1,600	2,700	5,400	9,450	13,500
Panel	450	1,400	2,300	4,600	8,050	11,500
1953-1954 1/2-Ton, 116" wb						
PU	550	1,600	2,650	5,300	9,300	13,300
1953-1954 3/4-Ton, 116" wb						
PU	500	1,550	2,600	5,250	9,150	13,100
Platform	450	1,300	2,200	4,400	7,700	11,000
Stake	450	1,300	2,200	4,400	7,700	11,000

NOTE: Add 3 percent for Fluid Drive. Add 10 percent for V-8. Add 5 percent for automatic transmission.

1953-1954 Power-Wagon, 1-Ton, 126" wb	6	5	4	3	2	1
PU	600	1,800	3,000	6,000	10,500	15,000
1955-1957 1/2-Ton, 108" wb						
Lowside PU	550	1,650	2,750	5,500	9,650	13,800
Highside PU	550	1,650	2,800	5,550	9,750	13,900
Panel	500	1,450	2,450	4,900	8,550	12,200
1955-1957 1/2-Ton, 116" wb						
Lowside PU	550	1,600	2,700	5,400	9,450	13,500
Highside PU	550	1,650	2,700	5,450	9,500	13,600
Sweptside PU, 1957 only	600	1,750	2,900	5,800	10,200	14,500
Platform	450	1,400	2,300	4,600	8,050	11,500
Stake	450	1,400	2,300	4,650	8,100	11,600
1955-1957 3/4-Ton, 116" wb						
PU	500	1,550	2,600	5,150	9,050	12,900
Platform	450	1,300	2,200	4,400	7,700	11,000
Stake	450	1,300	2,200	4,400	7,700	11,000

NOTE: Add 15 percent for V-8 engine. Add 5 percent for automatic transmission.

1955-1957 Power-Wagon, 1-Ton, 126" wb	6	5	4	3	2	1
PU	600	1,750	2,900	5,800	10,200	14,500
1958-1960 1/2-Ton, 108" wb						
PU	450	1,350	2,200	4,450	7,750	11,100
Twn Panel	400	1,200	2,000	4,000	7,000	10,000
6P Wag	400	1,200	2,050	4,100	7,150	10,200
8P Wag	400	1,150	1,900	3,800	6,650	9,500
1958-1960 1/2-Ton, 116" wb						
PU	500	1,550	2,600	5,200	9,100	13,000
Sweptside PU (1958-1959)	600	1,750	2,900	5,800	10,200	14,500
Platform	350	1,050	1,750	3,500	6,100	8,700
Stake	350	1,050	1,750	3,500	6,150	8,800
1958-1960 3/4-Ton, 116" wb						
PU	400	1,200	2,000	4,000	7,000	10,000
Platform	300	950	1,600	3,250	5,650	8,100
Stake	350	1,000	1,650	3,300	5,750	8,200

NOTE: Add 10 percent for V-8 engine. Add 5 percent for automatic transmission.

1958-1960 Power-Wagon, 1-Ton, 126" wb	6	5	4	3	2	1
PU	600	1,750	2,900	5,800	10,200	14,500

	6	5	4	3	2	1
1964-1969 A100, 90" wb						
PU	250	750	1,250	2,500	4,350	6,200
Van	200	650	1,100	2,200	3,850	5,500
Wag	250	700	1,200	2,350	4,150	5,900
NOTE: Add 10 percent for Sportsman models.						
1961-1971 1/2-Ton, 114" wb						
Utiline PU	300	850	1,400	2,800	4,900	7,000
Sweptline PU	300	850	1,400	2,750	4,850	6,900
Twn Panel	250	700	1,150	2,300	4,050	5,800
6P Wag	250	700	1,200	2,350	4,150	5,900
8P Wag	250	700	1,200	2,350	4,150	5,900
1961-1971 1/2-Ton, 122" wb Power-Wagon, 1-Ton, 126" wb						
PU	600	1,750	2,900	5,800	10,200	14,500
Utiline PU	300	850	1,400	2,750	4,850	6,900
Sweptline PU	250	800	1,350	2,700	4,750	6,800
Platform	200	600	1,000	2,000	3,500	5,000
Stake	200	600	1,000	2,050	3,550	5,100
1961-1971 3/4-Ton, 122" wb						
Utiline PU	250	800	1,300	2,650	4,600	6,600
Sweptline PU	250	800	1,300	2,600	4,550	6,500
Platform	200	600	1,000	1,950	3,450	4,900
Stake	200	600	1,000	2,000	3,500	5,000
NOTE: Add 10 percent for V-8 engine. Add 5 percent for automatic transmission.						
1972-1980 1/2-Ton						
Van (109" wb)	150	450	700	1,450	2,500	3,600
Van (127" wb)	150	450	750	1,500	2,650	3,800
1972-1980 3/4-Ton						
Van (109" wb)	150	400	700	1,350	2,400	3,400
Van (127" wb)	150	450	700	1,450	2,500	3,600
Maxivan	150	450	750	1,500	2,650	3,800
1972-1980 1-Ton						
Van (109" wb)	150	400	650	1,300	2,250	3,200
Van (127" wb)	150	400	700	1,350	2,400	3,400
Maxivan	150	450	700	1,450	2,500	3,600
1972-1980 1/2-Ton						
Utiline PU (115" wb)	250	750	1,250	2,500	4,400	6,300
Sweptline PU (115" wb)	250	750	1,250	2,500	4,350	6,200
Utiline PU (131" wb)	250	750	1,250	2,500	4,350	6,200
Sweptline PU (131" wb)	250	750	1,250	2,500	4,400	6,300
1972-1980 3/4-Ton, 131" wb						
Utiline PU	250	700	1,200	2,400	4,200	6,000
Sweptline PU	250	750	1,200	2,450	4,250	6,100
1972-1980 Crew Cab, 3/4-Ton						
Utiline PU (149" wb)	200	600	950	1,900	3,350	4,800
Sweptline PU (149" wb)	200	600	1,000	1,950	3,450	4,900
Utiline PU (165" wb)	200	550	950	1,900	3,300	4,700
Sweptline PU (165" wb)	200	600	950	1,900	3,350	4,800
1978 Little Red Express PU	550	1,700	2,800	5,600	9,800	14,000
1979 Little Red Express PU	500	1,550	2,600	5,200	9,100	13,000
NOTE: Add 10 percent for V-8 engine.						
1981-1991 Rampage						
PU	150	400	650	1,300	2,250	3,200
1981-1991 Ram 50						
Cus PU	150	400	700	1,400	2,450	3,500
Royal PU	150	450	700	1,450	2,500	3,600
Spt PU	150	450	750	1,500	2,600	3,700
1981-1991 Ramcharger						
2WD	200	600	1,000	2,000	3,500	5,000
4x4	250	700	1,200	2,400	4,200	6,000
1981-1991 B150						
Van	200	550	900	1,800	3,150	4,500
Long Range Van	150	500	850	1,700	3,000	4,300
Wag	200	650	1,100	2,150	3,800	5,400
Mini-Ram Wag	200	650	1,050	2,100	3,700	5,300
1981-1991 B250						
Van	200	550	900	1,750	3,100	4,400
Wag	200	650	1,100	2,150	3,800	5,400
Mini-Ram Wag	200	650	1,050	2,100	3,700	5,300
1981-1991 B350						
Van	200	550	900	1,750	3,100	4,400
Wag	200	650	1,100	2,150	3,800	5,400
1981-1991 D150						
Utiline PU (SBx)	150	400	700	1,350	2,400	3,400

1939 Dodge half-ton panel delivery

1959 Dodge W100 Power Wagon half-ton Town Wagon 4x4

1973 Dodge Adventurer D200 Club Cab three-quarter-ton pickup

	6	5	4	3	2	1
Sweptline PU (SBx)	150	400	700	1,400	2,450	3,500
Clb Cab PU (SBx)	150	450	800	1,550	2,750	3,900
Utiline PU (LBx)	150	400	700	1,400	2,450	3,500
Sweptline PU (LBx)	150	450	700	1,450	2,500	3,600
Clb Cab PU (LBx)	150	500	800	1,600	2,800	4,000

1981-1991 D250

	6	5	4	3	2	1
Utiline PU (LBx)	150	400	650	1,300	2,300	3,300
Sweptline PU (LBx)	150	400	700	1,350	2,400	3,400
Clb Cab PU (LBx)	150	450	800	1,550	2,750	3,900
Crew Cab PU (SBx)	150	450	750	1,500	2,650	3,800
Crew Cab PU (LBx)	150	450	800	1,550	2,750	3,900

NOTE: Add 15 percent for 4x4.

1981-1991 Dakota, 1/2-Ton, V-6, 1987-91

	6	5	4	3	2	1
PU (SBx)	150	400	700	1,400	2,450	3,500
PU (LBx)	150	400	700	1,350	2,400	3,400
PU Spt Conv (89-91)	300	900	1,500	3,000	5,250	7,500

NOTE: Deduct 10 percent for 4-cyl. Add 30 percent for V-8, 1991.

1992 Ram 50, 1/2-Ton, 4-cyl.

	6	5	4	3	2	1
2d PU	200	600	1,000	2,000	3,500	5,000
2d LB PU	200	600	1,050	2,100	3,650	5,200
2d SE PU	200	650	1,100	2,200	3,850	5,500

1992 Ramcharger, V-8

	6	5	4	3	2	1
2d 150S SUV	250	800	1,350	2,700	4,750	6,800
2d 150S SUV (4x4)	300	850	1,450	2,900	5,050	7,200
2d 150 SUV	300	850	1,400	2,800	4,900	7,000
2d 150 SUV (4x4)	300	900	1,500	3,000	5,250	7,500

1992 Caravan, V-6

	6	5	4	3	2	1
3d CV Van	250	700	1,150	2,300	4,000	5,700
3d SE Van	250	700	1,150	2,300	4,050	5,800
3d LE Van	250	700	1,200	2,350	4,150	5,900
3d ES Van	250	700	1,200	2,400	4,200	6,000

NOTE: Add 10 percent for Grand models.

NOTE: Add 5 percent for 4x4.

1992 B Series Van, V-8

	6	5	4	3	2	1
B150 Van	300	850	1,400	2,800	4,900	7,000
B150 Wag	300	900	1,500	3,000	5,250	7,500
B250 Van	300	900	1,500	3,000	5,250	7,500
B250 Sta Wag	300	950	1,600	3,200	5,600	8,000
B250 Maxi Van	300	950	1,600	3,200	5,600	8,000
B250 Maxi Wag	350	1,000	1,700	3,400	5,950	8,500

1992 Dakota, 1/2-Ton

	6	5	4	3	2	1
2d PU (SBx)	200	650	1,100	2,200	3,850	5,500
2d PU (LBx)	250	700	1,200	2,400	4,200	6,000

NOTE: Add 10 percent for V-8. Add 5 percent for 4x4.

1992 D Series, V-8

	6	5	4	3	2	1
2d D150 PU	250	800	1,300	2,600	4,550	6,500
2d D250 PU	300	900	1,500	3,000	5,250	7,500

1993 Ram 50, 4-cyl.

	6	5	4	3	2	1
2d PU SBx	200	600	1,050	2,100	3,650	5,200
2d PU LBx	200	650	1,050	2,100	3,700	5,300

1993 Ramcharger, V-8

	6	5	4	3	2	1
2d SUV 2WD	300	850	1,400	2,800	4,900	7,000
2d SUV 4x4	300	950	1,600	3,200	5,600	8,000

1993 Caravan, V-6

	6	5	4	3	2	1
Sta Wag	250	800	1,350	2,700	4,750	6,800

1993 B150/250

	6	5	4	3	2	1
Window Van	300	850	1,400	2,750	4,850	6,900

1993 Dakota, V-8

	6	5	4	3	2	1
2d PU SBx	250	800	1,300	2,600	4,550	6,500
2d PU LBx	250	800	1,300	2,650	4,600	6,600

1993 D150/250, V-8

	6	5	4	3	2	1
2d PU SBx D150	300	850	1,400	2,800	4,900	7,000
2d PU LBx D150	300	850	1,400	2,850	4,950	7,100
2d PU SBx D250	300	850	1,400	2,850	4,950	7,100
2d PU LBx D250	300	850	1,450	2,900	5,050	7,200

FORD TRUCKS

1918-1920 Model T, 100" wb

	6	5	4	3	2	1
Rds PU	500	1,550	2,600	5,200	9,100	13,000
Box Body Dly	500	1,450	2,400	4,800	8,400	12,000
Open Front Panel	500	1,500	2,500	5,000	8,750	12,500
Enclosed Panel	450	1,400	2,300	4,600	8,050	11,500

	6	5	4	3	2	1
Huckster	500	1,450	2,400	4,800	8,400	12,000

1918-1920 Model TT, 124" wb
Exp	400	1,200	2,000	4,000	7,000	10,000
Stake	400	1,150	1,900	3,800	6,650	9,500
Open Front Panel	450	1,300	2,200	4,400	7,700	11,000
Enclosed Panel	400	1,200	2,000	4,000	7,000	10,000
Huckster	450	1,300	2,200	4,400	7,700	11,000

1921-1927 Model T, 100" wb
Rds PU	500	1,550	2,600	5,200	9,100	13,000
Box Body Dly	500	1,450	2,400	4,800	8,400	12,000
Open Front Panel	500	1,500	2,500	5,000	8,750	12,500
Enclosed Panel	450	1,400	2,300	4,600	8,050	11,500
Huckster	500	1,450	2,400	4,800	8,400	12,000

1921-1927 Model TT, 124" wb
Exp	400	1,250	2,100	4,200	7,350	10,500
Stake	400	1,200	2,000	4,000	7,000	10,000
Open Front Panel	500	1,450	2,400	4,800	8,400	12,000
Enclosed Panel	450	1,300	2,200	4,400	7,700	11,000
Huckster	450	1,400	2,300	4,600	8,050	11,500

1928-1929 Model A, 103" wb
Sed Dly	600	1,850	3,100	6,200	10,850	15,500
Open Cab PU	600	1,750	2,900	5,800	10,150	14,500
Closed Cab PU	500	1,500	2,500	5,000	8,750	12,500
Canopy Exp	500	1,550	2,600	5,200	9,100	13,000
Screenside Exp	500	1,550	2,600	5,200	9,100	13,000
Panel	550	1,700	2,800	5,600	9,800	14,000

1930-1931 Model A, 103" wb
Sed Dly	650	1,900	3,200	6,400	11,200	16,000
Twn Car Dly	1,000	3,000	5,000	10,000	17,500	25,000
Open Cab PU	600	1,800	3,000	6,000	10,500	15,000
Closed Cab PU	500	1,500	2,500	5,000	8,750	12,500
Panel	500	1,550	2,600	5,200	9,100	13,000

NOTE: Sedan Delivery officially called "Deluxe Delivery".

1932 Model B, 4-cyl., 106" wb
Sed Dly	600	1,850	3,100	6,200	10,900	15,500
Open Cab PU	600	1,850	3,100	6,200	10,900	15,500
Closed Cab PU	500	1,500	2,550	5,100	8,900	12,700
Std Panel	550	1,600	2,700	5,400	9,450	13,500
DeL Panel	500	1,550	2,600	5,200	9,100	13,000

1932 Model B-18, V-8, 106" wb
Sed Dly	700	2,150	3,600	7,200	12,600	18,000
Open Cab PU	650	2,000	3,300	6,600	11,550	16,500
Closed Cab PU	550	1,650	2,750	5,500	9,600	13,700
Std Panel	550	1,600	2,700	5,400	9,450	13,500
DeL Panel	550	1,700	2,800	5,600	9,800	14,000

1933-1934 Model 46, 4-cyl., 112" wb
Sed Dly	700	2,050	3,400	6,800	11,900	17,000
Panel	550	1,600	2,700	5,400	9,450	13,500
DeL Panel	550	1,700	2,800	5,600	9,800	14,000
PU	550	1,600	2,700	5,400	9,450	13,500

1933-1934 Model 46, V-8, 112" wb
Sed Dly	700	2,150	3,600	7,200	12,600	18,000
Panel	550	1,700	2,800	5,600	9,800	14,000
DeL Panel	600	1,750	2,900	5,800	10,150	14,500
PU	550	1,700	2,800	5,600	9,800	14,000

1935 Model 48, V-8, 112" wb
Sed Dly	700	2,050	3,400	6,800	11,900	17,000

1935 Model 50, V-8, 112" wb
Panel	550	1,600	2,700	5,400	9,450	13,500
DeL Panel	550	1,700	2,800	5,600	9,800	14,000
PU	550	1,600	2,700	5,400	9,450	13,500

1936 Model 68, V-8, 112" wb
Sed Dly	700	2,050	3,400	6,800	11,900	17,000

1936 Model 67, V-8, 112" wb
Panel	500	1,550	2,600	5,200	9,100	13,000
DeL Panel	550	1,600	2,700	5,400	9,450	13,500
PU	500	1,550	2,600	5,200	9,100	13,000

1937-1939 V-8, 60 hp, 112" wb
Cpe PU	600	1,800	3,000	6,000	10,500	15,000
Sed Dly	600	1,850	3,100	6,200	10,850	15,500

1937-1939 V-8, 60 hp, 142" wb
PU	500	1,550	2,600	5,200	9,100	13,000
Platform	400	1,250	2,100	4,200	7,350	10,500
Stake	400	1,250	2,100	4,200	7,350	10,500

	6	5	4	3	2	1
Panel	450	1,300	2,150	4,300	7,550	10,800
DeL Panel	500	1,450	2,400	4,800	8,400	12,000

1937-1939 V-8, 85 hp, 112" wb

	6	5	4	3	2	1
Cpe PU	600	1,750	2,900	5,800	10,150	14,500
DeL Cpe PU	600	1,850	3,100	6,200	10,850	15,500
Sed Dly	650	1,900	3,150	6,300	11,100	15,800
PU	500	1,550	2,600	5,200	9,100	13,000
Platform	400	1,250	2,100	4,250	7,400	10,600
Stake	400	1,250	2,100	4,250	7,400	10,600
Panel	500	1,450	2,400	4,800	8,400	12,000
DeL Panel	500	1,500	2,450	4,900	8,600	12,300

1937-1939 3/4-Ton, 85 hp, 122" wb (1939)

	6	5	4	3	2	1
PU Exp	500	1,500	2,500	5,000	8,750	12,500

NOTE: Deduct 10 percent for 60 hp V-8.

1940-1941 1/2-Ton, 112" wb

	6	5	4	3	2	1
PU	600	1,750	2,900	5,800	10,200	14,500
Platform	400	1,150	1,900	3,800	6,650	9,500
Stake	400	1,150	1,900	3,800	6,650	9,500
Panel	500	1,500	2,500	5,000	8,750	12,500
Sed Dly	700	2,100	3,500	7,000	12,300	17,500

1940-1941 3/4-Ton, 122" wb

	6	5	4	3	2	1
Platform	350	1,100	1,800	3,600	6,300	9,000
PU Exp	550	1,700	2,800	5,600	9,800	14,000
Stake	400	1,150	1,900	3,800	6,650	9,500
Panel	500	1,500	2,500	5,000	8,750	12,500

NOTE: Deduct 5 percent for 60 hp V-8 where available. Deduct 10 percent for 4-cyl. (1941 only) where available.

1942-1947 1/2-Ton, 6-cyl., 114" wb

	6	5	4	3	2	1
Sed Dly	650	2,000	3,300	6,650	11,600	16,600

1942-1947 1/2-Ton, 114" wb

	6	5	4	3	2	1
PU	550	1,650	2,750	5,500	9,650	13,800
Platform	350	1,100	1,850	3,700	6,500	9,300
Stake	400	1,150	1,900	3,850	6,700	9,600
Panel	500	1,500	2,450	4,900	8,600	12,300

1942-1947 3/4-Ton, 122" wb

	6	5	4	3	2	1
Platform	350	1,050	1,750	3,500	6,150	8,800
PU Exp	500	1,550	2,600	5,200	9,100	13,000
Stake	350	1,100	1,850	3,700	6,500	9,300
Panel	500	1,500	2,450	4,900	8,600	12,300

NOTE: Deduct 10 percent for 4-cyl. (1942 only) where available.

1948-1950 F-1 Model 8HC, 1/2-Ton, V-8, 114" wb

	6	5	4	3	2	1
DeL Sed Dly	700	2,100	3,500	7,000	12,300	17,500
PU	600	1,750	2,900	5,800	10,200	14,500
Platform	400	1,200	2,000	4,000	7,000	10,000
Stake	400	1,200	2,050	4,100	7,150	10,200
Panel	500	1,450	2,400	4,800	8,400	12,000

1948-1950 F-2 Model 8HD, 3/4-Ton, V-8, 112" wb

	6	5	4	3	2	1
PU	550	1,700	2,800	5,600	9,800	14,000
Platform	400	1,150	1,900	3,800	6,650	9,500
Stake	400	1,150	1,950	3,900	6,800	9,700

1948-1950 F-3 Model 8HY, HD 3/4-Ton, V-8, 122" wb

	6	5	4	3	2	1
PU	550	1,700	2,850	5,700	9,950	14,200
Platform	400	1,150	1,900	3,850	6,700	9,600
Stake	400	1,200	1,950	3,900	6,850	9,800

NOTE: Deduct 10 percent for 6-cyl.

1951-1952 Courier Sed Dly 6-cyl., 115" wb

	6	5	4	3	2	1
1952 only	600	1,800	3,000	6,000	10,500	15,000

1951-1952 F-1 Model 1HC, 1/2-Ton, V-8, 114" wb

	6	5	4	3	2	1
PU	550	1,600	2,700	5,400	9,450	13,500
Platform	400	1,200	2,000	4,000	7,000	10,000
Stake	400	1,200	2,050	4,100	7,150	10,200
Panel	500	1,550	2,600	5,200	9,100	13,000

1951-1952 F-2 Model 1HD, 3/4-Ton, V-8, 122" wb

	6	5	4	3	2	1
PU	550	1,600	2,700	5,400	9,450	13,500
Platform	400	1,150	1,900	3,800	6,650	9,500
Stake	400	1,150	1,950	3,900	6,800	9,700

1951-1952 F-3 Model 1HY, Heavy 3/4-Ton, 6-cyl., 112" wb

	6	5	4	3	2	1
PU	550	1,600	2,650	5,300	9,250	13,200
Platform	400	1,150	1,900	3,850	6,700	9,600
Stake	400	1,200	1,950	3,900	6,800	9,800

1951-1952 F-3 Model 1HJ, 104" wb; Model 1H2J, 122" wb 3/4-Ton, 6-cyl.

	6	5	4	3	2	1
Parcel Dly	350	1,100	1,800	3,600	6,300	9,000

NOTE: Add 10 percent for V-8.

1985 Dodge Ram B250 van

1993 Dodge Ramcharger sport utility vehicle 4x4

1928 Ford Model A roadster pickup

	6	5	4	3	2	1

1953-1955 Courier Series, 1/2-Ton, 6-cyl., 115" wb

	6	5	4	3	2	1
Sed Dly	600	1,800	3,000	6,000	10,500	15,000

1953-1955 F-100 Series, 1/2-Ton, 6-cyl., 110" wb

PU	550	1,650	2,750	5,500	9,600	13,700
Platform	400	1,250	2,100	4,200	7,350	10,500
Stake	450	1,300	2,150	4,300	7,500	10,700
Panel	500	1,550	2,600	5,200	9,100	13,000

1953-1955 F-250 Series, 3/4-Ton, 6-cyl., 118" wb

PU	550	1,600	2,700	5,400	9,450	13,500
Platform	400	1,150	1,900	3,800	6,650	9,500
Stake	400	1,150	1,950	3,900	6,800	9,700

NOTE: Add 10 percent for V-8.

1956 Courier Series, 1/2-Ton, 6-cyl., 115.5" wb

Sed Dly	600	1,850	3,100	6,200	10,900	15,500

1956 F-100 Series, 1/2-Ton, 6-cyl., 110" wb

PU	550	1,600	2,700	5,400	9,450	13,500
Platform	400	1,200	2,000	4,000	7,000	10,000
Stake	400	1,200	2,050	4,100	7,150	10,200
Panel	500	1,500	2,550	5,100	8,900	12,700
Cus Panel	500	1,550	2,600	5,200	9,100	13,000

1956 F-250 Series, 3/4-Ton, 6-cyl., 118" wb

PU	550	1,600	2,700	5,400	9,450	13,500
Platform	350	1,100	1,850	3,700	6,450	9,200
Stake	400	1,150	1,900	3,750	6,600	9,400

NOTE: Add 10 percent for V-8.

1957-1960 Courier Series, 1/2-Ton, 6-cyl., 116" wb

Sed Dly	500	1,550	2,600	5,200	9,100	13,000

1957-1960 Ranchero Series, 1/2-Ton, 6-cyl., 116" wb

PU	550	1,600	2,700	5,400	9,450	13,500
Cus PU	550	1,700	2,800	5,600	9,800	14,000

1957-1960 F-100 Series, 1/2-Ton, 6-cyl., 110" wb

Flareside PU	500	1,500	2,500	5,000	8,750	12,500
Styleside PU (118" wb)	500	1,450	2,400	4,800	8,400	12,000
Styleside PU	500	1,450	2,450	4,900	8,550	12,200
Platform	350	1,100	1,800	3,600	6,300	9,000
Stake	350	1,100	1,850	3,700	6,450	9,200
Panel	450	1,300	2,200	4,400	7,700	11,000

1957-1960 F-250 Series, 3/4-Ton, 6-cyl., 118" wb

Flareside PU	450	1,400	2,300	4,600	8,050	11,500
Styleside PU	500	1,450	2,400	4,800	8,400	12,000
Platform	350	1,000	1,700	3,400	5,950	8,500
Stake	350	1,050	1,750	3,500	6,100	8,700

NOTE: Add 10 percent for V-8.

1961-1966 Econoline, Series E-100 1/2-Ton, 6-cyl., 90" wb

PU	300	900	1,500	3,000	5,250	7,500
Van	300	850	1,400	2,800	4,900	7,000
Station Bus	300	900	1,500	3,000	5,250	7,500

1961-1966 Falcon Series, 1/2-Ton, 6-cyl., 109.5" wb

Ranchero PU (to 1965)	400	1,150	1,900	3,750	6,600	9,400
Sed Dly (to 1965)	350	1,100	1,800	3,600	6,300	9,000

1961-1966 F-100 Series, 1/2-Ton, 6-cyl., 110" wb

Styleside PU, 6-1/2 ft.	450	1,350	2,250	4,500	7,850	11,200
Flareside PU, 6-1/2 ft.	450	1,300	2,200	4,400	7,700	11,000
Platform	350	1,100	1,800	3,600	6,300	9,000
Stake	350	1,100	1,850	3,700	6,450	9,200
Panel	400	1,200	1,950	3,900	6,850	9,800
Styleside PU, 8 ft.	450	1,300	2,200	4,400	7,700	11,000
Flareside PU, 8 ft.	450	1,300	2,150	4,300	7,550	10,800

1966 Bronco U-100, 1/2-Ton, 4x4, 6-cyl., 90" wb

Rds	500	1,550	2,600	5,200	9,100	13,000
Spt Utl	500	1,500	2,500	5,000	8,750	12,500
Wag	500	1,500	2,500	5,000	8,750	12,500

1966 Fairlane Ranchero, 1/2-Ton, 113" wb

PU	450	1,300	2,200	4,400	7,700	11,000
Cus PU	500	1,450	2,400	4,800	8,400	12,000

NOTE: Add 10 percent for V-8.

1967-1972 Bronco U-100, 1/2-Ton, 113" wb

Rds	500	1,550	2,600	5,200	9,100	13,000
Spt Utl	500	1,500	2,500	5,000	8,750	12,500
Wag	500	1,500	2,500	5,000	8,750	12,500

1967-1972 Econoline E-100, 1/2-Ton, 6-cyl.

PU	300	900	1,500	3,000	5,250	7,500
Van	300	850	1,400	2,800	4,900	7,000

	6	5	4	3	2	1
Sup Van	250	800	1,300	2,650	4,600	6,600
Panel Van	250	800	1,300	2,600	4,550	6,500
Sup Panel Van	250	800	1,350	2,700	4,700	6,700

1967-1972 Ranchero, 1/2-Ton, 6-cyl.

	6	5	4	3	2	1
PU (1967-1971)	400	1,200	2,000	4,000	7,000	10,000
500 PU	400	1,250	2,100	4,200	7,350	10,500
500 XL PU (1967 only)	450	1,300	2,200	4,400	7,700	11,000
500 GT PU (1968-1972)	450	1,300	2,200	4,400	7,700	11,000
500 Squire PU (1970-1972)	450	1,300	2,200	4,400	7,700	11,000

1967-1972 F-100/ Model F-101, 1/2-Ton, 6-cyl.

	6	5	4	3	2	1
Flareside PU, 6-1/2 ft.	450	1,300	2,200	4,400	7,700	11,000
Styleside PU, 6-1/2 ft.	450	1,350	2,250	4,500	7,850	11,200
Platform	300	950	1,600	3,200	5,600	8,000
Stake	300	950	1,600	3,200	5,600	8,000
Flareside, 8 ft.	450	1,400	2,350	4,700	8,250	11,800
Styleside, 8 ft.	500	1,450	2,400	4,800	8,400	12,000

1967-1972 F-250, 3/4-Ton, 6-cyl.

	6	5	4	3	2	1
Flareside PU, 8 ft.	450	1,350	2,250	4,500	7,850	11,200
Styleside PU, 8 ft.	450	1,400	2,300	4,600	8,050	11,500
Platform	300	850	1,400	2,800	4,900	7,000
Stake	300	850	1,400	2,800	4,900	7,000

NOTE: Add 10 percent for V-8.

1973-1979 Courier, 1/2-Ton, 4-cyl.

	6	5	4	3	2	1
PU	200	650	1,100	2,200	3,850	5,500

1973-1979 Fairlane/Torino, 1/2-Ton, V-8

	6	5	4	3	2	1
Ranchero 500 PU	350	1,100	1,800	3,600	6,300	9,000
Ranchero Squire PU	400	1,150	1,900	3,800	6,650	9,500
Ranchero GT PU	400	1,200	2,000	4,000	7,000	10,000

1973-1979 Club Wagon E-100, 1/2-Ton, 6-cyl.

	6	5	4	3	2	1
Clb Wag	200	600	1,050	2,100	3,650	5,200
Cus Clb Wag	200	650	1,100	2,200	3,850	5,500
Chateau Wag	250	800	1,300	2,600	4,550	6,500

1973-1979 Bronco U-100, 1/2-Ton, 6-cyl.

	6	5	4	3	2	1
Wag	350	1,000	1,700	3,400	5,950	8,500

1973-1979 Econoline E-100, 1/2-Ton, 6-cyl.

	6	5	4	3	2	1
Cargo Van	200	550	900	1,800	3,150	4,500
Window Van	200	600	1,000	2,000	3,500	5,000
Display Van	200	600	950	1,900	3,350	4,800

1973-1979 Econoline E-200, 3/4-Ton, 6-cyl.

	6	5	4	3	2	1
Cargo Van	200	550	900	1,750	3,100	4,400
Window Van	200	600	1,000	1,950	3,450	4,900
Display Van	200	550	950	1,900	3,300	4,700

1973-1979 Econoline E-300, HD 3/4-Ton, 6-cyl.

	6	5	4	3	2	1
Cargo Van	150	500	850	1,700	3,000	4,300
Window Van	200	600	950	1,900	3,350	4,800
Display Van	200	550	900	1,850	3,200	4,600

1973-1979 F-100, 1/2-Ton, 6-cyl.

	6	5	4	3	2	1
Flareside PU, 6-1/2 ft.	300	950	1,600	3,200	5,600	8,000
Styleside PU, 6-1/2 ft.	300	950	1,600	3,250	5,650	8,100
Flareside PU, 8 ft.	300	950	1,600	3,150	5,550	7,900
Styleside PU, 8 ft.	300	950	1,600	3,200	5,600	8,000

1973-1979 F-250, 3/4-Ton, 6-cyl.

	6	5	4	3	2	1
Flareside PU	300	900	1,500	2,950	5,200	7,400
Styleside PU	300	900	1,450	2,900	5,100	7,300
Platform	200	600	1,000	2,000	3,500	5,000
Stake	200	600	1,050	2,100	3,650	5,200

1973-1979 F-350, HD 3/4-Ton, 6-cyl.

	6	5	4	3	2	1
Flareside PU	300	850	1,450	2,900	5,050	7,200
Styleside PU	300	850	1,400	2,850	4,950	7,100
Platform	200	600	950	1,900	3,350	4,800
Stake	200	600	1,000	2,000	3,500	5,000

NOTE: Add 5 percent for base V-8. Add 10 percent for optional V-8. Add 5 percent for 4x4 on F-250 and F-350 models only.

1980-1986 Courier to 1982, replaced by Ranger 1983-1986

	6	5	4	3	2	1
PU	200	600	1,000	2,000	3,500	5,000

1980-1986 Bronco

	6	5	4	3	2	1
Wag	250	800	1,300	2,600	4,550	6,500

1980-1986 Econoline E-100

	6	5	4	3	2	1
Cargo Van	150	500	800	1,600	2,800	4,000
Window Van	150	500	850	1,700	2,950	4,200
Display Van	200	550	900	1,750	3,100	4,400
Clb Wag	200	600	1,000	1,950	3,450	4,900
Cus Clb Wag	200	600	1,000	2,050	3,550	5,100

	6	5	4	3	2	1
Chateau Clb Wag	200	650	1,050	2,100	3,700	5,300

1980-1986 Econoline E-200
	6	5	4	3	2	1
Cargo Van	150	450	800	1,550	2,750	3,900
Window Van	150	500	800	1,650	2,850	4,100
Display Van	150	500	850	1,700	2,950	4,200

1980-1986 Econoline E-300
Cargo Van	150	450	750	1,500	2,650	3,800
Window Van	150	500	800	1,600	2,800	4,000
Display Van	150	500	800	1,650	2,850	4,100

1980-1983 F-100, 1/2-Ton
Flareside PU	200	600	1,000	2,000	3,500	5,000
Styleside PU	200	600	1,000	2,050	3,550	5,100
Sup Cab	200	600	1,000	2,050	3,550	5,100

NOTE: F-100 was discontinued after 1983.

1983-1986 F-150, 1/2-Ton
Flareside PU (SBx)	200	550	900	1,800	3,150	4,500
Styleside PU (SBx)	200	600	1,000	2,000	3,500	5,000
Styleside PU (LBx)	200	650	1,100	2,200	3,850	5,500
Styleside PU Sup Cab (SBx)	250	700	1,200	2,400	4,200	6,000
Styleside PU Sup Cab (LBx)	300	850	1,400	2,800	4,900	7,000

1980-1986 F-250, 3/4-Ton
Flareside PU	200	600	1,000	1,950	3,450	4,900
Styleside PU	200	600	1,000	2,000	3,500	5,000
Sup Cab	200	600	1,000	2,000	3,500	5,000

1980-1986 F-350, 1-Ton
PU	200	600	950	1,900	3,350	4,800
Crew Cab PU	200	600	1,000	1,950	3,450	4,900
Stake	200	550	900	1,800	3,150	4,500

NOTE: Add 10 percent for 4x4.

1987-1991 Bronco II, 1/2-Ton, 94" wb
Wag	200	550	900	1,800	3,150	4,500
Wag (4x4)	250	700	1,200	2,400	4,200	6,000

1987-1991 Bronco, 1/2-Ton, 105" wb
Wag (4x4)	350	1,000	1,700	3,400	5,950	8,500

1987-1991 Aerostar, 1/2-Ton, 119" wb
Cargo Van	150	500	800	1,600	2,800	4,000
Wag	200	650	1,100	2,200	3,850	5,500
Window Van	150	500	800	1,600	2,800	4,000

1987-1991 Club Wagon, 138" wb
E-150 Wag	250	800	1,300	2,600	4,550	6,500
E-250 Wag	300	850	1,400	2,800	4,900	7,000
E-350 Sup Clb Wag	300	900	1,500	3,000	5,250	7,500

1987-1991 Econoline E-150, 1/2-Ton, 124" or 138" wb
Cargo Van	200	600	1,000	2,000	3,500	5,000
Sup Cargo Van	200	650	1,100	2,200	3,850	5,500

1987-1991 Econoline E-250, 3/4-Ton, 138" wb
Cargo Van	200	650	1,100	2,200	3,850	5,500
Sup Cargo Van	250	700	1,200	2,400	4,200	6,000

1987-1991 Econoline E-350, 1-Ton , 138" or 176" wb
Cargo Van	250	700	1,200	2,400	4,200	6,000
Sup Cargo Van	250	800	1,300	2,600	4,550	6,500

1987-1991 Ranger, 1/2-Ton, 108" or 125" wb
Styleside PU (SBx)	150	450	800	1,550	2,750	3,900
Styleside PU (LBx)	150	500	800	1,600	2,800	4,000
Styleside PU Sup Cab	200	550	900	1,800	3,150	4,500

1987-1991 F-150, 1/2-Ton, 116" or 155" wb
Flareside PU (SBx)	200	550	900	1,800	3,150	4,500
Styleside PU (SBx)	200	600	1,000	2,000	3,500	5,000
Styleside PU (LBx)	200	650	1,100	2,200	3,850	5,500
Styleside PU Sup Cab (SBx)	250	700	1,200	2,400	4,200	6,000
Styleside PU Sup Cab (LBx)	300	850	1,400	2,800	4,900	7,000

1987-1991 F-250, 3/4-Ton, 133" or 155" wb
Styleside PU (LBx)	250	800	1,300	2,600	4,550	6,500
Styleside PU Sup Cab (LBx)	300	850	1,400	2,800	4,900	7,000

1987-1991 F-350, 1-Ton , 133" or 168.4" wb
Styleside PU (LBx)	300	850	1,400	2,800	4,900	7,000
Styleside PU Crew Cab	300	900	1,500	3,000	5,250	7,500

NOTE: Add 15 percent for 4x4.

1937 Ford sedan delivery

1948 Ford F3 three-quarter-ton pickup

1961 Ford Econoline half-ton station bus

	6	5	4	3	2	1
1992 Explorer, V-6						
2d SUV	400	1,200	2,000	4,000	7,000	10,000
4d SUV	400	1,250	2,100	4,200	7,350	10,500
2d SUV (4x4)	400	1,250	2,100	4,200	7,350	10,500
4d SUV (4x4)	450	1,300	2,200	4,400	7,700	11,000
1992 Bronco, V-8						
2d SUV	500	1,450	2,400	4,800	8,400	12,000
1992 Aerostar, V-6						
Van	300	900	1,500	3,000	5,250	7,500
Window Van	300	950	1,600	3,200	5,600	8,000
Ext Van	300	950	1,600	3,200	5,600	8,000
Ext Window Van	350	1,000	1,700	3,400	5,950	8,500
NOTE: Add 5 percent for 4x4.						
1992 E Series, V-8						
Cargo Van	400	1,150	1,900	3,800	6,650	9,500
1992 Club Wagon, V-8						
E-150 Wag	400	1,200	2,000	4,000	7,000	10,000
1992 Ranger, 1/2-Ton, V-6						
2d PU (SBx)	200	650	1,100	2,200	3,850	5,500
2d PU (LBx)	250	700	1,200	2,400	4,200	6,000
NOTE: Add 5 percent for 4x4.						
1992 F-150, F-250, V-8						
2d PU 1/2-Ton (SBx)	400	1,200	2,000	4,000	7,000	10,000
2d PU 1/2-Ton (LBx)	400	1,250	2,100	4,200	7,350	10,500
2d PU 3/4-Ton (SBx)	400	1,250	2,100	4,200	7,350	10,500
2d PU 3/4-Ton (LBx)	450	1,300	2,200	4,400	7,700	11,000
NOTE: Add 5 percent for 4x4.						
1993 Explorer, V-6						
2d SUV 2WD	400	1,200	2,000	4,000	7,000	10,000
4d SUV 2WD	400	1,200	2,000	4,000	7,000	10,000
2d SUV 4x4	450	1,300	2,200	4,400	7,700	11,000
4d SUV 4x4	450	1,300	2,200	4,400	7,700	11,000
1993 Bronco, V-8						
2d SUV	500	1,500	2,500	5,000	8,750	12,500
1993 Aerostar, V-6						
Window Van	350	1,000	1,700	3,400	5,950	8,500
1993 E150/250 Van, V-8						
Window Van	400	1,150	1,900	3,800	6,650	9,500
1993 Ranger, V-6						
2d PU SBx	200	650	1,100	2,200	3,850	5,500
2d PU LBx	250	700	1,150	2,300	4,000	5,700
1993 F150/F250, V-8						
2d PU SBx F150	400	1,200	2,000	4,000	7,000	10,000
2d PU LBx F150	400	1,200	2,000	4,000	7,000	10,000
2d PU SBx F250	450	1,300	2,200	4,400	7,700	11,000
2d PU LBx F250	450	1,300	2,200	4,400	7,700	11,000

GMC TRUCKS

	6	5	4	3	2	1
1920-1926						
Canopy	450	1,400	2,300	4,600	8,050	11,500
1927-1929 Light Duty						
PU	450	1,400	2,300	4,600	8,050	11,500
Panel	450	1,350	2,250	4,500	7,850	11,200
1930-1933 Light Duty						
PU	500	1,450	2,450	4,900	8,550	12,200
Panel	500	1,450	2,400	4,800	8,400	12,000
Stake	450	1,300	2,200	4,400	7,700	11,000
1934-1935 Light Duty						
PU	550	1,600	2,700	5,400	9,450	13,500
Panel	500	1,500	2,500	5,000	8,750	12,500
1936-1940 Light Duty						
PU	600	1,750	2,900	5,800	10,200	14,500
Panel	550	1,600	2,700	5,400	9,450	13,500
1940 Light Duty, 1/2-Ton, 113.5" wb						
Canopy Dly	600	1,750	2,900	5,800	10,200	14,500
Screenside Dly	600	1,750	2,900	5,800	10,200	14,500
Suburban	550	1,700	2,800	5,600	9,800	14,000
1941-1942, 1946-1947 Light Duty, 1/2-Ton, 115" wb						
PU	600	1,800	3,000	6,000	10,500	15,000
Panel	550	1,650	2,750	5,500	9,600	13,700
Canopy Dly	550	1,600	2,700	5,400	9,450	13,500

	6	5	4	3	2	1
Screenside Dly	600	1,750	2,900	5,800	10,200	14,500
Suburban	550	1,700	2,800	5,600	9,800	14,000
Stake	400	1,250	2,100	4,200	7,350	10,500

1941-1942, 1946-1947 Light Duty, 1/2-Ton, 125" wb

	6	5	4	3	2	1
PU	600	1,800	3,000	6,000	10,500	15,000
Panel	550	1,600	2,700	5,400	9,450	13,500
Stake	450	1,300	2,150	4,300	7,550	10,800

1941-1942, 1946-1947 Medium Duty, 3/4-Ton, 125" wb

	6	5	4	3	2	1
PU	500	1,450	2,400	4,800	8,400	12,000
Panel	450	1,300	2,200	4,400	7,700	11,000
Stake	400	1,250	2,100	4,150	7,300	10,400

1948-1953 Light Duty, 1/2-Ton

	6	5	4	3	2	1
PU	700	2,050	3,400	6,800	11,900	17,000
Panel	550	1,700	2,850	5,700	9,950	14,200
Canopy Exp	500	1,500	2,550	5,100	8,900	12,700
Suburban	600	1,750	2,900	5,800	10,200	14,500

1948-1953 Medium Duty, 3/4-Ton

	6	5	4	3	2	1
PU	550	1,600	2,700	5,400	9,450	13,500
Stake	450	1,300	2,200	4,400	7,700	11,000

1948-1953 Heavy Duty, 1-Ton

	6	5	4	3	2	1
PU	500	1,550	2,600	5,200	9,100	13,000
Stake	500	1,450	2,400	4,850	8,450	12,100

1954-1955 First Series Light Duty, 1/2-Ton

	6	5	4	3	2	1
PU	600	1,850	3,100	6,200	10,900	15,500
Panel	500	1,550	2,600	5,200	9,100	13,000
Canopy Dly	550	1,700	2,800	5,600	9,800	14,000
Suburban	550	1,700	2,800	5,600	9,800	14,000
PU (LWB)	550	1,600	2,700	5,400	9,450	13,500
Stake Rack	400	1,200	2,000	4,000	7,000	10,000

1954-1955 First Series Medium Duty, 3/4-Ton

	6	5	4	3	2	1
PU	550	1,700	2,800	5,600	9,800	14,000
Stake Rack	400	1,200	2,000	4,000	7,000	10,000

1954-1955 First Series Heavy Duty, 1-Ton

	6	5	4	3	2	1
PU	500	1,550	2,600	5,200	9,100	13,000
Panel	450	1,300	2,200	4,400	7,700	11,000
Canopy Exp	500	1,500	2,500	5,000	8,750	12,500
Stake Rack	400	1,200	2,000	4,000	7,000	10,000
Platform	400	1,200	2,000	4,000	7,000	10,000

1955-1957 Second Series Light Duty, 1/2-Ton, V-8

	6	5	4	3	2	1
PU	600	1,800	3,000	6,000	10,500	15,000
Panel	500	1,450	2,400	4,800	8,400	12,000
DeL Panel	500	1,450	2,450	4,900	8,550	12,200
Suburban PU	750	2,200	3,700	7,400	13,000	18,500
Suburban	500	1,450	2,450	4,900	8,550	12,200

1955-1957 Second Series Medium Duty, 3/4-Ton, V-8

	6	5	4	3	2	1
PU	500	1,550	2,600	5,200	9,100	13,000
Stake Rack	400	1,200	2,000	4,000	7,000	10,000

1955-1957 Second Series Heavy Duty, 1-Ton, V-8

	6	5	4	3	2	1
PU	450	1,400	2,300	4,600	8,050	11,500
Panel	500	1,450	2,400	4,800	8,400	12,000
DeL Panel	500	1,500	2,500	5,000	8,750	12,500
Stake Rack	400	1,200	2,000	4,000	7,000	10,000
Platform	400	1,200	2,000	4,000	7,000	10,000

NOTE: Deduct 20 percent for 6-cyl.

1958-1959 Light Duty, 1/2-Ton, V-8

	6	5	4	3	2	1
PU	500	1,550	2,600	5,200	9,100	13,000
Wide-Side PU	500	1,500	2,550	5,100	8,900	12,700
PU (LWB)	500	1,500	2,450	4,900	8,600	12,300
Wide-Side PU (LWB)	500	1,500	2,500	5,000	8,750	12,500
Panel	500	1,450	2,400	4,800	8,400	12,000
Panel DeL	500	1,450	2,450	4,900	8,550	12,200
Suburban	500	1,500	2,500	5,000	8,750	12,500

1958-1959 Medium Duty, 3/4-Ton, V-8

	6	5	4	3	2	1
PU	450	1,300	2,200	4,400	7,700	11,000
Wide-Side PU	450	1,350	2,250	4,500	7,850	11,200
Stake Rack	350	1,100	1,800	3,600	6,300	9,000

1958-1959 V-8

	6	5	4	3	2	1
Panel, 8 ft.	400	1,250	2,100	4,200	7,350	10,500
Panel, 10 ft.	400	1,250	2,100	4,200	7,350	10,500
Panel, 12 ft.	450	1,300	2,150	4,300	7,500	10,700

1958-1959 Heavy Duty, 1-Ton, V-8

	6	5	4	3	2	1
PU	400	1,250	2,100	4,200	7,350	10,500
Panel	400	1,250	2,100	4,200	7,350	10,500
Panel DeL	450	1,300	2,150	4,300	7,500	10,700

	6	5	4	3	2	1
Stake Rack	350	1,050	1,750	3,500	6,150	8,800
NOTE: Deduct 20 percent for 6-cyl.						
1960-1966 95" wb						
Dly Van	400	1,150	1,900	3,800	6,650	9,500
1960-1966 1/2-Ton, V-8, 115" wb						
Fender-Side PU	500	1,450	2,450	4,900	8,550	12,200
Wide-Side PU	500	1,450	2,400	4,800	8,400	12,000
1960-1966 1/2-Ton, V-8, 127" wb						
Fender-Side PU	450	1,400	2,300	4,600	8,050	11,500
Wide-Side PU	500	1,450	2,400	4,800	8,400	12,000
Panel	400	1,250	2,100	4,250	7,400	10,600
Suburban	450	1,300	2,200	4,400	7,700	11,000
1960-1966 3/4-Ton, V-8, 127" wb						
Fender-Side PU	350	1,050	1,700	3,450	6,000	8,600
Wide-Side PU	350	1,050	1,750	3,500	6,100	8,700
Stake	350	1,100	1,800	3,600	6,300	9,000
1960-1966 1-Ton, V-8, 121" or 133" wb						
PU	350	1,000	1,700	3,350	5,900	8,400
Panel	350	1,000	1,650	3,300	5,750	8,200
Stake	300	950	1,600	3,250	5,650	8,100
NOTE: Deduct 20 percent for 6-cyl.						
1967-1968 1/2-Ton, 90" wb						
Handi Van	300	900	1,500	3,000	5,250	7,500
Handi Bus	300	850	1,400	2,750	4,850	6,900
1967-1968 1/2-Ton, 102" wb						
Van	300	850	1,400	2,800	4,900	7,000
1967-1968 1/2-Ton, V-8, 115" wb						
Fender-Side PU	500	1,550	2,600	5,200	9,100	13,000
Wide-Side PU	550	1,600	2,700	5,400	9,450	13,500
1967-1968 1/2-Ton, V-8, 127" wb						
Fender-Side PU	500	1,500	2,500	5,050	8,800	12,600
Wide-Side PU	500	1,500	2,550	5,100	8,900	12,700
Panel	450	1,300	2,150	4,300	7,550	10,800
Suburban	500	1,500	2,500	5,000	8,750	12,500
1967-1968 3/4-Ton, V-8, 127" wb						
Fender-Side PU	400	1,250	2,100	4,200	7,350	10,500
Wide-Side PU	450	1,300	2,200	4,400	7,700	11,000
Panel	250	800	1,300	2,600	4,550	6,500
Suburban	450	1,400	2,300	4,600	8,050	11,500
Stake	250	750	1,300	2,550	4,500	6,400
1967-1968 1-Ton, V-8, 133" wb						
PU	400	1,150	1,900	3,800	6,650	9,500
Stake Rack	350	1,000	1,700	3,400	5,950	8,500
NOTE: Deduct 20 percent for 6-cyl.						
1969-1970 1/2-Ton, 90" wb						
Handi Van	300	900	1,500	3,000	5,250	7,500
Handi Bus DeL	300	850	1,400	2,750	4,850	6,900
1969-1970 1/2-Ton, 102" wb						
Van	300	850	1,400	2,800	4,900	7,000
1969-1970 1/2-Ton, V-8, 115" wb						
Fender-Side PU	500	1,550	2,600	5,200	9,100	13,000
Wide-Side PU	550	1,600	2,650	5,300	9,250	13,200
1969-1970 1/2-Ton, V-8, 127" wb						
Fender-Side PU	500	1,500	2,500	5,050	8,800	12,600
Wide-Side PU	500	1,500	2,550	5,100	8,900	12,700
Panel	450	1,300	2,150	4,300	7,550	10,800
Suburban	500	1,500	2,500	5,000	8,750	12,500
1969-1970 3/4-Ton, V-8, 127" wb						
Fender-Side PU	450	1,400	2,300	4,600	8,050	11,500
Wide-Side PU	500	1,450	2,400	4,800	8,400	12,000
Panel	300	900	1,500	3,000	5,250	7,500
Suburban	400	1,150	1,900	3,800	6,650	9,500
Stake	300	900	1,500	3,000	5,250	7,500
1969-1970 1-Ton, V-8, 133" wb						
PU	400	1,150	1,900	3,850	6,700	9,600
Stake Rack	350	1,050	1,700	3,450	6,000	8,600
NOTE: Deduct 20 percent for 6-cyl.						
1971-1972 Sprint, 1/2-Ton, V-8						
PU	550	1,700	2,800	5,600	9,800	14,000
1971-1972 1/2-Ton, 90" wb						
Handi Van	300	850	1,400	2,800	4,900	7,000
Handi Bus DeL	300	850	1,400	2,800	4,900	7,000

666

1972 Ford Ranchero Squire pickup

1980 Ford Bronco sport utility vehicle 4x4

1992 Ford F-150 Flareside half-ton pickup

	6	5	4	3	2	1
1971-1972 1/2-Ton, 102" wb						
Van	300	900	1,500	3,000	5,250	7,500
1971-1972 1/2-Ton, V-8, 115" wb						
Fender-Side PU	600	1,800	3,000	6,000	10,500	15,000
Wide-Side PU	600	1,850	3,100	6,200	10,900	15,500
1971-1972 1/2-Ton, V-8, 127" wb						
Fender-Side PU	600	1,750	2,900	5,800	10,200	14,500
Wide-Side PU	600	1,800	3,000	6,000	10,500	15,000
Panel	450	1,300	2,200	4,400	7,700	11,000
Suburban	500	1,500	2,500	5,000	8,750	12,500
1971-1972 3/4-Ton, V-8, 127" wb						
Fender-Side PU	500	1,550	2,600	5,200	9,100	13,000
Wide-Side PU	550	1,600	2,700	5,400	9,450	13,500
Panel	350	1,100	1,800	3,600	6,300	9,000
Suburban	450	1,300	2,200	4,400	7,700	11,000
Stake	300	900	1,500	3,050	5,300	7,600
1971-1972 1-Ton, V-8, 133" wb						
PU	450	1,300	2,150	4,300	7,550	10,800
Stake Rack	400	1,150	1,900	3,800	6,650	9,500
1971-1972 Jimmy, V-8, 104" wb						
Jimmy (2WD)	500	1,450	2,400	4,800	8,400	12,000
Jimmy (4x4)	550	1,700	2,800	5,600	9,800	14,000
NOTE: Deduct 20 percent for 6-cyl.						
1973-1980 1/2-Ton, V-8, 116" wb						
Sprint Cus	400	1,150	1,900	3,800	6,650	9,500
1973-1980 Jimmy, 1/2-Ton, V-8, 106" wb						
Jimmy (2WD)	450	1,300	2,200	4,400	7,700	11,000
Jimmy (4x4)	500	1,450	2,400	4,800	8,400	12,000
1973-1980 1/2-Ton, V-8, 110" wb						
Rally Van	250	750	1,250	2,500	4,350	6,200
1973-1980 1/2-Ton, V-8, 117" wb						
Fender-Side PU	400	1,250	2,100	4,200	7,350	10,500
Wide-Side PU	400	1,250	2,100	4,200	7,350	10,500
1973-1980 1/2-Ton, V-8, 125" wb						
Fender-Side PU	450	1,300	2,200	4,400	7,700	11,000
Wide-Side PU	450	1,300	2,200	4,400	7,700	11,000
Suburban	350	1,100	1,800	3,600	6,300	9,000
1973-1980 3/4-Ton, V-8, 125" wb						
Fender-Side PU	300	850	1,400	2,800	4,900	7,000
Wide-Side PU	300	850	1,450	2,900	5,050	7,200
Suburban	300	950	1,600	3,200	5,600	8,000
Rally Van	250	700	1,200	2,400	4,200	6,000
1973-1980 1-Ton, V-8, 125" or 135" wb						
PU	250	700	1,200	2,400	4,200	6,000
Crew Cab PU	250	700	1,150	2,300	4,000	5,700
NOTE: Deduct 20 percent for 6-cyl.						
1981-1982 Caballero, 1/2-Ton, 117" wb						
Caballero PU	200	550	900	1,800	3,150	4,500
Diablo PU	200	600	1,000	2,000	3,500	5,000
1981-1982 K1500, 1/2-Ton, 106.5" wb						
Jimmy (4x4)	350	1,000	1,700	3,400	5,950	8,500
Jimmy Conv. Top (4x4)	400	1,150	1,900	3,800	6,650	9,500
1981-1982 G1500 Van, 1/2-Ton, 110" or 125" wb						
Vandura	150	500	850	1,700	3,000	4,300
Rally	200	600	1,050	2,100	3,650	5,200
Rally Cus	200	650	1,100	2,150	3,800	5,400
Rally STX	200	650	1,100	2,250	3,900	5,600
1981-1982 G2500 Van, 3/4-Ton, 110" or 125" wb						
Vandura	150	500	850	1,700	2,950	4,200
Rally	200	600	1,000	2,050	3,550	5,100
Rally Cus	200	650	1,050	2,100	3,700	5,300
Rally STX	200	650	1,100	2,200	3,850	5,500
Gaucho	200	650	1,100	2,200	3,850	5,500
1981-1982 G3500 Van, 1-Ton, 125" or 146" wb						
Vandura	150	500	800	1,650	2,850	4,100
Vandura Spl	200	600	1,000	2,000	3,500	5,000
Rally Camper Spl	200	600	1,050	2,100	3,650	5,200
Rally	200	650	1,100	2,150	3,800	5,400
Rally Cus	200	650	1,100	2,250	3,900	5,600
Rally STX	250	700	1,150	2,300	4,050	5,800
Magna Van 10 ft.	200	600	1,000	1,950	3,450	4,900
Magna Van 12 ft.	200	600	1,000	1,950	3,450	4,900

	6	5	4	3	2	1
1981-1982 C1500, 1/2-Ton, 117.5" or 131.5" wb						
Fender-Side PU (SBx)	250	700	1,150	2,300	4,050	5,800
Wide-Side PU (SBx)	250	700	1,200	2,350	4,150	5,900
Wide-Side PU (LBx)	250	700	1,150	2,300	4,000	5,700
Suburban 4d	250	750	1,250	2,500	4,350	6,200
1981-1982 C2500, 3/4-Ton, 131" wb						
Fender-Side PU (LBx)	250	700	1,150	2,300	4,000	5,700
Wide-Side PU (LBx)	250	700	1,150	2,300	4,050	5,800
Bonus Cab 2d PU (LBx)	250	700	1,200	2,400	4,200	6,000
Crew Cab 4d PU (LBx)	250	700	1,200	2,350	4,150	5,900
Suburban 4d	250	750	1,250	2,500	4,350	6,200
1981-1982 C3500, 1-Ton, 131.5" or 164.5" wb						
Fender-Side PU (LBx)	200	650	1,100	2,250	3,900	5,600
Wide-Side PU (LBx)	250	700	1,150	2,300	4,000	5,700
Bonus Cab 2d PU (LBx)	250	700	1,150	2,300	4,050	5,800
Crew Cab 4d PU (LBx)	250	700	1,150	2,300	4,000	5,700
NOTE: Add 15 percent for 4x4. Deduct 20 percent for 6-cyl.						
1983-1987 Caballero, 1/2-Ton, 117.1" wb						
Caballero PU	200	650	1,100	2,200	3,850	5,500
Diablo PU	250	700	1,200	2,400	4,200	6,000
1983-1987 S15, 1/2-Ton, 100.5" wb						
Jimmy (2WD)	100	350	600	1,250	2,150	3,100
Jimmy (4x4)	150	500	800	1,600	2,800	4,000
1983-1987 K1500, 1/2-Ton, 106.5" wb						
Jimmy (4x4)	250	750	1,200	2,450	4,250	6,100
1983-1987 G1500 Van, 1/2-Ton, 110" or 125" wb						
Vandura	150	400	700	1,350	2,400	3,400
Rally	150	500	850	1,700	3,000	4,300
Rally Cus	200	550	900	1,800	3,150	4,500
Rally STX	200	550	950	1,900	3,300	4,700
1983-1987 G2500 Van, 3/4-Ton, 110" or 125" wb						
Vandura	150	400	650	1,300	2,300	3,300
Rally	150	500	850	1,700	2,950	4,200
Rally Cus	200	550	900	1,750	3,100	4,400
Rally STX	200	550	900	1,850	3,200	4,600
1983-1987 G3500 Van, 1-Ton, 125" or 146" wb						
Vandura	150	400	650	1,300	2,250	3,200
Rally	150	500	800	1,650	2,850	4,100
Rally Cus	150	500	850	1,700	3,000	4,300
Rally STX	200	550	900	1,800	3,150	4,500
Magna Van 10 ft.	150	400	650	1,300	2,300	3,300
Magna Van 12 ft.	150	400	650	1,300	2,300	3,300
1983-1987 S15, 1/2-Ton, 108.3" or 122.9" wb						
Wide-Side PU (SBx)	100	300	450	900	1,600	2,300
Wide-Side PU (LBx)	100	300	500	950	1,700	2,400
Wide-Side Ext Cab PU	100	300	500	1,050	1,800	2,600
1983-1987 C1500, 1/2-Ton, 117.5" or 131.5" wb						
Fender-Side PU (SBx)	200	600	1,000	1,950	3,450	4,900
Wide-Side PU (SBx)	200	600	1,000	2,000	3,500	5,000
Wide-Side PU (LBx)	200	550	950	1,900	3,300	4,700
Suburban 4d	200	650	1,100	2,150	3,800	5,400
1983-1987 C2500, 3/4-Ton, 131" wb						
Fender-Side PU (LBx)	200	600	950	1,900	3,350	4,800
Wide-Side PU (LBx)	200	600	1,000	1,950	3,450	4,900
Bonus Cab 2d PU (LBx)	200	600	1,050	2,100	3,650	5,200
Crew Cab 4d PU (LBx)	200	550	950	1,900	3,300	4,700
Suburban 4d	200	650	1,100	2,150	3,800	5,400
1983-1987 C3500, 1-Ton, 131.5" or 164.5" wb						
Fender-Side PU (LBx)	200	550	900	1,850	3,200	4,600
Wide-Side PU (LBx)	200	550	950	1,900	3,300	4,700
Bonus Cab 2d PU (LBx)	200	600	1,000	1,950	3,450	4,900
Crew Cab 4d PU (LBx)	200	600	950	1,900	3,350	4,800
NOTE: Add 15 percent for 4x4.						
1988-1991 V1500 Jimmy, 1/2-Ton, 106.5" wb						
Wag (4x4)	450	1,300	2,150	4,300	7,500	10,700
1988-1991 S15, 1/2-Ton, 100.5" wb						
Wag	250	700	1,150	2,300	4,000	5,700
Wag (4x4)	300	900	1,550	3,100	5,400	7,700
1988-1991 Safari, 1/2-Ton, 111" wb						
Cargo Van	200	650	1,100	2,200	3,850	5,500
SLX Van	300	900	1,500	3,000	5,250	7,500
SLE Van	350	1,000	1,700	3,400	5,950	8,500
SLT Van	400	1,150	1,900	3,800	6,650	9,500

	6	5	4	3	2	1
1988-1991 G1500 Van, 1/2-Ton, 110" or 125" wb						
Vandura	250	750	1,250	2,500	4,350	6,200
Rally	300	900	1,550	3,100	5,400	7,700
Rally Cus	350	1,050	1,750	3,500	6,100	8,700
Rally STX	400	1,150	1,950	3,900	6,800	9,700
1988-1991 G2500 Van, 3/4-Ton, 110" or 125" wb						
Vandura	300	850	1,400	2,800	4,900	7,000
Rally	350	1,000	1,700	3,400	5,950	8,500
Rally Cus	350	1,100	1,850	3,700	6,450	9,200
Rally STX	400	1,200	2,050	4,100	7,150	10,200
1988-1991 G3500, 1-Ton, 125" or 146" wb						
Vandura	350	1,050	1,750	3,500	6,100	8,700
Rally	350	1,100	1,850	3,700	6,450	9,200
Rally Cus	400	1,200	2,050	4,100	7,150	10,200
Rally STX	450	1,300	2,150	4,300	7,500	10,700
Magna Van 10 ft.	350	1,100	1,800	3,600	6,300	9,000
Magna Van 12 ft.	400	1,200	2,000	4,000	7,000	10,000
1988-1991 S15, 1/2-Ton, 108.3" or 122.9" wb						
Wide-Side PU (SBx)	200	600	1,000	1,950	3,450	4,900
Wide-Side PU (LBx)	200	600	1,000	2,000	3,500	5,000
Wide-Side Ext Cab PU (SBx)	200	600	1,000	2,050	3,550	5,100
1988-1991 C1500, 1/2-Ton, 117.5" or 131.5" wb						
Fender-Side PU (SBx)	250	800	1,350	2,700	4,700	6,700
Wide-Side PU (SBx)	250	800	1,350	2,700	4,700	6,700
Wide-Side PU (LBx)	300	850	1,400	2,800	4,900	7,000
Wide-Side Clb Cab PU (LBx)	300	950	1,600	3,200	5,600	8,000
Suburban	500	1,450	2,400	4,800	8,400	12,000
1988-1991 C2500, 3/4-Ton, 117.5" or 131.5" wb						
Fender-Side PU (LBx)	300	900	1,550	3,100	5,400	7,700
Wide-Side PU (LBx)	300	900	1,550	3,100	5,400	7,700
Wide-Side Bonus Cab (LBx)	350	1,000	1,650	3,300	5,750	8,200
Wide-Side Crew Cab (LBx)	350	1,000	1,700	3,400	5,950	8,500
Suburban	500	1,550	2,600	5,200	9,100	13,000
Wide-Side PU (LBx)	350	1,000	1,650	3,300	5,750	8,200
1988-1991 C2500, 1-Ton, 131.5" or 164.5" wb						
Wide-Side Clb Cpe PU (LBx)	350	1,000	1,650	3,300	5,750	8,200
Wide-Side Bonus Cab (LBx)	350	1,100	1,850	3,700	6,450	9,200
Wide-Side Crew Cab (LBx)	400	1,150	1,900	3,800	6,650	9,500
NOTE: Add 15 percent for 4x4.						
1992 Yukon, V-8						
2d SUV	500	1,550	2,600	5,200	9,100	13,000
1992 Jimmy, V-6						
2d SUV	300	850	1,400	2,800	4,900	7,000
4d SUV	300	950	1,600	3,200	5,600	8,000
2d SUV (4x4)	400	1,150	1,900	3,800	6,650	9,500
4d SUV (4x4)	400	1,250	2,100	4,200	7,350	10,500
2d Typhoon SUV (4x4)	550	1,700	2,800	5,600	9,800	14,000
1992 Safari, V-6						
3d Van	250	800	1,300	2,600	4,550	6,500
3d SLX Van	300	900	1,500	3,000	5,250	7,500
1992 G Series, V-8						
G150 Van	250	800	1,300	2,600	4,550	6,500
G250 Van	300	850	1,400	2,800	4,900	7,000
1992 Suburban 1500, V-8						
4d	550	1,700	2,800	5,600	9,800	14,000
4d (4x4)	600	1,800	3,000	6,000	10,500	15,000
1992 Suburban 2500, V-8						
4d	600	1,800	3,000	6,000	10,500	15,000
4d (4x4)	650	1,900	3,200	6,400	11,200	16,000
1992 Sonoma, 1/2-Ton, V-6						
2d PU (SBx)	300	950	1,600	3,200	5,600	8,000
2d PU (LBx)	300	950	1,600	3,200	5,600	8,000
NOTE: Add 15 percent for 4x4.						
1992 Sierra 1500, 1/2-Ton, V-8						
2d Sportside PU (SBx)	350	1,100	1,800	3,600	6,300	9,000
2d Fleetside PU (SBx)	350	1,100	1,800	3,600	6,300	9,000
2d Fleetside PU (LBx)	350	1,100	1,800	3,600	6,300	9,000
NOTE: Add 15 percent for 4x4.						
1992 Sierra 2500, 3/4-Ton, V-8						
2d Fleetside PU (SBx)	400	1,200	2,000	4,000	7,000	10,000
2d Fleetside PU (LBx)	400	1,200	2,000	4,000	7,000	10,000
NOTE: Add 15 percent for 4x4.						

1940 GMC AC101 half-ton pickup

1965 GMC 1001 Custom Cab half-ton wideside pickup

1990 GMC S-15 Jimmy sport utility vehicle 4x4

	6	5	4	3	2	1
1993 Yukon, V-8						
2d SUV (4x4)	550	1,700	2,800	5,600	9,800	14,000
1993 Jimmy, V-6						
2d SUV 2WD	300	900	1,500	3,000	5,250	7,500
4d SUV 2WD	300	950	1,550	3,100	5,450	7,800
2d SUV (4x4)	400	1,150	1,900	3,800	6,650	9,500
4d SUV (4x4)	400	1,200	2,000	4,000	7,000	10,000
1993 Safari, V-6						
Window Van	200	600	1,000	2,000	3,500	5,000
1993 G Van, V-8						
Window Van	200	650	1,100	2,200	3,850	5,500
1993 Suburban C1500/C2500						
4d Sta Wag 1500	600	1,800	3,000	6,000	10,500	15,000
4d Sta Wag 2500	600	1,800	3,000	6,000	10,500	15,000
1993 Sonoma, V-6						
2d PU (SBx)	350	1,000	1,650	3,300	5,750	8,200
2d PU (LBx)	350	1,000	1,700	3,400	5,950	8,500
1993 Sierra 1500/2500, V-8						
2d PU 1500 (SBx)	350	1,100	1,850	3,700	6,450	9,200
2d PU 1500 (LBx)	400	1,150	1,900	3,800	6,650	9,500
2d PU 2500 (SBx)	400	1,150	1,900	3,800	6,650	9,500
2d PU 2500 (LBx)	400	1,150	1,950	3,900	6,800	9,700

HUDSON TRUCKS

	6	5	4	3	2	1
1929 Dover Series						
Canopy Exp	500	1,550	2,550	5,100	8,950	12,800
Screenside Dly	500	1,500	2,500	5,000	8,750	12,500
Panel Dly	500	1,550	2,600	5,200	9,100	13,000
Flareboard PU	550	1,600	2,700	5,400	9,450	13,500
Bed Rail PU	650	1,900	3,200	6,400	11,200	16,000
Sed Dly	550	1,700	2,800	5,600	9,800	14,000
Mail Truck w/sl doors	800	2,400	4,000	8,000	14,000	20,000
1930-1931 Essex Commercial Car Series						
PU	550	1,600	2,700	5,400	9,450	13,500
Canopy Exp	500	1,450	2,450	4,900	8,550	12,200
Screenside Exp	500	1,500	2,500	5,000	8,750	12,500
Panel Exp	500	1,550	2,600	5,200	9,100	13,000
Sed Dly	550	1,700	2,800	5,600	9,800	14,000
1933 Essex-Terraplane Series						
PU Exp	500	1,450	2,450	4,900	8,550	12,200
Canopy Dly	450	1,400	2,350	4,700	8,200	11,700
Screenside Dly	500	1,450	2,400	4,800	8,400	12,000
Panel Dly	500	1,500	2,450	4,900	8,600	12,300
DeL Panel Dly	500	1,500	2,500	5,000	8,750	12,500
Sed Dly	500	1,550	2,600	5,200	9,100	13,000
Mail Dly Van	700	2,050	3,400	6,800	11,900	17,000
1934 Terraplane Series						
Cab PU	500	1,500	2,500	5,000	8,750	12,500
Sed Dly	500	1,550	2,600	5,200	9,100	13,000
Cantrell Sta Wag	650	1,900	3,200	6,400	11,200	16,000
Cotton Sta Wag	600	1,800	3,000	6,000	10,500	15,000
1935-1936 Terraplane Series GU						
Cab PU	500	1,500	2,500	5,000	8,750	12,500
Sed Dly	500	1,550	2,600	5,200	9,100	13,000
1937 Terraplane Series 70, 1/2-Ton						
Utl Cpe PU	500	1,500	2,550	5,100	8,900	12,700
1937 Terraplane Series 70, 3/4-Ton						
Cab PU	500	1,500	2,500	5,000	8,750	12,500
Panel Dly	500	1,550	2,550	5,100	8,950	12,800
1937 "Big Boy" Series 78, 3/4-Ton						
Cab PU	500	1,450	2,400	4,800	8,400	12,000
Cus Panel Dly	500	1,500	2,500	5,000	8,750	12,500
1938 Hudson-Terraplane Series 80						
Cab PU	500	1,450	2,400	4,800	8,400	12,000
Cus Panel Dly	500	1,550	2,600	5,200	9,100	13,000
1938 Hudson "Big Boy" Series 88						
Cab PU	500	1,550	2,600	5,200	9,100	13,000
Cus Panel Dly	550	1,600	2,700	5,400	9,450	13,500
1938 Hudson 112 Series 89						
Cab PU	500	1,500	2,500	5,000	8,750	12,500
Panel Dly	500	1,550	2,600	5,200	9,100	13,000

	6	5	4	3	2	1
1939 Hudson 112 Series						
PU	400	1,250	2,100	4,200	7,350	10,500
Cus Panel	450	1,300	2,200	4,400	7,700	11,000
1939 Hudson "Big Boy" Series						
PU	450	1,300	2,200	4,400	7,700	11,000
Cus Panel	450	1,400	2,300	4,600	8,050	11,500
1939 Hudson Pacemaker Series						
Cus Panel	550	1,650	2,750	5,500	9,650	13,800
1940 Hudson Six Series						
PU	650	1,900	3,200	6,400	11,200	16,000
Panel Dly	600	1,850	3,100	6,200	10,850	15,500
1940 "Big Boy" Series						
PU	650	2,000	3,300	6,600	11,550	16,500
Panel Dly	650	1,900	3,200	6,400	11,200	16,000
1941 Hudson Six Series						
PU	600	1,850	3,100	6,200	10,850	15,500
All-Purpose Dly	600	1,850	3,100	6,200	10,850	15,500
1941 "Big Boy" Series						
PU	650	1,900	3,200	6,400	11,200	16,000
1942 Hudson Six Series						
PU	600	1,850	3,100	6,200	10,850	15,500
1942 Hudson "Big Boy" Series						
PU	650	1,900	3,200	6,400	11,200	16,000
1946-1947 Cab Pickup Series 178						
Cab PU	650	1,900	3,200	6,400	11,200	16,000

IHC TRUCKS

	6	5	4	3	2	1
1934-1936 Series D-1, 1/2-Ton						
PU	550	1,700	2,800	5,650	9,850	14,100
Canopy Dly	550	1,700	2,800	5,600	9,800	14,000
Screen Dly	600	1,750	2,900	5,800	10,200	14,500
Panel	550	1,700	2,800	5,600	9,800	14,000
Sed Dly	600	1,750	2,900	5,850	10,200	14,600
1934-1936 Series C-1, 1/2-Ton						
PU (113" wb)	600	1,750	2,900	5,800	10,200	14,500
1934-1936 Series A-1, 3/4-Ton						
PU	550	1,700	2,800	5,600	9,800	14,000
Canopy Dly	550	1,600	2,700	5,400	9,450	13,500
Screen Dly	550	1,700	2,850	5,700	9,950	14,200
Panel	550	1,700	2,800	5,600	9,800	14,000
Sed Dly	600	1,750	2,900	5,800	10,200	14,500
1937-1940 Series D-2, 6-cyl., 1/2-Ton, 113" wb						
Exp	550	1,700	2,850	5,700	10,000	14,300
Canopy Exp	600	1,750	2,900	5,750	10,100	14,400
Panel	600	1,750	2,900	5,800	10,200	14,500
DM Body	550	1,700	2,800	5,600	9,800	14,000
DB Body	550	1,700	2,800	5,600	9,800	14,000
Sta Wag	600	1,800	3,000	6,000	10,500	15,000
Metro	500	1,450	2,400	4,800	8,400	12,000
1937-1940 Series D-2, 6-cyl., 1-Ton, 125" wb						
Exp	550	1,700	2,800	5,650	9,850	14,100
Canopy Exp	550	1,700	2,850	5,700	9,950	14,200
Panel	550	1,700	2,850	5,700	10,000	14,300
Stake	550	1,650	2,750	5,500	9,600	13,700
1941-1942, 1946-1949 Series K-1, 1/2-Ton, 113" wb						
PU	650	1,900	3,200	6,400	11,200	16,000
1941-1942, 1946-1949 Series K-1, 1/2-Ton, 125" wb						
Canopy	650	1,950	3,250	6,500	11,300	16,200
Panel	650	1,950	3,200	6,450	11,300	16,100
Milk Dly	550	1,600	2,700	5,400	9,450	13,500
Sta Wag	800	2,350	3,900	7,800	13,700	19,500
PU	650	1,900	3,200	6,400	11,200	16,000
Canopy	650	1,900	3,200	6,400	11,200	16,000
Panel	600	1,850	3,100	6,200	10,900	15,500
Stake	550	1,700	2,800	5,600	9,800	14,000
Bakery Dly	550	1,700	2,650	5,300	9,300	13,300
1941-1942, 1946-1949 Series K-2, 3/4-Ton, 125" wb						
PU	600	1,750	2,900	5,800	10,200	14,500
Canopy	600	1,750	2,950	5,900	10,300	14,700
Panel	600	1,750	2,900	5,850	10,200	14,600
Stake	550	1,700	2,800	5,600	9,800	14,000
Bakery Dly	550	1,600	2,650	5,300	9,250	13,200

	6	5	4	3	2	1
1950-1952 Series L-110/L-111, 1/2-Ton						
PU (6-1/2 ft.)	600	1,850	3,100	6,200	10,900	15,500
PU (8 ft.)	600	1,850	3,100	6,150	10,800	15,400
Sta Wag	750	2,200	3,700	7,400	13,000	18,500
Panel (7-1/2 ft.)	600	1,750	2,900	5,800	10,200	14,500
1950-1952 Series L-112, 3/4-Ton						
PU (6-1/2 ft.)	550	1,700	2,800	5,600	9,800	14,000
PU (8 ft.)	550	1,700	2,800	5,600	9,800	14,000
Sta Wag	750	2,300	3,800	7,600	13,300	19,000
PU (8 ft.)	500	1,500	2,500	5,050	8,800	12,600
1950-1952 Series L-120, 3/4-Ton						
PU (6-1/2 ft.)	500	1,550	2,600	5,200	9,100	13,000
PU (8 ft.)	500	1,550	2,600	5,250	9,150	13,100
Panel (7-1/2 ft.)	500	1,500	2,500	5,000	8,750	12,500
1953-1955 Series R-100 Light Duty, 1/2-Ton, 115" wb						
PU (6-1/2 ft.)	550	1,600	2,700	5,400	9,450	13,500
1953-1955 Series R-110 Heavy Duty, 1/2-Ton, 115" or 127" wb						
PU (6-1/2 ft.)	550	1,600	2,700	5,350	9,400	13,400
Panel (7-1/2 ft.)	500	1,550	2,600	5,200	9,100	13,000
PU (8 ft.)	500	1,550	2,600	5,200	9,100	13,000
Stake	400	1,200	2,000	4,000	7,000	10,000
1953-1955 Series R-120, 3/4-Ton, 115" or 127" wb						
PU (6-1/2 ft.)	500	1,450	2,450	4,900	8,550	12,200
Panel (7-1/2 ft.)	500	1,450	2,400	4,800	8,400	12,000
PU (8 ft.)	450	1,400	2,300	4,600	8,050	11,500
Stake	450	1,350	2,250	4,500	7,900	11,300
1956-1957 Series S-100, 1/2-Ton, 115" wb						
PU (6-1/2 ft.)	500	1,500	2,500	5,050	8,800	12,600
1956-1957 Series S-110, Heavy Duty 1/2-Ton, 115" or 127" wb						
PU (6-1/2 ft.)	500	1,500	2,500	5,000	8,750	12,500
Panel	500	1,450	2,450	4,900	8,550	12,200
Travelall	500	1,500	2,450	4,900	8,600	12,300
PU (8 ft.)	550	1,700	2,800	5,600	9,800	14,000
Stake	400	1,200	2,000	4,000	7,000	10,000
Platform	400	1,200	2,000	4,000	7,000	10,000
1956-1957 Series S-120, 3/4-Ton, 115" or 127" wb						
PU (6-1/2 ft.)	550	1,600	2,700	5,400	9,450	13,500
Panel	400	1,150	1,900	3,800	6,650	9,500
Travelall	400	1,150	1,900	3,850	6,700	9,600
PU (8 ft.)	450	1,300	2,200	4,400	7,700	11,000
Stake	400	1,200	2,000	4,000	7,000	10,000
1957-1/2 - 1958 Series A-100, 1/2-Ton, 7 ft.						
PU	450	1,400	2,300	4,600	8,050	11,500
Cus PU	650	1,900	3,200	6,400	11,200	16,000
Panel	400	1,250	2,100	4,250	7,400	10,600
Travelall	450	1,350	2,200	4,450	7,750	11,100
1957-1/2 - 1958 Series A-110, Heavy Duty, 1/2-Ton						
PU (7 ft.)	450	1,350	2,300	4,550	8,000	11,400
Cus PU (7 ft.)	550	1,650	2,750	5,500	9,650	13,800
Panel (7 ft.)	400	1,250	2,100	4,200	7,350	10,500
Travelall	450	1,300	2,200	4,400	7,700	11,000
PU (8-1/2 ft.)	450	1,300	2,200	4,400	7,700	11,000
Utl PU (6 ft.)	400	1,200	2,000	4,000	7,000	10,000
Cus Utl PU (6 ft.)	500	1,450	2,400	4,800	8,400	12,000
1957-1/2 - 1958 Series A-120, 3/4-Ton						
PU (7 ft.)	400	1,200	2,000	4,000	7,000	10,000
Cus PU (7 ft.)	500	1,450	2,400	4,800	8,400	12,000
Panel (7 ft.)	350	1,000	1,650	3,300	5,800	8,300
Travelall (7 ft.)	400	1,200	1,950	3,900	6,850	9,800
PU (8-1/2 ft.)	400	1,200	1,950	3,900	6,850	9,800
Utl PU (6 ft.)	400	1,150	1,900	3,850	6,700	9,600
Cus Utl PU (6 ft.)	450	1,400	2,300	4,600	8,050	11,500
1959-1960 Series B-100/B-102, 3/4-Ton						
PU (7 ft.)	300	950	1,600	3,200	5,600	8,000
Panel (7 ft.)	300	850	1,400	2,800	4,900	7,000
Travelall	300	900	1,550	3,100	5,400	7,700
1959-1960 Series B-110/B-112, Heavy Duty, 1/2-Ton						
PU (7 ft.)	300	950	1,600	3,200	5,600	8,000
Panel	300	850	1,400	2,800	4,900	7,000
Travelall	300	900	1,550	3,100	5,400	7,700
PU (8-1/2 ft.)	300	900	1,500	3,000	5,250	7,500
Travelette	300	850	1,450	2,900	5,050	7,200

NOTE: Add 10 percent for Custom trim package.

1941 Hudson "Big Boy" pickup

1933 International A-1 three-quarter-ton pickup

1959 International B-110 Travelall

	6	5	4	3	2	1
1959-1960 Series B-120/B-122, 3/4-Ton						
PU (7 ft.)	300	900	1,500	3,000	5,250	7,500
Panel (7 ft.)	300	900	1,500	2,950	5,200	7,400
Travelall	300	900	1,500	3,000	5,250	7,500
PU (8-1/2 ft.)	300	850	1,400	2,850	4,950	7,100
Travelette (6 ft.)	300	850	1,400	2,800	4,900	7,000

NOTE: Add 5 percent for 4x4 trucks.

	6	5	4	3	2	1
1959-1960 Series B-130/B-132, 1-Ton						
PU (8-1/2 ft.)	300	850	1,400	2,800	4,900	7,000
Travelette	300	850	1,400	2,750	4,850	6,900

NOTE: Add 5 percent for V-8 engines.

	6	5	4	3	2	1
1961-1968 Series Scout 80, 1/4-Ton, 5 ft.						
PU	250	750	1,250	2,500	4,350	6,200
PU (4x4)	300	850	1,450	2,900	5,050	7,200

NOTE: Add 5 percent for vinyl Sport-Top (full enclosure). Add 4 percent for steel Travel-Top.

	6	5	4	3	2	1
1961-1968 Series C-100, 1/2-Ton						
PU (7 ft.)	250	800	1,300	2,600	4,550	6,500
Panel (7 ft.)	250	700	1,200	2,400	4,200	6,000
Travelall	300	850	1,400	2,800	4,900	7,000
Cus Travelall	300	900	1,500	3,000	5,250	7,500
1961-1968 Series C-110, Heavy Duty, 1/2-Ton						
PU (7 ft.)	250	800	1,300	2,650	4,600	6,600
Panel (7 ft.)	250	750	1,200	2,450	4,250	6,100
Travelall	300	850	1,400	2,850	4,950	7,100
Cus Travelall	300	900	1,500	3,050	5,300	7,600
PU (8-1/2 ft.)	250	800	1,300	2,600	4,550	6,500
Travelette PU	250	700	1,200	2,400	4,200	6,000
1961-1968 Series C-120, 3/4-Ton						
PU (7 ft.)	250	750	1,200	2,450	4,250	6,100
Panel (7 ft.)	250	700	1,200	2,350	4,150	5,900
Travelall	250	800	1,300	2,600	4,550	6,500
Cus Travelall	300	850	1,400	2,750	4,850	6,900
PU (8-1/2 ft.)	250	700	1,200	2,400	4,200	6,000
Travelette PU	250	750	1,250	2,500	4,400	6,300

NOTE: Add 5 percent for vinyl Sport-Top (full enclosure). Add 4 percent for steel Travel-Top.

	6	5	4	3	2	1
1969-1975 Scout 800A Series						
PU	250	750	1,300	2,550	4,500	6,400
Rds	250	700	1,200	2,350	4,150	5,900
Travel-Top	250	800	1,300	2,600	4,550	6,500
Aristocrat	300	850	1,400	2,800	4,900	7,000
1969-1975 Metro Series						
M-1100 Panel	250	700	1,150	2,300	4,050	5,800
M-1200 Panel	250	700	1,150	2,300	4,050	5,800
MA-1200 Panel	250	700	1,200	2,350	4,150	5,900
1969-1975 Series 1000D						
PU (6-1/2 ft.)	200	650	1,100	2,250	3,900	5,600
Bonus Load PU (6-1/2 ft.)	250	700	1,150	2,300	4,000	5,700
PU (8 ft.)	200	650	1,100	2,200	3,850	5,500
Bonus Load PU (8 ft.)	200	650	1,100	2,250	3,900	5,600
Panel	200	600	1,000	2,000	3,500	5,000
1969-1975 Series 1100D						
PU (6-1/2 ft.)	250	700	1,150	2,300	4,050	5,800
Bonus Load PU (6-1/2 ft.)	250	700	1,200	2,350	4,150	5,900
PU (8 ft.)	200	650	1,050	2,100	3,700	5,300
Bonus Load PU (8 ft.)	200	650	1,100	2,150	3,800	5,400
Panel	200	600	1,000	2,050	3,550	5,100
1969-1975 Series 1200D						
PU (6-1/2 ft.)	250	700	1,150	2,300	4,000	5,700
Bonus Load PU (6-1/2 ft.)	250	700	1,150	2,300	4,050	5,800
PU (8 ft.)	200	650	1,100	2,200	3,850	5,500
Bonus Load PU (8 ft.)	200	650	1,100	2,250	3,900	5,600
Panel	200	600	1,000	2,000	3,500	5,000
Travelette (6-1/2 ft.)	200	650	1,100	2,200	3,850	5,500
BL Travelette (8 ft.)	200	650	1,100	2,250	3,900	5,600
1969-1975 Series 1300D						
PU (9 ft.)	250	700	1,200	2,350	4,150	5,900
Travelette	200	650	1,100	2,200	3,850	5,500
B.L. Travelette (6-1/2 ft.)	200	650	1,100	2,150	3,800	5,400

NOTE: See 1967 for percent additions for special equipment, optional engines and 4x4 models (all series).

	6	5	4	3	2	1
1976-1980 Scout II						
Travel-Top (2WD)	250	700	1,200	2,400	4,200	6,000
Travel-Top (4x4)	250	750	1,250	2,500	4,350	6,200

	6	5	4	3	2	1
1976-1980 Scout II Diesel						
Travel-Top (2WD)	250	700	1,150	2,300	4,000	5,700
Travel-Top (4x4)	250	700	1,200	2,350	4,150	5,900
1976-1980 Terra						
PU (2WD)	250	700	1,150	2,300	4,050	5,800
PU (4x4)	250	700	1,200	2,400	4,200	6,000
1976-1980 Terra Diesel						
PU (2WD)	200	650	1,100	2,200	3,850	5,500
PU (4x4)	250	700	1,150	2,300	4,000	5,700
1976-1980 Traveler						
Sta Wag (2WD)	250	750	1,250	2,500	4,350	6,200
Sta Wag (4x4)	250	750	1,300	2,550	4,500	6,400
1976-1980 Traveler Diesel						
Sta Wag (2WD)	250	700	1,200	2,350	4,150	5,900
Sta Wag (4x4)	250	750	1,200	2,450	4,250	6,100

NOTE: Add 3 percent for V-8 engines. Add 3 percent for 4-speed transmission. Add 6 percent for Rally package. Add 4 percent for Custom trim. Add 2 percent for Deluxe trim.

WILLYS OVERLAND JEEP/TRUCKS (1945-1962)

1945 Jeep Series, 4x4

CJ-2 Jeep	600	1,750	2,950	5,900	10,300	14,700

NOTE: All Jeep prices in this catalog are for civilian models unless noted otherwise. Military Jeeps may sell for higher prices.

1946 Jeep Series, 4x4

CJ-2 Jeep	600	1,750	2,950	5,900	10,300	14,700

1947 Willys Jeep, 4x4

CJ-2 Jeep	600	1,750	2,950	5,900	10,300	14,700

1947 Willys Jeep, 2WD

Panel	500	1,550	2,550	5,100	8,950	12,800

1947 Willys Truck, 4x4

PU	500	1,500	2,500	5,000	8,750	12,500

1948 Jeep Series, 4x4

CJ-2 Jeep	550	1,650	2,750	5,500	9,600	13,700

1948 Willys Jeep, 2WD

PU	500	1,500	2,450	4,900	8,600	12,300
Panel	500	1,550	2,550	5,100	8,950	12,800

1948 Willys Truck, 4x4

PU	500	1,500	2,500	5,000	8,750	12,500

1949 Jeep Series, 4x4

CJ-2 Jeep	550	1,650	2,750	5,500	9,600	13,700
CJ-3 Jeep	550	1,600	2,700	5,400	9,450	13,500

1949 Willys Truck, 2WD

PU	500	1,500	2,450	4,900	8,600	12,300
Panel	500	1,550	2,550	5,100	8,950	12,800

1949 Willys Truck, 4x4

PU	500	1,500	2,500	5,000	8,750	12,500

1950 Jeep Series, 4x4

CJ-3 Jeep	550	1,650	2,750	5,500	9,600	13,700

1950 Willys Truck, 2WD

PU	500	1,500	2,500	5,000	8,750	12,500
Panel	500	1,550	2,550	5,100	8,950	12,800

1950 Jeep Truck, 4x4

PU	500	1,500	2,500	5,000	8,750	12,500
Utl Wag	500	1,550	2,550	5,100	8,950	12,800

1951 Jeep Series, 4x4

Farm Jeep	550	1,600	2,650	5,300	9,300	13,300
CJ-3 Jeep	550	1,650	2,750	5,500	9,600	13,700

1951 Jeep Trucks, 2WD

PU	500	1,500	2,450	4,900	8,600	12,300
Sed Dly	500	1,550	2,600	5,150	9,050	12,900

1951 Jeep Trucks, 4x4

PU	500	1,500	2,500	5,000	8,750	12,500
Utl Wag	500	1,550	2,550	5,100	8,950	12,800

1952 Jeep Series, 4x4

CJ-3 Open	550	1,650	2,750	5,500	9,600	13,700

1952 Jeep Trucks, 2WD

Sed Dly	500	1,550	2,600	5,150	9,050	12,900

1952 Jeep Trucks, 4x4

PU	500	1,500	2,500	5,050	8,800	12,600
Utl Wag	500	1,550	2,600	5,150	9,050	12,900

	6	5	4	3	2	1
1953 Jeep Series, 4x4						
CJ-3B Jeep	550	1,650	2,750	5,500	9,650	13,800
CJ-3B Farm Jeep	550	1,650	2,750	5,500	9,600	13,700
CJ-3A Jeep	550	1,650	2,750	5,500	9,600	13,700
1953 Jeep Trucks, 2WD						
Sed Dly	500	1,550	2,600	5,150	9,050	12,900
1953 Jeep Trucks, 4x4						
Sed Dly	500	1,500	2,450	4,900	8,600	12,300
PU	500	1,500	2,550	5,100	8,900	12,700
Utl Wag	500	1,450	2,400	4,800	8,400	12,000
1954 Jeep Series, 4x4						
Open Jeep	550	1,650	2,750	5,500	9,650	13,800
Farm Jeep	550	1,650	2,750	5,500	9,600	13,700
1954 Jeep Trucks, 2WD						
Sed Dly	500	1,550	2,600	5,150	9,050	12,900
1954 Jeep Trucks, 4x4						
PU	550	1,600	2,700	5,350	9,400	13,400
Sed Dly	550	1,600	2,700	5,350	9,400	13,400
Utl Wag	550	1,650	2,750	5,500	9,600	13,700
1955 Jeep Series, 4x4						
CJ-3B	550	1,650	2,750	5,500	9,600	13,700
CJ-5	550	1,650	2,750	5,500	9,600	13,700
1955 Jeep Trucks, 2WD						
Sed Dly	500	1,450	2,450	4,900	8,550	12,200
Utl Wag	500	1,500	2,500	5,000	8,750	12,500
1955 Jeep Trucks, 4x4						
Sed Dly	500	1,500	2,500	5,000	8,750	12,500
Utl Wag	500	1,550	2,550	5,100	8,950	12,800
1956 Jeep Series, 4x4						
CJ-3B	550	1,650	2,750	5,500	9,600	13,700
CJ-5	550	1,650	2,750	5,500	9,600	13,700
CJ-6	550	1,650	2,700	5,450	9,500	13,600
1956 Dispatcher Series, 2WD						
Open Jeep	500	1,500	2,450	4,900	8,600	12,300
Canvas Top	500	1,500	2,500	5,000	8,750	12,500
HT	500	1,500	2,550	5,100	8,900	12,700
1956 Jeep Trucks, 2WD						
Utl Wag	500	1,500	2,500	5,000	8,750	12,500
Sed Dly	500	1,450	2,450	4,900	8,550	12,200
1956 Jeep Trucks, 4x4						
Sed Dly	500	1,500	2,500	5,050	8,800	12,600
Sta Wag	500	1,550	2,550	5,100	8,950	12,800
PU	500	1,450	2,400	4,800	8,400	12,000
1957 Jeep Series, 4x4						
CJ-3B	550	1,650	2,750	5,500	9,600	13,700
CJ-5	550	1,650	2,750	5,500	9,600	13,700
CJ-6	550	1,650	2,700	5,450	9,500	13,600
1957 Dispatcher Series, 2WD						
Open Jeep	500	1,500	2,450	4,900	8,600	12,300
Soft Top	500	1,500	2,500	5,000	8,750	12,500
HT	500	1,500	2,550	5,100	8,900	12,700
1957 Jeep Trucks, 2WD						
Dly	500	1,450	2,450	4,900	8,550	12,200
Utl Wag	500	1,500	2,500	5,000	8,750	12,500
1957 Jeep Trucks, 4x4						
Dly	500	1,500	2,500	5,050	8,800	12,600
PU	500	1,450	2,400	4,800	8,400	12,000
Utl Wag	500	1,550	2,550	5,100	8,950	12,800
1957 Forward Control, 4x4						
3/4-Ton PU	500	1,450	2,400	4,800	8,400	12,000
1958 Jeep Series, 4x4						
CJ-3B	550	1,650	2,750	5,500	9,600	13,700
CJ-5	550	1,650	2,750	5,500	9,650	13,800
CJ-6	550	1,650	2,700	5,450	9,500	13,600
1958 Dispatcher Series, 2WD						
Open Jeep	500	1,500	2,450	4,900	8,600	12,300
Soft Top	500	1,500	2,500	5,000	8,750	12,500
HT	500	1,500	2,550	5,100	8,900	12,700
1958 Jeep Trucks, 2WD						
Dly	450	1,350	2,250	4,500	7,850	11,200
Utl Wag	450	1,350	2,250	4,500	7,900	11,300

678

1966 International 900A half-ton pickup

1979 International Scout Traveler Rallye sport utility vehicle 4x4

1953
Willys
M38-A1
military
jeep

	6	5	4	3	2	1
1958 Jeep Trucks, 4x4						
Dly	450	1,400	2,300	4,650	8,100	11,600
Utl Wag	450	1,400	2,350	4,700	8,200	11,700
1958 Forward Control, 4x4						
PU	500	1,450	2,400	4,800	8,400	12,000

NOTE: Add 3 percent for 6-cyl. trucks not available in Jeeps.

	6	5	4	3	2	1
1959 Jeep Series, 4x4						
CJ-3	550	1,650	2,750	5,500	9,600	13,700
CJ-5	550	1,650	2,750	5,500	9,650	13,800
CJ-6	550	1,650	2,700	5,450	9,500	13,600
1959 Dispatcher Series, 2WD						
Soft Top	500	1,500	2,500	4,950	8,700	12,400
HT	500	1,550	2,550	5,100	8,950	12,800
1959 Jeep Trucks, 2WD						
Utl Wag	450	1,350	2,300	4,550	8,000	11,400
Dly	450	1,350	2,250	4,500	7,900	11,300
1959 Jeep Trucks, 4x4						
Utl Dly	450	1,400	2,350	4,700	8,200	11,700
PU	450	1,300	2,200	4,400	7,700	11,000
Utl Wag	500	1,450	2,400	4,750	8,350	11,900
1959 Forward Control, 4x4						
3/4-Ton PU	500	1,450	2,400	4,850	8,450	12,100

NOTE: Add 3 percent for 6-cyl. trucks not available for Jeeps. Add 5 percent for Maverick.

	6	5	4	3	2	1
1960 Jeep Series, 4x4						
CJ-3	550	1,650	2,750	5,500	9,600	13,700
CJ-5	550	1,650	2,750	5,500	9,650	13,800
CJ-6	550	1,650	2,700	5,450	9,500	13,600
1960 Dispatcher Series, 2WD						
Soft Top	500	1,500	2,500	4,950	8,700	12,400
HT	500	1,550	2,550	5,100	8,950	12,800
Surrey	550	1,600	2,650	5,300	9,250	13,200
1960 Jeep Trucks, 2WD						
Economy Dly	450	1,300	2,150	4,300	7,500	10,700
Sta Wag	450	1,400	2,350	4,700	8,200	11,700
Utl Wag	450	1,350	2,300	4,550	8,000	11,400
Utl Dly	450	1,350	2,250	4,500	7,850	11,200
1960 Jeep Trucks, 4x4						
Utl Wag	450	1,400	2,350	4,700	8,200	11,700
Utl Dly	450	1,400	2,300	4,600	8,050	11,500
1960 Forward Control, 4x4						
3/4-Ton PU	450	1,400	2,300	4,650	8,100	11,600

NOTE: Add 3 percent for 6-cyl. trucks. Add 5 percent for custom two-tone trim.

	6	5	4	3	2	1
1961 Jeep Series, 4x4						
CJ-3	550	1,650	2,750	5,500	9,600	13,700
CJ-5	550	1,650	2,750	5,500	9,650	13,800
CJ-6	550	1,650	2,700	5,450	9,500	13,600
1961 Dispatcher Series, 2WD						
Jeep (Open)	500	1,500	2,500	5,000	8,750	12,500
Soft Top	500	1,500	2,500	5,050	8,800	12,600
HT	500	1,550	2,550	5,100	8,950	12,800
1961 Jeep Trucks, 2WD						
Fleetvan	450	1,300	2,150	4,300	7,550	10,800
Economy Dly	450	1,300	2,150	4,300	7,500	10,700
Sta Wag	450	1,400	2,300	4,600	8,050	11,500
Utl Wag	450	1,350	2,250	4,500	7,850	11,200
Utl Dly	450	1,350	2,200	4,450	7,750	11,100
1961 Jeep Trucks, 4x4						
Utl Wag	450	1,400	2,300	4,600	8,050	11,500
Utl Dly	450	1,300	2,200	4,400	7,700	11,000
1-Ton PU	450	1,300	2,150	4,300	7,550	10,800
1961 Forward Control, 4x4						
3/4-Ton PU	450	1,350	2,250	4,500	7,850	11,200

NOTE: Add 3 percent for 6-cyl. trucks.

	6	5	4	3	2	1
1962 Jeep Series, 4x4						
CJ-3	550	1,650	2,750	5,500	9,600	13,700
CJ-5	550	1,650	2,750	5,500	9,650	13,800
CJ-6	550	1,650	2,700	5,450	9,500	13,600
1962 Dispatcher Series, 2WD						
Basic Jeep	450	1,400	2,300	4,600	8,050	11,500
Jeep w/Soft Top	450	1,400	2,300	4,650	8,100	11,600
Jeep w/HT	450	1,400	2,350	4,700	8,200	11,700
Surrey	450	1,400	2,350	4,700	8,250	11,800

	6	5	4	3	2	1
1962 Jeep Trucks, 2WD						
Fleetvan	400	1,200	1,950	3,900	6,850	9,800
Economy Dly	400	1,150	1,950	3,900	6,800	9,700
Sta Wag	400	1,250	2,100	4,200	7,350	10,500
Utl Wag	400	1,200	2,050	4,100	7,150	10,200
Utl Dly	400	1,200	2,000	4,050	7,050	10,100
1962 Jeep Trucks, 4x4						
Utl Wag	400	1,250	2,100	4,200	7,350	10,500
Utl Dly	400	1,200	2,000	4,000	7,000	10,000
1962 Forward Control, 4x4						
3/4-Ton PU	400	1,200	2,050	4,100	7,150	10,200

NOTE: Add 3 percent for 6-cyl. trucks.

KAISER JEEP

	6	5	4	3	2	1
1963 Jeep Universal, 4x4						
CJ-3B Jeep	500	1,450	2,400	4,800	8,400	12,000
CJ-5 Jeep	500	1,550	2,600	5,200	9,100	13,000
CJ-6 Jeep	500	1,500	2,500	5,000	8,750	12,500
1963 Dispatcher, 2WD						
Jeep	400	1,150	1,900	3,850	6,700	9,600
HT	400	1,150	1,950	3,900	6,800	9,700
Soft Top	400	1,200	1,950	3,900	6,850	9,800
1963 "Jeep" Wagons and Trucks, 1/2-Ton						
Sta Wag	350	1,100	1,800	3,600	6,300	9,000
Traveller	350	1,100	1,850	3,700	6,450	9,200
Utl (2WD)	350	1,000	1,700	3,400	5,950	8,500
Utl (4x4)	350	1,100	1,800	3,600	6,300	9,000
Panel (2WD)	350	1,000	1,650	3,300	5,750	8,200
Panel (4x4)	350	1,050	1,750	3,500	6,150	8,800
1963 "Jeep" Wagons and Truck, 1-Ton						
PU (4WD)	300	950	1,550	3,100	5,450	7,800

NOTE: Add 3 percent for L-Head 6-cyl. Add 4 percent for OHC 6-cyl.

	6	5	4	3	2	1
1963 Forward-Control, 4x4, 3/4-Ton						
PU	350	1,000	1,650	3,300	5,750	8,200
1963 Forward-Control, 1-Ton						
PU	300	950	1,600	3,250	5,650	8,100
Stake	350	1,050	1,750	3,500	6,150	8,800
HD PU	350	1,000	1,650	3,300	5,750	8,200
1963 Gladiator/Wagoneer, 1/2-Ton						
2d Wag	350	1,050	1,800	3,550	6,250	8,900
4d Wag	350	1,100	1,800	3,600	6,300	9,000
2d Cus Wag	350	1,100	1,800	3,600	6,300	9,000
4d Cus Wag	350	1,100	1,800	3,650	6,350	9,100
Panel Dly	350	1,000	1,650	3,300	5,800	8,300
1963 Gladiator, 1/2-Ton, 120" wb						
Thriftside PU	350	1,000	1,700	3,400	5,950	8,500
Townside PU	350	1,050	1,750	3,500	6,100	8,700
1963 Gladiator, 1/2-Ton, 126" wb						
Thriftside PU	350	1,000	1,650	3,300	5,800	8,300
Townside PU	350	1,000	1,700	3,400	5,950	8,500
1963 Gladiator, 3/4-Ton, 120" wb						
Thriftside PU	300	950	1,600	3,250	5,650	8,100
Townside PU	350	1,000	1,650	3,300	5,800	8,300
1963 Gladiator, 1-Ton, 126" wb						

NOTE: Add 5 percent for 4x4.

	6	5	4	3	2	1
1964 Jeep Universal, 4x4						
CJ-3B Jeep	450	1,300	2,200	4,400	7,700	11,000
CJ-5 Jeep	500	1,450	2,400	4,800	8,400	12,000
CJ-5A Tuxedo Park	500	1,500	2,500	5,000	8,750	12,500
CJ-6 Jeep	500	1,450	2,450	4,900	8,550	12,200
CJ-6A Jeep Park	500	1,500	2,500	4,950	8,700	12,400
1964 Dispatcher, 2WD						
Jeep	400	1,150	1,900	3,850	6,700	9,600
HT	400	1,150	1,950	3,900	6,800	9,700
Soft Top	400	1,200	1,950	3,900	6,850	9,800
Surrey	400	1,200	2,000	4,000	7,000	10,000
1964 "Jeep" Wagons and Trucks, 1/2-Ton						
Sta Wag	350	1,000	1,700	3,400	5,950	8,500
Utl (2WD)	350	1,000	1,650	3,300	5,800	8,300
Utl (4x4)	350	1,050	1,750	3,500	6,150	8,800
Traveler (2WD)	350	1,050	1,750	3,500	6,100	8,700
Traveler (4x4)	350	1,100	1,850	3,700	6,450	9,200

	6	5	4	3	2	1
Panel (2WD)	300	950	1,600	3,250	5,650	8,100
Panel (4x4)	350	1,050	1,700	3,450	6,000	8,600

1964 "Jeep" Wagons and Trucks, 1-Ton, 4x4
PU	350	1,000	1,650	3,300	5,800	8,300

NOTE: Add 3 percent for L-Head 6-cyl. Add 4 percent for OHC 6-cyl.

1964 Forward-Control, 3/4-Ton, 4x4
PU	300	900	1,550	3,100	5,400	7,700
Stake	300	900	1,500	2,950	5,200	7,400
PU	300	900	1,500	3,050	5,300	7,600
HD PU	300	900	1,550	3,100	5,400	7,700

1964 Gladiator/Wagoneer, 1/2-Ton
2d Wag	350	1,050	1,800	3,550	6,250	8,900
4d Wag	350	1,100	1,800	3,600	6,300	9,000
2d Cus Wag	350	1,100	1,800	3,600	6,300	9,000
4d Cus Wag	350	1,100	1,800	3,650	6,350	9,100
Panel Dly	350	1,000	1,650	3,300	5,800	8,300

1964 Gladiator Pickup Truck, 1/2-Ton, 120" wb
Thriftside PU	300	950	1,600	3,200	5,600	8,000
Townside PU	350	1,000	1,650	3,300	5,750	8,200

1964 Gladiator Pickup Truck, 1/2-Ton, 126" wb
Thriftside PU	300	950	1,550	3,100	5,450	7,800
Townside PU	300	950	1,600	3,200	5,600	8,000

1964 Gladiator Pickup Truck, 3/4-Ton, 120" wb
Thriftside PU	300	900	1,500	3,050	5,300	7,600
Townside PU	300	950	1,550	3,100	5,450	7,800

1964 Gladiator Pickup Truck, 3/4-Ton, 126" wb
Thriftside PU	300	900	1,500	3,000	5,250	7,500
Townside PU	300	900	1,550	3,100	5,400	7,700

1965 Jeep Universal, 4x4
CJ-3B Jeep	450	1,300	2,200	4,400	7,700	11,000
CJ-5 Jeep	450	1,400	2,300	4,600	8,050	11,500
CJ-5A Tuxedo Park	500	1,450	2,400	4,800	8,400	12,000
CJ-6 Jeep	450	1,400	2,300	4,650	8,100	11,600
CJ-6A Tuxedo Park	450	1,400	2,350	4,700	8,250	11,800

1965 Dispatcher, 2WD
DJ-5 Courier	350	1,000	1,700	3,400	5,950	8,500
DJ-6 Courier	350	1,050	1,700	3,450	6,000	8,600
DJ-3A Jeep	350	1,050	1,750	3,500	6,100	8,700
DJ-3A HT	350	1,100	1,800	3,600	6,300	9,000

1965 "Jeep" Wagons and Trucks, 1/2-Ton
Sta Wag	350	1,000	1,700	3,400	5,950	8,500
Utl Wag (4x4)	350	1,050	1,750	3,500	6,150	8,800
Traveler (4x4)	350	1,100	1,850	3,700	6,450	9,200
Panel (2WD)	300	950	1,600	3,250	5,650	8,100
Panel (4x4)	350	1,050	1,700	3,450	6,000	8,600

1965 "Jeep" Wagons and Trucks, 1-Ton, 4x4
PU	350	1,000	1,650	3,300	5,800	8,300

NOTE: Add 3 percent for L-Head 6-cyl. engine.

1965 Forward-Control, 4x4, 3/4-Ton
PU	300	900	1,550	3,100	5,400	7,700

1965 Gladiator/Wagoneer, 1/2-Ton
2d Wag	350	1,050	1,800	3,550	6,250	8,900
4d Wag	350	1,100	1,800	3,600	6,300	9,000
2d Cus Wag	350	1,100	1,800	3,600	6,300	9,000
4d Cus Wag	350	1,100	1,800	3,650	6,350	9,100
Panel Dly	350	1,000	1,650	3,300	5,800	8,300

1965 Gladiator Pickup Truck, 1/2-Ton, 120" wb
Thriftside PU	300	950	1,600	3,200	5,600	8,000
Townside PU	350	1,000	1,650	3,300	5,750	8,200

1965 Gladiator Pickup Truck, 1/2-Ton, 126" wb
Thriftside PU	300	950	1,550	3,100	5,450	7,800
Townside PU	300	950	1,600	3,200	5,600	8,000

1965 Gladiator Pickup Truck, 3/4-Ton, 120" wb
Thriftside PU	300	900	1,500	3,050	5,300	7,600
Townside PU	300	950	1,550	3,100	5,450	7,800

1965 Gladiator Pickup Truck, 3/4-Ton, 126" wb
Thriftside PU	300	900	1,500	3,000	5,250	7,500
Townside PU	300	900	1,550	3,100	5,400	7,700

1965 Gladiator Pickup Truck, 3/4-Ton, 120" wb
NOTE: Add 5 percent for 4x4. Add 5 percent for V-8. For "First Series" 1965 Gladiators, refer to 1964 prices.

1967 Jeepster Commando convertible 4x4

1984 Jeep J-10 Laredo half-ton pickup

1990 Jeep Cherokee Laredo sport utility vehicle 4x4

	6	5	4	3	2	1
1966 Jeep Universal, 4x4						
CJ-3B Jeep	450	1,300	2,200	4,400	7,700	11,000
CJ-5 Jeep	450	1,400	2,300	4,600	8,050	11,500
CJ-5A Tuxedo Park	500	1,450	2,400	4,800	8,400	12,000
CJ-6 Jeep	450	1,400	2,300	4,650	8,100	11,600
CJ-6A Tuxedo Park	450	1,400	2,350	4,700	8,250	11,800
1966 Dispatcher, 2WD						
DJ-5 Courier	350	1,000	1,700	3,400	5,950	8,500
DJ-6 Courier	350	1,050	1,700	3,450	6,000	8,600
DJ-3A Jeep	350	1,050	1,750	3,500	6,100	8,700
DJ-3A HT	350	1,100	1,800	3,600	6,300	9,000
1966 Forward-Control, 4x4, 3/4-Ton						
PU	300	900	1,550	3,100	5,400	7,700
1966 Wagoneer, 1/2-Ton						
2d Wag	350	1,000	1,700	3,350	5,900	8,400
4d Wag	350	1,000	1,700	3,400	5,950	8,500
2d Cus Sta Wag	350	1,000	1,700	3,400	5,950	8,500
4d Cus Sta Wag	350	1,050	1,700	3,450	6,000	8,600
Panel Dly	300	950	1,550	3,100	5,450	7,800
4d Super Wag	350	1,100	1,850	3,700	6,500	9,300
1966 Gladiator, 1/2-Ton, 120" wb						
Thriftside PU	350	1,000	1,650	3,300	5,750	8,200
Townside PU	200	600	1,050	2,100	3,650	5,200
1966 Gladiator, 1/2-Ton, 126" wb						
Thriftside PU	300	950	1,550	3,100	5,450	7,800
Townside PU	300	950	1,600	3,200	5,600	8,000
1966 Gladiator, 3/4-Ton, 120" wb						
Thriftside PU	300	900	1,500	3,050	5,300	7,600
Townside PU	300	950	1,550	3,100	5,450	7,800
1966 Gladiator, 3/4-Ton, 126" wb						
Thriftside PU	300	900	1,500	3,000	5,250	7,500
Townside PU	300	900	1,550	3,100	5,400	7,700

NOTE: Add 5 percent for 4x4. Add 5 percent for V-8.

	6	5	4	3	2	1
1967 Jeep Universal, 4x4						
CJ-5 Jeep	450	1,300	2,200	4,400	7,700	11,000
CJ-5A Jeep	450	1,400	2,300	4,600	8,050	11,500
CJ-6 Jeep	500	1,450	2,400	4,800	8,400	12,000
CJ-6A Jeep	500	1,500	2,500	5,000	8,750	12,500
1967 Dispatcher, 2WD						
DJ-5 Courier	350	1,000	1,700	3,400	5,950	8,500
DJ-6 Courier	350	1,050	1,750	3,500	6,100	8,700
1967 Jeepster Commando, 4x4						
Conv	500	1,450	2,400	4,800	8,400	12,000
Sta Wag	350	1,050	1,800	3,550	6,250	8,900
Cpe-Rds	450	1,300	2,200	4,400	7,700	11,000
PU	350	1,000	1,700	3,400	5,950	8,500
1967 Wagoneer						
2d Wag	350	1,000	1,700	3,350	5,900	8,400
4d Wag	350	1,000	1,700	3,400	5,950	8,500
2d Cus Sta Wag	350	1,000	1,700	3,400	5,950	8,500
4d Cus Sta Wag	350	1,050	1,700	3,450	6,000	8,600
Panel Dly	300	950	1,550	3,100	5,450	7,800
4d Sup Wag	350	1,050	1,750	3,500	6,150	8,800
1967 Gladiator, 4x4, 1/2-Ton, 120" wb						
Thriftside PU	300	950	1,600	3,250	5,650	8,100
Townside PU	350	1,000	1,650	3,300	5,750	8,200
1967 Gladiator, 3/4-Ton, 120" wb						
Thriftside PU	300	900	1,500	3,050	5,300	7,600
Townside PU	300	900	1,550	3,100	5,400	7,700
1967 Gladiator, 1/2-Ton, 126" wb						
Thriftside PU	300	950	1,550	3,100	5,450	7,800
Townside PU	300	950	1,600	3,150	5,550	7,900
1967 Gladiator, 3/4-Ton, 126" wb						
Thriftside PU	300	900	1,500	3,050	5,300	7,600
Townside PU	300	900	1,550	3,100	5,400	7,700

NOTE: Add 5 percent for V-8 (except Super V-8). Add 5 percent for 2WD (Series 2500 only). Add 4 percent for V-6 engine. Add 5 percent for 4x4.

	6	5	4	3	2	1
1968 Jeep Universal, 4x4						
CJ-5 Jeep	450	1,300	2,200	4,400	7,700	11,000
CJ-5A Jeep	450	1,400	2,300	4,600	8,050	11,500
CJ-6 Jeep	500	1,450	2,400	4,800	8,400	12,000
CJ-6A Jeep	500	1,500	2,500	5,000	8,750	12,500

	6	5	4	3	2	1
1968 Dispatcher, 2WD						
DJ-5 Courier	350	1,000	1,650	3,300	5,750	8,200
DJ-6 Courier	350	1,000	1,650	3,300	5,800	8,300
NOTE: Add 4 percent for V-6 engine. Add 5 percent for diesel engine.						
1968 Wagoneer, V-8, 4x4						
4d Sta Wag	350	1,050	1,750	3,500	6,100	8,700
4d Sta Wag Cus	350	1,050	1,750	3,500	6,150	8,800
4d Sta Wag Sup	350	1,050	1,800	3,550	6,250	8,900
1968 Jeepster Commando, 4x4						
Conv	500	1,450	2,400	4,800	8,400	12,000
Sta Wag	350	1,050	1,800	3,550	6,250	8,900
Cpe-Rds	450	1,300	2,200	4,400	7,700	11,000
PU	350	1,000	1,700	3,400	5,950	8,500
NOTE: Add 4 percent for V-6 engine.						
1969 Jeep						
CJ-5 Jeep	450	1,300	2,200	4,400	7,700	11,000
CJ-6 Jeep	450	1,400	2,300	4,600	8,050	11,500
DJ-5 Courier	350	1,000	1,700	3,400	5,950	8,500
1969 Jeepster Commando						
Conv	500	1,450	2,400	4,800	8,400	12,000
Sta Wag	300	950	1,600	3,150	5,550	7,900
Cpe-Rds	450	1,300	2,200	4,400	7,700	11,000
PU	300	900	1,500	3,000	5,250	7,500
Conv	350	1,050	1,800	3,550	6,250	8,900
1969 Wagoneer						
4d Wag	300	950	1,550	3,100	5,450	7,800
4d Cus Wag	300	950	1,600	3,150	5,550	7,900
1969 Gladiator, 1/2-Ton, 120" wb						
Thriftside PU	300	900	1,500	3,000	5,250	7,500
Townside PU	300	900	1,500	3,050	5,300	7,600
1969 Gladiator, 3/4-Ton, 120" wb						
Thriftside PU	300	850	1,400	2,750	4,850	6,900
Townside PU	300	850	1,400	2,800	4,900	7,000
1969 Gladiator, 1/2-Ton, 126" wb						
Townside	300	850	1,400	2,750	4,850	6,900
1969 Gladiator, 3/4-Ton, 126" wb						
Townside	250	800	1,350	2,700	4,700	6,700
NOTE: Add 4 percent for V-6 engine. Add 5 percent for V-8 engine. Add 10 percent for factory Camper Package.						

AMC JEEP

	6	5	4	3	2	1
1970-1976 Model J-100, 110" wb						
PU	250	700	1,200	2,400	4,200	6,000
4d Cus Sta Wag	250	700	1,200	2,350	4,150	5,900
1970-1976 Model J-100, 101" wb						
4d Cust Sta Wag	200	650	1,100	2,250	3,900	5,600
1970-1976 Jeepster Commando, 101" wb						
Sta Wag	250	700	1,200	2,350	4,150	5,900
Rds	300	900	1,550	3,100	5,400	7,700
1970-1976 Jeepster						
Conv	400	1,150	1,900	3,800	6,650	9,500
Conv Commando	400	1,200	2,000	4,000	7,000	10,000
1970-1976 CJ-5, 1/4-Ton, 81" wb						
Jeep	400	1,200	2,000	4,000	7,000	10,000
1970-1976 CJ-6, 101" wb						
Jeep	400	1,150	1,900	3,800	6,650	9,500
1970-1976 CJ-7, 94" wb						
Jeep	400	1,150	1,900	3,800	6,650	9,500
1970-1976 DJ-5, 1/4-Ton, 81" wb						
Jeep	250	700	1,200	2,400	4,200	6,000
1970-1976 Jeepster, 1/4-Ton, 101" wb						
PU	300	850	1,400	2,800	4,900	7,000
1970-1976 Wagoneer, V-8						
4d Cus Sta Wag	250	750	1,250	2,500	4,350	6,200
NOTE: Deduct 10 percent for 6-cyl.						
1970-1976 Series J-2500						
Thriftside PU	200	600	1,000	1,950	3,450	4,900
Townside PU	200	600	1,000	2,000	3,500	5,000
1970-1976 Series J-2600						
Thriftside PU	200	550	950	1,900	3,300	4,700

	6	5	4	3	2	1
Townside PU	200	600	950	1,900	3,350	4,800

1970-1976 Series J-2700, 3/4-Ton

	6	5	4	3	2	1
Thriftside PU	150	500	850	1,700	2,950	4,200
Townside PU	150	500	850	1,700	3,000	4,300

1970-1976 Series J-3500, 1/2-Ton

	6	5	4	3	2	1
Townside PU	150	500	850	1,700	3,000	4,300

1970-1976 Series J-3600, 1/2-Ton

	6	5	4	3	2	1
Townside PU	150	500	850	1,700	2,950	4,200

1970-1976 Series J-3700, 3/4-Ton

	6	5	4	3	2	1
Townside PU	150	500	800	1,650	2,850	4,100

1977-1980 Wagoneer, V-8

	6	5	4	3	2	1
4d Sta Wag	250	750	1,200	2,450	4,250	6,100

1977-1980 Cherokee, 6-cyl.

	6	5	4	3	2	1
2d Sta Wag	250	700	1,150	2,300	4,050	5,800
2d "S" Sta Wag	250	700	1,200	2,350	4,150	5,900
4d Sta Wag	250	700	1,150	2,300	4,050	5,800

1977-1980 CJ-5, 1/4-Ton, 84" wb

	6	5	4	3	2	1
Jeep	350	1,100	1,850	3,700	6,450	9,200

1977-1980 CJ-7, 1/4-Ton, 94" wb

	6	5	4	3	2	1
Jeep	350	1,100	1,800	3,600	6,300	9,000

1977-1980 Series J-10, 1/2-Ton, 119" or 131" wb

	6	5	4	3	2	1
Townside PU, SWB	200	550	900	1,850	3,200	4,600
Townside PU, LWB	200	550	900	1,800	3,150	4,500

1977-1980 Series J-20, 3/4-Ton, 131" wb

	6	5	4	3	2	1
Townside PU	200	550	900	1,750	3,100	4,400

1981-1983 Wagoneer, 108.7" wb

	6	5	4	3	2	1
4d Sta Wag	250	700	1,200	2,400	4,200	6,000
4d Brgm Sta Wag	250	750	1,250	2,500	4,350	6,200
4d Ltd Sta Wag	250	750	1,300	2,550	4,500	6,400

1981-1983 Cherokee

	6	5	4	3	2	1
2d Sta Wag	200	600	1,000	1,950	3,450	4,900
2d Sta Wag, Wide Wheels	200	600	1,000	2,000	3,500	5,000
4d Sta Wag	200	600	1,000	2,050	3,550	5,100

1981-1983 Scrambler, 1/2-Ton, 104" wb

	6	5	4	3	2	1
PU	150	400	700	1,400	2,450	3,500

1981-1983 CJ-5, 1/4-Ton, 84" wb

	6	5	4	3	2	1
Jeep	150	500	800	1,600	2,800	4,000

1981-1983 CJ-7, 1/4-Ton, 94" wb

	6	5	4	3	2	1
Jeep	150	500	850	1,700	2,950	4,200

1981-1983 Series J-10, 1/2-Ton, 119" or 131" wb

	6	5	4	3	2	1
Townside PU, SWB	200	550	900	1,800	3,150	4,500
Townside PU, LWB	200	550	900	1,750	3,100	4,400

1981-1983 Series J-20, 3/4-Ton, 131" wb

	6	5	4	3	2	1
Townside PU	150	500	850	1,700	3,000	4,300

1983-1985 Wagoneer, 4-cyl.

	6	5	4	3	2	1
4d Sta Wag	300	850	1,450	2,900	5,050	7,200
4d Ltd Sta Wag	300	850	1,400	2,800	4,900	7,000

1983-1985 Wagoneer, 6-cyl.

	6	5	4	3	2	1
4d Sta Wag	300	900	1,500	2,950	5,200	7,400
4d Ltd Sta Wag	300	900	1,500	3,000	5,250	7,500

1983-1985 Grand Wagoneer, V-8

	6	5	4	3	2	1
4d Sta Wag	300	950	1,550	3,100	5,450	7,800

1983-1985 Cherokee, 4-cyl.

	6	5	4	3	2	1
2d Sta Wag	300	850	1,400	2,850	4,950	7,100
4d Sta Wag	300	850	1,400	2,800	4,900	7,000

1983-1985 Cherokee, 6-cyl.

	6	5	4	3	2	1
2d Sta Wag	300	900	1,450	2,900	5,100	7,300
4d Sta Wag	300	850	1,450	2,900	5,050	7,200

1983-1985 Scrambler, 1/2-Ton, 103.4" wb

	6	5	4	3	2	1
PU	200	550	900	1,750	3,100	4,400

1983-1985 CJ-7, 1/4-Ton, 93.4" wb

	6	5	4	3	2	1
Jeep	300	950	1,550	3,100	5,450	7,800

1983-1985 Series J-10, 1/2-Ton, 119" or 131" wb

	6	5	4	3	2	1
Townside PU	200	600	1,050	2,100	3,650	5,200

1983-1985 Series J-20, 3/4-Ton, 131" wb

	6	5	4	3	2	1
Townside PU	200	650	1,050	2,100	3,700	5,300

1986-1987 Wagoneer

	6	5	4	3	2	1
4d Sta Wag	350	1,000	1,700	3,400	5,950	8,500
4d Ltd Sta Wag	350	1,050	1,750	3,500	6,150	8,800
4d Grand Sta Wag	350	1,100	1,800	3,600	6,300	9,000

1939 Studebaker Commander Six coupe express

1947 Studebaker M5 half-ton pickup

1957 Studebaker Transtar Deluxe half-ton pickup

	6	5	4	3	2	1
1986-1987 Cherokee						
2d Sta Wag 2WD	300	850	1,400	2,800	4,900	7,000
4d Sta Wag 2WD	300	900	1,500	3,000	5,250	7,500
2d Sta Wag (4x4)	300	900	1,500	3,000	5,250	7,500
4d Sta Wag (4x4)	300	950	1,600	3,200	5,600	8,000
1986-1987 Wrangler, 1/4-Ton, 93.4" wb						
Jeep 2WD	300	900	1,500	3,000	5,250	7,500
1986-1987 Comanche, 120" wb						
PU	250	750	1,300	2,550	4,500	6,400
1986-1987 CJ-7, 1/4-Ton, 93.5" wb						
Jeep	350	1,000	1,700	3,400	5,950	8,500
1986-1987 Series J-10, 1/2-Ton, 131" wb, 4x4						
Townside PU	300	850	1,400	2,800	4,900	7,000
1986-1987 Series J-20, 3/4-Ton, 131" wb, 4x4						
Townside PU	300	900	1,500	3,000	5,250	7,500

CHRYSLER JEEP

	6	5	4	3	2	1
1988 Jeep Wagoneer						
4d Sta Wag Ltd, 6-cyl.	500	1,450	2,400	4,800	8,400	12,000
4d Grand Wagoneer, V-8	550	1,600	2,700	5,400	9,450	13,500
1988 Jeep Cherokee, 6-cyl.						
2d Sta Wag 2WD	250	700	1,200	2,400	4,200	6,000
4d Sta Wag 2WD	250	800	1,300	2,600	4,550	6,500
2d Sta Wag (4x4)	300	950	1,600	3,200	5,600	8,000
4d Sta Wag (4x4)	350	1,000	1,700	3,400	5,950	8,500
2d Ltd Sta Wag (4x4)	500	1,450	2,400	4,800	8,400	12,000
4d Ltd Sta Wag (4x4)	500	1,550	2,600	5,200	9,100	13,000
NOTE: Deduct 7 percent for 4-cyl. models.						
1988 Wrangler, 4x4, 93.5" wb						
Jeep	400	1,150	1,950	3,900	6,800	9,700
Jeep S	300	950	1,600	3,200	5,600	8,000
1988 Comanche, 113" or 120" wb						
PU (SBx)	250	800	1,350	2,700	4,750	6,800
PU (LBx)	300	850	1,450	2,900	5,050	7,200
1988 J10, 131" wb						
PU	350	1,100	1,800	3,600	6,300	9,000
1988 J20, 131" wb						
PU	400	1,150	1,900	3,800	6,650	9,500
1989 Jeep Wagoneer						
4d Sta Wag, V-6	500	1,450	2,400	4,800	8,400	12,000
4d Grand Wagoneer, V-8	450	1,300	2,200	4,400	7,700	11,000
1989 Jeep Cherokee, 4-cyl.						
2d Sta Wag 2WD	300	950	1,600	3,200	5,600	8,000
4d Sta Wag 2WD	350	1,000	1,650	3,300	5,750	8,200
2d Sta Wag (4x4)	400	1,150	1,900	3,800	6,650	9,500
4d Sta Wag (4x4)	400	1,150	1,900	3,850	6,700	9,600
1989 Jeep Cherokee, 6-cyl.						
2d Sta Wag 2WD	350	1,000	1,700	3,400	5,950	8,500
4d Sta Wag 2WD	350	1,050	1,700	3,450	6,000	8,600
2d Sta Wag (4x4)	400	1,200	1,950	3,900	6,850	9,800
4d Sta Wag (4x4)	400	1,200	2,000	4,000	7,000	10,000
2d Ltd Sta Wag (4x4)	450	1,400	2,300	4,600	8,050	11,500
4d Ltd Sta Wag (4x4)	450	1,400	2,350	4,700	8,200	11,700
1989 Jeep						
2d Wrangler (4x4)	400	1,150	1,900	3,800	6,650	9,500
2d Laredo Sta Wag (4x4)	400	1,250	2,100	4,200	7,350	10,500
4d Laredo Sta Wag (4x4)	450	1,300	2,150	4,300	7,500	10,700
1990 Wrangler, 6-cyl., 4x4						
Jeep	400	1,150	1,950	3,900	6,800	9,700
Jeep S	400	1,200	2,000	4,050	7,050	10,100
1990 Comanche, 6-cyl.						
PU	350	1,050	1,750	3,500	6,100	8,700
PU (LBx)	350	1,050	1,750	3,500	6,150	8,800
1990 Wagoneer, 6-cyl., 4x4						
4d Sta Wag	500	1,500	2,500	5,000	8,750	12,500
1990 Grand Wagoneer, V-8, 4x4						
4d Sta Wag	550	1,600	2,700	5,400	9,450	13,500
1990 Cherokee, 4-cyl.						
4d Sta Wag (2x4)	450	1,400	2,300	4,600	8,050	11,500
2d Sta Wag (2x4)	450	1,300	2,200	4,400	7,700	11,000
4d Sta Wag (4x4)	500	1,550	2,600	5,200	9,100	13,000

	6	5	4	3	2	1
2d Sta Wag, (4x4)	500	1,500	2,500	5,000	8,750	12,500

1990 Cherokee, 6-cyl.
4d Sta Wag (2x4)	500	1,550	2,600	5,200	9,100	13,000
2d Sta Wag (2x4)	500	1,500	2,500	5,000	8,750	12,500
4d Sta Wag (4x4)	550	1,600	2,700	5,400	9,450	13,500
2d Sta Wag (4x4)	500	1,550	2,600	5,200	9,100	13,000
4d LTD Sta Wag (4x4)	600	1,750	2,900	5,800	10,200	14,500
2d LTD Sta Wag (4x4)	550	1,700	2,800	5,600	9,800	14,000

1991 Wrangler Jeep, 6-cyl.
2d Jeep	350	1,100	1,800	3,600	6,300	9,000
2d Sahara	400	1,200	2,000	4,000	7,000	10,000
2d Renegade	400	1,250	2,100	4,200	7,350	10,500

NOTE: Deduct 5 percent for 4-cyl.

1991 Comanche, 6-cyl.
2d PU	250	800	1,300	2,600	4,550	6,500
2d PU (LBx)	250	800	1,350	2,700	4,750	6,800

NOTE: Deduct 5 percent for 4-cyl.

1991 Wagoneer, V-6, 4x4
4d Ltd Sta Wag	400	1,250	2,100	4,200	7,350	10,500

1991 Grand Wagoneer, V-8, 4x4
4d Sta Wag	500	1,450	2,400	4,800	8,400	12,000

1991 Cherokee, 4-cyl.
2d Sta Wag 2WD	250	700	1,200	2,400	4,200	6,000
4d Sta Wag 2WD	250	700	1,200	2,400	4,200	6,000
2d Sta Wag (4x4)	300	950	1,600	3,200	5,600	8,000
4d Sta Wag (4x4)	300	950	1,600	3,200	5,600	8,000

1991 Cherokee, 6-cyl.
2d Sta Wag (2x4)	250	800	1,300	2,600	4,550	6,500
4d Sta Wag (2x4)	250	800	1,300	2,600	4,550	6,500

1991 Cherokee, 4x4
2d Sta Wag	350	1,000	1,700	3,400	5,950	8,500
4d Sta Wag	350	1,000	1,700	3,400	5,950	8,500
4d Ltd Sta Wag	450	1,300	2,200	4,400	7,700	11,000
4d Briarwood Sta Wag	450	1,400	2,300	4,600	8,050	11,500

1992 Wrangler, 4-cyl.
Jeep S	350	1,100	1,800	3,600	6,300	9,000
Jeep	400	1,150	1,900	3,800	6,650	9,500
Jeep, 6-cyl.	450	1,300	2,200	4,400	7,700	11,000

1992 Cherokee, 4-cyl.
2d SUV	200	550	900	1,800	3,150	4,500
4d SUV	200	600	1,000	2,000	3,500	5,000
2d SUV (4x4)	250	800	1,300	2,600	4,550	6,500
4d SUV (4x4)	300	850	1,400	2,800	4,900	7,000

NOTE: Add 10 percent for 6-cyl. Add 5 percent for Deluxe models.

1992 Comanche, 6-cyl.
2d PU (SBx)	300	850	1,400	2,800	4,900	7,000
2d PU (LBx)	300	900	1,500	3,000	5,250	7,500

NOTE: Add 5 percent for 4x4.

1993 Wrangler, 6-cyl.
Jeep	400	1,150	1,900	3,800	6,650	9,500

1993 Cherokee, 6-cyl.
2d SUV 2WD	200	600	950	1,900	3,350	4,800
4d SUV 2WD	200	600	1,000	1,950	3,450	4,900
2d SUV 4x4	250	800	1,350	2,700	4,750	6,800
4d SUV 4x4	300	850	1,400	2,750	4,850	6,900

1993 Grand Cherokee, V-8
4d Sta Wag 4x4	450	1,300	2,200	4,400	7,700	11,000
4d Sta Wag 2WD 6-cyl.	400	1,150	1,900	3,800	6,650	9,500

PLYMOUTH TRUCKS

1935 Series PJ
Sed Dly	500	1,550	2,600	5,200	9,100	13,000

1936 Series P-1
Sed Dly	500	1,550	2,600	5,200	9,100	13,000

1937 Series PT-50
PU	550	1,700	2,800	5,650	9,850	14,100
Sed Dly	500	1,550	2,600	5,200	9,100	13,000
Sta Wag	700	2,150	3,600	7,200	12,600	18,000

1938 Series PT-57
PU	550	1,700	2,800	5,650	9,850	14,100
Sed Dly	500	1,550	2,600	5,200	9,100	13,000

	6	5	4	3	2	1
1939 Series P-81						
PU	550	1,700	2,800	5,650	9,850	14,100
Sed Dly	500	1,550	2,600	5,200	9,100	13,000
1940 Series PT-105						
PU	600	1,750	2,900	5,800	10,150	14,500
1941 Series PT-125						
Sed Dly	550	1,600	2,700	5,400	9,450	13,500
PU	600	1,750	2,900	5,800	10,150	14,500
1974-1991 Scamp (1983 only)						
PU	150	400	650	1,300	2,250	3,200
1974-1991 Trail Duster, (4x4), 1/2-Ton						
Utl	200	600	1,000	2,000	3,500	5,000
1974-1991 PB-100 Voyager Van, 1/2-Ton, 109" wb						
Wag	250	700	1,200	2,400	4,200	6,000
1992 Voyager, V-6						
3d Van	250	700	1,150	2,300	4,000	5,700
3d SE Van	250	700	1,150	2,300	4,050	5,800
3d LE Van	250	700	1,200	2,350	4,150	5,900

NOTE: Add 5 percent for Grand package. Add 5 percent for 4x4.

1993 Voyager, V-6						
Window Van	250	800	1,350	2,700	4,750	6,800

PONTIAC TRUCKS

1949 Streamliner Series 6						
Sed Dly	600	1,800	3,000	6,000	10,500	15,000
1949 Streamliner Series 8						
Sed Dly	650	1,900	3,200	6,400	11,200	16,000
1950 Streamliner Series 6						
Sed Dly	600	1,800	3,000	6,000	10,500	15,000
1950 Streamliner Series 8						
Sed Dly	650	1,900	3,200	6,400	11,200	16,000
1951 Streamliner Series 6						
Sed Dly	600	1,850	3,100	6,200	10,850	15,500
1951 Streamliner Series 8						
Sed Dly	650	2,000	3,300	6,600	11,550	16,500
1952 Chieftain Series 6						
Sed Dly	600	1,850	3,100	6,200	10,850	15,500
1952 Chieftain Series 8						
Sed Dly	650	2,000	3,300	6,600	11,550	16,500
1953 Chieftain Series 6						
Sed Dly	650	1,900	3,200	6,400	11,200	16,000
1953 Chieftain Series 8						
Sed Dly	600	1,850	3,100	6,200	10,850	15,500

STUDEBAKER TRUCKS

1937 Model 5A/6A, Dictator Six						
Cpe Exp	600	1,850	3,100	6,200	10,900	15,500
1938 Model 7A, Commander Six						
Cpe Exp	600	1,850	3,100	6,200	10,850	15,500
1939 Model 9A, Commander Six						
Cpe Exp	650	2,000	3,300	6,600	11,550	16,500
1941-1942, 1946-1948 Six-cyl., 113" wb						
1/2-Ton	600	1,850	3,100	6,200	10,900	15,500
1949-1953 Pickup, 1/2-Ton, 6-cyl.						
2R5	650	1,900	3,150	6,300	11,100	15,800
2R6	650	1,900	3,200	6,350	11,100	15,900
1949-1953 Pickup, 3/4-Ton, 6-cyl.						
2R10	600	1,850	3,050	6,100	10,700	15,300
2R11	600	1,850	3,100	6,150	10,800	15,400
1954 Pickup, 1/2-Ton, 6-cyl.						
3R5	650	1,900	3,150	6,300	11,100	15,800
3R6	650	1,900	3,200	6,350	11,100	15,900
1954 Pickup, 3/4-Ton, 6-cyl.						
3R10	600	1,850	3,050	6,100	10,700	15,300
3R11	600	1,850	3,100	6,150	10,800	15,400
1955 Pickup, 1/2-Ton, 6-cyl.						
E5	650	1,900	3,200	6,400	11,200	16,000
E7	650	1,950	3,200	6,450	11,300	16,100

	6	5	4	3	2	1
1955 Pickup, 3/4-Ton, 6-cyl.						
E10	600	1,850	3,100	6,250	10,900	15,600
E12	650	1,900	3,150	6,300	11,000	15,700
NOTE: Add 10 percent for V-8.						
1956-1958 Pickup, 1/2-Ton, 6-cyl.						
2E5 (SWB)	600	1,800	3,050	6,100	10,600	15,200
2E5 (LWB)	600	1,800	3,000	6,000	10,500	15,000
2E7 (SWB)	600	1,850	3,100	6,200	10,900	15,500
2E7 (LWB)	600	1,850	3,050	6,100	10,700	15,300
1956-1958 Pickup, 3/4-Ton, 6-cyl.						
2E12	600	1,800	3,000	6,000	10,500	15,000
NOTE: Add 10 percent for V-8.						
1959-1964 Pickup, 1/2-Ton, 6-cyl.						
4E1 (SWB)	600	1,750	2,900	5,800	10,200	14,500
4E1 (LWB)	600	1,750	2,900	5,800	10,200	14,500
4E5 (SWB)	600	1,750	2,950	5,900	10,300	14,700
4E5 (LWB)	600	1,750	2,950	5,900	10,300	14,700
4E6 (SWB)	600	1,800	2,950	5,900	10,400	14,800
4E6 (LWB)	600	1,800	2,950	5,900	10,400	14,800
4E7 (SWB)	600	1,850	3,100	6,200	10,900	15,500
4E7 (LWB)	600	1,850	3,100	6,200	10,900	15,500
1959-1964 Pickup, 3/4-Ton, 6-cyl.						
4E11	550	1,700	2,850	5,700	10,000	14,300
4E12	600	1,800	2,950	5,900	10,400	14,800
NOTE: Add 10 percent for V-8.						

WILLYS OVERLAND TRUCKS (1911-1942)

	6	5	4	3	2	1
1911-1912 Overland "37"						
Dly	500	1,500	2,500	5,000	8,750	12,500
Spl Dly	550	1,600	2,700	5,400	9,450	13,500
1911-1912 Overland						
1-Ton Truck	400	1,200	2,050	4,100	7,150	10,200
1911-1912 Gramm						
1-Ton Truck	400	1,250	2,100	4,200	7,350	10,500
1913 Overland						
Open Exp	500	1,450	2,400	4,800	8,400	12,000
Full Panel	500	1,500	2,500	5,000	8,750	12,500
1913 Gramm						
Chassis (1-Ton)	400	1,250	2,100	4,200	7,350	10,500
1913 Willys						
Chassis (3/4-Ton)	450	1,400	2,300	4,600	8,050	11,500
1914 Overland "79"						
Exp	500	1,450	2,400	4,800	8,400	12,000
Panel	500	1,500	2,500	5,000	8,750	12,500
1914 Willys Utility "65"						
Exp	500	1,450	2,400	4,800	8,400	12,000
Panel	500	1,500	2,450	4,900	8,600	12,300
1915 Willys Utility						
3/4-Ton Exp	450	1,400	2,350	4,700	8,250	11,800
1916 Overland "83"						
Exp Dly	500	1,500	2,500	5,000	8,750	12,500
Spl Dly	550	1,600	2,700	5,400	9,450	13,500
Open Exp	500	1,450	2,400	4,800	8,400	12,000
1916 Overland "75"						
Screen	550	1,650	2,700	5,450	9,500	13,600
Panel	550	1,650	2,750	5,500	9,600	13,700
1917 Overland "90"						
Panel	500	1,550	2,600	5,200	9,100	13,000
1918 Overland "90"						
Exp (800 lbs.)	500	1,500	2,500	5,050	8,800	12,600
Panel (800 lbs.)	500	1,550	2,600	5,200	9,100	13,000
Exp (1200 lbs.)	500	1,450	2,400	4,800	8,400	12,000
1919 Overland Light Four						
Exp (800 lbs.)	500	1,500	2,500	5,050	8,800	12,600
Panel (800 lbs.)	500	1,550	2,600	5,200	9,100	13,000
Exp (1200 lbs.)	500	1,450	2,400	4,800	8,400	12,000
1920 Overland Model 5 - ("Light Four")						
Exp (800 lbs.)	500	1,500	2,550	5,100	8,900	12,700
Panel (800 lbs.)	550	1,600	2,650	5,300	9,250	13,200

	6	5	4	3	2	1
Exp (1000 lbs.)	500	1,450	2,400	4,850	8,450	12,100

1921 Overland Model Four

	6	5	4	3	2	1
Exp (800 lbs.)	450	1,300	2,150	4,300	7,500	10,700
Panel (800 lbs.)	450	1,350	2,250	4,500	7,850	11,200
Exp (1000 lbs.)	400	1,200	2,000	4,050	7,050	10,100

1922 Overland Model Four

	6	5	4	3	2	1
Exp (800 lbs.)	500	1,500	2,550	5,100	8,900	12,700
Panel (800 lbs.)	550	1,600	2,650	5,300	9,250	13,200
Exp (1000 lbs.)	500	1,450	2,400	4,850	8,450	12,100

1923 Overland "91CE"

	6	5	4	3	2	1
Exp	500	1,500	2,550	5,100	8,900	12,700
Canopy	550	1,650	2,750	5,500	9,600	13,700
Screen	500	1,550	2,600	5,150	9,050	12,900
Panel	550	1,600	2,650	5,300	9,250	13,200

1924 Overland "91CE"

	6	5	4	3	2	1
Exp	500	1,500	2,550	5,100	8,900	12,700
Canopy	500	1,550	2,600	5,200	9,100	13,000
Screen	500	1,550	2,600	5,150	9,050	12,900
Panel	550	1,600	2,650	5,300	9,250	13,200

1925 Overland "91CE"

	6	5	4	3	2	1
Open Exp	500	1,500	2,550	5,100	8,900	12,700
Canopy	500	1,550	2,600	5,200	9,100	13,000
Screen	500	1,550	2,600	5,150	9,050	12,900
Panel	550	1,600	2,650	5,300	9,250	13,200

NOTE: With aftermarket bodies.

1926 Overland Model 91

	6	5	4	3	2	1
Open Exp	500	1,500	2,550	5,100	8,900	12,700
Canopy	500	1,550	2,600	5,200	9,100	13,000
Screen	500	1,550	2,600	5,150	9,050	12,900
Panel	550	1,600	2,650	5,300	9,250	13,200

NOTE: With aftermarket bodies.

1927 Whippet Model 96

	6	5	4	3	2	1
PU	400	1,200	2,050	4,100	7,150	10,200
Canopy	400	1,250	2,050	4,100	7,200	10,300
Screen	400	1,250	2,100	4,150	7,300	10,400
Panel	400	1,250	2,100	4,250	7,400	10,600
Sed Dly	450	1,300	2,200	4,400	7,700	11,000

NOTE: Add 12 percent for 6-cyl. engine.

1928 Whippet Series 96

	6	5	4	3	2	1
PU	400	1,200	2,050	4,100	7,150	10,200
Canopy	400	1,250	2,050	4,100	7,200	10,300
Screen	400	1,250	2,100	4,150	7,300	10,400
Panel	400	1,250	2,100	4,250	7,400	10,600
Sed Dly	450	1,300	2,200	4,400	7,700	11,000

NOTE: Add 12 percent for 6-cyl. engine.

1929 Whippet Series 96, 100" wb

	6	5	4	3	2	1
PU	400	1,200	2,050	4,100	7,150	10,200
Screen	400	1,250	2,050	4,100	7,200	10,300
Canopy	400	1,250	2,100	4,150	7,300	10,400
Panel	400	1,250	2,100	4,250	7,400	10,600
Sed Dly	450	1,300	2,200	4,400	7,700	11,000

1929 Whippet Series 96A, 103" wb

	6	5	4	3	2	1
PU	400	1,250	2,100	4,150	7,300	10,400
Canopy	400	1,250	2,100	4,200	7,350	10,500
Screen	400	1,250	2,100	4,250	7,400	10,600
Panel	450	1,300	2,150	4,300	7,550	10,800
Sed Dly	450	1,350	2,250	4,500	7,850	11,200

NOTE: Add 12 percent for Whippet Six.

1929 Willys Series 98B

	6	5	4	3	2	1
PU	450	1,400	2,300	4,600	8,050	11,500
Canopy	450	1,400	2,300	4,650	8,100	11,600
Screenside	450	1,400	2,350	4,700	8,250	11,800
Panel	500	1,450	2,400	4,800	8,400	12,000
Sed Dly	500	1,500	2,500	5,050	8,800	12,600

1930 Whippet Series 96A

	6	5	4	3	2	1
PU	400	1,250	2,100	4,150	7,300	10,400
Canopy	400	1,250	2,100	4,200	7,350	10,500
Screenside	400	1,250	2,100	4,250	7,400	10,600
Panel	450	1,300	2,150	4,300	7,550	10,800
Screen Dly	450	1,350	2,250	4,500	7,850	11,200

1931 Whippet Series 96

	6	5	4	3	2	1
PU	400	1,250	2,100	4,150	7,300	10,400
Canopy	400	1,250	2,100	4,200	7,350	10,500

	6	5	4	3	2	1
Screenside	400	1,250	2,100	4,250	7,400	10,600
Panel	450	1,300	2,150	4,300	7,550	10,800
Sed Dly	450	1,350	2,250	4,500	7,850	11,200

NOTE: Add 12 percent for Whippet Six.

1931 Willys Series 98B

	6	5	4	3	2	1
PU	450	1,400	2,300	4,600	8,050	11,500
Canopy	450	1,400	2,300	4,650	8,100	11,600
Screenside	450	1,400	2,350	4,700	8,250	11,800
Panel	500	1,450	2,400	4,800	8,400	12,000
Sed Dly	500	1,500	2,500	5,050	8,800	12,600

1931 Willys Series C-113

	6	5	4	3	2	1
PU	400	1,200	2,000	4,000	7,000	10,000
Canopy	400	1,200	2,000	4,050	7,050	10,100
Screenside	400	1,200	2,050	4,100	7,150	10,200
Panel	400	1,250	2,100	4,150	7,300	10,400
Sed Dly	450	1,300	2,150	4,300	7,500	10,700

1932 Willys Series C-113

	6	5	4	3	2	1
PU	500	1,450	2,400	4,800	8,400	12,000
Canopy	500	1,450	2,400	4,850	8,450	12,100
Screenside	500	1,450	2,450	4,900	8,550	12,200
Panel	500	1,500	2,500	4,950	8,700	12,400
Sed Dly	500	1,500	2,550	5,100	8,900	12,700

1933 Willys "77"

	6	5	4	3	2	1
Panel	500	1,550	2,550	5,100	8,950	12,800

1934 Willys Model 77

	6	5	4	3	2	1
Panel	500	1,550	2,550	5,100	8,950	12,800

1935 Willys Model 77

	6	5	4	3	2	1
PU	500	1,500	2,500	5,000	8,750	12,500
Panel	500	1,550	2,600	5,150	9,050	12,900

1936 Willys Model 77

	6	5	4	3	2	1
PU	500	1,500	2,500	5,000	8,750	12,500
Panel	500	1,550	2,600	5,150	9,050	12,900

1937 Willys Model 77

	6	5	4	3	2	1
PU	500	1,450	2,400	4,850	8,450	12,100
Panel	500	1,500	2,500	5,050	8,800	12,600

1938 Willys Model 38

	6	5	4	3	2	1
PU	500	1,450	2,400	4,850	8,450	12,100
Stake	400	1,250	2,100	4,250	7,400	10,600
Panel	500	1,450	2,400	4,800	8,400	12,000

1939 Willys Model 38

	6	5	4	3	2	1
PU	500	1,450	2,400	4,800	8,400	12,000
Stake	400	1,250	2,100	4,200	7,350	10,500
Panel	500	1,450	2,450	4,900	8,550	12,200

1939 Willys Model 48

	6	5	4	3	2	1
PU	500	1,450	2,400	4,850	8,450	12,100
Stake	400	1,250	2,100	4,250	7,400	10,600
Panel	500	1,500	2,450	4,900	8,600	12,300

1940 Willys Model 440

	6	5	4	3	2	1
PU	500	1,500	2,500	5,000	8,750	12,500
Panel Dly	500	1,500	2,450	4,900	8,600	12,300

1941 Willys Model 441

	6	5	4	3	2	1
PU	500	1,500	2,550	5,100	8,900	12,700
Panel Dly	500	1,500	2,500	5,000	8,750	12,500

1942 Willys Model 442

	6	5	4	3	2	1
PU	500	1,500	2,550	5,100	8,900	12,700
Panel Dly	500	1,500	2,500	5,000	8,750	12,500

IMPORT TRUCKS

DAIHATSU TRUCKS

1991 Rocky

	6	5	4	3	2	1
SE 2d Utly Conv	200	650	1,100	2,200	3,850	5,500
SE 2d Utly	250	700	1,150	2,300	4,050	5,800
SX 2d Utly	250	700	1,200	2,400	4,200	6,000

1992 Rocky, 4-cyl.

	6	5	4	3	2	1
SE 2d Utly Conv	200	650	1,100	2,200	3,850	5,500
SE 2d Utly HT	250	700	1,200	2,350	4,150	5,900
SX 2d Utly HT	250	750	1,200	2,450	4,250	6,100

	6	5	4	3	2	1

GEO TRUCKS

1991

2d Utly 4x4	200	550	900	1,800	3,150	4,500
2d Conv 2x4	200	650	1,100	2,200	3,850	5,500
2d Conv 4x4	250	700	1,150	2,300	4,000	5,700

1992 Geo Tracker, 4-cyl.

2d Utly Conv 2x4	150	500	800	1,600	2,800	4,000
2d Utly HT 4x4	200	600	1,000	2,000	3,500	5,000
2d Utly Conv 4x4	200	650	1,100	2,200	3,850	5,500

1993 Geo Tracker, 4-cyl.

2d Utly Conv 2x4	150	500	800	1,650	2,850	4,100
2d Utly HT 4x4	200	600	1,050	2,100	3,650	5,200
2d Utly Conv 4x4	250	700	1,150	2,300	4,000	5,700

ISUZU TRUCKS

1981 1/2-Ton

PU SBx	100	250	450	900	1,550	2,200
PU LBx	100	300	500	950	1,700	2,400

NOTE: Add 10 percent for 4x4. Prices based on deluxe model.

1982 1/2-Ton

PU SBx	100	250	450	900	1,550	2,200
PU LBx	100	300	500	950	1,700	2,400

NOTE: Add 10 percent for 4x4. Prices based on deluxe model.

1983 1/2-Ton

PU SBx	100	300	450	900	1,600	2,300
PU LBx	100	300	500	1,000	1,750	2,500

NOTE: Add 10 percent for 4x4. Prices based on deluxe model.

1984 1/2-Ton

PU SBx	100	350	550	1,100	1,950	2,800
PU LBx	100	350	600	1,200	2,100	3,000

NOTE: Add 10 percent for 4x4. Deduct 5 percent for diesel.

1984 Trooper II 4x4

Wag	200	550	900	1,800	3,150	4,500

NOTE: Prices based on deluxe model.

1985 1/2-Ton

PU SBx	150	400	650	1,300	2,250	3,200
PU LBx	200	550	900	1,800	3,150	4,500

NOTE: Add 10 percent for 4x4. Deduct 5 percent for diesel.

1985 Trooper II 4x4

Wag	200	650	1,050	2,100	3,700	5,300

NOTE: Prices based on deluxe model.

1986 1/2-Ton

PU SBx	150	500	800	1,600	2,800	4,000
PU LBx	150	500	850	1,700	2,950	4,200
PU Space Cab	200	550	900	1,800	3,150	4,500

NOTE: Add 10 percent for 4x4. Deduct 5 percent for diesel.

1986 Trooper II 4x4

Wag	250	800	1,300	2,600	4,550	6,500

NOTE: Prices based on deluxe model.

1987 Pickup

PU	100	350	600	1,200	2,100	3,000
PU LBx	150	400	700	1,400	2,450	3,500
PU LS	150	450	750	1,500	2,650	3,800
PU MPG (Diesel)	100	350	600	1,150	2,050	2,900
PU LBx (Diesel)	100	350	600	1,200	2,100	3,000
PU Space Cab	150	400	700	1,400	2,450	3,500
PU Space Cab DeL	150	500	800	1,600	2,800	4,000
PU LS Space Cab	200	550	900	1,800	3,150	4,500
PU 4x4	200	550	900	1,750	3,100	4,400
PU LS 4x4	200	550	950	1,900	3,300	4,700
PU LS Space Cab 4x4	200	550	950	1,900	3,300	4,700
PU LBx (4WD)	200	600	1,000	2,000	3,500	5,000

1987 Trooper II 4x4

2d DeL	250	800	1,300	2,600	4,550	6,500
4d DeL	300	850	1,400	2,800	4,900	7,000

1988 Pickup

PU S	150	500	800	1,650	2,850	4,100
PU S LBx	150	500	850	1,700	3,000	4,300

	6	5	4	3	2	1
1-Ton PU S LBx	200	550	900	1,800	3,150	4,500
PU LS	200	600	950	1,900	3,350	4,800
PU LS Space Cab	200	650	1,050	2,100	3,700	5,300
PU S 4x4	250	700	1,150	2,300	4,050	5,800
PU LS Space Cab 4x4	250	800	1,350	2,700	4,750	6,800
1988 Trooper II 4x4						
2d S	300	950	1,600	3,200	5,600	8,000
4d S	350	1,000	1,700	3,400	5,950	8,500
4d Ltd	400	1,150	1,900	3,800	6,650	9,500
1989 Amigo						
Utly S	250	800	1,300	2,600	4,550	6,500
Utly XS	300	850	1,400	2,800	4,900	7,000
Utly S 4x4	350	1,100	1,800	3,600	6,300	9,000
Utly XS 4x4	350	1,100	1,800	3,600	6,300	9,000
1989 Pickup						
PU S	200	550	900	1,800	3,150	4,500
PU S LBx	200	600	1,000	2,000	3,500	5,000
1-Ton PU S LBx	200	650	1,100	2,200	3,850	5,500
PU LS	200	650	1,100	2,200	3,850	5,500
PU LS Space Cab	250	700	1,200	2,400	4,200	6,000
PU S 4x4	250	800	1,300	2,600	4,550	6,500
PU LS Space Cab 4x4	300	850	1,400	2,800	4,900	7,000
1989 Trooper II 4x4						
2d S	400	1,200	2,000	4,000	7,000	10,000
4d S	400	1,150	1,900	3,800	6,650	9,500
1991 Amigo						
S 2d Utly	250	800	1,300	2,600	4,550	6,500
XS 2d Utly	300	850	1,400	2,750	4,850	6,900
S 2d Utly 4x4	300	900	1,500	3,000	5,250	7,500
XS 2d Utly 4x4	300	950	1,600	3,200	5,600	8,000
1991 Rodeo						
S 4d Utly	300	950	1,600	3,200	5,600	8,000
XS 4d Utly V-6	350	1,100	1,800	3,600	6,300	9,000
LS 4d Utly 2x4	350	1,100	1,800	3,600	6,300	9,000
S 4d Utly 4x4	400	1,200	2,000	4,000	7,000	10,000
XS 4d Utly 4x4	400	1,250	2,100	4,200	7,350	10,500
LS 4d Utly 4x4	450	1,300	2,200	4,400	7,700	11,000
1991 Pickup						
S 2d PU	200	550	900	1,800	3,150	4,500
SLB 2d PU	200	550	900	1,850	3,200	4,600
S 2d PU Space Cab	200	550	950	1,900	3,300	4,700
S 2d PU 4x4	250	800	1,300	2,600	4,550	6,500
LS 2d PU Space Cab 4x4	300	900	1,500	3,000	5,250	7,500
1991 Trooper						
4d Utly 4x4	300	950	1,600	3,200	5,600	8,000
XS 4d Utly V-6 4x4	350	1,100	1,800	3,600	6,300	9,000
SE 4d Utly V-6 4x4	350	1,100	1,800	3,600	6,300	9,000
LS 4d Utly V-6 4x4	350	1,100	1,850	3,700	6,450	9,200
1992 Amigo, 4-cyl.						
S 2d Utly 2x4	250	800	1,300	2,600	4,550	6,500
XS 2d Utly 2x4	250	800	1,350	2,700	4,750	6,800
S 2d Utly 4x4	300	950	1,600	3,200	5,600	8,000
XS 2d Utly 4x4	350	1,000	1,700	3,400	5,950	8,500
1992 Rodeo						
S 4d Utly 4-cyl. 2x4	300	850	1,400	2,800	4,900	7,000
XS 4d Utly 2x4	300	850	1,450	2,900	5,050	7,200
LS 4d Utly 2x4	300	900	1,500	3,000	5,250	7,500
S 4d Utly 4x4	350	1,000	1,700	3,400	5,950	8,500
XS 4d Utly 4x4	350	1,050	1,750	3,500	6,100	8,700
LS 4d Utly 4x4	350	1,100	1,800	3,600	6,300	9,000
1992 Trooper, V-6						
S 4d Utly 4x4	400	1,150	1,900	3,800	6,650	9,500
LS 4d Utly 4x4	400	1,250	2,100	4,200	7,350	10,500
1992 Pickups, V-6						
S PU	200	600	1,000	2,000	3,500	5,000
S PU LB	200	600	1,050	2,100	3,650	5,200
S PU LS	250	800	1,300	2,600	4,550	6,500
PU LS 4x4	400	1,150	1,900	3,800	6,650	9,500
S PU 4x4	350	1,100	1,800	3,600	6,300	9,000
1993 Amigo 4-cyl.						
2d SUV 2WD	200	650	1,100	2,200	3,850	5,500
2d SUV 4x4	250	800	1,300	2,600	4,550	6,500
1993 Rodeo V-6						
4d SUV 2WD	250	700	1,150	2,300	4,000	5,700

	6	5	4	3	2	1
4d SUV 4x4	250	800	1,350	2,700	4,700	6,700
1993 Trooper V-6						
2d SUV 4x4	400	1,150	1,900	3,800	6,650	9,500
4d SUV 4x4	400	1,150	1,950	3,900	6,800	9,700
1993 Pickup 4-cyl.						
2d PU SBx	200	600	950	1,900	3,350	4,800
2d PU LBx	200	600	1,000	1,950	3,450	4,900
2d PU 4x4	250	700	1,200	2,350	4,150	5,900

MAZDA TRUCKS

1972 B1600, 1/2-Ton
PU	100	300	500	950	1,700	2,400

NOTE: Deduct 10 percent for rotary engine. Prices based on deluxe model.

1973 B1600, 1/2-Ton
PU	100	300	500	950	1,700	2,400

NOTE: Deduct 10 percent for rotary engine. Prices based on deluxe model.

1974 B1600, 1/2-Ton
PU	100	300	500	950	1,700	2,400

NOTE: Deduct 10 percent for rotary engine. Prices based on deluxe model.

1975 B1600, 1/2-Ton
PU	100	300	500	950	1,700	2,400

NOTE: Deduct 10 percent for rotary engine. Prices based on deluxe model.

1976 B1600, 1/2-Ton
PU	100	300	500	950	1,700	2,400

NOTE: Deduct 10 percent for rotary engine. Prices based on deluxe model.

1977 B1800, 1/2-Ton
PU	100	300	500	950	1,700	2,400

NOTE: Deduct 10 percent for rotary engine. Prices based on deluxe model.

1978 B1800, 1/2-Ton
PU SBx	100	300	450	900	1,600	2,300
PU LBx	100	300	500	950	1,700	2,400

NOTE: Prices based on deluxe model.

1979 B2000, 1/2-Ton
PU SBx	100	300	450	900	1,600	2,300
PU LBx	100	300	500	950	1,700	2,400

NOTE: Prices based on deluxe model.

1980 B2000, 1/2-Ton
PU	100	250	450	900	1,550	2,200
Sundowner PU SBx	100	300	500	950	1,700	2,400
Sundowner PU LBx	100	300	500	1,000	1,750	2,500

NOTE: Prices based on deluxe model.

1981 B2000, 1/2-Ton
PU	100	250	450	900	1,550	2,200
Sundowner PU SBx	100	300	500	950	1,700	2,400
Sundowner PU LBx	100	300	500	1,000	1,750	2,500

NOTE: Prices based on deluxe model.

1982 B2000 Sundowner, 1/2-Ton
PU SBx	100	300	450	900	1,600	2,300
PU LBx	100	300	500	950	1,700	2,400

NOTE: Deduct 20 percent for diesel. Prices based on deluxe model.

1983 B2000 Sundowner, 1/2-Ton
PU SBx	100	300	450	900	1,600	2,300
PU LBx	100	300	450	900	1,600	2,300

NOTE: Deduct 20 percent for diesel. Prices based on deluxe model.

1984 B2000 Sundowner, 1/2-Ton
PU SBx	100	300	450	900	1,600	2,300
PU LBx	100	300	500	1,000	1,750	2,500

NOTE: Deduct 20 percent for diesel. Prices based on deluxe model.

1986 B2000, 1/2-Ton
PU SBx	100	300	500	950	1,700	2,400
PU LBx	100	300	500	1,000	1,750	2,500
PU Cab Plus	100	350	550	1,100	1,950	2,800

NOTE: Prices based on deluxe model.

1987 Light Trucks
PU	100	300	500	1,000	1,750	2,500
PU LBx	100	300	500	1,050	1,800	2,600
PU Cab Plus	100	350	550	1,100	1,950	2,800

	6	5	4	3	2	1
1987 LX						
PU	100	350	600	1,200	2,100	3,000
PU LBx	150	400	650	1,300	2,250	3,200
PU Cab Plus	150	400	700	1,350	2,400	3,400
1987 Light Trucks 4x4						
PU	150	500	800	1,600	2,800	4,000
PU LBx	200	550	900	1,800	3,150	4,500
PU Cab Plus	200	600	1,000	2,000	3,500	5,000
1987 LX 4x4						
PU	200	600	1,000	2,000	3,500	5,000
PU LBx	200	600	1,000	2,050	3,550	5,100
PU Cab Plus	200	600	1,050	2,100	3,650	5,200
1988 Light Trucks						
PU	150	400	700	1,400	2,450	3,500
PU LBx	150	450	700	1,450	2,500	3,600
PU Cab Plus	150	500	800	1,600	2,800	4,000
1988 LX						
PU	150	500	800	1,600	2,800	4,000
PU LBx	150	500	850	1,700	2,950	4,200
PU Cab Plus	200	550	900	1,750	3,100	4,400
1988 Light Trucks 4x4						
PU	200	600	1,000	2,000	3,500	5,000
PU LBx	200	650	1,100	2,200	3,850	5,500
PU Cab Plus	250	700	1,200	2,400	4,200	6,000
1988 LX, 4x4						
PU	250	800	1,300	2,600	4,550	6,500
PU LBx	250	800	1,300	2,650	4,600	6,600
PU Cab Plus	250	800	1,350	2,700	4,700	6,700
1989 Light Trucks						
PU	200	550	900	1,800	3,150	4,500
PU LBx	200	600	1,000	2,000	3,500	5,000
PU 4x4	250	700	1,200	2,400	4,200	6,000
1989 LX						
PU Cab Plus	200	650	1,100	2,200	3,850	5,500
PU Cab Plus 4x4	300	900	1,500	3,000	5,250	7,500
1990 Light Trucks						
2d PU	200	550	900	1,800	3,150	4,500
2d PU LBx	200	550	950	1,900	3,300	4,700
2d PU Clb Cab	200	600	1,000	1,950	3,450	4,900
2d PU 4x4	250	700	1,200	2,350	4,150	5,900
2d PU CLB Cab 4x4	250	800	1,300	2,600	4,550	6,500
1990 MPV						
Cargo Van	250	800	1,300	2,600	4,550	6,500
Mini Van	250	800	1,350	2,700	4,750	6,800
Mini Van V-6 4x4	300	950	1,550	3,100	5,450	7,800
1991 MPV						
3d Cargo Van	250	700	1,200	2,400	4,200	6,000
3d Sta Wag	350	1,000	1,700	3,400	5,950	8,500
3d Sta Wag V-6 4x4	500	1,450	2,400	4,800	8,400	12,000
1991 Pickup						
2d PU	250	700	1,200	2,400	4,200	6,000
LB 2d PU	250	800	1,300	2,600	4,550	6,500
2d PU Crew Cab	300	850	1,400	2,800	4,900	7,000
2d PU 4x4	300	950	1,600	3,200	5,600	8,000
2d PU Crew Cab 4x4	350	1,000	1,700	3,400	5,950	8,500
1991 Navajo						
2d Utly 4x4	450	1,400	2,300	4,600	8,050	11,500
1992 Navajo, V-6						
2d Utly DX 2x4	250	700	1,200	2,400	4,200	6,000
4d Utly LX 2x4	300	850	1,400	2,800	4,900	7,000
2d Utly DX 4x4	300	900	1,500	3,000	5,250	7,500
4d Utly LX 4x4	350	1,000	1,700	3,400	5,950	8,500
1992 MPV, 4-cyl.						
Van 2x4	250	700	1,200	2,400	4,200	6,000
Wag 2x4	300	950	1,600	3,200	5,600	8,000
Wag V-6 4x4	400	1,200	2,000	4,000	7,000	10,000
1992 Pickups, 4-cyl.						
PU 2x4	200	650	1,100	2,200	3,850	5,500
PU LB 2x4	250	700	1,150	2,300	4,000	5,700
PU 4x4	250	800	1,300	2,600	4,550	6,500
PU LB 4x4	300	850	1,400	2,800	4,900	7,000
1993 Navajo, V-6						
4d SUV 2WD	200	550	900	1,800	3,150	4,500

1991 Geo Tracker LSi two-door utility 4x4

1984 Isuzu P'up LS shortbox pickup

1993 Mazda Navajo sport utility vehicle 4x4

	6	5	4	3	2	1
4d SUV 4x4	200	650	1,100	2,200	3,850	5,500
1993 MPV, 4-cyl.						
4d Sta Wag	250	700	1,200	2,400	4,200	6,000
4d Sta Wag V-6 4x4	300	850	1,400	2,800	4,900	7,000
1993 Pickup						
2d PU SBx	200	650	1,100	2,200	3,850	5,500
2d PU LBx	200	650	1,100	2,250	3,900	5,600
2d PU 4x4	250	800	1,300	2,650	4,600	6,600

MITSUBISHI TRUCKS

1983 1/2-Ton						
PU	100	250	450	900	1,550	2,200

NOTE: Add 15 percent for 4x4. Prices based on deluxe model.

1983 Montero 4x4						
Wag	100	350	550	1,100	1,950	2,800

NOTE: Prices based on deluxe model.

1984 1/2-Ton						
PU	100	300	500	1,000	1,750	2,500

NOTE: Add 15 percent for 4x4. Prices based on deluxe model.

1984 Montero, 4x4						
Wag	100	350	600	1,200	2,100	3,000

NOTE: Prices based on deluxe model.

1985 1/2-Ton						
PU	100	350	600	1,200	2,100	3,000

NOTE: Add 15 percent for 4x4. Prices based on deluxe model.

1985 Montero, 4x4						
Wag	100	350	600	1,200	2,100	3,000

NOTE: Prices based on deluxe model.

1986 1/2-Ton						
PU	150	400	700	1,400	2,450	3,500

NOTE: Add 15 percent for 4x4. Prices based on deluxe model.

1986 Montero, 4x4						
Wag	200	650	1,100	2,200	3,850	5,500

NOTE: Prices based on deluxe model.

1987 Mighty Max						
PU	100	300	500	1,000	1,750	2,500
1-Ton LBx	100	300	550	1,100	1,900	2,700
Spt	100	350	600	1,150	2,050	2,900
Spt LBx	100	350	600	1,200	2,100	3,000
PU, 4x4	150	400	650	1,300	2,250	3,200
PU LBx 4x4	150	400	650	1,300	2,300	3,300
1987 SPX						
PU	100	350	600	1,250	2,150	3,100
PU 4WD	150	400	700	1,350	2,400	3,400
1987 Montero						
4x4	150	500	800	1,600	2,800	4,000
1988 Mighty Max						
PU	150	500	800	1,600	2,800	4,000
1-Ton LBx	200	550	900	1,750	3,100	4,400
Spt	200	550	900	1,800	3,150	4,500
Spt LBx	200	550	900	1,850	3,200	4,600
Macrocab	200	550	900	1,800	3,150	4,500
PU 4x4	250	700	1,150	2,300	4,000	5,700
Spt LBx 4x4	250	750	1,250	2,500	4,400	6,300
1988 SPX						
Macrocab	200	600	1,050	2,100	3,650	5,200
Macrocab 4x4	300	850	1,400	2,750	4,850	6,900
4x4	250	750	1,300	2,550	4,500	6,400
1988 Montero - Van - Wagon						
SP 4x4	300	900	1,500	3,000	5,250	7,500
Spt 4x4	350	1,000	1,700	3,400	5,950	8,500
Cargo Van	250	700	1,150	2,300	4,000	5,700
Wag	300	900	1,500	3,000	5,250	7,500
1989 Mighty Max						
PU	200	600	1,000	2,000	3,500	5,000
1-Ton LBx	200	600	1,050	2,100	3,650	5,200
Spt	200	650	1,100	2,150	3,800	5,400
Spt LBx	250	700	1,150	2,300	4,000	5,700
Macrocab	200	650	1,100	2,250	3,900	5,600
PU 4x4	250	700	1,200	2,400	4,200	6,000

	6	5	4	3	2	1
Spt LBx 4x4	250	800	1,300	2,600	4,550	6,500
1989 SPX						
PU 4x4	300	850	1,400	2,800	4,900	7,000
Macrocab 4x4	300	900	1,450	2,900	5,100	7,300
1989 Montero - Van - Wagon						
SP 4x4	350	1,100	1,800	3,600	6,300	9,000
Spt 4x4	400	1,150	1,900	3,800	6,650	9,500
4d 4x4	400	1,200	2,000	4,000	7,000	10,000
Cargo Van	300	850	1,400	2,800	4,900	7,000
Wag	400	1,150	1,900	3,800	6,650	9,500
1990 Light Trucks						
2d Mighty Max	200	600	950	1,900	3,350	4,800
2d Mighty Max 4x4	250	700	1,150	2,300	4,050	5,800
1990 Montero, 4x4						
2d Std Utly	300	900	1,500	3,000	5,250	7,500
2d Spt Utly	300	900	1,500	3,050	5,300	7,600
4d Std Utly	300	900	1,500	3,050	5,300	7,600
RS 4d Utly	300	900	1,550	3,100	5,400	7,700
1991 Light Trucks						
2d PU	200	650	1,100	2,200	3,850	5,500
2d PU Crew Cab	250	800	1,300	2,600	4,550	6,500
1-Ton 2d PU LBx	250	700	1,150	2,300	4,000	5,700
2d PU V-6 4x4	350	1,000	1,700	3,400	5,950	8,500
1991 Montero						
4d Utly 4x4	350	1,100	1,800	3,600	6,300	9,000
RS 4d Utly 4x4	400	1,150	1,900	3,800	6,650	9,500
LS 4d Utly 4x4	400	1,200	2,000	4,000	7,000	10,000
1992 Montero, V-6						
4d Utly 4x4	450	1,300	2,200	4,400	7,700	11,000
4d Utly RS 4x4	450	1,400	2,300	4,600	8,050	11,500
4d Utly LS 4x4	500	1,500	2,500	5,000	8,750	12,500
4d Utly SR 4x4	500	1,550	2,600	5,200	9,100	13,000
1992 Pickups, 4-cyl.						
PU Mighty Max	200	600	1,000	2,000	3,500	5,000
PU Mighty Max LB	200	650	1,100	2,200	3,850	5,500
PU Mighty Max 4x4 V-6	300	900	1,500	3,000	5,250	7,500
1993 Montero, V-6						
4d SUV 4x4	450	1,300	2,200	4,400	7,700	11,000
1993 Pickup						
2d PU SBx	250	700	1,150	2,300	4,000	5,700
2d PU LBx	250	700	1,150	2,300	4,050	5,800
2d PU 4x4	250	800	1,350	2,700	4,750	6,800

NISSAN TRUCKS

	6	5	4	3	2	1
1967						
1/2-Ton PU	100	300	500	1,000	1,750	2,500
1968						
1/2-Ton PU	100	300	500	1,000	1,750	2,500
1969						
1/2-Ton PU	100	300	500	1,000	1,750	2,500
1970						
1/2-Ton PU	100	300	500	1,000	1,750	2,500
1971						
1/2-Ton PU	100	300	500	1,000	1,750	2,500
1972						
1/2-Ton PU	100	300	500	1,000	1,750	2,500
1973						
1/2-Ton PU	100	300	500	1,000	1,750	2,500
1974						
1/2-Ton PU	100	300	500	1,000	1,750	2,500
1975 1/2-Ton						
PU SBx	100	300	500	1,000	1,750	2,500
PU LBx	100	300	500	1,050	1,800	2,600
1976 1/2-Ton						
PU SBx	100	300	500	1,050	1,800	2,600
PU LBx	100	300	550	1,100	1,900	2,700
1977 1/2-Ton						
PU SBx	100	300	500	1,050	1,800	2,600
PU LBx	100	300	550	1,100	1,900	2,700
PU King Cab	100	350	550	1,100	1,950	2,800

	6	5	4	3	2	1
1978 1/2-Ton						
PU SBx	100	300	500	1,050	1,800	2,600
PU LBx	100	300	550	1,100	1,900	2,700
PU King Cab	100	350	550	1,100	1,950	2,800
1979 1/2-Ton						
PU SBx	100	300	550	1,100	1,900	2,700
PU LBx	100	350	550	1,100	1,950	2,800
PU King Cab	100	350	600	1,150	2,050	2,900
1980 1/2-Ton						
PU SBx	100	300	550	1,100	1,900	2,700
PU LBx	100	350	550	1,100	1,950	2,800
PU King Cab	100	350	600	1,150	2,050	2,900

NOTE: Add 10 percent for 4x4.

	6	5	4	3	2	1
1981 1/2-Ton						
PU SBx	100	300	450	900	1,600	2,300
PU LBx	100	300	500	950	1,700	2,400
PU King Cab	150	400	650	1,300	2,250	3,200

NOTE: Add 10 percent for 4x4. Prices based on deluxe model.

	6	5	4	3	2	1
1982 1/2-Ton						
PU SBx	100	300	500	1,000	1,750	2,500
PU LBx	100	300	550	1,100	1,900	2,700
PU King Cab	150	400	700	1,400	2,450	3,500

NOTE: Add 10 percent for 4x4. Prices based on deluxe model.

	6	5	4	3	2	1
1983 1/2-Ton						
PU SBx	100	350	550	1,100	1,950	2,800
PU LBx	100	350	600	1,200	2,100	3,000
PU King Cab	150	500	800	1,600	2,800	4,000

NOTE: Add 10 percent for 4x4. Prices based on deluxe model.

	6	5	4	3	2	1
1984 1/2-Ton						
PU SBx	100	350	600	1,200	2,100	3,000
PU LBx	150	400	700	1,400	2,450	3,500
PU King Cab	200	550	900	1,800	3,150	4,500

NOTE: Add 10 percent for 4x4. Prices based on deluxe model.

	6	5	4	3	2	1
1985 1/2-Ton						
PU SBx	150	400	700	1,400	2,450	3,500
PU LBx	150	450	750	1,500	2,650	3,800
PU King Cab	200	550	950	1,900	3,300	4,700

NOTE: Add 10 percent for 4x4. Prices based on deluxe model.

	6	5	4	3	2	1
1986 1/2-Ton						
PU SBx	150	500	850	1,700	3,000	4,300
PU LBx	200	550	950	1,900	3,300	4,700
PU King Cab	250	750	1,250	2,500	4,350	6,200

NOTE: Add 10 percent for 4x4. Deduct 10 percent for diesel where applied. Prices based on deluxe model.

	6	5	4	3	2	1
1987 Light Trucks						
PU Std	200	550	900	1,800	3,150	4,500
PU E	200	550	950	1,900	3,300	4,700
PU SE (6-cyl)	200	650	1,100	2,200	3,850	5,500
PU E LBx	200	650	1,050	2,100	3,700	5,300
PU XE LBx	200	650	1,100	2,200	3,850	5,500
PU E King Cab	200	650	1,100	2,200	3,850	5,500
PU XE King Cab	250	700	1,200	2,400	4,200	6,000
PU SE King Cab (6-cyl)	250	700	1,200	2,400	4,200	6,000
PU E	250	800	1,300	2,600	4,550	6,500
PU SE (6-cyl)	300	850	1,400	2,800	4,900	7,000
PU XE LBx	250	800	1,350	2,700	4,750	6,800
PU XE King Cab	300	850	1,450	2,900	5,050	7,200
PU SE King Cab (6-cyl)	300	850	1,400	2,800	4,900	7,000
1987 Van						
XE	250	800	1,300	2,600	4,550	6,500
1987 Pathfinder 4x4						
E	350	1,000	1,700	3,400	5,950	8,500
XE	350	1,100	1,800	3,600	6,300	9,000
SE (6-cyl)	450	1,300	2,200	4,400	7,700	11,000
1988 Light Trucks						
PU Std	200	550	900	1,800	3,150	4,500
PU E	200	550	950	1,900	3,300	4,700
PU E LBx	200	600	950	1,900	3,350	4,800
PU E King Cab	200	600	1,050	2,100	3,650	5,200
PU XE King Cab	250	700	1,200	2,350	4,150	5,900
PU SE King Cab (6-cyl)	250	800	1,300	2,600	4,550	6,500
PU E	300	900	1,500	3,000	5,250	7,500
PU E (6-cyl)	300	950	1,600	3,200	5,600	8,000

	6	5	4	3	2	1
PU SE (6-cyl)	300	850	1,400	2,800	4,900	7,000
PU E King Cab	350	1,000	1,700	3,400	5,950	8,500
PU XE King Cab	350	1,100	1,800	3,600	6,300	9,000
PU SE King Cab (6-cyl)	400	1,150	1,900	3,800	6,650	9,500

1988 Van

XE	300	900	1,500	3,000	5,250	7,500

1988 Pathfinder 4x4

XE	450	1,300	2,200	4,400	7,700	11,000
SE	500	1,450	2,400	4,800	8,400	12,000

1989 Light Trucks

PU Std	200	650	1,100	2,200	3,850	5,500
PU Spl	250	700	1,150	2,300	4,000	5,700
PU LBx (6-cyl)	250	700	1,150	2,300	4,000	5,700
PU Spl LBx (6-cyl)	250	700	1,150	2,300	4,050	5,800
PU King Cab	250	700	1,200	2,400	4,200	6,000
PU Spl King Cab	250	800	1,300	2,600	4,550	6,500
PU SE King Cab (6-cyl)	300	900	1,500	3,000	5,250	7,500

1989 Light Trucks 4x4

PU	300	850	1,400	2,800	4,900	7,000
PU Spl	350	1,000	1,700	3,400	5,950	8,500
PU (6-cyl)	300	900	1,500	3,000	5,250	7,500
PU Spl (6-cyl)	350	1,050	1,750	3,500	6,150	8,800
PU King Cab	300	950	1,600	3,200	5,600	8,000
PU Spl King Cab	350	1,000	1,700	3,400	5,950	8,500
PU SE King Cab	350	1,100	1,800	3,600	6,300	9,000

1989 Pathfinder

XE 2x4	450	1,300	2,200	4,400	7,700	11,000
XE 4x4	500	1,550	2,600	5,200	9,100	13,000
SE 4x4	550	1,700	2,800	5,600	9,800	14,000

1990 Light Trucks

2d PU	250	700	1,150	2,300	4,000	5,700
2d PU LBx V-6	250	700	1,200	2,350	4,150	5,900
2d PU Clb Cab	250	700	1,150	2,300	4,050	5,800
2d PU Clb Cab SE V-6	250	700	1,200	2,400	4,200	6,000
2d PU 4x4	300	850	1,400	2,800	4,900	7,000
2d PU 4x4 V-6	300	850	1,450	2,900	5,050	7,200
2d PU Clb Cab 4x4	300	900	1,500	2,950	5,200	7,400
2d PU Clb Cab 4x4 V-6	300	900	1,500	3,050	5,300	7,600

1990 Van

Mini Van XE	250	800	1,300	2,650	4,600	6,600
Mini Van GXE	250	800	1,350	2,700	4,700	6,700

1990 Pathfinder

4d Spt Utly XE 2WD	450	1,400	2,300	4,600	8,050	11,500
4d Spt Utly XE 4x4	500	1,550	2,600	5,200	9,100	13,000
4d Spt Utly SE 4x4	550	1,700	2,800	5,600	9,800	14,000
2d Spt Utly SE 4x4	550	1,600	2,700	5,400	9,450	13,500

1991 Pathfinder

XE 4d Utly 2x4	400	1,200	2,000	4,000	7,000	10,000
XE 4d Utly 4x4	500	1,550	2,600	5,200	9,100	13,000
SE 4d Utly 4x4	550	1,700	2,800	5,600	9,800	14,000

1991 Light Trucks

2d PU	250	700	1,200	2,400	4,200	6,000
LB 2d PU V-6	300	850	1,400	2,800	4,900	7,000
2d PU Crew Cab	300	900	1,500	3,000	5,250	7,500
SE 2d PU Crew Cab V-6	300	950	1,600	3,200	5,600	8,000
2d PU 4x4	350	1,100	1,800	3,600	6,300	9,000
2d PU Crew Cab 4x4	400	1,150	1,900	3,800	6,650	9,500
2d PU Crew Cab V-6 4x4	400	1,200	2,000	4,000	7,000	10,000

1992 Pathfinder, V-6

XE 4d Utly 2x4	400	1,150	1,900	3,800	6,650	9,500
XE 4d Utly 4x4	450	1,300	2,200	4,400	7,700	11,000
SE 4d Utly 4x4	500	1,500	2,500	5,000	8,750	12,500

1992 Pickups

PU Std 4x4	350	1,000	1,700	3,400	5,950	8,500
PU LB 4x4	400	1,150	1,900	3,800	6,650	9,500
SE PU 4x4	400	1,250	2,100	4,200	7,350	10,500

NOTE: Add 10 percent for V-6. Deduct 10 percent for 2x4.

1993 Pathfinder, V-6

4d SUV 2WD	250	800	1,350	2,700	4,750	6,800
4d SUV 4x4	300	950	1,550	3,100	5,450	7,800

1993 Quest, V-6

Van	250	700	1,150	2,300	4,000	5,700

1993 Pickup, V-6

2d PU SBx	200	650	1,100	2,150	3,800	5,400

	6	5	4	3	2	1
2d PU LBx	200	650	1,100	2,200	3,850	5,500
2d PU 4x4	250	800	1,300	2,600	4,550	6,500

SUBARU TRUCKS

1978 1/4-Ton 4x4
Brat PU	100	300	500	1,000	1,750	2,500

NOTE: Prices based on deluxe model.
1979 1/4-Ton 4x4
Brat PU	100	300	500	1,000	1,750	2,500

NOTE: Prices based on deluxe model.
1980 1/4-Ton 4x4
Brat PU	100	300	500	1,000	1,750	2,500

NOTE: Prices based on deluxe model.
1981 1/4-Ton 4x4
Brat PU	100	300	500	1,000	1,750	2,500

NOTE: Prices based on deluxe model.
1982 1/4-Ton 4x4
Brat PU	100	300	500	1,000	1,750	2,500

NOTE: Prices based on deluxe model.
1983 1/4-Ton 4x4
Brat PU	100	300	500	1,000	1,750	2,500

1984 1/4-Ton 4x4
Brat PU	100	350	600	1,200	2,100	3,000

1985 1/4-Ton 4x4
Brat PU	150	500	800	1,600	2,800	4,000

1986 1/4-Ton 4x4
Brat PU	200	600	1,000	2,000	3,500	5,000

NOTE: Prices based on deluxe model.
1987 1/4-Ton 4x4
Brat GL	200	550	950	1,900	3,300	4,700

SUZUKI TRUCKS

1991 Samurai
JA 2d Utly Conv 2x4	100	350	600	1,200	2,100	3,000
JS 2d Utly Conv 2x4	150	400	650	1,300	2,250	3,200
J4 2d Utly Conv 4x4	200	550	900	1,800	3,150	4,500

1991 Sidekick
JS 2d Utly Conv 2x4	150	500	800	1,600	2,800	4,000
JL 2d Utly Conv 4x4	200	600	1,000	2,000	3,500	5,000
JX 2d Utly Conv 4x4	250	800	1,300	2,600	4,550	6,500
JX 4d Utly 4x4	250	700	1,200	2,400	4,200	6,000
JLX 4d Utly 4x4	250	750	1,300	2,550	4,500	6,400

1993 Samurai, 4-cyl.
SUV 2WD	200	600	950	1,900	3,350	4,800
SUV 4x4	250	700	1,150	2,300	4,050	5,800

1993 Sidekick, 4-cyl.
2d SUV 2WD	200	600	950	1,900	3,350	4,800
4d SUV 2WD	200	600	1,000	1,950	3,450	4,900
2d SUV 4x4	250	700	1,200	2,400	4,200	6,000
4d SUV 4x4	250	750	1,250	2,500	4,350	6,200

TOYOTA TRUCKS

1967 Landcruiser, 4x4
No Top	150	400	700	1,400	2,450	3,500
Soft-Top	150	400	650	1,300	2,250	3,200
HdTp	150	450	800	1,550	2,750	3,900

NOTE: Prices based on deluxe model.
1968 1/2-Ton
PU	100	300	500	1,000	1,750	2,500

1968 Landcruiser, 4x4
No Top	150	400	700	1,400	2,450	3,500
Soft-Top	150	450	750	1,500	2,600	3,700
HT	150	450	800	1,550	2,750	3,900

NOTE: Prices based on deluxe model.
1969 1/2-Ton
PU	100	300	500	1,000	1,750	2,500

1990 Mitsubishi Mighty Max half-ton pickup 4x4

1986 Nissan E shortbox pickup 4x4

1978 Subaru Brat quarter-ton pickup 4x4

	6	5	4	3	2	1
1969 Landcruiser, 4x4						
No Top	150	450	700	1,450	2,500	3,600
Soft-Top	150	450	750	1,500	2,650	3,800
HT	150	500	800	1,600	2,800	4,000
NOTE: Prices based on deluxe model.						
1970 1/2-Ton						
PU	100	300	500	1,000	1,750	2,500
1970 Landcruiser, 4x4						
No Top	150	450	700	1,450	2,500	3,600
Soft-Top	150	450	750	1,500	2,650	3,800
HT	150	500	800	1,600	2,800	4,000
NOTE: Prices based on deluxe model.						
1971 1/2-Ton						
PU	100	300	500	1,000	1,750	2,500
1971 Landcruiser, 4x4						
Soft-Top	150	450	750	1,500	2,600	3,700
HT	150	450	800	1,550	2,750	3,900
Wag	150	500	800	1,600	2,800	4,000
NOTE: Prices based on deluxe model.						
1972 1/2-Ton						
PU	100	300	500	1,000	1,750	2,500
1972 Landcruiser, 4x4						
Soft-Top	150	450	800	1,550	2,750	3,900
HT	150	500	800	1,600	2,800	4,000
Wag	150	500	850	1,700	2,950	4,200
NOTE: Prices based on deluxe model.						
1973 1/2-Ton						
PU	100	300	500	1,000	1,750	2,500
1973 Landcruiser, 4x4						
Soft-Top	150	450	800	1,550	2,750	3,900
HT	150	500	800	1,650	2,850	4,100
Wag	150	500	850	1,700	2,950	4,200
NOTE: Prices based on deluxe model.						
1974 1/2-Ton						
PU SBx	100	300	500	1,050	1,800	2,600
PU LBx	100	300	550	1,100	1,900	2,700
1974 Landcruiser, 4x4						
Soft-Top	150	500	800	1,600	2,800	4,000
HT	150	500	850	1,700	3,000	4,300
Wag	200	550	900	1,750	3,100	4,400
NOTE: Prices based on deluxe model.						
1975 1/2-Ton						
PU SBx	100	300	550	1,100	1,900	2,700
PU LBx	100	350	550	1,100	1,950	2,800
1975 Landcruiser, 4x4						
Soft-Top	150	500	800	1,650	2,850	4,100
HT	200	550	900	1,800	3,150	4,500
Wag	200	550	900	1,850	3,200	4,600
NOTE: Prices based on deluxe model.						
1976 1/2-Ton						
PU SBx	100	350	600	1,150	2,050	2,900
PU LBx	100	350	600	1,250	2,150	3,100
1976 Landcruiser - (4WD)						
HT	200	550	900	1,750	3,100	4,400
Wag	200	550	900	1,800	3,150	4,500
NOTE: Prices based on deluxe model.						
1979 1/2-Ton						
PU SBx	150	400	700	1,400	2,450	3,500
PU LBx	150	450	700	1,450	2,500	3,600
NOTE: Add 15 percent for 4x4.						
1979 Landcruiser, 4x4						
HT	150	500	850	1,700	2,950	4,200
Wag	200	550	900	1,750	3,100	4,400
NOTE: Prices based on deluxe model.						
1980 1/2-Ton						
PU SBx	150	450	700	1,450	2,500	3,600
PU LBx	150	450	750	1,500	2,650	3,800
NOTE: Add 15 percent for 4x4.						
1980 Landcruiser, 4x4						
HT	200	550	900	1,800	3,150	4,500

	6	5	4	3	2	1
Wag	200	550	950	1,900	3,300	4,700

NOTE: Prices based on deluxe model.

1981 1/2-Ton
PU SBx	150	450	750	1,500	2,650	3,800
PU LBx	150	450	800	1,550	2,750	3,900

NOTE: Add 15 percent for 4x4.

1981 Landcruiser, 4x4
HT	200	550	950	1,900	3,300	4,700
Wag	200	600	1,000	1,950	3,450	4,900

NOTE: Prices based on deluxe model.

1982 1/2-Ton
PU SBx	150	450	800	1,550	2,750	3,900
PU LBx	150	500	800	1,600	2,800	4,000

NOTE: Add 15 percent for 4x4.

1982 Landcruiser, 4x4
HT	200	650	1,050	2,100	3,700	5,300
Wag	200	650	1,100	2,200	3,850	5,500

NOTE: Prices based on deluxe model.

1983 1/2-Ton
PU SBx	150	450	750	1,500	2,600	3,700
PU LBx	150	450	800	1,550	2,750	3,900

NOTE: Add 15 percent for 4x4.

1983 Landcruiser, 4x4
HT	250	700	1,200	2,400	4,200	6,000
Wag	250	750	1,250	2,500	4,350	6,200

NOTE: Prices based on deluxe model.

1984 1/2-Ton
PU SBx	150	450	800	1,550	2,750	3,900
PU LBx	150	500	800	1,650	2,850	4,100
PU Xcab	150	500	850	1,700	3,000	4,300

NOTE: Add 15 percent for 4x4.

1984 4 Runner, 4x4
Wag	300	850	1,400	2,800	4,900	7,000

1984 Vans
Cargo	100	350	600	1,200	2,100	3,000
DeL	150	500	800	1,600	2,800	4,000
LE	200	550	900	1,800	3,150	4,500

NOTE: Add 15 percent for 4x4.

1984 Landcruiser, 4x4
Wag	300	900	1,500	3,000	5,250	7,500

NOTE: Prices based on deluxe model.

1985 1/2-Ton
PU SBx	200	550	900	1,800	3,150	4,500
PU LBx	200	550	950	1,900	3,300	4,700
PU Xcab	200	600	950	1,900	3,350	4,800

NOTE: Add 15 percent for 4x4.

1985 4 Runner, 4x4
Wag	350	1,000	1,700	3,400	5,950	8,500

1985 Vans
Cargo	150	500	800	1,600	2,800	4,000
DeL	150	500	850	1,700	2,950	4,200
LE	150	500	850	1,700	3,000	4,300

1985 Landcruiser, 4x4
Wag	300	850	1,400	2,800	4,900	7,000

NOTE: Prices based on deluxe model.

1986 1/2-Ton
PU SBx	150	500	800	1,600	2,800	4,000
PU LBx	150	500	850	1,700	2,950	4,200
PU Xcab	150	500	850	1,700	3,000	4,300

NOTE: Add 15 percent for 4x4.

1986 4 Runner
Wag	300	950	1,600	3,200	5,600	8,000

1986 Vans
Cargo	150	500	800	1,600	2,800	4,000
DeL	200	550	900	1,800	3,150	4,500
LE	200	600	1,000	2,000	3,500	5,000

1986 Landcruiser, 4x4
Wag	350	1,100	1,800	3,600	6,300	9,000

NOTE: Prices based on deluxe model.

	6	5	4	3	2	1
1987 Light Trucks						
PU	150	450	700	1,450	2,500	3,600
PU LBx	150	450	750	1,500	2,650	3,800
PU DeL LBx	150	500	800	1,600	2,800	4,000
PU Xcab LBx	150	500	800	1,650	2,850	4,100
PU DeL Xcab LBx	200	550	900	1,850	3,200	4,600
PU SR5 Xcab	200	600	950	1,900	3,350	4,800
PU SR5 Xcab (Turbo)	200	600	1,000	2,000	3,500	5,000
PU 1-Ton LBx	200	550	900	1,800	3,150	4,500
1987 Light Trucks 4x4						
PU Std	200	600	1,000	2,000	3,500	5,000
PU (Turbo)	200	650	1,100	2,200	3,850	5,500
PU DeL LBx	200	650	1,100	2,250	3,900	5,600
PU DeL Xcab	250	700	1,200	2,400	4,200	6,000
PU SR5	250	750	1,250	2,500	4,350	6,200
PU SR5 Xcab	250	800	1,300	2,600	4,550	6,500
PU SR5 Xcab (Turbo)	300	850	1,400	2,800	4,900	7,000
1987 4 Runner, 4x4						
DeL	300	950	1,600	3,200	5,600	8,000
SR5	350	1,100	1,800	3,600	6,300	9,000
SR5 Wag	400	1,150	1,900	3,800	6,650	9,500
SR5 Wag (Turbo)	400	1,200	2,000	4,000	7,000	10,000
1987 Vans						
Window	150	400	700	1,400	2,450	3,500
Panel	150	450	800	1,550	2,750	3,900
DeL	150	500	800	1,600	2,800	4,000
LE	200	600	1,000	2,000	3,500	5,000
Panel 4x4	200	550	900	1,800	3,150	4,500
LE 4x4	200	650	1,100	2,200	3,850	5,500
1987 Landcruiser 4x4						
Wag	350	1,100	1,800	3,600	6,300	9,000
1988 Light Trucks						
PU	200	550	900	1,800	3,150	4,500
PU LBx	200	600	1,000	2,000	3,500	5,000
PU DeL LBx	200	650	1,100	2,200	3,850	5,500
PU Xcab LBx	250	700	1,200	2,350	4,150	5,900
PU DeL Xcab LBx	250	750	1,250	2,500	4,350	6,200
PU SR5 Xcab	250	800	1,300	2,600	4,550	6,500
PU SR5 Xcab (Turbo)	250	800	1,350	2,700	4,700	6,700
PU 1-Ton LBx	200	550	900	1,800	3,150	4,500
1988 Light Trucks 4x4						
PU Std	250	700	1,200	2,400	4,200	6,000
PU DeL LBx	250	800	1,350	2,700	4,700	6,700
PU DeL Xcab	300	850	1,400	2,800	4,900	7,000
PU SR5	300	900	1,500	3,000	5,250	7,500
PU SR5 Xcab	300	950	1,600	3,200	5,600	8,000
1988 4 Runner 4x4						
DeL	400	1,200	2,000	4,000	7,000	10,000
SR5	450	1,300	2,200	4,400	7,700	11,000
DeL Wag	450	1,350	2,250	4,500	7,850	11,200
SR5 Wag (6-cyl)	500	1,450	2,400	4,800	8,400	12,000
1988 Vans						
Window	200	600	1,050	2,100	3,650	5,200
Panel	200	600	1,000	2,000	3,500	5,000
DeL	250	700	1,200	2,400	4,200	6,000
LE	250	800	1,350	2,700	4,700	6,700
Panel 4x4	250	800	1,350	2,700	4,750	6,800
Panel LE 4x4	300	950	1,600	3,200	5,600	8,000
1988 Landcruiser 4x4						
Wag	450	1,400	2,300	4,600	8,050	11,500
1989 Light Trucks						
PU	200	650	1,100	2,200	3,850	5,500
PU DeL	250	700	1,200	2,400	4,200	6,000
PU DeL LBx	250	800	1,300	2,600	4,550	6,500
PU SR5 LBx	250	800	1,350	2,700	4,750	6,800
PU DeL Xcab	300	850	1,400	2,800	4,900	7,000
PU SR5 Xcab	300	900	1,500	3,000	5,250	7,500
PU DeL 1-Ton LBx (6-cyl)	300	850	1,400	2,800	4,900	7,000
1989 Light Trucks 4x4						
PU DeL	300	900	1,500	3,000	5,250	7,500
PU DeL LBx	300	950	1,600	3,200	5,600	8,000
PU SR5	350	1,050	1,700	3,450	6,000	8,600
PU DeL Xcab	350	1,000	1,700	3,400	5,950	8,500
PU SR5 Xcab	350	1,100	1,800	3,600	6,300	9,000

	6	5	4	3	2	1
1989 4 Runner 4x4						
DeL	450	1,400	2,300	4,600	8,050	11,500
DeL Wag	500	1,500	2,500	5,000	8,750	12,500
SR5 Wag	500	1,550	2,600	5,200	9,100	13,000
1989 Vans						
Window	250	800	1,300	2,650	4,600	6,600
Panel	250	800	1,300	2,600	4,550	6,500
DeL	350	1,000	1,700	3,400	5,950	8,500
LE	350	1,100	1,800	3,600	6,300	9,000
Panel 4x4	300	950	1,600	3,200	5,600	8,000
DeL 4x4	350	1,100	1,800	3,600	6,300	9,000
LE 4x4	400	1,200	2,000	4,000	7,000	10,000
1989 Landcruiser 4x4						
Wag	550	1,700	2,800	5,600	9,800	14,000
1990 Light Trucks						
2d PU	200	650	1,100	2,250	3,900	5,600
2d PU Dix	250	700	1,150	2,300	4,000	5,700
2d PU SR5	250	700	1,150	2,300	4,050	5,800
2d PU SR5 Clb Cab	250	700	1,200	2,350	4,150	5,900
2d PU Dix 4x4	250	800	1,300	2,650	4,600	6,600
2d PU Dix Clb Cab 4x4	250	800	1,350	2,700	4,750	6,800
2d PU SR5 Clb Cab 4x4	300	850	1,400	2,750	4,850	6,900
1990 4 Runner SR5						
2d Spt Utly 4x4	500	1,500	2,500	5,000	8,750	12,500
4d Spt Utly 4x4	500	1,550	2,600	5,200	9,100	13,000
4d Spt Utly 2x4	450	1,400	2,300	4,600	8,050	11,500
1990 Landcruiser						
4d Spt Utly 4x4	600	1,800	3,000	6,000	10,500	15,000
1991 Previa						
DX 3d Van	400	1,150	1,900	3,800	6,650	9,500
LE 3d Van	400	1,200	2,000	4,000	7,000	10,000
DX 3d Van 4x4	450	1,300	2,200	4,400	7,700	11,000
LE 3d Van 4x4	450	1,400	2,300	4,600	8,050	11,500
1991 Light Trucks						
2d PU	250	800	1,300	2,600	4,550	6,500
DX 2d PU	300	850	1,400	2,800	4,900	7,000
DX 2d PU LBx	300	850	1,450	2,900	5,050	7,200
DX 2d PU Crew Cab	300	900	1,500	3,000	5,250	7,500
SR5 2d PU Crew Cab V-6	350	1,000	1,700	3,400	5,950	8,500
1991 Pickup 4x4						
DX 2d PU	300	950	1,600	3,200	5,600	8,000
DX-LB 2d PU	350	1,000	1,700	3,400	5,950	8,500
DX 2d PU Crew Cab	350	1,100	1,800	3,600	6,300	9,000
SR5 2d PU Crew Cab	400	1,200	2,000	4,000	7,000	10,000
1991 4 Runner						
SR5 2d Sta Wag 4x4	550	1,700	2,800	5,600	9,800	14,000
SR5 4d Sta Wag 2x4	400	1,200	2,000	4,000	7,000	10,000
SR5 4d Sta Wag 4x4	550	1,700	2,850	5,700	9,950	14,200
1991 Land Cruiser						
4d Sta Wag 4x4	750	2,300	3,800	7,600	13,300	19,000
1992 4 Runner, V-6						
SR5 2d Sta Wag 4x4	500	1,550	2,550	5,150	9,000	12,900
SR5 4d Sta Wag 2x4	500	1,450	2,450	4,900	8,600	12,300
SR5 4d Sta Wag 4x4	550	1,600	2,700	5,350	9,400	13,400
1992 Land Cruiser, 6-cyl.						
4d Sta Wag 4x4	750	2,250	3,750	7,500	13,100	18,700
1992 Previa						
DX Van	400	1,200	2,000	4,000	6,950	9,950
LE Van	450	1,400	2,350	4,650	8,150	11,700
DX Van 4x4	450	1,400	2,300	4,600	8,050	11,500
LE Van 4x4	550	1,600	2,650	5,300	9,300	13,300
1992 Pickups, 4-cyl.						
DX PU	300	850	1,400	2,800	4,900	7,000
DX PU LB	300	950	1,600	3,200	5,600	8,000
DX PU LB 1-Ton	350	1,100	1,800	3,600	6,300	9,000
SR5 PU	500	1,450	2,400	4,800	8,400	12,000
NOTE: Add 10 percent for 4x4. Add 10 percent for V-6.						
1993 4 Runner, V-6						
4d Sta Wag 2WD	300	850	1,400	2,750	4,850	6,900
4d Sta Wag 4x4	300	950	1,600	3,150	5,550	7,900
1993 Land Cruiser, 6-cyl.						
4d Sta Wag 4x4	400	1,250	2,100	4,200	7,350	10,500

	6	5	4	3	2	1
1993 Previa, 4-cyl.						
Window Van	250	700	1,200	2,400	4,200	6,000
1993 Pickup						
2d PU SBx	200	550	900	1,800	3,150	4,500
2d PU LBx	200	550	900	1,850	3,200	4,600
T-100 2d PU V-6 2WD	200	550	900	1,850	3,200	4,600
T-100 2d PU V-6 4x4	200	650	1,100	2,250	3,900	5,600

VOLKSWAGEN TRUCKS

1950 Transporter, 4-cyl, 94.5" wb, 25 hp
DeL Van	300	850	1,400	2,750	4,850	6,900
Kombi	250	750	1,300	2,550	4,500	6,400

1951-1952 Transporter, 4-cyl, 94.5" wb, 25 hp
DeL Van	300	850	1,400	2,750	4,850	6,900
Kombi	250	750	1,300	2,550	4,500	6,400

NOTE: Overdrive is standard equipment.

1952-1953 Transporter, 4-cyl, 94.5" wb, 25 hp
DeL Van	250	800	1,350	2,700	4,700	6,700
Kombi	250	750	1,250	2,500	4,350	6,200

1953 (Serial Nos. later than March 1953.) Transporter, 4-cyl, 94.5" wb, 25 hp
DeL Van	250	800	1,300	2,600	4,550	6,500
Kombi	250	750	1,300	2,550	4,500	6,400

1954 Station Wagons, 4-cyl, 94.5" wb, 30 hp
Microbus	250	750	1,250	2,500	4,350	6,200
Micro DeL	250	750	1,300	2,550	4,500	6,400

NOTE: Microbus 165" overall. DeLuxe Microbus 166.1" overall.

1955 Station Wagons, 4-cyl, 94.5" wb, 36 hp
Kombi	250	700	1,200	2,400	4,200	6,000
Microbus	250	750	1,250	2,500	4,350	6,200
Micro DeL	250	750	1,300	2,550	4,500	6,400

1956 Station Wagons, 4-cyl, 94.5" wb, 36 hp
Kombi	250	700	1,150	2,300	4,050	5,800
Microbus	250	700	1,200	2,400	4,200	6,000
Micro DeL	250	750	1,250	2,500	4,350	6,200

1957 Station Wagons, 4-cyl, 94.5" wb, 36 hp
Kombi	200	650	1,100	2,200	3,850	5,500
Microbus	250	700	1,150	2,300	4,050	5,800
Micro SR DeL	250	700	1,200	2,350	4,150	5,900
Camper	250	750	1,300	2,550	4,500	6,400

1958 Station Wagons, 4-cyl, 94.5" wb, 36 hp
Kombi	200	650	1,100	2,150	3,800	5,400
Microbus	250	700	1,150	2,300	4,000	5,700
Micro SR DeL	250	700	1,200	2,350	4,150	5,900
Camper	250	750	1,300	2,550	4,500	6,400

1959 Station Wagons, 4-cyl, 94.5" wb, 36 hp
Kombi	200	650	1,100	2,150	3,800	5,400
Micro	250	700	1,150	2,300	4,000	5,700
Micro SR DeL	250	700	1,200	2,350	4,150	5,900
Camper	250	750	1,300	2,550	4,500	6,400

1960 Station Wagons, 4-cyl, 94.5" wb, 36 hp
Kombi	200	650	1,050	2,100	3,700	5,300
Micro	200	650	1,100	2,250	3,900	5,600
Micro SR DeL	250	700	1,150	2,300	4,050	5,800
Camper	250	750	1,250	2,500	4,400	6,300

1961 Station Wagons, 4-cyl, 94.5" wb, 40 hp
Sta Wag	200	650	1,050	2,100	3,700	5,300
Kombi	200	650	1,100	2,250	3,900	5,600
Sta Wag DeL	250	700	1,150	2,300	4,050	5,800
Camper	250	750	1,250	2,500	4,400	6,300

NOTE: Add 5 percent for extra seats sta wag.

1962 Station Wagons, 4-cyl, 94.5" wb, 40 hp
Sta Wag	200	650	1,100	2,250	3,900	5,600
Kombi	200	650	1,050	2,100	3,700	5,300
Sta Wag DeL	250	700	1,150	2,300	4,050	5,800
Camper	250	750	1,250	2,500	4,400	6,300

1963 Station Wagons, 4-cyl, 94.5" wb, 40 hp
Sta Wag	200	650	1,100	2,250	3,900	5,600
Kombi	200	650	1,050	2,100	3,700	5,300
Sta Wag DeL	250	700	1,150	2,300	4,050	5,800

1964 Station Wagons, 1200 Series, 4-cyl, 94.5" wb, 40 hp
Wag	200	650	1,100	2,250	3,900	5,600
Kombi w/Seats	200	650	1,050	2,100	3,700	5,300

1993 Suzuki Sidekick sport utility vehicle 4x4

1990 Toyota 4Runner sport utility vehicle 4x4

1982 Volkswagen Sportruck pickup

	6	5	4	3	2	1
Sta Wag DeL	250	700	1,150	2,300	4,050	5,800

1964 Station Wagons, 1500 Series, 4-cyl, 94.5" wb, 50 hp

	6	5	4	3	2	1
Wag	200	550	900	1,800	3,150	4,500
Kombi w/Seats	200	550	900	1,750	3,100	4,400
Sta Wag DeL	200	550	950	1,900	3,300	4,700

1965 Station Wagons, 1500 Series, 4-cyl, 94.5" wb, 40 hp

	6	5	4	3	2	1
Sta Wag	200	650	1,100	2,250	3,900	5,600
Kombi w/Seats	200	650	1,050	2,100	3,700	5,300
Sta Wag DeL	250	700	1,150	2,300	4,050	5,800

1965 Commercial, 1500 Series, 4-cyl, 94.5" wb, 40 hp

	6	5	4	3	2	1
Panel	200	600	1,000	2,050	3,550	5,100
PU	250	700	1,150	2,300	4,050	5,800
Dbl Cab PU	200	650	1,100	2,250	3,900	5,600

1966 Station Wagons, 57 hp

	6	5	4	3	2	1
Sta Wag	200	650	1,100	2,250	3,900	5,600
Kombi w/Seats	200	650	1,100	2,150	3,800	5,400
DeL Sta Wag	250	700	1,150	2,300	4,050	5,800

1966 Commercial

	6	5	4	3	2	1
Panel	200	600	1,000	2,050	3,550	5,100
PU	250	700	1,150	2,300	4,050	5,800
Dbl Cab PU	200	650	1,100	2,250	3,900	5,600

1967 Station Wagons, 57 hp

	6	5	4	3	2	1
Sta Wag	200	650	1,100	2,250	3,900	5,600
Kombi w/Seats	200	650	1,100	2,150	3,800	5,400
Sta Wag DeL	250	700	1,150	2,300	4,050	5,800

1967 Commercial

	6	5	4	3	2	1
Panel	200	600	1,000	2,050	3,550	5,100
PU	250	700	1,150	2,300	4,050	5,800
Dbl Cab PU	200	650	1,100	2,250	3,900	5,600

1968 Station Wagons, 57 hp

	6	5	4	3	2	1
Sta Wag	200	600	1,000	2,050	3,550	5,100
Kombi w/Seats	200	600	1,000	1,950	3,450	4,900

1968 Commercial

	6	5	4	3	2	1
Panel	200	600	950	1,900	3,350	4,800
PU	200	650	1,100	2,150	3,800	5,400
Dbl Cab PU	200	650	1,050	2,100	3,700	5,300

1969 Station Wagons, 57 hp

	6	5	4	3	2	1
Sta Wag	200	600	1,000	2,050	3,550	5,100
Kombi w/Seats	200	600	1,000	1,950	3,450	4,900
Camper	200	650	1,100	2,250	3,900	5,600

1969 Commercial

	6	5	4	3	2	1
Panel	200	600	950	1,900	3,350	4,800
PU	200	650	1,100	2,150	3,800	5,400
Dbl Cab PU	200	650	1,050	2,100	3,700	5,300

1970 Station Wagons, 60 hp

	6	5	4	3	2	1
Sta Wag	200	600	1,000	2,050	3,550	5,100
Kombi w/Seats	200	600	1,000	1,950	3,450	4,900
Camper	200	650	1,100	2,250	3,900	5,600

1970 Commercial

	6	5	4	3	2	1
Panel	200	550	950	1,900	3,300	4,700
PU	200	650	1,050	2,100	3,700	5,300
Dbl Cab PU	200	600	1,050	2,100	3,650	5,200

1971 Transporter

	6	5	4	3	2	1
Sta Wag	200	600	1,000	1,950	3,450	4,900
Kombi w/Seats	200	550	950	1,900	3,300	4,700
Sta Wag SR	200	600	1,000	2,000	3,500	5,000
Campmobile	200	650	1,100	2,200	3,850	5,500

1971 Commercial

	6	5	4	3	2	1
Panel	200	550	900	1,850	3,200	4,600
PU	200	600	1,050	2,100	3,650	5,200
Dbl Cab PU	200	600	1,000	2,050	3,550	5,100

1972 Transporter

	6	5	4	3	2	1
Sta Wag	200	600	1,000	1,950	3,450	4,900
Kombi	200	550	950	1,900	3,300	4,700
Campmobile	200	650	1,100	2,200	3,850	5,500

1972 Commercial

	6	5	4	3	2	1
Panel	200	550	900	1,850	3,200	4,600
PU	200	600	1,050	2,100	3,650	5,200
Dbl Cab PU	200	600	1,000	2,050	3,550	5,100

1973 Transporter

	6	5	4	3	2	1
Sta Wag	200	550	900	1,850	3,200	4,600
Kombi	200	550	900	1,750	3,100	4,400
Campmobile	200	600	1,000	2,000	3,500	5,000

	6	5	4	3	2	1
1973 Commercial						
Panel	200	550	900	1,750	3,100	4,400
1974 Transporter						
Sta Wag	200	550	900	1,850	3,200	4,600
Kombi	200	550	900	1,750	3,100	4,400
Campmobile	200	600	1,000	2,000	3,500	5,000
1974 Commercial						
Panel	200	550	900	1,750	3,100	4,400
1975 Transporter - Type II						
Sta Wag	200	550	900	1,850	3,200	4,600
Kombi	200	550	900	1,750	3,100	4,400
Campmobile	200	600	1,000	2,000	3,500	5,000
1975 Commercial						
Panel	200	550	900	1,750	3,100	4,400
1976 Transporter						
Sta Wag	200	600	950	1,900	3,350	4,800
Kombi	200	550	900	1,850	3,200	4,600
Campmobile	200	650	1,100	2,200	3,850	5,500
1977 Transporter						
Sta Wag	200	600	950	1,900	3,350	4,800
Kombi	200	550	950	1,900	3,300	4,700
Campmobile	200	650	1,100	2,250	3,900	5,600
1978 Transporter - Type II						
5P Sta Wag	150	500	850	1,700	2,950	4,200
Kombi	150	500	850	1,700	2,950	4,200
7P Sta Wag	150	500	850	1,700	3,000	4,300
Campmobile	200	600	1,000	2,000	3,500	5,000
NOTE: Prices based on deluxe model.						
1979 Transporter - Type II						
5P Sta Wag	150	500	850	1,700	2,950	4,200
Kombi	150	500	850	1,700	2,950	4,200
7P Sta Wag	150	500	850	1,700	3,000	4,300
Campmobile	200	600	1,000	2,000	3,500	5,000
NOTE: Prices based on deluxe model.						
1980 Pickup (FWD)						
Cus PU	100	300	500	1,050	1,800	2,600
LX PU	100	300	550	1,100	1,900	2,700
Spt PU	100	350	550	1,100	1,950	2,800
1980 Vanagon Transporter Type II						
5P Sta Wag	150	500	800	1,650	2,850	4,100
Kombi	150	500	800	1,650	2,850	4,100
7P Sta Wag	150	500	850	1,700	2,950	4,200
Campmobile	200	600	1,000	1,950	3,450	4,900
NOTE: Prices based on deluxe model.						
1981 Pickup						
PU	100	300	500	1,050	1,800	2,600
LX PU	100	300	550	1,100	1,900	2,700
Spt PU	100	350	550	1,100	1,950	2,800
1981 Vanagon Transporter Type II						
5P Sta Wag	150	500	800	1,650	2,850	4,100
Kombi	150	500	800	1,650	2,850	4,100
7P Sta Wag	150	500	850	1,700	2,950	4,200
Campmobile	200	600	1,000	1,950	3,450	4,900
NOTE: Deduct 5 percent for diesel. Prices based on deluxe model.						
1982 Pickup, FWD						
PU	100	300	500	1,050	1,800	2,600
LX PU	100	300	550	1,100	1,900	2,700
Spt PU	100	350	550	1,100	1,950	2,800
1982 Vanagon						
5P Sta Wag	150	500	800	1,650	2,850	4,100
7P Sta Wag	150	500	850	1,700	2,950	4,200
Campmobile	200	600	1,000	1,950	3,450	4,900
NOTE: Deduct 5 percent for diesel. Prices based on deluxe model.						
1983 Pickup, FWD						
PU	100	300	500	1,050	1,800	2,600
LX PU	100	300	550	1,100	1,900	2,700
Spt PU	100	350	550	1,100	1,950	2,800
1983 Vanagon						
5P Sta Wag	150	500	850	1,700	2,950	4,200
7P Sta Wag	150	500	850	1,700	3,000	4,300
Campmobile	200	600	1,000	2,000	3,500	5,000
NOTE: Deduct 5 percent for diesel. Prices based on deluxe model.						

	6	5	4	3	2	1
1984 Vanagon						
Sta Wag	200	600	1,000	2,000	3,500	5,000
Campmobile	300	900	1,500	3,000	5,250	7,500
NOTE: Deduct 5 percent for diesel. Prices based on deluxe model.						
1985 Vanagon						
Sta Wag	200	650	1,100	2,200	3,850	5,500
Campmobile	300	950	1,600	3,200	5,600	8,000
NOTE: Deduct 5 percent for diesel. Prices based on deluxe model.						
1986 Vanagon						
Sta Wag	200	650	1,100	2,200	3,850	5,500
Campmobile	350	1,000	1,700	3,400	5,950	8,500
NOTE: Deduct 5 percent for diesel. Prices based on deluxe model.						
1987 Vanagon						
Sta Wag	200	600	1,000	2,000	3,500	5,000
Sta Wag GL	200	650	1,100	2,200	3,850	5,500
Camper	300	850	1,400	2,800	4,900	7,000
Camper GL	300	950	1,600	3,200	5,600	8,000
1987 Vanagon (4WD)						
Sta Wag GL	250	800	1,300	2,600	4,550	6,500
Camper	300	950	1,600	3,200	5,600	8,000
Camper GL	350	1,100	1,800	3,600	6,300	9,000
1988 Vanagon						
Sta Wag GL	300	900	1,500	3,000	5,250	7,500
Camper GL	450	1,300	2,200	4,400	7,700	11,000
1989 Vanagon						
Sta Wag GL	450	1,400	2,300	4,600	8,050	11,500
Camper GL	600	1,750	2,900	5,800	10,150	14,500
Sta Wag Carat	500	1,500	2,500	5,000	8,750	12,500
1989 Vanagon (4WD)						
Sta Wag GL	500	1,550	2,600	5,200	9,100	13,000
Camper GL	650	1,900	3,200	6,400	11,200	16,000
1990 Vanagon						
Sta Wag	500	1,450	2,400	4,800	8,400	12,000
Sta Wag Syncro	600	1,750	2,900	5,800	10,150	14,500
Sta Wag GL	600	1,800	3,000	6,000	10,500	15,000
Sta Wag Carat	600	1,850	3,100	6,200	10,850	15,500
Camper GL	700	2,050	3,400	6,800	11,900	17,000
Camper GL Syncro	700	2,150	3,600	7,200	12,600	18,000
1991 Vanagon						
3d Van	300	900	1,500	3,000	5,250	7,500
3d Syncro Van	350	1,100	1,800	3,600	6,300	9,000
GL 3d Van	400	1,200	2,000	4,000	7,000	10,000
Carat 3d Van	500	1,450	2,400	4,800	8,400	12,000
GL 3d Camper Van	550	1,700	2,800	5,600	9,800	14,000
GL 3d Syncro Van	450	1,300	2,200	4,400	7,700	11,000
1993 Eurovan, 5-cyl.						
Window Van	250	800	1,350	2,700	4,750	6,800

1961 Volkswagen Deluxe Microbus (station wagon)

Does retro styling affect collector-car prices?

By James T. Lenzke

The Ford Thunderbird was quietly and unceremoniously phased out of production at the end of the 1997 model year. First introduced in 1954 as a 1955 model, the T-Bird underwent many transformations over its 43-year production run reflecting the changing tastes of the car-buying public as well as economic and environmental concerns. But the plug was ultimately pulled during that final year. At the same time, Jac Nasser, then president of Ford's automotive operations, let there be no mistake when he declared that although the old platform was going away, the Thunderbird nameplate would see a bright future in a very familiar form. Nasser's comments had left the door open for an eventual return of Thunderbird to the marketplace, but just what was meant by "in a very familiar form"?

Chrysler Corporation had won overwhelming acceptance of its retro-style concept vehicles beginning in the late 1980s. Parting from convention, Chrysler actually began bringing some of these concepts to the marketplace thereby enjoying immense corporate image enhancement. Dodge's Viper emerged for 1992, Plymouth's Prowler entered production in March of 1997, and most recently the Chrysler PT Cruiser hit the streets as a 2001 model. And, as if these weren't enough, Volkswagen's "New Beetle" retromobile was a runaway, unqualified success right out of the gate. The market impact of these offerings was not lost on Ford.

Dodge's ground-shaking Viper RT/10 concept car made the rounds of the auto shows during 1990. Public acceptance of the Viper was so overwhelming that Chrysler's moguls put it into regular production for 1992. The Viper was retro in that it bucked the auto industry design trends of the time. Rather than Chrysler's soon-to-appear "cab forward" design, the Viper embraced the classic long-hood/short-deck look of the traditional sports car. In a division where every other passenger-car offering utilized front-wheel drive, Viper's designers put the

The Dodge Viper RT/10 concept car made the rounds of the auto shows in 1990 to test public acceptance.

power to the rear. And, while prevailing practice was to glean ever more power and efficiency out of ever smaller engines, Dodge opted instead to stuff the largest, most powerful engine in the industry under the hood of the RT/10—and a V-10, to boot! The Viper's mammoth, fuel-injected, all-aluminum power plant displaced 488 cubic inches (8.0 liters) and cranked up 400 hp while churning out as much as 450 lb-ft of torque through its synchronized Borg-Warner six-speed transmission. The styling of Viper's continuous fiber reinforced composite body, while clearly of the '90s, was intended to evoke the raw, visceral appeal of '50s and '60s sports racing cars like Shelby Cobras, Cadillac Allards, and Lister Corvettes. It accomplished this in spades and many feel that the substantial recovery in prices of sports car imports like Jaguar, Austin-Healey, MG, Triumph, Porsche, and Alfa Romeo since the mid '90s is due, at least in part, to the attention redirected to the two-passenger sports car segment of the collector-car marketplace by the highly visible and sensational Dodge Viper.

Like the Viper, Plymouth's Prowler first gained public exposure and acclaim on the car-show circuit. It's design took a somewhat different tack from the Viper, however. Chrysler product planners focused on a niche market that was not being addressed by any other carmaker. They perceived that many consumers in their age 45-to-65 prime earning years had grown up during the golden age of the hot rod—the '50s and '60s. Many of these potential car buyers aspired to own hot rods in their youth, but for one reason or another, never realized their dream. Why not build a factory hot rod to rekindle that flame and fulfill the dream? Why not, indeed! Thus was born the Plymouth Prowler, which was initially only available in a hey!,-look-at-me hue called Prowler Purple. Also like Viper, Prowler employed a front-engine/rear-drive layout, but with an important difference that may have had an adverse effect on sales. Prowler's powertrain consisted of a 3.5-liter, 24-valve V-6 engine driving a four-speed AutoStick manually-shiftable transmission mounted at the rear. While the V-6 developed 214 hp, hot rod traditionalists bemoaned the lack of a V-8 offering even more power.

Regardless of its real or perceived shortcomings, Prowler, by its very existence, drew international attention to the segment of the old-car hobby that seeks to restore and preserve hot rods, customs, and other modified vehicles. Once a virtual black hole of the hobby, modified vehicles—because of their intrinsic uniqueness—were seen as having limited market appeal. As the collector-vehicle market gradually recovered from the slump of the late '80s and early '90s, so did interest in this previously neglected hobby segment. With increased interest came higher sale prices. Is it mere coincidence that this occurred during the gestation and emergence of the Prowler? We don't think so.

While both Viper and Prowler were public sensations and brought invaluable favorable publicity for Chrysler, neither has sold in anything approaching large numbers. The obvious challenge became one of developing a vehicle to ride the wave of retro nostalgia, but offer the sort of mass appeal that would translate into significant sales numbers.

Once again, Chrysler found a niche, but this time a big one. Introduced in 2000 as a 2001 model, the Chrysler PT Cruiser is a Neon-based wagon reminiscent in appearance of a late-'30s Ford sedan, but classified as a minivan by the Environmental Protection Agency. At this writing, the PT Cruiser is a hit and supply is not keeping up with demand resulting in the waiting lists and the dealer mark-ups that seem to go hand-in-hand with such successes. Like the Prowler, the PT's success is fueled by the refocus of hobby interest in hot rods and modified vehicles. However, unlike the Prowler the PT is a versatile, roomy package that can be practical family transportation or a business vehicle, but is also fun to look at and to be seen in.

Volkswagen's Concept 1 evolved into the New Beetle, reminiscent of the original Beetle, but on thoroughly modern underpinnings.

But the ultimate recent retro success story lies with the humble Volkswagen Beetle. Designed by Dr. Ferdinand Porsche at the behest of Nazi dictator Adolf Hitler the Volkswagen, or "peoples car", was intended to put the German people on wheels in much the same manner as Henry Ford's Model T had done for America. From its earliest protoype during the rise of Nazi power in 1935 to the present day, the ubiquitous Beetle was to become a familiar sight in all points of the globe. It eventually eclipsed even the Model T in sheer numbers built. However, by the early '70s the Bug was becoming long of tooth and technologically obsolete. It was replaced by the new, front-drive, water-cooled Rabbit in North America for 1975. It soldiered on through the 1979 model year in convertible form only until even that model was replaced by the Rabbit Cabriolet and the Beetle was no longer imported here.

The Beetle continued in production elsewhere in the world, but it was no longer able to meet federal emissions and safety standards. Except for a few, isolated attempts at "federalizing" them and bringing them in, Americans were unable to acquire newly manufactured Beetles anymore. But as in the words of the song, "Don't it always seem to go that you don't know what you've got 'til it's gone?" Surprise! Old Beetles became collectable and entire generations began to clamor for Beetles to be made available again. As the VW Bug gradually achieved cult status the powers that be in Wolfsburg were not asleep. In 1994, the Volkswagen Concept 1, an imaginative Bug-like design exercise—but on a modern Golf chassis—was placed before the public drawing mixed reviews. Volkswagen, still one of the world's largest automakers, had lost significant market share in the United States and badly needed a product to put the company back on the map on these shores. Management bit the bullet and brought the New Beetle to market for 1998. It has been a best-seller ever since. And again, in what is becoming a familiar pattern, values of old Beetles continue to rise with the new interest in the marque generated by the New Beetle, while sales of the New Beetle are certainly enhanced by nostalgia for the original.

In the face of all this retro fervor, could a retro T-Bird be what Ford had in mind? Determined Dearborn watchers of the automotive press wasted no time in raising their periscopes and zeroing in on just such a possibility. On the cover of its June 1998 issue, *Car and Driver* magazine featured an artist's conception of what it called "Ford's Retro Thunderbird." The article inside cited Chrysler's successes with its own approach to the retro look and suggested that Ford would jump on the same bandwagon "… though probably to a less startling degree…." It continued, "Our sources say it won't be an exact replica of the 1955-'57 T-Bird, but that's where the new car's styling inspiration comes from." Discussing the likely use of underpinnings like rack-and-pinion steering, independent suspension, and four-wheel-disc brakes, the magazine speculated that the new car would have a definitely sporting nature. Commenting on what would be under the hood, *C and D* said, "The engine will likely be a 4.0-liter V-8, also destined for the new mid-size X200. It's derived from the 290-hp V-8 that powers current Jaguars, but it will make less power…."

Car and Driver followed up on this in the "Charting the Changes for '99" feature of its October 1998 issue saying, "And of cars that disappear, what's the word? Thunderbird: A retro-roadster based on the new Lincoln LS platform will pick up the T-Bird moniker in 2000."

Finally, after much speculation in the automotive press and elsewhere, the pent-up curiosity of millions as to what the new Thunderbird might look like was satisfied. On Jan. 3, 1999, Jac Nasser, the new CEO of Ford, unveiled a new two-seat Thunderbird concept car at the 1999 North American International Auto Show in Detroit. A Ford press release at the time described the vehicle, in part, by saying, "The sunmist-yellow roadster includes key styling cues from its classic 1955-1957 forebears" and called the concept car "… a design exercise intended to revitalize excitement in the car market and gauge consumer reaction."

Press kits trumpeted "Ford Thunderbird Concept: American Icon is Back. An automotive legend is reborn as the Ford Thunderbird makes its return as an all-new concept car at the North American International Auto Show.

"Since its introduction in October 1954, the Thunderbird has been an American cultural icon—with trademark design cues that set it apart from the crowd of sports cars available at the time. Today, the all-new Thunderbird concept draws on that rich heritage and introduces a modern interpretation of an automotive legend.

"The new concept features elements from Thunderbirds of 1955-57 and 1961-62, simplified into contemporary forms. The cues include porthole windows, aluminum-finished chevrons, hood scoop, round headlamps, taillamps, and fog lamps, and the trademark Thunderbird badge.

'The design of the Thunderbird concept reflects the attitude of a simpler time,' explains J Mays, Ford vice president of Design. 'The unbridled optimism and the confident attitude of the 1950s comes through in an absolutely modern design.'

At long last, on May 22, 2000, Ford's much-anticipated and long-awaited plans for the new T-Bird were revealed. In a release entitled "Thunderbird: The American Dream Car Returns; Cross-country Tour Rekindles the Excitement" Ford's Media Information Center made the following announcement:

"The legendary Ford Thunderbird returns, as Ford confirms it will begin building the 2002-model production car beginning next year.

"The release continued "The new 2002 Thunderbird will closely resemble the concept introduced last year at auto shows across the country. The car is designed as a modern interpretation of the 1955 original, featuring many design cues from the past, including the signature 'porthole' windows and removable hardtop."

At last, it was on the way. The early, two-passenger Thunderbirds have long been mainstays in the world of collector cars, but it is our feeling that the new T-Bird will cause even greater growth in their popularity and along with that, the inevitable value increases.

The 2002 Thunderbird will borrow styling cues from its forebears of 1955-'57 and 1961-'62. (Ford Motor Co.)

STANDARD CATALOG SERIES

Krause Publications' Standard Catalog Series is available by specific marque, in individual volu
Each book contains in-depth profiles of specific makes by model, factory pricing system assure
ers of accurate values, whether a vehicle is a #1 low mileage, rust-free beauty or a #6 parts-only
"Techs & specs, " original factory prices, production and serial numbers, and engine/ chassis co
noted by model, thus helping you determine authenticity accuracy.

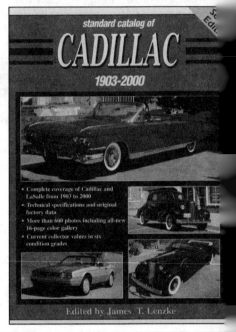

Standard Catalog of Buick 1903-1990
Item# AK01 • $18.95

Standard Catalog™ of Cadillac, 1903-2000
Item# AL02 • $21.95

Standard Catalog™ of Chevrolet,
1912-1998
Item# AV02 • $21.95

Standard Catalog™ of Chrysler,
1914-2000
Item# AY02 • $22.95

Standard Catalog™ of Ford, 1903-199
Item# AF02 • $21.95

Standard Catalog™ of Independents
Item# SCIN1 • $21.95

Standard Catalog™ of Oldsmobile
Item# OLDS • $21.95

Standard Catalog™ of Pontiac, 1926-19
Item# APO01 • $18.95